苏州年鉴

花洲年鉴

中国年鉴精品工程
High Quality Project of China's Yearbook

SUZHOU YEARBOOK
2023

苏州年鉴编纂委员会 编

方志出版社
Publishing House of Local Records

图书在版编目(CIP)数据

苏州年鉴. 2023 / 苏州年鉴编纂委员会编.—北京:
方志出版社, 2023.12
ISBN 978-7-5144-5953-1

Ⅰ. ①苏… Ⅱ. ①苏… Ⅲ. ①苏州—2023—年鉴
Ⅳ. ①Z525.33

中国国家版本馆CIP数据核字(2023)第252475号

责任编辑:范锐超
责任校对:张玉霞
责任印制:梅中英
出 版 者:方志出版社
地　　址:北京市朝阳区潘家园东里9号(国家方志馆4层)
邮　　编:100021
网　　址:http://www.zgfzcb.cn
发　　行:方志出版社图书营销中心(010-67110500)
印　　刷:南京凯德印刷有限公司
开　　本:880毫米×1230毫米　1/16
印　　张:28.25印张　插页:3印张　地图:2幅
字　　数:1456千字
版　　次:2023年12月第1版
印　　次:2023年12月第1次印刷
定　　价:280元

苏州年鉴编纂委员会

主　　　任：吴庆文

副　主　任：顾海东　黄　靖　查颖冬　程华国　俞　愉　乐　江

委　　　员：徐　本　尤忠敏　吴　琦　吴建生　盛　乐　王辉斌　杨　新　黄锡明

王燕红　许玉连　周斌伟　郁海明　朱　江　康　岚　虞　伟　周志芳

徐积明　万　利　陈正峰　刘小玫　朱　正　莫栋升　金春林　王晓东

曹光树　杨青松　焦亚飞　陈习庆　宁春生　孙建江　韩卫兵　章鸣林

王　俊　潘春华　魏书杰　陈春明　钱　斌　阙明清　夏　文　施燕萍

谢善鸿　李　勇　沈　玲　梁　曦　徐　正　吴敬宇　单　杰　孙俊良

朱筱菁　顾建明　杨国栋　邹小伟　张　瑛　杨兴友

办公室主任：乐　江（兼）

《苏州年鉴（2023）》编审人员

主　　　审：查颖冬

主　　　编：乐　江

副　主　编：王　炜

特 约 审 稿：顾九生

统　　　稿：刘凤伟

编　　　辑：刘凤伟　魏福堂　王怀芹　金凯帆

特 约 编 辑：胡　颖　胡振芳　杨权栋　王亦文

《苏州年鉴（2023）》分目审稿人员

（按姓名笔画为序）

丁国龙	于　海	马红英	马克勤	马莹磊	马露露	王之成	王云峰
王兴红	王安方	王志瑾	王　迎	王　恒	王　媛	王　群	王燕红
韦　炜	支风梅	毛文元	方国宏	孔　进	邓明华	归岳嵚	乐治洲
邢丰峰	朱一燕	朱小龙	朱文达	朱国斌	朱建春	朱　敏	朱　慧
庄朝鸣	刘　伟	刘　纯	刘　岩	刘建华	刘　晓	江　帆	汤凤泉
汤晓军	安　婕	祁　刚	许凤美	许文博	许心辰	许　屹	许国鸣
孙方金	孙　昕	孙　姝	严　俊	严海燕	芦俊明	李大兴	李天戟
李安珏	李宏昌	李建武	李雪霞	李　敏	杨　扬	杨　光	杨　军
杨建荣	杨影情	肖　军	吴友松	吴　昊	吴　晔	汪庆九	沈为民
沈　鸣	沈晋华	沈　新	沈　黎	宋京城	宋　春	宋燕微	张九龙
张小红	张少堂	张叶峰	张　帆	张红兰	张志平	张利刚	张　陈
张苗淼	张建国	张健红	张海洋	张培明	张　锋	陆　庆	陆治平
陆建伟	陆闻钟	陆晓棣	陈亚军	陈　英	陈　凯	陈春华	陈雪嵘
陈维佳	陈　淼	邵明佳	易建庭	周昕艳	周　俊	周群信	於亚萍
居小丽	赵敏前	胡中赟	柏京红	俞小强	俞　涛	施建彬	施　敬
姜　苏	姚晓维	姚　勤	姚鹤林	秦海宁	贾文圣	夏小明	顾秋枫
顾振伟	钱菊兴	候咏梅	徐向阳	徐亦文	徐　俊	徐洪伟	徐敏华
徐斯成	殷寿程	唐　亮	谈颂松	黄伟峰	黄华兵	黄志强	黄　凯
黄　炜	黄　戟	曹　杰	曹国芬	曹洪宗	盛　乐	盛惠良	康春华
葛鑫伟	董　柏	董家富	蒋子祺	惠艳烂	童　涌	谢少云	谢裕林
詹亚军	蔡绍广	管　笠	谭　震	潘　瑶	薛春泉	戴盼之	魏国巍

序

国务院办公厅2015年8月印发的《全国地方志事业发展规划纲要（2015—2020年）》（以下简称《规划纲要》）要求，到2020年要做到地方综合年鉴一年一鉴，公开出版，实现省、市、县三级综合年鉴全覆盖。《规划纲要》还要求，坚持存真求实，正确处理质量与进度的关系，将精品意识贯穿于年鉴编纂出版工作全过程。2015年12月，中国地方志指导小组办公室启动中国年鉴精品工程，将其与先期实施的中国志书精品工程视为姊妹工程，一道作为加强地方志质量建设的重要抓手。

实施中国年鉴精品工程有助于推动中华优秀传统文化传承发展。近年来，在党中央、国务院的高度重视和关心支持下，全国地方志事业发展迎来最好的发展时期。年鉴编纂发端于欧洲，鸦片战争后被引入我国，在我国走过了100多年的发展历史。在长期的编纂中，年鉴在内容和形式上不断发展，逐渐演变成为适合反映中国国情、具有鲜明中国特色的一种文化载体，并在改革开放后出现了快速发展的局面。2006年5月，国务院《地方志工作条例》颁布施行，明确将地方综合年鉴纳入地方志工作范畴，年鉴工作走上了有法可依的轨道。《规划纲要》出台，为从依法编鉴转变到依法治鉴指明了方向。2016年12月，中国地方志指导小组印发《全国年鉴事业发展规划（2016—2020年）》，更进一步明确了到2020年全国年鉴事业的任务书、时间表、路线图。经过多年的发展，年鉴工作已经成为地方志工作的重要组成部分，成为中华民族优秀文化传统的有机组成部分，其存史、育人、资政作用日益彰显。实施中国年鉴精品工程，是年鉴工作者紧扣时代脉搏、坚持创新发展的一项重要举措，对于坚定文化自信，传承弘扬好中华优秀传统文化意义重大。

实施中国年鉴精品工程有助于为全面建成小康社会提供更多智力支持和历史借鉴。党的十八大作出全面建成小康社会的战略部署。党的十八届五中全会提出到2020年如期实现全面建成小康社会的目标要求。完成《规划纲要》确定的目标任务是年鉴工作者的神圣使命，更是年鉴工作者以自身力量为全面建成小康社会献上的厚礼。一方面，可以更好地利用年鉴这种年度资料性文献，及时记录各地区在全面建成小康社会伟大征程中每年取得的新成绩和新经验、出现的新情况和新问题、涌现的优秀人物和典型事迹等；另一方面，可以更好地积累地情、国情资料，为推动经济社会发展和深化改革提供智力支持，为推进国家治理体系和治理能力现代化提供历史借鉴。

实施中国年鉴精品工程有助于全面推进地方志事业转型升级。地方志不是单纯修志编鉴工作，而是全体方志人“修志问道，以启未来”的一项事业，这项事业包含着巨大的时代担当与使命追求。地方志工作要在“五大建设”总体布局和“四个全面”战略布局中发挥与其自身价值、功能相匹配的作用，就要因时而谋、乘势而上、顺势而为，全面推进地方志事业转型升级。转型升级，当下最重要的目标就是完成“两全”目标，包括“年鉴全覆盖”目标；长远的目标就是基本形成地方志编修体系、理论研究和学科建设体系、质量保障体系、资源开发利用体系、工作保障体系“五位一体”的地方志事业发展综合体系，包括“五位一体”的年鉴事业发展综合体系。中国年鉴精品工程是一项探索工程，也是一项创新工程，是推进地方志事业转型升级的重要内容。通过实施中国年鉴精品工程，不仅有助于确保年鉴质量，不断编纂出版具有鲜明时代特征、年度特点和地域特色的精品年鉴，也有助于推动年鉴工作适应经济社会发展形势和时代需要，不断改革创新，与时俱进。

多年来，在中国地方志指导小组办公室的指导和全国各级地方志工作机构的共同努力下，年鉴种类数量快速增长，年鉴成果粲然可观，为实施中国年鉴精品工程奠定了坚实的基础。实施中国年鉴精品工程，就是要在全国地方志系统起到示范作用，进一步培育精品意识，打造精品年鉴，以点带面，在提高年鉴质量方面探索出一条切实可行之路，使这项探索工程和创新工程能够积累经验，发挥引领作用。

“万山磅礴，必有主峰；龙衮九章，但挈一领。”实施中国年鉴精品工程，是筑牢地方志事业特别是年鉴事业发展根基之举，其意义与价值不言而喻。但编修出年鉴精品佳作，绝非朝夕之功，需要付出长期艰辛的努力。希望通过实施中国年鉴精品工程，能够进一步推进年鉴质量建设，使年鉴真正成为传承中华民族优秀传统文化的重要载体，成为展示中国国情、地情的重要窗口，成为“为当代提供资政辅治之参考、为后世留下堪存堪鉴之记述”的资源宝库，在全面建成小康社会过程中作出更大贡献。

是为序。

中国社会科学院原副院长
原中国地方志指导小组常务副组长
李培林

编辑说明 Editor Explanation

一、《苏州年鉴》是由苏州年鉴编纂委员会编纂的年度资料性文献，自1983年开始编纂，1983卷至1985卷以记述年度为卷号，1987卷起改为记述上一年度并以出版年度为卷号，每年出版一卷。至2019卷，《苏州年鉴》具体编纂工作由苏州市档案局（馆）承担；从2020卷起，具体编纂工作由苏州市地方志编纂委员会办公室承担。本卷为第40卷。

二、《苏州年鉴（2023）》以马克思列宁主义、毛泽东思想、邓小平理论、“三个代表”重要思想、科学发展观、习近平新时代中国特色社会主义思想为指导，坚持辩证唯物主义和历史唯物主义的立场、观点和方法，系统记述2022年苏州市自然、经济、政治、文化、社会和生态文明等方面的基本情况以及各行各业取得的新进展、新经验、新成就，旨在为社会各界了解苏州、研究苏州、建设苏州提供基本资料。

三、《苏州年鉴（2023）》记述起讫时间原则上为2022年1月1日至2022年12月31日。为保证内容资料的完整性、连续性，根据记述需要，个别内容时间适当上溯或下延。

四、《苏州年鉴（2023）》采用分类编辑法，全书主体内容分为类目、分目、条目3个层次，个别分目下设次分目。条目为记载的基本层次，其标题用黑体字加【 】表示。除专记、大事记、附录外，主体内容设市情概览、中国共产党苏州市委员会、苏州市人民代表大会、苏州市人民政府、中国人民政治协商会议苏州市委员会、中国共产党苏州市纪律检查委员会 苏州市监察委员会、民主党派 工商联、群众团体、法治、军事、经济管理、数字苏州建设、开放型经济、开发园区、科技创新、农业、制造业、建筑业、商贸服务业、金融业、旅游业、房地产业、交通、城市建设、乡村振兴、区域发展、生态建设、国际（地区）交流、教育、历史文化名城保护、文化、卫生健康、体育、就业创业、收入消费、社会保障、社会事务、应急管理、辖区发展、人物 荣誉40个类目，下设322个分目（次分目）、1864个条目。另有卷首专题图片58幅、随文图片116幅、地图2幅、表格98张。

五、《苏州年鉴（2023）》对框架结构和内容进行以下调整：1.专记专题收录新时代十年苏州经济社会发展成就综述、苏州获批国家历史文化名城40年成就综述、碧螺春制作技艺入选人类非物质文化遗产代表作名录内容；2.对2022年卷的16个类目进行撤并、拆分或名称调整，本卷新设或修改类目名称的有市情概览、中国人民政治协商会议苏州市委员会、数字苏州建设、开发园区、科技创新、制造业、交通、城市建设、乡村振兴、区域发展、生态建设、国际（地区）交流、就业创业、收入消费、辖区发展、人物 荣誉16个类目。

六、《苏州年鉴（2023）》在卷首设置“城市荣誉”“城市实力”专栏，设置“年度视点”“鉴证四十年”图片专辑。

七、《苏州年鉴（2023）》的条目内容由市各部门（单位）、部省属在苏州单位和各县级市（区）专人撰写并经其主管领导审核。书内涉及的主要数据以《苏州统计年鉴（2023）》为准，但个别数据由于统计口径和方法不同而有些许差异，请读者在引用时加以注意。全书中提及的“增长”或“下降”数据，除非特殊说明外，均指“比2021年增长”或“比2021年下降”数据。

八、《苏州年鉴（2023）》配备双重检索系统，书前刊有目录，书后附有主题分析索引，范围涉及条目、图片和表格。

2022年苏州市获得的主要荣誉

★蝉联中国最具幸福感城市

★蝉联全国健康城市建设样板市

★蝉联全国“营商环境最佳口碑城市”

★连续3年获评“中国年度最佳促进就业城市”“中国年度最佳引才城市”

★连续11年获评“外籍人才眼中最具吸引力的中国城市”

★获评首批国家知识产权强市建设示范城市

★获评首批全国“四好农村路”建设市域突出单位

★入选首批全国商业秘密保护创新试点地区

★入选第二批全国足球发展重点城市

★入选全国智能建造试点城市

★入选全国绿色出行创建考核评价达标城市

★入选全国“十四五”时期“无废城市”建设名单

★入选全国个人养老金先行城市

★蝉联中国农村人居环境发展全国地级行政区综合评分第一位

★列全国100个城市消费者满意度测评第一位

★列中国地级市基本现代化指数第三位

2022年苏州市主要经济指标在全国城市中的地位

★完成地区生产总值23958.34亿元，列全国城市第六位

★完成规模以上工业总产值43776.55亿元，列全国城市第二位

★完成第三产业增加值12243.95亿元，列全国城市第八位

★完成一般公共预算收入2329.18亿元，列全国城市第五位

★完成社会消费品零售总额9010.71亿元，列全国城市第七位

★完成进出口总额25721.11亿元，列全国城市第四位，其中出口总额15475.04亿元，列全国城市第三位

★年末金融机构人民币存款余额44500.47亿元、贷款余额45247.30亿元，均列全国城市第九位

★城镇居民人均可支配收入79537元，列全国城市第三位

★农村居民人均可支配收入43785元，列全国城市第五位

2022年，苏州市喜迎党的二十大胜利召开，学习宣传贯彻党的二十大精神，扛起“争当表率、争做示范、走在前列”的使命，在新征程上全面推进中国式现代化苏州新实践。

2022年12月11日，中国共产党苏州市第十三届委员会第四次全体会议召开，审议通过《中共苏州市委关于深入学习贯彻党的二十大精神在新征程上全面推进中国式现代化苏州新实践的决定》 王亭川 摄

2022年9月30日，苏州市党委、人大、政府、政协领导班子成员在苏州革命博物馆参观“习近平新时代中国特色社会主义思想指引下的苏州实践”主题展

王亭川　摄

2022年7月1日，位于姑苏区体育场路的中共苏州独立支部旧址暨苏州市党性教育实训基地开放试运行

市委党史工办　供图

2022年，苏州市应对统筹新冠疫情防控和经济社会发展考验，党员干部冲锋在前，人民群众和市场主体全力配合，取得来之不易的发展成绩，赢得“你永远可以相信苏州”的城市美誉。

2022年3月2日，苏州协鑫光伏科技有限公司员工在生产新能源产品　　华雪根　摄

2022年3月18日，苏州和迈精密仪器有限公司员工在生产用于新冠抗原检测的干式荧光免疫分析仪　　华雪根　摄

2022年6月9日，苏州高考考生自信走出考场　　华雪根　摄

2022年，苏州市以“新年第一会”部署数字经济时代产业创新集群建设，突出创新引领和人才支撑，推动“产业在沿江转型、创新在城区集聚”。

2022年1月5日，苏州市数字经济时代产业创新集群发展大会召开，发布《苏州市推进数字经济时代产业创新集群发展的指导意见》

王亭川　摄

2022年7月29日，东盟—中日韩（10+3）产业链供应链合作论坛暨东亚企业家太湖论坛在苏州举办

王亭川　摄

2022年6月24日，空中客车中国研发中心签约落户苏州工业园区　　王亭川　摄

2022年11月30日，苏州市生物医药及高端医疗器械集群、高端纺织集群入选国家先进制造业集群。图为世界500强企业——恒力集团的工业丝智能化生产车间　　恒力集团　供图

2022年，苏州市建设“环太湖科创圈”“吴淞江科创带”等重点科创圈带。图为“吴淞江科创带”重要节点——位于昆山经济技术开发区的夏驾河科创走廊
昆山经开区　供图

2022年，苏州市推进现代综合立体交通运输体系建设，推动一批重大跨区域交通项目建设，推进市域交通一体化发展，加快区域交通基础设施互联互通。

2022年9月28日，沪渝蓉高铁（北沿江高铁）江苏段开工动员会议苏州分会场　　王亭川　摄

2022年6月21日，桐泾北路北延工程北环路以南段明挖隧道施工现场　　杭兴微　摄

2022年11月11日，位于通苏嘉甬、沪苏湖高铁交会点的苏州南站施工现场　　华雪根　摄

2022年11月28日，全国首条下穿通航运河异型双层隧道独墅湖南隧道建成通车。图为独墅湖南隧道

倪黎祥　摄

2022年12月29日，太仓港集装箱年吞吐量突破800万标准箱　　市交通运输局　供图

2022 年，苏州市确定每年 10 月 26 日为“苏州国家历史文化名城保护纪念日”，坚持“城区即景区、旅游即生活”理念，加强古城保护和城市更新，全面保护历史文化遗产，彰显“江南文化”核心城市魅力。

2022年1月29日，平江历史街区入选首批国家级旅游休闲街区。图为平江路景色　　市委宣传部　供图

2022年8月9日，虎丘景区首次推出沉浸式夜游活动。图为游客用手机拍摄亮灯的虎丘塔　　杭兴微　摄

2022年8月16日，观前街区、同里古镇入选第二批国家级夜间文化和旅游消费集聚区。图为观前街区夜景　　施柏荣　摄

2022年8月4日，实景版昆曲《牡丹亭·游园惊梦》在苏州昆曲传习所上演　　倪黎祥　摄

2022年8月30日，第四届中国苏州江南文化艺术·国际旅游节开幕式演出“泱泱国风”音乐会在苏州文化艺术中心大剧院演出　　倪黎祥　摄

2022年9月10日，中央广播电视总台中秋晚会在张家港市暨阳湖生态园主会场录制

张家港市委史志办　供图

2022年，苏州市办好各项民生实事，做优公共服务，美化城乡环境，加强社会治理，丰富高水平共同富裕的实践成果，蝉联“中国最具幸福感城市”。

2022年，苏州市建成口袋公园83个。图为6月17日，苏州高新区索山桥口袋公园周边景色

苏州高新区档案馆　供图

2022年6月9日，“苏州人游苏州”主题旅游线路在苏州市公共文化中心发车

杭兴微　摄

2022年8月3日，全国首家设在古典园林里的婚姻登记服务中心在“爱情之园”耦园启用

杭兴微　摄

2022年，苏州市开办暑托班1355个，累计服务青少年超过23万人次。图为7月20日，虎丘景区首期暑托班孩子们参观民俗文化展厅

杭兴微　摄

2022年12月，苏州市连续11年入围科技部国外人才研究中心公布的“外籍人才眼中最具吸引力的中国城市”。图为5月27日，“人才服务+　百园万企行”暨“海智服务基层行”活动启动

唐俭　摄

2022年9月5日，西交利物浦大学太仓校区启用。图为教学楼俯瞰图　　徐志强　摄

2022年11月27日，昆山西部医疗中心启用。图为医疗中心俯瞰图　　昆山市档案馆　供图

鉴证四十年

40年前的1983年，苏州地市合并，实行市管县新体制；40年前的1983年，“小康构想”在苏州萌发；也正是40年前的1983年，《苏州年鉴》开始编纂。从此，真实、全面、客观记录苏州经济、政治、文化、社会和生态文明等方面发展变化的《苏州年鉴》，成为一部值得信赖的工具书、“鉴证苏州”的“活词典”。

40卷《苏州年鉴》是苏州市40年发展历程的忠实记录。回望40年，让我们从《苏州年鉴》中，采撷奋进历程中的精彩华章，回顾苏州地市合并40年发展历程中的“全国第一”“全国唯一”，激励我们发扬“敢为、敢闯、敢干、敢首创”的“四敢精神”，在中国式现代化建设上作出引领示范。

小康社会"苏州样本"

1983年1月，《国务院关于江苏省改革地市体制调整行政区划的批复》发布，撤销苏州地区行政公署，撤销常熟县，改设常熟市，将原苏州地区的吴县、吴江、昆山、太仓、沙洲、常熟6县（市）划归苏州市，江阴、无锡2县划归无锡市。此后，苏州地区和苏州市合并，实行市管县新体制。

1983年2月，邓小平考察苏州经济社会发展情况，实地印证小康社会建设的现实可行性。2005年底，苏州率先完成省定全面小康的指标任务。2018年，苏州列全国小康城市百强榜第三位、全国地级市第一位。

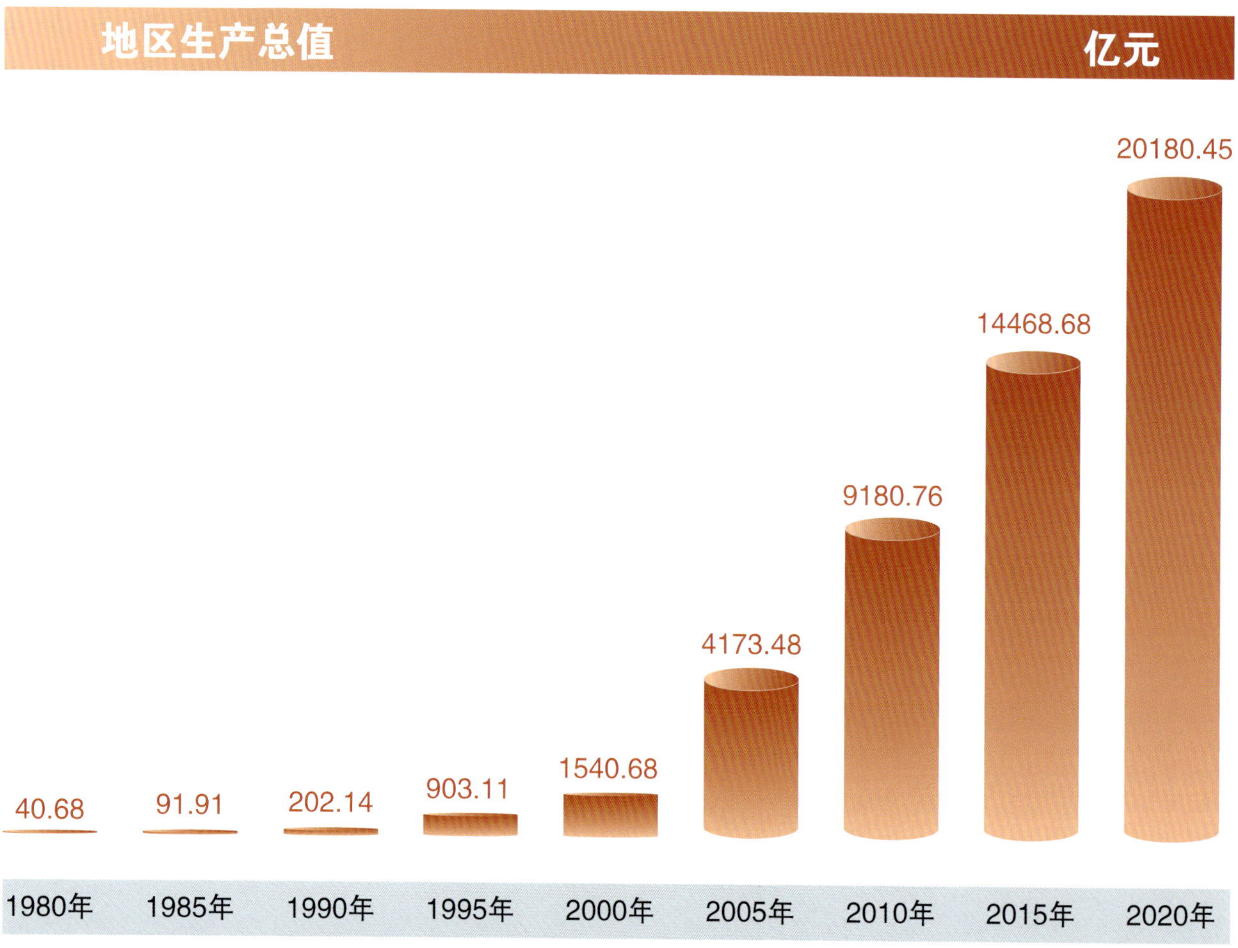

自1980年起，苏州地区生产总值保持全国地级市第一位。2020年，苏州市完成地区生产总值20180.45亿元，列全国城市第六位，成为全国首个地区生产总值超过2万亿元的地级市　　市统计局　供图

20世纪80年代起，长城牌电风扇、香雪海电冰箱、孔雀牌电视机、春花牌吸尘器成为享誉全国的苏州工业“四大名旦”。图为20世纪80年代苏州电视机厂建成的全国第一条半自动化电视机生产线

市档案馆　供图

人民日报

RENMIN RIBAO

1984年2月 25 星期六 甲子年正月二十四

北京地区天气预报 白天 阴转多云 风向 偏北 风力 一、二级转四、五级 夜间 多云转晴 风向 偏北 风力 四、五级 温度 最高 5℃ 最低 零下6℃

离土不离乡　进厂不进城　改造旧乡村

碧溪乡发展农副工建成新型集镇

住宅、厂房、商店、学校遍布集镇，人民生活富裕又文明

编者按：随着农村商品生产的蓬勃发展，将有越来越多的人脱离土地，经营、从事林牧渔等生产，并将有一部分人转入小集镇从事小工业和服务业。这是一个必然的历史性进步，可为农业生产向深度广度进军，为改变人口和工业布局创造有利条件，并使集镇逐步建设成为农村区域性的经济和文化的中心，建设成为农副产品进城、工业品下乡的集散地。常熟市碧溪乡从事社队工业生产的农民做到了离土不离乡，进厂不进城，生动地反映了新兴集镇的特点；碧溪镇已成为经济繁荣、人民生活富裕文明的集镇。

本报讯　江苏常熟市碧溪乡放手发展社队工业，一万多农民白天自带口粮到镇上做工，下班回家从事农副业生产，农副工三业齐发展，带动了小城镇建设。乡政府所在地碧溪镇，不仅初步成为水陆交通方便、经济繁荣、购销两旺的商品生产基地，而且成为全乡政治、经济、文化中心的新型农村集镇。春节前，中央一位领导同志来视察时认为，这个乡是发展社队工业，加强小城镇建设的一个典型。

碧溪乡是个纯棉区。十一届三中全会以来，这个乡认真落实各项农村经济政策，在抓好棉花生产和多种经营的同时，解放思想，放开手脚，发展社队工业。目前，全乡已经拥有以轻纺工业为主的社队企业61个，务工人员达到一万多人，占全乡总劳力的56%以上。1983年工业总产值超过了5,000万元，和1978年相比增长了1.96倍，利润576万元，增长了1.54倍。工业产值占农副工总产值的80%。从事社队工业生产的农民离土不离乡，进厂不进城，早上骑着自行车上班，中午在厂里吃一顿饭，下班后骑车回家，从事棉田劳动和各种副业生产。全乡90%以上的家庭工兼农、农兼副，改变了过去吃饭靠种田的状况。去年全年人均收入超过583元，收入水平大大提高。

这个乡三业的发展，为小集镇的建设创造了条件。过去的碧溪镇，交通闭塞，房屋破旧，全镇只有一条全长不过200米的小街。最近五年来，这个乡没有拿国家一分钱，自集资金500多万元，兴建了居民住宅、厂房、商店、学校等建筑物面积达5.4万多平方米，还新建了一条宽9米、长1,400米的柏油马路，市政规模扩大了近十倍。目前全镇有商业服务网点20多处，新建了一个环境优美的文化中心，使农民休息有场所、娱乐有阵地、学习有课堂。昔日贫穷落后的碧溪镇，如今已成为经济繁荣、人民生活富裕的文明集镇。

（吴庆鸟　张惠明）

常熟市碧溪布厂的工人大多数都是昔日乡村的农民。这个厂的干部说，在城里办这个厂至少要盖1,000套职工宿舍，现在只要有1,000辆自行车就行了。这是该厂自行车车棚。　新华社记者　费　强摄（传真照片）

20世纪80年代初期，苏州乡镇工业异军突起，逐渐成为农村经济的主体、全市经济的重要支柱。1985年，苏州乡镇工业总产值96.34亿元，列全国城市第一位。图为1984年2月25日，《人民日报》头版对常熟市碧溪乡发展农副工建成新型集镇的报道

市档案馆　供图

2009年7月，美国《财富》杂志公布世界500强榜单，沙钢集团成为该年内地唯一上榜的民营企业。图为21世纪初沙钢集团厂房

市档案馆　供图

2007年4月18日，全国第一列时速达到200千米的动车（D460次）由上海南站驶至苏州站
杭兴微　摄　原载《苏州年鉴（2008）》

2012年4月28日，苏州轨道交通一号线开通。苏州成为全国第一个开通轨道交通的地级市。图为试运营仪式
原载《苏州年鉴（2013）》

2003年10月17日，世界卫生组织召开会议推举苏州成为世界卫生组织健康城市联盟首批5个理事城市之一。苏州成为全国第一个世界卫生组织健康城市联盟理事城市。图为2006年10月在苏州举办的第二届世界健康城市联盟大会上，与会的中外城市市长签署《健康城市市长苏州宣言》　　市档案馆　供图

2007年10月17日，苏州市颁布《苏州市社会基本医疗保险管理办法》。苏州成为全国第一个完全实现社会医疗保险覆盖城乡居民的地区。2020年，第七次全国人口普查苏州人口平均预期寿命首次突破80岁。图为2020年11月，市民向专业养老机构咨询居家养老事宜　　张健　摄　原载《苏州年鉴（2021）》

2022年2月，据科技部中国科技信息研究所发布的《国家创新型城市创新能力评价报告》，苏州市创新能力列全国城市第五位、地级市第一位。图为2021年4月19日，国家生物药技术创新中心、国家第三代半导体技术创新中心、国家新一代人工智能创新发展试验区建设推进大会在苏州工业园区召开

王亭川　摄　原载《苏州年鉴（2022）》

2017年，苏州市获评首批国家生态文明建设示范市。2019年，苏州市建成全国首个“国家生态园林城市群”。图为相城区阳澄湖“美人腿”风景区春景

赵培根　摄　原载《苏州年鉴（2018）》

2021年12月23日，中国农业科学院发布《中国农村人居环境发展报告（2021）》。苏州市在全国91个地级行政区中综合评分列第一位。图为吴中区金庭镇涵头村夜景

顾娟　摄　原载《苏州年鉴（2022）》

改革开放先行军

20世纪80年代起，苏州人民在改革开放和现代化建设的实践中培育塑造出“张家港精神”“昆山之路”“园区经验”三大法宝，成为苏州经济社会发展的精神支柱和内在动力。

1995年10月，中共中央宣传部、国务院办公厅联合在张家港市召开全国精神文明建设经验交流会，号召全国学习“团结拼搏、负重奋进、自加压力、敢于争先”的张家港精神。2005年，张家港市成为全国第一个县级全国文明城市。2008年，苏州市获评全国文明城市。2020年，苏州市（连续5次入选）、张家港市（连续6次入选）、常熟市（连续2次入选），太仓市、昆山市入选第六届全国文明城市，苏州实现全国文明城市“满堂红”。

1995年10月18日，中共中央宣传部、国务院办公厅在张家港市召开全国精神文明建设经验交流会

市档案馆　供图

2017年4月7日，中央精神文明建设指导委员会在张家港市召开全国创建文明城市工作经验交流会

原载《苏州年鉴（2018）》

1984年，昆山自费投资335万元，在老城区东面建设3.75平方千米的全国第一个自费开发区，作为对外开放的窗口，成为昆山经济技术开发区的雏形。该开发区在不断的摸索、创新中走出一条“敢闯敢试、唯实唯干、奋斗奋进、创新创优”的“昆山之路”。2022年，昆山市完成地区生产总值5006.7亿元，成为全国第一个地区生产总值突破5000亿元的县级市，连续18年列综合实力百强县市第一位。

1992年，昆山经济技术开发区风貌
原载《苏州年鉴（1993）》

2018年，昆山经济技术开发区风貌　原载《苏州年鉴（2019）》

1994年2月，国务院批复同意苏州市同新加坡有关方面合作开发建设苏州工业园区。这是全国第一个中外合作开发区。作为中新两国政府间最大的合作项目，苏州工业园区开启国际合作成片开发的先河，被誉为“中国改革开放的重要窗口”和“国际合作的成功范例”，并培育出以“借鉴、创新、圆融、共赢”为核心内涵的“园区经验”。2015年10月，苏州工业园区成为全国第一个开放创新综合试验区。2016年，苏州工业园区在商务部公布的国家级经济技术开发区综合发展水平考核评价结果中列第一位；至2022年，苏州工业园区实现“七连冠”。

1994年初，苏州工业园区建设前的规划手绘图　　市档案馆　供图

2016年8月1日，霞光里的苏州工业园区景色　　崔广全　摄　原载《苏州年鉴（2017）》

1985年，苏州市被确立为沿海经济开放区，该年实际使用外资及中国港澳台资1070万美元，列全国地级市第一位。1991年突破1亿美元，1993年突破10亿美元，2003年突破50亿美元。2022年，苏州市实际使用外资及中国港澳台资74.18亿美元，保持全国地级市第一位。

1992年，昆山经济技术开发区、苏州国家高新技术产业开发区、苏州太湖旅游度假区、张家港保税区经国务院批准设立，苏州国家级开发区数量列全国城市第一位。2015年，常熟高新技术产业开发区升级为国家级高新区。至此，苏州有国家级开发区14家，成为拥有国家级开发区数量最多、门类最全的城市。

2003年，苏州市完成进出口总额675亿美元，列全国地级市第一位。2004年，苏州市完成进出口总额1032亿美元，成为全国第一个进出口总额突破1000亿美元的地级市。2022年，苏州市完成进出口总额3866.02亿美元，列全国城市第四位、地级市第一位。

1992年10月，经国务院批准设立江苏省张家港保税区，规划面积4.1平方千米，是全国第一个内河港型保税区，也是唯一的区港合一的保税区。图为1992年，张家港保税区建设开发景象

原载《苏州年鉴（1993）》

1992年11月，苏州高新区成为首批国家高新技术产业开发区。图为1995年，苏州高新区景象

郦思基　摄　原载《苏州年鉴（1996）》

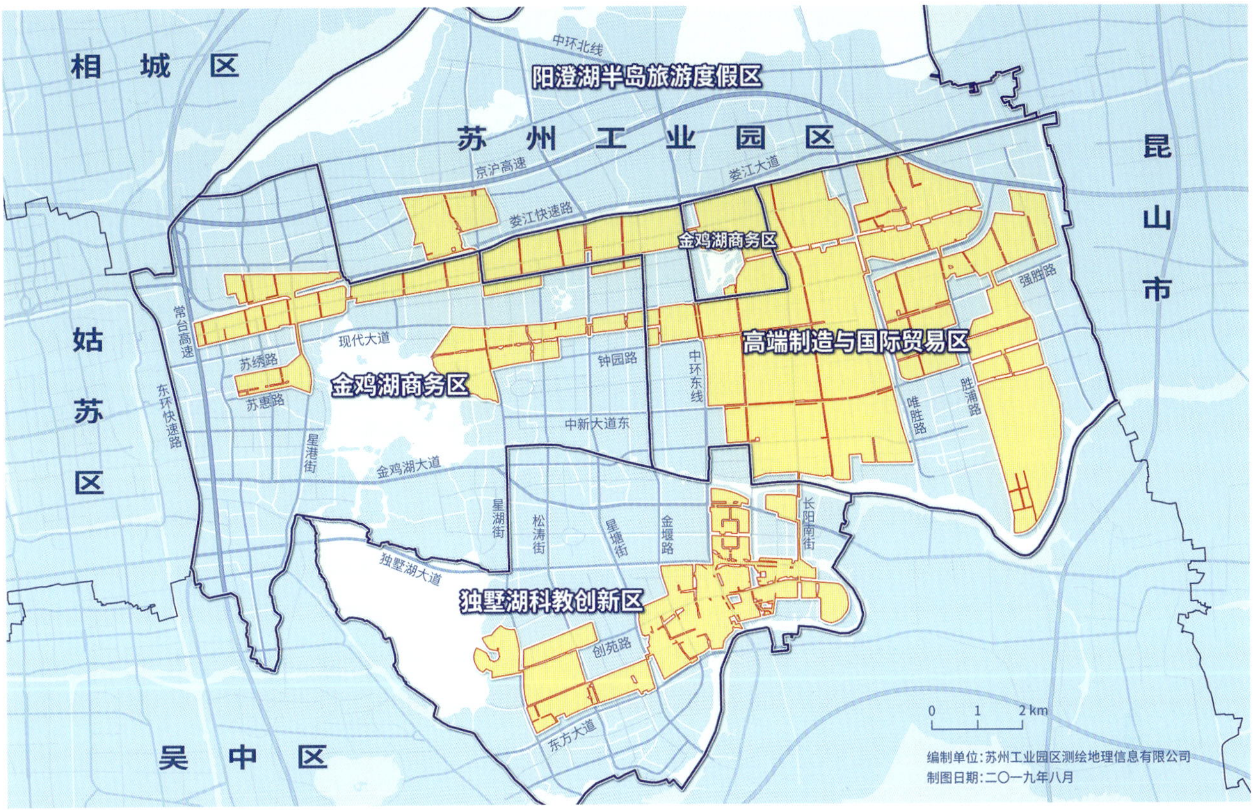

2019年8月2日，包括苏州片区在内的中国（江苏）自由贸易试验区获批。图为苏州自贸片区区域示意图，黄色部分为苏州自贸片区范围　　原载《苏州年鉴（2020）》

2019年10月，国务院批复同意《长三角生态绿色一体化发展示范区总体方案》。长三角生态绿色一体化发展示范区范围包括上海市青浦区、江苏省苏州市吴江区、浙江省嘉兴市嘉善县。图为2021年6月29日，吴江区苏州湾文化中心夜景　　原载《苏州年鉴（2022）》

世界遗产典范城市

据20世纪80年代初普查，苏州存有古典园林及庭院69处，数量在全国领先。1997年12月，苏州古典园林被联合国教科文组织列入世界文化遗产名录。2018年，苏州有列入苏州园林名录的园林108处，数量列全国城市第一位，苏州成为“百园之城”。2014年6月，包括大运河苏州段在内的中国大运河被联合国教科文组织列入世界文化遗产名录。苏州是运河沿线唯一以古城概念参与申遗的城市。

2001年5月，昆曲成为全国第一个联合国教科文组织人类口述和非物质文化遗产代表作。截至2022年底，苏州市有非物质文化遗产世界级项目7项。

2018年10月30日至11月2日，世界遗产城市组织第三届亚太区大会在苏州召开。会上，发布《苏州共识》，并授予苏州全球首个“世界遗产典范城市”称号。

1997年12月，苏州古典园林被列入世界文化遗产名录。图为2019年，网师园夜景

原载《苏州年鉴（2020）》

2003年10月，周庄古镇入选首批中国历史文化名镇。2007年5月，周庄古镇景区入选首批国家AAAAA级旅游景区。图为2018年，周庄雪景
原载《苏州年鉴（2019）》

2001年11月5日，江苏省暨苏州市“庆祝中国昆曲列为‘人类口头遗产和非物质遗产代表作’及纪念苏州昆曲传习所成立80周年”活动举办　　孙汝贤　摄　原载《苏州年鉴（2002）》

2006年10月，苏州博物馆新馆建成开放。2008年5月，苏州博物馆入选首批国家一级博物馆。图为2006年10月，苏州博物馆新馆风貌　　市档案馆　供图

2014年6月22日，苏州4条运河故道和7个点段作为中国大运河组成部分被列入世界文化遗产名录。图为2022年2月7日，大运河苏州段遗产点、首批中国历史文化街区山塘街雪景　　杭兴微　摄

2012年10月26日，全国唯一的国家级历史文化名城保护区——苏州国家历史文化名城保护区成立
徐志强　摄　原载《苏州年鉴（2013）》

2018年11月1日，苏州市被授予全球首个"世界遗产典范城市"称号　　原载《苏州年鉴（2019）》

专 记

大事记

市情概览

中国共产党苏州市委员会

苏州市人民代表大会

苏州市人民政府

中国人民政治协商会议苏州市委员会

中国共产党苏州市纪律检查委员会 苏州市监察委员会

民主党派　工商联

群众团体

法 治

军　事

经济管理

数字苏州建设

开放型经济

开发园区

科技创新

农　业

制造业

建筑业

商贸服务业

金融业

旅游业

城市建设

乡村振兴

区域发展

生态建设

国际（地区）交流

教 育

历史文化名城保护

文　化

卫生健康

体　育

就业创业

收入消费

社会保障

社会事务

应急管理

辖区发展

人物 荣誉

附　录

索　引

新时代十年苏州经济社会发展成就综述

党的十八大后，苏州市扛起“争当表率、争做示范、走在前列”的使命，经济社会发展取得历史性成就，为开启全面建设展现“强富美高”新图景的社会主义现代化强市的新征程打下坚实的基础。

经济高质量发展取得重大成就

苏州市深入贯彻习近平新时代中国特色社会主义思想，全面落实习近平总书记视察江苏的重要指示精神，立足新发展阶段，贯彻新发展理念，构建新发展格局，建设现代化经济体系，推动经济高质量发展取得重大成就。

经济实力稳居全国城市前列　“十二五”期间，苏州市地区生产总值年均增长9.5%，2015年实现地区生产总值1.45万亿元。“十三五”期间，苏州市地区生产总值年均增长6.1%，2020年实现地区生产总值2.02万亿元。2022年实现地区生产总值2.40万亿元，列全国城市第六位。十年间，苏州市地区生产总值实现从1万亿元到2万亿元的历史性跨越。“十二五”期间，苏州市一般公共预算收入年均增长11.6%。“十三五”期间，苏州市一般公共预算收入年均增长8.1%。2022年，苏州市完成一般公共预算收入2329.2亿元，列全国城市第五位。工业经济保持稳定增长，2022年完成规模以上工业总产值4.38万亿元，稳居全国城市前三位。县域经济发展方面，昆山市连续18年列全国百强县第一位，4个县级市均稳居全国前十位，苏州工业园区在国家级经开区综合发展水平考评中实现“七连冠”。

创新引领、产业优化升级取得重大成就　“十二五”期间，苏州市全社会研究与试验发展经费支出占地区生产总值比重2.68%，至2022年，研发经费占比增长到4%，科技创新综合实力连续12年列全省设区市第一位，科技进步贡献率68.5%，自主创新能力进一步提升。创新主体和载体培育步伐加快。“十三五”期末，建设苏州市自主品牌大企业和领军企业先进技术研究院47家，高新技术企业9772家，为“十二五”期末的2.8倍。2022年，有效高新技术企业1.35万家，首次跃升至全国城市第四位，累计入选国家级重大人才工程创业类人才数量连续9年列全国城市第一位。在科技创新引领之下，苏州产业结构持续转型升级。“十二五”期间，高新技术产业产值占规模以上工业总产值比重45.9%，服务业增加值占地区生产总值比重49.9%。“十三五”期间，高新技术产业产值占规模以上工业总产值比重、服务业增加值占地区生产总值比重分别达到52%和51%。2022年，苏州市有装备制造、电子信息两个万亿元级产业，纳米新材料产业集群、生物医药及高端医疗器械、高端纺织3个国家先进制造业集群，恒力集团、盛虹集团、沙钢集团3家世界500强企业；有境内外上市公司241家，其中境内A股上市公司198家，列全国城市第五位。消费对经济增长贡献率持续提高，2022年实现社会消费品零售总额9010.7亿元，列全国城市第七位。2022年，苏州港货物吞吐量5.7亿吨，集装箱吞吐量908.0万标准箱，保持世界内河第一大港地位。

改革开放进一步深化，释放更多发展活力　改革先行推动市域治理体系和治理能力现代化。“十二五”期间，行政审批制度改革持续深化，累计削减行政审批事项175项。“十三五”期间，按照党和国家机构职能改革的要求，政府机构改革有序推进，政府职能优化，“放管服”改革持续深化，“不见面”审批标准化试点积极开展，营商环境优化发展，推行“一件事”改革，加快“跨省通办”“省内通办”，深化“证照分离”、工程审批制度等改革，实现企业开办线上“全链通”、线下“一窗式”集成办理。2022年，苏州市在全国百城消费者满意度测评中实现“两连冠”，在万家民营企业评营商环境中列全国城市第三位。十年间，多项国家开放创新领域具有标志性、引领性的重大改革试点在苏州率先落地。长三角生态绿色一体化发展示范区、中国（江苏）自由贸易试验区苏州片区落地。国务院批复设立昆山深化两岸产业合作试验区和苏州工业园区开展开放创新综合试验。苏州市获批开展国家跨境贸易电子商务服务试点。苏州市建成全国首个小微企业数字征信实验区，成为首个开展金融科技创新监管试点的地级市，开展央行金融科技创新监管试点和法定数字货币试点。苏州对外开放优势巩固提升。2022年，完成货物进出口总额25721.1亿元，其中出口15475.0亿元，进出口总额、出口额分别保持全国第四位和第三位。截至2022年，累计160家世界500强跨国公司在苏州投资设立450个项目，有省认定跨国公司地区总部和功能性机构191个，占全省的52.2%。

高水平全面小康建设成果惠及全市人民

苏州市始终坚持以经济建设为中心和以人民为中心的“两个中心”发展理念，持续推进民生建设，让高水平全面小康建设成果惠及全市人民。

“幸福家园”的民生获得感不断增强　城乡居民收入持续增长，百姓生活更加殷实。“十二五”期间，城乡居民人均可支配收入年均分别增长10.6%和12%，2015年分别达到5.04万元、2.57万元，2022年提升至7.95万元和4.38万元。苏州市把就业放在民生工作的首位，建设“劳动者就业创业首选城市”，打造“就在苏州”服务品牌。十年间，苏州籍高校毕业生就业率始终保持在98%以上，城镇登记失业率控制在2%以

内。教育优质发展取得进展，苏州市获评全国首个义务教育基本均衡地级市，独墅湖科教创新区被教育部列为全国首个高等教育国际化示范区，南京大学苏州校区落地。

高水平社会保障事业取得长足进展　2022年，苏州市城乡居民最低生活保障标准为每月1095元，全市最低工资标准为每月2280元。2020年第七次全国人口普查苏州市人口平均预期寿命首次突破80岁，比十年前提高2.41岁。"一老一幼"保障网持续织密，卫生服务体系更加健全。应对新冠疫情对经济社会发展的影响，赢得"你永远可以相信苏州"的城市口碑。2022年，苏州市蝉联中国最具幸福感城市、全国健康城市建设样板市。

生态文明建设形成显著优势

苏州市践行习近平生态文明思想，始终把生态文明建设放在突出位置，加大自然生态保护修复力度，坚持绿色低碳发展理念，推进"美丽苏州"建设。

"十二五"期间，苏州市在全国率先探索制定生态补偿条例，完善生态补偿运行机制。苏州市实现国家级生态乡镇和省级生态工业园区全覆盖，入选国家循环经济创建示范城市。苏州市、昆山市入选首批国家生态园林城市。太湖流域水污染防治规划和阳澄湖三年优化行动得到全面落实。

"十三五"期间，苏州市贯彻长江经济带共抓大保护方针，坚决打好污染防治攻坚战，长江干流及主要通江河道水质全部达到Ⅲ类及以上，全面完成太湖围网养殖拆除、长江流域禁捕退捕任务。苏州市在全省率先达到空气质量二级标准。制定《苏州市生活垃圾分类管理条例》《苏州市太湖生态岛条例》。建成首个国家生态园林城市群、首批国家生态文明建设示范市。

2022年，苏州市$PM_{2.5}$平均浓度每立方米28微克，空气质量优良天数比例81.4%。"国考""省考"断面全部达标，太湖连续15年安全度夏。建成区绿化覆盖率43.8%，全市林木覆盖率20.5%，全市自然湿地保护率72.4%，城乡生活垃圾无害化处理率100%。建成国家生态文明建设示范区5个、国家级生态工业园区8个。

文明城市底蕴更加深厚

苏州市秉持提升城市发展软实力的发展要求，推进文化强市战略，深化民主法治建设与社会治理创新，培育践行社会主义核心价值观，增强文明城市底蕴，擦亮"社会文明程度高"的靓丽名片。

文化苏州建设成效显著　"十二五"期间，苏州市推进繁荣发展社会主义文艺八项重点工程，成立全国首个历史文化名城保护区，大运河苏州段列入世界文化遗产名录，名镇、名村、传统村落及非物质文化遗产保护得到加强。昆曲、评弹、苏剧和手工艺等传统文化得到传承弘扬。全民健身活动和群众体育广泛开展，举办第53届世乒赛等国际赛事，竞技体育取得新成绩。"十三五"期间，苏州市实现全国文明城市"五连冠""满堂红"，新时代文明实践中心（所、站）全覆盖。苏州市获评全球首个世界遗产典范城市，入选首批国家文化和旅游消费示范城市。制定《苏州国家历史文化名城保护条例》等地方性法规。历时12年完成《苏州通史》（16卷本）编纂并出版发行。2022年，启动实施地域文明探源工程，启动编纂《苏州全书》。碧螺春制作技艺入选联合国人类非物质文化遗产名录，平江历史街区入选国家级旅游休闲街区。

民主法治建设与社会治理创新取得长足进展　苏州市推进法治苏州、平安苏州建设，开展扫黑除恶斗争，开展政法队伍教育整顿。获评全国"六五"普法先进城市、全国首批法治政府建设示范市、首批市域社会治理现代化试点城市、首批禁毒示范城市。立体化、现代化的社会治安防控体系更为完善，实现全国社会治安综合治理优秀市"六连冠"，全市群众安全感稳定在99%以上。军民融合发展深入推进，实现全国双拥模范城"七连冠"。司法机构改革卓有成效，苏州市成为全国唯一同时拥有知识产权法庭、破产法庭、国际商事法庭、劳动法庭的城市。

（市委党史工办）

苏州获批国家历史文化名城四十年成就综述

1982年2月8日，国务院公布首批历史文化名城，苏州等24个有重大历史价值和革命意义的城市入选。40年中，苏州坚持"保护古城、发展新区"的城市发展战略和"全面保护古城风貌"的方针，科学编制5版名城保护规划，城市建设发展依托古城又跳出古城，既为古城保护留历史空间，促进文化古城、宜居古城、品质古城的建设，又为城市发展拓展新空间，高质量建设产城融合的苏州新区和苏州工业园区，做到古城、新城共同发展，成为传统文化与现代文明交相辉映的"双面绣"城市。

苏州名城保护工作可分为古城全面保护的肇始、古城保护的全面开展、古城保护全面迈入新时代三个阶段。

20世纪80年代初至90年代中期是古城全面保护的肇始阶段。其间，苏州跳出传统思维，提出"保护古城、发展新区"的战略，同时，在总体规划、"全面保护古城风貌"、改善古城居民生活条件等规划、思想的指导下，尝试开展古城保护改造试点工作。

《苏州市城市总体规划（1986—2000）》提出"全面保护苏州古城风貌、重点建设现代化新区"的城市建设方针，苏州成为全国唯一的全面保护古城风貌的历史文化名城。其中的名城保护专章提出"二个保持、一个保护、二个继承和发扬"的名城保护总体策略。"二个保持"即保持路河平行的双棋盘格局和道路景观，保持三横三竖加一环的水系及小桥流水的水巷特色；"一个保护"即保护古典园林、文物古迹及古建筑；"二个继承和发扬"即继承和发扬古城环境空间处理手法和传统建筑艺术特色，继承和发扬优秀的传统地方文化艺术。在实践中，全面保护和改善古城环境面貌，严格控制新建建筑高度，以基础设施为主开展古城改造试点，开展"古宅新居"试点工程、古城街坊"解危安居"工程等，改造十全街、干将路，修缮瑞光塔、双塔、城门城墙等文保单位。

20世纪90年代后期至党的十八大以前是古城保护的全面开展阶段。其间，苏州全面、系统推进古城保护工作与实践，形成较为完善的古城保护工作体系，苏州古城保护的理念、思路以及土地使用模式调整、产业结构优化、城市基础设施建设、环境综合整治等方面均有较大的提高。

《苏州市城市总体规划（1996—2010）》规划建设古城居中、东园（苏州工业园区）、西区（苏州新区）、南景（风景区）、北廊（交通走廊）的城市形态，古城内保持传统的"假山假水城中园"和"路河平行双棋盘"格局，古城外在继承传统的基础上创造"真山真水园中城"和"路河相错套棋盘"的格局，明确"一城两线三片"（外城河以内的整个古城，山塘线、上塘线，虎丘片、留园片、寒山寺片）历史文化名城的具体保护范围，分类保护历史街区、历史地段及传统风貌地区，划定平江、拙政园、怡园、山塘街四个历史文化街区以及观前、十全街、盘门三个传统风貌地区。在实践中，基于试点经验全面实施古城街坊“解危安居”工程，开展山塘、平江、拙政园等历史街区保护与整治工程，启动环古城风貌带改造工程，制定《苏州园林保护和管理条例》《苏州市古树名木保护管理条例》《苏州市古建筑保护条例》，建成苏州市图书馆、苏州博物馆新馆等重大文化设施。1997年，拙政园、留园、网师园和环秀山庄4座苏州古典园林作为中国园林代表入选世界文化遗产名录，之后沧浪亭、狮子林、耦园、艺圃、退思园5座园林作为扩展项目入选世界文化遗产名录。

《苏州历史文化名城保护规划（2003）》提出物质形态与非物质形态保护并重，新增划定阊门历史文化街区，明确历史地段范围，细化名城保护范围内的建筑高度控制要求，明确恢复多条填埋的历史河道，并将保护对象拓展至古城以外的古镇、古村落。在实践中，开展拙政园、阊门、怡园历史文化街区保护整治工程、环古城风貌带改造工程、古城河水治理工程以及观前地区、盘门地区、十全街、凤凰街、道前街至十梓街等保护改造工程，实施背街巷弄整治、老新村改造、平改坡、改厕工程、主要道路改造及沿线街景整治等建设工程，制定《苏州市昆曲保护条例》《苏州市风景名胜区条例》《苏州市地名管理条例》《苏州市档案条例》。甪直、周庄、同里入选首批中国历史文化名镇（2003年）；昆曲（2001年）、古琴（2003年）、苏州端午习俗、宋锦、缂丝、香山帮传统建筑营造技艺（2009年）入选人类非物质文化遗产代表作名录。2012年10月26日，苏州国家历史文化名城保护区挂牌成立，成为全国唯一的国家历史文化名城保护区。姑苏区与苏州国家历史文化名城保护区实行“区政合一”管理体制。

党的十八大以后，苏州古城保护全面迈入新时代。苏州对古城保护的价值认识、思想内涵、保护对象、保护手法、工作路径、实施保障等均开展创新性探索。

《苏州历史文化名城保护规划（2013）》明确苏州国家历史文化名城保护示范区的示范保护目标，促进古城更新发展，构建分层次、分年代、分系列的历史文化保护体系，划定面积19.2平方千米的苏州历史城区范围，包括古城和沿山塘线至虎丘、沿上塘线至寒山寺的沿线区域，明确苏州历史城区重点保护整体格局与风貌、传统街区及文物古迹，提出加强传统民居保护、历史老街保护等内容，并关注传统产业的保护与发展。在实践中，推动民生工程，包括古城河道“活水自流”、古城墙修复、古建老宅的保护修缮、环古城步道、人民路综合整治提升工程等；扩充名城保护对象，制定《苏州市非物质文化遗产保护条例》《苏州市古村落保护条例》《苏州国家历史文化名城保护条例》《苏州市古城墙保护条例》《苏州市大运河文化保护传承利用条例》，公布苏州园林、古镇、古村、老街、历史建筑、吴文化地名名录。苏州运河故道和7个点段作为中国大运河组成部分入选世界文化遗产名录（2014年），平江历史文化街区、山塘街历史文化街区入选首批中国历史文化街区（2015年），近现代中国苏州丝绸档案入选世界记忆名录（2017年），碧螺春制作技艺入选人类非物质文化遗产代表作名录（2022年），苏州作为牵头城市的江南水乡古镇联合申遗工作进入实质性推进阶段。2014年，苏州因兼顾经济发展与历史文化传承获得“李光耀世界城市奖”，姑苏区获评国家古城旅游示范区；2018年，苏州被联合国教科文组织授予“手工艺与民间艺术之都”，并成为全球首个“世界遗产典范城市”。

苏州在“全面的、全域的名城保护观”思想指导下，完善《苏州历史文化名城保护专项规划（2035）》，明确“市域—市区—历史城区”3个历史文化空间保护层次，涵盖物质和非物质2个方面，包含自然生态环境及景观、文化生态带（廊）、文化景观区、世界遗产、江南水乡历史文化聚落体系、历史文化街区和历史地段、文物保护单位和历史建筑、非物质文化遗产和优秀传统文化8个类型的苏州名城保护内容体系，构建“大苏州名城”历史文化保护空间结构，加强对苏州、常熟2个国家历史文化名城和包含15个中国历史文化名镇、5个中国历史文化名村、2个中国历史文化街区在内的各级名镇、名村、历史文化街区的保护。2022年，苏州市发布《关于进一步加强苏州历史文化名城保护工作的指导意见》，公布首批苏州市古镇、古村、老街名录。其中，苏州历史城区有五卅路历史文化街区、官太尉河—天赐庄历史文化街区、双塔街道葑门横街等8个老街入选。设立苏州国家历史文化名城保护纪念日（每年10月26日），成立苏州名城保护集团有限公司，确定苏州国家历史文化名城保护区为城市更新试点先行先试示范区域，在坚持整体保护的基础上推进古城有机更新。

（市自然资源规划局　武营营）

碧螺春制作技艺入选人类非物质文化遗产代表作名录

2022年11月29日，联合国教科文组织保护非物质文化遗产政府间委员会第17届常会在摩洛哥拉巴特通过决定，将中国政府申报的遗产项目“中国传统制茶技艺及其相关习俗”列入人类非物质文化遗产代表作名录。这是中国第43个人类非物质文化遗产代表作项目。“中国传统制茶技艺及其相关习俗”是有关茶园管理、茶叶采摘、茶的手工制作，以及茶的饮用和分享的知识、技艺和实践。该项目包括44个子项目，涉及15个省（自治区、直辖市）。苏州市吴中区的碧螺春制作技艺作为绿茶制作技艺的代表入选。至此，苏州市累计入选人类非物质文化遗产代表作项目7个，居全国城市前列。

历史渊源

苏州产茶历史悠久。碧螺春产自苏州太湖洞庭东山、西山，是中国绿茶中的珍品。洞庭东山、西山气候温和，雨量充沛，土质疏松，为茶树的生长提供良好的生态环境。该地区大量种植柑橘、枇杷、杨梅等果木，茶树、果树间作的复合立体种植方式，使碧螺春具有天然果香味。

自唐代起，洞庭茶已有文献记载，唐代陆羽《茶经》有茶叶出自“长洲县（属苏州）洞庭山”的记述，北宋朱长文《吴郡图经续记》有“洞庭出美茶，旧入为贡”的记述，清代定名为碧螺春。据清代王应奎《柳南随笔》记载：“洞庭东山碧螺峰石壁，产野茶数株。每岁土人持竹筐采归，以供日用，历数十年如是，未见其异也。康熙某年，按候以采，而其叶较多，筐不胜贮，因置怀间，茶得热气，异香忽发，采茶者争呼‘吓煞人香’。……己卯岁（康熙三十八年），车驾幸太湖，宋公购此茶以进，上以其名不雅，题之曰‘碧螺春’。自是地方大吏岁必采办。”碧螺春茶色泽嫩绿，恰似碧玉；芽叶卷曲，形状如螺，又是在早春采摘，以“碧螺春”为名较为恰当。1910年，碧螺春在南洋劝业会上获得优等奖；1915年，在巴拿马万国博览会上获得金质奖章；民国初，被评为中国十大名茶之一；中华人民共和国成立后，在1954年日内瓦会议上和1972年中美两国政府签署《上海公报》时作为国礼。

技艺特点

碧螺春品级与采制时间关系极大，有“明前”（清明前）、“雨前”（谷雨前）和“炒青”（谷雨后）之分。春分至清明前采制的碧螺春，称为“明前茶”，通常采一芽一叶初展、芽长不到两厘米的原料，叶形卷如雀舌，称之“雀舌”。“明前茶”芽叶细嫩，香气浓郁，滋味丰富，炒制500克需采六七万枚细嫩的芽叶，但由于清明前气温普遍较低，发芽数量有限，生长速度缓慢，故以稀为贵。清明后谷雨前采制的碧螺春，称为“雨前茶”，虽不及“明前茶”细嫩，但由于此时气温较高，芽叶生长相对较快，滋味鲜浓而耐泡，也是茶中上品。“炒青”为谷雨后采摘，因此时气温更高，茶叶生产加快，茸毛少，体形较为粗大。

碧螺春的采制完全采取传统的采制技艺，全部由手工完成，费工耗时，从采摘到成品共有六道工序，即采摘、拣剔、高温杀青、揉捻整形、搓团显毫、文火干燥。“摘得早，采得嫩，拣得净”和“手不离茶，茶不离锅，揉中带炒，炒揉结合，连续操作，起锅即成”是碧螺春采制技艺的技术要领。经传统采制方法制成的碧螺春具有“条索纤细，卷曲成螺，茸毛遍体，银绿隐翠”之外形及“汤色碧绿，清香高雅，入口爽甜，回味无穷”之内质，以“形美、色艳、香浓、味醇”四绝闻名，有“一嫩（芽）三鲜（色、香、味）”之称。

保护传承

碧螺春制作技艺是中国传统卷曲型茶传统手工技艺的代表，有着深厚的历史价值、文化价值、工艺鉴赏价值和经济价值。“洞庭山碧螺春”是江苏省首件地理标志商标，于1998年获得原国家工商总局核准注册；2002年，“洞庭（山）碧螺春茶”被原国家质检总局批准为原产地保护产品；2009年，“洞庭山碧螺春”被原国家工商总局认定为中国驰名商标；2019年，区域公用品牌“洞庭山碧螺春”入选中国农业品牌目录；2021年，“洞庭（山）碧螺春茶”入选中欧地理标志互认互保产品名单。

2007年，碧螺春制作技艺被列入第三批苏州市非物质文化遗产代表性项目名录；2009年，被列入第二批江苏省非物质文化遗产代表性项目名录；2011年，作为绿茶制作技艺被列入第三批国家级非物质文化遗产代表性项目扩展项目名录，属传统技艺类；2020年，“江苏吴中碧螺春茶果复合系统”入选第五批中国重要农业文化遗产名单。2020年“中国传统制茶技艺及其相关习俗”保护工作组成立后，苏州市参与制定《中国传统制茶技艺及其相关习俗五年保护计划（2021—2025年）》，收集申遗所需图片、文字等资料，参加保护工作相关会议，完成洞庭山碧螺春进驻中国茶叶博物馆等工作，为申遗成功做出贡献。

2022年，作为碧螺春原产地的吴中区加强原产地保护，提升品牌效应，注重茶文旅融合发展。制定洞庭山碧螺春特色茶产业规划，配备专项资金用于洞庭山碧螺春茶保护，举办洞庭山碧螺春茶文化旅游节，建设洞庭山碧螺春茶文化园。全区有茶农户数2.3万户，茶园面积2593公顷，产量383吨，产值3.69亿元，其中碧螺春产量116.35吨，产值近2亿元。有国家级茶叶标准园2个、省级茶叶标准园3个、省级园艺标准园2个；建立洞庭山群体小叶种茶树资源数据库，建立碧螺春种质资源圃4个、原种茶保护区5个；东山镇、金庭镇创成省级绿色优质农产品基地，27个茶园1200公顷基地通过绿色食品认证；有中国制茶大师7人、国家级制茶能手5人、江苏省制茶大（名）师3人。洞庭山碧螺春列2022年中国茶叶区域公用品牌价值评估第六位、单位销量品牌收益第一位。吴中区被中国茶叶流通协会评为“2022年度茶业百强县域”。

2022年，苏州市发布地方标准《苏式传统文化洞庭（山）碧螺春茶制作技艺传承指南》，明确碧螺春制作过程中各项技术指标具体参数要求，促进碧螺春标准化、规模化发展；参与发布《“中国传统制茶技艺及其相关习俗”保护传承杭州宣言》；通过“相约北京 遇见江南”苏州文化艺术展示周、“非一般”苏州非遗系列品牌活动等展示、宣传碧螺春制作技艺。截至2022年，该项目保护单位为苏州市吴中区洞庭山碧螺春茶业协会，有国家级代表性传承人1人、省级代表性传承人1人、市级代表性传承人6人、区级代表性传承人4人。

（市文广旅游局　李宜达
市农业农村局　张　强）

2022年3月11日，茶农在吴中区东山镇双湾村茶叶基地采摘茶叶嫩芽

（杭兴微　摄）

编辑：刘凤伟

1月

5日 苏州市数字经济时代产业创新集群发展大会召开。会议发布《苏州市推进数字经济时代产业创新集群发展的指导意见》，要求聚焦电子信息、装备制造、生物医药、先进材料四大主导产业，构建一批具有苏州特色的产业创新集群。

6—20日 “相约北京 遇见江南”苏州文化艺术展示周在北京举办。其间，展演剧目7台11场，举办苏州年味体验周和非遗题材纪录电影《天工苏作》放映活动。

11日 中老铁路（苏州—万象）国际货运班列首发。苏州初步形成集中欧、中亚、中俄、中老进出口班列为一体的国际铁路货运体系。

12日 市委人才工作会议召开。会议要求打响“人到苏州才有为”品牌。邀请11名两院院士担任苏州首批人才特聘顾问。

△ 苏州市轨道交通2号线及延伸线工程获评第19届中国土木工程“詹天佑奖”。

13日 苏州市工商业联合会第十五次代表大会召开。周俊当选为市工商联十五届执委会主席。

14日 全市党史学习教育总结会议召开。

18日 吴江区工业生态“数字管理”赋能经济高质量发展被推荐为全国唯一的“中国改革2021年度特别案例”（县级）。

20日 高德地图等发布《2021年度中国主要城市交通分析报告》，苏州交通健康指数列全国汽车保有量超过400万辆的8个城市的第一位。

21日 吴江区现代农业产业园被认定为全市首个国家现代农业产业园。

25日 省政府批复同意设立省级旅游度假区——江苏省苏州北太湖旅游度假区。

26日 吴中区获评全国村庄清洁行动先进县。

△ “借古鉴今探索‘融合’，打造全省首家政德教育基地”等10件新事获评2021年度苏州市精神文明建设“十佳新事”，王奎锋等10人获评“十佳新人”·苏州市道德模范。

27日 商务部公布2021年国家级经济技术开发区综合发展水平考核评价结果，苏州工业园区连续6年列第一位，昆山经济技术开发区列第五位。

28日 苏州市获评全国首批“四好农村路”建设市域突出单位。太仓市、昆山市入选“四好农村路”全国示范县。

29日 平江历史街区入选首批国家级旅游休闲街区。

2月

6日 苏州运动员李梦雯随队获得女足亚洲杯冠军。

7日 苏州七浦塘入选第二届全国“最美家乡河”。

8日 吴中区入选全国青少年校园足球试点县（区）。

△ 苏州市电子信息产业创新集群建设推进大会暨友达光电低温多晶硅项目启动仪式在昆山举办。

9日 教育部公布第二轮“双一流”建设高校及建设学科名单。苏州大学（材料科学与工程学科）入选。

15日 苏州市44个项目获得2021年度江苏省科学技术奖，其中一等奖9项；苏州大学教授阮长耿获得省基础研究重大贡献奖，苏州绿控传动科技股份有限公司李磊获得省青年科技杰出贡献奖，苏州迈为科技股份有限公司获得省企业技术创新奖。

16日 苏州市“推进国际职业资格与国内职称资格比照认定”入选全面深化服务贸易创新发展试点第二批“最佳实践案例”。

19日 苏州运动员郭丹参加北京冬奥会速度滑冰女子集体出发项目，获得第13名。

25日 苏州高新区镇湖滴滴绣刺绣艺术馆艺术总监邹英姿获评2021年度全国三八红旗手。

3月

3日 苏州籍两院院士、著名飞机空气动力学家顾诵芬当选为“感动中国2021年度人物”。

4日 市委十三届三次全会召开，审议、表决出席党的二十大代表候选人推荐人选酝酿推荐情况。

5日 市政府发布《关于进一步帮助市场主体纾困解难着力稳定经济增长若干政策措施》，从加大财税支持力度、继续强化金融支持、加大清费减负力度、加大对重点行业恢复发展的支持、加强外贸企业帮扶、着力缓解价格上涨压力、加强政府采购支持、持续优化提升服务8个方面提出46条政策措施，推动经济运行平稳有序。

8日 昆山市获评江苏省公交优先示范城市。

13日 中国消费者协会发布《2021年100个城市消费者满意度测评报告》，苏州市消费者满意度得分89.70分，列全国城市第一位。

15日 苏州高新区入选国家特色服务出口基地（知识产权）、中国苏州人力资源服务产业园入选国家特色服务出口基地（人力资源）。

17日 中国农业科学院发布《中国农村人居环境发展报告（2022）》，苏州市连续两年列全国地级行政区综合评分第一名。

△ 苏州（太湖）软件和信息服务业集聚区、相城高新区商务服务业集聚区、苏州工业园区金鸡湖景区入选全省首

批现代服务业高质量发展集聚示范区。

20日　苏州市司法局“行政立法全过程质量监控体系”获得第六届中国法治政府奖。

29日至4月1日　市政协十五届一次会议召开。会议选举朱民为市十五届政协主席，姚林荣、王竹鸣、曹后灵、程华国、周晓敏、周俊、李赞、张东驰为副主席，吴炜为秘书长；选举产生常务委员87人。

30日至4月2日　市十七届人大一次会议召开。会议选举李亚平为市十七届人大常委会主任，徐美健、吴晓东、温祥华、沈国芳、黄靖为副主任，黄戟为秘书长；选举吴庆文为市长，顾海东、唐晓东、查颖冬、周达清、施嘉泓、季晶、张桥为副市长；选举刘乐明为市监察委员会主任，蔡绍刚为市中级人民法院院长，李军为市人民检察院检察长；选举产生市十七届人大常委会委员42人。

4月

1日　高德地图发布《2022全国公共厕所图鉴》，苏州市列“十大如厕友好城市”第五位。

△　苏州市申报的“基于攻击视角的工业企业网络安全数据评估平台”等8个项目入选首批江苏省数据要素市场生态培育项目。

11日　张家港市获评江苏省土地执法模范县（市、区），常熟市、相城区、苏州高新区获评江苏省土地执法先进县（市、区）。

13日　市政府发布《关于支持服务业相关领域纾困和恢复发展的政策意见》，从进一步助力减税降费、降低经营成本、加大金融支持、优化稳岗就业服务、提高政务服务水平、细化落实帮扶细则6个方面提出20条政策措施，帮助各类服务业市场主体渡过难关。

△　市政府发布《苏州市地下文物保护办法》。

14日　吴中区作为全省唯一的县（市、区）入选全国传统村落集中连片保护利用示范县（市、区）。

19日　苏州市8家孵化器入选2021年度国家级科技企业孵化器名单。至此，全市累计有61家国家级科技企业孵化器，数量列全省设区市第一位。

22日　市政府决定，对全市登记在册的低保人员、低保边缘重病困难对象等12类困难群众发放一次性特别补贴，人均补贴标准300元，惠及困难群众13.5万人，补贴总金额4000万元。

23日　“苏链通”平台上线。该平台提供企业供需对接、通知公告和供应商企业名录认证等功能，保障重点产业链和企业供应链稳定。

24日　苏州市入选生态环境部公布的“十四五”时期“无废城市”建设名单。

26日　苏州太湖生态岛农文旅绿色低碳融合发展示范项目入选全国第二批生态环境导向的开发模式（EOD）试点项目名单。

28日　全国总工会召开2022年庆祝“五一”国际劳动节暨全国五一劳动奖和全国工人先锋号表彰大会。苏州上声电子股份有限公司获得2022年全国五一劳动奖状，苏州传化公路港物流有限公司物业管理组等4个集体获得全国工人先锋号，江苏新芳科技集团股份有限公司焊工何世才等5人获得全国五一劳动奖章。

5月

3日　苏州系统医学研究所研究员马瑜婷、苏州蛟视智能科技有限公司董事长黄帆获评第26届中国青年五四奖章。

6日　苏州轨道交通2、4、7号线延伸线项目开工仪式暨全市重大基础设施建设推进会举办。

12日　首届苏州青年五四奖章评选结果公布，10名个人、5个集体获奖。

13日　全国最大跨度弧形光伏建筑一体化项目在常熟市龙腾特种钢有限公司建成并网。该项目每年最大可提供约4850万千瓦·时清洁电力。

16日　吴淞江整治工程江苏段开工。吴淞江整治工程涉及江苏、上海两地，江苏段工程涉及吴江区、吴中区、苏州工业园区、昆山市，总长61.7千米。

△　全省外资项目“云签约”暨外资总部企业“云授牌”活动举办。苏州13个外资项目参加“云签约”，占全省近四分之一；39家省级跨国公司地区总部及功能性机构参加“云授牌”，超过全省二分之一；苏州工业园区被授予全省唯一的省级外资总部经济集聚区。

18日　全国首个以城建为主题的专业博物馆——苏州城建博物馆在姑苏区卫道观前潘宅开馆。

△　《姑苏繁华图》特种邮票首发。

19日　国家发展改革委印发《革命老区重点城市对口合作工作方案》，明确20个革命老区重点城市与发达地区部分城市建立对口合作关系，对口合作工作期限为2022年至2030年。其中，河南省信阳市与苏州市建立对口合作关系。

20日　中国苏州·日本九州经济合作交流会暨中日（苏州）地方发展合作示范区推介会在相城区举办。

24日　由中国科学院地质与地球物理研究所院士团队牵头的科技成果转化项目——苏州中科地星创新技术研究所项目签约落户苏州高新区。

25日　全国公安系统英雄模范立功集体表彰大会召开。苏州4个集体、7名个人获得表彰，数量列全省设区市第一位。其中，张家港市公安局法制大队被中共中央、国务院授予“全国模范公安单位”称号。

26日　昆山市入选“十四五”全国第二批系统化全域推进海绵城市建设示范城市名单。

6月

2日　国务院办公厅对2021年落实有关重大政策措施真抓实干成效明显地方予以督查激励。苏州市作为“大力培育发展战略性新兴产业、产业特色优势明显、技术创新能力强的地方”“推动外贸稳定和创新发展成效明显的地方”“促进乡村产业振兴、改善农村人居环境等乡村振兴重点工作成效明显的地方”受到督查激励。

△　全市数字政府建设推进大会召开。苏州法人服务总入口“苏商通”平台上线。

△　苏州市入选全国青年发展型城市建设试点，张家港市入选全国青年发展型县域试点。

3日　苏州评弹公园在相城区黄埭镇建成开放。

7—8日　部分住江苏全国政协委员到苏州，围绕“加快科技自立自强、着力打造先进制造业集群”开展调研。

11日　江苏省苏州市、河南省信阳市召开革命老区重点城市对口合作工作座谈会。

13—14日　安徽省阜阳市党政代表团到苏州考察。其间，两市举办结对合作帮扶工作座谈会，并签署结对合作帮扶框架协议。

15日　市政府与中国农业银行签

署战略合作协议。

18日 中国围棋协会授予包括昆山市、吴中区在内的全国17个地区“全国围棋之乡”称号。

△ 服务苏州历史城区保护更新工作的国资平台——苏州名城保护集团有限公司、服务苏州市创新型城市发展的国资创投平台——苏州创新投资集团有限公司揭牌。

20—26日 苏州女运动员张依瑶与搭档石浩玙获得第19届世界游泳锦标赛花样游泳混双技术自选、自由自选项目2枚铜牌。这是中国花样游泳选手在世锦赛混双项目上首次获得奖牌。

22日 市委、市政府印发《关于支持昆山打造社会主义现代化建设县域示范 走好新时代“昆山之路”的意见》。

23日 常熟市、吴江区获评第二批全国农作物病虫害绿色防控整建制推进县。

24日 空中客车中国研发中心签约落户苏州工业园区。

25日 苏州市生物医药产业创新集群推进会在苏州工业园区召开。

26日 市政府与苏州大学签约共建苏州大学江苏师范学院。

28日 张靖皋长江大桥主体工程开工。张靖皋长江大桥贯通张家港市、靖江市、如皋市，跨江段长7.9千米。

△ 南京大学苏州校区智能科学与技术学院、智能软件与工程学院、集成电路学院、数字经济与管理学院4个学院揭牌，首批招收本科生500人、研究生100余人。

△ 国家先进功能纤维创新中心中试基地在吴江区投用。

7月

1日 白鹤滩—江苏±800千伏特高压直流输电工程竣工投产。该工程途经四川、重庆、湖北、安徽、江苏，江苏落点在苏州虞城换流站，每年可输送电能300亿千瓦·时。

△ 中共苏州独立支部旧址暨苏州市党性教育实训基地开放。

2—6日 第十二届江苏书展举办。该书展主题为“阅读新时代 喜迎二十大”，主展场设在苏州国际博览中心，参展单位400余家，参展出版物8万余种，举办线上线下活动140余场，另设152个线下、2个线上分展场，主展场和分展场总销售额1.55亿元。其间，《苏州全书》编纂工程启动。

5日 西门子电气产品中国及东亚总部在苏州高新区揭牌。

10—12日 第十四届苏州国际精英创业周暨第三届苏州科学家日活动举办。2796名人才、嘉宾携2819个项目参与创业周活动，完成签约1899个。其间，市委人才工作领导小组、市政府办公室分别发布《关于加快推进高品质人才社区建设的指导意见》《苏州市支持青年人才发展若干措施》。

12日 吴江汾湖高级中学通过四星级普通高中晋星评估。全市累计有四星级高中43所。

13日 沪苏嘉城际铁路水乡旅游线（江苏段）开工。沪苏嘉城际铁路东起上海虹桥商务区，南至浙江嘉兴市区，西至苏州市吴江区，由上海示范区线（上海段）、水乡旅游线（江苏段）、嘉善至西塘线和嘉兴至枫南线（浙江段）组成，三线在水乡客厅站交会，线路全长170千米，设计时速160千米。

△ 市委办公室、市政府办公室印发《关于全面实施苏州“环太湖科创圈”“吴淞江科创带”建设的指导意见》，推进太湖新城、太湖科学城、独墅湖科教创新区、昆山未来城建设。

14日 苏州市成为首批全国商业秘密保护创新试点地区。

15日 “苏州”“常熟”等60个地名被列入首批苏州市级地名文化遗产保护名单。

15—16日 第十一届中国苏州文化创意设计产业交易博览会在苏州国际博览中心举办。其间，举办第二届苏州·中国文化产业峰会，启动苏州市文化产业首届“东吴奖”评选，20个数字文化重点项目签约，总投资额50.82亿元。

19日 先进技术成果转化长三角园区在相城区启用。

△ 在世界知识产权组织成员国大会上，苏州瑞派宁科技有限公司获得首届世界知识产权组织中小企业全球奖。

20日 长三角地区政协就“推进长三角地区重大科技创新平台载体建设”到苏州开展委员联合视察。

△ 昆山市、张家港市、常熟市、太仓市入围赛迪顾问县域经济研究中心发布的2022赛迪百强县榜单，分别列第一位、第三位、第四位、第七位。

21日 苏州市民营企业“企业家日”主题活动暨2022“百强民企”系列发布仪式举办。该日是首个“苏州企业家日”。

△ 苏州工业园区入选中国半导体行业协会“2022年第三代半导体最具竞争力产业园区”。

22日 苏州市41个项目获得第23届中国专利奖，总数列全省设区市第一位。

25日 中国中医科学院和苏州市政府全面深化合作大会召开。中国中医科学院大学动工，市政府与中国中医科学院西苑医院签约共建中医类国家医学中心。

△ 市政府与中国医药健康产业股份有限公司签署战略合作协议，通用技术中国医药苏州公司落户吴中区。

△ 中国信息通信研究院江苏分院签约落户吴中区。

27日 苏州籍中国工程院院士、国家最高科学技术奖获得者、防护工程专家钱七虎被中央军委授予“八一勋章”。

△ 吴江区、虎丘区、吴中区入围赛迪顾问城市经济研究中心发布的2022赛迪百强区榜单，分别列第9位、第48位、第54位。

28日 市政府与上海对外经贸大学签署战略合作协议。

29日 东盟—中日韩（10+3）产业链供应链合作论坛暨东亚企业家太湖论坛在苏州举办。中共十九届中央政治局委员、国务院副总理胡春华发表视频致辞。

30—31日 2022中国母基金50人论坛在吴江区举办。会上，中国母基金峰会永久会址揭牌，全国首只股权质押基金发布。

31日至8月1日 云南省党政代表团到江苏考察。其间，到昆山市、苏州工业园区考察产业发展、科技创新情况。

8月

1日 苏州市、张家港市、常熟市、太仓市、昆山市、吴江区、吴中区、姑苏区获得第十二届“江苏省双拥模范城（县、区）”称号。

3日 恒力集团、盛虹集团、沙钢集团入围2022《财富》世界500强榜单，分别列第75位、第241位、第291位。

4日 苏州市获评首批国家知识产权强市建设示范城市。

7日 市委工作会议召开，贯彻省委工作会议部署，部署下半年工作，要求奋勇夺取“双胜利”，当好全省“压舱石”，以实际行动迎接党的二十大胜利召开。

9日　2022苏州首店经济发展大会暨进口贸易促进大会召开。

10日　昆山市获评国家公交都市建设示范城市。

△　克诺尔商用车系统中国区研发中心和苏州生产基地在苏州高新区启用。

13日　苏州市政府与盐城市政府签署合作协议，深化在农业领域的合作。

13日至9月14日　2022年戏曲百戏（昆山）盛典举办。全国政协副主席卢展工出席开幕式。其间，举办开闭幕式、全国戏曲领军人才优秀剧目展演、"天下第一团"青年表演人才培训3项主体活动，以及"看百戏、游江苏"主题游等延伸活动。54名全国戏曲领军人才参与演出，线下演出7台大戏和3台折子戏组合，线上演出11部大戏和20台折子戏组合。

16日　观前街区、同里古镇入选第二批国家级夜间文化和旅游消费集聚区名单。

17日　市政府印发《关于推动新兴服务业高质量发展的指导意见》，推动发展数字赋能型服务、知识驱动型服务、消费导向型服务等新兴服务业。

18日　张家港市、相城区入选全国首批数字家庭建设试点名单。

△　太湖光子中心在苏州高新区启动建设。

△　由苏州城市建设投资发展有限公司、苏州市保障性住房建设有限公司合并重组的苏州城市建设投资发展（集团）有限公司揭牌。

19日　昆山市、张家港市、常熟市通过全国首批创新型县（市）验收。

△　截至该日，苏州大部分地区达到中旱等级，吴中区金庭镇、东山镇达到重旱等级。

19日至9月27日　第二届海峡两岸青年文化月在苏州举办。其间，举办两岸文化交流活动30余场。

20日　中央广播电视总台江苏总站与苏州市政府、无锡市政府签署战略合作协议，中央广播电视总台江苏总站苏南记者站揭牌。

22日　苏州城市出行服务与物流自动驾驶先导应用试点入选全国第一批智能交通应用试点项目名单（自动驾驶和智能航运方向）。

25日　市十七届人大常委会第三次会议审议通过《苏州市平安建设条例》；决定设立苏州国家历史文化名城保护纪念日，时间为每年10月26日。

△　全国一体化算力网络长三角枢纽节点吴江算力调度中心签约。该中心是"东数西算"工程全国一体化算力网络落地江苏的唯一国家枢纽节点。

△　吴中区入选全国"深化乡村地名服务　点亮美好家园"试点地区。

△　昆山市、姑苏区、苏州工业园区获评首批江苏省文化和旅游消费示范单位。

27日　2022国际卫生合作大会暨中非医院对口合作论坛在苏州举办。11个国家的40余名外籍专家，以及130余名国内专家参会。

△　时值张家港建县（市）60年，首届张家港发展大会召开。

27日至11月3日　2022长江文化节在张家港举办。其间，举办相关活动10项，长江流域的50个城市参与。

28日　中国科学技术大学苏州高等研究院科研中心项目开工，中国科学技术大学生物医学工程学院揭牌。

28日至9月5日　江苏省第二十届运动会在泰州举办。苏州市代表团2002名运动员参加青少年部比赛，获得653枚奖牌，奖牌数、团体总分均列全省设区市代表团第一位。

29日　太仓市、昆山市入选国家知识产权强县建设示范县，张家港市、常熟市、吴江区、吴中区入选国家知识产权强县建设试点县，苏州工业园区、苏州国家高新技术产业开发区入选国家级知识产权强国建设示范园区，昆山经济技术开发区、昆山国家高新技术产业开发区、张家港保税港区入选国家级知识产权强国建设试点园区。

30日　吴江区公安局吴江经济技术开发区派出所副所长王恩鹏、张家港市精神文明建设指导委员会办公室被中共中央、国务院分别授予全国"人民满意的公务员"、全国"人民满意的公务员集体"称号。

30日至10月28日　第四届中国苏州江南文化艺术·国际旅游节举办。其间，围绕雅韵江南、文论江南、丝韵江南、精致江南、乐游江南5个板块举办名团名剧名家精品剧目展演等200余场演出，举办第三届"苏州最江南"学术论坛等20余项论坛、展览，超过60万人次现场参与，超过4亿人次在线参与。

9月

2日　2022中国机器人产业发展大会暨苏州市机器人与智能制造产业创新集群推进大会在吴中区召开。

△　苏州金鸡湖商务区入围2022中国商务区综合竞争力20强名单。

3日　苏州市平江片区古建老宅活化利用等10个项目入选江苏省城市更新第一批试点项目名单。

5日　市政府发布《苏州市地方政府储备粮管理办法》。

△　位于太仓市娄江新城科教创新区的西交利物浦大学太仓校区启用，1200余名学生迁入该校区。

6日　苏州实验室挂牌组建。苏州实验室是全省唯一经中央批准成立的新型科研事业单位，总部位于苏州工业园区，由中国工程院院士徐南平任主任。

△市政府与中国联合网络通信集团有限公司签署战略合作协议。

△　塘北遗址考古工作专家论证会在吴中区召开。塘北遗址位于独墅湖西侧，是从新石器到明清时期的大型遗址，包含遗迹单位630处，出土文物700余件，其中马桥文化遗存的丰富程度为苏州地区考古发现之最。

△　恒力集团、盛虹集团、沙钢集团、亨通集团、协鑫集团、永钢集团、江苏国泰集团、张家港市沃丰贸易有限公司、通鼎集团9家苏州企业入围中国企业联合会等发布的2022中国企业500强榜单，其中恒力集团、盛虹集团、沙钢集团列前100位。

△　苏州市24个镇入围竞争力智库等发布的2021中国乡镇综合竞争力百强榜单，其中6个镇列前十位，昆山市玉山镇列第一位。

7日　海太长江隧道开工。该过江通道是全国首个公路双管和铁路单管双线盾构隧道，连接太仓市、常熟市和南通市海门区，全长约39千米。其中，过江隧道段长约11千米，是世界最长、全国断面最大的公路水下盾构隧道，是全国首个超大直径盾构隧道预制拼装一体化建造的公路隧道。

△　2022昆山新兴产业发展大会暨昆山开发区国批30周年成果汇报会召开。会上，举办"昆山之路"再出发启动仪式。

△　26家苏州企业入围全国工商联发布的2022中国民营企业500强榜单，其中恒力集团列第三位。

7日至10月7日　第十届海峡两岸（昆台）文化交流月活动在昆山市举办。其间，举办2022海峡两岸（昆山）中秋灯会等59项两岸交流活动。

8日　苏州上市公司高质量发展大

会召开。会上，发布支持上市公司做优做强相关政策，市政府分别与上交所、深交所、北交所签署战略合作协议。

△ 苏州市入选第二批全国足球发展重点城市。

10日 2022年中央广播电视总台中秋晚会播出。其主会场设在张家港市暨阳湖生态公园。

15日 张家港市文化馆等演出的戏剧类作品《打折》获得第十九届群星奖。

16日 苏州市大数据集团有限公司、苏州大数据交易所揭牌。苏州市公共数据开放平台上线。

△ 苏州市评弹团吴静创作的中篇弹词《红色摇篮》获得第十二届中国曲艺“牡丹奖”文学奖。

17日 苏州市储备粮管理有限公司揭牌。该公司负责全市储备粮等政策性粮食运营管理。

△ 吴江变压器有限公司获得2022年度江苏省省长质量奖。

19日 第二届长三角数字金融产业创新周开幕式暨苏州市金融支持产业创新集群发展大会在相城区举办。

20日 吴江区、虎丘区、吴中区入选全国工业互联网推动数字化创新领先城区，苏州工业园区、昆山经济技术开发区入选工业互联网推动数字化创新领先园区，入选总数列全国城市第一位。

22—25日 第四届大运河文化旅游博览会在苏州举办。其间，举办开幕仪式及主题演出、夜游古运河、展览展示、主题论坛、互动联动5个板块13项活动。近10万人次参加现场活动，3.7亿人次线上参与。

24日 第二十九届智能交通世界大会创新大赛暨第一届“姑苏杯”长三角智能交通创新技术应用大赛在苏州启动，大赛至2023年7月结束。市政府与省交通运输厅签署交通运输现代化示范区合作框架协议。

26日 苏州市优化营商环境推进会召开。

△ 苏州市获评2021年度全国健康城市建设样板市。

△ 苏州工业园区生物药创新型产业集群入选首批江苏省创新型产业集群建设名单。

27日 上海大都市圈空间协同规划实施推进会召开。《上海大都市圈空间协同规划》是首个以都市圈为范围的国土空间规划，规划范围包括上海、无锡、常州、苏州、南通、宁波、湖州、嘉兴、舟山在内的“1+8”市域行政区域，其中苏州市被定位为3个综合性全球城市之一。

△ 由学习时报社和江苏省委党校联合主办，苏州市委党校承办的“习近平新时代中国特色社会主义思想指引下的苏州实践”理论研讨会在苏州召开。国家发展改革委、新华日报社、南京大学等单位的专家做主题报告。

△ 位于吴江区太湖新城的苏州大学未来校区启用，苏州大学未来科学与工程学院的300余名学生迁入该校区。

28日 渝蓉高铁（北沿江高铁）江苏段开工。该高铁是国家中长期铁路网规划“八纵八横”之沿江高铁的主通道，连接沪苏皖，设计时速350千米，江苏段全长365千米，途经包括太仓站在内的11座车站。

29日 苏州市和摩洛哥马拉喀什市缔结友好城市签约仪式在线上举办。至此，苏州市缔结国际友城58对，其中市本级23对。

△ 市政府与江苏省农村信用社联合社签署战略合作协议。

△ 苏州中环西线北延通车。该路线由苏州高新区兴贤路至绕城高速跨线桥南，全长约5千米，高架为双向6车道城市快速路标准，地面道路为双向6车道城市主干路标准。

10月

1日 “习近平新时代中国特色社会主义思想指引下的苏州实践”主题展在苏州革命博物馆开展。

9日 市委办公室、市政府办公室印发《苏州市城市更新试点工作实施方案》，明确苏州国家历史文化名城保护区和苏州高新区两大片区作为城市更新试点先行先试示范区域。

10日 张家港市入选全国首批典型地区再生水利用配置试点城市。

14日 昆山市入选2022年国家乡村振兴示范县创建名单。

15日 截至该日，苏州市机动车保有量突破500万辆，数量列全省设区市第一位、全国城市第四位。

16—22日 马瑜婷、郁霞秋等8名苏州代表出席党的二十大。

19日 苏州城市生活服务总入口“苏周到”App用户突破2000万人。

25日 苏州市入选全国智能建造试点城市。

26日 苏州市召开苏州国家历史文化名城保护区高质量发展动员大会。苏州国家历史文化名城保护区、姑苏区召开“砥砺奋进十年路 扬帆起航新征程”大会。

27日 苏州科技商学院揭牌。该学院发挥苏州产业创新集群发展优势，为各类创新主体搭建沟通交流平台。

△ 苏州市科技招商推进大会召开，发布《关于加快推进全市科技招商工作的指导意见》。

28日 市十七届人大常委会第四次会议审议通过《苏州市数据条例》。

△ 苏州市成为全国首个线下购物无理由退货签约商家突破10万家的城市。

28—29日 2022中国实体经济论坛在苏州举办。论坛以“实体经济的智能化改造和数字化转型”为主题，发布“中国制造——苏州样本”调研报告。

2022年10月1日，市民在苏州革命博物馆参观“习近平新时代中国特色社会主义思想指引下的苏州实践”主题展 （濮建明 摄）

全国政协副主席、民革中央常务副主席郑建邦出席活动。

28日至11月7日　首届苏州金鸡湖中法文化艺术周活动在苏州工业园区李公堤文化创意街区和法国巴黎蒙马特街区举办。

29日　恒力环企中心总部项目、盛虹储能总部项目签约落户吴江区。

31日　苏州市文化产业发展推进大会召开。会上，苏州新闻出版集团有限公司、苏州广电传媒集团有限公司、苏州文化投资发展集团有限公司揭牌，市政府与中国数字文化集团签署战略合作协议。

△　312国道苏州东段改扩建工程通车。该路线连通苏州中环和昆山中环，全长33.2千米，主线双向六车道。

11月

3日　苏州市长三角区域一体化工作推进会召开。

△　苏州市智能车联网产业创新集群推进会暨第四届全国智能驾驶大会在相城区召开。

△　2022中国生物技术创新大会以北京和苏州双主会场形式在线上召开。

△　张家港市入选国家进口贸易促进创新示范区。

4日　江苏省新时代民营经济研究院成立大会暨江苏民营经济高质量发展论坛在苏州举办。

△　全国工商联发布《2022年万家民营企业评营商环境报告》，苏州市入围营商环境最好的10个城市，连续两年获评“营商环境最佳口碑城市”。

4—5日　第二届工控中国大会暨工业软件产业链供需对接会在苏州召开。

5—10日　第五届中国国际进口博览会在上海国家会展中心举办。除常设的苏作馆旗舰店外，56家苏州企业参展。其间，长三角G60科创走廊高质量发展要素对接大会召开，作为配套活动之一的第五届中新合作服务贸易创新论坛在苏州工业园区举办。

7日　相聚进博·2022苏州进口贸易促进大会暨跨国公司开放创新合作交流会召开。

8日　国家主席习近平在沙特《利雅得报》发表题为《传承千年友好，共创美好未来》的署名文章，其中提到“中沙合拍的首部电视动画《孔小西和哈基姆》广受小朋友喜爱，播撒中沙友好的种子”。该动画片由苏州欧瑞动漫有限公司和沙特文化新闻部联合出品。

9—10日　苏州市党政代表团到宿迁市、南通市考察，并举办苏州宿迁“1+5”共建园区产业项目集中签约暨开工仪式。

10日　苏州市航空航天产业创新集群推进会暨第二届苏州（太仓）航空航天产业发展大会在太仓市召开。

14日　长三角一体化发展示范区重点项目开工仪式在上海市青浦区、苏州市吴江区、浙江省嘉善县三地举办。

17日　由央企中国中车等发起设立的中城工业集团有限公司在吴江区揭牌。

17—23日　苏州市包机到日本开展招商，成为2020年新冠疫情发生后全国首个组织包机到日本招商的城市，达成意向投资额18.6亿美元，获得订单总额10亿元。

18日　市政府印发《关于促进楼宇经济高质量发展的实施意见》，推出提高楼宇开发品质等10个方面支持举措。

△　苏州市港航投资发展集团有限公司揭牌。苏州市港航物流进入市域一体化阶段。

△　昆山市、张家港市、常熟市、太仓市入围中国中小城市发展指数研究课题组发布的2022年度全国综合实力百强县市，分别列第一位、第三位、第四位、第七位；昆山市玉山镇等7个镇入围2022年度全国综合实力千强镇前十名。

19日　哈尔滨工业大学苏州研究院合作签约仪式在吴中区举办。至此，C9（中国九校联盟）高校全部在苏州实现重大布局。

20日　苏州太湖光子中心建设推进会暨苏州高新区产业创新集群发展大会召开，苏州市光子产业联盟、太湖光子中心协同创新平台启动。

23日　苏州市、无锡市签署协同发展战略合作协议和共同推进交通基础设施互联互通战略合作协议。

△　苏州市社会科学院揭牌。该院为苏州市社会科学基础理论研究和应用对策研究平台。

△　苏州市入围赛迪研究院发布的2022先进制造业百强市榜单，列第二位。

24日　姑苏区、苏州太湖国家旅游度假区入选首批江苏省文旅产业融合发展示范区。

24—25日　第六届中国空天动力联合大会在苏州召开。

25日　苏州市作为全省唯一城市入选人力资源社会保障部等公布的个人养老金先行城市。

△　张家港经济技术开发区、吴中经济技术开发区被命名为国家生态文明建设示范区（生态工业园区）。

△　由苏州银行等设立的苏新基金管理有限公司获得中国证监会批复设立，成为全省首家获批设立的公募基金管理公司。

△　苏州市“探索老菜场更新的‘市集模式’”“吸引社会力量参与城市更新”2项经验做法入选全国第一批实施城市更新行动可复制经验做法清单。

26日　市政府与中国建筑集团有限公司签署深化战略合作框架协议。

△　亚盛医药全球产业基地及创新工场在苏州工业园区启用。

27日　相城区、苏州工业园区被授牌为首批江苏省车联网和智能网联汽车高质量发展先行区。

28日　全国首条下穿通航运河异型双层隧道——苏州独墅湖南隧道通车。该隧道连接吴中区、苏州工业园区，全长3.3千米。

△　苏州地域文明探源工程在苏州工业园区启动。苏州市成为全国首个实施文明探源工程的地级市。

△　盛虹控股集团有限公司获得第七届中国工业大奖（企业），江苏永钢集团有限公司“钢铁产业绿色低碳全链赋能乡村振兴项目”获得第七届中国工业大奖（项目）。

29日　作为“中国传统制茶技艺及其相关习俗”的重要组成部分，碧螺春制作技艺被联合国教科文组织列入人类非物质文化遗产代表作名录。至此，全市累计有世界级非遗项目7项。

△　由江苏昆山籍航天员费俊龙担任指令长的航天员乘组搭乘神舟十五号载人飞船到中国空间站开展为期六个月的航天任务。这是继2005年后费俊龙第二次执行载人飞船飞行任务。

△　全国首个地级市古籍馆——苏州古籍馆在苏州图书馆（人民路馆）揭牌。

30日　苏州市生物医药及高端医疗器械集群、高端纺织集群入选国家先进制造业集群。

△　通苏嘉甬高铁江苏段在苏州开工。通苏嘉甬高铁起自南通，通过沪苏通长江公铁大桥过江，进入苏州、嘉兴，终至宁波。全线设10座车站，新建正线

约301千米，设计时速350千米。其中，江苏段135千米，在苏州设有张家港、常熟西、苏州北、苏州南4座车站。

12月

3日　太湖新城规划建设工作推进会召开，《太湖新城规划建设三年行动计划（2023—2025年）》发布。

7日　苏州汇川技术有限公司等10家企业获评江苏制造突出贡献奖优秀企业，苏州安洁科技股份有限公司董事长王春生等10人获评江苏制造突出贡献奖先进个人，苏州市工业和信息化局等10家单位获评江苏制造突出贡献奖先进单位，获奖数量列全省设区市第一位。

8日　苏州市入围竞争力智库等发布的"2022中国地级市基本现代化指数前100名"，列第三位；昆山市、张家港市、常熟市、太仓市入围"2022中国县级市基本现代化指数前100名"，分别列第一位、第二位、第四位、第五位。

△　昆山队以28胜5平1负的成绩获得2022赛季中国足球协会甲级联赛冠军，并取得2023赛季中国足球协会超级联赛参赛资格。

9日　苏州市公共就业服务能力提升示范项目入选全国首批示范项目。

9—18日　苏州市包机到法国、德国开展招商，成为2020年新冠疫情发生后全国首个组织包机到欧洲招商的城市，达成意向投资总额59.5亿美元，获得订单总额30亿元。

10日　绿色可持续发展大会（2022）暨中欧可持续发展高层论坛在太仓举办。全国政协副主席梁振英视频致辞。太仓高新区申报的中欧（太仓）绿色数字创新合作区入选2022年度中欧碳中和创新合作示范项目。

△　苏州将部分核酸采样屋改造为发热诊疗站，为市民提供看诊配药服务。截至20日，累计设置1035个。

10—11日　共青团苏州市第二十次代表大会召开。方芳当选为团市委书记。

11日　市委十三届四次全会召开，通过《中共苏州市委关于深入学习贯彻党的二十大精神在新征程上全面推进中国式现代化苏州新实践的决定》。

△　"百亿让利 笑拼苏州"第三届"双12苏州购物节"启动。该购物节持续至2023年2月5日，推出12项消费活动，参与企业1.2万家，让利总额超过150亿元。

15日　"江苏常熟城市发展与湿地保护创新模式"获得由美国保尔森基金会和清华大学联合评定的2022年"保尔森可持续发展奖"（"自然守护"类别）。

16日　"向阳花开 法润万家"——青少年家庭教育指导守护计划等10件新事获评2022年度苏州市精神文明建设"十佳新事"，杨海兵等10人获评"十佳新人"暨苏州市道德模范。

△　苏州草鞋山考古遗址公园入选国家考古遗址公园立项名单。

17—18日　苏州市文学艺术界联合会第十二次代表大会召开。王尧当选为市文联主席。

19日　东太湖隧道、苏州湾隧道、阳澄湖星济隧道工程集中开工。

21日　苏州市连续两年获评新华社《瞭望东方周刊》等发布的中国最具幸福感城市（地级市），太仓市连续7年列中国最具幸福感城市（县级市）榜首，太仓市、常熟市获评2022企业家幸福感最强市（区）。

21—22日　苏州市残疾人联合会第七次代表大会召开。胡岚当选为市残联执行理事会理事长。

22—23日　苏州市科学技术协会第十四次代表大会召开。路建美当选为市科协十四届委员会主席。

23日　苏州市连续3年获评智联招聘等发布的"中国年度最佳促进就业城市""中国年度最佳引才城市"。

26日　吴江区入选国家水土保持示范县，国网江苏省电力有限公司苏州南部500千伏电网加强工程入选国家水土保持示范工程（生产建设项目）。

27日　张家港市获评全国首批全民运动健身模范县（市、区）。

△　市政府公布首批苏州市古镇、古村、老街名录。张家港市凤凰镇等23个镇、吴中区东山镇陆巷村等73个村、姑苏区平江历史文化街区等43个老街分别入选。

28日　市委经济工作会议召开，总结2022年经济工作，部署2023年经济工作。

△　吴中区、相城区入选全国率先基本实现主要农作物生产全程机械化示范县（市、区）。至此，苏州7个涉农县级市（区）均入选该项示范。

29日　太仓港集装箱吞吐量突破800万标准箱，连续5年列全省港口第一位，连续13年列长江港口第一位。

△　苏州市连续11年入围科技部国外人才研究中心公布的"外籍人才眼中最具吸引力的中国城市"，列第七位。

△　苏州市"以法治督察推动法治建设提质增效"入选中央依法治国办公室市县法治建设工作实地督察发现的典型经验做法。

29日　苏州市、昆山市入选全国绿色出行创建考核评价达标城市。

△　苏州市首届雕塑作品展在苏州美术馆开幕。该展览持续至2023年1月13日，展出作品75件。

30日　市十七届人大常委会第五次会议审议通过《苏州市终身学习促进条例》《苏州市大运河文化保护传承利用条例》。

△　苏州太湖雪丝绸股份有限公司、昆山佳合纸制品科技股份有限公司在北京证券交易所上市。其中，苏州太湖雪丝绸股份有限公司成为苏州市丝绸行业第一家上市公司。至此，全年全市新增A股上市公司25家。

31日　第44届寒山寺新年听钟声活动举办。

△　金鸡湖隧道主线通车。金鸡湖隧道全长约6千米，主线长5.4千米，是全国最长的明挖法城市湖底公轨共建隧道。

△　昆山市全年完成地区生产总值5006.7亿元，成为全国首个地区生产总值突破5000亿元的县级市。

编辑：刘凤伟

市情概览

自然理地

【位置面积】 苏州市位于长江三角洲中部、江苏省东南部，地处北纬30°47′~32°02′、东经119°55′~121°20′，东傍上海市，西邻无锡市，南接浙江省，北枕长江，总面积8657.32平方千米，占全省面积的8.27%。市区面积4652.84平方千米，市区建成区面积481.33平方千米，古城区面积14.2平方千米。苏州市地理位置优越。京沪高速铁路、沪宁高速铁路、沪宁高速公路和沿江高速公路贯穿东西，京杭大运河和常台高速公路、常嘉高速公路连接南北，绕城高速公路及国道、省道等四通八达。横卧北侧的长江是国家重要水运干道。位于长江下游南岸的苏州港（含常熟港区、张家港港区和太仓港区）是国家一类口岸。

【地形地貌】 苏州市地处以太湖为中心的浅碟形平原的底部，地势低平，平原占总面积的54.9%，海拔4米左右。东南部地势低洼，西南部多小山丘，穹窿山主峰海拔341.7米，为全市最高点。丘陵占总面积的2.7%。境内河流纵横，湖泊众多，京杭大运河贯通南北，吴淞江、娄江、太浦河等连接东西，阳澄湖、昆承湖、淀山湖等散布其间，太湖水面绝大部分在苏州市境内。河流、湖泊、滩涂面积占全市总面积的36.6%，是著名的江南水乡。

（年鉴编辑部）

【气候】 苏州市属亚热带海洋性季风气候，四季分明，气候温和，雨量充沛。气候特点为春夏之交多梅雨，夏末秋初多台风。

2022年，全市气候情况：

年平均气温列历史第二位，4月中旬初和10月初气温创新高　全市年平均气温17.9℃，较常年偏高1.1℃，列历史第二位，仅次于2021年。极端最高气温40.7℃，极端最低气温零下5.7℃。冬季（2021年12月—2022年2月）显著偏低，春季和夏季均创历史新高，秋季正常。全年有5个月份平均气温异常偏高，其中3月、6月和8月列历史同期第一位。

年降水量正常略偏少，降水日数偏少　全市年平均降水量（气象部门口径）1068.6毫米，较常年偏少11.6%，空间分布呈西北部和南部多、中部少的特征，其中张家港市最多，为1145.7毫米，市区（不含吴江区）最少，为1004.2毫米。平均年降水日数112天，比常年偏少15天。从季节看，冬季偏少，春季正常、夏季偏少、秋季偏多。从月份看，全年有4个月降水量偏多，其中3月、9月和11月显著偏多；有6个月降水量偏少，其中5月和8月显著偏少。

日照时数正常，无霜期偏短　全市平均年日照时数为1983.4小时，较常年偏多8.2%。空间分布南北多、中部少，其中张家港市最多，为2232.3小时，较常年偏多23.5%；昆山市最少，为1803.7小时，较常年偏少1.3%。春季终霜结束于4月3日，较常年偏晚13天，秋季初霜出现于11月16日，较常年偏早2天，全年无霜期为226天，较常年偏短17天。

入春明显偏早，春季明显偏长，夏季高温日偏多　按气象意义上的四季划分标准，2月27日入春，较常年偏早24天，为有气象记录后的最早春天；5月21日入夏，较常年偏早6天；春季长83天，为2008年后最长春天；9月21日入秋，较常年偏早7天；11月30日入冬，较常年偏晚5天。日最高气温≥35℃的高温天数全市平均为46.3天，较常年偏多30.3天，各站天数均创历史新高。

春季创区域性暴雨日最早历史纪录　3月21日，受低空切变线影响，全市出现区域性暴雨，24小时累计降水量45.6毫米（张家港市）~56毫米（昆山市），其中苏州市区（不含吴江区）、常熟市、昆山市和吴江区达到暴雨，常熟市、太仓市和昆山市创3月单日最大降水量历史记录，昆山市和太仓市创最早暴雨日历史记录。

梅雨不典型，梅雨量显著偏少　6月23日入梅，7月8日出梅，梅长15天，较常年偏短6天。全市平均梅雨量为87.6毫米，较常年偏少64.8%，属于显著偏少。区域分布上呈现西北部和中东部多、东北部和西南部少的特征。梅雨期以过程性降雨为主并有明显的降雨间歇和阶段性高温。梅雨期有3次明显的降雨过程，分别出现在6月23日夜里至24日、6月28日夜里至29日、6月30日，未出现区域性暴雨。其中，6月30日08时至7月1日08时自动站最大累计降雨量为137.2毫米，出现在常熟市苏通桥南交通站；最大小时雨强为90.9毫米，出现在吴中区角直镇。

7月26日午后强飑线雷暴大风　7月，全市气温异常偏高，在持续极端高温影响下，大气能量充沛。受强飑线影响，7月26日14—17时出现8~12级雷暴大风，其中123个站出现8级以上大风、60个站出现9级以上大风、24个站出现10级以上大风，9个站出现11级以上大风、3个站出现12级以上大风。最大风力每秒36.8米（12级，吴中胥口镇）。大风造成1人死亡，农作物受灾面积88公顷，经济损失125万元。

夏季持续异常高温热浪，局部出现重旱　夏季，全市平均气温异常偏高、高温日数异常偏多、高温强度异常偏强、高温持续时间长。各国家气象观测站平均气温均创历史新高。高温日数42天（张家港市）~51天（苏州市），昆山市和常熟市高温日数创建站后历史新高，其余各站高温日数列建站后第二位，仅次于2013年。全市最高气温除太仓市外均在40℃以上，极端最高气温40.7℃，8月14日出现在吴中区。高温热浪和少雨叠加，导致8月上旬后期旱象逐渐显现，8月中旬旱情发展，至8月19日全市大部分地区达到中旱等级，吴中区金庭镇和东山镇达到重旱等级。

台风“梅花”有明显风雨影响 受2022年第12号台风“梅花”影响，9月12日20时至15日12时，全市普降暴雨到大暴雨，最大累计雨量183.9毫米（出现在张家港市德积街道）。其中，14日08时至15日12时最大累计雨量122.2毫米（出现在吴江区盛泽镇）。其间，出现陆上阵风8~10级、水面最大阵风11级的大风（每秒31.1米，15日凌晨02时出现在太仓市浏河水源地）。台风造成部分树木倒伏，绿化损毁，广告牌坠落。

春秋季多发强浓雾 3月11日后半夜到12日早晨和11月9日后半夜到10日早晨全市出现区域性强浓雾，最低能见度60米，出现在太仓市（11月10日）。

秋末区域性强寒潮影响 11月28日夜里到30日全市出现区域性强寒潮。48小时最低气温降幅14.2℃（吴中区）~15.3℃（张家港市），12月1日早晨最低气温0.2℃（吴中区）~1.6℃（昆山市、太仓市）。强寒潮影响期间，全市16个自动气象站出现8级以上大风，最大9级（太湖小雷山，每秒21.2米）。

12月阶段性低温冰冻 由于秋末冬初冷空气活动频繁，12月18—19日和23—25日全市先后出现阶段性低温冰冻天气，其中24日早晨太仓市最低气温零下5.7℃。

（市气象局 曹舒娅）

【水文】 苏州市境内地势由西向东南微微倾斜，平原广阔，水源充沛，山丘点缀。烟波浩渺的太湖承接上游南溪、苕溪水系来水，通过苏州的河网入江入海。苏州市是太湖洪水下泄归海的必经廊道，太湖又是苏州供水的可靠水源。境内的河流、湖泊受上游来水、下游江海潮汐和人类活动的影响，水文情势比较复杂，梅雨和台风是造成洪涝灾害的主要原因。

2022年，苏州市全站区平均降水量（水文部门口径）996.9毫米，比多年平均值（1138.4毫米）偏少12.4%，属枯水年。汛期（5—9月）面平均降水量476.2毫米，较多年面平均降水量（702.4毫米）偏少32.2%；降水主要集中在9月，较多年平均偏多37.3%，5月、6月、7月和8月较多年平均分别偏少71.9%、9.9%、44.3%和67.1%。

苏州市于6月23日入梅，至7月8日出梅，入梅偏晚，出梅正常，梅长15天，较常年偏短，累计面平均梅雨量83.9毫米，较多年面平均梅雨量（213.3毫米，统计至2020年）偏少60.7%，最大梅雨量站点昆山站148.8毫米。梅雨期雨量偏少，分布不均，梅雨不典型。

水情的变化往往受降水的影响，全年苏州地区降水量整体偏少，河湖水位偏低，9月12—15日受台风“梅花”影响，部分河湖水位略有上涨，整体水位平稳。

太湖水位总体平稳，汛初（5月1日）水位3.35米，汛末（9月30日）水位3.23米，下降0.14米；汛期最高水位3.38米（6月10日），最低水位3.00米（8月20日），变幅0.38米；太湖水位入汛初至入梅日（6月23日）高于常年同期水位，至6月23日后始终低于常年同期水位；汛期平均水位3.21米，低于常年同期0.15米。

苏州市濒临长江，在沿长江的通江河道上都建有水利工程，主要有沿江八大闸。根据年度降水量状况，各水利工程通过科学调度调控区域水资源量，以满足工农业生产用水及居民生活用水需求。全年沿江八大闸共引水1249潮次，引水总量40.91亿立方米，排水651潮次，排水总量24.73亿立方米，引水量高于排水量；其中，汛期共引水593潮次，引水总量17.63亿立方米，排水331潮次，排水总量11.93亿立方米。

全市306个水质监测断面中，优于Ⅲ类水（含Ⅲ类）的断面数占80.1%；Ⅳ类水的断面数占13.4%；Ⅴ类及劣Ⅴ类水的断面数占6.5%。

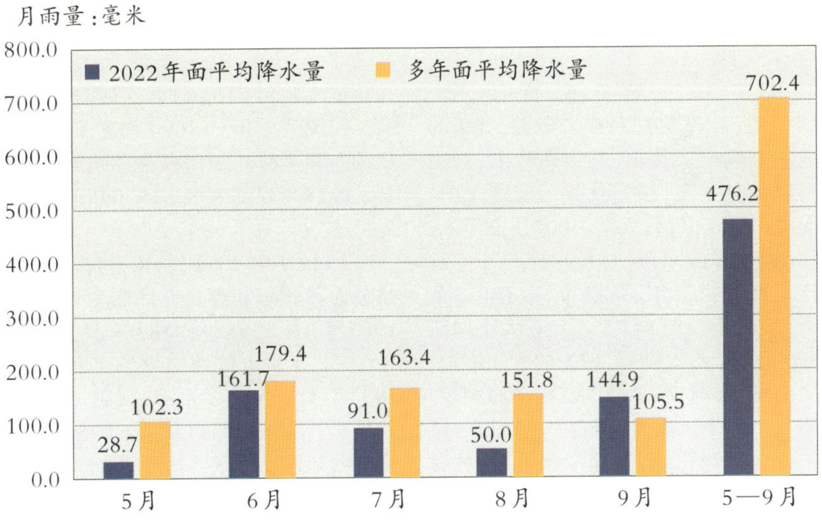

2022年苏州市汛期各月面平均降水量与多年面平均降水量对比图

（省水文局苏州分局 供图）

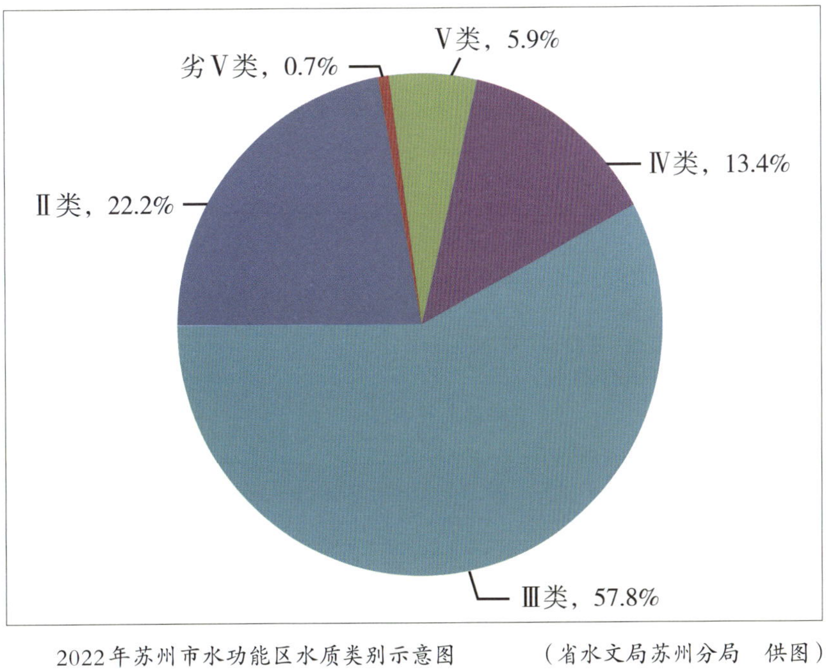

2022年苏州市水功能区水质类别示意图 （省水文局苏州分局 供图）

通过分析监测断面单项评价因子不达标测次（超Ⅲ类水质目标）占总测次的比例（简称“超标率”），全市高锰酸盐指数超标率2.1%，氨氮超标率5.5%，总磷超标率15.7%。统计氨氮、高锰酸盐指数和总磷三项因子的超标率，各县级市（区）主要超标因子为总磷，其次为氨氮。

随着水环境治理力度的加大，河湖水质有所好转，苏州市水功能区两项均值达标率整体呈上升趋势，从2011年的42.7%提高到2022年的98.1%，2022年达标率达到峰值。

（省水文局苏州分局　程　颖）

【资源】苏州市境内土层深厚，土壤大多属水稻土，质地以重壤土为主。人均占有耕地面积低于全省、全国水平。全市有探明的高岭土、硫、花岗石、石灰石、石英、煤、天然气、铜、铁、铅、锌、铟、镉、银、磁铁15种矿产资源，开采的以非金属矿产为主，其中高岭土、花岗石以储量丰富、质量优异而名冠全国。境内水域面积（含太湖）3607平方千米。大小河流2万余条，总长1457千米。长江流经张家港市、常熟市、太仓市3个市，境内全长约147千米。有大小湖泊300余个。除太湖外，较大的有阳澄湖、淀山湖、澄湖、昆承湖、元荡、独墅湖等。境内植物生长茂盛，覆盖率高。城区植被以公共绿化地、道路绿化带、园林绿化及单位内绿化地为主；农村植被以农作物为主。境内野生动物有400余种，牲畜主要有猪、牛、羊、兔、鸡、鸭、鹅等。

【物产】苏州市主要种植水稻、麦子、油菜，旱地主要出产棉花、蚕桑、林果等，低洼塘田较多，出产莲藕、芡实、茭白、慈姑、荸荠、莼菜、水芹、红菱等水生作物。特产有鸭血糯、白蒜、柑橘、枇杷、板栗、杨梅、桂花、茶花、碧螺春茶等。苏州市水产资源丰富，水产养殖面积3.38万公顷，出产30余种淡水鱼类，长江白吉、鲥鱼、刀鱼、太湖银鱼、白虾、梅鲚鱼、阳澄湖大闸蟹、吴江紫须蟹、内塘鳜鱼、鲫鱼、青鱼、塘鳢鱼、鳗鲡以及莼菜、珍珠等为著名特产。

（年鉴编辑部）

历史人文

【建置沿革】苏州，又称姑苏。西汉司马迁《史记·河渠书》：“上姑苏，望五湖。”北宋朱长文《吴郡图经续记》：“姑苏山……或曰姑胥，或曰姑余，其实一也。”明代卢熊《苏州府志》：“姑胥台，台因山名，合作胥，今作苏，盖吴音声重，凡胥、须字皆转而为苏，故后人直曰姑苏。隋平陈，乃承其讹，改苏州。或者谓胥与输音相近，兵家不取，或又谓吴中鱼禾所自出，苏字兼之，故曰苏。”苏州有文字记载的历史有4000余年。夏代分天下为九州，苏州属扬州的一部分。商代末年，泰伯、仲雍到江南，自号句吴。春秋时，寿梦于公元前585年称王，建吴国。吴王阖闾于公元前514年始建苏州城，为吴国都城。战国时先后属越、楚。秦代建置吴县，为会稽郡治所。东汉设吴郡。三国时属孙权吴国。两晋南北朝的大部分时间为吴郡治所。隋开皇九年（589）始称苏州。两宋时期为平江府，元改平江路，均为治所；元至正十六年（1356）张士诚改称隆平府。明洪武二年（1369）称苏州府。清代续为苏州府。1912年撤苏州府，设吴县；1928年建苏州市；1930年撤销，复称吴县。

1949年中华人民共和国成立后，苏州分为苏州市和苏州专区两个行政区。1953年1月之前和1958年7月至1962年6月，苏州市曾两次划归苏州专区。1953年至1957年，无锡、江阴、宜兴和武进4个县划归苏州专区。1956年初，宜兴划归镇江专区。1958年初，苏州专区又同松江专区合并；是年7月，武进县划归镇江专区；11月，原松江专区所属各县又划归上海市。1961年，从常熟、江阴划出部分公社，成立沙洲县。1983年初，江阴、无锡2个县划归无锡市，苏州市实行市管县新体制，下辖常熟、沙洲（后更名为张家港市）、太仓、昆山、吴县、吴江6个县和平江、沧浪、金阊、郊区（后更名为虎丘区）4个区。之后6个县先后撤县建市。1992年和1994年，先后从吴县及郊区划出部分乡镇，设立苏州新区和苏州工业园区。2001年2月，撤销吴县市，分设吴中区、相城区。2002年9月，苏州新区、虎丘区区划调整，成立苏州高新区（虎丘区）。2012年8月29日，经国务院批准，江苏省政府同意撤销平江区、沧浪区、金阊区，设立姑苏区，以原平江区、沧浪区、金阊区的行政区域为姑苏区的行政区域，同时成立苏州国家历史文化名城保护区；撤销吴江市，设立吴江区，以原县级市吴江市行政区域为吴江区的行政区域。2012年10月26日，姑苏区（苏州国家历史文化名城保护区）挂牌成立。2012年10月29日，吴江区挂牌成立。

（市民政局　莫俊洪）

【行政区划】2022年末，苏州市辖吴江、吴中、相城、姑苏、虎丘5个区及苏州工业园区，代管张家港、常熟、太仓、昆山4个县级市。全市有46个街道、51个镇，下设1275个社区居委会、940个村委会、3个场圃。年内，撤销社区居委会3个，成立62个；撤销村委会2个。

（市民政局　陶绪琳）

表1　2022年苏州市行政区划统计表

地区	街道（个）	镇（个）	社区（个）	村（个）	场圃（个）
张家港市	3	7	121	144	1
常熟市	6	8	135	214	1
太仓市	2	6	88	72	0
昆山市	0	10	225	129	0
吴江区	4	7	97	210	0
吴中区	7	7	125	84	1
相城区	7	4	78	64	0
姑苏区	8	0	169	0	0
苏州工业园区	5	0	177	0	0
虎丘区	4	2	60	23	0
合计	46	51	1275	940	3

注：苏州工业园区代管斜塘、娄葑、唯亭、胜浦、金鸡湖5个街道及所辖社区；场圃中，吴中区为吴中区林场，常熟市为虞山林场，张家港市为常阴沙现代农业示范园区。

（资料来源：市民政局）

【江南文化】 苏州地处长江下游、太湖流域，是江南地区的核心区域。苏州是吴文化的发祥地，人文荟萃。苏州文坛贤才辈出，代表人物有：西晋文学家陆机，宋代政治家范仲淹、诗人范成大，明代小说家冯梦龙和"吴门画派"代表画家沈周、文徵明、唐寅、仇英，清代及近代文人顾炎武、俞樾、章太炎，现（当）代文人叶圣陶、顾颉刚、钱仲联、张梦白、陆文夫等。苏州是著名的状元之乡。历史上苏州曾出过46名文状元、5名武状元，数量列全国城市第一位。苏州图书馆、常熟图书馆、苏州大学图书馆、吴江图书馆、苏州博物馆被列为全国古籍重点保护单位。苏州的绘画、书法、篆刻、诗文流派纷呈、各有千秋。苏州是全国最古老剧种之一昆曲的诞生地。昆曲有600余年的历史，人称"中国戏曲之母"。2001年5月，昆曲被联合国教科文组织列入人类口头和非物质遗产代表作。评弹是用苏州方言表演的说唱艺术，在苏浙沪一带流传300余年，仍为群众所喜闻乐见。常熟虞山琴派是中国古琴艺术的一个重要流派，2003年11月，中国古琴艺术被联合国教科文组织列入第二批人类口头和非物质遗产代表作。2009年9月，苏州端午习俗、宋锦、缂丝、香山帮传统建筑营造技艺被联合国教科文组织列入人类非物质文化遗产代表作名录。2022年11月，碧螺春制作技艺被联合国教科文组织列入人类非物质文化遗产代表作名录。截至2022年底，苏州市有非物质文化遗产世界级项目7项、国家级33项、省级124项、市级172项，非物质文化遗产国家级代表性传承人50人、省级143人、市级464人。2017年10月，近现代中国苏州丝绸档案被联合国教科文组织列入世界记忆名录。苏州工艺品闻名中外，苏绣与湘绣、蜀绣、粤绣同被誉为中国"四大名绣"；桃花坞木刻年画与天津杨柳青木刻年画齐名，世称"南桃北杨"。苏州缂丝、雕塑、宋锦、苏扇、红木雕刻等工艺品闻名国内外。

【节令习俗】 苏州民俗向以"土风清且嘉"为世人所称道。苏州人讲究"不时不食"。苏州许多风俗习惯与岁时节令有关。按四时节令分，春有春节、小年朝、接路头、迎春、元宵、二月二、清明等，夏有立夏、"轧神仙"、端午、六月六等，秋有乞巧、七月半、七月三十、中秋、八月十八、重阳等，冬有冬至、腊八、送灶、除夕等。农历正月初一为岁朝，苏州人向有晨起放3个开门爆竹之习俗。2016年11月，苏州市人民政府颁布《苏州市市区禁止燃放烟花爆竹规定》，明确自2017年1月1日起，姑苏区全区和苏州工业园区、苏州高新区、吴中区、相城区、吴江区各区部分区域禁止燃放烟花爆竹。2017年11月22日，苏州市人民政府再发通告，决定扩大市区禁止燃放烟花爆竹区域，从2018年1月1日起施行。于是新春期间，无烟花爆竹燃放现象。新春头5天，家中有客到访，主人将橄榄加入杯中一起泡茶待客，谓之"元宝茶"，以讨口彩。新春贺年，也由过去差人送"飞帖"拜年，改为寄贺年卡、打电话、发短信、发微信拜年。新春期间，熟人相遇，互道"新年好"。农历二月初二，苏州有"二月二，龙抬头"之说，小孩在该天理发，寓意为"龙抬头"。是日，还有吃"撑腰糕"之俗。立夏日，旧俗用樱桃、青梅、元麦享祀祖先。是日，还有称体重之习俗，记下立夏时的体重，到立秋日复称一次，以观察一个夏天后体重的增减。吃蚕豆、咸鸭蛋、苋菜的立夏"尝三鲜"之习俗尚存。"轧神仙"是苏州民俗一大特色。相传农历四月十四日是吕纯阳诞辰，俗称"神仙生日"。是日，阊门内下塘是"轧神仙"的中心地带，那里列摊设市，出售各种花草盆景、泥塑玩偶等。善男信女特别是得疑难杂症者，买些小玩意儿或花卉以求神仙保佑。所买之物也都冠以"神仙"两字，如"神仙乌龟""神仙糕"等。后为方便市民通行，活动迁移并扩至石路地区，成为民间商贸集市活动。端午节，苏州除吃粽子纪念伍子胥之外，还举办游船和赛龙舟活动。农历六月初六，旧俗有狗浴和翻晒经书之习俗。如今狗是城镇禁养动物（宠物狗例外），而翻晒经书也演变为翻晒衣被之习俗，有关旧书晒卖活动曾在平江路沿街设摊举办，交易颇为热闹。旧俗每于农历八月十八日雇船至石湖行春桥畔看石湖串月，20世纪50年代前后，每年此日上方山下的石湖岸边摊贩集聚，形成庙会，水上游船如织，有"船拳"——一种在船头上表演的精彩武术杂技。后"船拳"表演不再举办，但游石湖看串月风俗尚存。苏州有"冬至大过年"之说。冬至前夕称冬至夜，全家团聚吃冬至夜饭，菜肴特别丰盛，席间要喝"冬酿酒"。该日早上至午后，卤菜熟食店生意兴隆，各种卤菜熟食供不应求。农历十二月初八日，俗称"腊八"。是日，苏州寺院有杂以菜果的腊八粥施舍结缘。腊八粥已不做济贫之用，讲究的腊八粥内有花生、莲子、红枣、白果、栗子等，成为时令营养食品。

（年鉴编辑部）

【人口】 2022年，苏州市年末总户数为2593817户，其中市辖区（含吴江区，下同）1354515户，全市户均人数2.99人。全市年末户籍总人口7747259人（男性3751618人、女性3995641人），增加126160人。其中，市辖区4026474人，增加64920人；县级市3720785人，增加61240人。

全市户籍人口分布情况如下：姑苏区751621人，吴中区766597人（含度假区），相城区497853人，虎丘区482518人，苏州工业园区620232人，吴江区907653人，常熟市1056599人，张家港市927262人，昆山市1203932人，太仓市532992人。

全年全市户籍出生人口49724人，出生率6.47‰；死亡54325人，死亡率7.07‰；全市人口自然增长-4601人，人口自然增长率-0.60‰。市辖区出生人口28423人，死亡人口26310人，人口自然增长2113人，人口自然增长率下降到0.53‰。

全市省内外迁入150407人，迁往省内外19734人，人口机械增长130673人，机械增长率17.01‰。其中，市辖区人口机械增长61294人，机械增长率15.35‰。

全市年末常住人口1291.06万人，增加6.28万人。其中，市辖区680.18万人，增加3.23万人；县级市610.88万人，增加3.15万人。

（市公安局 张炜绮）

表2 2022年苏州市分地区常住人口统计表

地区	2022年末	
	常住人口（万人）	城镇人口比重
全市	1291.06	82.12%
张家港市	144.76	74.38%
常熟市	169.24	74.04%
太仓市	84.36	71.03%
昆山市	212.52	79.39%
吴江区	156.66	75.82%

续表2

地区	2022年末	
	常住人口（万人）	城镇人口比重
吴中区	140.78	77.43%
相城区	90.27	94.27%
姑苏区	93.04	100.00%
苏州工业园区	115.04	100.00%
虎丘区	84.39	91.97%

（资料来源：市统计局）

【方言】 苏州方言属吴语。吴语是中国最重要的汉语方言之一，主要分布在江苏南部丹阳市以东地区和上海全市、浙江全省。苏州历来在江南地区有重要影响，“吴”就是苏州的简称，苏州话被认为是吴语的代表。一般说的“苏州话”，指的是姑苏区的方言，姑苏区方言内部基本一致，其他县级市（区）方言与姑苏区方言都有一定程度的差别，但与外地方言相比，差别还是比较小的，它们都属于吴语太湖片苏嘉湖小片。苏州方言源自周泰伯、仲雍奔吴之时。此前吴地居民说的是古百越民族的语言，泰伯等带来中原的华夏语，在百越语影响下，经过3000余年的逐渐演变，形成现代苏州话。苏州话具有吴语的基本特点，主要有：①古全浊声母仍保持独立的声类，音值基本上是浊的。这是吴语最重要的共同点。“道≠到、父≠付、住≠注”，“道”“父”“住”是全浊声母。②没有前响复合元音，单元音韵母较多，古咸山摄失去鼻音韵尾。“雷＝来＝蓝”，韵母都是单元音[e]。③有7个声调，保留入声，有喉塞音韵尾，古平去入各分阴阳。“一≠衣、八≠巴、十≠时”，“一”“七”“八”“十”是入声字。④连读变调变化大，覆盖面广。“张”“条”“本”“块”“件”“只”“粒”分别是7个声调，如果跟在“三”的后头组合成词，声调就都一样：“三张”“三条”“三本”“三块”“三件”“三只”“三粒”。许多字因连调影响而读不出单字的声调。⑤有一批跟北方话相对应的词语（括号里是普通话）：“面”（脸）、“粉”（面）、“立”（站）、“寻”（找）、“阔”（宽）、“狭”（窄）。有好多有特色的词语，往往写不出字，如“漏”（开玩笑）、“钝”（反唇相讥）、“掮”（攀比）、“㑚”（不知好歹）。⑥代词系统特别，包括“我”“你”“他”“我们”“你们”“他们”“这”“那”等，跟普通话差别大，好多写不出字，有的可能是古百越语的遗留。⑦动词重叠多，如“寻寻开心”“卖卖脱”“汏汏清爽”“想想看”“看看看”。⑧有表示进行和持续的说法如“勒海”“勒浪”等，它们用在动词前时，表示正在进行，相当于“在”，如“勒海吃饭”（在吃饭）；用在动词后时，表示状态持续，相当于“着”，如“坐勒浪”（坐着）。它们还隐含方位，“勒海”是“在这里”，“勒浪”是“在那里”。还有一些重要特点：①没有卷舌音声母，全部是舌尖前音，“中＝宗、师＝丝”。②前后鼻音尾不分，“程＝陈、京＝金”。③分尖团，“箭≠剑、小≠晓”。④“八”的读音特殊，跟“北”同音。这是全国各地都没有的。⑤用“阿V”（V代表动词）表示是非问。“阿吃？”（吃吗？）、“[阿曾]去？”（去了吗？）。改革开放以后，受普通话影响，年轻人说的苏州话有许多变化。最重要的变化是上述分尖团的特点消失，变成“箭＝剑、小＝晓”；下面3对字老年人不同音，年轻人同音：“庄—张”“官—干”“圆—油”；“走”的韵母变得跟无锡、常州话一样。这些变化使老年人觉得年轻人说的话不像苏州话。同时，年轻人说苏州话的范围越来越窄，只限于日常生活，谈到工作、学习，都要用普通话，有的孩子甚至完全不会讲苏州话。这种现象引起各方面的关注，采取相应保护措施。保护苏州话，同时也是保护苏州的传统文化。上述各主要特点基本覆盖苏州市所辖县级市（区）。各县级市（区）间最显著的差别是代词系统，“我、你、他”各地说法都不一样，各地的声调也往往不同。凭这两个因素就可以听出说话者是哪里人。北部相城区与姑苏区差别较小，南部吴中区差别较大，太湖边的东山、西山话更有特色。另外，张家港市东部和常熟市相近，“他”读[gei]；张家港市西部则与江阴市相近；吴江区与浙江省嘉兴市有共同处，“菜”的声调特别；昆山市、太仓市口音则接近上海市，“他”多说“伊”。

（苏州大学　汪　平）

【民族】 苏州市是少数民族散杂居地区。少数民族人口在全市呈“小聚居、大分散、快增强”的态势。2022年，全市有55个少数民族人口29.10万人，其中户籍人口6.18万人、登记流动人口22.92万人。人口超过1万人的有苗族、彝族、土家族、回族、壮族、满族6个少数民族。人口在1000人以上1万人以下的少数民族有：布依族、侗族、蒙古族、朝鲜族、哈尼族、白族、藏族、瑶族、傣族、傈僳族、维吾尔族、仡佬族、东乡族、佤族、畲族、水族、拉祜族和黎族。外来少数民族中，土家族、苗族、壮族、侗族、布依族主要来自中部和西南地区，满族、朝鲜族、蒙古族主要来自东北地区，回族、撒拉族、维吾尔族主要来自西北地区。

【宗教】 苏州市是江苏省宗教工作的重点市，佛教、道教、伊斯兰教、天主教、基督教五大宗教俱全。佛教于三国东吴赤乌年间（238—251）传入苏州，有1700多年历史。道教是中国的本土宗教，在东汉时期即开始传入苏州。伊斯兰教于元代在城中建礼拜寺。天主教于明万历二十七年（1599）传入苏州。基督教大规模传入苏州是19世纪后半叶。2022年，全市有市、县两级宗教团体35个，依法登记宗教活动场所305处，其中佛教156处、道教46处、伊斯兰教2处、天主教33处、基督教68处。经过认定备案的宗教教职人员660人。全市有宗教院校（宗教院校分院）5所，分别是中国佛学院灵岩山分院、戒幢佛学研究所、江苏佛学院寒山学院、江苏佛学院清凉学院和江苏佛学院法界学院；有汉传地区佛教全国重点寺院4处，分别是西园寺、寒山寺、灵岩山寺、常熟兴福寺。

（市民宗局　周乐逸）

城市标识

【市标市树市花】 苏州市第十一届人民代表大会常务委员会第十五次会议于1995年4月26日通过以水城门、流水、苏州（汉语拼音）组成的圆形图案为苏州市市标。圆形象征日月同辉，天长地久；图案中央的水城门突出苏州是一座历史悠久的文化名城，水城门下面的流水表示苏州是江南水乡；两个圆形组成的偏心圆展示苏州勃勃生机、灿烂辉煌的明天。（市标图案参见本书封底）

香樟树是苏州市的市树。香樟树

四季常绿，不落叶，是苏州市主要行道树之一。

桂花是苏州市的市花。桂花属木犀科常绿乔木，在中国有2000余年的栽培历史，桂花被评为十大传统名花之一。历代民间皆视桂花为吉祥之兆。凡中榜登科、仕途得志称为“折桂”。桂花树树姿挺秀，终年常绿，花时浓香四溢，为中国著名的珍贵花木，公园、风景区、居民小区和广场周围均可种植，常用嫁接的四季桂盆栽点缀客室。

【城市精神】 2013年5月，经中共苏州市委常委会研究决定，确定苏州城市精神为“崇文睿智，开放包容，争先创优，和谐致远”。

【手工艺与民间艺术之都】 2014年11月，苏州市被联合国教科文组织批准加入联合国教科文组织全球创意城市网络，并当选“手工艺与民间艺术之都”。苏州手工艺和民间艺术历史悠久，门类众多。吴江梅堰遗址考古出土的四五千年前的陶器中发现有鸟形壶、葫芦尊、陶尊和陶杯，是中国早期的漆画陶艺品。草鞋山新石器时代遗址考古出土的玉璧、玉琮、玉璜等反映出苏州古代原始工艺美术水平。春秋战国时期的吴王寿梦戈、吴王光鉴和吴王夫差鉴等青铜器与中原青铜文化相比，展示出江南工艺美术的个性。苏州手工艺与民间艺术既保持传统，又得到发展、创新。刺绣、缂丝、宋锦、制扇、剧装戏具、民族乐器、木版年画、灯彩、泥塑、核雕、玉雕、国画颜料、书画装裱、传统建筑、盆景、御窑金砖、明式家具、制茶等技艺精湛，蜚声海内外。陶瓷、石雕、碑刻、竹编、漆器、金银器、漳缎、吴罗、糕点、苏帮菜等工艺也有很高水平。在全国工艺美术11大类中，苏州有10大类3000余个品种，很多项目在全国乃至世界享有盛誉。苏州市有联合国教科文组织人类非物质文化遗产代表作7项，列全国城市第一位，其中传统工艺有缂丝、宋锦、香山帮传统建筑营造技艺、碧螺春制作技艺4项；有国家级非物质文化遗产代表性名录项目29项，居全国同类城市前列，其中传统技艺13项、传统美术5项。

【世界遗产典范城市】 2018年11月，苏州市被世界遗产城市组织授予全球首个“世界遗产典范城市”称号。苏州市设有亚太地区世界遗产培训与研究中心苏州分中心、世界记忆项目苏州学术中心。拙政园、环秀山庄、留园、网师园、沧浪亭、狮子林、艺圃、耦园和退思园9座古典园林，大运河苏州段1段运河故道，盘门、宝带桥、山塘历史文化街区、虎丘云岩寺塔、平江历史文化街区、全晋会馆、吴江古纤道7个遗产点被列入世界文化遗产名录。昆曲、古琴、端午习俗、宋锦、缂丝、香山帮传统建筑营造技艺、碧螺春制作技艺7项遗产被列入人类非物质文化遗产代表作名录。近现代中国苏州丝绸档案被列入世界记忆名录。

【国家历史文化名城和风景旅游城市】 苏州市是全国重点旅游城市、国家园林城市和国际花园城市，也是全国首个“国家生态园林城市群”，拥有苏州、常熟2座国家历史文化名城，山塘、平江2个中国历史文化街区，周庄、同里等15个中国历史文化名镇。苏州古城位于水网之中，众多湖泊像晶莹的宝石镶嵌在城区四周；街道依河而建，水陆并行；建筑临水而造，前巷后河，形成“小桥、流水、人家”的独特风貌。“苏州园林甲天下”。录入《苏州园林名录》的园林有108座，其中拙政园、留园等9座古典园林被列入世界文化遗产名录，并成为首批国家重点公园。苏州园林是建筑、山水、花木、雕刻、书画的综合艺术品，集自然美和艺术美于一体，构成曲折迂回、步移景换的画面。苏州既有园林之美，又有山水之胜。寺观名刹遍布城乡，文物古迹交相辉映，加以文人墨客题咏铭记、作画书联，更使之名扬中外。太湖、阳澄湖、金鸡湖、虎丘山、灵岩山、天平山、洞庭东西山、邓尉山、虞山、玉山等处都是天然的风景胜地。苏州市有国家AAAAA级旅游景区6家（11个点）、国家AAAA级旅游景区36家、国家AAA级旅游景区16家，有苏州太湖旅游度假区、苏州阳澄湖半岛旅游度假区2个国家级旅游度假区；有全国重点文物保护单位61处、省文物保护单位128处、市文物保护单位695处，数量居全国城市前列。苏州市在省文物部门备案的博物馆有45家，成为旅游新热点，其中苏州博物馆、常熟博物馆为国家一级博物馆。全市博物馆藏有一级文物326件（套）。

【国家高新技术产业基地】 截至2022年底，苏州有苏州、昆山、常熟3个国家

2022年秋，苏州古城北寺塔及周边景色　　　　（姑苏区档案馆　供图）

高新技术产业开发区，汾湖、太仓、张家港、相城4个江苏省高新技术产业开发区。各高新技术产业开发区和苏州工业园区参与建设苏南国家自主创新示范区。苏州获批建设国家新一代人工智能创新发展试验区、国家生物医药技术创新中心、第三代半导体技术创新中心。苏州实验室为全省唯一经中央批准的国家级实验室。苏州市的主要高新技术产业有电子及通信设备制造业、智能装备制造业、新材料制造业、电子计算机及办公设备制造业、医药制造业、新能源制造业、仪器仪表制造业、航空航天制造业。有纳米新材料产业集群、生物医药及高端医疗器械产业集群、高端纺织产业集群3个国家先进制造业集群。2022年，全市实现规模以上高新技术产业产值2.29万亿元，增长5.0%，占全市规模以上工业总产值的52.5%。

【长江三角洲重要的中心城市】 苏州市位于长江三角洲中部，东傍上海市，西邻无锡市，南接浙江省，北枕长江。2019年12月，中共中央、国务院印发《长江三角洲区域一体化发展规划纲要》，苏州市为27个长江三角洲中心城市之一，苏州市吴江区被列入长三角生态绿色一体化发展示范区。苏州市是《上海大都市圈空间协同规划》里3个综合性全球城市之一，以全球著名制造业基地、全球重要产业科技创新中心、以吴文化中心为核心的世界历史文化名城、中国重要大宗商品交易中心、上海大都市圈"陆上丝绸之路"与"海上丝绸之路"交汇点为5大功能定位。苏州市是《长江三角洲城市群发展规划》中的苏锡常都市圈城市之一，是江苏省扬子江城市群的8个城市之一。

（年鉴编辑部）

经济发展

【古代经济】 苏州古城始建于春秋后期吴王阖闾元年（公元前514），规模至今未有大的变动，城址也未曾改易。秦汉后，苏州历代为郡、州、府（军、路）、县治所。隋炀帝开通江南大运河，沟通黄河、淮河、长江、钱塘江四个水系，苏州成为东南沿海沟通内外的水陆交通要冲。在全国经济重心由黄河流域向长江流域南移的过程中，苏州日渐成为全国财货集散、转运和信息交流中心之一。

唐代中叶，苏州"人稠过扬府，坊闹半长安"（白居易诗）。宋代，都城开封流传"苏杭百事繁度，地上天宫"，后转化为"上有天堂，下有苏杭"的名句。元代，意大利著名旅行家马可·波罗在游记中写道："苏州是一座颇为名贵的大城""商业和手工业十分繁荣和兴盛，生产的丝绸还行销其他市场"。

从明代到清代鸦片战争前，苏州封建经济继续发展，并开始孕育资本主义萌芽。农业方面，由于兴修水利、改进农具和耕作制度，粮食亩产提高，经济作物发展，促进门类众多的家庭副业生产，农村集市贸易和小城镇兴起。苏州是全国丝绸主要生产地之一。刺绣、雕刻等各类工艺美术品和棉纺织、造船、造纸、眼镜、酿酒等手工业，门类多、技艺精、声誉隆。清代，县征赋税，悉数上解；支出按额定数使用，逐级奏销。清晚期，苏州三县（吴县、长洲县、元和县）、二厅（太湖厅、靖湖厅）田赋全年正税额征数为忙银18.2万两，漕粮15万石，赋额为全国最重地区之一。对外贸易的发展，使苏州成为重要的外贸基地。

【近代经济】 从鸦片战争到辛亥革命时期，苏州经济发生重大变化。清光绪二十一年（1895）根据《马关条约》，苏州被辟为通商口岸。清光绪二十二年（1896）建立海关（洋关）。次年，城南青场地开辟日本暨西方各国公共租界。清光绪二十一年（1895），苏州创办苏经丝厂、苏纶纱厂等，标志着苏州民族资本主义工商业开始建立，苏州成为中国民族资本主义工商业发展较早的城市之一。1914年诞生的苏经纺织厂，是苏州丝绸业传统的放料雇织方式改为完全集中生产的第一家资本主义手工工场。苏州悠久而分散的手工各业中，也陆续出现一批同样类型的手工工场，并开始从手工生产向使用动力机器生产过渡。金融业方面，清宣统三年（1911）始设银行，几经兴衰变迁，至1937年有交通银行、中国银行、江苏银行、上海商业储蓄银行等17家银行。商业和外埠方面，自上海开埠和沪宁铁路通车后，苏州作为南北商品集散中心的地位日趋衰落。1911—1929年，年度出口货值占进出口总值比重，一般在60%~80%，1930年起出口比重下降，1934年从1933年的50.15%猛跌到9.37%，至1937年只占3.65%。1937—1945年，苏州经济遭受重创。抗日战争胜利初期，苏州丝绸、纺织、轻工等行业，生产有所恢复，但很快又遭厄运。苏州近代工业奄奄一息，手工行业纷纷倒闭，经济濒临崩溃。1948年，全市工业产值比1936年下降16.69%。

【现代经济】 1949年4月27日，苏州解放，经济和社会发展开始新篇章。1953—1957年，实施第一个五年计划，同时对生产资料私有制开展社会主义改造，确立社会主义经济制度，解放社会生产力，推动经济发展，工业开始成为国民经济的主体。1958—1976年，经济秩序被打乱，经济发展受到影响，苏州经济曲折地波动前进。

党的十一届三中全会后，苏州贯彻执行改革开放方针，发展对外经济贸易。苏州抓住每一次重大战略机遇，从以农业为主，到发展乡镇企业，到大量引入外资及中国港澳台资发展外向型经济；从工业反哺农业，到城乡一体化统筹发展。苏州实现"农转工""内转外""量转质"的转变，经济发展成就瞩目。地区生产总值从1978年的不足32亿元，到1986年首次超过100亿元，1996年跃升至1000亿元，2011年跨上1万亿元台阶，2020年超过2万亿元。苏州建成基础雄厚、体系完善、装备精良、配套齐全、技术先进，具有相当竞争力的现代工业体系。规模以上工业总产值在2006年、2009年、2013年、2021年分别突破1万亿元、2万亿元、3万亿元、4万亿元。苏州开放水平持续提高，全面融入经济全球化。1990年，全市进出口不足2亿美元，1999年、2004年、2007年、2011年进出口总额分别突破100亿美元、1000亿美元、2000亿美元、3000亿美元。

【年度发展】 2022年，苏州市实现地区生产总值23958.34亿元，按可比价格计算增长2.0%，按常住人口计算，人均地区生产总值18.60万元，增长1.3%。全年实现一般公共预算收入2329.2亿元，扣除留抵退税因素后同口径增长0.1%。全年完成固定资产投资5744.2亿元，增长1.5%。其中，第一产业投资4.4亿元，下降58.7%；第二产业投资1714.5亿元，增长6.6%，其中工业投资1708.1亿元，增长6.4%；第三产业投资4025.2亿元，下降0.4%。全年实现社会消费品零售总额9010.7亿元，下降0.2%。全年货物进出口总额25721.1亿元，增长1.6%。地区生产总值、一般公共预算收入、社会消费品零售总额、进出口总额分别占全省的19.5%、25.2%、21.1%、47.3%，分别列全国城市第六位、第五位、第七位、第四位。

（年鉴编辑部）

编辑：王怀芹

中国共产党苏州市委员会

综　述

【党的领导和党的建设】 2022年，苏州市委发布《市委常委会关于坚决维护党中央权威和集中统一领导的规定》，坚持民主集中制，修订市委常委会议事决策规则，严格执行“三会一课”、重大事项请示报告等制度，推动基层联系点等制度落地见效。实施市委常委会专题调研县级市（区）工作制度，围绕太湖生态保护、长江大保护、历史文化名城保护、科技创新等大事要事，习近平新时代中国特色社会主义思想在苏州得到贯彻。开展“习近平新时代中国特色社会主义思想指引下的苏州实践”系列课题研究，对标对表党的二十大部署，市领导开展13项重点课题调研。完成市县乡人大、政府和市县政协换届，市属高校领导班子换届，以及团市委、市文联、市残联、市科协等群团组织换届。加强干部队伍建设，深化干部教育培训机制，持续推进“三项机制”落地见效，实施新一轮年轻干部队伍建设五年规划。开展“基层党建提质增效年”行动，实施高质量党建引领基层治理现代化建设“根系工程”和产业创新集群建设行动。严格执行中央八项规定及其实施细则精神，整治群众身边的不正之风和腐败问题。深化纪检监察体制改革，推进市县巡察上下联动试点，完成十三届市委首轮巡察，巩固发展风清气正的政治生态。

（市委办公室　顾　业）

【党的二十大精神学习宣传贯彻】 2022年，苏州市委用党的二十大精神统一思想、统一行动，坚定拥护“两个确立”、坚决做到“两个维护”，在新征程上全面推进中国式现代化苏州新实践，更好地“扛起新使命、谱写新篇章”。

学习宣讲　发挥市委理论学习中心组示范引领作用，推进《习近平谈治国理政》第四卷、习近平总书记在省部级主要领导干部专题研讨班上的重要讲话精神等专题学习，开展专题研讨，形成理论学习热潮。党的二十大召开后，启动全市学习宣传贯彻党的二十大精神相关工作，制定《全市党委（党组）理论学习中心组党的二十大精神专题学习计划》，细化学习专题，明确学习要求，深学深悟。组建市委宣讲团，由市领导、各县级市（区）委主要领导、市有关部门单位负责人、党的二十大代表和有关专家学者等60人组成，通过报告会、互动交流、基层调研等形式开展宣讲活动，全市举办集中宣讲2200余场次，实现在苏州高校上门宣讲全覆盖。召开市社科理论界学习贯彻党的二十大精神座谈会，确定一批重点研究课题。

新闻报道　围绕迎接党的二十大召开、宣传贯彻党的二十大精神，在市属主要媒体重要版面、重要时段集中推出一批有特色、有影响的专栏。开设《新思想引领新征程·时代答卷》《沿着总书记的足迹》《二十大代表风采》《光影十年间》等专栏，围绕学习贯彻习近平总书记系列重要讲话精神，刊出反响报道和系列时评。市属媒体及所属网站、新媒体平台统一开设《学习贯彻党的二十大精神》专栏，反映社会各界学习宣传贯彻落实党的二十大精神的情况。开设《党的二十大精神学习笔谈》《新时代 新征程 新伟业》《二十人话二十大》等专栏，报道全市基层一线贯彻落实党的二十大精神的举措。发挥媒体理论传播主渠道的作用，开设评论专题“圆桌道理”，做好党的二十大精神网上阐释解读。

社会宣传　开展“强国复兴有我”群众性主题宣传教育活动，组织全市党员干部群众收听收看党的二十大开幕会，举办“习近平新时代中国特色社会主义思想指引下的苏州实践”主题展。组织开展理论宣讲、知识竞赛、文艺展演、快闪活动、百姓故事会、网上展示等7类2.9万场次活动，线上线下参与人次超过7000万人次。举办“喜迎二十大 奋楫逐梦行”“我们的节日——端午”等活动，贯穿重大节庆日、纪念日和传统节日，弘扬中华优秀传统文化。组织“礼赞新时代、追梦复兴路”主题宣讲活动、“喜迎二十大 筑梦向未来”未成年人系列教育实践活动、“喜迎二十大 电影纳凉会”群众性活动、“强国复兴有我”开学第一课等，开辟“喜迎二十大——奋进新征程”沉浸式学习体验精品线路12条。

（市委宣传部　蒲　实）

【新冠疫情防控】 2022年，苏州市委贯彻习近平总书记关于新冠疫情防控的重要指示精神，坚持听中央号令、靠人民群众、抓主要矛盾、下明确指令，打好新冠疫情防控战。市委常委分别到各县级市（区）协调督促，各级党组织书记当好一线指挥员，40万余名党员干部下沉一线，同时做好支援外地抗疫工作。贯彻落实“二十条”“新十条”“乙类乙管”等要求，因时因势调整优化防控措施，把工作重心从“防感染”转向“保健康、防重症”，推动新冠疫情防控平稳转段，保持社会安定有序。

【高质量发展推进】 2022年，苏州市委建立完善“每日研判、协调保障、跟踪落实”等机制和企业家座谈会等制度，上线“苏货通”“苏链通”等数字化平台，发布优化营商环境100条和支持总部经济、楼宇经济、上市企业、新兴服务业、个体工商户等一系列政策。推进吴淞江水利工程、张靖皋长江大桥、北沿江高铁等一批重大基础设施项目，友达光电、矽品科技、通富超威等一批百亿元级产业项目签约或开工。组织消费“笑拼苏州”“夜ZUI苏州”“双12”系列购物节等活动，一刻钟便民生活圈建设加快推进。稳定外资外贸，落地空中客车、克诺尔、西门子等一批总部型研发型项目，包机到日本、欧洲等地招商，争取订单。全市地区生产总值增长2.0%；规模以上工业总产值增长4.1%；在新增减费降税及退税缓税缓费超过1000亿元的情况下，完成一般公共预算收入2329.2亿元，税收占比列全省设区市第一位；进出口总额增长1.6%，实际使用外资及中国港澳台资增长35.9%。组织2800余家苏州企业参加进博会，意向采购成交13.8亿美元，举办中新合作服务贸易创新论坛、苏州进口贸易促进大会暨跨国公司开放创新合作交流会等进博会配套活动。全面深化服务贸易创新发展试点入选国务院“最佳实践案例”。昆山市金融支持深化两岸产业合作改革创新试验区5项资本项目外汇业务创新试点落地。推进“三位一体”数字苏州建设。系统部署产业创新集群建设，并在全年持续推进，成效加快显现。生物医药及高端医疗器械、高端纺织入选国家先进制造业集群。挂牌组建苏州实验室，推进“深时数字地球”国际大科学计划，启用先进技术成果转化长三角园区。认定高新技术企业总数1.35万家，新增国家级专精特新“小巨人”企业超过全省四分之一。与中国科大、哈工大等高校加强战略合作，C9高校全部在苏州实现重大布局。第十四届苏州国际精英创业周签约项目创历史新高。新建、重组创新投资集团、名城保护集团、港航集团、文投集团、大数据集团、能源集团等。全年新增境内外上市公司29家，全市管理基金总规模超过8000亿元、数量超过2400只，苏州成为创新与产业、资本与产业结合最好的城市之一。

【区域城乡统筹发展】 2022年，苏州市委落实长三角一体化等国家战略和全省区域协调发展部署，推进虹桥国际开放枢纽北向拓展带、长三角生态绿色一体化发展示范区建设，加强南北挂钩合作、跨江融合发展，与无锡达成协同发展战略合作。推进市域统筹发展，明确“产业在沿江转型、创新在城区集聚”工作思路，发布实施环太湖科创圈、吴淞江科创带空间规划，全面展开太湖新城、太湖科学城、高铁新城等核心节点规划建设，实施苏州港一体化改革。

【文化建设】 2022年，苏州市委践行社会主义核心价值观，推动争创全国文明典范城市。繁荣发展文化事业和文化产业，开展大运河、长江国家文化公园建设，举办央视中秋晚会、戏曲百戏（昆山）盛典等品牌活动，启动《苏州全书》编纂、地域文明探源等重大文化工程。成立苏州市社会科学院。加强历史文化名城保护，设立“苏州国家历史文化名城保护纪念日”，实施“古城细胞解剖工程”，优化古城、景区管理体制机制，划定古镇、古村、老街保护范围，整体保护19.2平方千米历史城区、太湖山水自然系统和全市域江南水乡风貌。

【民生事业改善】 2022年，苏州市委做好稳就业工作，全市城镇新增就业占全省16.3%，用工备案实有人数为历史最高水平，零就业家庭实现动态“清零”。城乡居民人均可支配收入分别增长3.4%和5.5%，高于地区生产总值增速，机动车保有量507万辆。全市乡村振兴工作获得国务院督查鼓励。落实党政机关过紧日子要求，市级全年压减一般性支出超过10%。把80%以上的一般公共预算支出投入到民生领域，8类33项年度民生实事工程全面完成年度目标。围绕实现“老有颐养、弱有强扶、病有良医、幼有优育、学有善教、劳有多得、住有宜居”，推进优质教育、医疗资源扩容与均衡分布，加强“一老一幼”保障。推进超大型社区规模调整优化，提升职工集宿区社区化管理水平。加快农贸市场建设改造，开展老旧小区改造、多层住宅增设电梯工作。

【生态文明建设】 2022年，苏州市委抓好第二轮中央、省生态环保督察反馈问题及长江经济带生态环境突出问题整改，推进太湖治理，做好长江岸线保护与合理利用，“国考”“省考”断面水质优Ⅲ比例与2021年持平。优化美丽苏州国土空间格局，高质量完成“三区三线”划定工作。探索“一山一策”“一湖一策”保护，以环澄湖、环长漾等区域为重点连片建设美丽乡村，推进公园城市、花园城市建设。优化调整产业、能源、交通运输和用地结构，推动绿色低碳转型。

（市委办公室　顾　业）

决策部署

【市委全体会议】 2022年，苏州市委召开两次全体会议。

中国共产党苏州市第十三届委员会第三次全体会议　于2022年3月4日召开。会议坚持以习近平新时代中国特色社会主义思想为指导，贯彻落实中央和省委部署要求，对苏州市出席党的二十大代表候选人推荐人选酝酿推荐情况开展审议、表决。会议由市委常委会主持。市委委员、候补委员出席会议。市委主要领导就苏州市出席党的二十大代表候选人推荐人选酝酿推荐情况向全会做说明。

中国共产党苏州市第十三届委员会第四次全体会议　于2022年12月11日召开。会议贯彻落实党中央、省委部署要求，对全市深入学习宣传贯彻党的二十大精神做出全面部署。会议由市委常委会主持。市委委员、候补委员出席会议。市委常委会作工作报告。会议审议通过《中共苏州市委关于深入学习贯彻党的二十大精神在新征程上全面推进中国式现代化苏州新实践的决定》和《中国共产党苏州市第十三届委员会第四次全体会议决议》，书面审议《中共苏州市委常委会2022年度落实全面从严治党主体责任情况的报告》。

【市委常委会会议】 2022年，苏州市委常委会召开会议56次。

1月11日，市委常委会召开会议，学习贯彻习近平总书记系列重要讲话和指示批示精神，研究部署新冠疫情防控、长江经济带生态环境问题整改、义务教育阶段“双减”等工作。

1月26日，市委常委会召开会议，学习贯彻习近平总书记系列重要讲话和指示批示精神，传达贯彻省两会精神，研究部署贯彻落实十九届中央纪委六次全会、十四届省纪委二次全会精神以及全国、全省宣传部长会议和全国、全省安全生产电视电话会议精神等举措，审议《中共苏州市委常委会2022年工作要点》《市委常委会专题调研县（市、区）工作制度》。

2月8日，市委常委会召开会议，学习贯彻习近平总书记系列重要讲话和指示批示精神，贯彻落实中央、省委政法工作会议和国家、省推进长三角一体化发展领导小组系列会议精神，听取市人大常委会、市政府、市政协、市中级法院、市检察院党组工作汇报，研究部署重点工作。

2月14日，市委常委会会议暨市新冠疫情防控工作领导小组会议召开。会议学习贯彻习近平总书记关于新冠疫情防控的重要指示精神和党中央、国务院决策部署，传达学习贯彻省委、省政府工作部署和省委书记吴政隆、省长许昆林指示批示要求，听取市新冠疫情防控指挥中心各组相关工作情况汇报，分析研判苏州市新冠疫情形势，部署新冠疫情防控工作。

2月24日，市委常委会召开会议，学习贯彻习近平总书记关于新冠疫情防控的重要指示精神，贯彻落实江苏省委、省政府主要领导关于苏州新冠疫情指示批示精神，听取苏州市新冠疫情防控、经济运行和苏州市两会有关情况汇报，审议相关文件，研究部署重点工作。

3月4日，市委常委会召开会议，学习贯彻习近平总书记系列重要讲话和指示批示精神，贯彻落实中央和省委农村工作会议精神，研究部署涉粮问题专项巡视整改等工作。

3月10日，市委常委会召开会议，学习贯彻习近平总书记系列重要讲话和指示批示精神，听取全省党内法规工作会议精神、虹桥国际开放枢纽建设工作现场会主要精神及苏州市贯彻落实建议的汇报，审议《苏州市能源发展“十四五”规划》《苏州市推进数字经济时代产业创新集群建设2025行动计划》等文件，研究部署新冠疫情防控等重点工作。

3月14日，市委常委会召开会议，学习贯彻全国两会精神和省相关会议精神，听取市关工委2021年工作情况和2022年工作打算，全国、全省老干部局长会议精神及苏州市贯彻落实建议等汇报，审议《苏州市开放型经济“十四五”发展规划》，研究部署新冠疫情防控等重点工作。

3月22日，市委常委会召开会议，学习贯彻习近平总书记系列重要讲话和指示批示精神，审议相关文件，研究部署新冠疫情防控等重点工作。

4月3日，市委常委会召开会议，学习贯彻习近平总书记系列重要讲话和指示批示精神，研究部署抗疫工作，听取全省大运河文化带暨长江国家文化公园建设工作领导小组会议主要精神及苏州市贯彻落实建议、全市党的建设等工作情况汇报，审议有关文件，研究部署重点工作。

4月15日，市委常委会召开会议，学习贯彻习近平总书记系列重要讲话和指示批示精神，传达贯彻省委书记吴政隆在检查指导苏州疫情防控工作汇报会上的讲话精神，听取新冠疫情防控工作情况并研究部署下一阶段工作，听取第二轮中央生态环境保护督察组督察苏州市相关情况，省委网络安全和信息化委员会会议精神、省推动长江经济带发展领导小组会议精神及苏州市贯彻落实建议等汇报，审议相关文件。

4月23日，市委常委会召开会议，学习贯彻习近平总书记系列重要讲话和指示批示精神，贯彻落实中央深改委会议和省委常委会会议精神，听取全市新冠疫情防控、一季度经济运行等工作情况汇报，研究部署新冠疫情防控、经济运行、安全生产、防汛防台等工作。

4月29日，市委常委会会议暨专题调研姑苏区工作会议召开，学习贯彻习近平总书记关于加强历史文化遗产保护重要论述和考察调研世界文化遗产平遥古城重要讲话精神，贯彻落实省委常委会会议精神，研究部署“五一”节日期间全市新冠疫情防控、安全生产、社会稳定等工作，并专题调研姑苏区、苏州国家历史文化名城保护区工作，部署推进相关重点事项。

5月5日，市委常委会召开会议，学习贯彻习近平总书记系列重要讲话和指示批示精神，听取全市疫情防控工作情况汇报，审议相关文件，研究部署新冠疫情防控、经济发展、安全稳定等工作。

5月14日，市委常委会召开会议，学习贯彻习近平总书记系列重要讲话和指示批示精神，传达贯彻全国、全省自建房安全专项整治电视电话会议及省委常委会会议精神，审议《关于全面推进数字苏州建设的意见》等文件，研究部署新冠疫情防控、经济发展、安全稳定、“三区三线”划定等工作。

5月19日，市委常委会召开会议，学习贯彻习近平总书记系列重要讲话和指示批示精神，传达贯彻全省数字经济发展推进会议精神，审议有关文件，研究部署数字经济发展、历史文化名城保护以及人才、网信等工作。

5月28日，市委常委会会议暨专题调研吴中区工作会议召开。会议学习贯彻习近平总书记关于太湖保护、大运河文化保护传承利用、推动长江经济带发展的重要讲话和指示批示精神，传达贯彻全国稳住经济大盘电视电话会议精神和省委书记吴政隆在苏州调研时的讲话要求，研究部署全市新冠疫情防控、经济发展、安全稳定等工作，审议有关文件，并专题调研吴中区工作，部署推进相关重点事项。

6月1日，市委常委会召开会议，学习贯彻习近平总书记系列重要讲话和指示批示精神，传达贯彻省委人大工作会议精神，审议《苏州市稳住经济大盘工作方案》等文件，研究部署新冠疫情防控、经济运行、端午节日安全等工作。

6月7日，市委常委会召开会议，学习贯彻习近平总书记系列重要讲话和指示批示精神，听取中央第二生态环境保护督察组督察江苏省反馈会精神及苏州市整改方案制定情况汇报，审议有关文件，研究部署新冠疫情防控、经济发展、美丽城镇建设等工作。

6月15日，市委常委会会议暨专题调研昆山市工作会议召开。会议学习贯彻习近平总书记系列重要讲话和指示批示精神，研究部署全市常态化疫情防控、经济运行、安全稳定等工作，并专题调研昆山市工作，部署推进相关重点事项。

6月25日，市委常委会召开会议，学习贯彻习近平总书记系列重要讲话和指示批示精神，贯彻落实省委十四届二次全会精神和省党代表会议精神，审议有关文件，研究部署重点工作。

7月4日，市委常委会会议暨专题调研苏州工业园区工作会议召开。会议学习贯彻习近平总书记系列重要讲话和指示批示精神，传达学习省委书记吴政隆调研苏州讲话精神，研究部署高效统筹新冠疫情防控和经济社会发展各项工作，并专题调研苏州工业园区工作，谋划推进相关重点事项。

7月7日，市委常委会召开会议，学习贯彻习近平总书记系列重要讲话和指示批示精神，贯彻落实全省基层党建“五聚焦五落实”深化提升行动部署会精神，审议《〈苏州全书〉编纂工程实施方案》等文件，研究部署重点工作。

7月17日，市委常委会召开会议，学习贯彻习近平总书记系列重要讲话和指示批示精神，学习贯彻国务院总理李克强对全国安全生产电视电话会议作出的批示要求和全国、全省安全生产电视电话会议精神，审议相关文件，研究部署重点工作。

7月26日，市委常委会召开会议，学习贯彻习近平总书记系列重要讲话和指示批示精神，听取组织学习《习近平谈治国理政》第四卷有关安排建议等汇报，研究部署重点工作。

7月27日，市委常委会会议暨专题调研吴江区工作会议召开。会议听取吴江区工作情况汇报，研究部署相关重点事项。

7月30日，市委常委会召开会议，学习贯彻习近平总书记在省部级主要领导干部专题研讨班开班式上的重要讲话精神，审议相关文件，研究部署重点工作。

8月16日，市委常委会会议暨专题调研太仓市工作会议召开。会议学习贯彻习近平总书记关于港口发展的重要讲话和指示批示精神，全面落实省委书记吴政隆在太仓港区调研时的讲话精神，研究苏州港改革创新发展，促进苏州航运物流业高水平发展，并专题调研太仓市高质量发展工作，部署推进相关重点事项。

8月17日，市委常委会召开会议，学习贯彻习近平总书记系列重要讲话和指示批示精神，审议《苏州市平安建设条例（草案）》等有关文件，研究部署重点工作。

8月24日，市委常委会召开会议，学习贯彻习近平总书记系列重要讲话和指示批示精神，研究部署重点工作。

9月1日，市委常委会召开会议，学习贯彻习近平总书记系列重要讲话和指示批示精神，传达学习贯彻省委常委会会议关于近期工作的有关要求，听取1至8月全市经济运行、项目投资建设及防范化解金融风险等情况汇报，审议《关于深入打好污染防治攻坚战的工作方案》等文件，研究部署重点工作。

9月14日，市委常委会会议暨专题调研相城区工作会议召开。会议学习贯彻习近平总书记关于发展数字经济的重要讲话和指示批示精神，审议并原则同意《关于加快推进苏州高铁新城建设、打造长三角区域枢纽中心的工作意见》，专题研究部署相城区高质量发展工作。

9月17日，市委常委会召开会议，学习贯彻习近平总书记系列重要讲话重要指示精神，传达学习省委各设区市市委书记座谈会有关工作要求，审议有关文件，研究部署重点工作。

9月23日，市委常委会召开会议，学习贯彻习近平总书记系列重要讲话重要指示精神，审议有关文件，研究部署安全生产、农房改造、普法宣传、产业创新集群建设等工作。

9月28日，市委常委会会议暨专题调研常熟市工作会议召开。会议学习贯彻习近平总书记关于交通强国的重要讲话和指示批示精神，研究加快推进全市重大交通市政基础设施建设工作，促进常熟高质量发展。

9月29日，市委常委会召开会议，学习贯彻习近平总书记系列重要讲话重要指示精神，听取上海大都市圈空间协同规划实施推进会、省委统战工作会议精神及苏州市贯彻落实工作汇报，审议有关文件，研究部署国庆假期和下一阶段全市重点工作。

10月8日，市委常委会召开会议，学习贯彻习近平总书记系列重要讲话重要指示精神，听取全市国庆假期疫情防控相关情况、重大卫生健康项目建设推进情况等汇报，审议有关文件，部署党的二十大召开期间苏州相关工作。

10月25日，市委常委会召开会议，学习贯彻党的二十大精神，听取《市委常委会2022年工作要点》重点任务推进、全市“三优三保”工作情况、《苏州市数据条例（草案）》起草情况等汇报，审议《苏州地域文明探源工程实施意见》《苏州市农民收入倍增计划实施方案》等文件，研究部署重点工作。

10月30日，市委常委会会议暨专题调研虎丘区（苏州高新区）工作会议召开。会议学习贯彻习近平总书记在中共中央政治局会议、中共中央政治局第一次集体学习、瞻仰延安革命纪念地时的重要讲话精神以及关于科技创新的重要讲话精神和党的二十大精神，审议并原则同意《关于全面建设太湖科学城的工作意见》，专题研究推动太湖科学城建设和虎丘区（高新区）高质量发展相关工作。

11月1日，市委常委会召开会议，学习贯彻习近平总书记系列重要讲话重要指示精神，审议《中共苏州市委学习宣传贯彻党的二十大精神工作安排建议》《中共苏州市委关于认真学习宣传贯彻党的二十大精神的通知》，听取全市经济运行情况汇报，研究部署重点工作。

11月4日，市委常委会召开会议，学习贯彻习近平总书记系列重要讲话重要指示精神和党的二十大精神，学习传达省委书记吴政隆调研苏州时的讲话要求，审议有关文件，研究部署重点工作。

11月12日，市委常委会召开会议，学习贯彻习近平总书记重要讲话重要指示重要贺信精神，通报苏州市党政代表团到宿迁和南通考察学习情况，审议有关文件，研究部署重点工作。

11月22日，市委常委会会议暨专题调研张家港市工作会议召开。会议学习贯彻习近平总书记关于推动长江经济带发展系列重要讲话精神和党的二十大精神，研究部署新冠疫情防控等工作，审议并原则同意《关于全面落实长江经济带高质量发展战略任务的工作意见》，并专题调研张家港工作，总结市委常委会专题调研县（市、区）工作。

11月28日，市委常委会召开会议，学习贯彻习近平总书记重要讲话重要指示精神，研究部署新冠疫情防控、安全生产等工作，审议相关文件。

12月5日，市委常委会召开会议，传达学习贯彻省委十四届三次全会精神，研究部署疫情防控等工作。

12月8日，市委常委会召开会议，学习贯彻习近平总书记重要讲话重要指示精神，听取市人大常委会2023年立法计划编制情况、苏州市贯彻落实《关于进一步优化落实新冠肺炎疫情防控措施的通知》建议等汇报，审议《关于加强和改进新时代市县政协工作的实施意见》等文件，研究部署重点工作。

12月17日，市委常委会召开会议，学习贯彻习近平总书记重要讲话重要指示精神，听取市十七届人大常委会五年（2022—2026年）工作规划（草案）起草情况、2023年民生实事候选项目建议方案等汇报，审议《中共苏州市委关于贯彻落实〈中共中央政治局贯彻落实中央八项规定实施细则〉的实施办法（修订稿）》《中共苏州市委2023年政党协商计划》《苏州市推进新时代古籍工作实施方案》等文件，研究部署重点工作。

12月24日，市委常委会召开会议，学习贯彻习近平总书记重要讲话重要指示精神，听取市两会筹备工作情况汇报。

12月27日，市委常委会召开会议，学习贯彻习近平总书记重要讲话重要指示精神，听取全市疫情防控工作情况、冬季安全生产专项治理行动和元旦春节期间安全生产防范工作安排建议等汇报，审议市委经济工作会议建议方案等文件，研究部署重点工作。

【数字经济时代产业创新集群发展推进】 2022年1月2日，市委、市政府印发《关于苏州市推进数字经济时代产业创新集群发展的指导意见》，提出6个方面意见：突出核心地位，培育高水平创新企业；推进产才融合，集聚高层次创新人才；强化创新策源，建设高能级创新载体；做强关键增量，发展高质量数字经济；加速产城融合，构建高效能创新网络；激发创新活力，营造高品质创新生态。

【党建引领基层治理现代化“根系工程”实施】 2022年4月21日，市委印发《关于实施高质量党建引领基层治理现代化“根系工程”的意见》，提出6个方面意见：组织触角向一线扎根，工作力量在一线整合，为民服务在一线优化，服务载体在一线保障，协调机制在一线运行，治理成效在一线评价。

【数字苏州建设推进】 2022年5月17日，市委、市政府印发《关于全面推进数字苏州建设的意见》，提出5个方面意见：

建设数字经济新优势，加快数字社会建设步伐，提高数字政府建设水平，营造开放、健康、安全的数字生态，促进数字苏州建设。

【社会主义现代化建设县域示范】 2022年6月22日，市委、市政府印发《关于支持昆山打造社会主义现代化建设县域示范走好新时代"昆山之路"的意见》，提出10个方面意见：深度融入长三角一体化发展，服务和融入新发展格局，推进产业结构优化升级，加快建设高水平产业创新集群，推动昆山深化两岸产业合作试验区制度创新，加快现代综合交通运输体系建设，优化城市功能布局，提高城市现代化治理能力，率先探索共同富裕实现路径，全面落实新时代党的建设总要求。

【太湖新城建设推进】 2022年7月3日，市委、市政府印发《关于加快推进太湖新城建设的工作意见》，提出5个方面意见：优化功能布局，推动空间聚能升级；集聚科创资源，增强协同创新能力；深化数字引领，丰富新城产业业态；提高建设水准，提升城市功能品质；厚植生态基底，深化绿色发展内涵。

【世界一流高科技园区建设推进】 2022年7月8日，市委、市政府印发《关于支持苏州工业园区建设世界一流高科技园区的意见》，提出15个方面意见：建设具有国际竞争力产业创新集群，发展高端现代服务业，率先构建绿色低碳循环发展经济体系，全面提升中新合作水平，建设国际一流的自贸片区，构筑世界领先的开放型经济优势，引育世界级创新型企业，建设重大科技创新平台，推动国际化高端人才集聚，加快构建全要素全链条创新生态系统，推动城市中心区功能在园区布局，提升国际化的城市品质，建设善治城市典范，深化管理模式和运行机制改革，复制推广"园区经验"引领区域协调发展。

【"两在两同"建新功行动实施】 2022年8月17日，市委印发《关于在全市党员干部中开展"两在两同"建新功行动的实施方案》，提出3个方面任务：各级党组织要聚焦党建引领争先作为；领导干部要聚焦带头示范争先担当；全体党员要聚焦履职尽责争先奉献。

【高铁新城建设推进】 2022年9月20日，市委、市政府印发《关于加快推进苏州高铁新城建设打造长三角区域枢纽中心的工作意见》，提出10个方面意见：全面融入长三角一体化发展，加强高速铁路和苏州北站国际铁路枢纽建设，以科学空间规划引领高质量开发建设，完善周边区域综合交通运输体系，推动枢纽经济发展，培育建设重点产业创新集群，推动重大城市功能载体布局建设，加快建设高品质人才社区，加快智慧城市建设步伐，建设国际一流营商环境。

【太湖科学城建设推进】 2022年11月6日，市委、市政府印发《关于全面建设太湖科学城的工作意见》，提出12个方面意见：全面融入长三角一体化发展，加快南京大学苏州校区建设，建设世界级太湖光子中心，建设重大科技创新平台，引育一流创新型企业，集聚高层次人才队伍，强化金融支撑保障，营造高品质创新创业生态，建设重点产业创新集群，推进浒墅关—望亭工业转型片区发展，强化综合交通体系建设，完善城市功能品质。

【青年发展型城市建设试点实施】 2022年12月8日，市委、市政府印发《苏州市青年发展型城市建设试点实施方案》，提出12个方面意见：着力优化青年优先发展的青年发展型城市规划环境，着力优化公平且有质量的青年发展型城市教育环境，着力优化激励青年施展才华的青年发展型城市就业环境，着力优化保障青年基本住房需求的青年发展型城市居住环境，着力优化缓解青年婚恋生育养育难题的青年发展型城市生活环境，着力优化促进青少年身心成长发展的青年发展型城市健康环境，着力优化有效保护青少年权益免受意外伤害和非法侵害的青年发展型城市安全环境，组织动员青年引领城市文明风尚，组织动员青年投身创新创业热潮，组织动员青年立足岗位建功立业，组织动员青年有序社会参与，组织动员青年助推生活品质提升。

（市委办公室　顾　业）

深化改革

【概况】 2022年，苏州市委全面深化改革委员会推进全面深化改革各项工作，全年召开会议12次，研究通过重点改革方案28个，完成改革任务139项，在重点领域和关键环节取得成果。

【经济体制改革】 2022年，苏州市完善党领导经济工作的体制机制，市委常委会会议每月统筹调度、专题推进。创新企业家月度座谈会工作制度，设立"苏州企业家日"，发布"纾困解难46条""服务业20条"，推出优化营商环境100条改革创新举措，新增市场主体29.2万户，年末用工备案实有人数达到历史最高水平。完善对外开放体制机制，放大中新、中日、中德以及自贸片区等多元开放平台优势，承办东盟—中日韩（10+3）产业链供应链合作论坛暨东亚企业家太湖论坛，深化服务贸易创新发展试点入选国务院"最佳实践案例"，苏州工业园区获评全省唯一的外资总部经济集聚区。全市域全领域推进数字人民币试点，各项核心指标位居试点城市前列，5项资本项目外汇业务创新试点全面落地，争创国家级绿色金融改革试验区。开展全国城市更新试点，明确先行先试示范区域，组织实施城市更新项目54个、城市微更新项目69个。

【农业农村改革】 2022年，苏州市创新农业农村现代化工作推进机制，与中国农业科学院联合发布评价考核指标体系3.0版，实施配套土地奖补28.67公顷，乡村振兴产业发展基金投放资金137.1亿元。创新重要农产品稳产保供机制，组建市储备粮公司，统筹粮食仓储布局，推进高标准农田改造，粮食总产量9.24亿千克，产量和种植面积均为2018年后最高水平。深化智慧农业改革试点，在全国率先制订《智慧农业示范基地建设与评价标准》，认定智慧农业品牌10个。试点开展农村集体经营性建设用地入市改革，合计成交64宗125.25公顷。创新农民增收机制，实施高素质农民培育行动、农民收入倍增计划，建设阳澄湖大闸蟹、蚕桑丝绸、洞庭山碧螺春等全产业链，农村集体总资产超过3547亿元。全市乡村振兴工作获得国务院督查激励。

【民主法治领域改革】 2022年，苏州市完善和落实党领导人大工作的制度机制，召开市委人大工作会议，发布《关于新时代坚持和完善人民代表大会制度加强和改进人大工作的实施意见》，推进建立28个基层立法联系点，首次开展民生实事项目代表票决。推动更好发挥政协协商民主重要渠道和专门协商机构作用，发布《关于加强和改进新时代市县政协工作的实施意见》，创新开展立法协商、财政预算协商，“有事好商量”协商议事成果巩固提升。完善大统战工作格局，召开市委统战工作会议、民族工作会议和全市宗教工作会议。推进司法体制改革，中央依法治国办督查组对苏州学习贯彻习近平法治思想等15项工作予以肯定，“行政立法全过程质量监控体系”经验获评第六届中国法治政府奖，“稳企复产14项措施”入选最高人民法院助力中小微企业发展典型案例，生态环境和资源保护公益诉讼案件入选最高人民检察院服务保障长江经济带典型案例。

【文化体制改革】 2022年，苏州市健全古城保护更新体制机制，常态化运转苏州国家历史文化名城保护区工作领导小组，组建名城保护集团，推进32号街坊、五卅路（子城）片区等重点项目。推进大运河、长江国家文化公园建设，举办央视中秋晚会、第四届大运河文化旅游博览会、江南文化艺术节等品牌活动，优化石湖景区、虎丘地区管理体制机制，建设苏州“运河十景”。推进国有文化企业改革，重组苏州广电传媒集团，整合设立苏州文化投资集团，以古吴轩出版社为重点组建成立苏州新闻出版集团。启动编纂《苏州全书》，实施苏州地域文明探源工程，开展草鞋山遗址、塘北遗址、御窑遗址等重要考古主动性发掘项目。完善“博物馆之城”建设机制，建树“一城百馆、博物苏州”城市品牌，建成苏州戏曲数字馆。召开文化产业发展推进大会，推动文化产业高质量发展，中国数字文化集团等头部平台型企业落户，全年规模以上文化产业企业实现营业收入3380.04亿元，增长3.2%。

【社会民生领域改革】 2022年，苏州市推进市域社会治理现代化试点，以项目化推进落实，建立市域社会治理现代化研究中心，针对社会治理中的重点问题开展经验总结和理论升华。创新社会治理网格化联动机制，实施“精网微格4.0工程”，将新冠疫情防控、扫黑除恶等事项纳入网格化管理，全市近5000名法官、检察官、警察和律师融入网格化治理。完善风险防范化解机制，全国首创县域基层治理司法指数，深入开展诉源治理、拉网排查等工作，县级市（区）、镇（街道）两级矛盾调解中心全部建成，公共法律服务平台和村（社区）法律顾问全覆盖。抓好政府债务风险化解，全面落实“镇债县管”，压降融资平台公司500家。完善疫情防控应急响应和处置机制，创新职工集宿区社区化管理，建成15分钟核酸采样圈。

【生态文明体制改革】 2022年，苏州市推进生态环境治理体制机制创新，抓好中央、省生态环保督察反馈问题整改及长江经济带生态环境突出问题整改，发布《关于全面落实长江经济带高质量发展战略任务的工作意见》，开展太湖19条劣V类支河支浜整治，促进经济社会发展全面绿色低碳转型。探索生态资源保护利用新模式，建立健全生态产品价值实现机制，创新推出“一山一策”“一湖一策”生态保护，逐一划定145座山体本体保护线、协调控制线，推进澄湖整体保护和环长漾片区建设，全省首个综合性生态环境损害赔偿示范基地落户太湖生态岛。健全完善生态环境准入管理机制，建立“两高”项目部门会商制度，严把环评审批关口，苏州市生态岛农文旅低碳融合发展示范项目入选国家第二批EOD模式试点。加强河网数字化建设，全市21868条河流、353个重要湖泊纳入地理信息系统管理，新增污水处理能力每日18.65万吨。

（市委研究室　黄书君）

组织工作

【概况】 2022年，苏州市各级组织部门贯彻新时代党的建设总要求和党的组织路线，统筹抓好选干部配班子、抓基层打基础、聚人才建队伍各项任务，全市组织工作取得进展。截至2023年2月，市委管理的领导班子有279个，管理的干部总数1926人。全市有基层党组织35580个，其中党委1807个、党总支2087个、党支部31686个。全市党员总数617220人。其中，女党员212065人，占比34.4%；35岁及以下党员173421人，占比28.1%；大专学历及以上党员391370人，占比63.4%。

【基层党建】 2022年，苏州市实施“基层党建提质增效年”行动，实施基层党建重点项目30个。实施新时代“美美乡村新接力”专项计划，总结推广“抓党建促乡村振兴十二法”，开展重点村分类管理、红色美丽村庄建设等3项全国试点。实施高质量党建引领基层治理现代化“根系工程”，实现自然村（小区）党组织建设、村（居）民小组党的工作等8个全覆盖，遴选“海棠先锋”4.5万人，开展常态化入户走访。健全村书记“专业五级”、社区工作者“三岗十八级”、两新党务工作者“四级五专”管理体系，激励基层干部扎根一线干事创业。实施加强村、社区党组织书记先进典型选育培树指导意见，构建“241”培养梯队，加强新时代新典型培育。推进乡土人才培养集聚行动计划，完成第二批176名乡土人才培养选拔。开展事业单位、国企党建专项提升行动，推进城乡基层党组织专项整顿，整改解决问题1.8万个。探索产业链、供应链、创新链党建，开展党建引领产业创新集群建设行动，成立产业链党委等90余个，组建项目研发等“行动支部”130余个。深化“党建惠企”专项行动，发布“稳企十条”，促进落地项目2.1万个，解决实际困难2.6万个。加强“海棠花红”先锋阵地建设，2886个服务中心全面达标、3372个“家门口的海棠花”服务点有效运转。提升为民服务经费至每年30万元，实施“为民服务”项目4300余个，惠及党员群众156万人次。

【新业态新就业群体党建】 2022年，苏州市健全完善“一干十支”行业党建工作机制，成立快递、外卖配送、交通运输、网络直播4个市级行业党委，发布指导意见，围绕党组织设置难题总结“组建十法”，新建新业态党支部139个，配套经费200万元。做优新就业群体服务网，建立“四位一体”服务网、3706个暖心驿站和“掌上地图”。向5.8万名参加抗疫的新就业群体发放“海棠暖心”关爱金，联合推出5类53条新就业群体政策大礼包，提供技能培训、健康义诊、子女暑托等关爱服务。

【党员管理】 2022年，苏州市加强发展党员“源泉工程”工作，完成农村发展党员排查整顿，制定流动党员流入流出管理责任清单，全年发展党员近9700人。做好党员关爱帮扶，创立“海棠助学”“海棠助残”等项目，发放关爱金3200万余元，惠及群众2万余人。号召全市党员干部参加新冠疫情防控，动员组织市、县两级机关企事业单位志愿者投身抗疫，抽调市级机关骨干力量组建工作队，深入基层指导解决问题2000余个、提出改进建议1300余条；组织开展“向社区报到、为抗疫助力”专项行动，选派2600余名市级机关干部下沉社区，动态成立“行动支部”。

【干部管理】 2022年，苏州市发挥综合考核“指挥棒”作用，首次将19家国企、10家高（职）院校纳入考核，探索个性化差异化考核，突出“考人”与“考事”相结合，形成系统完备的“1+4”考核体系。落实“三个区分开来”重大要求，市、县两级联动推出“三项机制”典型案例659个。开展干部“能上能下”试点，制定有针对性细化“下”的举措，调整不适宜任职干部135人、“下”后再“上”24人。发布发现培养选拔优秀年轻干部实施意见，明确五年总体目标、各领域及年度目标和日常配备要求，提出6项机制18条举措，形成重在平时、常抓不懈的“选育管用”全链条机制。选派110名优秀年轻干部到“五个一线”组团式攻坚，探索设立10个市县联动专班，强化交互式历练、联动式培养。制订推荐选调生到市级机关工作操作规程，促进跨地区跨部门流动。优化定岗特选计划，组织名校优生暑期到苏州实习。完成市本级、9个县级市（区）人大政府政协、51个镇人大政府和3所市属高校换届工作。做好苏州创新投资集团、名城保护集团、大数据集团、港航集团等新建或重组市属国企领导班子配备，推进团市委、市文联等群团换届。组建9个工作组驻点督导县级市（区）人大政府政协换届选举，全程监督护航换届风清气正。做好换届后领导班子建设“回头看”，开展日常调研走访，掌握班子运行质态和干部现实表现，针对性做好调整优化。

【干部教育】 2022年，苏州市实施政治理论强化工程，分层分类对1800余名市管干部开展党的十九届六中全会精神网上专题培训。举办数字经济时代产业创新集群等18个专题班，针对性举办新冠疫情防控、服务业纾困等线上培训班，线下培训干部2000余人次、线上培训干部群众40万余人次。坚决调训“走不开”的干部，鼓励领导干部上讲台，100余名市领导、市直单位“一把手”走上讲台，以讲促学、以学促干。

【公务员管理】 2022年，苏州市做好新冠疫情防控常态化要求下公务员考录工作，全年新录用公务员820人，其中“双一流”高校毕业生占比66.7%。开展市级机关公开遴选和日常转任，从严抓好调任选任，促进国企事业单位、机关干部流动，优化公务员队伍结构。落实职务职级并行制度，开展审计机关专业技术类公务员分类管理，对参照管理单位实施名录管理。加强先进典型培养选树，吴江区公安局吴江经济技术开发区派出所副所长、三级警长王恩鹏被授予全国“人民满意的公务员”称号，张家港市精神文明建设指导委员会办公室被授予全国“人民满意的公务员集体”称号。

【人才引进培育】 2022年，苏州市举办第十四届苏州国际精英创业周，开展各类人才对接交流170场，完成项目签约1899个，增长5.15%。组织开展“赢在苏州·创赢未来”国际创客大赛，国内外举办16场分区赛，征集项目1483个。提档升级“校园苏州日”活动，推出“点燃苏情·滚烫未来”苏州人才云上招聘月。承办第四届长三角G60科创走廊人才峰会，形成人才培育服务基地、高端人才猎聘联盟等一系列合作成果。融入国家“3+N”人才高地和人才集聚平台总布局，研究制定方案计划，建设“雁阵格局”重要支点。围绕核心技术攻关，摸排数字经济领域131条“卡脖子”核心技术清单，实施有效集聚“卡脖子”核心技术人才若干举措，实行“揭榜挂帅”制度，首批立项3家创新联合体。重点支持苏州实验室、先进技术成果长三角转化中心等高端载体建设，支持苏州大学、南京大学苏州校区等高校院所人才发展。全年新立项3个顶尖团队、8个重大创新团队，自主申报入选国家级人才81人。苏州市连续3年入选“中国最佳引才城市”，连续11年入选“外籍人才眼中最具吸引力的中国城市”。

（市委组织部 黄志辉）

表3 2007—2022年苏州市入选市级以上高层次创新创业人才计划统计表

地区（单位）	姑苏领军人才计划（人）			江苏省“双创计划”（人）			国家级重大人才工程（人）		
	2007—2021年	2022年	小计	2007—2021年	2022年	小计	2007—2021年	2022年	小计
张家港市	293	58	351	163	12	175	17	9	26
常熟市	194	73	267	102	12	114	19	2	21
太仓市	171	67	238	87	19	106	8	2	10
昆山市	304	55	359	152	26	178	34	8	42
吴江区	141	48	189	72	13	85	22	7	29
吴中区	147	64	211	49	9	58	5	6	11
相城区	115	42	157	37	2	39	7	1	8
姑苏区	13	6	19	2	1	3	0	0	0
苏州工业园区	529	100	629	330	32	362	141	44	185
苏州高新区	307	93	400	135	13	148	26	6	32
苏州大学	17	19	36	88	1	89	70	14	84
苏州科技大学	1	3	4	6	0	6	3	1	4
其他	1	2	3	13	9	22	9	0	9
合计	2233	630	2863	1236	149	1385	361	100	461

注：入选人数按申报主体统计，国家级重大人才工程统计截至第18批。

（资料来源：市委组织部）

【人才服务】 2022年，苏州市推进“人才服务推广年”“人才星期五”系列活动，实施五大行动，加强人才政策体系整合优化。加快高品质人才社区建设，健全完善人才住房、公寓、驿站“三位一体”安居保障体系，完善人才乐居“直通车”申报系统，全年新增人才住房近1.4万套。设立总规模3亿元的姑苏人才三期基金，建设“金才相遇”圆桌荟对接人才金融需求。设立市人才发展中心，增强党管人才专业化力量。建设苏州人才总入口，涵盖人才数据、人才政策、人才社区等12个模块，提升人才工作数字化水平。

（市委组织部　黄志辉）

宣传工作

【理论学习】 2022年，苏州市把学习宣传贯彻习近平新时代中国特色社会主义思想作为首要政治任务，加强思想引领，推进理论武装工作。发挥市委理论学习中心组示范引领作用，印发《关于推动全市高质高效开展党委（党组）理论学习中心组学习有关事项的通知》《2022年全市各级党委（党组）理论学习中心组专题学习计划》《全市党委（党组）理论学习中心组党的二十大精神专题学习计划》，健全完善领导干部领学促学、专题读书调研、巡学旁听等工作机制，促进市、县两级党委理论学习中心组同步学习。获评全省县处级以上党委（党组）理论学习中心组示范点，考核成绩列全省设区市第一位。实施“青苗计划”，建强用好新时代理论宣讲师资库，加强“众说学习”理论学习品牌建设，举办“师说”“名家说”“百名局长百场宣讲”“百姓名嘴风采展示”等系列宣讲活动。研究谋划党史学习教育常态化长效化的具体工作举措，推进学习型党组织建设，创新基层党员冬训工作，开展“奋进新征程 谱写新篇章”主题大讨论，举办线下“学习达人挑战赛”。组织全市县处级以上领导干部参加“坚决扛起新征程新的光荣使命 奋力开创江苏现代化建设新局面”专题读书调研活动，形成100余篇调研成果。配合做好“习近平新时代中国特色社会主义思想指引下的苏州实践”相关课题研究，把综合课题纳入省习近平新时代中国特色社会主义思想研究中心年度重点研究项目。组织“共同富裕”课题研究，编写出版《共同富裕苏州行动》并入选年度省主题出版重点出版物。实现苏州高校马克思主义学院建设全覆盖，扶持21所高校35个项目。

【新闻舆论工作】 2022年，苏州市坚持正确政治方向、舆论导向、价值取向，尊重新闻规律，创新方法手段，提高主流舆论传播力、影响力。围绕迎接党的二十大召开、宣传贯彻党的二十大精神，在市属媒体重要版面、重要时段，集中开设《新思想引领新征程·时代答卷》《沿着总书记的足迹》《二十大代表风采》等一批有特色、有影响的专栏，推出“圆桌道理”评论专题等反响报道、系列时评和网上阐释解读，开展“奋进新征程 建功新时代——看苏州看变化”全媒体新闻行动、“非凡十年”等主题融媒报道。统筹做好新冠疫情防控和经济社会发展新闻宣传，组织新闻媒体开展好信息发布、防疫报道、科普宣传、复工复产报道等工作，全年召开新闻发布会、新闻通气会49场。《新华每日电讯》《新闻联播》《新华日报》等中央、省级主流媒体相继在重要版面、重要时段刊播苏州力保物流畅通、保障产业发展的工作举措。中央媒体全年累计刊播苏州稿件5000余篇，其中中央广播电视总台《新闻联播》刊播苏州报道24条。推出《战疫“姑”勇者》等专题专栏，以及《苏州战疫进行时》特别节目，苏州包机到国外招商、“核酸小屋”变身“发热诊疗站”等报道赢得全网点赞。发布媒体深度融合发展行动计划，启用运营苏州新闻中心，中央广播电视总台江苏总站苏南记者站、中国日报国际传播培训基地等入驻苏州。县级融媒体建设提质增效，建设深耕本土、特色鲜明的核心传播平台，多个作品在全国县级融媒体中心优秀作品双月赛中获奖。

2022年9月28日，苏州“四史”知识答题挑战赛总决赛暨“喜迎二十大 奋进新征程”主题活动在苏州市第二工人文化宫举办　（濮建明　摄）

【思想政治工作】 2022年，苏州市开展“强国复兴有我”群众性主题宣传教育活动，组织全市党员干部群众收听收看党的二十大开幕盛况，举办“习近平新时代中国特色社会主义思想指引下的苏州实践”主题展。组织开展理论宣讲、知识竞赛、文艺展演、快闪活动、百姓故事会、网上展示等7类2.9万场次活动，线上线下参与数超过7000万人次。组织“礼赞新时代 追梦复兴路”主题宣讲活动、“喜迎二十大 筑梦向未来”未成年人系列教育实践活动、“喜迎二十大 电影纳凉会”群众性活动、“强国复兴有我”开学第一课等，开辟12条“喜迎二十大 奋进新征程”沉浸式学习体验精品线路，引发党员干部群众踊跃参与。用好用活《习近平新时代中国特色社会主义思想读本》。培育和践行社会主义核心价值观，统筹做好核心价值观入法入规工作，实施红色基因传承工程，组织市级以上爱国主义教育基地推出125项主题宣教活动，举办“喜迎二十大 奋楫逐梦行”“我们的节日——端午”等活动，在全市城乡公共空间制作刊播社会主义核心价值观主题公益广告。开展“四德”宣传教育，举办“公民道德宣传日”主题交流活动，做好苏州公民道德馆优化更新，各地新建一批好人文化园、好人文化广场。加强国防教育基地建设，全市全民国防教育落地落实。

【对外宣传】 2022年，苏州市结合中日邦交正常化50周年、中韩建交30周年重要时间节点，举办“苏州国际日——中日韩工艺文化展”系列活动。举办首届苏州金鸡湖中法文化艺术周，世界知名艺术装置巴黎《爱墙》亚洲唯一复制品“中法爱墙”在苏州落成。结合中国意大利文化和旅游年，举办“我中意你”首届中意文化交流节。用好“中国书架”“苏州之窗”等友城交流渠道，在德国康斯坦茨市、意大利威尼斯市等地举办“园心水韵”——世界文化遗产苏州古典园林摄影展欧洲巡展。在丹麦埃斯比约市举办“君到姑苏见”摄影展。举办“游园赏曲 苏州有戏”——中国苏州·葡萄牙科英布拉“云对话”活动。非物质文化遗产纪录电影《天工苏作》在海外主流院线上映。苏州海媒平台“This is Suzhou”影响力增强。

【精神文明建设】 2022年，苏州市创新布局行业文明实践阵地，建设行业新时代文明实践分中心14家。建成苏州市新时代文明实践指导中心，促进各文明实践中心、所、站按照“有场所、有机制、有人员、有服务、有特色”标准建设。设计和实施2022年度苏州市城区新时代文明实践志愿服务项目100个，健全8类常备志愿服务队，调度全市24.5万名志愿者开展疫情防控志愿服务9.5万场次。围绕疫情防控和发展经济等主题主线，在各行各业持续挖掘各类身边典型。选树发布“苏州时代新人”58人。昆山籍科学家、中国工程院院士钱七虎，残疾人创业典型、苏州市缘跃纸制品有限公司负责人陆鸿入选“感动中国2022年度人物”，刘春荣、黄萍、蒋根元、梁雪芳4人入选中国好人榜。苏州市获评“江苏最美人物”4人，入选江苏好人榜19人。获评全国、全省先进数量居全省设区市前列。举办“新时代好少年”集中发布活动，抓好青少年文明礼仪养成教育。实施关爱青少年生命健康专项行动和心理健康教育。推进“复兴少年宫”示范点建设。

（市委宣传部　蒲　实）

表4　2022年苏州市精神文明建设“十佳新人”暨苏州市道德模范一览表

姓名	单位及职务
王　俊	苏州长光华芯光电技术股份有限公司首席技术官
王恩鹏	苏州市吴江区公安局吴江经济技术开发区派出所副所长
李　俊	常熟云开智能科技有限公司职工
杨海兵	苏州市疾病预防控制中心党委委员、副主任
张代兄	昆山市周市镇斜塘村村民
陈曾路	苏州吴文化博物馆馆长
周彩虹	相城区北桥水苏子童话工作室负责人
赵建军	张家港市经开区（杨舍镇）农联村党委书记、村委会主任
禹云长	吴江变压器有限公司总工程师
褚　锋	太仓万方国际码头有限公司门机班班组长

表5　2022年苏州市精神文明建设“十佳新事”一览表

名称	单位（地区）
“向阳花开 法润万家”——青少年家庭教育指导守护计划	市中级人民法院
沉浸式婚姻登记倡导婚俗新风尚	市民政局
“集中体检”擦亮城市文明底色	市城市管理局
“健康住区 物业护航”——首创“物业+急救”跨行业志愿服务新模式	市住房城乡建设局
湿地“小科学家”养成计划	市园林绿化局
首创行业文明实践联盟 构建“大交通”志愿服务网络	市交通运输局
古城农贸市场艺术空间打造	市文联
“人人都是张闻明”文明实践修身行动	张家港市
“千楼万院焕新颜”文明楼道建设专项行动	太仓市
“好人精神”进千企 典型共育赋华章	相城区

（资料来源：市委宣传部）

【未成年人思想道德建设】 2022年，苏州市落实立德树人根本任务，激励引导未成年人听党话、跟党走，争做“德智体美劳”全面发展的强国复兴接班人。组织“喜迎二十大 筑梦向未来”系列教育实践活动，围绕“六一”时间节点，开展学习贯彻习近平总书记给淮安市新安小学少先队员重要回信精神一周年活动；举办“清明祭英烈”“我是新时代的小好汉”“核心价值观在我心中”“向国旗敬礼”等活动；开展“梦想与担当”主题征文，收到376所学校的实名投稿征文22503篇；举办“老少同台”系列展示活动，围绕红色主题组织“老少同台”文艺节目展演、校外红色寻访互动体验160余场次。常态化开展“新时代苏州好少年”学习宣传活动，推选一批事迹突出的“新时代苏州好少年”典型，并举办集中发布活动。开展“童”字系列美育活动，举办“童心里的诗篇”“童话里的世界”创作征集活动，征集童诗23884首、童话故事2370篇，并以电台朗诵形式展示优秀作品。以“阳光心动力 成长向未来”为主题举办苏州市未成年人心理健康教育宣传月，突出青少年生命健康教育主线，结合新冠疫情引发的未成年人心理健康问题，推出4大专题学习包、课程27场，开展市、区重点活动37项。延伸乡村“复兴少年宫”建设工作，支持建设一批示范点，统筹协调各类优质社会资源建设农村未成年人接受思想道德教育、参与新时代文明实践的主阵地。

【“江南文化”品牌塑造】 2022年，苏州市推进“江南文化”品牌建设工作，推动首期项目66个、二期项目落地70个，增强全社会“苏州最江南”的文化自信。深入实施文明溯源，印发《苏州地域文明探源工程实施意见》，修订《苏州市地下文物保护办法》，开放草鞋山考古遗址公园。加强江南文化研究，在市社科基金项目中专列“江南文化专项研究类”，推进“近代江南农暇生活研究”“江南藏书文化概论”等18个课题研究，出版《苏州运河史》《江南文化概论》等重点图书。继续举办“苏州最江南”学术论坛、“志说江南·苏州圆桌会议”等学术活动，为江南文化建设提供智力支持。实施苏州历史文化名城保护提升整体方案，挂牌成立苏州名城保护集团，促进虎丘综合改造和桃花坞片区、五卅路片区、32号街坊改造等重点项目及丰备义仓、塔影园等古建筑的保护修缮工作。构建“苏作馆”展销体系，建设丝绸、苏绣等非遗集聚区，碧螺春制作技艺入选联合国教科文组织人类非物质文化遗产代表作名录。启动《苏州全书》编纂工程，落户江南网络文学创作基地。举办江南文化艺术节等品牌活动，布局江南小剧场、小书场等文化空间。实施文艺创作源头工程，推出苏剧《太湖人家》、舞剧《运·河》等。加强基础设施建设，建成运营苏州城建博物馆等文化场馆。发布“十四五”文化产业发展规划，实施文化产业追赶计划，落地中数集团、开心麻花、喜马拉雅等一批文化项目。以“运河十景”建设为契机，推进大运河文化带和国家文化公园建设。发展数字文化产业，促进博物馆、戏曲、古籍、非遗等数字化，发展数字经济产业链和项目集群。建设“君到苏州”文旅总入口平台，建设浒墅关古镇等一批重点文旅地标，推出园林夜游项目。建设江南文化特色传播体系，举办“相约北京 遇见江南”苏州文化艺术展示周，承办中央广播电视总台2022年中秋晚会，中国竹园参加荷兰世园会，电影《天工苏作》在海外院线上映。

【全国文明典范城市创建】 2022年，苏州市推进创建全国文明典范城市。完成重大课题“深入贯彻落实习近平总书记关于精神文明建设重要论述，推进人的现代化和文明典范城市建设”第一期研究报告和成果转化工作，宣传展示苏州精神文明建设成果。施行《苏州市文明行为促进条例》，开展“喜迎二十大 文明润万家”主题实践活动，建立健全制止餐饮浪费长效机制，创新开展“太湖生态岛民宿厕所联盟”项目等，提升城市文明程度和市民文明素质。围绕文明单位、文明村镇、文明家庭等高水平实施“文明细胞”工程，创新推出苏州市文明单位积分制动态管理平台。移风易俗，综合运用乡村治理积分制、村规民约等方式提高乡风文明程度。开展文明家庭创建工作，推选第三届江苏省文明家庭13户。拓展群众参与文明典范城市创建载体平台，在“苏周到”App上线“文明随手拍”2.0版本，累计处办问题近6.3万个。整合媒体资源，建强《文明曝光台》栏目，累计刊播159期，定期以“回头看”形式跟踪问题处理进展。

（市委宣传部　蒲　实）

统一战线工作

【概况】 2022年，苏州市统一战线学习贯彻习近平总书记关于做好新时代党的统一战线工作的重要思想，围绕迎接党的二十大召开、学习宣传贯彻党的二十大精神主线，把握大团结大联合主题，服务中心大局，守牢安全底线，促进全市统战工作高质量发展。苏州市委常委会专题研究统战工作9次，市委主要负责人专题调研统战工作，对统战工作做出批示66次，参加统一战线会议或活动16次。市委召开市委统战工作会议、市委民族工作会议和全市宗教工作会议，制定《关于加强新时代统一战线工作的实施意见》等文件。组织开展“苏州统一战线献礼党的二十大”主题宣传教育，印发《中共苏州市委统战部关于认真学习宣传贯彻党的二十大精神的实施方案》，举办学习报告会、主题书画展、知识竞赛、圆桌思享会等活动。

【政党协商】 截至2022年底，民革、民盟、民建、民进、农工党、致公党、九三学社7个民主党派苏州市委员会有成员14336人。年内，苏州市制定并落实年度政党协商计划，召开党外人士迎春座谈会、市委民主协商会、市委专题协商调研座谈会等。完善市委领导与党外代表人士联系交友制度，加强政府部门与民主党派、工商联对口联系工作。组织各民主党派市委、市工商联负责人和无党派人士代表开展国情市情考察。支持市各民主党派、工商联和无党派人士围绕市委中心大局，开展调查研究，建言资政，履行政治协商、民主监督、参政议政职能。形成《关于打造我市智能网联汽车产业创新集群的建议》《打造城市活力新引擎 引领全域发展一体化——探索苏州特色TOD发展模式》等一批调研报告。支持市各民主党派加强思想政治建设、组织建设、履职能力建设、制度建设和机关建设等，实施《建立三方沟通协调工作机制的工作方案》，建立由市委统战部、派驻统战部纪检监察组、各民主党派内部监督委员会三方组成的沟通协调联系机制。组织“风雨同舟向未来——讲多党合作故事 献礼中共二十大”短视频大赛，8件作品获奖，数量列全省设区市第一位。

【民族和宗教工作】 2022年，苏州市贯彻落实中央、省委民族工作会议精神，召开市委民族工作会议，印发《关于以铸牢中华民族共同体意识为主线推进全市民族工作高质量发展的实施方案》。建树“红石榴伙伴行动”工作品牌，促进民族团结进步创建工作，姑苏区双塔街道、江苏永钢集团有限公司被命名为第十批全国民族团结进步示范区示范单位，3家单位被命名为全省首批民族团结进步示范区示范单位。做好各族群众互嵌式发展工作，促进各族群众交往交流交融。贯彻落实全国、全省宗教工作会议精神，召开全市宗教工作会议，印发《关于坚持我国宗教中国化方向做好全市宗教工作的实施方案》，提高宗教界自我管理水平，提高宗教事务治理法治化水平，维护宗教和睦和社会和谐。推进国家宗教中国化苏州实践，引导宗教界人士和信教群众培育和践行社会主义核心价值观，弘扬中华优秀传统文化。开展宗教领域专项排查整治工作。支持宗教团体加强自身建设，指导各宗教团体开展崇俭戒奢教育活动，支持宗教界全面从严治教。开展宗教活动场所安全专项整治三年行动，实现安全隐患排查整改闭环管理。

【非公有制经济领域统战工作】 2022年，苏州市落实《关于政企同行助力民营经济“两个健康”的实施方案》。开展市领导走访民营企业活动。完善市领导走访调研民营企业制度，定期召开民营企业家座谈会，完善民营企业信息直报制度等工作，畅通政企沟通渠道，实现全过程跟踪发现问题，解决问题工作闭环。组织开展首届苏州“企业家日”主题活动暨2022“百强民企”系列发布仪式。由市委统战部、市工商联和市金融监管局共同搭建的服务金融机构与民营企业交流合作的平台，围绕“金融助力、惠企纾困、共谋发展”主题，创新举办月度“金企联沙龙”活动。召开市工商业联合会第十五次代表大会，选举产生256名执委以及新一届领导班子。做好省工商联、全国工商联换届推荐工作，江苏沙钢集团有限公司董事长沈彬当选全国工商联副主席，这是苏州企业家首次当选。开展民营经济人士理想信念教育，建立青年领军企业家训练营等各类工作载体，制度化推进青年企业家人才培养工作。建立部门间合规协作配合机制，构建法企合作载体。

【港澳台统战工作】 2022年，苏州市举办在苏州香港同胞学习习近平总书记在庆祝香港回归祖国25周年大会暨香港特别行政区第六届政府就职典礼上的重要讲话精神座谈会，召开在苏州香港同胞庆祝香港回归祖国25周年暨苏州香港同胞联谊会成立大会，举办“喜迎二十大·庆祝中华人民共和国成立73周年暨香港苏州商会第二届董事会就职典礼”。加强苏州香港融合发展。组团到澳门访问交流，开展系列人才政策推介，举办庆祝澳门回归祖国23周年暨澳门苏州联谊会成立5周年苏州澳门两地文化交流活动，促进苏州澳门两地深化交流。组织第二届海峡两岸青年文化月，加强两岸人文交流。举办苏州市与台资企业总部视频连线活动，承办第七届“两岸新锐设计竞赛·华灿奖”颁奖仪式。开出全省首张台湾居民个体工商户营业执照，优化涉台营商环境。

【侨务工作】 2022年，苏州市举办“侨聚长三角·智汇新天堂”2022海外华侨华人高层次人才创新创业峰会。探索“五侨”联动合作路径，市委统战部加强与市人大、市政协、市侨联、致公党市委会协同合作，形成工作合力。开展“走百家侨企、访百名人才”活动，了解诉求建议，帮助协调解决有关问题，服务侨资企业。落实涉侨法规，维护侨胞、侨企合法权益。推进侨务工作进社区、进园区、进校区，收集侨情民意、组织开展活动，丰富文化生活，构建为侨公共服务体系。开展“海外侨胞知名人士研修班”“网链苏州侨声回响”等活动，承办江苏省海外华裔大学生中华文化研习营活动。落实百所学校云牵手推进工作，指导华文教育基地苏州幼儿师范高等专科学校选好“网上外派教师”，加强与海外学校文化教学交流。加强与重点国家和地区主要华文媒体的交流合作，宣传推介“江南文化”品牌，讲好苏州故事。

【党外知识分子和新的社会阶层人士统战工作】 2022年，苏州市组织市党外知识分子联谊会、市新的社会阶层人士联合会、市欧美同学会联合学习贯彻党的二十大精神，举办市党外知识分子和新的社会阶层人士骨干培训班。组织全市欧美同学会学习贯彻习近平总书记给南京大学留学归国青年学者的重要回信精神，达成留学报国的思想共识。召开市党外知识分子联谊会第四次会员代表大会，成立市党外知识分子联谊会国企分会，创建全市首批无党派人士工作室。成立高等院校、科研院所、国有企业统战工作协调小组，召开全市科研院所、国有企业统战工作推进会。加强市欧美同学会组织建设，在东吴证券股份有限公司成立全省首家国有企业欧美同学会（留学人员联谊会）组织，探索建立“归国人才创业导师”制度，建设“归国人才会客厅”。承办全省新的社会阶层人士献礼党的二十大“苏新·非遗·传承”新人新作展等系列活动。

【党外代表人士队伍建设】 2022年，苏州市制定并实施《苏州市2022—2026年党外代表人士队伍建设规划》，相关做法被中央统战部作为信息刊发。举办“同心向党 携手奋进”党外代表人士专题研修班、“喜迎二十大 奋进新时代”党外代表人士能力提升研修班。支持市社会主义学院发挥统一战线人才教育培养主阵地的作用。加大党外干部配备力度。执行党外代表人士在各级人大、政协安排的政策规定。健全完善党外代表人士管理机制，定期走访交流，加强协同管理。建立党外代表人士信息库，实施“百千万工程”，对纳入名单的党外代表人士实行数字化动态管理。

（市委统战部 沙建新）

政策研究

【调查研究】 2022年，苏州市委研究室（市委全面深化改革委员会办公室，简称“改革办”；市委财经委员会办公室，简称“财经办”）围绕市委重大决策部署开展调查研究，推动“习近平新时代中国特色社会主义思想指引下的苏州实践”系列课题研究，形成“1+6”主课题和87个重点课题阶段化成果，一批成果得到国家发展改革委、生态环境部等国家部委肯定，学习时报社、江苏省委党校在苏州联合举办理论研讨会。围绕推动制造业高端化发展、推进科技创新高地建设、上海临港新片区与苏州沿江三市发展比较、创新链产业链资金链人才链融合、加快楼宇经济提质增效发展等市委重大决策部署调查研究。拓展专家建言渠道，围绕建设环太湖科创圈主题，联合东吴、石湖智库举办战略研讨会、学术沙龙活动，整理形成专家建言汇编。开展年度全市优秀调研报告评选，在全市范围征集调研报告115篇，评选出一等奖3篇、二等奖10篇、三等奖15篇。围绕苏州争创国家区域科技创新中心、城市更新与农村人居环境整治提升等主题，协调相关部门、县级市（区）做好调研和组稿等工作，上报省委研究室典型案例材料11篇。全年牵头或参与起草各类文稿和调研报告200余篇，市委主要领导在相关调研报告及刊物上做出批示78次。

【市委重大决策服务】 2022年，苏州市委研究室（改革办、财经办）参与起草市委全会、市委工作会议、市委经济工作会议、数字经济时代产业创新集群融合发展大会、电子信息产业创新集群推进大会、市委常委会2022年工作要点等重要文稿。服务保障市委常委会专题调研县级市（区）工作，推动各县级市（区）在市域一体化发展大框架下明晰具体定位、开展工作创新、强化特色发展、密切协同配合，牵头或参与起草支持昆山建设社会主义现代化建设县域示范、支持苏州工业园区打造世界一流高科技园区等改革文件11份。组织落实市委企业家月度座谈会工作制度，市委主要领导面对面听取企业诉求建议，协调解决问题、完善制度举措，组织召开座谈会10场，参会企业196家，起到增强企业信心、引导市场预期、改进政务服务等作用。

【财经决策服务】 2022年，苏州市委研究室（改革办、财经办）完善财经办工作体制，筹备召开市委财经委会议4次，对经济运行、融资平台公司经营性债务管理等开展研究部署。加强对中央财经委历次会议决策部署落实情况的跟踪督查和对经济运行的分析研判，按月度、季度向省委财经办报送全市经济运行情况。首次将“加强党对经济工作的领导”纳入县级市（区）党建考核。苏州市被中央财经委员会办公室选为社会民生联系点，按照要求建立完善对接联络机制，做好季度社会民生情况工作上报工作。以建设数字经济时代产业创新集群为主题，举办全市改革财经工作培训班。

（市委研究室 彭润中）

机构编制管理

【行政管理体制改革】 2022年，苏州市委机构编制委员会办公室（简称“市委编办”）发挥好市基层“三整合”工作办公室统筹协调指导作用，推动两批75个镇（街道）深化改革，指导4个镇（街道）探索综合行政执法局和集成指挥中心标准化建设。“突出‘三个聚焦’有力推进派驻机构属地管理”的经验做法，被省委编办简报专刊在全省宣传推广。制定《2022年苏州市基层“三整合”改革复查评估重点指标》，印发《关于开展2022年基层“三整合”改革复查评估工作的通知》，牵头组织市委政法委、市大数据管理局、市司法局、市行政审批局等相关部门，对6个县级市（区）的7个镇（街道）开展复评，并逐一形成评估意见书，客观反映改革成效与存在的不足。组织召开全市基层管理体制改革现场会暨推进基层整合审批服务执法力量交流会，向全市推介张家港市南丰镇改革经验，推动实现现场比、相互学、共提升。全市有5个镇获评基层“三整合”改革省级先进单位、12个镇（街道）获评市级先进单位，基层改革基本实现县域间的均衡协调发展。推动张家港、常熟、太仓、昆山、吴江、吴中、相城等县级市（区）开展全域综合行政执法改革，构建“综合执法局+专业执法队伍+镇域综合执法+网格化社会治理”上下联动、优化协同、齐抓共管的综合行政执法新格局。健全完善由市委编办牵头负责、市有关部门配合的工作推进机制。组织各县级市（区）按照《江苏省经济发达镇改革与管理暂行办法》规定的遴选标准开展推荐工作，牵头组织对8个申报镇开展考察评估提出建议名单，经市委审定并报省委编办，最终明确常熟市辛庄镇、吴江区震泽镇、吴中区木渎镇、相城区黄埭镇为新一轮经济发达镇改革培育对象，全市新增培育数量列全省设区市第一位。

【机构编制资源配置】 2022年，市委编办针对数字苏州建设、教育体系建设保障、法治苏州建设、医保基金使用监管等重点领域，做好机构编制“精准滴灌”，调整优化市大数据管理局、市教育局、市司法局、市医疗保障局等部门内设机构设置和职能配置。设立苏州工业园区人民法院自由贸易区法庭，继续做好苏州自贸片区检察室以及汾湖长三角一体化示范区人民法庭等有关事项向上沟通争取。通过整合机构设置、优化资源配置等举措，加强文物保护和考古工作机构力量。围绕建设人才发展现代化强市目标，建立人才发展中心，服务保障人才资源配置，支持构建高水平人才平台，建树“人到苏州必有为”工作品牌。推进高校机构编制管理创新，指导相关县级市（区）制定高校人员总量方案，预核苏州城市学院人员总量、内设机构和领导职数。贯彻落实“双减”工作要求，经内部挖掘潜力和对上争取，于6月完成全市中小学教职工编制“达国标”任务。配合做好医疗卫生和疾控体制改革工作，理顺体制机制，明确功能定位，提升专业能力。

【机构编制监督检查】 2022年，市委编办转发《机构编制违规违纪违法行为处理和问责规则（试行）》，规范和加强机构编制违规违纪违法行为处理和问责工作。逐一开展全市机构编制违规问题清理整改工作、省级机关单位对市县机构编制干预问题、市县党委编办对机构编制违规违纪违法行为处理和问责情况等工作，并按时反馈省委编办，发挥机构编制监督检查职能。印发《市委编办关于进一步提升机构编制实名制数据质量的通知》，编写《苏州市实名制管理系统操作手册》，明确数据维护指标、覆盖范围和维护时限等，巩固核查数据成果。同时，加强同组织、人力资源社会保障、财政等相关部门的协调配合，为各类改革和机构编制统计核查工作等提供准确数据，为干部选拔任用、机构编制事项调整做好数据支撑，提高编制使用效率。年内，市委编办的经验做法在全省机构编制统计年报布置暨统计业务培训会上交流，并以简报专刊形式向全省宣传推广。

【机关绩效管理】 2022年，市委编办贯彻落实全市作风建设大会提出的“考出贯彻新发展理念的能力、考出攻坚克难的本领、考出干事创业的精气神”的总体要求，牵头修订2022年度市级机关高质量发展绩效评价考核实施方案，科学构建考核指标体系。做好年终考核前期准备工作，根据考核计划安排，按时序分步骤推进各项准备工作。6—11月，收集完毕各相关单位年度目标规划、服务对象名单、外聘专家名单、创新创优项目、年度工作小结等材料；11—12月，对接第三方完成各单位年度测评材料上网事宜，统筹做好年度民主测评工作。

【事业单位登记管理】 2022年，市委编办印发《利用国有资产举办的事业单位监管暂行办法》，从党建、法人治理结构和章程管理、年度报告公示、异常名录管理、“双随机、一公开”、信用监管等方面，加强利用国有资产登记设立的事业单位事中事后监管。发布《关于建立健全事业单位登记管理工作“三项制度”的通知》，加强事业单位法人登记管理工作责任，加强事业单位证书管理和登记队伍建设。围绕新兴产业培育和传统产业转型升级，配合做好苏州中农院华东农业科技中心、苏州第三代半导体技术国创中心等省部级重大科研项目在苏州落地工作。服务全市新型研发机构发展，为国家超级计算昆山中心争取国家局登记授权。结合事业单位法人年度报告公示等工作，对全市党政机关和事业单位的域名、网站开办资格和网站标识情况开展全面核查梳理，按照省委编办域名清理规范的要求，敦促不符合要求的单位限期整改，已撤销单位的域名限期注销，确保政务公益域名注册率和挂标率保持在100%，提升各政务网站安全性和权威性。

（市委编办　程　伟）

市直机关党建

【机关党组织和党员情况】 截至2022年年底，苏州市委市级机关工作委员会（简称“市级机关工委”）有直属党组织89个，基层党组织1230个。其中，直属机关、事业单位党组织76个，共有基层党组织1084个；直属央企、国企党组织8个，共有基层党组织62个；直属社会组织党组织5个，共有基层党组织84个。市级机关工委直属党组织党员总数22144人，其中在职党员16165人，占总数的72.99%；离、退休（退职）党员5973人，占总数的26.97%；其他党员6人，占总数的0.04%。机关、事业单位在岗职工数27990人，在职党员13205人，占职工总数的47.33%；公有经济控制的企业党员673人，非公有经济控制的企业党员469人，社会组织党员693人。

【理论学习】 2022年，市级机关工委把学习宣传贯彻党的二十大精神作为首要政治任务，向各机关发出《关于市级机关深入学习宣传贯彻党的二十大精神的通知》，明确12项重点工作。每月推发政治理论学习材料，全年到31家部门单位开展理论中心组巡学旁听，举办“干部大讲堂”“法治开讲”以及涵盖党支部书记、发展对象、新党员等不同群体的示范培训班50余期，覆盖1万余人次。

【基层党组织建设】 2022年，市级机关工委配合市委组织部开展机关所属事业单位基层党建专项提升行动，协同推进新业态新就业群体党建工作。开展党支部标准化规范化建设"回头看"，对2021年取消达标、未达标的28个党支部开展复核检查。指导58家基层党组织规范做好换届选举、党组织负责人调整、组织设置调整等工作。严肃党内政治生活，用好智慧党建平台督促"三会一课"、主题党日等组织生活规范落实。扎实做好发展党员工作，全年发展党员349人。加强"海棠花红"党建品牌建设，制定下发《关于进一步深化市级机关党建品牌建设的实施意见》，实施党建品牌评星晋级工程。会同市委组织部开展机关所属事业单位基层党建专项提升行动，协同推进新业态新就业群体党建工作。对所属党组织2019—2021年度新发展的1208名党员档案材料开展专项督查，形成问题清单并限期整改。开展清查整治突出问题规范党务工作，对所属机关党组织全面筛查、逐一过堂、落实整改。对17家所属事业单位、国企及"两新"组织全覆盖"党建体检"，督促组织关系转接等问题排查整改。开展市级机关党员干部思想动态调研，针对性制定思想引领、人文关怀等26条措施。

【机关党风廉政建设】 2022年，市级机关工委开展"清风行动"专项督查，指导督促各机关党组织制定全面从严治党主体责任清单，动态更新健全党员干部廉政档案，加强政治监督，做实日常监督。依规依法开展案件审理，全年审结案件99件。对2021年办理的148件案件开展案件质量评查。在全省率先发布《关于加强市级机关纪检监察工委与派驻纪检监察组案件办理协作配合的工作办法（试行）》，召开纪监工委与派驻机构工作联席会议。抓好政德教育、家风教育、警示教育，开展"走馆访廉""我心目中的廉洁苏州"微建言征集展示、"清风寄语·家书传情"廉政家书征集和"清风墨韵、廉润苏州"书法篆刻展等系列活动，编印《苏州市党员干部违纪违法案例汇编》。

【党建业务融合发展】 2022年，市级机关工委印发《关于在市级机关开展融合发展先锋行动的实施意见》《关于市级机关党组织服务数字经济时代产业创新集群发展的指导意见》，明确市级机关党组织服务产业创新集群建设"九项举措"，指导机关、国企、县级市（区）、非公等党组织确立438个党建课题及合作项目，牵头成立30个党建联盟，推出116项"同心·同行"专项举措。聚焦市委常委会集体调研各县级市（区）明确的重点发展任务，组织发动市级机关党组织与相城、吴江、吴中、太仓等县级市（区）对接，组建智能车联网产业链、汾湖功能区建设、环太湖科创圈、港产城一体化发展4个党建联盟。指导并会同市科技局协调35家科研院所建设"大院大所"党建联盟，达成跨单位、跨学科合作项目378个，合作金额8.4亿元。协同市国资委、苏州名城保护集团、姑苏区委组织部成立"名城保护"党建联盟，明确12项结对攻关项目。协调市工业和信息化局、市国资委与苏州创元集团党建共建，助推解决8个"数字化改造"项目难点问题。会同市产业园发展促进会等15家单位建设"同心园"产业服务党建联盟。会同市科协等部门启动"人才服务+，百园万企行"系列活动，开展各类活动40余场，惠及人才企业500余家。推动市交通局、市资源规划局、市生态环境局建设"先锋绿源通"党建联盟，在交通基础设施建设、规划用地、生态环保等方面建立6项联动机制，协同推进"跨区域道路建设"等12个重点项目。贯彻落实防风险守底线工作要求，指导市应急管理局整合住房城乡建设等相关行业主管部门资源，成立"应急先锋·苏安卫士"党建联盟，提供安全生产服务，培训企业员工6.82万场356.19万人次。推动市发展改革委、市行政审批局、市税务局等涉企单位党组织结合各自职能，成立惠企行动支部30余个，推出惠企专员、红色代帮办、"办不成事反映窗口"等惠企措施100余项，相关经验做法在《江苏组工信息》和"江苏机关党建"微信公众号发布。

【机关党员参与新冠疫情防控】 2022年新冠疫情防控期间，市级机关工委配合市委组织部抓实下沉干部、志愿者、行动支部"三支队伍"，在"2·14"苏州新冠疫情防控期间，选派6170名志愿者，累计服务18.6万人次，在社区动态成立"行动支部"，选派2600余名党员干部下沉一线协力抗疫。针对新冠疫情防控情况，联合印发《关于进一步深入推进市级机关、国企党组织与姑苏区社区党组织结对共建助力基层治理的实施方案》，部署73家市级机关、19家市属国企与姑苏区169个社区"平战结合"结对共建。"10·10"新冠疫情发生后，组织发动志愿者协助姑苏区做好新冠疫情防控工作。

（市级机关工委　赵　尧）

老干部工作

【概况】 截至2022年底，苏州市管离休干部有1117人，平均年龄93.36岁。其中，按管理权限分，市直597人，县级市（区）520人；按离休干部参加革命时间分，抗战时期150人，解放战争时期967人；按管理单位性质分，行政机关371人，事业单位284人，企业462人。

苏州市有退休干部67984人〔行政机关、事业单位退休干部，包括县级市（区）〕。其中，省管退休干部97人（市四套班子退休领导80人），市管退休干部2016人。

苏州市有离退休干部党员30968人。其中，市管离休干部党员826人，退休干部党员30142人。有离退休干部党委3个，离退休干部党总支26个，离退休干部党支部1490个。其中，离休干部党支部33个，退休干部党支部357个，离退休干部混合党支部406个，与在职人员混编党支部439个，社区党支部255个。

【党建工作】 2022年，苏州市老干部工作部门开展"建言二十大"和"我看中国特色社会主义新时代"专题调研，部署开展"喜迎二十大　奋进新征程"主题活动。党的二十大召开后，举办老干部专场报告会、开办县处级退休干部读书班、举办离退休干部党支部书记培训班、开设《局长谈》《老干部谈》专栏等，展播"老书记大讲堂"70余场，开发"乐龄大讲堂"课程13期。贯彻落实中央《关于加强新时代离退休干部党的建设工作的意见》和省委《实施意见》，在全省设区市中率先发布《实施方案》，为做好新时代离退休干部党建工作提供制度保证。实施离退休干部党组织质量提升行动，全年全市各级举办离退休干部党员主题党日1250余场，举办干部荣誉退休仪式60余场，指导145个基层党组织按期换届，推荐评选省级"六好"示范党支部12个，建设党建示范点53个。

【作用发挥】 2022年，苏州市老干部工作部门印发《苏州市老干部志愿服务工作实施办法（试行）》，部署实施“银发生辉·银龄行动”，组织全市200余支老干部志愿服务团队、5500名老干部志愿者参加。全年开展“五个助力”志愿服务项目100余个、活动700余场次，其中新冠疫情防控志愿服务累计时长6.5万小时，服务群众15万人次。开展银发宣讲进基层活动，举办“永远跟党走、奋进新征程”“行走的思政课”等银发宣讲400余场。建树“晚霞生辉”品牌，建设苏州银发人才智库，开展省市两级“最美系列”推荐活动，2名老干部志愿者、1个老干部志愿服务团队入选全省最美老干部志愿者、全省最佳老干部志愿服务团队，遴选出20名苏州市第三届“最美老干部”。

【服务管理】 2022年，苏州市老干部工作部门建树“乐龄舒心”服务品牌，做优做好“电子保姆”、家庭医生签约、适老化改造、居家养老等一批服务项目。实施“致敬·守护”离休干部精准服务提质行动，完善结对服务、挂钩联系、应急响应、联席会议四项制度，按居住地分类管理，为全市1308名离休干部建立“一人一档”。组建特别关爱小组，制定“共性+个性”服务清单，通过政府购买服务等方式，注入智慧养老、红色管家等资源，为离休干部提供全天候服务，参与服务人员6000余人。“电子保姆”全年为老干部提供服务3400余次，回应“120”急救类诉求29件。全年走访慰问老干部4700余人次，为148名疫情重点区域离休干部提供心理疏导服务，帮助解决实际问题571个。全年举办离休干部影像展、“走进春天”文体月等各类活动710场次。

【活动阵地建设】 2022年，苏州市老干部工作部门继续指导市老干部活动中心加强“三中心三基地”（老干部活动服务中心、教育培训中心、党群服务中心，爱国主义教育基地、新时代文明实践基地、离退休干部政治生活基地）建设，对老旧设施设备实施更新维护。借助全市各级党群服务中心、红色廉政教育基地、为老服务中心等资源，设立全市首批112个离退休干部共享式党建阵地。市老干部活动中心联合市老年大学，开办老年大学老干部分校，开设书法、绘画、摄影、声乐、钢琴、舞蹈、太极拳等17个专业22个班次，服务学员500余人。

（市委老干部局　刘　杰）

关心下一代工作

【组织建设】 2022年，苏州市关心下一代工作委员会（简称“市关工委”）有各级关工委组织12816个（不含企业关工委组织）。其中，镇（街道）关工委117个，社区（村）关工委2059个，其他系统（单位）关工委10640个。建立关爱工作团（队）1433个、法治教育报告团668个、校外教育辅导站3382个。参与关心下一代工作的“五老”（老干部、老战士、老专家、老教师、老模范）43132人。全市1792个基层关工委组织开展创建“五有五好”基层关工委活动，达标率98.4%。建立市关工委成员单位联席会议制度，市关工委成员单位从18家增扩至31家。全市各县级市（区）、乡镇（街道）调整充实关工委领导成员87人。各级关工委举办各类培训班1082期，参加培训的关工委干部和“五老”4.9万人次。全市建成各级各类民营经济关工委组织14990个，其中组织机构健全的有7142个、工作制度比较健全的有7066个、有活动场所的5556个、有活动经费保障的3562个。

【校外教育辅导站建设】 2022年，苏州市各级关工委贯彻全省校外教育辅导站工作经验交流会精神，召开工作推进会。苏州市文明办、市教育局、市关工委联合印发《关于全面推进全市城乡校外教育辅导站优质化建设的若干意见》，促进校外教育辅导站发展。全市建有校外教育辅导站3382个，有1.17万名“五老”、7373名在职教师和1.32万名志愿者参与辅导站工作。建有“校站”联系制度的辅导站2149个，电子阅览室1709个，配置电脑14073台，参加活动学生39.8万人次。

【青少年法治教育】 2022年，苏州市关工委联合市公安局印发《深化全市公安派出所关爱工作站建设的意见》，提升公安派出所关爱工作站建设水平，推进预防和减少青少年违法犯罪工作，关爱帮护青少年健康成长。全市1.49万名“五老”及志愿者组成1433个关爱工作团和668个法治教育报告团，组织开展3453场（次）法治教育报告（讲座），受教育的青少年79.96万人次。3891名“五老”通过“一对一”“多对一”等形式对669名重点帮扶的青少年开展结对帮教，其中598人得到转化。全市1641名“五老”常年监督服务，常驻于社区、乡村街巷，依法教育劝阻和防止未成年人进入营业性网吧及电子娱乐游戏厅。全市2032个社区（村）成功创建“未成年人零犯罪社区（村）”。

【青少年关爱帮扶】 2022年，苏州市关工委发挥苏州市关心下一代基金会牵头作用，全市各级关工委筹集助学助困资金3298.46万元，助学人数1.6万人。运用线上线下教育渠道，开展“老少心向党 喜迎二十大”主题教育活动。全市2981名“五老”宣讲员参加主题教育宣讲活动，编写教材1951篇；开展演讲、征文、寻访等各类活动2355场次，接受主题教育的青少年94.6万人次。在省文明办等部门主办的“喜迎二十大 筑梦向未来”全省老少同台节目展演中，苏州市选送的《绣韵向党》节目获得特等奖。全市各级民营经济关工委开展各类关爱服务活动1000余场次，惠及企业青年职工及子女3.2万人次。

【“三扶两创”活动】 2022年，苏州市各涉农关工委围绕乡村振兴总目标，以扶志为根本，以营造良好环境为着力点，帮助青年农民创新创业。苏州市关工委、市农业农村局联合召开苏州市“三扶两创”工作推进会，总结工作情况，研究部署新征程“三扶两创”工作目标和任务。全年参加“三扶两创”活动的农业系统“五老”2310人，帮扶创建青年农民示范基地272个、青年农民创办合作社等新型经营组织458个，评选“青年农民创业之星”164人。

（市关工委　周　宇）

机要保密工作

【宣传教育】 2022年，苏州市委机要保密局开展全民保密法治宣传教育。组织全市保密干部参加江苏省第二届保密技能竞赛，获奖单位和个人总数均列全省设区市第一位。组织举办苏州市首届保密知识技能竞赛，6万余人报名参赛。6月，经国家密码管理局批准的全国首个密码法治实践创新基地在苏州市揭牌，江苏省国家密码管理局、西安交通大学苏州研究院、苏州工业园区管委会、苏州市委机要保密局签署基地共建合作协议。发挥“苏密卫士”微信公众号宣传阵地作用，全年累计编发文章200余篇。《苏密卫士 密码护航》专题宣传片获得第一届全国密码科普竞赛二等奖，是全国密码行政管理部门唯一获奖项目。苏州市保密教育实训基地获批全省第九批省级法治文化建设示范单位，全年接待146家单位近200批次4400余人次观展。

【特殊保障】 2022年，苏州市委机要保密局发挥密码在党政指令畅通、保障网络与信息安全中的作用，确保市委、市政府各项指令传输，并为全市各部门视频会议提供技术支撑。为全市各级新冠疫情联防联控指挥部建立应急调度指挥体系，完成中央、省、市、县各类视频会议、节假日市领导值班点调等服务保障。为市委常委会、重大会议活动等提供专项服务保障100余次。提升销毁工作效率和销毁数字化管理水平，全年累计服务机关、单位1900余家（次），销毁纸质类载体近1800吨、电子类载体5万余件（套），并多次进机关、进社区开展手机现场销毁服务活动。

【执法检查】 2022年，苏州市委机要保密局协助做好市委巡察相关工作，分别对十三届市委第一轮、第二轮巡察的18家单位开展保密专项检查。完成互联网远程保密检查系统和保密技术监管平台的升级改造，提高保密监管检查能力。对10家市级机关单位开展远程保密技术检查，对全市互联网接入口实施保密实时监管，并核查处理相关保密违法违规行为。

【服务发展】 2022年，苏州市委机要保密局发挥密码保密在"数字苏州"建设中的作用，推广商用密码应用，规范开展商用密码安全性评估工作，提升数字证书和信任服务基础设施的使用，加强数据安全防范措施。组织开展全市政务信息系统安全保密检测诊断服务，为160余个政务信息系统开展340余项检测诊断，帮助及时修复漏洞。开展资质（资格）审查事项权下放准备工作，优化针对资质企业的服务措施，促进企业保密管理与业务工作融合发展，全年服务指导近40家企业成功申报相关资质（资格）。

（市委机要保密局　龚怀瑾）

党校工作

【教育培训】 2022年，苏州市委党校（苏州市行政学院）落实市委主要领导关于"把干部教育培训作为干部能力建设'一号工程'"的要求，提高党校教育培训水平。全年举办各类班次62期，培训21767人次。完善线上教学模式，录制线上课程55门，报送中组部基层干部培训网络课程3门。主体班外请名师率超过70%，新课更新率超过65%。注重提升教学水平，举办全市党校系统教学竞赛和师资培训，获得全省党校（行政学院）系统第十届优秀教学组织奖，1门课程被评为全省党校（行政学院）系统第六届精品课，2人获评全省党校（行政学院）系统优秀教学管理工作者。落实领导干部上讲台制度，市委、市政府主要领导分别为主体班开班上第一课，全年68名领导干部走上党校讲台。坚持开放办学，设立苏州科技商学院，在"南湖·1921"红色旅游列车设立党校现场教学调研基地，联合市纪委建立张家港家风馆现场教学调研基地，与苏州银行联合开展"月月读好书"赠书活动。

【科研咨询】 2022年，苏州市委党校组织各级各类课题申报116项，立项67项、结项35项。参加省、市科研评奖活动，1项成果获得江苏省社科应用研究精品工程优秀成果二等奖，3项成果获得苏州市第十六届哲学社会科学优秀成果三等奖。全年发表学术论文21篇，其中核心期刊发表3篇、省级刊物发表18篇。围绕市委中心工作和经济社会发展大局开展决策咨询研究，连续3年被评为市重点智库，"书记圈定课题"研究成果获得市委主要领导肯定，参与"习近平新时代中国特色社会主义思想指引下的苏州实践"系列研究工作，参与1项综合课题和3项自选课题研究。刊发《市情研究》50期、《市情专报》13期、《各地动态》10期，获得省部级以上领导批示37篇，创历年批示数量新高。承办"习近平新时代中国特色社会主义思想指引下的苏州实践"理论研讨会，集中展示市委部署推动的相关研究成果，受到市委主要领导肯定。以"中国式现代化与苏州新实践"为主题，举办学习贯彻党的二十大精神理论研讨会暨第六届"智论苏州"高层论坛，邀请专家为苏州经济社会发展提供建议。与苏州银行联合在《新华日报》开辟《智论苏州》宣传专栏，为党校理论宣传开辟阵地。与市委巡察机构、市委人才办、市发展改革委建立协作机制，围绕巡察工作、人才强市、长三角一体化等开展课题研究，开拓决策咨询研究领域。加强科研组织管理，改选校学术委员会，制定校学术委员会工作规则，完善科研管理相关制度，举办全市党校系统科研师资培训，组织开展全市党校系统第九届科研组织奖评审。

【"习近平新时代中国特色社会主义思想指引下的苏州实践"理论研讨会】 2022年9月27日，由学习时报社和江苏省委党校联合主办、苏州市委党校承办的"习近平新时代中国特色社会主义思想指引下的苏州实践"理论研讨会在苏州举办。新华日报社、国家发展改革委、人民日报社江苏分社、浙江大学、江苏省政府参事室、南京大学6家单位的专家学者围绕不同主题，分享研究成果。该研讨会是"习近平新时代中国特色社会主义思想指引下的苏州实践"系列研究成果的集中展示，是省委党校首次举办该主题的研讨会。该研讨会探讨苏州践行习近平新时代中国特色社会主义思想的重大成就和重要经验，研究习近平新时代中国特色社会主义思想指引苏州现代化建设的理论意义和实践价值，为全省乃至全国发展提供经验借鉴。

（市委党校　徐　良）

编辑：金凯帆

苏州市人民代表大会

综　述

【人大代表构成及机构概况】 2022年，苏州有市、县级市（区）、镇人民代表大会61个。其中，县级市（区）人民代表大会9个，镇人民代表大会51个。各级人大代表共8551人，其中在苏州的全国人大代表8人、省人大代表77人、市人大代表568人、县级市（区）人大代表3089人、镇人大代表4809人。苏州市第十七届人民代表大会常务委员会有组成人员49人，其中主任1人、副主任5人、秘书长1人、委员42人。苏州市第十七届人民代表大会设有法制委员会、财政经济委员会、监察和司法委员会、社会建设委员会，常务委员会设有办公室、研究室、法制工作委员会、人事代表联络工作委员会、代表议案建议工作委员会、外事民宗侨台工作委员会、监察和司法工作委员会、财政经济工作委员会、预算工作委员会、农业和农村工作委员会、环境资源城乡建设工作委员会、教科文卫工作委员会。

年内，苏州市人大常委会制定地方性法规4件，修订1件，修改7件，废止1件，开展法规清理3批；听取审议“一府一委两院”专项报告21项，主任会议听取“一府两院”专项报告9项；组织开展执法检查、视察14项；任免国家机关工作人员356人次。

年内，苏州市人大工作获得全国人大常委会领导批示肯定2次，获得省人大常委会领导批示肯定5次。苏州市人大常委会办公室、昆山市人大常委会机关、苏州市姑苏区人大常委会平江街道工作委员会3家单位获评全省人大系统先进集体，屈玲妮等4人获评全省人大系统先进工作者。省人大代表张健红、沈彬等的4件建议获评江苏省人大2022年优秀代表建议。苏州市广播电视总台《〈苏州市太湖生态岛条例〉8月1号起施行》获评第30届江苏人大新闻奖一等奖，昆山市人大《“吃讲茶”里的民主》获评二等奖，张家港市人大《乡村夜话听民生》、相城区人大《代表网上“忙找茬”》获评三等奖。

【人大换届选举】 2022年3月10日，苏州市人大常委会代表资格审查委员会召开会议，审查新当选的苏州市第十七届人民代表大会代表的代表资格。会议形成《关于苏州市第十七届人民代表大会代表的代表资格审查报告（草案）》。3月12日，市十六届人大常委会第四十一次会议听取和审议关于苏州市第十七届人民代表大会代表的代表资格审查报告。会议通过该报告，确认当选的568名市十七届人大代表的代表资格有效，名单于市人代会前在《苏州日报》上公布。4月2日，市十七届人大一次会议召开第三次全体会议，选举出苏州市第十七届人大常委会主任、副主任、秘书长，市人民政府市长、副市长，市监察委员会主任，市中级人民法院院长，市人民检察院检察长，选举出苏州市第十七届人大常委会委员42人。新当选的国家机关工作人员开展宪法宣誓。

【重大事项讨论决定】 2022年6月27日，苏州市第十七届人大常委会第二次会议做出关于“坚持科技引领、强化数字赋能，全力打造高水平产业创新集群”和“全力打造数字经济时代产业创新集群”代表议案处理意见的决定。8月25日，苏州市第十七届人大常委会第三次会议做出关于设立“苏州国家历史文化名城保护纪念日”的决定。苏州于1982年成为全国首批国家历史文化名城，在40年的实践中探索出具有苏州特色的保护路径。2018年3月1日起施行的《苏州国家历史文化名城保护条例》提出“市人民政府可以提出设立苏州国家历史文化名城保护纪念日，并按照规定程序报市人民代表大会常务委员会决定”。“苏州国家历史文化名城保护纪念日”以原平江、沧浪、金阊三区合并成立姑苏区，成立苏州国家历史文化名城保护区的时间为日期，确定为每年10月26日。

【人事任免】 2022年，苏州市人大常委会任命330人次，免职26人次。其中，决定任命市人民政府组成人员44人次；任命市人大常委会工委主任、副主任、委员93人次；任命苏州工业园区监察工作委员会副主任1人次；任命市中级人民法院代理院长、副院长、审判委员会委员、审判员、副庭长10人次，任命苏州工业园区人民法院副院长、审判委员会委员、审判员、人民陪审员164人次；任命市人民检察院检察委员会委员、检察员7人次，苏州工业园区人民检察院检察长、检察员2人次，批准任命县级市（区）人民检察院检察长9人次。决定接受市人民政府组成人员辞职2人次，决定免去4人次；免去苏州工业园区监察工作委员会副主任1人次；接受市中级人民法院院长辞职1人次，免去市中级人民法院副院长、审判委员会委员、审判员、庭长、副庭长7人次，免去苏州工业园区人民法院审判委员会委员、审判员1人次；免去市人民检察院检察委员会委员、检察员5人次，批准免去县级市（区）人民检察院检察长5人次。

【人大信访工作】 2022年，苏州市人大常委会机关落实第九次全国信访工作会议决策部署，坚持和完善涉法涉诉信访事项办理机制和工作协调机制，依法依规做好信访工作。全年受理来信来电167件次，正式转办处理92件次，有效发挥人大信访反映社情民意、联系人民群众、化解矛盾纠纷、促进社会和谐稳定的重要作用。

（市人大常委会办公室　郑祺亮）

重要会议

【苏州市第十七届人民代表大会第一次会议】2022年3月30日至4月2日，苏州市第十七届人民代表大会第一次会议在苏州太湖国际会议中心召开。会议应到代表568人，实到代表504人。会议听取和审议政府工作报告；审查和批准苏州市2021年国民经济和社会发展计划执行情况与2022年国民经济和社会发展计划草案的报告，批准苏州市2022年国民经济和社会发展计划；审查和批准苏州市2021年预算执行情况和2022年预算草案的报告，批准苏州市2022年市本级预算；听取和审议苏州市人民代表大会常务委员会工作报告；听取和审议苏州市中级人民法院工作报告；听取和审议苏州市人民检察院工作报告；通过苏州市第十七届人民代表大会法制委员会、财政经济委员会、监察和司法委员会、社会建设委员会组成人员人选；选举苏州市第十七届人民代表大会常务委员会主任、副主任、秘书长、委员，苏州市人民政府市长、副市长，苏州市监察委员会主任、苏州市中级人民法院院长、苏州市人民检察院检察长；审议关于苏州市2022年民生实事候选项目的议案，票决苏州市2022年民生实事项目。会议期间，大会秘书处收到代表10人以上联名提出的议案22件。大会主席团第三次会议根据议案审查委员会关于议案处理意见的报告，决定将徐钊等10名代表提出的第5号关于“坚持科技引领、强化数字赋能，全力打造高水平产业创新集群”的议案和张磊等10名代表提出的第9号关于“全力打造数字经济时代产业创新集群”的议案合并处理，交市人大常委会在该次会议闭会后审议决定，其余20件代表议案转为代表建议、批评和意见处理。大会秘书处接待信访28人次。

【市人大常委会会议】2022年，苏州市十六届人大常委会召开3次会议（即第四十次至第四十二次会议），共作出5项决定；苏州市十七届人大常委会召开5次会议（即第一次至第五次会议），共作出4项决定、3项决议。

十六届人大常委会第四十次会议于1月10日召开 会议审议市人大常委会主任会议关于提请补选吴庆文为江苏省第十三届人民代表大会代表的议案。经过选举，补选吴庆文为江苏省第十三届人民代表大会代表。

十六届人大常委会第四十一次会议于3月12日召开 会议听取审议关于苏州市第十七届人民代表大会代表的代表资格审查报告，审议通过关于召开苏州市第十七届人民代表大会第一次会议的决定、市十七届人大一次会议建议议程和建议日程、市人大常委会工作报告（稿）、市十七届人大一次会议主席团和秘书长等各项建议名单、关于接受江海辞去苏州市人民政府副市长职务的请求的决定、关于接受徐清宇辞去苏州市中级人民法院院长职务的请求的决定、关于蔡绍刚代理苏州市中级人民法院院长职务的决定，审议通过有关人事任免案，被任命的国家机关工作人员开展宪法宣誓。

十六届人大常委会第四十二次会议于3月14日召开 会议审议通过关于推迟召开苏州市第十七届人民代表大会第一次会议的决定，并授权市人民代表大会常务委员会主任会议另行决定。

2022年3月30日至4月2日，苏州市第十七届人民代表大会第一次会议在苏州太湖国际会议中心召开 （濮建明 摄）

会议学习传达十三届全国人大五次会议精神。

十七届人大常委会第一次会议于4月24—25日召开 会议举办地方组织法法制讲座，听取审议关于2021年度全市环境状况和环境保护目标完成情况与环境保护法贯彻实施情况的报告、关于苏州市2021年度土地利用计划执行情况的报告，审议《苏州市平安建设条例（草案）》、关于全市人大换届选举工作情况的报告，审议通过《苏州市人大常委会2022年工作要点》、《苏州市人民代表大会常务委员会基层立法联系点工作规定》、市十七届人大常委会代表资格审查委员会名单和市人大常委会各工作委员会名单，审议通过有关人事任免案，被任命的国家机关工作人员开展宪法宣誓。

十七届人大常委会第二次会议于6月27—28日召开 会议听取审议关于2021年全市高质量发展监测指标体系完成情况的报告、关于落实中央“少捕慎诉慎押”要求工作情况的报告、部分省人大代表履职情况报告，审议通过关于“坚持科技引领、强化数字赋能，全力打造高水平产业创新集群”和“全力打造数字经济时代产业创新集群”代表议案处理意见的决定、关于批准苏州市2022年本级预算调整方案的决议、修改《苏州市养犬管理条例》的决定、修改《苏州市河道管理条例》等三件地方性法规的决定、《苏州市人民代表大会常务委员会议事规则》，决定暂不修改《苏州市市民体育健身条例》，审议《苏州市数据条例（草案）》、《苏州市城市绿化条例（修订草案）》、关于检查《苏州市供水条例》贯彻实施情况的报告、关于检查《江苏省人大常委会关于促进大运河文化带建设的决定》贯彻实施情况的报告、关于检查《中华人民共和国家庭教育促进法》《江苏省家庭教育促进条例》贯彻实施情况的报告，审议通过有关人事任免案，被任命的国家机关工作人员开展宪法宣誓，举办高质量地方立法专题法制讲座。

十七届人大常委会第三次会议于8月24—25日召开 会议听取和审议关于苏州市2022年上半年国民经济和社会发展计划执行情况的报告、关于苏州市2021年度企业国有资产管理情况的专项报告，审议通过关于批准苏州市2021年本级决算的决议、关于全市科技创新情况的报告、关于设立“苏州国家历史文化名城保护纪念日”的决定、《苏州市平安建设条例》、修改《苏州市古建筑保护条例》等三件地方性法规的决定、关于废止《苏州市集贸市场管理条例》的决定、《苏州市人民代表大会常务委员会人事任免办法》，审议苏州市2021年度国有资产管理情况的综合报告、关于苏州市2021年度本级预算执行和其他财政收支情况的审计工作报告、关于苏州市2022年1—6月预算执行情况的报告、《苏州市终身学习促进条例（草案）》、《苏州市大运河文化保护传承利用条例（草案）》、关于检查《苏州市生活垃圾分类管理条例》贯彻实施情况的报告，审议通过有关人事任免案，被任命的国家机关工作人员开展宪法宣誓。

十七届人大常委会第四次会议于10月27—28日召开 会议听取审议关于长三角区域一体化发展重大合作项目进展情况的报告、关于苏州市基本医疗保险和生育保险市级统筹实施情况的报告、关于《中华人民共和国长江保护法》《江苏省长江水污染防治条例》贯彻实施情况的报告，并开展专题询问和满意度测评；审议通过关于批准苏州市2022年第二次本级预算调整方案的决议、《苏州市数据条例》和《苏州市城市绿化条例》；审议《苏州市科技创新促进条例（草案）》、关于检查《苏州市道路交通安全条例》贯彻实施情况的报告；审议通过有关人事任免案，被任命的国家机关工作人员开展宪法宣誓。

十七届人大常委会第五次会议于12月30日召开 会议听取审议关于"坚持科技引领、强化数字赋能，全力高水平产业创新集群"和"全力打造数字经济时代产业创新集群"代表议案实施情况的报告、关于市十七届人大一次会议代表建议办理工作情况的报告、关于市十七届人大一次会议代表议案建议处理工作情况的报告、关于苏州市2021年度本级预算执行和其他财政收支审计查出问题整改情况的报告、关于2022年市民生实事项目实施情况的报告，开展民生实事项目实施情况工作评议；审议通过《苏州市终身学习促进条例》、《苏州市大运河文化保护传承利用条例》、《苏州市人民代表大会议事规则（修订草案）》、《苏州市第十七届人大常委会五年（2022—2026年）工作规划》、《苏州市民生实事项目人大代表票决制工作实施办法》，关于召开市十七届人大二次会议的决定，市十七届人大二次会议建议议程、建议日程，市人大常委会工作报告（稿），关于补选代表的代表资格审查报告、主席团和秘书长等各项建议名单，关于接受俞愉辞去苏州市第十七届人民代表大会常务委员会委员职务的请求的决定；审议关于检查《苏州市教育督导条例》贯彻实施情况的报告；审议通过有关人事任免案；被任命的国家机关工作人员开展宪法宣誓。

【苏州市委人大工作会议】 2022年6月7日，苏州市委人大工作会议召开。会议强调加强党对人大工作的全面领导，发挥人民代表大会制度的重要作用，打造践行全过程人民民主的苏州样板。会议肯定全市各级人大及其常委会工作取得的成效，要求各级人大落实发展全过程人民民主的重大理念，加大察民情、聚民智、惠民生的力度；提升人大工作质量和水平，推进高质量立法，增强监督实效，提高科学民主决策水平，建设让党和人民满意的模范机关。会上，发布《中共苏州市委关于新时代坚持和完善人民代表大会制度 加强和改进人大工作的实施意见》，部署落实中央和省委人大工作会议精神的任务举措。昆山市、姑苏区人大常委会和苏州工业园区人大工委、常熟市古里镇人大、虎丘区东渚街道人大工委分别作交流发言。

（市人大常委会办公室 郑祺亮）

立法工作

参见法治类目人大立法分目

监督工作

【专项工作监督】 2022年，苏州市人大常委会坚持以人民为中心的发展思想，紧盯重点难点问题开展工作监督和法律监督。

市人大常委会会议听取审议关于2021年度全市环境状况和环境保护目标完成情况与环境保护法贯彻实施情况的报告，要求以更高站位、更大恒心、更实举措、更高标准、更严法治护航"美丽苏州"建设。听取审议关于苏州市2021年度土地利用计划执行情况的报告，要求加大力度盘活存量建设用地，用好用足用地计划。听取审议关于落实中央"少捕慎诉慎押"要求工作情况的报告，要求持续加强个案释法说理、法律宣传等工作，构建完善有效的制度机制。听取审议关于全市科技创新情况的报告，要求加快推进重大科技基础设施建设，实施一批具有前瞻性、战略性的产业创新重大科技项目。听取审议关于长三角区域一体化发展重大合作项目进展情况的报告，要求抓住上海大都市圈发展机遇，落实长三角一体化发展国家战略。听取审议关于苏州市基本医疗保险和生育保险市级统筹实施情况的报告，要求逐步实现基本医保、大病保险、医疗救助等医保制度和政策在全市范围统一。听取审议关于《中华人民共和国长江保护法》《江苏省长江水污染防治条例》贯彻实施情况的报告，并开展专题询问和满意度测评，要求持续加大普法力度，巩固法律实施基础，全市各级人大综合运用多种方式，督促各地各部门依法履职尽责。听取审议关于市十七届人大一次会议代表建议办理工作情况的报告，要求市政府及相关部门接受人大监督，回应群众呼声，采纳代表的意见建议。听取审议关于2022年市民生实事项目实施情况的报告，开展民生实事项目实施情况工作评议，要求市政府和有关项目实施部门重视监督评议结果。

市人大常委会主任会议听取讨论关于全市体育赛事发展情况报告，要求开展体育赛事活动品牌化、全民健身运动普及化、体育公共服务均等化、体育产业发展融合化。听取讨论关于全市公证管理工作情况报告，要求认识公证管理工作的重要意义，服务中心大局，坚持改革创新，加强组织领导，建设行业可持续发展良好环境。听取讨论关于切实解决执行难工作情况报告，要求全市法院坚持以人民为中心，巩固"基本解决执行难"成果，健全执行权力运行监督制约机制。听取讨论关于苏州市政府性债务管理情况的报告，要求贯彻落实中央和省市委关于政府债务的各项决策部署，做好防范化解政府性债务风险工作。听取讨论关于构建共建共治共享的和谐劳动关系工作情况的报告，要求引导劳动关系健康发展，推进劳动关系治理体系和治理能力现代化。听取讨论关于全市物业管理工作情况的报告，要求提高思想认识，健全体制机制，加大执法力度，推动解决群众反映强烈的突出问题，统筹推进老旧小区综合整治工作，有效改善居住环境。听取讨论关于全市民族宗教工作情况的报告，要求铸牢中华民族共同体意识，推进宗教中国化苏州实践，提升民族宗教工作法治化水平。听取讨论关于苏州市地方农业种质资源保护情况的报告，要求增强农业种质资源保护责任意识，严守基本农田底线，提升现代种业发展水平，加大政策扶持，开展立法调研工作。听取讨论关于2022年市民生实事项目实施情况的报告，要求加强统筹协调，健全长效机制，加强系统谋划。

【财政和经济工作监督】 2022年，苏州市人大常委会会议听取审议关于2021年全市高质量发展监测指标体系完成情况的报告，要求细化工作目标和任务，引导全市各地各部门推动高质量发展。听取审议关于苏州市2022年本级预算调整方案（草案）的报告，要求财政部门发挥财政职能保障作用。听取审议关于苏州市2022年上半年国民经济和社会发展计划执行情况的报告，要求全面落实疫情要防住、经济要稳住、发展要安全的要求，保持经济运行在合理区间。听取审议关于苏州市2021年本级决算（草案）的报告，要求提高预决算管理水平、推进预算绩效管理。听取审议关于苏州市2021年度企业国有资产管理专项报告，审议国有资产管理综合报告，要求全面完善国有资产管理体系。听取审议关于苏州市2021年度本级预算执行和其他财政收支情况的审计工作报告，要求分析原因、做好整改工作，市审计部门要加强对审计查出问题的督促整改。听取审议关于苏州市2022年1—6月预算执行情况的报告，要求深化预算管理制度改革，优化部门预算管理，创新重大建设项目投融资机制。听取审议关于苏州市2022年第二次本级预算调整方案（草案）的报告，要求坚决贯彻落实中央和省、市各项决策部署，落实各项减税降费政策，助推经济稳定向好发展。听取审议关于苏州市2021年度本级预算执行和其他财政收支审计查出问题整改情况的报告，要求市政府继续加大督促力度，市审计部门履行审计监督职责，相关部门严格按照审计问题清单全面落实，确保审计整改取得实效。

（市人大常委会办公室　郑祺亮）

表6　2022年苏州市人大常委会会议听取和审议“一府两院”专项工作报告（议案）情况一览表

序号	内容	时间
1	关于2021年度全市环境状况和环境保护目标完成情况与环境保护法贯彻实施情况的报告	4月25日
2	关于苏州市2021年度土地利用计划执行情况的报告	4月25日
3	关于2021年全市高质量发展监测指标体系完成情况的报告	6月27日
4	关于落实中央“少捕慎诉慎押”要求工作情况的报告	6月27日
5	关于苏州市2022年本级预算调整方案（草案）的报告	6月27日
6	关于苏州市2022年上半年国民经济和社会发展计划执行情况的报告	8月24日
7	关于苏州市2021年本级决算（草案）的报告	8月24日
8	关于苏州市2021年度企业国有资产（不含金融企业）管理情况的专项报告	8月24日
9	关于苏州市2021年度国有资产管理情况的综合报告	8月24日
10	关于苏州市2021年度本级预算执行和其他财政收支的审计工作报告	8月24日
11	关于苏州市2022年1—6月预算执行情况的报告	8月24日
12	关于全市科技创新情况的报告	8月24日
13	关于提请审议《关于设立“苏州国家历史文化名城保护纪念日”的建议方案》的议案	8月24日
14	关于长三角区域一体化发展重大合作项目进展情况的报告	10月27日
15	关于苏州市基本医疗保险和生育保险市级统筹实施情况的报告	10月27日
16	关于苏州市2022年第二次本级预算调整方案（草案）的报告	10月27日
17	关于《中华人民共和国长江保护法》《江苏省长江水污染防治条例》贯彻实施情况的报告	10月27日
18	关于“坚持科技引领、强化数字赋能，全力打造高水平产业创新集群”“全力打造数字经济时代产业创新集群”代表议案实施情况的报告	12月30日
19	关于市十七届人大一次会议代表建议、批评和意见办理情况的报告	12月30日
20	关于苏州市2021年度本级预算执行和其他财政收支审计查出问题整改情况的报告	12月30日
21	关于2022年市民生实事项目实施情况的报告	12月30日

表7　2022年苏州市人大常委会主任会议听取和讨论“一府两院”工作汇报情况一览表

序号	内容	时间
1	关于全市体育赛事发展情况的报告	5月6日
2	关于全市公证管理工作情况的报告	6月6日
3	关于切实解决执行难工作情况的报告	7月5日
4	关于苏州市政府性债务管理情况的报告	8月3日
5	关于构建共建共治共享的和谐劳动关系工作情况的报告	9月5日
6	关于全市物业管理工作情况的报告	9月5日
7	关于全市民族宗教工作情况的报告	10月9日
8	关于苏州市地方农业种质资源保护情况的报告	11月7日
9	关于2022年市民生实事项目实施情况的报告	11月7日

（资料来源：市人大常委会办公室）

【规范性文件备案审查】 2022年，苏州市人大常委会加强备案审查工作的全市统筹，通报2021年度规范性文件报送备案情况，并指导各县级市（区）人大常委会实现听取和审议备案审查工作情况报告的全覆盖。年内，向江苏省人大常委会报备规范性文件1件，对政府报备的2件规章、10件规范性文件，市检察院报备的1件规范性文件，县级市人大常委会报备的1件规范性文件开展备案审查。向全国和省人大常委会反馈对19件（次）法律、法规草案的书面意见185条。

【执法检查和视察】 2022年，苏州市人大常委会开展《苏州市供水条例》贯彻实施情况执法检查，要求强化水环境治理，聚焦突出问题，完善执法机制，加大宣传力度。开展《江苏省人民代表大会常务委员会关于促进大运河文化带建设的决定》贯彻实施情况执法检查，要求加强系统性建设，突出文化铸魂，紧扣民生福祉。开展《中华人民共和国家庭教育促进法》《江苏省家庭教育促进条例》贯彻实施情况执法检查，要求构建协同机制，提升服务水平，加大保障力度。开展《苏州市生活垃圾分类管理条例》贯彻实施情况执法检查，要求强化法治思维和责任意识，完善全过程管理，提高实施效果，引导公众参与。开展《苏州市道路交通安全条例》贯彻实施情况执法检查，要求树立安全发展理念，加强工作协同，坚持综合施策，注重创新应用。开展《苏州市教育督导条例》贯彻实施情况执法检查，要求提高思想站位，明确目标定位，抓好措施落实。

苏州市人大常委会视察新冠疫情防控工作，要求重视区域核酸检测工作，落实农副产品交易市场的疫情防控措施。视察城市绿化工作，要求更新城市绿化工作理念，健全政策法规体系，提升城市绿化质效。视察全市无障碍环境建设情况，要求推动无障碍设施的规范化建设，加强部门协同，提升无障碍服务的精细化水平。视察全市公共医疗体系建设情况，要求坚持“大卫生、大健康”工作思路，推进公共卫生基础设施建设，加快改革创新。视察基层立法联系点建设情况，要求增强建好基层立法联系点的责任感和使命感，提高基层立法联系点的工作水平，为基层立法联系点开展工作提供支持保障。视察“三优三保”工作开展情况，要求强化规划引领，分析研究出现的新情况、新问题、新诉求，发挥叠加效应，全盘统筹考虑，体现实施“三优三保”保障民生的目的。视察“坚持科技引领、强化数字赋能，全力打造高水平产业创新集群”和“全力打造数字经济时代产业创新集群”代表议案实施进展情况，要求增强产业创新集群建设的责任感和紧迫感，发挥政府主导作用和企业主体作用，营造一流的创新生态，完善推进产业创新集群建设的法治保障。视察全市法院、检察院工作，要求法院在服务保障高质量发展上有更大作为，在践行以人民为中心的发展思想上有更实举措，在加强自身建设上有更严要求；要求检察院履行法律监督职能，办好各项为民实事，加强自身建设。

（市人大常委会办公室　郑祺亮）

2022年11月16日，市人大常委会视察法院工作　（市人大常委会办公室　供图）

表8　2022年苏州市人大常委会执法检查、视察情况一览表

序号	内容	时间
1	新冠疫情防控工作视察	2月22日
2	《苏州市供水条例》执法检查	5月18日
3	城市绿化工作视察	5月26日
4	《江苏省人民代表大会常务委员会关于促进大运河文化带建设的决定》执法检查	6月9日
5	《中华人民共和国家庭教育促进法》《江苏省家庭教育促进条例》执法检查	6月20日
6	《苏州市生活垃圾分类管理条例》执法检查	6月30日至7月1日
7	全市无障碍环境建设情况视察	7月14日
8	全市公共医疗体系建设情况视察	7月20日
9	基层立法联系点建设情况视察	7月28日
10	“三优三保”工作开展情况视察	8月30日
11	《苏州市道路交通安全条例》执法检查	9月22日
12	“坚持科技引领、强化数字赋能，全力打造高水平产业创新集群”和“全力打造数字经济时代产业创新集群”代表议案实施进展情况视察	9月27日
13	《苏州市教育督导条例》执法检查	10月20日
14	全市法院、检察院工作视察	11月15—16日

（资料来源：市人大常委会办公室）

【市级民生实事项目人大代表票决制】　2022年4月1日，在苏州市十七届人大一次会议上，市人大代表以无记名投票、差额票决方式票选2022年苏州市民生实事项目，按照获得赞成票数从高至低依次选定33个项目。这是苏州首次实行市级民生实事项目人大代表票决制。根据省人大常委会指导意见和市委文件要求，市人大常委会结合实际情况，制定《苏州市民生实事项目人大代表票决制工作实施办法》，细化规范实事项目的征集、提出、审议、票决、监督评议等各个环节的具体程序，突出票决操作性、监督实效性，体现代表主体性和人大主导作用，形成市人大常委会关于票决制工作的专门制度。年内，市政府组织推进民生实事项目各环节工作。市人大常委会重视民生实事项目实施推进，成立民生实事项目督查工作领导小组，通过实地察看、座谈交流、书面督查等形式开展专项督查。12月30日，33项民生实事均全部完成年度目标，市十七届人大常委会第五次会议听取审议关于2022年市民生实事项目实施情况的报告，并开展民生实事项目实施情况工作评议。

（市人大常委会办公室　郑祺亮）

代表工作

【代表联系工作制度】　2022年，苏州市人大常委会坚持常委会联系人大代表、人大代表联系群众、代表参与常委会、街道议政代表会、开发区人大代表联席会议等工作制度。

常委会联系人大代表制度　坚持和健全“主任接待日”、常委会组成人员联系代表制度，制定出台《苏州市人大常委会主任接待代表日工作意见》《苏州市人大常委会组成人员联系市人大代表实施意见》。通过制度化、常态化的联系，了解代表意愿，将代表的意见建议吸纳到人大立法、监督、决定等各项工作中，并反映给党委政府，促进党委政府各项决策吸纳民意、吸收民智。

人大代表联系群众制度　印发《关于市人大代表联系行政村（社区）的通知》，建立市人大代表联系行政村（社区）制度。继续开展市人大代表“统一接待日”活动，重点围绕发展改革大局、人民代表大会制度和人大工作与时俱进、民生福祉和社会事业发展、代表密切联系群众工作等方面，听取群众意见建议。

代表参与常委会工作制度　安排专业或熟悉相关情况的人大代表列席常委会会议，每次常委会邀请若干名市人大代表列席会议。深化代表对常委会立法、监督等工作的参与，组织代表参加制定地方性法规征求意见活动，邀请代表参加常委会视察、执法检查及其他相关工作。

街道议政代表会制度　指导各县级市（区）开展街道议政代表换届，上半年全市47个街道全部完成换届工作，共聘任街道议政代表2325人。该项工作获评2022年度苏州市市域社会治理创新案例一等奖。

开发区人大代表联席会议制度　代表联席会议通过听取审议工作报告、视察、调研、评议、专题询问等方式，对开发区经济和社会发展、财政预决算、法律法规实施、管委会内设机构履职、民意落实等方面开展监督。

【代表履职保障服务】　2022年，苏州市人大常委会做好代表履职保障服务。

代表活动　7—9月，在全市人大系统开展“喜迎二十大　奋进新征程——人大代表助民企”主题实践活动。11月18日，开展全市人大代表“统一接待日”

活动。全市设置接待点298个，424名市人大代表和2232名在苏州的部分全国、省、县级市（区）、镇人大代表及街道议政代表，共2656名人大代表深入各接待点，听取人民群众意见建议。活动接待选民群众2954人，收集到意见建议2188条。

代表履职积分管理 制定《苏州市人大代表履职积分管理办法》，明确履职积分的内容和标准、履职积分的方式、履职积分的运用，激励促进和服务保障代表的日常履职，促进代表日常履职制度化、规范化建设。

代表报告履职情况 建立健全代表向原选区选民或原选举单位报告履职情况制度。6月，组织在苏州的省人大代表和省直苏州组省人大代表向市人大常委会报告履职情况，经常委会全体组成人员测评，对各位代表履职情况满意度均为100%。在苏州选出的77名省人大代表全部向市人大常委会报告履职情况。

代表履职培训 5—7月，组织568名新一届市人大代表开展全覆盖式履职培训。组织全市150名乡镇人大主席和街道人大工委主任参加全省乡镇、街道人大负责人员培训班，提升做好基层人大工作的能力水平。

【代表议案建议办理】 2022年，苏州市人大代表共提出议案22件、建议275件。经审查审议，年内议案立项实施2件（合并处理），建议处理295件（包括作建议处理的20件议案）。市人大常委会领导牵头重点督办议案1件、建议11件，市政府领导牵头重点领办建议8件，市人大各专工委分工重点督办建议11件，推动议案建议的实施办理。所有建议均在法定期限内办结并答复代表，督办领办的1件议案与30件建议均办理完成；代表对建议办理工作总体满意率100%，建议总体办成与采纳率超过88%。

【“人大代表助民企”主题实践活动】 2022年7—9月，市人大常委会组织开展“喜迎二十大 奋进新征程——人大代表助民企”主题实践活动，旨在发挥全市近万名各级人大代表作用，为全市万家民营企业发展纾困解难。活动涉及各级人大及工业和信息化、行政审批、工商联等部门，全市五级人大代表和街道议政代表共9639人参与，走访企业10209家，召开座谈会731场次，发放调查问卷9677份，帮助下载“政策计算器”19053个，收集和反映问题3189个，活动期间解决问题1798个，形成问题专报102篇。该项活动入选全省市县人大十大新闻。

（市人大常委会办公室　郑祺亮）

表9　2022年苏州市人大常委会重点督办的代表议案建议情况一览表

序号	议案建议编号	议案建议名称	提议案建议代表
1	005 009	坚持科技引领、强化数字赋能，全力打造高水平产业创新集群 全力打造数字经济时代产业创新集群（2件合并处理）	徐钊等10名代表，张磊等10名代表
2	078	关于加强“苏系”国家级农业种质资源保护与利用的建议	张娟代表
3	102 107	关于大力推进法治乡村建设、谱写乡村振兴苏州新篇的建议， 关于进一步加强法治乡村建设的建议（2件合并处理）	高军会代表，张永霞等4名代表
4	117	关于助推苏州产业创新集群建设、以东沙湖基金小镇为标杆将苏州打造为全国风投中心的建议	刘澄伟代表
5	119	关于加快制定苏州城市更新条例的建议	刘众代表
6	176	关于提高苏州市养老服务水平的建议	曾建宏等4名代表
7	184	关于加快推动苏州“中医药强市战略”的建议	玄振玉代表
8	199	关于加强工程弃土资源利用的建议	姚凤根代表
9	220	关于进一步发展苏州特色民宿的建议	杨怡芳等6名代表
10	251 255	关于进一步加大苏州古城保护和更新力度的议案， 关于将10月26日设立为“苏州国家历史文化名城保护纪念日”的议案（2件合并处理）	单杰等10名代表，曹建强等10名代表

（资料来源：市人大常委会办公室）

编辑：王亦文

苏州市人民政府

综　述

【新冠疫情防控和经济社会发展统筹】2022年，苏州市统筹新冠疫情防控和经济社会发展，扛起全省经济"压舱石"的重任，主要经济指标稳中有增。

疫情防控　贯彻落实中央关于疫情防控的决策部署，把握疫情防控形势任务，保持应急指挥体系高效运转，优化完善防控措施，做好分级分类诊疗、救治资源建设、药品物资保供等各项工作，守护全市人民生命安全和身体健康，布局社区发热诊疗站等一批服务群众的做法受到好评，为全省和长三角抗疫大局做出苏州贡献。

纾困解难　发布"助企纾困46条""服务业20条""金融18条"等系列政策举措，全年减税降费及退税缓税缓费超过1000亿元，发放稳岗返还资金14.2亿元，阶段性降低医保费率为企业减负16.2亿元，为中小微企业贷款延期本息超过1100亿元。开发"苏链通""苏货通"平台，推动区域协同复工复产，维护全国汽车、电子等重点行业的产业链供应链安全稳定。出台支持总部经济、楼宇经济、上市企业、新兴服务业、个体工商户等系列政策，营造安商惠企营商环境。稳就业、保民生、强信心的举措有效对冲疫情影响。全年新增市场主体29.2万户，年底用工备案实有人数超过554万人。

稳定增长　落实国家和省稳经济一揽子政策，经济运行走出"平稳开局、承压下探、快速修复、持续向好"的历程。全年实现地区生产总值23958.34亿元，一般公共预算收入2329.2亿元，税收收入占全省比重27.9%，提高1.4个百分点。规模以上工业总产值4.38万亿元，增长4.1%。金融机构本外币存贷款余额分别为4.74万亿元和4.69万亿元，增速分别为13.9%和15%，存、贷款增量均列全省设区市第一位。用好国家政策性金融工具等政策，加强重大项目加快建设，全年完成固定资产投资5744.2亿元，增长1.5%，其中工业投资增长6.4%，基础设施投资增长10.1%，友达光电、矽品科技、通富超威、大族激光、立臻科技、盛虹储能、恒力环企中心等一批百亿元级产业项目落户建设。稳定和扩大消费，举办"苏新消费·笑拼苏州""双12苏州购物节"等活动，全年社会消费品零售总额9010.7亿元，保持全省设区市第一位。苏州市在中国消费者协会百城消费者满意度测评中跃居第一位，观前街区、同里古镇获评国家级夜间文旅消费集聚区。使用外资逆势增长，全年实际使用外资及中国港澳台资74.2亿美元，增长35.9%。推动外贸稳量提质，在全国率先组织包机到日本、欧洲开展招商，帮助企业抢市场、争订单，完成进出口总额2.57万亿元，增长1.6%；外贸结构优化，一般贸易占比提高2.1个百分点，服务贸易增速4.4%。

【产业创新集群培育】2022年，苏州市聚焦数字经济新赛道、主赛道，实施创新驱动发展战略，推动"四链"融合，全社会研发投入占地区生产总值比重4%。

产业质态提升　围绕电子信息、装备制造、生物医药、先进材料四大产业，深耕25个重点细分领域，制定实施系列支持政策，建立"八个一"工作机制，系统推动产业创新集群建设。全市高新技术产业产值占规模以上工业总产值比重达到52.5%，新入选生物医药及高端医疗器械、高端纺织2个国家先进制造业集群，占全省二分之一。产业数字化步伐加快，实施1.1万个智能化改造和数字化转型项目。累计14个国家级工业互联网"双跨"平台落户，5个县级市（区）入选全国工业互联网推动数字化创新领先城区（园区），占全国八分之一，国家"东数西算"工程长三角枢纽江苏唯一节点落户吴江。现代服务业加速发展，服务业增加值达到1.22万亿元。

创新动能增强　全年技术合同交易额超过800亿元，成交额列全省设区市第一位。新增国家级制造业"单项冠军"9家、国家级专精特新"小巨人"企业122家，超过全省四分之一；获评市级"瞪羚"企业801家；新认定高新技术企业5531家，总量1.35万家；科技型中小企业2.23万家，首次突破2万家。"一区两中心"建设推进，一批重大创新平台加快布局，获批国家级、省级各类研发机构225家。成立苏州太湖光子中心，组建高功率半导体激光等13个创新联合体，启用先进技术成果转化长三角园区、国家先进功能纤维创新中心中试基地。完善人才服务体系，举办第四届长三角G60科创走廊人才峰会，用好国际精英创业周、"校园苏州日"等平台，集聚海内外高层次创新创业人才，高层次人才达到34万人。张家港市、常熟市、昆山市通过首批国家创新型县（市）验收。

创新生态优化　促进名城名校融合发展，南京大学苏州校区实现首届招生，中国科学技术大学高等研究院加快建设，哈尔滨工业大学苏州研究院签约落户，C9高校全部在苏州实现重大布局。西北工业大学太仓分校、苏州大学未来校区一期投用。组建苏州创新投资集团，总规模150亿元国家工业母机产业投资基金在苏州设立，全市管理基金规模超过8000亿元，数量超过2400只。新增境内外上市公司29家，总数241家，其中科创板上市公司48家，列全国城市第三位，苏州成为创新与产业、资本与产业结合最好的城市之一。入选首批国家知识产权强市建设示范城市和首批全国商业秘密保护创新试点地区，每万人高价值发明专利拥有量超过26件。

【高水平对外合作开放格局构建】2022年，苏州市提升对外开放水平，加快构建高水平对外合作开放格局。举办东盟—中日韩（10+3）产业链供应链合作论坛暨东亚企业家太湖论坛、进口贸易促进大会、中新服贸论坛。发展外资总部经济，空中客车、西门子、飞利浦、霍尼韦尔等一批总部型、研发型外资项目密集落户，苏州工业园区获评全省唯一的外资总部经济集聚区、在国家经开区综合考评中实现“七连冠”。苏州自贸片区全面深化服务贸易创新发展试点案例入选国务院最佳实践案例。张家港市获评国家进口贸易促进创新示范区。参与共建“一带一路”，对共建国家和地区投资增长73.3%、进出口增长5%。全年完成境外苏州方协议投资项目381个、投资额25.6亿美元。加快苏州港整合步伐，苏州港完成货物吞吐量5.7亿吨，上海港、宁波港空箱中心太仓港分中心成立，太仓港吞吐量突破800万标准箱，沪太同港效应显现。

【重点领域和关键环节改革】 2022年，苏州市重点领域和关键环节改革取得进展。

“放管服”改革 开展优化营商环境创新行动，实施100项改革举措，连续两年入选“营商环境最佳口碑城市”。深化“一网通办”改革，推出26个高频“一件事”服务，实施370项“两个免于提交”清单，实现市场主体登记“全城通办通取”。全面推广重大工程建设“拿地即开工”模式，在全国率先探索开展“审管执信”闭环管理。

国资金融改革 推进国有经济布局优化和结构调整，新建、重组苏州市港航投资发展集团有限公司、苏州文化投资发展集团有限公司、苏州市大数据集团有限公司、苏州市能源发展集团有限公司、苏州市储备粮管理有限公司等一批市属国企。推进数字人民币试点，累计交易金额超过3400亿元，在全国率先开展数字人民币小微企业贷款试点。5项资本项目外汇业务创新试点落地，昆山市金融支持深化两岸产业合作改革创新试验区加快建设，虎丘区获批国家科技金融创新服务中心。

【区域统筹发展】 2022年，苏州市融入国家战略，做好“内聚”“外联”工作，以高标准规划引领高水平建设，提升城市能级和品质。

功能布局优化 融入长三角一体化、省内区域协调发展和上海大都市圈建设，推进虹桥国际开放枢纽北向拓展带、长三角生态绿色一体化发展示范区、G60科创走廊建设。坚持“产业在沿江转型、创新在城区集聚”，推进市域一体化，启动环太湖科创圈、吴淞江科创带等规划建设，加快建设苏相合作区、独墅湖科教创新区（东区），开展太湖新城、太湖科学城、高铁新城等重点区域规划建设。推动公共基础设施互联互通，实施燃气、供水、排水、垃圾处理等市域统筹。完善国土空间规划，完成第三次国土调查，划定“三区三线”。南北挂钩、对口支援和东西部扶贫协作等工作成效明显，苏州宿迁工业园区连续12年在全省考核中保持第一位。

基础设施建设 推进一批稳投资、调结构、惠民生的重大项目。国家重大水利工程吴淞江整治项目启动实施，白鹤滩—江苏特高压直流工程竣工投用。张靖皋长江大桥、海太长江隧道、通苏嘉甬高铁、北沿江高铁、沪苏通铁路二期等过江通道和国铁干线开工建设，沪苏嘉城际铁路启动建设，“丰”字形干线铁路网主骨架确立。东太湖隧道、苏州湾隧道、阳澄湖星济隧道3条湖底隧道开工，中环西线北延、312国道苏州东段、独墅湖南隧道、金鸡湖隧道建成通车，一批跨区域道路打通。苏州轨道交通6号、7号、8号线进入土建施工高峰阶段，11号线全线动车调试，2号、4号、7号线延伸线全面开工。开展城市道路交通“苏畅”工程，全市机动车保有量突破500万辆，交通健康指数在同类城市中列第一位。

城乡风貌提升 确定10月26日为苏州国家历史文化名城保护纪念日，组建苏州名城保护集团有限公司，划定古镇、古村、老街核心保护和风貌协调范围，整体推动历史文化名城保护。推进32号街坊等重点片区改造，开展架空线整理和高架桥下空间整治利用，治理违法建设1802万平方米。推进城市更新试点，完成老旧小区改造96个，生活垃圾分类工作在全国考核中位居前列。推进公园城市建设，新增及改造城市绿地379万平方米，新建改造一批城市综合公园、口袋公园、小微绿地。

农业农村现代化推进 基本实现“三高一美”建设全覆盖，粮食总产量9.24亿千克，产量和种植面积均为2018年后最高水平，绿色优质农产品比重达到75%。制定澄湖地区协同发展规划，建设“两湖两线”特色田园乡村跨域示范区，累计建成中国美丽休闲乡村13个，新增特色康居乡村508个。苏州市“促进乡村产业振兴、改善农村人居环境”工作获得国务院督查激励，昆山市入选国家乡村振兴示范县，吴江区入选国家现代农业产业园，吴中区上林村入选乡村地名服务首批全国试点。

【美丽苏州建设】 2022年，苏州市坚持生态优先、绿色发展，推进源头治理、系统治理，改善生态环境质量。

污染防治 抓好中央、省第二轮生态环保督察反馈问题整改，逐项对账销号，较好解决一批历史遗留问题。推进$PM_{2.5}$和臭氧浓度“双控双减”，$PM_{2.5}$平均浓度每立方米28微克，空气质量优良天数比例达到81.4%。深化“河湖长制”改革，系统推进太湖、大运河治理，太湖连续15年安全度夏。建成幸福河湖630条，“国考”“省考”断面全部达标。城区污水处理“厂网一体化”改革，新增污水管网1100千米、污水日处理能力24.7万吨。应对历史罕见干旱，启动区域引水上山工程。推动土壤污染防治与土地资源安全利用协调发展，加快“无废城市”建设，完善小量危废收集体系。

生态保护修复 建立健全生态产品价值实现机制，加大重点生态功能区生态保护补偿力度。抓好长江大保护，全面落实长江禁渔。启动“一山一策”“一湖一策”，系统保护“四角山水”自然系统和江南水乡生态本底。全面推行“林长制”，完成营造林2267公顷，新增受保护湿地11800公顷，自然湿地保护率72.4%。

绿色低碳转型 构建碳达峰碳中和政策体系，优化调整产业、能源、交通运输和用地结构。落实能耗强度约束性指标要求，开展工业企业资源集约利用综合评价，遏制“两高”项目盲目发展，改造提升和处置淘汰低端低效企业超过3000家。推广应用新能源汽车12万辆，淘汰“国三”及以下柴油货车超过2万辆。太湖生态岛农文旅绿色低碳融合发展示范项目获评生态环境部EOD模式试点。苏州市入选全国智能建造试点城市。中欧碳中和创新合作区落户太仓。

【公共服务供给】 2022年，苏州市坚持民生优先，把80%以上的一般公共预算支出投入民生领域，完成8类33项民生实事。城乡居民人均可支配收入分别达到7.95万元、4.38万元，收入比缩小至1.82∶1，蝉联“中国最具幸福感城市”称号。

就业社保 加强重点群体就业帮扶，苏州籍应届高校毕业生就业率98.1%。开展职业技能培训42.1万人次，新增就业21.6万人，入选全国首批公共就业服务能力提升示范项目。推动社会保险扩面提质，提升城乡居民基础养老金水平，新增住房公积金缴存职工71.9万人。全面落实低保、特困、残疾、优抚等群体救助政策，创新发展社区慈善基金，建成市残疾人文体活动中心。

“一老一幼”保障　实施老年友好社区建设行动计划，鼓励引导社会力量参与养老服务，完成老年人家庭适老化改造1万余户，新增养老机构床位1210张、家庭夜间照护床位2109张。全域化推进儿童友好城市建设，加强婴幼儿照护服务体系建设，新增普惠性托育机构77家、托位3807个，新改扩建示范性未成年人保护工作站14家。

教育发展　建成投用中小学、幼儿园76所，新增学位7万个。建立以县为主的义务教育管理体制，继续开展“双减”工作，实现课后服务义务教育学校全覆盖。规范民办义务教育发展，民办义务教育在校生规模占比控制在5%以内。四星级普通高中实现各县级市（区）全覆盖，张家港获评全国义务教育优质均衡先行创建县（市、区）。

医疗卫生　加快市疾控中心、市立医院总院、市妇幼保健院等医疗机构建设，新增三级、三甲医院各1家，增加各类医疗机构130余家。开展健康城市建设，率先实现国家卫生城市、国家卫生镇全覆盖。全面实现基本医疗和生育保险市级统筹，扩大异地就医直接结算服务覆盖面。

文体事业　实施地域文明探源工程，成立市社会科学院，建设苏州古籍馆，启动编纂《苏州全书》。碧螺春制作技艺列入联合国人类非遗名录，元和塘古窑遗址获评省级“田野考古示范项目”。加强长江国家文化公园等项目建设，办好全国中秋晚会、海峡两岸青年文化月、江南文化艺术·国际旅游节、大运河文化旅游博览会、文化创意博览会等活动，建设“四季苏州·最是江南”旅游品牌。平江历史街区入选国家级旅游休闲街区，常熟虞山文化旅游度假区入选国家级旅游度假区。新建改建一批体育公园（广场），新增健身步道340千米。承办全国花样游泳锦标赛等高水平赛事。苏州市入选全国足球发展重点城市，昆山足球俱乐部晋级中国足球协会超级联赛。

【社会治理和公共安全】 2022年，苏州市树立总体国家安全观，做好防风险、保安全、护稳定各项工作。

风险防范　针对重点领域、重点问题，推动信访突出问题攻坚化解。防范化解金融风险，贷款不良率稳定在低位，实现融资平台公司经营性债务总量、资产负债率“双管控”，实行“镇债县管”，在财政增收压力明显加大的情况下，全市债务风险等级保持在绿色区间。推进房地产项目全面监测、风险销号、重点督办三项机制，促进房地产市场平稳健康发展。加强网络文明建设，改善网络空间生态。

安全生产　推进安全生产专项整治，开展安全生产大检查和百日攻坚行动，深化消防安全“331”治理，推进危险化学品、燃气和自建房安全等重点领域治理，做好建筑施工安全监管，生产安全事故起数、死亡人数分别下降51.8%和55.9%。

社会治理　推进国家智能社会治理实验基地建设，创建市域社会治理现代化示范城市。推进“政社互动”，实现“全科社工”“三社联动”村（社区）全覆盖，加强集宿区社区化管理。争创全国社会治安防控体系建设示范城市，严厉打击违法犯罪，维护社会稳定，全市群众安全感稳定在99%以上。

【政府自身建设】 2022年，苏州市政府加强政府自身建设。加强政府系统党风廉政建设，坚持务实为民，提升政府服务效能。加快推动政府数字化转型，建设“数字苏州驾驶舱”，优化12345热线、“苏商通”等平台服务功能，城市生活服务总入口“苏周到”App用户突破2000万人。加强法治政府建设，推进基层行政执法规范化建设，动态调整涉企“免罚轻罚”清单，编制不予实施行政强制措施清单，“行政立法全过程质量监控体系”经验获评中国法治政府奖。加强预算约束和绩效管理，严控一般性支出，细化落实审计问题整改长效机制，提高财政资金使用效益。办好人大代表议案建议和政协提案，市政府承办全国人大建议2件、全国政协提案1件，省人大代表建议3件、省政协提案7件，市人大建议280件、市政协提案435件，人大代表、政协委员“满意和基本满意率”均为100%。

（市政府办公室　姜　威）

重要会议

【市政府全体（扩大）会议】 2022年8月15日，市政府全体（扩大）会议召开。会议学习贯彻习近平总书记在省部级主要领导干部专题研讨班和中央政治局会议上的重要讲话精神，落实省委工作会议、省政府重点工作推进部署视频会和市委工作会议要求，分析调度经济运行情况，研究部署下阶段重点工作。会议要求，贯彻中央“疫情要防住、经济要稳住、发展要安全”的要求，稳经济、保增长，加快重点项目建设，促进市场消费回升，推进外贸外资稳量提质，抓好稳链强链工作，做好民生保障和社会稳定工作。

【市政府常务会议】 2022年，市政府召开常务会议35次。

1月6日，市政府第161次常务会议召开，审议《2022年市政府挂牌督办92项重大安全生产事故隐患项目》《苏州市2022年安全生产督导工作方案》《关于建立健全政务数据共享运行机制加快推进数据有序共享的实施方案》《关于推进新时代苏州慈善事业高质量发展的实施意见》《苏州市“十四五”知识产权发展规划》《关于推动基础设施高质量发展的实施意见》《关于加强我市基层统计工作力量提升统计基层工作水平的实施意见》《关于创建江苏省药品监督管理局审评核查苏州分中心合作协议》《关于进一步减轻义务教育阶段学生作业负担和校外培训负担的实施方案》《苏州市规范民办义务教育发展实施方案》和《苏州市数字经济“十四五”发展规划》。

1月18日，市政府第162次常务会议召开，听取贯彻落实《关于更加有效发挥统计监督职能作用的意见》精神、苏州市2021年国民经济和社会发展计划执行情况与2022年国民经济和社会发展计划草案、全市根治欠薪工作情况、第三次国土调查主要数据情况的汇报，审议《2022年市民生实事项目安排建议方案》《苏州市城镇燃气安全排查整治工作实施方案》和《关于进一步深化跨境贸易便利化改革优化口岸营商环境的实施意见》。

2月7日，市政府第163次常务会议召开，传达贯彻省两会精神，听取《2022年政府工作报告》起草情况的汇报。

3月5日，市政府第164次常务会议召开，审议《苏州市人民政府2022年立法计划和立法规划（2022—2026年）》《苏州市地下文物保护办法（修订草案）》《苏州市支持总部企业发展实施办法（修订草案）》《关于进一步帮助市场主体纾困解难着力稳定经济增长的若干政策措施》，听取2022年苏州市重点项目投资计划拟订情况、1—2月全市经济运行情况和下一步重点工作建议的汇报。

3月7日，市政府第165次常务会议召开，审议《苏州市全民科学素质行动规划（2021—2035年）》《关于加快打造人才发展现代化强市全面推进数字经济时代产业创新集群发展的意见》《苏州市政府投资管理办法》《关于支持产业创新集群建设的若干政策（试行）》《苏州市推进数字经济时代产业创新集群建设2025行动计划》《苏州市2022年推进数字经济时代产业创新集群建设重点工作清单》《苏州市利用国有资产举办的事业单位监管暂行办法》《苏州市“十四五”服务业发展规划》，听取2021年度苏州市市长质量奖评审情况的汇报。

3月21日，市政府第166次常务会议召开，传达全国两会精神、省碳达峰碳中和工作领导小组会议精神和中央生态环境保护督察相关工作要求，审议《关于推进医疗保障基金监管制度体系改革的实施办法》《苏州市深化医疗服务价格改革试点实施方案》《第二轮省生态环保督察反馈问题整改方案》《苏州市法治政府建设实施方案（2021—2025年）》《关于开展无证建筑补充办证的工作方案》和《苏州市申报国际湿地城市工作方案》，听取市迎接第二轮中央生态环境保护督察工作准备情况、2021年长江经济带生态环境警示片披露问题整改工作进展情况的汇报。

4月10日，市政府第1次常务会议召开，传达国务院和省委、省政府领导近期关于疫情防控批示精神、部署全市相关工作，审议《苏州市人民政府工作规则（修订稿）》《〈政府工作报告〉2022年主要目标任务分工方案》《苏州市平安建设条例（草案）》《关于促进服务业领域困难行业恢复发展的政策意见》和《苏州市2022年度对口帮扶支援合作和南北挂钩工作要点》，专题研究部署中央生态环境保护督察交办信访问题整改推进工作，听取“7·12”四季开源酒店辅房坍塌事故结案情况、全市安全生产情况和下一步重点工作安排的汇报。

4月28日，市政府第2次常务会议召开，专题部署市政府系统承办市十七届人大一次会议代表建议、市政协十五届一次会议提案办理工作，听取全国、全省防汛抗旱工作电视电话会议精神的汇报，研究部署全市防汛防台工作，审议《关于健全完善防灾减灾救灾“五项机制”的工作意见》。

5月9日，市政府第3次常务会议召开，审议《苏州市国土空间规划委员会工作规则》《关于进一步加强苏州历史文化名城保护工作的指导意见》《苏州市电子证照管理暂行办法》《苏州市金融支持产业创新集群发展的工作意见》和《关于设立“苏州国家历史文化名城保护纪念日”的建议方案》。

5月18日，市政府第4次常务会议召开，审议《关于推进苏州市一刻钟便民生活圈建设的实施意见》《苏州市一刻钟便民生活圈建设标准》《苏州市生物医药产业创新集群建设实施方案》《苏州市数据条例（草案）》《苏州市“十四五”电动汽车公共充换电设施规划》《苏州市养犬管理条例（修正草案）》《苏州市城市绿化条例（草案）》和《苏州市“十四五”社会消防救援事业发展规划》。

5月23日，市政府第5次常务会议召开，审议《苏州市优化营商环境创新行动2022》《加快建立健全绿色低碳循环发展经济体系的实施意见》《苏州市建设项目节约用水管理办法（修改草案）》《苏州市河道管理条例（修正草案）》《苏州市发展保障性租赁住房实施办法》《苏州市道路交通安全条例（修正草案）》。

6月6日，市政府第6次常务会议召开，审议《关于深化全市应急管理综合行政执法改革的实施方案》《苏州市创建国家食品安全示范城市实施方案》《苏州市生活垃圾分类管理条例（修正草案）》《关于更加有效发挥统计监督职能作用的实施方案》《苏州市重点项目推进管理办法（暂行）》。

6月13日，市政府第7次常务会议召开，审议《关于推进苏州市数字金融产业发展的意见》《关于推进苏州市数字金融产业发展的若干措施》《苏州市自建房安全专项整治方案》《苏州市市民体育健身条例（修正草案）》《关于对国Ⅲ及以下柴油车提前淘汰实施补助的通告》《关于推进经营性国有资产集中统一监管工作建议方案》和《江苏省苏州市安徽省阜阳市结对合作帮扶框架协议》。

6月20日，市政府第8次常务会议召开，审议《数字苏州标准化建设实施方案》《关于政府购买民办义务教育学校学位的指导意见》《苏州市城市生命线安全建设一期工程（试点）工作方案》《苏州市地质灾害防治“十四五”规划》，举办常务会议学法专题，学习《中华人民共和国审计法》。

6月27日，市政府第9次常务会议召开，审议《苏州市装备制造产业创新集群建设实施方案》《苏州市电子信息产业创新集群建设实施方案》《苏州市深化新时代教育评价改革实施方案》《苏州市康养产业高质量发展行动计划（2022—2025年）》《苏州市建立健全生态产品价值实现机制实施方案》《苏州市完善重要民生商品价格调控机制实施办法》《加快推进基础设施投资建设的若干措施》和《关于全面加强国有企业监管的实施意见》；听取地铁、桥涵安全度汛整改措施，关于国家、省迎峰度夏能源保供工作会议精神及全市能源保供工作情况的汇报。

7月4日，市政府第10次常务会议召开，审议《关于“十四五”深入推进农业数字化建设的行动方案》《关于加快推进全市科技招商工作的指导意见》《苏州市支持青年人才发展若干措施》《苏州市终身学习促进条例（草案）》和《全面提升苏州市数字经济和数字化发展水平的实施意见》，听取2021年度苏州市“独角兽”培育企业遴选情况、2022年顶尖人才（团队）重大创新团队评审及拟立项情况的汇报。

7月16日，市政府第11次常务会议召开，听取全市半年度消防安全形势、废止《苏州市集贸市场管理条例》有关情况的汇报，审议《苏州市古建筑保护条例（修正草案）》《苏州市轨道交通条例（修正草案）》《苏州市“公园城市”建设指导意见》《关于建立苏州市重大民生政策统筹协调机制的工作意见》和《苏州市禁止开山采石条例（修正草案）》。

8月2日，市政府第12次常务会议召开，听取全市自建房等既有建筑安全专项整治工作情况、2022年上半年度治污攻坚工作情况的汇报，审议《苏州市见义勇为称号评定实施办法》《苏州市大运河文化保护传承利用条例（草案）》《关于深化全市市场监管综合行政执法改革的实施方案》和《苏州市矿产资源总体规划（2021—2025年）》，审议修订《苏州市城乡居民基本养老保险办法》《苏州市区城乡居民基本养老保险办法实施细则》和《姑苏知识产权人才实施细则》。

8月10日，市政府第13次常务会议召开，审议《关于苏州市2021年本级财政决算（草案）的报告》《关于建立健全审计查出问题整改长效机制的实施意见》《苏州市“十四五”教育设施布局专项规划》《苏州市“十四五”教育事业发展规划》《关于组建苏州市储备粮管理有限公司的方案》《推进苏州上市公司做优做强若干措施》《关于推动新兴服务业高质量发展的指导意见》《苏州市推动新兴服务业高质量发展2025行动计划》《关于支持新兴服务业高质量发展若干政策（试行）》《关于贯彻落实国家标准化发展纲要的工作意见》，研究太仓市有关事项。

8月22日，市政府第14次常务会议召开，审议《关于深入打好污染防治攻坚战的工作方案》《苏州市地方政府储备粮管理办法》《苏州市"十四五"人口发展规划》和《苏州市"十四五"基本公共服务均等化规划》，部署落实迎接国务院第9次大督查相关工作。

8月31日，市政府第15次常务会议召开，听取近期全市疫情防控工作情况、调整苏州市区被征地农民社会保障相关标准和调整2022年市区企业退休人员生活补助标准（基本养老金下限）的汇报，审议《关于加强全市基本公共服务支出标准建设的通知》。

9月13日，市政府第16次常务会议召开，研究部署2021年度市本级预算执行和其他财政收支审计查出问题整改工作，审议《关于推进全市工业企业技术改造的若干措施》《2022年全市深化医药卫生体制改革重点任务及分工》《苏州市医疗服务价格改革2022年试点方案》《关于健全职工基本医疗保险门诊共济保障机制的实施办法》《关于组建苏州市能源发展集团有限公司的建议方案》《关于进一步完善我市建设用地使用权转让、出租、抵押二级市场的实施意见》和《关于强化机制推进产业创新集群和新兴服务业细分领域发展的工作意见》，听取相城区关于提请明确有关事项的汇报。

9月22日，市政府第17次常务会议召开，听取第五届"苏州慈善奖"评选情况的汇报，听取关于落实国务院稳经济接续政策的工作建议，审议《苏州市创建全国中小学劳动教育实验区实施方案》《苏州市农村住房条件改善五年行动方案（2022—2026年）》《关于组建苏州市港航投资发展集团有限公司的建议方案》《苏州市科技创新促进条例（草案）》。

9月26日，市政府第18次常务会议召开，听取关于落实《市人大常委会〈关于苏州市2022年上半年国民经济和社会发展计划执行情况等报告的审议意见〉》改进举措、常熟市关于提请明确有关事项、创建中医类国家医学中心和国家区域医疗中心工作的汇报，审议《关于服务构建新发展格局的实施方案》《苏州市城市更新试点工作实施方案》《苏州市鼓励外商投资企业利润再投资的政策措施（试行）》《2023年度居民医保筹资政策调整方案》。

10月14日，市政府第19次常务会议召开，审议《关于进一步深化预算支出管理的实施意见》《苏州市"十四五"卫生健康规划》《关于促进楼宇经济高质量发展的实施意见》《苏州地域文明探源工程实施意见》《苏州市农民收入倍增计划实施方案》《推进产业创新集群和新兴服务业细分领域发展工作方案》《关于苏州市轨道交通集团有限公司组织机构优化调整的建议方案》，审议废止《苏州市发展预拌砂浆管理规定》，听取关于苏州市"三优三保"工作情况的汇报。

10月21日，市政府第20次常务会议召开，审议《2022年苏州市级预算调整方案》《恒力全球运营总部和中建财富中心超高层项目重大行政决策》《关于进一步推进长期护理保险试点工作的实施意见》《苏州市构建更高水平的全民健身公共服务体系工作方案》，听取调整2022年度市级城建交通维护建设暨水利水务建设资金计划、全市前三季度经济运行情况的汇报。

10月24日，市政府第21次常务会议召开，审议《苏州市智能车联网产业创新集群行动计划（2023—2025年）》《关于促进苏州市建筑业高质量发展的若干意见》《关于推进苏州市房屋征收搬迁安置工作的指导意见》《2021年度拟推荐表扬外企名单》《大运河苏州段核心监控区国土空间管控细则》《苏州城区污水处理"厂网一体化"改革实施方案》。

10月31日，市政府第22次常务会议召开，研究部署全市疫情防控工作，审议《苏州市数字经济核心产业加速发展行动计划（2023—2025年）》《苏州市国家知识产权强市建设示范城市工作方案（2022—2025年）》《苏州市创建省知识产权保护示范区实施方案》《苏州市推进全国商业秘密保护创新试点工作方案》《苏州市培育发展高性能功能纤维材料产业创新集群行动计划（2023—2025年）》《苏州市发展保障性租赁住房实施办法》。

11月8日，市政府第23次常务会议召开，审议《关于推动苏州"博物馆之城"建设意见》《关于鼓励和促进苏州非国有博物馆发展的实施办法》《关于进一步加强农村集体资产监督管理促进新型集体经济高质量发展的实施方案》，举办常务会议学法专题，学习《江苏省行政程序条例》。

11月21日，市政府第24次常务会议召开，审议《苏州市非物质文化遗产数字化工程实施方案》《苏州市大病保险政策调整方案》《苏州市市属国有企业对外捐赠管理暂行办法》《苏州市数字金融产业发展三年行动计划（2023—2025年）》《关于进一步加强全市农村住房建设管理工作的意见（试行）》，审议废止《苏州市实施行政许可规定》。

12月1日，市政府第25次常务会议召开，传达全省安全生产电视电话会议精神，研究全市冬季安全生产专项治理行动工作安排，审议《苏州市青年发展型城市建设试点实施方案》《苏州市进一步优化营商环境降低市场主体制度性交易成本任务分工方案》《苏州市新能源产业创新集群行动计划（2023—2025年）》《关于高质量推进制造强市建设的实施意见》《关于支持建设苏州生物医药及高端医疗器械国家先进制造业集群的政策措施》《苏州市汽车整车、电子及零部件产业创新集群行动计划（2023—2025年）》《苏州市推进人工智能产业创新集群发展行动计划（2023—2025年）》《苏州市推动城乡建设绿色发展实施方案》，听取重要民生商品保供稳价情况、关于吴中抗旱和太仓咸潮保供情况的汇报。

12月8日，市政府第26次常务会议召开，传达学习中央依法治国办市县法治建设工作督察反馈会精神，审议《关于加快推进智能建造的实施方案》《苏州市电梯产业创新集群行动计划（2023—2025年）》《苏州市航空航天产业创新集群行动计划（2023—2025年）》《苏州市工业软件产业创新集群行动计划（2023—2025年）》《苏州市人力资源服务业高质量发展三年行动计划（2023—2025年）》《苏州市纳米新材料产业创新集群行动计划（2023—2025年）》《苏州市先进金属材料产业创新集群行动计划（2023—2025年）》《苏州市促进知识产权、检验检测认证服务业发展三年行动计划（2023—2025年）》《苏州市法律服务业高质量发展三年行动计划（2023—2025年）》《关于促进苏州市法律服务产业高质量发展的扶持政策（试行）》《关于进一步加强社区工作者队伍建设的实施意见》，举办常务会议学法专题，学习《中华人民共和国土地管理法》。

12月15日，市政府第27次常务会议召开，听取关于积极争取2022年度国务院、省政府督查激励获评工作情况的汇报，听取苏州市2023年民生实事候选项目建议方案、全市迎峰度冬电力保供工作、产业创新集群和新兴服务业细分领域“八个一”推进情况、2023年苏州市级财政预算安排情况的汇报，审议《苏州市培育发展光子产业创新集群行动计划（2023—2025年）》《苏州市会计审计评估行业高质量发展三年行动计划（2023—2025年）》《苏州市现代商贸业高质量发展三年行动计划（2023—2025年）》《苏州市现代物流高质量发展三年行动计划（2023—2025年）》，审议修订《推进商务高质量发展的若干政策措施》《苏州市活禽交易管理办法》，审议废止《苏州市企业信用信息管理办法》。

12月21日，市政府第28次常务会议召开，调度部署保健康、防重症，确保城市运行群众生产生活平稳有序相关工作，听取《2023年政府工作报告》起草情况、经济社会发展主要预期目标安排和计划报告起草情况、全市冬季安全生产专项治理行动情况、调整苏州市区被征地农民社会保障标准及企业退休人员生活补助标准、调整2023年市区城乡居民基本养老保险基础养老金标准的汇报，审议《苏州市促进企业利用资本市场实现高质量发展的实施意见（2023—2025年）》《关于进一步提高政府监管效能推动高质量发展的实施办法（试行）》《苏州市促进残疾人就业三年行动方案（2022—2024年）》《苏州市文化产业示范园区（基地）认定管理办法》《苏州市民族团结进步事业三年行动计划（2023—2025年）》《关于表彰2022年度苏州市市长质量奖获奖组织的决定》《关于健全重特大疾病医疗保险和救助制度的实施办法》《关于苏州市2021年度本级预算执行和其他财政收支审计查出问题的整改情况的报告》《苏州市审计局2023年度审计项目计划草案》《市政府关于授予见义勇为称号和表扬见义勇为工作先进单位先进工作者的决定》《苏州市设计服务产业创新发展三年行动计划（2023—2025年）》。

12月29日，市政府第29次常务会议召开，研究部署加强医疗救治相关工作，审议《苏州市推动文化创意产业高质量发展三年行动计划（2023—2025年）》《推动文旅融合高质量发展打造世界旅游目的地城市三年行动计划（2023—2025年）》《苏州市知识产权强市建设纲要（2021—2035年）》《关于印发支持稳岗留工保障经济有序运行的指导意见》《苏州市自然保护地体系建设实施方案》，听取2023年市重点项目清单编制情况的汇报，审议废止《苏州市人口与计划生育办法》《苏州市流动人口计划生育工作办法》。

【创新工作例会】 2022年，市政府召开创新工作例会2次。

8月4日，全市创新工作第24次例会召开。会议听取第四批苏州市自主品牌大企业和领军企业先进技术研究院认定推荐情况、四大产业创新集群细分优势领域下一步推进计划、苏州市高新技术企业培育情况的汇报，审议《苏州市先进材料产业创新集群建设实施方案》和《新一轮苏州清华创新引领行动专项操作细则》。

12月13日，全市创新工作第25次例会召开。会议听取2022年苏州—清华专项推进情况、苏州市创新联合体建设情况、市产业技术研究院建设运营和管理运行机制优化情况，审议《关于进一步促进苏州市科技创新券发展的实施意见》《苏州市打造科技服务先导城市行动计划》《关于推进全市科技保险支持产业创新集群发展的若干措施》。

（市政府办公室　姜　威）

民生实事

【概况】 2022年，苏州市政府实施民生实事项目涉及教育惠民、文化体育、医疗健康、社会保障、生态环境、城乡宜居、交通出行、便民服务8个方面33个项目，总投资近400亿元。

【教育惠民实事】 2022年，苏州市政府实施教育惠民实事5项。“新建、改扩建学校41所”方面，开工建设学校41所，其中投入使用18所、竣工待投用8所、在建15所。“中小学课后服务提质工程”方面，各校结合学生成长需求，个性化开设课后服务课程，将作业辅导、体育锻炼、兴趣活动等内容有机结合，逐步将课后服务体系化、课程化，全市实现课后服务义务教育学校全覆盖，有需求的学生全覆盖。“中小学校近视综合防控项目”方面，实施视觉环境改造提升工程，改造提升120所义务教育学校教室照明灯光，全方位科普近视防控知识，开展近视防控宣传月、全国“爱眼日”、眼科义诊、眼健康教育、家校协同爱眼等活动，全市中小学校参与率100%。“校园定制公交优化升级行动”方面，新开通校园定制公交45条，优化原有定制公交线路9条，月均发车9012趟次，月均服务学生23.7万人次。“开设青少年暑托班1000个”方面，开设暑托班1355个，其中集中式课程化暑托班115个、分布式活动类暑托班1157个、嵌入式行业性暑托班83个，累计服务超过23万人次。

【文化体育实事】 2022年，苏州市政府实施文化体育实事3项。“全市公共体育场馆免费、低收费开放，建设全民健身数字平台”方面，实现14家公共体育场馆免费、低收费开放，全民健身数字平台上线，并完成相应服务入驻“苏周到”平台。“建设苏州科技馆、工业展览馆”方面，完成地下土建及机电安装施工、地面主体钢结构施工和卸载，推进外幕墙加工安装、室内公共区域装修绿化和智能化等专项化设计，完成6个标段初步展陈设计转化工作，启动展陈方案初步设计概算编制。“新增、更新健身路径（室外健身器材）115套，建成1个省级运动促进健康中心”方面，完成新增、更新105套一代健身路径和10套二代智慧健身路径，市立医院（北区）成功申报省级运动促进健康中心。

【医疗健康实事】 2022年，苏州市政府实施医疗健康实事4项。“建设百姓家门口的急救网络”方面，吴江区黎里急救分站、张家港市南丰急救分站、吴中区光福急救分站3家急救分站和华馨护理院、瑞颐护理院、桃坞护理院3家非急救转运分站均完成分站建设。“公益性应急救护培训10万人”方面，完成公益性应急救护培训138761人，其中普及性培训116467人、救护员22294人。“银龄健康提升工程”方面，新增二级以上老年病医院1家、护理院2家，二级以上综合医院设立老年医学科2家；全市省级老年友善医疗机构建成率91.88%；开展全市65周岁以上老年人健康体检105万余人次，老年人健康管理率70.35%；新增家庭病床3474张；获评全国示范性老年友好型社区7家；开展老年人智能手机免费培训5.6万人次。“实现孤独症儿童基本康复服务全覆盖”方面，为1367名孤独症儿童提供基本康复服务，实现孤独症儿童基本康复服务全覆盖。

【社会保障实事】 2022年，苏州市政府实施社会保障实事5项。“全市新建养老机构床位1200张，新增老年人夜间照

表10　2022年苏州十大民心工程一览表

序号	工程名称	实施单位	完成情况
1	新建、改建口袋公园60个，新增及改造绿地300万平方米	市园林绿化局	建成口袋公园83个，新增及改造绿地379万平方米
2	中小学课后服务提质工程	市教育局	全市实现课后服务义务教育学校全覆盖
3	实施100条城市道路街巷架空线整理	市城市管理局	进场施工100条，年内完工81条
4	水体“消劣争优”及生态美丽河湖建设	市水务局	完成486条劣V类河道治理，建成630条生态美丽河湖
5	百万“姑苏工匠”职业技能提升工程	市人力资源社会保障局	开展各类职业技能培训累计42.12万人次
6	吴江区苏州大学未来校区（一期）	吴江区政府	9月建成投入使用
7	昆山市环阳澄湖滨水空间活力步道（庙泾河段）	昆山市政府	7月一期项目建成开放
8	常熟市虞山文化旅游度假区国创配套提升工程	常熟市政府	32个重点项目建成投用
9	姑苏区社情民意微实事项目	姑苏区政府	举办11期，累计实施微实事项目234个
10	张家港市东三环（张杨公路—苏虞张公路）新建工程	张家港市政府	年底建成通车

（资料来源：市发展改革委）

护床位2000张”方面，常熟市银发养老院、太仓市城厢镇区域性养老服务中心、昆山市经济技术开发区区域性养老服务中心完工，新增养老机构床位1210张，新增老年人家庭夜间照护床位2109张。“老年人家庭适老化改造工程”方面，完成10135户老年人家庭适老化改造。“沪苏就医e保通”方面，沪苏就医e保通上线运行，实现承诺制备案人员在上海异地就医通过医保直接结算；实现跨省药店直接结算，全市开通异地联网药店超过4700家；落实参保地、就医地双向享受医保待遇；上线跨省门诊慢特病直接结算试点本地系统；落实青嘉吴免备案直接结算。“百万‘姑苏工匠’职业技能提升工程”方面，开展城乡劳动者就业技能培训、企业职工岗位技能提升培训、项目制培训等各类职业技能培训累计42.12万人次。“新增普惠性托育机构60家”方面，新增普惠性托育机构77家。

【生态环境实事】 2022年，苏州市政府实施生态环境实事4项。“新建、改建口袋公园60个，新增及改造绿地300万平方米”方面，完工口袋公园83个，新增及改造绿地约379万平方米。“城乡生活污水处理提质增效行动”方面，完成吴江区运东污水厂扩建，新增污水处理能力每日4万吨，建成污水收集管网100千米，完成50个小区雨污分流改造、50个污水处理提质增效达标区建设、100个自然村生活污水治理，新落实管网养护进500个小区和1000个村庄。“苏州城区水源保障工程”方面，高藻期苏州城区水源保障工程西塘河项目完工运行。“水体‘消劣争优’及生态美丽河湖建设”方面，全年计划完成439条劣V类河道治理，完工486条；全年计划建成生态美丽河湖630条，建成630条。

【城乡宜居实事】 2022年，苏州市政府实施城乡宜居实事6项。“全市老旧小区改造60个，开展多层住宅增设电梯500台”方面，完工老旧小区改造68个；开展多层住宅增设电梯541台，其中建成投入使用电梯123台，进场施工电梯238台，通过实施方案审定、开展手续办理等前期工作180台。“新开工城镇棚户区改造2900套，新开工（筹集）保障性租赁住房4万套（间）”方面，新开工城镇棚户区改造3656套，新开工（筹集）保障性租赁住房4.288万套（间）。“实施100条城市道路街巷架空线整理”方面，进场施工100条城市道路街巷架空线整理，其中完成施工81条。“建设特色田园乡村精品村25个、精品示范区9个，建设特色康居乡村500个、特色康居示范区15个”方面，新增建设市级特色精品乡村36个，建成特色精品示范区9个，建成并验收特色康居乡村508个、特色康居示范区15个。“升级改造燃气管网50千米”方面，完成燃气管网改造59.1千米，其中市政中压管14.9千米、低压庭院管44.2千米。“实施儿童友好工程，开展适儿化改造项目30个”方面，完成改造儿童友好社区25个、儿童友好口袋公园6个、儿童友好交通出行项目90个、儿童友好街区1个及苏州市市民健身中心适儿化项目。

【交通出行实事】 2022年，苏州市政府实施交通出行实事3项。“全市实施停车便利化工程，新增公共停车泊位1.5万个”方面，新增公共停车泊位15410个，其中分散式路内停车泊位3541个、临时停车场泊位7799个、其他类型公共停车场泊位4070个。“轨道交通建设加快，实施平海路、虎丘北P+R换乘停车场建设工程”方面，苏州轨道交通6号线、7号线、8号线及S1线有序推进，2、4、7号线延伸线推进绿化迁移、管线迁改等工作；平海路P+R停车场完成年度投资额的179.5%，推进主体工程施工；虎丘北P+R停车场完成场地平整和围墙基础施工，推进围墙施工和场地铺设。“新辟、优化公交线路40条”方面，新辟优化线路155条，其中新辟48条、优化调整107条。

【便民服务实事】 2022年，苏州市政府实施便民服务实事3项。“建设改造农贸市场16家，培育一刻钟便民生活圈30个”方面，16家农贸市场均完成年度目标，其中建成试营业7家，完成建设验收、推进招商7家，开工新建2家；建成并通过验收一刻钟便民生活圈64个。“新建、改扩建公共卫生间150座”方面，竣工公共卫生间150座，其中新建20座、改建130座。“新增残疾人员托养服务1000人”方面，完成新增残疾人员托养服务1100人，其中寄宿制托养114人、居家托养362人、日间照料624人。

（市发展改革委　李若晨）

政务服务

【概况】 2022年，苏州市、县两级政务服务中心共办理各类事项审批件730.94万件；全市公共资源交易数15238宗，交易额3882.82亿元；全市12345热线累计受理各类有效服务1703.24万个（新冠疫情类诉求579.65万件），增长34.74%，及时处办率99.39%，累计办结率98.51%，抽查满意率97.58%；“寒山闻钟”论坛访问量1679.26万次，处理网友反映事项13.78万件，平均关注时长0.23天，平均处办时长3.81天，平均满意度评分90.27分；全市新登记各类市场主体29.22万户，年末实有存量市场主体286.95万户，增长4.7%；全市通过审批、核准、备案的固定资产投资新增项目共计12521个。市政务服务中心服务对象满意率保持在99%以上。

【简政放权】 2022年，苏州市落实政务服务事项标准化管理，发布市行政许可事项清单418项、市级“不见面”事项清单2271项、“全市通办”事项清单256项等系列清单。在全国率先探索“审管执信”闭环管理模式，推动打通“审批、监管、执法”全链条，加强行业风险预警、精准研判，提升基层社会治理效能。在全省率先推动全流程网办标准化建设，推广电子证照、电子签名、电子印章、电子档案单套制应用，推动更多的高频政务服务事项全流程网办。坚持用户视角，升级苏州政务服务“一网通办”总门户，市本级2476个政务服务事项可“一网申办”。开拓“免证办”应用范围，全市33个部门370个事项实现“两个免于提交”。围绕企业、群众持续推进全市“一件事一次办”改革，推出企业开办、入学、购房、异地就医等26个高频“一件事”服务，群众办事便利度进一步提升。升级苏州线上“全链通”+线下“一窗式”企业开办融合服务模式，全流程平均办理速度最优缩短至0.5天以内。

【政务服务优化】 2022年，苏州市科学规划政务服务场所设置和升级改造，统筹做好便民服务中心（站）的分级分类建设，开展示范达标创建活动，探索“政银合作”“融易站”等多元参与、资源融合的立体化政务服务供给体系，建成政务服务网点2023个、自助服务区和自助设备351个，政银合作网点1409个、融驿站36个，完成“15分钟政务服务圈”目标。规范“一门”办理，在全省率先发布《苏州市政务服务中心权力类进驻事项负面清单》，涵盖24个部门127项事项，负面清单外应进必进，推动事项在政务服务中心集中办理。全面实现“市场主体登记全城通办通取”，在“企业登记同城通办”基础上引入登记机关电子印章，实现“营业执照全城通取”，满足市场主体“就近、便利、高效”的办事需求。贯彻落实国务院发布的110项政务服务事项“跨省通办”要求，推进长三角一体化示范区“一网通办”，联合签发《示范区“一网通办”专窗服务规范》，探索“出生一件事”等事项跨省通办。在全省率先启用“办不成事”反映窗口并实现全市覆盖，企业和群众可通过窗口反映线上或线下办理政务服务事项时遇到的办事难、来回跑、体验差、无人受理等问题，在66个政务大厅开设“办不成事”反映窗口。

【项目建设审批】 2022年，苏州市构建“多线并行办理体系”助力各类工程建设项目早开工、早建设、早投产。围绕重大项目建设全过程，建立“前期介入+告知承诺+帮办代办+容缺受理”机制，通过“并联审批、全程网办”方式，减环节、减材料、减费用、减时限。全年全市“拿地即开工”项目140个，其中重大工程建设项目110个，“拿地即开工”数量列全省设区市第一位。全市试点实现“桩基先行”分段许可分段施工100个项目，项目平均建设周期缩短2~3个月。探索区域评估服务项目建设，项目审批平均减少10天。优化市政公用服务配套工程审批流程，推进“电水气讯视”联合报装接入服务，提升市政公用服务便利度。全年全市工程建设项目施工许可证核发3763张，总量列全省设区市第一位。

【公共资源交易】 2022年，苏州市加强公共资源交易规范化、标准化建设，修订完善“不见面”交易、工程建设招投标异常情形反馈、招标投标领域营商环境问题和市场主体意见建议征集反馈机制，推行工程建设项目招标计划提前发布制度，发布《苏州市工程建设招标投标领域营商环境负面行为清单（2022版）》，印发《苏州市政府采购网上商城审计服务交易规则（试行）》《苏州市政府采购网上商城审计服务管理办法（试行）》。按照“能进则进”要求拓展新领域的融合场景，推动市级国企采购、苏州市户外广告设施使用权出让、相城区国有企业资产招租进场交易。全面推进一体化电子化资源交易的共享场景，依据统一的技术标准和数据规范，围绕“两库一系统”建设（主体信息库、交易信息库和建设工程电子交易系统），全面推动业务统一和数据共享，推进企业在全市范围内一次注册、一次登录，全市通用。着力构建“互联网+交易+金融”的平台场景，开发“投标贷”“中标贷”线上交易、电子保函在线金融服务项目，帮助建设工程类企业有效解决融资难的问题。率先开展资源交易多领域数字人民币的应用场景，拓展全国首创场景5个、全省首创场景5个。

【便民服务热线】 2022年，苏州便民服务热线（12345热线）通过优化服务举措，提升服务群众的满意度。畅通新冠疫情诉求“主入口”，设置疫情诉求“1号键”、自助语音服务“0号键”，专门梳理疫情信息“知识库”，建立重要紧急诉求应急处置机制，确保电话“打得通”、咨询“答得好”、诉求“办得实”，全年全市受理新冠疫情诉求579.65万件，更新疫情信息4818条，处置重要紧急诉求7178件。全新升级12345“一企来”企业服务热线，建成全市共享共用的知识库、专家库，建设“查、问、办、评”综合性、一体化服务平台，通过优化企业与涉企专家“三方通话”“视频连线”快速响应机制保障企业高质量发展，全年累计受理全市企业诉求6.83万件，一次性答复89.86%。开通12345“尚贤”人才服务热线，设立服务专席，建立专家连线机制，为政府部门与广大人才搭建沟通桥梁、提供精准服务，有政策专员301人，梳理人才信息1645条。开通12345“热线百科”，编制政务信息问答清单，实现企业、群众政策咨询“一键直达”，全年全市梳理政务信息问答41321条，发布“热线百科”知识40026条。发布全省首个热线服务测评规范地方标准《政务服务便民热线服务测评规范》。完善人民网领导留言板工作机制，2022年群众满意度89.7%，推动交通新业态、成人教育培训纠纷、预付式消费3类无主办件落实，市便民服务中心获评2022年度人民网网上群众工作“民心汇聚”单位。推进政风行风热线工作。7月26日，市长带队走进省政风行风热线（市长上线）苏州专场活动，“荔枝新闻”和“江苏新闻”2个微信公众号直播观看人数超过550万人，获得群众点赞超过10万次，创节目开播之最。全年苏州市广播电视总台《政风行风热线》栏目完成51期，上线单位73家，其中42家单位年度满意率95%以上。

（市行政审批局　姚艳梅）

【政府信息公开】 2022年，苏州市政府推进决策、执行、管理、服务、结果公开。做好政策信息发布，主动公开市政府及市政府办公室文件332份。全市主动公开现行有效的政府规章66份、规范性文件2421份。统一市各部门公文在线发布渠道，市级部门主动公开的公文实现同一栏目发布、同一搜索框检索。上线市政府规章数据库、市级规范性文件数据库，推动市各部门完成现行有效规范性文件补录工作。参照市政府规章库，在全国率先上线市政府规范性文件库，发布市政府现行有效规范性文件正式版本。全市新收政府信息公开申请4638件，其中自然人申请件4317件、法人或其他组织申请件321件。帮助基层解决政务新媒体注销难题，经市政府办公室协调，全市长期未能注销的"僵尸"账号于6月完成注销"清零"。

【市长信箱办理】 2022年，苏州市政府办公室收到"市长信箱"信函8512件，市领导作出批示的27件。受理转办书面信函1051件。对市领导重点批示的信件予以重点跟踪督办，协调解决问题症结，妥善处理群众诉求。由市依法行政监督员和市政府法律顾问对每月信件办理情况开展第三方评估，年内按照一定比例随机抽取承办单位的669件信函，将信函原件以及各单位的办理结果、回信内容，分送给市依法行政特邀监督员和市政府法律顾问回访评估。对办理过程中尚需完善和提高的信件，由市依法行政特邀监督员、市政府法律顾问通过电话回访、召开座谈会等方式协商解决，提高信函办理质量、水平和满意率。

【政务督查】 2022年，苏州市政府抓好市新冠疫情防控督导组有关督导工作，对全市新冠疫情防控工作开展明察暗访，对督查发现问题予以跟踪落实，确保各项防控措施落实到位。抓好国务院"互联网+督查"线索办理，对国务院"互联网+督查"平台上交办的问题和建议开展网上督查，受理办结国务院"互联网+督查"平台交办问题7283件、省政府督查室核查督办问题45件。抓好政府常务会议等政府重要会议议定事项的贯彻落实，对常务会议议定的共120项议题开展督促检查，编发专题《督查通报》4期。开展专项督查工作，围绕市委、市政府重点工作任务，对《政府工作报告》分解任务、污染防治攻坚战、水环境整治、政府投资项目、安全生产等重点工作开展专项督促检查。

（市政府办公室　姜　威）

营商环境建设

【概况】 2022年，苏州市以最优营商环境构筑最佳比较优势，建设办事效率最高、投资环境最优、企业获得感最强的投资目的地。把优化营商环境作为经济高质量发展的"重点工程"，对标改革制度创新，全面升级改革举措。年内，全市新登记市场主体29.22万户，占全省新设总量的16.88%，增量列全省设区市第一位。

【市场环境】 2022年，苏州市降低市场准入门槛，激发市场主体活力，建立公平有序市场竞争环境。建设企业开展线上"全链通"、线下"一窗式"融合服务，实现2个工作日常态化、最优0.5天零费用，在全省率先实施住所登记申报承诺制和一照多址改革，商事登记制度改革成效明显。升级综合金融服务平台，丰富"科贷通"科技企业融资产品，在全国率先发放数字人民币贷款，加大"小微贷""信保贷"等信贷支持力度，提升企业融资的便利度和获得感。设立国家海外知识产权纠纷应对指导中心苏州分中心，获评国家知识产权强市建设示范城市，30家企业获评国家知识产权优势、示范企业。

【政务环境】 2022年，苏州市建立健全公共服务体系，提升企业服务质效，推动政务服务便捷高效。深化"一网通办"改革，22个高频服务实现"一件事一次办"，183个事项实现"两个免于提交"，在全省率先实现营业执照全城通办通取。完善工程建设项目联合验收方式，实现"电水气暖信视"业务联合办理，推进"提前申报""两步申报"通关改革举措，推广"联动接卸"监管模式。推进数字孪生城市、城市驾驶舱等50项重点任务，优化惠民"苏周到"、兴业"苏商通"等平台。

【法治环境】 2022年，苏州市维护企业合法权益，提供公正有力的法治保障。实施《苏州市优化营商环境条例》，企业合规改革试点获得最高人民检察院肯定，在全省首创全域诉讼服务系统，部署"融畅"破产案件管理系统，增强市场主体信心。制定"免罚轻罚"清单3.0版，在全省率先试点不予实施行政强制措施清单，深化综合监管"一件事"改革，"进一次门、查多项事"覆盖更多监管领域，监管执法效能增强。发挥信用监管的导向作用，提供AI智能服务，完成1万余户企业信用重塑，归集171万余条重点领域从业人员执业信用记录。

【人文环境】 2022年，苏州市坚持亲商安商富商理念，营造创新创业氛围、开放包容的人文环境。市人大立法设立首个"苏州企业家日"。发布"2022苏州民营企业100强"榜单、"2022苏州民营企业科技创新100强"榜单和《2021苏州市民营经济发展报告》。市委、市政府发出《致全市企业家的一封信》《苏州企业家宣言》。全市启动"万企兴万村"村企结对行动，组织50家民营企业与50个村结对。召开企业家座谈会，通过助企纾困服务热线、企业大走访等途径发现企业问题、解决企业困境，完善政企沟通机制，激发和弘扬企业家精神。实施姑苏创新创业领军人才计划，优化高层次人才"一站式"服务中心功能，推广"苏show才"人才政策计算器，营造人才生态环境。推进重点行业和重点企业的碳达峰碳中和行动，推进太湖生态岛特色品牌建设，建树江南文化城市品牌，提升城市"适宜度"。

（市发展改革委　杨　臻）

【外资经济发展促进】 2022年，苏州市支持、促进外企在苏州投资兴业、做大做强，做好服务外企工作，协助外企纾困解难，让外企留得住、发展好。外资及中国港澳台资企业新登记1399户，年末实有外资及中国港澳台资企业2.32万户，增长1.25%。

外商投资准入前国民待遇和负面清单管理制度　贯彻最新外资准入负面清单和鼓励外商投资产业指导目录，降低外资准入门槛，提供更便利高效的准入服务。全市一般制造业领域对外资全面放开，服务业领域向纵深开放，并在新能源汽车、医疗等国家新开放领域取得一批开放成果。

外商投资企业利润再投资　发布《苏州市鼓励外商投资企业利润再投资的政策措施（试行）》和《鼓励外商投资企业利润再投资三年行动计划（2022—2024年）》，对代表性外企在年度外商投资企业表扬工作中予以荣誉激励。

外企投资促进活动　举办"相聚进博·2022"苏州进口贸易促进大会暨跨国公司开放创新合作交流会，承办东盟—中日韩（10+3）产业链供应链合作论坛暨东亚企业家太湖论坛。率先组织包机到日本、欧洲开展外资招商活动，均取得明显成果。

稳外贸稳外资工作专班　新冠疫情防控期间与超过500家外贸外资企业开展视频连线，帮助企业解决或协调解决物流、用工、订单交付和供应链等实际问题400余项。

服务外企稳外资行动　以"稳企业

促发展”为主线，开展2022年度“疫情下外企纾困解难”服务月活动，到企业一线走访调研服务，助力《关于进一步帮助市场主体纾困解难着力稳定经济增长的若干政策措施》《市政府印发关于支持服务业相关领域纾困和恢复发展政策意见的通知》等一系列惠企纾困政策落实。

仲裁化解涉外企纠纷　苏州仲裁委员会利用“调解+仲裁”一站式矛盾纠纷化解模式，支持外企通过仲裁解决商事纠纷。设立新加坡国际仲裁中心苏州工作委员会。苏州自贸片区成立后，苏州仲裁委员会累计受理涉外案件30件，涉外案件争议标的额12.79亿元。

外企投诉协调机制　发布《苏州市外商投资企业投诉工作机构办事指南》，建成“1+10”外资投诉工作机构全覆盖服务网络，组建外企投诉服务专员队伍，回应外企诉求。

（市商务局　金烨武）

【民营经济发展促进】　截至2022年底，苏州市企业总户数87.74万户，其中民营企业数79.17万户，占比90.2%，民营企业注册资本总额51768.34亿元；全市市场主体总户数286.95万户，其中民营市场主体278.1万户，占比96.9%。全年全市民营企业入库税收总额2130亿元，占总入库税收额的60.7%；民营工业产值18920.31亿元，增长8.9%，占全市规模以上工业总产值的43.4%，拉动规模以上工业总产值增长3.7%；全市民营企业完成进出口总额1240.3亿美元，民营企业进出口额占全市外贸体量的32.1%，其中出口802.7亿美元。全年全市新批各类境外投资项目381家，其中298家是民营企业，占比78.2%。

民营经济发展政策　2022年，苏州市发布《苏州市优化营商环境创新行动2022》《2022年苏州市进一步优化营商环境降低市场主体制度性交易成本任务分工方案的通知》等一系列政策，破解企业生产经营中的“堵点”“痛点”，支持民营企业做优做强。应对新冠疫情，发布“苏惠十条”等政策，采取留苏州补贴、园林和公交免费等措施，鼓励外地职工留苏州过年，保障企业用工，帮助企业渡过难关。

民营企业科技创新　截至2022年底，苏州市累计有民营科技企业17460家，民营高新技术企业11532家，占全市高新技术企业总数的85.6%。拥有国家级专精特新“小巨人”企业171家。“2022苏州民营企业创新100强”入围企业涵盖电子信息、装备制造、生物医药、先进制造等产业，其中国家级高新技术企业95家、领军人才企业43家、“独角兽”企业5家，28家民营企业获得过国家、省科学技术进步奖，近50%的企业参与或主持过国家标准或国际标准的制定。

民营企业规模　“2022苏州民营企业100强”营业收入入围门槛26.13亿元，较2021年提高4.31亿元，增长19.75%。入围企业营业收入总额超过200亿元的有26家，其中6家超过1000亿元。截至年底，苏州市民营企业上市数147家，占全市境内上市企业数的74.2%。苏州市民营企业贡献全市超过51%的地区生产总值、超过60%的税收、34.5%的出口额、超过80%的就业人员、96.9%的市场主体数量。

【中小微企业公共服务体系建设】　2022年，苏州市推动为中小企业提供检验检测、科技创新、创业辅导、融资、培训咨询等服务的各类公共服务平台发展，倡导公益和低收费。新增工业和信息化部电子第五研究所华东分所、太湖金谷（苏州）信息技术有限公司、昆山市工业技术研究院有限责任公司、亿科检测认证有限公司4家国家中小企业公共服务示范平台，新增24家省级中小企业公共服务示范平台，累计分别为12家、59家，新增、累计数量均列全省设区市第一位。

（市工业和信息化局　顾　健）

【个体工商户健康发展促进】　2022年，苏州市建立扶持个体工商户发展联席会议制度，覆盖15个市级部门和10个县级市（区）。发布《关于支持个体工商户健康发展的若干措施》，从提升准入服务水平、助力提升竞争力、降低成本负担、加大服务供给、推进扶持政策落实5个方面，实施22条政策措施。个体工商户新登记18.64万户，年底实有个体工商户198.93万户，增长4.25%。

（市市场监管局　颛孙冠群）

【苏州市蝉联“营商环境最佳口碑城市”】　2022年，苏州市召开全市优化营商环境推进会，连续3年发布《苏州市优化营商环境创新行动》。全省首个颁布的营商环境条例——《苏州市优化营商环境条例》施行。苏州市在全国营商环境评价中排名第六位；在全国100个城市消费者满意度测评中，苏州市实现“两连冠”；在全国工商联发布的《2022年万家民营企业评营商环境报告》中，苏州营商环境列全国城市第三位，蝉联“营商环境最佳口碑城市”。在全省民营经济营商环境评价中，满意度列全省设区市第一位。

（市发展改革委　杨　臻）

决策服务

【政务信息】　2022年，苏州市政务信息系统做好政务信息收集、报送工作，为各级领导掌握实情、科学决策提供服务。全市政务信息工作平台收集各地各部门报送信息2.5万条。其中，县级市（区）报送信息1.2万条，部门报送信息0.8万条，专题信息0.5万条。采用各地、各部门上报政务信息4291条。其中，采用各县级市（区）政务信息2295条，采用市各有关部门和单位信息1996条。全年上报省政府办公厅各类政务信息2357条，被省政府办公厅录用389条，其中12条得到省政府领导批示；被国务院办公厅采用97条，其中41条得到国务院领导批示。加强专题信息调研，形成《苏州市反映我国唯一拥有主权的国际海底光缆通信系统面临西方打压推进困难》等多篇调研专报，被省《专报信息》《江苏信息摘报》刊用，得到省政府主要领导批示。在2022年度全省政务信息考核中，苏州市、张家港市、常熟市、昆山市、太仓市政府办公室被评为全省政务信息工作先进单位，5人获评先进个人。

（市政府办公室　姜　威）

【文稿起草】　2022年，苏州市人民政府研究室（简称“市政府研究室”）做好以文辅政工作。完成市新冠疫情防控指挥中心的各项文稿保障工作任务，编发指挥部工作简报。协同起草《关于数字经济时代产业创新集群发展的指导意见》《上海苏州同城化苏州实施方案》等重要文件，负责起草苏州市服务构建新发展格局、经济形势分析等汇报材料。完成2022中国实体经济论坛的市长专访、主旨演讲等重点文稿，对接《财经》杂志，做好“制造苏州”专题报道和白皮书《中国制造 苏州样本》的内容制作。完成市长参加省广播电视总台《政风热线 市长上线》苏州专场直播活动的材料起草。落实全省、全市“非凡十年”主题新闻发布会的主发布材料。牵头起草《政府工作报告》。

【政策建议】　2022年，市政府研究室加强参辅决策的前瞻性、主动性和操作性，推进资政建言工作。围绕长三角一体化、共同富裕等国家重大战略课题"走出去"，到上海临港新片区、南通等地开展调研，形成一批研究成果。重点办好市领导批办交办的20余件大事难题，牵头起草《关于控制古城范围内行政机关学校医院合理规模的指导意见》，牵头形成四县市户籍制度改革、沿江三市产业转型、苏州港改革创新发展、深化"四链"融合等一批专项政策意见。加强"急智力"应急反应机制，配强"智行先锋"特约研究员队伍，在10所高校48名专家基础上，增加4所高校8名特约调研员。聚焦产业创新集群融合发展、汽车产业的变革机遇、市域一体化推进等课题，开展专题调研，形成一批参辅报告。提高内刊质量，汇编《调研通报》150篇，获得市政府主要领导批示80余篇。构建"企情直通车"信息平台，信息直报点覆盖全市10个县级市（区）的30个产业园、30个孵化器和100家重点企业，开展10余场企业专题座谈，采集200余件企业代表性诉求，被新华社、光明网等中央媒体报道。

（市政府研究室　朱微名）

信访工作

【概况】 2022年，苏州市贯彻习近平总书记关于加强和改进人民信访工作的重要思想，落实《信访工作条例》和全国、全省信访工作会议精神，围绕党的二十大信访安全保障工作主题主线，开展"信访突出问题攻坚化解年"行动，治理信访突出问题，防范化解涉访稳定风险。全年全市信访事项及时受理率、按期办结率实现"两个100%"，全市群众满意率提升至96.39%。

【信访工作机制建设】 2022年，苏州市落实市、县、乡三级信访责任，实现三级信访联席会议制度全覆盖。依托市、县两级信访联席会议下设专项工作小组，加强政策供给、指导协调。镇（街道）信访部门与社会矛盾纠纷调处化解中心、社会治安综合治理中心融合，为群众提供服务。

【数字信访建设】 2022年，苏州市对阳光信访系统实施"数字化"升级改造，全市1292家单位实现互联互通。完善视频信访、语音播报、语音投诉、语音回访等功能，方便群众与信访接待人员"面对面""一对一"反映问题。加强舆情分析、信息预警、任务调度、视频会办、风险评估、趋势预判等功能，掌握信访态势、业务管理、风险预警处置等情况，为监督、管理、决策提供参考。

【信访服务能力建设】 2022年，苏州市学习"枫桥经验"，建设社会矛盾纠纷调处化解中心，开展"一站式"联调联解工作，让群众"只进一扇门、最多跑一地、消解所有气"。全市10个县级市（区）和14个镇（街道）获评"人民满意窗口"建设质量提升工程先进单位。注重信访干部能力提升，开展"作风能力提升年"行动，市信访局与市委组织部联合开展3轮信访干部培训，培训500余人。全年信访干部到基层单位、优秀年轻干部到信访岗位双向挂职锻炼50余人次。开展"最美信访干部""岗位之星"等评选。

（市信访局　靳绪莹）

人事管理

【事业单位和国有企业人事综合管理】 2022年，苏州市规范组织全省统一公开招聘、专业化青年人才定岗特选计划、事业单位高层次人才自主招聘等，为全市事业单位补充5452人。发布《市政府办公室关于规范县级市（区）属机关事业单位编外用工管理的指导意见》，建立管理严格、出口通畅、运行规范的编外用工人员管理制度。在全省率先印发《关于做好苏州市市属国有企业工资总额管理工作的通知》，统筹推进国资委监管企业、市级文化企业、市属金融企业等各类市属国有企业薪酬决定机制改革。

【表彰奖励】 2022年，苏州市统筹开展"推动数字经济时代产业创新集群发展工作"和"生态环境保护工作"2个市级党委政府表彰项目。全年开展污染防治、司法行政、社会组织等各类全国、全省评选表彰项目37项，推荐先进集体候选单位111家、先进个人候选对象191人。

【人事考试】 2022年，苏州市完成23项专业技术人员资格考试工作计划，组织各类考试11952场次，服务考生145967人次、考试科目375469科次，连续22年保持考务安全达标率100%。首次采用AI智能语音提醒服务，将最新的考试变化和防疫政策通过机器人语音电话通知的方式告知考生，累计服务20项考试、3项证书领取业务，短信提醒224301人次，语音提示174036人次。

（市人力资源社会保障局　陈雅黛）

机关事务管理

【办公用房管理】 2022年，苏州市机关事务管理局推进党政机关办公用房集中统一管理，加快办公用房权属统一登记工作，针对各类历史疑难问题，实行"一事一议""一房一策"，市级党政机关168处房产完成权属统一登记137处、建筑面积55.26万平方米，统一登记率91.18%。制定市级集中办公区优化方案。盘活资源，为市农业农村局、市民宗局、市工商联等单位统筹调剂办公用房1.31万平方米；落实古城保护规划，移交道前街170号、章太炎故居等市级机关办公用房2.4万平方米。发布办公用房租赁面积标准、租金和基础物业管理服务费最高限额，加强办公用房管理审核，促进办公用房租赁更加规范。开展机关办公用房和职工住房等既有建筑安全隐患排查整治。

【公务用车管理】 2022年，苏州市机关事务管理局推进公务用车运维保障改革，开创公车运维费集中统一管理路径。制定《市级机关公务用车运维保障改革方案》，明确参改机构范围、规范公车购置和处置、优化公车运行经费管理、完善公务用车改革配套措施4个事项，并形成具体实施细则。从严从紧审核2023年度公车更新购置申请，审核通过210辆、压缩49辆，其中新能源车占比60.95%。抓好公务用车"三全"管理（全周期管理、全过程监控、全方位监督），调整市公务用车管理平台架构，加强平台的运维及监管。全年公车派车数、车辆使用率分别较2021年下降6.13%、3.18%。开展"3+1"定点企业履约情况检查，开展"清风行动"，未发现违规违纪问题。

【行政经费管理】 2022年，苏州市机关事务管理局坚持"勤俭办一切事业"，严格控制机关运行保障支出，压缩减少非紧急、非必要的保障项目，加强预算管理和执行，保障机关日常运转。完成苏州市2021年度机关运行成本统计调查工作。做好47家党政机关单位的财务核算、经费支付、公积金社保个税代缴等财务管理服务。

（市机关事务局　顾　珍）

编辑：金凯帆

中国人民政治协商会议苏州市委员会

综　述

【政协委员构成及机构概况】 2022年，苏州市有各级政协组织机构10个，其中市政协1个、县级市（区）政协9个；各级政协委员3589人，其中全国政协委员4人、省政协委员53人、市政协委员542人、县级市（区）政协委员2990人。中国人民政治协商会议江苏省苏州市委员会（简称“市政协”）设常务委员会，由主席、副主席、秘书长和常务委员组成。内设办公室、研究室、委员服务联络工作办公室、提案委员会、经济和农业农村委员会、教卫体委员会、社会法制委员会、人口资源环境委员会、港澳台侨外事委员会、民族宗教委员会和文化文史委员会，其中港澳台侨外事委员会和民族宗教委员会合署办公。政协苏州市第十五届委员会设主席1人、副主席8人、秘书长1人，常务委员会组成人员96人。年内，4人辞去市十五届政协委员职务，增补5人为市十五届政协委员。4月换届至12月31日，政协苏州市第十五届委员会有界别29个、委员542人。其中，中国共产党21人，民革12人，民盟13人，民建14人，民进12人，农工党12人，致公党6人，九三学社12人，工商联32人，无党派人士11人，共青团青联17人，工会20人，妇联18人，科协13人，侨联12人，台联8人，文化艺术界31人，科学技术界31人，社会科学界9人，经济界42人，农业和农村界21人，教育界38人，体育界5人，新闻出版界5人，医药卫生界33人，对外友好界5人，社会福利和社会保障界13人，少数民族、宗教界17人，特邀人士界59人（香港、澳门地区14人）。

【团结合作】 2022年，市政协发挥人民政协作为统一战线组织的优势，坚持发扬民主和增进团结相互贯通、建言资政和凝聚共识双向发力，汇聚助推全市高质量发展的合力。

统一战线工作　制定《政协苏州市委员会关于支持民主党派、工商联和无党派人士在政协更好发挥作用的实施意见》，加强与各党派团体的联系合作，支持和保障党派团体在政协更好履职，发挥更大作用。推荐非中共人士参加党委、政府部门的监督、评议活动。组织无党派人士委员专题视察调研。发挥中共党员委员作用，同党外人士交朋友，增进理解，扩大共识。

团结联谊　加强与社会各界别、各阶层和各方面优秀人才的联络交往，为改革发展汇聚更多正能量。组织民族宗教界委员视察调研，协助开展好与民族宗教相关的重大节庆活动。把“加强宗教团体建设，提升苏州市宗教工作水平”作为界别协商课题，提出意见建议。密切与港澳台侨委员的联系，加强政治引领，凝聚思想共识。

配合协作　做好全国政协、省政协到苏州调研各项工作，组织住苏州全国、省政协委员开展各项履职活动。协助做好长三角三省一市政协“推进重大科技创新平台载体建设”联合视察工作，协助承办2022中国实体经济论坛。到上海市松江区、浙江省嘉兴市参加九城市政协共商G60科创走廊更高质量发展活动。加强全市各级政协组织之间的合作，就重大课题开展联合调研和监督。制定《2022年度苏州市高质量发展综合考核实施办法政协部分实施方案》，组织开展创新案例评选，激发县级市（区）政协工作的积极性、创造性。

宣传和文史工作　借助各类媒体特别是新媒体，发布政协活动信息，宣传委员风采，激发委员履职积极性。微信公众号全年推送信息980条，省级以上媒体采用苏州市政协稿件400余篇。贯彻落实全国政协、省政协文史工作座谈会精神，对全市政协系统文史工作做出部署。调整市政协书画工作室、昆剧评弹工作室组成人员。启动《苏州市政协志》编纂工作。聘请20名地方历史文化专业人士担任特邀研究员。做好文史资料征集、编辑出版和数字化转换工作。

【民主监督】 2022年，市政协贯彻落实中共中央和省委、市委关于加强和改进人民政协民主监督工作的精神，发挥民主监督作用，聚焦社会广泛关注的教育“双减”课题，组成专项民主监督课题组，就苏州市落实“双减”政策情况开展调研视察活动，形成并报送专项民主监督工作情况报告，提出加大宣传力度转变社会观念、围绕主责主业提升教学质量、拓展课后服务建设特色品牌、加强师资建设关爱教师身心、完善工作机制强化政策保障、加大监管力度规范校外培训6个方面的对策建议。

【调研视察】 2022年，市政协做好调研视察工作。

推进市域一体化调研视察　5月25日，市政协就苏州市推进市域一体化情况开展调研视察，市政协常委会议审议通过的《关于推进市域一体化的建议案》提出5个方面对策建议：规划协同，提升区域整体实力；政策协同，提升民生保障能力；产业协同，提升创新集群水平；管理协同，提升城市整体形象；高位推动，加大统筹协调力度。

新媒体发展情况视察　6月17日，市政协到苏州日报报业集团、市广播电视总台视察苏州市新媒体发展情况。视察组视察苏州日报报业集团的录音棚、演播室、数编中心、人机融合中心、融媒体指挥中心，苏州广电总台的演播室、全媒体指挥中心、广播电视媒体融合发展创新中心等，了解两家媒体的新闻宣传流程、新媒体运营、智慧媒体建设等工作。

“加大对外文化交流，扩大江南文化影响力”调研视察　6月20日，围绕

“加大对外文化交流，扩大江南文化影响力”主题，市政协组织开展专题视察。市政协文化文史委开展线上线下专题调研，形成的《关于加大对外文化交流，扩大江南文化影响力的建议》提出5个方面对策建议：强化顶层设计，增强对外交流统筹力；加大引培力度，提高文化人才支撑力；创新传播方式，扩大江南文化影响力；支持民间交流，提高文化传播亲和力；聚焦青年群体，加强文化传播渗透力。

民生实事项目进展情况视察　9月21日，市政协视察苏州市2022年民生实事项目进展情况。视察组到姑苏区吴门桥街道新康菜场，视察菜场升级改造情况；到新建的吴中区独墅湖中学视察，参观了解各项配套设施，听取学校师资与招生情况介绍。

无党派人士专题视察　10月11日，市政协组织无党派人士委员代表到相城区开展专题视察活动。视察组到苏州北太湖旅游度假区游客中心视察，参观乡忆馆展览，视察村庄环境、农家庭院、田园菜地等；视察苏州市迎湖农业科技发展有限公司、苏州创鑫激光科技有限公司。

碳达峰碳中和背景下推进苏州市水环境治理视察　10月24日，市政协就碳达峰碳中和背景下推进苏州市水环境治理工作开展视察和专题协商，形成的《碳达峰碳中和背景下进一步推进我市水环境治理的建议案》提出6个方面对策建议：坚持“双碳”引领，推进协同增效；坚持系统施治，推进“五水”提质低碳；坚持重点整治，推进淤泥活化利用替碳；坚持标本兼治，推进水资源循环利用固碳；坚持科学善治，推进绿色技术创新减碳；坚持多元共治，推进美丽苏州合力降碳。

民办教育发展情况调研视察　11月17日，市政协到苏州市民办教育协会调研，召开座谈会，了解苏州市民办教育发展状况，为民办教育高质量发展建言献策。调研组听取市民办教育协会、民办教育机构代表、市工商联、市教育局相关负责人做的有关情况通报，肯定市民办教育协会为苏州教育事业改革发展做出的贡献，针对民办教育行业在“双减”政策下面临的现实困难提出意见建议。

苏州市法院工作情况调研视察　11月28日，市政协调研视察苏州市法院工作。视察组视察苏州国际商事法庭、苏州工业园区法院自由贸易区法庭和执行事务中心；召开座谈会，听取全市法院工作情况介绍，肯定苏州市法院工作取得的成绩。

苏州市检察院工作情况调研视察　11月29日，市政协调研视察苏州市检察院工作情况。视察组视察姑苏区人民检察院公益诉讼调查指挥中心、检察文化建设、检察公开听证等工作，观摩姑苏区侦查监督与协作配合办公室运转情况；召开座谈会，听取全市检察院工作和姑苏区检察院工作情况介绍，肯定全市检察工作取得的成绩。

（市政协办公室　刘　惠）

重要会议

【市政协十五届一次会议】　2022年3月29日至4月1日，市政协十五届一次会议在苏州太湖国际会议中心召开。应出席会议的市政协委员541人，实到497人。市委主要领导代表中共苏州市委在开幕式上讲话。会议期间，委员们听取和审议市十四届政协常委会工作报告和提案工作情况报告；列席市十七届人大一次会议，听取和讨论政府工作报告以及其他有关报告。会议围绕“历史文化名城保护和江南文化”“农业农村现代化和共同富裕”“产业集聚和数字经济”3个专题开展联组讨论；收到会议提案469件；选举朱民为市十五届政协主席，姚林荣、王竹鸣、曹后灵、程华国、周晓敏、周俊、李赞、张东驰为副主席，吴炜为秘书长，王益冰等87人为常务委员；通过市政协十五届一次会议决议。

2022年3月29日至4月1日，中国人民政治协商会议江苏省苏州市第十五届委员会第一次会议在苏州太湖国际会议中心召开　（市政协办公室　供图）

【市政协常委会议】　2022年，苏州市十四届政协和十五届政协共举办6次常委会议（即十四届三十一次和十五届一次至五次常委会议）。

十四届三十一次常委会议于3月8日召开　会议审议通过市政协十五届一次会议有关事项，明确市政协十五届一次会议于3月中下旬召开，具体时间、地点由常委会议授权主席会议决定；协商通过市十五届政协规模（550人）、界别设置和委员名单；审议通过有关人事事项，决定撤销市政协委员资格2人。

十五届一次常委会议于4月1日召开　会议审议通过市政协工作机构设置，市十五届政协的办事机构和内设机构保持原有状况不变；通过市十五届政协副秘书长，办公室、研究室、委员服务联络工作办公室和各专门委员会主任、副主任名单；审议通过政协苏州市第十五届委员会常务委员会2022年工作要点。

十五届二次常委会议于5月25日召开　会议专题协商推进市域一体化，听取关于苏州市市域一体化情况的通报，审议通过《关于推进市域一体化的建议案》；审议通过有关人事事项。

十五届三次常委会议于7月28日召开　会议围绕助推教育“双减”政策落地、促进义务教育优质均衡发展开展视察和专项民主监督，听取苏州市推进教育“双减”政策落地情况通报，审议通过《助推教育“双减”政策落地促进义务教育优质均衡发展——市政协“双减”专项民主监督报告》；审议通过有关人事事项，增补市政协委员3人，1人不再担任政协委员，调整后市政协委员实有543人。

十五届四次常委会议于10月24日召开　会议学习贯彻中共二十大精神；专题协商碳达峰碳中和背景下推进苏州市水环境治理，听取关于碳达峰碳中和背景下开展苏州市水环境治理情况的通报；审议通过《碳达峰碳中和背景下进一步推进我市水环境治理的建议案》。

十五届五次常委会议于12月26日召开 会议听取市政府关于政协建议案和提案办理情况的通报；听取市政协十五届二次会议筹备工作情况和有关事项的汇报；审议通过召开市政协十五届二次会议的决定和市政协十五届二次会议议程（草案）、会议日程（草案）；审议通过市十五届政协常委会工作报告及报告人名单、市十五届政协常委会关于提案工作情况的报告及报告人名单；书面审议市十五届政协专门委员会工作报告；书面交流部分政协常委的履职报告；审议通过市政协常委会2023年工作要点；审议通过有关人事事项，增补市政协委员2人，3人不再担任市政协委员，调整后市政协委员实有542人。部分常委以线上形式参会。

【政情通报会】 2022年，市政协将政情通报工作纳入《苏州市2022年度政协协商工作计划》，邀请市委常委做专题通报，拓宽党委政府与政协委员之间的沟通渠道，实现知情明政"零距离"，为委员履职建言创造更好的条件。全年召开政情通报会4次，分别通报人才工作情况、农业农村现代化建设推进情况、上半年度经济社会发展情况、古城保护情况。

（市政协办公室 刘 惠）

建言献策

【政协委员资政建言】 2022年，市政协发挥协商民主重要渠道和专门协商机构的作用，履行政治协商、民主监督、参政议政职能，围绕市委、市政府的中心工作，选择推进市域一体化、助推教育"双减"政策落地、碳达峰碳中和背景下推进苏州市水环境治理、提升社区养老服务能力、扩大"江南"文化影响力、放大昆山试验区政策效应深化苏台经贸融合发展、助推共同富裕、加强法治乡村建设等事关苏州市高质量发展的重点课题开展调研，召开常委会议和主席会议开展专题协商，并围绕促进流动人口随迁子女义务教育同城化平稳有序发展、优化太湖生态岛交通组织、加快建设苏州市公立三级口腔医院、加强苏州市宗教团体建设开展界别协商，形成12个高质量的调研报告，得到市委肯定，很多建议被市政府和有关部门采纳，推动苏州经济社会高质量发展。

【"有事好商量"协商议事】 2022年，市政协推动成立"有事好商量"协商议事工作指导小组，加强工作指导，开展民生专题协商议事月活动。全市各级政协委员下沉参与协商议事活动。全年开展协商议事3907次，参与45772人次，提出意见建议9489条，其中89.9%的意见建议得到转化落实。听取全市信访工作情况通报，加强与信访部门、"12345"便民服务中心等的工作联动，推动解决一批群众"急难愁盼"问题。

【提案工作】 2022年，市政协收到提案497件，经审查，立案468件。立案提案中，集体提案53件、委员个人提案359件、联名提案56件。截至9月底，全部办复。提案所提问题已经解决或基本解决的442件，解决中或列入计划解决的19件，因条件限制暂未解决的7件。委员办理情况评价反馈表示满意的447件，基本满意的21件。29件未立案提案，其中13件采取沟通方式妥善处理、16件作为委员来信或社情民意转相关部门研究参考。全年市委、市政府领导督办重点提案9件，市政协领导督办重点提案11件，市政协各专门委员会督办重点提案7件。

（市政协办公室 刘 惠）

表11 2022年苏州市委、市政府重点督办提案一览表

序号	提案号	提案单位或个人	案由	承办单位	办理意见反馈
1	001	民革苏州市委	关于加快苏州国家历史文化名城保护更新的建议（1）	市政府办公室	满意
2	001	民革苏州市委	关于加快苏州国家历史文化名城保护更新的建议（2）	市政府办公室	满意
3	004	九三学社苏州市委	关于建立15分钟居家养老服务圈的建议	市民政局	满意
4	148	马 丽	关于强化RCEP框架下知识产权保护的建议	市市场监管局	满意
5	161	王世文	关于加快数字金融产业发展，引领产业创新集群格局形成的建议	市地方金融监管局	满意
6	216	朱雪花	关于推进医疗机构检查检验结果互认，减轻病患负担的建议	市卫生健康委	满意
7	225	葛宇红等	关于打通平台网络，推进全市治理数字化的建议	市大数据局	满意
8	234	吴忠庆	关于高起点布局数字孪生城市，高质量推进苏州治理能力现代化的建议	市自然资源规划局	满意
9	283	朱燕来	关于人户分离状态下创新社会管理的建议	市公安局	满意

表12 2022年苏州市政协重点督办提案一览表

序号	提案号	提案单位或个人	案由	承办单位	办理意见反馈
1	001	民革苏州市委	关于加快苏州国家历史文化名城保护更新的建议	市政府办公室	满意
2	002	九三学社苏州市委	关于大力提升产业链完整性和竞争力，加快发展生物医药产业的建议	市工业和信息化局	满意

续表12

序号	提案号	提案单位或个人	案由	承办单位	办理意见反馈
3	004	九三学社苏州市委	关于建立15分钟居家养老服务圈的建议	市民政局	满意
4	009	市工商联	关于加强苏州市会馆古建筑活化利用的建议	市文广旅游局	满意
5	012	民建苏州市委	关于促进苏州市氢能产业健康发展的建议	市工业和信息化局	满意
6	017	民建苏州市委	关于推进苏州市医养结合养老机构高质量发展的建议	市卫生健康委	满意
7	021	民进苏州市委	关于进一步推进石湖地区人文保护与开发的建议	市园林绿化局	满意
8	024	民盟苏州市委	关于加快构建人社全市通办一站式综合服务窗口的建议	市人力资源社会保障局	满意
9	036	致公党苏州市委	关于进一步提升苏州市中小学生近视防控工作成效的建议	市教育局	满意
10	048	农工党苏州市委	建议建设苏州大运河系列博物馆，打造大运河文化带上的“苏作馆”	市文广旅游局	满意
11	115	吴忠庆	关于推动民营企业创新发展，探索构建产业创新集群的建议	市科技局	满意

（资料来源：市政协办公室）

【社情民意工作】 2022年，市政协收集社情民意信息3613条，整理报送省政协857条，报市委、市政府领导21期，被省政协录用及转全国政协188条，市委主要领导做出批示6次。市政协反映社情民意信息工作在省政协办公厅优秀社情民意信息、反映社情民意信息工作先进单位和先进个人3项通报表扬项目中均有入选。

【市政协专家咨询委员会】 2022年，市政协专家咨询委员会围绕市委、市政府中心工作建言献策，围绕创建中国非物质文化遗产交易市场、苏州文化产业创新发展、智慧农业赋能薄弱村共同富裕等课题开展调研，提出对策建议，全年提交《资政建言》专报9期，其中《苏州古城保护与发展若干问题的哲学思考》《打造苏州“一核多极”空间格局的建议》等6期得到市委主要领导批示。报送社情民意信息，其中2篇信息由省政协报送给省领导。组织开展优秀课题表扬评奖活动，表扬2022年度优秀课题3个。联合民革苏州市委和姑苏区政协，围绕历史文化名城保护更新开展专题协商议事。向市各民主党派、工商联、有关人民团体和各县级市（区）政协发出通知，提出加强专家咨询委员会与市政协各参加单位的联动协作，扩大专家在政协履职中的参谋咨询作用。有关专家参加民主党派、县级市（区）政协的协商课题和专题调研，以及市政协《委员读书·遇见美好》节目录制。

（市政协办公室　刘　惠）

委员工作

【委员服务管理】 2022年，市政协加强对委员的日常联系和走访，制定委员履职积分考核办法，做好委员履职考核管理，加强专委会履职临时党支部工作，落实常委履职报告、党员常委履职点评、委员向专委会述职等制度。加强委员学习工作，丰富学习培训线上线下活动形式。引导委员把联系服务所在界别群众融入日常履职，组织委员参加政协调研考察活动，提高提案、社情民意信息的质量。

【委员工作室建设】 2022年，市政协跟进省政协部署要求，在全市政协“有事好商量”协商议事工作常态长效推进基础上，建设具有界别特色、专业特色的委员工作室并开展活动，推动委员服务联系群众更加深入便捷，化解突出矛盾、解决民生难事。各专委会普遍开展委员工作室建设，创建一批富有特色、极具影响力的个人委员工作室，全市建成委员工作室218家。建好用好委员工作室，建设“窗口”单位，组织界别、专业小组活动，发挥委员特长，开展履职常态化、实效化。注重发挥“社情民意联系点”作用，收集社情民意信息，反映民生诉求。

【委员讲堂】 2022年，市政协围绕学习贯彻习近平新时代中国特色社会主义思想和习近平总书记对政协工作的重要指示精神，针对社会普遍关注的苏州经济社会热点、难点问题，通过委员自荐和他荐的方法，市政协选取侨务工作、江南文化、市场监管等8个课题开展委员讲堂，发挥品牌作用，扩大政协工作影响力。

【委员读书活动】 2022年，市政协在苏州政协网站、《苏州政协》杂志、微信公众号和视频号、委员履职客户端等意识形态阵地，组织委员开展读书学习活动。在委员履职客户端开设《书香政协》栏目，提供8万余册免费图书供委员自学。建设“石湖书房”并组织在苏州的全国、省政协委员参加读书分享会。联合市委宣传部、苏州广电总台建树“委员读书·遇见美好”品牌。开通“苏州政协”微信视频号，发布节目视频68个，单日平均播放量4000余次。开播“大家”系列文化访谈节目。“委员读书·遇见美好”获评全省政协优秀创新案例。

（市政协办公室　刘　惠）

编辑：王亦文

中国共产党苏州市纪律检查委员会 苏州市监察委员会

综　述

【正风肃纪反腐】 2022年，中国共产党苏州市纪律检查委员会 苏州市监察委员会（简称“市纪委监委”）推进正风肃纪反腐，发挥监督保障执行、促进完善发展作用。强化政治监督，督促有关部门统筹疫情防控和经济社会发展，落实好“疫情要防住、经济要稳住、发展要安全”要求。推进廉洁苏州建设，为保持平稳健康的经济环境、国泰民安的社会环境、风清气正的政治环境提供保障。全市运用“四种形态”批评教育帮助和处理6207人次，运用第一种形态、第二种形态、第三种形态、第四种形态分别占比64.9%、28.5%、3.1%、3.5%。立案3010件，处分2063人，移送检察机关132人，移送数量列全省设区市第一位。组织开展2轮常规巡察，对36个党组织实施“政治体检”，发现问题1200余个，推动立行立改事项81项。

【纪检监察信息化建设】 2022年，市纪委监委推进智慧纪委监委建设，在全省率先完成全部市级辅建任务。加强大数据平台市级数据库建设，促进数据筛查比对与专项监督融合，编发信息技术实战应用参考，拓展更多应用场景，构建公职人员涉农征地违规补偿、工业污水治理监管等监督模型82个，党纪政务立案299人。开展权力运行监督“数据铁笼”试点，查找职能部门内部管理薄弱点、权力运行风险点，在医保、住房城乡建设、行政审批等部门的业务系统中嵌入监督模块，初步实现在线监督、实时预警。

【纪检监察队伍建设】 2022年，市纪委监委加强自身建设，提升规范化、法治化、正规化水平。市纪委常委会带头加强自身建设，广大干部加强理想信念和党性教育。新冠疫情防控中，全市纪检监察干部既督又战下沉一线、志愿服务挺进一线、行动支部建在一线。分层分类推进全员培训，举办年轻干部综合素质提升、审查调查等专题培训，累计培训1500余人次。开展“廉石强基行动”，组织无审查调查经历的干部参加留置案件跟班锻炼，选派30名干部参与上级案件查办、巡视等工作。加强派驻监督业务指导和工作考核，做好5家新建市属国企纪检监察机构的设立工作。《审查调查中的纪法适用》课件被中国纪检监察学院培训课程选用。执行《中国共产党纪律检查委员会工作条例》《纪检监察机关派驻机构工作规则》《纪检监察机关问题线索管理办法》等新规定，细化出台线索管理工作指引，组织开展全市系统案件质量检查，抓牢留置安全和“走读式”谈话安全。上线运行纪检监察干部监督业务平台，开展干部监督专题调研，深化年轻干部无问题监督谈话。在机关、派驻、巡察三支队伍中开展全覆盖家访，传递组织关怀，加强“八小时外”监督。指导各县级市（区）监委完成向本级人大常委会报告专项工作，向党外人士通报党风廉政建设和反腐败工作情况，自觉接受各方面监督。

（市纪委监委　袁丽红）

重要会议

【中国共产党苏州市第十三届纪律检查委员会第二次全体会议】 2022年1月27日，中国共产党苏州市第十三届纪律检查委员会第二次全体会议在苏州市行政中心召开。出席会议的市纪委委员35人，列席会议161人。苏州市纪委常委会主持会议。全会学习贯彻习近平总书记在十九届中央纪委第六次全体会议上的重要讲话和中央纪委六次全会、省纪委二次全会精神。会议要求，要加强全面从严治党；要全面加强廉洁苏州建设，注重标本兼治，以管党治党新成效为现代化建设提供坚强保障；要激发干事创业的火热激情，弘扬担当作为，以更加昂扬的姿态奋进新征程、建功新时代。会议审议通过市纪委常委会《坚定不移扛起职责使命 全面推进廉洁苏州建设 以实际行动迎接党的二十大胜利召开》工作报告。会议回顾总结2021年全市纪检监察工作，研究部署2022年任务，强调要按照中央纪委六次全会、省纪委二次全会、市委二次全会部署，围

2022年1月27日，中国共产党苏州市第十三届纪律检查委员会第二次全体会议在苏州市行政中心召开

（市纪委监委　供图）

绕"两个维护"做深做实政治监督，提升"三不"一体推进综合效能，培土加固中央八项规定精神堤坝，用心用情维护群众切身利益，巩固拓展市县巡察上下联动试点成果，推动监督更加规范有力有效，加强纪检监察机关规范化、法治化、正规化建设，全面加强廉洁苏州建设。

【全市领导干部警示教育大会】 2022年1月27日，全市领导干部警示教育大会召开。市委、市人大常委会、市政府、市政协领导和市中级人民法院、市检察院主要负责人出席会议。与会人员集体观看警示教育片《"权杖"挥舞下的不归路》。会议强调，要始终做到心中有信仰，锤炼对党忠诚的品格，当好政治坚定的明白人；始终做到心中有敬畏，保持清正廉洁的本色，当好遵纪守法的规矩人；始终做到心中有责任，弘扬求真务实的作风，当好干事创业的带头人。

【全市粮食购销领域专题警示教育会议】 2022年5月12日，全市粮食购销领域专题警示教育会议召开。会议学习贯彻习近平总书记关于保障国家粮食安全的重要指示批示精神，贯彻落实中央纪委、省纪委部署要求，汲取发生在身边的违纪违法案例教训，推动以案为鉴、以案促改、以案促治，筑牢苏州市粮食安全底线。会议强调，要提高站位、深化认识，全面学习贯彻习近平总书记关于保证粮食安全、惩治涉粮腐败的系列重要讲话和指示批示精神；要以案为鉴、以案促改，汲取粮食购销领域典型案例深刻教训；要严明纪律、落实责任，涵养奋发有为、风清气正的良好政治生态。与会人员观看专题警示教育片《变质的"粮"心》，市粮食和物资储备局、市农发集团、常熟市、吴中区发展改革委4家单位和地区表态发言。

（市纪委监委　袁丽红）

党风廉政建设

【管党治党责任落实】 2022年，市纪委监委研究起草纪检监察机关负责人同下级党委（党组）"一把手"开展谈话的工作指引，从政治素养、担当作为、群众认可、廉洁自律4个方面对被巡察党组织"一把手"开展"政治画像"，加强对"一把手"和领导班子的监督。严把选人用人政治关、廉洁关，市本级回复党风廉政意见1478人次。针对责任落实不力、违规决策等问题，追责问责党组织19个、党员干部186人。开展政治生态监测评估，形成年度分析报告，督促各地整改提升，促进政治生态向好。

【作风建设】 2022年，市纪委监委落实中央八项规定及其实施细则精神，纠"四风"、树新风。严肃纠治疫情防控、安全生产、生态保护等工作中"微信落实"、执行监管"走过场"、"一刀切"等形式主义、官僚主义问题，查处问题数、党纪政纪处分人数分别增长23.1%、55.9%。快查快处新冠疫情防控期间、省委巡视期间违规接受宴请等顶风违纪行为，查处向下级单位转嫁吃喝费用、违规收受礼品礼金等享乐奢靡问题。中央纪委党风室专题听取苏州运用信息化手段加强作风建设相关做法，给予肯定。与信访、网信等部门建立"四风"问题线索移送机制，围绕重要节点常态化开展专项督查，向社会通报"由风及腐"典型案例10起。在全市开展违规配备、使用公务用车问题专项整治，从严规范异地交流市管干部住房保障工作。准确把握政策策略，贯通融合纪法情理，深化运用"四种形态"，第一种形态、第二种形态占比93.4%。用好激励干事担当"1+5"制度体系，精准分析研判，容错纠错99起、澄清正名161起、廉洁风险备案125起，为担当者担当、为干事者撑腰。

【廉洁文化建设】 2022年，市纪委监委深化政德教育实践，组织党员干部开展"走馆访廉"活动，摄制冯梦龙、范仲淹等苏州贤吏微视频，挖掘九品廉吏暴式昭的事迹，组织编排廉政锡剧《雪篷送米图》，《人民日报》《光明日报》等中央媒体集中报道；以查办的典型案件为镜鉴，召开全市领导干部警示教育大会，开展全市粮食购销领域专题警示教育，首次通报党的十八大后党员干部违规从事营利活动典型案例；制作党员干部家风故事电视访谈节目，联合在苏州高校编写《当代大学生廉洁教育读本》，提高全社会廉洁意识。

（市纪委监委　袁丽红）

监督执纪

【政治监督】 2022年，市纪委监委围绕"疫情要防住、经济要稳住、发展要安全"重大要求，跟进做实监督，扛起"两个维护"重大政治责任。健全防疫监督网络，围绕防疫措施落实、党员干部履职等情况，开展"四不两直"督导。与市"12345"热线建立信息直通机制，推动解决群众就医用药等紧急涉疫诉求。在全省率先开展病例回溯复盘，查找问题漏洞，督促完善防疫机制。因时因势调整监督重点，加强对优化新冠疫情防控"二十条"和"新十条"落实情况的监督检查，保障转段渡峰平稳有序。针对复工复产中的难点堵点，推动核酸检测进企业，督促加快兑现国有物业租金减免政策，惠及市场主体5.1万户。升级营商环境监督平台，推动奖补资金种类统一归集、明细在线公开，确保65亿元资金精准直达。发布涉企"免罚轻罚"清单3.0版和不予实施行政强制措施清单，试点开展"转供电"专项监督，纠治不合理加价行为，切实为企业降低成本。开展政府性债务管理协同监督，对120家平台公司开展实地督查，逐一向属地党委下发整改提示函，督促压降平台公司数量、严控债务规模。针对危险化学品、城镇燃气、既有建筑、道路运输等重点领域强化监督检查，严肃查处失职失责行为。监督跟进中央和省环保督察反馈问题整改，对全市生态环境部门开展系统巡察，针对区域生态环境突出问题实施专项监督，严肃问责污水直排等问题。

【各类监督贯通协调】 2022年，市纪委监委联合市中级法院、市司法局开展行政诉讼败诉、行政复议纠错案件过错责任追究，对2021年后的近300件案件逐案复查，严肃查纠程序违法、怠于履职等行为。出台查办司法工作人员涉嫌职务犯罪案件协作配合工作机制，加强监检衔接。加强纪巡审协作，探索开展巡审同步进驻，根据审计机关移送的问题线索立案28件。

【群众身边"微腐败"整治】 2022年，市纪委监委针对行政执法过程中的不正之风，立案查处基层综合执法人员"吃拿卡要"、与中介机构勾连谋利等问题297人。围绕就业创业扶持资金"精准滴灌"，开展创业担保贷款、青年见习补贴专项监督，查处公职人员违规申请贷款、串通骗补等问题96人。配合开展特殊困难群体救助帮扶和妇女儿童权益保障问题专项排查整治，查纠审计发现的困难群众救助补助资金错发多发问题。加强殡葬系统乱象整治，立案查处违规销售墓穴、违规领取丧葬补助等违纪违法问题109起，移送检察机关5人。解决侵吞骗取耕地地力保护补贴问题，严防惠农资金“跑冒滴漏”。针对失地农民补贴违规发放情况，严肃查处工作开展不力、审核把关不严问题，党纪政务立案46人。参加中国廉政研究2022年学术年会，撰写《清廉“三资”建设的苏州实践与思考》被评为实务类论文唯一的一等奖。

（市纪委监委　袁丽红）

审查调查

【信访举报】 2022年，苏州市纪检监察机关接收信访举报2006件次，其中检举控告类1810件次。落实《信访工作条例》，加强重复举报治理和疑难复杂信访举报问题化解，全市纪检监察机关接收信访举报数量下降11.4%。党的二十大召开期间，苏州市的群众到中央纪委上访业务范围内实现“零登记”，苏州万人信访率继续保持全省设区市最低。

【案件查处】 2022年，苏州市纪检监察机关立案3010件，其中县处级32人、乡科级284人；给予党纪政务处分2063人，采取留置措施111人，移送检察机关132人、数量列全省设区市第一位。运用信息化手段精准查处“三个代持”做法获评全省信息技术实战应用精品案例第一名。加强“室组地”联合办案，查办中国融通集团下属公司原负责人，联合县级纪委监委查办平台公司、房屋征收等领域案件42件。开展跨地区多部门追逃协作，在苏州抓获上海浦东新区1名潜逃15年的职务犯罪嫌疑人。坚持受贿行贿一起查，查处行贿案件96人。全市有19人主动投案，204人主动交代问题。

【审查调查制度建设】 2022年，苏州市纪检监察机关深化以案促改、以案促治，在国资国企领域，推动建立市属国企财务负责人委派制度，督促有关地区优化国企经营治理架构、健全内控管理制度；在粮食购销领域，推动市级层面理顺粮食监管体制，督促县级市（区）修订完善地方政府储备粮轮换、超标粮处置等制度；在殡葬领域，推动完善物资采购、服务收费规范等制度。严把纪检监察建议质量关和整改关，全市制发建议220份，推动堵塞漏洞、补齐短板。将制度执行监督作为完善制度规范体系的具体工作举措，贯通入口、过程、出口全流程，加强监督制约。

（市纪委监委　袁丽红）

巡察工作

【常规巡察】 2022年，苏州市聚焦民生福祉、国资国企等方面，组织开展十三届市委第一轮巡察和配合省委巡视联动巡察暨十三届市委第二轮巡察，共巡察36个党组织，发现问题1200余个，移交问题线索116件，推动立行立改81项。坚持边巡边移，推动巡中成案，巡中移交问题线索39件，立案10件；配合省委巡视联动巡察期间，立案查处处级干部6人。针对发现的检验检测机构改革、直管公房管理、政府购买服务等方面的深层次问题，形成《巡察要情》7期，市委主要领导作出批示，市政府多次专题研究，推动开展系统治理。

【市县巡察上下联动】 2022年，苏州市完成上下联动试点任务，探索形成“以市带县”构建“五个一体”联动巡察工作机制，中央巡视办主要领导予以肯定，在全国总结会议上推介苏州经验，该工作获评第三届“中国廉洁创新奖”提名奖。加强联动实践，配合省委巡视首次对县级纪委监委机关、组织部门开展提级巡察，对县级党委巡察工作开展专项检查。打好常规巡、系统巡、联动巡“组合拳”，探索实践市县联动巡镇村、镇村融合一体巡，创新巡察组织形式。

【巡察整改与成果运用】 2022年，苏州市贯彻中央《关于加强巡视整改和成果运用的意见》和省委《关于加强巡视整改和成果运用的实施意见》，在全省率先发布实施《关于加强巡察整改和成果运用的实施办法》。市委主要领导逐一听取各巡察组情况汇报，点人点事点问题，分管副市长全过程参与巡察反馈会。开展中央巡视江苏、省委巡视苏州反馈意见整改情况自查自纠，协助做好省委涉粮问题专项巡视反馈意见整改落实。对上一届市县党委巡察整改落实情况开展专项督查，针对制度建设和执行情况，解决整改流于形式、制度建设缺乏系统性等问题209个。针对不配合巡察、干扰巡察的问题，通报干扰巡察工作典型问题3个。

【市委巡察动员部署会】 2022年3月1日，十三届市委第一轮巡察动员部署会召开。会议对十三届市委巡察开展动员，部署启动首轮巡察工作。根据市委部署，十三届市委第一轮巡察对市民政局、市司法局、市人力资源和社会保障局、市生态环境局、市住房和城乡建设局、市农业农村局、市市场监督管理局、市信访局、市人民防空办公室、吴中区甪直镇、相城区渭塘镇等11个单位党组织开展巡察，同时对市生态环境局9个派出机构开展联动巡察。会议宣布市委巡察组组长、副组长和联动巡察组组长授权任职及任务分工。9月29日，配合省委巡视联动巡察暨十三届市委第二轮巡察动员部署会召开。根据市委部署，十三届市委第二轮巡察对张家港市纪委监委机关、张家港市委组织部、张家港保税区、吴江区纪委监委机关、吴江区委组织部、吴江经济技术开发区6家单位党组织开展联动巡察，对苏州创元投资发展（集团）有限公司、苏州国际发展集团有限公司、苏州市轨道交通集团有限公司、东吴人寿保险股份有限公司、苏州资产管理有限公司、苏州水务集团有限公司、苏州风景园林投资发展集团有限公司、苏州交通投资集团有限责任公司、东吴证券股份有限公司、苏州银行股份有限公司10家单位党组织开展常规巡察。会议宣布市委巡察组组长、副组长授权任职及任务分工。

（市纪委监委　袁丽红）

编辑：王怀芹

中国国民党革命委员会苏州市委员会

【组织建设】 2022年，中国国民党革命委员会苏州市委员会（简称“民革苏州市委”）发展党员77人。其中，硕士学位18人、博士学位2人，拥有中级及以上职称的29人，市级及以上高层次人才22人，政府和司法机关实职干部15人，拥有民革渊源的54人。完成4个基层组织支部增扩。截至年底，党员总数1422人，平均年龄52.2岁，其中女党员517人；下辖县级市委员会1个、基层委员会11个，支部68个。年内，举办新党员培训班和骨干党员培训班，完善领导班子民主集中制和领导班子成员分工负责制等工作制度。

【思想政治建设】 2022年，民革苏州市委完成出台《民革苏州市第十二届委员会常务委员会五年工作规划》，加强思想政治工作。完善“一体两翼”宣传格局，完善党员之家等学习载体建设，完善领导班子、骨干党员学习制度。举办“艺”心向党、同“新”同行、温故知“心”3场活动，为迎接中共二十大召开营造氛围。动员全市民革党员收听收看中共二十大开幕会。部署推进学习宣传贯彻中共二十大精神首要政治任务。参与统战系统迎接中共二十大、学习中共二十大精神系列活动。结合苏州实际，策划推出线上线下两条“初心之路”，作为开展“矢志不渝跟党走、携手奋进新时代”政治交接主题教育的重要补充。两条“初心之路”串联起姑苏区五卅路周边5个中共纪念场馆、名人故居，以及吴江区黎里古镇2个民革纪念场馆，举办“走‘初心之路’、话使命担当”活动，近300名民革党员参与。

【参政议政】 2022年，民革苏州市委在市政协十五届一次会议上提交的《关于加快苏州国家历史文化名城保护更新的建议》集体提案被列为1号提案，由中共苏州市委主要领导领衔督办、市政协主席专题督办，推动苏州名城保护集团成立、苏州国家历史文化名城保护纪念日设立。完成《关于打造我市智能网联汽车产业创新集群的建议》《以南社文化的研究利用丰富江南文化内涵的建议》2篇重点课题调研。举办第四届中山议政会。成立参政议政咨询专家智库。全年累计报送社情民意信息127篇，较2021年翻一番；政协、民革、统战等各条线组织累计采用60篇，增长57.9%，其中民革中央采用4篇，转报全国政协4篇，省政协、民革省委采用25篇，中共市委、市政协、中共市委统战部专报采用6篇，2篇信息获得中共苏州市委主要领导批示。

【社会服务】 2022年，民革苏州市委以捐款捐物、志愿服务、书画传情等形式参与新冠疫情防控。2月苏州疫情发生后，民革党员通过各种渠道累计捐款金额超过104万元，捐物折合金额超过151万元。民革苏州市委成立苏州民革志愿团，招募130余名民革党员志愿者投身防疫工作一线。民革苏州中山书画院举办“齐心协‘艺’‘文’暖人心”网络书画展，展出23幅相关书画作品。继续按照民革中央要求，开展对口帮扶贵州省纳雍县工作。继续建树中山博爱品牌，鼓励各基层组织开展社会公益服务。10月28—29日，由民革中央、江苏省政协主办的2022中国实体经济论坛在苏州举办。论坛的主题为“实体经济的智能化改造和数字化转型”。全国政协副主席、民革中央常务副主席郑建邦，中共江苏省委副书记、省长许昆林，江苏省政协主席张义珍等出席。民革苏州市委做好2022中国实体经济论坛的筹备工作，承接“中国制造——苏州样本”软课题招投标工作，配合完成调研工作，参与论坛会务和保障工作，确保论坛按计划举办。

【祖国统一工作】 2022年，民革苏州市委促进两岸民间交流。支持江苏省黄埔同学会苏州联络组工作，关爱、慰问在苏州黄埔同学。配合省黄埔亲属联谊会开展工作，推荐年轻党员加入省黄埔亲属联谊会。推动昆山成为两岸青年创新创业交流基地。民革苏州大学基层委党员多次到台湾举办昆曲艺术讲座，开展

2022年10月28日，由民革中央、江苏省政协主办的2022中国实体经济论坛在苏州开幕 （王亭川 摄）

学术交流。4月2日，第七届“两岸新锐设计竞赛·华灿奖”颁奖仪式以线上线下相结合的方式举办。北京、昆山分别设主会场，海峡两岸及港澳地区的文创人士、企业代表、青年设计师及高校青年教师代表1000余人参加活动。线上直播观看人次超过10万人。其间，设立华灿（昆山）设计中心，促进“华灿奖”获奖设计师人才孵化和获奖作品成果在昆山转化落地。

（民革苏州市委　柯清清）

中国民主同盟苏州市委员会

【组织建设】 2022年，中国民主同盟苏州市委员会（简称“民盟苏州市委”）发展盟员130人，平均年龄37.4岁，其中正高级职称4人、具有博士学位5人、各级两会人员7人。截至年底，盟员总数3278人。年内，在苏州市属国企中成立首个民主党派基层组织——民盟轨道交通集团支部。升级民盟太仓支部为民盟太仓市基层委员会，实现县级市（区）基层委（地方组织）全覆盖。建立民盟姑苏区综合总支。在退休支部引入年轻盟员，增强活力。组织召开民盟书画会换届大会，完成民盟苏州高新区（虎丘区）基层委员会、民盟田家炳实验中学支部等7个基层组织的换届和调整工作。举办新盟员和骨干盟员培训班。民盟中央与民盟江苏省委在苏州挂牌成立2个“民盟助力乡村振兴实践基地”，民盟苏州市委在机关和基层组织新建5个盟员之家和1个传统文化实践基地。截至年底，有盟员之家和各类基地50个，其中6个为民盟中央挂牌基地。

【思想政治建设】 2022年，民盟苏州市委通过理论学习中心组学习、举办专题培训、知识竞答等形式学习贯彻中共二十大精神。与民盟北京市委、民盟江苏省委、民盟北京市昌平区工委联合举办“喜迎中共二十大、携手奋进新时代”盟员书画作品联展。与民盟吴江区委、民盟张家港市委联合拍摄短视频《松竹满园一片心》《追光前行》，在市委统战部“风雨同舟向未来——讲多党合作故事献礼中共二十大”短视频大赛中分别获得一等奖、三等奖。开展“矢志不渝跟党走、携手奋进新时代——喜迎中共二十大和民盟十三大”主题征文活动，收到征文43篇。开展“矢志不渝跟党走、携手奋进新时代”政治交接主题教育。开展“主委走基层”系列活动，组织重温“五一口号”活动，到吴江区费孝通纪念馆开展“致敬费老　薪火相传”主题活动，举办“纪念民盟先贤”主题征文活动等。打造“书香民盟”品牌，建成民盟苏州市委书香民盟读书角。

【参政议政】 2022年，民盟苏州市委打造“一盟新思”议政品牌，提升参政议政水平。向各级两会提交提案、建议323件。在苏州市政协十五届一次会议上，民盟苏州市委围绕构建人力资源社会保障一站式综合服务窗口、助力民营企业减负、企业用工合规指导、打造康养产业高地、完善农村社会养老事业、提升苏州市总部经济能级、整治突出环境问题、推进农业农村现代化建设等主题提交集体提案8篇，其中《关于加快构建人社全市通办一站式综合服务窗口的建议》被列为市政协领导重点督办提案。举办“一盟新思”苏盟云议厅活动5次，盟员围绕“共同打赢苏州疫情防控阻击战”“着力做好人才工作”等主题提出建言116条。

【社会服务】 2022年，民盟苏州市委联合民盟苏州高新区（虎丘区）基层委员会开展教育烛光行动，为甘肃省天祝县天堂学校捐赠爱心图书840余册（套），总价值近3万元。民盟苏州市委依托“春雨社会服务基地”姑苏区胥江街道潼泾社区，组织开展社区服务活动。春节前夕，组织书画家到社区写春联送祝福；开展苏州民盟“我喜爱的一本书”暑期读书活动，邀请优秀教师为社区孩子做读书辅导讲座；定期参加社区共建联席会；安排专人对接社区需求，捐赠抗疫物资，参与核酸检测等工作。全年盟员参与抗疫1200余人次，捐资捐物超过140万元。在吴江区七都镇开弦弓村和相城区黄埭镇冯梦龙村成立“民盟助力乡村振兴实践基地”，探索服务乡村振兴路径。承办第十二届江苏民盟现代农业专家（苏州）行，组织专家组到冯梦龙村调研，并为相城区龙头企业代表、农业农村工作者做讲座；在冯梦龙村举办廉政文化座谈会。邀请科技专家到开弦弓村调研民盟基地建设和吴江区产业发展，在开弦弓村召开“民盟助力乡村振兴”座谈会。

（民盟苏州市委　周纯珺）

中国民主建国会苏州市委员会

【组织建设】 2022年，中国民主建国会苏州市委员会（简称“民建苏州市委”）发展会员115人，其中本科及以上学历占比96%，人大代表、政协委员13人。截至年底，支部总数92个，会员总数2208人。年内，举办中青年骨干和新会员培训班。加强民建会员之家建设，挂牌会员之家9家，累计43家，覆盖全部县级市（区），数量列全省设区市第一位。会员曹一清获得民建中央2021年度参政议政先进个人表彰。

【思想政治建设】 2022年，民建苏州市委围绕迎接中共二十大、学习宣传贯彻

2022年5月，民建苏州市委组织开展“矢志不渝跟党走、携手奋进新时代”政治交接主题教育，参观沙家浜革命历史纪念馆　（民建苏州市委　供图）

中共二十大精神，组织专题学习、心得交流、知识竞赛等活动。参加“苏州统一战线献礼党的二十大”主题宣传教育活动，《多党合作展初心扎根民建共蓬勃》短视频获得全省统战系统优秀作品奖。组织参加省委统战部“多党合作与中华民族伟大复兴”征文活动，1篇会员作品获得二等奖。举办纪念“五一口号”发布专题学习活动。开展“矢志不渝跟党走、携手奋进新时代”政治交接主题教育。组织基层组织负责人和新会员开展当前经济形势、统一战线史、民建会史和参政议政专题学习。将主题教育与读书活动相结合，建树“同心悦读书香民建”品牌。

【参政议政】 2022年，民建苏州市委在市政协十五届一次会议上，提交集体提案6件、个人提案34件，其中《关于高起点布局数字孪生城市，高质量推进苏州治理能力现代化的建议》《关于促进我市氢能产业健康发展的建议》等6件提案被列为市政府、市政协领导重点督办提案。围绕“中小企业健康发展”和“促进外资外贸结构优化”两个政党协商重点课题开展调研，形成《加快外资总部集聚发展推动国际化产业创新集群建设》和《稳定市场主体提振发展信心推动我市中小企业健康发展的建议》2篇成果。通过《统战专报》等渠道报送的6篇专题调研报告获得中共苏州市委主要领导批示。全年上报社情民意信息430余篇次，其中被全国政协采用4篇次，民建中央采用15篇次，中共江苏省委和省委统战部采用6篇次，省政协采用14篇次，民建省委采用45篇次。

【社会服务】 2022年，民建苏州市委协调民建相城区基层委员会等基层组织向支援姑苏区的约1500名医护人员捐赠价值近10万元生活物资。全年有600余名会员2200余人次投身新冠疫情防控志愿服务。“苏州民建爱心基金”向姑苏区特殊教育学校定向捐资捐赠价值10万元的康复训练教学设备，继续开展“思源·梦圆”关爱资助脑瘫患儿、关爱原工商业者老会员、徐公桥小学“苏州民建奖助学金”等基金项目。相城民建“同心同行”慈善帮扶基金向江西省修水县107名贫困学生捐助21.4万元。会员孙佳佳参与民建对口帮扶河北省丰宁满族自治县工作，获评民建中央定点帮扶工作先进个人。

（民建苏州市委　徐泉龙）

中国民主促进会苏州市委员会

【组织建设】 2022年，中国民主促进会苏州市委员会（简称“民进苏州市委”）发展会员92人，平均年龄39岁，其中具有中高级职称的59人，占比64%。截至年底，会员总数2386人；有2个县级地方组织，114个基层组织，其中基层委员会8个、总支8个、支部98个。年内，完成届中调整，选举产生新的专职副主委，指导各基层组织开展换届工作。注重主界别和新领域会员发展，加强代表性人士和优秀青年会员发展。组织各类会员培训活动20余次，500余人次参加。新建“会员之家”3家。会员邹英姿获评全国三八红旗手，吴静再次获得中国曲艺最高奖“牡丹奖”，李晓华主创小品《打折》获评第十九届群星奖。

【思想政治建设】 2022年，民进苏州市委学习贯彻中共二十大精神，开展“矢志不渝跟党走、携手奋进新时代”政治交接主题教育。组织开展学习贯彻全国两会精神、纪念“五一口号”发布74周年等主题宣教活动20余次。举办“丹青绘盛世 翰墨书党恩”苏州市各民主党派献礼中共二十大书画作品展、“喜迎二十大，同心跟党走”江苏民进江海书画会成立三十周年书画展等主题书画作品展8场。确立苏州民进“同心·共进”品牌。在昆山小小红船馆挂牌成立“同心·共进”思想政治教育基地，在文正书院挂牌成立“同心·共进”读书基地。举办喜迎中共二十大“同心悦读·书香民进”读书活动启动仪式，邀请民进中央副主席朱永新作“读书与履职”主题报告，线上线下参与人数2.4万人。发挥会史基地教育功能，叶圣陶纪念馆接待团队参观29批次，约1万人次；王绍鏊纪念馆接待会员开展会史教育7批次。在《人民政协报》《民主》等刊发理论文章17篇。微信公众号发布宣教文章440余篇，其中100余篇被民进中央、民进江苏省委网站、微信公众号采用。

【参政议政】 2022年，民进苏州市委协助全国政协委员盛小云提交全国政协提案2件。提交2份调研报告，由民进江苏省委转化为省政协集体提案。苏州市两会期间，提交集体提案6件、个人提案26件，13名人大代表提交17件建议。1件提案获评省政协好提案，2件提案获评市政协优秀提案，6名代表建议获评市优秀代表建议，1件集体提案由市政协副主席重点督办。与市政协共同承担“助推‘双减’政策落地促进义务教育优质均衡发展”议题民主监督任务。确立以“江南文化”为主题的年度重点调研课题。《关于树立“大文化”理念，打响“江南文化+”品牌助力苏州高质量发展》调研报告得到中共苏州市委主要领导批示。承接省、市重点课题7件。举办主题学术论坛、名师大讲坛、“同心·共进”议政论坛等议政活动5次。向省、市各级报送社情民意信息630余篇，其中全国政协采用1篇，民进中央采用10篇，中共省委主要领导批示2篇，市政协采用22篇。

【社会服务】 2022年，民进苏州市委开展“同心·彩虹行动”，助力乡村振兴。民进常熟市委携手常熟企业家向贵州省金沙县沙土镇常熟希望小学捐赠物资价值10万余元。民进张家港市基层委员会组织开展特殊会费缴纳，募集善款2.5万元，帮扶贵州省望谟县。民进苏州市委组织会员参与新冠疫情防控志愿服务300余人次，创作以抗疫为主题的书法作品20余幅、绘画作品近30幅。民进吴江区基层委员会通过“空中课堂”“守护幸福的天使”心理健康知识讲座疏导师生心理问题。民进苏州企业家联谊会定向捐助30余万元支持抗疫。举办“春联万家·推动共同富裕”品牌活动，送出春联1600余对、“福”字1000余张。组织送医下乡义诊等社会服务活动。

（民进苏州市委　王　平）

中国农工民主党苏州市委员会

【组织建设】 2022年，中国农工民主党苏州市委员会（简称“农工党苏州市委会”）发展党员116人，平均年龄37岁，其中硕士及以上学历占比55.2%，高层次人才占比41.4%。截至年底，党员总数2589人。年内，成立人才工作领导小组，召开人才工作会议，聚焦重点分工领域和苏州重点产业发展党员。设立“新党员成长营”，建立“成长档案”。选派92名骨干进入8个专委会，推荐184人

2022年8月9日，农工党苏州市委会“书香农工 悦读有你”系列读书活动启动 （农工党苏州市委会 供图）

次担任市、区政协委员。农工党苏州市委会被农工党中央表彰为2018—2022年先进集体，在农工党十七次全国代表大会上，作为先进集体代表交流发言。

【思想政治建设】 2022年，农工党苏州市委会举办7次专题学习，学习习近平总书记关于新时代统一战线工作的重要思想、中共二十大精神。将学习贯彻中央统战工作会议精神、喜迎中共二十大胜利召开与“矢志不渝跟党走、携手奋进新时代”政治交接主题教育结合，开展“不忘合作初心、共过政治生日”主题活动。为入党整十年的党员送上政治生日贺卡，参与市各民主党派献礼中共二十大书画作品展、红色诗歌朗诵会、主题摄影比赛和学习贯彻中共二十大精神知识竞赛等。启动“书香农工 悦读有你”读书活动，依托各地“农工党党员之家”，形成全市范围内的“阅读地图”，开展线上线下读书活动20余场。“苏州农工”微信公众号推送文章422篇。在《人民日报》《中国统一战线》等省级以上媒体刊登稿件近400篇次。

【参政议政】 2022年，农工党苏州市委会在市政协十五届一次会议上，提交集体提案6件，1件集体提案和2件委员个人提案被表彰为优秀提案。《建议建设苏州大运河系列博物馆，打造大运河文化带上的“苏作馆”》被列为市政协副主席督办提案，相关建议写入《苏州市大运河文化保护传承利用条例》。将高水平建设中医药强市、长江岸线资源保护与科学利用列为年度重点调研课题，形成的调研成果在市党外人士调研协商座谈会上交流发言。成立参政议政咨询委员会，开展选题论证和结题评审，全市申报调研课题71项。其中，省委会立项8项，市委会立项22项。1篇调研报告得到中共苏州市委主要领导批示。与市政协教卫体委合作的2项课题报送中共苏州市委、市政府，其中1篇得到中共苏州市委、市政协主要领导批示。报送社情民意信息400余篇，被录用130篇，其中全国政协采用1篇、农工党中央采用25篇、中共江苏省委采用1篇、省政协采用18篇。

【社会服务】 2022年，农工党苏州市委会继续开展“助力示范区医卫发展三年行动计划”，召开中期推进会，推动长三角卫生健康一体化发展。报送关于疫情防控工作的建议和信息60篇次。向基层捐赠“战疫百宝袋”，慰问一线农工党党员。开展关爱老党员暖心行动。全市农工党党员捐赠各类物资价值200万余元，700人次参加一线防疫工作。“中国医师节”期间，开展“百名医疗专家走基层”活动，组织近20场义诊咨询活动。开展“党费一月捐”活动，提升“前进慈善基金”品牌效应。全年开展各类社会服务活动200余场，服务群众5万余人次。

（农工党苏州市委会 郭军波）

中国致公党苏州市委员会

【组织建设】 2022年，中国致公党苏州市委员会（简称“致公党苏州市委会”）发展党员52人，平均年龄37岁，其中侨海（归侨、侨眷、留学人员、访问学者、港澳台属）比例76%，硕士研究生及以上学历25人。截至年底，有基层委员会7个、总支3个、支部41个，党员总数952人。年内，原昆山小组更名为市直属一支部，成立姑苏区综合一支部、二支部、市直属二支部，完成姑苏区基层委员会下属14个支部、园区基层委员会及下属支部换届工作。第二期“致培班”结业，第三期开班。

【思想政治建设】 2022年，致公党苏州市委会学习贯彻中共二十大精神。开展“矢志不渝跟党走、携手奋进新时代”政治交接主题教育，形成理论学习中心组学习制度，组织到苏州革命博物馆参观学习。报送“讲多党合作故事献礼中共二十大”短视频《桥—侨》，获得全省统战系统短视频二等奖。加强理论队伍建设，形成一支专家学者、党员理论骨干队伍，产生一批理论成果。

【参政议政】 2022年，致公党苏州市委会在市政协十五届一次会议上，提交集体提案6件，其中《关于进一步提升我市中小学生近视防控工作成效的建议》被列为市政协副主席督办提案。通过参加中共党外人士迎春座谈会、党外人士调研协商座谈会参与政党协商，参加国情市情考察、到市中级法院考察调研提出建议。开展“助力打造归国人才首选城市”的重点课题调研。围绕苏州自贸片区建设、发展“首店经济”建言，《凝聚侨海力量提升苏州国际创新协同能力》《立足自贸区建设，推动海外人才引进》得到中共苏州市委主要领导批示。完成“加快数字经济核心产业发展对策研究”“长三角区域一体化战略下知识产权涉外维权工作建议”等6项省级课题。

【社会服务】 2022年，致公党苏州市委会发动91名党员参加核酸采样、物资保障、调度运输、闭环管理等防疫工作，174名党员参与一线志愿服务，10余名青年党员参加“致爱青春无偿献血”活动。苏州致公爱心基金捐赠40.5万元，党员捐款154.8万元、捐物折合300.5万元支持抗疫。全年组织社会服务活动6次。联合吴中区基层委员会、苏州大学四支部组织“致爱义诊”走进吴中区越溪街道张桥村。

【对外联络】 2022年，致公党苏州市委会发挥侨海资源优势，继续建树致公党“引凤工程”品牌。与太仓市政府联合承办2022年“引凤工程”创新营对德合作专场（太仓站），邀请30个创新产业项目和40名海外博士及高层次人才开展路演对接，举办太仓德国留学生创业园揭牌仪式，颁发“留德人员创业营——引凤导师”证书。落实“同心聚才”工作，常态化开展归国留学人员走访。

（致公党苏州市委会　宋　玮）

九三学社苏州市委员会

【组织建设】2022年，九三学社苏州市委员会（简称“九三学社苏州市委”）发展社员64人。截至年底，有基层组织73个，其中基层委员会11个、支社62个；有社员1502人。年内，完成姑苏区基层委员会所属的化轻支社等7个支社的换届工作，成立人文支社；成立文化工作委员会。18名代表出席九三学社江苏省第九次代表大会，2名代表出席九三学社第十二次全国代表大会。召开九三学社苏州市地方组织成立70周年庆祝大会，向入社满30周年的社员代表颁发纪念牌。在全市基层组织开展“九三学社社员之家”建设，命名王淦昌故居等8家单位为“九三学社社员之家”。

【思想政治建设】2022年，九三学社苏州市委学习贯彻中共二十大精神，开展“矢志不渝跟党走、携手奋进新时代”政治交接主题教育和“喜迎二十大”系列活动。各级组织举办主题教育学习活动30余次，开展“献礼党的二十大”读书活动50余次。九三学社苏州市委与中共苏州科技大学党委统战部、宣传部联合主办“喜迎二十大、永远跟党走”百年邮品史料展。组织参加中共江苏省委统战部“多党合作与中华民族伟大复兴”征文比赛、苏州市各民主党派献礼中共二十大书画作品展。微信公众号累计发布近500篇宣传报道，被九三学社中央评为全国市级组织十佳微信公众号。

【参政议政】2022年，九三学社苏州市委在苏州市两会上，提交集体提案6件、个人提案32件，人大建议5件。《大力提升产业链完整性和竞争力，加快发展生物医药“一号产业”的建议》《建立“15分钟居家养老服务圈”的建议》被评为苏州市政协十五届一次会议优秀提案。坚持科技特色，通过“院士专家科普行”“百名专家进企业”“九三专家工作站”等形式，吸引九三学社的院士、行业领军人才和创新团队到苏州考察调研和交流合作，主办2022独墅医卫论坛、2022“苏州 代谢”学术研讨会。《加快布局建设全国重点实验室、为苏州产业创新集群发展提供强大科技支撑》《打造数字文化创新集群，引领苏州古城更新》2篇调研报告得到中共苏州市委主要领导肯定。报送社情民意信息130篇，其中九三学社中央采用2篇、省政协采用10篇，市委主要领导、市政府主要领导批示各2篇。

【社会服务】2022年，九三学社苏州市委发动100余名医生社员投身核酸采样一线，3名医生社员支援上海抗疫。提交《关于加强苏州市各区“应检尽检”平台互认互通的建议》《关于艺术高考生校考受疫情影响的建议》等40余篇抗疫相关信息。苏大维格、玉森新药等社员企业捐资捐物，非遗传承人乔兰蓉创作年画作品《战“疫”》。创办线上“九三学社微讲堂”，邀请社员专家就疫情防控和心理健康等问题开展科普讲座。组织开展“百名专家进乡村”和第三十四届中国“国际科学与和平周”社会服务活动，共开展义诊10次、线下科普讲座2次、线上科普讲座6次，受益人群1800人次。九三学社苏州市委被九三学社中央表彰为组织工作和社会服务工作先进集体。

（九三学社苏州市委　姜晓青）

苏州市工商业联合会

【组织建设】2022年，苏州市工商联系统有商（协）会组织458家，民政登记率100%。其中，行业商（协）会194家，异地商会123家，乡镇、街道商会103家，市场、园区、村商会等其他商（协）会组织38家。商（协）会总数列全省设区市第一位。年内，苏州市工商业联合会（苏州市总商会）（简称“市工商联”）开展“政治引领好、队伍建设好、服务发展好、自律规范好”的“四好”商会建设，加强对商（协）会规范化运行的指导。全市有17家商（协）会被认定为全国“四好”商会，44家商（协）会被认定为省“四好”商会，数量均列全省设区市第一位。召开全市工商联系统商（协）会建设现场推进会，开展商（协）会治理能力提升“双百”工程，举办商会学堂，培训百名会长、百名秘书长。开展“五好”（政治引领好、队伍建设好、商会发展好、作用发挥好、工作保障好）县级工商联创建工作，在实现“五好”县级工商联全覆盖的基础上，太仓市工商联、吴江区工商联获评全国“五好”标杆县级工商联，入围数列全省设区市第一位。

【参政议政】2022年，市工商联开展“一线直面专题调研”活动，组织工商联界别政协委员开展各项履职活动。在市政协十五届一次会议上，向大会提交《关于加强会馆公所古建筑保护利用的建议》《关于进一步加强民营制造业企业智能化改造数字化转型的建议》《关于进一步加强民营企业合规建设的建议》集体提案3件，其中《关于加强会馆公所古建筑保护利用的建议》被列为市政协领导重点督办提案。作为主办单位，完成政协提案和人大建议的办理工作，完成政协提案《关于进一步提升民营青年企业家综合发展能力的建议》、人大建议《关于设立和评选“苏州企业家年度人物”》2件主办提案、建议的答复工作。作为协办单位，协助完成8件政协提案、3件人大建议的办理工作。全年报送政协社情民意信息20篇，获评全省工商联信息（社情民意）工作先进单位。《关于进一步推进民营制造业企业智能化改造数字化转型的调研报告》等3篇调研报告获评全省工商联系统优秀调研成果。

【非公有制经济健康发展促进】2022年，市工商联巩固完善“1+N”机制，建设“金企联沙龙”工作品牌。会同市委统战部、市地方金融监管局等举办沙龙，开展主题论坛、项目对接、政策推介、企业路演等活动。举办沙龙4期，200名企业家参加。“‘金企联沙龙’促进金融服务精准对接”获评2022年度“创新中国”工商联（商会）工作最佳案例。完善促进民营企业健康发展的法律保障机制。会同市委政法委等部门召开全市民营企业执法司法服务保障及政策发布会。在总结推广张家港市合规试点工作经验的基础上，会同市检察院等部门推进企业合规改革试点。张家港市作为全国第一批企业合规试点城市，在继2021年50家企业、1家商会开展事前合规试点后，又遴选35家企业和1家商会纳入试点。健全企业参与制定涉企政策制度，建立健全政企沟通协商制度。引导民营企业参与惠企纾困帮扶政策制定实施全过程，为惠企纾困政策的出台和实施提供第一手参考资料。

优化民营企业营商环境。市工商联牵头实施市领导调研民营企业工作。6—7月，集中开展该项调研，市四套班子33名市领导对全市330家民营企业开展调研，有123家企业反馈180个问题，年内全部办结。完善民营企业信息直报机制。围绕民营制造企业生产经营状况等累计开展8轮抽样调查，获得有效问卷2000余份，到部分市属商（协）会开展专题调研6次，报送《民营企业信息直报》10期，均得到市委、市政府主要领导批示。实施民营企业月度座谈会制度。市委主要领导每月召开不同主题的民营企业座谈会，市工商联分别牵头召开全市民营企业座谈会、全市青年企业家座谈会、金融服务民营企业高质量发展座谈会，36名企业家参会，提出61件诉求或建议，年内全部办结。

【非公有制经济人士健康成长促进】 2022年，市工商联加强民营经济代表人士梯队建设。按照“三强一好”（思想政治强、行业代表性强、参政议政能力强、社会信誉好）标准，做好各类政治安排工作。江苏沙钢集团有限公司董事长沈彬当选为全国工商联十三届执委会副主席，成为苏州市首位担任该项职务的民营经济代表人士。2名企业家当选全国工商联执委。41名企业家当选省工商联十二届执委会委员，其中9名企业家当选省工商联副主席，当选人数在各设区市工商联中列第一位。完善民营经济代表人士教育培养和履职评价体系，实施民营经济代表人士培训培养工程，举办市工商联企业家常执委培训班2期，提升代表人士履职能力。加强对新一代企业家的引育培养。完成《关于实施培养年轻一代民营企业家“十百千万”三年行动计划》。面向新一代企业家开展理想信念教育实践活动，举办报告会、专题宣讲和研讨交流活动50余场次，受众企业家2000余人次。推荐亨通集团、苏州商会博物馆为全省民营经济人士理想信念教育基地。完善新一代企业家人才库，举办苏州新一代领军企业家训练营，基本实现新一代企业家商会组织在各县级市（区）全覆盖。

【社会服务】 2022年，市工商联弘扬企业家精神，引导企业履行社会责任。7月21日是苏州市人大立法通过的首个“苏州企业家日”，市工商联于该日主办“奋进新征程、建功新时代”苏州市民营企业“企业家日”主题活动暨2022“百强民企”系列发布仪式，举办“对话奋进者”论坛，宣读市委、市政府发出的《致全市企业家的一封信》和《苏州企业家宣言》。年内，引导企业在新冠疫情防控中担当责任。在上半年疫情防控的关键时期，全市民营企业、商（协）会组织累计捐赠总额1.55亿元。根据市政府出台的《关于支持服务业相关领域纾困和恢复发展政策意见的通知》精神，市工商联（总商会）向全市会员企业和私营业主发出倡议，号召民营市场主体房屋物业出租人根据租赁双方受疫情影响的实际情况，减租、免租或缓收租金。启动“万企兴万村”村企结对行动，组织50家民营企业与50个村结对共建。开展“回报家乡”专项行动，引导民营企业、商（协）会参与新一轮对口支援协作合作。

【重点民营企业调研】 2022年，市工商联调研重点民营企业，按民营企业2021年度营收指标排定“2022苏州民营企业100强”榜单。“2022苏州民营企业100强”营业收入入围最低标准为26.13亿元，提高4.31亿元，增长19.75%。入围企业营业收入总额超过200亿元的有26家。其中，6家企业营收超过1000亿元。恒力集团实现营业收入7323.45亿元，列第一位；盛虹控股集团实现营业收入3479.79亿元，列第二位；沙钢集团实现营业收入3027.56亿元，列第三位；亨通集团、协鑫集团、永钢集团实现营业收入超过1000亿元，分别列第四位、第五位、第六位。入围企业实现营业收入总额2.86万亿元，户均实现营业收入285.80亿元，增长11.68%；拥有资产总额2.16万亿元，户均资产规模215.67亿元，增长16.07%；受益于各项减税降费政策，缴纳税金684.25亿元，户均缴税6.84亿元，下降7.82%；实现税后净利润总额1026.54亿元，户均净利润10.27亿元，增长34.25%；企业员工总数为68.89万人，户均企业用工6889人，增长2.91%。“2022苏州民营企业100强”分布在制造业的企业有71家，其中计算机、通信和其他电子设备制造业14家；电气机械和器材制造业10家；纺织业和纺织服装、服饰业共9家；化学原料和化学制品制造业，化学纤维制造业，石油、煤炭及其他燃料加工业共7家；黑色金属冶炼和压延加工业、有色金属冶炼和压延加工业共7家；金属制品业6家；通用设备制造业、专用设备制造业共6家；医药制造业3家；橡胶和塑料制品业2家；汽车制造业及家具制造业各1家；其他制造业5家。分布在批发、零售等服务业的企业19家，房地产业、房屋建筑业、建筑装饰业企业共10家。入围企业中，张家港市、苏州工业园区各15家，吴江区14家，常熟市、太仓市各11家，相城区、苏州高新区各8家，昆山市7家，吴中区6家，姑苏区5家。此外，排定“2022苏州民营企业创新100强”。江苏亨通光电股份有限公司、苏州旭创科技有限公司、江苏沙钢集团有限公司列前三位。入选的100家企业研发经费共计投入201.7亿元，拥有研发人员36127人，2021年营业收入6231.78亿元，实现利税576.8亿元。

年内，苏州市有恒力集团、盛虹集团、沙钢集团3家民营企业入围2022《财富》世界500强；9家民营企业入围2022中国企业500强；26家企业入围2022中国民营企业500强；25家企业入围2022中国制造业民营企业500强；1家企业入围2022中国服务业民营企业100强。苏州市以52家企业的入围总数列全省设区市第一位，其中恒力集团列2022中国制造业民营企业500强第一位。

（市工商联　申　霖）

编辑：王亦文

苏州市总工会

【组织建设】 2022年，苏州市总工会开展百人以上未建会企业“清零行动”和大企业、互联网企业建会专项行动，推动737家相关企业组建工会，新增会员22.5万人。推进新就业形态劳动者建会入会，成立苏州市货运行业工会联合会，全市建成各类各级新就业形态劳动者工会组织162个，会员11万人。截至年底，全市有基层工会28599个，其中单独基层工会26302个、联合基层工会2297个（涵盖单位74231家），全市职工数440.59万人，其中工会会员409.78万人。

【工会阵地建设】 2022年，苏州市总工会推进职工之家、女职工康乃馨服务站、妈妈驿站、户外劳动者服务站点等工会传统阵地建设，发挥服务职工效能。加大经费投入，全市新建、在建、改建各类工会阵地127个，面积13.55万平方米，投入8029.9万元。市总工会建成并启用“相悦会”线下交友基地，拓展服务青年职工新项目。全市各地结合实际建成工人文化宫、心理服务室、“司机之家”、“蜂享吧”等职工服务特色站点。

【职工思想政治引领】 2022年，苏州市总工会引导职工群众听党话、跟党走，把学习宣传贯彻习近平新时代中国特色社会主义思想和党的二十大精神作为全市工会干部教育培训和职工思想政治教育的必修课程，举办苏州市工青妇学习党的二十大精神专题报告会，组织“劳模工匠进校园、思政教师进企业”宣讲会183场，开展“学习强会”暨“苏州市工运理论和工会工作精品课程”竞赛、“苏州四史知识答题挑战赛”等活动，推进“工会大讲堂”向基层延伸，组织参加“网聚职工正能量、争做中国好网民”等活动。发挥苏州工会网站、微信公众号、视频号、抖音号等媒体作用，运用好工会刊物、职工书屋、工人文化宫等载体阵地，加强工会重点时段、重大工作、重要内容的宣传报道。“苏州工会”微信公众号入选全国网络正能量新媒体（微信组）市级工会十佳账号。

【职工权益维护】 2022年，苏州市总工会开展“春季要约行动”，指导企业开展集体协商，扩大集体协商典型库，新增2022年集体协商典型案例45个，命名市级集体协商示范企业20家、示范行业4家以及集体协商三星企业201家、三星行业5家。推进职工法治宣传教育，组织开展全市职工法治素养锦标赛，市总工会获评苏州市“七五”普法先进集体。为新就业形态劳动者开展维权服务，指导苏州市快递行业协会与苏州市快递行业工联会签订全市新就业形态领域首份集体合同。张家港市总工会“快递小哥‘零跑腿’成功申领互助保障金”入选全国“互联网+工会”维权服务优秀案例。加强职工法律援助中心（站）实体化、规范化、网络化建设，引入社会组织力量，妥善调处各类劳资纠纷，苏州高新区总工会获评全国总工会“尊法守法·携手筑梦”服务农民工公益法律服务行动成绩突出集体。

【职工服务和困难帮扶】 2022年，苏州市总工会支持企业纾困解难，全年返还小微企业工会经费1.76亿元。加大对受新冠疫情影响的职工创业扶持力度，发放“工会创业贷”2亿元，惠及企业262家。完善帮扶长效机制，全年帮扶困难职工、会员大病医疗和特殊困难救助8031人次，发放帮扶救助资金2216.9万元。开展职工互助互济工作，全市参加职工互助医疗保障175.3万人，全年2506名患病职工得到赔付，办理保供保产货车司机互助互济保险1万份。开展“送温暖”“送清凉”以及苏工暖“新”“8+X”综合服务集市等活动，全市工会慰问一线职工、医务人员、新就业形态劳动者等群体15.08万人次，发放款物2164.27万元。在“苏工惠”平台推出线上普惠活动146场次，参与会员超过700万人次，“苏工惠”App获评全国总工会2022年度“互联网+工会”普惠服务最具影响力平台。做好稳就业工作，全年举办线上线下招聘会71场次，提供就业服务14.8万人次。响应第三届“双12苏州购物节”，开展数字人民币会员普惠活动。组织1.12万名抗疫和保供一线职工和劳模工匠疗休养。推进“职工读书月”“求学圆梦”“女职工素质提升大课堂”等服务项目。

【劳模精神、劳动精神和工匠精神弘扬】 2022年，苏州市推荐产生全国五一劳动奖状1个、全国五一劳动奖章5个、全国工人先锋号4个，省五一劳动奖状14个、省五一劳动奖章24个、省五一劳动荣誉奖章5个、省工人先锋号46个，评选命名市五一劳动奖状96个、市五一劳动奖章293个、市五一劳动荣誉奖章10个、市工人先锋号202个。开展“红色工匠”培育行动，常态化开展劳模创新工作室创建活动，开展职工“五小”（小发明、小创造、小革新、小设计、小建议）活动、职工科技创新人才和职工科技创新成果评选等群众性创新活动。苏州市11名劳模工匠的创新成果在首届全国“大国工匠”创新交流大会上做交流推广。命名首批“苏州工匠实训基地”18家，启动第四届“苏州时代工匠”全城寻访活动。“五一”期间，市委、市政府向全市劳动者和劳模先进发出公开信，组织看望劳模代表，全市工会组织庆祝“五一”和“苏州工匠日”系列活动。

【劳动技能竞赛】 2022年，苏州市总工会组织开展136项职工职业技能竞赛，举办2022年长三角G60科创走廊城市暨江苏省职工云计算技能邀请赛，组队参加2022年全国职工数字化应用技术技能大赛无人机操作员江苏选拔赛、

2022年首届长三角（5+10）城市集成电路技能大赛和新能源大客车驾驶员技能大赛等竞赛。恒力集团长三角新材料基地劳动竞赛列入省十大重点工程劳动竞赛。

【产业工人队伍建设】 2022年，苏州市总工会开展产业工人队伍建设改革试点，协调市产业工人队伍建设改革联席会议成员单位，探索构建苏州特色的产业工人赋能成长体系，形成“五个首创”成果：全国首个“劳动法庭”在苏州设立，全国首个“劳企双保护”党建联盟暨企业劳动用工合规指引工作站在昆山市设立，全国首个中德职业教育领域合作标准化培养指南在太仓市推出，江苏省首座工匠学院落户吴江区，亨通集团成为全省首家被授予正高级职称评审权的大型民营企业。深化产教融合，将职业教育与产业发展、企业需要、职工需求相结合，继续举办“一线职工上大学”，2299名职工入学。构建职业生涯全周期技能培训体系，在全省率先探索开展“项目制”培训，全年2万余名职工参加生物医药、智能制造、人工智能等领域的132个专业（工种）培训，发放补贴资金3500万余元。

【第二个“苏州工匠日”活动】 2022年4月28日，苏州市庆祝“五一”国际劳动节暨轨道交通“工匠号”列车首发仪式在苏州轨道交通1号线天平车辆段举办。苏州轨道交通1号线的1号车被命名为“工匠号”列车，内部设春、夏、秋、冬四季主题车厢，四季更替象征着工匠精神的赓续不断。其间，苏州市轨道交通集团有限公司运营一分公司乘务一车间被授予全国工人先锋号。

（市总工会　胡锋波）

中国共产主义青年团苏州市委员会

【组织建设】 截至2022年底，苏州市有共青团员46万人，少先队员99万人、少先队辅导员2.4万人。全市建有基层团委和团工委2991个、团支部464206个，少先队大队737个、中队23175个，总体数量平稳增长。

年内，中国共产主义青年团苏州市委员会（简称“团市委”）召开中国共产主义青年团苏州市第二十次代表大会，选举产生共青团苏州市第二十届委员会。承办团中央新兴青年助力新经济大展、全国青联十三届三次常委会扩大会议（江苏）、“伙伴计划”全国青年社会组织骨干示范培训班、中青企协创新训练营等省级以上会议活动8场。马瑜婷、黄帆获得中国青年五四奖章。全市获得“两红两优”、向上向善好青年、优秀少先队员等国家级荣誉14个、省级荣誉120个。巩固传统领域团组织建设，推动社会领域团组织建设，新增社会领域团组织4136家，社会领域团的组织密度增长17.18%，总数列全省设区市第一位。推进县域共青团基层组织改革，成立改革领导小组和工作专班，联合市委组织部出台《关于进一步加强党建带团建、队建工作的实施意见》等。各县级市（区）党建带团建队建100%纳入党建考核、党委巡察、教育评价和教育督导。形成苏州共青团行业团建“3+3”模式经验（“行业主管部门+行业领域协会+行业领域企业”“行业团工委+企业团组织+从业团员青年”），在外卖配送、货运司机、产业园等领域新建行业团工委，市级行业团工委总数达到12个，实现新业态新就业群体行业团工委全覆盖。实施“团建助企”专项行动，全市组建“团建助企”服务团174个，建立“团建助企”项目库161个，汇集“团建助企”政策包90条，建设“团建助企”阵地云82家，累计开展主题活动200余次，提供助企服务700余场次，覆盖非公有制企业912家。推动非公有制领域团组织覆盖，全年新增非公有制企业团组织2992家，累计16575家。

【共青团阵地建设】 2022年，团市委开展“夏日送清凉”主题服务季活动，在全市116个团属阵地建设“青凉补给站”。围绕引领凝聚青年、组织动员青年、联系服务青年3个功能，布局“旗舰店+门店+微店”的立体化“360度青年之家”阵地体系，建设产业园、商圈、楼宇、历史文化街区、重大项目工地一线等特色“360度青年之家”，举办青年议事、青年宣讲、青春建功等主题活动，开展“爱心暑托班”、相亲交友等项目。全市建设“360度青年之家”989个，实现每万名青年拥有“青年之家”2.3个。

【青少年思想政治引领】 2022年，团市委围绕学习宣传贯彻党的二十大精神主线，结合中国共产主义青年团成立100周年，开展青少年思想政治引领工作。开展“强国复兴有我”群众性主题宣传教育活动、“学习二十大、永远跟党走、奋进新征程”主题教育实践活动，全市青少年参与“青年大学习”“红领巾爱学习”网上主题团队课超过1481万人次，各级团组织在五四青年节前后集中开展新发展团员入团仪式等团日活动2.9万场，覆盖团员超过41万人次，联合市总工会、市妇联举办党的二十大代表专题报告会，举办学习宣传贯彻党的二十大精神江苏青年讲师团示范宣讲走进苏州活动，累计开展主题宣讲170余场，覆盖青年6300余人。发挥团属新媒体平台导学功能，五四青年节前后发布主题云团课3期，浏览量突破56万人次；制作《穿越百年遇见你》特别栏目8期，浏览量6.5万人次；展演原创MV《青春永燃》《春花如期》，浏览量2.2万人次。用好293家“青年学习社”、17条“青年学习社”线路，举办各类沉浸式体验活动2600余场，覆盖青年6万余人。在全省率先实施理论宣讲“青苗”培育行动计划，开展“青春苏州说”选拔赛，累计开展“青年化”宣讲263场，覆盖青年23467人；各级红领巾巡讲团成员，累计宣讲场次2392次，覆盖少先队员252779人。开展“苏州五四青年奖章”“苏州好青年”“苏州好少年”等先进评选，发挥典型示范引领作用。启动“青春苏州”焕新2.0计划，打造“青春苏州说”系列新媒体栏目，创作《我们在苏州，一起向未来》《以青春之我，建乐居之城》《别YOUNG古城》等短视频、漫画、长图、H5新媒体产品30余件，浏览量15.7万人次。升级“苏青惠”青年服务云平台2.0版，累计服务青年超过23万人次。举办青年新媒体联盟第一次全体会议、“青年·古城——一场双向的奔赴”“青年发展型城市·苏州听你说”圆桌思享汇、“青年新媒体产品的流量密码”主题沙龙等活动。联合苏州大学开展《青春永燃——苏州共青团史事编年》编纂工作。

【青少年权益维护】 2022年，团市委深化苏州市青少年“立体关护”服务体系建设，开展四类青少年“立体关护”项目（法治保护、心理呵护、安全自护、关爱守护）。推进“共青团+网格化”工作。依托全市社会综合治理网格化联动机制，划分市、县、镇、村四级“立体关护”网格2000余个。建立由“团干部+专兼职网格员+平安志愿者+青少年事务社工”组成的“立体关护”网格员队伍12000余人。加强信息平台数据赋能。建设“青少年立体关护信息服务平台"，建立包含事实无人抚养儿童、困境未成年人在内的12万余条全市重点、困境青少年基本信息库。苏州市12355青少年服务热线累计接待电话咨询求助630余个，解决重点个案28例。推动"立体关护"项目群建设。开展青少年"法治公开课""立体关护·成长护航"工程示范项目、青少年禁毒宣传教育"青盾计划"等"法治保护"类活动240余场次，覆盖18万余人。开展"轻松备考·12355与你同行"中高考减压行动、"暖""心"行动等"心理呵护"类项目279场次，覆盖16.5万人次。开展苏州市12355"青春自护·有你有我"青少年自护教育活动，为青少年开展自护知识讲座、安全知识体验等线上线下活动164场，覆盖青少年及其家长3280余人次。开展爱心公益暑托班等"关爱守护"类项目，在全市开办暑托班1355个，累计服务青少年超过23万人次，获评2022苏州十大民心工程入围奖。

【青少年关爱救助】 2022年，团市委关注特殊群体和特定对象，关爱青少年成长成才。依托苏州市青少年发展基金会，开展"爱立方"系列助学项目，覆盖务工人员子女、家庭经济困难的苏州学籍初高中生等在内的526名青少年学生，发放助学金52.6万元。面向家境困难青少年、新市民子女、"事实无人抚养儿童"、残障青少年、留校大学生、一线志愿者、一线劳动者等社会弱势、重点、特殊青少年群体开展"暖冬行动"公益慈善活动，走访慰问并发放"青春福袋"1322份。实行"梦想改造+"关爱计划，做好全市462名往年服务对象与120名新增服务对象的民生助力、健康呵护、学习陪伴、公益暖心四大关爱服务，完成"梦想小屋"改造219户。

【青年志愿服务】 2022年，团市委组织开展各项志愿服务工作。助力乡村振兴。开展"青匠营造"行动，结对服务199个乡村，改造破旧立面338面，打造采风作品、主题墙绘、创意雕塑和特色载体450个。实施"青尚引领"行动，建立"手绘乡村"青年志愿服务队40支，围绕"食、住、行、游、购、娱"6个维度，开展各类志愿服务活动2709次。推动垃圾分类。开展苏州市垃圾分类"蜂巢行动"，累计开展垃圾分类志愿服务活动1.57万场，利用线上直播平台，开展直播8次，服务对象5万余人次。举办苏州市垃圾分类创益项目大赛，培育扶持垃圾分类志愿服务队伍20支。将垃圾分类课程纳入新生入学教育的"开学第一课"线上教育平台，通过线上+线下相结合方式在9所大专院校开展宣教。开展护河行动。实施"河小青助推保护母亲河计划"，围绕大运河保护和长江大保护，组建巡河护河、文化宣讲、非遗传承等青年志愿服务队412支，结合6·5世界日、9·17世界清洁日等节点，组织开展"捡起的是垃圾，守住的是文明"活动、保护母亲河"净滩行动"等节水护水、生态宣讲主题活动，并常态化开展"河小青"志愿者巡河护河活动1182次。

【少先队建设】 2022年，团市委发挥优秀青少年典型的示范引领作用，继续做好"苏州好少年"评选、"江苏好少年"推荐等活动。加强少先队社会化工作体系建设，发布"全域"少先队校外实践地图。实施《中共苏州市委关于全面加强新时代少先队工作的实施方案》，完善党建带队建机制。配齐配强市、县两级少先队总辅导员，举办市级骨干辅导员培训班。全面实施分批入队，推进红领巾争章活动，推动学校少工委全覆盖。

【青年联合会工作】 2022年，苏州市青年联合会履行青联职责，加强青联改革，促进青联事业发展。召开"学习二十大、永远跟党走、奋进新征程"苏州共青团学习宣传贯彻党的二十大精神会议（青联专场），发布线上学习分享专辑"学习二十大·青联委员说"7期，举办"青联思享汇"活动27场。开展"强国志·青春说"青联大讲堂、"青春新视野·委员思想分享会""青联读书社"等活动24场，覆盖青少年1.2万人次。助力经济社会高质量发展。举办"青年科技成果直通车"活动2场。实施海归青年人才"新引力"服务计划，面向世界500强学校的海外学子提供154个就业见习和实习岗位类型；实施助力乡村振兴行动，深化"青联组织服务千村"计划和青联"希望小屋"服务，各级青联开展服务49场。推进青联改革工作。各级青联委员依托"联青服务站""青年议事会"，开展座谈交流150余场，覆盖青年超过2800人次，市政协共青团、青联界别提交提案9篇。巩固扩大青年爱国统一战线。做好对西藏自治区林周县、新疆维吾尔自治区霍尔果斯市、新疆维吾尔自治区阿图什市等地的对口支援工作，累计募集各类资金、物资共计68.58万元；承办"同心同行青春力量"第二届海峡两岸青年文化月，承办苏台青年云分享会，近30万名苏台青年通过直播平台参与活动，组织青年参与2022苏港澳青年创新创业大赛；召开苏州市青年联合会——西全州青年会议所第三十五次工作会议、苏州市青年联合会——金泽青年会议所第二十八次工作会议，拓展国际青年交流交往。

【青年发展型城市建设】 2022年6月，苏州市、张家港市分别获批全国首批青年发展型城市建设试点和县域试点，成为全国少数双试点城市之一。连续两年苏州市将"建设青年发展型城市"写入政府工作报告。印发《苏州市青年发展型城市建设试点实施方案》，并将青年发展型城市建设纳入高质量发展考核。聚焦青年租房住房、子女养育等"急难愁盼"问题，实施《苏州市支持青年人才发展若干措施》等政策文件30余条，开展青少年暑托班等实事项目30余个。围绕青年创新创业、青年技能提升等领域，在全国首创推出一批青年发展主题空间。针对外卖小哥、快递小哥停车难的问题，在商贸区、集宿区等规划一批暖"新"专属停车点。针对青年出行不便问题，累计开设15条"青年专线"。针对青年消费业态不丰富的问题，启动苏州老字号青春探店寻味行动，邀请青年消费者"打卡""探店"。在全国率先探索构建"青年发展型城市"监测评价指标体系，发布《苏州青年发展型城市监测评价分析报告》及青年发展型城市建设路径研究报告。开展"青年发展型城市苏州听你说"主题宣传活动，在苏州轨道交通5号线全线以及苏州工业园区等地标建筑上宣传青年发展型城市。苏州元素被纳入世界青年发展论坛主题宣传片。

【新兴青年群体培育引领】 2022年，团市委实施新兴青年"满天星"提升计划，联系凝聚引领新兴青年群体。探索行业团建"3+3"模式，成立为市快递、网约车、外卖配送、货运、社会组织、互联网、电子竞技等12个行业团工委全覆盖。新增联系服务在册新兴青年530余人，覆盖新兴青年群体5万余人。创新"江南文化"青春系列品牌。建设苏州新兴青年发展服务中心、电竞行业"360度青年之家"，建成快递小哥"青春接力站"214家、网约车司机"青春加油站"68个，累计服务4万余人次。推进"江南文化·青春体验"新兴青年文化传承赋能项目，营建青年文化创艺首店青匠BOX

体验店、青匠BOX非遗青春号、青匠BOX乡村市集，轨交、游船、骑行、云端4条青春体验立体化线路。举办2022年全国新兴青年助力新经济大展活动，在全国首创“新兴青年助力新经济”云服务平台，27个省（市、自治区）406名新兴青年近500件作品线上参展。培养青少年事务社工专业人才。整合高校、司法部门、卫生系统等资源，建立134名在册苏州青少年事务社工专业人才库。承办“伙伴计划”全国青年社会组织骨干人才培训班，组织“益青春·筑梦想”——苏州市第八届青年创益大赛“七彩志愿社区行”专项赛、苏州市青少年事务社工骨干赛，建设重点扶持项目库，推动共青团参与政府购买社会服务项目。发动青年社会组织、志愿团队承接苏州市青少年民生实事项目青少年暑托班，向新兴青年群体子女1.1万人次开展课业辅导、素质提升、安全守护等服务。

【中国共产主义青年团苏州市第二十次代表大会】 2022年12月10—11日，中国共产主义青年团苏州市第二十次代表大会在苏州人民大会堂召开。310名代表参会。会议审议通过共青团苏州市十九届委员会工作报告；选举产生共青团苏州市第二十届委员会委员、候补委员和出席共青团江苏省第十六次代表大会代表。11日，共青团苏州市第二十届委员会第一次全体会议召开，选举产生共青团苏州市第二十届委员会常委17人，选举方芳为团市委书记，选举团市委副书记6人，其中兼职副书记3人。

（团市委　于铭汉）

2022年12月10—11日，中国共产主义青年团苏州市第二十次代表大会在苏州人民大会堂召开

（王亭川　摄）

苏州市妇女联合会

【组织建设】 截至2022年底，苏州市有县级市（区）妇联（妇工委）10个、市各民主党派妇委会7个。市、县两级妇联共有专职妇联干部91人、妇联执委547人，有直属事业单位10个、团体会员44个。县级以上机关、事业单位妇联485个，在苏州高校妇联（妇委会）9个，新领域妇联组织788个。镇（街道）妇联97个、妇联执委3315人。村（社区）妇联2153个、妇联执委29661人。妇女儿童之家2155个、妇女微家854个、社区家长学校（家庭教育指导服务站点）2215个。

年内，苏州市妇女联合会（简称“市妇联”）坚持“党建带妇建”，围绕健全完善上下贯通、执行有力的妇联组织体系和联系广泛、服务群众的妇女工作体系，把妇联工作纳入各县级市（区）、市级机关、市属企业和市属高校4个系列的综合考核指标体系。开展基层组织建设“回头看”行动，通过双月报表制度对问题突出的镇、街道开展专项指导，9个届满未换届乡镇（街道）妇联、5个妇联主席未配备到位乡镇（街道）、9个执委人数少于30人街道妇联，年内完成整改。拓展机关、事业单位、高校妇联组织建设，首次召开民主党派妇委会座谈会、高校妇联组织工作座谈会，指导苏州海关、苏州市立医院等单位成立妇联。以行业协会妇联建设为统领，召开两新组织妇联建设观摩推进会，在新业态新就业群体中灵活多样设置妇联组织，开展巾帼暖“新”行动，建设市外卖配送行业妇联、快递行业妇联、互联网行业妇联等新兴妇联组织190个。加强区、镇两级妇女儿童活动中心、村（社区）妇女儿童之家、妇女微家规范化建设，新建市级新领域“最美妇女微家”18户。推进基层妇联执委与网格员“双向互动、交叉任职”，全市4200余名专职女性网格员担任所在村（社区）妇联执委。开展基层妇联“领头雁”培训计划，市、县两级线上线下相结合举办基层妇联干部培训班65期，培训17961人次。联合市委组织部举办第27期女干部培训班。

【妇女思想政治引领】 2022年，市妇联开展“巾帼心向党　喜迎二十大”群众性主题宣传教育和“巾帼心向党　奋进新征程”学习教育，制订《苏州市“巾帼心向党　喜迎二十大”群众性主题宣传教育活动方案》，举办“永远跟党走　时代木兰说”喜迎党的二十大巾帼宣讲大赛、“巾帼心向党　献礼二十大”妇女书画作品巡展和“喜迎二十大　苏城幸福家”摄影作品征集活动等8个系列活动。“木兰讲师团”举办走进在苏州高校“七个一”活动，在全市13所高校挂牌成立创新基地，并开设170堂精品课程，成立“民星宣讲队”，开展各类宣讲1000余次。市妇联召开党组理论学习中心组（扩大）专题学习交流会和全市妇联系统学习贯彻党的二十大精神会议，联合市总工会、团市委举办学习党的二十大精神专题报告会，联合市女企业家协会举办“坚定不移跟党走，创业创新向未来”党的二十大精神学习座谈会，开设《跟党奋进新征程，巾帼建功新时代》《学习二十大　聚力现代化》等线上专栏，“面对面”与“键对键”相结合推动党的二十大精神深入妇女群众及家庭。全年“苏州女性”微信公众号开设专栏56个，推送微信消息近600条、短视频70余个。

【妇女典型选树宣传】 2022年，市“巾帼建功”活动领导小组命名苏州市巾帼文明岗50个、苏州市巾帼建功标兵20个。市妇联联合市委人才办、市科技局、市人力资源社会保障局和市科协认定苏州市“最美巾帼科技人物”10人。其中，中国医学科学院苏州系统医学研究所研究员马瑜婷当选党的二十大代表。市妇联联合市人力资源社会保障局、市商务局、市总工会和市家庭服务行业协会开展寻找“最美家政人”活动，评选包括家政服务员、家政培训人员、家政经理人在内的“最美家政人”30人。全年全市新增全国、省级三八红旗手（标兵）9人，三八红旗集体4家，新增全国、省城乡妇女岗位建功先进集体（个人）39个，其中苏州高新区镇湖滴滴绣刺绣艺术馆艺术总监邹英姿当选全国三八红旗手。各县级市（区）和基层妇联评选三八红旗手136人、三八红旗集体80家。

【妇女权益维护】 2022年，市妇联作为首批上线单位走进苏州市广播电视总台“政风行风热线”直播间。依托市巾帼法律志愿服务联盟开展线上线下妇儿维权服务811场次，服务群众156万人次，帮助2579名儿童落实抚养费3.9亿元。联合相关部门细化入职查询和从业禁止、合适成年人队伍建设等协作机制，建成“一站式”办案场所15个。市政策法规性别平等评估委员会参与评估法规62部，提出建议38条。实施市“十四五”妇女儿童发展规划，针对目标责任分解方案，推进市政府妇儿工委11件实事取得实效，在全省率先实现县级市（区）妇女儿童发展规划全覆盖。开展妇女儿童合法权益保障专项排查整改工作，形成妇女儿童权益维护微机制24个。加强“平安家庭”创建，举办全市妇联系统政治能力和维权能力提升培训班，排查婚姻家庭矛盾纠纷、发现性侵家暴等侵害妇儿权益线索等事项纳入各县级市（区）社会综合治理网格化平台。市妇女权益维护服务中心受理信访案件1165件次。

【妇女儿童关爱服务】 2022年，市妇联坚持把关爱服务做在平常、抓在经常、落到基层，结合妇女儿童合法权益保障专项排查开展一对一“结对走亲”，帮扶重点家庭1420户。联合东吴证券慈善基金会投入320万元帮助50个市级集体经济相对薄弱村提升妇女儿童之家建设水平，实施“美好家园·一户一策微关爱”帮扶困难家庭150户。联合市儿童少年基金会开展机关爱心妈妈结对100名困境儿童“康乃馨行动”、“温暖1+1，成长手拉手”走访百名困境家庭孩子活动、“8·26”帮困助学行动日、“焕彩·圆梦计划”等特色项目33个，累计募集资金1196.26万元，资助及服务市内外儿童16万余人次。新时代苏州儿童“幸福港湾”实践项目获评第五届“苏州慈善奖”最具影响力慈善项目。

【巾帼志愿服务】 2022年，市妇联弘扬志愿服务理念，开展市巾帼志愿服务征集展示活动，命名市巾帼志愿服务十大感动人物、十佳组织、十大优秀项目和十大优秀社区，并推荐巾帼志愿典型参评省学雷锋活动、市志愿服务“四个十佳”评选、巾帼好网民评选等。依托新时代文明实践中心（所、站）创建文明实践巾帼志愿阳光站，品牌化、标准化打造11个苏州市文明实践巾帼志愿阳光站，其中6个获评江苏省文明实践巾帼志愿阳光站。

【家庭家教家风建设】 2022年，市妇联学习贯彻《习近平关于注重家庭家教家风建设论述摘编》精神，组织开展市家庭文化季系列活动。通过召开家庭家教家风建设工作座谈会、开展家庭摄影才艺大赛、举办家风故事宣讲会、家庭苏绣体验活动等营造家庭文明创建氛围。评选第八届苏州最美家庭100户、新时代家教家风实践基地10个、市健康家庭200户。开展“好家风好家训”巡讲，联合市纪委监委机关等部门举办“廉居共筑”党员干部家风故事访谈活动，联合市级机关工委在党员干部中开展“清风寄语家书传情”廉政家书征集活动。举办“喜迎二十大·童心向未来”主题教育活动，开展儿童红色戏剧小品比赛、童话故事创作大赛、书画创作比赛等，引导少年儿童坚定理想信念、培育家国情怀。全市各级妇联评选出五好家庭251户、最美家庭5077户，新增省级以上最美家庭39户。

围绕全国首个“家庭教育宣传周”，开展家庭教育促进“七个一”系列主题活动。市人大常委会开展《家庭教育促进法》《江苏省家庭教育促进条例》执法检查。市妇联联合市教育局等17个部门制定《苏州市家庭教育工作“十四五”规划》，在加强体系建设、建立长效机制、构建服务网络、培育专业力量等方面推动构建覆盖城乡的家庭教育指导服务体系。深化社区家庭教育“双百双千双万”三年提升行动（2021—2023年），召开贯彻落实“一法一条例”推进会暨“三全”社区家庭教育业务培训会，建设“三全”（社区全域、父母全程、家庭全类型）社区家庭教育试点社区169个，推动2000余个社区（村）家长学校规范化建设。发起社区家庭教育“悦读播种”亲子阅读推进计划，建设全市家庭教育服务指导培训平台，编印《家庭教育典型案例读本》。联合市教育局发布家庭教育调查综合分析报告，联合检察机关建立“V+”家庭教育联动协作机制，在法院系统全面建立“家庭教育指导工作站”11家，联合相关部门出台《关于在涉未成年案件中开展家庭教育指导工作的实施意见（试行）》，发布涉案未成年人家庭教育指导典型案事例12个。

【男女平等基本国策宣传】 2022年，市妇联加强男女平等基本国策宣传，在全省率先推动男女平等基本国策宣传进社会主义学院、新录用公务员初任培训班，实现市、县两级党委分管领导进党校主体班宣讲男女平等基本国策全覆盖。联合市社科联开展市社会科学基金项目（妇女儿童专项研究类）课题8个。联合市统计局开发妇女儿童发展监测平台，对247项指标实施动态监测。联合西交利物浦大学开展妇女（性别）学术讲座2场。全年线上线下开展集中相关普法宣传130余场，发放宣传资料2万余份，宣传服务对象超过500万人次。

【同心抗疫巾帼行动】 2022年，市妇联依托“苏州女性”微信公众号、视频号等开设“同心抗疫”专区和《抗疫她力量》专栏，做好抗疫宣传，引导妇女和家庭科学抗疫。“木兰花开”原创抗疫宣传片和主题曲入选2022中国正能量“五个一百”网络精品作品，全网点击量超过1000万人次。贯彻新冠疫情防控“新十条”措施，联合市女企业家协会等筹集防疫健康包3000份定向发放给农村地区妇女和家庭。制定《关于深入开展“我为妇女儿童办实事”实践活动的通知》《关于进一步做好抗疫一线医务人员家庭关爱帮扶工作的通知》，指导各级妇联结合实际加大对困境妇女儿童、抗疫一线女性工作人员的关心关爱。实施“爱在苏州，从心开始”心理健康公益服务项目，开通24小时心理咨询和家庭教育指导服务热线，累计接听1000余次。协调相关部门解决孕产妇和新生儿孕检、生产、就医等难题。

【妇女儿童家庭服务项目】 2022年，市妇联提升妇联工作项目化社会化水平，全面开展妇联执委自办领办履职项目。市、县、镇、村四级妇联执委自办领办项目1.67万个，四级妇联实施妇女儿童家庭社工服务项目558个，投入资金2207万元。依托市女性社会组织服务指导中心、苏州巾帼公益园、“吴地芬芳”巾帼公益联盟3个载体全面培育女性社会组织，召开“吴地芬芳”苏州巾帼公益联盟2022年年会，评选市优秀女性社会组织10家。坚持以项目为载体服务妇女儿童及家庭，用好财政100万元专项经费，实施向社会力量购买妇女儿童家庭服务公益项目12个，承接省妇女儿童和家庭公益社工服务项目8个。腾讯“99公益日”期间，全市妇联系统上线40个项目，共募集善款355万元。

（市妇联　安　川）

苏州市科学技术协会

【组织建设】 截至2022年底，苏州市科学技术协会（简称“市科协”）有学会（协会）70家，其中理工类36家、农业类11家、医卫类15家、综合类18家。年内，新增苏州市听力协会、航空航天学会、设计师学会、声学学会、茶学会、过敏防治研究会、工商管理硕士科技创新协会7家学会（协会）。市科协召开苏州市科学技术协会第十四次代表大会，选举产生市科协第十四届委员会。贯彻《关于加强党建引领推进学会创新发展的意见》要求，市科协机关3个支部分别与苏州市综合交通运输学会、护理学会、地学会结对共建，批复成立首个苏州市综合交通运输学会功能型党支部，探索重大学术活动行动支部、换届大会临时支部建设，开展2022科技社团党建工作基本情况调查，初步形成市科协学会五年发展报告。苏州市防痨协会、心理卫生协会等20余家科技社团参与新冠疫情防控，发挥学会社会服务职能。加强基层组织建设，规范管理深化改革。引入中国计算机学会（CCF）业务总部和学术交流中心，向全市科技社团推广国家级学会的先进理念。参与筹备成立“科创中国”数字健康联合体，对接上级资源。聚焦科技创新前沿领域，成立苏州市航空航天学会、声学学会等产学研融合型学会组织，参与承办苏州市航空航天产业创新集群推进会、首届中国声学产业创新发展大会等产业发展活动。苏州市农学会、人工智能学会等7家学会完成换届改选。苏州市药学会、焊接学会等11家学会创新设立“学会日”。市科协完成70家科技社团年检报告初审工作，开展学会分支机构自查自纠行动。鼓励学会参与社会组织等级评估工作，年内有2家学会申报参评，苏州市珠算协会推荐AAAA级，苏州市焊接学会评定AAA级。市科协共有通过民政部门认证的AAAA级学会10家、AAA级学会36家。开展2022年度科技社团能力提升计划，以项目化的形式支持学会承接政府转移职能和开展社会服务职能。

【科技服务】 2022年，市科协发挥苏州科学家企业家协同创新联盟作用，服务企业科技创新，联盟陈林森团队“基于数字化三维光刻的微纳智能制造与应用”、孙立宁团队“微纳机器人关键技术与应用”2项成果入选2022中国智能制造十大科技进展榜单。企业项目入选中国“科创中国”榜单项目和科创基地共17项，入选省科协“科创江苏”类项目15项；获得省科协创新方法大赛项目和示范企业科协共9项；获得省科协提升高校科协能力计划7项；征集企业科协优秀案例19个；常熟市入选“科创江苏”试点县（市、区）。搭建创新平台，制定《“科创苏州”科技经济融合项目管理办法（试行）》，续签中国自动化学会、中国生物医学工程学会、中国光学工程学会3家学会在苏州科技经济融合工作站，新增中国计算机学会、中国声学会科技经济融合工作站，省级以上学会累计建站9家。以中国计算机学会（CCF）业务总部启用和CCF中国数字经济50人论坛举办为契机，打造中国计算机科技工作者学术交流和创新中心。

牵头承担“人才服务推广年”系列活动之“人才智慧汇聚”行动，将每月的第四个周五确定为“人才活动日”，会同“惠企助才”党建联盟成员单位开展“人才服务+，百园万企行”系列活动，组织开展项目路演、学术论坛、主题沙龙、党建共建、联谊交友等活动。做好人才举荐。林晓、何耀、何苏丹、李磊4人推荐至中国青年科技奖提名，吴德沛获评江苏省最美科技工作者，并推荐参评中国最美科技工作者；提名推荐14人参评第十八届江苏省青年科技奖，林晓、江林获评；推荐陈晓东、杨林、刘宁、周剑4人参评2022年杰出工程师奖。

（市科协　唐　俭）

表13　2022年苏州市各县级市（区）科协活动情况统计表

项目	单位	张家港市	常熟市	太仓市	昆山市	吴江区	吴中区	相城区	姑苏区	苏州工业园区	苏州高新区
科普宣讲	次	234	252	233	190	227	140	175	327	173	169
	万人次	12	10	13	11	12	13	14	17	12	11
科技培训	次	68	57	25	47	187	148	32	35	32	35
	万人次	1.2	1.1	0.9	1.3	3.1	1.3	1.4	1.3	2.0	1.2
青少年科技活动	项	32	21	54	35	22	24	21	22	32	19
	万人次	1.4	2.2	7.0	5.0	2.3	2.9	1.7	3.3	2.4	1.3
科普画廊面积	平方米	360	406	684	512	880	550	953	4860	1720	1500
科普展览	次	11	5	11	6	12	10	11	2	12	—
	万人次	3.5	2.2	2.0	3.0	1.9	1.5	1.8	0.8	1.0	—
科技下乡到村（社区）	次	35	37	12	15	35	27	12	—	—	5
	个	35	23	23	28	20	21	21	—	—	7
学术交流	次	8	8	12	11	9	9	7	—	9	—
	人次	1000	1100	1000	1300	1200	900	600	—	1350	—
科技咨询	次	31	21	23	21	29	28	20	20	28	19

（资料来源：市科协）

【科学普及】 2022年，苏州市印发《苏州市全民科学素质行动规划纲要（2021—2035年）》，召开全民科学素质工作领导小组会议，明确五年全民科学素质工作目标任务。市科协推动苏州市科学普及工作条例立法进程。开展群众性科普活动，加强科普信息化建设，提高科普公共服务能力，青少年等重点人群科学素质和全民科学素质整体水平得到提升。调查显示，2022年中国公民具备科学素质的比例为12.93%，江苏省为15.89%，苏州市为18.9%。

科普场馆建设 苏州科技馆筹建和市青少年天文观测站迁建；发布《苏州市小型专题科普场馆管理办法》，规范科普载体建设和管理，每年持续立项资助、引导建设小型科普场馆和实践基地，形成以综合性科技场馆为龙头、小型专题场馆为支撑、基层科普实践基地为基础的科普场馆体系。苏州协鑫未来能源馆、昆山周庄鸿峰生命奥秘博物馆、苏州大学放射医学与辐射防护国家重点实验室、太仓市科技馆入选2021—2025年第一批全国科普教育基地。

科普资源开发 建设“15分钟科普圈”，加大科技资源科普化政策规划、项目经费引导等，推动更多学会、企业、创新机构投身科普。利用科普中国、江苏科普云、科普苏州“三朵云”，结合手机屏、电视屏、户外大屏“三块屏”推送，实现互联网、手机、社区、场馆、公交、地铁等科普传播全覆盖。以信息化手段助力科普场馆参观预约、青少年科技比赛报名，使科普活动组织更加高效便民。开发社会化科普资源，融合江南文化，出版《苏州长物》等地方特色系列图书。

科技创新后备人才培养 开展青少年科创工作，推出“薪火计划”“星火行动”，助力“双减”。发布《关于苏州未来科学家培养“薪火计划”的实施意见》，整合科普资源、充实优化科普“导师团”，助力学生科学素质提升。探索知名高校、科研机构与中小学校的科技教育合作模式，组织青少年科技创新大赛、科技创新市长奖评选等青少年科技创新活动。苏州市入选全国“科创筑梦”助力“双减”科普行动试点城市。

科普宣传活动 年内，苏州市分别以“美好生活苏州年”“鱼戏莲叶间，能不恋江南”“智‘汇’苏州，‘碳’索未来”“非凡十年科技助推中国梦”“再铸辉煌，科技自强向未来”为主题举办5期“赛先生说”科学文化讲坛，线上线下最高参与超过100万人次。该活动获评全国科普日优秀活动。“赛先生说”品牌获得20个关联商标注册。6月20日，2022年全国科技活动周苏州市第34届科普宣传周主场活动暨“典赞科普年度揭晓典礼”举办。150人参加现场活动，100万余人参加线上活动。其间，发布“苏赛先生说”标识。9月23日，苏州市青少年天文观测站建站四十周年纪念暨第六届苏州市青少年科技创新市长奖颁奖典礼举办。近200人参加活动。其间，举办苏州市天文科普专家论坛。许瀚文等10名苏州少年获得青少年科技创新市长奖。

【学术交流】 2022年，市科协围绕“苏州科学家日”活动，组织开展学术活动。联合市委人才办开展2022年度苏州市高层次学术活动项目。鼓励苏州市级学会、在苏州企事业单位搭建苏州与国际前沿科学技术交流合作平台。完成学会年度重点学术活动报备85项，其中苏州市数智化人才及产业发展论坛（苏州计算机学会主办）等11项学术活动集中于7月“学术月”举办。完成2022年度市科协青年科技人才托举工程项目，从145位资助培养对象候选人中遴选资助培养对象21人，共资助48万元，推荐杨甫等6人参评江苏省科协青年科技人才托举工程项目，其中4人获得资助。组织推荐中国科协第一届中国科技青年论坛论文作品，推荐第九届江苏省青年科学家年会执行委员会成员1人。组织开展2020—2021年度苏州市自然科学优秀学术论文评选，收到申报论文1824篇，推荐一等奖16篇、二等奖94篇、三等奖319篇，并于第十四届苏州国际精英创业周国际科学家苏州峰会上举办颁奖仪式。年内，举办亚太院士产业创新大讲堂（电子信息专场）、2022年长三角先进激光与增材技术产业发展论坛、2022未来计算机教育峰会、第二届分子精准合成与碳循环化学国际研究生创新论坛等重大学术交流活动。

【海外智力引育服务】 2022年，市科协在中国海归创业联合体的支持下，联合市委人才办、市科技局等部门，以海智、离岸试点工作为依托，开展“海智服务基层行”活动，对接地方需求，推动海内外优质创新资源下沉，服务科技招商，推动产业发展。在苏州工业园区、常熟市、太仓市、昆山市举办4场活动，15个海外项目参加路演，下一代高端磁共振成像核心部件及整机系统等8个海外项目签约。

【科技智库建设】 2022年，市科协开展建言献策工作，召开两院院士座谈会2次，市委、市政府主要领导出席，与钱七虎、吕建、于勇等15名两院院士座谈，收集30余条建议。开展调查研究和决策咨询工作，全年苏州专家咨询团建言刊发38篇，其中获得市委、市政府主要领导签批18篇，多项建议上升为市委、市政府重大决策。围绕苏州现代化强市建设、加快产业创新集群发展、乡村振兴和文旅融合等市委、市政府重点工作部署，设立专家咨询团研究课题21项，组织苏州专家咨询团临时调研小组，专门对联盟沙龙成果实施转化。发挥科技社团作用，加强科技智库网络建设。各科技社团围绕各自专业领域发展重点，聚焦产业发展、技术和产品评估评价等重点领域，形成对策建议，共立项软科学研究课题35项。

【科学家精神宣传】 2022年，市科协将弘扬新时代科学家精神作为增进科技人才对党的二十大精神认知认同的重要方式，依托科学家精神宣讲团和专家咨询团，举办市科协系统系列宣讲报告会。依托青年学习社，抓好青年党员干部的理论学习，组织开展“分享汇”等系列活动，辐射带动各级科协、科技社团青年党员干部学习。以“喜迎二十大——接力精神火炬，勇担光荣使命”为主题举办苏州市庆祝第六个全国科技工作者日活动，表彰宣传苏州魅力科技人物及团队典型，弘扬科学家精神。昆山万洲特种焊接有限公司万龙等10人获评2021年度苏州魅力科技人物，苏州大学附属第一医院骨质疏松骨折诊疗杨惠林团队等5个团队获评2021年度苏州魅力科技团队。完成首批10个苏州市科学家精神教育基地及8家试点单位创建，常熟王淦昌故居、吴江程开甲小学获评江苏省科学家精神教育基地，常熟王淦昌故居入选全国科学家精神教育基地。发挥院士邮路作用，加强与苏州院士联络，常态化走访慰问在苏州的院士和科技工作者。

【第三届“苏州科学家日”活动】 2022年7月9—12日，第三届“苏州科学家日”活动举办。其间，举办2022国际科学家苏州峰会、CCF中国数字经济50人论坛、院士专家座谈会和“赛先生说”苏州科学文化讲坛4个分项活动以及各县级市（区）分会场活动。国家最高科学技术奖获得者、中国工程院院士钱七虎等22名国内外院士出席苏州科学家日主会场活动，中国工程院院士范滇元等21名国内外院士参与分项活动。江苏省科协与中国计算机学会、中国声学学会开展战略合作签约，将苏州作为合作先导区，开展产学研合作和项目合作。中国计算机学会业务总部启用。世界绿色设计组织联合江苏省海外人才创新创业联盟、科学家企业家苏州协同创新联盟签署《绿色低碳行动倡议》。王淦昌故居、程开甲小学等国家、省级科学家精神教育基地揭牌。以3名苏州籍国家最高科学技术奖获得者事迹为题材制作的《致敬科学家》专题宣传片发布。吴江区将每年的8月3日（程开甲院士的诞辰日）设为“程开甲日”，昆山市启动建设“院士之家”，苏州高新区举办2022（第八届）中国海归创业大赛启动仪式暨“海创中国·智汇高新”海外高层次人才创新创业高峰论坛。活动受到新华社、人民网等国内外100余家媒体报道。

【苏州市科学技术协会第十四次代表大会】 2022年12月22—23日，苏州市科学技术协会第十四次代表大会在苏州人民大会堂召开，243名代表参会，其中科研机构、厂矿企业、农村基层等创新一线的科技工作者占比83.48%，企业科技工作者代表占比49.78%。大会审议通过市科协第十三届委员会工作报告；选举产生委员141人，选举产生常委41人；实现党组书记、主席分设，俄罗斯工程院外籍院士、苏州大学教授路建美当选主席；选举副主席14人，其中兼职副主席10人；围绕服务企业和服务人才，完善专委会设置，增设企业专委会和人才专委会；全国首创聘请钱七虎等15名院士担任市科协特聘顾问。

（市科协　唐　俭）

苏州市文学艺术界联合会

【组织建设】 截至2022年底，苏州市文学艺术界联合会（简称“市文联”）有文艺家协会12个；有市级会员8759人，其中国家级会员1243人、省级会员3926人。年内，市文联召开苏州市文联第十二次代表大会，选举产生市文联第十二届委员会。加强文艺界社会组织培育，向苏州市诗词协会和沧浪诗社“苏州市诗词协会公益讲座和古典诗词创作引导”等4个项目提供优质项目引导资助。苏州市曲艺家协会复评AAA等级，苏州市收藏家协会初评AA等级。

【文艺创作】 2022年，市文联加强文艺创作规划引导，构建蓝图规划、制度保障、项目推进、人才支撑、理论引导“五管齐下”的工作体系，实施《苏州市文联文艺精品创作生产行动计划（2021—2023）》。围绕丝绸文化、“两山”理念，重点立项文学作品《水上仙山，姑苏桃源——太湖生态岛开发大纪实》《经纬芳华，织就世界江南》，推广《心中常有一抹红》等重点题材文艺作品。完善创作扶持机制，扶持引导重点文学、音乐创作项目，推选文学、摄影、书法、民间文艺、影视5个文艺门类优秀作品，嘉奖在全国、全省重要文艺奖项中获奖的优秀文艺成果。加强宣传推介，办好“在新时代的现场”当代文艺评论苏州论坛、“文学苏州·名家沙龙”系列活动等；发动会员参评中国文艺评论年度推优，向《中国文艺评论》等推荐优秀评论作品，组织编撰《苏州文艺评论》；为文化名家办展出书，宣传推广优秀作品。

年内，吴静的苏州弹词《红色摇篮》获得第十二届中国曲艺“牡丹奖”文学奖，王尧的长篇小说《民谣》获得第五届“施耐庵文学奖”，朱文颖的短篇小说《分夜钟》入围第八届“鲁迅文学奖”短篇小说奖提名作品，音乐作品《征途》入选省精神文明建设“五个一工程”奖，歌曲《跟你走》《桃花坞》《东方风来暖人间》、报告文学《满城活水》、长篇小说《校长的游戏》、纪实文学《桑罗曲》入选市精神文明建设“五个一工程”奖。叶弥获得第四届江苏省“紫金文化奖章”。

【文艺主题实践】 2022年，市文联围绕“喜迎党的二十大”“强国复兴有我”等主题，组织“新时代颂”江苏美术摄影主题联展苏州作品展、“戎耀今生”首届苏州市退役军人书法篆刻大赛、“再唱山歌给党听”各族群众文艺快闪、“挥毫新时代”书画展、中国百家金陵画展收藏作品展等10余项大型文艺活动。市文联获得“新时代颂”2022江苏美术摄影联展优秀组织奖，市美术家协会获得优秀创作奖。常态化开展“深入生活、扎根人民”主题实践。加强“采创送种”创作基地和基层联络点建设，推进美协驻漫山岛计划项目、作协驻冯梦龙村创作等，以文艺助力乡村振兴。策划“江南廉韵时代征程”民间文艺采风创作，举办曲园菖蒲廉洁文化展、民族团结主题摄影巡展、古城非遗图片展、法治文化书法美术摄影系列展览等活动，创作巨幅美术作品《湖山青绿映初心》。开展“同心万里 艺美吴江”援藏慈善助学抗疫拍卖，各文艺家协会和新文艺群体联盟创作“笃悠悠漫画”等抗疫文艺作品。

【文艺品牌活动】 2022年，市文联推动“江南文化”品牌塑造。统筹市、县两级文艺品牌资源，举办“文载千年，艺动江苏”第二届江苏省灯谜文化节、“大美民间”——2022中国（南京）农民画优秀作品双年展苏州巡展，“守正创新”——长三角优秀青年书法家精品邀请展，举办“苏作百年”传统手工艺的当代学术研讨会，举办“挥写江南”——2022中国书法名城活动、“江南之窗”中国摄影艺术苏州论坛、第20届苏州民间艺术节、第23届虎丘曲会等，组织参加紫金合唱节、第四届“梦之声”合唱比赛等赛事。“赋彩新时代”——中国重彩画全国名家邀请展获评第四届中国苏州江南文化艺术·国际旅游节“最受欢迎的活动”。

【文艺志愿服务】 2022年，市文联完善志愿服务体系，常态化开展“百家百花惠百姓”文艺志愿服务活动，通过主题文艺志愿服务项目、文艺界社会组织优质项目、特色文艺创作基地项目等，为基层和群众提供文艺志愿服务。全年组织3千余人次志愿者开展各类文艺惠民100余场，线上线下惠及群众超过50万人次。与新时代文明实践中心、街道、社区、企业、社团等开展结对共建，与市文广旅游局、平江街道等8家单位联合成立“文蕴苏香”党建联盟。开展“我们的中国梦——文化名家进万家”“文化科技卫生‘三下乡’”“福满苏州”“泰伯大学堂”等文艺志愿服务品牌活动。市文联联合市青年商会实施“文艺赋能”计划。开展“美美有约·周末有艺——江南二十四集”党建共建活动。策划“文化润疆·美丽阿图什”采风活动。实施“苏州文化·家门口的好+”工程，建设曲园、文联新大楼、地铁艺术空间等阵地，将双塔市集等5个姑苏区市集“碎片空间”改造为文艺展示空间，获评2022年度苏州市精神文明建设“十佳新事”。线上做优做强“艺往吴前”文艺品牌和“云上文联”线上宣传平台，线下建设“数字文艺会客厅”，苏州市文联“数字赋能文联文艺工作高质量发展”项目获得全省文联工作创新奖。

【文艺家队伍建设】 2022年，市文联完善文艺人才培养机制。“三霞”人才计划被列入市委年度人才工作重点任务，全年扶持资助展览、展示、展演和出版等项目19个；实施文艺评论青年人才“双虹计划”，扶持青年文艺评论家10人；实施摄影人才梯队计划，扶持摄影家20人；“千百工程”“菁英培养计划”共培养学员150余人；实施体制外中青年作家签约制、青年作家文学创作导师制，扶持2名体制外作家和8名青年作家的创作项目。实施“明德行动”，引领文艺工作者践行《中国文艺工作者职业道德公约》，修订《关于加强市文联所属文艺家协会工作的意见》，发挥行业建设主导作用。发挥知名文艺家的表率作用，举办德艺双馨名家作品展，评选表彰“德艺双馨”文艺工作者7人、优秀中青年文艺工作者20人。加强对“文艺两新”（新文艺组织和新文艺群体）的服务引导。促进青年文艺之友平台建设，做好“文艺两新”合法权益保护工作，提高文联组织履行维权职能专业化水平，文艺维权工作在省文联维权工作会议上做交流。加强对“文艺两新”的团结，市文联第十二次代表大会代表中新文艺群体代表占比23.7%。联合团市委承办团中央“新兴领域青年”助力新经济大展，举办第二届“文艺两新”苏州青年艺术节。市文联团结引导“文艺两新”的经验做法在省文联“文艺两新”工作座谈会上做交流。

【苏州市文学艺术界联合会第十二次代表大会】 2022年12月16—18日，苏州市文学艺术界联合会第十二次代表大会在苏州人民大会堂召开。全市各县级市（区）、产（行）业文联、院校文联、各文艺家协会24个代表团的代表出席。大会审议通过市文联第十一届委员会工作报告；修改市文联章程；选举产生市文联第十二届委员会委员78人，选举王尧为市文联主席，选举市文联副主席8人；聘请名誉主席1人、顾问6人、名誉委员5人。

（市文联　糜鸣峰）

苏州市归国华侨联合会

【组织建设】 截至2022年底，苏州市有归侨侨眷和海外侨胞约20万人，侨资企业近3700家。苏州市归国华侨联合会（简称“市侨联”）拓展四级联动的侨联工作网络，覆盖全部县级市（区）和77个乡镇（街道）、34个村（社区）；有重点科研院所、科创园区、重点高校、行业机关、特色中学等新型侨联组织18家，市级侨界社团10个。年内，苏州高新区侨联、相城区侨联完成换届，吴中区光福镇成立侨联。姑苏区虎丘街道观景社区“红豆侨屋”、常熟市琴川街道枫泾社区“侨胞之家”被中国侨联表彰为2021—2022年度全国侨联系统侨胞之家典型选树单位。

【参政议政】 2022年，市侨联推进“建言工程”，召开参政议政工作会议，联络服务侨界人大代表、政协委员开展提案议案调研，反映社情民意。市两会期间，提交集体提案关注新侨科技人才研发创新，获评市政协优秀提案；侨联界政协委员递交个人提案19件。配合开展省政协侨联界委员到苏州调研活动，省、市政协委员围绕优化科技创新生态、助力高质量发展等交流建言。

【引资引智】 2022年，市侨联助力建设“归国人才首选城市”。加强“创业中华·赢在苏州”品牌工作，推荐苏州大学纳米科学技术学院院长李述汤获评中国侨界贡献奖一等奖，推荐15家在苏州侨企获评第四届江苏省优秀侨资企业。完善侨创载体建设，在重点科创园区、特色载体加强“新侨创新创业基地”建设，完善服务功能，新增省级侨创基地3家。开展“侨见青春·侨见你”系列活动，加强侨青联谊交流。苏州工业园区侨联开展“金鸡归巢”计划，立足优势产业，为出国和归国留学人员提供就学就业全周期服务；张家港市侨联举办“创业中华 侨汇港城”侨资侨智对接交流活动；常熟市侨联参与主办“智惠常熟 共创未来”海外高层次人才交流会；太仓市侨联协办“引凤工程创新营”太仓站活动；昆山市侨联参与承办“情系昆山 侨联四海”侨企沙龙；苏州纳米城侨联与苏州大学侨联合作推动产学研交流。全年各级侨联协助引进经济、科教等项目101个，推荐引进海外高层次人才37人，邀请和接待海外侨界人才回国98人次。

【侨益维护】 2022年，市侨联发布《苏州市侨联服务侨商侨企十条措施》，针对侨企“急难愁盼”问题，细化工作举措。召开“创业中华侨力助企”服务发展座谈会，由职能部门与侨资企业围绕助企惠企政策落实情况沟通答疑，构建侨企服务联动机制。促进“维权工程”，与市中级法院、市司法局等部门联动，加强涉侨纠纷多元化解工作机制建设，1件民事维权服务入选“江苏省侨界典型案例”，市侨联涉侨纠纷调解中心被市中级法院聘为涉侨纠纷特邀调解组织，受理人民法院“江苏微解纷”平台诉前调解1252件。开展归侨侨眷关爱帮扶工作，举办“喜迎二十大 关爱老归侨”主题慰问活动，发放慰问金12.7万元。与市卫生健康委合作开展“侨爱有医”医疗服务项目，为归侨提供就医便捷通道。组建苏州市“侨爱有我”志愿服务团，队伍规模650余人。策划开展“侨界公益行”品牌活动，联合香港周氏基金会推出首个公益项目“星光天使”，支持苏州残障儿童教育康复工作。全年各级侨联接待侨界来信来访33件次，为归侨侨眷解决实际问题33件。

【海外联谊】 2022年，市侨联发展壮大各级侨联海外顾问、海外委员队伍，整体规模超过100人。接待新加坡江苏会、印度尼西亚江苏商会等到访交流，扩大与海外友好侨团的联谊合作，开展海外招才引智联络站建设。发挥侨联海外联系优势，联合外事、出入境等部门为苏州籍乌克兰侨胞提供安全援助。围绕第九个南京大屠杀死难者国家公祭日组织开展“侨连五洲”主题活动。拓展市侨联青年委员会海外分会建设，总结首家海外分会落地多伦多的经验，加强对海外留学生群体的直接联系服务。

【中华文化海外传播】 2022年，市侨联联动张家港市侨联、常熟市侨联、吴江区侨联，承办“亲情中华·为你讲故事”江苏网上营苏州段活动，与19家海外华教机构合作，吸引9个国家的1400余名海外华裔青少年线上参与。新增省级华侨文化交流基地5家，推荐雷允上吴门中医馆入选省侨联“中医文化海外推广中心”、1名中医专家入选“杏林使者”，推荐黄天源食品有限公司入选省侨联“中餐文化海外推广中心”。联合市文广旅游局，支持多伦多苏州青年联合会参与多伦多“龙文化节”活动。常熟市侨联举办第四届侨界文化月活动，昆山市侨联举办“中餐惠侨”美食邀请赛，姑苏区侨联推动侨文化品牌建设，常熟市侨联与阿联酋江苏侨商总会、华侨图书馆合作建立“迪拜常熟书房”。

（市侨联　赵政华）

苏州市台湾同胞联谊会

【组织建设】 截至2022年底，在苏州定居的台胞有97户156人。在苏州学习、工作、生活的台胞约14万人。年内，苏州市台湾同胞联谊会（简称“市台联”）副会长邱峰当选党的二十大代表，并当选全国台联第十一届理事会理事。

【参政议政】 2022年，市台联与台商台胞保持经常性联系，通过座谈、走访、联谊等多种形式，听取台商台胞的意见和建议，参加市涉台部门的联动会议，反映台商台胞诉求。组织台联系统企业家、政协委员到苏州市古吴绣皇工艺有限公司，就苏绣传承创新、如何参与文化月活动等工作开展调研。在市政协十五届一次会议上，市台联提出《关于持续提升农村人居环境，高标准展现江南“水乡客厅”的建议》的集体提案，提出将持续提升农村人居环境作为夯实苏州率先基本实现农业农村现代化的重要抓手、深化持续提升农村人居环境内涵、打造一批农村人居环境整治先进和长效管理标杆、加大相关部门和“两委员一代表”对于农村人居环境整治提升工作的支持等建议。

【台胞服务】 2022年，市台联探索服务台商的工作内容和方式，邀请台商参加台联举办的各类活动，走访台资企业，了解其生产经营状况，并结合重大节日对台胞开展拜访慰问。市台联青委会在线上组织举办“同根童源迎六一，苏小台胞云亮相”活动，通过收集苏州0~18岁小台胞的成长照片，记录苏州青少年台胞的成长。市台联组织在苏州台胞开展沉浸式主题实践活动，激励在苏州台胞从党史中汲取智慧与力量。召开“台胞心向党 喜迎二十大”主题座谈会，学习贯彻习近平总书记在中央统战工作会议上的重要讲话精神，传达学习中共十九届中央政治局常委、全国政协主席汪洋在“九二共识”30周年座谈会上的讲话精神。

【两岸交流】 2022年，市台联推动两岸关系和平发展。市台联、市海峡两岸婚姻家庭协会组织举办庆祝妇女节线上活动，围绕“琴、棋、书、画、诗、酒、花”主题，采用网络直播的形式，开启“云聚会”新模式。组织100余名两岸单身青年和两岸婚姻家庭成员参加由江苏省台联主办、苏州市台联协办、苏州市海峡两岸婚姻家庭协会承办的“月圆两岸情定苏州”2022苏台青年交友联谊活动。市台联联合市委台办组织在苏州台胞台属召开专题学习贯彻党的二十大精神座谈会，并举办“苏州市台胞台属交流驿站”揭牌仪式。市台联青委会、市台协青委会举办“情暖腊八·福满苏城”2023送粥送福爱心迎新年活动，向相城区、昆山市的社区工作者、环卫工人等赠送腊八粥1200盒、春联1000份、围巾250条。

（市台联　孙　洁）

苏州市残疾人联合会

【组织建设】 截至2022年底，苏州市有持证残疾人14.27万人，其中肢体残疾人6.96万人、精神残疾人2.09万人、智力残疾人1.72万人、视力残疾人1.48万人、听力残疾人1.32万人、言语残疾人0.07万人、多重残疾人0.62万人。

年内，苏州市残疾人联合会（简称“市残联”）召开苏州市残疾人联合会第七次代表大会，选举产生市残联第七届主席团和执行理事会。完成各级残联组织换届。做好“残疾人之家”星级达标创建活动，建设“机制健全、功能完善、服务有力、覆盖城乡”具有苏州品牌特色的“残疾人之家”。全市累计建成“残疾人之家”255家，实现镇、街道全覆盖并向村、社区延伸。联合市委组织部、市委市级机关工委开展“海棠花红·善爱之家”党建助残先锋行动，首批市级机关12家党组织与12所“残疾人之家”结对开展党建助残行动。市残疾人阳光文体活动中心建成并进入试运行。

【残疾人权益保障】 2022年，市残联健全残疾人保障制度，联合医保部门出台政策，将所有持证精神残疾人全部纳入重症精神病门特项目，在全省率先实现精神残疾人免费基本用药，该项目获评省残联2022年度创新创优示范项目。截至年底，全市持证精神残疾人2.20万人，纳入重症精神病门特项目2.18万人，办理比例98.9%。做好残疾人民生兜底保障工作，全年发放残疾人社会保险补贴、托养补贴、托养机构保险补贴、残疾人团体综合保险、残疾学生和贫困残疾人家庭助学金、康复和辅助器具适配补贴等政策性补助5亿元。新冠疫情防控期间，向全市领取生活补贴的残疾对象、辅助性就业对象、盲人按摩机构在册从业人员三类对象发放一次性价格补贴990万元，覆盖3.3万名残疾人。

【社会扶残助残】 2022年，市残联举办第三十二次“全国助残日”系列活动启动仪式暨助残项目推介会。围绕困难残疾群众在食、住、医、行、教、康、体、游等方面的需求，定制残疾人助医助游助购、幸福亮居工程、童伴计划等81个助残项目，被爱心企业认领，动员社会资金1094万元。苏州市企业社会责任助残联盟成员单位扩大到192家。市残疾人福利基金会举办“这里有爱”系列捐赠活动，全年募集助残资金434万元，获评江苏省公益助残项目最具执行力奖和全省网络募捐工作突出贡献奖一等奖。

【残疾人文化体育】 2022年，市残联围绕“喜迎二十大”主题，组织公益巡演展览、歌咏比赛、无障碍观影、公共文化惠残配送、“五个一”系列活动，开展残疾人“学听跟”活动。组织“读书迎盛会，一起向未来”读书活动，开展残疾人读书活动200余场，参与人数8000人次。组织第九届残疾人社区型残疾人文体团队（小组）展评活动，全市142个团队、784名演员参演。组建苏州市参加江苏省第十一届残疾人运动会运动员队伍，获得金牌20枚、银牌13枚、铜牌3枚，居全省设区市前列。开展文化体育助残行动，组织第12届残疾人健身周、“共享芬芳，同筑美好”送文化下基层公益巡演、全市残疾人排舞比赛、“你我同行、乐享生活”野营活动等活动。

【残疾人先进典型选树】 2022年，市残联加大残疾人事业宣传力度，讲好残疾人奋斗故事，传递残疾人事业正能量。吴江区平望镇残疾人陆鸿创办的苏州缘跃纸制品有限公司，年营业额1300万余元，先后带动50余名残疾人脱贫致富。陆鸿的事迹受到《人民日报》、中央广播电视总台等报道，引发全国关注，陆鸿获评“感动中国”2022年度人物。身体残疾、勇救落水母女的李俊获评中央政法委见义勇为勇士、江苏好人、市道德模范。“视障男生”梁江波、“水晶球男孩”倪振威、双耳失聪的IT工程师邵志阳、“脑瘫博士”李麟青等的事迹也受到关注。太仓市中德融创工场的残疾人题材新闻专题片《有光》获得2022年度中国新闻奖。全年中央级媒体刊发苏州残疾人新闻报道18篇，省级媒体刊发93篇。

【苏州市残疾人联合会第七次代表大会】2022年12月21—22日，苏州市残疾人联合会第七次代表大会在苏州人民大会堂召开。167名残疾人代表参加。大会听取审议市残联第六届主席团工作报告；选举查颖冬为市残联第七届主席团主席，选举副主席12人；选举产生市残联第七届执行理事会，选举胡岚为理事长，选举副理事长3人。

（市残联　刘宁宁）

苏州市红十字会

【组织建设】　截至2022年底，苏州市有基层红十字会889个，博爱家园79个，团体会员265个，成人会员5.73万人，青少年会员21.00万人；有红十字志愿服务组织146个，注册志愿者1.6万人，全年累计志愿服务时长超过40万小时。年内，苏州市红十字会推动基层组织建设，在医疗机构成立红十字会10个；推动博爱家园融入新时代文明实践中心（所、站），新建博爱家园18个，依托博爱家园开展人道服务项目112个，参与新冠疫情防控1017次，惠及群众4万余人。

【应急救援】　2022年，苏州市红十字会加强应急救援能力建设，为红十字救援队配备桨板、救援机器人等新型装备，开展救援技能训练27场、综合演练2次，志愿服务34次。新冠疫情防控期间，应急救援队队员深入社区、学校、交通卡点等防控一线，参与样本转运、防疫消杀等，服务时长7512小时，累计消杀面积94万平方米。

【人道救助】　2022年，苏州市红十字会动员社会爱心力量参与人道救助，全年发放捐赠款物2550万余元，其中为四川泸定地震灾区等募集救灾款物566万余元，为新冠疫情防控募集专项资金约270万元。联合市康养集团启动“党建引领夕阳红”公益行动，以养老照护志愿服务补充政府养老体系；联合市民政局在姑苏区平江、金阊、沧浪3个街道为151名志愿者开展养老照护培训。组织实施“博爱青春”暑期志愿服务项目18个，3个项目入选省级支持项目，502名大学生志愿者面向血液病患儿、自闭症儿童和社区居民等开展志愿服务，累计服务1.1万小时，惠及群众4.4万人。参与对口帮扶，支援陕西省周至县51.7万元，帮助该地敬老院改善生活设施。

【应急救护培训】　2022年，苏州市红十字会“公益性救护培训”连续9年被纳入市实事项目，全年培训13.7万人，其中初级救护员2.2万人、普及性救护培训11.5万人。开展“救在身边·校园守护”行动，举办全市中小学校校医培训班，在全市高一新生中开展救护培训。联合市委市级机关工委举办2022年苏州市红十字应急救护职业技能竞赛。组队参加全省红十字会系统应急救护技能竞赛，获得团体一等奖和个人第一名。

【献血捐髓】　2022年，苏州市红十字会加大对无偿献血和造血干细胞捐献的宣传力度。苏州市连续7年被评为全国无偿献血先进市，造血干细胞捐献入库数量和成功捐献案例稳步增长。落实“志愿者保留”项目，完成回访1.8万人，造血干细胞捐献采样入库2346人份，实现捐献13例，累计成功捐献209例，列全省设区市第一位。昆山市捐献人数和入库人数列全国同类城市前列。9月16日，苏州市红十字会以成功捐献造血干细胞突破200例为契机，举办造血干细胞捐献20周年暨“世界骨髓捐献者日”主题宣传活动。其间，举办苏州市造血干细胞捐献志愿服务总队成立仪式。

【遗体和人体器官捐献】　2022年，苏州市红十字会提升遗体和人体器官捐献专业化、规范化水平。全年实现遗体捐献208例、器官捐献26例、角膜捐献161例，捐献数量均列全省设区市前列。清明前夕，举办“致敬捐献者云上缅怀”活动，服务捐献者家属。

（市红十字会　肖　卫）

2022年9月28日，2名志愿者成功捐献造血干细胞　（市红十字会　供图）

编辑：王亦文

法治

综述

【全面依法治市统筹部署】 2022年，苏州市召开市委全面依法治市委员会及其办公室、各协调小组会议，谋划部署全面依法治市工作。市委理论学习中心组召开习近平法治思想专题学习会，全市组织开展习近平法治思想“四个专题”活动，举办学习贯彻习近平法治思想专题培训，实现法治部门培训轮训全覆盖。印发《关于深入学习贯彻习近平法治思想加快建设更高水平法治苏州的实施意见》，对法治建设“一规划两方案”工作目标再提升、工作任务再深化。制定市委全面依法治市委员会2022年工作要点，完成7类41个方面66项年度重点工作任务。印发《苏州市新时代法治人才培养实施规划（2021—2025年）》，完成全市“十四五”时期法治人才建设总蓝图设计。实施全面依法治市立法、执法、司法、守法普法领域“四个专项行动”，调整更新委员会及“一办四组”成员单位，促进委员会“一办四组”发挥协调协同作用。全面开展党政主要负责人专题述法工作，加强法治建设“第一责任”。开展第14轮“关爱民生法治行”活动，以项目化实施26项市级、251项县级市（区）民生法治实事项目。完成中央、省委市县法治建设工作督察，20余项工作经验获得中央督察组肯定。“行政立法全流程质量监控体系”获评第六届中国法治政府奖，“苏州构建法治化营商环境四大体系建设”“苏州法治督察工作经验”被中央依法治国办推广。“创新探索新时代行政执法的张家港样本”获评全国法治政府建设示范项目。常熟市入选全省法治政府建设示范市。

【科学立法推进】 2022年，苏州市编制立法计划和立法规划，建立兼顾全市各方面中长期发展需要的、具有前瞻性和科学性的立法项目库，提升立法科学化水平。推进重点领域、新兴领域立法，完成《苏州市平安建设条例》《苏州市城市绿化条例》《苏州市数据条例》等14件地方性法规和《苏州市公园管理办法》等8件政府规章“立改废”工作。在新兴领域重要地方性法规制定过程中引入第三方评估专项行动，解决和处理立法争议。通过基层立法联系点、“立法民意直通车”“数字门牌+立法征求”、微信公众号、App等多种方式促进公众参与立法。促进各县级市（区）人大常委会听取和审议备案审查工作情况报告的全覆盖，制定并备案市政府行政规范性文件9件，市政府部门、县级市（区）政府行政规范性文件46件。全市行政规范性文件自查自审适用率、合法性审核率均为100%。

【执法规范化建设】 2022年，苏州市召开全市法治政府建设暨推进基层执法规范化建设工作会议，巩固示范创建成果，推动各县级市（区）、市级机关争创全省、全国法治政府建设示范市（县、区）和项目。发布《苏州市法治化营商环境建设指数评估报告（2020—2021年）》，建立评估报告动态调优、常态发布、跟踪整改机制，发布涉企“免罚轻罚”清单3.0版和不予实施行政强制措施清单，成立全国首家涉外法治研究院地方分院，研究制订《苏州市法律服务业高质量发展三年行动计划（2023—2025年）》，促进苏州市法律服务产业高质量发展的扶持政策，律师、公证、司法鉴定、仲裁等行业相关实施方案，优化法治化营商环境。召开规范基层综合行政执法现场会，开展规范基层综合行政执法十项专项行动，促进严格规范公正文明执法。严格“三项制度”落实，“区块链+公证”行政执法全过程记录试点项目入选全国数字化转型优秀案例。推进行政复议体制改革，加强行政复议规范化建设，建立府院协同化解机制，成立常熟市、昆山市、吴江区、相城区“行政争议协同化解工作站”。行政行为自我纠错，在复议咨询、复议申请时调解引导，市本级受理的行政复议案件实质性化解率47.95%。建立行政复议和行政诉讼案件过错责任处理制度，全市行政诉讼案件“两降一升”。2022年全市法院受理一审行政诉讼案件1519件，下降3.7个百分点；行政机关败诉率5.56%，下降0.74个百分点；行政机关负责人出庭应诉率100%，提升1.2个百分点。

【司法制度建设】 2022年，苏州市印发加强政法领域执法司法制约监督制度机制建设的实施方案，构建全方位、多层次、立体化的执法司法制约监督新格局。发布严格审判权运行制约监督工作意见，健全完善审判权制约监督体系。落实加强新时代检察机关法律监督工作的实施办法，同步健全完善办案衔接、内外监督、信息共享、能力提升“四大机制”。推进审级职能定位改革试点工作，加强“融诉服”“异转同”“云庭审”等在线办案平台建设，网上立案20.3万次、在线庭审8.4万场、不见面执行2.2万件。深化执行管理体制改革和数字化转型，相关成果入选中国社会科学院发布的法治蓝皮书。妥善办理教育、医疗、住房、消费等民生案件，1起生产、销售假药案入选全国法院维护药品安全十大典型案例。大运河、太浦河流域生态环境行政公益诉讼系列案获评最高人民检察院典型案例。

【法治社会建设】 2022年，苏州市健全普法责任制，构建多层次、立体化、全方位的法治宣传教育网络。围绕党的二十大召开，全市政法机关开展系列安保活动，维护社会平安稳定。推进“八五”普法规划，把学习宣传习近平法治思想作为全民普法工作的首要任务，推动习近平法治思想“线上+线下”系列宣传活动形成常态化机制。发布全省首份法治社会建设工作要点，探索“订立规矩、重塑习惯、涵养法治”法治社会建设模式。启动全国公民法治素养提升行动试点，全面实施法治素养“四大工程”，举办第八届法治文化节，开展苏扇、桃花坞木版年画等“法治非遗课堂”系列活动。实施市域社会治理现代化2022年“八心工程”40+项目，加强民主法治示范村（社区）动态管理。全市新增培育“法律明白人”1万人、第二批“援法议事”省级典型范例20个，在全市范围内精选23个小区分类开展法治小区建设试点。

（市委依法治市办　黄邦静）

人大立法

【概况】 2022年，苏州市人大常委会立足全市实际，坚持科学立法、民主立法、依法立法，全年制定地方性法规4件，修订1件，修改7件，废止1件（《苏州市集贸市场管理条例》），开展法规清理3批。发布《苏州市第十七届人大常委会立法规划》，安排体现地方特色、反映人民群众需要的93件立法项目。

【地方性法规制定】 2022年，苏州市人大常委会制定地方性法规4件。

《苏州市平安建设条例》制定　贯彻落实总体国家安全观，通过构建风险防范、网格化社会治理、社会矛盾纠纷多元预防调处化解等机制，围绕专项领域、突出问题的排查整治和重点人群的服务管理，建立健全全社会共同参与的工作格局，为建设更高水平的平安苏州提供法治保障。《苏州市平安建设条例》包括“总则”“风险防范”“重点治理”“社会参与”“监督保障”“附则”6章52条，于8月25日经苏州市第十七届人民代表大会常务委员会第三次会议通过，9月29日经江苏省第十三届人民代表大会常务委员会第三十二次会议批准，自2023年1月1日起施行。

《苏州市数据条例》制定　这是苏州市重点领域和新兴领域的一项重要立法，被江苏省人大常委会法工委列为2022年全省设区市3个立法精品培育工程项目之一。《苏州市数据条例》首创性地对公共数据、企业数据和个人数据分别定义，是全国唯一涵盖三类数据的综合性地方性法规，从多重维度推进数据权益保护，构建高效的公共数据治理体系，促进企业合规释放数据价值，探索以人为本的个人数据管理模式，规定“数据赋能发展”系列举措，支持数据要素市场发展，建设数据安全底线，为苏州市数字经济发展提供基础性制度保障。《苏州市数据条例》包括“总则”“数据资源”“发展和应用”“数据要素市场”“促进和保障”“数据安全”“法律责任”“附则”8章70条，于10月28日经苏州市第十七届人民代表大会常务委员会第四次会议通过，11月25日经江苏省第十三届人民代表大会常务委员会第三十三次会议批准，自2023年3月1日起施行。

《苏州市终身学习促进条例》制定　作为全国首部终身学习的专项地方立法，针对终身学习领域人民群众普遍关注的社区教育、老年教育等问题，构建“方式更加灵活、资源更加丰富、学习更加便捷”的终身学习体系，满足人民对美好生活的新期待，为促进人的全面发展、推进学习型社会建设，提供坚强法治保障。《苏州市终身学习促进条例》包括“总则”“学习权利”“政府推进”“社会参与”“保障促进”“附则”6章43条，于12月30日经苏州市第十七届人民代表大会常务委员会第五次会议通过，2023年1月12日经江苏省第十三届人民代表大会常务委员会第三十四次会议批准，自2023年6月1日起施行。

《苏州市大运河文化保护传承利用条例》制定　围绕贯彻落实中央关于大运河文化带和国家文化公园建设的重大决策部署，注重以大运河文化遗产保护为重点，以“四规协同”为引领，突出数字大运河建设，整体保护传承利用大运河文化，推动优秀传统文化创造性转化、创新性发展，让“流动的文化”更好融入当下、传承后世。《苏州市大运河文化保护传承利用条例》包括“总则”“规划和保护”“传承和利用”“法律责任”“附则”5章42条，于12月30日经苏州市第十七届人民代表大会常务委员会第五次会议通过，2023年1月12日经江苏省第十三届人民代表大会常务委员会第三十四次会议批准，自2023年5月1日起施行。

【地方性法规修改】 2022年，苏州市人大常委会为适应最新改革发展需要、保证法治统一，修订地方性法规1件，修改地方性法规7件。

《苏州市城市绿化条例》修订　作为2022年民生领域立法项目，修订后的《苏州市城市绿化条例》提出建设公园城市的目标，建立永久性绿地保护制度，对闲置建设用地提出临时绿化要求，细化《江苏省城市绿化管理条例》关于树木移植、砍伐以及其他破坏绿化的禁止性行为规定，并对破坏绿化违法行为设置小额罚款，提升基层执法的便捷性。

《苏州市养犬管理条例》修改　修改后的《苏州市养犬管理条例》根据《中华人民共和国动物防疫法》最新规定和机构改革的需要，细化各部门、镇、街道以及居民委员会、村民委员会相关养犬管理职能，明确动物诊疗机构的狂犬病强制免疫要求。

6件法规修改　年内分2批修改《苏州市河道管理条例》《苏州市道路交通安全条例》《苏州市生活垃圾分类管理条例》《苏州市古建筑保护条例》《苏州市轨道交通条例》《苏州市禁止开山采石条例》6件法规。

（市人大常委会办公室　郑祺亮）

政法委与综治

【概况】 2022年，苏州市政法系统坚持以习近平法治思想为指引，贯彻落实《中国共产党政法工作条例》，推进平安苏州、法治苏州建设，担负起维护国家安全、社会安定、人民安宁的重大责任，各项工作取得成效。完成党的二十大召开前后苏州市的安全稳定工作等重大安保任务，全市刑事案件数连续6年下降，群众安全感达到99.33%。

【平安苏州建设】 2022年，苏州市健全完善平安建设领导责任制和协调机制，常态化开展系列平安创建，动员组织1.8万名基层联防联治力量对全市重点部位、重点涉稳风险逐一排查。全市刑事案件数连续6年下降，“盗抢”等重点接触式违法犯罪警情较2020—2022年均值下降22%，交通健康指数在全国机动车保有量超过400万辆的城市中常态保持第一位，群众安全感99.33%。

【法治苏州建设】 2022年，苏州市发布《关于深入学习贯彻习近平法治思想 加快建设更高水平法治苏州的实施意见》，明确6个方面走在全省全国前列的目标。举办习近平法治思想专题培训班，发布《苏州市新时代法治人才培养实施规划（2021—2025年）》，谋划推进法治人才建设。筹备全国依法治国办督查迎检工作，依法防控疫情、免罚轻罚清单、执法案卷评查等15项工作获得督察组肯定，"以法治督察推动法治建设提质增效"获得中央依法治国办推广和省委主要领导批示肯定，"行政立法全过程质量监控体系"经验获评第六届中国法治政府奖。

【安全稳定工作】 2022年，苏州市健全社会稳定风险联合研判和合成处置工作机制，开展重大涉稳群体性风险事项挂牌督办专项行动，完成党的二十大召开前后、第五届进博会期间苏州市的安全稳定工作任务。市信访联席办牵头开展集中治理重复信访、化解信访积案专项工作，化解中央和省交办的信访突出问题，社会大局总体保持平安稳定。

【扫黑除恶斗争】 2022年，苏州市推进常态化扫黑除恶斗争，完成迎接配合全国扫黑办特派督导任务，开展《中华人民共和国反有组织犯罪法》宣传贯彻、重点案件线索挂牌督办、新三大行业领域整治和"无黑城市"建设等工作。新增公诉恶势力犯罪集团2个，新侦办恶势力犯罪集团5个、"多人多起"涉恶组织10个，侦破9类涉恶案件745起，刑拘相关犯罪嫌疑人781人，人民群众对扫黑除恶斗争满意度得到提升。苏州市检察院获评全省优秀"三书一函"评比一等奖。

【市域社会治理现代化建设】 2022年，苏州市按期完成市域社会治理现代化2022年"八心工程"40+项目，"'五朵金花'映秀'苏城之治'"经验成效获得省委领导肯定。部署推进特殊困难群体救助帮扶和妇女儿童权益保障问题专项排查整治，全市救助被侵害妇女儿童119人，未发生冲击社会道德底线和公众安全感的恶性案件。推进打击整治养老诈骗专项行动，抓获犯罪嫌疑人991人，查冻扣涉案资金8.3亿元。推进县级市（区）、镇（街道）两级"一站式"矛盾调解中心实体化建设，全市矛盾纠纷源头化解率95%以上，"枫桥式"村（社区）共建率超过60%。

【服务保障经济社会发展】 2022年，苏州市优化法治化营商环境，发布《关于充分发挥政法职能助力企业复工复产的十条举措》系列政策文件，落实助企纾困12项措施，帮助市场主体特别是中小微企业减负纾困。优化涉企制度发布程序，全面清理涉及民营经济发展的规章和规范性文件，协调解决民营企业合法权益保护中的重大问题。推进"执破融合"改革，妥善审理劳动争议纠纷案件，实现劳动者和民营企业"双保护"。坚持宽严相济的涉企执法政策，规范执行涉企"免罚轻罚"和不予实施行政强制措施"两张清单"，全面推行证明事项告知承诺制，推行涉企案件快办速裁机制，办理涉企"免罚轻罚"行政案件6.32万件，依法减轻市场主体负担。

【政法领域改革创新】 2022年，苏州市加强党委政法委对政法单位的监督指导，开展全方位案件评查4680件次，督促提升政法机关办案质量。创新开发苏州市扫黑除恶大数据综合应用平台，获评2022年全国政法智能化建设创新案例。苏州市中级人民法院执行管理体制改革和数字化转型成果入选中国社会科学院发布的法治蓝皮书，苏州市人民检察院破产领域虚假劳资债权法律监督模型获得全国检察机关大数据法律监督模型竞赛一等奖。苏州市司法局"搭建'关证一链通'信息平台助力优化苏州自贸片区营商环境"获评"中国公证十大案例"。

【政法队伍建设】 2022年，苏州市政法机关学习宣传贯彻党的二十大精神，组织开展培训班、辅导讲座和"大学习、大讨论、大调研"交流研讨等活动。贯彻落实《中国共产党政法工作条例》和市委实施办法，完善党领导政法工作制度体系。举办全市政法领导干部加强政治建设专题研讨班、全市政法系统优秀年轻干部强化培训班，对20家县级党委政法委和政法单位开展政治督察，落实新时代政法干警"十个严禁"、防止干预司法"三个规定"等制度，开展廉政警示教育18次。加强典型培育选树，申报省"333高层次人才培养工程"4人。人民群众对政法机关和政法队伍满意度96.86%。

（市委政法委　郑　勇）

法治政府建设

【概况】 2022年，苏州市学习宣传贯彻党的二十大精神，贯彻习近平法治思想，落实中央、省、市委决策部署，推进依法行政，开创法治政府建设新局面。市委十三届四次全会通过《中共苏州市委关于深入学习贯彻党的二十大精神在新征程上全面推进中国式现代化苏州新实践的决定》，市委全面依法治市委员会印发《关于深入学习贯彻习近平法治思想加快建设更高水平法治苏州的实施意见》，市委、市政府联合印发《苏州市法治政府建设实施方案（2021—2025年）》。试点开展县级市（区）部门、镇（街道）党政负责人向依法治市（区）委员会述法评议工作，发布《苏州市法治督察工作规程（试行）》，将镇（街道）依法行政纳入督察范围。构建法治化营商环境保障体系建设等20项工作被中央督察组肯定。"以法治督察推动法治建设提质增效"被中央依法治国办通报表扬，省委主要领导和省委政法委主要领导分别批示全省推广学习。

【行政立法】 2022年，苏州市编制立法计划规划。市政府印发《苏州市人民政府2022年立法计划和立法规划（2022—2026年）》，围绕中心工作安排26个项目，突出地方特色，涵盖重点领域、新兴领域。完成相关法规的审查清理。审核完成《苏州市平安建设条例》（制定）《苏州市城市绿化条例》（修改）等7件地方性法规与《苏州市地方政府储备粮管理办法》（制定），专项清理《苏州市道路交通安全条例》（修改）《苏州市市民体育健身条例》（修改）等8件地方性法规。提高规范性文件管理水平。全年制定市政府行政规范性文件9件、市政府部门行政规范性文件31件、县级市（区）政府行政规范性文件22件，合法性审核率100%。组织开展全市规章和行政规范性文件全面集中清理工作，梳理市政府行政规范性文件269件、规章60件。组织开展水能资源开发利用相关地方性法规规章行政规范性文件清理工作。

【重大行政决策】 2022年，苏州市贯彻落实重大行政决策程序。公布深化出租车改革等7个市级重大行政决策事项，落实公众参与、专家论证、风险评估、合法性审查、廉洁性审查、集体讨论决定等法定程序，做好2021年度决策事项后评估工作。加强决策监督和责任追究。将重大行政决策纳入法治督察范围，检查各地落实情况，实行"一对一"反馈，将结果通报各地党委政府。完善工作机制。加强决策目录管理和网上运行机制，完善平台功能，提高时效性和精准性，实现数据报送常态化、报送标准规范化。

【行政执法】 2022年，苏州市开展基层综合执法规范化建设专项行动。印发《关于开展全市公正文明规范执法专项提升行动的实施方案》，在全市实施10个专项行动，统筹行政执法事前、事中、事后全流程管理。开展全市行政执法领域管理服务事项外包情况摸底清理行动和专项检查，规范政府购买服务行为。组织开展基层综合执法赋权事项专项评估，完善机制，提高赋权针对性、有效性。推进包容审慎监管。推进企业行政合规指导清单制度，建立健全涉案企业合规第三方监督评估机制，聘任首批企业合规第三方机制专业人员。梳理制定涉企行政执法"免罚轻罚"清单3.0版455项，覆盖市、县级市（区）及镇（街道）。提升执法队伍能力水平。全市各地各部门组织执法人员培训1466场次，培训人数51047人次；组织开展执法辅助人员培训1005场次，培训人数54455人次。组织网上公共法律知识培训，举办第三届苏州市文化市场综合执法岗位练兵技能竞赛，开展市级机关全国统一行政执法证件申领资格考试。

【行政复议】 2022年，苏州市发挥行政复议化解争议主渠道作用，提高行政复议实质性化解率。全年约30%行政争议在复议接待环节得到实质性化解，市本级受理复议案件实质性化解率47.95%。依法依规处理复议案件。市司法部门承办市政府行政复议案件657件（新收及旧存）。年内新收医疗保障救助、商品房交易监管、卫生投诉处理等新领域、新类型行政案件。经审查后，复议直接纠错6件，直接纠错率1.50%，实质性化解171件，实质性化解率42.75%，年度综合纠错率44.25%。

【行政应诉】 2022年，苏州市司法部门承办市政府行政应诉案件204件，均完成答辩、举证和出庭应诉。承办检察行政监督案件1件，承办省政府和市政府被复议案件8件。各类案件办理合计870件。

【政府依法履职】 2022年，苏州市优化营商环境制度保障。市委、市政府发布《苏州市优化营商环境创新行动2022》，明确20个方面重点工作，推出100条改革举措。深化"放管服"改革。对接省级事项赋权工作，对苏州自贸片区已赋权事项梳理优化。推进"一网通办"改革，迭代更新"一网通办"政务服务平台大厅服务管理系统、完善服务标准，建立长三角"一网通办"窗口堵点问题协调联动机制，提升跨区域服务能力。扩大"一件事"改革覆盖面，首批推出企业开办、入学、购房、异地就医等19个高频事项"一件事一次办"。服务市场主体。优化营商环境、赋权事项，发布《苏州市法治化营商环境建设指数评估报告（2020—2021年）》，在全国首家公布关于法治化营商环境评估"指数"，对10个县级市（区）和48个参评市级部门详细列明包含依法行政的各项指标得分情况。

【政府权力监督】 2022年，苏州市加强行政权力制约和监督，促进行政权力规范透明运行。建立健全行政机关负责人出庭应诉联络和情况通报机制，实现行政机关负责人"出庭出声出效果"，全年全市行政机关负责人出庭应诉率100%。加强行政执法监督检查。组织开展重点领域行政执法专项监督，全年全市开展执法监督检查56次、发放监督建议书16份、处理执法投诉2个。形成多元监督合力。及时研究处理人大、政协意见建议，相关满意率95%以上。依托12345服务热线、"寒山闻钟"平台等，健全社会监督机制。

【矛盾纠纷化解】 2022年，苏州市完善矛盾纠纷多元化解机制。加强非诉讼纠纷服务中心、各级社会治理现代化指挥平台及其他民意收集反馈平台之间的信息共享和联动，推进"苏解纷"非诉平台应用，完善人民调解、行政调解和司法调解"三调联动"机制。推动行政争议实质性化解。印发《苏州市行政复议和行政诉讼案件过错责任处理暂行办法》。开展全市行政诉讼案件"两降一升"专项行动，全力压降行政诉讼案件量和败诉率。

（市司法局 卢汉杰）

公 安

【概况】 2022年，苏州市公安机关以党的二十大召开前后苏州市的安全稳定为首要政治任务，以"市县主战、派出所主防"为方向，以建设"公安工作现代化先行示范区"为奋斗目标，确保全市社会大局稳定。苏州市吴江区公安局吴江经济技术开发区派出所副所长王恩鹏被中共中央、国务院授予全国"人民满意的公务员"称号。在全国公安系统英雄模范立功集体表彰大会上，苏州市4个集体、7名个人获得表彰，数量列全省设区市第一位。其中，张家港市公安局法制大队被中共中央、国务院授予"全国模范公安单位"称号。全年全市公安机关179个集体、2008人次受到各类表彰，其中部级以上荣誉24个、厅级以上荣誉268个。

【安保工作】 2022年，苏州市公安机关把党的二十大召开前后苏州市的安全稳定作为贯穿全年的主题主线和头等大事，抓好各项安保措施落实，实现"三个确保"（确保组织推进到位、确保风险化解到位、确保责任履行到位）的目标。构建上下协同、整体联动的组织指挥体系。健全完善安保机制。开展送奖上门、集中授奖、在岗表彰等活动57次、800余人次，增配应急处置装备、移动警务方舱。常态化开展党政公安联合督导督查，市委、市政府分管领导带队下沉督导，市级层面成立10个驻点督导组，督办整改问题隐患。

【社会治安】 2022年，苏州市公安机关实施"数智公安"计划，开展社会治安防控体系建设，提升打防社会治安违法犯罪能力水平。

社会治安防控体系建设 开展首批全国社会治安防控体系建设示范城市创建，完善苏州特色的社会治安防控体系。升级社会面巡防体系，建设运行警务工作站81个，建立警种部门支援派出所机制，开展见人、见车、见灯、见装备"四见"行动，最大限度屯警街面，提高快速反应效率，增强震慑力。2022年，违法犯罪警情、刑事案件数分别下降7.1%、10.2%，"盗抢骗"等重点接触式违法犯罪警情较2020—2022年均值下降22.0%，涉娼、涉赌警情分别下降28.1%和10.8%。

社会治安违法犯罪打击 发起"清源断流""昆仑2022""长江禁渔2022"、打击整治养老诈骗、夏季治安打击整治"百日行动"、打击整治侵财犯罪"冬季攻势"、打击整治涉娼违法犯罪等专项行动，严厉打击侵害妇女儿童权益、电信网络诈骗、黑恶势力等突出违法犯罪，增强"严打"震慑效应，破获公安部督办大案、要案47起。深化专业化刑事侦查改革，全市"两抢"、盗窃、街面诈骗等4类侵财案件平均破案周期缩短50.9%，8类重点案件破案率91.3%。

【刑事犯罪侦查】 2022年，苏州市公安机关坚持命案必破、黑恶必除、侵财必打、枪患必治，完善打击犯罪机制，推进打击整治攻坚。

“苏安行动” 刑侦部门按照实施方案组建工作专班，全天候实体化运作，开展“全警大走访”活动，坚持直接走访重点对象和组织指导条线开展走访两种方式并行，走访重点部位场所1919家，排查各类隐患和线索，遏制和减少刑事案件发生。

打击整治侵财犯罪“冬季攻势” 截至年底，全市接报盗窃电动车（电瓶）警情119起，下降38.3%；接报入室盗窃警情151起，下降18.4%；接报电诈警情1086起，下降5.9%；两类盗窃案件共追赃挽回经济损失136.5万元，20名重点人员中4名被处理，20串案件侦破3串，20起百万元以上电信网络诈骗案件侦破4起。

常态化扫黑除恶斗争 年内，新增公诉恶势力集团2个，新侦恶势力犯罪集团5个，在侦在诉涉黑人员10人、涉恶集团18人，在侦在办“多人多起”涉恶案件犯罪团伙10个，侦破寻衅滋事、聚众斗殴、非法拘禁等9类涉恶案件575起，刑拘嫌疑人777人；破获首个医疗卫生领域“黑救护车”寻衅滋事案，消除交通领域酒驾敲诈团伙2个。

电信网络诈骗犯罪打击防范 截至年底，电信网络诈骗案件立案2.8万起，下降4.6%。资金查控方面，全市涉诈账户查控率92.6%，国家反诈大数据平台查控手续合格率居全省前列，可返还账户数上升11.3%。预警劝阻方面，全市万条预警发案数2.61起。打击破案方面，破获电信网络诈骗案件3027起，抓获5655名犯罪嫌疑人；抓获“两卡”人员4408人，消除涉案团伙195个。

传统侵财犯罪打击防范 开展“打击两抢一盗专项行动”、打击传统侵财犯罪专项行动以及夏季治安整治百日行动等专项行动。截至年底，“两抢”发案66起，全部实现快侦快破；盗窃发案15982起，下降23.76%，其中居民室内盗窃发案下降34.21%，盗窃非机动车发案下降14.43%，盗窃案件破案率45.99%，提高5.42个百分点。

打击拐卖妇女儿童专项攻坚行动 截至年底，立涉拐现案14起（含撤案5起），抓获犯罪嫌疑人20人；破涉拐积案2起，抓获犯罪嫌疑人4人；排查疑似拐卖妇女儿童线索25条，疑似被拐卖妇女儿童27人。

【经济犯罪侦查】 2022年，苏州市公安机关开展“猎狐”专项行动、“歼击22”专项行动、打击非法集资专项行动、涉税专项行动等，打击和防范经济犯罪，防范化解经济社会领域各种风险隐患。

“猎狐”专项行动 经侦部门梳理在逃境外的55名在册逃犯相关信息和线索，按“一人一档”动态管理的要求，明确责任人，制定个性化追逃方案。吴中分局经侦大队抓获潜逃泰国的“红通”逃犯，破获重大组织、领导传销活动案1起。截至年底，全市抓获境外逃犯13人，申请上报红色通报6人，刑事司法协助请求书1份。

“歼击22”专项行动 全市发起洗钱领域全国集群战役2起、数据协同2起，共计抓获犯罪嫌疑人30余人。年内，全市立洗钱案件19起，破案8起，新增洗钱案判决8例。

打击非法集资专项行动 把“去存量”“防反弹”作为打击非法集资犯罪工作的首要任务，排查梳理存量风险、在侦陈案，一案一策、挂图作战，常态化督导陈案化解工作，全面推行领导包案。截至年底，全市化解非法集资陈案122起，化解率54.95%。

涉税专项行动 围绕打击骗取留抵退税、打击骗取出口退税等重点任务，排查重点行业、重点领域的犯罪线索，分析地区涉税犯罪特点，打击全省首起以虚开手段骗取留抵退税案等一批重特大涉税案件。联合税务稽查部门开展对加油站市场检查整治、人力资源行业虚开骗取留抵退税专项、网红偷逃税款追缴等多项协税护税工作。

【禁毒工作】 2022年，苏州市公安机关禁毒部门推进“苏安行动”“百日行动”和禁毒“清源断流”行动，走访易制毒企业、吸毒人员及家庭，排除吸毒人员肇事肇祸、制毒物品流失风险隐患，增强全民禁毒氛围，挤压涉毒违法犯罪空间，确保吸毒人员肇事肇祸案事件、涉易制毒化学品安全生产事故、重大涉毒舆情炒作事件“三个不发生”。

毒品犯罪案件侦破 年内，侦破“2021-177”“2022-24”等系列部督案件。苏州市侦破系列走私贩卖麻精药品案受到公安部通令嘉奖。全年累计破获毒品犯罪案件78起，下降60.6%，抓获涉毒犯罪嫌疑人145人，下降66.4%，缴获各类毒品10.97千克，下降38.6%。

吸毒人员查处 发挥禁毒数据作用，运用数据模型开展涉毒人员专题研判。全年累计查处吸毒人员人数下降43.8%。

禁毒宣传教育 加强禁毒宣传教育基地建设。组织开展“禁毒宣传进万家”“青盾计划”“七彩夏日”等线上线下禁毒宣传共计近1000场次，受教育群众5000万余人次。修订并下发青少年毒品预防教育读本。组织发动全市68.92万名大中小学生参加全国青少年禁毒知识竞赛线上答题。举办“6·26”国际禁毒日特别活动。中央电视台综合频道《新闻联播》栏目连续4年报道苏州禁毒工作成效。

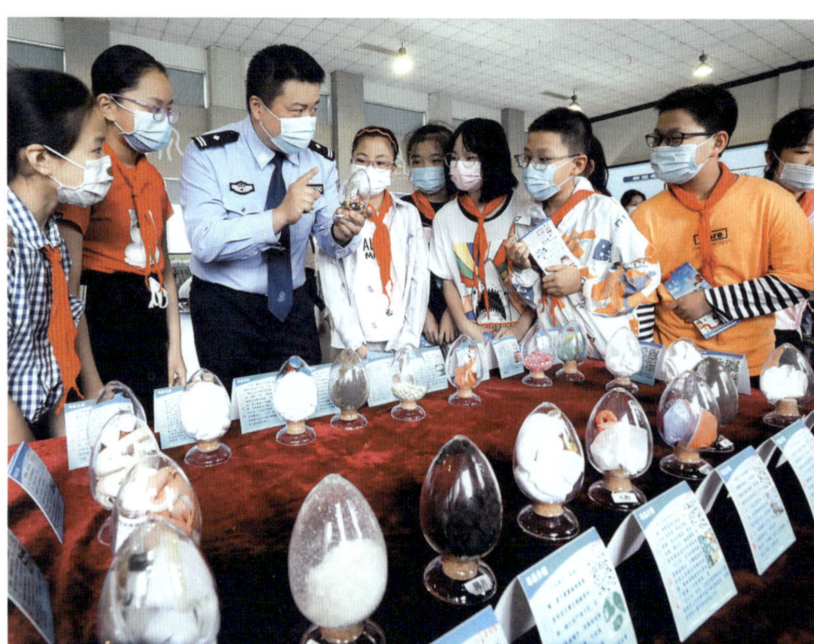

2022年6月10日，公安民警在苏州市敬文实验小学开展禁毒宣传教育
（华雪根 摄）

【安全隐患排查】 2022年，苏州市公安机关滚动排查整治消防安全、危险物品监管等方面风险隐患，防止重特大事故和有恶劣影响事故发生。

消防安全风险排查整治 市政府发布加强和改进“331”治理机制工作意见。会同应急、消防部门和属地党委政府，围绕出租房（群租房）、“三合一”场所、小餐饮场所和电动自行车4个重点领域，开展显性隐患“回头看”和隐性隐患“兜底翻”，用好三级挂牌督办机制和督查、检查、夜查“三查”措施，坚决遏制“小火亡人”事故。全年排查整改火灾隐患9.6万处，“331”领域未发生亡人火灾事故。

危险物品监管 推进安防达标工程建设，构建立体化溯源管控体系，督促责任单位落实内部防范、制度执行、流向监管措施。全年检查危险物品单位2.2万家次，排查整改隐患214处。开展集中清查收缴非法枪爆物品专项行动，管控易燃易爆、易制毒化学品和散装汽油等危险物品。

【道路交通安全管理】 2022年，苏州市公安机关推进道路交通事故“减量控大”。系统推进实施安全护畅、道路疏畅、文明提畅“三大任务”，实施“零死亡”创建、大型车辆管控、农村隐患治理“三项攻坚”，推进总量控制、工程改造、组织优化“三项突破”，开展友好提质、宣传提效、勤务提升“三项行动”，全市道路交通管理质态继续提升，全市道路交通亡人事故数、亡人数均分别下降20.9%和20.8%。针对群众反映强烈的治堵难题，创新实施城市道路交通“苏畅”工程，“一点一策”开展研究治理，市区高架、古城路网平均车速分别提高8.9%、11.6%。截至年底，苏州市机动车保有量507.3万辆，其中汽车保有量499.6万辆，列全国城市第五位；全市机动车驾驶人564.6万人，汽车驾驶人555.1万人；全市电动自行车保有量1028.8万辆。苏州交通健康指数在全国机动车保有量超过400万辆的城市中保持第一位。

【户籍管理】 2022年，苏州市深化户籍制度改革，开展实时人口登记管理攻坚行动，解决无户口人员落户问题，调优完善流动人口积分落户管理办法，实施长三角区域户口迁移、户籍类证明出具以及新生儿入户“跨省通办”工作，全年累计办理长三角区域跨省户口迁移47024人次、户籍事项证明4215项，长三角新生儿入户954人次，办理全国范围户籍迁移“跨省通办”10149人次。

【出入境管理】 截至2022年底，苏州市常住境外人员6.4万人（外国人25711人、台湾居民35104人、港澳居民3417人），境外人员住宿登记15万余人；受理、审批、签发各类出国境证件、签注33576件次，受理、审批、签发境外人员签证证件15631件次；受理外国人永久居留申请314人。

【公安政务服务】 2022年，苏州市公安机关围绕市委、市政府关于产业创新集群发展、数字苏州建设、古城保护更新等部署要求，优化公安政务服务，保障苏州社会主义现代化强市建设。全市公安政务服务满意度99.4%。

市域社会治理现代化推进 融入市域社会治理现代化示范城市、全国社会治安防控体系建设示范城市和全国文明典范城市创建活动。建设运行市、县两级公安基础管控中心，实现对各类治安要素的统一管理；发挥二维码门牌全市100%覆盖的优势，推动实有人口管理向实时人口管理转变。

营商环境优化 加强法治公安建设，苏州市公安局获评全省公安机关执法示范单位，执法质量连续7年全省领先，连续5年获评“法治苏州”先进集体。全面落实政法机关助力企业复工复产10条举措和公安机关助企纾困12项措施，推行轻罪免罚、容错纠错等措施，发布《苏州公安涉企执法办案权益保障工程实施方案》，打击侵犯知识产权等涉企犯罪，联合市检察院研究实施《关于建立侦查环节涉案企业合规协作机制的指导意见》。全年侦办涉知识产权刑事案件101起，抓获犯罪嫌疑人213人，得到公安部表扬。

“放管服”改革深化 加强公安政务服务“一窗办”“一网办”“一次办”等举措，开展公安政务服务“减跑动”“减材料”等攻坚行动，创新落实境外人员服务管理措施，创新推出“8+X”交通事故处理等便民举措。

【助力新冠疫情防控】 2022年，苏州市公安机关参与新冠疫情防控指挥部“一办十组、七专班”工作，牵头负责数据研判、区域协查等工作任务。市、县两级流调专班流调队员，两级“三公”协同专班民警、电话专线全天候值守运转。相关工作得到市委主要领导肯定。

【公安改革】 2022年，苏州市公安机关围绕“市县主战、派出所主防”总体定位，开展警务体制机制改革。

“市县主战” 细化7类32项主战任务，厘清警种部门职责边界，推动综合部门实战化转型、业务警种承担更多打防任务。调优侦查打击、治安防控等实战化运行机制，组建风险防控、融合侦查等合成化作战队。开展刑事侦查改革，明确市、县主办案件一律立案立在专业队。全年全市两级专业队侦办案件占比45%，侵财案件破案周期由5.3天缩短至2.6天。

“派出所主防” 建成市、县两级基础管控中心，界定明确派出所9类46项任务清单。推进社会面巡防机制改革，新建改建警务工作站81个，统筹联动派出所、巡特警、交警“三方警力”。

【公安基层基础建设】 2022年，苏州市公安机关实施“数智公安”计划，推动传统警务向现代警务转变。启动“数智公安”业务技术用房建设，加快前端智能感知、前沿专业手段、数据赋能平台等集群建设和融合应用。全年全市新建智能前端上升5%，社会面视频监控汇聚接入率超过80%，各类业务系统平台整合“瘦身”接近30%。加强基层人才队伍建设。开展教育培训和技能测试，推动科技应用进领导班子、进警种部门、进专业战队、进基层所队“四进”活动。加强大数据应用示范点建设，推动数据战队更新迭代，建设高层次公安大数据人才体系，全市建成100支数据战队，100名民警获评“大数据应用能手”。

（市公安局 张炜绮）

检 察

【概况】 2022年，苏州市检察机关批捕各类犯罪嫌疑人2887人，起诉14240人，分别降低27%、10.8%。对杀人、抢劫等严重暴力犯罪保持高压态势，发案量持续减少，起诉人数降低8.9%，社会治安秩序向好、犯罪率下降。开展常态化扫黑除恶斗争，办理一审涉黑涉恶案件10件26人，增长42.8%，督促治理黑恶势力侵蚀司法的检察建议被江苏省扫黑办评为一等奖。学习新时代“枫桥经验”，办理群众信访5513件，针对久诉不息、久访不止问题，通过公开听证将35件老大难信访积案全部化解，重复信访率降低70.6%，吴江区检察院入选全国检察机关文明接待室。防范化解金融风险，起诉证券期货、集资诈骗等犯罪97人，对洗钱犯罪上下游同步审查、一体打击，办理案件13件，涉及金额4180万元，均居全省前列。苏州市检察院联合9家主管单位制订《打击治理洗钱违法犯罪三年行动计划实施方案》。保障企业不受侵扰，起诉合同诈骗、职务侵占、挪用资金等侵害企业合法权益犯罪357人，增长18.2%。深化涉案企业合规改革，办理合规案件41件，增长127.8%，对办结的32件合规案件不予起诉、监督撤案、建议宽缓量刑或提出从轻行政处罚意见。防止“虚假整改”和“纸面合规”，联合市工商联实现第三方监督评估机制管理委员会市、区两级全覆盖，机制适用率65.9%。根据苏州数字经济时代产业创新集群建设部署，办理数字经济领域案件110件，增长10%。苏州市检察院发布履职白皮书，制定检察服务保障实施意见，指导相城区检察院发布《涉虚拟货币犯罪侦查指引》。加强知识产权综合保护工作，起诉侵犯商业秘密、假冒注册商标等犯罪130人，苏州工业园区检察院对涉案金额9亿元的侵犯生物医药龙头企业商业秘密案提起公诉，同步指导企业完善管理体系。构建“严保护、大保护、快保护、同保护”格局，苏州市检察院与有关行政机关会签《强化知识产权协同保护工作实施办法》，联合开展大要案挂牌督办。市委发布《关于加强新时代检察机关法律监督工作的实施办法》。在中国社会科学院发布的检务透明度指数报告中，苏州市在较大的市中列第一位。全市检察工作得到上级检察机关和省、市委主要领导批示43次。有37个集体、32人获得省级以上表彰奖励，其中全国性荣誉25项。

【刑事检察】 2022年，苏州市检察机关加强刑事立案和侦查活动监督，与公安机关共同设立侦查监督与协作配合办公室，联合开展专项监督活动28次，提供侦查活动指引589份，协同完善刑事指控体系。纠正漏捕漏诉536人，速裁、简易程序适用率84.5%，提升执法规范化水平和司法办案质效。加强刑事审判监督，提出刑事抗诉52件，法院改判、发回重审30件。加强刑事执行监督，纠正减刑、假释、暂予监外执行不当44人，监督3772万元财产刑执行到位。对10家监狱和看守所、40个司法所开展巡回检察，督促整改问题240个。从严打击严重刑事犯罪的同时，根据苏州判处3年有期徒刑以下轻罪案件占85.7%、5年有期徒刑以上重罪案件占8.1%的特点，协同公安、法院探索建立符合实际的轻罪治理模式。落实中央“少捕慎诉慎押”刑事政策，认罪认罚从宽制度适用率88.6%，量刑建议采纳率98.8%，律师见证率100%，一审服判率99%，促使12735名犯罪嫌疑人认罪悔过，认罪认罚后定罪不捕464人，相对不起诉2652人，诉前羁押率17.3%，降低7%。健全完善监察与司法衔接机制，增强惩治腐败犯罪合力，受理监察委员会移送审查起诉的职务犯罪130件134人，指控5件以商业机会、借贷收息、投资分红之名行贪腐之实的案件。坚持受贿行贿一起查，苏州工业园区检察院在一件工程领域行受贿系列案件中，追缴行贿人通过串通投标等手段所获非法利润791.2万元。针对司法工作人员职务犯罪既触犯纪法，又损害司法公正的特点，与纪检监察机关探索“双立案”一并移送审查起诉办案模式，追诉相关犯罪2件2人。

【民事检察】 2022年，苏州市检察机关办理民事诉讼监督案件495件，提出抗诉和再审检察建议136件，监督率增长8.4%。以类案监督检察建议纠正民事执行活动中的违法行为222件。会同其他政法单位开展打击拒执犯罪专项行动，起诉拒不执行判决、裁定犯罪97件111人，破解群众关心的执行难问题。根据虚假诉讼占民事诉讼监督案件51.5%的现状，针对民间借贷、商品房购销等领域，查办案件70件，涉案金额1.2亿元。在一件当事人已死亡的破产案件中，张家港市检察院认定虚假诉讼，推动破产管理人对1430万元虚假债权申报不予认定，宣示诉讼作假必须担责。

【行政检察】 2022年，苏州市检察机关办理行政检察监督案件246件。依托与市资源规划局共建的“检源行”党建联盟，常态化开展土地执法查处领域行政非诉执行监督，对违法占用土地情况制发检察建议79件，实质性化解土地房屋征收行政争议27件，推动拆除违法建筑18万平方米，实现8公顷土地恢复原有用途。推动行政机关依法行政、严格执法，制发纠正违法类检察建议52件。针对市场主体通过恶意注销登记逃避行政处罚的现象，张家港市检察院加强府检联动，建设企业行政处罚信息共享平台，立案监督16件，防范12家问题企业逃脱惩处，挽回非税收入369万元。

【未成年人检察】 2022年，苏州市检察机关严惩性侵、拐卖等侵害未成年人犯罪，起诉399人，增长18.8%。应对未成年人犯罪上升态势，坚持教育为主、惩罚为辅，对罪行较轻并有悔改表现的264人不予起诉。开展个性化帮教1430人次。依法对社会危害性较大的148人起诉，增长46.5%。以司法保护带动家庭、学校、社会、网络、政府“六大保护”融通发力。组织家庭教育指导、心理疏导988人次，协助开展生活安置200人次，制发“督促监护令”107份，办理撤销监护权、追索抚养费等支持起诉案件32件。开展法治进校园活动，227名检察官担任法治副校长，开展法治宣讲298场。联合15家党政机关发布密切接触未成年人行业入职查询和从业禁止实施办法，解聘前科劣迹人员20人。推动侵害未成年人案件强制报告制度落地落实，根据报告线索促成立案25件，对不履行报告义务的单位和个人督促问责8次。

【公益诉讼】 2022年，苏州市检察机关办理公益诉讼案件1125件，增长29.6%。坚持“双赢多赢共赢”理念，运用磋商、检察建议等方式推动99%的行政公益诉讼有效整改在诉前。京杭大运河中一处旧桥墩及周边堆土长期严重影响航道安全，苏州市检察院调查发现，搭建于堆土上、保障周边地区供电的万伏高压电线杆是影响拆除的关键，先后组织多轮行政磋商厘清职责，协同职能部门打通堵点。加强新领域案件办理，部署开展安全生产领域22个专项监督项目，立案189件。虎丘区检察院开展成品油监管真空和跨区域执法问题治理，推动全市开展油罐车安全生产专项整治。姑苏区检察院开展文物和文化遗产公益保护，联合文物保护部门推动对全国重点文物保护单位甲辰巷砖塔的保护和周边环境整治。苏州市检察机关起诉破坏环境资源类犯罪129人，对全国首例车辆尾气检测作弊污染大气环境案提起公诉。办理生态环境和资源保护公益诉讼案件492件，两级检察院上下一体办理的大运河、太浦河流域生态环境公益诉讼案入选最高人民检察院服务保障长江经济带发展典型案例，并在全国论坛交流。吴江区检察院获评省打好污染防治攻坚战先进集体。坚持恢复性司法理念，追索环境损害赔偿金2213万元，督促修复被污染水土73公顷。依托大运河、太湖、长江入海口等重点生态功能区，统筹建成“江河湖海”公益修复基地体系，占地137公顷。加强环境资源保护责任落实，吴中区检察院围绕太湖生态岛建设，与人大、纪检监察机关建立生态环境协同监督机制，移送问题线索15条，制发检察建议19件。

【法律监督】 2022年，苏州市检察机关运用大数据手段筛查、比对案件信息，锁定异常数据，促进法律监督开展。在全国率先制订《大数据赋能法律监督工作三年规划》，建设大数据法律监督模型30个，为刑事再审抗诉提供22%案件量，为民事、行政检察监督提供50%立案线索，推动公益诉讼聚焦公租房租赁管理、“散乱污”企业整治等领域立案98件，实现监督规模和质效同步提升，工作模式入选江苏智慧法治创新年度案例。围绕破产领域虚假劳资债权频发但监督线索发现难问题，苏州市检察院依托全省5年的相关诉讼数据建立规则模型，自动抓取高疑点线索，据此向法院提出监督意见27份，向公安机关移送刑事犯罪线索3条，剔除虚假申报的债权2138万元，保障破产企业平稳退出市场。该模型获评全国检察机关大数据法律监督模型竞赛一等奖，在全国数字检察工作会议上作展示。以反映办案智慧，供给治理思路的高质量分析研判，助力源头治理。苏州市检察机关针对案件背后深层次社会问题，制发社会治理类检察建议103份，其中8份获评全省优秀，数量列全省设区市第一位。报送各类调研报告、情况反映131份，获得上级采用转发105次，反映乱停车、高速公路桥下空间治理等问题，全市层面8次召开多部门联席会议，以共商共建促进问题闭环治理。运用“跟进式”监督促进“见底式”治理，虎丘区检察院在办理生育保险基金诈骗系列案件时，市、区两级主管部门完善政策，挽回损失，最终避免4500万元社保基金流失。开展打击整治养老诈骗专项行动，办理案件33件93人，追赃挽损1.15亿元。开展“检察蓝守护夕阳红”志愿活动。妥善处理群体劳资纠纷案件77起，运用联合约谈、支持起诉等方式帮助356名农民工、困难企业职工、老年务工人员追索劳动报酬3451万元。维护军人声誉，太仓市检察院办理的冒充军人诈骗案件，入选全国检察机关依法惩治侵犯军人军属合法权益犯罪典型案例。开展“无障碍环境建设”和“配电设施安全隐患排查”等攸关群众身边安全的专项监督活动，新改建设施、消弭公共安全隐患75处。监督纠正“被犯罪”问题，帮助26名被冒用身份而背负前科劣迹的申诉人消除犯罪记录。应救尽救、应救即救，办理司法救助案件1249件，发放救助金1861万元，自主研发的远程司法救助系统获评2022数字江苏建设优秀实践成果。

【检务公开】 2022年，苏州市检察机关向人大、政协报告工作48次，落实年度法律监督工作报告制度。常态化开展代表委员联络工作，办理人大代表、政协委员提出的建议、提案19件。组织有各级代表委员参加的工作视察、公开听证等检察活动130场。创新监督方式，常熟市检察院与该市人大常委会共同设立全省首个“人大代表驻检察机关监督联络站”。完善社会监督机制，举办检察开放日、新闻发布会36次，1022名社会各界人士走进检察机关。加强新时代检律协作，12211人次担任值班律师，提供线上线下阅卷、信息查询服务19543次。苏州市检察院和4家基层检察院官网获评全国检察机关优秀门户网站，基层检察院官网获评数量占全国优秀总数的八分之一。

【基层检察院建设】 2022年，苏州市检察机关推进“特色建院、品牌强院”工作，优化基层检察院领导结构，倾斜资源力量支持基层院建设，形成10家基层检察院“各美其美、美美与共”的发展势头。9家基层检察院入选江苏省文明单位，2家基层检察院被评为全省“五好”基层检察院，4家基层检察院被评为全省扫黑除恶斗争先进集体，2项工作入选全省基层检察院建设典型案例。

【检察队伍建设】 2022年，苏州市检察机关实施“333”检察人才培养工程，107人次在省级以上学术年会、论坛获奖、交流，65篇文章在核心期刊、知名期刊上发表，数量均居全省设区市第一位。抓好专业化办案团队建设，苏州市检察院未成年人检察部门获评省三八红旗集体，张家港市检察院建设专业化办案团队案例入选最高人民检察院检察改革典型案例。落实法律职业共同体同堂培训制度，开展培训16期932人次。提升队伍素能，聘请20名行政执法部门专家担任特邀检察官助理。获评最高人民检察院和江苏省检察院典型案例、优秀法律文书147个，立项省级以上理论研究课题18个，数量均居全省设区市第一位。

（市检察院　邹　奔）

法　院

【概况】 2022年，苏州市两级法院实施审判质效提升、执行改革攻坚、四庭协同联动、队伍能力提升“四项工程”，推动法院工作内涵式发展，受理案件300590件，办结262577件，法官人均结案318件，居全省法院前列。苏州市中级人民法院受理案件26524件，办结24093件。18个案例入选最高人民法院指导性案例等全国性典型案例。助企纾困、劳动审判、代表联络等工作8次获得最高人民法院主要领导批示肯定。51个集体、187人获得省级以上荣誉。

【刑事审判】 2022年，苏州市两级法院审结一审刑事案件10663件。常态化开展扫黑除恶斗争，审结涉黑涉恶案件7件22人，执行到位涉案财产1.2亿元。推进禁毒斗争，审结毒品犯罪案件126件。严惩杀人、抢劫、强奸等严重暴力犯罪，审结相关案件450件532人，判处5年有期徒刑以上刑罚189人。保障群众餐桌安全、用药安全，审结危害食品药品安全案件53件。1起生理盐水假冒HPV疫苗案，入选全国法院维护药品安全十大典型案例。严惩网络犯罪，加强全链条打击，审结电信网络诈骗、网络赌博等案件473件。审理涉案金额118亿元的“9·26”特大跨国网络赌博案，判处罪犯41人，追缴违法所得5亿元。维护正常金融秩序，审结非法吸收公众存款、集资诈骗等案件63件。开展打击整治养老诈骗专项行动，对虚构“地宫穴位”涉老项目、非法吸收资金近20亿元的朱某从重判处无期徒刑。保持反腐高压态势，审结贪污贿赂、渎职犯罪案件99件100人，追缴赃款赃物5367万元。推进庭审实质化，以程序公正保障裁判实体公正，组织证人、鉴定人等出庭作证73人次，为1919名被告人指定辩护律师。贯彻宽严相济刑事政策，对12430名认罪认罚被告人从宽量刑，对3814名被告人宣告缓刑、免予刑事处罚。严格审查减刑、假释实体条件，准予减刑、假释246人次。坚持平冤理直、扶危济困，为54名困难当事人减免诉讼费，司法救助353人。

【民事审判】 2022年，苏州市两级法院审理涉教育、医疗、消费等民生案件28587件。推动“双减”政策落地，妥善审理教育培训纠纷案件2437件。审理直播带货等网络消费纠纷案件，加大虚假宣传制裁力度。加强个人信息保护，制止开发商滥用人脸识别技术“判客”等不当营销行为。弘扬社会主义核心价值观，审理“小偷逃跑溺亡案”，认定追赶保安无责，树立“法不让尽责者无端担责”的鲜明导向。审结婚姻家庭案件9442件，为2579名未成年人落实抚养费3.9亿元。作出家庭暴力案件审理指引，发出人身安全保护令36份。妥善审理未成年人犯罪案件，健全轻罪记录封存、圆桌审判、回访帮教等机制。落实家庭教育促进法，会同市妇联在两级法院设立家庭教育指导工作站，发出77份家庭教育令。开展“向阳花开·德法共治”法治进校园活动，帮助青少年增强法治观念。苏州市中级人民法院未成年人案件综合审判庭获评全国法院少年法庭工作先进集体。

【商事审判】 2022年，苏州市两级法院加强产权司法保护，审结涉企案件54569件。发布服务保障稳企复产14项措施和助力中小微企业健康发展实施意见，打好助企纾困“组合拳”，相关工作入选全国法院助力中小微企业发展典型案例。开辟涉企诉讼“绿色通道”，妥善处理因疫情引发的合同违约、企业债务等案件，为企业恢复生产、持续发展创造条件。常熟市法院利用3天时间“一揽子”解决某房企31起票据纠纷，帮助企业恢复正常运转。法院部门与金融监管等部门建立中小微企业纾困联动平台，促成金融机构与企业以展期、续贷等方式解决纠纷，相关经验被《全国优化营商环境简报》刊发。引导企业合规经营，设立企业合规指引工作站，制定136项合规指引，为900家企业开展“法律体检”。1起案件入选全省法院助力民营经济高质量发展典型案例。

【行政审判】 2022年，苏州市两级法院审结行政诉讼案件1624件、行政非诉执行案件911件。健全属地法院与管辖法院协作配合机制，设立行政争议协同化解工作站4个，促进行政争议实质性化解，协调化解率35.3%。推进行政机关负责人出庭应诉，出庭应诉率100%。建立行政败诉案件过错责任追究机制，促进依法行政，行政机关败诉率连续3年下降。加强司法与行政良性互动，参与重大决策风险评估、规范性文件论证52次，培训行政执法人员2232人次。

【知识产权案件审判】 2022年，苏州市两级法院审结知识产权案件5886件，1起案件入选中国法院十大知识产权案件，2起案件入选中国法院50件典型知识产权案例。加强科技创新成果保护，在某外国企业提起的专利诉讼中，依法认定国内企业合法利用已公开技术进行再创新不构成侵权，促进中国半导体产业创新发展。加强知识产权司法保护，促进数字经济时代产业创新集群建设，审结全国首例操纵搜索引擎检索结果的“万词霸屏”案，依法维护数字市场秩序。苏州市中级人民法院与相城区法院建立专门的司法服务平台，助力“数字化发展第一区”建设。加大侵权制裁力度，在“德禄”商标维权案中，适用惩罚性赔偿制度判赔5000万元，震慑恶意侵权行为。加强反垄断和反不正当竞争司法，维护公平竞争市场秩序，审结相关案件166件。1起案件入选全国法院反不正当竞争典型案例，3起案件入选全省法院反不正当竞争十大典型案例。加强与无锡、常州、南通法院的协作，建立知识产权等协同保护机制，服务苏锡常都市圈建设。

【劳动案件审判】 2022年，苏州市两级法院坚持维护劳动者合法权益与促进企业健康发展并重，审结劳动争议案件6730件，2起案件入选全省法院劳动争议十大典型案例。完善涉新业态从业者民商事案件归口审理机制，惩治“假合作、真雇佣”等规避用工责任行为。妥善处理保护商业秘密与人才合理流动的关系。审结竞业限制案件54件、商业秘密案件49件。判决违反竞业限制义务、集体跳槽至同行企业的14名劳动者，支付违约金340万元。

【破产案件审判】 2022年，苏州市两级法院审结破产案件726件，处置债权664.3亿元，盘活土地、房产450.9万平方米，安置分流职工7554人。联合金融机构、司法行政机关等设立企业庭外债务重组指引中心，组建企业重组投资人库，帮助62家困境企业实现再生。推进“执破融合”改革，尽可能救治企业，相关经验在全省法院推广。苏州工业园区法院推行企业破产预重整机制，获评中国（江苏）自贸区第三批创新实践案例。

【涉外及涉中国港澳台民商事案件审判】 2022年，苏州市两级法院审结涉外及涉中国港澳台民商事案件666件。建立涉外商事纠纷中立评估调解机制，加强与中国国际经济贸易仲裁委员会上海分会、上海经贸商事调解中心等机构的对接，构建国际商事纠纷多元化解决体系，为中外当事人提供便捷高效司法服务，得到最高人民法院肯定。设立苏州工业园区人民法院自由贸易区法庭。

【环境资源案件审判】 2022年，苏州市两级法院审结环境资源案件160件，1起案件入选全省法院环境资源审判十大典型案例。审结公安部挂牌督办的长江非法采砂系列案件，对34名被告人判处有期徒刑。吴中区法院建树“法耀太湖”司法品牌，为太湖生态岛建设提供司法服务。姑苏区法院发布推进古城司法保护与绿色发展意见。成立服务保障长三角生态绿色一体化发展示范区领导小组，与上海市、嘉兴市的法院构建协同审判机制，促进示范区经济高质量发展和生态环境高水平保护。加强恢复性司法实践，在太湖、大运河、长江和长三角生态绿色一体化发展示范区核心区设立司法生态资源保护修复基地4个，督促被告人缴纳修复资金220万元，增殖放流鱼虾苗122万尾。

【执行工作】 2022年，苏州市两级法院执结案件75065件，执行到位金额249.6亿元。常态化组织“天网行动”执行会战，开展夜间执行、假日执行72次，腾退不动产11万平方米。打击拒执犯罪，提升执行工作威慑力。开展根治欠薪专项行动，帮助农民工追回工资2.5亿元。推进执行管理体制改革和数字化转型，在线开展财产查控58.7万次，首次执行案件平均用时缩短14.8天。深化司法网拍工作，成交64.4亿元，为当事人节省佣金1.9亿元。坚持审慎善意文明司法，尽可能采用“活封活扣”“置换查封”等保全措施，降低诉讼对企业的影响。太仓市法院准许以银行保函作为担保，为涉诉企业解封资金3800万元，保障企业现金流。组织开展企业信用修复“暖企”行动，促进失信企业主动履行义务、修复信用，将9719家企业从失信名单中删除，2起案件入选全省法院助企纾困典型案例。

【诉讼服务和诉源治理】 2022年，苏州市两级法院完善非诉讼纠纷解决机制，预防和化解矛盾纠纷，助力创建市域社会治理现代化示范城市。推动将民事案件万人起诉率纳入平安建设工作考核，并定期通报督导，万人起诉率从万分之104降至万分之100，全省排名提升4位。建立社区治理法治实训基地，培训基层工作者285人。张家港市法院探索实践“法官村官双向交流”机制，整合力量参与基层社会治理，得到中央依法治国办督察组肯定。发挥人民调解、行政调解等解纷机制柔性高效、灵活便捷的优势，让更多纠纷在诉前妥善解决。诉前分流调解纠纷185444起，调解成功88886件，分别上升46%和103.6%。一审民事案件下降8.8%，降幅居全省法院前列。发挥司法确认程序对诉前调解的保障和促进作用，确认调解协议效力5857件。深化“繁简分流”，一审民事案件速裁程序适用率68.2%，平均审理天数较普通程序少81天。开展“枫桥式村（社区）”创建，协助基层化解矛盾纠纷52807起。参与矛盾纠纷调解中心建设，吴江区法院组织办案团队入驻当地矛盾调解中心。推进人民法庭诉源治理标准化建设，建成诉源治理标准化人民法庭5个。昆山市法院花桥法庭多元协同、跨域联动诉源治理模式，入选全国法院新时代人民法庭建设典型案例。发挥服务乡村振兴实践基地平台作用，推进法治乡村建设，审结涉农案件368件。就基层治理、社会管理等提出意见建议，4篇司法建议获评全省优秀。健全完善全域诉讼服务系统，实现辖区诉讼服务“通存通兑”和统一监管，获评江苏省智慧法院建设十大典型事例。

【智慧法院建设】 2022年，苏州市两级法院加强科技赋能，加快数字法院建设。苏州市中级人民法院实施数字法院建设三年发展规划。推进“异步审”“云庭审”等办案平台建设，加强“江苏微解纷”等调解平台应用，在线庭审84603场、调解60773次、执行22436件、送达文书165万份。开展区块链司法应用试点工作，确保材料网上流转、在线诉讼活动安全可信。推广实施虎丘区法院电子审务督察机制，提升审判监督智能化、精准化水平。

（市中级人民法院　裘　实　李　雄）

司法行政

【概况】 2022年，苏州市司法行政部门发挥司法行政职能作用，为推动全市经济社会高质量发展提供法律服务和法治保障。“区块链+公证”行政执法全过程记录项目获评全国年度城市数字化转型优秀案例；“行政立法全过程质量监控体系”经验获评第六届中国法治政府奖；苏州市司法局获评全国行政执法先进集体；全省司法行政系统高质量发展考评“七连冠”；“加工贸易货物司法公证销毁+区块链存证监管模式”被省自贸办纳入江苏自贸区第三批创新实践案例予以推广；中央依法治国办、省委依法治省办对苏州市开展督察工作，并肯定“学习贯彻习近平法治思想”等15项工作。

【法治宣传教育】 2022年，苏州市健全普法工作体系，加强社会主义法治文化建设。印发《苏州市关于开展公民法治素养提升行动试点工作的实施方案》，在全市部署开展为期两年的国家工作人员法治素养提升试点行动。抓住领导干部“关键少数”，部署开展市级机关集中学法用法活动，组织线上线下相结合的法治讲座、法治论坛等活动，举办国家工作人员旁听《中华人民共和国民法典》案例庭审活动。加强青少年法治宣传教育，组织开展第四届青少年学法活动周、青少年法治文化作品创作大赛等活动，建设未成年人保护法宣传基地。加强企业经营管理人员普法宣传，组织开展“送法进企业”活动。

针对性法治宣传教育　促进习近平法治思想进农村、进社区、进机关、进企业、进校园、进军营、进网络。全市建成宪法宣传阵地12个，开展宪法宣誓、宪法宣传征文、青少年成人礼等系列活动。加强民法典宣传教育，组织开展第二届民法典宣传月活动。上线全省首个民法典3D云展馆，编印《守护一生——漫读民法典》《民法典伴你同行每一天》绘本，在全市发放10万余册。开展“4·15”全民国家安全教育日、“法治新时代·清朗E空间”等主题普法活动。联合相关部门开展《中华人民共和国长江保护法》普法宣传活动。

“八五”普法规划实施　召开全市法治宣传教育工作会议，总结表彰“七五”普法工作，部署“八五”普法任务。调整充实苏州市法治宣传教育工作领导小组，更新完善成员单位。发布实施《苏州市关于进一步健全普法责任制的实施意见》，健全普法责任制，开展普法责任制履职评议。组织发动高等院校、法律实务部门200人成立“八五”普法讲师团。

社会主义法治文化建设　明确法治文化建设具体任务39项。苏州市保密教育实训基地、张家港市法治宣传教育中心、常熟市政德教育基地、相城区冯梦龙无讼法治文化宣传教育基地获评省级法治文化建设示范点。创建苏州法治文化研创基地，开展苏扇、剪纸、桃花坞木版年画等“法治非遗课堂”系列活动。举办第八届法治文化节，开展10项主题活动。

【基层民主法治建设】 2022年，苏州市发布全省首份法治社会建设工作要点，细化法治社会建设6个方面24项重点工作任务，探索“订立规矩、重塑习惯、涵养法治”法治社会建设模式。召开全市法治乡村建设工作推进暨培训会，协调推进法治乡村建设体系完善、基础强化、惠民服务、载体优化四大行动。开展基层民主法治示范创建工作，4个村（社区）被评为第九批全国民主法治示范村（社区），58个村（社区）被评为第16批省级民主法治示范村（社区）。印发《苏州市2022年村（社区）“法律明白人”培育工程实施方案》，升级优化“法律明白人”工作管理平台，组织开展优秀“法律明白人”专题培训班，全市新增培育1万名“法律明白人”，实现基层综合网格“1格2人”目标。联合市农业农村局培育农村学法用法示范户420户。

【公共法律服务】 2022年，苏州市统筹推进实体平台、热线平台、网络平台融合发展，建成覆盖城乡、均等普惠、便捷高效的现代公共法律服务体系。加大公共法律服务供给，3个平台融合系统共登记现场服务信息4.7万条。推进12348热线与12345热线归并工作，全市12348热线提供法律咨询服务20.8万人次，其中工作时段12.5万人次，接听量列全省设区市第一位；实施属地接听后，市级（含姑苏区）呼入接通率98%，列全市便民热线归并成员单位第一位。加强公共法律服务文明行业新时代文明实践工作，建成市公共法律服务行业新时代文明实践分中心，建设文明实践“共享课堂”，发布实施惠民惠企特色服务项目。公共法律服务“进园区”，提供法律咨询、法治体检、合规审查等服务3.7万件次。推进法律服务产业园“1+N”建设，建成苏州自贸片区法律服务中心和常熟市琴川法律服务产业园，建设高端法律服务的集聚载体。提升基层公共法律服务能力，选优配强村（社区）法律顾问，落实每月1天现场服务、每季度1次法治讲座，共为村（居）民提供公共法律服务31万人次。

【法律援助】 2022年，苏州市有法律援助机构11家，办理法律援助案件1.8万件，案件量居全省设区市第一位，3件案件入选江苏省法律援助“十优十好”案件。加强和规范法律援助站点建设，与工会、妇联、残联、退役军人事务局等相关部门和群团组织协作，新增建设法律援助工作站点52家。组织实施“法援惠民生·倾情保稳定”专项活动，全面实施法律援助告知承诺制，由申请人开展个人诚信承诺替代经济困难证明。市司法局与市检察院联合发布《关于加强未成年人法律援助工作协作的实施意见》，将未成年人合法权益被侵害的刑事案件以及涉及未成年人重大利益的支持起诉案件，纳入未成年人法律援助范围。加强法律援助服务质量管理和业务培训，名优律师承办率占案件总量超过50%；引入第三方进行案件质量评估，提升法律援助服务水平。

【人民调解】 2022年，苏州市有人民调解委员会2523个，人民调解员12104人，化解纠纷20.5万件。配合两级社会矛盾纠纷调处化解中心建设，指导各县级市（区）推动非诉讼服务中心以及区域内专业性行业性调委会、个人调解工作室、律师调解工作室等进驻矛盾调解中心。深化“3NN1”调解体系建设，选取苏州市二手车业商会和苏州光电行业商会为试点加强商会人民调解工作。推广“苏解纷”小程序，拓宽线上非诉讼服务渠道。发布《苏州市人民调解员等级评定管理办法（试行）》《关于统一规范人民调解员证的通知》，完善调解员培养和发展制度。举办人民调解菜单式讲座4期，开展人民调解技能大赛，组织人民调解优秀卷宗和典型案例评选。印发《关于做好行政调解组织备案工作的通知》，组织市级层面行政调解组织备案工作，提升行政调解工作水平。

【人民监督员和人民陪审员工作】 2022年，苏州市有人民监督员78人，其中省级人民监督员9人，有人民陪审员2877人。印发《关于举办2022年度人民监督员专项业务培训班的通知》，组织开展第五届苏州市人民检察院人民监督员的培训工作。市级人民监督员参加检务活动184件385人次。20人获评2022年度全省人民监督员考核优秀等次。

【基层法律服务】 2022年，苏州市组织开展基层法律服务所、基层法律服务工作者年度考核，83家基层法律服务所、407名基层法律服务工作者通过年度考核。印发《关于组织全市基层法律服务新进执业人员职业道德、执业纪律和业务培训的通知》，提升基层法律服务工作者新执业人员能力水平。开展年度全市基层法律服务工作者继续教育培训和菜单式培训。印发《关于印发〈全市基层法律服务所规范化建设实施意见〉的通知》，对全市25个基层法律服务所开展实地检查，加强检查指导和监督管理。组建苏州市基层法律服务工作者服务乡村中小企业“法治体检”服务团和苏州市基层法律服务“茉莉花香”公益法律服务团，开展“乡村振兴 法治同行”活动。全年基层法律服务工作者代理法律援助案件126件，参与矛盾纠纷调解1392件，参与信访接待和处理案件128件。

2022年8月，吴中区公共法律服务中心律师为群众提供法律咨询服务

（市司法局　供图）

【社区矫正】 2022年，苏州市开展社区矫正“一县一品”创建活动，创建11个特色项目。落实市、县两级每日网上督查通报机制，开展常态化案件评查。会同有关部门建立首批罪犯暂予监外执行病情检查复核专家库，组织专家复核32人。推广远程教育平台、声纹识别智能查验系统，推行线上线下个性化矫正教育。落实严排查、严管理、严教育、严检查，全面预防再犯罪，开展社区矫正安帮“五个专项行动”、隐患排查整治等。开展分类损害修复，委托第三方对社会组织参与矫正帮教服务情况开展专项督导，实现循证矫正全覆盖。联合市检察院发布《苏州市涉企社区矫正对象外出管理办法》。张家港、常熟、昆山、吴江、吴中、姑苏6家社区矫正中心申报创建部级“智慧矫正中心”。全市举办各类业务培训20余场次。

【安置帮教】 2022年，苏州市推进一县（市、区）一示范安置基地建设，3个基地（吴中区、相城区、工业园区）被江苏省司法厅授予第二批省级示范安置基地。开展“法润江苏春风行动”、困难扶业救助行动、“喜迎二十大 护苗助成长”主题关爱行动等，联合人力资源社会保障、税务等部门提供政策咨询等服务1078人次；联合村（社区）、人力资源社会保障、民政等部门，推荐就业605人次、就业创业培训133人次；联合教育部门帮助服刑人员未成年子女就学升学6人次，提供未成年人技能培训、就业推荐6人次。

【后续照管】 2022年，苏州市推进后续照管标准化建设，建设省级贯标示范点和市级禁毒示范点。组织开展戒毒典型培育“千人工程”，定期开展禁毒宣传进校园、进社区活动。建立镇（街道）戒毒办公室、后续照管服务站、自强服务社与禁毒宣教馆的“室站社馆”一体化工作平台，全市半数以上基层服务站“室站社馆”一体化建设达标，引入运动康复疗法、内观戒治项目、TC团体治疗技术，全面提升照管对象戒治效果。建立“岗前业务培训、季度专业轮训、年度提升培训”线下培训机制，开设线上“超军讲照管”云课堂，开展照管业务培训班6期。帮助照管对象解决就业生活困难50余人，调解家庭矛盾40余起，开展见面、电话回访1.5万次。

【司法所建设】 2022年，苏州市印发《关于进一步加强司法所规范化建设的通知》《关于实地指导司法所分类建设定级管理和规范化建设工作的通知》，在全市基层司法所完善分类建设定级管理常态化工作机制，全市有“标杆所”27家、“高标所”19家。组织举办2期全市司法行政基层建设讲堂，加强经验交流。4家司法所获评全省司法所分类建设突出单位，相城区司法所分类建设经验和成效被司法部介绍推广。

【智慧司法建设】 2022年，苏州市司法行政部门加强“智慧法治”建设。优化数据管理平台，基本完成省司法厅统一用户管理平台和一体化平台三期数据对接。加强“一网通用”“一网通办”建设，实现“苏州公证综合服务平台”“家属会见预约”“法援机构查询”等功能接入“苏周到”“苏服办”App。完善综合指挥中心平台功能，梳理展示并研判相关数据。完成“12348+”融合服务平台与市文广旅游局“君到苏州”平台的对接，提供快速申请旅游调解和仲裁服务的入口。

【国家统一法律职业资格考试】 2022年，苏州市组织2022年度国家统一法律职业资格考试，为报名参加客观题考试考生6483人做好服务保障工作。开展法律职业资格申请材料网上上传和预审核服务，配套制发操作指南，受理1586名通过2021年国家统一法律职业资格考试考生的法律职业资格申请材料。践行“我为群众办实事”，开展法律职业资格证书“送证上门”服务，安排工作人员携带法律职业资格证书和整套管理设备，到张家港市、常熟市、昆山市、太仓市、吴江区等地，为487人提供上门颁证服务。开展法律职业资格档案调转“线上办”服务，为140人办理档案调入业务，为139人办理档案调出业务。提供法律职业招聘推介服务，提供65条就业信息，推介23人。

（市司法局　沙叶丹）

仲　裁

【概况】 2022年，苏州仲裁委员会（简称“苏州仲裁委”）以提升仲裁公信力为核心，服务发展、服务稳定、服务民生，妥善解决各类民商事纠纷，为全市经济社会高质量发展提供仲裁服务保障。全年苏州仲裁委受理仲裁案件2140件，案件标的42.25亿元，案件的国际化程度进一步提高。全年审结案件1631件，实现案件办理质量与效率的“双提升”。

【仲裁服务】 2022年，苏州仲裁委加强仲裁服务网络建设，进驻县域公共法律服务中心，为基层群众提供仲裁咨询、引导等综合服务；在法院设立仲裁窗口，形成矛盾纠纷化解合力。新冠疫情防控期间，推行网络仲裁庭审，将线下开庭转到线上举办。年内建设的智能仲裁庭审语音转写系统，在提高庭审工作效率的同时便利当事人参加仲裁活动。

【仲裁改革创新】 2022年7月，苏州市在全省率先成立苏州旅游纠纷仲裁中心，促进苏州旅游业法治化建设。苏州仲裁委与市文广旅游局、市司法局建立旅游投诉调解与仲裁衔接工作协调机制与工作平台，建设苏州特色的“行政调解+人民调解+仲裁裁决”的衔接工作模式；建设主中心与分中心联动，线上线下一体的服务平台，实现旅游纠纷仲裁与行政调解、人民调解的互补。在防范虚假仲裁工作中，苏州仲裁委与市检察院共同召开仲裁与检察监督协作座谈会，就探索建立全面的仲裁与检察监督与协作工作机制与重点防范打击、虚假仲裁达成共识。

（苏州仲裁委　刘　玥）

【劳动争议仲裁】 2022年，苏州市加强劳动仲裁机构与劳动法庭的裁审衔接，印发《苏州市劳动人事争议疑难问题裁审衔接工作指引》。全年全市劳动仲裁机构和调解组织共接处劳动人事争议案件113399件，仲裁结案率94.74%，调解成功率80.89%，为劳动者挽回经济损失15.66亿元。

（市人力资源社会保障局　陈雅黛）

【与新加坡仲裁交流】 2022年，新加坡国际仲裁中心苏州工作委员会服务中新两国国际商事争端解决机制多元化建设。苏州仲裁委加强与新加坡国际仲裁中心的交流，受邀线上观摩新加坡国际仲裁中心2022年度研讨会。

（苏州仲裁委　刘　玥）

编辑：金凯帆

军事

中国人民解放军江苏省苏州军分区

【思想政治建设】 2022年，中国人民解放军江苏省苏州军分区（简称“苏州军分区”）把学习贯彻党的二十大精神作为首要政治任务，制定学习宣传贯彻党的二十大精神“10条措施”，开展强军讲堂、政治生日、主题党日等8项实践活动。开展“忠诚维护核心、矢志奋斗强军”主题教育，抓好“三心两争”（思想安心、工作尽心、守纪入心，争创一流、争当先进）专题教育，探索云端服务、视频推送、现场连线等形式，提升教育效果。开展“知责于心、担责于身、履责于行”大讨论，重点抓好重温一次入党（入职）誓词、组织一次现地参观见学、组织一次主题演讲、组织一次书画摄影展、摄录一部视频微课、开展一次知识竞赛“六个一”活动。召开党史学习教育专题民主生活会和“讲政治、明大义、守底线”组织生活会。落实党管武装工作制度，组织第一书记述职讲评。开展离退休干部“守初心、严纪律、葆本色”专题教育、工作人员“查思想、查工作、查作风”专项教育整顿和“用心用情、精准服务”主题实践活动。参加全省“喜迎二十大”书画摄影展，获得优秀组织奖；选送作品《村口有一座雕像》参加省军区文艺会演，获得一等奖。

【战备训练】 2022年，苏州军分区落实战备制度，规范战备秩序，实施练兵备战。协调召开市委常委议军会，落实国防动员体制改革要求，统筹国防动员和应急管理体系建设，完善军地协作机制，构建形成多层级、多领域、多方位军地联动机制格局。围绕军事理论、技能、机关业务、指挥作业和体能等内容，组织人员集中强化训练，提高官兵业务技能和指挥能力。参与非战争军事行动，根据季节特点部署森林防火、防汛抗台风等抢险救灾工作，开展军地联合防汛勘察，落实应急救援力量，补充完善装备器材，动用民兵协助地方执行维护社会秩序、组织抢险救灾和疫情防控等任务。突出非战争军事行动训练，完成钢木土石组合坝、克服管涌、排除渗漏和水上救援等重点科目训练，组织开展森林防火科目和重要目标防卫演练。

【征兵工作】 2022年，苏州军分区开展征兵宣传，围绕“保第一、保质量、保廉洁”，严把征兵体格检查、政治考核、审批定兵、役前训练、运输交接、廉洁征兵等关口，推动征兵工作提质增效。探索规模以上企业征兵，首次开展量化定兵试点，深化《苏州市激励大学生参军入伍若干措施》，完成新兵征集任务。

【民兵工作】 2022年，苏州军分区调整市、县两级民兵工作领导小组，实施民兵组织整顿。组织全市民兵应急连干部骨干开展比武竞赛。推进民兵教练员队伍建设，完善军事训练人才库。创新智慧人武管理新模式，组织“兵网融合”试点，探索研究民兵力量和应急力量统筹编建和民兵纳入地方网格员综合治理的具体措施，推动民兵融入地方建设。

【双拥工作】 2022年，苏州军分区组织形成军地互办实事“双清单”。联合地方双拥工作部门开展教育优待工作调研，协调帮助军人子女入学就读。组织军人家属线上专场招聘会，为军属提供就业资源。举办苏州市首场“自主就业退役士兵专场就业对接会”。参加新冠疫情防控、安全稳定处突和文明城市创建。在吴江区双拥路开展道路清扫、垃圾清运、宣传栏擦拭等环境卫生整治活动。开展中小学国防教育示范学校创建。结合吴江区建成的少年军校，常态化开展国防教育，组织吴江区内学校学生军训，开展国防教育知识讲座。吴江区七都小学被授牌为江苏省首个“雷锋学校”和“学雷锋争做美德少年教育践学基地”。构建双拥模范城

2022年，常熟市举办2022年下半年预定新兵役前教育 （张波 摄）

“市县同创、全域推进”格局，市本级和7个县级市（区）被评为江苏省双拥模范城。

【保障工作】 2022年苏州军分区开展军需保障、军交运输、卫生医疗等工作，完成年度保障任务。做好军用车辆安全检测，组织驾驶员线上考核，完成全部军车和驾驶员年审工作。发放新兵被装，被装适体率98%，组织发放21式夏作训服。推进干休所营院综合整治工程。完成营院地下车库整修、公寓住房整治等工作。组织老旧小区改造项目纳入地方规划推进会。推进资产可视化建设，实现资产线上化管理。

【基层建设】 2022年，苏州军分区完善挂钩帮带基层机制，服务基层6件实事全部兑现。召开全市基层武装部规范化建设推进会，组织军地联考联评，全市基层武装部、民兵营（连）全部达标。开展“评星挂牌”活动，加快“数字人武”“信息动员”建设，促进基层武装建设提档升级。

【市委常委议军会议】 2022年7月30日，苏州市委常委议军会议召开。会议学习贯彻《习近平谈治国理政》第四卷中关于国防和军队建设的重要论述精神；听取苏州军分区党委上半年工作情况汇报，肯定苏州军分区在思想政治建设、服务备战打仗、国防动员准备、巩固基层基础、全面从严治军、支持地方改革发展等方面的成绩；研究部署苏州市民兵训练基地升级改造相关工作；要求做好随军家属子女有关入学保障工作。

（苏州军分区　赵　鑫）

中国人民武装警察部队苏州支队

【思想政治建设】 2022年，中国人民武装警察部队苏州支队（简称“武警苏州支队”）学习贯彻党的二十大精神，推进党史学习教育常态化长效化，召开专题民主生活会，组织官兵过主题党（团）日，加强主题教育，开展革命精神教育整训，开展形势任务和疫情防控心理调适等教育，举办“一队一品”成果展演、“争当新时代强军践行者先锋”访谈活动。贯彻军队功勋荣誉有关表彰条例和办法，选树各层级先进典型，2人被武警江苏总队表彰为优秀党（团）员，1人被表彰为“新时代强军践行者先锋”。

2022年9月29日，武警苏州支队组织召开党的二十大安保誓师大会

（殷增来　摄）

【练兵备战执勤】 2022年，武警苏州支队围绕为党的二十大召开创造安全稳定环境主线，推进练兵备战执勤。开展“学、研、用《大纲》”活动，参加相关演习，组织指挥员比武、教练员集训，举办军事训练成果展示会。落实新时代执勤安保规范化网上集训精神，常态化开展网络巡查、现地督察。完成城市联勤武装巡逻勤务，连续5年完成上海进博会环沪护城河安保勤务，完成各类临时勤务和重大安保任务。参加武警江苏总队教练员集训比武获得团体第四名、个人第三名。

【保障工作】 2022年，武警苏州支队修订保障方案计划，充实储备应急物资，完成各项保障服务。推荐技术学兵，强化后勤专业培训和岗位练兵，推进规划落实、整肃治理、“四装”（爱装、学装、用装、管装）活动。推进预算执行，建设基层战备综合库室和训练场地，采购训练器材和战备物资，满足练兵备战需要。参加武警江苏总队军械员、修理工培训，取得总评第二名成绩。为官兵办理分居补助、家属随军，开展慰问救济，帮助协调官兵子女入学和家属就业。

【“三先三后”带兵经验】 2022年6月，武警苏州支队在武警部队思想政治教育创新成果交流会上作题为“践行‘三先三后’立起带兵育人好样子”的经验交流。“三先三后”是指武警苏州支队张家港中队党支部探索争先创优的实践路径，自1999年起形成的“集合先到、处突先上、劳动先干，最后打饭、最后洗漱、最后就寝”的带兵理念。

（武警苏州支队　强一飞）

人民防空

【人防军事斗争准备】 2022年，苏州市按实战化、实案化要求，做好人防军事斗争准备。加强指挥机构建设。修订人民防空方案，调整人防指挥部编成，落实实名制要求，加强指挥平台和指挥场所建设，指导张家港市、吴江区完成基本指挥所升级改造，推进疏散基地建设。加强重要经济目标防护，组织全市重要经济目标防护救援方案编制，推进苏州工业园区综合防护试点任务，开展人防数字化CIM指挥系统等建设。加强信息系统建设。用好省人防综合信息平台，开展人防战备基础数据核查；加强警报设施维护管理，完成年度防空警报器新增布点任务，组织“9·18”防空警报试鸣活动；加强数字人防建设，完成智慧人防二期建设，推进智慧人防对接“苏周到”App工作。

【人防训练演练】 2022年，苏州市编实群众防空组织，加强信息防护、心理防护等新型专业队伍建设，开展专业队及志愿者骨干培训，组织全市人防系统集中训练7次。加强机动指挥所训练，参加长三角示范区一体化机动指挥所拉练、全省人防机动指挥所暨五大防护区联演联训等活动。结合“9·18”防空警报试鸣，开展人口疏散演练。

【人防工程建设】 2022年，苏州市优化人防工程布局，市本级修编《苏州市人防工程专项规划》，通过省人防办专家评审；《常熟市人防工程专项控制性详细规划》于7月获批，是全省首个县级市控制性详规；昆山市、苏州工业园区控规通过专家评审；张家港市、太仓市控规编制有序推进。全市新增人防车位4.45万个。结合城市更新、老旧小区改造、轨道交通建设等，新建、续建、自建惠民人防工程7个，年内投资2.18亿元。

【人防工程管理】 2022年，苏州市贯彻住宅小区配建人防工程维护管理意见及维护资金管理办法，落实住宅小区车位租金单独列账要求和维护管理责任，全市有529个住宅小区人防工程落实单列账要求；加强平时使用证管理，常态化开展人防工程安全使用和维护管理监督检查；加强标识标注工作，全市人防工程全部按新标识要求完成更新整改。开展人防工程建设全过程质量监督，加大抽查监管力度，组织人防工程质量监督岗位练兵及业务培训。组织开展既有建筑安全排查、早期人防工程普查评估、地下市政基础设施普查，排查出各类安全隐患59处，分类完成整改；组织相关人防工程自动防洪设施采购安装，全市累计安装自动防洪闸22处。优化人防营商环境，深化“0512人防助企行”活动，新冠疫情防控期间，创新推出“在线预检、抽查免检、网上复检”举措，支持企业复工复产。

【人防宣传教育】 2022年，苏州市推进人防宣传教育“五进”（进学校、进机关、进媒体、进社区、进企业）工作，拓宽宣传渠道，依托主流媒体、网络平台、基层阵地等，开展人防主题宣教活动。组织人防教师授课评比，并组织参加全省评比，其中2名教师分别获得中、小学组二等奖；组织人防知识教育示范学校评选。加强信息发布和政策解读，回应社会关切，市本级受理答复群众投诉及咨询170余件；参加市“政风行风”热线访谈活动，解答市民关注的热点问题。组织“两代表一委员”参观调研人防工作，开展“喜迎二十大，新闻媒体看人防”系列宣传活动，组织典型惠民人防项目评比，扩大社会影响。

2022年10月28日，苏州市人防办在吴中区开展机动指挥所拉练

（市人防办　供图）

【“9·18”防空警报试鸣暨人口疏散演习】 2022年9月18日，苏州市举办“9·18”防空警报试鸣暨人口疏散演习。在苏州市防空警报试鸣指挥部的统一指挥下，各县级市（区）及重要经济目标同步开展防空警报试鸣、人口疏散和人防宣教体验等活动。上午10时开始，防空警报试鸣历时19分钟，依次鸣放预先警报、空袭警报、解除警报。其间，苏州市广播电视总台新闻综合频道同步播放“9·18”防空警报试鸣及人防知识宣教片。人口疏散演习在姑苏区大公园以及各县级市（区）的多个社区、学校、单位举办。演习以战时防空袭为背景，根据3种防空警报信号，组织人口疏散、紧急救护体验性训练、心理防护训练等战时救护训练。全市使用各类警报器600余台、人防通信设备设施若干套、公共电子屏和应急广播7000余个，3.5万人参加演习。

【苏州市国防动员办公室挂牌】 2022年，苏州市落实省国防动员体制改革部署，成立由市委改革办、市人防办、市委编办、苏州军分区、市发展改革委相关人员组成的市国防动员改革工作专班，推进苏州市国防动员体制改革，拟制市本级国防动员体制改革实施方案，并督促指导各板块完成方案拟制。12月30日，苏州市人民防空办公室挂牌苏州市国防动员办公室，暂保留市人民防空办公室，并调整配备市国防动员办公室领导班子。各县级市（区）于12月31日前全部完成国防动员办公室挂牌。

（市人防办　鲁　平）

编辑：全凯帆

宏观经济调控

【发展战略和规划】 2022年，苏州市完成全市“十四五”重点专项规划编制工作。按照市政府办公室《关于做好“十四五”市级重点专项规划编制工作的通知》要求，实施规划编制目录清单管理制度，提高重点专项规划的科学性、指导性和可操作性，发挥对《苏州市国民经济和社会发展第十四个五年规划和二〇三五年远景目标纲要》的支撑作用，推动各部门编制完成新型城镇化规划、能源发展规划、社会信用体系建设规划、科技发展规划、工业发展规划、数字经济发展规划、园林绿化和林业发展规划、综合交通运输发展规划、农业农村现代化发展规划、开放型经济发展规划、文化和旅游发展规划、金融业发展规划等47个重点专项规划。

落实国家和江苏省推进新型城镇化总体要求，根据江苏省发展和改革委员会《2022年度新型城镇化和城乡融合发展工作要点》和《苏州市“十四五”新型城镇化规划》，推进以人为核心的新型城镇化战略，提高新型城镇化建设质量，制定并实施《苏州市2022年度新型城镇化和城乡融合发展工作要点》：丰富农村转移人口市民化内涵，深化户籍制度改革，推进基本公共服务均等化，加强就业服务保障，健全配套政策体系，推进国际消费中心城市建设。优化城镇化空间格局构筑网络化均衡高效的发展空间格局，转变特大城市发展方式，融入都市圈发展，推进县城补短板强优势，引导小城镇特色发展。推进新型城市建设，建设创新创业城市、绿色低碳城市、智慧城市，加强历史文化保护传承，推进城市更新试点，实施城市生命线安全工程。提升城乡治理现代化水平，加强城市空间治理，推进市域社会治理现代化，健全新型城镇化可持续投融资机制。促进城乡深度融合发展，深化农村土地制度改革，拓展农民收入渠道，推动农村基础设施提档升级，推进城镇公共服务向乡村覆盖。

（市发展改革委　郑志锋）

【经济运行监测】 2022年，苏州市成立“保生产、稳发展”工作领导小组和工作专班。领导小组负责及时监测市场主体经营情况、产业链循环畅通情况，分析研判经济运行态势，研究化解突出问题，降低新冠疫情影响，保持平稳健康的经济环境；工作专班实行集中办公，主要负责跟踪经济运行情况、市场主体经营情况，研判趋势、挖掘苗头，整理报送重要指标数据进展，收集归纳先进地区稳定经济增长的经验做法，定期向领导小组呈报分析材料。坚持问题导向，注重摸排微观主体共性问题、资源要素保障、产业链供应链循环等重点领域的矛盾困难，破解经济运行的难点、痛点、堵点。各县级市（区）政府（管委会）均建立工作专班，搭建工作网络，明确专人对接，按要求及时报送有关情况和数据，反馈点上和面上的各类问题。

（市发展改革委　王　平）

【经济体制改革】 2022年，苏州市推进各项经济体制改革。

苏南国家自主创新示范区建设　组织全市4家国家级高新区申报2022年度苏南国家自主创新示范区建设专项资金高新区奖补资金，获得提奖补资金8940万元；支持苏州市生物医药及高端医疗器械集群、高端纺织集群入选国家先进制造业集群，支持苏州高新区清洁低碳医疗器械科技成果转化基地获批省“双碳”成果转化基地。

市重点创新平台管理体系完善　梳理和分析长三角先进材料研究院、材料科学姑苏实验室、国家第三代半导体技术创新中心、国家先进功能纤维创新中心4家创新平台的管理机制、投入收益机制、成果共享机制、责任机制、可持续的经费来源机制等制度要素，从领域方向、人才布局、投入收益等方面分析存在的问题并形成报告，为后续调整优化有关载体管理机制、优化可持续投入机制、优化载体研发方向和组织模式等提供支撑。

离岸创新体系完善　全年立项市级海外离岸创新中心17家，累计立项建设26家。截至年底，全市在海外布局建设的离岸创新中心和创新飞地超过80家，其中国际创客育成中心15家、市级海外离岸创新中心26家、市级国际研发机构2家，覆盖美国、英国、澳大利亚、德国等23个国家和地区，与31家海外合作组织成员单位建立长期合作关系。

苏州创新投资集团和创新集群基金组建　出台《关于组建苏州创新投资集团的工作方案》，整合国发创投、苏州产投、科创投、天使基金和创新产业发展引导基金等资源，打造全国一流投资平台。年内，苏创投集团先后参与泽适（苏州）先进技术成果转化基金、科技创新协同发展母基金（苏州）、工业母机产业投资基金等国家级项目，基金总规模近300亿元。苏创投集团加强与各县级市（区）投资平台的联动，与太仓市合作设立的私募基金管理公司注册落地，与张家港市签订全面战略合作协议，与苏州高新区合作设立苏创投集团创新中心，与吴中金融控股集团有限公司合作成立苏创吴中智能制造与机器人产业创新基金。推进与相城区、吴江区等地合作设立产业直投基金。苏创投集团与纪源资本合作引入的“独角兽”项目厨芯科技总部落户苏州高新区。

生态产品价值实现试点　出台《苏州市建立健全生态产品价值实现机制实施方案》。上报国家“长江办”关于张家港探索区域环境权益交易典型经验做法案例1个。太湖生态岛获批自然资源部首批生态产品价值实现机制试点，发布《苏州市太湖生态岛（金庭镇）自然资源领域生态产品价值实现机制试点实施方案》，完成《太湖生态岛生态产品分类分析报告》《太湖生态岛生态产品调查报

2022年10月，位于长三角生态绿色一体化发展示范区的元荡

（市水务局　供图）

告》《生态补偿与生态产品交易价格评估技术研究报告》等理论论证成果。出台《苏州市太湖生态岛生态环境损害赔偿示范基地建设方案》，探索建立全省首个生态环境损害赔偿示范基地。

长三角生态绿色一体化发展示范区制度创新　全年形成制度创新成果39项（3年累计112项），2批38项制度创新经验向长三角和全国其他重点地区复制推广，形成“一体化示范区公交互联互通”等制度创新案例报告48个。推进30个年度重点改革项目落实，其中3个项目获批中央预算内资金支持2.1亿元。发布苏州南站科创新城规划。

碳达峰碳中和工作　年内，制定年度“双碳”工作要点，推进各项任务落实，印发《关于加快转变发展方式 做好碳达峰碳中和工作的实施意见》《加快建立健全绿色低碳循环发展经济体系的实施意见》，完成《苏州市碳达峰实施方案（送审稿）》并上报。推进全市6个重点领域专项实施方案及12个关键环节专项保障方案的制定。组建工作专班，督促各部门相关重大工作、重大事项落实。

苏相合作区和独墅湖科教创新区体制机制完善　苏州工业园区苏相合作区工作领导小组建立常态化协调推进机制，开展常态化沟通对接。按照“有利于合作区企业发展、有利于合作区居民便利、有利于合作区工作效能”原则，灵活应用两区审批、监管、政策适用等事宜。研究制定《相城区深化苏相合作跨域发展三年行动计划》。独墅湖科教创新区（东区）工作领导小组建立联席会议制度和协调会议制度，成立独墅湖科教创新区（东区）执行委员会，落实领导小组的决策事项与项目推进。两区建立多层次协调沟通与工作推进机制，复制推广苏州工业园区经验，共同构建优势互补、互保互进的产业发展局面。

（市发展改革委　方实义）

【固定资产投资】 2022年，苏州市促进投资实现较快增长，全年全市完成固定资产投资5744.2亿元。投资增速开局良好、承压下行、企稳回升，一季度投资增长6.0%，上半年投资增速1.0%，全年增速为1.5%。基础设施投资拉动作用明显，全市基础设施投资完成705.9亿元，增长10.1%，基础设施投资占固定资产投资比重12.3%。工业投资实现较快增长，第二产业完成投资1714.5亿元，增长6.6%，占固定资产投资比重29.8%，其中工业投资完成1708.1亿元，增长6.4%，占固定资产投资比重29.7%，提高1.4个百分点；第三产业完成投资4025.2亿元，下降0.4%，其中房地产开发投资完成2691.4亿元，下降6.2%，占固定资产投资比重46.9%，下降3.8个百分点；第一产业完成投资4.4亿元，下降58.7%。国有投资实现较快增长，国有投资完成1731.6亿元，增长20.1%；民间投资完成3249.9亿元，下降4.2%，占固定资产投资比重56.6%，其中私营个体经济完成投资2072.9亿元，增长0.9%；外资及中国港澳台资投资完成762.7亿元，下降7.5%。

（市发展改革委　汤映罡）

【重大项目建设】 2022年，苏州市贯彻“疫情要防住、经济要稳住、发展要安全”要求，推动项目开工和投资释放，加快省、市重大项目建设。401个市级重点项目完成投资2569亿元，完成率112%，其中38个省重大项目完成投资407亿元，完成率118%。省、市重大项目均超额完成年度计划，254个计划新开工项目全部开工。

瑞金医院太仓分院项目　项目为省重大项目，位于太仓市娄江新城临沪国际社区，占地面积约12万平方米，总建筑面积约27万平方米，总投资39.8亿元，按三级甲等综合医院标准建设，规划总床位数1000张。项目于2021年

表14　2022年苏州市分行业固定资产投资完成额统计表

项目	全市（万元）	市区（万元）							张家港市（万元）	常熟市（万元）	太仓市（万元）	昆山市（万元）
			吴江区	吴中区	相城区	姑苏区	苏州工业园区	苏州高新区				
总计	57441579	32030621	6798176	6134981	5389882	2101776	4732958	5795913	5450841	7310761	4786168	7863188
农、林、牧、渔业	46380	3244	475	227	931	—	—	1611	11940	5881	2270	23045
制造业	16397039	7107156	2322926	1114554	980467	—	1775177	914032	2040388	3151920	1683429	2414146
农副食品加工业	172574	16955	—	11941	4223	—	—	791	32610	10928	30146	81935
食品制造业	109764	35725	1042	—	12944	—	15689	6050	1094	8871	15125	48949
酒、饮料和精制茶制造业	36844	6684	4891	1793	—	—	—	—	—	17183	7840	5137
纺织业	646727	367955	349127	4062	9171	—	4871	724	41128	234355	506	2783
纺织服装、服饰业	106667	32177	21934	8431	1286	—	526	—	7698	50760	11383	4649

续表 14

项目	全市（万元）	市区（万元）	吴江区	吴中区	相城区	姑苏区	苏州工业园区	苏州高新区	张家港市（万元）	常熟市（万元）	太仓市（万元）	昆山市（万元）
皮革、毛皮、羽毛及其制品和制鞋业	4328	—	—	—	—	—	—	—	3500	194	169	465
木材加工和木、竹、藤、棕、草制品业	15547	9776	8495	551	—	—	—	730	—	781	4840	150
家具制造业	44232	32516	18760	700	10444	—	—	2612	—	9510	1329	877
造纸和纸制品业	104375	27036	11099	3695	12242	—	—	—	4161	17809	30724	24645
印刷和记录媒介复制业	96710	46322	22594	4376	6902	—	8074	4376	14321	12750	5428	17889
文教、工美、体育和娱乐用品制造业	45585	7615	3307	2450	657	—	—	1201	899	25358	1133	10580
石油、煤炭及其他燃料加工业	45302	19857	4501	14086	—	—	—	1270	17440	—	8005	—
化学原料和化学制品制造业	620213	75079	18429	6374	11203	—	27226	11847	249157	235939	46698	13340
医药制造业	801958	529070	31726	100200	25639	—	328624	42881	22672	150118	82563	17535
化学纤维制造业	439526	372705	360106	642	11957	—	—	—	17660	27140	21210	811
橡胶和塑料制品业	655943	420135	234510	62337	80032	—	30267	12989	53380	70741	59167	52520
非金属矿物制品业	551241	214272	143156	7791	28394	—	11751	23180	186766	81970	47829	20404
黑色金属冶炼和压延加工业	473648	2615	—	808	—	—	—	1807	369061	98592	1569	1811
有色金属冶炼和压延加工业	112239	73071	58919	—	12090	—	1316	746	3426	12513	21881	1348
金属制品业	477758	178164	23403	38894	45907	—	21031	48929	130434	89388	36299	43473
通用设备制造业	1434171	610846	235934	110075	102220	—	93353	69264	192381	255149	239382	136413
专用设备制造业	1444990	734971	121170	128317	105567	—	215928	163989	80296	224649	229908	175166
汽车制造业	1216832	420933	50384	145255	111332	—	22236	91726	179026	314789	171553	130531
铁路、船舶、航空航天和其他运输设备制造业	213366	45574	12927	3003	23581	—	4571	1492	21055	19778	106956	20003
电气机械和器材制造业	1236293	528395	162043	103368	119760	—	33912	109312	136323	424327	68431	78817
计算机、通信和其他电子设备制造业	4566594	2113169	370605	290496	238758	—	926887	286423	233582	497000	286747	1436096
仪器仪表制造业	650506	169162	49288	58059	6158	—	28115	27542	13166	247178	136154	84846
其他制造业	29593	4231	80	—	—	—	—	4151	15974	8352	—	1036
废弃资源综合利用业	33614	12146	4496	6850	—	—	800	—	13178	5798	555	1937
电力、热力、燃气及水生产和供应业	684355	264900	78572	89885	20363	—	20669	55406	100928	148633	117312	52582
建筑业	63911	62102	—	16804	45298	—	—	—	—	709	—	1100
批发和零售业	224393	153005	5988	—	112081	12777	11254	10905	9972	12795	13115	35506
交通运输、仓储和邮政业	3549667	1694876	406768	1836	56318	206340	13723	51564	606279	257311	114261	876940
住宿和餐饮业	429738	351372	76756	21443	131380	33747	68535	19511	10390	26772	30479	10725
信息传输、软件和信息技术服务业	1346534	1084689	66124	16421	28062	—	49901	805578	26884	162375	500	72086
金融业	38455	32921	—	4219	—	—	17822	10880	—	5534	—	—
房地产业	28194076	17360648	3317409	4197433	3594078	1102276	1673137	3476315	2251808	3079032	2146588	3356000

续表14

项目	全市（万元）	市区（万元）							张家港市（万元）	常熟市（万元）	太仓市（万元）	昆山市（万元）
			吴江区	吴中区	相城区	姑苏区	苏州工业园区	苏州高新区				
租赁和商务服务业	1012810	697140	44270	106094	64069	105057	259121	118529	6475	55930	206756	46509
科学研究和技术服务业	641236	432351	4231	57503	30433		270688	69496	82998	60703	22890	42294
水利、环境和公共设施管理业	2194237	1270270	326886	232534	76563	337505	228447	68335	155286	172144	229198	367339
居民服务、修理和其他服务业	5372	—	—	—	—	—	—	—	1191	3107	—	1074
教育	1468056	813015	94730	185234	117384	114971	165694	135002	131208	83546	146430	293857
卫生和社会工作	711143	463467	47969	77705	49982	91009	175096	21706	11911	23008	67292	145465
文化、体育和娱乐业	368458	213396	3471	11748	74301	83139	3694	37043	—	58021	1292	95749
公共管理、社会保障和社会组织	65719	26069	1601	1341	8172	14955	—	—	3183	3340	4356	28771

（资料来源：市统计局）

10月开工，截至2022年底，地下工程完成约60%。

长三角国际研发社区启动区二期项目（量子科技长三角产业创新中心项目） 项目为省重大项目，位于相城区相城大道以西、青龙港路以北，占地面积4.4万平方米，总建筑面积约21万平方米，总投资约20亿元，规划建设研发办公及配套用房，包括2个组团8幢楼宇，目标建设具有技术研发、技术服务、技术交易等核心功能的专业研发社区。项目于2022年4月开工建设，年内完成地下结构施工，开展主体结构施工、机电管线安装施工。

联东U谷·姑苏数字科技产业园项目 项目为市重点项目，是苏州市区首块M0新型产业用地，位于姑苏区虎池路以西、朱家湾以南，占地面积3.9万平方米，总建筑面积15.6万平方米，总投资5.9亿元，规划建设9栋标准厂房、1栋工业（研发）楼以及配套设施。项目于2022年6月开工建设，与智能制造、5G电子信息、数字医疗等领域的20余家成熟型科创企业签订入驻协议。

中国科学技术大学苏州高等研究院科研中心项目 项目是苏州市、苏州工业园区的重点校地合作项目，位于苏州独墅湖科教创新区，占地面积5.6万平方米，总建筑面积约25万平方米。项目以“磁·聚—多学科实验集群”为主要设计理念，重点建设化学类、生物医药类、物理（量子）类、机械电子类和信息类基础科研设施。项目于2022年8月开工建设，建成后可容纳近2500名科研人员开展研究、学习。

（市发展改革委　袁　坤）

2022年10月，长三角国际研发社区启动区二期项目施工现场

（市发展改革委　供图）

【产业创新集群发展】 2022年，苏州市部署数字经济时代产业创新集群建设。把数字经济作为转型发展的关键增量，让数字经济成为经济增长稳定器，围绕电子信息、装备制造、生物医药、先进材料四大产业，制定、实施重点细分领域支持政策，推动数字经济时代产业创新集群建设。年内，四大产业创新集群产值增长4.6%，其中集成电路、高端装备制造、前沿新材料、创新药物产业产值分别增长19.9%、6.2%、5.7%和5.2%。高技术产品产量增长较快，手机、光纤、碳纤维及其复合材料、太阳能电池、新能源汽车等产量分别增长47.4%、41.5%、30.8%、23.0%、75.0%。新增生物医药及高端医疗器械集群、高端纺织集群2个国家先进制造业集群。推进制造业数字化改造，实施1.1万个智能化改造和数字化转型项目，累计有14个国家级工业互联网“双跨”平台（跨行业、跨领域平台）落户苏州。制造业新兴产业产值、高新技术产业产值占规模以上工业总产值比重分别为53.5%和52.4%。新能源、软件和集成电路、仪器仪表制造业产值分别增长15.8%、13.1%、14.2%。

（市发展改革委　毛应祥）

【服务业高质量发展促进】 2022年，苏州市出台服务业纾困和恢复发展、推动新兴服务业高质量发展、支持总部经济和楼宇经济发展等政策，促进服务业高质量发展。全年全市实现服务业增加值12244.0亿元，增长2.1%；完成服务业投资4025.2亿元，下降0.4%。全市实现规模以上服务业营业收入4590.3亿元，增长8.0%，增速高于全省平均水平1.8个百分点。全市规模以上服务业利润总额增长5.4%，增速高于全省平均水平11.7个百分点。生产性服务业引领增长。全市规模以上生产性服务业营业收入3508.8亿元，增长8.0%，拉动全市规模以上服务业营业收入增长6.1个百分点。其中，研发设计与其他技术服务、生产性租赁服务营业收入分别增长14.4%、30.3%。生活性服务业加快恢复。全市规模以上生活性服务业实现营业收入1265.2亿元，增长9.6%，增速高于规模以上服务业营业收入增速1.6个百分点。

服务业纾困和恢复发展　印发《关于支持服务业相关领域纾困和恢复发展政策意见的通知》，帮助各类服务业市场主体渡过难关。各地、各部门相继出台配套支持政策，确保各项政策举措落实落细，市财政安排10亿元专项资金用于服务业企业纾困解难。全年为51679家国有物业承租单位减免租金26.84亿元，为11351家民营服务业载体承租单位减免租金4.2亿元。全市政府性融资担保机构和国有担保公司通过下调担保费率累计让利超过8900万元。全年累计发放稳岗返还14.19亿元，惠及21.89万户参保单位、287.28万人次，阶段性降低失业保险费率政策为企业减负80.64亿元，惠及企业46.97万户。新冠疫情防控期间，创新推出"疫贷码"，截至年底，累计为企业和个人提供咨询服务1600余次，支持460余家企业获得融资超过22亿元。

新兴服务业　探索新兴服务业支撑制造业创新集群融合发展的新路径，制定出台《关于推动苏州市新兴服务业高质量发展的指导意见》《苏州市推动新兴服务业高质量发展2025行动计划》《关于支持苏州市新兴服务业高质量发展的若干政策（试行）》。该《指导意见》站在宏观的角度，主要从数字赋能型、知识驱动型、消费导向型三大重点方向，谋划苏州市新兴服务业发展的战略举措；该《行动计划》从执行层面，将《指导意见》的重点方向、战略举措分解细化成具体的工作目标和年度工作清单，并将责任落实到具体工作部门；该《若干政策》围绕新兴服务业3个重点方向、12个细分领域和4个支撑举措，制定形成16条扶持政策。全年信息传输、软件和信息技术业完成投资134.65亿元，租赁和商务服务业完成投资101.28亿元，科学研究和技术服务业完成投资64.12亿元，文化、体育和娱乐业完成投资36.85亿元，分别增长32.3%、33.0%、61.9%、30.5%。

总部经济和楼宇经济　结合总部经济发展新情况新趋势，在学习借鉴国内发达城市总部政策基础上，修订出台《苏州市支持总部企业发展实施办法》，开展2022年度市级总部企业申报以及复核工作，年度新增认定市级总部企业82家。提升楼宇经济发展质效。出台《关于促进苏州楼宇经济高质量发展的实施意见》（简称"苏州楼宇十条"），提高楼宇经济功能品质和产出效益，融入创新经济、总部经济和税源经济，围绕楼宇品质开发、楼宇运营提升、楼宇产业招引、专业特色楼宇打造、存量楼宇改造、亿元楼宇培育等重点环节，促进楼宇经济发展。

（市发展改革委　马文峰）

自然资源管理

【重点项目用地保障】　2022年，苏州市保障重点项目用地，做到"应保尽保"。省重大项目中涉及选址在苏州市的项目49个，对其中打包项目拆分后按66个项目提供用地保障，保障率100%。省级"云签约"重点外资及中国港澳台资项目涉及13个，涉及2022年新增建设用地需求的均完成用地保障工作。市重点项目401个，对打包项目拆分后按408个项目提供用地保障，对进入用地保障时序的项目均完成保障。市签约基金项目17个，全部完成阶段性自然资源要素保障，完成率100%。

【工程建设项目用地审批】　2022年，苏州市加强用地审批前期工作，深化建设用地审批制度改革。全年发放建设项目用地预审与选址意见书824件，建设用地规划许可证949件。

【自然资源确权登记】　2022年，苏州市完成66个自然资源项目确权登记登簿前的主体工作，其中市级项目6个、县级项目60个。阳澄湖确权登记作为市级项目工作案例被推荐到省自然资源厅。建设苏州市自然资源统一确权登记信息管理基础平台。项目经验被作为全省自然资源确权登记推广范本推广。

【不动产登记】　2022年，苏州市不动产登记中心缮证57764份。发布全国首个关于"互联网+不动产登记"服务的地方标准。发出全国首份"全线、跨区域、三维实景"城市轨道交通地下空间不动产权证书。在全国首创数字人民币在线支付登记费功能，丰富数字人民币使用场景。不动产登记电子档案全生命周期科学管理项目入选2022年智慧江苏重点工程、2022年数字苏州标准化建设典型案例。

【地质和矿产管理】　2022年，苏州市编制发布《苏州市地质灾害防治"十四五"规划》《苏州市矿产资源总体规划（2021—2025年）》《工程地质层划分规划》。严格执行矿产资源勘查开采准入。开展矿业权人勘查开采信息公示，履行储量动态监管职责，加强绿色矿山建设。完成地质灾害风险普查任务，推动地质灾害区域性评估。昆山市结合多要素的城镇地质调查试点开展全市域地质灾害危险性评估工作，苏州高新区压覆矿区域性评估实践案例入选"江苏省区域评估改革第一批实践案例"。加强矿产资源开发利用监督和储量动态监管，青岛啤酒（昆山）有限公司矿泉水井、苏州市吴江东太湖综合开发（集团）有限公司地热井、太仓淳大景林置业有限公司沙溪地热井创建成为省级绿色矿山。深化地质资料管理，入库3097档地质资料，苏州市地质资料馆获评自然资源部表现突出单位。推进矿地融合项目，"透明苏州"建设取得进展。

【测绘和地理信息管理】　2022年，苏州市完成乙级测绘资质审查181件（资质申请18件、复审换证8件、专业类别变更16件、基本信息变更49件、补充和修改数据90件），完成地图审核55件，完成测绘项目备案311件，完成测绘作业证办理899本。编制发布《苏州市"十四五"基础测绘规划》的工作，开展《苏州市地图集》编制工作。开展测绘地理信息监管工作，对市区6家测绘资质单位开展实地检查，组织23家具有地图编制或互联网地图服务资质的测绘单位开展"问题地图"自查。

【国土空间总体规划编制】　2022年，苏州市推进"三区三线"（"三区"是指城镇空间、农业空间、生态空间三种类型的国土空间，"三线"是指分别对应划定的城镇开发边界、永久基本农田、生态保护红线）划定工作，相关成果获得自然资源部批准启用。以"三区三线"划定成果为基础，在《苏州市国土空间总体规划（2021—2035年）》（第11稿）基础上，完善重大基础设施保障、重要指标分解等内容，形成《苏州市国土空间总体规划（2021—2035年）》（第12稿）。

同时，修改完善编制说明、图集和数据库等内容，指导各县级市（区）完成用途管制分区图、开发边界内用地规划图等，完善各县级市（区）的总体规划成果。

（市自然资源规划局　武营营）

国有资产监督管理

【国有资产和国有企业概况】　截至2022年底，苏州市国资监管机构履行出资人职责的国有及国有控股企业（不含苏州银行股份有限公司、东吴人寿保险股份有限公司）资产总额32577亿元，所有者权益总额10998亿元，营业收入2258亿元，利润总额237亿元，净利润160亿元，上缴税费194亿元。其中，苏州市人民政府国有资产监督管理委员会（简称"市国资委"）履行出资人职责的国有及国有控股企业资产总额4378亿元，所有者权益总额2046亿元，营业收入374亿元，利润总额31亿元，净利润23亿元，上缴税费23亿元。

【国有企业组建和调整】　2022年，苏州市委、市政府印发《关于新时代推进全市国有经济布局优化和结构调整的工作意见》。聚焦数字经济时代产业创新集群发展，整合苏州国发创投、苏州科创投、苏州产投集团、苏州天使母基金、苏州基金和苏州市产业技术研究院，组建苏州创新投资集团有限公司，注册资本180亿元；组建苏州市大数据集团有限公司，注册资本20亿元。聚焦重要领域基础设施和民生保障，组建苏州市港航投资发展集团有限公司，注册资本30亿元；完成苏州城市建设投资发展有限责任公司与苏州市保障性住房建设有限公司合并重组，成立苏州城市建设投资发展（集团）有限公司，注册资本100亿元；实施苏州市轨道交通集团有限公司组织机构优化调整。助力打响"人到苏州必有为"品牌，组建苏州人才发展有限公司，注册资本1亿元。聚焦古城古镇保护发展，组建苏州名城保护集团有限公司，注册资本120亿元。聚焦粮食和能源领域，组建苏州市储备粮管理有限公司、苏州市能源发展集团有限公司，注册资本分别为5.9亿元、30亿元。聚焦金融基础作用，推动苏州国际发展集团有限公司向金融控股公司转型。聚焦文化高地建设，组建苏州新闻出版集团有限公司、苏州广电传媒集团有限公司、苏州文化投资发展集团有限公司，注册资本分别为4.8亿元、10亿元、1.2亿元。

【国有企业改革】　2022年，苏州市推进国有企业改革，推行"三单管理"（改革企业有名单、改革任务有清单、改革进展有成绩单），通过跟进督办、专项督查、督导约谈、综合评估等方式推进工作进度、提升改革质效，完成具体改革工作122项、重点改革任务28项。所有市属一级企业集团公司及78家重要子企业全部制定党组织前置研究重大经营管理事项清单。所有一级企业集团公司及所属170家企业全部建立董事会，实现外部董事占多数。已建董事会企业落实董事会职权，全部建立董事会向经理层授权的管理制度。

【国有企业监管】　2022年，苏州市印发《关于全面加强国有企业监管的实施意见》，突出企业内部监督、出资人监管、外部协同监管结合，构建全市内外衔接、上下贯通的国有企业监管格局。创新建立市属国企财务部门负责人委派制度，企业财务部门负责人统一由市级国资监管机构委派，接受市级国资监管机构和派驻企业双重管理，搭建由40人组成的人选库。制订《苏州市市属国有企业外部董事履职指引》，提升外部董事履职实效，全年外部董事参加会议145次，审议议案846件，提出建议622条。落实重大特别监管类投资项目"双重论证"制度，选取生物医药产业园七期项目，组织专家开展第三方独立论证，提出专家论证意见6条、专业建议3条。对市属国企"三重一大"决策制度执行、资产出租管理、贸易业务风险、"三项法律"审核等情况开展专项检查，发现问题83个，纳入下年度闭环管理。首次将市属国企纳入高质量发展考核，考核结果与企业负责人的绩效薪酬建立紧密关联关系。

【国有企业服务城市发展】　2022年，苏州市属国企新增投资696亿元，其中国有出资306亿元、其他出资390亿元，投向主要集中在交通、能源、城市设施建设等重要领域和关键行业。完成重点铁路项目资本金归集45.4亿元，开工建设苏州湾隧道、阳澄湖星济隧道等重点项目。完成轨道交通投资205亿元，苏州轨道交通11号线实现"洞通、轨通、电通"目标，提前启动与3号线贯通运营，开工建设2号、4号、7号线延伸线和10号线（苏虞张段），推进6号、7号、8号线工程。服务推动产业创新集群建设，市属国企新增国家级专精特新"小巨人"企业1家，省级专精特新企业8家，完成8个"智改数转"项目。依托国企自身优势优化营商环境，与上海浦东国际机场、杭州萧山国际机场、郑州新郑国际机场、南京禄口国际机场、苏南硕放国际机场等合作开展陆空联运创新业务，全年完成进出口5700余单、货物3000余吨。新冠疫情防控期间，为上海航空港和400余家苏州企业解决疏港难题。"央地合作"取得新成效，印发《推动苏州市与央企合作发展的工作方案》，市、县两级分别建立与央企合作发展工作推进机制，市国资委成立相关工作专班。全市与央企合作的存量项目增资8个，增资额7.39亿元；项目技改投入8个，技改金额6.47亿元；新增项目签约（包括框架协议、战略合作协议）17个，签约金额298.78亿元。

【国有企业社会责任履行】　2022年，苏州市推进市域燃气整合，收购华能苏州热电厂配套60千米管道专线，完成苏沪联络线吴中段13.8千米和昆山段12千米管道项目建设，全年实现管道天然气供应12.87亿立方米，液化气供应5.44万吨。推进轨道、公交"两网融合"，方便市民出行，调减公交线路14条，增加公交接驳专线34条，提升57个车站接驳能力，轨道交通推出双休日及法定节假日半价乘车活动、惠民"十"事工程、"畅优出行卡""地铁车站纳凉区"等惠民措施。守住市民"米袋子""菜篮子"，实现全市粮食储备一张图规划、一盘棋建设、一张网管理，启动建设总仓容40万吨的苏盐、苏宿粮食仓储与加工项目。截至年底，市属国企管理农贸市场25家，服务周边居民超过100万人，"万家邻里"品牌化、连锁化经营具备一定规模。做好退役士兵安置、西藏籍大学生就业工作，年内协调市属国企提供12个岗位。组织市属国有企业开展稳岗就业行动，举办高校毕业生招聘直播和现场招聘活动，28家国有企业提供542个岗位吸纳高校毕业生。

【国有企业人才工作】　2022年，苏州市加大市属国企人才工作政策支持力度，出台《关于加强市属国有企业人才工作的若干措施》，配套印发《关于市属国有企业人才租房补贴的实施细则（试行）》《市属国有企业引进高层次人才（团队）"一人一策"实施办法（试行）》等实施细则，通过专业化青年人才定岗特选计划引进知名高校优秀毕业生67人，认定2022年度市属国企引进重点领域紧缺人才57人。深化人才培养，创新实施市属国资系统青年人才“逐浪计划”，以“思想大学堂”“纪律讲习所”“国资青视点”“知行实践营”为主要内容，加强青年人才理论武装、纪法教育、思想碰撞和实践锻炼。完善激励机制，成功申报江苏省第六期“333工程”培养对象第二层次1人、第三层次4人。

（市国资委　林庆军）

【苏州创元投资发展（集团）有限公司】 2022年，苏州创元投资发展（集团）有限公司（简称“创元集团”）加大有效投入，抓实新冠疫情防控和安全生产，实现平稳运行。全年实现营业收入111.26亿元，增长14.7%；利润总额7.12亿元，实现正增长，上缴税收4.64亿元。

投资融资　创元集团加大有效投入，完善投资退出机制，开展非主营业务和低效无效资产的清理盘活。推进资本证券化和上市培育工作。支持苏州创元期货有限公司定向增发，将注册资本增至9亿元，入选A类企业。推动苏州海格电控有限公司完成整体股份制改造。发挥资金、资信优势，解决子企业经营需求，创元集团本部有效直接融资产品及银行授信规模累计超过65亿元；新增发行公司债券5亿元，新增发行超短融15亿元。江苏苏净集团有限公司出资1.15亿元控股中宜金大环保研究院，拓展环境检测业务；苏州远东砂轮公司出资收购苏州科技城创业投资公司、上海硅酸盐研究所部分股权，集聚磨具磨料产业资源；苏州创元期货有限公司增资苏州创元和赢资本管理有限公司2.95亿元，提升风险管理子公司业务规模和行业竞争力；创元集团设立创元创投基金及管理公司，首期1亿元募资到位，签约重元叁号、苏试宜特2个项目；盐城常林环保科技有限公司实施含铜蚀刻液项目，盐城淇岸环境科技有限公司实施每年3000吨医疗废物处置项目；创元集团在苏州高新区创园壹号产业园城市更新改造试点，启动实施苏州高新区首个工业用地融合商业用地城市更新建设。

科技创新　创元集团控股重点企业研发投入占营业收入5.1%，高于全市研发投入平均比例。根据创元集团《创新工作奖励办法》，评选控股企业创新成果项目34个，发放创新奖励近120万元。制造业企业实施“数字化改造”项目8个，累计投入近5000万元。全年创元集团企业获得授权专利275项，其中发明专利40项；参与国家标准制定4项，起草制定行业或地方标准4项。构建专精特新企业梯次培育体系，苏州轴承厂股份有限公司获评国家级专精特新“小巨人”企业，江苏苏净集团有限公司所属苏净安泰、苏净新材料、苏州电瓷、一光公司、远东公司和海格电控公司6家企业获评省级专精特新企业。推进新品开发，苏州海格电控股份有限公司开发的电动乘用车电控产品出口东南亚国家，占公司营收超过30%；创元集团下属企业商飞配套轴承等部分产品首次样件试制，汽车电驱项目轴承等进入开发阶段。组建创元集团产业研究院，与成员企业共建洁净环保、磨具磨料、精密制造等6个技术研究所，启动实施高速低噪声圆柱轴承等11个合作开发项目。

社会责任履行　创元集团根据市政府统一安排和专项任务交办，配合苏州市大数据集团有限公司实施5G车联网项目变更及审计后项目整体移交；完成相关股权划转，组建成立苏州人才发展有限公司。落实减租政策，全年减免租金约6500万元。结对帮扶太仓市双凤镇新闾村，捐赠近100万元。创元期货股份有限公司实施乡村振兴项目，捐赠180万元。

（创元集团　王晓卿）

财　政

【一般公共预算收支】 2022年，苏州市完成一般公共预算收入2329.2亿元，增长0.1%，还原各项缓税和其他减税降费政策后增长6.3%。其中，税收收入1897.7

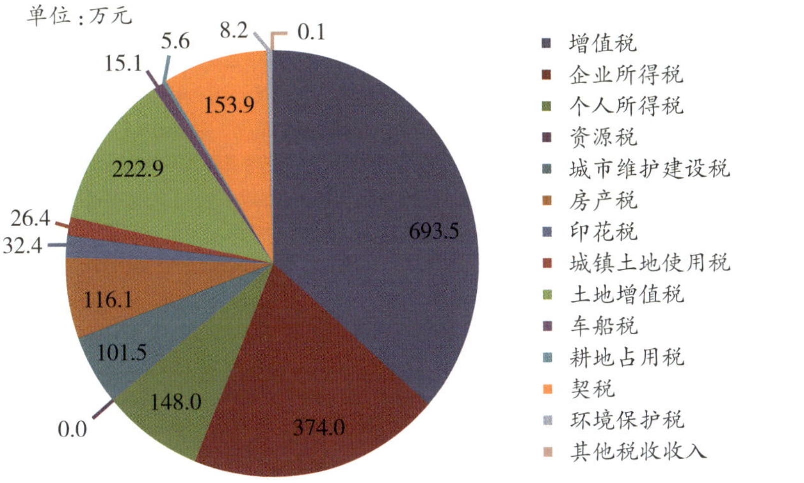

2022年苏州市一般公共预算税收收入分税种构成情况图　（市财政局　供图）

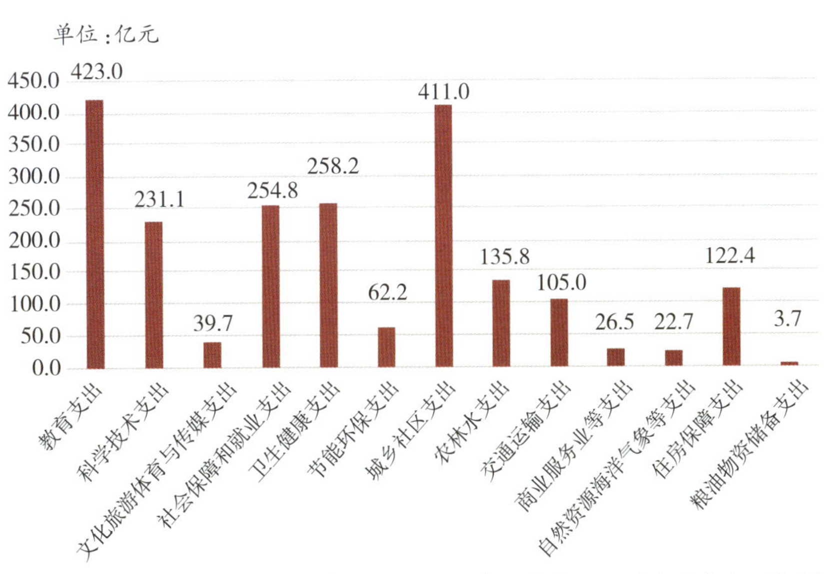

2022年苏州市用于民生改善的城乡公共服务支出情况图　（市财政局　供图）

亿元，下降3.8%，占全省比重27.9%，比2021年提高1.4个百分点，税收占比（税收收入占一般公共预算收入比重）81.5%。一般公共预算收入总量列全国大中城市第五位、全省设区市第一位，税收占比列全省设区市第一位。完成一般公共预算支出2588.6亿元，增长0.2%。其中，城乡公共服务支出2096.2亿元，占一般公共预算支出比重81.0%，比2021年提高1.8个百分点。

【预算管理】 2022年，苏州市印发《关于进一步厉行节约强化财政支出管理的通知》《关于进一步深化预算支出管理的实施意见》，加强市级预算项目调剂、大额资金拨付、预算代编事项管理。优化调整支出结构，压减一般性支出，调整预算支出。从严从紧编制2023年预算，压减一般性支出，压缩运转经费，压缩除刚性支出外的部门事业发展经费。

【财政政策落实】 2022年，苏州市稳住财政收支运行基本盘，推出助企纾困等财政政策，保障经济发展、民生改善等重点领域。加大助企纾困力度，全市新增减税降费及退税缓税缓费超过1000亿元，发放稳岗返还资金14.2亿元。落实就业优先政策，对符合条件的中小微企业等用人单位实施3个月职工医保单位缴费缓交累计2.6亿元，费率下调减收16.2亿元，安排中小微企业一次性留工补助5.9亿元。落实减免2022年承租国有物业租金政策，减免全市范围内承租国有企业（包括全资、控股和实际控制企业）和行政事业单位权属物业的服务业小微企业和个体工商户6个月租金，累计减免租金26.8亿元。

【民生领域支出】 2022年，苏州市建立全市重大民生政策统筹协调机制，梳理明确全市基本公共服务支出标准，推进基本公共服务均等化。增进民生改善，累计下达区域养老中心补助资金2.8亿元，安排残疾人、困境儿童等救助补助资金2.1亿元，发放春节慰问金3.5亿元。推动乡村振兴，出台市级支农资金管理办法，发放实际种粮农民一次性补贴5550万元。推进美丽苏州建设，累计拨付生态涵养区、太湖生态岛补助资金10亿元，安排污染防治专项资金8000万余元，下达省太湖流域水环境综合治理补助资金1.2亿元。

【服务发展支出】 2022年，苏州市制定出台财政支持政策，推进数字经济时代产业创新集群建设，市级安排科技创新、制造业升级、服务业发展、人才开发、金融改革等13类专项资金，整合组建苏州创新投资集团，集聚金融资本、人才资源、创投机构，支持苏州实验室等国家战略科技力量建设，推动企业、高校、科研平台等产学研用全链条创新发展。稳住宏观经济大盘，筹措政府投资项目资本金。印发《苏州市政府采购促进中小企业发展实施意见》，落实预留采购份额、价格评审优惠、优先采购等措施，提高中小企业在政府采购中的份额，支持包括科技型中小企业、服务业中小企业在内的各类中小企业发展。

【重大项目支出】 2022年，苏州市支持市域统筹发展，完善市域一体化资金使用机制，推动“环太湖科创圈”“吴淞江科创带”建设，系统性支持重大基础设施、高校和创新平台布局。健全教育投入机制，支持新建改扩建学校41所。提高医疗卫生服务水平，支持苏州大学附属第一医院二期、市中医医院二期等重点项目建设，保障疫情防控经费。

【财政改革】 2022年，苏州市完善姑苏区财政体制，明确市与区财政事权和支出责任，增强古城保护自主统筹能力和可持续发展动力。推动国有经济布局优化和结构调整，安排资金支持新建、重组市属国企14家。落实市属金融国企三年改革行动方案，上线国有金融资本信息管理平台，出台市属国有金融企业投资监督管理办法。优化财政资金招投标评价规则，在资金保值增值基础上，推动银行业更好服务实体经济发展。提升公务用车监管水平，制定市级机关公务用车运维保障改革方案，对公务用车运维经费实行集中预算和支付。推进数字人民币试点，在全国率先实现全域预算管理一体化系统数字人民币国库集中支付。

（市财政局　朱　立）

【政府债务管控】 2022年，苏州市加强政府债务管理，完善政府性债务风险管控举措，夯实防范化解政府性债务风险的基础性制度，年末全市债务风险等级稳定在低风险区间。争取政府新增债券225亿元，为重大项目建设、民生实事工程提供资金保障。截至年底，全市地方政府债务余额1772亿元，其中一般债务余额694亿元、专项债务余额1078亿元，均控制在法定限额内。

【财政监督】 2022年，苏州市推进财会监督工作，构建全市财会监督“一盘棋”格局，组织实施18个日常监督项目、15个专项监督项目。建立苏州市财会监督工作联席会议制度，加强部门间协调沟通，共通信息、共同研判，聚焦“防范化解金融风险”精准监督，推进市属金融国企“出资基金监督调查”和“异地政信业务核查”项目；开展苏州市政府性债务专项督查，压实地方各级政府风险防控责任，完善防范化解政府性债务风险长效机制。建立财政监督基层联系点制度，在各县级市（区）确定首批14家乡镇（街道）财政分局作为财政监督基层联系点，以点带面，通过联系点串联凝聚市、县、镇三级合力，提升苏州财政监督整体水平。

（市财政局　张立业）

税　务

【概况】 2022年，苏州市税务系统累计组织各项收入6521.5亿元，增长19.8%。其中，税收收入3509.8亿元，下降13.0%，还原留抵退税因素同口径下降4%，税收总量列全国大中城市第六位、全省设区市第一位，税收占比保持全省设区市第一位。苏州市税务系统完成一般公共预算收入1902.6亿元，下降12.2%，还原留抵退税因素同口径下降3.8%，高于全省平均水平。

（市税务局　蒋政渊）

表15　2022年苏州市税收收入分税种统计表

项目	累计入库（万元）	比2021年增减额（万元）	比2021年（±）
一、税务部门收入	65214774	10792838	19.8%
（一）税收收入合计	35098219	−5265901	−13.0%

续表15

项目	累计入库（万元）	比2021年增减额（万元）	比2021年（±）
1.国内增值税	13965893	−4629243	−24.9%
2.国内消费税	353745	15942	4.7%
3.企业所得税	9686073	−828948	−7.9%
4.个人所得税	3744650	575473	18.2%
5.城市维护建设税	1015680	−138107	−12.0%
6.土地增值税	2228672	177959	8.7%
7.房产税	1160877	1075	0.1%
8.城镇土地使用税	263613	−23417	−8.2%
9.契税	1539276	−256775	−14.3%
10.耕地占用税	56446	−12260	−17.8%
11.印花税	323854	16829	5.5%
12.车船税	151422	6097	4.2%
13.环境保护税	82346	1873	2.3%
14.资源税	371	−173	−31.8%
15.车购税	523603	−170530	−24.6%
16.其他税收	1697	−1697	−50.0%
（二）社保费	15069395	2132118	16.5%
（三）非税收入	14946199	13936389	1380.1%
（四）其他收入	100961	−9768	−8.8%
二、出口退税（含调）	−12086302	603199	−4.8%
出口退税	−7448102	149999	−2.0%
三、海关代征	7341124	480462	7.0%

表16　2022年苏州市税收收入分地区统计表

地区	含免抵调库税收收入			不含免抵调库税收收入		
	累计入库（万元）	比2021年增减额（万元）	比2021年（±）	累计入库（万元）	比2021年增减额（万元）	比2021年（±）
总计	35098219	−5265901	−13.0%	30460019	−4812701	−13.6%
一、市区	19345543	−2316776	−10.7%	16741993	−2138799	−11.3%
吴江区	3234842	−724870	−18.3%	2721842	−542560	−16.6%
吴中区	3089972	−232175	−7.0%	2557972	−445498	−14.8%
相城区	2161379	−244349	−10.2%	1882829	−247899	−11.6%
姑苏区	1232002	−406712	−24.8%	1230002	−407672	−24.9%
苏州工业园区	6767609	−588098	−8.0%	6040609	−338598	−5.3%
苏州高新区	2859739	−120572	−4.0%	2308739	−156572	−6.4%
二、县级市	15752676	−2949125	−15.8%	13718026	−2673902	−16.3%
张家港市	3199837	−1060300	−24.9%	3051337	−827797	−21.3%
常熟市	3280447	−539183	−14.1%	2948047	−370283	−11.2%
太仓市	2652462	−481445	−15.4%	2273892	−545145	−19.3%
昆山市	6619930	−868197	−11.6%	5444750	−930677	−14.6%

（资料来源：市税务局）

【税费征收管理】 2022年，苏州市税务系统加大重大风险防范力度，开展留抵退税、成品油、代开发票、资源综合利用等重点领域风险防控。加强风险应对质量监督，依托机审、团队审核和交叉复核相结合等方式，提升应对质量，重大风险防范更加精准。在全省率先编制10类20余个留抵退税审核要点，建成包含7类48项指标的市级留抵退税专项监控指标体系，国务院第九次大督查显示，在退税金额和户数均列全省设区市第一位的情况下，苏州没有企业反映留抵退税问题。加强稽查案件跟踪督导，全年稽查入库16.00亿元，增长103%，其中100万元以上大案要案111件。完成积案清理286件，进度列全省设区市第二位。深化跨境利润水平监管，将精准监管范围拓宽至关联交易金额大、业务复杂的153家重点跨国公司，完成反避税立结案18家，查补税款及利息合计3.6亿元。

【纳税服务】 2022年，苏州市税务系统落实《苏州市优化营商环境创新行动2022》，推动实施“企业纾困46条”“服务业纾困20条”等政策，支持经济社会发展。依托税收大数据，提供27批次5000余条供应链上下游数据，重点帮扶困难企业达成商谈意向78家次，交易金额7044万元。深化办税缴费便利化改革，线下推行“同城通办”，线上实施“零跑动”，升级“智为您”服务产品功能，构建“线下同城通办、线上零跑动、办税缴费更智能”的办税服务新体系。落实国家税务总局新一轮税收支持措施，巩固“16+10”项税收措施，支持长三角一体化发展。

【减税降费】 2022年，苏州市税务系统落实税费支持政策，支持稳定宏观经济大盘，全年累计落实新增减税降费及退税缓税缓费超过1000亿元。其中，大规模留抵退税后为6.53万户纳税人办理留抵退税超过400亿元，退税户数、金额均列全省设区市第一位。办理出口退（免）税947亿元，增长6%，平均办理退库时长约2个工作日，居全国领先水平。编制《制造业“智改数转”研发费加计扣除指引》，为1.73万家企业落实研发费用加计扣除优惠647.92亿元，增长70.60%。推动非居民纳税人享受协定待遇由“备案制”转变为“备查制”，全市940户次非居民享受税收协定待遇，减免税额10.64亿元。

【依法治税】 2022年，苏州市税务系统推行行政执法“三项制度”（行政执法公示制度、行政执法全过程记录制度、重大执法决定法制审核制度），把法治理念贯穿税收工作全过程。坚持审慎包容监管，推行“大数据动态监控+前置式提示提醒+纳税人自查自纠+递进策略”的税务执法新方式，开展提示提醒“双推送”等柔性执法。创新开发“执法监督预警”模块，实现自动扫描、智能预警，全年累计消警1.47万条。落实“首违不罚”清单，对1.2万家次纳税人适用“首违不罚”。发挥公职律师作用，试点公职律师涉税争议咨询调解，开展重大税务案件“听辩式”审理，维护纳税人合法权益。

【税务改革】 2022年，苏州市税务系统组建市、县两级税务监管团队，将672个指标纳入智慧税务监管目录，初步形成具有地方特色的补充风险识别指标体系，全年通过风险应对取得入库总成效123.14亿元，增长12.97%。优化风险分析识别库，拓宽提示、提醒策略运用面，促进纳税人自我遵从，取得入库总成效11.19亿元，增长99%。探索开展申报智能审核，引导纳税人在申报期内消除疑点，更正消除率超过70%。依托“税收协同共治平台”，优化数据共享机制，畅通数据采集渠道，拓展数据应用场景。上线江苏省房地产交易税收一体化平台。完成土地出让金划转，推进新就业群体社保费征收、省医保平台对接金三标准版系统上线工作。

（市税务局　蒋政渊）

【苏州工业园区税务】 2022年，苏州工业园区税务局全年组织各项收入1234.4亿元，其中税收收入676.8亿元，贡献一般公共预算收入347.2亿元，税收增幅列全省第二位，税务部门贡献一般公共预算收入同口径增幅列全市第三位，税比列全市第一位。

税费征收　深化税收征管改革，立足“三重身份”角色定位，落实“做精市局、做实县局、做好分局”要求。组建专业化团队11个，推送206批次执法监管任务，整合过滤率75%，其中专业化风险应对团队承担全局90%以上的综合应对任务，土地增值税清算团队完成清算项目25个。完善苏州工业园区“经济大脑2.0”项目的支持和对接方式。完成土地使用权出让收入征收划转工作，上线省级医保平台。全年通过风险管理平台推送风险评估任务1624户次，取得成效1.59亿元。加快积案清理，全年累计结案341户，查补入库各项收入1.27亿元。推进税务执法区域协同，落实长三角区域执法互通互认。落实重大税务案件审理制度，全年受理重大税务案件审理27件，审结25件；受理处置行政复议案件6件。

纳税服务　落实“一口进、一口出”机制，将15个跨机构流转事项整合前移至办税服务厅办理，实现办税缴费“一次成”。深化税费服务便利化建设，推动营商环境和满意度“双提升”；推出便民举措70条，拓展“零跑动”办税项目至195个，将35个事项纳入“免证园区”2.0，将6个事项纳入苏州工业园区“刷脸办”清单，实现“不动产登记+税务”一网通办。深化税费服务精细化建设，开展“春雨润苗”专项行动，为2万余户企业及83户专精特新企业送上“红利账单”；落实大企业客户联络员制度，提供个性化服务；研究改进注销、最大开票限额等10项办税缴费流程。深化税费服务精准化建设，开展“税意达”行为研究。推进线上办税智能化，组建电子税务局专职处理团队，电子税务局全年累计办理业务12.4万笔，日均受理业务量超过窗口日均叫号量，各类退税、税收备案、往期更正等业务线上办理率居全省前列。落实退税减税政策，全年新增减税降费96.78亿元，其中留抵退税63.5亿元，制造业中小微企业缓税25亿元，“六税两费”〔资源税、城市维护建设税、房产税、城镇土地使用税、印花税（不含证券交易印花税）、耕地占用税和教育费附加、地方教育附加〕减免5.5亿元。

（苏州工业园区税务局　陆建林）

金融监督管理

【金融稳定】 2022年，苏州市优化金融生态，相城区连续5年蝉联金融生态综合评估全省县（市、区）第一名，昆山市、相城区获评江苏省2019—2021年度金融生态优秀县。规范金融市场秩序，全年推动15起洗钱罪定罪宣判。提升“防诈反赌”质效，上线“跨金融机构及监管机构反诈联合分析平台”。整治“征信修复”乱象，累计排查涉嫌企业1063家。开展整治拒收现金工作，优化人民币流通环境。

（人民银行苏州中支　李晓娟）

【金融风险防控】 2022年，苏州市成立金融风险化解委员会，出台《苏州市金融突发事件应急预案》，探索建立苏州市银行机构挤兑风险联防联控机制，健全金融风险防控体系。推动银行业金融机构防范化解重大风险，整治市场乱象。开展风险防控"大排查、大处置、大提升"行动，推动多渠道处置不良贷款，截至年底，全市银行业不良贷款率0.44%，保持低位。做好保险业退保和满期给付等重点风险监测。开展地方金融风险全面排查，分类处置、排除隐患。服务实体经济，全面排查市属国企地方金融异地业务合规性、融资租赁公司涉地方政府隐债情况，督促相关金融组织聚焦苏州、专注主业。

（人民银行苏州中支　李晓娟
苏州银保监分局　陈伊旻
市地方金融监管局　沈文豪）

【银行业监管】 2022年，中国银行保险监督管理委员会苏州监管分局（简称"苏州银保监分局"）应对复杂的经济金融环境，推动银行业金融机构在防范化解重大风险、整治市场乱象等方面取得成效。推进联合授信和债委会工作，按照市场化、法治化原则做好辖内大型民营企业帮扶工作。加大对违规行为的问责力度，对14家银行机构、20名从业人员罚款992万元，处罚金额居全省前列。开展"清廉金融文化建设提升年"活动，建立城商、农商、信托等板块监管监督沟通协调机制，以强监督、严监管推动强治理。指导银行业协会制定绿色金融自律机制，推动10家机构设立绿色低碳转型金融服务中心。引导银行业金融机构优化服务，举办服务乡村振兴方案大赛，组织驻村金融顾问落地服务，联合成立"新市民金融服务站"，优化新市民一站式服务。

【保险业监管】 2022年，苏州银保监分局推动科技保险支持产业创新集群发展的若干措施落地，督促机构加大产品和服务创新力度，推动主要公司成立科技保险事业中心、生命科学创新实验室等专营机构，全年苏州科技保险服务科技企业超过5000家次。推动专属商业养老保险试点落地，与市人力资源社会保障局联合举办线上直播政策宣讲会，实现保费2400万余元，参保人数超过2500人。推动个人养老金保险类业务发展，鼓励市民通过保险方式积累个人养老金，机构售出全省首单个人养老金保险，召开试点机构座谈会，开展媒体宣传，试点1个月投保超过1000件。推进苏州商业医疗保险"一键式"快速理赔体系建设。开展保险业整治"五虚"（虚列费用、虚假承保、虚假退保、虚假理赔、虚挂保费）问题专项行动，深化保险业"内控合规管理建设年"活动，提升保险机构合规经营意识。开展车险乱象整治，规范车险市场秩序，车险综合成本率低于全省平均水平1.53个百分点。银保监、公安、市场监管等部门联合开展打击"代理退保"黑色产业链专项工作。

（苏州银保监分局　陈伊旻）

【地方金融组织监管】 2022年，苏州市加强地方金融组织监管。加强分类监管，做好行政审批及会商工作，把好地方金融组织监管"入口关"。开展年度监管评级工作，实施分类监管。加快非正常经营机构整改，推动问题地方金融组织"出清"。健全监管机制，出台《苏州市地方金融组织监管员工作指引（试行）》，压实一线地方金融监管责任。开展"双随机"检查、年度审计检查、专项检查，实现监管对象全覆盖。落实政府性融资担保机构政策性要求。制发《关于苏州市地方金融组织进一步做好疫情防控有关工作要求的通知》，引导地方金融组织减费让利支持实体经济。全年政府性融资担保机构和国有融资担保公司通过下调担保费累计让利8963万元。

（市地方金融监管局　沈文豪）

【货币政策】 2022年，苏州市落实稳健、灵活、适度的货币政策。存贷款增量均列全省设区市第一位。存款延续稳定较快增长态势，创历史新高。年末本外币各项存款余额4.74万亿元，余额增长13.91%，增速上升3.42个百分点；比年初新增5806亿元，增量1853亿元。贷款保持增长，增速有所回落。年末本外币各项贷款余额4.69万亿元，余额增长14.98%，增速降低0.97个百分点；比年初新增6112.29亿元，增量499.19亿元。巩固直接债务融资领先优势，全市发行企业债务融资工具1575.46亿元，占全省发行量的16.27%。推动全国首批用途类科创票据、全国首单民企用途类科创票据在苏州落地。引导贷款市场报价利率（LPR）下降，普惠小微贷款利率4.74%，下降27个BP（基点）。加大重点领域和薄弱环节的金融支持，推动发放碳减排支持工具贷款、科技创新贷款、交通物流贷款等，全年通过再贷款、再贴现提供优惠政策资金556.42亿元，惠及2.8万家小微企业。

【外汇管理】 2022年，苏州市提升外汇管理和服务效能。全面落地5项资本项目外汇业务创新试点，业务金额185亿美元。实现贸易便利化政策增量扩面，优质企业便利化试点的银行数、企业数、业务量均列全省设区市第一位。高新技术和"专精特新"企业跨境融资便利化试点实现全省首笔业务落地。在全国率先探索通过再贴现支持跨境人民币结算，跨境人民币结算量创历史新高，结算量占全省跨境总量的40%。区块链贸易融资额列全省设区市第一位。提高企业汇率风险管理能力，指导银行落地全省首笔美式期权、首笔亚式期权、

2022年12月，苏州银行业保险业清廉金融文化教育基地建成。图为基地序厅
（苏州银保监分局　供图）

首笔合作办理掉期、首批外汇银企平台交易业务，累计为企业减免保证金近40亿元，减费让利1.43亿元。探索形成常熟服装城市场采购贸易联网信息监管与“市采通”运营服务的双平台模式。

【反洗钱工作】 2022年，苏州市完善反洗钱协作机制，推动洗钱罪宣判，提升反洗钱监管有效性。中国人民银行苏州市中心支行联合公安、检察、法院、税务、海关等9部门印发《苏州市打击洗钱违法犯罪三年行动计划实施方案》，按照“打防结合、分工负责、优势互补、全面治理”原则，形成工作合力。全年移送地下钱庄类可疑线索16个，协助经侦、税务局开展协查34次，开展养老诈骗可疑线索专项排查4次，协助破获1起骗取留抵退税案件。全年接收处理重点可疑线索204个，向公安机关正式报案40起。全年配合各部门开展反洗钱协查120余次，涉及账户1000余个，交易流水数万条。全年宣判洗钱案8起，其中苏州中级法院宣判1起，张家港法院、吴江区法院各宣判2起，吴中区、姑苏区、苏州高新区法院各宣判1起。

（人民银行苏州中支　李晓娟）

【金融消费者权益保护】 2022年，苏州市通过开展消保监管年度综合评价、消费投诉通报、下发风险提示、加大对销售误导等违规问题查处力度等措施，加强银行业消费者权益保护。督促机构成立助企纾困专班，对涉疫金融服务投诉事项实行“提档管理”。出台负责人投诉接待日工作机制，落实机构消保工作主体责任，获评2022年苏州市“关爱民生法治行”活动优秀项目。参与政风行风热线直播，解答住房按揭贷款提前还贷等群众关注的热点问题。通过苏州银行业协会公众号发布违规转贷、养老诈骗等风险提示，提升消费者风险意识。结合“3·15”、金融知识普及月等工作，开展金融消费者宣教活动，获评江苏省2022年金融联合教育宣传活动表现突出单位。用好保险业消费者权益保护监管评价结果，推动消费者保护理念贯穿机构经营管理全过程。将销售行为、金融服务、适当性管理等消保重点方面纳入现场检查，对损害消费者合法权益的行为，采取监管约谈、下发监管意见书、行政处罚等措施。开展侵害个人信息权益乱象整治工作。推动保险公司落实“双录”（保险销售录音、录像）等销售行为可回溯制度。

（市地方金融监管局　沈文豪）

审　计

【概况】 2022年，苏州市审计机关依法履行审计监督职责，全年审计调查项目单位230个，查出问题金额387.97亿元，促进整改有关问题资金57.26亿元，被采纳审计建议748条，推动建立健全规章制度116项。

【财政审计】 2022年，苏州市审计局对357家市级预算单位开展数据审计，对21家一级预算单位开展现场审计，并延伸调查38家下属单位，实现财政预算审计全覆盖。围绕长三角一体化发展国家战略、数字经济和数字化发展三年行动计划等政策落实情况，市、县联动开展财政专项资金使用管理情况审计，重点关注科技创新专项资金使用绩效，推动专项资金使用更加精准。编制《财政预算管理重点风险防范清单》，梳理7个方面10类74种表现形式，做好财政预算管理风险预警。

【投资审计】 2022年，苏州市审计局开展苏州市轨道建设及运营管理专项审计调查、京杭大运河苏州段堤防加固工程预算执行情况审计等，推动节约公共建设资金1161.93万元。与新疆维吾尔自治区霍尔果斯市审计局成立联合审计组，对苏州援疆资金和项目开展联合审计。出台《政府投资工程建设管理重点风险防范清单》，列出21个风险点67种主要表现形式，提出32条预防措施和管理建议，推动投资审计工作从“事后监督”向“事前预防”转变。

【经济责任审计】 2022年，苏州市审计局围绕领导干部权力运行和责任落实，对28名领导干部开展经济责任审计和自然资源资产离任审计，推动规范用权、秉公用权、廉洁用权。召开经济责任审计联席会议，完善“审前充分协商、审中协调推进、审后结果运用”的经济责任审计工作联席机制。苏州日报报业集团党委书记、社长经济责任审计项目被表彰为全省审计机关优秀审计项目三等奖。

【专项审计】 2022年，苏州市审计局开展养老服务体系建设政策措施落实情况专项审计调查、就业补助资金和失业保险基金审计等，反映的养老护理机构存在安全基础管理问题受到市委主要领导重视。开展财政涉粮专项资金审计，揭示截留占用各类储备粮补贴资金、溢余粮管理漏洞等突出问题和风险隐患，促进收回各类违规发放涉粮资金560.55万元。开展生态环境保护专项资金审计，推动2075万元专项资金拨付到位。联合市财政局、市国资委对市属国有企业对外股权投资管理及效益情况开展专项审计调查，指出面临的6个方面短板和挑战，揭示4大类83个方面的问题和风险，分别从国企、政府、主管部门3个层面提出针对性审计建议。对69家国有企业开展债券管理专项审计调查，摸清债券底数，提示债券风险。首次开展农商行金融风险防范专项审计，揭示授信调查风险提示不充分、以贷款重组平移不良贷款等问题，督促农商行提前收回已发放的“瑕疵”贷款。

【重大政策执行跟踪审计】 2022年，苏州市审计局围绕防范化解重大风险，推进市政府隐性债务化解情况审计，推动完成隐性债务化解目标任务，市本级、姑苏区、苏州工业园区实现政府隐性债务“清零”。与市财政局组成联合工作组，对全市73个乡镇（街道）经营性债务情况开展专项核查，督促各地整改到位。根据省审计厅统一部署，开展无锡市政府隐性债务化解及平台公司经营管理风险防范审计，揭示5类11个方面50余个问题，推动无锡市财政将10亿元资金拨付至平台公司。开展常熟市农村人居环境整治相关政策和资金审计，推动5类22个问题整改完毕。开展苏州市优化营商环境政策落实专项审计、无锡市优化营商环境审计调查，保障助企便民政策措施落实。

【大数据审计】 2022年，苏州市审计局打造“阳光惠民”监管平台，加大对惠民资金监管，涉及资金线103条，资金42.05亿元。健全数据采集机制，推进数据标准化建设，对财政、人力资源社会保障、医保等多家主管部门常态化采集数据，实现公积金、财政、国有企业和工程造价等相关数据规范化处理，累计完成政府采购信息、企业工商信息、自然资源资产图斑等行业数据归集，实现全市数据资源“一盘棋”。对市级部门、单位开展网络安全和信息化建设情况专项审计，相关工作经验在全市网络安全工作推进会上作交流发言。

【审计问题整改】 2022年，苏州市审计局坚持闭环管理，提升审计问题整改成效。修订完善审计查出问题整改销号清单，明确审计整改督促检查责任和审批销号流程。督促优化营商环境情况专项审计、太湖及水环境综合治理审计、苏州信托公司风险防范审计，以及2021年度省级预算执行和其他财政收支情况审计、中央预算执行和其他财政收支情况审计涉及苏州问题的整改工作。开展审计整改回头看工作，2021年度审计整改完成率99%。

【审计管理】 2022年，苏州市审计局推动出台《关于建立健全审计查出问题整改长效机制的实施意见》等。落实苏州市委审计委员会成员单位联络员制度，健全覆盖市级机关相关部门、各县级市（区）的市委审计委员会及其办公室工作网络。研究制定审计项目进度管理办法、类型划分办法，实现审计项目管理制度化、标准化。建立审计报告"三读"机制，对审计报告初稿开展3轮集中审阅，推动出具高质量审计报告。加大审计质量管控，制定审理质量控制表，开展"二次审理""跟踪审理"。深化纪检审计、巡察审计协作。建立国企审计协同监督制度。加强对内部审计工作的指导和监督，建立苏州金融国企内部审计协作创新平台。

（市审计局　梁媛媛）

统　计

【统计监测预警】 2022年，苏州市统计局加强主要经济指标监测预警，做实进度分析，做深专题分析，做精对标城市比较分析，做强风险预判预警分析，客观反映宏观、微观经济发展变化情况。针对多次、长时间的新冠疫情影响，开展新冠疫情对重点企业、重点行业生产经营影响的快速调查30余次，形成调查材料，为市委、市政府制定经济复苏政策提供决策参考。抓准重点领域监测，推动苏州培育发展新动能。围绕重点培育和发展的数字经济时代苏州产业创新集群，加强对先进材料、电子信息、装备制造、生物医药四大产业创新集群统计监测，反映苏州产业创新集群发展进程。根据苏州新兴服务业发展部署，首次制定苏州市新兴服务业统计分类目录，并对规模以上（限额以上）单位实施监测。加强"三新经济"（新产业、新业态、商业模式）统计数据的深度开发和综合利用，编印《三新经济统计专册》。对全市51个建制镇开展20项指标统计监测，为加强经济发达镇培育提供支撑。

【高质量发展监测考核】 2022年，苏州市统计局完成2021年度县级市（区）高质量发展绩效评价考核和镇（街道）高质量监测评价任务。2021年苏州市高质量考核列全省设区市第二位。完善2022年度高质量发展绩效评价考核指标体系和实施办法，增设苏州特色指标，探索差异化考核。对各县级市（区）高质量评价考核指标实施半年评估和定期监测。配合省高质量考核方案修改，分解落实省高质量考核指标工作责任到部门，并对照省高质量考核指标做好跟踪监测、测算分析，督促相关部门补上短板。

【统计调研分析】 2022年，苏州市统计局加强统计课题研究，围绕长三角一体化国家发展战略，撰写《长三角一体化背景下沪苏锡宁杭产业优势互补和协同创新的路径研究》，该报告获得江苏省哲学社会科学界第十六届学术大会优秀论文二等奖。开展共同富裕课题研究，初步建立共同富裕监测评价指标体系，并提出苏州推进共同富裕的路径选择。开展生态产品价值核算研究，探索研究适合苏州的生态产品价值核算体系，为推动苏州"生态优势"向"经济优势"转化做好统计准备。全年编写报送各类信息材料300余篇，被国家统计局和省统计局采用57篇，获得市领导批示34篇次，其中2篇课题研究分别获得省优秀统计分析一等奖和三等奖，11篇调研分析材料在省统计局举办的各类主题征文评比中获奖。

【统计服务】 2022年，苏州市统计局以"数说"品牌建设引领统计服务，突出统计部门以数据说话的特色，体现统计部门服务决策、服务发展的内涵特质。抓准重点领域监测，支持培育发展新动能。高质量反映苏州总部经济的规模、效益、创新以及综合竞争力。在全省首次探索以股权穿透方式分析实际控制人，重点聚焦区域性总部企业或控股集团，建立"苏州市区域性总部和有影响力集团企业"统计调查库，摸清苏州总部经济的"家底"，填补区域性总部经济统计制度的空白，反映集团公司、上市公司的规模情况和市域内外经济结构。坚持做好统计资料开发利用，打造统计服务产品。编辑出版《苏州统计年鉴（2022）》。在两会召开之际，制作电子手册《奋进新征程 开创新局面 建功新时代——2022年两会统计手册》。收集全省、长三角地区及重点城市数据，编印季度重点城市比较手册。编印《苏州市情市力（2022）》、统计月讯、信息快讯等。上线"苏州统计"微信公众号，发布统计信息，回应社会关切，提升统计公信力，加强统计数据解读，引导公众正确理解和使用统计数据。

【统计数据质量管理】 2022年，苏州市统计局加强专业之间数据信息互通共享，注重统计数据关联性、匹配度分析，加大数据核查力度，提高统计数据的真实性。全年核查企业或固定资产投资项目10万余次，实地核查700余次。加强与经济部门的沟通合作，与税务部门对接建立数据信息交换共享的长效合作机制，丰富数据来源匹配指标，保障统计数据准确性。利用社会化数据大平台开展总部经济统计工作，核实总部企业股权结构、经济类型、控股情况、经济数据等。加强名录库维护和调查单位管理，更新基本单位名录库7.2万家，审核改错2.5万条，完成年度两批调查单位纳入统计3556家，准确反映苏州经济社会发展水平。

【统计执法监督】 2022年，苏州市统计局开展统计"双随机"执法检查406家，联合执法检查231家。开展苏州市统计信用"红名单"认定，设置统计违纪违法案件通报"曝光台"，将领导干部违规干预统计工作台账制度纳入年度绩效考核，全市1.3万家企业的统计从业人员参与诚信统计承诺。联合市纪委监委开展统计造假不收手不收敛专项纠治工作，开展统计造假屡禁难绝问题专题调研座谈，检查执法案卷1861份，统计违法案卷36份，入退库自查5087家。制定《关于更加有效发挥统计监督职能作用的实施方案》，加强协调联动，强化跟踪问效，发挥统计监督职能作用。落实省统计督察反馈意见整改工作，确定3个方面7个具体问题的整改措施清单，全部按时按质完成整改。

【统计方法制度改革】 2022年，苏州市统计局开展数字经济监测试点，试点调查统计单位2.4万家，研究完成数字经济核心产业单位认定方法、数字经济监测制度、数字经济产业核算方法，以及数字经济发展指数等试点成果，试点任务得到国家局、省局领导以及市政府主要领导肯定。在全省数字经济发展综合评价中列第一位，为开展全国数字经济统计监测工作提供苏州范本。创建区域性总部企业报表制度。通过穿透股权结构，厘清大型企业内、企业间的控股关系，最终梳理出最顶层控股的集团公司名单。布置集团公司上报合并财务报表及下属控股企业的财务报表，通过与第三方大数据平台合作，对部分集团公司上报数据实施核查，确保数据准确性。

（市统计局　吴继明）

【国家统计调查】 2022年，国家统计局苏州调查队把提升数据质量作为调查工作重点，创新工作方法，提升调查能力，完成各项调查工作。农业调查着力提升粮食播种面积和产量、畜禽生产数据质量，开展夏收夏种、秋收秋种、高温天气下农作物生产情况等调研。住户调查加大新冠疫情后居民收支数据监测分析力度，与新冠疫情前以及2021年同期开展分析测算，完成住户大样本轮换工作。劳动力调查加强地区失业情况监测，关注高校毕业生、新就业形态、劳动者就业情况，提升调查失业率准确性，为政府准确判断就业形势提供调查数据支撑。居民消费价格调查关注蔬菜、猪肉等重要民生商品价格变化。工业生产者价格调查关注大宗商品价格波动对工业生产品价格的影响，促进经济发展的预测预警能力提升。房价调查探索编制分区域新建商品住宅价格指数，调查跟踪监测房地产政策调整后市场信心、市场成交等方面变动情况。企业调查融合先进制造业和现代服务业产业情况，编制适应苏州发展特点的指数，并将更多专精特新企业纳入调查对象。专项调查为地方发展贡献调查力量，承接10余项地方委托调查项目，其中苏州市级机关党员干部思想动态调查报告获得市委主要领导批示。“市委书记信箱”调查按月撰写调查简报，供市委办公室参考。全年调查报告被市委主要领导批示12篇次。组织策划党的十八大后系列分析，整理党的十八大后调查数据，出版《非凡十年——苏州调查数据汇编（2012—2021）》。

（国家统计局苏州调查队　张　娴）

市场监督管理

【市场主体登记注册】 2022年，苏州市新登记市场主体29.22万户，占全省新设总量的16.88%，增量列全省设区市第一位。其中，国有、集体及控股企业新登记1.05万户；私营企业新登记9.38万户；外资及中国港澳台资企业新登记1399户；个体工商户新登记18.64万户；农民专业合作社新登记81户。截至年底，苏州市市场主体突破280万户，达到286.95万户，总量继续列全省设区市第一位，注册资金累计97029.73亿元，市场主体总量、注册资金较2021年底分别增长4.7%、11.43%。截至年底，苏州市实有企业累计87.74万户，增长5.75%，总量列全省设区市第一位，其中内资企业85.42万户，增长5.88%，外资及中国港澳台资企业2.32万户，增长1.25%；实有个体工商户累计198.93万户，增长4.25%；实有农民专业合作社累计2765户，下降0.5%。

（市行政审批局　姚艳梅
市市场监管局　颛孙冠群）

【反垄断调查与反不正当竞争】 2022年，苏州市推动反垄断与反不正当竞争执法，协助上级机关开展反垄断案件与线索先期核查12件，江苏省市场监管局发函对参与反垄断调查的全市市场监管系统23名执法人员予以表扬。开展反不正当竞争专项执法行动、医疗卫生领域商业贿赂和价格违法专项整治行动，立案查处各类不正当竞争案件182件，结案191件，罚没1037万余元，立（结）案数及罚没款数均居全省前列。完成江苏省市场监管局部署的侵犯商业秘密、互联网不正当竞争、商业秘密保护工作3项反不正当竞争业务领域攻关研究课题。开展打击网络传销执法专项行动，核查上级交办的涉嫌网络传销线索13件，立案传销案件11件，结案9件，罚没75.03万元。加强对直销企业的日常监管，开展“双随机、一公开”检查工作，加强新冠疫情防控期间直销活动的防范管控，及时处理消费投诉和涉传、违规直销举报，受理上级交办和直接受办的各类投诉举报132件。苏州市入选首批全国商业秘密保护创新试点地区。推进商业秘密保护创新试点工作，建成商业秘密保护示范点136个、指导站（维权联系点）18个、示范基地5个，立案办理商业秘密侵权案件9件。完善公平竞争审查工作机制，出台《苏州市公平竞争审查工作重大政策措施会审制度》《第三方评估实施办法》。开展专项抽查，市、县两级审查涉及市场主体经济活动的政策措施497份，清理现行有效政策文件7004份。开展首届公平竞争政策宣传周活动，将公平竞争审查纳入党政领导干部培训班课程，在长三角地区优化营商环境立功竞赛“公平竞争审查”项目中，苏州市选手代表江苏队获得个人一等奖。

【网络交易和合同监管】 2022年，苏州市聚焦平台经济健康发展，提升网络交易监管科学化水平，同步推进热点民生领域合同监管和重点领域市场监管。推动《电子商务平台管理规范》贯标工程，对全市网络交易平台开展现场指导，督促平台整改问题80余个。开展网络交易监测，累计监测该地网络交易主体10302家次、商品链接数57192条次，发现并处置违法违规线索102条。常态化运行线上线下一体化监管机制，查处网络交易违法案件1072件。开展“网剑”专项行动，线上检查网站（店）1074210个次，实地检查网站经营单位102户次，责令整改网站25个。新冠疫情防控期间，向重点网络交易平台发放行政提示函42份，召开行政指导会2次，落实平台对销售防疫物品商户的审查责任。开展重点领域不公平格式条款合同专项整治，审查各类合同216份，发现问题条款28条，全部整改完成。

【品牌认证监管】 2022年，苏州市落实《“苏州制造”品牌认证三年行动方案（2021—2023年）》，完成50家企业54个产品“苏州制造”品牌认证。加大“江苏精品”品牌培育力度，27家企业获得“江苏精品”品牌认证，“江苏精品”总数保持全省设区市第一位。全市累计有105个企业产品通过“苏州制造”品牌认证，其中37个企业产品获得“江苏精品”品牌认证，提前1年完成3年目标任务。推进绿色产品认证，在全省首个出台《关于深入推进绿色认证促进绿色低碳循环发展实施意见的通知》。截至年底，全市有各类绿色认证证书19515张，获证组织14882家，均居全省前列。推进“同线同标同质”工作，有17家企业取得“三同”证书。开展小微企业质量管理体系认证提升行动，全市选出87家小微企业作为质量管理体系认证帮扶对象，组织线上线下培训20次，近400人参加培训，汇编18个提升行动优良案例。拓展认证服务范围，优化纺织品产品认证服务供给，有21家企业37个丝绸产品、6家企业8个纯手工苏绣产品通过认证。开展养老服务认证，有12家养老服务机构通过认证。

【企业质量发展】 2022年，苏州市推进企业质量发展工作，在江苏省对设区市政府质量工作专项考核中连续8年获得A级（最高级），苏州市质量工作连续两年获得江苏省政府督查激励，张家港市质量工作获得江苏省政府督查激励。印发《苏州市"十四五"质量发展规划》。吴江变压器有限公司获评2022年度江苏省省长质量奖，裕克施乐塑料制品（太仓）有限公司、苏州金宏气体股份有限公司获评2022年江苏省省长质量奖提名奖，获奖企业总数保持全省设区市第一位。开展2022年苏州市市长质量奖评定，江苏国泰国际集团股份有限公司、常熟市龙腾特种钢有限公司、苏州威利士建筑装饰工程有限公司、苏州通富超威半导体有限公司、雷允上药业集团有限公司5家企业获评市长质量奖，13家企业获评市质量管理优秀奖。组织评定2022年苏州市质量奖，105家单位获奖。开展江苏省工业企业质量信用A级评定，780家企业获得江苏省工业企业质量信用A级，18家企业获得AA级，5家企业获得AAA级。全省首笔"苏质贷"落地张家港市。推进首席质量官制度建设，全市41885家企业建立首席质量官制度，其中规模以上企业9780家、中小微企业32105家，总数列全省设区市第一位。

【计量管理】 2022年，苏州市出台《关于深入推进计量工作的实施意见》。在全省率先建立谷物水分测定仪计量标准装置并投入使用，全省设区市中首个建立标准放射性活度计检定装置和血氧饱和度模拟校准装置。充电桩计量标准建标数量为全省设区市最多。截至年底，全市社会公用计量标准总量为1080项，在全省领先。能源计量在线评估实验室获批省局重点实验室。开展全市重点民生领域计量专项监督检查。推进充电桩强制检定工作。开展法定计量法定机构、型式批准、粮食收购企业计量器具等领域计量监督抽查。开展能源资源计量服务示范活动，发布全国首个公共机构碳排放计量领域地方标准《公共机构温室气体排放核算与报告要求工作》。开展苏州市"计量服务中小企业行"活动。全市组成计量技术服务队43个，走访调研中小企业647家，帮助解决计量问题245个。实施计量惠民工程。全年为城区110个农贸市场免费检定电子秤8954台，为商贸领域个体工商户免费检定电子秤5005台，为城区加油站免费检定加油枪7321把，为城区停车场200台计时收费装置开展免费验证服务。开展2022年苏州市"5·20"世界计量日主题宣传等系列活动。参加2022年江苏省计量检定人员技能大赛、第二届长三角地区（三省一市）优化营商环境立功竞赛。

【标准化管理】 2022年，苏州市在全国地级市中率先出台数字城市标准化建设实施方案，发布全国首个公共机构碳排放领域地方标准。全年全市新增国际标准15项，主导和参与制（修）订国家标准、行业标准805项。在儿童保育用品领域新增通用安全要求、活动与保护2位国际专业标准化工作组召集人。江苏省新能源汽车充换电设施标准化技术委员会成立，秘书处落户苏州。"新能源汽车核心零部件智能工厂标准应用试点"入选国家智能制造标准应用试点项目。筹建江苏省智能制造装备（中德）技术标准创新基地。年内，有2个项目获得江苏省标准创新贡献奖；2项国家级服务业标准化试点通过国家市场监管总局组织的验收，2项省级农业、服务业标准化试点通过江苏省市场监管局组织的验收并获评优秀。

【认可工作与检验检测监管】 2022年，苏州市按照"双随机、一公开"要求开展检验检测机构监督检查。开展全市检验检测机构整治提升专项行动。开展"6·9"世界认可日主题活动以及检验检测机构开放日活动。为400户家庭提供免费空气净化甲醛检测。开展检验检测服务重点产业链专项行动。成立江苏省机器人及智能加工装备质量监督检验中心。在全国纤维检验系统率先获得纺织品、服装和皮革制品认证资格。在全省首个出台促进检验检测认证服务业发展三年行动计划（2023—2025年）。发布《苏州市检验检测服务业发展状况报告（2021年度）》。

【产品质量安全监管】 2022年，苏州市围绕"重点工业产品质量安全整治年"主题，开展产品质量监督抽查、证后监管、专项整治等工作。开展重点工业产品、消费品质量安全监督抽查121项2902批次，合格2674批次，合格率92.14%。推行食品、药品、工业产品等质量监督集中抽检新模式，实现"进一次门、检多项事"。开展"苏小检守护到家"系列质量监督抽查行动，抽检消费品、食品、药品、化妆品、计量器具、电梯等产品1077批次，发现不合格产品50批次。加强对生产许可证获证企业的监管力度，首次将食品相关产品质量安全监督检查和生产领域产品监督抽查纳入"双随机"抽查事项，开展电动车生产销售主体联合检查，实现789家获证企业许可证证后监管100%全覆盖。开展危险化学品、危险化学品包装物及容器、电线电缆等10类重点工业产品质量安全排查治理专项行动，检查结果全部录入国家市场监管总局"工品查"小程序。开展非医用口罩、燃气具及配件、电动自行车、儿童学生用品、农资化肥、塑料污染治理等专项整治。开展消费品质量安全"进校园、进社区、进乡镇"活动。开展质量技术帮扶"提质强企"行动，举办"质量开JIANG"系列活动之提质强企苏州专场活动。召开电动车行业行政指导会，规范电动车市场经营秩序。

【食品安全监管】 2022年，苏州市连续两年在全省食品安全考核中获评优秀等次，群众食品安全满意度为86.45分。

食品安全示范创建 印发《苏州市创建国家食品安全示范城市实施方案》《苏州市创建国家食品安全示范城市领导小组及其办公室主要职责与工作制度》，成立创建领导小组。开展12项重点提升行动，围绕基层"食安办"规范化建设、农药兽药使用减量和产地环境净化、食品生产信用监管等内容，通过项目化运作、工程化推进，逐步建立长效机制。对食品生产经营、农产品批发、农资经营、屠宰、粮食收储和哨点医院等主体开展培训、检查、整改和提升。以提升公众创建知晓率和对食品安全满意度为目标，通过主流媒体报道、食品安全宣传周活动、"食安苏州"微信公众号推文、"苏小检在行动"直播、公益广告宣传等方式加强宣传教育引导。

食品生产安全监管 截至年底，全市有获证食品生产企业1407家（含添加剂企业81家），减少84家。其中，主营业务4亿元以上的大型生产企业34家，主营业务2000万元以上的规模以上生产企业183家，两类企业占全市食品企业数15.42%，增加30家。根据食品生产许可分类目录，全市食品生产企业生产的食品涉及32类，其中生产速冻食品、糕点、调味品的企业数量列前三位，分别为361家、232家、171家。全市生产肉制品、粮食加工品、饮料、茶叶及相关制品、糖果制品的企业数量较多。从食品生产企业风险分级来看，有A级640家、B级531家、C级100家、D级132家。加强企业质量管理体系建设，截至年底，全市有33家大型食品生产企业通过HACCP（危害分析与关键控制点）等质量管理体系认证，146家规模以上食品生产企业通过相关质量体系认证。全市食品生产企业自查率和自查报告率均为100%，食品生产企业食品安全管理人员监督抽考覆盖率和合格率均为100%。全市517家食品小作坊全部建档，建档率100%，主要生产加工谷物粉类、糕点、豆制品及酱、卤、腌制肉类。有30家食品小作坊成功创建省级“名特优”食品小作坊，26家食品小作坊成功创建省级“食品安全示范小作坊”，50家食品小作坊成功创建市级“名优食品小作坊”。

食品经营安全监管　全年全市有持证食品经营主体206492家，总数列全省设区市第一位。做好新冠疫情防控和食品安全监管工作。开展食品经营环节“守查保”行动，对183446家在营主体全覆盖检查，问题处置完成率100%。制定发布省级地方标准《食用农产品集中交易市场快速检测室建设与管理规范》。承办全省农产品批发市场落实食品安全主体责任现场推进会。推动《苏州市连锁经营企业食品安全管理办法》地方立法，累计对奶茶、年夜饭、“一碗面”“夏季冰茶冷饮”19个品牌开展百店同查，检查单位705家。全市学校食堂量化优秀等级率93.3%，食材追溯率96.9%，“互联网+明厨亮灶”实施率97.8%。开展外卖封签设计创意与推广使用评比活动，制作投放外卖封签超过1000万张。农村集体聚餐信息化备案19059场，督促指导率90.1%。开展民间厨师食品安全星级评定，评定“平安乡宴 放心厨房”20家。“苏食安”平台注册使用单位2.2万家，使用人员8.6万人，“数字化赋能守卫‘舌尖安全’”获评2022年苏州市数字政府优秀案例。评定阳澄湖服务区食品安全工作站等82家单位为食品经营安全高质量发展单位。开展“苏小检查查吃”直播检查7场，点击量突破350万人次，“苏小检在行动”民生服务品牌获评全国首届食品安全社会共治优秀案例。

特殊食品安全监管　截至年底，全市有16家特殊食品生产企业，18504家特殊食品经营单位。开展“守底线，查隐患，保安全”专项行动，出动监管人员36954人次，对全市特殊食品生产经营主体检查覆盖率100%，发现问题隐患43073项，问题整改率100%。推进提升婴幼儿配方乳粉生产企业质量安全管控水平，加强婴幼儿配方乳粉相关知识宣传普及。6月1日，通过“看苏州”App直播“守护孩子们喝的奶——苏小检直击生产销售全流程”，在线观看43万余人次。开展特殊食品经营环节诚信经营示范店建设，建成特殊食品诚信经营示范店58家，评出优质规范店30家。开展“食药同源”物质试点工作，科学规范食药同源物质生产经营。

食品安全抽检监测　围绕重点品种、重点区域、重点项目和重点人群，加大季节性、风险性、舆情关注度高的食品抽检力度。市、县两级先后开展季节性高风险食品、元旦春节、清明端午、中秋国庆、疫情防控、春秋季校园食品、生产企业和小作坊和守查保等多个专项抽检。完成食品抽检132352批次，发现不合格及问题食品3169批次，抽检率为每千人10.38批次。开展不合格食品及问题食品核查处置3225件，指导企业排查原因落实整改。发布抽检信息189期，消费提示154期。开展“你点我检”活动，发布“苏小检”食验室4期，科普食品安全知识。

【进口冷链食品监管】 2022年，苏州市构建具有地方特色的“监管仓+白名单+追溯链”精准管控体系，实现监管仓建设标准、功能布局、操作流程、防控措施和保障机制“五统一”，进口冷链食品消杀率、消杀合格率、重点人群应检尽检健康管理率、高风险岗位人员闭环管理率4个100%，做到“核酸全检测、外包装全消毒、来源全追溯、人员全防护”的“四全防控”，累计对进入苏州的进口冷链食品实施预防性6面消毒22万吨，拦截18起419.8吨“涉阳”冻品。检查各类进口冷链食品生产经营单位13.6万家次，督促完成整改2553家，立案232起，处罚没收313.8万元。核查、处置外省、市通报的“涉阳”冻品62起，严格按照分级分类指南处置。对进口冷链食品集中监管主体实施飞行检查指导评估142家次，专题培训1.8万人次。“江苏冷链”系统注册5009家，首站赋码100503批次。其中，完成纳入扩面范围的进口乳制品、水果等28161批次，进口冷链食品入库量82.2万吨，均列全省设区市第一位。

【药品监管】 2022年，苏州市开展药品零售使用质量监督检查，开展零售药店检查6146家次，实际完成117%；开展医疗机构检查2118家次，覆盖率应完成35%，实际完成59.3%；对全市33家药品零售企业、医疗机构开展交叉检查，对发现问题逐一通报完成整改闭环。开展第二类精神药品经营专项检查工作。抓好零售药店疫情防控工作，对零售药店开展专项检查105299家次。研究制定《退热、止咳、抗病毒、抗生素四类药品目录（2022年第三版）》，落实销售“四类药品”实名登记制度。做好涉疫药品保供保质工作，每日监测全市41家药品零售连锁总部和60家药品批发企业32种防疫药品、120家农村药店退热药、20家零售药店紧缺药品的销售及库存情况，引导企业保供。制作下发零售药店售药服务工作指引，提升药店保供服务水平，鼓励和规范零售药店拆零销售紧缺药品，拆零销售药店1150家。全年完成药品监督抽样909批次。在全省率先建成并运行江苏省药品监督管理局审评核查分中心，业务办件量超过全省分中心的60%。

对疾控机构等单位开展监督检查。对全市55家疫苗接种单位开展专项交叉检查，发现问题逐一通报，做好专项检查闭环整改工作。召开市疫苗储存、运输以及预防接种管理部门联席会议第一次会议，完善疫苗管理机制。

【化妆品监管】 2022年，苏州市开展化妆品“线上净网线下清源”行动，累计检查化妆品电子商务平台经营者、平台内化妆品经营者及自建网站经营者500家次，累计检查化妆品线下经营者1799家次。抽取1927家零售药店、1583家化妆品经营企业开展“双随机、一公开”检查。完成全市化妆品经营环节年度抽检100批次。

【医疗器械监管】 2022年，苏州市完成8902家医疗器械批发经营企业分级分类监管。检查医疗器械使用单位3953家，其中三级医疗机构26家、二级医疗机构100家。保障新冠检测试剂、医用口罩、血氧仪等重点涉疫医疗器械安全，检查新冠检测试剂经营使用单位129家，一次性采样拭子（器）生产企业58家，新冠抗原检测试剂零售药店2129家、批发企业49家，检查覆盖率100%。开展装饰性彩色隐形眼镜、医疗美容类医疗器械经营使用等专项整治。加大对重点品种使用环节的检查力度，国家监督抽样20批次，省级监督抽样32批次，抽取防疫用医疗器械10批次，未发现不合格产品。

【消费者权益保护】 2022年，苏州市在中国消费者协会2022年全国100个城市消费者满意度测评中再次列第一位，实现“两连冠”。市消费者保护委员会联合市地方金融监管局、市商务局等部门搭建苏州市预付式消费资金管理平台。市市场监管局联合市中级法院、市检察院等部门制定《关于联动化解重大民生类消费纠纷工作的意见》，与市中级法院联合推进“一院一品牌”联动化解机制。全年苏州市各级消费者保护委员会受理投诉近16万件，为消费者挽回经济损失8855.41万元。

放心消费示范城市创建　对标争创全国放心消费示范城市要求，启动《苏州市放心消费创建活动测评体系》修订工作。开展省、市两级放心消费示范单位培育认定工作，认定市级示范单位214家，获评省级示范单位59家，数量在全省领先。吴江区联合上海市青浦区、浙江省嘉善县建设满意消费长三角示范区，建立长三角生态绿色发展一体化示范区消费者权益保护联盟。

线下购物无理由退货　线下购物无理由退货签约商户在全国率先超过10万家，占全省三分之二，累计受理无理由退货超过13万件，折合金额5712.97万元。无理由退订、厂商一体化、异地异店无理由退货等创新做法得到国家市场监管总局、中国消费者协会肯定。2022年中央广播电视总台“3·15”晚会再次正面宣传苏州线下购物无理由退货工作。在全国率先将数字人民币应用与线下购物无理由退货相结合，推出“吴优数购”数字人民币试点应用场景，“吴优数购”签约商户1.78万家，完成全国首单全流程退货闭环服务。

【行政执法稽查】　2022年，苏州市市场监管部门开展民生领域案件查办“铁拳”专项行动、“雳剑2022”专项行动、涉疫药械执法、“三品一特”监管执法、物业企业侵犯业主权益行为专项整治、打击侵犯知识产权及假冒伪劣商品、长江禁捕、阳澄湖大闸蟹市场监管、严打面向未成年人“无底线”营销、常态化开展扫黑除恶斗争等多项执法行动。全年全市累计查处各类案件1.68万件，罚没款1.9亿元。移送公安机关案件125起。查办案件和办理免罚轻罚案件数量均为全省设区市最多。联合公安跨省查办“舒康王”系列案件，捣毁多个窝点，摧毁生产销售链条，被公安机关批准逮捕的有4人。承办侵权假冒伪劣商品全国统一销毁行动江苏分会场活动，对罚没的31万余件假冒伪劣产品实施无害化集中销毁。开展首届苏州市市场监管系统电子数据取证培训暨大比武活动。在《姑苏晚报》开设《市监铁拳 执法先锋》专栏。

（市市场监管局　颛孙冠群）

价格管理

【概况】　2022年，苏州市应对国际环境和新冠疫情的冲击，做好价格调控、管理和服务等工作，确保市场价格平稳有序。全年市区居民消费价格总水平上涨2.1%，涨幅低于全省平均水平0.1个百分点，完成年初设立的“涨幅3%左右”的目标，12种重要商品和服务年度价格调控预期目标全部完成。

（市发展改革委　方小玉）

2022年10月28日，苏州市线下购物无理由退货第10万家承诺企业在昆山市授牌

（市市场监管局　供图）

【价格监测】　2022年，苏州市以“准快精深”为总目标，监测市场供需和价格动态，保障米面粮油、肉禽蛋奶等生活必需品供应，加强市场价格监测预测预警。坚持应急价格监测与日常价格监测相结合，启动新冠疫情防控应急价格监测机制，采集市场数据10万余条，上报疫情防控价格监测专报150期；发布每日民生商品价格信息，引导稳定市场预期，关注价格舆情动态，纾解群众疑虑，引导市场情绪。加强市场动态巡查力度，开展巡查走访165批次，出动巡查人员330人次。优化价格监测点，构建反应灵敏、重点突出、覆盖全面的价格监测网络。探索线上平台农产品价格监测工作，初步形成线上价格监测工作机制。扩大监测覆盖面，各县级市（区）全部纳入监测范围，实现市、县价格监测上下联动全覆盖。聚焦国内外时事热点，对重大社会热点开展深度价格监测分析，撰写各类价格分析材料417篇，其中获得市委、市政府录用57篇，获得江苏省政府办公厅录用2篇，获得国务院办公厅录用并被国务院领导批示1篇。拓宽价格监测信息发布渠道，通过电视新闻、报纸、网站、微信公众号、“引力播”App等平台以“价比三家”为渠道发布20类2000余个品种规格的近100万条商品价格信息，增加市场价格信息透明度。

（市发展改革委　顾韵定）

【价格调控】　2022年，苏州市坚持价格调控目标责任制，统筹协调20余家相关部门，平抑市场价格异常波动，确保市场价格总水平稳定。出台《苏州市完善重要民生商品价格调控机制实施办法》，对照上级要求，细化工作举措，提高实施标准，扩大调控目录清单品种，提高监测调查频率，调整储备结构数量。发挥价格调节专项资金引导作用。全年使用价格调节专项资金824.83万元，其中省级资金465.40万元、市级资金359.43万元，主要用于化肥储备、猪肉储备、蔬菜保供、农贸市场信息化建设、物价上涨动态补贴等方面。

【物价补贴】　2022年，苏州市修订出台《关于对困难群众实行物价上涨动态补贴的办法》，将事实无人抚养儿童、艾滋病病毒感染儿童列入补贴保障范围。落实江苏省物价补贴发放“既保证‘一户不少，一个不落’，又避免重复发放”要求，在全省首创人员信息比对制度，确保物价补贴精准发放。根据价格指数，启动物价补贴联动机制1次，发放补贴985.73万元，惠及困难群众10.8万人。为减轻新冠疫情对群众生活影响，在价格指数未达到物价补贴启动条件的情况下，对12类困难群众发放一次性特别补贴，人均补贴标准300元，全市发放特别补贴3975.66万元，惠及困难群众13.25万人。

【价格机制改革】 2022年，苏州市制定“十四五”时期深化价格机制改革工作方案，就推进资源能源价格改革、健全完善收费政策等方面做出系统性安排。推进资源价格改革，对非居民用天然气价格实行疏导，缓解天然气上下游价格矛盾。落实农产品初加工企业享受农业用电价格优惠政策，新增4家符合条件的企业纳入政策保障范围，每年可降低用电成本116万元。落实国家和省各项清费减负政策，指导相关执收单位严格贯彻核酸检测、高速公路通行、特种设备检验、水土补偿、防空地下室异地建设等收费减免优惠政策。采取收费巡访、上门督促指导等方法，确保各项清费减负政策落实到位。加大收费监管力度，动态调整公布《苏州市行政事业性收费目录》《苏州市市级政府定价管理的经营服务性收费目录清单》，提高收费政策透明度。落实行政事业性收费巡访制度，及时掌握收费政策执行情况。对照上级涉企违规收费专项整治工作要求，印发《苏州市涉企违规收费专项整治实施方案》，开展涉企违规收费专项整治。聚焦交通物流、水电气暖、地方财经、金融、行业协会商会5个领域，整治各种涉企违规收费，减轻各类市场主体的不合理缴费负担。加强价格政策宣传解读，发布2022年《苏州市民价格手册》。

（市发展改革委 方小玉）

【价格收费监管】 2022年，苏州市加强重点领域民生、涉企收费专项治理，加强新冠疫情防控期间价格监管。通过提醒告诫、约谈、承诺等方式，开展价格行为行政指导，公布新冠疫情防控期间典型违法案例。做好价格采集工作，对市场销量较大的肉、蛋、鱼和蔬菜等18种生活必需品开展价格监测。围绕重要时段、重点商品，开展元旦、春节等重大节日市场价格检查，以商场、超市、菜场、药店、宾馆、酒店、景区、车站等行业领域为重点，关注生活必需品、防疫物资、烟酒茶等价格走势。重点检查幼儿园、中小学、职业学校、校外培训机构等单位的收费行为。开展“涉粮”回头看，健全会议、执法、培训、通报四项“工作制度”，完善联动协作机制，形成监管合力。开展涉企检查，对政府部门及下属单位、行业协会商会及中介机构、港口口岸、水电气暖等公用事业、金融领域等重点行业领域收费情况开展整治，减轻企业负担。规范执法促进能力提升，编印《苏州市价格与收费监督检查典型案例选编》，制定价格行政处罚工作规范地方标准。全年办结各类价格违法案件710件，实施经济制裁1942.47万元，其中罚款565.42万元、没收352.46万元。检查、指导相关部门及下属单位落实国家助企纾困减费让利政策，主动退费让利1985.6万元。

（市市场监管局 颛孙冠群）

知识产权管理

【概况】 2022年，苏州市加快建设知识产权强市，打造尊重知识价值的营商环境和创新生态。高维持年限发明专利拥有量和国家知识产权示范企业、优势企业获评总数列全省设区市第一位。苏州市获评首批国家知识产权强市建设示范城市，获批国家知识产权局知识产权纠纷快速处理试点地区，获批创建江苏省知识产权保护示范区。苏州市知识产权工作连续5年受到省政府督查激励，昆山市知识产权工作受到省政府督查激励。在全省设区市知识产权保护工作检查中，苏州市得分列第一位。太仓市、昆山市入选国家知识产权强县建设示范县，张家港市、常熟市、吴江区、吴中区入选国家知识产权强县建设试点县，苏州工业园区、苏州国家高新技术产业开发区入选国家级知识产权强国建设示范园区，昆山经济技术开发区、昆山国家高新技术产业开发区、张家港保税港区入选国家级知识产权强国建设试点园区，入选总数列全省设区市第一位。江苏省知识产权建设示范县域覆盖率90%，省级以上知识产权示范园区累计10家。苏州高新区获批首批国家知识产权服务出口基地。苏州市市场监督管理局获评全国知识产权保护工作成绩突出集体。

【知识产权创造】 2022年，苏州市专利授权量164972件，有效发明专利拥有量104495件，万人发明专利拥有量每万人80.94件，PCT（专利合作条约）申请量3019件，有效商标注册量657780件。全市拥有地理标志证明商标及集体商标20件，地理标志产品3件。苏州市企业获得第23届中国专利奖41项。其中，中国专利银奖4项、优秀奖30项；中国外观设计银奖4项、优秀奖3项。获奖总数约占全省总数的三分之一，连续7年列全省设区市第一位，首次实现中国专利奖获奖项目各县级市（区）全覆盖。苏州市知识产权保护中心面向新材料、生物制品制造、数字智能制造、电子信息4个预审产业领域，受理预审申请6690件，预审合格4602件，获得授权3124件，通过预审通道授权的企业发明专利占全市比重近15%，备案审核周期压缩至5个工作日，平均预审周期为3.2天。

（市市场监督局 颛孙冠群）

表17 2022年苏州市获得第23届中国专利奖一览表

序号	奖项名称	专利名称	专利权人	地区
1	中国专利银奖	电控发动机及其节能方法、节能装置和工程机械	三一重机有限公司	昆山市
2	中国专利银奖	一种行进过程自动变跨铺轨机及使用方法	中铁上海工程局集团（苏州）轨道交通科技研究院有限公司（第四专利权人）	相城区
3	中国专利银奖	百万千瓦级核电厂乏燃料水池扩容方法	苏州热工研究院有限公司（第四专利权人）	姑苏区

续表17

序号	奖项名称	专利名称	专利权人	地区
4	中国专利银奖	一种基于感兴趣区域的自动聚焦方法及装置	苏州科达科技股份有限公司，苏州市科远软件技术开发有限公司，苏州科达特种视讯有限公司	苏州高新区
5	中国专利优秀奖	一种埋弧焊丝及焊接方法	江苏省沙钢钢铁研究院有限公司	张家港市
6	中国专利优秀奖	一种水面清洁船及其前舱收集装置	苏州飞驰环保科技股份有限公司	张家港市
7	中国专利优秀奖	一种吹瓶机开合模模架与底模模架的联动装置	江苏新美星包装机械股份有限公司	张家港市
8	中国专利优秀奖	超速即停机械装置	康辉医疗科技（苏州）有限公司	太仓市
9	中国专利优秀奖	显示基板、显示面板及显示装置	昆山国显光电有限公司	昆山市
10	中国专利优秀奖	图像传感器像素电路及其工作方法	锐芯微电子股份有限公司	昆山市
11	中国专利优秀奖	一种显示装置	友达光电（昆山）有限公司	昆山市
12	中国专利优秀奖	装饰片、模具及电子设备盖板	昇印光电（昆山）股份有限公司	昆山市
13	中国专利优秀奖	视角可切换的液晶显示装置及其视角切换方法	昆山龙腾光电股份有限公司	昆山市
14	中国专利优秀奖	数控轧辊磨床的头架自动浮动定位拨盘	华辰精密装备（昆山）股份有限公司	昆山市
15	中国专利优秀奖	一种存储控制器及其使用方法	中科可控信息产业有限公司	昆山市
16	中国专利优秀奖	一种间断性色条挤出装置及挤出工艺	江苏亨通光电股份有限公司（第二专利权人）	吴江区
17	中国专利优秀奖	一种高强度的工作台	苏州飞华铝制工业有限公司	吴中区
18	中国专利优秀奖	伸缩输送机	苏州双祺自动化设备有限公司	吴中区
19	中国专利优秀奖	弯箍机及弯箍机控制方法	苏州汇川技术有限公司（第二专利权人）	吴中区
20	中国专利优秀奖	一种显现渗透性客体生物物证痕迹的方法	苏州晓松科技开发有限公司	姑苏区
21	中国专利优秀奖	核反应堆压力容器无损检测机器人及其检测方法	苏州热工研究院有限公司（第二专利权人）	姑苏区
22	中国专利优秀奖	基于结构化神经网络的对话方法、系统、设备及存储介质	思必驰科技股份有限公司	苏州工业园区
23	中国专利优秀奖	具有双振膜的差分电容式麦克风	苏州敏芯微电子技术股份有限公司	苏州工业园区
24	中国专利优秀奖	光模块	苏州旭创科技有限公司	苏州工业园区
25	中国专利优秀奖	一种非焊接的拼接式试验台面	苏州苏试试验集团股份有限公司	苏州工业园区
26	中国专利优秀奖	基于大面积多台阶二元光学元件的激光直写方法	苏州苏大维格科技集团股份有限公司	苏州工业园区
27	中国专利优秀奖	智能割草机	苏州宝时得电动工具有限公司	苏州工业园区
28	中国专利优秀奖	中小型电器中电机的封隔安装机构	天佑电器（苏州）有限公司	苏州工业园区
29	中国专利优秀奖	基于三维空间剖分的地理坐标压缩编解码方法	苏州工业园区测绘地理信息有限公司	苏州工业园区
30	中国专利优秀奖	一种集成电池保护电路的半导体结构及其制造工艺	苏州赛芯电子科技股份有限公司	苏州工业园区
31	中国专利优秀奖	基于检索日志的兴趣点常用检索词分类方法、装置	中移（苏州）软件技术有限公司，中国移动通信集团有限公司	苏州高新区
32	中国专利优秀奖	改善影像动态模糊的显示方法及显示装置	苏州佳世达电通有限公司，佳世达科技股份有限公司	苏州高新区
33	中国专利优秀奖	一种二级尘气分离结构及包含该结构的尘杯	莱克电气股份有限公司	苏州高新区
34	中国专利优秀奖	一种变截面节段梁短线预制拼装方法	中交一公局第二工程有限公司	苏州高新区

续表17

序号	奖项名称	专利名称	专利权人	地区
35	中国外观设计银奖	无人机主机	苏州臻迪智能科技有限公司	常熟市
36	中国外观设计银奖	中置电机	八方电气（苏州）股份有限公司	苏州工业园区
37	中国外观设计银奖	泡沫消防车（超重型）	捷达消防科技（苏州）股份有限公司	苏州工业园区
38	中国外观设计银奖	无人驾驶客车	金龙联合汽车工业（苏州）有限公司	苏州工业园区
39	中国外观设计优秀奖	杯子	膳魔师（中国）家庭制品有限公司	昆山市
40	中国外观设计优秀奖	儿童推车的车架	好孩子儿童用品有限公司	昆山市
41	中国外观设计优秀奖	割草机	天佑电器（苏州）有限公司	苏州工业园区

（资料来源：市市场监管局）

【知识产权保护】 2022年，苏州市开展争创国家知识产权保护示范区工作，开展江苏省知识产权保护示范区创建、国家知识产权纠纷快速处理试点城市、国家专利复审案件多模式审理试点建设。召开全市知识产权保护工作推进会议，印发《苏州市创建省知识产权保护示范区实施方案》。开展知识产权行政执法指导和专项行动，加强北京冬奥会和冬残奥会奥林匹克标志知识产权保护。完善知识产权协同保护平台，设立苏州知识产权仲裁中心，发布《关于强化知识产权协同保护工作的实施办法》，建立重点案件联合挂牌督办机制。完善知识产权重点保护制度，发布第二批重点保护企业名录，开展知识产权保护监测。制定《企业知识产权申请合规指引》，为全市50家重点产业企业开展重点产业知识产权海外预警服务。全年全市查处商标侵权案件746件，假冒专利案件360件，罚没款3800万元，办理专利裁决案件50件，参与纠纷调解1900余件。开展重点企业知识产权保护监测工作，监测到疑似侵权线索10000余条，向企业发送侵权风险告知书和维权建议2000余份，指导企业启动维权案件120余件。开展海外知识产权纠纷维权援助，国家海外知识产权纠纷应对指导中心苏州分中心受理18件海外知识产权纠纷案件，其中专利案件7件、商标案件9件、著作权案件1件、商业秘密案件1件。

【知识产权运营】 2022年，苏州市实施"强企培育工程"，有5000余家企业入库培育并发布首批强企培育工程企业名单，新增培育287家知识产权成长型企业、97家优势型企业和66家引领型企业。全年有30家企业获评国家知识产权优势、示范企业，数量蝉联全省设区市第一位。开展知识产权密集型产品培育、商标品牌战略、知识产权和标准融合、高价值专利培育、企业知识产权登峰行动、知识产权运营引导6类计划引导项目。7家企业获得各类优势企业申报省知识产权战略推进计划项目立项支持。苏州瑞派宁科技有限公司获得首届WIPO（世界知识产权组织）中小企业全球奖，是全省唯一的获奖企业。面向电子信息、装备制造、生物医药、先进材料开展知识产权概念验证工作。指导多个知识产权运营中心建设运行，重点开展产业专利信息分析研究，建设专题数据库、构建产业联盟和专利池，指引产业发展规划，保障产业发展安全。在全国率先成立长三角光通信、MEMS（微机电系统）产业知识产权联盟和专利池，并启动运营。聚焦集成电路等8个二级细分行业领域，开展产业专利导航分析研究。苏州市知识产权运营引导基金运行良好，知识产权引导首期基金规模2亿元，相关合作子基金募集关闭总规模超过119亿元，引导基金杠杆比例达到70倍，被投企业中中小微企业占比超过70%，企业合计实用新型专利超过2000件、发明专利超过3500件；子基金在苏州投资项目34家，投资金额14.15亿元，返投倍数超过7倍。

【知识产权服务】 2022年，苏州市围绕助企纾困与高质量发展要求，提升全市知识产权服务体系信息化、国际化、便利化水平。引进全国首批、全省唯一外国专利代理机构常驻代表处——美国北维专利代理有限责任公司苏州代表处。苏州慧谷知识产权有限公司获评国家知识产权信息公共服务网点。苏州市第四单知识产权证券化产品"国金鑫欣—昆山专精特新知识产权1~5期资产支持专项计划"获批。苏州市知识产权质押融资项目523件，质押登记额金额超过109亿元。发放苏州市知识产权金融奖励和补贴超过1000万元。实施知识产权金融"入园惠企"行动计划，设立知识产权金融实验室，建立政产学研交流互动机制。新增专利代理机构16家，总数149家，数量列全省设区市第一位。扩大知识产权信息服务覆盖面，知识产权信息公共服务工作典型案例被《知识产权公共服务聚焦》刊登，经验材料

2022年7月19日，苏州瑞派宁科技有限公司获得首届世界知识产权组织中小企业全球奖。图为在瑞士日内瓦世界知识产权组织总部举办的颁奖典礼

（瑞派宁公司　供图）

"优化全链条知识产权保护服务 营造最舒心营商环境"被《全国优化营商环境简报》刊登。苏州大学知识产权研究院"聚焦商业秘密，提供学习平台"服务案例入选2022年首批全国知识产权信息服务优秀案例。全年为6家重点知识产权公共服务载体资助150万元。

【知识产权人才培养】 2022年，苏州市修订出台《姑苏知识产权人才计划实施细则》。新增正高级、高级知识产权师9人。完成全国专利代理师资格考试工作，举办企业知识产权总裁总监、知识产权工程师、专利代理师、知识产权律师、服务业人员等各类培训班，线上线下参训人数1500余人次。举办"4·26"知识产权宣传周活动，开展"云竞赛""云培训"。全年组织知识产权进校园、进企业等活动40余次。

（市市场监督局 颛孙冠群）

【版权管理】 2022年，苏州市新增版权登记站1家，累计19家。全市作品著作权登记121999件，其中一般作品登记80151件、计算机软件著作权登记41848件。全市一般作品版权登记数量占全省总量的23.6%。提高版权保护联防协作水平，建立知识产权协同保护工作机制。启动"苏绣小镇版权服务促进计划"，推动苏绣版权保护。苏州通广传媒投资有限公司等3家企业获评全国版权示范单位；苏州弥惟文化艺术有限公司等8家企业获评江苏省版权示范单位。全市获评江苏省版权优秀成果转化项目10个，占比超过全省三分之一。吴江区版权赋能丝绸纺织产业高质量发展入选知识产权强国建设第一批典型案例。

（市委宣传部 郑苏娟）

社会信用体系建设

【概况】 2022年，苏州市实施省、市"十四五"信用体系建设规划，健全以信用为基础的新型监管机制，深化信用惠民便企服务，推进信用领域突出问题专项治理，推进社会信用体系建设高质量发展。制定出台《苏州市"十四五"社会信用体系建设规划》《苏州市推进社会信用体系建设高质量发展促进形成新发展格局的实施方案》等。开展企业信用管理培训和示范认定工作，10个县级市（区）均按计划完成年度企业信用管理培训，有505家企业培训合格。成功创建省级信用管理示范企业8家、市级示范企业52家，并对68家示范企业开展复核评价。

【信用信息平台建设】 2022年，苏州市加强信用平台和网站建设。推进省、市一体化平台建设，完成市平台向省平台一体化切换，全市46个市级部门、10个县级市（区）和236个县级部门实现数据归集和信息应用一体化。深化信用平台与部门系统对接，提高信用信息归集、共享和应用效率。升级改版"信用苏州"网站，以用户需求为出发点，提高信用业务匹配度。优化全国一体化公示专栏，打造法人信用空间，实现企业自助办理信用查询、信用培训、自主承诺等多项信用服务。截至年底，"信用苏州"网站累计发布各类信息5万余条，提供网上查询2160万人次，访问量3089万人次。

信用信息归集共享质量提升 截至年底，累计归集信用信息164类13.44亿条，其中社会法人信息105类1.61亿条、自然人信息59类11.83亿条、行政许可信息460.17万条、行政处罚信息158.69万条、行政强制5类行政管理信息近38万条。通过资源服务"驾驶舱"，为30个市级部门、10个县级市（区）共享信用信息77类5.79亿条。

融资信用服务苏州平台建设 升级苏州"信易贷"融资信用服务平台系统，提供标准统一的公共信用信息数据服务，赋能政府部门、社会机构开展"信易+"场景创新应用，实现信贷试点场景的线上全流程贯通。向金融机构提供白名单筛选、企业画像、风险监控预警等信用服务。截至年底，"信易贷"平台累计归集21类156项4亿余条融资信用服务相关类别数据。

【信用服务】 2022年，苏州市在信用服务大厅设立自助服务区、在行政审批大厅入驻自助机、开展"一网通用"提升改造，实现信用查询、异议、修复等服务"自助办、网上办、零次跑"。全年累计出具法人信用查询报告5679份、信用审查报告1731份，涉及企业27.8万家次；自然人查询报告1586份、审查报告397份。受理信用修复申请12408份、异议申请13份。服务覆盖全市44个市级部门、10个县级市（区），涉及生产、工程建设、招标投标、电子商务、中介服务等15个领域，包括财政资金、评优评先、招投标、资质认定等405个行政服务事项。

【信用监管】 2022年，苏州市加强信用承诺信息的全过程闭环管理，在项目审批、资格认定、评优评先、招投标等行政管理事项中全面使用信用承诺，累计归集公示信用承诺信息1090.7万条，合同履约信息493.9万条。推动交通、住房城乡建设、卫生、人力资源、应急管理等部门在生产、流通、工程建设等近30个领域，实现根据信用等级采取差异化监管措施。优化信用修复流程，建立失信提醒机制，对接并协助企业开展信用修复。

创新行业信用监管模式。市税务局打造"信用+风险"新型税务监管体系，实行纳税人缴费人动态信用等级分类监管。给予8.47万户A级纳税人税收优惠，对7.35万户D级纳税人、228户重大税收违法失信主体加强监管。市司法局深化公证行业信用信息应用，在全国率先开发公证大数据应用服务平台，录入1978年后公证卷宗中的信用数据信息，推动公证机构共享应用办证申请人信用数据信息，严防假人、假证，提升公证效率。市人力资源社会保障局健全劳务派遣"信用评价+分类监管"体系，落实对A、B、C等级劳务派遣单位的守信激励和失信惩戒。市农业农村局结合"农资打假"专项治理行动，从农资生产、经营、使用三个环节着手，探索农资生产经营主体信用评价工作。

【信用知识宣传教育】 2022年，苏州市通过设置宣传展板、组织主题活动、播放公益视频等方式宣传《江苏省社会信用条例》，普及信用法治意识。举办全市社会信用体系建设专题培训班，组织"企业信用看苏州"媒体采风、诚信商家视频展播、诚信宣传"六进"等活动，营造诚实守信的风气。

（市发展改革委 徐 铮）

编辑：胡 颖

数字苏州建设

综　述

【数字苏州发展政策措施】 2022年，苏州市出台《苏州市数据条例》《苏州市数字经济"十四五"发展规划》《推进数字经济时代产业创新集群建设2025行动计划》。《苏州市数据条例》是全国首部全面规范公共数据、企业数据、个人数据的综合性地方性法规，共70条，主要规定6个方面的内容，包括建立健全数据治理体制机制、探索推进数据分类和价值实现、加快培育数据要素市场、规定"数据赋能发展"系列举措、多重维度推进数据权益保护、切实筑牢数据安全底线。《苏州市数字经济"十四五"发展规划》提出建设"全国数字化引领转型升级标杆城市"目标，建设具有苏州特色的产业创新集群，构建城市数字经济和数字化发展新体系，制定实施数字化转型推进策略。《推进数字经济时代产业创新集群建设2025行动计划》提出到2025年，全市全社会研发投入占地区生产总值比重4%左右，高新技术企业年认定数5000家，累计新增科技上市企业100家以上，新增新型研发机构50家以上，集聚10名以上国际一流战略科技人才，争取建设国家实验室和全国重点实验室；数字经济核心产业增加值占地区生产总值比重18%以上，电子信息、装备制造、生物医药、先进材料产业集群结构优化，产业竞争力和集群创新能力全国领先，到2025年，全市建成10个以上高质量特色产业创新集群。

【数字营商环境】 2022年，苏州市建立区域一体化数字市场规则和沟通协调机制，推动形成统一的数字市场准入和监管规则。探索建立区域数字经济一体化标准，促进数字要素市场一体化。依托产业联盟、协会等机构，形成联动机制，提升长三角区域整体数字营商环境。围绕数字政府一体化、数字政府赋能数字经济，建设"一网通用"创新体系，推动"一网通用""一网通办""一网统管"协同发展，优化惠民"苏周到"、兴业"苏商通"、优政"DTIOC"（苏州市数字城市运营管理中心）三大数字化品牌，打造平台型、整体型、智治型数字政府。优化市场化、法治化、国际化营商环境，运用财政、税收、土地、金融、人才等政策，协同支持创新集群建设。打造"苏州科学家日、科学家苏州日"品牌。

（市发展改革委　毛应祥）

【创新创业人才】 2022年，苏州市围绕形成数字经济时代产业创新集群导向，将原来"1+10"的产业人才专项体系架构，拓展成"4+11"，在继续做好11个区域重点产业专项的基础上，设立数字创新技术、生物医药、先进材料、碳达峰碳中和4个专项，集聚相关领域科技创新人才。全年姑苏创新创业领军人才计划立项支持数字创新技术和新一代信息技术项目151个，其中"数字创新技术专项"81个；青年创业项目28项；区域重点产业专项42个。苏州市明确在市软科学计划中设"产业创新集群的全球人才地图""创新集群科技企业评价模型"等4项重点项目，江苏省科技发展战略研究院、上海市科学学研究所等5家单位完成揭榜，揭榜经费130万元。开展人才队伍培训，全市累计推出高新技术企业线上线下培训303场次，培训人次超过6万人次；开展专家门诊服务88场次，服务企业7134家。

（市科技局　陈新芮）

【数字经济发展】 2022年，苏州市完成数字经济核心产业增加值3785亿元，列全省设区市第一位，占地区生产总值的15.8%，完成入库税收478.9亿元。其中，电子信息产业、软件和信息技术服务业对苏州数字经济核心产业增加值贡献率超过80%，成为稳增长、促发展的关键增量。人工智能、大数据和云计算、区块链、智能网联汽车等新兴产业发展较快。据中国电子信息产业发展研究院直属机构赛迪发布的"2022年数字经济城市发展百强榜"，苏州市列全国城市第七位，比2021年提升2个名次。

（市工业和信息化局　顾　健）

【产业空间布局】 2022年，苏州市科学规划数字产业布局，建设张家港沙洲湖科创园、常熟国家大学科技园、太仓高新技术产业园、昆山花桥国际创新港、苏州湾科技城、苏州（太湖）软件产业园、苏州高铁新城数字经济产业园、姑苏北部经济区数字经济产业园、国际科技园、太湖云谷10个市级数字经济产业园。通过建设"产城融合、因地制宜、各有分工、一园多点、虚实结合"的特色数字经济产业园，培育发展新模式、新业态。苏州市数字经济发展空间布局：张家港市重点发展产业为智能制造、基础软件和信息技术服务业、数字产业化、工业互联网、新基建，常熟市重点发展产业为智能制造、智能化改造、工业互联网、信息制造业、新基建，太仓市重点发展产业为智能制造、工业互联网、信息制造业、数字产业化、数字贸易、数字文旅、新基建，昆山市重点发展产业为智能化改造、智能化制造、新业态、新模式、工业互联网、信息制造业、基础软件和信息技术服务业、数字金融、数字文旅、新基建，吴江区重点发展产业为信息制造业、智能制造、基础软件和信息技术服务业、数字贸易、新基建，吴中区重点发展产业为工业互联网、智能网联汽车、智能制造、工业互联网、基础软件和信息技术服务业、数字文旅、数字安全、数字电竞、数字金融、新基建，相城区重点发展产业为数字金融、数字文旅、工业互联网、能源互联网、区块链、数字贸易、信息安全、数字电竞、新基建，姑苏区重点产业为基础软件和信息技术服务、数字文旅、数字金融、智能制造、数字贸易、新业态、新模式、工业互联网、网络安全、新基建，苏州工业园区重点产业为工业互联网、数字产业化、智能制造、人工智能、基础软件和信息技术服务业、数字文旅、新业态、新模式、数字金融、智能化改造、数字化转型、新基建，苏州高新区重点产业为信息制造业、基础软件和信息技术服务业、智能制造、工业互联网、新基建。

（市发展改革委　毛应祥）

【网络和数据安全】 2022年，苏州市制定出台《苏州市"十四五"网络安全发展规划》《苏州市政务网络和信息系统安全管理办法》。建立健全网络安全和数据安全工作协同机制，召开全市网络安全工作推进会和全市层面网络数据安全工作协调会，推进网络安全审计联动机制。创新开展江苏省数据出境安全工作试点，围绕生物医药、汽车等重点领域，探索促进数据出境安全有序流动。完成党的二十大等重要时期网络安全保障任务，加强态势研判、健全督导机制，健全网络安全技术支撑和应急保障体系。开展"网安2022"苏州行动，加强重点领域个人信息保护，打造市域网络安全立体防护保障网。组织开展2022年苏州市网络安全宣传周系列活动，遴选15家苏州市网络安全教育实训基地和苏州市网络安全和信息化专家库。太仓高新技术产业开发区入选江苏省网络安全教育技术产业融合发展试验区。

健全网络综合治理体系，营造清朗网络空间。统筹开展"清朗2022"系列专项行动近40个，依法开展网络行政执法，对全市7家互联网新闻信息服务单位常态开展国有互联网新闻信息服务单位社会效益评价考核，对全市10.6万家网站、近49万个自媒体账号开展基础数据摸排。推进网络举报全国试点，受理、处置各类举报线索1万余条。创新网络普法，品牌化打造"一网吴前"网络普法大格局，统筹开展"孩有网法""观网知来，围炉企话""金享"等普法"五进"系列活动。

（市委网信办　朱道乾）

【融入"数字长三角"】 2022年，苏州市推动长三角地区数字统一市场建设。构建长三角数字经济发展协同中心。推动长三角智能网联汽车互联互通，启动长三角车联网示范区互联互通应用测试。推动数字人民币试点应用互联互通，举办第二届长三角数字金融产业创新周暨苏州市金融支持产业创新集群发展大会，成立苏州市长三角数字金融产业研究中心，联动上海协同推动长三角区域数字人民币试点工作，推动消费试点联动、探索场景创新等工作。加强长三角科技协同创新，相城区依托上海虹桥商务区，打造全国一流、特色鲜明的相城数字经济创新园区，在上海市闵行、张江等地布局离岸孵化器10家，面积2.2万平方米，全年导入项目110个。吴江区发挥长三角一体化发展示范区的区位优势，围绕全国一体化算力网络国家枢纽节点建设，启动吴江算力调度中心建设。

（市发展改革委　毛应祥）

数字基础设施建设

【概况】 苏州市以"工业互联网看苏州"品牌创建为目标，坚持需求牵引、创新驱动、标杆引领，走出"看平台、看标杆、看应用、看生态"的特色发展路径，赋能产业集群、孵育创新集群，助推制造业智能化改造和数字化转型，形成大型企业引领推广、中小企业广泛应用的融通发展格局。苏州市是全国首批"千兆"城市。截至2022年底，建成5G基站3.85万个，实施"5G+工业互联网"重点项目474个。上线工业互联网标识解析二级节点15个，累计接入企业9907家，超过7万家企业"上云"。累计获评紫光云引擎科技（苏州）有限公司的基于紫光工业互联网平台的数字孪生制造模式等工业和信息化部工业互联网试点示范项目8个、江苏亨通光电股份有限公司的面向海外线缆业务的精益制造协同管控能力等新一代信息技术与制造业融合发展试点示范项目20个，落户用友网络科技股份有限公司的用友精智工业互联网平台等国家级"双跨"平台（跨行业、跨领域工业互联网平台）14家，创建苏州工业园区、吴江经济技术开发区、相城经济技术开发区等省级"互联网+先进制造业"特色基地14个，创建苏州工业园区、吴江经济技术开发区、相城经济技术开发区、苏州国家高新技术产业开发区"5G+工业互联网"融合应用先导区培育对象4个。完成智能化改造和数字化转型项目10634个，涉及工业企业7153家、规模以上企业5054家。

【互联网建设】 2022年，苏州市发展端到端千兆光网建设，加快企业和家庭用户端网络升级，全市实现千兆光网全覆盖，千兆家庭用户数77.47万户，实现各类产业园区全部接入千兆光网，大中型企业高品质宽带全覆盖。加快10G-PON光线路终端设备规模部署，10G-PON端口数量超过15万个，占比35%。推进高可靠IPv6部署应用，印发《苏州市IPv6流量提升和应用创新三年专项行动计划（2022—2024年）》。全市网络全部支持IPv6，移动网络（4G、5G）用户IPv6活跃率超过90%，宽带用户IPv6活跃率约80%，居全省领先水平。实现国际互联网通道扩容升级，系统推动建设"苏州国际互联网数据专用通道"，苏州电信、苏州移动、苏州联通各开通80Gbps、总计240Gbps带宽专用通道。苏州数据中心算力约3967PFlops（1PFlops就是每秒运算能力为1000亿次），占全市算力供给的89.6%。在用数据中心31家，其中大型和超大型数据中心10家。建设标准机架11.9万个，居全国前列（全国标准机架规模约500万个），机架上架率69%，利用率较高。基础电信运营商主要有苏州移动、苏州电信等，建成标准机架4.4万个，算力供给1552PFlops。中国移动长三角（苏州）云计算中心、中国电信长三角算力调度中心均列入长三角国家算力枢纽节点建设方案。第三方服务商建成标准机架7.5万个，算力供给约2415PFlops。苏州市主要有3家智能计算中心和超算中心（昆山超算中心、苏州国科智能计算中心、上海交通大学苏州人工智能研究院—智能计算中心），布局建设相对较早，算力供给约418PFlops。苏州市算力应用集中在互联网、政府、电信、金融、制造、教育等领域，消费互联网企业算力应用占比较高，工业互联网平台企业算力应用潜力大，人工智能企业算力需求持续增长，算力应用向新兴领域渗透。苏州市算力支撑产业规模超过1000亿元，核心部件及终端企业集聚度高，在高速光模块领域技术领先，是全国乃至全球重要的服务器生产组装基地。

【5G建设与应用】 作为全国首批5G试点城市，苏州市先后出台《关于加快推进第五代移动通信网络建设发展的若干政策措施》《苏州市5G网络设施空间布局规划》等文件，落实5G基站建设审批"一件事网上办"。2022年，新建5G基站1.13万个，累计建成3.85万个，列全省设区市第一位。实现各镇街建成区、各工业集中区等生产生活重点区域5G网络全覆盖。

（市工业和信息化局　顾　健）

【苏州市大数据集团有限公司、苏州大数据交易所揭牌】 2022年9月16日，苏州市大数据集团有限公司、苏州大数据交易所揭牌，标志着数字苏州建设进入新阶段。苏州市大数据集团有限公司以推动政府数据有效利用，用市场化方式推进大数据基础设施建设、信息化项目开发运营，更好实现数据资源治理、共享、开放及融合应用为职责定位，在国有资本主导下，推进项目集成建设、数字资产运营、数据交易服务、数字金融科技和数字产业投资。苏州大数据交易所以建设全国一流的数据流通交易基础设施为目标，打造基于统一的可信计算能力底座，依托苏州市公共数据开放、大数据交易两大平台，支持数字金融、数字制造、数字文旅等N个应用创新的“1+2+N”运营模式，整合公共数据、社会数据、算法算力等多方资源，打造具有苏州特色的数据资源化、资产化、价值化商业模式，推进数字经济与实体经济有机融合。揭牌仪式上，苏州市公共数据开放平台、大数据交易平台上线，苏州大数据交易所与上海数据交易所战略合作签约，苏州大数据交易所与华为、百度、360等首批10家企业代表签约。

（市大数据局　杨　彬）

【“东数西算”工程长三角枢纽节点】2022年4月，国家发展改革委等部门同意长三角地区启动建设全国一体化算力网络国家枢纽节点，长三角枢纽规划设立长三角生态绿色一体化发展示范区数据中心集群和芜湖数据中心集群。其中，长三角生态绿色一体化发展示范区数据中心集群起步区为上海市青浦区、江苏省苏州市吴江区、浙江省嘉兴市嘉善县；芜湖数据中心集群起步区为芜湖市鸠江区、弋江区、无为市。围绕两个数据中心集群，优化算力布局，承接长三角中心城市实时性算力需求，引导温冷业务向西部迁移，构建长三角地区算力资源“一体协同、辐射全域”的发展格局。8月25日，全国一体化算力网络长三角枢纽节点吴江算力调度中心签约。吴江算力调度中心作为“东数西算”工程全国一体化算力网络落地江苏的唯一国家枢纽节点，以及面向未来的前瞻性、战略性国家重大项目，计划承担东西部算力资源的跨区域调度和长三角区域内调度，推动网络互联互通，促进数据流通和深化数据应用，打造成为算力运营的国家创新示范、“绿色、智慧、可靠”算力基础设施的行业标杆、数字经济和产业革新的驱动引擎。中心建成投产后，总算力调度规模预计超过5000PFlops，提升区域的算力能级，夯实数字底座，推动全国算力为苏州、吴江所用。深化算力资源在社会治理和公共服务等领域协同创新，重点服务智能制造、生物医药、数字金融、人工智能、工业互联网、智慧医疗等时延敏感型产业，满足产业创新集群发展对算力资源的需求，并通过对相关产业的孵化赋能，催生更多数字经济新业态新模式。

（市发展改革委　毛应祥）

数字产业化

综　述

【产业规模】2022年，苏州市电子信息产业创新集群实现规模以上工业总产值12819.7亿元，增长6.2%；拥有规模以上企业1374家、上市企业72家、国家级专精特新“小巨人”企业46家，10家企业入选2022年全国电子信息竞争力百强。全市软件和信息技术服务业完成业务收入2014亿元，增长8.7%；新增蜗牛数字、纳芯微、国芯科技、创耀科技4家上市企业，中移（苏州）软件技术有限公司营业收入突破100亿元。

【产业政策】2022年，苏州市出台《苏州市推进数字经济时代产业创新集群发展的指导意见》《苏州市数字经济核心产业加速发展行动计划（2023—2025年）》，围绕电子信息和软件等数字经济核心产业，推进产业发展。出台电子信息产业创新集群建设实施方案，制定集成电路、新型显示、光子等产业创新集群行动计划，实施发挥上市企业平台优势促进苏州电子信息产业创新集群建设工作方案，编制集成电路、新型显示、光子等系列产业创新集群白皮书。

【发展重点】2022年，苏州市人工智能、元宇宙、大数据、区块链等新兴数字产业加快发展。苏州市数字产业化领域新增市级以上新型研发机构16家，占比53%。苏州实验室、南京大学苏州校区、长三角量子科技产业创新中心、“语言计算”国家新一代人工智能开放创新平台等重大平台加快建设。苏州东山精密制造股份有限公司等6家企业入选2022胡润中国元宇宙潜力企业榜，同程网络科技股份有限公司、企查查科技有限公司入选2022中国互联网综合实力百强，智慧芽信息科技（苏州）有限公司等一批创新型企业快速发展。新增新点城市数字驾驶舱平台（国泰新点软件股份有限公司）、大数据驱动的钢铁企业产销质财创新应用（江苏永钢集团有限公司）、以公共数据共享开放创新惠企便民应用服务（苏州大数据集团有限公司）国家大数据产业发展试点示范项目3个、省级大数据产业发展试点示范项目10个。新增省区块链创新应用试验区1个（苏州高新区）、省级信创先导区1个（苏州工业园区）、省级信创实验室2个。新增自动驾驶虚拟仿真测试平台的研发和产业化（苏州英特模汽车科技有限公司）、车规级自动驾驶智能摄像头〔知行汽车科技（苏州）有限公司〕等工业和信息化部人工智能产业创新重点任务揭榜挂帅项目5个，新增肝脏超声辅助诊断软件〔飞依诺科技（苏州）有限公司〕、穿戴式自动体外除颤器（WCD）及猝死风险人工智能评估系统（苏州维伟思医疗科技有限公司）等工业和信息化部和国家药监局人工智能医疗器械创新任务揭榜名单8个。新增省级区块链产业发展试点示范项目8个、省区块链产业人才培训基地1个，新增国家互联网信息办公室区块链信息服务备案项目49个。举办第五届中国区块链开发大赛成果发布会，推动成立苏州产业技术研究院区块链技术研究所。

（市工业和信息化局　顾　健）

人工智能产业

【概况】苏州市融入国家人工智能发展战略，将人工智能列为先导产业和创新集群重点培育产业。2021年3月，科技部发函支持苏州建设国家新一代人工智能创新发展试验区。2022年11月，苏州市出台《苏州市人工智能产业创新集群行动计划（2023—2025年）》，明确发展目标和重点任务，推动苏州市人工智能产业发展。2022年，全市人工智能相关产业产值1250亿元，近三年产值平均增速为22.7%，聚集人工智能相关企业超过1000家。外引的华为、微软、腾讯等知名企业陆续落户，内育的思必驰科技股份有限公司、企查查科技有限公司等企业成长为行业龙头。全市有人工智能产业上市企业16家，苏州天瞳威视电子科技有限公司、追觅科技（苏州）有限公司、江苏云学堂网络科技有限公司、智慧芽信息科技（苏州）有限公司入选2022年全球“独角兽”企业；魔门塔（苏州）科技有限公司、企查查科技有限公司等入选国家、省“独角兽”企业。

【产业布局】2022年，苏州市人工智能产业主要分布在苏州工业园区、吴中区、昆山市、相城区、苏州高新区等地。苏州工业园区依托苏州人工智能产业园等专业载体，引育华为、微软等人工智能领军企业，多项核心技术实现突破，细分领域"独角兽"逐步涌现，成为苏州人工智能发展的重要增长极。吴中区机器人产业链较为完整，在核心零部件、机器视觉、服务机器人等领域均布局较深。昆山市依托良好的新一代电子信息、机器人及智能装备等产业优势，集聚国内外一流创新资源，推动人工智能与该地产业深度融合，提升智能制造能级。相城区高铁新城围绕自动驾驶及大数据领域聚力发展，加快建设长三角智能驾驶产业示范区，自动驾驶领域技术积累优势明显，集聚算法集成、激光雷达、C-V2X、仿真测试等众多技术领域的头部企业。

【企业培育】2022年，苏州市人工智能产业主要分布在语音识别、智能驾驶、智能制造、智能安防、智能交通、智能机器人等领域。语音识别领域代表性企业有思必驰科技股份有限公司等。智能驾驶领域代表性企业有魔门塔（苏州）科技有限公司、知行汽车科技（苏州）有限公司等。智能制造领域代表性企业主要有苏州瀚川智能科技股份有限公司、苏州华兴源创科技股份有限公司、博众精工科技股份有限公司、苏州协同创新智能制造装备有限公司、江苏汇博机器人技术股份有限公司等。智能安防领域代表性企业有苏州科达科技股份有限公司等。智能交通领域代表性企业有江苏博宇鑫信息科技股份有限公司、苏州清研微视电子科技有限公司等。智能机器人领域代表性企业有科沃斯机器人股份有限公司、追觅创新科技（苏州）有限公司等。

【创新发展生态】2022年，苏州市实施人工智能领域名城名校融合发展战略，扩展与国内外高校、科研机构和知名企业的深度合作，筑牢人工智能产业发展科研软实力。全市有人工智能创新研发载体超过40个。中国科学院计算所苏州人工智能产业研究院、上海交通大学苏州人工智能研究院、华中科技大学苏州脑空间信息研究院等超过20家高校和科研机构在苏州设立研究院（中心），开展技术攻关及项目孵化。2022年，南京大学苏州校区的智能科学与技术学院、智能软件与工程学院等4个新型学院揭牌，围绕人工智能、智能软件等开展科学研究和人才培养。沪苏人工智能（昆山）创新应用中心依托沪苏两地人工智能创新应用集聚优势，促进两地人工智能领域的技术合作和项目对接。百度、华为、微软、西门子、科大讯飞、博世汽车等知名企业在苏州设立人工智能应用创新中心，开展技术输出及应用赋能试验。

【创新产品和应用】2022年，思必驰科技股份有限公司获批建设"语言计算"国家人工智能开放创新平台，其人机对话和语音识别技术解决方案在智能汽车、智能家居等领域被业界广泛应用。工业和信息化部人工智能产业创新任务揭榜挂帅工作中，江苏省有8个项目入围榜单，其中苏州市有5个项目入围，列全省设区市第一位；工业和信息化部和国家药监局人工智能医疗器械创新任务揭榜名单中，苏州市有5个项目入围揭榜单位，3个项目入围潜力单位，其中揭榜单位入围数量列全省设区市第一位。省工业和信息化厅"江苏省人工智能融合创新产品和应用解决方案申报"中，苏州市2022年推动65个项目获得省工业和信息化厅认定，认定数量占全省44.6%。

（市工业和信息化局　顾　健）

云计算和大数据产业

【概况】2022年，苏州市云计算和大数据相关产业产值827亿元，增长10.3%；核心产业产值440亿元，增长13.1%。集聚同程网络科技股份有限公司等重点企业140家，覆盖工业、政务、交通、教育、医疗等多个方面。永钢集团等30余家各领域重点企业参与云计算和大数据应用和试点工作，亨通集团、中亿丰集团等头部企业剥离数字业务成立独立的数据和信息服务机构。

【产业布局】2022年，苏州市各县级市（区）形成各具特色的云计算和大数据产业布局。苏州高新区在云计算、智慧医疗、地理信息应用等领域较为领先，集聚阿里云计算（苏州）有限公司、苏州科达科技股份有限公司等行业龙头企业。苏州工业园区重点支持智慧芽信息科技（苏州）有限公司、企查查科技有限公司等数据处理、挖掘、应用等公司发展，激活数据要素价值，培育数字产业新业态新模式。昆山市以数据基础设施推动产业发展，推进国金、万国、中金等一批大中型数据中心。吴江区推进长三角国家算力枢纽节点建设，重点引导大数据、物联网及云计算等产业。相城区集聚一批智能网联汽车、金融、农业等行业应用大数据企业和专业解决方案服务商。太仓市引育各类工业互联网平台，推进太仓大数据产业园项目、智慧太仓数据产学研科创园等大数据中心项目建设。吴中区打造太湖新城数字经济创新港、苏驼智慧云谷等一批载体，在工业大数据应用领域较为突出。张家港市依托腾讯云工业云基地，支持沙钢集团、永钢集团放大数字化服务能力，深度挖掘数据赋能。常熟市重点发展纺织服装行业大数据应用，打造一批创新中心和项目。姑苏区依托M+芯谷、花里巷等产业园和喜马拉雅等企业，发展数字创意产业，推动公共文化服务创新。

【企业培育】2022年，苏州市在云计算和大数据产业各层均有布局和代表企业。云计算和大数据产业主要包括基础设施层、数据资源层、通用软件层、行业应用层和安全保障层。基础设施层企业为大数据存储计算提供相关的网络、服务器等硬件基础设施服务。代表企业有中移（苏州）软件技术有限公司、苏州国科综合数据中心有限公司等。截至年底，全市在用数据中心35家，建成机架数量16.2万标准机架。数据资源层企业提供数据采集、清洗加工、流通交易、资源协调、数据确权及价值评估等服务。代表企业有企查查科技有限公司、华道数据处理（苏州）有限公司、天聚地合（苏州）科技股份有限公司等。通用软件层企业提供数据存储、管理、应用、机器学习等用于通用领域的基础平台和工具。代表企业有江苏博云科技股份有限公司、智慧芽信息科技（苏州）有限公司、昆山炫生活信息技术股份有限公司等。行业应用层企业提供与业务应用紧密相关的大数据终端应用软件和整体解决方案。代表企业有同程网络科技股份有限公司、国泰新点软件股份有限公司、江苏物润船联网络股份有限公司等。其中，以工业、地理交通、文化旅游、医疗等领域应用最多。同时，大中型制造业企业将信息技术研发应用业务机构剥离，成立专业软件和信息服务企业。代表企业有江苏波司登科技有限公司、中亿丰数字科技集团有限公司等。安全保障层企业提供大数据安全、咨询、标准、测试、培训等产品及服务。

【创新发展生态】 2022年，苏州市逐步形成适合云计算和大数据产业发展的创新生态。苏州工业园区、苏州高新区获评省级工业大数据应用示范区，吴江区、苏州高新区获评省级大数据开放共享与应用试验区，昆山花桥经济开发区获评省级数据中心产业示范基地。全市累计创建省级大数据产业园1个、省级互联网众创园6个、省级"数动未来"融合创新中心16个。拥有苏州大数据产业园、花桥国际创新港、中移软件园等一批云计算和大数据产业园。苏州市累计获评工业和信息化部大数据产业发展试点示范项目8个，获评省级大数据产业发展试点示范项目38个。

【中国移动长三角（苏州）云计算中心】 2022年，中国移动长三角（苏州）云计算中心二期项目开展实际运营。二期投用后，该云计算中心具备16700个机架，成为长三角区域最大规模的数据中心。中国移动长三角（苏州）云计算中心位于苏州市汾湖高新区，由国家发展改革委审批，2018年开始运营。项目总投资50亿元，规划占地面积13.73万平方米。总规划35000机柜，分三期建设。一期建设面积5.69万平方米，含支撑用房共5栋建筑，合计机架数约5800架，二期建设面积8.81万平方米，包括2幢机房楼，合计机架数约10900架，三期规划18000个机柜。

（市工业和信息化局　顾　健）

【吴江算力调度中心】 8月25日，吴江区政府和中国电信江苏公司战略合作暨全国一体化算力网络长三角枢纽节点吴江算力调度中心签约仪式在吴江区举办。吴江算力调度中心计划承担东西部算力的资源跨区域调度和长三角算力资源的区域内调度功能，重点开展"东数西算"示范应用，推动网络互联互通，促进数据流通和深化数据应用。项目总投资35亿元，计划2023年底建成投产。吴江算力调度中心位于吴江东太湖新城长三角工业互联网创新示范基地。项目占地面积5.33公顷，包括4栋算力中心、1栋调度中心、2栋动力中心、1栋110千伏变电站，总投资约35亿元。

（市工业和信息化局　顾　健
苏州电信　张志刚）

区块链产业

【概况】 2021年11月苏州市获评全国首个区块链发展先导区后，苏州市推进区块链等新一代信息技术的创新发展及融合应用。出台《苏州市国家区块链发展先导区建设工作方案》，明确工作目标，细化工作任务。建立以市长为组长的建设领导小组，按照"系统谋划，统筹布局；应用牵引，开放创新；安全可控，规范发展"的基本原则，从"加强核心技术攻关、加强融合应用创新、打造重点应用场景、深化一核两区两带建设、推进名园载体建设、加强名企队伍培育、加快创新平台建设、完善创新发展生态、优化各级人才供给、加强监管体系建设、加强知识产权保护"等11个方面推进区块链产业发展。

【产业布局】 2022年，苏州市建立完善以相城区为核心发展区，苏州工业园区、苏州高新区为创新应用区，沿"沪宁""苏嘉杭"线为两条融合应用带的创新发展生态，推进产业集聚发展。相城区围绕区块链底层技术研发、应用场景开发建设、人才培养、服务平台建设等，推进全域发展；聚力优化区块链生态环境和生态配套服务，区域内建成"梧桐链""虎鲸链""银信超级链""相链"等区块链底层服务平台，为应用开发提供便捷、高性能的平台服务；通过"清单+试点"形式，用活区内优质场景、制造业企业与数字经济企业，形成一批特色化应用场景；将区块链人才学历教育与社会化培训相结合，构建面向区块链技术研发和应用创新的多层次人才培养体系，在相城区委党校设立赛迪区块链长三角人才培养基地。苏州工业园区通过与苏州市产业技术研究院联合建设苏州市产业技术研究院区块链技术研究所，围绕区块链政策、技术、应用、产业开展深入研究，为该区区块链战略和政策制定、产业发展、安全保障等方面提供智力支持。该研究所牵头推进苏州工业园区基于区块链的底层基础设施建设，推动区块链和实体经济深度融合，探索区块链主要场景落地以及产业孵化，构建相关技术的测试、试验和统计平台，牵头制定区块链安全测试标准，承担相关测试评估工作。苏州高新区围绕江苏省区块链技术创新与应用试验区建设，优化提升区块链技术创新和发展水平，重点推进数字金融、智能制造、政务服务、供应链管理、能源互联网、数字资产交易等应用场景融合创新；发布基于区块链的智慧园区综合服务平台、基于区块链的一站式企业IT租赁平台等10个区块链应用场景，涵盖政务、金融、交通、能源等多个领域，依托特色场景应用赋能实体经济，加速社会治理数字化。激发沿"沪宁""苏嘉杭"两条融合应用带创新活力，推进区块链基础设施建设和融合创新应用，逐步形成聚焦核心、覆盖全市、辐射长三角的产业发展格局。

【企业培育】 2022年，苏州市发挥企业在产业发展中的主体地位，建立省、市、区三级区块链企业培育库，加强在投融资对接、政策支持、市场对接、产品推广等方面的服务。市本级累计培育江苏通付盾科技有限公司、苏州神码物信智能科技有限公司等9家区块链"头雁"和"头雁培育"企业，并给予"头雁"企业100万元的扶持奖励，通过举办中国区块链开发大赛、"链谷杯"全国高校区块链大赛、"i"创新互联网创新创业大赛等形式，吸引区块链创新创业企业在苏州创新创业。成立全国首个校地合作区块链研究院——同济区块链研究院，通过外引内育，吸引万向区块链、腾讯、华为等龙头企业在苏州落地；培育梧桐链数字科技研究院（苏州）有限公司、江苏通付盾科技有限公司等一批重点企业。同时，中国人民银行旗下的长三角数字货币研究院、长三角金融科技有限公司等的落户，形成对金融科技机构、互联网公司和电信运营商等的磁吸效应。通过建设长三角首个星火·链网国家级区块链基础设施骨干节点，以工业互联网为主要应用场景，以网络标识这一关键数字资源为突破口，通过构建分布式、多方参与、广泛共识的信任与交互体系，推动区块链技术的应用发展。

【创新发展生态】 2022年，苏州市推进区块链赋能创新，逐步形成赋能经济发展、社会治理等多个方面的创新发展生态。以区块链助力实体经济发展。依托苏州强大的制造业基础和发达的生产性服务业优势，围绕工业互联网、供应链金融平台、安全监管三大功能体系，基于区块链技术优势，精准推动实体经济企业与区块链企业双向对接，抢占区块链+绿色低碳、区块链+车联网等新兴赛道，探索特色应用场景建设。通过举办区块链技术与应用对接会等形式，推动供需两端互利合作，促成"黄桥未来工场区块链产业园区管理系统""智驾链"等12项新场景建设。推进区块链在制造业龙头企业的应用示范，推进永钢集团建设"永钢供应链金融平台"，协调应用方、技术方、金融方、运营方等多家公司，解决融资难问题，保障供应链的稳定畅通。该平台自

2021年7月上线至2022年11月，实现累计放款超过400笔，放款总额超过10亿元，并带来额外营业收入超过500万元。苏州市以区块链促进社会治理模式创新。通过区块链等数字技术，满足社会治理的多样化需求。探索建立“区块链+三资监管”平台，改变对集体资金、资产和资源的传统监管方式，提高监督效率，获评首届清廉乡村建设与治理全国评选“十佳案例奖”第二名、“2021中国产业区块链十佳案例”。加快构建公共信用信息平台、投标文件防窥探平台等一系列区块链平台，提升社会治理模式创新。推进苏州工业园区政务区块链平台建设，完成“金鸡湖链”底层平台、智能存证行政执法平台、供应链金融区块链平台等8个项目建设，提升社会治理新模式。以区块链技术提升人民生活质量。聚焦食品安全、教育就业、医疗健康等公共服务领域，探索出一批透明可信任、高效低成本的应用，以数字技术满足人民日益发展的需求。推进建设食安封签应用平台、医法毒检应用平台、非税收入电子票据监管等平台建设，通过汇聚“可复制的应用场景”，打造区块链城市解决方案，展现“区块链场景”的城市样板间。

（市工业和信息化局　顾　健）

智能网联汽车产业

【概况】 2022年，苏州市抓住智能车联网产业发展机遇，发挥全省首个省级车联网先导区作用，做好第29届智能交通世界大会承办工作。全市从事智能车联网业务相关企业412家，智能车联网业务直接产值约370亿元，居全省前列。相城区、苏州工业园区获评江苏省首批车联网和智能网联汽车高质量发展先行区。

【产业布局】 2022年，苏州市智能车联网产业初步形成相城区、苏州工业园区、常熟市先试先行，张家港市、吴江区、吴中区等地协同联动的产业发展格局。相城区以高铁新城为核心区，集聚一大批重点企业，产业链涵盖软件与算法、环境感知、平台与服务等30余个细分领域。苏州工业园区深耕智能整车、高级辅助驾驶、车载计算单元、动力总成等细分领域，在车规级传感器、执行控制部件等领域处于国际领先水平。常熟市重点发展智能整车制造和相关检测配套产业，设立中国（常熟）智能车综合技术研发与测试中心，建设全国首个搭载5G环境的智能车测试基地，为智能整车开发提供系列测试服务。

【企业培育】 从功能角度出发，智能车联网产业链可分为智能汽车、智能道路和信息交互3个领域。2022年，苏州市在智能汽车领域整车环节，仙途智能、云创智行等智能车联网专用车新兴研发企业，具有较强的智能整车研制能力；环境感知环节，图达通实现全球首款图像级超远距激光雷达量产交付；软件与算法环节，汇集以智加科技、魔门塔、禾多、挚途等为代表的行业标杆企业，处于行业领先水平；终端与芯片环节，拥有华为、博世、安波福、苏州国芯等重点企业。在智能道路领域高精度地图与定位环节，苏州市有园区测绘、苏州数字地图、苏州一光等重点企业；智能路测系统环节，有万集科技、中智行、华砺智行、大唐高鸿、蘑菇车联等重点企业。在信息交互领域通信与网络环节，苏州市主要以中国电信、中国移动、华为等行业龙头为主；平台与服务环节，引进T3出行、曹操出行等一批运营服务商。

【创新发展生态】 2022年，苏州市在智能车联网领域有清华大学苏州汽车研究院、江苏省智能网联汽车创新中心、工业和信息化部电子五所、苏州大学交通学院等科研机构和创新平台，集聚省级制造业创新中心1家、新型研发机构3家、产学研研发机构10家、科技公共服务平台1家。推进智能绿色车辆与交通全国重点实验室苏州中心、中汽院（江苏）研究院等高能级科研平台加速落地。

【创新成果和应用】 2022年，“苏州城市出行与物流自动驾驶先导应用试点项目”入选交通运输部首批智能交通先导应用试点，是全省唯一入选项目。该项目试点期为2022年8月至2023年12月，计划在苏州高铁新城、金鸡湖景区、太湖生态岛等区域开展自动驾驶城市出行服务、无人清扫、无人售卖等试点应用。苏州市有太仓港口投资发展有限公司牵头的“基于5G的车机路云协同集装箱自动驾驶技术研究与示范”等6个项目入选江苏省2022年车联网和智能网联汽车典型应用场景建设名单，占全省的二分之一。

（市工业和信息化局　顾　健）

软件产业

【概况】 2022年，苏州市软件产业生态体系逐步优化，产业规模稳步增长，各类载体建设融合创新发展。出台《苏州市数字经济核心产业加速发展行动计划（2023—2025年）》《苏州市人工智能产业创新集群行动计划（2023—2025年）》《苏州市工业软件产业创新集群行动计划（2023—2025年）》等，从政策层面加大对软件产业发展的顶层规划。全市实现软件和信息服务业销售收入2014亿元，增长8.7%。

【企业梯队建设】 2022年，苏州市列入工业和信息化部统计的重点软件企业（含嵌入式）500余家，逐步形成以龙头为引领，以创新为支持的梯次发展格局。外引内育效果显现。全国软件百强企业前十名中的华为、腾讯、阿里、百度、浪潮等8家企业在苏州设立独立子公司，平均投资额超过30亿元。企业培育方面，推进蜗牛数字、纳芯微、国芯科技、创耀科技4家软件和信创企业上市。雁阵梯队逐步形成。7家企业入选国家重点软件企业清单；同程网络科技股份有限公司、国泰新点软件股份有限公司入选中国软件竞争力百强企业榜单，同程网络科技股份有限公司和企查查科技有限公司入选中国互联网综合实力百强；新增18家江苏省规划布局内重点软件企业，累计47家；新增27家江苏省专精特新软件企业，累计47家；新增13家江苏省软件企业技术中心；新增10家苏州市“头雁”企业，22家头雁培育企业，培育239家苏州市软件重点企业。特色领域初见成效。软件企业培育上，工业软件方面的浩辰、同元、千机等，人工智能方面的思必驰、科达科技等，在线旅游方面的同程、八爪鱼等，地理信息方面的中科天启遥感、梦图软件等，以及山石网科、通付盾等网络安全企业、企查查等大数据“独角兽”企业，均在各自细分领域中快速发展。

【产业融合发展】 2022年，苏州市软件产业融入经济社会发展各领域全过程。提升制造业转型升级方面，工业软件、工业互联网平台直接提升制造业数字化发展水平。以应用为牵引，推进人工智能、大数据、区块链、信创、工业软件等数字技术创新应用和示范引领。新增工业和信息化部大数据产业发展试点示范项目3个，推动5个项目入围工业和信息化部人工智能产业创新任务揭榜挂帅榜单，8个项目入围工业和信息化部和国家药监局人工智能医疗器械创新任务揭榜名单，列全省设区市第一位；65个项目入选2022年江苏省人工智能融合创新产品和应用解决方案，17个项目入选江苏省重点领域首版次软件产品应用推广目录，新增江苏省工业软件优秀解决方案28个、江苏省信息技术应用创新优秀解决方案19个、江苏省大数据产业发展试点示范项目10个，入选省级试点示范和应用推广总数列全省设区市第一位。同元软控的平台MWORKS成为国际先进、亚洲唯一、完全自主的系统设计与仿真验证平台。在提升企业研发设计仿真能力的同时，实现对国外同类产品的替代，保障产业链的自主可控。参与"一带一路"建设，苏州浩辰的浩辰CAD软件覆盖以"一带一路"共建国家为主的175个国家和地区，安装用户超过7000万户。

【创新发展生态】 2022年，苏州市逐步形成以软件产业载体为核心集聚发展的软件产业创新生态。全市有1个国家级软件园（含4个分园）、2个省级软件名园，软件产业占比超过75%，集聚效应得到提升。以建设国家级、省级软件名园为目标，对标找差。苏州工业园区入选中国软件名园试点单位。苏州（太湖）软件产业园结合吴中区高端装备优势，金鸡湖软件产业园结合苏州工业园区航空航天优势，先后获批创建江苏省信息技术应用创新先导区。

【人才引育】 2022年，苏州市加强软件产业人才引育，坚持以产业"揽才"、平台"引才"、载体"盛才"、协同"链才"。举办2022年度江苏产业人才"育鹰计划"3.0第四期"信息技术应用创新+先进制造（标识应用）"专题活动，推进产业人才融合发展。聚焦数字经济，推荐中科可控聂华团队申报江苏省"双创计划"数字经济团队，并入选决赛。加大企业核心人才培育力度，推进风云科技董事长戴晔、博云科技董事长花磊等4名软件人才入选江苏省优秀软件企业人才首席执行官培育对象，实达迪美董事长林涵阳、中亿丰数字技术总监汪丛军、汇博机器人技术总监禹鑫燚3人入选江苏省优秀软件企业人才首席技术官培育对象。推动产才培育，加强能力提升，组织国家计算机技术与软件专业技术资格（水平）考试，服务考生4371人。

【服务体系】 2022年，苏州市完善软件产业发展服务体系。以省级以上科技企业孵化器、互联网众创园、产业园区等产业创新载体为依托，以软件企业共性需求为导向，完善具备软件评测、技术培训、数据服务、金融服务等公共服务能力的创新孵化平台。服务企业发展，组织软件企业税收优惠核查，涉及81家企业，累计退税2.5亿元。发布苏州市"头雁"企业发展报告、新一代人工智能发展年度报告、苏州区块链产业发展成果汇编，帮助各地结合自身实际，精准招商，科学发展。

（市工业和信息化局　顾　健）

通信业

【中国电信股份有限公司苏州分公司】 2022年，中国电信股份有限公司苏州分公司（简称"苏州电信"）加快数字基础设施建设，推动国家"东数西算"工程长三角枢纽江苏唯一节点落户吴江；建成5G基站（含共享）1.8万个；推进千兆光网建设，加快拓展5000兆，千兆光网覆盖实现"千兆到户、万兆入企"，城市千兆光纤网络覆盖率100%；推进IPv6网络规模部署和应用，电信骨干网、城域网及4G/5G、有线宽带、数据中心接入IPv6的能力全覆盖。打造最优营商通信环境，新开通"港贸通"（苏州—香港）数据专线，全国首发"外企翼联"云通信产品服务跨国（境）企业。支持数字化转型，推动工业和信息化部5G+工业互联网20个典型应用，落地200余个应用案例；打造5G全连接工厂242家；开展企业星级"上云"、IT"上云"工程，打造"灯塔标杆"150个；开展智能车间诊断服务370余家；协同建成工业互联网标识解析二级节点项目8个。服务"数字政府"建设，联合建设城市运行大数据可视化平台；参与互联网+监管三期建设，协助建设"审管联动"系统和风险预警核查处置系统，协助整合支撑12345政务热线服务；全国首创"苏链通"平台，保障产业链稳定畅通。

落实重要通信保障，完成党的二十大、"新年第一会"、两会、省市领导疫情防控视频调度会、中高考等各项重大保障任务191次。维护网信安全，开展党的二十大网络安全重保，开展反诈"断卡行动"、垃圾短信、防骚扰电话等工作，获评全市"两卡"源头治理工作先进单位。配合市政重大工程建设，实施迁改建设项目382项，完成苏州轨道交通6号、7号、8号、11号线站点，市政重大项目桐泾路北延工程、城北路改建工程、独墅湖第二隧道建设等管线设备的迁改工作。配合城市管理部门完成架空线路综合整治入地、老旧小区通信线路改造、河岸堤坝整治周边通信设施迁移等重点工作。支持科技"防疫"，提供防疫云电脑、智能门磁、健康码核验设备等防疫产品，满足市民涉疫需求。

（苏州电信　张志刚）

【中国移动通信集团江苏有限公司苏州分公司】 2022年，中国移动通信集团江苏有限公司苏州分公司（简称"苏州移动"）实现通信服务收入近130亿元，利润超过36亿元，新建5G基站超过5000个。

落实"网络强国、数字中国"总体战略，利用信息化手段深度赋能公安、医疗、交通、能源等重点领域，推进实施吴江公安新一代技防项目、苏州高新区"新链"项目等重大项目。在工业"智改数转"领域，打造亨通光电、纬创"灯塔工厂"、5G执法办案中心、数字永联等一批示范项目。在第五届"绽放杯"5G应用征集大赛上获得全国总决赛一等奖。

（苏州移动　蔡则文）

【中国联合网络通信集团有限公司苏州市分公司】 2022年，中国联合网络通信集团有限公司苏州市分公司（简称"苏州联通"）立项网络建设项目160个，完成主干及核心汇聚层项目投资4272.2万元，完成政企精品网PEOTN建设、智能城域网SRV6建设、5G MEC边缘云建设、骨干云池建设、智能城域网5G非承建区域覆盖以及传送网主干光缆管道建设。

落实"完美行动""砺网行动""高品质服务2.0""匠心网络"等专项行动计划，全年累计完成30万户各类宽带、组网、智家、固话工单交付，1072线FTTR交付（交付率94.3%），4.3万B改H用户迁转、8500台楼道ONU拆除，23万FTTB端口下电，2100余台大弱光ONU整治，光衰合格率98.6%。全年完成700余个千兆用户光猫替换，千兆端业不匹配率压降至0.7%，支撑公司"千兆"大发展战略，48小时装机及时率90.3%，装机当日通率99.1%，修机当日好率98%，测速覆盖率99.6%，测速合格率99.40%。覆盖苏州商务楼宇2961栋，覆盖率97.68%。覆盖4+X楼宇6308栋，覆盖率86%（年度目标80%）。

（苏州联通　万建中）

【江苏省广电有线信息网络股份有限公司苏州分公司】 截至2022年底，江苏省广电有线信息网络股份有限公司苏州分公司（简称“苏州有线”）有有线电视用户226万户、高清互动用户终端232万台、4K超高清电视用户终端95万台、广电宽带用户100万台。9月，推出广电5G通信业务，截至年底，发展广电5G用户近9万户。打通国家文化大数据华东区域中心和苏州的数据链路，完成国家文化大数据华东区域苏州分中心数据中心一期建设。

广电网络建设　推进苏州广电网络IP化、光纤化改造。全年FTTH光纤网络建设投入近8000万元，完成网络薄覆盖用户（含新建小区）80万户，覆盖率52%。配合做好政府实事工程，完成苏州轨道交通管线迁移等重点项目的有线电视配套建设，承担姑苏区、昆山市、常熟市等地的架空线整治和入地任务，全年苏州地区完成架空线整治和入地近2200千米。

智慧广电建设　苏州市在全省率先实现“智慧广电乡村工程”全覆盖，提前3年完成省政府年度民生实事项目任务。木渎香溪社区居家养老项目入选2022年全国示范性老年友好社区，苏州数字化“视·听”党史学习教育融媒平台、昆山市智慧广电乡村工程、张家港市智慧广电乡村工程、吴江“治惠东联村”数字乡村应用建设4个项目获年度省智慧广电示范项目，吴江元荡、吴中漾里等18个数字乡村获苏州市“智慧农村”示范村。

（苏州有线　沈　伟）

【无线电管理】　2022年，苏州市无线电管理部门围绕重大项目、重大工程建设开展服务，确保全市无线电频率需求。全年协调和指派无线电专业频率38组，新增台（站）831个，新增卫星地球站设置4个。新增电台呼号指配165个，业余电台181个。依法注销台（站）18家，收回频率15组632台（站）。根据国家、省部署，开展公众移动通信基站电子执照制作和发放工作，全年发放公众移动通信基站执照33525个，其中移动5331个、电信15011个、联通9941个、广电3242个。加强无线电频谱监测和干扰查处，查处“黑广播”7起（2起移交公安机关），查处干扰3起。做好频率规划协调，支持重点项目建设，定期为轨道交通、有轨电车专用频率实施保护性监测。加强业余无线电台管理工作，举办2022年度业余无线电台操作技术能力验证考试，参加考试200人，考试合格147人，合格率73.5%。

（市工业和信息化局　顾　健）

产业数字化

农业数字化

【概况】　2022年，苏州市印发《“十四五”深入推进农业数字化建设的行动方案》，明确发展目标，设立14项农业数字化提升行动。常熟市、昆山市获评2022全国县域农业农村信息化发展先进县。新增省级数字农业农村基地4家，入选江苏省农业数字化建设优秀案例15个，入选江苏省数字农业建设服务优质资源库8个。全市农业信息化覆盖率72.83%。

（市农业农村局　任志强）

【智慧农业国家改革试点】　2022年，苏州市认定智慧农业改革试点智慧农业示范生产场景5个、“智慧农村”示范村10个，培育智慧农业品牌10个。在全国率先制定《智慧农业示范基地建设与评价》系列标准，并被列入2022年度第二批苏州市地方标准项目计划。完善苏州市农业农村云平台、基础数据中心项目建设，汇聚数据资源3600万余条，建成农业稳产保供大数据辅助决策平台。苏州市农业农村局受邀参加第八届中德农业周智慧农业专家研讨会。

（市农业农村局　李跃文）

【智慧农业示范生产场景】　2022年，苏州市依托现代农业园区、“三高一美”示范基地等载体，推进智慧农业新技术、新装备、新模式落地试用，打造苏州市智慧农业示范生产场景19个，智慧场景涵盖农业生产的多个细分领域，其中智慧农场8家、智慧蔬菜2家、智慧园艺5家、智慧渔场3家、智慧牧场1家。

（市农业农村局　刘好丽）

工业数字化

【智能化改造和数字化转型】　2022年，苏州市坚持以智能制造为主攻方向，推动制造业智能化改造数字化转型。制定《苏州市制造业智能化改造和数字化转型2022年行动计划》，分解落实年度5000个“智改数转”项目、覆盖3500家规模以上企业的目标任务，通过实施诊断服务对接、标杆示范引领、领军服务商培育等十大行动，推动制造业质量变革、效率变革、动力变革，提升“苏州制造”核心竞争力。出台《加快培育智能化改造数字化转型技术服务输出企业实施意见》，发布《苏州市智能制造典型场景建设指引》，完善服务体系，引导企业分场景实施智能化改造数字化转型。苏州市入选省制造业智能化改造数字化转型成效明显地区。

全年全市推进实施智能化改造和数字化转型项目11227个，涉及工业企业9033家，覆盖规模以上工业企业6592家。落实智能制造贷款贴息奖励政策，按照市、县两级累计给予不低于2%的贷款利息补贴，降低企业转型成本，全市新增224家企业签订智能制造贷款，新增授信总额166.5亿元，实际发放贷款57.3亿元。新增国家级智能制造示范工厂1个（金宏气体股份有限公司）、国家级优秀应用场景4个〔江苏永钢集团有限公司、裕克施乐塑料制品（太仓）有限公司、中亿丰罗普斯金材料科技股份有限公司、友达光电（昆山）有限公司〕，新增省级智能制造示范工厂11个、省级智能制造示范车间102个、省级智能制造领军服务机构15个，新增市级示范智能工厂25个、市级示范智能车间269个，评选市级智能化改造数字化转型标杆输出企业16个、智能制造优秀服务商16家，全年累计为全市635家企业提供市级智能制造免费诊断服务。江苏腾瑞智联数字科技有限公司等5家单位入选第一批财政支持中小企业数字化转型试点平台名单，占全省二分之一。

【工业互联网发展】　2022年，苏州市出台《“工业互联网看苏州”品牌创新提升行动（2023—2025）》。获评全省首个工业互联网方向的国家新型工业化产业示范基地（苏州工业园区、相城区联合创建），新增4家园区（开发区）列入省级“5G+工业互联网”融合应用先导区培育名单，累计14个园区（开发区）获评省“互联网+先进制造业”基地。新增工业和信息化部工业互联网试点示范项目3个、新一代信息技术和制造业融合发展试点示范项目5个，累计获评工业和信息化部工业互联网试点示范项目8个、新一代信息技术与制造业融合发展试点示范项目20个。累计推动14家国家工业互联网“双跨”平台落户苏州。新增省级工业互联网重点平台10个、工业电商平台2个，新增省级工业互联网标杆工厂19家，累计62家。新增“5G+工业互联网”融合应用项目381个。入选工业信息安全防护星级企业（平台）58家。印发《苏州市IPv6流量提升和应用创新三年专项行动计划（2022—2024年）》，连续3年承办工业和信息化部“两化”融合暨数字化转型大会，建成苏州国家级工业互联网平台创新体验中心。

推动建设工业互联网标识解析二级节点，加速标识解析场景应用推广和产业生态构建，新建工业互联网标识解析二级节点3个，累计建成上线国家工业互联网标识解析二级节点15个，列全省设区市第一位，覆盖日化、汽车零部件、食品包装、医药、环保、压铸等多个产业，累计接入企业9907家，标识注册量179亿条，标识解析量193亿次，各项指标居全省前列。建成苏州市工业互联网标识解析公共服务平台和苏州市标识展示体验中心，为企业提供标识应用推广、解决方案赋能、供需对接等功能服务。在用数据中心34家，建成数据中心机架规模12万个标准机架，在建在批数据中心20家。

推进企业“上云上平台”，组织企业与云服务商对接，降低转型成本与门槛。全市工业互联网平台总计服务企业超过7万家，其中规模以上工业企业5000余家，连接生产设备超过90万台。获评省五星级“上云”企业130家、四星级“上云”企业1136家、三星级“上云”企业2889家。加强产学研用融合，成立会员单位近500家的苏州市工业互联网产业联盟，内部设立5G、标识解析、信息安全等专委会，举办各类数字化转型线上线下活动30余场。

推进工业互联网与消费互联网融合。工品行（苏州）信息科技有限公司打造全国领先的工业品数字供应链赋能平台。二元（苏州）工业科技有限公司创新打造全国首个行业工业互联网Assis互动式云制造平台。启明天工（苏州）信息系统有限公司打造“天工汇”数字孪生工业互联网平台。波司登股份有限公司开展“研、产、销全链路工业互联网平台”建设。年内，苏州添可智能科技有限公司入围2022年工业和信息化部新型信息消费试点示范项目，追觅创新科技（苏州）有限公司等30家单位的产品入选江苏省信息消费重点领域创新产品推广目录，苏州市有科沃斯机器人股份有限公司的Ecovacs（智能终端）、莱克电气股份有限公司的LEXY莱克（智能终端）、添可智能科技有限公司的Tineco添可（智能终端）3家企业品牌入围2022年江苏省信息消费十大影响力品牌名单，8家单位的信息消费体验中心入围江苏省AAA级以上体验中心名单，其中苏州信息消费体验中心、中国电信苏州5G未来数字城市展厅2家单位被评定为AAAAA级。

（市工业和信息化局　顾　健）

【“灯塔工厂”培育】 2022年，苏州市联合麦肯锡咨询公司等单位，多次举办“灯塔工厂”培训会、对接会，面向“灯塔工厂”的建设标准和申报流程等开展培训，全年培训人数近100人。组织优秀企业举办多场“灯塔工厂”走访活动，邀请“灯塔工厂”代表分享建设经验。遴选20家基础较好的企业建立“灯塔工厂”培育库，做好跟踪和培育，定期为培育库企业提供政策宣传贯彻、供需对接等服务。截至年底，全市有博世苏州工业园区工厂、纬创资通昆山工厂、宝洁太仓工厂、联合利华太仓工厂、强生苏州工业园区工厂5家“灯塔工厂”，数量列全国城市第一位。

（市工业和信息化局　顾　健）

服务业数字化

【数字贸易】 2022年，苏州市可数字化交付的服务进出口132.75亿美元，增长5.6%，占全省可数字化交付的服务进出口总量的42.4%，占全市服务贸易进出口总量的62.9%。其中，出口66.47亿美元，增长17.1%，占全省可数字化交付的服务出口总量的33.3%；进口66.28亿美元，下降3.8%，占全省可数字化交付的服务进口总量的58.4%。其他商业服务、知识产权使用费和电信计算机信息服务的支柱性地位得到加强。

从进出口规模看，全年其他商业服务（研发转让及委托研发、专业管理咨询、技术服务等）实现进出口67.34亿美元，增长3.72%，其中出口42.48亿美元，进口24.86亿美元，占全市可数字化交付的服务进出口总量的50.7%。别处未涵盖的知识产权使用费实现进出口38.8亿美元，与2021年持平，其中出口1.67亿美元、进口37.13亿美元，占全市可数字化交付的服务进出口总量的29.2%。电信、计算机和信息服务实现进出口25.76亿美元，增长24.63%，其中出口21.97亿美元、进口3.79亿美元，占全市可数字化交付的服务进出口总量的19.4%，占比提高3个百分点。文化和娱乐服务实现进出口4922.51万美元，其中出口2020.47万美元、进口2902.04万美元。保险服务实现进出口798.09万美元，其中出口1021.72万美元、进口776.37万美元。金融服务实现进出口11711.23万美元，其中出口422.84万元、进口1288.39万元。

从服务出口看，除保险服务外，其余5大行业的出口均实现较快增长，电信计算机和信息服务、其他商业服务、别处未涵盖的知识产权使用费出口分别增长31.48%、10.93%、12.9%，拉动整体服务出口增长17个百分点，文化和娱乐服务、保险服务也实现高速增长，但规模较小，对整体服务出口的拉动作用有限。

从服务进口看，除别处未涵盖的知识产权费实现基本持平，其余五大行业服务进口均不同程度下降。降幅较大的行业是金融服务、保险服务、文化和娱乐服务，分别下降82.4%、56.9%和21.49%。其他商业服务、电信计算机和信息服务也有所下降。

板块发展不平衡现象仍然明显，吴中区增速较快。根据外汇管理收付汇数据，选取全市可数字化交付的服务贸易进出口总量85%的企业（723家）开展分析。苏州工业园区稳居第一方阵，企业数量303家，可数字化交付的服务贸易进出口额占全市比重38.1%，提高3.4个百分点。太仓市、昆山市列第二方阵，分别有50家和103家企业，可数字化交付的服务贸易进出口额占全市比重分别为15.9%和9.6%，比重有所下降。常熟市、苏州高新区列第三方阵，分别有64家和79家企业，可数字化交付的服务贸易进出口额占全市比重分别为6.7%和5.4%，与2021年情况持平。吴中区、张家港市分别有29家和49家企业，可数字化交付的服务进出口占全市比重均为3.3%，吴中区发展较快，占比提升近1个百分点。吴江区、相城区、姑苏区合计占比2.7%。

重点企业发挥支撑作用，前100强企业规模有所增长。可数字化交付的服务贸易进出口额超过1亿美元企业13家，共完成37.22亿美元，企业数量减少1家，进出口额减少3.3亿美元。超过1000万美元企业186家，共完成81.93亿美元，增加4家和1.82亿美元。前100强企业规模有所增长，平均进出口额为7055.4万美元，增长74.49万美元。前100强企业中，70家为制造业企业，主要是计算机、通信和其他电子设备制造业（13家），汽车制造业（10家）和专用设备制造业（10家）；30家企业为服务业企业，主要是专业技术服务业（9家），批发业（5家）和软件和信息技术服务业（5家）。服务业企业数量有所提升，增加5家。

（市商务局　金烨武）

【电子商务】 参见商贸服务业类目电子商务分目

【数字金融】2022年，苏州市将数字金融产业发展作为提升城市金融功能和竞争力的努力方向，作为培育产业创新集群和发展新兴服务业的重要内容，先后出台《关于推进苏州市数字金融产业发展的意见》《关于推进苏州市数字金融产业发展的若干措施》《苏州市数字金融产业发展三年行动计划（2023—2025年）》等文件。加快金融机构数字化转型进程。截至年底，民生银行数字人民币应用创新实验室、江苏银行智数研究院等39家数字金融实验室等创新工作载体或平台、数字金融创新中心、金融科技子公司或软件开发测试中心落地苏州。集聚数字金融生态圈企业。截至年底，苏州市有各类金融机构和数字金融生态圈企业超过1400家，其中数字金融生态圈企业371家。

（市地方金融监管局　沈文豪）

【数字文旅】2022年，苏州市构建文旅“137”数字建设体系，明确“1个总平台、3个着力点、7个数据库”架构，以“君到苏州”文旅总入口平台为载体，推动文旅服务数字化发展、文旅产业数字化转型、文旅治理数字化改革，加快建设公共文化、文物资源、文化遗产、戏曲艺术、景区景点、文博场馆、娱乐场所7个数据库，建成苏州文旅指挥中心。

博物馆数字化　全市45家备案博物馆基本完成藏品二维平面和三维立体采集。观众可通过“君到苏州”文旅总入口平台上呈现的短视频、VR视频、数字孪生场景参观博物馆、欣赏文物。

戏曲资源数字化　将名家经典音视频转换为数字视听格式，收集昆曲、评弹、苏剧基础数据，共收集音视频1720个，总时长1350小时，收集图片250幅。打造沉浸式立体数字戏曲体验空间，提供昆曲、评弹、苏剧等剧（书）目音视频赏析，推出VR看戏、戏曲点唱以及戏曲直播等数字化体验。

非遗数字化　制定《苏州市非物质文化遗产数字化工程实施方案》，以市级非遗项目和代表性传承人等为核心，建设表演艺术类、传统工艺与医药类和民俗类非遗数据库。制定《苏州市丝绸纹样数字化工程实施方案》，对苏州丝绸博物馆、苏州丝绸档案馆等收藏的丝绸纹样资源实施数字化采集，在全国率先建立全面系统、专业权威的丝绸纹样数据库。

古籍数字化　以古籍修复、古籍数字化、古籍整理与研究等为重点，推动苏州古籍馆打造成为全市古籍典藏和研究的核心基地。完成数字化古籍1496部82.9万页，数据容量16.1TB。

公共文化服务数字化　提升基层公共数字文化服务覆盖率，省公共文化云平台（地区）覆盖率94.68%。推进苏州市公共图书馆资源共享平台暨苏州市“城市阅读一卡通”基石工程建设，张家港市、常熟市、太仓市等地馆藏资源纳入服务体系。

文物监管数字化　实施文物建筑建模工程，打造文物智慧监管平台，实施文物智慧消防工程，提升文物管理数字化能力。

（市文广旅游局　李宜达）

数字政府

【概况】2022年，苏州市围绕数字政府一体化建设、数字政府赋能数字经济两大主题，推动建立全市统一的话语体系、能力体系、应用体系和责任体系。发挥数字政府率先引领、示范带头作用，以数字赋能为手段，科学改造决策流、执行流、业务流，推动各领域工作体系重构、业务流程再造，提升治理体系和治理能力现代化水平，打造具有时代特征、苏州特点的全国数字政府样板城市。

【数字基座“一网通用”】2022年，苏州市完善数字政府“一网通用”创新体系，增强“云、网、数、枢、安”五大核心能力，为各地各部门提供共性支撑。

完善集约高效一体化政务云体系，提升承载能力。实施市级政务云扩容项目，集中承载82家政务部门和单位应用系统，非涉密系统“上云”率95.7%，提前完成“十四五”规划任务。参与制定省政务“一朵云”建设方案、市政务外网信创云建设方案，形成人工智能算力中心规划方案，探索苏州贵阳“东数西算”算力协同合作。

优化“智能融合”数字政府网络，增强服务能力。编制市电子政务外网IPv6地址规划，完成骨干网络IPv4/IPv6双栈改造，支撑各级政务部门基础设施、信息系统、数据资源、业务应用逐步向IPv6演进过渡。完成市场监管、林业、科技、交通、应急、统计等部门专网整合，发布《苏州市数字政府新一代电子政务外网建设白皮书》，打造泛载智能的数字政府主干网络。

筑牢“聚通管用”数据资源基座，深化数据赋能。推动数据立法，《苏州市数据条例》立法列入2022年全省设区市精品培育工程项目。深化数据治理，建设政务大数据治理平台，建立数据质量检核规则3504条，治理数据353亿余条，建设“一人一码一库”“一企一码一库”，获得市委主要领导批示肯定。畅通数据共享，清理全市政务数据共享非规范交换通道，累计迁移市、区两级通道753个，巩固市政务信息资源共享服务平台唯一主干地位。推动数据开放，上线公共数据开放平台，发布开放数据目录1520个，制定《苏州市公共数据开放三年行动计划》。深化数据开发利用，联合苏州农商行开展“可用不可见”公共数据开发利用试点，惠及4.45万人，审批额度逾56.20亿元，入选工业和信息化部2022年大数据产业发展试点示范项目。发布数字政府产业创新云平台，助力培育数字政府产业创新集群。

建设“高效赋能”公共平台枢纽，做好业务支撑。业务中台打通687项服务，数据中台汇聚全市20个部门416亿条数据，有效支撑“一网通办”“一网统管”等多跨协同应用建设，丰富商品溯源、司法存证、贷款审批等“苏州链”应用场景。感知物联网公共服务平台，接入应急、交通、水务、生态环境等多领域2.1万台物联网设备3400万余条数据，实现实时感知。

加强“云网数端”安全防护体系，筑牢安全屏障。加强关键信息基础设施防护，全年累计印发风险预警通知186份，封堵各类高危安全漏洞5000余个；加强重要信息系统数据异地备份，实现每日更新；组织完成国家电子政务外网管理中心、省公安厅、省大数据中心等攻防演练4次，相关工作经验得到省大数据中心肯定并全省分享。

（市大数据局　杨　彬）

【政务服务“一网通办”】2022年，苏州市系统推进数字化政务服务。加强全市“一网通办”改革规划设计，印发《苏州市加快推进政务服务标准化规范化便利化的实施方案》《关于加快推进全市政务服务系统整合的工作方案》，出台年度《苏州市深化政务服务“一网通办”改革工作要点》，明确工作任务，凝聚工作合力，初步构建“整体协同、集约共享、多元参与、技术赋能、场景驱动”的总体架构。加强运营管理一体化建设，聚焦政务服务“一网通办”事项管理、服务管理、数据管理等重点领域，健全一体化运营管理工作机制，开展数据巡检和治理，提高数据的完整性和准确性。加强用户体验感知和需求分析，推出创新应用场景，提升“一网通办”便利度和知晓度。

“一网通办”总门户升级　以企业群众办事的视角重新组织单事项、一件事、一类事、全生命周期的分类布局，拓展个性化服务事项和特色应用。法人服务新增“投资”“创新”“采购”等7大类29小类内容，自然人服务新增“行”“学”“家”等7大类41小类内容。除使用上级系统外，实现全市政务服务线上申报统一入口，企业群众办事“一键直达”。打造“苏服办”平台移动端旗舰店，按照自然人、法人服务场景、生命周期、服务主体等多个维度，开设跨省通办、“好差评”等服务专区，人才服务、交通出行等主题服务专栏，共上线省定标准清单市级应用70个，接入区县级应用63个，承接省级应用83个。建设全市自助挪车统一入口，全年累计提供自助挪车服务142.04万件。

电子证照等公共支撑能力优化　完善“一网通办”公共支撑能力，统筹上级下放和市级自建能力，提供统一用户身份认证、统一总客服、电子签名、电子归档、电子证照、电子印章、公务人员身份认证、“一码通”和企业及个人用户空间等基础能力，初步形成全流程网办、单套制归档基础能力体系。落实省、市两级35类电子证照接入，在法人事项全流程网办场景中探索通过电子营业执照完成身份认证、签名签章，多个全流程网办事项实现电子档案单套归档。

“一件事一次办”改革推进　落实26个省定标准一件事，推进线上全流程办理。不动产登记、教育入学等9个“一件事”作为省政务中台苏州应用试点场景。高频一件事方面，“入学一件事”调用身份证、户口簿、房产证等电子证照142万余次，服务幼升小学生11.1万人、小升初学生9.1万人，实现全流程“网上办、掌上办”。深化“免证办”工作，提升“免证办”用户体验和办理深度，在采用“告知承诺制”“数据共享核验”“电子证照”等方式的基础上，推进全程网办、单套制归档、线上线下服务深度融合。组织梳理公布“两个免于提交”事项清单，企业开办、房产交易、纳税、公证等多领域的370项政务服务事项实现部分材料免于提交，提升企业群众办事便利度。苏州工业园区率先打造“免证园区”，获评2022年数字江苏优秀实践成果，并获得国办电子政务办专报推广。

（市行政审批局　姚艳梅）

【城市运行“一网统管”】　2022年，苏州市“一网统管”平台对接32个部门116个应用系统，汇聚179大类459小类13.96亿条城市运行数据，接入18万路高清数字视频监控和3万余台物联感知设备，引入1.4亿条互联网数据。

【“数字苏州驾驶舱”】　2022年，苏州市以“数字苏州驾驶舱”建设为牵引，推进数字经济、数字社会、数字政府三位一体的数字苏州建设，打造高效治理的苏州样板。

理顺功能定位，完善运行机制。确立“1+3+5”总体架构，实体化运行“数字苏州驾驶舱”，建设“一网统管”、综合执法指挥、大数据辅助决策三大应用平台，开展“观、研、处、督、赋”五大业务，打造“定量闭环”的城市数字化治理体系、“全域联动”的综合指挥体系、“协同高效”的政府数字化履职能力体系，实现“一屏总览全局、一网统管全域”。

夯实平台支撑，筑牢数据基座。“一网统管”平台汇聚全市政务数据，在政务系统实现共享。综合执法指挥平台接入七大执法部门和各县级市（区）执法人员、权力清单、“双随机”案件数据，对建成党建引领、事件查询、案件指令、指挥调度、应急指挥7个模块，支撑“三跨一监督”案件高效处置。大数据辅助决策平台聚焦经济运行、生态环保、城市管理、交通运输、农业农村、文化旅游、卫生健康、应急管理、水利水务、市场监管等重点领域，打造27张“行业专题”数据看板和10张县级市（区）“区域综合”数据看板。

强化数据赋能，创新场景应用。聚焦“观”提升态势感知效能，围绕城市全生命周期“人、地、事、物、组织”等时空要素，汇聚视频监控、遥感监测、卫星定位、无人机影像等多维数据，感知城市运行状态、监测发展趋势、洞察潜在风险。围绕“研”提升数据研判效能。围绕经济运行、数字交通、民生保障、防汛防台、生态环境、应急管理6大专题，构建大数据模型算法，开展综合分析研判，形成指数产品，发布专题报告，辅助科学决策。围绕“处”提升联动指挥效能。“平时”实现贯穿市、县级市（区）、镇（街道）、村（社区）、网格五级的指令派发和闭环处置；“战时”聚合分散在各部门的处置预案、音视频、网络舆情等资源，服务党委政府领导提级管控。围绕“督”提升监督考核效能。通过信用监管、远程监管、移动监管等方式，构建新型“互联网+监管”机制，实现非现场数字监管，增强跨部门、跨层级、跨地域联动监管能力。围绕“赋”提升数据赋能效能，从技术、数据、业务等多维度赋能，依托大数据开发者创新中心等载体，加强数据融合与创新应用，促进业务流程再造、服务模式创新、管理手段变革。全国首创“服务人口库”，为优化营商环境、政务实名认证数字化应用建设等提供有力的数据支撑。

【“苏周到”平台】　截至2022年底，苏州城市生活服务总入口“苏周到”平台接入“入学一件事”等520项应用，对接江苏政务服务网办事指南1.5万项，用户数超过2200万人，服务保障疫情防控、数字人民币推广、一刻钟便民服务圈建设等重点工作。整合各类服务应用66项服务，提质升级“十全十美”服务。推出数字化防疫专区服务，从用户需求出发，整合形成6个服务功能，率先实现全国一键查询、互认，各类服务调用112.5亿次，提升跨区域通勤效率。发布“周到付”支付体系，嵌入生活缴费、“无感停车支付”等数字人民币高频服务场景，上线全国首个数字人民币在线支付不动产登记费应用，数字人民币电子钱包开通近20万户。上线一刻钟便民生活圈消费服务平台，打造“苏式生活·周到严选”便民消费服务品牌，推出该地特产、苏州智造、对口协作等9个服务模块超过300种商品，培育市民与企业互利同惠的数字消费新生态。“苏周到”平台在全省数字经济发展推进会上受到省委主要领导肯定。

【“苏商通”平台】　2022年，苏州市在全省率先建设法人服务总入口“苏商通”平台，以“营商惠企，一键通达”为服务宗旨，让法人只进“一个入口”就能高效办成“一批事”。

加强顶层设计，构建整体政府服务模式。坚持苏州“法人服务总入口”定位，截至年底，接入市、县两级190余个法人服务应用，汇集1.2万余条政策信息，上线5329个办事事项，推动法人服务从“单一部门服务”向“整体政府服务”转变。

实现智能匹配，充分释放政策效能。依托业务主管部门开展政策解构，打造国家、省、市三级分类“法人政策库”。创新实现政策智能匹配、主动推送，变“企业找政策”为“政策找企业”，累计智能推送政策、信息410.9万条。

建设特色专区，实现惠企服务直达。率先建设金融、人才、科技、法律、B2B等特色服务专区。联合开展“百企话营商”“苏州企业家日”等主题活动，累计受众300万人次，形成全社会广泛支持和参与营商环境建设的良好氛围。

"苏商通"平台获评"2022数字江苏建设优秀实践成果""2022数字政府创新成果与实践案例""全国城市数字治理创新案例"，获得2022数字政府特色评选"示范引领奖"、中国数字政府特色评选案例"服务可达创新奖"等。

（市大数据局　杨　彬）

数字社会

【养老数字化】2022年，苏州市上线"苏颐养方程式"应用小程序，为老年人提供一键查询养老地图、一键获取养老资讯、一键咨询养老服务的线上"养老顾问"服务。加大数字人民币运用场景建设，136家养老机构、787家社区养老服务设施布设消费结算设备或二维码，一批养老机构建成数字人民币封闭场景。

（市民政局　陶绪琳）

【教育数字化】2022年，苏州市实施"入学一件事"一网通办项目，全市所有中小学义务教育段入学事项通过"苏周到"App报名，为20万余名中小学生提供电子化报名服务。该项目被列为全省政务中台试点项目。

（市教育局　张哲诚）

【医疗数字化】2022年，苏州市创新医保数字化服务。推广电子医保凭证，全市有750万人激活医保电子凭证，激活人数列全省设区市第一位，定点医药机构全部接入扫码结算。推进医保移动就医，参保群众从挂号、就诊到结算、取药即可全流程享受免排队、"码"上付。全市有42家二级以上医疗机构入驻江苏医保云实现移动支付，入驻数量列全省设区市第一位。托政务服务应用管理系统，将医保高频业务、公共服务全面接入"苏周到"App，拓展医保移动端服务事项。

（市医保局　胡智琴）

【数字孪生城市建设】2022年，苏州市开展CIM（城市信息模型）平台体系建设，推进BIM（建筑信息模型）技术集成应用，打造数字孪生城市。

CIM平台体系建设　苏州市建设CIM基础平台，打造数字孪生苏州唯一时空底座。结合不同空间范围与模型精度要求，从三个层级建设数字孪生苏州时空底板。以历史文化名城保护区的19.2平方千米为试点，建立地上地下精细化三维模型。建设完成中环范围内约420平方千米的实景三维模型。实现8657平方千米的电子地图、正射影像、建筑白模市域全覆盖。建设数字孪生古城，再现古城历史格局风貌，将建筑、道路、城市部件、植被、水系、地下空间、地下管线等不同类型的要素开展数字化建模，重点打造山塘街、平江路等数字街巷，拙政园、网师园等数字园林，率先构建可看、可感、可知的数字孪生古城。创新采用"1+10"市、区（县）协同共建模式，构建市域一体、互联互通的CIM平台体系，为全要素数字孪生苏州建设提供支撑。

2022年，苏州市开发数字孪生CIM驾驶舱系统。图为2022年11月28日系统实时截图

（市自然资源规划局　供图）

BIM技术集成应用　苏州市以"完善标准，强化监管，多方协同，数字基底"为思路，推进BIM技术集成应用。印发《全面推进苏州市建筑信息模型（BIM）技术应用工作方案》等文件，明确策划、设计、施工、竣工、运维阶段的重点应用，提出建立BIM监管平台等5项重点任务，形成市域一体的推进机制；出台《苏州市建设项目全过程BIM应用点》等标准，明确全市示范项目各阶段应用内容要求，推进标准体系建设；推进新建项目全面开展BIM应用，以建设平台为基础，推进BIM施工图审查、BIM城建档案归档等应用，实现从二维平面向三维模型的审查方式跨越；推进既有建筑建模，针对学校、医疗卫生机构、文体场馆、车站、文控保建筑等重点建筑开展建模，开展基于BIM技术的房屋安全鉴定、幕墙管理和房屋检测；建设BIM数据中心，研发BIM模型轻量化功能，兼容各种BIM主流格式，汇聚全市资源。截至年底，收集BIM项目567个，建筑面积达到1500万平方米，涵盖房建、市政、轨道交通等不同项目。开展全市BIM技术应用示范项目评选、苏州市个人BIM技能应用大赛等活动，引导全市建筑行业开展正向化设计、数字化施工、智慧化运营。

（市自然资源规划局　武营营

市住房城乡建设局　胡怡婷）

【数字乡村】2022年，苏州市统筹推进数字乡村建设，印发《苏州市数字乡村发展统筹协调机制方案》《2022年度苏州市数字乡村建设工作要点》，推动数字乡村工作纳入数字苏州建设方案。推动张家港市国家级数字乡村试点以及张家港市、常熟市、昆山市、吴江区4个省级数字乡村试点建设，完成省级数字乡村试点终期评估工作。举办"赋能新发展 数绘新江苏"2022（第九届）江苏互联网大会苏州数字乡村公益直播专场。推进"e起致富"苏货直播新农人培育工作，组织直播专场活动2场。

（市委网信办　朱道乾）

【智慧示范项目】2022年，苏州新建元数字科技有限公司等8家单位的项目入选智慧江苏重点工程，排名全省前列；苏州工业园区行政审批局的"一网通办"项目入选智慧江苏标志工程。苏州市建设"苏州北斗公共服务云平台"，基于中国北斗三号卫星导航系统，通过布设13个北斗卫星信号基准站，打造一个全方位、高精度的地理位置服务云平台和地理信息数据库，在全市范围内面向政府、企业和公众用户提供亚米级的北斗定位及导航服务，深化与公共安全、环境保护、智慧城市等领域的融合应用。

（市工业和信息化局　顾　健）

编辑：王怀芹

开放型经济

参与“一带一路”建设

【概况】 2022年，苏州市贯彻习近平总书记关于“一带一路”建设重要讲话精神，围绕《江苏省“一带一路”交汇点建设2022年工作要点》《江苏省“十四五”“一带一路”交汇点建设重点任务清单》部署要求，结合苏州实际制定年度工作要点，参与“一带一路”建设。发挥在开放载体、国际制造、科技创新等方面的示范带动作用，突出产业引领和开放创新，构建高水平、国际化开放载体平台，对外输出园区建设经验，带动优势产能海外布局，扩大对外开放优势，建设国际产能合作示范城市。

【“一带一路”沿线经贸往来】 2022年，苏州市在册境外投资项目超过2700个，苏州方协议投资额超过280亿美元，境外投资规模保持全省设区市第一位，并呈现出制造业、服务业、资源开发和高科技“四业并举”的格局。全年全市企业参与“一带一路”建设，在沿线的20个国家和地区投资116个项目，苏州方协议投资额10.84亿美元，占全市境外投资项目数的30.45%、投资额的42.29%。其中，制造业投资项目56个，苏州方协议投资额7.43亿美元，占比68.56%；信息传输、计算机服务和软件业投资项目8个，苏州方协议投资额2.34亿美元，占比21.59%。全市企业在“一带一路”沿线项目投资较为集中的国家有新加坡、泰国、马来西亚等，苏州方协议投资额占区域总数分别为33.89%、31.79%、26.26%。截至年底，累计在“一带一路”沿线近40个国家和地区投资项目693个，苏州方协议投资额77亿美元。对“一带一路”共建国家、东盟市场进出口实现逆势增长，全年对“一带一路”共建国家进出口额909.2亿美元，增长3.6%，对东盟进出口额562.18亿美元，增长2.8%。

【“一带一路”建设重点项目】 2022年，苏州市加强对21个省“一带一路”建设重点项目库入库项目的跟踪、服务，推进项目建设，帮助企业争取政策支持。利用省“一带一路”信息共享平台，提高分析预判能力，对境外投资企业提供风险保障和法律咨询。鼓励金融机构创新境外投融资模式和产品，为企业在“一带一路”共建国家投资提供融资支持。

【综合交通体系建设】 2022年，苏州市加快铁路基础设施建设。推进通苏嘉甬铁路、苏锡常城际铁路太仓先导段、如通苏湖铁路苏州至吴江段、苏淀沪城际、水乡旅游线水乡线南站、沪苏通铁路二期等工作。南沿江城际铁路苏州段全年完成投资25.14亿元，占年度计划的100.5%。北沿江高铁于9月28日开工建设。通苏嘉甬铁路于11月30日开工建设。沪苏湖铁路全年完成投资28.86亿元，占年度计划的131.2%。加快航道基础设施建设。年内，苏州市申张线青阳港段航道整治工程航道工程交工，建成桥梁4座，在建桥梁4座，完成投资2.0亿元，占年度计划的100.1%。苏申内港线青阳港至瓜泾口段航道整治工程28.5千米航道交工，建成桥梁3座，在建车坊大桥主桥完工、胜浦大桥主桥主体结构完成，完成投资0.7亿元，占年度计划101.7%。长湖申线（苏浙省界—京杭运河段）航道整治工程加固护岸19002米，疏浚30万立方米，完成投资2.8亿元，占年度计划的112.7%。促进内河及沿江港口均衡一体发展。苏州港张家港港区东沙作业区锚地工程完成投资435万元，于年底交工验收；苏州港张家港港区东沙作业区进港航道工程完成投资6298万元，完成交工验收。苏州国际铁路物流中心码头工程中港池项目完成投资7096万元，完成交工验收，投入试验性生产。

【国际产能合作】 2022年，苏州市推进优势产业国际化。加强与东盟、日本、韩国的合作，承办东盟—中日韩（10+3）产业链供应链合作主论坛以及数字经济和绿色发展分论坛。中国刚果（布）地方农业远程科教服务中心项目入选“一带一路”友城合作最佳实践案例、“小而美”民生项目。服务江苏省“一带一路”国际友城交流周，邀请意大利威尼斯、罗马尼亚图尔恰省、拉脱维亚里加市、刚果（布）黑角市等9个国际友好城市嘉宾录制参会视频。苏州市在“一带一路”沿线投资行业集中在纺织业、纺织服装业、光伏电力产业、通用设备制造业等。阿特斯阳光电力有限公司在泰国投资光伏电池制造项目，苏州胜利精密制造科技股份有限公司在越南投资设厂；苏州奥林特投资有限公司等数家纺织、钢铁企业在埃塞俄比亚投资设厂。组织企业参与跨国技术合作。组织117家企业参加第八届中国·江苏国际产学研合作论坛暨跨国技术转移大会。组织企业参加中泰新能源电动自行车工作对接会、2022印尼研究创新博览会中国先进技术展。加强国际科技合作。举办亚太院士产业创新大讲堂3期，举办长三角—昆士兰生物医药产业生态创新论坛。加入中国—东盟技术转移联盟，成为联盟首批成员。

【“丝路贸易”促进】 2022年，苏州市助力苏州外贸企业拓展对外贸易线上渠道，开拓“一带一路”出口市场。开展“江苏优品·畅行全球”线上对接会活动，举办涉及“一带一路”共建国家的苏州专场对接会4场，参与企业130家次。完善第三方服务生态体系，助力外贸新业态新模式发展。建设集交易、支付、海外仓、物流、金融、知识产权保护等服务于一体的跨境电商线上综合服务平台。全市跨境电商进出口贸易额167.21亿元，增长40.98%。推进海外仓建设。着眼畅通产业链供应链，在“一带一路”共建国家继续培育建设一批为

2022年1月11日，中老铁路（苏州—万象）国际货运列车从苏州西站首发
（杭兴微　摄）

全市优势产业配套的海外仓，开展市级公共海外仓申报创建工作。江苏浦京供应链有限公司在土耳其，江苏渭西集团公司在匈牙利、波兰等"一带一路"共建国家的海外仓业务规模扩大。

【国际货运班列运营】 2022年，苏州市打造国际货运班列品牌线路。丰富国际货运班列产品，新增苏州—果斯—米兰、苏州—果斯—波季、苏州—磨憨—万象线路。推进苏州中欧班列稳定运行，全年苏州中欧班列开行进出口班列403列（折算列503列，增长0.5%，占全省比重25.5%），搭载40英尺集装箱2.06万个，货重39.96万吨，货值21.02亿美元，班列数增长0.6%，箱数增长0.47%，货重增长29.66%，货值下降6.70%。

（市发展改革委　任协栋）

利用外资及中国港澳台资

【概况】 2022年，苏州市新设外资及中国港澳台资项目1242个，下降15.0%；新增注册外资及中国港澳台资168.7亿美元，下降11.9%；实际使用外资及中国港澳台资74.2亿美元，增长35.9%，占全省的24.3%，总量规模保持全省设区市第一位。

大项目招引成效明显　2022年，苏州市新设3000万美元以上项目86个，合计新增注册外资及中国港澳台资69.7亿美元，分别占全市的6.9%和41.3%。新引进采埃孚、优美科、博马、瑞幸咖啡、元气森林等一批世界500强和行业头部企业投资的规模型项目。3000万美元以上增资项目68个，合计新增注册外资及中国港澳台资57.6亿美元，分别占全市11.7%和34.1%。阿科玛、龙灯化学、丰田工业电装、魔门塔、梅里埃等龙头企业在做强现有产能基础上，继续增资扩能上新。累计出资3000万美元以上项目48个，合计金额48.66亿美元，占总额的65.6%。其中，1亿美元以上项目15个，合计金额33.9亿美元，占总额45.7%。

价值链提升项目增加　2022年，苏州市新兴产业新设外资及中国港澳台资项目332个，新增注册外资及中国港澳台资82.3亿美元，占引资总数的48.8%。新引进空中客车中国研发中心、默克半导体、华润新能源、置田精密锻造、多普罗生物科技、精发半导体等多个既有一定规模优势，又有核心技术优势的产业链、价值链优质项目。

现代服务业项目较多　2022年，苏州市新设现代服务业项目348个，新增注册外资及中国港澳台资59.2亿美元，占服务业引资总数的43.8%。新引进飞利浦家电全球创新中心、普华永道智能科技、星狮投资、东西南北文化旅游发展、汉良产业投资发展等一批高端服务项目。

外资总部机构集聚　2022年，苏州市新获省商务厅认定省级跨国公司地区总部及功能性机构20家，占该批次省认定总数的57.1%，累计191家，占全省的52.2%。该批次认定企业中，包括松下、西门子、伊顿3家世界500强企业投资总部机构，以及西门子电气产品东亚总部、腾辉电子亚洲区研发中心、卡乐电子亚太区研发中心3家跨国公司高层级总部机构，总部层级和项目质量较2021年提升。

行业结构优化　2022年，苏州市制造业实际使用外资及中国港澳台资32.7亿美元，增长147.9%，占总额的44.0%。服务业实际使用外资及中国港澳台资40.5亿美元，下降1.6%，占总额的54.6%，其中房地产业实际使用外资及中国港澳台资2.5亿美元，下降82.5%，占总额的3.4%。高技术产业实际使用外资及中国港澳台资30.6亿美元，增长163.2%，占总额的41.2%，其中高技术制造业实际使用外资及中国港澳台资18.9亿美元，增长209.6%，占总额的25.5%。

投资来源地稳定　2022年，苏州市实际使用外资及中国港澳台资来源地主要有：中国香港地区（37.1亿美元，增长0.2%，占比50.1%）、新加坡（11.3亿美元，增长82.7%，占比15.2%）、马来西亚（8.2亿美元，2021年仅29万美元，占比11.1%）、英属维尔京群岛（4.4亿美元，增长833.8%，占比5.9%）、韩国（2.9亿美元，增长68.4%，占比3.9%）。

出资方式多元化　2022年，苏州市实际使用外资及中国港澳台资中利润再投资16.5亿美元，增长275.9%，占总额的22.2%。

（市商务局　金烨武）

表18　2022年苏州市实际使用外资及中国港澳台资（按产业分类）统计表

行业名称	2022年（万美元）	比2021年（±）	比重
全市合计	741798	35.85%	100.00%
第一产业小计	0	—	0.00%

续表18

行业名称	2022年（万美元）	比2021年（±）	比重
第二产业小计	336434	151.23%	45.35%
制造业	326635	147.86%	44.03%
计算机、通信和其他电子设备制造业	153455	245.93%	20.69%
电气机械和器材制造业	41057	767.83%	5.53%
医药制造业	23879	192.35%	3.22%
化学原料和化学制品制造业	20624	55.11%	2.78%
专用设备制造业	17259	−16.48%	2.33%
通用设备制造业	10995	−18.73%	1.48%
汽车制造业	9697	76.50%	1.31%
非金属矿物制品业	9658	1146.19%	1.30%
橡胶和塑料制品业	7463	106.73%	1.01%
金属制品业	7022	157.69%	0.95%
仪器仪表制造业	6618	196.24%	0.89%
纺织服装、服饰业	4531	52.40%	0.61%
酒、饮料和精制茶制造业	2600	100.00%	0.35%
有色金属冶炼和压延加工业	2171	241.89%	0.29%
食品制造业	2026	65.66%	0.27%
铁路、船舶、航空航天和其他运输设备制造业	2006	37.40%	0.27%
造纸和纸制品业	1853	536.77%	0.25%
其他制造业	1805	540.07%	0.24%
家具制造业	750	0.13%	0.10%
农副食品加工业	570	−46.48%	0.08%
皮革、毛皮、羽毛及其制品和制鞋业	283	0.00%	0.04%
金属制品、机械和设备修理业	200	0.00%	0.03%
文教、工美、体育和娱乐用品制造业	83	492.86%	0.01%
木材加工和木、竹、藤、棕、草制品业	30	0.00%	0.00%
电力、热力、燃气及水生产和供应业	9899	368.70%	1.33%
建筑业	100	455.56%	0.01%
第三产业小计	405364	−1.64%	54.65%
科学研究和技术服务业	123435	36.50%	16.64%
批发和零售业	83983	9.82%	11.32%
租赁和商务服务业	83241	28.09%	11.22%
金融业	34817	91.10%	4.69%
信息传输、软件和信息技术服务业	32465	239.73%	4.38 %
房地产业	24982	−82.50%	3.37%
交通运输、仓储和邮政业	20641	117.57%	2.78%
水利、环境和公共设施管理业	1222	571.43%	0.16%
住宿和餐饮业	375	1288.89%	0.05%
文化、体育和娱乐业	3	−57.14%	0.00%

表19 2022年苏州市实际使用外资及中国港澳台资（按国家或地区分类）统计表

国家或地区	2022年（万美元）	比2021年（±）	比重	国家或地区	2022年（万美元）	比2021年（±）	比重
新加坡	113044	82.7%	15.2%	开曼群岛	7494	−27.6%	1.0%
马来西亚	82482	284320.7%	11.1%	萨摩亚	6388	13.8%	0.9%
英属维尔京群岛	43757	833.8%	5.9%	英国	4708	286.9%	0.6%
韩国	29092	68.4%	3.9%	瑞典	3506	−19.1%	0.5%
日本	21273	−18.0%	2.9%	意大利	3087	1290.5%	0.4%
美国	13841	961.4%	1.9%	中国香港	371270	0.2%	50.1%
法国	12889	176.8%	1.7%	中国台湾	5106	−64.9%	0.7%
德国	9364	−3.8%	1.3%				

表20 2022年苏州市各县级市（区）实际使用外资及中国港澳台资统计表

地区	2022年（万美元）	比2021年（±）	地区	2022年（万美元）	比2021年（±）
全市合计	741798	100.00%	吴中区	35847	4.83%
张家港市	69703	9.40%	相城区	37341	5.03%
常熟市	65532	8.83%	姑苏区	448	0.06%
太仓市	55646	7.50%	苏州工业园区	192433	25.94%
昆山市	173206	23.35%	苏州高新区	80496	10.85%
吴江区	31146	4.20%			

表21 2022年苏州市入选江苏省跨国公司地区总部和功能性机构企业一览表

序号	企业名称	类别	序号	企业名称	类别
1	松下电气设备（中国）有限公司	跨国公司地区总部	11	岱高（苏州）汽车零部件有限公司	跨国公司功能性机构
2	SEW−传动设备（苏州）有限公司	跨国公司地区总部	12	嘉联益电子（昆山）有限公司	跨国公司功能性机构
3	苏州东瑞制药有限公司	跨国公司地区总部	13	卡乐电子（苏州）有限责任公司	跨国公司功能性机构
4	苏州金唯智生物科技有限公司	跨国公司地区总部	14	马斯特模具有限公司	跨国公司功能性机构
5	苏州西门子电器有限公司	跨国公司功能性机构	15	伊顿（中国）投资有限公司苏州分公司	跨国公司功能性机构
6	尼得科（苏州）有限公司	跨国公司功能性机构	16	彩晶光电科技（昆山）有限公司	跨国公司功能性机构
7	腾辉电子（苏州）有限公司	跨国公司功能性机构	17	研华科技（中国）有限公司	跨国公司功能性机构
8	苏州苏尔寿泵业有限公司	跨国公司功能性机构	18	江苏集萃苏科思科技有限公司	跨国公司功能性机构
9	德莎（苏州）胶带技术有限公司	跨国公司功能性机构	19	克朗斯机械（太仓）有限公司	跨国公司功能性机构
10	伊萨焊接器材（江苏）有限公司	跨国公司功能性机构	20	欧朗电子科技有限公司	跨国公司功能性机构

（资料来源：市商务局）

【境外世界500强企业在苏州】 2022年，新增特斯拉（美国）、丹纳赫（美国）、空中客车（荷兰）、优美科（比利时）4家世界500强跨国公司在苏州投资。截至2022年底，累计有20个国家或地区的160家境外世界500强跨国公司在苏州设立450个项目。其中，日本44家，美国42家，德国14家，法国、韩国各12家，荷兰7家，英国5家，加拿大4家，瑞士3家，芬兰、新加坡各2家，意大利、挪威、瑞典、比利时、爱尔兰、印度、卢森堡各1家，中国香港地区1家，中国台湾地区5家。

【包机到日本、欧洲招商】 2022年11月17—23日，苏州市商务局组织由12个招商小分队以及51名外贸企业负责人组成的88人经贸团队包机到日本招商。其间，各招商小分队拜访62家企业和有关机构，举办3场交流推介会，达成投资意向项目32个，达成意向投资额18.6亿美元。12月9—18日，苏州市商务局组织200余人的经贸团队包机到欧洲招商。其中，各县级市（区）共派出30个招商小分队，人数超过100人。到欧招商团队共拜访法国、德国的325个企业和有关机构，现场签约项目37个，举办、参加招商会29场，达成意向投资额59.5亿美元。

【东盟—中日韩（10+3）产业链供应链合作论坛暨东亚企业家太湖论坛】 2022年7月29日，东盟—中日韩（10+3）产业链供应链合作论坛暨东亚企业家太湖论坛在苏州举办。论坛是2022年苏州乃至江苏最高规格的对外经贸交流活动之一，由商务部和江苏省政府共同举办，以“畅通链接 共创繁荣”为主题，包括主论坛和共建经贸创新发展示范园区论坛、区域全面经济伙伴关系协定（RCEP）实施论坛、物流与供应链发展论坛、数字经济和绿色发展论坛、产业链供应链金融论坛5场分论坛。中国国务院副总理胡春华、柬埔寨副首相兼财经大臣安蓬、泰国副总理兼商业部长朱林等发表视频致辞。东盟—中日韩（10+3）国家的政府、金融机构、贸易投资促进机构、商会和行业协会、企业领导以及国际组织的代表、专家学者等1000人参加主论坛和分论坛，超过300万人在线参会，其中主论坛在线观看量171.8万人，5场分论坛在线观看量136.1万人。会上，发布10+3产业链供应链合作倡议：升级区域产业链供应链，确保国际物流畅通、快捷，扩大在绿色经济领域的合作，推动数字经济发展，积极搭建企业服务平台。

（市商务局　金烨武）

对外及对中国港澳台贸易

货物贸易

【概况】2022年，苏州市货物进出口总额3866.0亿美元，下降1.3%，其中出口额2324.2亿美元，增长0.9%，进口额1541.8亿美元，下降4.6%。以人民币计价，货物进出口总额25721.1亿元，增长1.6%，其中出口额15475亿元，增长4.0%，进口额10246.1亿元，下降1.9%。进出口总额增幅低于全国、全省5.7、3.0个百分点，出口额增幅低于全国、全省6.1、3.4个百分点，进口增幅低于全国、全省5.7个、2.1个百分点。全市进出口总额和出口额分别列全国大中城市第四位、第三位。一般贸易进出口总额1611.8亿美元，增长3.9%，占比41.7%；加工贸易进出口总额1632.1亿美元，下降2.4%，占比42.2%；保税物流贸易进出口总额590.2亿美元，下降11.6%，占比15.3%。苏州市民营企业（包括集体、私营企业及其他企业）完成进出口总额1240.3亿美元，增长8.4%；国有企业进出口总额227.7亿美元，增长0.5%；外资及中国港澳台资企业进出口总额2398亿美元，下降5.9%，占比62%，继续占据全市外贸主导地位。苏州市对第一和第二大出口市场美国、欧盟的出口额分别为484.9亿美元、433.3亿美元，分别下降2.6%、增长2.8%。从前两大进口市场中国台湾、韩国进口额分别为305.3亿美元、297亿美元，下降4.5%和6.6%。对“一带一路”共建国家进出口总额909.2亿美元，增长3.6%。苏州市主要出口产品中，高新技术产品出口额1147.6亿美元，下降0.9%；集成电路出口额223.7亿美元，下降9.7%；通信设备出口额323.2亿美元，增长34.7%；自动数据处理设备及其部件出口额325.8亿美元，下降19.5%。主要进口产品中，高新技术产品进口额805亿美元，下降4%；农产品进口额143.4亿美元，增长20.4%。

（市商务局　金烨武）

表22　2022年苏州市货物进出口统计表

项目	累计金额（亿美元）	比2021年（±）	比重
一、进出口总额	3866.0	-1.3%	100.0%
出口额	2324.2	0.9%	60.1%
进口额	1541.8	-4.6%	39.9%
二、出口分贸易方式			
一般贸易	939.3	7.0%	40.4%
加工贸易	1013.4	1.9%	43.6%
保税物流类贸易	347.5	-15.6%	15.0%
三、进口分贸易方式			
一般贸易	672.5	-0.1%	43.6%
加工贸易	618.7	-8.6 %	40.1%
保税物流类贸易	242.7	-0.1%	15.7%
四、出口分企业性质			
国有企业	159.4	-5.8%	6.9%
外资及中国港澳台资企业	1362.0	-3.5%	58.6 %
民营企业	802.7	11.3%	34.5%
五、进口分企业性质			
国有企业	68.3	19.1%	4.4%
外资及中国港澳台资企业	1035.9	-8.8%	67.2%
民营企业	437.6	3.4%	28.4%
六、出口分贸易国别（地区或组织）			
美国	484.9	-2.6%	20.9%
欧盟	433.3	2.8%	18.6 %
东盟	311.2	8.1%	13.4 %
日本	175.8	0.9%	7.6 %

续表22

项目	累计金额（亿美元）	比2021年（±）	比重
韩国	125.5	3.1%	5.4%
南美洲	126.0	7.2%	5.4%
大洋洲	57.2	9.8%	2.5%
中国香港	151.2	−20.3%	6.5 %
中国台湾	103.5	−8.0 %	4.5 %
七、进口分贸易国别（地区或组织）			
美国	85.8	12.6%	5.6%
欧盟	121.7	−7.2%	7.9 %
东盟	250.9	−3.1%	16.3%
日本	150.9	−6.5%	9.8%
韩国	297.0	−6.6%	19.3%
南美洲	117.6	24.9%	7.6%
大洋洲	56.2	−12.1%	3.6%
中国香港	0.6	11.8%	0.0 %
中国台湾	305.3	−4.5%	19.8%

表23　2022年苏州市各县级市（区）货物进出口统计表

地区	进出口		出口		进口	
	累计金额（亿美元）	比2021年（±）	累计金额（亿美元）	比2021年（±）	累计金额（亿美元）	比2021年（±）
全市	3866.0	−1.3%	2324.2	0.9%	262.8	5.2%
张家港市	466.7	8.0 %	203.9	12.0%	73.1	−9.8%
常熟市	240.0	0.9 %	166.9	6.5%	76.3	−2.4%
太仓市	165.9	−2.9%	89.7	−3.3%	330.9	−7.3%
昆山市	1033.1	−3.1%	702.2	−1.0%	56.1	−16.8%
吴江区	259.2	−2.1%	203.2	2.9%	27.0	−2.3%
吴中区	100.1	5.5%	73.1	8.7 %	15.5	−2.4%
相城区	71.5	−0.2%	56.0	0.4%	3.4	49.4%
姑苏区	24.6	2.1 %	21.2	−2.9%	553.8	−4.3%
苏州工业园区	1077.4	−3.8%	523.5	−3.2%	142.9	−9.4%
苏州高新区	427.4	−2.2%	284.5	1.9%	262.8	5.2%

（资料来源：市商务局）

【外贸载体平台建设】 截至2022年底，苏州市有常熟市国家外贸转型升级基地（服装）、吴江区国家外贸转型升级基地（电梯）等国家级外贸转型升级基地8家，另有省级外贸转型升级基地5家，基地数量列全省设区市前列。年内，苏州市增强外贸载体平台功能，提升外贸综合服务企业服务能力，全年进出口额7.2亿美元，为中小企业提供良好的外贸发展环境。

【出口品牌企业培育】 2022年，苏州市5家企业入选商务部“重点支持和发展的名牌出口商品”，64家企业入选2020—2022年度江苏省重点培育和发展的国际知名品牌企业，35家企业的品牌获得2022—2023年度苏州市出口名牌。全市累计有苏州市出口名牌企业130家（含江苏省重点培育和发展的国际知名品牌企业）。

【贸易摩擦案件应对】 2022年，苏州市发挥“四体联动”（商务部、地方商务主管部门、行业商协会和涉案企业联动）应对机制和全过程指导服务机制作用，推动建立事前预警、事中支持、事后跟踪的贸易救济体系，增强贸易摩擦案件应对主动性。全年组织近170家企业应对“两反一保”（倾销与反倾销，补贴与反补贴，保障措施与特别保障措施）贸易摩擦案件34起，多部门联合指导6家企业应对美国“337调查”案件3起。通过多主体协同应对，提升苏州企业运用规则的能力和水平，增强贸易摩擦案件应对效果。应诉结案的20个案件中，有9件取得无措施结案、零税率和全国最低税率等较好结果，占比近50%，案件胜诉率提升。坚持量质并举，调优调强公平贸易工作站载体建设，优化公平贸易预警体系。设立工作站总量10家（省级6家、市级4家），覆盖各县级市（区）和钢铁、光伏、光通信、生物医药等新兴产业和战略重点行业。聚焦热点问题和影响，引导工作站开展进出口双向预警，支持重点行业、企业增强风险防范和应对能力。

【市场采购贸易方式试点】 2022年，苏州市面向全省推广应用常熟“市采通”平台，完成省内联动出口6.42亿美元。实现市场采购贸易货物（1039）与跨境电商B2B出口货物（9710）融合转关申报，推动市场采购与跨境电商新业态的融合发展，实现业务模式的有效创新。全年通过市场采购贸易方式出口额20.6亿美元，增长34.5%。

【中国（苏州）跨境电子商务综合试验区建设】 2022年，苏州市构建跨境电商服务体系。设立苏州高新区、常熟两个跨境电商企业服务中心，服务企业超过600家，为跨境电商企业提供平台开店、人才培训、品牌孵化、物流仓储、产品视觉、跨境直播等专业配套服务。市商务局、苏州银保监分局、跨境电商头部平台以及金融机构等联合举办“品牌出海”线上直播培训、“暖心帮企云讲座”、助力外贸企业发展专项宣介会（跨境电商专场）、金融创新跨境电商交流会等活动，参会人数超过1万人。全省首个菜鸟中心仓在太仓港综合保税区试运行。培育的业界领先大件商品B2B交易平台企业——大健云仓到美国上市，成为纳斯达克海外仓第一股。加强示范载体培育，新增市级以上跨境电商产业集聚区5个、跨境电商展示中心3个。完善公共海外仓物流产业链，获批省级公共海外仓1个，认定市级公共海外仓5个、区级海外仓3个。加强数字贸易标准研究，制定《跨境电商（出口）运营人员职业能力要求》标准，入选2022年度第二批苏州市地方标准项目，填补相关标准空白。

【相聚进博·2022苏州进口贸易促进大会】 2022年11月7日，相聚进博·2022苏州进口贸易促进大会在太湖国际会议中心召开。会议由苏州市人民政府主办、苏州市商务局承办，欧莱雅、迪卡侬、普华永道等90家相关企业代表参会。南山集团进口基地、三菱电机进口汽车部件扩建、利洁时研发分拨中心二期、瑞幸进口咖啡豆生产及分拨中心、CW跨境直采中心、玄通保税物流分拨中心总部、明纬智造贸易基地、恒天然进口基地、PingPong跨境贸易平台、中建国际华东区贸易总部等一批苏州扩大进口合作项目签约落地。一批采购商、参展商代表完成采购意向签约。苏州港太仓港区与上合组织国家多功能经贸平台及泰扎尔科技、令合供应链、熟之道农业、马儿快跑、粒籽食品、德木供应链、龙特国贸等进口贸易商签订合作协议，推动港口由物流港向物贸港转变。

（市商务局　金烨武）

服务贸易

【概况】 2022年，苏州市完成服务贸易额210.98亿美元，增长4.4%，占全省比重36.6%。其中，服务出口107.86亿美元，服务进口103.12亿美元，实现顺差4.74亿美元。知识密集型服务贸易完成132.75亿美元，增长5.6%，占全市服务贸易比重62.9%，占全省知识密集型服务贸易比重42.4%。知识密集型服务出口66.47亿美元，增长17.1%；除保险服务外，其余5个行业的出口均实现较快增长，电信计算机和信息服务、其他商业服务、别处未涵盖的知识产权使用费出口分别增长31.48%、10.93%、12.9%，拉动整体服务出口增长17个百分点，文化和娱乐服务、保险服务实现快速增长。加工、运输、建设等传统服务行业保持稳定，三类服务合计进出口42.87亿美元，增长7.45%，其中出口增长1.88%、进口增长2.66%。海运市场产能过剩、销量及海运费下降的影响逐步显现，2022年运输服务进出口和出口增速分别降低41.64个和70.57个百分点。随着各国新冠疫情防控政策的优化，旅行服务逐渐复苏，全市旅行服务进出口28.68亿美元，下降2.06%，其中出口下降15.15%、进口增长0.42%，进出口、出口降幅分别减少8.53个和12.55个百分点，进口增幅提高6.82个百分点。全年服务贸易额超过1亿美元（含）的企业有21家，实现服务贸易进出口49.92亿美元，占总额比重29.04%；超过1000万美元企业278家，实现服务贸易进出口116.43亿美元，占总额比重67.74%。

【服务贸易创新发展试点】 2022年，苏州高新区入选特色服务出口基地（知识产权），中国苏州人力资源服务产业园入选特色服务出口基地（人力资源），常熟高新区获评2022年省级服务贸易基地，13家企业获评省服务贸易重点企业。苏州市推动全面深化服务贸易创新发展试点各项任务落实，截至年底，104条任务举措完成102项，2条举措处于推动落实阶段。全年报送试点创新案例10个，其中“推进国际职业资格与国内职称资格比照认定”被评为第二批“最佳实践案例”向全国推广。技术、人员、资金、货物、数据的跨境流动提质增速，便利化程度提高。数字金融、境外游客移动支付以及服务贸易外汇收支便利化业务等一系列业态模式创新深化。组织参加中国国际服务贸易交易会、中国—东盟博览会，3项案例获评2022年中国国际服务贸易交易会服务示范案例。苏州工业园区举办第五届中新合作服务贸易创新论坛，该论坛升级为虹桥国际经济论坛分论坛。

【中国服务外包示范城市建设】 2022年，苏州市服务外包产业保持健康稳定发展，产业规模继续居全国示范城市前列。

产业规模居全省前列　2022年，全市完成服务外包接包合同额139.9亿美元，增长1.1%；离岸执行额58.2亿美元，增长5.5%。在岸执行额45.3亿美元，增长28.9%。服务外包各项主要指标均实现同比正增长，接包合同额、离岸执行额和在岸执行额均列全省设区市第三位，占全省比重分别为16%、17%和13%。

业态结构保持高端化发展态势　全市离岸服务外包形成信息技术研发服务（占比25.14%）、研发服务（占比24.7%）、设计服务（占比22.77%）等三大服务外包优势业态，合计占总量比重72.6%。全市离岸信息技术外包、业务流程外包和知识流程外包占总量比重分别为31.26%、15.32%和53.42%，KPO比重比全省高6.56个百分点。高端业务比重保持较高水平，74.88%的外包业务属于商务部发布的《服务外包产业重点领域指导目录》范围。

离岸市场呈多元化发展趋势　全市服务外包企业参与国际化程度较高，外包业务以离岸为主导。全年全市离岸执行额占合同执行总额56.19%，高于全省7个百分点。离岸发包市场呈现多元化发展趋势，承接84个国家地区的离岸外包业务，离岸执行额超过1000万美元的国家和地区25个，美国、中国香港地区、日本、中国台湾地区成为全市四大发包来源国（地区），占总量份额69.98%。

服务外包载体建设水平全省领先　苏州市依据省级服务外包示范区综合评价体系，推动服务外包产业园区发挥引领示范作用。全市累计有省级服务外包示范区8家，数量列全省设区市第一位。在2022年公布的2021年度江苏省级服务外包示范区综合评价中，苏州工业园区、苏州高新区分别列全省第一位、第五位。

表24 2022年苏州市各县级市(区)服务外包主要指标统计表

地区	新增企业数(个)	接包合同额(万美元)	离岸执行额(万美元)	在岸执行额(万美元)
全市	121	1399280	581860	453258
张家港市	8	33382	7158	16251
常熟市	10	47602	30507	7031
太仓市	15	120750	47100	60219
昆山市	15	234069	59117	145349
吴江区	10	11909	3521	6600
吴中区	4	52367	20420	25855
相城区	26	34771	8392	6543
姑苏区	3	4635	441	2180
苏州工业园区	22	541384	234025	99399
苏州高新区	8	318411	171180	83832

(资料来源:市商务局)

企业技术服务水平向高层次提升 苏州市豪雅微电子(苏州)有限公司、软视软件(苏州)有限公司等15家企业获评江苏省技术先进型服务企业。2020—2022年累计认定64家,数量列全省设区市第一位。全市服务外包企业技术服务能力提高。全市新增通过国际资质认证企业数57个,其中新增通过CMM/CMMI认证企业1个、新增通过ISO 27001认证企业6个、新增通过ISO 20000认证企业5个、新增通过ISO 9001认证企业43个。新增受训1.29万人。

【第五届中新合作服务贸易创新论坛】 2022年11月6日,第五届中新合作服务贸易创新论坛在苏州举办。论坛由商务部和省政府主办,省商务厅、苏州市政府、苏州工业园区管委会联合承办。论坛以“数字化——全球服务贸易新动能”为主题,邀请近200人围绕自贸试验区建设、中新数字贸易合作、服务业对外开放、数字基础设施建设、跨境数据流动等话题展开研讨。其间,举办“坚持开放共享,共商‘苏州服务’国际化发展新空间”高端对话;苏州自贸片区与苏州港太仓港区签订战略合作协议等市域一体化项目,元禾绿柳基金、星狮集团中国区投资总部、新加坡城市发展集团中国区投资总部、苏州恒泰与盛裕集团可持续发展合作意向书、中新苏州医学中心等中新合作重大项目,以及奔驰—亿磐数字化中心项目、游戏文化IP联动国际合作项目、跨境物流海外舱系统项目、可持续发展及碳中和项目、数字人才战略研究中心项目等产业创新集群项目签约;发布数据跨境流动研究成果。该论坛首次升级为上海进博会虹桥国际经济论坛分论坛,是首个以服务贸易为主题且在上海以外地区举办的分论坛。

(市商务局 全烨武)

境外经济技术合作

【境外投资】 2022年,苏州市新增境外投资项目381个,增长9.8%,苏州方协议投资额25.63亿美元,各占全省总数的44.82%、26.51%;实际完成境外投资额17.43亿美元,保持全省设区市第一位。

第二、第三产业保持均衡发展 全市新增第三产业境外投资项目217个,苏州方协议投资额11.2亿美元,占比分别为56.96%和43.7%。其中,批发业项目67个,苏州方协议投资额1.42亿美元,占比5.56%,增长33.66%。新增第二产业境外投资项目164个,苏州方协议投资额14.43亿美元,分别占比43.04%和56.3%。其中,制造业项目149个,苏州方协议投资额13.96亿美元,占比54.47%,增长47.92%。新增境外投资非贸易型项目315个,苏州方协议投资额24.09亿美元,占总投资额的94%。

境外投资地域延伸 年内,苏州市境外投资涉及43个国家和地区,境外投资项目累计分布100余个国家和地区。新增到亚洲投资项目194个,占比50.92%,苏州方协议投资额14.49亿美元,占比56.54%;到拉丁美洲投资项目49个,占比12.86%,苏州方协议投资额7.65亿美元,占比29.83%;到北美洲投资项目72个,占比18.9%,苏州方协议投资额2.59亿美元,占比10.12%。全市企业投资开曼群岛项目35个,苏州方协议出资额3.9亿美元,占总数的15.21%;投资新加坡项目48个,苏州方协议投资额3.67亿美元,占比14.33%,增长683.68%;投资泰国项目15个,苏州方协议投资额3.45亿美元,占比13.45%,增长301.05%。

(市商务局 全烨武)

表25 2022年苏州市各县级市(区)境外投资统计表

地区	新增境外企业数(家)	新增苏州方协议投资额	
		金额(万美元)	比重
全市	381	256270.94	100.00%
张家港市	24	8023.90	3.13%
常熟市	16	4562.07	1.78%
太仓市	10	27409.33	10.70%
昆山市	24	33036.60	12.89%
吴江区	19	30414.59	12.89%
吴中区	18	2877.34	1.12%
相城区	23	4312.22	1.68%
姑苏区	2	1.28	0.00%
苏州工业园区	220	139121.26	54.29%
苏州高新区	25	6512.35	2.54%

(资料来源:市商务局)

【境外承包工程】 2022年，苏州市境外工程承包新签合同额4.95亿美元，完成营业额4.62亿美元，增长10.02%。全市境外工程承包完成由土木工程分包转向各种类型总承包的结构调整，总承包工程、非土木工程的新业态工程占比均超过90%。苏州中材、永鼎股份、亨通光电等境外工程承包企业开拓“一带一路”市场，带动中国品牌和标准“走出去”，提升国际竞争力。

【境外劳务合作】 2022年，苏州市加强境外劳务市场的管理和监督，通过劳务资格证书年检、“双随机、一公开”检查等方式，建立外派劳务管理体系，加强境外劳务工作长效管理机制。全市具有境外劳务合作资格的企业10家，以日本为主要市场；截至年底，在外人员579人。

【境外经贸合作区建设】 截至2022年底，埃塞俄比亚东方工业园完成基础设施投资2.68亿美元，吸引入园企业134家（资控股企业124家），园区实际投资金额9.09亿美元，实现总产值19.61亿美元，带动国内货物出口额7.35亿美元，上缴埃塞俄比亚政府各项税收1.78亿美元，创造就业岗位1.85万个。埃塞俄比亚东方工业园是江苏永元投资有限公司在非洲投资兴建的苏州市唯一境外经贸合作区。

（市商务局　金烨武）

中国（江苏）自由贸易试验区苏州片区

【概况】 2022年，中国（江苏）自由贸易试验区苏州片区（简称“苏州自贸片区”）在稳外贸、稳外资、走出去等方面取得成效。在江苏自贸区综合统计9项指标中8项列第一位。完成进出口总额、实际使用外资及中国港澳台资金额、苏州方实际投资额分别占全省自贸区的91.6%、73.4%、79.2%。

【制度创新成果】 2022年，苏州自贸片区有5项制度创新经验案例在全国复制推广，13项制度创新经验案例在全省复制推广。截至年底，苏州自贸片区累计形成全国、全省首创及领先的制度创新成果170余项，其中10项制度创新经验案例在全国复制推广（国务院服务贸易创新发展试点“最佳实践案例”5项、国务院第七次大督查典型经验做法1项、生态环境部加强生态环境保护推动高质量发展案例4项），38项在全省示范推广，106项在全市复制推广。

（市商务局　金烨武）

表26　2022年苏州自贸片区综合统计表

指标	单位	设立后累计值
新设立企业数	家	5734
内资企业数	家	5526
外商及中国港澳台商投资企业数	家	206
合同外资及中国港澳台资金额	万元	368515
实际使用外资及中国港澳台资金额	万美元	166019
战略性新兴产业实际使用金额	万美元	68121
备案境外投资机构	个	227
苏州方协议投资额	万美元	95625
苏州方实际投资额	万美元	30859
税收收入	万美元	3819133
进出口总额	万元	53438525
进口总额	万元	26867613
出口总额	万元	26570912
高新技术产品进出口总额	万元	37667962

表27　2020—2022年苏州自贸片区制度创新成果在全国、全省复制推广一览表

序号	改革创新举措	推广时间	推广范围
1	实行进口研发（测试）用未注册医疗器械分级管理	2020年	全国
2	打造智慧物流服务平台	2020年	全国
3	开发“政策计算器”变企业找政策为政策找企业	2020年	全国
4	打造跨海运数据通道助力“智慧物流”	2021年	全国
5	知识产权证券化助力生物医药产业链高质量发展	2021年	全国
6	推进国际职业资格与国内职称资格比照认定	2022年	全国
7	第三方监理辅助　环境执法效能提高	2022年	全国
8	帮扶促进企业在保税维修业务中获得更多实惠	2022年	全国
9	建设跨行业数据集成的能源智慧管家共享平台	2022年	全国
10	小微型生物医药企业（研发机构）危险废物标准化管理试点	2022年	全国
11	知识产权刑事案件权利人诉讼权利保护	2020年	全省
12	企业登记住所信息联网查验	2020年	全省
13	企业境外投资服务创新	2020年	全省
14	自产出口产品保税维修试点	2020年	全省
15	智慧物流服务平台助力贸易便利化	2020年	全省
16	进口研发（测试）用未注册医疗器械分级管理	2020年	全省

续表27

序号	改革创新举措	推广时间	推广范围
17	保税检测区内外联动模式	2020年	全省
18	“客户视角”全生命周期政务服务	2020年	全省
19	“中欧卡航”	2020年	全省
20	海关信用“关助融”	2020年	全省
21	企业保税账册诚信自报	2020年	全省
22	“空运直通港”快速通关	2020年	全省
23	新兴产业用地“10+N”弹性出让	2020年	全省
24	“多元共治”环境治理集成改革	2020年	全省
25	集成电路全产业链保税试点	2021年	全省
26	知识产权质押防疫债	2021年	全省
27	虚拟空港助力便捷物流	2021年	全省
28	全国首个电子劳动合同标准	2021年	全省
29	劳动关系大数据运行管理机制	2021年	全省
30	光伏项目备案容缺替代型信用承诺	2021年	全省
31	小型（临时）建设工程施工安全网格化监管	2021年	全省
32	国际职业资格比照认定	2021年	全省
33	金融租赁智能租后管理	2021年	全省
34	环境管理合作伙伴计划	2021年	全省
35	政务服务下沉“融驿站”	2021年	全省
36	薪酬指导助力新兴产业发展	2022年	全省
37	企业上市“苗圃工程”	2022年	全省
38	企业服务“政策大脑”	2022年	全省
39	公共资源“零见面”交易	2022年	全省
40	小微生物药企危废“日产日清”	2022年	全省
41	全周期海外知识产权纠纷应对机制	2022年	全省
42	境外上市生物医药企业资本跨境收支综合解决方案	2022年	全省
43	长三角一体化布控查验协同试点	2022年	全省
44	企业破产预重整机制创新	2022年	全省
45	加工贸易货物“司法公证销毁+区块链存证”监管模式	2022年	全省
46	发行全国首批基础设施REITs	2022年	全省
47	土壤环境精细化管理	2022年	全省
48	智改数转“智慧综保区”	2022年	全省

（资料来源：市商务局）

【高水平对外开放】 2022年，苏州自贸片区发挥中新联合协调理事会平台优势，共建“国际化走廊”，苏州工业园区新加坡国际商务合作中心、新加坡苏州商务中心集聚各类项目73个。中新服务贸易创新论坛升级为虹桥经济论坛分论坛。开通并升级“服贸通”中新数据专线，上线“服贸云”中新云网服务平台。深化与中国国际进口博览局、国家会展中心等机构合作，实现优势互补、分工合作、错位发展。提升投资贸易便利化水平，设立全省首家外商独资经营性职业技能培训机构，获批外商投资股权投资企业（QFLP）委托登记权。在全国率先开展长三角一体化布控查验协同试点，上线便利企业关税查询的“经贸规则计算器”，落地“保速通”“货站直提”等一批举措。推动外资转型提升，获批全省首个且唯一的外资总部经济集聚区，落地全省首家外商独资医疗机构（嘉会医疗），推出首批稳定外资总部企业发展的“六个一”便利化服务举措。

【产业转型升级】 2022年，苏州自贸片区做强主导产业，首创高端制造全产业链保税模式，落地“关证一链通”等创新举措，推出“支持企业开展保税研发检测”“放宽内销集中纳税期限”等12项便利措施，开发保税监管区块链平台。发展特色新兴产业，推动生物医药全产业链开放创新试点，实施《研发或临床用对照样品登记管理办法》（“研易购”）、长三角一体化特殊物品风评结果互认等试点。出台《苏州自贸片区生物医药全产业链集成创新工作建议清单（第二批次）》，推出《进口研发（测试）用未注册医疗器械分级管理办法》（“研易达”）试点并扩面，完成23家企业67个研发项目的435批次产品备案，加速企业产品获批上市。特殊物品风评中心、生物医药产业综合服务中心揭牌运行，集聚生物医药企业超过2000家。推动海南博鳌乐城特药险纳入“苏惠保”，搭建苏州自贸片区生物医药企业与乐城特药的合作联系渠道。培育新业态新模式，全国首创地方全口径服务贸易统计方法，成为首批获得国家支持发展新型离岸国际贸易的地区。跨境电商B2B出口增速超过100%，首家跨境电商企业（大健云仓）在纳斯达克上市。

【科技创新示范】 2022年，苏州自贸片区壮大企业创新集群，国家高新技术企业总数2480家，上市企业61家。入选省级“独角兽”、潜在“独角兽”及“瞪羚”企业数均列全省设区市第一位。入选全国首批科技金融创新服务中心建设试点、全国首批知识产权强国建设示范园区。加强金融创新，国家外汇管理局支持苏州自贸片区的五项资本项目外汇业务创新试点全面落地，开展QDLP对外投资、自贸区版跨境双向人民币资金池等试点，获批外商投资股权投资企业（QFLP）委托登记权。发行全国首单知识产权质押“双创债”、全省首单知识产权证券化产品。中新金融合作实现突破，全省首家公募基金（苏新基金）获批。深化人才开放合作，出台人才新政30条、便利化外国人才新政19条，设立全省首家国际人才服务中心，全省首发“人才政策计算器”，开展国际职业资格比照互认，试行长三角外国高端人才互认。集聚外国人才近4000人，海外高端人才1600余人，约占全省六分之一。

【现代化治理】 2022年，苏州自贸片区优化营商环境，运行全国首个地方国际商事法庭、首家自贸区进出口公平贸易工作站，挂牌运行自贸区法庭。迭代升级营商环境创新行动计划，成立园区国际融合服务中心，首创政务服务“融驿站”模式，推出免证园区、“审管执信”闭环管理模式等一批创新举措。推动治理能力现代化，发布全国首个电子劳动合同标准；优化生物医药产业营商环境经验获得国务院推介；“苏州国际商事法庭构建涉外商事多元解纷新模式”入选全国法院服务保障自贸区建设亮点举措。

【苏州自贸片区联动创新区建设】 2022年，苏州自贸片区加强集成联动，发挥自贸区辐射带动作用。苏州自贸片区与太仓港联动合作，召开领导小组办公室会议，推动苏州自贸片区与太仓港交流对接提升航运物流效率、吸引高端航运服务企业入驻等联动诉求。苏州自贸片区与太仓港签署深化战略合作框架协议，在第五届中新服务贸易论坛发布。完成《关于推动太仓港复制运用自贸区政策的报告》，提出会同相关部门加大工作创新力度和对上争取力度，推动太仓港复制运用自贸区贸易通关便利化经验、加强江苏自贸区港口航运政策复制运用、借鉴全国自贸区经验做强港产经济3个方面举措。在全省率先启动自贸联动创新区建设，全市建立20个自贸联动创新区，其中15家获批省级联动创新发展区，数量列全省设区市第一位。自贸片区和联动创新重点开放平台优势叠加、协同发展，取得一系列差异化制度创新成果。根据2021年度联动创新区综合评价，各重点平台形成自主创新案例24项，其中全国领先3项、全省领先7项。加强自贸区改革试点经验复制推广。国务院复制推广的前六批143项全国自贸试验区经验中，全市落地实施率超过90%；全省推广的前三批48项江苏自贸区经验中，全市落地46项，实施率超过95%。推动全市共享苏州自贸片区制度创新成果，在全市推广苏州自贸片区经验案例106项。

（市商务局　金烨武）

中新合作苏州工业园区

【概况】 中新合作苏州工业园区（简称“苏州工业园区”）位于苏州市区东部。区域总面积278平方千米，其中中新合作区80平方千米。苏州工业园区是中国和新加坡两国政府间的重要合作项目，被誉为“中国改革开放的重要窗口”和“国际合作的成功范例”，于1994年2月经中国国务院批准设立，于1994年5月启动建设。苏州工业园区坚持“合作中有特色、学习中有发展、借鉴中有创新”，开创中外经济技术互利合作的新模式，成为中新友好合作的典范，形成“借鉴、创新、圆融、共赢”的“园区经验”。2022年，苏州工业园区按照“中新合作项目化运作、借鉴培训闭环式管理、合作成果可视化展示”要求，统筹实施9个领域50个中新合作项目，拓展中新合作深度和广度，推动更高水平开放、更高层次创新。

2022年，苏州工业园区实现地区生产总值3595.85亿元，增长2.3%；公共财政预算收入387.40亿元，下降3.2%；进出口总额1077.91亿美元，下降3.7%；实际使用外资及中国港澳台资19.80亿美元；规模以上工业总产值6459.78亿元，增长7.0%；全社会固定资产投资521.62亿元，增长8.7%；社会消费品零售总额1097.85亿元，下降0.4%；城镇居民人均可支配收入8.88万元，增长3.4%。苏州工业园区在国家级经济技术开发区综合发展水平考核评价中实现“七连冠”；获评全国第三代半导体最具竞争力产业园区，列智能传感器十大园区第一位；获评全国工业互联网推动数字化创新领先园区；获评国家级知识产权强国建设示范园区；被授予全省唯一的省级外资总部经济集聚区；获评江苏省信息技术应用创新先导区、首批江苏省车联网和智能网联汽车高质量发展先行区、首批江苏省文化和旅游消费示范单位。

2022年11月6日，第五届中新合作服务贸易创新论坛在苏州独墅湖世尊酒店举办

（苏州工业园区党工委宣传部　供图）

【深化改革】 深化中新合作，召开中新苏州工业园区联合协调理事会第23次会议，加快共建“国际化走廊”，拓展中新双方在生物医药、数字经济、绿色发展等领域的合作，中新服务贸易创新论坛升级为虹桥国际经济论坛分论坛；中新金融合作实现突破，全省首家公募基金（苏新公募基金）获批。出台促进贸易高质量发展若干意见，开发经贸规则计算器，对接上海浦东机场、上海港资源，与太仓港签订战略合作协议，畅通国际物流；推动服务贸易、跨境数据传输创新突破，国际职业资格比照认定职称获评国务院服务贸易创新发展最佳实践案例；发展离岸贸易、跨境电商等新业态新模式，全年离岸贸易结算量16亿美元，增长53%，大健云仓成为园区跨境电商上市第一股。融入虹桥国际开放枢纽建设、沪苏同城、市内全域一体化发展，推动高端商务、会展、交通功能深度融合，推进苏州工业园区苏相合作区、独墅湖科教创新区（东区）建设。推进南北挂钩、援疆等对口合作工作，苏州宿迁工业园区在江苏南北共建园区考核中实现“十二连冠”。制定《苏州工业园区2022年营商环境建设方案》，发布苏州工业园区“一件事”实施标准、“一网通办”免证清单（2.0版）、首批政务服务“刷脸办”事项清单，开放创新综合试验被列入“中国地方全面深化改革典型案例”，“放管服”综合改革体系入选“江苏省开发区体制机制改革案例”，“一网通办”被评为2022年智慧江苏重点工程和标志性工程，“免证园区”获评2022数字江苏优秀实践成果，全面完成国有企业改革三年行动100余项改革任务。

【开放创新】 2022年，苏州工业园区新加坡国际商务合作中心、新加坡苏州商务中心集聚各类项目73个。实施《建设一流自贸试验区三年行动方案（2023—2025年）》，深化生物医药全产业链开放创新、高端制造全产业链保税模式改革，推进“研易达2.0”“研易购”等政策扩面，引进全省首家外商独资医疗机构（嘉会医疗），推进建设自贸片区法律服务中心，制度创新案例全国复制推广5项、全省13项。新设外资及中国港澳台资项目298个，实际使用外资及中国港澳台资19.8亿美元，在全市领先。引进科技项目1070个，生物医药、纳米技术应用、人工智能三大新兴产业占比82%，新增金融、准金融及专业服务机构项目267个。国家级重大人才引进工程新增44人，增长52%，占全市的52%。加强科创企业梯次培育，科技型中小企业入库4089家，数量列全市第一位。新认定高新技术企业1000家，通过率列全市第一位，总数2480家；入选省级“独角兽”、潜在“独角兽”及“瞪羚”企业数均列全省第一位。新增上市企业7家，累计61家。新增省级以上研发机构123家，占全市的三分之一。19家企业获评国家级专精特新“小巨人”企业，193家企业入选省级专精特新中小企业，均在全市领先。新一代信息技术、高端装备制造产业实现产值4880.65亿元，其中集成电路产业营收804亿元。生物医药、纳米技术应用、人工智能三大新兴产业全年实现产值3638亿元，增长超过20%。生物医药及高端医疗器械集群入选工业和信息化部先进制造业集群，生物药集群入选江苏省首批创新型产业集群。推进吴淞湾未来城、阳澄南岸创新城、金鸡湖右岸区域改造等重大规划建设，构建“一主两副”城市空间新格局。国家级信息化教学试验区和“5G+智慧教育”国家应用试点项目推进，在全省率先打造“救这么办”智慧救助信息平台。

【产业发展】 2022年，苏州工业园区聚焦集成电路、生物医药、人工智能、现代服务等重点领域，强化政策和要素支持，研究出台集成电路创新产业集群建设行动方案、生物医药产业高质量发展行动计划、现代服务业高质量发展“620”行动计划（6个领域、20个重点方向），做强全产业链，全年新一代信息技术、高端装备制造产业实现产值4880.65亿元，其中集成电路产业营收804亿元，生物医药、纳米技术应用、人工智能三大新兴产业全年实现产值3638亿元，增长超过20%。推进现代服务业高质量发展，加快建设国家文化出口基地，全年数字文化产业产值增长25%，苏州工业园区成为全省先进制造业和现代服务业深度融合试点地区。强化数字赋能，升级智能制造伙伴计划，累计完成“智改数转”项目1722个，实现规模以上工业企业全覆盖，获评工业互联网方向国家新型工业化示范基地；持续实施产业用地更新，推进企业总部基地、上市企业产业园、现代服务业产业园、金光科技产业园四大产业园建设。

【双边经贸合作】 2022年，苏州工业园区与新加坡贸易额为21.9亿美元，下降3.2%。其中，出口11.1亿美元，下降0.3%；进口10.8亿美元，下降5.9%。新加坡是苏州工业园区第十大贸易伙伴。苏州工业园区有在营新加坡投资项目350个，实际使用新加坡资本43.8亿美元。新加坡是中新苏州工业园区第一大投资来源地区。苏州工业园区在新加坡投资项目67个。

【双边交流】 2022年，中新双方围绕全领域务实合作加强交流。新加坡驻沪总领事、新加坡企业发展局副局长等新方领导应邀到访苏州工业园区出席重要经贸活动。举办第五届中新服务贸易论坛、第四届中新（苏州）数字金融应用博览会、中国长三角（江苏）——新加坡产业创新合作计划苏州工业园区推介会、中新企业家面对面系列活动（8场）、“到中国，游苏州”（新加坡）文化旅游推介会等活动。苏州工业园区与新加坡贸工部、驻沪总领馆、企发局、经发局、科研局、资讯通信媒体发展局、知识产权局、旅游局、公共服务学院、中国新加坡商会等机构交流30余次。11月，新加坡官员代表团到苏州工业园区交流培训，新加坡贸工部委派1名官员到苏州工业园区交流挂职。

（苏州工业园区档案管理中心　杨晓君）

中日（苏州）地方发展合作示范区

【概况】 中日（苏州）地方发展合作示范区（简称“中日示范区”）范围覆盖相城区全域，中心区面积38.5平方千米，构建“一核两翼”（中枢服务核、智力支持翼、技术转化翼）空间布局，是2020年4月国家发展改革委批复设立的6个中日地方发展合作示范区之一。2022年，中日示范区围绕机制创新、企业集聚、项目建设、交流合作等方面，加快建设步伐。

【机制创新】 中日示范区建设发展协调推进工作机制由省政府副秘书长、省发展改革委分管负责人召集，11个省级部门的分管负责人为成员。2022年8月，召开第三次工作会议，解决发展诉求19项。苏州市政府与日本驻上海总领事馆建立示范区工作会商机制，是日本驻华使领馆首次与中国地方城市建立跨区域、多领域的工作会商机制。9月，举办中日（苏州）地方发展合作示

2022年9月7日，中日（苏州）地方发展合作示范区工作会商机制暨2022年能源互联网产业发展与合作沙龙在苏州市相城区举办　（相城区档案馆　供图）

范区工作会商机制2022年能源互联网产业发展与合作沙龙活动。

【企业集聚】 2022年，中日示范区在智能车联网、新能源、城市开发、工业设计等领域取得合作成效。大福自动化搬运、IHI离心压缩机等制造业项目建成，日产出行服务、三菱重工智慧能源、豌豆公主跨境商贸等项目开启运营，大和房屋、日航酒店、欧力士融资租赁、大和证券等项目加快落地。国际经贸促进中心（东京站）、中日创新走廊等海内外产业载体深化建设运营。

【项目建设】 2022年，占地面积35.7万平方米的青苔国际工业设计村3300平方米的先行展示区对外开放，打造中日工业设计、特色商品交流基地。占地面积1.5平方千米的阳澄湖（消泾）国际手作村加快建设，常态化运营阳澄湖大闸蟹文化馆、阳澄湖国际艺术交流中心等，推进长三角地区中日文化艺术交流。占地面积28万平方米的樱花园内的中日友好天文台做好开工准备，打造地标性中日科技文化交流基地。

【双边交流】 2022年，中日示范区与日本九州地区、滋贺县开展经济、环保等领域交流活动，与江苏省贸促会合作举办中国江苏—日本贸易投资机遇研讨会。日本导演竹内亮拍摄的《邂逅相城》宣传片播放量突破1200万次；与东京电视台合作拍摄中日邦交正常化50周年纪录片在两国同步上映。以江苏省与福冈县结好30周年为契机，加强与日本九州地区、中国驻福冈总领事馆的联系。5月，线上举办中国苏州·日本九州经济合作交流会暨中日（苏州）地方发展合作示范区推介会活动，邀请10名中日友好人士以“国际体验官”身份感受相城开放亲商风貌。拍摄《相城家信》宣传视频，展现相城区发展变化和创新创业环境。

（相城区档案馆　张英娇）

中德（太仓）中小企业合作示范区

【概况】 自1993年第一家德资企业落户，太仓市坚持以“中德合作城市典范”目标定位，深化对德合作内涵。截至2022年底，太仓市德资企业总数471家，是全国德资企业投资密集、发展好的地区之一，形成高端装备制造、汽车零部件等主导产业，形成“双元制”教育品牌，建成德国中心、德国商会太仓办公室、中德创新园等对德合作载体，成为中德合作最具代表性城市之一，被中德两国政府部门授予中德企业合作基地、中德（太仓）中小企业合作示范区、中德智能制造合作创新园等。

【德资企业发展】 2022年，太仓市引进德资项目58个，增长41.5%。新增注册德资7亿美元，增长250.7%。德企实际使用外资7705.53万美元。舍弗勒新基地一期、施迈茨真空一期、亚列克斯表面技术等9个项目竣工或投用。宝华海恩斯压缩机、通快霍廷格电子等4家“隐形冠军”企业落地太仓。全球四十强汽车供应商博泽在太仓设立驱动系统全国结算中心，达产后预计销售额100亿元。联合汽车电子二期项目启动，投资15亿元，建设其在中国最重要的新能源汽车零部件生产基地。舍弗勒新能源及航空航天核心部件项目启动，投资3亿美元，计划在太仓工厂年内总产值超过200亿元。欧洲最大文旅集团途易、德国斯图加特展览集团太仓会展中心项目、玛丽蒂姆酒店等服务业项目签约落户。旭乐德太阳能支架生产基地、凯尔斯玛丁医疗器械生产基地、欧德利希医疗科技等一批“补链强链延链”德资项目签约。太仓市对德产业合作拓展至新能源汽车、智能制造、工业互联网、航空航天、生物医药、3D打印、数字化教育等多领域，从生产制造业延伸至生产服务业。德国前二十强家族企业有8家投资太仓，前十大机床企业有6家落户太仓。项目来源地覆盖德国下萨克森州、北威州、巴符州、黑森州、柏林、汉堡6个州。太仓市依托德企制造基础，发挥精密零部件制造生产技术优势，推进航空产业链建设，建设大飞机苏州（太仓）航空产业园、航空机电产业园、太仓临港航空航天产业园等载体平台。全年累计签约航空航天产业项目63个，签约金额233亿元。其中，巨浪凯龙机床、通快、卓能电子等多家德资企业入选苏州航空航天产业企业培育库。阀安格获评江苏省企业技术中心。博纳环境获评苏州市企业技术中心。佩尔哲、爱柯迪富乐获评江苏省专精特新“小巨人”企业。博格华纳汽车零部件、苏州托克斯冲压设备、巨浪凯龙机床3家德资企业获批省级工程技术研究中心。欧皮特传动、科伯舒特等6家德国企业获评苏州市级示范智能车间。

【合作载体建设】 2022年，太仓市推进占地7.7公顷的中德生命科学园建设，同步开展中德生物医药和医疗器械企业招引，提前规划中德五期和六期园区建设。建成欧美高新技术产业园一期，引进宝华压缩机等德资项目。加快建设总建筑面积4万平方米的欧美高新技术产业园二期。落地对德合作中心，构建“资本+研发+产业+人才”的新型对德合作模式，入驻德资项目8个。做优中欧系列产业园，加快建设昆太协同数字经济产业园（中欧三期数字产业园）。中欧先进制造产业园、中欧智能装备产业园入驻优质德企，引进博可层压涂覆系统制造、旭乐德光伏智能跟踪支架系统等项目。海美科技、事达同泰等载体投入使用。中德制造业科创联盟产业园引进埃马克（中国）、爱固机电、沃尔夫切削技术等10余家德国先进制造业项目。

2022年，太仓市娄江新城（中德创新城）推进瑞金医院太仓分院、西交利物浦大学太仓校区等重点项目建设。图为西交利物浦大学太仓校区及周边建设景象

（计海新 摄）

加快娄江新城（中德创新城）建设。启用西交利物浦大学太仓校区。建成罗腾堡德国风情街海运堤风情街三期，建设太仓对德合作特色地标。

【职教合作】 2022年，太仓市推进“双元制”办学项目，推动“双元制”本土化。亿迈齿轮、慕贝尔2家德资企业获评省第四批产教融合型试点企业。克恩—里伯斯（太仓）有限公司获评省职业教育教师企业实践基地。江苏省太仓中等专业学校和海瑞恩公司共建的海瑞恩（太仓）学徒培训中心获评省职业教育校企合作示范组合培育项目。苏州健雄职业技术学院与德国比勒费尔德中等企业应用技术大学合作举办的机电一体化技术专业高等专科教育项目获批全省首个高职类中德合作办学项目。巨浪凯龙（太仓）机电产业学院、舍弗勒学院获评第五批苏州市职业院校优秀产业（企业）学院。苏州职业教育高质量发展大会暨苏锡常都市圈职业教育改革创新发展汇报会、苏州职业教育现代学徒制项目建设推进会、江苏省联合职业技术学院五年制高职学徒制研讨会在太仓召开。举办第二届“太仓杯”中德高端制造工匠技能挑战赛。推进太仓“双元制”本土化品牌工作，制订《关于深化产教融合加快“双元制”教育发展的实施意见》。《“双元制”职业教育人才培养指南》成为全国首个“双元制”职业教育领域的省级地方标准。苏州市地方标准《“双元制”职业教育师资队伍人员能力评价规范》发布。举办中德职业教育产教融合博览会暨太仓“双元制”教育创新大会。推进全国首家AHK（德国工商大会）学院，出台《中国（江苏）自由贸易试验区苏州片区太仓联动创新区外商独资经营性职业技能培训机构（非学制类）审批管理办法（试行）》，AHK学院获颁江苏自贸区联动创新区首张外商独资职业培训机构许可证。

【双边交流】 2022年，太仓市举办2022江苏—德国经贸合作交流会暨江苏—德国经贸合作论坛。其间，汉堡之家（太仓）揭牌，中国建设银行法兰克福分行战略合作项目、德国斯图加特展览集团太仓会展中心项目等10个总投资30亿元的产业项目签约，玛丽蒂姆酒店、德国跨境商品展示中心等10个服务业项目落户。举办引凤工程创新营太仓站（对德合作专场）、德国贸促机构和跨国公司“江苏行”、对话德商会暨合作项目云签约仪式等活动。落地拜仁慕尼黑足球学校项目。举办第十七届太仓啤酒节、第四届“中德友谊杯”足球国际邀请赛、第五届太仓“中德友谊杯”乒乓球国际邀请赛、“郑和杯”中德青年创新创业大赛等文体交流活动。

（太仓市政府办公室 瞿 晨）

昆山深化两岸产业合作试验区

【概况】 昆山深化两岸产业合作试验区（简称“昆山试验区”）于2013年2月经国务院批准设立。2013年9月，由国家发展改革委牵头的试验区部省际联席会议制度建立。2020年12月，国务院批复同意昆山试验区范围扩大至昆山全市。截至2022年底，国家发展和改革委员会牵头连续召开部省际联席会议9次，围绕台企发展和台胞需求，在两岸产业合作、金融改革创新、贸易便利化、两岸民间交流等方面赋予昆山试验区153项政策举措，推动昆山发展成为大陆台商投资最青睐、台资落地最密集、两岸经贸文化交流最深入的地区之一。昆山市地区生产总值的30%、工业总产值的40%、利用外资及中国港澳台资的50%、进出口总额的60%都来自台资企业的贡献。

【体制机制建设】 2022年1月，经国务院批准，国家发展改革委印发《关于调整完善昆山深化两岸产业合作试验区部省际联席会议制度的通知》，增加教育部、文化和旅游部、国家卫生健康委3家成员单位，成员单位总数增至24家。年内，昆山试验区筹备召开第九次部省际联席会议，聚焦产业、贸易、金融、民生等领域提出11条先行先试政策举措。推动昆山市金融支持深化两岸产业合作改革创新试验区省级联席会议机制建立，分管副省长任召集人，18个省级部门及苏州市、昆山市为成员单位，召开第一次联席会议机制会议，获得省级层面5条支持措施。贯彻落实《昆山深化两岸产业合作试验区条例》，开展落实情况执法检查活动，加强昆山试验区建设法治保障。

【两岸交流】 2022年，昆山试验区落实国家“31条”“26条”等系列惠台措施，支持台资企业同等享受增值税减税政策、创建企业技术中心、参与新型基础设施建设、参加政府采购，支持台湾同胞同等参加大陆社会保险、参与荣誉称号评选。全省首张台湾居民个体工商营业执照在昆山颁出；台青台胞获评“昆山五四青年奖章”、昆山之友“并蒂莲奖”等荣誉；多次邀请台商台胞旁听或列席市人大、政协相关会议，共同参与社会治理。扩大医保范围，实现未就业台籍居民、不在校台籍儿童等人群全覆盖。“宝岛又一村”文旅商业街开街，引进台湾特色餐饮、文创零售等商户近40家，一批行业内各具代表性的“首店”品牌商户入驻，打造长三角地区最具影响力的台湾特色文化街区。承办“2022台湾大学生江苏实习就业特训营”，台湾大学生到昆山实习规模列全省第一位，实习岗位创新延伸至银行、社区等领域。放大5家海峡两岸青年就业创业

2022年11月25日，昆山花桥梦世界两岸数字文娱产业园开园暨畊练村揭牌仪式举办 （花桥开发区 供图）

基地品牌效应，新增12个台资优质创业项目，涉及智能制造、新能源材料、生物科技多个领域。

【台资企业发展】 截至2022年底，昆山试验区累计批准台资项目5796个，投资总额692.4亿美元，台湾前100大制造业企业中超过二分之一在昆山试验区投资，上市挂牌台资企业累计26家。年内，引进总投资6亿美元的群启科技高阶IC基板、总投资2.1亿美元的南亚电路板高端IC载板、总投资1亿美元的精发半导体等优质台资项目。全省首家两岸特色消费金融公司苏银凯基消费金融有限公司发展迅速，增资至26亿元，全年营收15.3亿元。建设两岸文娱领域先行先试创新样板，引进"畊练村"直播基地项目。发布台资技术需求55项、高校科研成果343项，签约落地台资祖冲之攻关计划"揭榜挂帅"项目38个。跨国公司本外币一体化资金池业务、非金融企业外债登记管理改革等五项资本项目外汇管理改革试点全面落地，一次性外债登记完成试点金额53亿美元。"昆台融"资金池扩面增效，将台湾居民个体工商户纳入支持对象，2022年授信企业62家，授信金额5.2亿元。全国首笔台资企业数字人民币贷款落地，实现数字人民币应用场景的首创性突破。

（昆山市发展改革委 徐慧敏）

经贸促进

【国际贸易投资促进】 2022年，中国国际贸易促进委员会苏州市委员会（简称"市贸促会"）、中国国际商会苏州商会（简称"市国际商会"）组织参加东盟—中日韩（10+3）产业链供应链合作论坛的筹备工作；参加以"享惠·会享"为主题的区域全面经济伙伴关系协定（RCEP）实施论坛；组织企业参加第二届中国国际消费品博览会、第八届成都国际汽车零配件及售后服务展览会、2022年中国（深圳）国际跨境电商展览会等知名展会。组织500余家企业参加2022年"苏新服务 智惠全球"线上对接会、2022年"江苏优品·畅行全球"线上国际展、第十五届中国—拉美企业家高峰会配套企业对接线上洽谈会等；组织参加2022江苏—阿联酋智慧城市与智能制造对接会、第五届苏州地区中意企业商务对接会、连云港亚欧"一带一路"供应链商品展等重点经贸交流活动。发挥中日、中德商务理事会江苏联络办公室职能，在中日（苏州）地方发展合作示范区举办能源互联网产业主题活动，组织德国贸促机构和跨国公司"江苏行"活动；开展与丝绸之路城市联盟、德国海外商会联盟大中华区、德中文化经贸促进总会、日本神奈川经济贸易事务所等机构的联络工作。配合中国贸促会研究院、江苏省贸促会调研生物医药企业，推进江苏自贸试验区及部分联动创新发展区生物医药产业补链、强链、延链；举办阿联酋联络中心视频交流会、苏港自贸机遇分享会等活动并设立苏州自贸片区分会场。

【国际商事认证】 2022年，苏州市贸促系统签发出口货物原产地证书17.71万份。其中，自贸协定项下优惠原产地证书6.1万份，增长53.91%，签证金额30.47亿美元，增长34.8%，为企业节省关税1.2亿美元；出具商事证明书、签发暂准进出口货物（ATA）单证册等国际经贸证书9000余份；代办领事认证1614份。新冠疫情防控期间，谋划开展商事法律服务工作，发挥苏州、昆山、太仓、吴江四个签证服务点作用，推进出证认证业务各类文件的审、签"无接触"办理，开启以线上为主、线下为辅的"网核"模式，企业原产地证书自主打印率76%，高于全国平均水平；免费为企业提供新冠疫情防控期间电子印章认证服务，一对一指导受新冠疫情影响的苏州企业申办不可抗力事实性证明398份，涉及合同金额约9亿美元，帮助企业免除或减轻违约责任。

【国际商会会员服务】 截至2022年底，苏州市国际商会会员企业超过1000家。2016—2022年，加深与美国、日本、德国等各国驻沪使领馆，俄罗斯联邦工商会、英中贸易协会、东盟贸易投资商会等40余个国家和地区的经贸促进机构、商协会之间的往来，共组织100余家企业到北美、中东欧、北非等地区开展近20批次经贸交流活动，组织投资拉美研讨会、首届中日产业合作论坛等交流活动近50场。2022年，编发《苏州国际商务信息》12期，为企业提供国际经贸预警信息800余条、国际贸易合作机会1100余条、国内外政策动态1200余条；围绕中美贸易摩擦、营商环境建设等热点问题开展专题调研，梳理企业诉求500余条，了解并反映企业遇到的问题和困难，建立企业诉求响应机制，联系相关部门助企纾困。

（市贸促会 李 宁）

海关监管

【概况】 2022年，南京海关在苏州地区下辖苏州海关、苏州工业园区海关、张家港海关、金港海关、太仓海关、常熟海关、昆山海关、吴江海关。其中，苏州海关负责苏州市姑苏区（含国际邮政互换局）、虎丘区、吴中区、相城区的各项海关管理工作；张家港海关功能类型为口岸型，管辖范围为张家港市行政区域范围内的口岸海关管理工作；金港海关功能类型为属地型，管辖范围为张家港市行政区域范围内的属地海关管理工作。

（苏州海关 张娇琳）

表28　2022年苏州地区各海关主要指标统计表

海关名称	征收税款（亿元）	比2021年（±）	监管货运量（万吨）	比2021年（±）	监管货值（亿美元）	比2021年（±）
苏州海关	92.80	15.9%	120.70	4.7%	561.10	−3.3%
苏州工业园区海关	144.40	0.5%	110.90	−19.1%	626.30	−6.8%
张家港海关	221.49	12.1%	6726.10	4.6%	242.60	5.2%
金港海关	5.49	4.0%	31.89	−45.0%	14.84	−14.3%
太仓海关	152.24	−0.4%	4018.80	−9.9%	439.20	5.9%
常熟海关	71.61	9.5%	1037.45	−8.6%	156.41	6.4%
昆山海关	133.63	4.6%	82.10	−15.4%	713.20	−1.6%
吴江海关	22.87	−7.8%	37.48	−16.4%	200.02	−13.2%

（资料来源：年鉴编辑部）

【苏州海关】 2022年，苏州海关统筹新冠疫情防控与促进外贸稳增长，完成各项任务。全年审核进出口报关单62.4万份，监管进出境货运量120.7万吨，进出口货值561.1亿美元，分别下降10.9%、增长4.7%、下降3.3%。监管集装箱15.4万箱次，增长7.5%。监管进出境邮件33.4万件，下降83.6%。征收税款92.8亿元，增长15.9%。

加强监管　开展“国门绿盾2022”“清风行动”和“跨境电商寄递‘异宠’综合治理”专项行动，做好非洲猪瘟、沙漠蝗、红火蚁等重大疫病疫情防控工作。推进进口食品“国门守护”行动，强化商品检验和卫生检疫应对处置能力。全年检验检疫进出口货物9.25万批、货值416.7亿元，分别下降7.9%、增长0.2%；法定检验商品初次检验不合格货物277批，不合格率11.68%；最终检验不合格货物42批，不合格率1.77%。全年立案侦办走私犯罪案件31起，立案案值2.62亿元；立案查办一般程序行政案件71起，总案值3.55亿元。

促进外贸稳增长　落实南京海关《优化口岸营商环境促进外贸保稳提质措施任务清单》，细化举措57项。启用铁路“快速通关”模式，支持苏州中欧班列做大做强。中老货运班列、苏州—米兰等新路线陆续开通，东航物流、新郑国际机场相继设立苏州货站，铁路物流中心水运码头通过验收，多式联运中心建设推进。落实各类减税降费措施，减免、减征各类税款超过2亿元。签发全国首批、全省首份RCEP原产地证书。增设大闸蟹、枇杷等查检绿色快速通道，提升苏州农产品通关效能。

改革创新　推广“提前申报”“两步申报”等通关改革，进出口整体通关时间压缩比提升分别超过65%和85%。推进企业集团加工贸易监管模式改革，3个集团8家企业释放流动资金3.08亿元，节省成本约400万元。落地全省首家试点跨境电商网购保税进口零售新模式。支持综合保税区发挥国内国际双循环交汇点作用，49家企业获得增值税一般纳税人资格，选择性征税改革节约企业资金7282万元，保税维修业务规模为6.89亿美元。开展加工贸易集中作业专业化审核，实施关地合作网格化保税监管模式。

（苏州海关　张娇琳）

【苏州工业园区海关】 2022年，苏州工业园区海关处理报关单87.1万份，下降17.8%；监管进出境货物110.9万吨，下降19.1%；监管进出境货值626.3亿美元，增长6.8%。征收税款144.4亿元，增长0.5%。签发出口原产地证书5.04万份，货值24.5亿美元，帮助辖区企业出口货物享受国外关税减免9.97亿元。

稳外贸促增长　释放RCEP政策优惠，帮助709家企业享受关税减免1.5亿美元。开展“一般纳税人资格试点”，拓展国内市场，每年节约成本5000万元。加强企业问题“清零”机制，回答问题600余次，解决2400余票涉及跨关区口岸滞留、查验排队时间过长等问题，惠及辖区企业350余家。新增8家试点企业，节约生产成本240万元，提高产值3.15亿元。开展“先征后审”特许权使用费台账管理模式，补税入库时间从半个月缩短为当天申报、当天入库，惠及企业64家。推动建设区块链保税服务平台，实现加工贸易中期管理在线办理业务，服务企业360家。推动“保速通”改革，加快国内国际双循环，提升区内物流企业内外贸货物互转效率。巩固提升“司法公证销毁+区块链存证”模式成效，指导企业合理评估模式应用，企业销毁保税货物折原料货值4575万元，降低成本800万元。

检验检疫　开展特殊物品检疫1974批次，开展木质包装检验检疫201批次，发现动植物疫情11批次。食品化妆品拟证9657批次，化妆品实训点完工。签发伴侣动物检疫证书119份。加强敏感商品监管，检验最终不合格67批次，列南京海关隶属海关第一位。

（苏州工业园区海关　许燕娟）

2022年12月2日，一批汽车在太仓港等待装运出口　（计海新　摄）

编辑：杨权栋

开发园区

综　述

【经济发展】 2022年，苏州市有省级以上开发区20家。其中，国家级开发区14家，包括国家级经济技术开发区9家、国家级高新技术产业开发区4家（苏州工业园区既是经开区，也是高新区），国家级旅游度假区和保税港区各1家；省级开发区6家，包括省级高新技术产业开发区4家、省级经济开发区和旅游度假区各1家。全年全市省级以上开发区实现地区生产总值1.91万亿元，占全市的79.6%；一般公共预算收入1757.68亿元，占全市的75.5%；实际使用外资及中国港澳台资68.98亿美元，占全市的93.0%；完成进出口总额3705.25亿美元，占全市的95.8%。

【深化改革】 2022年，苏州市总结推广苏州工业园区经验，理顺各开发区与所辖镇（街道）关系。苏州高新区、吴中区实现“功能片区+镇（街道）”运行体制全覆盖，推动经济职能向功能区集中，社会管理职能向镇（街道）下沉。加强市场化招商运营机制改革探索，推动各开发区聚焦产业细分领域，设立市场化招商机构，组建专业化招商队伍。发挥自贸联动创新区平台作用，各开发区累计复制推广自贸区经验112项。深化区域评估改革，印发区域评估年度工作要点，推动各开发区根据产业特点、项目需求，精准选择评估事项，有序开展评估工作；加强部门联动、信息赋能，加快评估成果应用。截至年底，各开发区累计完成区域评估99项，应用成果项目1619个。

【扩大开放】 2022年，苏州市各开发区组建小分队到日本、欧洲开展招商活动，实际使用外资及中国港澳台资实现量稳质升，外资及中国港澳台资总部和功能性机构引育成效显著，集聚全市九成以上省级跨国公司地区总部和功能性机构，苏州工业园区成为全省首家外资及中国港澳台资总部经济集聚区。苏州工业园区深化中新合作，新加坡国际商务合作中心、新加坡苏州商务中心成为中新企业双向投资的重要平台；中新金融合作实现突破，全省首家公募基金（苏新公募基金）获批。苏州国家高新技术产业开发区招引太阳油墨中国区研发总部等一批优质项目，日资企业数量突破700家。

【科技创新】 2022年，苏州市各开发区围绕主导产业，加大创新型企业培育力度。截至年底，全市各开发区高新技术企业数量超过1万家，全市占比超过80%；全市获评的10家省级“独角兽”企业全部落户于开发区。苏州市推动开发区加强与全国范围内的科创资源有效对接，西北工业大学太仓校区、西交利物浦太仓校区建成开学，南京大学苏州校区实现首批招生。各开发区完善科技创新政策体系，优化创新创业生态，加大顶尖人才团队招引力度。截至年底，全市各开发区累计培育国家级计划人才428人，国家、省、市三级人才4222人，全市占比超过80%。

【产业发展】 2022年，苏州市各开发区主导产业支撑作用明显，完成规模以上工业总产值3.94万亿元，占全市的90.2%。新兴产业较快发展，全市各开发区完成高新技术产业产值2.25万亿元，占规模以上工业总产值57.4%，其中苏州工业园区生物医药、纳米技术、人工智能三大新兴产业产值达到3600亿元，增长20%。推动数字技术和实体经济融合发展，全市各开发区基本实现规模以上工业企业“智改数转”全覆盖。苏州工业园区、吴江经济技术开发区获评工业互联网方向国家新型工业化示范基地，苏州工业园区、苏州国家高新技术产业开发区、吴江经济技术开发区、相城经济技术开发区获评省“5G+工业互联网”融合应用先导区。

（市商务局　金烨武）

表29　2022年苏州市各开发区经济统计表

开发区名称	地区生产总值		公共财政预算收入		税收收入	
	2022年（亿元）	比2021年（±）	2022年（亿元）	比2021年（±）	2022年（亿元）	比2021年（±）
全市开发区合计	19060.27	6.96%	1757.68	−5.63%	1545.12	−8.78%
苏州工业园区	3595.85	5.57%	387.40	−3.16%	344.73	−6.48%
苏州国家高新技术产业开区	1766.17	5.39%	182.10	−5.21%	155.63	−6.76%
昆山经济技术开发区	2415.00	5.05%	167.69	−8.89%	147.09	−11.41%
张家港保税区	934.42	9.94%	60.28	−5.68%	67.23	12.07%
苏州太湖国家旅游度假区	138.16	53.73%	14.77	17.69%	12.85	7.08%

续表29

开发区名称	地区生产总值		公共财政预算收入		税收收入	
	2022年（亿元）	比2021年（±）	2022年（亿元）	比2021年（±）	2022年（亿元）	比2021年（±）
昆山高新技术产业开发区	1270.00	6.23%	114.19	−14.72%	102.01	−15.79%
常熟经济技术开发区	1184.04	4.82%	75.23	−15.32%	72.95	−15.50%
吴江经济技术开发区	891.40	4.19%	72.16	−2.22%	61.90	−8.82%
太仓港经济技术开发区	935.08	3.87%	120.90	−4.32%	109.44	−5.98%
张家港经济技术开发区	1210.00	4.66%	61.28	−40.00%	58.89	−43.72%
吴中经济技术开发区	1090.00	3.91%	125.42	0.50%	116.10	14.43%
苏州浒墅关经济技术开发区	821.10	0.42%	75.75	−7.63%	70.16	−9.99%
相城经济技术开发区	721.03	4.02%	62.99	−10.75%	57.23	−14.30%
常熟高新技术产业开发区	561.06	5.18%	48.97	−15.01%	47.53	−15.44%
昆山旅游度假区	320.00	4.90%	26.80	−4.35%	24.44	−5.60%
汾湖高新技术产业开发区	350.00	3.88%	33.71	4.43%	25.75	−13.91%
昆山花桥经济开发区	588.06	1.66%	67.51	0.70%	60.74	0.12%
太仓高新技术产业开发区	669.00	3.80%	107.86	2.60%	83.91	−15.98%
张家港高新技术产业开发区	664.21	35.61%	38.30	15.71%	31.55	5.91%
相城高新技术产业开发区	669.00	0.48%	90.46	−5.73%	83.98	−9.36%

注：1. 苏州国家高新技术产业开发区数据包含浒墅关经济技术开发区数据，全市合计数据中已剔除重合部分。

2. 太仓港经济技术开发区与太仓高新技术产业开发区、相城经济技术开发区与相城高新技术产业开发区有部分数据重合，全市合计数据中均已剔除重合部分。

表30　2022年苏州市各开发区经营统计表

开发区名称	规模以上工业总产值		进出口总额		出口额	
	2022年（亿元）	比2021年（±）	2022年（亿美元）	比2021年（±）	2022年（亿美元）	比2021年（±）
全市开发区合计	39353.41	5.48%	3705.25	−0.94%	2189.03	1.88%
苏州工业园区	6459.78	6.55%	1077.35	−3.74%	523.54	−3.16%
苏州国家高新技术产业开区	3602.50	3.26%	427.41	−2.08%	284.50	2.03%
昆山经济技术开发区	6465.66	2.63%	800.47	−5.83%	568.11	−3.03%
张家港保税区	1623.99	8.69%	230.30	12.88%	48.00	6.98%
苏州太湖国家旅游度假区	125.28	47.53%	4.80	6.19%	2.75	41.75%
昆山高新技术产业开发区	2186.80	7.92%	111.89	−1.65%	63.70	2.61%
常熟经济技术开发区	2723.28	15.02%	147.39	4.74%	102.39	14.36%
吴江经济技术开发区	2389.38	8.33%	197.00	2.34%	140.00	1.50%
太仓港经济技术开发区	2202.96	2.63%	142.82	0.04%	69.87	16.68%
张家港经济技术开发区	2943.47	−2.79%	173.37	5.23%	117.00	11.48%
吴中经济技术开发区	2043.70	11.53%	84.70	4.12%	61.30	7.37%
苏州浒墅关经济技术开发区	2313.00	3.71%	319.11	2.19%	213.00	6.57%
相城经济技术开发区	1382.84	0.98%	60.41	3.71%	47.13	4.64%
常熟高新技术产业开发区	1680.45	5.56%	74.42	1.38%	47.18	3.42%

续表30

开发区名称	规模以上工业总产值		进出口总额		出口额	
	2022年（亿元）	比2021年（±）	2022年（亿美元）	比2021年（±）	2022年（亿美元）	比2021年（±）
昆山旅游度假区	800.20	2.78%	38.17	−4.24%	21.78	1.44%
汾湖高新技术产业开发区	701.73	3.61%	18.93	0.11%	16.23	5.05%
昆山花桥经济开发区	494.65	9.49%	34.50	0.94%	21.68	2.94%
太仓高新技术产业开发区	1292.95	22.84%	79.56	−7.70%	37.80	−6.85%
张家港高新技术产业开发区	1338.05	−4.38%	70.90	11.13%	45.00	47.20%
相城高新技术产业开发区	809.67	0.35%	31.21	−6.16%	25.71	−4.95%

注：1. 苏州国家高新技术产业开发区数据包含浒墅关经济技术开发区数据，全市合计数据中已剔除重合部分。

2. 太仓港经济技术开发区与太仓高新技术产业开发区、相城经济技术开发区与相城高新技术产业开发区有部分数据重合，全市合计数据中均已剔除重合部分。

表31　2022年苏州市各开发区招商引资统计表

开发区名称	外资及中国港澳台资项目		注册外资及中国港澳台资		实际使用外资及中国港澳台资	
	2022年（个）	比2021年（±）	2022年（亿美元）	比2021年（±）	2022年（亿美元）	比2021年（±）
全市开发区合计	906	−20.60%	146.94	2.29%	68.98	9.02%
苏州工业园区	298	−27.85%	52.86	37.05%	19.24	20.48%
苏州国家高新技术产业开区	131	3.97%	17.50	45.95%	8.05	17.18%
昆山经济技术开发区	66	−24.14%	11.96	23.68%	10.43	35.45%
张家港保税区	23	9.52%	3.31	−61.38%	1.03	−47.18%
苏州太湖国家旅游度假区	7	—	0	—	0.02	254.00%
昆山高新技术产业开发区	45	−55.88%	9.22	−11.35%	4.58	420.45%
常熟经济技术开发区	25	−28.57%	3.08	−50.80%	4.32	−22.02%
吴江经济技术开发区	21	−34.38%	2.35	−68.29%	1.86	−54.19%
太仓港经济技术开发区	75	19.05%	8.12	−0.85%	1.43	1.42%
张家港经济技术开发区	25	0.00%	1.85	−79.24%	5.12	60.00%
吴中经济技术开发区	57	111.11%	8.00	5.54%	3.53	−12.62%
苏州浒墅关经济技术开发区	60	−39.39%	9.34	0.32%	3.52	8.31%
相城经济技术开发区	7	−41.67%	1.58	—	1.08	−49.06%
常熟高新技术产业开发区	27	12.50%	1.59	−73.85%	2.23	59.29%
昆山旅游度假区	3	−70.00%	1.57	141.54%	0.21	1079.78%
汾湖高新技术产业开发区	12	−25.00%	0.74	−70.98%	0.39	−0.46%
昆山花桥经济开发区	12	−75.51%	6.55	267.98%	0.73	−60.54%
太仓高新技术产业开发区	52	−10.34%	7.99	3.77%	1.87	14.02%
张家港高新技术产业开发区	3	−66.67%	0.11	−96.65%	0.61	408.33%
相城高新技术产业开发区	69	−23.33%	8.56	50.70%	2.27	−10.98%

注：1. 苏州国家高新技术产业开发区数据包含浒墅关经济技术开发区数据，全市合计数据中已剔除重合部分。

2. 太仓港经济技术开发区与太仓高新技术产业开发区、相城经济技术开发区与相城高新技术产业开发区有部分数据重合，全市合计数据中均已剔除重合部分。

（资料来源：市商务局）

国家级开发区

【概况】 2022年，苏州市有14个国家级开发区，其中国家级经济技术开发区9个、国家级高新技术产业开发区4个（苏州工业园区既是经开区，也是高新区）、国家级保税港区1个、国家级旅游度假区1个。在2022年国家级经济技术开发区综合发展水平考核评价中，全市有4家经济技术开发区进入全国前30位，其中苏州工业园区实现“七连冠”，昆山经济技术开发区列第5位，吴江经济技术开发区前进5位，列第24位，吴中经济技术开发区前进10位，列第25位。在2022年国家级高新技术产业开发区评价中，苏州工业园区和苏州高新技术产业开发区前进3位，分别列第4和第20位，昆山高新技术产业开发区和常熟高新技术产业开发区前进1位，分别列第32位、第62位。

【苏州工业园区】 参见开放型经济类目中新合作苏州工业园区分目

【苏州国家高新技术产业开发区】 苏州国家高新技术产业开发区（简称“苏州高新区”）于1992年经国务院批准设立，位于苏州城西部，面积223.36平方千米，与虎丘区实行“区政合一”管理体制。2022年，苏州高新区实现地区生产总值1766.17亿元，增长3.0%；公共财政预算收入182.06亿元，增长0.2%；进出口总额427.41亿美元，下降2.2%；实际使用外资及中国港澳台资8.05亿美元，增长17.2%；规模以上工业总产值3602.47亿元，增长3.7%；全社会固定资产投资579.59亿元，增长5.1%；社会消费品零售总额630.94亿元，增长0.3%。年内，苏州高新区获评国家级知识产权强国建设示范园区、国家特色服务出口基地（知识产权）、全国工业互联网推动数字化创新领先城区。

深化改革　深化功能区改革，全域优化为狮山商务创新、浒墅关先进制造、太湖科学城三大功能片区，实现全区“功能片区+镇（街道）”运行体制全覆盖。加快国资国企改革，每家国企聚焦1~2项主业，加快形成战略明确、板块清晰、专业突出业务布局。推进“放管服”改革，在全市率先构建“审批+服务”模式，开展“企业开办、投资建设”全程帮办代办服务，建设项目审批时间比苏州市要求再压缩36.6%；狮山生物医药创新基地项目“六证联发”，百胜动力总部研发大楼项目“七证联发”，实现“拿地即开工”项目18例，列全市第二位。政府联动企业走进上海进博会，到欧洲、日本开展面对面招商活动，推动开放型经济发展量稳质优；新增日资企业超过100家，总数突破700家，占全市日资企业总数三分之一，累计集聚外资及中国港澳台资企业1800余家。跨境电商势头良好，B2C（9610）出口额连续3年列全市第一位；推动全省首列跨境电商中欧专列常态化发运；全省首个“海贸贷”金融产品累计企业授信8800万余元。融入长三角一体化发展，参与市内全域一体化建设，推动浒墅关—望亭片区转型升级。推进苏锡联动发展，谋划建设苏锡太湖通道、苏州轨道交通3号线（S6号线）延伸至苏南国际机场。

科技创新　南京大学苏州校区东区主体建成，成立新型学院4个、研究院5个，实现首批本科生、研究生招生。南京大学建设全国重点实验室获科技部批准，狮山量子计算与量子探测前沿实验室开工建设，南京大学国家集成电路产教融合创新平台苏州中心启动。太湖科学城列入江苏省沿沪宁产业创新带建设任务清单、苏州环太湖科创圈战略规划，太湖科学城光电科技园、国际创新社区开工建设；中国科学院苏州医工所获批全市重大科研设施预研筹建项目，长光华芯高功率半导体激光芯片项目获评省科学技术一等奖，天准科技获评国家企业技术中心；国家药监局智能化医疗器械重点实验室、市产业技术研究院首个创新基地等重大平台签约落地。中国海归创业大赛江苏基地永久落户，全国颠覆性技术创新大赛领域赛开赛，思萃电子功能材料技术研究所通过大赛获得科技部首批重大国家研发计划立项。发布高品质人才社区建设方案，推动构建宜居宜业“类海外”发展环境，打造“苏新乐居”2.0平台，获批市级以上领军人才（团队）103项，列全市第二位，其中国家级人才计划9人。成立科技成果转化公司，设立总规模20亿元科创天使基金，发布全市首个“专精特新贷”，获批科技部首批科技金融创新服务中心。新增国家级众创空间2家，省级科技企业孵化器5家，列全市第一位。苏州瑞派宁科技有限公司获评首届世界知识产权组织中小企业全球奖，全国首批、全省唯一外国专利代理机构苏州代表处落户。苏州高新区“实施创新驱动发展战略、推进自主创新和发展高新技术产业”“科技企业孵化器运行”两项工作获得省政府督查激励。

招商引资　新增市场主体2.28万户，累计13.57万家。其中，新增内资企业12805家，新增内资企业注册资金1336.25亿元；新增外资及中国港澳台资企业数138家，新增外资及中国港澳台资企业注册资金8.41亿美元；新增个体工商户9790户，新增个体工商户注册资金8.84亿元。新增高质量产业类项目186个、高质量科技项目377个、外资及中国港澳台资项目155个。中芯聚源苏州创新中心、徕博科中国区业务基地、三菱化学共享服务中心等一批重大产业项目、总部项目相继落户，克诺尔商用车系统中国区研发中心和苏州生产基地建成启用，西门子电气产品中国及东亚总部揭牌，欧儿里德中国研发生产总部开业，中国移动云能力中心、生物梅里埃等89个重大项目增资扩股。数字经济和数字化发展步伐加快，完成智能化改造和数字化转型项目800个，实

2022年8月14日，苏州高新区狮山龙湖天街商贸区景色　　（伊志明　摄）

现规模以上工业企业全覆盖。新增国家级工业互联网“双跨”平台2家、省级示范智能车间7家、市级18家。在全市率先启动“高新欢乐购”，推出汽车嘉年华等系列活动，全国首个迪卡侬体育公园旗舰店开业，苏绣小镇获评全省唯一全国非遗和旅游融合发展优选项目，狮山夜间文旅消费集聚区入选省级集聚区。

产业发展　加快产业创新集群建设，系统构建“2+5”产业体系，协同推进新一代信息技术、高端装备制造两大主导产业和光子、高端医疗器械、集成电路、绿色低碳、软件和信息技术等新兴产业发展。设立100亿元光子产业投资基金，成立市光子产业联盟、太湖光子中心协同创新平台，加快建设世界级太湖光子中心。实施科技企业培育“领航计划”和上市企业培育“领峰计划”，新增上市企业5家、过会企业3家，累计拥有上市企业28家；认定国家高新技术企业580家、累计有效高新技术企业1376家；新增国家级专精特新“小巨人”企业10家、省级专精特新中小企业118家；获批省“独角兽”企业2家、潜在“独角兽”企业20家、“瞪羚”企业60家，均列全省高新区第二位。

（苏州高新区档案馆　曹梦婷）

【昆山经济技术开发区】　昆山经济技术开发区（简称“昆山经开区”）于1992年经国务院批准成为国家级经济技术开发区，位于昆山市东部，面积108平方千米。2022年，昆山经开区完成地区生产总值2415.09亿元，增长1.8%；一般公共预算收入167.69亿元，下降8.9%；进出口总额800.47亿美元，下降4.5%；实际使用外资及中国港澳台资10.43亿美元，增长35.5%。规模以上工业产值6465.66亿元，增长2.9%；全社会固定资产投资315.81亿元，增长4.4%。昆山经开区在国家级经济技术开发区综合发展水平考核评价中，连续19年列全国前五位，列2022年全国国家级经济技术开发区营商环境指数第二位。昆山经开区入选国家级知识产权强国建设试点园区、全国工业互联网推动数字化创新领先园区。

深化改革　成立昆山市首个营商环境服务科，打造市场化、法治化、国际化的更优营商环境。推出“援企助企五大行动计划”等一系列措施，为市场主体纾困解难。在全国率先探索、先行启动“一区多片、片区直通”验放新模式，打通外贸物流“微循环”，货物放行时间由1小时缩短至2分钟。通过跟踪服务项目，提前介入辅导，全过程帮办代办，友达光电、科森科技等20个重大产业项目上半年开工率100%，丰田电装扩建项目实现“一天发五证”。经过一系列的基础设施改造完善和建设一批教育、医疗等高质量的文教体卫设施，以及商业配套服务，基本实现由单一性工业园区向综合性产业园区转型的发展目标。

科技创新　昆山经开区获评中国产学研合作创新示范基地，获得2022年度江苏省知识产权战略推进计划项目立项，与航天科工四院、上海交大国重实验室达成战略合作。三一重机股份有限公司获得中国专利银奖，为昆山经开区企业在中国专利奖领域的最高奖项。认定高新技术企业176家、苏州市“瞪羚”企业16家、省级工程技术研究中心8个、苏州市级工程技术研究中心23个，清陶（昆山）能源发展股份有限公司成为昆山唯一获评江苏省“独角兽”企业，昆山佳合纸制品科技股份有限公司成为昆山市首家北京证券交易所上市的企业，钢研纳克江苏检测技术研究院获评苏州市级新型研发机构，华天科技（昆山）电子有限公司获评省示范博士后科研工作站。全年引进人才科创项目200个，苏州豪米波技术有限公司白杰、苏州茵络医疗器械有限公司龚霄雁分别当选俄罗斯工程院、自然科学院外籍院士，认定国家重大人才工程入选者3人、省“双创计划”人才11人、姑苏“双创计划”人才18人、昆山“双创计划”团队1个、昆山“双创计划”人才46人，卫圣康医学科技（江苏）有限公司的孙建国获评昆山市“头雁个人”。人才保有量15万人。新增省级以上孵化载体7家，昆山百富两岸科创孵化器成为昆山经开区首个国家级民营孵化器，昆山智谷众创空间获评国家级众创空间，光电半导体众创社区实现昆山市省科技型创业企业孵育计划项目零的突破。

招商引资　昆山经济技术开发区招商服务中心更名为昆山经济技术开发区企业发展服务中心。深化企业精准服务机制，举办“暖企、援企、惠企”服务大会，升级改版“昆山开发区营商服务平台”，完成7轮规模以上工业企业全覆盖走访，收集并办结问题879件次。组织召开企业服务联席会议39次，协调用能、用工、用地、行政审批等跨部门疑难问题37个，丰田电装扩建项目实现“一天发五证”，刷新开发区政务服务速度。研究制定《2022年度昆山开发区工业经济稳增长、促发展政策方案》，设置提速增量、梯度培育、列规入统、投资扩容4项奖励，共计1亿元资金，强化专精特新等中小企业政策扶持力度，鼓励企业稳产能、争订单、扩规模。截至年底，累计引进51个国家和地区客商投资项目2770个，投资总额超过440亿美元，注册外资及中国港澳台资超过250亿美元，注册内资企业数量超过4万家，注册资金近2000亿元。引进瑞幸咖啡、盛技光学等投资总额超过1亿美元外资及中国港澳台资项目7个。20个三级重大产业项目累计完成投资82.69亿元，其中省级项目1个、苏州市级项目8个。三一重机全球研发中心——“三一创智云谷”千亿元级总部项目落成启用，利乐一体化生产服务基地项目投产运营。

昆山综合保税区　截至年底，昆山综合保税区投产企业131家，其中工业企业63家、物流企业43家、贸易企业12家、其他服务企业13家，投资总额46亿美元，注册资本25亿美元，实际使用外资及中国港澳台资14亿美元，从业人员

2022年9月17日，2022昆山新兴产业发展大会暨昆山开发区国批30周年成果汇报会召开

（昆山经开区　供图）

14万余人。全年昆山综合保税区完成工业产值3545.5亿元，增长10.8%。进出口总额为585.1亿美元，下降4.5%，其中出口额为426.0亿美元，下降2.6%，进口额为159.1亿美元，下降9.3%。2022年，参与增值税一般纳税人资格试点企业33家，增值税发票开票金额70.1亿元，增长8.8%；税额8.9亿元，增长7.4%。

夏驾河科创走廊　截至年底，累计启用科创承载空间近150万平方米，拥有省级以上孵化器4个（国家级2个）、省级以上众创空间23个（国家级3个）、省级加速器1个、省级众创社区1个、省级孵化链条1个、高校技术转移中心等创新平台49个，投入使用人才公寓646套。累计引育院士23人、国家重大人才工程入选者85人，国家高端外专项目11人次，省"双创计划"人才60人，省"双创计划"团队5个，姑苏领军人才117人，海鸥计划人才53人次，昆山"双创计划"人才328人，昆山"双创计划"团队14个。拥有高新技术企业431家、"瞪羚"企业16家、"独角兽"培育企业5家、上市企业8家，省级工程技术研究中心61个。累计授权专利48322件，获评中国专利优秀奖20项，获评国家知识产权优势示范企业14家。

（昆山经开区　沈晓波）

【张家港保税区】 张家港保税区于1992年经国务院批准设立，是全国首家内河港型保税区，包含保税港区、扬子江化工园、扬子江装备园、环保新材料产业园等多元载体，面积152平方千米，与张家港市金港街道、后塍街道、德积街道实行"区街一体"发展模式。2022年，张家港保税区完成地区生产总值934.42亿元，增长9.94%；一般公共预算收入60.28亿元，下降5.68%；进出口总额231.36亿美元，增长13.40%；实际使用外资及中国港澳台资1.03亿美元，下降47.18%；规模以上工业总产值1623.99亿元，增长8.69%。张家港保税港区入选国家级知识产权强国建设试点园区，扬子江化工园获评国家级绿色化工园，"张家港湾"获评省人居环境范例奖。

深化改革　获批全省首批化工中试基地。作为主阵地入选国家进口贸易促进创新示范区。盘活低端低效产业用地33.33公顷。与江阴高新技术产业开发区实现12项政务服务事项"跨区通办"。"工业互联网+安全生产"获评全国试点优秀建设方案。《江苏扬子江国际化学工业园总体规划》通过评审，规划建设具备可持续生命力的安全、便捷、高效、绿色、低碳的园区形态。

招商引资　全年引进科技招商项目244个，其中潜力类90个、重点类20个；签约落地德国默克半导体、美国百胜供应链、日本置田精密部件等优质产业项目24个，其中超过1亿美元项目6个。推行重大项目并联审批机制，承接苏州市安全审批全链赋权，大族激光等33个计划新开工项目三季度全部开工，19个在建项目竣工投产。张家港保税区全年纳税超过2000万元企业73家、5000万元企业44家，其中超过1亿元企业19家、5亿元企业4家，5000万元企业中工业企业占到张家港市二分之一，天齐锂业股份有限公司纳税突破15亿元。

产业发展　召开产业创新发展大会，出台"一年1个亿、三年3个亿"产业扶持政策，确定新材料、新能源、新装备、新经济"四新"产业发展方向。谋划5个重点产业载体，完成半导体材料、智能高端装备产业规划编制。3家企业入围中国民营企业500强，4家企业入围江苏省民营企业200强。新增国家级专精特新"小巨人"企业4家、省级专精特新中小企业22家、省潜在"独角兽"企业3家、省级以上人才7人、上市企业2家，累计获评省级智能制造示范车间30家。实施村级经济五年行动计划，村均可用财力突破1500万元，增长15.7%。推进"一村一品"，培育扶持"致富带头人"，树立一批经济强村典范。德积高端纺织产业园建成投用，后塍精密部件产业园、长山科创园等村级载体建成。

（张家港保税区　苏栋汇）

【苏州太湖国家旅游度假区】 苏州太湖国家旅游度假区（简称"太湖度假区"）是1992年经国务院批准设立的全国首批国家级旅游度假区之一，位于苏州市西南部，陆地面积272.51平方千米，太湖水域面积921.05平方千米，下辖吴中区金庭镇（西山农业园区）、东山镇、光福镇和香山街道。2022年，太湖旅游度假区完成地区生产总值138.16亿元，增长1.8%；一般公共预算收入14.77亿元，下降3.56%；进出口总额4.80亿美元，增长6.19%；实际使用外资及中国港澳台资714.5万美元，增长1329%；规模以上工业产值125.28亿元，增长0.48%；全社会固定资产投资82.52亿元，下降21%；旅游目的地接待771.06万人次，旅游总收入118.9亿元。太湖度假区连续4年列江苏省省级以上旅游度假区考核第一方阵，获评国家体育旅游示范基地，入选首批江苏省文旅产业融合发展示范区。

文旅融合发展　举办太湖度假区创新发展大会暨旅游高质量发展太湖圆桌会议，发布《太湖宣言》。深化环太湖旅游资源整合，推出"环太湖1号公路"IP，重组运营太湖旅游发展集团，举办2022苏州"环太湖1号公路"万人马拉松赛、太湖梅花节、太湖民宿节等品牌活动。漫山岛对外开放，蓝园・舟山文旅产业园等改造提升项目完工，华侨城欢乐谷等项目签约。承办第二届东亚企业家太湖论坛等产业大会14个。持续打响太湖旅游、太湖会展、太湖节庆、太湖体育品牌。

转型升级　推动招商专业化、企业化改革，构建"1+3+4"招商新体系。累计注册三峡长江生态环保集团华东公司、京东二期等各类项目310个。其中，总投资3000万元以上的产业类项目62个，增长121.4%，合计投资总额126.63亿元，增长122.5%。46个省市区级重点项目全年完成投资54.96亿元，完成率100.24%。招引创新型企业124家，增长93.75%。融入苏州市"1+3+N"智能网联格局，太湖生态岛智慧出行文旅项目入选国家人工智能应用场景案例。太湖生态岛双向200千米车路协同基础设施建成投用，开放全域自动驾驶测试，成为全省建成投用里程数最长、应用示范场景最丰富的测试基地。百度智车获颁全市首批自动驾驶道路测试牌照。发布《太湖碳谷产业规划》，三峡长江生态环保集团华东区总部落户。提档升级以"总部、科技、数字"三大核心园区为代表的系列载体功能布局，太湖科创中心3.7万平方米载体建成投用、太湖国际研发社区12万平方米载体进入设计阶段。新增市级以上科技领军人才种子项目数31个，增长121.43%；新增市级科技领军人才入选数14人，增长250%。

生态建设　完成太湖度假区"三区三线"划定，包含永久基本农田1086.67公顷、生态保护红线7086.68公顷、城镇开发边界4026.67公顷。打好污染防治攻坚战，区域73个大气综合治理提升项目全部完成、完成率100%，$PM_{2.5}$、PM_{10}稳定达标，降尘、臭氧有效管控。推进太湖"五位一体"管理，连续15年实现安全度夏。虎山桥（铜坑闸）"国考"断面超额完成2021年度目标任务，受到省通报表彰。加大环保基础设施建设力度，中心区累计建成污水管道总长121千米、大小泵站（池）14座、泵井29座。

聚焦高标准建设太湖生态岛“一号任务”，统筹推进山水林田湖草系统治理，打造“低碳、美丽、富裕、文明、和谐”的生态示范岛，在全省首次发现珍稀濒危物种松叶蕨野生小种群和平原地带稀有罕见的“国蝶”宽尾凤蝶。

30周年系列活动 2022年为太湖度假区获批30周年，太湖度假区开展“三十再出发，奋进向未来”系列活动。举办1个主活动——苏州太湖国家旅游度假区创新发展大会暨旅游高质量发展太湖论坛，以及多个特色活动，包括太湖智能网联产业峰会、太湖中心Mall主力品牌签约入驻仪式、“环太湖1号公路”首届马拉松赛事、轨交5号线太湖香山站“30周年特色展厅”等系列主题活动。

（太湖度假区　梅静静）

【昆山高新技术产业开发区】 昆山高新技术产业开发区（简称“昆山高新区”）是2010年9月经国务院批准的全国首家设在县级市的国家级高新技术产业开发区，位于昆山市中西部，面积118平方千米，与昆山市玉山镇实行“区镇合一、以区为主”的管理体制。2022年，昆山高新区完成地区生产总值1270.00亿元，增长6.23%；公共财政预算收入114.19亿元，下降14.72%；进出口总额111.89亿美元，下降1.65%；实际使用外资及中国港澳台资4.58亿美元，增长420.45%；规模以上工业总产值2186.80亿元，增长7.92%。昆山高新区在2022年国家高新区综合评价排名中列第32位，在江苏省级以上高新区综合评价排名中列第六位，在苏州自贸片区联动创新区年度评价排名中列第二位。昆山高新区入选国家级知识产权强国建设试点园区，昆山市玉山镇列2022年度全国综合实力千强镇第一位。

深化改革 昆山高新区入选火炬中心“十百千万”专项行动首批实施单位，深化创新积分制联动应用，创设“积分贷”等科技金融产品，发布全国工行系统首个“火炬贷”，授信规模200亿元。创新开展乡村全面振兴、共同富裕专项行动，特色分片、连片打造“南姜中泾北唐”三大样板区，其中姜巷现代新农村全面建成，统规统建农房121套；泾河筹备设立村级共同富裕发展基金，村集体可支配收入超过3500万元，列昆山市第一位；唐龙现代渔业园一期、二期投运。创新建立昆山高新区企业创新积分管理系统，推出企业创新积分查询信息系统1.0，基本实现创新积分查询、政策服务、企业征信“一网可视”“一网通办”，打造“智慧高新”数据底座。

科技创新 启动建设紫竹·麦垛硬科技产业园，新认定市级以上孵化器7家，皓康科技创业服务中心获评国家级孵化器。引进国内外顶尖人才团队5个，莹华制药获批省级院士工作站，聂华团队入选姑苏重大创新团队。净增高新技术企业115家，增长32.2%，总量达到759家，列昆山市第一位，占比超过四分之一。新认定省级工程技术研究中心9家，列昆山市第一位。新增省级企业技术中心3家、省级潜在“独角兽”和“瞪羚”企业45家，科技型中小企业首次超过1000家。规模以上研发投入占比提高至4.46%，万人发明专利拥有量78件，迈胜医疗服务（苏州）有限公司获得祖冲之攻关计划“金π奖”。举办“科技产业金融一体化”专项全国首站投融资路演，近200家科技企业和知名投融资机构参与活动。开发落实科研助理岗位516个，完成率169%，获得科技部致信表扬。

招商引资 推进“放管服”改革，出台优化营商环境20条，编制县域国家高新区营商环境创新生态指数，建成“一网通办”平台，打造三级政务服务体系，将政务服务下沉到“高兴办”e点和“高兴办”驿站，新增市场主体17682户，打响“昆如意·高兴办”营商服务品牌。投资额9亿美元丘钛生物识别模组、4.9亿美元群启科技、1.5亿美元多普罗斯、1.5亿美元多源智能、10亿元乐美二期等龙头项目落户。沪士电子、光洋科技、堤维西等产业链旗舰项目增资。16个市级重大产业项目完成投资27.2亿元。

产业发展 启动建设先进计算产业园和生命健康产业园，建成启用寒武纪昆山智算中心，竣工投产泽制药产业化二期项目，投运小核酸生物医药研发产业化平台。推进全产业链数字化改造，基本实现规模以上工业企业全覆盖，新增星级“上云”企业22家、苏州市级示范智能车间6个。打造创新能力强、专业化水平高、细分市场领先的中小企业集群，新增国家级专精特新“小巨人”企业6家。收储工业用地33.33公顷，改造提升密友、华晟等小微工业园7.33公顷。组建成立企业上市工作专班，围绕完善机制、优化服务、建立梯队3个方面开展研究、创新改革上市工作，新增上市企业2家。

（昆山高新区　谈家炜）

【常熟经济技术开发区】 常熟经济技术开发区（简称“常熟经开区”）于2010年经国务院批准为国家级经济技术开发区，面积156平方千米，拥有全国十大内河港之一的常熟港，设有国家级常熟综合保税区和常熟国际物流园，与常熟市碧溪街道实行“区街一体”管理。2022年，常熟经开区实现地区生产总值1184.04亿元，增长3.1%；公共预算收入75.23亿元，下降15.2%；进出口总额144.21亿美元，增长2.5%；实际使用外资及中国港澳台资4.51亿美元，下降22.0%；规模以上工业总产值2723.28亿元，增长15.0%。在全省经济开发区科学发展综合考评中列第六位。

深化改革 深化区街一体化改革，落实2022年区街管理整合实施项目。制定培养选拔优秀年轻干部实施方案。成立常熟经开控股有限公司并完成国资战略化重组，出台《推动经开控股高质量发展实施意见》并制定三年发展规划。组建常熟港管理服务中心。行政审批新增4个省级赋权事项，承接“施工许可”权力下放实现工程项目全链条审批。

科技创新 建设重大产创融合发展引擎——苏州·中国声谷，编制《常熟市声学产业创新集群建设实施方案》，声谷申报国家文化和科技融合示范基地，创建成为全国声学科普教育基地。与江苏省声学学会签订战略合作协议，成立苏州市声学学会。全年累计完成科创项目注册106个，各级各类人才项目申报超过200个，获评省“双创计划”人才、“双创计划”博士17个，立项姑苏人才20个。认定省级企业工程技术研究中心5家、省企业技术中心2家。新增4家国家级专精特新“小巨人”企业，6家企业入选2022年江苏省潜在“独角兽”企业。常春藤国际人才港开工建设，李袁智造产业园开园。

招商引资 聚焦汽车、声功能材料、集成电路、新能源等产业方向精准招商，举办一批重点项目集中签约活动，签约长城未势能源、仁烁钙钛矿光伏等产业项目45个，总投资约290亿元，加快培育新一代电子信息技术及应用、声学产业及技术服务、海洋装备及通信、绿色智能核心汽车零部件、前沿高端材料、新能源及核心技术和现代物流贸易等“2+4+1”新兴产业体系，建设绿色先进制造、声谷科创中心、智慧港口物流三大功能片区。

产业发展 推动总投资288.6亿元的40个重点项目建设，累计完成计划

2022年7月29日，常熟通润汽车零部件股份有限公司首次公开发行A股上市仪式举办
（常熟经开区　供图）

投资92.75亿元，计划内、外新开工项目32个，总开工率145%。长春铜箔四期等28个项目竣工。深化企业服务，上线“常舒心”企业服务平台，汇编企业服务手册，建立“一企一档”，常态化开展领导挂钩50强重点企业走访服务。“千斤顶第一股”常熟通润汽车零部件股份有限公司上市，芬欧汇川（中国）有限公司获评“2022年江苏省首批绿色发展领军企业”，住友橡胶（中国）有限公司邓禄普轮胎获得“2022绿色可持续发展贡献奖”，江苏理文化工有限公司被认定为苏州市级总部企业。

（常熟经开区　曹梦冰）

【吴江经济技术开发区】 吴江经济技术开发区（简称“吴江经开区”）于2010年经国务院批准为国家级经济技术开发区，2019年6月，管理体制调整，代管吴江区同里镇、江陵街道，面积176平方千米，其中古镇保护区约1平方千米。2022年，吴江经开区完成地区生产总值622.75亿元，增长5.1%；一般公共预算收入68.16亿元，下降7.6%；进出口总额175.49亿美元，下降6.0%；实际使用外资及中国港澳台资3.1亿美元，下降0.3%；全社会固定资产投资180.09亿元，增长9.3%；规模以上工业总产值1844.5亿元，增长5.8%。在全省、全国开发区综合发展水平考评中分别列第5位和第24位。

科技创新　智能制造创新港科创载体主体封顶，完成总工程量的70%。吴江科创园更新规划设计、科创园内6栋村建厂房拆除工作完成，进入重建阶段。与清华大学苏州汽车研究院（吴江）签订第二期合作协议。科创园人才公寓1期及2期剩余楼栋的改造提升工作推进，2期530套完成改造并投入使用。组织4批“崇本人才”评审，累计招引253个项目参评，通过专家评审184个，增长58.62%，注册完成117个，注册资本7.97亿元，使用载体面积共计6.82万平方米。全年获评国家级人才启明计划2个；省“双创计划”人才进入答辩数4个（3个创新创业+1个高技能）；姑苏创新创业领军人才立项数15个；吴江领军人才立项数39个。“双招双引”全年申报项目129个。全年累计发放安家补贴、人才贡献补助1600万余元。人才企业鑫信腾、科润新材料等项目开工建设。

招商引资　引进外资项目21个，重大内资项目（2000万元以上）注册44个。世界500强企业美国冷王中国区制造及工程中心项目、ITW（美国依工集团）汽车事业中心项目及焊材事业部项目、苏州江天包装科技股份有限公司及苏州琼派瑞特科技股份有限公司的IPO（首次公开募股）总部项目、香港悦肤达微针项目、瑞士艾恩司机器设备有限公司的二期项目、美国APS集团生物医用新材料中国区总部项目等多个优质项目签约。吴江东运创业投资有限公司累计持有上市公司市值超过46亿元，拟上市企业预估市值25亿元；18只合作基金总认缴规模81.86亿元（同运仁和认缴出资规模11.27亿元，实缴出资8.35亿元），合作基金累计投资项目超过300个，投资金额57.78亿元；新投项目11个，直投项目和基金投资项目总市值超过100亿元。

产业发展　完成503项数字化改造目标，累计有225家省级星级“上云”企业。获评国家新型工业化产业示范基地工业互联网平台赋能数字化转型提升试点项目、江苏省“5G+工业互联网”融合应用先导区。全年高新技术企业申报214家，有效高新技术企业总数355家。与中国科学院天津计算所、浙江大学、南京大学、武汉大学、芝兰研究院、中科鸣石公司等共建科技孵化基地。全年新增产学研项目25个。苏州近岸蛋白质科技股份有限公司登录上海证券交易所科创板，成为吴江首家生物医药领域上市公司。同享（苏州）电子材料科技股份有限公司定增落地，成为全国首单北京证券交易所再融资项目。4家企业完成省证监局辅导。年底有后备上市企业库70家。

（吴江经开区　孙　洁）

【太仓港经济技术开发区】 太仓港经济技术开发区（简称“太仓港经开区”）于2011年经国务院批准为国家级经济技术开发区，面积261.8平方千米，有沿长江入海口38.8千米岸线，有太仓港综合保税区、太仓港新能源产业园、太仓港国际商贸物流园等特色载体。太仓港是国家一类口岸、上海国际航运中心的组合港和集装箱干线港、江苏省第一外贸大港。2022年，太仓港经开区完成地区生产总值394.02亿元，增长5.4%；一般公共预算收入28.33亿元；进出口总额60亿美元，下降8.2%；实际使用外资及中国港澳台资1.36亿美元；规模以上工业总产值1101亿元，增长5.5%；全社会固定资产投资52.84亿元，增长1.7%。太仓港集装箱吞吐量突破800万标准箱，连续5年列全省港口第一位，连续13年列长江港口第一位。

深化改革　全省首家跨境进口菜鸟中心仓、苏州市首家跨境电商零售进口退货中心仓开仓运行，全年太仓港综保区跨境电商出区包裹单量突破10万单。临港集团主体评级达到AA+。深化“放管服”改革，加快赋权对接，推进“港区事港区办”。公共资源交易平台启用，全年累计办理各类事项13万余件，按时办结率100%，审批时效提速20%。

科技创新　新增国家级人才2人、苏州市级以上各类人才计划12人。获评省工程技术研究中心2家、苏州市工程技术研究中心8家。对德创新中心、跨境电商众创空间获评省级众创空间。完成规模以上工业企业研发经费投入27.4亿元，增长28%。注册创新产业集群人才企业84家，新建科创载体21.4万平方米。

招商引资　签约落户博马科技中国总部、范斯特新能源、爱乐买冷链等85个项目，总投资462亿元。到欧洲、日本招商，在法国巴黎举办开放创新合作交流会暨太仓港推介会，签订总投资30亿元的博马科技中国总部项目，商定德国宝得集团8000万元的追加投资项目，获取扫描检测设备项目等意向合作线索10条、潜在投资金额近5000万欧元。全年完成注册外资及中国港澳台资8.06亿美元。

产业发展　获评省"互联网+先进制造业"特色产业基地。生物港四期、夸特纳斯、斯凯奇二期等28个项目开工建设，宝洁供应链创新中心、INGCO电动工具全球总部、宝得高端流量设备等12个项目竣工投产。金江铜业、科莱泰克2个用地项目从签约到开工用时不到100天。太仓物流园列2022年度省级示范物流园区10强第一位。获评国家级专精特新"小巨人"企业2家、省级专精特新中小企业17家。新增省级星级"上云"企业34家、苏州市级及以上智能工厂（车间）6家。江苏宝洁有限公司被表彰为江苏制造突出贡献奖优秀企业，太仓中集集装箱制造有限公司获得2022年度苏州市质量管理优秀奖。

（太仓港经开区　陆方舟）

【张家港经济技术开发区】　张家港经济技术开发区（简称"张家港经开区"）于2011年经国务院批准为国家级经济技术开发区，面积153平方千米，与张家港市杨舍镇实行"区镇一体"管理体制。2022年，张家港经开区实现地区生产总值995.5亿元，增长1.7%；一般公共预算收入40.57亿元，下降31.8%；进出口总额100.36亿美元，增长5.6%；实际使用外资及中国港澳台资2.01亿美元，下降35.2%。规模以上工业总产值961.10亿元，增长6.9%；全社会固定资产投资162.74亿元，下降26.1%。张家港经开区在全省经济开发区科学发展综合考核评价中列第八位，杨舍镇列全国综合实力千强镇第二位。张家港经开区被命名为国家生态文明建设示范区（生态工业园区）。

深化改革　深化国企改革，实体化运作经开区控股集团，建立"资管、城建、金融"三大主业板块，全年实现净收入2.58亿元。加快江苏自贸区联动创新发展区建设，开展"跨省通办""大数据+AI智能"等审批改革。抓牢项目建设，举办项目集中开竣工活动，承接"一般建设项目环境影响评价审批"等赋权事项，推进"告知承诺制"改革，环评审批时限压缩至1天。启用经开区市民广场，对外办理各类事项199项。推出张家港市首个限额以下电子招标采购平台，公共资源交易实现标准化、规范化、智能化。

科技创新　认定高新技术企业91家、累计269家，获批国家科技型中小企业276家、国家级专精特新"小巨人"企业3家。骏马化纤股份有限公司"帘子布"获评国家制造业"单项冠军"产品，江苏国富氢能技术装备股份有限公司获评省核心技术攻关项目，苏州方兴信息技术有限公司入选省人工智能融合创新产品名单，均为张家港市唯一；登云（苏州）智造科技有限公司项目获评工业互联网标识解析二级节点，填补张家港市空白。获评省"双创计划"项目5人、省大学生优秀创业项目4个、"姑苏计划"人才项目18人，均居张家港市前列。新增国家级众创空间2家、省企业研究生工作站4家、省工程技术研究中心2家。

招商引资　打造"汽车及零部件、新能源、智能装备"等特色产业集群，举办"新能源汽车、氢能"等招商推介会，组织招商小分队"出海抢单"，全年签约采埃孚底盘零部件及后轮转向系统、麦格纳汽车电子、中鑫汽配新能源汽车轻量化部件等一批投资超过1亿美元的重大项目。聚焦科技招商"一号工程"，全年招引科技招商项目290个，其中潜力类100个，数量居张家港市前列。伊萨焊接器材（江苏）有限公司被认定为省级跨国公司地区总部和功能性机构，佩克建筑材料（中国）有限公司获批苏州市跨国公司地区总部，国泰新点软件股份有限公司获评苏州市级总部企业。总投资580亿元的66个三级重大项目加快建设，国富氢能、天兵科技、新点软件等36个新项目年内实现100%开工，光束汽车、长城零部件项目具备生产条件，凡润电子项目试生产，晶台小间距LED、朗信新能源汽车热管理系统等项目竣工投产。

产业发展　国泰集团、澳洋集团、东渡纺织集团跻身"2022中国民营企业500强"，骏马集团等入围"江苏民营企业200强"，华灿光电有限公司、新美星有限公司入围"江苏民营企业创新100强"，采埃孚传动技术（苏州）有限公司、麦格纳电子（张家港）有限公司、揖斐电精密陶瓷（苏州）有限公司被表彰为苏州市贡献突出外资企业。聚焦汽车及零部件、新能源、智能装备、光电和半导体、航天航空、数字经济、生物医药等主导产业方向。年内，张家港经开区获评国家级生态文明建设示范区、省知识产权建设示范园区，杨舍镇获评省生态文明建设示范镇。

（张家港经开区　虞科娜）

【吴中经济技术开发区】　吴中经济技术开发区（简称"吴中经开区"）于2012年经国务院批准为国家级经济技术开发区，位于苏州城南，面积308平方千米，包含吴中区甪直镇及长桥、城南、越溪、郭巷、横泾、太湖6个街道。2022年，吴中经开区实现地区生产总值1145.8亿元，增长9.2%；一般公共预算收入125.4亿元，增长20.3%；进出口总额84.2亿美元，增长3.5%；实际使用外资及中国港澳台资3.5亿美元，下降16.7%；规模以上工业总产值2081亿元，增长13.6%；全社会固定资产投资415.3亿元，下降1.4%。吴中经开区在全国国家级经开区综合考评中列第25位，在全省省级以上开发区综合考评中列第15位。吴中经开区获评国家生态文明建设示范区（生态工业园区），入围2022高质量发展百强园区、先进制造业全国百强园区。

深化改革　推进机构改革、国企改革，独立设置科技创新局、财政局，增强经济部门力量。成立苏州吴中经开国有资本投资控股集团有限公司，为苏州首家获得双AAA评级的国资公司。组建苏州吴中经开市政管理服务公司、苏州吴中经开资产管理有限公司，提升专业化运营能力。完善"1+4"公司化运营招商体系，提升专业招商能力。优化企业服务中心、产业创新中心职能，提升企业服务水平。

科技创新　新增有效高新技术企业296家。追觅科技（苏州）有限公司、苏州天瞳威视电子科技有限公司入选全球"独角兽"榜；认定江苏省"独角兽"企业1家、江苏省潜在"独角兽"企业11家，苏州市"独角兽"培育企业14家。苏州宇邦新型材料股份有限公司在创业板上市，上市企业总数增至16家。获评国家级孵化器1家、江苏省众创空间2家、苏州市众创空间3家。出台推进人才优先发展的若干措施，新建人才公寓超过2000套，入选国家级人才计划5人，入围江苏省"双创"答辩项目10个，获评姑苏领军人才35人，入选东吴领军人才（团队）38个。

招商引资　引进科技创新型企业

790家。到北京、上海、深圳等地开展驻点招商活动。举办第二届工控中国大会暨工业软件产业链供需对接会、中国机器人产业发展大会暨苏州市机器人与智能制造产业创新集群推进大会等大型活动。时代新安能源、聚微生物科技等13个投资10亿元以上项目落地，投资20亿元的腾迈医药全球总部项目签约。中国信息通信研究院江苏分院、哈尔滨工业大学苏州研究院等大院大所入驻。组建重大项目建设工作推进专班，提速项目建设，123个市、区重点项目完成投资310.4亿元，超额完成目标任务，科沃斯家用机器人等61个计划新开工项目实现100%开工。

产业发展　构建太湖新城·数字经济创新港、吴淞江科技城、端新区“一港一城一区”产业格局。机器人与智能制造、新一代信息技术、生物医药3个产业分别实现规模以上产值985亿元、541.2亿元、239.4亿元，持续保持年均两位数增长。分设苏州太湖新城吴中管理委员会，制定《吴中太湖新城·数字经济创新港三年行动计划（2023—2025年）》，推进吴中太湖新城·数字经济创新港建设，启动建设在线新经济产业园、元宇宙产业园等60万平方米产业载体，投入运营逸林广场、滨湖大厦等100万平方米科创载体。

（吴中经开区　吴燕姣）

【苏州浒墅关经济技术开发区】　苏州浒墅关经济技术开发区（简称“浒墅关经开区”）于2013年经国务院批准为国家级经济技术开发区，位于虎丘区东北部，面积95.6平方千米，与虎丘区浒墅关镇实行“区镇一体”管理。2022年，浒墅关经开区完成地区生产总值907.62亿元，增长4%；一般公共预算收入75.75亿元，下降7.63%；进出口总额319.11亿美元，增长2.19%；实际使用外资及中国港澳台资3.59亿美元，增长8.31%；全社会固定资产投资191.4亿元，下降13%；规模以上工业总产值2284.59亿元，增长2.43%。浒墅关经开区在2022年国家级经济技术开发区综合考评中列第64位。

深化改革　实体化运作功能片区议事协调机构，制定《浒墅关先进制造功能片区建设三年行动计划（2023—2025年）》，做好“政策、招商、规划、审批、绩效”五个统一，推进经开区、综保区一体化融合发展。创新设立经开区社工委，完成永莲、惠丰、文昌、长江4个较大社区拆分，推进“中心+社区”组团发展。深化国有企业改革，组建浒墅关投控、大阳山文旅、城市运营服务3家国资集团公司，参与设立投控集团投资基金，累计投资2.57亿元。服务长三角一体化发展战略，与苏州盐城沿海合作开发园区签署战略合作框架协议，优化产业布局。融入市域一体化，加强与姑苏区、吴中区、相城区等毗邻地区共建共治力度，与黄桥街道签订31公顷飞地委托管理协议。优化营商环境，做优“当当服务”特色品牌，全年办理事项共计46万件，服务保障省、市、区重大重点项目8个。浒墅关商会获评全国“四好”商会。

科技创新　引进创新型企业1276家、高质量科技型项目97个，获批高新技术企业264家，总数超过600家。新增省级以上潜在“独角兽”企业9家、市级以上“瞪羚”企业60家，14个科技创新项目获得风险投资2.5亿元。获批各级领军人才130个，增长超过22%，其中市级以上领军人才24项，创历史新高，获批国家级人才项目5个。对接南京大学、西安交通大学、上海大学智慧城市研究院等大院大所成果转化项目，对接中国建材集团等央企资源，推进4个产研院项目，产学研合作项目落地172个。优化实施“苗圃—孵化器—加速器”全链条培育机制，获批省级以上众创空间10个、市级以上科技孵化器7个。打造人才社区，建成启用阳山人才会客厅。推进“贤聚浒溪”服务品牌建设，举办苏州国际精英创业周浒墅关分会场活动，承办2场“智汇苏高新”创新创业大赛。

招商引资　全年实现合同外资及中国港澳台资6.76亿美元，增长51%，列虎丘区第一位。内资注册资金434.6亿元，增长65.5%。引进内资高质量产业项目75个，增长39%。其中，亿元级产业项目41个，增长78%。总投资5亿美元的QFLP基金项目落户。圣晖系统集成集团股份有限公司在上海证券交易所上市。

产业发展　构建“2+2+X”产业发展体系（高端装备制造和新一代信息技术2个传统产业，生物医药和医疗器械、数字经济2个先导产业，以及绿色技术、新材料和航空航天、文商旅、跨境电商等多个新兴产业）。其中，高端装备制造业有上市企业8家，规模以上企业133家。启动首个“产业+人才”综合体创园壹号产业园项目；开展数字化改造，新增数字化改造项目超过200个，完成规模以上工业企业全覆盖，获评省“互联网+先进制造业特色产业基地”。

（浒墅关经开区　王月清）

【相城经济技术开发区】　相城经济技术开发区（简称“相城经开区”）于2014年经国务院批准为国家级经济技术开发区，面积46.32平方千米，与相城区澄阳街道实行“一体化”运作管理，直管中日（苏州）地方发展合作示范区中枢服务核，代管北桥街道。2022年完成地区生产总值724.00亿元，增长4.45%；一般公共预算收入62.99亿元，下降10.75%；进出口总额55.45亿美元，下降4.11%；实际使用外资及中国港澳台资1.49亿美元，下降30%；工业总产值1734.6亿元，增长1.45%；全社会固定资产投资237.3亿元，增长17.9%。

深化改革　落实“放管服”改革要求，发挥“全链审批”机制作用，实现新拍地工业项目从土地成交至施工许可办结平均用时仅8天。新亚电通、宝丽迪二期、森瑶机器人3个项目实现“拿地即开工”，其中森瑶达野项目4.5小时摘牌即开工刷新“苏州效率、相城速度”。创新办理相城区首例光伏项目“容缺审批”，节约企业工期半年以上，有效降低企业运营成本。开展“相心力”企业服务，累计走访领导挂钩企业600余家次、协调解决问题160个。

科技创新　相城经开区被列入江苏省工业和信息化厅“5G+工业互联网”融合应用先导区培育对象。落地人才科创类项目150个。引进国家级人才4人，获评省“双创计划”博士1人、姑苏领军人才9人，博士后科研工作站累计完成进站博士后9人。先进材料产业园入选江苏省特色创新产业园区。阳澄湖国际科创园入选江苏省留学回国人员创新创业示范基地。

招商引资　举办中日经济与环境交流合作论坛、中国十佳车身评选等招商活动15场，到北京、上海、深圳等20余个城市及日本接洽项目，签约交通新基建综合产业园等优质项目80个，总投资255.8亿元。苏州市大数据集团落地运营，湖南大学苏州高等研究院完成事业单位法人注册，相城区唯一投资超过30亿元制造业项目——创新集团新能源轻量化汽车零部件项目落户。数字金融产业园、企业总部园、航空航天产业园建设推进。宝丽迪材料科技二期项目、森瑶达野机器人项目开工，新亚电通一期项目、明冠新材料项目有序建设，新安电器一期项目、泰马克精密铸造项目竣工。

产业发展　加快数字产业化，苏州

未来电器有限公司获评国家级专精特新“小巨人”企业，苏州飞象云数字科技有限公司入选工业和信息化部第一批财政支持中小企业数字化转型试点名单。中亿丰建设集团股份有限公司获评江苏省“质量标杆”称号，美特科技（苏州）有限公司入选江苏省工业互联网标杆工厂，苏州德星云智能装备有限公司等9家企业入选2022年江苏省专精特新中小企业名单。康平科技（苏州）股份有限公司、江苏斯可馨家具股份有限公司、苏州韵安电器有限公司被评为省级企业技术中心，苏州宝丽迪材料科技股份有限公司等7家企业为江苏省四星“上云”企业。截至年底，有营业收入20亿元及以上制造业企业9家；有高新技术企业938家，高新技术企业产值885.92亿元，增长10.26%。

（相城经开区　姜晨旻）

【常熟高新技术产业开发区】 常熟高新技术产业开发区（简称“常熟高新区”）于2015年经国务院批准为国家高新技术产业开发区，面积138平方千米，下辖常熟市沙家浜镇、东南街道。2022年，常熟高新区完成地区生产总值399.5亿元，增长3.5%；一般公共预算收入30.7亿元，下降25.8%；进出口总额65.80亿美元，下降0.4%；实际使用外资及中国港澳台资2.80亿美元，下降3.2%；规模以上工业总产值1258.1亿元，增长3.3%；全社会固定资产投资160.90亿元，下降5.3%。在2022年度全国国家高新技术产业开发区综合考评中列第62位，实现“七连进”。

开发建设　落实苏州市内全域一体化战略，推动以昆承湖为中心向南发展，与苏州工业园区、昆山高新区分别签订战略合作框架协议，形成昆承湖与金鸡湖“双湖联姻”、常熟高新区与昆山高新区“两区联动”的融合创新发展格局，年内重点推进中新昆承湖园区开发建设。提升城市品质，UWC+创新岛、金茂智慧科学城、绿地琥珀商务广场、迈宝国际总部大楼等高端产业载体加快建设，波司登凯悦酒店、日航酒店等公共配套设施项目有序推进。截至年底，UWC+创新岛累计引进新经济项目68个，注册资本总额54亿元，总投资98亿元。

科技创新　依托全国县级市中首家国家大学科技园优势，联合北京大学、上海交通大学等共创共建，推进具有地方特色的众创体系建设及飞地孵化器建设，新增省级众创空间1家、苏州市级众创空间2家、苏州市级科技企业孵化器1家。亨弗劳恩（江苏）复合材料研发有限公司设立的储氢复合压力容器国际联合开发平台和苏州腾晖光伏技术有限公司的泰国研发中心获得苏州市海外离岸创新中心建设项目认定，苏州中欧氢能技术创新中心获评中欧能源技术创新合作专项最佳案例。培育创新主体，新认定高新技术企业97家，新增省、苏州市级工程技术研究中心11家，数量均为常熟市第一位。入选中国潜在“独角兽”企业2家、省潜在“独角兽”企业5家。高新技术产业产值占规模以上产值比重约60%，全社会研发投入占地区生产总值比重6.4%，净增有效发明专利274件。获评常熟市级以上人才86人，其中国家级重大人才3人、省“双创计划”人才5人、姑苏领军人才29人，领军人才申报数和立项数均列常熟市第一位。

招商引资　全年到账外资及中国港澳台资2.8亿美元，注册外资及中国港澳台资1.6亿美元；注册内资35亿元；全年累计新签约项目40个，总投资超过170亿元，其中世界500强企业投资项目1个，超过5000万美元外资项目4个，超过10亿元内资项目3个。巩固新能源汽车零部件产业优势，引进瑞普动力新能源、怡创科技、冲融新能源等新项目，亨睿碳纤维、大陆汽车电子等项目增资；氢能产业强链补链，引进中欧氢能技术创新中心、中国汽研氢能检测中心等重点项目，联合中国氢能联盟、英国驻华大使馆举办氢能产业研讨会，承办江苏省氢能产业合作交流会。引进总投资30亿元的智享生物二期项目和总投资10亿元的佰鸿集团干细胞与再生医学产业园项目，引进赛弗迪生物项目和康明永瑞生物项目。实施《常熟高新区推进数字产业发展实施方案》，新增数字经济项目40个，注册资本8.7亿元，总投资19.8亿元，累计入库苏州市数字经济企业177家，增长98.15%，累计开票销售96.5亿元，新增海力达、达顺威尔、宏瑞达和罗伯泰克4家苏州市数字经济示范企业，数量列苏州市第一位。

产业发展　全年工业开票销售收入1510.7亿元，增长11.9%；销售超过1亿元企业262家，其中超过10亿元企业35家；税收超过1亿元企业10家。打造千亿元级汽车产业创新集群，集聚汽车相关企业170家，全年实现开票销售635亿元，增长7.6%。推动传统零部件产业向新能源智能汽车产业更新迭代，重点布局新能源“三电”、智能座舱、智能网联，集聚新能源智能汽车相关企业75家，全年实现开票销售579亿元。落户英特模智能驾驶及新能源项目，完成苏州5G车联网城市级验证与应用项目常熟段建设。完成“智改数转”项目210个。新增省级工业互联网标杆工厂2家、省级智能制造示范车间5家、江苏省绿色工厂5家、五星“上云”企业5家、AAA级两化融合管理体系贯标示范培育企业2家。常熟生益科技有限公司、苏州艾科瑞思智能装备股份有限公司、常熟建华模具科技股份有限公司获评国家级专精特新“小巨人”企业，索特传动设备有限公司挖掘机部件获得国家制造业“单项冠军”产品认定。

（常熟高新区　何　瑜）

省级开发区

【概况】 2022年，苏州市有省级开发区6个，其中省级经济开发区1个、省级高新技术产业开发区4个、省级旅游度假区1个。在2022年全省开发区综合考评中（评价范围包含国家级经开区），昆山花桥经济开发区列全省第37位，在省级开发区中列第10位。在2022年全省高新技术开发区评价中（评价范围包含国家级高新技术开发区），太仓高新技术开发区、相城高新技术开发区、张家港高新技术开发区、汾湖高新技术开发区分别列第14位、第24位、第36位、第50位，在省级高新技术开发区中分别列第2位、第8位、第17位、第29位。

【昆山旅游度假区】 昆山旅游度假区是1994年经江苏省政府批复设立的首批省级旅游度假区之一，面积198平方千米，其中水域面积64.3平方千米，辖昆山市淀山湖镇、周庄镇、锦溪镇，被纳入长三角生态绿色一体化发展示范区协调区。2022年，昆山旅游度假区完成地区生产总值311亿元，增长1.1%；一般公共预算收入26.8亿元，增长1%；进出口总额40亿美元，增长3%；实际使用外资及中国港澳台资3225.5万美元，增长46.6%；规模以上工业总产值800.2亿元，增长3.5%；全社会固定资产投资51.4亿元，增长12.1%。

科技创新　新认定高新技术企业73家、姑苏领军人才2人、昆山“双创计划”人才5人。建成特色专业产业园区10万平方米。宝锦激光被认定为国家级专精特新“小巨人”企业。新增省级专精特新中小企业17家。立讯电子科技（昆山）有限公司、昆山联滔电子有限公司连续4年入围全国电子信息百强企业。昆山同日工业自动化有限公司获批省工业互联网平台安全防护星级企业。

招商引资　引进项目46个，总注册资本25亿元，分别增长254%和246%。引进峰飞航空中国区总部、中移高科全国总部、掌淘网络科技总部、智慧图华东区总部和交银资本、峰瑞资本、双睿资本等产业基金。非凡生命科学产业创新中心开园，领致生物科技等一批项目入驻。中关村（昆山）创新产业园投用，源生康泰基因、达影科技等6个项目落户。推动实施151个基础设施项目和72个产业项目。淀山湖铱工场科创产业园、研祥文化创意产业园等4个苏州市级，宝韵新能源汽车线束、绿能科创园等10个昆山市级重点产业项目开工建设。立讯昆山科学园首期项目建成投产，2022年实现产值50亿元。区项目建设审批中心挂牌运作，通过赋权和集中代办方式，承担28项审批权限，实现项目建设“办事不出区”。

农文旅融合　完成“东方湖区”全域水乡文旅综合体方案策划。研祥淀山湖产业基地五星级喜来登、四星级雅乐轩酒店主体结构封顶。阿里大文娱周庄数字梦工厂启动运营。漫港·等风来、环湖露营基地、远望谷云想谷等一批文旅体验项目建成开业。实施“昆山之链”首链工程，构建“三道六线”交通体系，分级分类布局“昆恋驿站”，基本实现缘甸段10千米廊道“小贯通”。长三角示范区协调区锦淀周一体化生态提升EOD（生态环境导向的开发模式）项目落地。该项目总投资118.97亿元，是江苏省首个超过100亿元的EOD融资模式落地项目，也是苏州市首个以EOD模式融资成功落地项目。夜周庄入选文化旅游部《2022年旅游景区质量提升案例汇编》。锦溪古镇获评文旅部江苏培训基地现场教学点。淀山湖老街入选苏州市首批老街名录。举办2022海峡两岸（昆山）中秋灯会。4个村被命名为第十批江苏省特色田园乡村。

（昆山旅游度假区　蔡敏峰）

【汾湖高新技术产业开发区】 汾湖高新技术产业开发区（简称“汾湖高新区”）原为2006年经省政府批准设立的省级汾湖经济开发区，2012年经省政府同意更名设立省级汾湖高新技术产业开发区，面积258平方千米，与吴江区黎里镇实行“区镇合一，以区为主”的管理模式，是长三角生态绿色一体化发展示范区先行启动区。2022年，汾湖高新区完成地区生产总值347.5亿元，增长3.1%；一般公共预算收入33.71亿元，增长4.4%；进出口总额18.61亿美元，下降2.0%；实际使用外资及中国港澳台资2175万美元，下降79.4%；规模以上工业总产值701.73亿元，增长3%；全社会固定资产投资88.09亿元，增长10.8%。

深化改革　发挥长三角生态绿色一体化发展示范区先行启动区和江苏自贸试验区联动创新发展区的叠加优势，联合上海市青浦区、浙江省嘉善县争创全国首个跨省域国家高新区取得阶段性成果。数字政府建设持续赋能，上线基建财务云、国有资产管理平台，挂牌运营公共资源管理中心。加快绿色低碳转型发展，编制能源发展“十四五”规划，绿色工厂增至7家。公共服务共建共享，异地就医直接刷卡结算、异地租赁提取住房公积金、新生儿入户跨省通办等一批便民事项高效运行，合作办学及医联体项目实质化、常态化运转。

科技创新　完成高新技术产业产值294.34亿元，占规模以上工业总产值41.9%。实现“智改数转”规模以上企业全覆盖，省级智能示范车间（工厂）增至22个。新增国家级专精特新“小巨人”企业9家、省级专精特新中小企业22家。签约产学研协议近30项，企业交易技术合同成交额超过10亿元，有效高新技术企业226家。新增省级众创空间3家、技术中心及研究中心8家。英诺赛科（苏州）半导体有限公司再次获评省“独角兽”企业，苏州微光电子融合技术研究院获评市新型研发机构。苏州原光电有限公司陈意桥团队入选姑苏重大创新团队。数字人民币场景持续扩容，完成全国首单2.5层金融机构跨区域支付。

招商引资　新签约焜原扩产、爱烯新能源、隐冠扩产、伯宇等规模型生产及研发项目35个，总投资38.86亿元，其中1亿元及以上项目10个。信益科技项目实现年内招商、年内落地、年内投产开票超过1000万元。味全乳制品项目获得吴江区唯一乳制品SC认证并投产。永鼎光纤预制棒、永鼎智慧科技产业园一期投产，中国移动苏州数据中心（二期）运营，顶津食品（二期）第一条产线、合兴食品（二期）、麦格尼特加速器等项目试生产。苏州欧圣电气股份有限公司在深圳证券交易所创业板上市。总部经济项目增至8家。

产业发展　聚焦示范区“五大经济”，着力构建现代产业格局，规模以上工业企业升至334家。全年销售收入超过10亿元企业17家，超过1亿元企业148家。91家企业被列入吴江区纳税大户名单，23家企业上榜吴江区百强企业。江苏永鼎股份有限公司成为吴江区首个省级大数据产业发展试点示范项目，中国移动长三角（汾湖）数据中心入选首批省新型数据中心典型案例。主导产业装备制造业产值突破300亿元。

（汾湖高新区　葛依庭）

【昆山花桥经济开发区】 昆山花桥经济开发区（简称“花桥开发区”）是2006年经省政府批准设立的全省首个以现代服务业为主导产业的省级开发区，面积52.3平方千米，是昆山深化两岸产业合作试验区核心区，与昆山市花桥镇实行“区镇合一”管理体制。2022年，花桥开发区完成地区生产总值401.32亿元，增长0.6%；一般公共预算收入54.18亿元，增长5.2%；进出口总额21.21亿美元，增长4.6%；实际使用外资及中国港澳台资1.7亿美元，增长6.25%；规模以上工业总产值212.24亿元，增长11.6%；全社会固定资产投资91.00亿元，增长0.5%。花桥镇列2022年度全国综合实力千强镇第五位。

深化改革　联合上海市嘉定区安亭镇、青浦区白鹤镇共同编制统一的城镇圈产业发展指导目录，统一跨区域产业发展导向。深化“放管服”改革，升级“花桥服务”，围绕“打造数字经济实验区，建设宜居宜业青年城”总要求，建设区“一网通办”平台，花桥政务服务旗舰店创新设置批前指导、专项指导、全过程指导服务功能，提供法人和个人近50项事项网上办理查询，“一网通办”专窗“跨省通办”事项提高至120项，全年办件3657件。

科技创新　举办花桥数字经济产业创新集群推进大会，认定苏州市数字经济入库企业49家，投运数字经济展示馆。新增人才科创项目81个，其中院士项目3个、国家级重大人才项目2个。获评省“双创计划”人才1人、省“双创计划”博士1人，姑苏领军人才6人，昆山“双创计划”人才15人，江苏省外国专家工作室2家；新增外籍高端人才22人。认定高新技术企业76家，累计有效高新技术企业157家，认定江苏省潜在“独角兽”企业2家、苏州市“瞪羚”企业5家，认定省级科技企业孵化器1家、省级众创空间1家。新增科创承载空间20万平方米，累计运营科创空间超过

2022年7月12日，蒂森克虏伯汽车车身智造中心项目签约仪式举办

（花桥开发区　供图）

100万平方米，新增科创平台3个。

招商引资　瞄准“数字经济、总部经济、研发产业”主攻方向，开展项目攻坚服务月活动，举办花桥数字经济产业创新集群建设推进会、易商产业园开工仪式、花桥梦世界两岸数字文娱产业园开园等活动。全年注册落户项目45个，其中新增注册资本超过1亿美元项目2个、内资超过1亿元项目8个。世界500强企业蒂森克虏伯汽车车身智造中心落户。

产业发展　举办花桥数字经济产业创新集群推进大会，20个数字经济项目通过“线上+线下”集中签约，总投资43.8亿元，涵盖数字金融、数字健康、数字交通、数字航天等多个领域。会上，苏银凯基消费金融有限公司20亿元增资到账发布；花桥与武汉大学签订共建“武汉大学（花桥）数字技术创新中心”合作框架协议。开展昆山市“智改数转”项目在库培育工作，其中实施改造项目16个、数字采集能力提升项目1个、诊断项目23个。获评省星级“上云”企业5家，其中四星级“上云”企业1家。获评2022年省企业技术中心2家。50家企业被列入2022年昆山市创新型中小企业。省专精特新中小企业实现零的突破，达到6家。

（花桥开发区　高云蕾）

【太仓高新技术产业开发区】　太仓高新技术产业开发区（简称“太仓高新区”）于2018年被江苏省政府批准为省级高新技术开发区，面积116.74平方千米，与太仓市科教新城、娄东街道、陆渡街道实施“区城街一体”管理。2022年，太仓高新区完成地区生产总值669.95亿元，增长5.8%；一般公共预算收入101.78亿元，增长6.5%；进出口总额79.28亿美元，增长3.2%；实际使用外资及中国港澳台资2.70亿美元，下降21.8%；规模以上工业产值1210.57亿元，增长6.1%；全社会固定资产投资250亿元，增长10.8%。太仓高新区获批江苏省首批知识产权建设示范园区。

科技创新　新认定高新技术企业147家，有效高新技术企业数突破340家。获评国家科技型中小企业465家，增长30.12%。省民营科技企业备案199家，增长116.3%。入选省市潜在“独角兽”“瞪羚”企业20家。推动企业创新积分制。新建科创载体58万平方米。运行好深圳、北京、上海、德国柏林创新中心，新建德国亚琛、英国伦敦创新中心。娄城科技创业园获评国家级科技企业孵化器。中德智造众创空间获批国家级众创空间。获评省市工程技术研究中心10家，苏州市级以上领军人才47个，其中300万元以上奖励立项的高质量人才项目列苏州市各类开发区第一位。中科激光智能制造创新研究院开业。中德创新长廊获评省创新孵育计划。太仓高新区申报的中欧（太仓）绿色数字创新合作区入选2022年度中欧碳中和创新合作示范项目。太仓高新区作为“实施创新驱动发展战略、推进自主创新和发展高新技术产业成效明显的地方”受到省政府督查激励。

招商引资　建立“项目突破日”机制，全年签约落户产业项目64个，总投资近300亿元。其中，50亿元项目1个，超过20亿元项目4个，超过10亿元项目6个，超过1亿美元项目6个，世界500强企业项目3个；新能源汽车项目27个，航空航天项目18个，生物医药项目9个。太仓市首支外商投资股权投资基金（QFLP）落户。太仓市首家商业保理公司成立。天航长鹰、拓腾医疗、立琻半导体等20个重点产业项目竣工投产。举办第二届航空航天精英峰会、北京新能源汽车创业与产业对接会、中国（太仓）新能源汽车产业发展交流会、珠海国际航展航空航天产业推介会。

产业发展　推进新能源汽车、航空航天、生物医药三大产业创新集群建设。舍弗勒（中国）有限公司总投资3亿美元的新能源汽车核心零部件项目落户。集聚穆格工业控制（苏州）有限公司等航空航天产业链配套企业100余家，产值规模超过100亿元。签约瑞思凯医疗器械、中美冠科研发中心、海辰生物科技、南方元生物科技等多个项目。高新技术产业、新兴产业产值分别实现831.44亿元和719.31亿元，分别增长12.4%和10.4%，高新技术产业产值占比68.7%，新兴产业产值占比59.4%。

对德合作　舍弗勒航空零部件、联电新能源汽车动力总成、博泽驱动全国结算中心等项目落户，累计拥有德资企业超过420家。挂牌成立“汉堡之家”。与柏林—勃兰登堡州汽车供应商协会、中国建设银行法兰克福分行、中国银行法兰克福分行签署战略合作。中德证券有限责任公司设立太仓代表处。太仓高新区驻德代表处实体化运营。罗腾堡德风街、玛丽蒂姆酒店竣工投用，引进1886德国汽车餐厅、贝多芬咖啡馆、中德跨境电商、漫遇巴登德国轻颜馆等项目。拜仁慕尼黑太仓足球学校揭牌，AHK学院、德国途易BLUE文旅项目落地，克罗斯特“双元制”教育基金成立。承办江苏—德国经贸合作交流会、第三届德国物流供应链圆桌会议。举办第二届中德中小企业论坛、“德国留学生归国首选地”宣传推介会、第十七届太仓啤酒节、中德职业教育产教融合博览会暨太仓“双元制”教育创新大会、中德技能挑战大赛。到德国举办第十四届太仓日，推动总投资130亿元项目落地。首次与德国首都电视台、德国商报等14家境外媒体合作开展宣传。

（太仓高新区　孙鸿宇）

【张家港高新技术产业开发区】　张家港高新技术产业开发区（简称“张家港高新区”）于2018年经省政府批准为省级高新技术产业开发区，面积94.29平方千米，与张家港市塘桥镇实行“区镇一体”管理。2022年，张家港高新区完成地区生产总值535.01亿元，增长9.23%；一般公共预算收入34.87亿元，增长5.34%；进出口总额81.9亿美元，下降1.18%；实际使用外资及中国港澳台资1.46亿美元，增长22.44%；规模以上工业总产值1486.32亿元，增长6.22%；全社会固定资产投资222.97亿元，增长18.68%。

科技创新　全年全社会研发投入70.07亿元、增长8.21%。张家港高新区被纳入国家沿江沿沪产业创新带规划，获评张家港市唯一的国家“创新人才培养示范基地”。启动总面积37.66平方千米的“东渡人才港”规划建设，打造“类海外”创业功能区、CBD创新门户区等五大功能区，累计新开工科创载体面积超过115万平方米。获批全省第二家省部共建留学人员创业园，落地建设全省县级市首家省级氢能技术创新中心，建设苏州市首家知识产权工作站。新增苏州市新型研发机构1家、国家级众创空间1家。累计有效高新技术企业485家，增长23.4%；认定科技型中小企业501家，增长21.89%。获评江苏省“瞪羚”企业16家，列全省省级高新区第三位。

招商引资　出台科技招商政策，引进优质产业项目50余个、新增科技招商项目675项。建立“一个项目、一名领导、一个专员、一跟到底”的项目服务工作机制，推动总投资882.2亿元、年度投资159.11亿元的91个三级重大项目建设。

产业发展　高新技术产业产值占工业总产值比重72.3%。设立开源雷腾智造创业投资基金等产业基金，总规模超过25亿元。推动产学研协同创新，获评中国产学研合作创新示范基地，全年新增产学研项目136项，承担省国际科技合作项目1项。推动255家企业实施数字化改造，新增省级企业技术中心5家、苏州市级企业技术中心10家，国家级专精特新“小巨人”企业7家、省级专精特新中小企业31家。

（张家港高新区　钱志阳）

【相城高新技术产业开发区】 相城高新技术产业开发区（简称“相城高新区”）于2018年经省政府批准为省级高新技术产业开发区，面积60.29平方千米，涉及相城区元和街道、黄埭镇、高铁新城、黄桥街道、太平街道、渭塘镇6个板块。2022年，相城高新区完成地区生产总值693亿元，增长4.1%；一般公共预算收入90.5亿元，下降5.7%；进出口总额29.74亿美元，下降10.6%；实际使用外资及中国港澳台资2.55亿美元，增长0.08%；工业总产值1065.8亿元，下降2.00%；全社会固定资产投资378.23亿元，增长10.8%。获评全国首个数字金融领域火炬特色产业基地、全省首个国家新型工业化产业示范基地、全省首批现代服务业高质量发展集聚示范区。

招商引资　围绕以智能车联网、新型显示、新一代通信技术为核心的光电信息产业体系，培育和集聚魔门塔（苏州）科技有限公司、智加科技有限公司等160余家头部企业，引进中国电信“双总部”、吉利汽车智能驾驶全球研发中心等重点项目。高铁新城片区入选交通运输部首批智能交通先导区应用试点，获批省首批车联网和智能网联汽车高质量发展先行区，成为长三角地区智能网联汽车产业创新发展高地。中国计算机学会（CCF）业务总部和学术交流中心、河海大学苏州研究院投入运营，魏桥轻量化（苏州）研究院签约落户。举办中国江苏—日本投资机遇研讨会、中日智能网联汽车行业交流对接会、荷兰高校院所（相城）创新创业峰会等交流合作活动。

科技创新　新增发明专利授权1177件、PCT申请273件，分别增长24%、32%。新增省级院士工作站1家。有效高新技术企业773家，入库国家科技型中小企业2231家。获评国家知识产权示范企业2家、省创新型领军企业2家，均实现零的突破。获评2021年批次国家级科技企业孵化器3家、众创空间4家，累计建有各类科技创业载体116家，其中省级以上科技创业载体50家、省级众创社区1家。加快海外离岸创新中心建设，在日本、法国等布局6家海外离岸创新中心。

产业发展　完成高新技术产业产值516亿元，占规模以上工业产值比重63.9%；新兴产业产值429.88亿元。构建新能源产业体系，获批全省首个能源互联网产业集聚区。集聚数字金融、智能车联网企业、先进材料、区块链等新兴企业超过1600家。建设产学研协同创新载体，推进长三角先进材料研究院、量子科技长三角产业创新中心等重大平台建设，长三角先进材料研究院获评江苏省特种合金技术创新中心，量子科技长三角产业创新中心获批江苏省新型研发机构、苏州市新型研发机构。获评国家级专精特新“小巨人”企业4家、省“独角兽”企业2家、省潜在“独角兽”企业7家、省“瞪羚”企业16家。获评省级智能工厂1家、标杆工厂1家。金宏气体股份有限公司获评省长质量提名奖。建立覆盖小微企业成长全生命周期的金融支持体系，构建独有的数字人民币物联网支付创新产业链，推动相城区获评2019—2021年度全省金融生态优秀县（区）。

（相城高新区　张晓诗）

编辑：魏福堂

综 述

【科技发展】 2022年，苏州市聚焦重点领域和关键环节，推进科技体制改革，加强创新体系建设，激发创新活力，积聚优质资源。科技创新布局实现历史性突破。挂牌组建国家级苏州实验室，成立苏州太湖光子中心，组建高功率半导体激光等创新联合体13个，启用先进技术成果转化长三角园区、国家先进功能纤维创新中心中试基地，启动实施“深时数字地球”国际大科学计划。全年研究与试验发展经费支出占地区生产总值比重4.0%。科技进步贡献率68.5%，比2021年提高1个百分点。全市高新技术产业产值2.29万亿元，增长5.0%，占规模以上工业总产值比重52.5%。有效高新技术企业累计13473家，首次跃升至全国城市第四位。年末各类人才总量370.12万人，其中高层次人才38.14万人、高技能人才91.22万人。

【科技投入】 2022年，苏州市财政性科技投入231.07亿元，占一般公共预算支出的8.9%。安排市级科技创新专项资金13.9亿元，聚焦企业技术创新、产业技术创新、科技创新载体、科技人才和服务体系建设5个方面，深化科技体制改革创新，加快完善全市创新生态环境，激发全社会创新创造活力。争取国家、省级科技项目经费，新立省级以上项目1640项，获得经费支持19.29亿元。其中国家级项目536项，获得经费支持6.91亿元；省级项目1104项，获得经费支持12.38亿元。

【科技政策】 2022年，苏州市起草苏州市首部科技创新综合性地方法规，在保持与上位法衔接统一的基础上，从国家战略和苏州实际出发，着力破除制约苏州创新资源配置、创新能力提升的体制机制障碍，为深化科技体制改革和优化创新生态提供坚实法治保障。出台《关于加快推进全市科技招商工作的指导意见》，建立健全科技招商工作体系，加快集聚优质创新资源要素，打造创新创业生态系统。出台《苏州市打造科技服务业发展先导城市三年行动计划（2023—2025年）》《关于进一步促进科技创新券发展实施意见》，推动全市科技服务业发展。出台《加快推进全市创新集群科技企业梯度培育的若干措施》，打造以科技型中小企业、民营科技企业为基础，高新技术企业、“瞪羚”企业为主体，“独角兽”企业、科技上市企业为标杆的创新型企业梯队。出台《苏州市创新联合体建设实施方案》，推动龙头企业牵头、联合高校院所等创新主体组建创新联合体，开展产业关键共性技术攻关。

落实重点科技创新税收政策。全年减免企业所得税352.80亿元，增长41.18%。其中，享受研发费加计扣除企业22158家，增长25.20%，加计扣除额926.08亿元，增长69.46%，折合减免企业所得税（按25%税率计算）231.52亿元。全市2645家高新技术企业享受企业所得税15%的优惠税率，减免企业所得税120.28亿元，增长6.87%。全市22家技术先进型服务企业享受企业所得税15%的优惠税率，减免企业所得税9967.51万元。

【“一区两中心”建设】 2022年，苏州市推进“一区两中心”（国家生物药技术创新中心、国家第三代半导体技术创新中心、国家新一代人工智能创新发展试验区）国家科技创新体系建设。

国家生物药技术创新中心　技术攻关方面，实施“揭榜挂帅”机制。核酸药物项目立项39个，在药物递送、制备工艺等方面取得阶段性进展，解决LNP（脂质纳米颗粒）普遍存在的内涵体逃逸效率的技术难题，开发全国首款高效靶向听力系统功能细胞的AAV（腺相关病毒）载体，开发自主知识产权的加帽类似物大规模绿色生产工艺；启动细胞疗法技术攻关项目，征集国内外项目128个；6家药物研发企业获得全国颠覆性技术创新大赛总决赛优胜奖，在该领域全国占比近30%。平台建设方面，投资2.5亿元自建核酸药物创新平台，生物药领域重大疾病共性机制研究、免疫与炎症、生殖医学与子代健康3家全国重点实验室获批，落地相关合作平台；与苏州系统医学研究所共建细胞与基因治疗研发转化平台，与南京医科大学合作布局O-link蛋白质平台，与百度公司合作建设ITBT（信息技术与生物技术结合）创新平台。资源集聚方面，编制生物医药技术、产业、人才图谱；引进国内外一流人才团队，累计推选26人入选国家级重大人才引进工程（2021年12人、2022年14人）；累计带动集聚生物医药项目580余个。

国家第三代半导体技术创新中心　技术攻关方面，在大尺寸氮化镓材料制备等方面取得重大突破，8英寸硅基氮化镓外延片位错密度、晶体质量指标世界领先；参与承担上级重点研发计划，其中“新型显示与战略电子材料”专项——“氮化镓基微小尺寸LED外延新结构与缺陷抑制规律、载流子复合机制”、晶体薄片加工及新一代增益器件制备、高频大带宽射频滤波关键材料与器件技术、沈阳材料科学国家研究中心第三代半导体联合研究分部建设4项国家重点研发计划，高质量大尺寸（6英寸及以上）氮化镓材料制备关键技术研发等5项江苏省产业前瞻与关键核心技术计划项目。平台建设方面，完成测试分析与服役评价平台升级，建成运行材料生长平台、中电科微波封装测试中试线，并为全国120余家单位提供专业化服务；推进建设器件工艺平台，规划建设集成应用示范平台、高密度封装平台。资源集聚方面，编制第三代半导体领域产业链条图、重点企业清单等“五图六清单”。引进郝跃、郑有炓、侯洵等院士团队；集聚高层次领军人才30余人，核心研发与运营团队近300人。与苏州纳维科技有限公司等龙头企业、西安电子科技大学等高校、中国科学院苏州纳米所等科研院所共建联合研发中心17家。累计带动集聚纳米技术应用产业项目300余个。

苏州国家新一代人工智能创新发展试验区　集聚企业超过1000家，相关产业规模1250亿元，2020—2022年产值规模平均增速为22.7%。创新主体培育方面，累计培育人工智能相关上市企业16家、省级以上专精特新企业28家、各类“独角兽”（含培育）企业34家、各类“瞪羚”企业149家、高新技术企业259家。基础设施和平台建设方面，全面达成千兆城市评价指标，推进数据中心规模提升，建成国家超级计算昆山中心、苏州国科数据中心、苏州超级计算中心等基础设施，累计建成5G基站3.8万个、在用数据中心35家、大型超算中心3个，全市数据中心机架规模16.2万标准机架，利用率59%；思必驰科技股份有限公司获批科技部“语言计算国家新一代人工智能开放创新平台”，实现江苏省零的突破；IT+BT（信息技术与生物技术结合）融合创新中心开业运营，19个重点项目入驻，累计获得融资10亿元；集成电路设计公共服务平台获评工业和信息化部第一批工业和信息化重点领域产业（集成电路）人才基地。关键核心技术攻关方面，苏州市5个项目入选工业和信息化部人工智能产业创新任务揭榜挂帅项目，占全省的62.5%；6个项目入选2021年、2022年省重点研发计划（江苏省产业前瞻与关键核心技术计划项目），获得省拨经费4260万元，119个项目获得省人工智能融合创新产品和应用解决方案认定，占全省的44%；2021—2022年，苏州市产业前瞻与关键核心技术项目对67个人工智能项目给予2738万元的经费支持。创新政策支持方面，制定《苏州市人工智能产业创新集群行动计划（2023—2025年）》《关于推进国家新一代人工智能创新发展试验区核心区建设的实施方案》等政策文件。应用场景建设方面，累计发布应用场景清单71项，举办应用场景开放对接活动16场，其中34个场景落地；累计遴选人工智能示范企业82家、标杆示范项目35个、特色产业集聚区3个；结合科技部人工智能重点场景征集需求，梳理并报送数智融合“未来社区”、自动驾驶赋能同城配送等7个应用场景；打造以“AI+制造”为特色的技术应用示范区，累计建成全球“灯塔工厂”5家；2022年度完成智能化改造和数字化转型项目11227个（涉及工业企业9033家，规模以上企业6592家）。社会管理实验方面，“苏周到”App接入应用510项，用户数近2000万人，用户体验和用户黏性增强；“苏商通”App接入法人服务系统和应用190余个，汇聚各级各类政策信息1.2万条，智能解构、精准推送惠企政策超过300万次。品牌支撑活动方面，举办中国人工智能产业年会，设1场主论坛、14场专题分论坛和6场特色活动，138名院士学者、37名行业专家参会；依托微软公司、华为公司等龙头企业创新中心，举办试验区新品发布会、融资路演等活动100余场，赋能苏州企业近400家。

【长三角G60科创走廊建设】 2022年，苏州市牵头做好长三角G60科创走廊建设相关工作，轮值举办第四届长三角G60科创走廊人才峰会，联合举办长三角G60科创走廊昆山小核酸及生物医药产业园专场产融对接会，牵头成立长三角G60科创走廊激光产业联盟。全市G60产业联盟数量4家，列九城市（上海、嘉兴、杭州、金华、苏州、湖州、宣城、芜湖、合肥）第一位。参与G60科创走廊科技资源共建共享，苏州市研发资源共享服务平台集聚上海、嘉兴、杭州等8个城市的15500余台套科学仪器、660余家服务机构。针对年初新冠疫情，联合制定《关于发挥长三角G60科创走廊跨区域协同发展优势支持企业复工复产促进产业链供应链稳定的若干措施》，建立九城市产业链供应链协调联动机制。苏州长光华芯光电技术股份有限公司等3家公司获得2022长三角G60科创走廊突出贡献奖。

（市科技局　陈新芮）

科技人才

【高层次人才引育】 2022年，苏州市自主申报入选国家级重大人才工程A类100人，累计461人，其中创业人才168人，连续10年列全国城市第一位。姑苏创新创业领军人才计划新立项支持630个项目，增长39%。149个项目入选省“双创计划”，累计入选1385人，连续16年列全省设区市第一位。实施“高端人才奖励计划”。针对先导产业、前沿科技领域做出突出贡献的高端人才和苏州自贸片区急需人才，对年薪高于40万元的按个人薪酬给予每年最高40万元的奖励。经人才申报、市科技局审核等环节，764名境外高端人才和市级以上人才计划入选者入选，占入选总数的39.26%，共计获得奖励资金1.2亿元。揭牌成立苏州科技商学院，发挥苏州产业创新集群发展优势，为各类创新主体搭建沟通交流平台，设立骐骥研学基金，支持苏州科技商学院开展产业创新赋能项目与路演活动。苏州科技商学院首期与南京大学合作组织实施高级科创人才研修班，邀请中国科学院院士樊春海等专家授课，苏州科技领军企业、创投机构、专精特新企业的66名学员参加，机关干部跟班学习。

【高层次人才服务】 2022年，苏州市科技局联合国家知识产权局专利局专利审查协作江苏中心开展“科技人才企业专利赋能”专项行动，走进长光华芯、盖亚科技等企业，推动企业重视知识产权、培育高价值专利。整合多方资源，举办“关怀领军人才专项行动”“从知识产权保护和保护知识产权看专利申请预审”“疫情时期及后疫情时期企业法律风险防范”等专题讲座。联合创耀科技、卓璞基金、苏州银行等10余家单位开展“上市公司及金融机构助才圆桌荟”，帮助解决科技人才企业融资难题。组织20条苏州市高层次人才市情体验活动专线，参与人才家庭285组，其中国家级人才6人、省级人才57人、市级人才77人。举办苏州市领军人才羽毛球邀请赛，吸引科沃斯、盖睿科技等40余家人才企业、150名羽毛球爱好者参与。2022年底，搭建防疫物资购买渠道，为200余家人才企业解决18万份抗原试剂需求。发挥苏州市领军人才联合会“红色黏合剂”作用，打造“小科帮你解难题”品牌，全年举办或协办各类活动30场次，服务人才企业3000余家次。

【外国专家引进】 2022年，苏州市做好国家外国专家项目申报、外籍人才科技创新载体建设工作。按照服务国家重大战略要求、聚焦“高精尖缺”引才重点、坚持项目成果绩效导向的原则，组织各县级市（区）排摸优质项目申报。开展各类外国专家引进活动，参加由科技部（国家外国专家局）主办的第二十届中国国际人才交流大会和教育部、欧美同学会（中国留学人员联谊会）主办的2023中国海外人才交流大会暨24届中国留学人员广州科技交流会。申请国家外国专家项目个人类项目55个，入选

29个，其中24个项目入选国家高端外国专家引进计划，2个项目入选外国青年人才计划，3个项目入选“一带一路”创新人才交流外国专家项目，11个项目入选外国专家重点支撑项目（外国学者基金），16个项目入选外国专家重点支撑项目（重大科研）。项目总资助资金1739万元。年内，苏州市入选省“外国专家引进计划”4项，总资助资金200万元。第十二批“海鸥计划”通过项目86个，共有97名海外人才入选，获得政府补贴资金1363万元。截至年底，“海鸥计划”累计支持1377个项目的1763名海外人才，拨付补贴资金1.83亿元。年内，29家外国专家工作室入选“江苏省外国专家工作室”，命名“苏州市外籍院士工作站”5家、“苏州市外国专家工作室”26家。对新命名的外籍院士工作站资助第一笔250万元建设经费。

【外籍人才服务】 2022年，苏州市做好外国人才到中国工作许可服务。在吴中区设立外国人到华工作许可受理窗口，在苏州高新区复制推广外国人到华工作许可、居留证件单一窗口，由市科技局和公安出入境部门抽调业务骨干，形成专班，建立联合办理机制。机制上实现“背靠背”到“面对面”的转变，模式上实现“串联到并联”的转变，时效上实现从“两次受理、两次发证”到“一次受理、一并发证”的转变。举办“外国专家看苏州”系列活动4期，内容包括参观苏州文化景点、苏州非遗物质文化体验、健身跑步等，向在苏州工作的外国专家展现苏州传统文化和现代城市品质，提升外国专家对苏州的认同感、归属感。组织在苏州工作的外国专家参加由中国日报社主办的“我·中国和‘这十年’主题征文”活动，外国专家“二十大故事”征文活动以及外国专家热议党的二十大活动。苏州市连续11年入选“魅力中国——外籍人才眼中最具吸引力的中国城市”。

【苏州市连续11年入选“外籍人才眼中最具吸引力的中国城市”】 2022年12月29日，科技部国外人才研究中心发布2021年度“魅力中国——外国专家眼中最具吸引力的中国城市”主题活动调查结果，苏州市排名第七位，连续11年入选。该活动在全国筛选出41个城市（不含港澳台地区）作为调查测评对象，根据工作便利度、生活便利度、社会环境、城市互评、城市外向度5个维度设计52个调查指标，编制调查问卷，最终根据5625份有效问卷，测出41个城市的吸引力得分。

（市科技局　陈新芮）

科技创新载体建设

【概况】 2022年，苏州市围绕数字经济时代产业创新集群发展需求，推进科技创新载体建设。新增省级重大科技创新载体9个，其中江苏省新型研发机构4个、江苏省技术创新中心3个，均列全省设区市第一位；江苏省重大科研设施预研项目1个，“双碳”领域江苏省重点实验室重组试点1个，并列全省设区市第一位。打造国家战略科技力量。获评成立国家级苏州实验室。推进国家新一代人工智能创新发展试验区、国家生物药技术创新中心、国家第三代半导体技术创新中心、“深时数字地球”国际大科学计划等“国字号”载体建设。年内，苏州市获批特种合金、高端医疗器械、氢能3家江苏省技术创新中心，占全省立项数的43%，列全省设区市第一位。构建实验室体系。围绕四大产业创新集群，争创全国重点实验室（基地）、江苏省实验室及江苏省重点实验室，布局建设苏州市重点实验室。建设产业技术创新平台。建设投入主体多元化、集聚资源国际化、运行机制市场化、管理制度现代化的新型研发机构。打造离岸创新“苏州模式”。苏州市累计有海外创新孵化中心、企业海外研发机构、海外产学研合作平台、海外合作项目飞地等离岸创新机构超过80家。推进众创空间、科技企业孵化器、加速器等全链条科技孵化载体建设。

【实验室体系建设】 2022年，苏州市围绕四大产业创新集群，争创全国重点实验室（基地）、江苏省实验室及江苏省重点实验室，布局建设苏州市重点实验室，形成定位清晰、充满活力的实验室体系。国家级苏州实验室挂牌成立。2021年底，国家重点实验室重组工作开展后，苏州市遴选31个项目参与重组，有12个项目进入首轮重组流程。获批“双碳”领域江苏省重点实验室重组试点1个。全市建有国家实验室（苏州实验室）1家、江苏省实验室（姑苏实验室）1家、江苏省重点实验室17家。布局建设市级重点实验室，新增市级重点实验室19家，累计257家。在2022年立项建设的苏州市重点实验室中，主动布局类占比36.8%。

【新型研发机构建设】 2022年，苏州市新增中国农业大学有机资源循环利用研究院（苏州）、中国电子科学研究院量子科技苏州研究所、苏州先进技术研究院、南京航空航天大学苏州研究院4家省级新型研发机构，累计15家；新增中科纳米张家港化合物半导体研究所等13家市级新型研发机构，累计91家。

【工程技术研究中心建设】 2022年，苏州市新增省级工程技术研究中心201家，累计1363家；新增市级工程技术研究中心388家，累计4277家。

【科技企业孵化载体建设】 2022年，苏州市实施企业梯度培育工程，完善创业孵化载体体系，提升创业孵化水平，引导科技创业孵化载体发展。推进科技企业孵化器建设。截至年底，全市有省级以上科技企业孵化器158家，总数列全省设区市第一位，合计场地面积超过400万平方米，在孵企业超过9000家，在孵企业从业人数超过10万人，累计孵化成功企业近9000家，孵化成功企业累计上市（挂牌）企业数量近300家。推动众创空间发展。全市有省级以上众创空间388家，总数列全省设区市第一位，2022年服务的创业团队和初创企业1.2万个（家），常驻创业团队和初创企业超过1万个（家），常驻企业和团队总人数超过4万人。

【苏州实验室】 2022年9月6日，苏州实验室挂牌组建。苏州实验室是全省唯一经中央批准成立的新型科研事业单位，总部位于苏州工业园区，由中国工程院院士徐南平任主任。苏州实验室围绕“战略性产品、战略性产业、未来科技”发展中重大材料科学和关键技术问题，推动战略性结构材料、功能材料和前沿材料的突破，打造材料领域国家战略科技力量，建设突破型、引领型、平台型一体的战略平台，努力建成世界一流实验室。

【中国科学院苏州纳米技术与纳米仿生研究所】 中国科学院苏州纳米技术与纳米仿生研究所（简称“苏州纳米所”）位于苏州工业园区，是由中国科学院、江苏省、苏州市、苏州工业园区四方共同建设的国家级研究机构，以“致力纳米科技创新，引领新兴产业发展”为宗旨，定位于纳米技术的应用基础研究和产业化，开展相关领域基础性、战略性、前瞻性的创新科研。

科研成果　2022年，苏州纳米所聚焦“新型显示光源材料与芯片”“类器官创制及精准治疗技术”“仿生轻巧结构与智能穿戴应用技术”等重点领域，开展前沿科学研究与关键核心技术攻关。围绕全国重点实验室重组、加强基础研究布局、承担国家重大任务等重点工作，推动原创性成果产出。新增专利申请284件，其中国内专利申请254件（含发明专利248件），PCT申请及其进入外国国家专利申请30件；授权专利206件，其中国内授权专利194件（发明专利174件），PCT进入国授权专利12件；登记计算机软件著作权2件。

科技项目　2022年，苏州纳米所面向国家重大需求，争取竞争性科技项目经费（民口纵向）1.35亿元，其中国家重大科技任务23项，合同额近1亿元，包括国家重点研发计划项目牵头2项、课题牵头5项，参与中国科学院基础研究领域青年团队计划项目2项，牵头江苏省重大、重点项目2项。高技术项目方面，新增合同额1.2亿元。

科技基础设施　2022年，苏州纳米所初步建成世界首个按国家重大科技基础设施标准在建的纳米真空互联实验站。截至年底，该实验站累计开展合作课题651个，服务用户220个，服务机时超过8万小时，在《自然》（*Nature*）等学术期刊发表文章超过250篇，申请专利246项。

【中国科学院苏州生物医学工程技术研究所】中国科学院苏州生物医学工程技术研究所（简称“苏州医工所”）位于苏州高新区，是中国科学院唯一整建制的以生物医学仪器、试剂和生物材料为主要研发方向的研究机构，由中国科学院、江苏省、苏州市三方共同建设，定位于“面向生物医学的重大需求，开展先进生物医学仪器、试剂和生物材料等方面的基础性、战略性、前瞻性的研究工作，引领生物医学工程技术的发展，建成医疗仪器科技创新与成果转化平台，成为不可替代的国立研究机构”。

科研成果　2022年，苏州医工所牵头及参与申报国家重点研发计划项目62项，获批28项，其中作为牵头单位获批5项，研究所科研人员作为首席科学家获批10项，包括“诊疗装备与生物医用材料”14项、“基础科研条件与重大科学仪器设备研发”4项、“主动健康和老龄化科技应对”3项，“BT&IT融合”1项、“干细胞研究与器官修复”1项。策划组织申报国家自然科学基金92项，获批11项；其中面上项目申报23项，获批8项，资助率34.8%。开展属于“0~1”的大科学装置——“全脑在体神经元解析成像实验装置”论证，获批省重大科研设施预研项目，省级拨款3000万元（地方配套2000万元）。获批中国科学院稳定支持基础研究领域青年团队1项、江苏省杰出青年基金1项。依托苏州市基础研究试点项目，组织立项基础研究9项；获批苏州市先进生物医学成像技术重点实验室和苏州市高端医疗器械产业创新联合体。申请国内专利262项，其中发明专利209项；授权国内专利180项，其中发明专利100项；申请PCT专利3项，授权国外专利7项（4项日本，1项美国，2项韩国）；发表论文283篇，其中SCI论文225篇；牵头制订国家标准3项，推荐国家标准建议4项，参与制订团体标准2项。

科研成果转化　2022年，“十三五”期间苏州医工所的6项国家重点研发计划项目均通过综合绩效评价。依托“十三五”国家重点研发计划“数字诊疗装备研发”重点专项支持，早期肺癌诊断超高分辨共聚焦荧光显微内镜（全球第二张）、随机光学重建/结构光照明复合显微成像系统（全国第一张）成果落地转化，通过创新医疗器械审批并取得二类医疗器械注册证，实现高端医疗器械国产替代。与医疗器械头部企业和投资机构对接，转化科技成果13项，成果转化收入8000万余元。“数字PCR系统”在中国（北京）国际服务贸易交易会上获评科技创新服务示范案例。

【材料科学姑苏实验室】材料科学姑苏实验室（简称“姑苏实验室”）位于苏州工业园区，发挥江苏省实验室的功能作用，以需求为中心开展科研攻关，打造材料领域国家战略科技力量，实现与苏州实验室的错位发展、协同发展。

科研成果　2022年，姑苏实验室申请专利52件，其中发明专利41件、授权专利15件。在国际高水平期刊发表文章40余篇。“高精度纳米压印光刻设备的研发”项目入选金鸡湖领军人才计划，经社会融资成立公司落户苏州工业园区。院士工作室开展光伏—氢能稳定供电系统创新研究，与行业龙头企业固德威（苏州）公司合作立项创新系统产业化项目。参与并获批市级创新联合体2个。举办姑苏实验室品牌投融资对接会系列活动，推动科研成果转化。举办实验室品牌学术活动“姑苏材料论坛”29场，策划科研成果与人才宣传26次，组织线上线下科普活动5场。

科技项目　2022年，姑苏实验室聚焦电子信息核心业务战略课题——三类材料、三类工艺，发展电子信息先进材料与基础元器件，支撑通信、显示、大数据等战略产业发展。截至年底，获批国家级项目10项、省级项目1项、市级项目17项，获得上级财政资金支持3900.5万元。组织承接以“纳米压印”“光电探测”等为技术基础的横向项目5项，企业方技术委托合同出资超过600万元。

科研平台建设　2022年，姑苏实验室微纳工艺平台以成为全国最先进装备和特色服务模式的公共开放平台为目标，开展规划及建设工作。累计采购设备7台，形成以14名硕士博士为主的人才团队，承担科研项目3项。

支持苏州实验室建设　2022年，姑苏实验室派员推动苏州实验室科研、管理业务开展，面向姑苏实验室组织专场招聘说明会。提供项目支撑，梳理项目情况，遴选符合苏州实验室研究方向的项目，搭建对接渠道，组织专题交流。

【苏州市产业技术研究院】苏州市产业技术研究院（简称“市产研院”）是苏州市政府直属事业单位，总部位于苏州高新区，定位于技术研发、推广和应用，是非营利性技术公共研究机构。重点围绕苏州未来产业布局、新兴产业集群以及优势产业提升，以产业核心技术、共性关键技术和前瞻性技术的研发以及交叉学科的集成创新为重点，填补上游基础研究和下游企业产品生产之间创新链的空白。

产业技术布局　2022年，市产研院新增注册技术研究所10家，总投资9.12亿元。截至年底，通过“一所两制、双轮驱动”等创新机制累计建设技术研究所25家，全部属于电子信息、装备制造、生物医药、先进材料等重点产业领域。年内，与常熟市、吴中区、苏州高新区等县级市（区）合作，围绕声功能材料、机器人与智能制造、高端医疗器械等重点产业，建设市产研院创新基地3个。与省产研院等共同实施重大产业化项目2个，成立项目公司2家，总投资5800万元。截至年底，通过“拨投结合”模式累计实施重大产业化项目6个。

科研成果　2022年，市产研院支持所建技术研究所加大研发投入，组织开展科技攻关，突破关键核心技术。25家技术研究所和6个重大产业化项目共申请发明专利292件。电子功能材料技术研究所的“具有超高压电性能的透明铁电单晶的研发及产业化”项目获得首届全国颠覆性技术创新大赛总决赛最高奖优胜奖，所长徐卓团队在《科学》（*Science*）发表研究成果。

科研成果转化　2022年，市产研院支持已建创新载体加快转化技术创新成果，加大合同科研力度，已建技术研究所和重大产业化项目实现合同科研和科技服务收入1.46亿元。累计孵化引进衍生企业119家，其中高新技术企业6家，累计实现销售收入5.42亿元，获评省民营科技企业4家，入选创新型中小企业5家，入选省四星级“上云”企业1家。

（市科技局　陈新芮）

苏南国家自主创新示范区建设

【概况】2022年，苏州市把推进苏南国家自主创新示范区（简称“苏南自创区”）建设作为实施长三角一体化发展战略的重要支撑，加强组织领导，完善政策措施，深化体制机制改革，打造苏南自创区核心区。以4家国家级高新区为核心、7家省级高新区（含筹建）为支点共建苏南国家自主创新示范区。在科技部火炬中心公布的2022年度国家高新区综合评价结果中，苏州工业园区、苏州高新区、昆山高新区、常熟高新区在全国169家国家高新区中综合排名分别列第4位、第20位、第32位、第62位。

【创新型园区建设】2022年，苏州各高新区加快创新型园区建设。国家级苏州实验室在苏州工业园区挂牌成立，位于苏州工业园区的思必驰科技股份有限公司获批建设语言计算国家新一代人工智能开放创新平台，苏州大学“江苏省先进负碳技术重点实验室”获批首批省重点实验室重组试点单位。苏州高新区清洁低碳医疗器械科技成果转化基地获批省“双碳”成果转化基地，位于苏州高新区的苏州医工所牵头组织的“全脑在体单神经元解析成像实验装置”成为苏州市唯一获批立项的重大科研设施预研筹建项目。“深时数字地球”国际大科学计划在昆山高新区启动实施。相城区、苏州高新区、张家港市分别获批建设江苏省特种合金、高端医疗器械、氢能技术创新中心。国家先进功能纤维创新中心中试基地在吴江区投用。昆山市、张家港市、常熟市以“科技支撑产业发展”建设主题通过全国首批创新型县（市）验收。全年全市各高新区获批奖励补助资金总计1.83亿元，其中苏州工业园区、苏州高新区、昆山高新区、常熟高新区4家国家级高新区获批2022年苏南自创区建设专项资金高新区奖励补助资金1.45亿元，太仓高新区等6家省级高新区获批2022年全省高新技术产业开发区奖励资金3890万元。

（市科技局　陈新芮）

【太湖科学城建设】2022年，苏州市出台《关于全面实施苏州“环太湖科创圈”“吴淞江科创带”建设的指导意见》，推进太湖新城、太湖科学城、独墅湖科教创新区、昆山未来城建设。出台《关于全面建设太湖科学城的工作意见》，提出全面融入长三角一体化发展、加快南京大学苏州校区建设、打造世界级太湖光子中心、建设重大科技创新平台、引育一流创新型企业、集聚高层次人才队伍、强化金融支撑保障、营造高品质创新创业生态、打造重点产业创新集群、推进浒墅关—望亭工业转型片区发展、强化综合交通体系建设、完善城市功能品质12个方面的重点支持措施。建立市级太湖科学城规划建设指挥部，研究制订指挥部工作机制，梳理重大项目38个，其中在建7个、拟建27个、储备4个，计划总投资529亿元，涵盖创新载体、产业提升、生态环保、民生工程、基础设施5个类别。太湖科学城功能片区聚焦光子、数字与智能、高端医疗器械3个领域打造产业创新集群，建有南京大学苏州校区，集聚中国科学院苏州医工所等100余家大院大所。年内，引进西门子长三角人工智能共创实验室、中国信通院医疗器械全国重点实验室、苏州中国科学院地星创新技术研究所等重大科技创新平台，获批江苏省高端医疗器械产业技术创新中心。

（市发展改革委　方实义）

科技项目

【科技奖励】苏州市有66个项目（人员）获得2022年度江苏省科学技术奖励，其中江苏省科学技术一等奖6项、二等奖18项、三等奖38项，江苏省企业技术创新奖2项（苏州长光华芯光电技术股份有限公司、博众精工科技股份有限公司），江苏省国际科学技术合作奖2人（马克·如姆里，工作单位为苏州大学；威尔逊·约翰·罗伯特，工作单位为苏州硒诺唯新新材料科技有限公司）。

（市科技局　陈新芮）

表32　苏州市获得2022年度江苏省科学技术奖励一览表

序号	项目名称	主要完成单位	主要完成人
江苏省科学技术一等奖			
1	复杂精密零部件多感知融合的高速高精测量关键技术及装备	苏州天准科技股份有限公司 南京航空航天大学 天津大学 无锡富瑞德测控仪器股份有限公司	曹葵康、钱晓明、徐一华、赵　炎、武　星、孟　凯、王志伟、付鲁华、田乃鲁、周丰伟
2	大面积微纳结构功能化关键技术及立体成像应用	苏州苏大维格科技集团股份有限公司 苏州大学 苏州维旺科技有限公司	陈林森、乔　文、浦东林、张　恒、刘晓宁、任家安、杨　颖、华鉴瑜、杨　明、罗明辉、赵改娜
3	免疫治疗新技术在恶性血液病中的临床转化及推广应用	苏州大学附属第一医院 上海优卡迪生物医药科技有限公司	吴德沛、唐晓文、徐　杨、陈　佳、俞　磊、傅琤琤、吴小津、赵　晔、刘立民、薛胜利、康立清

续表32

序号	项目名称	主要完成单位	主要完成人
4	神经外科锁孔微创手术技术体系的建立及其临床推广应用	苏州大学附属第二医院 首都医科大学附属北京天坛医院 福建医科大学附属第一医院 天津医科大学总医院 复旦大学附属华山医院	兰　青、赵继宗、康德智、岳树源、朱　巍、张　东、朱　卿、余良宏
5	腰骶椎退变性疾病机制及外科治疗体系建立及应用	苏州大学附属第一医院	陈　亮、顾　勇、朱雪松、毛海青、耿德春、冯　煜、汪凌骏、蔡　峰、王志荣、郁　焜
6	柔性直流互联配电网安全经济优质调控关键技术及应用	南京邮电大学 国网江苏省电力有限公司苏州供电分公司 国电南瑞科技股份有限公司 国网电力科学研究院有限公司	岳　东、薛禹胜、窦春霞、杨　波、黄　堃、岳文斌、汪　鹤、杨　晨、郑　舒、陶叶炜
江苏省科学技术二等奖			
1	高性能OLED光源的器件结构、发光材料及制造装备	江苏集萃有机光电技术研究所有限公司 苏州大学 维思普新材料（苏州）有限公司 苏州方昇光电股份有限公司 苏州久显新材料有限公司	廖良生、王照奎、蒋佐权、陈　华、武启飞、丁　磊、崔林松、张业欣、陈　敏、袁晓冬
2	新能源商用车用高性能动力系统及智能控制关键技术及应用	苏州海格新能源汽车电控系统科技有限公司 上海交通大学 金龙联合汽车工业（苏州）有限公司 精进电动科技股份有限公司 上海凌翼动力科技有限公司	吴新兵、杨　林、熊金峰、刘怀金、羌嘉曦、陆协和、蒋　中、邵奎柱、李济霖、方兰兰、丁　琦
3	高效、高精度太阳能电池丝网印刷成套设备及应用	苏州迈为科技股份有限公司	周　剑、王正根、李　强、施政辉、连建军、陆　瑜、张　险、唐　伟、印晓清
4	超/高分辨显微光学成像关键技术及应用	中国科学院苏州生物医学工程技术研究所 苏州国科医工科技发展（集团）有限公司	唐玉国、张运海、李　辉、巩　岩、贾宏博、武晓东、周镇乔、杨皓旻、文　刚、郎　松、肖　昀
5	高精高效激光光内送粉喷头与熔覆成形技术及应用	苏州大学 苏州天弘激光股份有限公司 苏州柯莱得激光科技有限公司 山东能源重装集团大族再制造有限公司	石世宏、石　拓、金朝龙、朱刚贤、傅戈雁、史建军、夏志新、周　亮、孙承峰、吉绍山、程炳敖
6	可印刷柔性太阳能电池关键材料开发与器件应用	苏州大学 中国科学院化学研究所	李耀文、李永舫、姚建林、陈炜杰、崔超华、陈海阳、许桂英
7	海洋全景实时三维智能探测装备关键技术及产业化	中科探海（苏州）海洋科技有限责任公司 南京工程学院 江苏科技大学 河海大学 江苏中海达海洋信息技术有限公司 渤海石油航务建筑工程有限责任公司	刘　维、陈　巍、王　彪、李　建、郭铁铮、陈国军、张建德、任申真、刘　冲、徐梦溪、章仲怡
8	面向肿瘤高灵敏诊断及微环境定量可视化的智能探针研究	苏州大学 苏州大学附属第一医院	高明远、史海斌、曾剑峰、陈卫昌、侯　毅、汪　勇、纪顺俊、张沛森、马天从、尹　玲
9	儿童慢性咳嗽病因研究及精准诊治关键技术创新	苏州大学附属儿童医院 重庆医科大学附属儿童医院	郝创利、王宇清、刘恩梅、于兴梅、顾文婧、蒋吴君、张新星、邓　昱、陆燕红、黄　莉、孙惠泉

续表32

序号	项目名称	主要完成单位	主要完成人
10	颅内动脉瘤微创治疗体系及脑保护研究平台的建立	苏州大学附属第一医院	王　中、孙晓欧、陈周青、王　伟、李海英、朱　昀、马　超、王紫兰、孟嘉皓、黄亚波、周　岱
11	高功率2微米激光器关键技术及应用	江苏师范大学 苏州安洁科技股份有限公司 苏州迅镭激光科技有限公司 中红外激光研究院（江苏）有限公司	沈德元、闫长春、黄海涛、王　飞、张佳宁、王昊天、周　伟、王春生、颜章健
12	特高压换流变有载分接开关故障预警及安全防护关键技术	国网江苏省电力有限公司 西安交通大学 国家电网有限公司直流技术中心 苏州电器科学研究院股份有限公司 红相股份有限公司 东南大学 山东电力设备有限公司 吴江变压器有限公司	杨景刚、王同磊、马　勇、张　凡、王树刚、许建刚、吴　鹏、王　进、李建生、陆云才、郝治国
13	亚磺酸盐脱氧还原技术	南京理工大学 苏州东南佳新材料股份有限公司 南京贝塔化工有限公司	易文斌、蒋绿齐、蔡　春、陆国平、刘　杰、朱约辉、张志国、闫　强、林雅玫、卜梅杰、靳理坤
14	国家直流高电压计量标准装置和成套装备关键技术及工程应用	国网江苏省电力有限公司 中国电力科学研究院有限公司 许继集团有限公司 南京南瑞继保电气有限公司 苏州华电电气股份有限公司 东南大学	徐敏锐、周　峰、卢树峰、雷　民、李登云、陈　刚、袁　亮、岳长喜、欧阳曾恺、赵双双、须　雷
15	复杂在轨环境下航天器高效能操控机构关键技术及应用	南京航空航天大学 航天工程装备（苏州）有限公司	聂　宏、陈金宝、陈传志、王　宸、余　萌、王小涛、汪　虎、陈柏屹、王建园、贾　山、宋志成
16	智能化绿色城市轨道交通移动装备关键技术研究及应用	中车南京浦镇车辆有限公司 南京地铁建设有限责任公司 苏州市轨道交通集团有限公司 徐州地铁运营有限公司	黄文杰、杨　奇、曾要争、薛海峰、王俊伟、杨利强、张　勇、徐树亮、梁师嵩、胡基贵、陈　祺
17	工业烟气超低排放在线监测关键技术及工程应用	东南大学 国家能源集团科学技术研究院有限公司 南京国电环保科技有限公司 南京市计量监督检测院 江苏啸峰环保科技股份有限公司 常熟市矿山机电器材有限公司	许传龙、汤光华、刘建民、周　宾、李　舒、范人杰、苗　丰、姚鸿熙、李　健、陈国庆、王式民
18	胃癌微环境细胞网络调控分子基础及临床转化	江苏大学 江苏大学附属人民医院 江苏大学附属澳洋医院 连云港市第一人民医院	张　徐、许文荣、林　琼、蒋鹏程、史　惠、张文波、孙爱琴、沈　烨、李　伟

（资料来源：市科技局）

【科技计划项目】 2022年，苏州市安排市级科技创新专项资金13.9亿元，组织实施企业技术创新、产业技术创新、科技创新载体、科技人才和服务体系建设五大计划。争取国家、省级科技项目经费，新立省级以上项目1640项，获得经费支持19.29亿元。其中，国家级项目536项，获得经费支持6.91亿元；省级项目1104项，获得经费支持12.38亿元。组织完成2022年江苏省重点研发计划（产业前瞻与关键核心技术）项目申报，推荐项目102项，获批立项29项。其中，揭榜挂帅项目3项（苏州子课题7项）、重点项目3项（苏州子课题8项）、竞争项目17项、重点项目子课题6项，获得省拨经费1.01亿元。组织完成2022年江苏省碳达峰碳中和科技创新专项资金（产业前瞻与关键核心技术攻关）项目申报，获批立项10项。其中，揭榜挂帅项目2项（苏州子课题5项）、重点项目2项（苏州子课题5项）、竞争项目2项、重点项目子课题4项，获得省经费支持5105万元。根据市级科技发展计划统一部署，组织实施2022年产业前瞻与关键核心技术项目，立项项目152项，下达经费9115万元，增长64.9%。

【科技成果转化】 2022年，苏州市争取获批省科技成果转化专项资金项目、省碳达峰碳中和科技创新专项资金重大科技成果转化项目，征集、择优遴选技术成熟度高、拥有自主知识产权及明确目标产品、市场前景较好的项目推荐申报，并做好合同签订、中期检查、验收结题、年度报告等全流程项目管理工作。年内，获批省科技成果转化专项资金项目21项，占全省的24.1%，列全省设区市第一位，获得专项资金资助2.92亿元，带动项目新增投入16.23亿元。获批省碳达峰碳中和科技创新专项资金重大科技成果转化项目6项，占全省的35.29%，获得专项资金资助0.89亿元，项目数和获得专项资金数均列全省设区市第一位。

【技术转移体系建设】 2022年，苏州市加强技术转移体系建设政策支持，鼓励和促进技术转移各方主体实现资源共享、需求对接，全年技术转移体系建设补助项目立项256项，市级财政支持经费1437.63万元。加强技术合同交易登记，促进科技成果转移转化，全年全市技术合同成交额868.78亿元，列全省设区市第一位，增长38.9%。

（市科技局　陈新芮）

【先进技术成果长三角转化中心】 先进技术成果长三角转化中心位于相城区长三角国际研发社区启动区，于2021年7月由国家国防科技工业局与苏州市政府签约共建，11月进入实体化运营阶段。作为新型研发机构开展先进技术成果交易、孵化、产业化落地等工作，形成以转化中心为龙头、以先进技术成果转化研究院（苏州）有限责任公司和泽适（苏州）先进技术成果转化基金为骨干，具备按照市场化手段和发挥资本力量共同服务成果转化的条件。在无锡市建设首家分中心，作为联系属地企业的主要渠道；拥有相城区、苏州高新区、太仓市3个孵化基地，孵化和产业化空间23万平方米。2022年7月，先进技术成果转化长三角园区启用，国防科技工业计量测试公共服务平台、航空发动机产业链公共研发平台等26家派驻成果转化服务机构、首批公共服务平台入驻苏州。截至年底，先进技术成果长三角转化中心推进100余项成果与江苏企业交流，推动112个项目落地，其中孵化类项目29项，转化基金直接注入资金参与投资；产业化类项目83项。阿米检测、圣点科技第二总部、大尺寸复合材料框梁技术等10个项目落地相城区。

（年鉴编辑部）

高新技术产业

【概况】 2022年，苏州市围绕电子信息、装备制造、生物医药、先进材料四大产业，制定实施重点细分领域支持政策，推进高新技术产业载体建设，加快培育战略性新兴产业，发展壮大高新技术产业。全年全市规模以上高新技术产业产值2.29万亿元，增长5.0%，占规模以上工业总产值比重52.5%。四大产业创新集群产值增长4.6%，其中集成电路、高端装备制造、前沿新材料、创新药物产业产值分别增长19.9%、6.2%、5.7%和5.2%。相城高新区数字金融特色产业基地入选2022年国家火炬特色产业基地。苏州市累计有国家火炬特色产业基地27家、国家火炬软件产业基地1家、国家高新技术产业化基地7家，总数列全省设区市第一位。

【创新型企业培育】 2022年，苏州市出台《加快推进全市创新集群科技企业梯度培育的若干措施》，围绕科技企业全生命周期，集成创新政策、科技服务、创新人才等各类创新资源，完善由科技型中小企业、民营科技企业、高新技术企业、"瞪羚"企业、"独角兽"培育企业等组成的创新型企业梯队培育模式，壮大创新型企业集群。全市获评江苏省"独角兽"企业10家、潜在"独角兽"企业153家、高新区"瞪羚"企业356家，三项指标均列全省设区市第一位。对156家2021年苏州市"独角兽"培育企业下达研发后补助市级奖励资金5000.24万元。2022年度全市"瞪羚计划"入库企业801家。加强高新技术企业培育，发布高新技术企业有关政策宣传信息6628条次，阅读量超过24万次，调研走访企业8107家，组织线上线下培训会303场次，培训人员超过6万人次，开展专家一对一辅导154场次，服务企业7134家。2022年高新技术企业申报数9149家，2022年认定高新技术企业5531家，增长46.7%；净增高新技术企

表33　2022年苏州市规模以上高新技术产业产值统计表

行业	2022年产值（亿元）
航空航天制造业	44.74
电子计算机及办公设备制造业	1426.18
电子及通信设备制造业	8306.23
医药制造业	1093.29
仪器仪表制造业	841.21
智能装备制造业	6187.51
新材料制造业	4159.93
新能源制造业	865.69
合计	22924.79

（资料来源：市统计局）

业2308家，占全省的31.0%，数量保持全省设区市第一位；有效高新技术企业13473家，占全省的30.3%，数量保持全省设区市第一位，首次跃居全国城市第四位。新增省科技企业上市培育库入库企业45家，新增上市公司29家，其中境内新增25家。新增备案三批省级民营科技企业5876家，增长8.59%，数量列全省设区市第一位。科技型中小企业评价入库2.23万家，增长24.44%，数量列全省设区市第一位，占全省的25.55%。

【苏州太湖光子中心建设】 2022年，苏州高新区聚焦光子领域，发布光子产业专项支持政策"高光20条"，制定《苏州高新区光子产业创新集群发展三年行动计划》，设立工作专班，推动苏州市成立苏州市光子产业联合会，以太湖科学城为基地，启动建设世界级太湖光子中心。产业发展方面，苏州高新区累计集聚光子领域企业250家（核心企业50家），其中高新技术企业142家、"瞪羚"企业46家、"独角兽"培育企业7家；2022年产值680亿元，其中核心产业110亿元，占全市20%。平台建设方面，启动建设先进化合物半导体光电子研发和工艺平台、光电芯片封装测试，推进先进化合物半导体前期工作；启动南京大学狮山量子实验室、先进传感与成像技术研究院2个平台项目，工业和信息化部电子五所华东分所建设的光电子信息产品质量可靠性提升公共服务平台获批工业和信息化部产业技术基础公共服务平台。要素保障方面，太湖科学城完成建筑面积20万平方米的太湖光子科技园优化升级，启动建筑面积10.5万平方米的光电科技园建设，规划建设2平方千米的光子创新硬核区；加快建设建筑面积18万平方米总投资15亿元的太湖科学城国际人才社区；设立总规模100亿元的太湖光子产业投资基金，启动首期10亿元投资布局。

【苏州市科技招商推进大会】 2022年10月27日，全市科技招商推进大会召开。会上，苏州市科技招商联盟揭牌，全市重点产业园区、科技服务机构、中介机构和金融机构等首批130家成员单位加入；发布《关于加快推进全市科技招商工作的指导意见》，提出建立机制灵活、运转高效、重点突出的科技招商工作体系，培养专业化科技招商队伍，建设专业化、品牌化、国际化的科创载体，招引"产业结构优、科技含量高、行业地位前、亩均效益好"的优质科技项目，发布苏州科招大使推介视频、苏州市科技招商白皮书。

（市科技局　陈新芮）

科技合作

【概况】 截至2022年底，苏州市与200余家国内外大院大所开展科技合作，建设各类产学研创新载体161家，实施产学研合作项目1508项，项目总经费35.2亿元，其中中国科学院在苏州建设的科技创新载体34家，占中国科学院在全国布局总数的20%。

【产学研合作对接】 2022年，苏州市做好产学研合作对接工作。

创新联合体建设　制定《苏州市创新联合体建设实施方案》，明确创新联合体建设需求，建设龙头企业牵头、高校院所支撑、各创新主体相互协同的创新联合体。挖掘潜在创新联合体50余家，基本覆盖全市产业创新集群16个重点细分领域。年内，立项高功率半导体激光等2批13家创新联合体，形成市场驱动型、平台支撑型和战略引领型三种特色模式。苏州同元软控信息技术有限公司牵头的江苏省数字化设计仿真工业软件创新联合体、苏州苏大维格科技集团股份有限公司牵头的江苏省新型显示产业技术创新联合体、江苏省第三代半导体研究院有限公司牵头的江苏省第三代半导体产业技术创新联合体入选2022年度江苏省创新联合体拟建设试点名单，占全省的30%，数量列全省设区市第一位。推荐江苏亨通光电股份有限公司、苏州长光华芯光电技术股份有限公司等7家申报省级人才创新联合体。

C9高校科研资源　11月，哈尔滨工业大学苏州研究院签约落户。至此，C9高校全部在苏州实现重大科研布局，分别建有清华苏州环境创新研究院、北

2022年8月18日，苏州市启动太湖光子中心建设。图为位于太湖科学城的太湖光子中心　（杨炎橙　摄）

京大学公众健康与重大疫情防控战略研究中心苏州中心、复旦大学张江研究院苏州创新中心、上海交通大学苏州人工智能研究院、浙江大学苏州工业技术研究院、南京大学苏州校区、中国科学技术大学苏州高等研究院、西安交通大学苏州研究院、哈尔滨工业大学苏州研究院等。10—12月，吴江区、吴中区、苏州高新区聚焦特色产业与东南大学校友会合作举办“环太湖杯”发现东大“独角兽”大赛，分别承办新一代信息技术（半导体、5G）行业赛、机器人与智能制造行业赛和生物医药（医疗器械）行业赛，达成意向项目150余个，落地项目12个。

与清华大学合作交流　实施新一轮苏州清华创新引领行动专项，汇聚清华大学和苏州的优势资源，安排2030创新行动项目、联合攻关引领项目、创新载体建设及协作共赢支撑等项目。年内，2030创新行动项目立项智能新药研发等4个项目。发动清华苏州环境创新研究院、清华大学苏州汽车研究院、清华苏州校友会等力量，围绕重点产业领域排摸创新型领军企业技术需求86个，包括与清华大学合作研发投入超过1000万元的企业12家，年内合作项目6项，落地昆山市、吴江区、姑苏区、苏州高新区等地，涉及先进材料、装备制造、环境保护等领域，计划投入19.7亿元，其中与清华大学合作经费投入超过1亿元。苏州清华创新引领行动专项办公室在清华大学发布37项技术需求，有34人（次）科研团队揭榜26项。在吴中区建设苏州清华专项创新中心。清华大学累计在苏州建设汽车研究院、环境创新研究院等12个研发机构。

【区域协同创新】　2022年，苏州市落实“沪苏科技资源开放共享与协同发展提升计划”，与上海研发公共服务平台、上海市生物医药产业技术功能型平台共建“沪苏生物医药研发公共服务平台”，聚焦单位200余家，提供服务1354项。探索跨省域高新区建设，配合长三角生态绿色一体化发展示范区执委会制定《长三角生态绿色一体化发展示范区跨省域高新技术产业开发区建设方案》（征求意见稿）。苏州市科技局与四川省绵阳市科技局签署战略合作协议，在合作强化战略科技力量建设、开放共享科技创新资源、强化创新链产业链协同、助力科技成果转化落地等8个方面开启全面战略合作。

（市科技局　陈新芮）

科技服务

【科技服务体系建设】　2022年，苏州市出台《苏州市打造科技服务业发展先导城市三年行动计划（2023—2025年）》，在全国率先提出打造“科技服务业发展先导城市”，聚焦科技服务业重点领域，实施科技服务业高质量发展六大工程。加强研发资源开放共享政策支持，对使用或租赁研发资源的用户单位以及提供服务的管理单位给予奖补，全年市级财政奖补单位485家，市级财政支持经费1821万元。截至年底，苏州市研发资源共享服务平台集聚苏州市、上海市、G60科创走廊、长江经济带城市科学仪器管理单位3324家、原值420亿元的各类科学仪器5.6万台套，提供科技服务类别2.48万项，累计服务用户超过1万家，服务次数6万家次。

【科技公共服务平台建设】　2022年，苏州市聚焦技术研发、成果转化等关键环节，支持建设成果转化中试、检验检测认证、药物转化、临床试验等科技公共服务平台，为科技型中小企业提供专业服务。年内，国家先进功能纤维创新中心中试基地投入使用。截至年底，全市累计有省级以上公共技术服务平台30家，列全省设区市第二位。

【科技金融】　2022年，苏州市深化科技信贷工作，构建科技信贷创新产品集群。完善“一区一特色”产品系列，推出苏州工业园区“科技贷”2.0版本；促进“科贷通”一行一品牌产品立足品牌、突出特色，累计衍生出科技企业专属特色融资产品14个。“科贷通”为全市2540家科技型企业提供贷款119.87亿元，增长42.50%。累计为1.24万家科技型企业提供贷款676.21亿元，增长21.55%。创新科技保险运作机制，化解科技创新研发风险。在全国首创“科技项目研发费用损失保险”的基础上，重点围绕四大产业创新集群，与合作保险机构推出半导体流片、生物医药临床等研发环节的创新型险种。“集成电路流片费用损失保险”实现全国首赔，为企业理赔超过200万元，保障试错成本高、排错难度大的芯片产业研发创新。组织科技金融后补助申报，降低企业创新成本。全年为1135家科技型中小企业和投资管理企业提供科技贷款贴息、科技保险费补贴、天使投资引导资金奖励补贴等科技金融后补助服务，支持企业数增长25%，通过线上直播、在线互动等形式帮助企业解读政策、辅导申报，合计帮助企业减少费用支出4402.5万元。首创“微路演”模式，拓展企业融资渠道。针对新冠疫情防控期间的企业投融资需求情况，为有融资需求企业推出120秒的科技金融“微路演”短视频，对接梳理企业60家，完成拍摄33家，其中引导合作银行通过“科贷通”贷款帮助7家企业解决贷款3300万元，储备投资对象10家。

【科技镇长团工作】　2022年，苏州市组织开展苏州市第14批科技镇长团工作交流会，完成对第14批科技镇长团2名离任团长现场考核工作。举办苏州市第14批科技镇长团知识产权服务专题培训班。组织开展科技镇长团引才奖励申报，2022年度有21名团员引进的38名人才通过奖励申请，其中15名入选各县级市（区）人才计划，21名入选姑苏创新创业领军人才计划，1名入选省“双创计划”，1名入选苏州市顶尖人才团队，共获得补助资金290万元。苏州科技镇长团累计15批1221人次到苏州担任科技镇长团成员、走访企业8.4万家次，推动签订产学研合作项目5980项、合同金额超过48亿元。做好科技镇长团宣传工作，出版科技镇长团刊物，科技镇长团在“苏州市生产力促进中心”微信公众号全年推文超过400条，累计阅读3.6万人次。聚焦企业科技创新需求，完善“企业出题，能者破题”的揭榜挂帅机制，举办2022“科技镇长团杯”苏州国际创新挑战赛，开展需求对接近50场，共征集到解决方案235份，签订合同41项，合同金额超过3500万元。

（市科技局　陈新芮）

编辑：王亦文

农业

综 述

【农业经济发展】 2022年，苏州市实现农林牧渔业总产值351.1亿元，增长2.4%；实现农林牧渔业增加值221.2亿元，增长2.4%。全市农作物播种面积210.6千公顷，其中粮食播种面积128.3千公顷、蔬菜播种面积66.5千公顷。全年粮食总产量92.39万吨，增长2.2%。粮食种植面积和产量均为2018年后最高水平。全年蔬菜产量201.8万吨，增长1.1%。全年猪牛羊禽肉产量1.8万吨，增长60.0%，其中猪肉产量1.5万吨，增长91.3%。全年水产养殖面积33.8千公顷，水产品产量14.33万吨，增长0.2%。

【现代农业发展】 2022年，苏州市做强现代农业，巩固农业发展基础。基本实现“三高一美”（高标准农田、高标准蔬菜基地、高标准池塘和美丽生态牧场）建设全覆盖。发布《苏州市“十四五”高标准农田改造提升实施方案》《关于加快推进渔业高质量发展的实施意见》，改造提升高标准农田6800公顷、高标准池塘1333公顷，建成绿色蔬菜保供基地3967公顷，累计建设美丽生态牧场45家，“三高一美”指数达到98.17%。推进转型升级示范园区建设，吴江区现代农业产业园被认定为全市首个国家现代农业产业园。吴江区入选2022年江苏省农业现代化先行区建设名单。太仓市入选省级现代农业产业高质量发展示范园。推进智慧农业国家级试点，农业信息化覆盖率超过72%，主要粮食作物耕种收综合机械化率97.6%。

（市农业农村局　施小南　宗兆瑞）

【农业财政补贴】 2022年，苏州市发放农业支持保护补贴（耕地地力保护）资金2.01亿元，补贴面积11.18万公顷，享受补贴户数25.48万户。其中，市辖区发放6284.05万元，补贴面积3.49万公顷，补贴户数9.83万户。发放种粮农民一次性补贴1124.12万元，补贴面积3.325万公顷。在全省率先实施规模菜田补贴政策，受益经营主体611家，补贴面积1444.57公顷，发放补贴资金1063.45万元。促进金融资本投入乡村产业振兴。发放贷款贴息等补助1940.85万元，其中新型农业经营主体

表34　2022年苏州市分地区农产品产量统计表

项目	全市	市区	吴江区	张家港市	常熟市	太仓市	昆山市
一、粮食作物（吨）	923859	217464	160798	221429	238742	153211	93013
（一）夏收粮食（吨）	251710	46124	36153	70972	67024	46549	21041
1.小麦	250212	45794	35823	70610	66752	46147	20909
2.豆类	1498	330	330	362	272	402	132
（二）秋收粮食（吨）	672149	171340	124645	150457	171718	106662	71972
1.谷物	664631	170492	124356	147963	169865	105201	71110
稻谷	659422	170066	123930	147013	168063	103783	70498
玉米	5209	426	426	950	1802	1418	613
2.豆类	4531	412	237	1766	654	1056	643
大豆	4338	412	237	1749	594	995	588
3.薯类	2986	436	52	728	1199	405	218
二、油料（吨）	6455.69	559.69	376.39	2275.00	2001.00	1167.00	453.00
油菜籽	5918.29	553.29	369.99	2047.00	1858.00	1009.00	451.00
三、棉花（吨）	50.40	0	0	0	44.80	5.60	0
四、蔬菜（吨）	2017975.45	493100.19	327352.00	263313.26	723012.00	410287.00	128263.00
五、瓜果类（吨）	156021.32	85560.67	68863.00	24815.65	23261.00	14635.00	7749.00

（资料来源：市统计局）

贷款贴息800万元（含疫情贴息300万元），“农发通”和“惠农贷”等农业信贷担保业务补助资金1140.85万元。

（市农业农村局　陈兴伟）

种植业

【粮食作物】 2022年，苏州市实现夏粮、秋粮双丰收。全市粮食播种面积12.83万公顷，增加0.43万公顷，增长3.42%，超额完成省定下达粮食播种面积任务。全年粮食总产量92.39万吨，增加2.02万吨，增长2.24%。全市夏粮播种面积5.30万公顷，增长7.7%；夏粮产量25.17万吨，增长9.8%，其中小麦产量25万吨，增长10.2%，增幅列全省设区市第一位。全市秋粮播种面积7.53万公顷，增加0.04万公顷，增长0.58%，其中水稻种植面积7.22万公顷，增加0.06万公顷，增长0.78%；全市秋粮总产量67.21万吨，减少0.22万吨，下降0.3%。苏州市和张家港市、常熟市、昆山市、吴江区农业农村局获得省农业农村厅粮食增产贡献突出单位通报表扬，数量列全省设区市第一位。

【油料作物】 2022年，苏州市油料播种面积2540公顷，下降13.4%；油料总产量6456吨，下降12.9%。按照“稳小麦、扩油菜、保供给”工作部署，围绕“扩大面积、主攻单产、发挥功能、提高效益”目标，集成推广高产高油多抗双低油菜品种和绿色高产高效栽培技术，提升油菜产能。全市油菜播种面积2333.7公顷，油菜籽总产量5918吨，每公顷单产2536千克，单产增长0.4%。

（市农业农村局　杨贵平）

【蔬菜】 2022年，苏州市蔬菜播种面积6.65万公顷，增加0.07万公顷，增长1.1%；蔬菜产量201.80万吨，增加2.16万吨，增长1.1%。建设高标准蔬菜生产基地，成功创建高标准蔬菜生产示范基地9个，下达奖补资金410.75万元。扶持新建市辖区设施蔬菜基地项目4个，市级补助资金598.9万元。在“菜篮子”项目带动下，全市新增蔬菜基地面积66.67公顷。下达市辖区规模菜田补贴资金1000万元，补贴菜田面积1333公顷。在吴江区同里镇开展蔬菜综合保险试点工作，下达市级补贴资金115.6万元，实际参保面积310.65公顷。全年市级财政投入370.85万元用于扶持蔬菜新型流通体系建设，累计建成储藏库、冷库、气调库6.26公顷。

（市农业农村局　商贵艳）

【果树】 2022年，苏州市果园面积9994.92公顷，增长0.7%；果品产量10.78万吨，下降2.5%；产值19.6亿元，增长2.7%。果品产量下降主要是受到寒潮、高温干旱等极端天气影响；产值上升主要是因为果品品质提升、价格上涨、产销衔接畅通。针对高温干旱、台风和低温雨雪等极端天气，苏州市组织专家和技术骨干开展现场技术服务。吴中区、张家港市等继续推行气象指数保险和政策性果树保险，提高风险防范能力。全年全市建成美丽果园示范村10个。

【茶叶】 2022年，苏州市茶园面积2983.25公顷，增长0.7%；茶叶产量439.3吨，下降0.8%；产值4.29亿元，下降8.5%。茶叶产量、产值下降主要是受到新冠疫情影响，采茶工严重不足，物流和人员流动受限。市农业农村局针对碧螺春品种与种植、炒制工艺、市场份额和品牌保护方面开展调查分析，发布《关于推动苏州碧螺春茶产业保护和发展的报告》。苏州市发布地方标准《苏式传统文化洞庭（山）碧螺春茶制作技艺传承指南》。吴中区制定《苏州市吴中区洞庭山碧螺春茶产业振兴三年行动方案（2023—2025）》。洞庭山碧螺春以50.99亿元列2022中国茶叶区域公用品牌价值十强第六名。碧螺春制作技艺作为“中国传统制茶技艺及其相关习俗”的组成部分被列入人类非物质文化遗产代表作名录。

【花卉苗木】 2022年，苏州市实施江苏现代农业（花卉）产业技术体系吴江推广示范基地项目，构建“科研院校+推广机构+农技员+科技示范户”的产业技术服务体系，推动花卉苗木产业现代化发展。全市花卉苗木种植面积10013.5公顷，下降5.7%；销售额11.35亿元，增长3.1%。花卉苗木种植面积下降主要是因为“退草还田”等政策影响和产业结构调整。

【蚕桑】 2022年，苏州市桑园面积510.66公顷，保持稳定；饲养蚕种4305张，下降10.6%；蚕茧产量196.7吨，下降13.4%；蚕桑总产值1187万元，下降21.5%。蚕茧养殖规模减小和产量产值下降主要是因为茧价下行，农户生产积极性不高。吴江区落实蚕桑生态补偿，补偿桑园面积393.68公顷，蚕桑生态补偿金额256.4万元，惠及农户2633户。完成19份苏州地区蚕相关遗传资源普查。在中国绿色食品发展中心组织的农产品地理标志登记专家评审会上，“苏州蚕茧”通过专家评审。

（市农业农村局　杨蓓莉）

【耕地轮作休耕】 2021—2022年，苏州市实施耕地轮作休耕面积1.02万公顷，基本完成5年轮作休耕一遍任务。加强补贴资金监管，更新维护“阳光惠民”服务平台和耕地轮作休耕业务平台，确保补贴资金公开透明。把握中央“稳粮扩油”政策，结合落实部级2022年秋播油菜轮作项目面积3333.33公顷，推进完成省下达苏州市扩种油菜任务。

（市农业农村局　盛雪雯）

【稻麦品种示范推广】 2022年，苏州市水稻种植面积7.62万公顷，其中南粳46、南粳3908、南粳5055、常香粳1813、苏香粳100等优良食味品种种植面积6.5万公顷。全市小麦种植面积6.28万公顷。其中，中抗赤霉病品种占比66.11%，镇麦10号、镇麦12号、镇麦15、扬麦29等优质强（中强）筋小麦品种种植面积3.92万公顷，增加1.4万公顷。年内，组织稻麦品种综合测试，展示优质稻麦新品种20个。建立50亩（3.33公顷）以上示范方123个，总计453公顷，示范宁香粳9号等稻麦新品种7个，辐射全市主要稻麦生产区。承担全省晚粳品种纯度和真实性田间鉴定，全年鉴定南粳5055、南粳3908和宁香粳9号等10种29份粳稻样品。建立稻麦品种安全测试方6个，测试面积4.8公顷。

（市农业农村局　周建明　邹　鑫）

【稻米品牌推广】 2022年，昆山市巴城镇农地股份专业合作联社“巴城大米”等5家单位大米品牌获得“江苏好大米”十大（创优）品牌，“朱家桥大米”等7款大米分别获得“江苏好大米”3个特等奖、1个金奖和3个银奖。常熟市古里镇、昆山市张浦镇、吴江区平望镇3个乡镇申报省级“味稻小镇”并全部获评，全市累计拥有省级“味稻小镇”17个。吴江区胥爱礼等9人获评江苏省首批“苏米工匠”称号。

（市农业农村局　严　凯）

【蔬菜保供基地建设】 2022年，苏州市优化绿色蔬菜保供基地布局，发布《苏州市“菜篮子”工程绿色蔬菜保供基地建设规划（2021—2023年）》，分解落实省下达保供基地6666.67公顷目标任务，规划建设“相对集中连片、集约高效、抗灾能力强”蔬菜保供基地6946.67公顷。全年全市154家蔬菜生产主体参与绿色蔬菜保供基地建设，累计完成建设面积3966.67公顷。

【美丽菜园建设】 2022年，苏州市在全市域范围内继续开展美丽菜园建设，助力改善村庄面貌，提升蔬菜自给水平。发放美丽菜园奖补资金300万元，评选出2022年度苏州市美丽菜园示范村10个、美丽菜园优秀村10个。截至年底，累计建成各级美丽菜园近600个，面积8486.67公顷。

（市农业农村局　商贵艳）

【园艺产业转型升级】 2022年，苏州市推动园艺产业转型升级。建成市级园艺作物标准化示范园8个，引进“天工墨玉”葡萄、“奥尼尔”蓝莓、“轻裾”月季等园艺新品种20余个，推行果树优质栽培技术、果园绿色防控技术、茶树风扇防霜冻技术、盆栽月季高效栽培等新技术、新模式10余项，推广自走式喷灌车、物联网系统、潮汐式苗床等新装备8个。加强园艺人才培育，市、县两级共举办苏州市园艺产业高质量发展培训班、碧螺春茶炒制技艺实操培训班等30余期培训，培训2600余人次；举办2022年苏州市艺术插花职业技能竞赛，27人参赛，2人获授“苏州市技术能手”称号。加强园艺品牌建设，开展第二届“吴地风味”优质果品（桃、梨、柑橘）品鉴评优活动；张家港市对参加各级评比获奖园艺企业分别奖励5万元、2万元和1万元；苏州市选送的地产优质果品和茶叶在省级优质果品和“陆羽杯”名特茶评比中获得特等奖2个、一等奖3个、金奖28个和银奖33个；“巴城葡萄”等3个园艺产品成为农业农村部“名特新优”产品。

（市农业农村局　杨蓓莉）

畜牧业

【概况】 2022年，苏州市生猪存栏22.69万头，累计出栏21.16万头，分别下降3.45%、增长81.79%，其中能繁母猪存栏2.47万头，增长118.58%；家禽存栏76.93万羽，累计出栏92.70万羽，分别下降7.24%、47.45%；牛存栏0.72万头、生鲜乳4.1万吨，分别下降18.18%、3.53%；羊存栏3.49万头、出栏2.6万头，分别增长2.05%、3.17%；蜜蜂实有3.07万箱，增长23.29%。全市有畜禽规模养殖场45家，其中猪场31家、牛场5家、羊场4家、禽场5家。全年猪牛羊禽肉产量1.8万吨，增长60.0%，其中猪肉产量1.5万吨，增长91.3%。

【生猪稳产保供】 2022年，苏州市印发《关于促进生猪产业持续健康发展的实施意见》，建立生猪生产逆周期调控机制，明确地产域外能繁母猪存栏量稳定在4万头以上和地产规模猪场25家以上，并且将任务分解下达到7个县级市（区）。挂牌建立生猪产能调控基地，完成9家部省级和2家市级生猪产能调控基地授牌工作。落实域外生猪南北挂钩和对口合作，苏州市政府与宿迁市政府签订南北帮扶合作协议、与盐城市政府签订农业领域合作框架协议，将建设域外生猪保供基地列入农业产业合作内容。全年完成1.68万头域外能繁母猪存栏指标划转工作，落实生态补偿资金2059.6万元。

【畜禽生产管理】 2022年，苏州市有11家（2家配套屠宰点）生猪定点屠宰企业，屠宰生猪317.08万头，增长4.74%，产值69.12亿元，其中港城肉类食品（苏州）有限公司新建投产，年屠宰产能30万头；有1家肉牛屠宰企业，屠宰肉牛3.61万头，下降7.2%，产值8亿元；有4家肉羊屠宰企业，屠宰肉羊19.64万头，增长51.08%，产值2.26亿元；有1家家禽集中屠宰企业，屠宰家禽215万羽，产值0.24亿元。年内，开展屠宰环节质量安全风险监测活动，累计抽检样品174份；开展2期畜牧兽医安全生产和环境保护大检查，共抽查各类畜牧兽医企业70家次。太仓市中溪食品有限公司创建成为国家级生猪屠宰标准化示范厂，港城肉类食品（苏州）有限公司和吴江市食品有限公司坛丘食品站创建成为省级生猪屠宰标准化企业。建立粪污治理联合管理机制，推广生态健康养殖模式。全年全市畜禽粪污综合利用率超过99%，超额完成省定95%工作目标。

【动物检疫防疫】 2022年，苏州市产地检疫生猪23.17万头、牛0.39万头、羊0.65万头、禽类3.25万羽，犬猫0.02万只，出具动物检疫合格证明0.61万张；屠宰检疫生猪322.79万头。屠宰环节“瘦肉精”宰前检测27.44万份，未检测出阳性尿样；完成养殖环节病死猪无害化处理3.39万头。开展春、夏、秋三季重大动物疫病防控行动，全年免疫猪O型口蹄疫43.05万头次、牛O-A型口蹄疫1.72万头次、羊O型口蹄疫5.1万头次、家禽高致病禽流感142.16万羽次、高致病性猪蓝耳病26.98万头次、猪瘟43.12万头次、新城疫108.66万羽次、羊小反刍兽疫4.88万头次。各类重大动物疫病应免畜禽的免疫密度均达到100%，免疫合格率超过90%。开展41家规模养殖场“先打后补”工作，共计补贴畜禽38.09万头（羽），补贴金额174.94万元。创建3家国家级、1家省级疫病净化场。加强人畜共患病防控，登记狂犬病免疫信息14.28万条。全市新备案动物病原微生物实验室10家，累计备案13家。省动物卫生监督所新增授权犬猫产地检疫检测实验室4家，累计7家；省动物疫病预防控制中心授权非洲猪瘟检测实验室8家。

【兽药饲料管理】 2022年，苏州市新增兽用生物制品生产企业1家，累计11家；全市有饲料生产获证企业40家，累计持有效饲料和饲料添加剂生产许可证数量52张。开展兽用抗菌药使用减量化行动，累计完成减抗达标养殖场创建16家，占比35%。开展饲料养殖行业豆粕减量替代行动，推广低蛋白多元化饲料精准配方技术。苏州工业园区硕腾生物猫三联疫苗取得生产文号并投放市场。张家港恒盛、昆山博青、昆山华苏和吴江吴赣4家兽药原料药生产企业入选2022年度省工业和信息化厅“专精新特”企业。安佑生物科技集团有限公司获得2022年度苏州市质量管理优秀奖，并率先设立博士后科研工作站。

【动物诊疗管理】 2022年，苏州市有注册动物诊疗机构332家，其中动物医院143家、动物诊所189家。全市设置犬尸收集点42个，累计收集犬尸2220只。全市达到“四化”（机构合法化、人员专业化、诊疗规范化、管理制度化）目标的动物诊疗机构258家，完成率77.71%。举办首届动物诊疗机构执业兽医技能大比武活动，开展动物诊疗行业生物安全摸底调查，启动动物诊疗机构数字人民币应用，完成率38.53%。

【兽医事业发展】 2022年，苏州市有依法备案执业兽医695人、助理兽医师22

人、乡村兽医60人。开展官方兽医资质人员申报审核工作，年内申报符合官方兽医资格人员11人，累计383人。举办苏州市官方兽医治理体系和治理能力培训班2期。

【美丽生态牧场建设】 2022年，苏州市建成张家港鸿志农业科技有限公司（畜种：鹌鹑）等美丽生态牧场9家，累计建成45家（猪场30家、牛场6家、羊场4家、禽场5家），完成率95.74%；年内市级财政发放奖补资金400万元，累计发放2080万元。启动规模以下畜禽养殖户美丽牧园建设。全年全市10家（5家复检）规模养殖场创建省级生态健康养殖示范场，累计创建省级38家、市级32家，畜禽生态健康养殖比例100%。

（市农业农村局 李秋璇）

渔 业

【概况】 2022年，苏州市出台《关于加快推进渔业高质量发展的实施意见》，转变渔业发展方式，加快渔业转型升级，推动渔业高质量发展。全市水产养殖面积3.38万公顷，其中池塘养殖面积2.03万公顷。全年水产品产量14.33万吨，其中淡水养殖产量13.97万吨、淡水捕捞0.17万吨、海洋捕捞0.19万吨。池塘养殖以河蟹、青虾等特种品为主，河蟹养殖面积1.48万公顷，产量2.13万吨；青虾养殖面积0.24万公顷，产量1.06万吨。

【高标准池塘改造】 2022年，苏州市完成高标准池塘改造面积0.13万公顷，全市2.03万公顷养殖池塘全部实现高标准池塘改造动态全覆盖。宣传贯彻《池塘养殖尾水排放标准》，在33个市级以上涉渔园区建立池塘养殖尾水排放信息登记备案制度，落实养殖尾水达标排放或循环利用。

（市农业农村局 洪泽洲）

【水产技术推广】 2022年，苏州市围绕河蟹、青虾、大口黑鲈三大主导养殖品种，实施水产绿色健康养殖技术推广“五大行动”（生态健康养殖模式示范推广、养殖尾水治理模式推广、水产养殖用药减量、配合饲料替代幼杂鱼和水产种业质量提升），推广“河蟹863”生态养殖、青虾生态主养、大口黑鲈生态主养等技术，推行河蟹+N、青虾“五好”、大口黑鲈全程颗粒饲料等模式，全市示范关键技术、模式43项，指导养殖面积2.69万公顷，服务渔民7900余户、企业181个、合作组织117个。

【水产疫病防治】 2022年，苏州市建立55个水产病害测报点，测报面积1567.63公顷。全年抽检水产苗种场、原良种场2批次138个样品，324个检测项目结果均为阴性。举办水产养殖安全用药、连续高温生产技术指导、《池塘养殖尾水排放标准》等宣传、培训活动150余场，发放安全用药、尾水达标排放等宣传资料3万余份。

（市农业农村局 赵俊胜）

【渔政监督管理】 2022年，苏州市出动渔政执法人员3.75万人次、执法车辆8036辆次、执法船艇5762艘次，清理整治涉渔“三无”（无船名船号、无船舶证书、无船籍港）船舶176艘、违规网具1.77万件，查处行政案件876起958人次（含非法垂钓案件），没收非法渔获物3.68吨，罚款75.80万元，移交司法处理案件21起42人次。

【渔业安全生产】 2022年，苏州市开展渔业安全专项检查56次，出动检查人员339人次，检查渔船220艘次，检查渔港码头、渔船集中停靠点3个，排查安全隐患71起，全部完成整改，查处渔业安全生产案件4起4人，罚款0.36万元。开展渔业安全生产培训15期，参训人员463人次，发放安全宣传材料350份，发送海上天气预警信息2800余条，开展应急演练4次。

【渔业资源监测与保护】 2022年，苏州市开展水生生物增殖放流，加强珍稀濒危物种保护，向长江、太湖、阳澄湖等重要水域增殖放流苗种6280万尾（中华鲟2560尾、胭脂鱼12.24万尾），各级合计投入资金1078万元。常态化开展水生生物资源监测，据2022年发布的2021年长江常熟段渔业资源调查报告，长江常熟段发现鱼类36种，增长16.1%，鱼类物种多样性、资源丰饶度均有所上升，长江刀鲚体长体重均值、成鱼占比均有所增长。

（市农业农村局 翟天晨）

【阳澄湖渔业资源管理】 2022年，苏州市围绕阳澄湖水环境治理，组织“执法护农”座谈交流，举办阳澄湖围网生态养殖技术培训，发放渔业法律法规宣传资料1500余份。开展水产品养殖现场专项执法检查，累计开展禁投冰鲜鱼（海鱼）及畜禽动物内脏检查397户次，发送安全生产预警信息4000余条。开展阳澄湖生态补偿增殖放流活动，放流鱼苗34万尾，开展阳澄湖渔业资源增殖放流活动，放流鱼苗2160万尾、扣蟹24万只。

（市农业农村局 汤永刚）

【阳澄湖大闸蟹养殖】 2022年，苏州市阳澄湖大闸蟹农产品地理标志地域范围内养殖总面积5839.11公顷，养殖总产量9400吨。其中，高标准池塘养殖面积4801.94公顷，养殖产量7900吨；围网养殖面积1037.17公顷，养殖产量1500吨。

（市农业农村局 洪泽洲）

种 业

【概况】 2022年，苏州市印发《关于加快推进现代种业创新创优发展的实施意见》，围绕强化种质资源收集保护和开发利用、推进产学研合作和自主品种推广、创优良种补贴推广服务体系、提升种业企业自主创新和市场竞争力、加强种业创新人才引进和培养、搭建种业创新创优发展载体平台6个方面提出15项推进举措。建立苏州市种业发展联席会议制度，协同推进苏州市种业振兴。全年实现种业产业产值42.64亿元，增长7.21%；种植业、畜牧业、渔业种业产业产值分别为22.42亿元、5.98亿元、14.24亿元。全市有产值规模1000万元以上的种业生产经营主体37家、5000万元以上12家、1亿元以上6家。

（市农业农村局 仇 烈）

【种子生产供应】 2022年，苏州市完善种子质量全程监控机制，加大种子市场监管力度，保障粮食生产用种安全。全市有小麦种子生产田1086.73公顷，水稻种子生产田555.33公顷。种子生产期间，及时踏田检查种子田管理情况和纯度表现，督促、指导做好去杂去劣工作。依法开展种子市场检查，全市出动766人次，检查种子企业93个次、种子经营门店344个次，检查基地711.73公顷。完善救灾备荒种子储备制度和工作机制，落实救灾备荒种子储备工作。全年市本级储备水稻种子17万千克、小麦种子20万千克，张家港市、常熟市、昆山市各储备水稻种子20万千克、小麦种子37.5万千克。

【稻麦良种补贴】 2022年，苏州市继续实施水稻良种补贴项目，增加实施小麦良种补贴项目，完善良种保供体系。全市水稻良种补贴项目供种432.16万千克，补贴面积7.16万公顷，拨付市级财政补贴资金646.20万元，补贴水稻品种11个；全市常规水稻种子价格平均为每千克6.43元，杂交粳稻种子平均价格为每千克45.00元。全市小麦良种补贴供种1104.53万千克，补贴面积5.81万公顷，拨付市级财政补贴资金807.40万元，补贴小麦品种7个；全市小麦平均供种价格为每千克4.00元。

（市农业农村局　周建明　邹　鑫）

【园艺种质资源保护】 2022年，苏州市完成苏州地区果树种质资源、茶树品种资源和蚕遗传资源调查，调查果树资源434份、规模茶园632公顷，形成果树种质资源名录1份、种质资源数据库1个、珍稀资源分子指纹图谱1套，摸清有性系、无性系茶园面积和品种情况，完成19份蚕相关遗传资源普查。吴中区推进"洞庭红橘""梅树"保护管理。

（市农业农村局　杨蓓莉）

【畜禽遗传资源保护】 2022年，苏州市有国家级畜禽遗传资源保护品种6个，分别是太湖猪（梅山猪、二花脸猪）、湖羊、太湖鹅、鹿苑鸡和娄门鸭，另有枫泾猪、昆山麻鸭和华中中蜂3个品种列入省级畜禽遗产资源品种目录。有国家级遗传资源保护单位8家，其中国家级畜禽遗传资源保种场7家、国家级畜禽遗传资源保护区1个；有省级遗传资源保护单位11家，其中省级畜禽遗传资源基因库1家、省级畜禽遗传资源保护区1个、省级畜禽遗传资源保种场9家。新建张家港市乐禾生态农业发展有限公司长江三角洲白山羊保种场。吴中区被中国养蜂学会授予"中华蜜粉枇杷成熟蜜生产基地"。

（市农业农村局　李秋璇）

【水产苗种繁育】 2022年，苏州市新增省级水产良种繁育场3家。完成阳澄湖大闸蟹新品种申报工作，大口黑鲈选育分析验证出4个与生长性状显著相关、遗传可靠性较高的SNP位点。繁育大口黑鲈水花超过15亿尾，四大家鱼等常规鱼水花超过4亿尾，罗氏沼虾苗超过10亿尾，锦鲤、金鱼等观赏鱼超过1亿尾，培育商品扣蟹超过5亿只；引进"太湖2号""太湖3号"新品系青虾1575千克，繁育虾苗14200千克，推广面积206.7公顷。

（市农业农村局　赵俊胜）

农业园区

【概况】 2022年，苏州市坚持"小而美、高而精、融而活"发展方向，推进现代农业转型升级示范园区建设。张家港市凤凰镇水蜜桃智慧化、常熟市常福街道现代种业、太仓市城厢镇现代水稻循环经济、昆山市巴城镇现代智慧高效渔业、吴江区七都镇浦江源太湖蟹绿色生态养殖、吴中区临湖镇现代农业产业融合发展、相城区望亭镇御亭农文旅产业融合转型升级示范园区7个首批苏州市现代农业园区转型升级示范园区建设取得成效。吴江区现代农业产业园被认定为全市首个国家现代农业产业园。太仓市入选首批省级现代农业产业高质量发展示范园。全市有75个市级以上农业园区，农业园区建成面积比例87.1%，农业园区入园企业1053家。

【吴江区国家现代农业产业园】 2022年1月，吴江区现代农业产业园被农业农村部、财政部认定为第四批国家现代农业产业园，成为全市首个国家现代农业产业园，也是全省首个以优质粮油为主导产业的国家现代农业产业园。吴江区现代农业产业园涵盖吴江经济开发区、汾湖高新区（黎里镇）和平望镇三个片区的82个村，占地面积5.64万公顷，其中耕地面积1.09万公顷，主导产业为水稻和油菜，成为"吴江大米"区域公用品牌，建成集水稻种植、农机服务和粮食加工销售于一体的农业企业及合作社9家，培育规模以上农产品加工企业66家，其中国家级龙头企业2家、省级龙头企业6家。

【太仓市现代农业产业高质量发展示范园】 2022年8月，江苏省农业农村厅、财政厅公布首批21个省级现代农业产业高质量发展示范园建设名单，太仓市现代农业产业高质量发展示范园入选。该示范园建设周期为2022—2025年，位于太仓市中部，规划面积9800公顷，其中耕地面积5400公顷，重点建设"一环、两核、三区、三园"（农业休闲观光环，太仓现代农业园区核心区、农业绿色循环示范核心区，西、中、东水稻生产区，电站生态休闲农业园、塘桥设施蔬菜生态园、新邵高效水产生态园）为体系的现代农业产业高质量发展示范园。

（市农业农村局　施小南　宗兆瑞）

农田水利

【概况】 2022年，苏州市制定《苏州市高标准农田建设规划（2021—2025年）》，出台《苏州市"十四五"高标准农田改造提升实施方案》，明确"加强退水管理，打造生态农田"。"推广管道灌溉，力行节地节水"等建设内容。推广节能节水型饮水设备和干清粪处理模式，建设雨污分流装置，从源头上大幅减少畜牧用水量。发布《市政府办公室关于加快推进渔业高质量发展的实施意见》，按照"空间布局合理、规模集中连片、水系及设施配套、尾水处理规范、环境整洁优美"要求，推进高标准池塘改造2万亩（1333公顷），年底完成改造任务，实现全市高标准池塘改造动态全覆盖。

【农田水利基础设施建设】 2022年，苏州市启动建设6.8千公顷高标准农田改造提升项目。改造提升项目建设重点突出农田灌溉、排水等方面和环节，落实道路、灌排等设施设备和田容田貌、农田环境的管理维护。建设生态排水沟道、节制闸、农田肥水收集池、调蓄池、循环利用塘、排水净化区等。在水源地、"国考""省考"断面、运河沿线等敏感区域择点安装农田排水监测设施，对农田排水监测数据开展分析。探索高标准农田建后管护改革创新，张家港市、常熟市、昆山市等地探索由保险公司介入高标准农田的管护试点。

【节水农业灌溉工程项目建设】 2022年，苏州市推广管道灌溉，厉行节地节水，将高效节水灌溉作为重点内容实施高标准农田改造提升。常熟市是苏州市唯一承担中央财政补助高标准农田建设项目的县级市，涉及项目3个，通过项目建成高标准农田313.33公顷、高效节水灌溉（管灌）266.67公顷，完成总投资1816.33万元，其中争取上级财政资金724万元。项目涉及常熟市辛庄镇、古里镇、尚湖镇，主要完成新建泵站15座、灌排水渠道6.68千米、砂石路2.74千米、过河管9座、钢筋混凝土管0.58千米，埋设低压管道43.44千米。

（市农业农村局　赵红玉）

农业机械化

【概况】 2022年，苏州市主要粮食作物耕种收综合机械化率97.6%，设施农业、果茶桑、畜牧养殖、水产养殖、农产品初加工5项特色农业机械化率78.75%，各项指标在全省均处于前列。全市新增注册登记拖拉机335台、联合收割机145台，拖拉机、联合收割机和高速插秧机保有量分别为4100台、2251台和3905台。年内，吴中区、相城区入选全国率先基本实现主要农作物生产全程机械化示范县（市、区），全市7个涉农县级市（区）均入选该项示范。苏州市入选省全程全面机械化示范县6个。

【农机技术推广】 2022年，苏州市成立特色农业生产全程机械化推进工作领导小组和技术指导组，制定水稻全程“无人化”机械装备与操作技术规范，制订、修订菠菜种植、河蟹投饵、生猪养殖、杏鲍菇初加工等机械化生产技术规程15项。举办特色农业机械化现场观摩会和农机推广“田间日”活动15次，参加人数716人次。全市14个主要产粮乡镇（街道）建立机收损失监测点，开展稻麦机收损失率田间调查，做好粮食机收减损工作。组建“党员先锋队”“青年突击队”“科技攻关队”3支农机科技志愿服务队伍，全年累计组织开展志愿服务活动1873次，服务机具7657台次。

【农机技能提升】 2022年，苏州市举办基层农机人员、农机具操作维护保养技能、无人机维护保养与操作技术、新型农机具驾驶操作与维护保养技术、农机安全等各类实训80期，培训学员3465人次。农机实用技能培训推荐课件获评省一等奖1项、三等奖1项，《机收减损技术》获评2022年全国农机实用技能培训优秀课件。累计举办农机维修、机插秧技能“大比武”、机收减损技能“大比武”、植保无人机操作维修等各类农机技能竞赛7次，参加选手194人次。

【无人农场建设】 2022年，苏州市加快无人驾驶农机等智能化绿色化农机装备推广应用，全面完成苏州市智慧农机管理平台和无人作业农机物联网监管系统平台建设，推进农业机械数字化信息化管理。太仓市东林农机服务专业合作社、吴江国家现代农业产业园区2家单位入选首批省级粮食生产“无人化农场”典型案例，苏州市代表队在全省首届水稻机收“无人化”作业比武竞赛中获得第一名。

【农业生产全程机械化建设】 2022年，苏州市建成省级“全程机械化+综合农事”服务中心3个，建成市级粮食生产“全程机械化+综合农事”服务中心52个，累计101个。提高产地烘干水平，全市有粮食产地烘干中心230个，拥有烘干装置1623台（套），日烘干能力21329吨。做好市级蔬菜、果茶桑、水产养殖、畜牧养殖、农产品初加工等产业生产机械化示范基地创建工作。全年建成市级特色农业机械化示范基地45个，累计107个。全市13家基地入选首批江苏省农业生产全程机械化智能化典型基地（园区）。

【“平安农机”创建】 2022年，苏州市以“平安农机”创建为契机，加快农机安全监管信息化、网络化和网格化建设，构建农机安全生产管理长效机制。全年建成市级“平安农机”示范乡镇（街道）7个，累计32个；建成市级“平安农机”示范合作社（家庭农场）27个，累计57个。昆山市被评为省级“平安农机”示范县，并被推荐参评全国“平安农机”示范县。

（市农业农村局 王玉琦 郭翠琴）

农业科技

【概况】 2022年，苏州市立项市级农业科技创新项目76个，首次组织实施农业科技创新重点项目“揭榜挂帅”。全市有省级农业科技型企业84家，农业科技进步贡献率73%。实施智慧农业国家级试点，推进信息技术与农业生产、经营、管理等融合，全市农业信息化覆盖率72.83%。

（市农业农村局 顾豫蓉）

【农业科技推广】 2022年，苏州市发布2022—2023年苏州市稻麦主推品种推荐目录，其中水稻主推品种11个、小麦主推品种7个。发挥全市31家省级现代农业产业技术体系推广示范基地作用，示范推广水稻机插绿色高质高效栽培技术等24项。全市遴选1597个示范作用好、辐射带动强的新型经营主体带头人、种养大户、乡土专家等作为农业科技推广示范主体。开展“农安科普小课堂”进中小学校园宣讲，“农安小卫士”品牌入选苏州市“强国有我 时刻准备——星火行动”百场公益科普讲座进校园活动选题菜单，全年开展线下+线上校园科普活动16次，受益者6000人次。

（市农业农村局 仇烈 朱倩 周丽娟）

【农业信息化服务】 2022年，苏州市推进信息进村入户工作。全年全市779个益农信息社开展公益服务5036.79万人次，便民服务363.04万人次，累计支付金额2635.64万元。完善农业科技信息服务网络，建设智慧农业专家服务系统。开展农民手机应用技能培训周活动，组织各类农村人口培训1258场次，培训受众1.62万人次。

（市农业农村局 任志强）

【苏州中农院华东农业科技中心】 苏州中农院华东农业科技中心是由中国农业科学院、苏州市政府等合作建设的高水平科研创新平台。2022年1月，苏州中农院华东农业科技中心完成事业单位登记，明确理事会理事名单与学术委员会委员名单；8月，第一届理事会召开，审议通过章程等文件，确定发展战略与目标；12月，确定智慧农业、数字设施农业、农业机器人、光伏农业4个学科，并开展智慧农业学科运营。昆山市陆家镇负责前期支持工作，截至年底，完成过渡院区一期工程，完成研发总部设计任务书；组建11人管理团队，开展基础运营工作；推进唐华俊院士工作站建设，基本完成配套未农小院建设。

（市农业农村局 陈兴伟）

【苏州市农业科学院】 苏州市农业科学院（江苏太湖地区农业科学研究所）（简称“苏州农科院”）是苏州市政府直属农业科研机构，设农业资源与环境、智慧农业、作物研究、休闲农业、农产品贮藏加工与质量安全和蔬菜研究等研究室（中心）。2022年，苏州农科院有专业技术人员84人，其中研究员9人、副研究员35人，享受国务院政府特殊津贴专家1人，江苏省“333”人才工程培养对象5人，江苏省有突出贡献中青年专家2人。

苏州农科院全年新立项研究课题50项，合同经费1173.1万元，增长

10.4%，到账经费814.1万元。参与国家重点攻关项目1项，立项省级项目8项，获批苏州市“双碳”揭榜挂帅项目1项。作为主持单位获得国家农牧渔业丰收奖二等奖1项，作为第二完成单位获得江苏省科学技术三等奖1项。全年获得国家专利授权、软件著作权、植物新品种权32件，通过验收审查的省标准和团体标准5项。“苏青1号”“苏苋1号”等5个新品种、“离田稻麦秸秆多元化高效增值利用综合技术”“水稻—羊肚菌周年绿色轮作增效模式”等5项新技术被列入2022—2023年省主推品种、主推技术。牵头组建“优质稻米产业化开发协同推广联盟”，成立检测评价鉴定技术中心，成为全省唯一的入围农业农村部第三次全国土壤普查准入实验室的地市级农科院。

（苏州农科院　蒋华伟）

2022年9月，吴江区黎里镇雄锋村水稻种植户利用理化诱控技术诱捕水稻害虫

（周君　摄）

农业绿色发展

【概况】 2022年，苏州市坚持以空间优化、资源节约、生态优先为基本路径，把绿色低碳循环发展导向贯穿农业发展全过程，推动形成产业布局合理、资源利用高效、产地环境优质的绿色生态农业发展产业体系、技术体系和制度体系。加强高标准农田、高标准蔬菜基地、高标准池塘、美丽生态牧场“三高一美”示范基地建设，改造提升高标准农田6800公顷、高标准池塘1333.33公顷，建成绿色蔬菜保供基地3966.67公顷，累计建设美丽生态牧场45家，“三高一美”指数达到98.17%，基本实现“三高一美”建设全覆盖。实施化肥农药减量化行动，坚持生态健康养殖，推进农业废弃物资源化利用，全市农作物病虫害绿色防控覆盖率66.8%，全年畜禽粪污综合利用率超过99%。

（市农业农村局　顾豫蓉）

【高标准农田建设】 2022年，苏州市出台《苏州市“十四五”高标准农田改造提升实施方案》，明确“十四五”期间全市改造提升高标准农田20.25千公顷。印发《苏州市高标准农田建设规划（2021—2025年）》，同步推进高标准农田新建与改造。提升2021年度中央财政补助高标准农田建设项目30个，总面积6.33千公顷，在完成市级验收的基础上，8月通过省级验收。全年全市启动建设高标准农田改造提升项目6.8千公顷。

（市农业农村局　赵红玉）

【水稻绿色种植】 2022年，苏州市落实省级水稻绿色高质高效建设示范片28个，超过省下达任务3个，核心示范方面积4187公顷。张家港市和常熟市作为部级绿色高质高效行动示范县开展整体创建。全市建立机插缓混侧深施肥技术100亩（6.67公顷）以上连片示范方8个，推广面积6527公顷；示范推广稻田综合种养和水稻+N模式4273公顷。

（市农业农村局　严　凯）

【农作物病虫害绿色防控】 2022年，苏州市加强农作物病虫害绿色防控技术推广应用与示范建设，引导农业生产经营主体树立绿色防控理念。全市建成省级绿色防控示范区39个，核心面积1730公顷，其中8个示范区获评省A级示范区。建成市级绿色防控示范片15个，核心面积668公顷。常熟市和吴江区获评第二批全国农作物病虫害绿色防控整建制推进县，张家港市获评第一批江苏省农作物病虫害绿色防控县。全市农作物病虫害绿色防控覆盖率66.8%。

（市农业农村局　杨平俊）

【农药减量增效】 2022年，苏州市农药使用总量2906吨，下降1.9%。在全市开展以增加统防统治、绿色防控覆盖率，减少病虫危害损失、化学农药使用量为核心的“两增两减”虫口夺粮促丰收保供给行动，统筹兼顾农药减量与稳产保供。印发《2022年苏州市主要病虫害绿色防控产品主推目录》，推荐农药256种和非农药类绿色防控产品10类，其中微毒和低毒产品占比99%以上。组织开展科学用药进万家行动，拍摄制作《加强农药科学使用 保障农产品质量安全》微视频。全市举办科学用药培训116场次，培训人数4450人次。全市回收农药包装废物770.6吨，减少农药废弃物丢弃现象。

（市农业农村局　杨平俊）

【化肥减量增效】 2022年，苏州市化肥使用量5.91万吨（折纯量），下降1.27%。加强测土配方施肥基础工作，推荐发布2022—2023年主要农作物基肥主推配方28个。建设省级化肥减量增效示范区17个，示范面积5200公顷，突出新技术、新产品、新模式、新装备应用，集成示范推广应用水稻侧深施肥、有机肥替代化肥、水肥一体化等技术模式。加大配方肥推广应用补助力度，补贴资金2366万元，全市推广应用稻麦配方肥5.2万吨，推广面积106000公顷，主要农作物测土配方施肥技术覆盖率96.63%。加快缓释肥等新型肥料试验示范，全年示范推广应用缓释肥4431吨，推广面积6840公顷，补贴资金519万元。实施有机肥部分替代化肥，全年推广应用有机肥8万吨，推广面积13333公顷。

（市农业农村局　刘文秀）

【废旧农膜回收利用】 2022年，苏州市回收废旧农膜2520.1吨，回收利用率97.6%。重点运行维护好“2+9+186”回收利用网络（2家循环利用企业、9个转运归集点、186个回收网点），并按照省、市部署制定全市农膜减量替代方案，组织全市农膜专题宣传贯彻培训，多部门协同推进工作。

（市农业农村局　蔡林运）

【农作物秸秆综合利用】 2022年，苏州市印发《关于做好2022年农村能源安全生产和农作物秸秆综合利用工作的通知》，统筹推进农作物秸秆还田和离田工作，推进秸秆收储运体系建设，形成以机械化还田为主，肥料化、饲料化、燃料化、基料化等多种利用形式的“1+X”综合利用模式。全市农作物秸秆综合利用率99.9%。昆山市列入2022年中央农作物秸秆综合利用重点县（秸秆全量利用模式县）。

【生态农场建设】 2022年，江苏善港生态农业科技有限公司、昆山悦丰岛有机农副产品基地有限公司入选第二批国家级生态农场名单。其中，江苏善港生态农业科技有限公司是张家港市首个国家级生态农场，位于张家港市杨舍镇善港村，是专业从事高效农业研发、种养殖及销售，以村为经营主体的省级农业龙头企业，有稻麦、蔬菜、草莓、葡萄等基地，在以稻鸭共作生态种养模式实施生物防控方面取得成效。苏州市累计入选国家级生态农场7家，实现主要涉农县级市（区）全覆盖。

（市农业农村局　朱　倩）

【绿色优质农产品生产】 2022年，苏州市推动总面积17033公顷的3个国家绿色食品原料标准化生产基地和总面积73287公顷的82个省级绿色优质农产品基地建设与管理。常熟市虞山街道建成华东地区首个全国绿色食品（有机农业）一二三产业融合发展园区。累计获证绿色食品830个、有机农产品334个、名特优新农产品19个、特质农品1个、零碳农产品13个、欧盟有机农产品6个，认证产品总数列全省设区市第一位。全市绿色优质农产品比重75.4%，居全省前列。

（市农业农村局　王　芳）

农业产业化经营

【概况】 2022年，苏州市发展乡村特色产业，新增全国“一村一品”示范镇1个〔张家港市凤凰镇（水蜜桃）〕，获评全国乡村特色产业亿元村4个〔吴中区甪直镇江湾村（设施蔬菜）、吴中区香山街道舟山村（核雕）、常熟市董浜镇东盾村（蔬菜）、常熟市董浜镇里睦村（丝瓜）〕，新增农业国际贸易高质量发展基地1个（苏州优尔食品有限公司）。壮大农业产业化龙头企业和社会化服务组织，新增省级农业产业化重点龙头企业3家〔昆山绿欣教育后勤服务有限公司、苏州市润汇农业发展有限公司、卡士酸奶（苏州）有限公司〕，评出市级农业产业化龙头企业23家、市级农业产业化联合体12家、市级家庭农场79家、市级示范合作社267家。推进绿色食品、有机农产品和农产品地理标志工作，培育特色农业品牌，绿色优质农产品比重75.4%，比2021年提高6个百分点，获得绿色食品、有机农产品、名特优新农产品等认证的农产品总数列全省设区市第一位。

（市农业农村局　郑　丽）

【农业产业化龙头企业培育】 2022年，苏州市新增省级农业产业化重点龙头企业3家、市级23家。全市有389家县级以上农业产业化龙头企业（国家级7家、省级65家、市级171家、县级146家）完成销售收入1659.11亿元，带动农户280万余户。微康益生菌（苏州）股份有限公司、张家港威胜生物医药有限公司2家企业获评苏州市“独角兽”企业，德尔未来科技控股集团股份有限公司、安佑生物科技集团股份有限公司、苏州园科生态建设集团有限公司获评苏州市市长质量奖，苏州太湖雪丝绸股份有限公司在北京证券交易所上市，成为新国货丝绸第一股。截至年底，全市农业企业有主板上市企业3家、北京证券交易所上市企业1家、“新三板”上市企业5家。

（市农业农村局　汪　瑜）

【新型农业经营主体培育】 2022年，苏州市有农民专业合作社2584家，覆盖种植业、畜牧业、渔业、服务业等各个领域，其中县级以上示范合作社595家，示范率居全省前列，从事农业社会化服务的合作社417家，农民参加合作社比重超过92%。全市有纳入名录管理的家庭农场11792家，其中省级示范家庭农场105家、市级示范家庭农场262家，总经营面积超过66667公顷，按照主营类型分：种植业6759家、渔业3989家、种养结合300家、畜牧业502家、林业38家、农业服务类4家、其他200家。昆山市周市德名胜家庭农场、张家港市锦丰镇港有耕香家庭农场入选2022年省级家庭农场典型案例，4家家庭农场入选首届江苏“百佳家庭农场”，吴中区众联家庭农场发展联盟入选首届江苏“十佳家庭农场联盟”，张家港市锦丰镇港有耕香家庭农场等10家家庭农场入选2022年苏州市“十佳家庭农场”。苏州大域无疆航空科技有限公司“全力打造以无人机共享为核心的现代农业社会化服务体系”入选全国农业社会化服务典型案例，常熟市虞盛农产品专业合作社的“打造产业化联合体，探索社会化服务新模式”入选2022年江苏省农业社会化服务典型案例。苏州市实施财政支农“以奖代补”项目，发放贷款贴息等补助1940.85万元，其中新型农业经营主体贷款贴息800万元（含新冠疫情防控贴息300万元）、“农发通”和“惠农贷”等农业信贷担保业务补助资金1140.85万元；为经营主体8.49亿元贷款提供担保服务，发放贷款2.2亿元。

（市农业农村局　汪　瑜）

农产品质量建设

【概况】 2022年，苏州市食用农产品定量抽检千人覆盖率1.70%，综合合格率99.80%，未发生重大农产品质量安全事件。全市12628家食用农产品生产经营主体纳入江苏省农产品质量追溯管理平台，实现入网主体产品抽检、督查巡查、合格证出具、生产档案电子化管理全覆盖。全市新增五星省级乡镇农产品质量安全监管站2家，累计3家；新增四星市级乡镇农产品质量安全监管站25家，累计45家；实现三星县级乡镇农产品质量安全监管站涉农县级市（区）全覆盖。常熟市获评江苏省农产品质量安全县，全市有5个省级及以上农产品质量安全县。实施“治违禁 控药残 促提升”三年行动（2021年6月至2024年6月），督查巡查生产经营主体33362家次，查办食用农产品质量安全案件行政执法案件75件。

（市农业农村局　丁　成）

【农业品牌建设】 2022年，苏州市做优做强农产品区域公用品牌，开展“苏州大米”“洞庭山碧螺春”品牌整体价值评估以及十强企业评选。加强农业品牌培育，新增培育农产品区域公用品牌13个，累计培育41个；农产品地理标志累计17个；新增省级农业品牌2个，累计21个；市级农业品牌累计56个。开拓“苏”字号农业品牌中高端市场，拓展电商+实体销售渠道，建树地产品牌农产品新零售平台“苏农名品”。

（市农业农村局　王　芳）

【农产品检测体系建设】 2022年，苏州市举办“农安卫士杯”农产品质量安全检测技能竞赛。开展快速检测培训，线上线下培训10余次，惠及基层人员近600人次。推广胶体金快速检测技术，将60家乡镇农产品监管站纳入胶体金免疫快速检测技术应用主体，培训首批129名检测技术员，全市利用该技术开展农产品快速检测4.57万条次。全市33家基层检测单位一次性通过农业农村部农产品质量安全中心组织的快检能力验证，超过全国通过验证单位数的三分之一。

【名特优新农产品培育】 2022年，苏州市发挥苏州市农产品质量安全监测中心“全国名特优新农产品营养品质评价鉴定试验站”职能优势，开展名特优新农产品营养品质与特质农品独特品质评价鉴定工作。开展名特优新农产品名录和特质农品申报，全年获得“国字号”农产品证书19张，其中全国名特优新农产品18个、特质农品1个（太湖东山湖羊肉），超过全省总数的40%，列全省设区市第一位。

【农产品安全宣传教育】 2022年，苏州市开展“农安科普小课堂”进中小学校园宣讲活动。“农安小卫士”品牌入选苏州市科协、市教育局“强国有我　时刻准备——星火行动”百场公益科普讲座进校园活动选题菜单。截至年底，累计开展线下线上校园科普活动16次，6000人次受益。

（市农业农村局　周丽娟）

表35　2022年苏州市入选全国名特优新农产品一览表

序号	地区	产品名称	获证单位
1	昆山市	淀山湖大米	昆山市淀山湖镇人民政府
2	昆山市	巴城葡萄	昆山市巴城镇人民政府
3	昆山市	锦溪黑蚬	昆山市锦溪镇人民政府
4	昆山市	张浦梨	昆山市张浦镇农村工作局
5	昆山市	淀山湖玉米	昆山市淀山湖镇人民政府
6	昆山市	千灯大白菜	昆山市千灯镇人民政府
7	常熟市	董浜黄金小玉米	常熟市董浜镇人民政府
8	常熟市	常熟大米	常熟市农业农村局
9	常熟市	古里坞坵大米	常熟市古里镇人民政府
10	常熟市	常熟鸭血糯	常熟市农业农村局
11	常熟市	海虞二花脸猪	常熟市海虞镇人民政府
12	常熟市	辛庄青虾	常熟市辛庄镇人民政府
13	太仓市	太仓梅山猪	太仓市璜泾镇人民政府
14	太仓市	太仓紫葛叶	太仓市沙溪镇人民政府
15	吴江区	吴江大头菜	苏州市吴江区七都镇人民政府
16	吴江区	吴江香青菜	苏州市吴江区七都镇人民政府
17	吴江区	吴江苏州青	苏州市吴江区七都镇人民政府
18	吴中区	光福桂花	苏州市吴中区光福镇人民政府

（资料来源：市农业农村局）

编辑：胡振芳

综 述

【产业规模及效益】 2022年，面对复杂严峻的外部环境和多重超预期的困难挑战，苏州市落实"疫情要防住、经济要稳住、发展要安全"要求，提升制造业核心竞争力，推动工业经济发展取得成效。

生产平稳运行 全年全市完成规模以上工业总产值43776.5亿元，增长4.1%。其中，制造业规模以上总产值42589.5亿元，增长3.8%；电力、燃气及水的生产和供应业规模以上总产值1051.2亿元，增长18.7%。规模以上工业增加值增长2.4%，规模以上工业增加值率23.1%。35个行业大类中，22个行业累计产值正增长，行业增长面为62.9%。全市电子信息、装备制造、冶金、纺织、轻工、化工等六大行业累计完成规模以上产值40995亿元，增长4.1%。

投资稳定增长 全年全市完成工业投资1708.1亿元，增长6.4%。其中，制造业完成投资1639.7亿元，增长6.8%；高技术制造业完成投资747.8亿元，增长18.2%。技术改造投资完成916.6亿元，增长15.2%，占工业投资比重53.7%。

企业效益改善 全年全市规模以上工业企业资产合计44974.8亿元，增长7.3%；实现营业收入44769.8亿元，增长0.6%；实现利润总额2383.9亿元，下降12.9%，全年降幅比上半年收窄7.5个百分点。全年规模以上工业企业亏损面22.6%，比上半年收窄8.1个百分点。规模以上工业企业全员劳动生产率每人38.24万元，增长9.1%。

（市工业和信息化局 顾 健）

表36 2022年苏州市分地区工业指标统计表

地区	规模以上工业总产值		规模以上工业增加值	工业投资	
	数值（亿元）	比2021年（±）	比2021年（±）	数值（亿元）	比2021年（±）
全市	43642.70	4.14%	2.40%	1708.1	6.4%
张家港市	5928.14	−0.26%	1.30%	214.1	0.8%
常熟市	4848.53	4.79%	2.30%	330.1	1.6%
太仓市	3110.97	5.08%	1.60%	180.1	4.1%
昆山市	10810.98	4.06%	2.00%	246.7	7%
吴江区	4673.17	4.88%	2.50%	240.1	9.1%
吴中区	2403.93	7.39%	5.40%	120.4	13.8%
相城区	1742.73	2.08%	0.40%	100.1	12.3%
姑苏区	61.98	1.69%	4.70%	—	—
苏州工业园区	6459.78	6.77%	4.80%	179.6	13.9%
苏州高新区	3602.47	3.70%	4.70%	96.9	6.5%

（资料来源：市工业和信息化局）

表37 2022年苏州市主要工业产品产量统计表

产品名称	单位	产量	比2021年（±）	产品名称	单位	产量	比2021年（±）
纱	万吨	55.1	−8.0%	光纤	万千米	9033.7	41.5%
布	亿米	3.9	−15.1%	光缆	万芯千米	4327.3	1.39%
印染布	亿米	14.8	−21.1%	家用电冰箱	万台	80.1	−30.7%
服装	亿件	4.0	−1.7%	房间空气调节器	万台	355.2	−9.8%
化学纤维	万吨	598.7	−13.4%	家用吸尘器	万台	5449.9	−29.0%
粗钢	万吨	3688.5	−7.0%	电子计算机整机	万台	3312.7	−38.6%
钢材	万吨	4698.2	−6.2%	移动通信手持机（手机）	万台	4994.7	47.4%
电梯、自动扶梯及升降机	万台	21.1	−11.3%	彩色电视机	万台	391.9	−4.9%

续表 37

产品名称	单位	产量	比2021年（±）	产品名称	单位	产量	比2021年（±）
医疗仪器设备及器械	万台	141.1	8.0%	集成电路	亿块	340.0	-6.7%
通信及电子网络用电缆	万对千米	535.0	42.9%	电子元件	亿只	10475.3	-35.0%
电力电缆	万千米	295.1	1.2%				

（资料来源：市统计局）

【产业优化升级】 2022年，苏州市电子信息产业、装备制造业2个万亿元级产业实现产值2.66万亿元，增长7.1%，成为工业经济平稳运行的重要支撑。百强工业企业实现产值1.45万亿元，增长7.8%，拉动规模以上工业总产值增长2.5个百分点。培育壮大新动能，积蓄发展新优势。制造业新兴产业产值、高新技术产业产值占规模以上工业总产值比重分别达到53.5%和52.4%。围绕电子信息、装备制造、生物医药、先进材料四大产业，制定实施重点细分领域支持政策，推动数字经济时代产业创新集群建设。四大产业创新集群产值增长4.6%，其中集成电路、高端装备制造、前沿新材料、创新药物产业产值分别增长19.9%、6.2%、5.7%和5.2%。高技术产品产量增长较快，手机、光纤、碳纤维及其复合材料、太阳能电池、新能源汽车等产量分别增长47.4%、41.5%、30.8%、23.0%、75.0%。

【优质企业群体培育】 2022年，苏州市鼓励龙头企业做优做强。恒力集团、沙钢集团、盛虹集团入围2022年《财富》世界500强，全省仅苏州的3家企业上榜。9家企业（产品）入围工业和信息化部第七批制造业"单项冠军"企业（产品）名单，10家企业入选工业和信息化部重点培育纺织服装百家品牌名单，10家企业入围中国电子信息企业百强榜，数量均列全省设区市第一位。全市营业收入超过100亿元工业企业（集团）46家，占全省26.7%，数量列全省设区市第一位。11家企业获得省市兼并重组专项资金扶持。遴选第二批"苏州制造"品牌登峰企业10家、登峰成效明显地区1个。新增全国质量标杆2项、省级8项。

专精特新企业培育 出台促进专精特新中小企业高质量发展的实施意见、金融支持加快培育专精特新企业专项方案、"小升规"企业培育实施方案。优质中小企业培育库入库企业超过1万家，认定公告首批创新型中小企业7670家，新增国家级专精特新"小巨人"企业122家、省级专精特新中小企业1017家。

企业发展环境优化 开展产业链重点企业大走访、重点纳税大户企业走访，协调解决企业发展诉求，累计走访产业链重点企业18255家。公布12345助企纾困服务热线，处理企业咨询和诉求634个。新增国家中小企业公共服务示范平台4家。5家平台入选中央财政支持中小企业数字化转型试点平台，列全国城市第一位。苏州市企业服务中心获评全国优秀中小企业综合服务机构。下达省市工业和信息化专项扶持资金近14亿元。推荐上报工业和信息化部产业基础再造和制造业高质量发展专项项目16个。出台推进工业企业技术改造若干措施，全年推动1000家工业企业共计510亿元设备升级改造，安排对200家工业企业有效投入奖补10.3亿元。

【制造业服务化转型】 2022年，苏州市推动制造业服务化转型。新增国家级服务型制造示范企业（平台、项目）6个，其中企业2家（博众精工科技股份有限公司、江苏亨通光电股份有限公司），项目1项（江苏新视界先进功能纤维创新中心有限公司的面向纤维材料创新服务及共享制造项目），平台3个〔苏州巨联环保有限公司的环保资源化处置利用综合服务平台、盛虹控股集团有限公司的全生命周期智慧化印染服务平台、凯博易控车辆科技（苏州）股份有限公司的新能源汽车动力系统工程技术服务平台〕。新增省级服务型制造示范企业（平台）22家、市级服务型制造示范企业（平台）54家。新增省级生产性服务业优秀服务机构8家、优秀服务方案1个。新增省级工业设计中心（示范园区）22家、市级108家。科沃斯"地宝X1家族（地面清洁机器人）"产品获得中国优秀工业设计奖银奖。常熟纺织服装创意产业园入选工业和信息化部第二批纺织服装创意设计示范园区（平台）。

【绿色集约发展】 2022年，苏州市推动制造业绿色低碳发展。根据年度单位地区生产总值能耗下降目标任务，加强能耗强度控制和预警监测，遏制高耗能、高排放项目盲目发展。加快绿色制造体系建设，4家企业入选第四批国家级工业产品绿色设计示范企业，5家企业入选国家级绿色工厂，37项产品入选国家级绿色设计产品，2家企业入选国家级绿色供应链管理企业。91家企业获评2022年省级绿色工厂，数量列全省设区市第一位。发布"近零碳"工厂建设管理办法和评价指标体系，评选苏州市首批"近零碳"工厂5家。

新能源汽车推广应用 发布《关于进一步加快全市新能源汽车推广应用的实施意见》《关于清理苏州市新能源汽车推广应用财政补贴实施细则中限制转让过户政策的通知》《苏州市居民住宅小区电动汽车自用充电基础设施建设管理指导意见（试行）》，加强全市新能源汽车推广和充换电基础设施建设运营管理。全市新增注册登记新能源汽车119680辆，新增公共领域充电站840座、充电桩6394根，私人领域充电桩59062根。

资源集约利用 2022年，苏州市组织开展2021年度工业企业资源集约利用综合评价，推动各地及相关部门实施城镇土地使用税、污水处理费、管道天然气等差别化政策，改造提升和处置淘汰低端低效企业超过3000家。印发全市"十四五"淘汰落后产能工作实施方案和2022年工作要点，推进中央和省生态环境保护督查交办问题整改。组织开展镇村工业集中区整治提升，奖补15个镇村工业集中区优化整治提升项目。张家港保税区化工中试基地入选江苏省化工中试基地（第一批）名单。

【企业疫情防控和复工复产】 2022年，苏州市加强企业疫情防控工作。市企业防控组累计发文（含联合发文）350余份，其中涉及保障产业链供应链稳定的协调函200余份，协调解决市内外产业链供应链相关问题5400余项。出台疫情防控下企业加快复工复产、国内中高风险地区货物重点岗位人员和重点环节疫情防控等工作指引，指导企业完善防控工作机制，压实企业主体责任。

保障产业链供应链稳定 建立市疫情防控"一专班三小组"工作架构，包括稳定重点产业链供应链工作专班、疫情防控和复工复产组、企业服务组、综合督查组，协调解决企业疫情防控和复工达产中的难题。打通产业链供应链堵点、痛点，累计协调解决5387个产业链供应链相关问题。创新开发“苏链通”供应链对接平台，缓解企业供应链难题，做法获得中央广播电视总台报道。该平台全年累计访问量35.3万次，发布供需信息3.19万条，协助形成供需对接意向1.29万次。

畅通企业物流运输　建立重点企业和主要配套企业“白名单”制度，提高通行证办理效率，保障新冠疫情防控期间苏州重点企业和主要配套企业的物流通畅。组织疫情防控物资保障与生产协调，摸排疫情防控物资生产企业220家，其中重点跟踪企业34家。安排24小时在线专人小组，帮助防疫物资生产企业协调解决物流运输诉求2300余次，确保物资生产和运输畅通。

（市工业和信息化局　顾　健）

【行业协会服务】 2022年，苏州市工业经济联合会（简称“市工经联”）拥有会员单位300家，其中理事单位102家、常务理事单位25家，涵盖34个工业行业。苏州市工业经济联合会发挥工业行业协会社会组织作用，带领各行业协会重点做好企业服务工作，引领企业做好疫情防控、生产经营、科技创新工作。受新冠疫情影响，企业社会责任报告和行业年度发展报告发布继续在网上发布。推进申报中国工业大奖、“单项冠军”和优秀企业家。获评中国工业大奖的会员有盛虹控股集团有限公司、江苏永钢集团有限公司。获评中国工业大奖表彰奖的会员有友达光电（昆山）有限公司、常熟市龙腾特种钢有限公司。获评中国工业大奖提名奖的会员有苏州琼派瑞特科技股份有限公司、苏州旭创科技有限公司。获评中国企业家联合会评选的“全国优秀企业家”称号的有江苏沙钢集团党委书记兼董事长沈彬，盛虹控股集团有限公司党委书记、董事长缪汉根，波司登国际控股有限公司董事局主席兼总裁高德康，东南电梯股份有限公司董事长秦健聪。恒力集团有限公司董事长、总裁陈建华获评“袁宝华企业管理金奖”。

（市工经联　朱耀东）

产业创新集群建设

【概况】 2022年，苏州市围绕电子信息、装备制造、生物医药、先进材料四大产业制定实施系列支持政策，推动产业创新集群建设。全年全市四大产业创新集群产值增长4.6%。新入选生物医药及高端医疗器械、高端纺织2个国家先进制造业集群。制造业新兴产业产值、高新技术产业产值占规模以上工业总产值比重分别达到53.5%和52.5%。新能源、软件和集成电路、仪器仪表制造业产值分别增长15.8%、13.1%、14.2%。苏州市列中国信息通信研究院2022年全国制造业高质量发展50强城市榜单第一位、赛迪顾问2022先进制造业百强市榜单第二位。常熟市电子氟材料产业集群入选工业和信息化部中小企业特色产业集群。相城区、苏州工业园区入选省首批车联网和智能网联汽车高质量发展先行区建设名单。昆山市、吴江区、苏州工业园区入选首批省制造业高质量发展示范区建设地区。启用先进技术成果转化长三角园区。推动中国信通院江苏分院落地苏州。获批建设省海洋信息技术与装备创新中心，推动省智能车联网创新中心建设运行并通过年度能力建设省级验收。启动江苏省板卡集成电路和元器件适配验证中心建设。推动苏州实验室创建工作。新增国家级企业技术中心3家〔苏州天准科技股份有限公司、苏州迈为科技股份有限公司、博瑞生物医药（苏州）股份有限公司〕、省级企业技术中心202家、市级企业技术中心213家。认定7家单位为市级第四批自主品牌大企业和领军企业先进技术研究院。新增省级关键核心技术攻关项目19个，扶持市级关键核心技术攻关项目18个。新增7家企业产品获得江苏省首台（套）重大技术装备认定。开展“苏锡常”首台套重大装备认定工作，认定市级首台（套）30个。

【纳米新材料产业集群建设】 苏州市纳米新材料集群于2021年入选工业和信息化部第一批国家先进制造业集群。苏州纳米新材料产业主要集聚于苏州工业园区。2022年，苏州工业园区纳米新材料产业产值规模突破1450亿元，增长16%，区域产值规模列全国第一位，企业总数超过1100家，其中上市企业15家。主导产品市场占有率高，纳米银出货量列全球第一位，MO源全球市场占有率列第一位，量子点全国市场占有率超过50%。围绕第三代半导体、纳米生物材料、纳米功能材料等重点领域，引入顶尖人才团队，开展关键核心技术攻关，加强科技成果转化，初步完成较为完善的产业链布局。

第三代半导体领域　围绕上游衬底外延、中游设计制造、下游集成应用，引进和培育南大光电、纳维科技、晶湛半导体、镓敏光电、美思迪赛、镭昱光电、芯三代、聚灿光电等40余家高科技企业，占全省企业总数的四分之一，产值超过100亿元，汇聚8名国家重点人才及团队，成为全国第三代半导体产业集聚度最高的区域。

纳米生物材料领域　以纳米生物材料研发和临床转化应用为主要方向。在材料研发端以微球、药物载体、涂层材料等重点材料为主，引育纳微股份、岸谷、百赛飞、海狸纳米等高成长性企业。在应用场景端，主要围绕心血管介入及造影剂、诊断试剂盒、骨科植介入等高端诊断治疗医疗产品的研发应用，集聚同心医疗、欣影、浩欧博、信和隆等一批自主品牌企业，与苏州工业园区生物医药产业形成良好的协同效应。

纳米功能材料领域　推动光电子材料、纳米碳材料、导电高分子材料、高分子复合材料等从原材料、制备工艺、检验检测到应用的全产业链布局，培育诺菲纳米、星烁纳米、捷迪纳米、鑫导电子、克劳丝等200余家企业和机构，产值超过280亿元，拥有180余名各类高层次人才，建设纳米加工平台、MEMS中试量产平台等公共技术服务平台，形成高度集聚的MEMS、光电应用集群。

【生物医药及高端医疗器械产业集群建设】 2022年，苏州市制定《苏州市生物医药产业创新集群实施方案》，通过十大工程40条举措推动产业集聚向创新集群迭代，同时配以10个全产业链扶持政策包，以及获得国务院表扬的政策计算器，由“企业找政策”变“政策找企业”。出台《关于支持建设苏州生物医药及高端医疗器械国家先进制造业集群的政策措施》，针对资本市场变化，为生物医药企业量身定制“金融工具箱”，重点围绕基金、债券、信贷、融资、贴息等方面形成详细举措。6月，苏州市生物医药产业创新集群推进会在苏州工业园区召开。11月，苏州市生物医药及高端医疗器械集群在产业规模高增速、企业发展高成长、创新成果高增量、产业要素高集聚4个方面获评优胜，入选工业和信息化部第三轮先进制造业集群决赛优胜者名单。

人才驱动发展　苏州市坚持人才引领，通过引进1个人才、创立1家企业、带动1个产业。全市出台50余套人才引育政策，医药及器械领域国家级人才计划占全市四分之一，创新创业人才培育出60%上市企业、80%“独角兽”企业。

长三角要素协同创新网建设　长三角生物医药产值占全国30%，是中国生物医药高地，上海、苏州错位发展，上海聚焦龙头总部、苏州聚焦创新企业。两地优势互补，通过张江国家实验室促进协同创新，建立长三角科技要素交易中心、发放长三角科技创新券等，融入长三角一体化发展国家战略。

全链制度开放　美国冷泉港实验室第一个海外分支机构在苏州设立。苏州自贸片区开展生物医药全产业链开放创新试点，探索出创新举措12项，其中“研易达”、知识产权证券化、国际职业资格比照认定3项举措获评国务院服务贸易创新发展试点“最佳实践案例”，并在全国复制推广。

土地空间保障　实施产业用地“双百”行动（100万亩工业和生产性研发用地保障，100平方千米产业用地更新），空间资源向集群优质项目倾斜。对初创项目给予场地租金补贴，对重大项目实行“政府代建，企业回购”方式，确保产业化项目快速落地，对新改扩建项目，行政办公和生产性服务设施面积占比，由15%提高到30%。注重承载能力提升，全市相关载体园区建成19个，在建13个，合计用地2600公顷。

（市工业和信息化局　顾　健）

【高端纺织产业集群建设】 2022年，苏州市纺织产业在恒力集团、盛虹集团、波司登集团等一批产业链龙头企业的辐射带动下，围绕产业链两端延伸和关键环节开展配套分工协作，以点成面，集群集聚，形成研发、生产、市场为一体的集群化发展格局。11月，由苏州市牵头的苏州、无锡、南通高端纺织集群入选为国家先进制造业集群。全省58个重点纺织服装产业集群中，苏州市有19个，其中涉及服装服饰的集群15个。3个专业市场规模逐步扩大，吴江东方丝绸市场实现市场交易额1508亿元，常熟服装城实现市场交易额1431亿元，虎丘婚纱城实现市场交易额4亿元，占全国婚纱批发70%的市场份额。

创新创意　培育形成常熟纺织服装创意产业园、昆山晨风服装创意设计产业园、吴江丝绸文化创意产业园、虎丘婚纱城4个国家级创意设计平台。专业从事服装设计的工作室160余家，其中常熟龙剪风工作室每年设计男装羽绒服7000余款，提供全国羽绒服80%以上的款式。波司登集团羽绒服曾获得中国工业设计大奖金奖和德国“红点奖”。

增品种、提品质、创品牌“三品”战略实施　作为全国首批消费品工业“三品”战略示范试点城市，苏州市提升纺织服装品牌的影响力与认可度，推进品牌培育工作，拥有世界名牌1个（波司登）、中国驰名商标17个、中国名牌9个。波司登集团再次入围全球最具价值50强服饰品牌榜单，列第48位。

（市工业和信息化局　顾　健
纺织工业协会　朱林森）

电子信息产业

【概况】 电子信息产业是苏州市的经济支柱产业，是苏州市着力打造的四大产业创新集群之一。2022年，苏州市电子信息产业实现规模以上工业产值12819.7亿元，增长6.2%。苏州市电子信息产业主要分为计算机与智能消费设备制造、信息通信、新型显示、集成电路、电子元器件与专用材料、人工智能及相关产业6个重点产业方向及相关细分行业。截至年底，苏州市电子信息产业有规模以上企业1374家，上市企业72家。其中，主板上市企业占上市企业数量的40.3%，科创板上市企业占上市企业数量的36.1%。有“独角兽”培育企业82家，市级“瞪羚”企业520家，国家级专精特新“小巨人”企业46家。有高新技术企业2435家，是苏州市第二大高新技术领域。在中国电子信息行业联合会发布的2022年度电子信息企业竞争力报告及前百家企业名单中，亨通集团有限公司、通鼎集团有限公司、立臻科技（昆山）有限公司、永鼎集团有限公司、苏州东山精密制造股份有限公司、昆山联滔电子有限公司、立讯电子科技（昆山）有限公司、昆山龙腾光电股份有限公司、高创（苏州）电子有限公司、苏州旭创科技有限公司10家苏州企业入围，总数列全省设区市第一位。

【科技创新平台】 截至2022年底，苏州市在电子信息产业建有国家企业技术中心9家、省产业创新中心1家、省制造业创新中心1家，以及国家超级计算昆山中心、长三角量子科技产业创新中心、苏州深时数字地球研究中心。布局建设27家新型研发机构。拥有各类省级企业研究机构506家，其中省级工程技术研究中心380家，省级企业技术研究中心88家，省级以上工程研究中心38家。拥有创新联合体8家。建有电子信息产业质量与可靠性共性技术服务平台、软件技术公共服务平台、集成电路设计（苏州）创业服务平台和集成电路测试服务中心等科技公共服务平台8个，立足江苏辐射长三角，为电子信息产业科技企业的创新研发提供综合服务。全市有电子信息产业国家高新技术产业基地4家，占全市的12.90%；省级科技产业园10家，占全市的32.26%；科技企业孵化器45家，占全市的23.94%；众创空间16家，占全市的4.12%；省产学研产业协同创新基地2家。

2022年9月，苏州10家企业入选2022年度电子信息竞争力前百家企业。图为列第36位的永鼎集团有限公司光棒车间　（市工业和信息化局　供图）

【新型平板显示产业】 2022年，苏州市新型平板显示产业实现产值1259.1亿元，产业规模居全国前列。全市有规模以上新型显示企业145家，培育维信诺、锦富技术、苏大维格、聚灿光电、龙腾光电、伟时电子、天禄光科技等龙头企业，有新型平板显示相关从业人员超过12万人，重点企业和从业人员数量均居全国前列。

产业链条完善 从上游材料领域看，艾杰旭8.5代玻璃基板生产线、恒美光电超薄导光板生产线、杉金光电偏光片生产线等重点项目布局苏州，苏州瑞红光刻胶销售规模全国领先。从中游面板领域看，全球排名前五的液晶面板厂商华星光电在苏州设有生产基地和研发中心。本土企业中，龙腾光电是全国最早从事TFT-LCD生产制造业的企业之一，工艺积累和产线运营经验成熟。从下游终端领域看，集聚晶端显示、高创电子和名硕电脑等显示终端企业，应用于智能手机、平板电脑、车载显示等多个产品领域。新型显示设备领域，华兴源创、精濑光电的自动测试设备与整线系统解决方案应用于LCD、柔性OLED的检验检测。

区域布局优化 苏州新型平板显示产业创新集群呈现集聚发展态势，以昆山市、苏州工业园区、吴江区三地为核心，吴中区、相城区、张家港市、常熟市、太仓市为支撑，打造各具特色的产业创新集群，构筑苏州新型显示产业空间发展新格局。其中，昆山市以龙腾光电、国显光电、友达光电、旭硝子（艾杰旭）、恒美光电等龙头企业为引领，发展上游玻璃基板、偏光板等材料，中游TFTLCD面板、AMOLED面板，下游终端应用的完整的新型显示产业生态，打造新型显示产业创新集群示范区；苏州工业园区依托苏州华星光电、聚灿光电、华兴源创等龙头企业，打造车载显示屏、模组、显示芯片、配套设备等细分领域的创新集群。

创新要素集聚 截至年底，全市有新型显示行业专业院士1人，申请相关专利3285件，申请专利数列全国前三位。全市设有显示相关专业的本科院校有8所，包括苏州大学、苏州科技大学、苏州城市学院等。企业研发机构中心方面，全市有新型显示领域省级以上企业技术中心21家，其中国家企业技术中心4家、省级企业技术中心17家，有中为柔性光电子智能制造研究院、江苏省产业技术研究院有机光电技术研究所和中国电子技术标准化研究院华东分院等研发机构。

企业实力增强 苏州市新型平板显示领域集聚140余家重点企业，主要分布在昆山市、苏州工业园区、吴江区等地，以本土培育企业居多。截至年底，在新型平板显示领域拥有国家级专精特新“小巨人”企业7家、市级“瞪羚”企业9家、高新技术企业91家。培育维信诺、聚灿光电、清越科技等上市企业9家；形成以龙腾光电、国显光电等中游液晶面板龙头企业为引领的新型显示产业创新集群，其中龙腾光电是全国最具规模的5代线TFT-LCD生产厂商，列全球智能机面板供应商第七位，小尺寸面板在全球市场占比接近10%；维信诺的智能手机面板出货量列全球第四位、全国第二位；清越科技PMOLED出货量连续10年列全国前两位。

【集成电路产业】 2022年，苏州市集成电路产业实现产值1058亿元，增长超过20%，呈现较快增长态势。逐步形成以“设计、制造及封测”为核心，“设备、材料及服务”为支撑的集成电路产业链，成为全国重要集成电路产业集聚区。

产业链支撑提升 设计领域，苏州市集成电路设计企业超过150家，企业主要产品方向包括电源管理芯片、智能硬件及物联网芯片、网络通信芯片、存储及信息安全芯片等领域。晶圆制造领域，有2条晶圆制造生产线、10余条化合物半导体等特色工艺生产线，化合物半导体发展成为苏州的优势产业。封装测试业领域，集成电路封测产业在规模和技术水平方面具有领先优势，全面掌握晶圆级封装、硅通孔技术、系统级封装等世界三大主流封装技术，全市集聚40家左右封测企业。配套支撑领域，培育华兴源创、金宏气体、纳维科技、晶湛半导体等一批创新型企业。

细分领域优势显现 苏州市着力做强微电子机械系统（MEMS）、化合物半导体等特色细分领域。微电子机械系统领域，支持苏州纳米科技发展有限公司6英寸微电子机械系统中试线建设，满足相关中小企业工艺研发和小批量生产需求，探索新材料、集成技术在微电子机械系统器件上的突破，提升先进工艺产能与利用率，抢占产业高端价值链。化合物半导体领域，布局产业链中下游环节，完善氮化镓产业发展生态链，化合物半导体领域集聚全国70%以上的重点人才，氮化镓衬底材料制备技术在全国领先。

优质企业群体壮大 苏州市抢抓国际集成电路产业转移机遇，招引国内外优质企业，支持本土企业发展。鼓励集成电路企业利用资本市场做大做强，运用集成电路上市企业引领带动作用，助力产业创新集群建设。全市集聚一批规模大、成长性好、创新能力强的集成电路企业。截至年底，全市集聚集成电路重点企业301家，主要分布在苏州工业园区、虎丘区、昆山市等地，累计培育集成电路领域国家级专精特新“小巨人”企业6家。集成电路产业年内新增金宏气体、敏芯微电子、思瑞浦、国芯科技、东微半导体、长光华芯、纳芯微电子7家上市企业，境内外上市企业累计25家。

（市工业和信息化局 顾 健
电子信息协会 赵 鹏）

【光子产业】 截至2022年底，苏州市光子产业核心领域有优势企业127家、重点企业333家、上市企业15家。其中，产值超过30亿元的企业2家，产值超过20亿元的企业6家，产值超过10亿元的企业14家。苏州市光子产业创新集群主要聚焦光制造、光通信、光传感、光医学、光显示等重点方向，其中光通信、光显示是千亿元级产业，光模块居世界领先水平。全年苏州光子产业实现产值超过3600亿元，居全国前列，其中核心产业实现产值超过600亿元，形成从光子产生、传输到应用的全产业链。

科技创新 苏州市光子领域有国家企业技术中心6家、省级企业技术中心15家、研发机构20家、大院大所12家、设立光子领域相关专业的本科一批院校5所；有院士7人、顶尖技术人才54人。

龙头企业 亨通集团在光纤通信领域列全球第三位，并布局量子通信领域。苏州旭创科技有限公司是全球最大的光通信模块生产商，400G光模块全球技术领先，800G光模块率先出货。苏州长光华芯光电技术有限公司拥有全国唯一的砷化镓6寸线，高功率半导体激光芯片打破国外技术封锁，市场占有率列全国第一位。维信诺科技股份有限公司是中国大陆第一家OLED产品供应商和OLED行业领先企业。苏州创鑫激光科技有限公司连续两年全国市场份额列前三位。

产业保障 年内，苏州市启动建设太湖光子中心，率先发布《苏州市培育发展光子产业创新集群行动计划（2023—2025年）》《关于支持光子产业创新集群建设的若干政策》，设立百亿元规模的光子产业投资基金，成立苏州市光子产业联盟、苏州市光子产业联合会。

产业创新集群建设　苏州市光子产业创新集群有江苏亨通光电股份有限公司牵头的苏州市海洋信息技术创新联合体、苏州长光华芯光电技术股份有限公司牵头的苏州市高功率半导体激光创新联合体、江苏永鼎股份有限公司牵头的苏州市新一代通信高速光器件创新联合体、苏州苏大维格科技集团股份有限公司牵头的江苏省新型显示产业技术创新联合体等创新联合体，推动创新链、产业链、资金链、人才链“四链融合”。

（光电产业商会　冯　峰）

【亨通集团有限公司】　亨通集团有限公司成立于1992年，总部位于吴江区，注册资金23亿元。该公司是中国光纤光网、能源互联网、大数据物联网、新能源新材料等领域的国家创新型企业、高科技国际化产业集团，拥有控股公司70余家，其中3家公司在境内外上市，产业遍布全国15个省份，并在欧洲、南美洲、非洲、亚洲等地区创建12个海外产业基地，40余家营销技术服务公司，业务覆盖150余个国家和地区，全球光纤网络市场占有率超过15%，列全球光纤通信前三位，入选中国企业500强、中国民营企业100强。2022年，亨通集团有限公司实现营业收入1450亿元，研发投入超过16亿元。截至年底，累计拥有专利4000余项，其中发明专利1010项、海外专利123项，主导和参与国内外标准制定360余项。

【苏州旭创科技有限公司】　苏州旭创科技有限公司成立于2008年，总部位于苏州工业园区，注册资金28.35亿元。该公司集高端光通信收发模块的研发、设计、封装、测试和销售于一体，提供高速光电互联解决方案，服务于云计算数据中心、5G无线网络、电信传输等领域，为智能互联提供更高效的信息传输。苏州旭创科技有限公司是国家高新技术企业、江苏省创新型领军企业，建有江苏省高速光通信模块工程技术研究中心、江苏省认定企业技术中心和国家企业技术中心。曾获得国家科学技术进步一等奖、国家电子信息百强企业、工业和信息化部制造业“单项冠军”等。在同行业中率先使用Chip on Board（COB）光电子器件设计与非气密封装技术。在高速激光器芯片、硅光集成芯片、相干光收发器件、400G/800G光模块的研发生产方面具备突出的技术储备和先发优势。2022年，苏州旭创科技有限公司实现营业收入110.69亿元。2020—2022年光模块市场占有率列全球第一位。800G OSFP/QSFP-DD Dr8+硅光模块获评讯石英雄榜“2022年度光通信最具竞争力产品”。2018—2022年连续5年入选“全球光器件与辅助设备最具竞争力企业10强”。

（市工业和信息化局　顾　健）

装备制造业

产业发展

【概况】　装备制造产业是苏州市第二个万亿元级产业集群，有汽车整车、电子及零部件、智能车联网、机器人及数控机床和新能源4个千亿元级产业。2022年，苏州市装备制造产业实现工业产值13777亿元，增长7.9%，占全市规模以上工业总产值的31.6%。逐步形成昆山高端智能装备、太仓航空航天装备、吴中机器人等特色产业集聚区。

【科技创新平台】　截至2022年底，苏州市装备制造产业有重大创新平台载体17家，其中国家级企业技术中心16家、省级产业创新中心1家。有市级新型研发机构26家。有省级企业研发机构804家，其中省级工程技术研究中心560家、省级企业技术中心199家、省级以上工程研究中心45家。有创新联合体3家。建有江苏省（昆山玉山）模具产业公共技术服务中心、江苏省昆山模具产业公共技术服务中心、江苏省智能网联汽车研发与检测公共服务平台等科技公共服务平台5个，为装备制造科技企业的创新研发提供综合服务。有装备制造产业国家高新技术产业基地14家，占全市的45.16%；省级科技产业园9家，占全市的29.03%；科技企业孵化器34家，占全市的18.09%，众创空间13家，占全市的3.35%；省产学研产业协同创新基地5家。

【企业培育】　截至2022年底，苏州市装备制造产业有相关企业超过1万家，其中规模以上企业4536家。有上市企业54家，其中主板上市企业11家，占比20%，科创板上市企业10家，占比19%。有“独角兽”培育企业79家，占全市“独角兽”培育企业总数的26.42%。有市级“瞪羚”企业607家，占全市“瞪羚”企业总数的35.23%。有市级以上专精特新企业602家。有高新技术企业7066家，占全市高新技术企业总数的52.4%，是苏州市第一大高新技术领域。

（市工业和信息化局　顾　健）

高端装备制造产业

【概况】　2022年，苏州市高端装备制造产业有列统企业（列入政府统计部门名单）866家，涵盖数控机床、工业机器人、轨道交通装备、工程机械等领域，完成产值5448亿元，增长6.9%，占全市规模以上工业总产值12.5%。瞄准高端智能装备，培育智能装备产业集群发展服务机构，加强装备产业共性技术研发，鼓励企业争创省级以上产业项目，提高企业竞争能力。全市有省级首台套产品247个，数量列全省设区市第一位。培育绿的谐波、汇川技术、迈为科技、纽威数控、新美星包装等一批具有全国影响力的装备制造和系统集成知名企业。

【数控机床产业】　苏州市数控机床整机装备制造企业包括减材、等材和增材三类装备。减材制造装备以金属切削机床为代表，包括数控加工中心、数控机床和非数控机床等；等材制造装备包括金属成形机床、铸造机械、金属切割及焊接设备、塑料加工专用设备等；增材制造装备主要以3D打印设备为主。2022年，全市数控机床产业链中游整机装备制造企业281家，实现产值426.4亿元，其中金属切削机床企业83家，实现产值160.9亿元；金属成形机床企业37家，实现产值72.2亿元；塑料加工专用设备企业67家，实现产值88.1亿元。纽威数控主营产品涵盖高性能高速卧式加工中心、五轴联动立式加工中心等，数控金属切削机床产量列全国前六位；德扬数控主攻卧式、五轴机床、功能部件等领域，其中五轴转台、镗床主轴等关键部件实现自制；台群机械产品涵盖立式加工中心、龙门加工中心、卧式加工中心、钻攻机等，通用机床年销售量超过1万台，产品全国市场占有率10%；华辰装备是国内外数控轧辊磨床领域领军企业，主导产品精密数控轧辊磨床全球市场占有率20%以上，列全球前三位、全国第一位；三光科技主营慢走丝和中走丝电火花线切割机，核心产品全国市场占有率12.9%，其慢走丝线切割机床基本实现国产替代。

【工业机器人产业】 2022年，苏州市工业机器人产业链相关企业632家，实现产值750亿元，增长11.3%。工业机器人产业基本实现从上游关键零部件、中游机器人本体以及下游系统集成全覆盖，并在工业机器人核心零部件、医用机器人、农业机器人等领域逐步确立竞争优势，连续两年列中国工业机器人城市综合实力排行榜第三位。在核心零部件领域，绿的谐波减速器市场占有率超过65%，成为全球第二大谐波减速器生产厂商。在机器人本体领域，汇川技术SCARA机器人出货量列国产品牌第一位；科沃斯在全国扫地机器人领域市场占有率71.61%，在海外市场份额占有率稳居前三位。在系统集成领域，博众精工、赛腾精密发展成为全国仅有的2家营业收入超过20亿元的3C系统集成企业。

【轨道交通装备产业】 2022年，苏州市轨道交通装备产业有规模以上企业23家，实现产值86.6亿元，增长3.9%。全市轨道交通产业形成较为完整的产品配套体系，分布在车辆系统、供电系统、通信系统、信号系统、自动售检票系统、站台门系统等领域。车辆系统领域，克诺尔主要研制车辆制动系统，江苏经纬主要研制轨道交通牵引系统，苏州长风航空主要提供显示屏；供电系统领域，400伏低压开关柜由常熟开关、苏州二开、吴江金通力、江苏中科4家企业供应；亨通电力主要生产35千伏环网电缆；通信系统领域，科达科技主要生产闭路电视平台、存储和摄像机，中达电子主要生产UPS电源，华启智能主要生产广播及乘客信息显示系统；信号系统领域，交控科技主要开发轨道交通信号系统，通鼎主要生产信号电缆和漏缆；自动售检票系统领域，雷格特主要生产票卡发售及回收模块，思必驰主要研发语音识别模块，艾佛世、固力保主要提供扇门模块；站台门、人防门系统领域，颐龙轨道主要生产轨道交通站台安全门系统，江诚人防主要生产轨道交通人防门设备。

【工程机械产业】 2022年，苏州市工程机械产业链有规模以上企业549家，实现产值2107亿元，增长3.4%。其中，工程机械整机产值超过100亿元企业1家、超过10亿元企业4家，上市企业9家。全市工程机械产业形成从整机研发设计、生产组装、销售及售后服务到配套件供应的完整产业链，主机产品种类丰富，配套体系较为完整。138家工程机械整机企业实现产值515亿元，产品种类涵盖挖掘机、装载机、掘进机、起重机、钻采设备、工业车辆和各种搬运设备，部分产品占据行业重要地位；411家配套件企业实现产值1592亿元，细分领域涵盖动力、传动、液压、制动、转向、控制等分系统和内燃机、变速器、驱动桥、液压泵、减速器等核心零部件。全市工程机械领域有国家级企业技术中心1家、专精特新“小巨人”企业5家，省级首台（套）重大装备14个。

【2022中国机器人产业发展大会】 2022年9月2日，2022中国机器人产业发展大会暨苏州市机器人与智能制造产业创新集群推进会在吴中区召开。会议聚焦《“十四五”机器人产业发展规划》总体要求，围绕产业发展过程中创新驱动、夯实基础、深化应用、协同发展等重点任务，开展主题论坛、专题工作会，发布2021年中国工业机器人市场统计数据，举办国际机器人联合会—中国机器人产业联盟CEO圆桌对话等。活动中，《苏州市培育发展机器人产业创新集群2025行动计划》发布，中国机器人产业发展大会吴中基地、机器人产业苏州创新中心揭牌，36个重点项目签约。

（市工业和信息化局　顾　健）

汽车及零部件产业

【概况】 2022年，苏州市汽车及零部件产业链规模以上企业1057家，实现产值5220亿元，增长22.7%，占全市规模以上工业总产值比重12.0%。汽车及零部件产业涵盖整车制造、汽车电子及零部件、新能源汽车、智能网联汽车等方面。苏州市编发《苏州市汽车整车、电子及零部件产业创新集群行动计划（2023—2025年）》，加强产业创新集群建设指导。引进清华大学苏州汽车研究院、中国汽车工程研究院等专业平台机构，建成汽车试验场4座、具备国家装备中心备案资质的车辆检验检测机构4家，拥有工业和信息化部电子第五研究所华东分所、中国汽车工程研究院、苏州市产品质量监督检验院等重点检验检测机构20余家，为产业发展提供配套服务。

【整车制造产业】 2022年，苏州市整车制造方面有规模以上企业18家，主要分布在张家港市、常熟市和苏州工业园区等地，涵盖商用车、乘用车和专用车等领域。整车制造方面商用车代表企业有苏州金龙等，乘用车代表企业有奇瑞捷豹路虎等，专用车代表企业有华东汽车、振翔车辆、捷达消防等。金龙联合汽车工业（苏州）有限公司位于苏州工业园区，是苏州创元集团旗下国有企业，具有年产2.5万台大中轻型客车等整车及底盘的能力，产品销往120余个国家和地区，是苏州市首批地标型企业，综合实力列中国客车行业第二位。苏州金龙海格客车获得“中国驰名商标”“中国名牌”“国家出口免验产品”等称号，连续多年跻身“中国500最具价值品牌榜”，是中国客车行业发展最快的企业、国家汽车整车出口基地企业、国家出口免验企业、中国企业信息化100强。

【汽车电子及零部件产业】 2022年，苏州市汽车电子方面有规模以上企业203家，主要分布在昆山市、相城区、苏州工业园区和虎丘区等地，涵盖动力电子、车身电子、底盘电子、安全舒适系统、信息娱乐系统和电子附件系统等领域。苏州市传统汽车零部件方面有规模以上企业723家，各县级市（区）均有分布，涵盖动力、底盘、车身和内外饰等四大领域。7月，联合汽车电子有限公司太仓分公司二期项目启动建设，项目总投资15亿元。该公司主要生产新能源汽车电机、电轴、IGBT控制模块等核心零部件，是蔚来、理想、大众、通用、比亚迪、长安、奇瑞、长城等整车厂商的重要供应商。该项目一期建筑面积3.4万平方米，建成后年产值30亿元；二期总建筑面积5.6万平方米，建成后预计年产值约60亿元。8月，理想汽车功率半导体研发及生产基地在苏州高新区太湖科技城功能片区启动建设。作为理想汽车自主研发核心部件的战略布局之一，该基地主要专注于第三代半导体碳化硅车规功率模块的自主研发及生产，由理想汽车与湖南三安半导体共同出资组建的苏州斯科半导体公司打造。

【新能源汽车产业】 2022年，苏州市新能源汽车零部件方面有规模以上企业92家，主要分布在张家港市、常熟市、昆山市和吴中区等地，涵盖电池、电驱、电控和高压电气系统等领域。其中，电池系统涉及正负极材料、电解液、隔膜材料、电芯、模组和电池包等领域；电驱系统涉及驱动电机、电机控制器、传动总成和逆变器等领域；电控系统涉及整车控制器、电池管理系统和驱动电机控制器等领域；高压电气系统涉及电压转换器、电动空调、电暖风、车载充电系统、非车载充电系统及高压电安全管理系统等领域。新能源汽车零部件方面有代表性企业苏州绿控传动科技股份有限公司、苏州汇川联合动力系统有限公司等。苏州绿控传动科技股份有限公司位于吴江经济技术开发区，主营业务为汽车自动变速箱、新能源汽车驱动电机、纯电动及混合动力汽车动力总成的研发、生产和销售。该公司为金龙汽车、中国一汽、东风汽车、三一集团、徐工集团等企业批量供货，产品在10余个国家、国内超过300个城市超过10万辆新能源车上示范运营。该公司形成完全自主的正向开发体系，自主研发的基于AMT技术的同轴并联式混合动力系统，打破国外公司的垄断，2019年"商用车机械自动变速式混合动力系统总成关键技术及其产业化应用"获得国家科学进步二等奖。纯电动驱动系统连续3年获得工业和信息化部推荐目录综合排名第一位。苏州汇川联合动力系统股份有限公司位于吴中区，是上市公司深圳市汇川技术股份有限公司的全资子公司，专业从事新能源汽车动力总成系统、电机控制器、电机、减速机、电源设备、充电设备、智能控制设备的研发、制造。该公司是理想汽车、小鹏汽车、奇瑞汽车等新能源车企的一级供应商，具备从单元测试、整机测试、系统测试、现场匹配到实车测试的完备测试能力。苏州市氢燃料汽车方面关联企业80余家，主要分布在张家港市、常熟市等地，涵盖燃料电池汽车核心零部件、氢气及制氢设备和氢气储运等领域。

【智能网联汽车产业】 2022年，苏州市智能网联汽车方面关联企业412家，主要分布在常熟市、相城区、苏州工业园区等地，涵盖智能汽车、智能感知、信息交互等领域。其中，智能汽车领域涉及环境感知系统、控制执行系统、终端与芯片、服务与应用方面；智能感知领域涉及高精度地图与定位、智能路侧系统等方面；信息交互领域涉及通信与网络、平台与服务等方面。7月，知行汽车科技（苏州）有限公司总部大楼在苏州工业园区总部基地奠基。该项目计划总投资约5亿元，建设3.8万平方米研发大楼和2.3万平方米生产大楼，用于实验室、生产（试验）、运营总部基地建设。知行汽车科技（苏州）有限公司位于苏州工业园区，是专业从事汽车领域人工智能技术及产品研发的高科技企业，具备软硬件开发、整车系统集成验证能力以及量产制造能力，可提供L2到L4级自动驾驶系统方案、自动驾驶系统配套的域控制器及智能摄像头。

【江苏省新能源汽车充换电设施标准化技术委员会落户苏州】 2022年11月14日，江苏省新能源汽车充换电设施标准化技术委员会成立会议在苏州召开。新能源汽车充换电设施产业是促进传统基础设施数字化、智能化、绿色化、融合化发展的重要内容，也是促进新能源汽车产业健康发展和助力实现碳达峰碳中和的重要保障。江苏省新能源汽车充换电设施标准化技术委员会成立并落户苏州，为苏州促进充换电技术标准化建设搭建重要的技术平台。

（市工业和信息化局　顾　健）

航空航天产业

【概况】 2022年，苏州市集聚航空航天产业链重点企业303家，实现产值410亿元，增长17.1%。融入全球产业链供应链分工体系，集聚通用电气航空、新宇航空、赛峰、长风航空电子等重点企业，与波音、空中客车等世界主流商用飞机制造商保持长期合作关系，多家企业参与中航工业、中国商飞有关合作项目。在航空航天产业链上游、中游、下游等诸多领域形成具有苏州特色的产业优势和专业能力。

【产业布局】 2022年，苏州市航空产业集聚在上游新材料、结构件部附件，中游关键系统及航空智能装备，下游试验检测、维修及配套服务等关键环节。其中，在新材料领域，拥有重点企业40家，在金属合金材料、复合材料、芳纶蜂窝纸等产品方面具备专业优势；结构件部附件领域，拥有重点企业93家，在飞机与发动机零部件、结构件、紧固件等方面配套能力较强；关键系统领域，拥有重点企业15家，在航电系统、机电系统、飞控系统等方面技术实力突出；航空智能装备领域，拥有重点企业28家，在高端数控机床、高精度加工设备、3D打印设备等方面具备产品和技术优势；试验检测、维修及配套服务等航空功能服务领域，拥有重点企业29家，在专业测试验证与维修保障等生产性服务方面支撑能力较强。苏州市航天产业有重点企业19家，参与载人航天、空间探测等国家重大航天工程项目，在商业航天运载火箭、精密仪表、北斗导航、航天动力产品及电子元器件等领域专业特色鲜明。

【科技创新平台】 苏州市打造全国航空航天领域协同创新高地、产业高地和人才高地，加快创新要素落地。引进航空航天领域一批领军型大院大所和高端创新载体，建立西北工业大学太仓长三角研究院、材料科学姑苏实验室、海鹰空天材料研究院、中国科学院上海技术物理研究所苏州研究院、苏州东吴航空研究院、北京航空航天大学苏州创新研究院、南京航空航天大学苏州研究院等重大创新载体。全国首个先进技术成果区域转化中心——长三角转化中心签约落地苏州市，立足苏州市、面向长三角、辐射全国，促进先进技术成果交易、孵化和产业化落地。截至2022年底，全市航空航天企业有国家级企业技术中心3家，省级企业技术中心29家。年内，苏州市围绕航空航天产业，推动产学研用融合，实施创新型企业培育计划，引导企业加大科研投入、扩容升级研发平台，提升科技创新能力，涌现出一批创新型领军企业，形成一系列具有自主知识产权的产品。穆格工控是中国商飞一类供应商中的金牌供应商，为C919大型客机项目提供控制系统解决方案。百瑞坤为中国商飞提供C919许用值试验件加工服务，配合研发CR929宽体客机机翼用热塑板材。卓能电子为中国商飞研发生产作动器。海鹰空天材料研究院参与CR929后机身联合设计，完成飞机后机身框梁、后压力框试验件技术攻关。力源液压与中国商飞联合开展发动机驱动泵研发，着力实现高端关键液压泵国产化。超美斯与中国商飞合作，将国产化芳纶产品应用于C919飞机。壹通无人机联合航空工业一飞院，研发大型无人驾驶运输机。东菱振动研发的试验设备打破国外技术垄断和禁运。

【空中客车中国研发中心落户苏州】 2022年6月24日，空中客车中国研发中心签约落户苏州工业园区。空中客车公司是世界领先的航空航天企业之一。其中国研发中心重点围绕氢能源基础设施开展研发工作，同时为空中客车集团提供先进制造、电气化、未来客舱及新科技的研发创新服务。

【苏州市航空航天产业创新集群推进会】 2022年11月10日，苏州市航空航天产业创新集群推进会暨第二届苏州（太仓）航空航天产业发展大会召开。其间，《苏州市航空航天产业创新集群发展白皮书》发布，民机航电设备联合工程中心揭牌，先进技术成果长三角转化中心航空航天相关成果发布，太仓市大飞机航空产业园规划发布。

（市工业和信息化局　顾　健）

新能源装备产业

【概况】 苏州市抓住能源转型机遇，超前布局光伏、风电、智能电网、动力电池及储能、氢能和智慧能源等新能源产业，壮大产业总体规模。2022年，苏州市新能源相关企业546家，其中规模以上企业382家，实现工业总产值2978.2亿元，增长28.4%。在《2022胡润中国新能源产业集聚度城市榜》中，苏州市列第七位。

（市发展改革委　戴丽芹
市工业和信息化局　顾　健）

【光伏产业】 2022年，苏州市有光伏规模以上企业127家，实现工业总产值882.4亿元，增长35.3%。形成从上游硅料技术研发、中游组件生产制造，到下游电站开发的完备产业链，拥有一批在全国乃至全球具有影响力和竞争力的头部企业。协鑫在颗粒硅生产及钙钛矿电池方面、晶银新材在银浆方面、阿特斯在电池片及组件方面、中来和赛伍在光伏背板方面、中信博在跟踪支架方面、固德威在逆变器方面均具有领先优势。

【风电产业】 2022年，苏州市有风电规模以上企业28家，实现工业总产值378.4亿元，增长27.4%。风电产业主要聚焦核心零部件领域，集中在上游叶片、发电机、铸件，以及中游风塔、电线电缆等细分领域。风电叶片领域有江苏澳盛、金璞和迪皮埃3家设计开发制造企业，风力发电机组领域有苏州贯龙、苏州巨能2家风机核心零部件制造企业，风电铸件领域有广大特材、海锅新能源、艾特、中环海陆4家企业，风塔制造领域有天顺风能，电线电缆制造领域有亨通光电。

【智能电网产业】 2022年，苏州市有智能电网规模以上企业84家，实现工业总产值436.3亿元，增长10.4%。苏州市智能电网布局较早、产业链覆盖全、横向拓展能力强。智能电网核心领域——功率半导体，其产业链上中下游均有龙头企业分布，如设计领域的东微半导体、

2022年5月13日，全国最大跨度弧形光伏建筑一体化项目在常熟市龙腾特种钢有限公司完成并网发电

（常熟市方志办　供图）

封装测试领域的苏州固锝电子、应用领域的汇川技术、英威腾等企业。此外，部分智能电网变频器企业业务拓展至电梯控制、轨道交通、新能源汽车、储能、智慧工厂、数字能源、风电等领域。

【动力电池及储能产业】 2022年，苏州市有动力电池及储能规模以上企业77家，实现工业总产值822.4亿元，增长40.1%。相关企业主要分布在张家港市、常熟市、昆山市、虎丘区等地，覆盖上游正负极材料、中游电芯及系统控制、下游储能电站开发和电池回收等领域，固德威、天齐锂业、华盛锂电、清陶能源等企业在细分领域竞争优势突出。

【氢能产业】 2022年，苏州市有氢能相关企业65家，其中规模以上企业29家，实现工业总产值81.6亿元，增长6.1%。氢能产业在张家港市、常熟市集聚发展，先发优势明显。创新链涵盖基础研究、技术研发、产业孵化、检测检验、示范应用等，集聚苏州竞立、国富氢能、中集圣达因、重塑能源等一批龙头企业。

【智慧能源产业】 2022年，苏州市有智慧能源相关企业46家，其中规模以上企业15家，实现工业总产值10.1亿元，增长34.4%。智慧能源产业主要分布在相城区和苏州工业园区。相城区围绕能源互联网产业源、网、荷、储4个方面集中布局；苏州工业园区着重发展能源管理服务，成立苏州工业园区绿色产业联盟协会，涉及智慧能源产业下游的节能改造、绿色金融、咨询研发、运营维护等方面。

（市工业和信息化局　顾　健）

生物医药产业

【概况】 2022年，苏州市生物医药产业实现规模以上工业产值2188亿元，增长5%。有相关企业超过3800家，其中规模以上企业569家、市级以上专精特新企业39家、上市企业33家、入围中国医工百强企业2家。苏州市生物药总产能占全国比重超过30%。苏州市集聚高端医疗器械研发生产企业约1200家，涵盖诊断检验仪器、治疗仪器、监护与生命支持装备、植介入器械等领域，全年实现产值1092亿元，占全省40%、全国10%，产业规模列全国城市第一位。在中国生物技术发展中心发布的2021年中国生物医药产业园区竞争力排名中，苏州工业园区、吴中经开区、苏州高新区、昆山高新区4个产业园区入围全国生物医药产业园区50强，数量列全省设区市第一位，产业园区竞争力居全国前列。苏州生物医药及高端医疗器械集群入选国家先进制造业集群。

【科技创新平台】 截至2022年底，苏州市生物医药产业有中国科学院苏州生物医学工程技术研究所、中国医学科学院苏州系统医学研究所、中国科学院上海药物所苏州研究院等大院大所。建有重大创新平台载体6家，其中国家级重点实验室1家、国家级技术创新中心2家、国家级企业技术中心2家、省级产业创新中心1家。建有市级新型研发机构13家。建有企业研发机构168家，其中省级工程技术研究中心116家、省级企业技术中心32家、省级以上工程研究中心20家。拥有创新联合体2家。建有江苏

省苏州新药研发外包技术服务中心、江苏省昆山小核酸技术科技公共服务中心、江苏苏州药物非临床研究及评价公共服务中心等科技公共服务平台7个。国家药监局批准的202个创新医疗器械产品中，所在地为苏州的创新医疗器械有20个，占江苏全省医疗器械创新产品的74.07%，占全国的9.90%。

【苏州工业园区生物医药产业】 截至2022年底，苏州工业园区集聚生物医药企业2298家，实现产值1368亿元。推进国家生物药技术创新中心建设，累计有国家级创业类人才为代表的领军人才136人，约占全国同类人才的20%。全年在创新药领域累计一类新药临床批件562张，上市新药22个，纳入国家医保17个。举办中国生物技术创新大会、苏州市生物医药产业创新集群推进会等。苏州工业园区生物药创新型产业集群入选首批江苏省创新型产业集群建设名单。在中国生物技术发展中心发布的2021年中国生物医药产业园区竞争力排名中，苏州工业园区生物医药产业综合竞争力和产业、技术、人才竞争力仅次于北京中关村，列全国第二位。

【苏州高新区高端医疗器械产业】 截至2022年底，苏州高新区集聚医疗器械相关企业超过900家，全年营业收入超过400亿元。年内，苏州高新区新增高端医疗器械产业重大项目40个、高质量科技项目70个，其中包括立普医疗、英诺科医疗等高端医疗器械类项目，贝恩资本生物医药、元羿生物等生物医药类项目，国家药监局智能化医疗器械研究与评价重点实验室、泰格捷通华东区医疗器械服务中心等平台类项目。苏州高新区与中国科学院苏州生物医学工程技术研究所共建的江苏医疗器械科技产业园（Medpark）在科技部火炬中心公布的国家级科技企业孵化器2021年度评价中获评A类；诺一迈尔（苏州）医学科技有限公司等5家企业获批中国潜在“独角兽”企业，苏州速迈医学科技股份有限公司、虎丘影像（苏州）有限公司2家企业获批国家级专精特新企业，苏州市立普医疗科技有限公司等32家企业获批国家高新技术企业。

【苏州康乃德生物医药有限公司】 苏州康乃德生物医药有限公司位于太仓市，注册资本15.8亿元。该公司是苏州市“独角兽”培育企业，致力于自身免疫性疾病和炎症临床阶段新型免疫调节剂的研发，在全球范围内申请发明专利46项，授权11项。建有生物实验室、GMP无尘车间等。2022年，该公司研发费用为6.52亿元，主要研发生产自身免疫创新药，大分子产品CBP-201年产300万支、小分子CBP-307年产2亿粒。10月，主要候选药物CBP-201在中国中重度特应性皮炎（AD）患者中开展的关键临床试验达到主要终点和所有关键次要终点。

（市工业和信息化局　顾　健）

新材料产业

【概况】 2022年，苏州市实现先进材料规模以上工业产值10578.16亿元，下降1.2%，占全市规模以上工业产值比重24.26%。苏州市先进材料产业布局完善，各细分领域初具规模，主要包括先进钢铁材料、先进有色金属材料、先进石化化工新材料、先进无机非金属材料、高性能功能纤维及制品和复合材料五类传统基础材料，以及纳米功能材料、先进半导体材料、生物医用材料三类前沿新材料。

【科技创新平台】 截至2022年底，苏州市有苏州实验室、材料科学姑苏实验室、长三角先进材料研究院、中国科学院苏州纳米技术与纳米仿生研究所等先进材料产业重大创新载体20余家。建有国家第三代半导体技术创新中心。年内，长三角先进材料研究院获批江苏省特种合金技术创新中心。

【先进金属材料产业】 苏州市先进金属材料产业以先进钢铁材料和有色金属材料为组成部分，主要分布在张家港市等地，代表性企业有江苏沙钢集团有限公司、江苏永钢集团有限公司、常熟市龙腾特种钢有限公司、浦项（张家港）不锈钢股份有限公司、张家港联合铜业有限公司等。2022年，苏州市印发《苏州市先进金属材料产业创新集群行动计划（2023—2025年）》，加大高温合金领域重大科技创新平台布局力度，依托苏州实验室建设，以及原有的长三角先进材料研究院、江苏省特种合金技术创新中心、江苏集萃先进金属材料研究所、航天科工空天动力研究院、海鹰空天材料研究院等，加强技术创新、功能检测、关键技术攻关、产业化应用示范等，围绕特种金属功能材料、高端金属结构材料等重点发展方向，打造研发、生产、应用与配套服务一体化的先进金属材料创新发展高地。

【高性能功能纤维产业】 苏州市高性能功能纤维产业主要集聚于吴江区，代表性企业有江苏恒力化纤股份有限公司、江苏国望高科纤维有限公司、江苏盛虹化纤有限公司、江苏港虹纤维有限公司等企业。2022年，苏州市依托恒力集团和盛虹集团两家世界500强化纤企业，围绕新型化纤及功能纺织材料、高性能纤维及复合新材料、前沿纤维新材料等领域展开布局。加快建设国家先进功能纤维创新中心、恒力长三角国际新材料产业基地、德尔新能源新材料产业园、国望和恒力2个国家企业技术中心。整合企业技术中心、高校、工程学会等各类创新主体，构建功能性纤维高效成形中试与产业化平台、纤维工程设计与应用集成平台等一系列高端化平台。2月，苏州市高性能功能纤维材料产业创新集群推进会暨中国先进材料发展指数（吴江指数）发布会在吴江区召开，会上发布中国先进材料发展指数（吴江指数），启动中国先进材料产业大数据平台，解读高性能功能纤维材料产业发展报告白皮书，宣布组建行业协会，聘任行业顾问。

（市工业和信息化局　顾　健）

【恒力集团有限公司】 恒力集团有限公司（简称“恒力集团”）1994年创立于吴江区。恒力集团从纺织业起步，抓住国家战略机遇，沿着“从一滴油到一匹布”的产业链，从下游布局到上游，实现良性发展。恒力集团是以炼油、石化、聚酯新材料和纺织全产业链发展的国际型企业，拥有全球产能最大的PTA（精对苯二甲酸）工厂之一、全球最大的功能性纤维生产基地和织造企业之一。有恒力石化、松发股份、同里旅游3家上市公司、20余家实体企业，在苏州、大连、宿迁、南通等地建有生产基地，有员工17万人。恒力集团在聚酯新材料板块，拥有世界领先的技术装备，有世界领先的功能性纤维生产基地，年聚合产能600万吨。2022年，恒力集团实现营业收入6117.57亿元，连续6年入围世界500强（2022年列第75位）、列中国企业500强第24位、中国民营企业500强第三位、苏州民营企业100强第一位。

【盛虹控股集团有限公司】 盛虹控股集团有限公司（简称“盛虹集团”）于1992年创立于吴江区。盛虹集团构建出一条从印染、化纤到石化、炼化的新型高端纺织产业链，是一家以石化、纺织、能源为主业的创新型高科技产业集团。拥有上市公司1家（东方盛虹），实体公司超过30家，有苏州、连云港、宿迁三大产业基地，有员工4万余人。建有国家级企业技术中心、国家级纺织品检测中心、博士后科研工作站、省工程技术研究中心等。打造绿色数字印染产业，建立国家级先进功能纤维创新中心，主攻超细纤维、差别化功能性纤维生产研发。搭建化工新材料创新中心平台，油制烯烃、醇制烯烃协同发展，建设国际一流标杆项目，推动产业链上拓下延。2022年，盛虹集团实现营业收入4120.23亿元，连续3年入围世界500强（2022年列第241位），列中国企业500强第76位、中国民营企业500强第15位、苏州民营企业100强第二位。

（市工商联　申　霖）

节能环保产业

【概况】 2022年，苏州市节能环保产业实现营业收入1817.58亿元。对全市318家节能环保重点企业的摸底调查结果显示，苏州市节能装备产品制造产业、环保装备制造产业、资源循环利用产业营业收入占比分别为64.19%、19.15%、9.3%。全市有节能环保产业相关上市企业20余家。全市有节能环保产业重点集聚区10个。其中，国家级循环经济试点产业园区3家（苏州高新区、扬子江国际冶金工业园、苏州工业园区），省级循环经济试点产业园区3家（昆山经开区、昆山高新区、扬子江国际化学工业园），另有苏州国家环保高新技术产业园发展有限公司、中节能（苏州）环保科技产业园、吴中静脉产业园等。以苏州高新区和苏州工业园区等为主要产业载体，以创元科技、科林环保、莱克电气、特灵空调、宝时得科技、怡球资源、欧普照明、优美科汽车催化剂等骨干企业为依托，重点发展节能技术与装备、环境治理技术与装备、环保新材料、空气净化技术与装备、环境监测仪器和节能环保服务、电子废弃物资源化等。依托中新生态科技城、中节能苏州节能环保产业园、环境能源交易所，构建以低碳与环境技术为核心的技术交流与转让平台。

【科技创新平台】 2022年，苏州市有节能环保产业相关国家级企业技术中心5个、省级企业技术中心34个、市级企业技术中心83个。苏州热工研究院有限公司申请专利788件（发明专利497件）；获得专利授权476件（发明专利211件）；获得软件著作权147件。莱克电气股份有限公司有授权专利1446件，其中发明专利194件，多项科研成果获得行业颁发的科学技术进步奖。

（市工业和信息化局　顾　健）

【行业服务】 2022年，苏州市环保产业协会组织苏州市环境保护科学技术奖申报评审工作。评出苏州市环境保护科学技术奖一等奖3项、二等奖5项、三等奖9项。开展多个碳排放管理员职业能力建设培训与鉴定班，培训1000人次。7月10日，"'碳'索不止 绿创未来"环阳澄湖"双碳"产业创新创业峰会在苏州市相城区召开。会上，悦易安智慧环保、牧烨新能源、节并传感器、探创智能检测仪、壹金重建筑环保、博雅益德环保科技、罗化光学新材料、亿鑫维储氢、分布式光伏发电合作共建等9个项目签约。

（环保产业协会　李晶晶）

【江苏苏净集团有限公司】 江苏苏净集团有限公司（简称"苏净集团"）成立于1994年，位于苏州工业园区，注册资本1.6亿元，是国家创新型试点企业和国家重点高新技术企业，也是洁净环保领域技术创新、装备制造和工程整体解决方案的综合供应商。"苏净"商标是中国驰名商标，主导产品为空气洁净设备及系统、生物安全设备及系统、节能环保设备及系统、气体纯化设备及系统，主导产品的经济指标连续多年全国领先。建有江苏省环境微污染控制与洁净技术研究院、江苏省院士工作站、国家级博士后科研工作站、国家企业技术中心、江苏省净化工程技术研究中心、江苏省大气污染治理工程技术中心等创新平台。截至2022年底，苏净集团获得国家授权有效专利438项、发明专利100项，申请国际专利8项，制定国家标准25项、行业标准11项、地方标准3项。

【苏州海陆重工股份有限公司】 苏州海陆重工股份有限公司（简称"海陆重工"）始创于1956年，位于张家港市，注册资本8.4亿元，是一家专业生产节能环保设备的A股上市企业。主营业务为工业余热锅炉、大型及特种材质压力容器和核电产品的制造销售，固废、废水等污染物处理及回收利用的环境综合治理服务以及光伏电站EPC业务。注重研究废热余热利用和环境保护相结合的新技术和开发，拥有核心自主知识产权专利50余项（各类专利共260项），获得国家科技进步二等奖等。作为余热锅炉行业龙头企业，余热锅炉产品蒸吨数列行业第二位，台数列行业第一位；主导产品干熄焦余热锅炉市场占有率85%、氧气转炉余热锅炉市场占有率90%、有色冶金余热锅炉市场占有率85%。2022年，海陆重工实现营业收入18.8亿元，净利润2.94亿元，入库税收7237万元。

（市工业和信息化局　顾　健）

石油化工产业

【概况】 苏州市是氟硅材料、烯烃高分子材料、新能源锂电池材料、电子化学品、油脂化工及衍生专用化学品、酚酮及衍生材料等高端化工材料与专用化学品的重要生产基地之一。2022年，全市规模以上化工企业实现工业产值3950亿元，增长0.9%，列全省设区市第二位；实现利润总额377亿元，下降13.8%。经多轮规范调整，苏州市化工生产企业数量压减。截至年底，全市有纳入化工产业安全环保整治提升底单管理的化工生产企业383家，其中位于化工园区内企业225家、园区外158家，入园率58.75%。从风险结构看，涉及重点监管危险化学品企业197家，涉及重点监管危险化学品生产工艺企业104家，涉及重大危险源企业80家。从行业结构看，主要分布在基础化学原料制造业，涂料、油墨、颜料及类似产品制造业，合成材料制造业，专用化学产品制造业4个领域，分别有企业71家、83家、57家、137家。

【科技创新平台】 2022年，苏州市石油化工产业有国家级专精特新"小巨人"企业8家、省级专精特新中小企业53家、高新技术企业128家、"瞪羚"企业51家。建有国家级企业技术中心1个、省级企业技术中心32个，省工程技术研究中心34个、市工程技术研究中心92个，省重点实验室（企业类）1个、市重点实验室（企业类）5个，省院士工作站4个、省研究生工作站13个。有省级智能制造示范工厂1个、市级智能制造示范工厂1个，省级智能制造示范车间35个、市级智能制造示范车间62个。有国家级绿色工厂1个、省级绿色工厂6个，绿色设计产品1个。张家港保税区化工中试基地入选江苏省化工中试基地（第一批）名单，成为全省首批建设试点单位之一。

【企业培育】 截至2022年底，苏州市市有全球化工50强独资或参与投资建设的企业41家、境内A股上市企业7家、“独角兽”企业1家。有工业产值超过100亿元的化工企业1家，为长春化工（江苏）有限公司；有工业产值超过50亿元的化工企业4家，分别是天齐锂业（江苏）有限公司、江苏华昌化工股份有限公司、阿科玛（常熟）氟化工有限公司、埃克森美孚（太仓）石油有限公司。全年入库税收超过10亿元的化工企业3家，分别是天齐锂业（江苏）有限公司、长春化工（江苏）有限公司、阿科玛（常熟）氟化工有限公司。另有入库税收超过2亿元的化工企业7家。

【化工园区（集中区）】 2022年，苏州市根据《省政府关于加强全省化工园区化工集中区规范化管理的通知》，保留6家化工园区（集中区），占全省五分之一。其中，江苏扬子江国际化学工业园、江苏高科技氟化学工业园（江苏常熟新材料产业园）、太仓港经济技术开发区化工园区3家园区被认定为化工园区，常熟经济技术开发区化工园区、昆山精细材料产业园、苏州吴中经济技术开发区化工新材料科技产业园3家园区被认定为化工集中区。江苏扬子江国际化工园区和江苏常熟新材料产业园入选“中国化工园区30强”“中国智慧化工园区试点示范单位”“绿色化工园区名录”等。昆山精细材料产业园入选“中国智慧化工园区试点示范（创建）单位”。年内，新增认定苏州市化工重点监测点7家，累计认定34家。

（市工业和信息化局 顾 健）

冶金工业

【概况】 2022年，苏州市冶金行业企业效益明显下滑。根据苏州市冶金行业协会统计，钢铁板块：全年铁、钢、材产量分别为2941.09万吨、3688.6万吨、4114.49万吨，分别下降5.58%、7.01%、5.97%；销售收入2092.69亿元，下降13.53%；利税80.28亿元，下降70.66%；利润59.16亿元，下降72.34%；钢材出口361.56万吨，增长27.20%；进出口总额107.53亿美元，下降2.26%。铜铝加工板块：全年产量51.33万吨，增长1.30%；销售收入297.31元，增长5.68%；利税0.46亿元，下降74.79%；利润-0.29亿元，下降126.49%；出口4.89万吨，下降0.2%，进出口总额1.28亿美元，增长2.84%。钢材延伸加工板块（钢绞线、钢管、冷轧材）：全年产量34.76万吨，增长11.2%；销售收入56.3亿元，下降19.96%；利税1.28万元，下降1.54%；利润0.93亿元，下降1.06%。废钢加工板块：产量73万吨，下降52.90%，销售收入37亿元，下降40.32%；利税5.2亿元，下降33.33%；利润1100万元，下降26.67%。

【科技创新】 2022年，沙钢集团研发费用首次突破企业营业收入的3.1%，并获得2679万元政府资助。“一种埋弧焊丝及焊接方法”发明专利获得第23届中国专利优秀奖，海洋工程用长寿命耐腐蚀钢筋制备及关键技术、超大热输入焊接用高端船板研发及应用通过中国钢铁工业协会科技成果鉴定，硬线产品入选国家“单项冠军”产品。永钢集团累计获得30余项科技成果，其中国家二等奖1项、省部级奖项12项。龙腾特钢LT耐磨钢球与半自磨/球磨时空置换靶向降耗节能研究项目成果通过专家评审。全年沙钢集团获得授权专利360件，其中发明专利127件。全年龙腾特钢获得授权专利64件，其中发明专利4件。

标准制定 沙钢集团首次成为镀锡板、预应力钢等3项国际标准的国内工作组专家成员；主导制定镀锌超薄带、超薄带尺寸偏差等3项国家标准，填补镀锌超薄带产品无国家标准的空白；主导制定转底炉处理冶金尘泥1项行业标准，推动冶金尘泥开展资源化利用；主导制定绿色超薄带1项团体标准。永钢集团的企业标准《汽车用冷镦钢热轧盘条》获评2021年企业标准“领跑者”称号，参与或主导国际标准1项，参与或主导国家标准39项，参与或主导行业标准29项，参与或主导团体标准10项。龙腾特钢参与3项国家标准的制修订工作。

产品开发 沙钢集团钢帘线专用帘线胎圈产品用钢、高级别弹簧钢市场口碑处于领先水平；马口铁实现高端品种、易开盖、奶粉罐、八宝粥罐前十高端客户并形成稳定供货，获评2022年中国卓越钢铁企业品牌。永钢集团自主研发的“超超临界发动机组用焊丝钢”“贝氏体非调质钢”等产品填补国内空白、风电轴承用钢等产品居市场前列；预应力钢丝及钢绞线用热轧盘条、非调质冷镦钢热轧盘条、钢筋混凝土用热轧带肋钢筋3款产品于2021年度入选国家级“绿色设计产品”，获评2022中国卓越钢铁企业品牌。龙腾特钢在2022年中国冶金行业最具竞争力产品评选中，锻造耐磨钢球、船用球扁钢、PC钢棒3个产品上榜，也是江苏冶金行业仅有的3个产品。浦项（张家港）不锈钢开发环境友好型不锈钢ZP300EF、精密压延用不锈钢304RZP7、生物制药设备用超高硫316L、深冲用不锈钢304-RK6、超级双相钢ASTM2507/S32750、超级奥氏体不锈钢254SMO/NO8367等产品均达到国际先进水平。

【绿色制造和低碳发展】 2022年，苏州市冶金行业进入推进绿色低碳转型发展关键时期。钢铁板块的企业在完成环保超低排标准要求的基建技改的“达标合规”工程后，进入推进“花园式工厂”工程，构建绿色低碳发展体系阶段。沙钢集团的钢铁行业烧结工序和焦化行业获评2021年度重点用能行业能效“领跑者”称号，成为钢铁绿色发展标杆企业和江苏省绿色工厂。永钢集团开展环保创建A级企业的系统工作，成为全省首家全面完成超低排放改造的冶金企业。龙腾特钢被评为江苏省首批“2022年度绿色发展领军企业”。铜铝板块的企业除加强对烟气的治理外，全面规范危废管理，完善危废库视频监控系统，加快危废转移销售，降低库存风险。苏州市冶金行业响应国家能源产业政策，推进企业低碳运行，结合企业的研发积累、技术优势、加工能力，将回收材料变成高品质的合金散热材料，实现绿色发展的同时，提升产品的附加值，增加企业的盈利能力。

【江苏沙钢集团有限公司】 2022年，江苏沙钢集团有限公司（简称“沙钢集团”）分别完成炼铁、炼钢、轧材年度目标的101.2%、97.1%和98.3%。其中，铁、钢、材产量分别完成年度目标的102%、99.6%和101%。年内，完成东区置换高炉工程、8号烧结SCR脱硫脱硝、6号料场棚化等，推进东区置换转炉、超薄带二期、CCPP发电等重大项目。全年沙钢集团实现营业收入2865亿元，利税130亿元，分别下降5.7%和63.2%。在《财富》世界500强企业排名中，由308位提升到291位，并以662.95亿元品牌价值列中国500最具价值品牌第133位。获评江苏省绿色工厂、能效“领跑者”、全国质量标杆、“竞争力极强A+企业”、中国信用企业500强等。

【江苏永钢集团有限公司】 2022年，江苏永钢集团有限公司（简称“永钢集团”）完成铁、钢、材产量分别为833.62万吨、884.95万吨、891.95万吨，分别下降3.08%、5.00%、8.37%；销售收入449.72亿元，下降3.38%；利税23.12亿元，下降64.25%；利润13.39亿元，下降72.73%；产品出口101.06万吨，增长53.87%；进出口总额22.46亿美元，下降11.47%。年内，永钢集团启动高炉、转炉产能置换项目，开工建设“低碳发展、高精转型”项目。全年研发投入13.45亿元。全年将62个新钢种推进市场，开发的桥梁缆索钢丝用热轧盘条、钢筋混凝土用热轧带肋钢筋（直条）获评“金杯优质产品”。汽车用冷镦钢热轧盘条获得“江苏精品”认证；企业标准Q/320582 JYG19-2019《汽车用冷镦钢热轧盘条》获得企业标准“领跑者”称号；自主研发的3款产品被认定为绿色设计产品。新增省级智能工厂1个、省级智能车间2个。

（市工业和信息化局　顾　健
冶金行业协会　郭　桐）

纺织服装工业

【概况】 2022年，苏州市有规模以上纺织企业1928家，完成产值2605.1亿元，占全市规模以上工业总产值的6%，占全省纺织产业产值的28.3%。其中，纺织业企业1326家，完成产值1298.3亿元；纺织服装、服饰业企业293家，完成产值384.5亿元；化学纤维制造业企业309家，完成产值922.2亿元。培育形成吴江东方丝绸市场、常熟服装城2个千亿元级市场和恒力集团、盛虹集团2个千亿元级企业。全市有波司登股份有限公司等17家纺织企业入选中国驰名商标。年内，苏州高端纺织产业集群入选工业和信息化部国家先进制造业集群名单。

【科技创新】 2022年，苏州市规模以上纺织企业提升智能制造水平，初步形成从面料、设计、生产、营销、品牌数字化发展链条。波司登集团被工业和信息化部列入智能制造试点项目和示范工厂，东渡集团被中国纺织工业联合会授予首批“纺织行业智能制造试点示范企业”称号。常熟服装产业以“制造+数字+服务”新模式，实现企业生产数字化与运维数字化双轮驱动，企业平均劳动生产率提升35%、产品制造周期缩短19%、产品合格率提升17%、单台设备平均成本降低12%。

产品技术创新　恒力集团在全国率先实现“熔体直纺5-8D/6f高均匀性超柔软聚酯纤维”规模化生产。该纤维总线密度为全国最细，江苏省省级新产品鉴定认为其“整体技术处于国内领先水平，填补国内空白”，为国家先进功能纤维产业高质量发展提供自主创新力量。盛虹集团的主导产品超细纤维全球市场占有率达到60%。苏州宝丽迪材料科技股份有限公司致力于化学纤维原液着色和功能改性领域的技术创新，设立国家纤维功能母粒研发基地，成为“原液着色技术”的引领者和推广者。

基地平台建设　江苏恒力化纤股份有限公司博士后科研工作站独立建站获批，是恒力集团首个独立工作站。盛虹集团的“智慧印染”被评为国家级工业互联网平台，成为行业唯一示范项目，“虹云”智慧管理平台入选全球工业互联网融合创新应用案例。盛虹集团牵头的国家先进功能纤维创新中心中试基地正式投用。波司登羽绒服装有限公司建成国家级工业设计中心、CNAS认证实验室、IDFB认可实验室等多个国际性、国家级实验室和认证中心。江苏中鲈科技股份有限公司等9家苏州纺织企业入围2022年江苏省智能制造示范车间榜单。苏州震纶棉纺有限公司等22家苏州纺织企业入选江苏省2022年“专精特新中小企业”名单。江苏联宏纺织数字经济产业园直播基地于12月2日启用，成为苏州地区重要的数字经济直播基地，是张家港市唯一的抖音快手电商及短视频全案运营服务商。

（市工业和信息化局　顾　健
纺织工业协会　朱林森）

【纺织业】 2022年，苏州市纺织业有规模以上企业1326家，完成产值1298.3亿元。8月3日，恒力集团、盛虹集团入选2022《财富》世界500强榜单，分别列第75位、第241位。12月2日，江苏联宏纺织数字经济产业园直播基地启用。12月15日，恒力集团、盛虹集团入选世界品牌实验室发布的2022年度世界品牌500强排行榜。年内，常熟服装城集团有限公司获评2021全国纺织工业先进集体。

【纺织服装、服饰业】 2022年，苏州市纺织服装、服饰业有规模以上企业293家，完成产值384.5亿元。苏州市有常熟服装城、东方丝绸市场2个千亿元级服装市场。常熟服装城位于常熟市莫城街道，面积3.71平方千米，为全国纺织服装一级货源批发基地，是华东地区最大的纺织服装交易中心，拥有各类专业市场35个，市场面积35万平方米，市场主体3.5万户，从业人员超过10万人，全年完成市场交易额1431亿元。年内，常熟服装城获评中国服装品牌孵化基地。中国东方丝绸市场位于吴江区盛泽镇，面积超过4平方千米，全年服务企业6000余家次，全年完成市场交易额1508.07亿元，增长6.93%，连续10年超过1000亿元。10月25—27日，吴江区盛泽镇举办第四届中国苏州江南文化艺术·国际旅游节“丝韵江南”活动、第十一届江苏（盛泽）纺织品博览会暨2022中国服装大会。年内，东方丝绸市场获评江苏省工业设计示范园区。

（市工业和信息化局）

【丝绸行业】 2022年，苏州市吴江区蚕茧总产量510.02吨，减少30.36吨；白厂丝产量300吨；桑蚕丝织品（含交织）510.02万米，下降15.38%。苏州市丝绸产业历史文化底蕴深厚，产业品种门类较为齐全，产品包括真丝的罗、绸、缎、纱、绉、绒、绡、锦等以及交织的各种机织与针织丝绸面料等。在终端产品上，丝绸服饰、丝绸服装、丝绸家纺、蚕丝被以及丝绸工艺品五大产品发展均衡，在吴江区震泽形成蚕丝被产业集群、虎丘区镇湖形成刺绣产业集群，吴江区还形成盛泽真丝织造、吴罗生产、旗袍小镇等集群。丝绸行业培育江苏华佳控股集团、苏州太湖雪丝绸股份有限公司、苏州绣娘丝绸有限公司等龙头品牌企业。

【苏州太湖雪丝绸股份有限公司】 苏州太湖雪丝绸股份有限公司位于吴江区，注册资本0.5亿元，经营范围包括蚕丝被、床上用品、服装、纺织品、丝绸制品等。该公司建设国内外电子商务服务平台，获得国家级服务型制造示范企业、江苏省民营文化企业30强、苏州市生产性服务业领军企业等。2022年11月，该公司在北京证券交易所上市，成为苏州丝绸行业首家上市公司。

【“丝绸苏州2022”展会】 2022年7月9—11日，“丝绸苏州2022”展会在苏州国际博览中心举办。展会以“更跨界，更未来”为主题，由中国丝绸协会、江苏省丝绸协会、苏州丝绸行业协会主办。展会总面积1万平方米，有丝绸品牌、潮流趋势、跨界互动、国风国潮、特色面料、江南大师以及国际展区7个展区。其间，举办“锦绣江南”第二届丝绸服装服饰大赛，发布2022十大丝绸消费品牌，公布2021年度苏州丝绸新产品项目，颁发2021苏州丝绸品质认证证书。

（丝绸行业协会　傅勇跃）

轻工业

【概况】 2022年，苏州市有规模以上轻工业企业1958家，完成产值3820亿元。主要包含农副食品加工业，食品制造业，酒、饮料和精制茶制造业，家用电器制造业，家具制造业，日用化学品制造业，造纸和纸制品业，金属制品业，工艺美术等行业。

【科技创新】 2022年，苏州市轻工业骨干企业加强技术创新，提升产品质量，推动轻工业高质量发展。莱克电气股份有限公司2004年起成为全球最大的吸尘器研发制造商，连续18年保持吸尘器产销量全球领先。江苏白雪电器股份有限公司是轻工家电行业电冰箱（冷柜）、全封闭制冷压缩机生产经营和机电产品自营进出口企业。张家港酿酒有限公司的“沙洲优黄”系列黄酒各项综合指标列全国第四位，江苏地区市场占有率列第一位。苏州市味知香食品股份有限公司加大半成品菜产品研发，是A股第一家从事半成品菜生产的上市公司。

（市工业和信息化局　顾　健）

【食品行业】 2022年，苏州市食品行业协会有会员单位100余家，代表性企业有太仓口水娃食品有限公司、苏州长发食品有限公司、苏州金记食品有限公司、苏州味知香食品股份有限公司、苏州市采芝斋食品有限公司等。太仓口水娃食品有限公司除太仓生产基地外，在湖南等地建立生产基地，年产销量超过10亿元。苏州长发食品有限公司获评“中国烘焙行业最具影响力传统十大民族品牌”，在全国月饼技术比赛（国家级技能竞赛）中获得团体赛金奖。苏州金记食品有限公司制造豆类精品，获评全国农产品加工重点企业、中国豆制品质量安全示范单位、江苏农业电子商务示范单位等，截至年底，获得国家级发明专利100余个，有直销网点4000余家，年销售量超过5亿元。苏州味知香食品股份有限公司是中国预制菜第一股，同时获评“中国肉类行业强势企业”、“全国主食加工示范单位”、中国冷藏冷冻食品行业“三品示范企业”等，是全国半成品研发、制造规模最大的企业之一。苏州市采芝斋食品有限公司举办“苏式年货节”，引进现代营销模式，在销售店中打造透明“车间”，春节期间，推出300余个品种的特色年货及“花开富贵”“全家福”等礼盒，销量比平时增长10倍以上。

（食品行业协会　周　蕾）

【日用化学品行业】 2022年，苏州市日用化学产品制造行业有规模以上企业57家，实现营业收入180.57亿元，下降5.17%，占全省的46.64%；完成工业产值178.56亿元，下降2.99%，占全省的45.92%；实现利润25.14亿元，下降23.94%，占全省的60.62%；上缴税收6.42亿元，下降12.04%；出口交货值20.3亿元，增长12.69%，占全省的42.64%。

化妆品制造全省领先　苏州市化妆品制造出现下降，但营业收入、产值、利润、税收、出口等指标均列全省设区市第一位。截至年底，全省有化妆品生产许可证企业359家，数量列全国城市第三位，其中苏州市有获证企业101家，列全省设区市第一位。

行业服务　苏州市日用化学品行业协会配合江苏省药品监督管理局开展《江苏省化妆品不良反应监测管理细则制定相关问题问卷调查》工作，动员企业加强对《化妆品不良反应监测管理办法》的学习，组织开展《化妆品生产企业研学班》，编印《化妆品法规汇编》，配合苏州市消费者保护委员会开展“3·15”活动，配合江苏省药品监督管理局开展的“5·25”爱肤日等活动。

（日化行业协会　吴　萍）

【工艺美术行业】 2022年，苏州市工艺美术行业市场销售较为低迷，生产经营有较大降幅，全年规模以上企业实现营业收入200亿元。全年以网上授课方式培训专业技术人员355人，其中92人获得工艺美术专业技术职称，晋升高级职称38人。有姚惠芬（刺绣）、杨曦（玉雕）、俞挺（玉雕）3人获评中国工艺美术大师，累计21人。开展第八届苏州民间工艺家评选活动，评出苏州民间工艺家26人，其中工艺雕塑类9人、织绣类8人、综合类9人。

工艺美术展览　6月20—31日，庆祝南京大学建校120周年“锦绣南大”——姚惠芬大师苏绣精品展在南大鼓楼校区举办，展出苏绣作品60余件。6月25日至7月25日，“雪泥留痕　乾坤清气”——张泰中竹刻作品展在苏州园林博物馆举办，展出竹刻作品近100件。8月8—28日，“风起吴门”苏扇精品展在网师园殿春簃举办，展出折扇、檀香扇、绢宫扇50余件。12月8—12日，举办2022中国（苏州）工艺美术精品网上博览会，以巧夺天工、江南锦绣、吴门风韵、匠心独具、智趣空间5个板块，展示近100名各级非遗代表性传承人和工艺美术大师以及200余家工作室的400余件工艺美术作品，包括苏绣、缂丝、玉雕、木雕、核雕、苏扇、漆器、木版年画、民族乐器、工艺家具、金属工艺、工艺陶瓷等。

（工艺美术行业协会　单存德）

【好孩子集团有限公司】 好孩子集团有限公司（简称“好孩子集团”）创立于1989年，位于昆山市，是世界儿童用品行业的领先企业。建有国家级工业设计中心、国家级企业技术中心，是国家级技术创新示范企业、国家级知识产权示范企业、国家级品牌培育示范企业，是全国“单项冠军”产品企业，并于2020年获得中国工业大奖。在全球设立7个研发中心，有50余个销售分部，拥有国内外专利11800余项，主导和参与制订修订国际国内行业标准257项，累计获得工业设计大奖58个。2022年，好孩子集团实施数字化转型，联合腾讯公司打造数字化运营系统，打通C2M（从消费者到生产者）价值链，赋能数字营销新模式，全年实现销售收入130亿元。

（市工业和信息化局　顾　健）

编辑：王怀芹

综　述

【建筑业规模】 2022年，苏州市印发《关于促进苏州市建筑业高质量发展的若干意见》，从支持企业发展、改革工程组织形式、推行新型建造方式、支持行业发展、加强产业支持扶持5个方面提出20条意见，促进建筑业改革和发展。全年全市完成建筑业总产值3356.6亿元，增长7.6%。其中，建筑安装工程产值3325亿元，增长7.6%；竣工产值2172亿元，下降2%，竣工率64.7%。建筑业全员劳动生产率每人41.9万元，增长4.5%。建筑业企业在外省完成建筑业产值887.9亿元，增长1.1%。全年上报统计表的5981家建筑业企业完成建筑业总产值4083亿元，下降2%；年度新签合同额3668亿元，下降2%；年末从业人数66.76万人，下降10%。

（市住房城乡建设局　胡怡婷）

表38　2022年苏州市建筑业主要经济指标统计表

地区		建筑业总产值（亿元）	房屋建筑施工面积（万平方米）		房屋建筑竣工面积（万平方米）		上报企业数（家）	期末从业人数（万人）
			总面积	2022年新开工面积	总面积	2022年竣工住宅面积		
苏州市	数值	4082.98	19435.66	4788.06	5174.68	2596.79	5981	66.76
	比2021年（±）	−2%	4%	−16%	6%	7%	8%	−10%
苏州市区	数值	2793.85	10384.01	2478.17	2977.55	1510.18	4328	42.33
	比2021年（±）	−4%	−2%	−23%	7%	12%	11%	−9%
吴江区	数值	227.50	1079.43	357.30	489.69	105.03	586	5.26
	比2021年（±）	−10%	−8%	−25%	10%	−22%	4%	−19%
吴中区	数值	344.30	1623.43	436.47	548.97	414.15	885	5.47
	比2021年（±）	−22%	−29%	−36%	−25%	−12%	4%	−20%
相城区	数值	748.62	3554.78	570.53	916.11	450.18	332	7.93
	比2021年（±）	12%	−5%	−47%	19%	24%	6%	−4%
姑苏区	数值	462.28	1642.22	374.76	370.53	220.33	1519	12.44
	比2021年（±）	−19%	−2%	−25%	−16%	9%	22%	−16%
苏州工业园区	数值	485.20	844.64	275.33	235.88	86.99	550	7.34
	比2021年（±）	−6%	37%	13%	21%	−11%	4%	28%
苏州高新区	数值	525.95	1639.52	463.78	416.37	233.50	456	3.91
	比2021年（±）	10%	52%	88%	120%	224%	16%	−12%
张家港市	数值	193.38	1028.53	350.72	250.54	99.32	315	3.19
	比2021年（±）	−5%	−13%	−13%	−8%	6%	−5%	−33%
常熟市	数值	261.19	1578.68	464.60	397.57	85.58	409	5.96
	比2021年（±）	−3%	6%	−7%	2%	−28%	7%	−6%
太仓市	数值	113.19	1094.18	279.80	235.36	61.11	243	2.27
	比2021年（±）	−9%	61%	33%	89%	113%	11%	−11%
昆山市	数值	600.17	4766.46	971.41	1162.70	744.76	561	10.74
	比2021年（±）	10%	13%	−10%	3%	4%	−5%	−4%
张家港保税区	数值	121.20	583.80	243.36	150.96	95.84	125	2.28
	比2021年（±）	6%	−5%	−11%	−29%	−24%	2%	−12%

注：表中数据根据上报市住房城乡建设局的5981家建筑业企业统计。

（资料来源：市住房城乡建设局）

【建筑产业现代化】 2022年，苏州市依据《江苏省绿色建筑发展条例》，以绿色建筑专项规划为引领，加强全过程监管，推动绿色建筑发展。全市新增绿色建筑面积3544.02万平方米，城镇绿色建筑占新建建筑比例100%。编印《苏州市叠合混凝土楼板标准化设计技术导则》《苏州市预制楼梯板标准化设计技术导则》《苏州市装配式建筑预制混凝土构件生产企业质量保证能力评价标准》，提高装配式建筑设计、生产标准化水平。全市完成新开工装配式建筑面积542万平方米，占新开工建筑面积的45.7%。全市有41个基地、项目获评2022年度省级建筑产业现代化示范。

【建筑市场】 2022年，苏州市上报统计表的5981家建筑业企业完成境内建筑业总产值4083亿元，项目数93668个；完成境外建筑业总产值36184.6万美元，项目数35个。全年相城区、昆山市、苏州高新区分别完成建筑业产值748.62亿元、600.17亿元、525.95亿元，列全市前三位。

【建筑企业】 2022年，苏州市建筑业上报统计表企业数5981家，增长13%。其中，建筑业产值超过100亿元的企业4家，分别是中亿丰建设集团股份有限公司、苏州金螳螂建筑装饰股份有限公司、中铁四局集团第二工程有限公司、中铁建设集团华东工程有限公司。全市产值前20名企业完成建筑业总产值1565亿元，占全市建筑业总产值的39%；产值前100名企业完成建筑业总产值2482亿元，占全市建筑业总产值的61%。年内，苏州市有9家建筑业企业入选2021年度江苏省建筑业“百强企业”。

（市住房城乡建设局　胡怡婷）

勘察设计

【概况】 截至2022年底，苏州市有工程勘察设计企业658家；各类勘察设计资质954项，其中甲级资质224项、乙级资质546项、丙级资质184项；全市勘察设计从业人员23966人。全市勘察设计企业营业收入1239.29亿元，其中勘察收入4.69亿元、设计收入75.13亿元、工程总承包收入603.58亿元、其他收入555.89亿元。

【优秀勘察设计评选】 2022年，苏州市以“鼓励自主创新、提升设计质量、建设精品工程”为主旨，开展苏州市城乡建设系统优秀勘察设计评选。评选分为建筑工程、市政公用、风景园林、住宅设计、村镇建设、工程勘察、装饰设计、幕墙设计、装配式建筑等项目，新增高品质绿色建筑、城市设计、电力设计、城市更新等专项评选，评出获奖作品914项，推荐481个项目参加省城乡建设系统优秀勘察设计奖评选。

【消防设计审验】 2022年，苏州市办理消防设计审查项目1367个、消防验收项目1012个、消防备案项目2980个，开展消防备案抽查360个，办理消防审验处罚案件40起。做好建设工程消防设计审查验收，加强超高层建筑规划建设管理，严格管控新建超高层建筑，闭环小型建设工程消防验收备案管理。做好不动产补充办证项目消防审验服务工作，明确适用范围、实施主体及办理原则，解决企事业单位不动产登记中关于消防审验审批手续的历史遗留问题。印发《苏州市城市更新消防设计审查技术指南》，从源头上保障城市更新过程中消防安全。印发《苏州历史文化街区（历史地段）保护更新防火技术导则（试行）》，指导历史文化街区（历史地段）保护更新防火设计。

（市住房城乡建设局　胡怡婷）

表39　2022年苏州市建筑业产值前20名企业一览表

序号	企业名称	建筑业产值（亿元）	地区
1	中亿丰建设集团股份有限公司	273.14	相城区
2	苏州金螳螂建筑装饰股份有限公司	180.55	苏州工业园区
3	中铁四局集团第二工程有限公司	135.26	相城区
4	中铁建设集团华东工程有限公司	100.16	昆山市
5	中交一公局第二工程有限公司	90.90	苏州高新区
6	中建七局第二建筑有限公司	82.02	昆山市
7	江苏省建筑工程集团第二工程有限公司	80.04	相城区
8	中铁十局集团第五工程有限公司	74.81	苏州高新区
9	苏州第一建筑集团有限公司	69.46	姑苏区
10	中铁二十局集团第一工程有限公司	60.93	苏州高新区
11	苏州嘉盛建设工程有限公司	60.27	吴中区
12	江苏德丰建设集团有限公司	55.01	张家港保税区
13	中建国际城市建设有限公司	45.30	苏州高新区
14	江苏金土木建设集团有限公司	44.32	常熟市
15	苏州建筑工程集团有限公司	43.02	姑苏区
16	苏州柯利达装饰股份有限公司	41.53	苏州高新区
17	江苏吴中建设集团有限公司	36.16	吴中区
18	金都建工集团有限公司	31.00	昆山市
19	苏州二建建筑集团有限公司	30.82	苏州工业园区
20	中建新城建设工程有限公司	30.81	相城区

（资料来源：市住房城乡建设局）

2022年10月，位于吴中太湖新城、由启迪设计集团股份有限公司设计的全国首个360度体验式剧场橙天360剧场竣工。图为剧场外景
（顾锐洋　摄）

【苏州市设计创意创新发展大会】 2022年8月8日，苏州市设计创意创新发展大会在苏州博物馆召开。会上发布《设计创新引领高品质城乡建设——苏州宣言（2022）》（简称“《苏州宣言》”）《苏州市“十四五”勘察设计行业发展规划》（简称“《规划》”），启动首届“文藤布新”设计创新大赛。《苏州宣言》从传承江南文化、建设美丽宜居城市、塑造新时代鱼米之乡、引领绿色化智慧化发展、建设“苏州设计”品牌5个方面引领苏州设计行业发展。《规划》是苏州市勘察设计行业首个行业发展规划，提出强化设计引领、深耕设计品质、优化产业布局等发展重点。

（市住房城乡建设局　胡怡婷）

建筑施工

【概况】 2022年，苏州市上报统计表的5981家建筑业企业完成房屋建筑施工面积19435.66万平方米，增长4%。其中，新开工面积4788.06万平方米，下降16%。完成房屋建筑竣工面积5174.68万平方米，下降6%。其中，竣工住宅面积2596.79万平方米，增长7%。

【建筑工程质量管理】 2022年，苏州市加强建筑工程质量管理。建立主监员制度，主监员依法依规履行监督职责，对项目质量安全监管承担主要责任。开展住宅工程质量信息公示试点，建立健全社会监督机制。加强商品房项目工期管理，有序推进工程建设，保障质量安全。开展提升住宅渗漏治理水平试点，探索和发现治理住宅渗漏通病的措施及经验。全年开展工程质量监督检查12884次，检查项目18219项次，下发整改单4580份；开展混凝土质量专项抽查254次，抽查工程529项，涉及预拌混凝土企业288家次；监督抽测工程项目4564项次，出具检测报告10884份，其中不合格报告429份，抽测合格率96.1%。

【建筑施工领域安全生产监管】 2022年，苏州市推进建筑施工安全生产治理行动，“逐企业、逐项目、逐设备”完成所有房屋市政工程在建项目风险隐患排查。开展全市在建工地消防安全隐患大排查、大整治，聚焦动火作业管理、施工现场“三区”（作业区、办公区和生活区）火灾防控、消防安全教育和救援演练，发现并消除各类消防安全隐患。创新应用盘扣构件“订单式”流动监管模式，开发“苏州市盘扣构件信息归集系统”，归集盘扣构件租赁企业信息及库存信息。推动全市“智慧工地”建设，开展“智慧工地”数据动态验证，构建“监管部门、施工企业、工程项目”三级联动“智慧工地”管理体系。全年住房城乡建设部门检查项目26350项次，开具隐患整改通知书11005份、（局部）停工整改通知书1435份，排查并整改一般安全生产隐患59826条、重大安全生产隐患16条。组织实施2022年全市建筑施工领域“零事故”目标行动，全面核查清理规范建筑市场秩序，全覆盖巡查查处违法违规行为，突出重点严管建筑施工现场。全年在监项目发生建筑施工安全生产事故1起，死亡1人，分别下降85.7%和88.9%，安全生产形势总体稳定。

【优质工程评选】 2022年，苏州市开展2022年苏州市“姑苏杯”优质工程奖评选，苏州沧浪新城福星综合社区服务中心建设项目土建安装工程等391项“房建、装饰、安装等类”工程项目、东汇公园南下穿护城河隧道工程等184项“市政等类”工程项目获奖。在该年3月公布的2021年度江苏省优质工程奖“扬子杯”获奖项目名单中，苏州市昆山（花桥）经销商培训中心等108个项目获奖，5个项目被确认推荐参评“鲁班奖”或国家优质工程奖，获奖总数列全省设区市第一位。苏州湾体育中心、上海昆山华二学校、华为苏州企业业务项目（部分）、DK20160205地块1号研发办公楼4项建筑工程获评2022—2023年度第一批国家优质工程奖。苏州市轨道交通2号线及延伸线工程获评第19届中国土木工程“詹天佑奖”。

2022年，苏州金螳螂建筑装饰股份有限公司在“中国建筑装饰行业综合数据统计”中列装饰类、设计类第一位。图为苏州金螳螂建筑装饰股份有限公司苏州工业园区运营中心

（市工商联　供图）

【智能建造试点】 2022年11月9日，苏州市成为住房和城乡建设部公布的全国24个智能建造试点城市之一。12月，市政府印发《关于加快推进智能建造的实施方案》，从推广新型建造方式、培育智能建造产业集群、推进BIM技术应用、全面推广智慧工地和强化智能建造评价和推广5个方面提出17项重点任务，确立“1轻型造楼机+N款建筑机器人+配套应用”整体战略构想，提出建筑业和制造业融合发展的远景战略目标。

（市住房城乡建设局　胡怡婷）

建筑市场管理

【建筑市场信用评价体系建设】 2022年，苏州市根据《苏州市建筑业企业信用综合评价标准》，实现覆盖房建、市政、装饰、轨道交通等专业领域建筑业企业的动态信用评价，加强信用结果分级分类运用，实现建筑市场与施工现场“两场联动”，构建以信用为基础的新型建筑市场监管机制。全年有3259家次建筑施工企业参与信用评价，其中房屋建筑专业1202家次、市政公用专业980家次、装饰装修专业1050家次、轨道交通专业27家次。

【建筑业企业综合监管】 2022年，苏州市加强建筑企业综合管理。全市建筑业企业9779家，涉及资质19332项。其中，施工总承包资质4500项（含特级资质9项、一级资质203项、二级资质628项、三级资质3660项），专业承包资质12519项（含一级资质1089项、二级资质6732项、三级资质3705项、不分等级993项），施工劳务资质2313项。

【工程项目招投标管理】 2022年，苏州市优化建设工程招投标营商环境，推进招投标领域改革，全面推行以“评定分离”方式确定中标人，完成建设工程招投标突出问题专项整治。全年发包工程7287个标段，金额3054亿元；通过招投标发包3950个标段，中标总金额1889亿元。公布建设工程招标代理机构综合评价结果，其中A级33家；招标代理机构被扣分49家（67次），评标专家被扣分42人次；每季度开展投标行为及标后履约考评，涉及扣分企业729家次。

【工程造价管理】 2022年，苏州市造价咨询企业累计完成并出具报告书咨询项目33417个，涉及工程造价标的额7394.37亿元，增长4.58%。发布2期14个专业类别的人工指导价格；测算发布22类868种建材信息价12期；印发《苏州市绿化苗木市场参考价格》专刊，涉及绿化12类1708种苗木价格。举办2022年“红色工匠”建设工程造价从业人员职业技能竞赛，65家单位的306人参赛，选送的选手在省决赛中获得个人前六名、团体“四连冠”。

【工程监理综合改革】 2022年，苏州市推进工程监理综合改革。要求全市监理企业配备监理人员，制止低价竞争，落实“实名制”考勤，全员配备监理记录仪、安全帽和工作服，使用记录仪记录工程重要部位和重要工序的施工影像资料等。组织开展监理企业信用综合评价，加强监理合同动态监管，要求主监员定期查看施工影像资料并作为竣工验收资料归档。

【苏州市政府与中国建筑集团签署深化战略合作框架协议】 2022年11月26日，苏州市政府与中国建筑集团签署深化战略合作框架协议，在绿色低碳、生态治理、城市更新、智能建造、城市运营、数字城市、投资建设以及央地协同等领域全面开展合作。截至年底，中国建筑集团在苏州市累计注册法人企业61家，其中开发企业26家、投资企业5家、施工企业13家、设计咨询企业6家、科创企业7家、其他企业4家，注册资本总计74.2亿元。取得建筑业企业资质13家，其中一级资质企业7家。中国建筑集团在苏州市落地项目127个，金额约1078亿元。其中，房地产开发项目8个，投资金额461.2亿元；PPP（政府和社会资本合作）项目1个，投资金额80亿元；房建市政施工项目115个，工程造价534.51亿元；设计咨询服务项目3个，金额2.55亿元。

（市住房城乡建设局　胡怡婷）

编辑：胡振芳

国际消费中心城市建设

【概况】 2022年，苏州市探索推进国际消费中心城市培育创建工作，修改完善《苏州市培育创建国际消费中心城市三年行动计划（2022—2024年）》。以打造购物节品牌、发展夜间经济、首店经济为主要抓手，推动消费市场回暖复苏、打造品牌夜市，加强数字人民币赋能，推进消费转型升级，为苏州国际消费中心城市培育创建工作打下坚实基础。

【消费规模】 2022年，苏州市实现社会消费品零售总额9010.71亿元，下降0.2%，增幅和全国持平，低于全省0.3个百分点，占全省社会消费品零售总额的21.08%，继续列全省设区市第一位，列全国大中城市第七位。其中，批发和零售业零售额8370.58亿元，增长0.7%；住宿和餐饮业零售额640.12亿元，下降10.8%。

【消费结构】 2022年，苏州市大宗消费稳步向好，升级类消费加快释放。体育娱乐用品类、智能家用电器和音像器材、智能手机等商品零售额分别增长44.0%、71.7%和122.6%。汽车类商品零售额1017.4亿元，全年增长0.5%，其中新能源汽车销售额193.7亿元，增长129.6%。成品油销售稳步向好，实现零售额331.61亿元，全年增长1.0%。龙头企业销售业绩大幅增长。昆山润华商业有限公司、山姆（苏州）百货零售有限公司、苏州小鹏汽车销售服务有限公司实现零售额分别增长40%、247%和75%。文化办公用品及通信器材类表现突出，全市限额以上批发零售业单位文化办公用品类商品实现零售额64.46亿元，增长49.9%，实现通信器材类商品零售额87.69亿元，增长95.7%。

数字人民币应用 苏州秋季购物节期间，各县级市（区）联动发放数字人民币消费红包，全市累计超过8000万元，扩展数币红包应用场景，优化消费体验。在汽车促销活动中，广泛使用数字人民币。第三届“双12苏州购物节”期间，各县级市（区）联合“建行生活平台”“饿了么生活”“抖音直播”，发放数字消费红包和消费券。

【批发和零售业】 2022年，苏州市批发和零售业稳定恢复。全市批发和零售业完成服务业投资22.44亿元，增长17.5%；实现社会零售总额8370.58亿元，居于主导地位，增长0.7%；实现服务业增加值2424.56亿元，下降3.6%。

（市商务局　金烨武）

表40　2022年苏州市社会消费品零售总额统计表

指标	2022年累计（亿元）	比2021年（±）	指标	2022年累计（亿元）	比2021年（±）
社会消费品零售总额	9010.71	−0.2%	常熟市	1200.37	−1.1%
1.按地区分			太仓市	510.78	0.1%
市区	4872.10	−0.2%	昆山市	1638.11	0.8%
吴江区	717.67	−0.3%	2.按行业分		
吴中区	888.66	−0.6%	批发和零售业	8370.58	0.7%
相城区	566.32	2.0%	住宿和餐饮业	640.12	−10.8%
姑苏区	970.65	−0.8%	3.按经营单位所在地分		
苏州工业园区	1097.85	−0.4%	城镇	8396.34	−0.2%
苏州高新区	630.94	0.3%	乡村	614.36	−0.6%
张家港市	789.34	−1.3%			

表41　2022年苏州市限额以上批发和零售业商品购销统计表

指标	购进总额（万元）		销售总额（万元）				年末库存总额（万元）
		进口		批发	出口	零售	
总计	282202883.0	25919585.1	296795869.2	266400752.8	20578445.0	30395116.4	12739381.1
一、批发业	254334951.2	24900813.1	266145000.3	263456811.3	20576802.1	2688189.0	10813246.2

续表41

指标	购进总额（万元）		销售总额（万元）				年末库存总额（万元）
		进口		批发		零售	
					出口		
国有及国有控股	31033770.5	8763931.2	32277391.5	32235923.1	2105280.8	41468.4	2267253.7
1.按地区分							
市区	107608802.0	3734022.2	111906742.9	110124549.8	5256430.6	1782193.1	3454562.4
吴江区	62278504.0	402405.6	62789537.2	62766652.0	1733570.9	22885.2	397479.1
张家港市	100562153.5	12102714.3	102731031.4	102667020.9	5817018.0	64010.5	3551117.6
常熟市	15337910.7	322491.3	16579635.5	16289361.9	1499982.3	290273.6	680072.7
太仓市	10707582.1	1703588.5	12828365.5	12570356.9	816399.7	258008.6	1028426.2
昆山市	20118502.9	7037996.8	22099225.0	21805521.8	7186971.5	293703.2	2099067.3
2.按登记注册类型分							
国有企业	3897595.8	22247.8	4568880.7	4542886.0	411638.1	25994.7	213358.9
集体企业	57122.1	—	68298.5	66459.0	16979.7	1839.5	7261.9
股份合作企业	4209.5	—	4566.1	4566.1	—	—	158.0
联营企业	9314.7	—	10892.4	10892.4	—	—	109.3
有限责任公司	84400502.6	9069222.3	85568495.3	85110621.1	2749577.9	457874.2	2561242.8
股份有限公司	1424427.8	14728.7	1560779.9	1546990.3	565595.0	13789.6	91430.9
私营企业	127786786.3	4714488.5	132670369.0	132040228.9	9391072.1	630140.1	4067468.2
其他企业	7148.9	—	7348.0	7316.9	—	31.1	247.4
中国港澳台商投资企业	11132334.7	2028363.3	14315749.2	13764477.8	248970.0	551271.4	1350607.9
外商投资企业	25615508.8	9051762.5	27369621.2	26362372.8	7192969.3	1007248.4	2521360.9
3.按主要行业分							
农、林、牧、渔产品批发	14719955.7	8506493.3	14743975.8	14743405.4	13483.1	570.4	1599835.1
食品、饮料及烟草制品批发	7563537.2	572618.5	9224184.1	9067329.0	58031.7	156855.1	467333.4
纺织、服装及家庭用品批发	40674853.7	2722323.7	44406054.9	42606970.2	7973772.8	1799084.7	2980918.2
服装批发	8008448.7	1093713.0	9115987.7	7927326.8	3929697.4	1188660.9	1175204.2
文化、体育用品及器材批发	2890266.0	44374.7	3170892.5	2993312.7	229250.0	177579.8	143904.0
医药及医疗器材批发	4986870.0	758781.4	5529023.9	5521060.7	183980.1	7963.2	476181.3
矿产品、建材及化工产品批发	154852456.3	3992411.3	157816893.4	157697364.8	2706780.8	119528.6	2580809.5
机械设备、五金产品及电子产品批发	24174313.5	8229300.4	26320628.1	26100674.3	9066683.7	219953.8	2377133.4
汽车及零配件批发	4394324.5	508450.9	5080138.6	5028573.3	109032.7	51565.3	1177441.3
五金产品批发	1852447.7	82690.3	2053496.9	2045264.8	801425.0	8232.1	99210.3
电气设备批发	660705.2	41405.8	737797.2	734717.1	188573.3	3080.1	51963.6
计算机、软件及辅助设备批发	7175018.8	6065724.6	7252697.7	7210020.5	6033469.2	42677.2	111593.6
通信设备批发	777821.1	11494.4	887463.4	843063.5	46241.9	44399.9	27702.0
贸易经纪与代理	—	—	—	—	—	—	—
其他批发	4472698.8	74509.8	4933347.6	4726694.2	344819.9	206653.4	187131.3
二、零售业	27867931.8	1018772.0	30650868.9	2943941.5	1642.9	27706927.4	1926134.9
国有及国有控股	2613540.4	—	2955228.2	617582.7	—	2337645.5	82601.1

续表41

指标	购进总额（万元）	进口	销售总额（万元）	批发	出口	零售	年末库存总额（万元）
1.按地区分							
市区	16055965.3	711437.5	17709823.2	2304440.9	1126.1	15405382.3	1192617.9
吴江区	1345988.5	16114.5	1421822.5	31846.8	1052.3	1389975.7	134236.1
张家港市	1201420.5	58364.6	1333138.1	79987.0	—	1253151.1	132561.5
常熟市	1681611.3	74285.6	1921253.9	118566.5	—	1802687.4	167904.7
太仓市	839608.7	16645.4	883928.0	15509.0	—	868419.0	110728.2
昆山市	8089326.0	158038.9	8802725.7	425438.1	516.8	8377287.6	322322.6
2.按登记注册类型分							
国有企业	16034.2	—	20485.3	651.2	—	19834.1	2558.8
集体企业	30469.2	—	36222.3	10883.7	255.6	25338.6	2390.3
股份合作企业	21117.1	—	18367.1		—	18367.1	2656.6
联营企业	6551.7	—	6884.0	749.1	—	6134.9	38.8
有限责任公司	6849156.2	368499.4	7768345.1	544025.1	—	7224320.0	261177.2
股份有限公司	402299.0	30305.9	436873.3	28489.4	—	408383.9	23377.3
私营企业	12111253.7	448208.6	13256240.3	723925.6	1259.7	12532314.7	1245164.3
其他企业	—	—	—	—	—	—	—
中国港澳台商投资企业	3511062.2	36578.0	3854227.6	428780.4	127.6	3425447.2	163843.8
外商投资企业	4919988.5	135180.1	5253223.9	1206437.0		4046786.9	224927.8
3.按主要行业分							
综合零售	3663904.0	356.7	4276706.6	233521.2	255.6	4043185.4	199904.6
百货零售	710190.5	356.7	977891.6	—	—	977891.6	38282.2
超级市场零售	2856933.4	—	3173066.2	233521.2	255.6	2939545.0	150246.3
便利店零售	96780.1	—	125748.8	—	—	125748.8	11376.1
其他综合零售	—	—	—	—	—	—	—
食品、饮料及烟草制品专门零售	329676.1	3122.3	387202.9	19273.9	—	367929.0	18543.4
纺织、服装及日用品专门零售	301415.9	—	465921.1	15311.7	—	450609.4	92234.1
文化、体育用品及器材专门零售	302596.7	—	344866.6	37245.6	303.6	307621.0	72551.0
医药及医疗器材专门零售	717173.2	14.2	1054924.3	231246.2	—	823678.1	96294.3
汽车、摩托车、零配件和燃料及其他动力销售	14130640.2	1009966.9	14653649.8	1824461.1	—	12829188.7	1093242.4
汽车新车零售	9413755.0	1009268.6	9563848.3	169885.0	—	9393963.3	1018937.6
家用电器及电子产品专门零售	434451.3	1087.6	455978.7	29589.2	—	426389.5	48951.5
日用家电零售	129170.5	—	144156.5	2208.7	—	141947.8	14477.2
计算机、软件及辅助设备零售	61723.2	1087.6	68813.1	6990.7	—	61822.4	2713.4
五金、家具及室内装饰材料专门零售	61652.4	—	83201.6	6038.5	—	77163.1	12590.8
无店铺及其他零售业	7926422.0	4224.3	8928417.3	547254.1	1083.7	8381163.2	291822.8
4.按经营方式分							
独立门店	15132222.0	1017547.7	16398385.6	989762.2	1361.7	15408623.4	1537015.9

续表41

指标	购进总额（万元）	进口	销售总额（万元）	批发	出口	零售	年末库存总额（万元）
连锁总店（总部）	5334723.8	—	6038056.9	1574626.3	—	4463430.6	188737.3
连锁门店	1253180.7	—	1306507.1	279328.7	—	1027178.4	59684.5
其他	6147805.3	1224.3	6907919.3	100224.3	281.2	6807695.0	140697.2
5.按零售业态分							
百货店	710190.5	356.7	977891.6	—	—	977891.6	38282.2
超级市场	2955889.7	—	3301365.0	234731.2	255.6	3066633.8	161835.2
专业店	9658822.1	346455.4	10601208.8	2056848.9	—	8544359.9	646647.7
品牌专卖店	6666227.9	667735.6	6904421.3	111645.8	303.6	6792775.5	788426.8
网络零售	7861978.4	4224.3	8845398.2	537869.7	1083.7	8307528.5	289344.6

（资料来源：市统计局）

【商业网点布局优化】 2022年，苏州市编制《苏州市商业网点布局规划》。该《规划》分析苏州商业网点，综合考虑苏州城市的发展定位、经济转型、交通格局、消费升级、智能商业等因素，构建与城市未来发展相适应的现代商业网点体系规划。年内，规划市级商业主中心17个、市级商业副中心17个、片区级商业中心72个。9月，苏州观前商业步行街、昆山大渔湾湖滨风情商业街区被江苏省商务厅评为首批江苏省示范步行街。

（市商务局　金烨武）

表42　2022年苏州市计划总投资10亿元以上重大商贸项目一览表

序号	地区	项目名称	建设性质	建设期限	计划总投资（亿元）
1	张家港市	京东长三角智能产业基地项目	结转	2022—2024年	10
2	常熟市	常熟市昆承湖开发建设有限公司昆承湖日航国际创新人才中心	续建	2020—2023年	16
3	常熟市	常熟市龙腾特钢有限公司龙腾希尔顿酒店	续建	2020—2023年	10
4	昆山市	昆山大润发商业广场	续建	2022—2024年	12
5	昆山市	骏恒中骏世界城商贸集聚区	续建	2021—2024年	18
6	吴江区	盛家厍城市更新	结转续建	2022—2025年	40
7	吴江区	苏州湾生活广场（苏州绿地中心）	结转续建	2013—2023年	31
8	吴江区	吴江凯旋生活广场	结转续建	2019—2023年	29
9	吴江区	太湖苏州湾度假乐园	结转续建	2018—2025年	60
10	吴江区	恒力苏州湾环企中心	结转续建	2021—2026年	100
11	吴江区	中建三局吴江之星	结转续建	2022—2025年	50
12	吴江区	科泰创新产业社区	结转续建	2022—2024年	35
13	吴江区	中车城市捷运产业总部基地	结转续建	2021—2023年	24
14	吴中区	太湖度假区东入口酒店二期项目	续建	2021—2024年	12
15	吴中区	金融街商办项目	续建	2018—2024年	50
16	吴中区	吴中广场	续建	2020—2025年	29
17	姑苏区	苏州华贸中心	续建	2017—2023年	95
18	姑苏区	仁恒仓街商业广场	续建	2017—2023年	36
19	苏州工业园区	比斯特购物村（第三阶段开发，即二期C、D区）	结转	2020—2024年	31
20	苏州高新区	浒墅关运河文旅产业综合开发	续建	2021—2025年	50

（资料来源：市商务局）

【消费市场建设】 2022年，苏州市推进全国首批商品市场优化升级专项行动试点工作，组织张家港玖隆钢铁物流园、中国常熟服装城、中国东方丝绸市场等6家市场开展试点，推动市场走数字化、信息化、智慧化发展道路。中国东方丝绸市场打造“东纺云”App，建设网上东方丝绸市场，形成电商服务集群，行业粉丝量超过25万个，成为行业内最具影响力的头部粉丝号之一。玖隆钢铁物流园拓展电商平台业务，在销售规模、产值、品种结构和市场影响力等方面跻身全国钢铁电商第一方阵，线上业务逐步从单一服务于沙钢向周边市场辐射，覆盖整个华东地区。截至年底，全市有成交额超过1亿元的商品交易市场87家，其中成交额超过1000亿元的5家、超过100亿元的11家，初步形成以中国常熟服装城、中国东方丝绸市场、张家港玖隆钢铁物流园等一批全国性市场为龙头，区域性市场为骨干，地方性市场为补充的有形市场体系。

【一刻钟便民生活圈建设】 2022年，苏州市发布《关于推进苏州市一刻钟便民生活圈建设的实施意见》《苏州市一刻钟便民生活圈建设标准（试行）》。成立苏州市一刻钟便民生活圈建设工作领导小组。梳理一刻钟便民生活圈内人口规模、住房、设施等规划现状，编制形成《商业消费空间布局规划》。以便民“苏周到”App为载体，打造“线上一刻钟便民生活圈”，并成功上线。多次召开专题会议，研究推进圈内适老化与智慧养老工作。对各试点社区开展考核验收，第一批64个社区通过申报创建验收，各社区累计新建和改造各类业态网点3082个，直接或间接带动商业网点新增就业人数15.09万人，服务社区居民134.57万人，圈内居民综合满意度97.21%。

【首店经济】 2022年，苏州市加强对《关于支持发展品牌首店的若干措施》政策宣传，制定《苏州市品牌首店综合评价办法》，推动成立苏州市首发经济发展联盟。举办2022苏州首店经济发展大会暨进口贸易促进大会，邀请国内外知名品牌和商业载体到苏州开展宣传推介活动。全年克服新冠疫情影响，引入首店165家，实现正增长。其中，苏州工业园区引入首店62家，增长106.7%，列各县级市（区）第一位。全年孵化苏州本土首店品牌36家，增长125%。2019—2022年，苏州累计引入首店439家，增长率211.3%，进入全国十大首店城市行列。苏州首店经济呈现国际与本土品牌双轮驱动，优质商业项目吸引力强，餐饮业态强势崛起的态势。

【夜间经济】 2022年，苏州市贯彻《关于加快苏州夜间经济发展的实施意见》《关于支持夜市高品质发展的指导意见》，推动夜间经济发展。6月，“2022夜ZUI苏州”活动举办，以“苏新消费·笑拼苏州”为主题，以扩大消费规模、提振消费信心为主线，扩大夜经济千企联盟规模，发挥夜经济头部企业示范带动效应，从“夜购”“夜食”“夜娱”“夜动”“夜秀”“夜读”“夜宿”“夜游”8个维度挖掘消费潜力，丰富夜间消费场景、创新夜间消费供给。活动期间，推出200余场夜经济活动。

（市商务局　全烨武）

表43　2022年苏州市规模型市场成交额前20名一览表

序号	地区	市场名称	总成交额（万元）	比2021年（±）
1	张家港市	玖隆钢铁物流园	22500000	−19.00%
2	常熟市	中国常熟服装城	14213077	−14.40%
3	吴江区	中国东方丝绸市场	15080700	6.93%
4	张家港市	江苏化工品交易中心有限公司（原化工市场）	12132433	0.89%
5	张家港市	张家港保税区纺织原料市场有限公司	14134215	66.34%
6	吴中区	苏州市南环桥农副产品批发市场	4707035	17.41%
7	张家港市	张家港保税区进口消费品展示交易中心有限公司	3383788	2.41%
8	张家港市	张家港保税区粮油交易市场有限公司	2438300	−11.11%
9	相城区	蠡口国际家具城	1250000	−3.80%
10	昆山市	苏州天环冷链物流国际商贸广场	1000000	−23.00%
11	相城区	相城国际汽车城	1187662	6.28%
12	吴中区	凯马广场	940000	0.02%
13	苏州高新区	苏州高新国际汽车城公司	900293	10.28%
14	常熟市	常熟市农副产品交易城有限公司	738000	−3.15%
15	张家港市	张家港市青草巷农副产品批发市场	757819	3.03%
16	昆山市	仕泰隆模具城	650000	−11.00%
17	姑苏区	苏州市钱万里桥小商品市场	650000	−9.70%
18	常熟市	常熟建筑装饰材料市场有限公司	632800	0.16%
19	常熟市	常熟华东食品城	460000	−8.00%
20	昆山市	正泰隆国际装备采购中心	400000	−20.00%

（资料来源：市商务局）

【"苏新消费"品牌打造】 2022年，苏州市举办"苏新消费·笑拼苏州"2022夏季购物节。购物节注重发挥市场主体作用，突出消费数字化场景应用和数字人民币赋能，以"苏新消费·笑拼苏州"为主题，开展"千企大联销""汽车钜惠·驭价而归""绿色节能家电促销""苏州'油'你""寻味苏州""云购苏州""首店经济""夜ZUI苏州"8个特色专题活动。围绕夏季消费特点，在汽车、家电、餐饮、文旅等众多领域，突出消费数字化的场景应用和数字人民币的充分赋能，并叠加国家、省、市各项惠企惠民政策效应，在全市范围汇聚超过1万家商贸企业，推出500余场重点优惠促销，实现"企业唱戏""市民受惠"。端午节期间，全市1000家重点商贸企业实现社会消费品零售额7.01亿元，增长10.61%。举办2022"苏新消费·夜ZUI苏州"秋季购物节。购物节突出"金秋消费""夜间经济""数字人民币赋能"3个特色主题，利用"专题活动、消费场景、数字货币、行业领域、宣传推广"5条联动渠道，聚焦商圈消费、夜间消费、新型消费、家电消费、汽车消费、餐饮消费6个领域，各县级市（区）全部参与，举办500余场消费活动，营造"人醉金秋夜"的黄金周消费氛围。国庆黄金周期间，全市100家重点商贸企业实现社会消费品零售额17.8亿元，增长6.5%。秋季购物节期间，发放数字人民币消费红包，全市累计超过8000万元。举办"百亿让利 笑拼苏州"第三届"双12苏州购物节"，突出"万企让利、市县联动"，集中推出12项主题活动，全市参与企业线上线下让利总额超过150亿元。"爱购苏州"金秋消费指南、冬季购物节指南上线"苏周到"便民消费服务平台，根据时令特点设定消费购物攻略，以数字化方式全方位展现苏州吃、住、行、游、购、娱等前沿消费场景。

【老字号宣传推广】 2022年，苏州市组织老字号参加品牌宣传推广活动。组织老字号企业参加第四届中国（江苏）老字号博览会、2022年"非遗购物节"活动、长三角伴手礼巡礼无锡站活动等，线上线下融合推广苏州老字号品牌。组织采芝斋、恒孚、上久楷等19家老字号企业入驻上海市金山区枫泾镇的长三角老品牌博物馆，挖掘并讲述品牌故事，打造老字号展示平台和互动空间。组织苏州乾生元、刺绣研究所、馀昌钟表、仁昌顺4家企业代表苏州老字号入驻上海进博会江苏省人文交流活动，展示大运河沿岸吴地文化特色，讲好苏州老字号品牌故事。组织老字号企业参加"紫金奖"设计大赛、第二届江苏旅游文创商品大赛。鼓励老字号加强产品、包装设计研究，研发具有地域特色、文化内涵、品质优良的新产品，创新服务内容和方式，吸引新顾客，开拓新市场。

2022年3月3日，"中华老字号"黄天源糕团店省级非遗苏式糕团制作技艺传承人团队制作苏式糕团 （杭兴微 摄）

举办"老字号 潮起来"系列活动，开展市集展示展销、上线"苏周到"便民消费服务平台、推行高校助力老字号焕新计划、颁发"全民老字号体验推荐官"证书、举办"苏州老字号全媒体推广周"等活动，全方位、立体式推介苏州老字号品牌。征集"苏新消费·笑拼苏州"2022夏季购物节老字号企业促销活动，整体策划全市老字号企业促销活动方案，助力老字号品牌集中宣传推广。上报商务部"品牌中华行"苏州老字号推荐入库名单，入库企业宣传上新计划由商务部统一组织宣传推广。推动老字号入围2022年苏州年货节特色年货好礼活动、苏州市地图集，增加老字号的曝光度。举办沪苏老字号创新论坛，邀请上海的老字号品牌创新专家教授为苏州老字号出谋划策，探讨后疫情时代老字号企业的创新与战略转型问题，为苏州老字号品牌搭建沟通交流的桥梁，创造新的发展机遇。

【消费环境优化】 2022年，苏州市策划各类促消费活动，政府搭台、企业让利、居民受惠，优化消费环境，提振消费信心。"夜ZUI苏州""双12苏州购物节"等消费品牌持续发力，激发消费潜力，提升消费市场供给。开展商贸物流高质量发展专项行动，建立商务、发展改革、交通、邮政管理等多部门参加的专项行动工作联系机制。鼓励商贸物流标准化、信息化、集约化发展，全年扶持项目23个，拨付金额近600万元。加强服务指导，支持苏州物流业协会等行业组织构建"政企桥梁"，协办中国物流与采购联合会采购之家15年庆典暨第十届采购交流大会。推进绿色货运配送示范工程创建工作，开展示范企业2021年度考核和复审工作、绿色货运配送示范企业奖补资金审查。

（市商务局 金烨武）

【国家文化和旅游消费示范城市建设】 2022年，苏州市深化国家文化和旅游消费示范城市建设。加强文旅消费载体建设，推出江南·绣衣厂文创园、海市山塘、右见文化艺术空间等10个夜间文化和旅游消费示范项目，建设具有苏州特色的"艺文空间"。观前街区、同里古镇入选第二批国家级夜间文旅消费集聚区，姑苏区、工业园区、昆山市入选江苏省文化和旅游消费示范单位，姑苏区、太湖旅游度假区入选江苏省首批文旅产业融合发展示范区。围绕"苏式生活，最美江南"主题，举办2022年度苏州文旅消费季，推出10个特色专题活动。开展“金虎乐新春”“惠民读书周”“苏式生活体验周”“来苏州旅游都挺好”直播、“乐游江南”文旅消费惠民季等系列文旅消费活动。2022年，苏州市发放文化消费补贴537.1万元，联动近1万家文旅消费商户，面向市民、游客发放10万余份文旅消费券，吸引超过500万人次参与，带动文化消费超过4300万元。加快数字赋能文旅消费，以全市20个夜间文旅消费集聚区为阵地，完成1000余个重点数字人民币文旅消费应用场景拓展，与数字人民币应用银行联动，举办“一元游周庄”、苏博数币消费满减等系列文旅消费惠民活动。狮山街区、同里古镇、沙家浜·虞山尚湖旅游区、周庄古镇、昆山大渔湾湖滨风情商业街区获评第二批江苏省文化和旅游便捷支付示范区，数量列全省设区市第一位。

（市文广旅游局　李宜达）

电子商务

【概况】 2022年，苏州市发挥电子商务在数字化转型、壮大新型消费、服务乡村振兴、助力稳市保供等方面的重要作用，推动全市电子商务高质量发展。全年全市实现网络零售额3179.7亿元，网络零售商品总量89.5亿件，活跃店铺数28.3万家。直播电商、农村电商、跨境电商表现突出，其中直播电商零售额533.3亿元，列全省设区市第一位，农产品网络零售总额103.2亿元，列全省设区市第一位，跨境电商进出口额快速增长，增长41%。

【直播电商】 2022年，苏州市扩大直播电商布局，开拓直播电商新通道。全年直播电商零售额533.3亿元，占网络零售额的16.7%。联合“金鸡湖直播学堂”“最苏州”“美团”“饿了么”等开展“商家上线”主题线上培训7期，培育直播电商企业，吸引超过28万人次观看。举办2022金鸡湖直播大赛，吸引海内外95个城市的5000余名选手报名，话题曝光量1.2亿次。承办2022江苏电商直播节启动仪式暨直播电商论坛，开展苏州直播电商基地巡礼，举办进口商品直播节活动。培育扶持大禹网络、极易科技等一批知名直播电商应用企业、直播电商MCN机构和数字零售综合运营服务商。常熟市实施电商直播“万千百十”工程，孵化直播机构及其服务企业102家、直播基地10家。吴江区依托“抖音苏州电商直播基地”，打造品牌商家直播间、BIC物流仓储、产品检测区、直播运营培训等一站式供应链服务模块，赋能丝绸产业数字化转型。

【农村电商】 2022年，苏州市推动农村电商融合发展，拓宽并畅通农产品销售渠道。全年苏州市农产品网络零售额103.2亿元，规模列全省设区市第一位，继续保持快速增长。直播带货手段在农产品销售中加速应用，农产品直播电商网络零售额9.7亿元。推进苏宁中华特色馆·苏州馆、京东“中国特产·相城馆”等涉农地方特色馆建设，打造“苏农名品”零售新平台，建立线上线下相结合的营销渠道，推动阳澄湖大闸蟹、凤凰水蜜桃、董浜筒管玉丝瓜、东山白沙枇杷等一批具有地理标志的农产品上线。布瑞克、食行生鲜等涉农电商企业拓宽苏州地产农产品网上销售渠道，全年布瑞克旗下集购网和“农牧人”平台完成销售额25亿元。

2022年8月26日，2022江苏电商直播节在苏州启动　（濮建明　摄）

【跨境电商】 2022年，苏州市推动跨境电商高质量发展。全省首家盒马X会员店开业，阿里巴巴全球速卖通跨境电商产业园开园，全省首个菜鸟中心仓运行。大件商品B2B交易平台企业大健云仓在美国上市，成为纳斯达克海外仓第一股。设立苏州高新区、常熟市两个跨境电商企业服务中心，提供集通关信息化服务、国际物流、供应链金融等全链路一体化服务，累计服务企业超过600家。发放全国首笔用于跨境电商领域的数字人民币贷款。

【电商平台合作】 2022年，苏州市加快打造线上产业集群。加强与抖音、B站等新经济平台的合作、对接，举办抖音电商产业带增长营销峰会等活动，打造苏州特色产业带线上营销矩阵，推动家用电器、美妆日化、服装服饰等特色产业上行。“6·18”促销期间，开展“云购苏州”促消费活动，全市网络零售额296.1亿元，增长60%。“双十一”促销期间，联合阿里巴巴搭建“汇聚苏州”专场，实现网络零售总量6.07亿件，总额357.89亿元，增长16.8%。联合淘宝网举办线上“元宇宙年货节”，作为全省唯一会场打造“元宇宙年货节”3D场景大街，650余个商家、38个品类、230万名用户参与，苏式糕点、扫地机器人和苏绣等成为消费热点。支持极易科技、益康萌思等苏州电商服务型企业拓展服务领域，将服务环节延伸到企业生产和线上交易全过程。开展与莱克电器等制造企业对接，巩固苏州制造线上销售优势。全市全年实物商品网络零售2679亿元，其中服装服饰862亿元、家居家装448亿元、家用电器269亿元、个护化妆242亿元、运动户外234亿元，均居行业前列。常熟服装、吴中家电、相城家居等多个数字化产业集聚区发展壮大。

【电子商务示范创建】 2022年，苏州市推进优质项目挖掘、培育和储备工作，开展电子商务示范创建。常熟云裳小镇电商产业集聚区（纺织服装）、相城高新区电商产业集聚区（家具）获批江苏省县域电商产业集聚区。年内认定首批市级直播电商基地（园区）7个，新增市级以上跨境电商产业集聚区5个，认定跨境电商展示中心3个，获批省级公共海外仓1个，认定市级公共海外仓5个。

（市商务局　金烨武）

粮食储备与流通

【粮食保障供给】 2022年，苏州市完成春夏两季粮食收购工作，收购粮食61万吨。加强储备轮换架空期管理，严格做到地方政府储备粮任何时点实物库存不低于储备计划70%。全市地方政府储备原粮月末平均库存保持在55万吨，为储备计划的85%；成品粮月末平均库存保持在4.92万吨，为储备计划的99%。根据新冠疫情防控形势，调整2000吨市级储备大米轮换销售计划，充实应急成品储备。对接江苏省粮食集团将1000吨成品大米调运苏州，确保粮源充足稳定。加强粮食市场安全保供，新冠疫情防控期间，苏州市粮食批发交易市场日均到货量1800吨、库存量超过12000吨，全市“米袋子”货源充足、价格平稳、保供有力，没有发生脱销断档现象。

【粮食仓储建设】 2022年，苏州市按照“市域内为主、市域外为辅，市域内分区、市域外集中”原则，经过论证，以“十四五”末苏州全市服务人口1700万人为基数，编制“十四五”粮食仓储设施建设规划。推进域内粮食仓储设施建设，全市新增有效仓容47万吨，开工建设仓容9万吨。加强多方战略合作，支持苏州市农业发展集团在盐城市和宿迁市分别规划建设30万吨和10万吨仓容粮库，开工建设仓容30万吨。

【优质粮食工程】 2022年，苏州市启动粮食流通领域升级版优质粮食工程建设。发挥“水韵苏米”和“苏州大米”区域共用品牌的辐射带动作用，打造“江南味稻”“虎丘”“润众”“金香溢”“亭林”“禾中旺”等一批具有较高市场知名度、美誉度和竞争力的地产粮油品牌，推动粮食企业转型升级、提质增效。在粮食绿色仓储、品种品质品牌、质量追溯、机械装备、应急保障能力、节约减损健康消费6个领域，实施“六大提升行动”。组织常熟市和张家港市申报江苏省优质粮食工程建设示范县。

【粮食质量安全监管】 2022年，苏州市制定《苏州市地方政府储备粮管理办法》《苏州市成品粮油储备管理办法》《苏州市市级储备粮补贴资金管理办法》等，规范地方储备粮管理。按照“粮食收储安全保障率”高质量考核指标，压紧压实各地粮食安全责任，开展粮食库存检查，加大检查频率，持续跟踪粮食出入库及储存期间质量安全指标，确保储备粮数量真实，质量安全、管理规范。加大粮库信息化建设力度，11个储备粮承储库点的储备粮基础数据、业务数据和视频信息逐步实现与市平台的对接和上传，实现“粮食库存全知道、现场视频全看到”。

【粮食科技创新示范市建设】 2022年，苏州市在全省率先开展《高标准粮库建设指南》项目研究，结合绿色储粮实际需要以及地方资源和地质条件，从粮库建设方案、地基处理方式、传热系数设置、保温隔热材料应用、屋面太阳能光伏应用等方面提出更高要求，设置更高目标，为行业广泛应用绿色储粮技术提供良好硬件支撑。推动绿色储粮技术研究工作，围绕多杀菌素、硫酰氟、食品级惰性粉等储粮技术以及粮面施药机器人、横向通风等标准参数开展研究。粮食进出仓机器人、仓内粮食数量实时监测仪等一批新装备在张家港沙洲库投入试用，在消除安全隐患的同时，提高粮库作业的机械化率。优化安全生产监管方式，升级安全生产监管软件及手机应用，基本实现任务可下达、数据可监测、结果可查询、过程可溯源。上线危险化学品统计模块，掌握危险化学品的购、用、存数量，做到底数清、情况明。

【苏州市储备粮管理有限公司成立】 2022年，苏州市出台10余个文件，推进粮食储备体制机制改革。市粮食和储备局作为改革牵头部门，制订“两分离、四分开”改革实施意见，拟定市储备粮管理有限公司组建方案，全年召开专题会议30余次，开展调研督导20余次，走访涉粮企业20余家，摸排粮库60余座，明确储备粮子公司组建计划、库容规模要求、人员配置标准、股权收购比例等各项内容。8月，全市“两分离、四分开”改革完成。9月17日，苏州市储备粮管理有限公司挂牌成立，该公司由苏州农业发展集团有限公司出资组建，注册资本5.91亿元，整合各县级市（区）粮企资源，负责苏州市储备粮等政策性粮食运营管理。同月，张家港市、常熟市、太仓市、昆山市、吴江区储备粮公司挂牌成立。10月，苏州市储备粮管理有限公司完成对吴中区、相城区储备库点100%股权收购工作，完成对4个县级市（区）储备粮管理公司51%股权收购工作，苏州市储备粮管理有限公司运行步入正轨。

（市粮食和物资储备局　沈　珺）

供销合作

【概况】 2022年，苏州市供销合作社系统深化供销合作社综合改革，突出帮促共建、深化产销对接、提升服务能力，全年完成商品销售总额713.8亿元，实现利润9062万元。张家港市、昆山市供销合作总社入选江苏省20强县级供销社。

【农资综合服务体系】 2022年，苏州市供销合作社系统完善农资综合服务网络。完成春耕秋种服务工作。联合农业部门指导系统各农民专业合作社、家庭农场等开展统防统治、配方施肥、农机作业等农业社会化服务，实现农药集中采购、统一配送总额2.2亿元。回收农药包装废弃物4300万件，系统内回收率98%，回收废旧农膜超过1200吨。推广测土配方肥5万吨、有机肥2万吨。开展农资培训29期，1000余人参加。市供销合作总社建成市级农资三位一体综合服务数字化管理服务平台，逐步实现农资销售、配送、回收、补贴等各类数据的集成化展示分析。吴中区供销合作社配合太湖生态岛建设，完成金庭镇有机肥配送8600吨。吴江区供销合作总社推进数字人民币农资场景应用，实现7家农资直营店应用服务全覆盖。昆山市农业生产资料有限公司参与农药销售实名制、限量制试点项目建设，上线“农资管家”信息管理系统，实现农药全程可追溯管理。

【农产品流通体系】 2022年，苏州市供销合作社系统继续构建完善农产品展示展销中心—农贸批发零售市场—冷链物流中心—连锁超市—社区生鲜店—农村综合服务网点等线上线下多元发展的农产品流通体系，实现农副产品市场交易额165.3亿元，连锁经营销售额58.3亿元，电商销售额28.5亿元。壮大开放办社规模，新吸纳开放社办企业18家，其中市级7家，主要集中在食用农产品销售、社区连锁超市、农副产品深加工等领域。开展农产品经纪人培训5期，300余人参加。在新冠疫情防控中发挥流通渠道作用，"吴地依香""鲈鲜生优选"以及圩田农业等线上线下平台累计为苏州工业园区、姑苏区、昆山市等地重点区域配送爱心礼包30万份。张家港市供销合作总社依托青草巷农副产品批发市场平台开设蔬菜自产自销区，帮助农户销售蔬菜近300吨。"常熟供销优选"通过"七点直播间"平台助力地产农产品销售，助销因新冠疫情滞销地产荸荠10余吨。各级供销合作社所属企业及开放办社的企业向上海市嘉定区、青浦区等地配送约75万份民生物资，采购河南漯河、平顶山、汝州等地滞销蔬菜约70吨。

【再生资源回收利用体系】 2022年，苏州市供销合作总社发挥苏州市再生资源回收利用网络体系建设领导小组办公室职能，巩固完善以社区回收网点、区域分拣中心为主体的再生资源两级回收网络体系，落实年度再生资源三位一体财政补贴资金1200万余元。指导苏州市再生资源投资发展有限公司完成80处再生资源回收网点（智能柜）的新建或改建，重点做好废玻璃、废旧纺织物等低值可回收物的回收利用工作。

【农产品展示展销平台】 2022年，苏州市供销合作总社升级改造市级农产品展示展销中心，新设体验宣传馆，增加农产品沉浸式展示、现场推介、客商对接等功能。常熟市、太仓市、昆山市供销合作总社分别新建1家县级农产品展示展销中心。全年供销合作系统组织和参加10余场大型展会活动以及20余场农产品"三进二服务"主题活动，实现展会销售额约500万元。依托农产品展示展销平台对接安徽省阜阳市、河南省信阳市、江苏省盐城市等结对城市的供销合作社，签署农产品产销对接合作协议，在市级农产品展示展销平台举办结对地区优质农产品专场推介展销活动4场，组织结对地区供销社参加苏州市中国农民丰收节、2022长三角供销合作社名优农产品展销会等大型展销活动。

【基层组织建设】 2022年，苏州市供销合作社系统健全基层组织体系，争取省、市级财政支持，完成太仓市沙溪供销合作社改造提升等省级基层社改造提升项目7个、吴中石公村供销社新建等市级基层组织建设项目9个。在吴江区震泽镇龙降桥村开展生产、供销、信用"三位一体"综合合作改革示范点建设，拓展智慧农业、有机肥试点、农村普惠金融、快递代收代发等"村社共建"服务内容。升级昆山市周市镇东方村农村综合服务社等15个农村综合服务社；发展张家港市凤凰镇高庄果品专业合作社等15个农民专业合作社；新建常熟市常客隆海虞镇超市等5个乡镇综合超市。

（市供销合作总社　沈继红）

专项经营

【烟草专卖】 2022年，苏州市烟草专卖局（江苏省烟草公司苏州市公司）做好卷烟批发销售和烟草专卖监督管理工作，主要经济指标继续保持全省烟草系统第一位，各项工作列全省烟草系统第一方阵。

卷烟营销　探索精准投放新模式，细化"档位+终端""档位+区县"等多种扩展投放方式，提升供需匹配水平。全市建成现代终端店铺1475家，完成商品销售额30.34亿元。"全国统一卷烟营销管理平台省级营销子系统"在苏州上线。

烟草专卖监管　保持"打假破网"高压态势，全年查处各类涉烟违法案件2865起，查获违法卷烟1.56亿支，总案值1.56亿元。上报国标网络案件22起，办结重大案件10起；协助司法机关拘留59人，逮捕38人，判刑94人。以市（区）联动中心、乡镇（街道）、村（社区）三级阵地为主的"多网融合"生态圈基本实现全覆盖，形成"三网"融合的监督链，推动电子烟等市场监管法治化、规范化。深化"放管服"改革，制定《苏州市烟草制品零售点布局管理规定》，保持许可证总量稳定，截至年底，全市有持证户45629户。

（市烟草专卖局　周婷婷）

【盐业经营】 2022年，苏州市盐业有限公司按照盐业体制改革工作要求，推进盐业社会化服务，保障苏州市食盐质量安全和供应安全。全年实现营业收入3.70亿元，总资产4.2亿元、净资产9597万元。

市场供应　全年供应苏州地区各类盐产品16.31万吨，其中食盐9.71万吨、工业盐6.47万吨、农牧渔盐1283吨。完善食盐储备管理制度，加强食盐储备库配套设施建设，构建全国一流的食盐储备体系。开展"抗疫有我，苏盐同行"抗疫保供行动，组建保供突击队伍和应急保障队伍，确保食盐和融雪盐应急时期24小时不间断稳价供应。发挥食盐市场主渠道功能，对全市9604家客户实现48小时内直配直送全覆盖。拓展调味品、粮油、副食品为主的分销业务，全年实现非盐收入1.46亿元。

质量保障　实施全国、江苏省两级食盐安全追溯的"双保险"机制，依托食盐质量安全电子追溯系统、食盐定点生产企业出厂检测、批发企业出入库检验和专业机构第三方动态检测的三重检测体系，形成盐产品流通各环节全过程质量管控。

用盐宣传　全年开展用盐宣传活动403场次，出动宣传人员859人次。参与淮盐健步走、大运河文旅展、华食展等活动，开展进机关、进商超、进企业学校食堂、进餐饮、进社区"五进"行动，开展"让爱传递，为爱代盐"专项助残行动，开展食品安全宣传周等公益宣传活动，引导绿色健康用盐理念。

（市盐业公司　卢　熙）

【成品油销售】 2022年，苏州市成品油销售稳步向好，全年实现成品油销售收入331.61亿元，增长1%。优化站点布局。全市在营加油站（点）686座，其中国有站（点）454座、民营站（点）232座。从位置分类看，陆域加油站点619个，水域加油点（船）67个，占比分别为90.23%、9.77%；从类型看，加油站613个，加油点73个（只卖柴油，包括水上加油点），占比分别为89.36%、10.64%。加强成品油流通监管，规范成品油经营企业行为，提高成品油市场管理水平。全年查处"非法流动加油车"154辆，查扣油品142.2吨，其中汽油72.5吨、柴油69.7吨。年内，中国石化销售股份有限公司江苏苏州石油分公司开展"爱跑98"绿色油品公众开放日系列活动、"易捷5所不能"易享节购物活动；投入运营苏州首座对外商运的集加氢、加油、充电为一体的综合加能站（张家港朝阳加能站），建成苏福油氢加能站。

（市商务局　金烨武
石油分公司　卢　伟）

邮政　快递

【概况】 2022年，苏州市完成邮政行业寄递业务量30.38亿件，增长1.73%；邮政行业业务收入284.74亿元，增长2.82%。完成快递业务量24.35亿件，下降1.50%，列全省设区市第一位、全国城市第九位，占全省总量的27.95%、占全国总量的2.20%；完成快递业务收入249.00亿元，增长1.46%，列全省设区市第一位、全国城市第八位；完成快递业务投递量18.4亿件，下降6.83%。

【行业发展环境】 2022年，苏州市推动惠企政策直达企业，全市邮政快递业落实减税降费政策1.29亿元。完成2021年度电商快递协同发展资金支持项目申报工作，审核通过273.66万元。快递物流被纳入《苏州市推动新兴服务业高质量发展2025行动计划》，邮政快递服务设施被纳入苏州市一刻钟便民生活圈。启动《苏州市邮政普遍服务基础设施专项规划》编制工作。

【基础设施网络建设】 2022年，苏州市邮政管理局与市交通投资集团、公交集团签订战略合作框架协议，达成战略合作，打造具有苏州特色的"交邮惠民"服务品牌。召开交邮融合项目推进会，组织邮政快递企业实地调研，推进快递分拣中心、智慧物流园区等枢纽布局建设以及智能信包箱、邮快合作网点等基础设施建设。

【邮政普遍服务】 2022年，苏州市实施农村汽车投递工程、普遍服务提升工程、邮政设施均等化工程、邮政场所视频联网工程。全市农村邮路汽车化行政村覆盖率89%，基础营业网点服务达标率100%、四项业务（邮件寄递，邮政汇兑、邮政储蓄，邮政发行以及集邮票品制作、销售，国内报刊、图书等出版物发行）开办率100%，网点视频联网推送率100%。针对邮政企业开展执法检查190次，责令改正2次；开展机要检查和交叉检查24次，覆盖率400%；对年内发行的4套重点题材的纪特邮票开展县级市（区）全覆盖检查。推进"扫黄打非"进基层工作，全市建成工作站点625家。加强邮政社会监督员队伍建设，实现县级市（区）全覆盖，并开展专题培训会。

【快递进村工程】 2022年，苏州市出台《关于加快苏州市农村寄递物流体系建设的实施意见》《加快推广苏州市"交通运输+邮政快递+农村社区"农村寄递物流服务模式实施方案》。推进乡镇客运站搭载邮政快递功能和公交邮路项目，全年稳定运营6个乡镇客运站邮政快递服务、10条交邮融合城乡公交示范线路。开展"邮快合作"的村累计623个，占比63.7%，累计代投民营快递18.7万件，代收民营快递5.57万件。打造三山岛"邮快合作、快递进村"示范点。培育快递服务现代农业项目，协同保障茶叶、枇杷、大闸蟹等农产品寄递需求，开辟农产品绿色通道。快递服务农产品业务量2137.43万件，业务收入6.49亿元，带动农产品销售额60.39亿元。快递大闸蟹项目第四次获评全国快递服务现代农业金牌项目。

【快递进厂工程】 2022年，苏州市快递服务制造业项目库入库126个，业务量9360.84万件。其中，超过3000万件项目1个、1000万件项目2个、500万件项目6个、100万件项目26个，业务收入15.03亿元，支撑制造业产值621.69亿元。苏州顺丰速运有限公司服务欧莱雅化妆品、服务阿迪达斯服饰2个项目获评2021年度全省快递业与制造业深度融合发展典型项目。

【快递出海工程】 2022年，苏州市对中国邮政集团有限公司苏州市分公司、苏州市顺丰速运有限公司中欧班列搭载跨境电商运行情况和与太仓港合作情况开展调研，引导支持苏州市顺丰速运有限公司与太仓港合作，开辟日本北海道鲜活海鲜寄递项目。调研主要品牌快递企业海外航线需求，搭建快递企业与中远海运集团的合作平台。

【快递末端服务】 2022年，苏州市邮政管理局联合市交通投资集团成立智能信包箱项目专班，研究智能信包箱验收标准、企业合作模式、运营问题等。制定《苏州市住宅智能信包箱专项验收工作方案（暂行）》《苏州市住宅小区邮政服务用房验收工作程序（暂行）》，明确智能信包箱配置要求，规范运营主体运营能力报备要求。市、县一体开展智能信包箱验收工作，验收3个小区2361个格口。

【寄递市场秩序】 2022年，苏州市邮政管理局联合市公安局等部门开展打击跨区揽件联合执法行动，立案处罚2起。联合市公安局、市教育局、市国安局开展校园快递联合督导检查。每季度召开全市邮政快递业政企督导会，通报企业在管理和快递服务中存在的问题，对企业提出整改要求和建议。全年开展执法检查1512次，处罚62起，约谈整改29次。聘请第三方到7个分拨处理场所开展驻点检查，对全市500个网点开展全覆盖巡查。开展行业监管大数据平台"苏递安信息系统"建设。

【寄递安全保障】 2022年，苏州市完善寄递渠道综合治理体系，将市检察院、市烟草专卖局纳入全市寄递渠道安全管理领导小组，完善领导小组工作规则，召开联席会议。结合安全生产专项整治三年行动和处理场所规范化提升行动第二阶段任务要求，针对设备设施不达标、现场管理不到位、员工着装不规范、作业操作不合规问题开展整治。排查行业房屋建筑、消防用电、分拨中心人车混行等重大安全风险隐患217项，并逐一闭环销号或移交相关部门处理。市邮政管理局联合公安、应急管理、消防救援、住房城乡建设、市场监管等部门开展"清风安全生产"专项行动，对重大风险隐患开展现场督导。开展"安全生产月"活动，进企业开展安全宣讲，部署落实企业第一责任人责任系列活动，举办邮政快递企业安全员持证培训班。制定人身伤害应急处置等6个专项应急预案，多部门联合开展寄递渠道综合应急救援演练，提升行业应急管理水平。完成岁末年初及冬奥会、两会、党的二十大、进博会及旺季期间寄递安保任务。

【行业绿色发展】 2022年，苏州市实施邮政快递业生态环保"9921"工程，使用符合标准的包装材料比例91.2%、规范包装操作比例95.2%、使用可循环快递箱超过20万个、回收复用瓦楞纸箱超过1000万个。参与"无废城市"建设，将行业绿色治理工作纳入苏州市"无废城市"建设工作体系，将"加快快递包装绿色转型，推广可循环绿色包装应用"纳入《苏州市"无废城市"建设工作方案》。支持邮政快递企业开展绿色认证。开展专项执法行动，对过度包装立案处罚1起。健全《苏州市邮政业绿色分拨中心评价指标体系》和《苏州市邮政业绿色网点评价指标体系》两套工程标准，新建绿色网点15个、绿色分拨中心1个。

（市邮政管理局　祝　宇）

表44　2022年苏州市邮政行业发展情况统计表

指标名称	单位	2022年	比2021年（±）	指标名称	单位	2022年	比2021年（±）
一、邮政行业寄递业务量	万件	303813.82	1.73%	2.邮政寄递服务	万件	60315.41	17.30%
1.快递业务	万件	243498.41	−1.50%	二、邮政行业业务收入	亿元	284.74	2.82%
同城	万件	30833.62	−34.77%	1.快递业务	亿元	249.00	1.46%
异地	万件	210922.49	6.61%	2.邮政寄递服务	亿元	7.56	−0.10%
国际及中国港澳台	万件	1742.30	−17.08%				

注：邮政行业业务收入中未包括邮政储蓄银行直接营业收入。

（资料来源：市邮政管理局）

【快递员权益保障】 2022年，苏州市出台《苏州市快递员群体合法权益保障工作实施意见》。开展“与党同行、海棠暖心”行动，向全市3万名快递员发放300万元数字人民币关爱金。市快递协会和市快递行业工联会签订苏州市快递行业集体合同，该合同为全市新就业形态领域首份集体合同。落实基层快递网点人员优先参加工伤保险机制，全省首单落地苏州，年度新增参保人数突破1万人，为全省设区市最高。开展快递员末端派费及罚款事项网上调查工作，督促企业落实末端派费调整和考核罚款事项削减等工作，保持合理末端派费水平。推动“暖蜂行动”，组织慰问快递员60次，发放慰问礼包15000份、互助互济保险3000份，组织85名一线职工疗休养、550名快递员参加免费体检，举办首期快递员工子女公益暑托班。举办第二届苏州市快递职业技能大赛，前三名被授予“苏州市技术能手”称号。

（市邮政管理局　祝　宇）

【中国邮政集团有限公司苏州市分公司】 2022年，中国邮政集团有限公司苏州市分公司实现收入35.11亿元，增长16.9%，规模、增速分别列中国邮政集团有限公司江苏省分公司第一位、第二位。

寄递业务　全年邮政寄递业务收入占全省比重提升到20.9%，超过预算比重0.7个百分点。注重新客户开发，国内特快业务增量收入的新客户贡献比重62%。特快、快包、物流、国际协同，加大市场开发力度。发挥仓储作用，吸引大客户入仓发件。助力制造业出海，针对外贸重点出口路向，拓展空运、海运、中欧班列、海铁联运等多种形式货运产品。根据需求，定制开发，创新、做大“实时认证”项目。推进揽投网改革，优化揽投网点8处，建成直投中心4处，通过“网格化”作业、“快包自提+甩点直投”作业模式，提升作业效率。

金融服务　截至年底，邮政代理储蓄余额突破940亿元，规模列全国邮政系统第三位。加强金融生态体系建设，构建“获客引流”“厅堂服务”“客户权益”三大生态系统，“爆点活动”在全省屡获第一名。推进财富金融连点成线，由单一产品销售向综合资产配置转型，全年基金、资管等销量均列全省邮政系统第一位。推进数字人民币试点，在全国邮政系统内率先完成数字人民币对公钱包目标，并率先实现数字人民币代发。

社会责任履行　践行“国家队”责任，邮政普遍服务质量稳中有升，机要通信连续31年“质量全红”。保障寄递安全，获得全省“扫黄打非”进基层示范点表彰。服务乡村振兴，推进惠农合作和三级物流体系建设，全面达成各项指标；融资E净增额列全省邮政系统第一位；建成县级共配中心6个、乡镇运营中心15个，打造交邮联运线路6条。落实“四不中断，四免费办”要求，新冠疫情防控期间，服务保供上海，出台唯亭汇集点操作方案，投入保供作业，累计发运物资398吨；服务地方保供保通，组织开展社区团购，设立防疫物资寄递专线，承担抗原和药品寄送服务。组织参与志愿服务。

地方文化宣传　年初，在虎丘塔影园举办生肖文化活动，包括《壬寅年》特种邮票首发、第八届全国生肖集邮展、全国第十七届生肖（壬寅年）个性化邮票青少年创意设计大赛获奖作品展等内容。5月，联合苏州国家历史文化名城保护区管委会举办《姑苏繁华图》特种邮票首发活动。《姑苏繁华图》邮票一套6枚，重点表现灵岩山、木渎镇、狮何二山、万年桥、阊门、虎丘6段画面。首发仪式借助“中国集邮邮票百科”微信小程序向全国邮迷现场直播。7月，在第十二届江苏书展打造“书香邮政馆”，组织报刊、明信片、邮品、新媒体产品等数百款文化产品展销，以及重点刊社讲座、名家签售等活动。

（中国邮政苏州市分公司　王　莹）

物流业

【概况】 2022年，苏州市社会物流总额6.5万亿元，占全省比重15%左右，社会物流总费用占地区生产总值比重13.1%。沿江港口货物吞吐量和集装箱吞吐量分别列全国城市第六位、第八位，内河港口吞吐量列全省设区市第一位，快递业务量列全省设区市第一位、全国城市第八位。

【苏州港口型国家物流枢纽建设】 2022年，苏州市加强苏州（太仓）港口型国家物流枢纽功能，打造全国知名、世界有影响的综合航运与物流枢纽。加快太仓港基础设施建设，集装箱码头四期工程完成竣工验收并获评江苏交通优质工程。“玖龙码头”集装箱化改造结束进入试验性生产。“海通码头”先导段开工。拓展港口航线网络，新辟集装箱班轮航线8条，国际航线覆盖RCEP协议签订国和“一带一路”共建国家和地区24个主要港口。新开海口、汕头2条沿海内贸干线，国内干线覆盖沿海21个主要港口。新增湖州、苏州工业园区2条内河支线，支线网络覆盖长江、内河50个港口。打造智慧绿色港口，武港码头获评2022年度亚太绿色港口，现代货箱、正和国际、鑫海码头获评2022年度省级四星级绿色港口。启动苏州港综合运输服务平台项目，首次建立太仓港集装箱支线业务标准流程。推进太仓港智慧水运口岸平台建设，建成投用太仓港疏港铁路信息化调度系统。

【物流平台载体建设】 2022年，苏州市打造省级优质物流载体。截至年底，有省级重点物流基地15家、省级示范物流园区12家，数量列全省设区市第一位，其中张家港玖隆钢铁物流园、苏州工业园区现代物流园为国家级示范物流园区。大型骨干物流企业有江苏新宁现代物流股份有限公司、江苏飞力达国际物流股份有限公司等5家上市物流企业。年内，新增太仓港港务集团有限公司、苏州优乐赛供应链管理有限公司等6家省级重点物流企业。累计有中国物流与采购联合会认定的AAAA级以上物流企业80家、省级重点物流企业68家，数量规模均列全省设区市第一位。

【冷链物流基础设施建设】 2022年，苏州市依托苏州南环桥农产品物流园和昆山天环冷链物流基地、吴江冷链物流基地、苏州农产品保供（常熟）副中心形成“一主三辅”冷链物流基地布局。集中建设一批面向城市消费的现代化冷库和低温加工配送中心，推动城市末端冷链配送设施建设改造，加快城市冷链前置仓、移动冷柜、生鲜投递柜等建设，扩大城市冷链网络覆盖范围。推进冷链物流业态模式创新，发展“生鲜电商+冷链宅配”“电商直播+冷链配送”等模式。

【多式联运业务】 2022年，苏州市完善多式联运通道布局，打造铁水联运、公铁联运、江河海联运等多种联运模式。铁水联运开通太仓港至衢州东站铁水联运班列；公铁联运开行成都、重庆、东莞、沈阳、长春、哈尔滨、广州等多条国内城市班列；江海河联运开行苏州工业园区港和苏高新港至上海港、太仓港航线；海铁联运班列稳定运营，有苏州西—洋山港及“苏满欧”“苏新欧”“苏新亚”等多条国际铁路货运班列线路。推进上港集团ICT（苏州）项目建设运营，全年完成17.82万标准箱吞吐量。其中，内支线水路运输完成11.29万标准箱，增长88.17%；铁路运输完成6.53万标准箱，增长5.9%。海铁联运班列完成3.27万标准箱，增长5.90%。发展铁水联运，太仓港完成铁水联运2.43万标准箱。

【供应链创新与应用】 2022年，苏州市推进全国首批供应链体系重点城市建设，围绕物流标准化和供应链平台两个方向，推广物流标准化普及应用，探索供应链平台协同发展。波司登羽绒服装有限公司获评2022年全国供应链创新与应用示范企业，江苏新合作常客隆数科商业有限公司、江苏飞力达国际物流股份有限公司、江苏安达洲沿江国际物流有限公司、江苏苏汽国际物流集团有限公司、江苏物润船联网络股份有限公司、苏州优乐赛供应链管理有限公司6家企业入选全国首批商贸物流重点联系企业。江苏亨通光电股份有限公司、苏州大洋供应链集团有限公司等7家企业获评全省首批供应链创新与应用重点培育优秀企业。

【智慧物流改革试点】 2022年，苏州市推进智慧物流降本增效综合改革试点工作。苏州自贸片区“智慧物流服务平台助力贸易便利化”入选江苏自贸试验区首批十佳制度创新案例。全市有省级智慧物流主体培育试点企业2家、物流园区智慧化改造试点单位1家、关键物流技术突破试点单位2家。在无车承运人试点取得较好成果的基础上，推动网络货运模式运营，创新物流资源配置方式。截至年底，苏州市取得网络货运经营许可的平台有18家，增加2家，发证企业总数列全省前列，其中12家注册在张家港保税区，初步形成网络货运集聚效应。

（市发展改革委　马文峰）

会展业

【概况】 2022年，苏州市会展活动长期停摆，展览活动几乎停止，展览规模严重缩水，大多数会展企业面临较大困难。全年全市举办展览102个（含线上展览2个），其中经贸类展览25个，总面积45.98万平方米，文化艺术类展览77个。

【会展市场】 2022年，苏州市会展行业在市政府相关部门的支持下，利用仅有的2个月开展期，举办具有影响力的品牌展会活动。承接无法在上海市举办的展会，引进医疗器械创新与服务展、华食展–CFIE上海国际食材展等专业展。克服新冠疫情影响，多次线上开展。除举办线上展览2个以外，第四届大运河文化旅游博览会、SME苏州国际机床展、2022苏州丝绸展、华夏家博会等展会在开展期同时举办线上活动。其中，第四届大运河文化旅游博览会期间，近10万人次观众参加6个主题展及相关活动现场，线上受众3.7亿人次。创新会展主题、丰富展会内容，提升市场吸引力。第三届江苏印刷业创新发展博览会现场设置绿色印企展区、数字技术展区、智能设备展区、融创产品展区、上下游工艺材料展区5个展区，近150家印刷厂商和上下游企业参展。

【会展业转型】 2022年，苏州市会展企业在新冠疫情冲击下努力作为，整合内部资源，促进转型升级，实现逆势发展。

苏州华诺展览展示有限公司利用新冠疫情防控期间业务量减少的空档，抓住绿色会展和节约高效等会展工程设计矛盾和问题，组织设计人员攻关，取得良好成绩，新开发的“快搭”系列产品，实现绿色搭建，减少客户时间和成本，以超市式的经营手段走在全国前列。江苏黑马国际展览有限公司在展会停摆的不利情况下，调整公司发展战略，将业务扩展到欧洲等地区，利用国内、国外两个市场，抓住国外会展市场全面恢复的机遇，逐步走出困境。依凯国际会展（苏州）有限公司是苏州唯一的中外合资会展企业，在欧洲拥有自营实体生产基地，业务覆盖以欧美国家为主的全球30余个主要经济地区，全年承接315个项目，完成32100平方米展览会设计、施工展装业务。苏州市节庆会展集团有限公司聚焦苏州产业创新集群建设举办专业展览活动，做好原定于2022年12月在常熟国际展览中心举办的中国声学产业创新发展大会暨首届中国（苏州）声学产业博览会筹备工作，开展招展招商，提供专业会务服务，不仅完成合同约定业务内容，还引入国际声学资源，促成德国德累斯顿大学与常熟理工学院国际教育合作，促成丹麦声学机构、丹麦科技创业中心与“苏州·中国声谷”合作，保障该展会于2023年举办。

开展学校、企业、协会合作，培育行业人才。市会展行业协会组织市重点会展企业与开设会展专业的高职院校苏州农业职业技术学院等对接，就产业学院构建、职业院校教学能力大赛团队组建、就业渠道和就业岗位拓展、会展专业技能培训等方面，开展对接活动。

【会展场馆】 截至2022年底，苏州市有主要展馆7家。年内，在原有苏州市会议中心、苏州市金鸡湖国际会议中心、苏州太湖国际会议中心、苏州西交利物浦国际会议中心、苏州独墅湖世尊酒店5家大型会议中心基础上，新增苏州国际会议中心、苏州狮山国际会议中心2

表45　2022年苏州市主要展览场馆一览表

序号	场馆名称	展览面积（万平方米）		2022年举办展览数（个）
		室内	室外	
1	苏州国际博览中心	7.8	2.0	15
2	花桥国际博览中心	7.0	1.0	0
3	昆山国际会展中心	5.0	1.8	3
4	常熟国际展览中心	1.8	0.7	3
5	苏州广电国际会展中心	0.8	1.0	2
6	盛泽国际会展中心	1.0	0.0	1
7	昆山科技博览中心	1.2	0.0	0

（资料来源：市会展行业协会）

家大型会议中心。苏州国际会议中心位于相城区高铁新城，占地面积16.4万平方米，建筑面积30.8万平方米，拥有面积4050平方米的大会议厅，可为5000人以上的会议服务，另有1914平方米的宴会厅2个，可容纳2000人会议。狮山国际会议中心，位于苏州高新区，建筑面积13800平方米，会议使用面积6000平方米，拥有12间会议室，包括4000平方米的无柱多功能厅。

（市会展行业协会　陆佳敏）

【大型展会】 2022年，苏州国际博览中心（苏州金鸡湖国际会议中心）举办展览15场、会议19场，总人流量34万人次。

中国苏州国际汽车交易会暨新能源及智能汽车交易会　6月30日至7月4日，在苏州国际博览中心举办。展会面积10万平方米，以“缤纷车市，潮玩盛宴”为主题，汇聚100余个参展品牌的1000余辆新车参展，接待观众16.8万人次，销售汽车14581辆，成交额17.5亿元。

2022年（第十四届）苏州国际精英创业周园区分会场暨第二届金鸡湖科学家论坛　7月11日，在苏州金鸡湖国际会议中心举办。大会涵盖迎才、论剑、融合、纳新、赋能5个板块20项细分活动，发布《苏州工业园区人才赋能产业创新集群的若干举措》，启用“iDream”园梦人才平台、“iHome”人才安居平台，表彰认定领军人才总部企业和人才上市企业，举办第二届金鸡湖科学家论坛。

SME苏州机床展　7月28—31日，在苏州国际博览中心举办。展会面积4万平方米，700余家国内外制造企业参展，54308人次专业观众到场参观。其间，聚焦高端数控机床发展、工业大数据及产业链协同等话题，举办各类交流研讨会议。

中国国际医疗器械创新展览会　8月10—12日，在苏州国际博览中心举办。展会设置体外诊断、即时检验、人工智能和可穿戴设备、家用医疗器械设备等多个细分展示专区，医疗器械领域上下游品牌的120余家企业参展。其间，举办摆渡人医疗论坛、FTR4H数字医疗论坛。

第十八届苏州国际茶业博览会　8月12—15日，在苏州国际博览中心举办。300余家茶企厂商参展，展出原产地茗茶、茶器具、茶美学应用等展品10万余种。

第三届江苏印刷业创新发展博览会　8月14—16日，在苏州国际博览中心举办。展会设置“绿色印企”展区、数字技术展区、智能设备展区、融创产品展区、上下游工艺材料展区5个展区，展位600余个，约150家印刷厂商和上下游企业参展。其间，举办“出版物印制质量保障体系建设”沙龙、印刷业融合创新分享会、2022中国（江苏）创新智能印刷与高质量发展研讨会、2022蓝鲸·标签智能包装华东高峰论坛等活动。

第七届易贸生物产业大会暨易贸生物产业展览　8月26—27日，在苏州国际博览中心举办。大会聚焦分子诊断、抗体药物、细胞与基因治疗、mRNA等，25家联合主办方、412名特邀嘉宾参会，举办专题论坛53场、报告300余场。展会面积3万平方米，300余家厂商参展。

2022华食展（苏州）　9月5—7日，在苏州国际博览中心举办。展会总面积4万平方米，设置涵盖餐饮食材全产业链的预制菜、水产、肉禽、调味品、火锅食材、冷冻食品、米面粮油、食品机械8个展区，500余家企业参展。其间，举办2022中国预制菜产业大会、第二届中国预制菜烹饪锦标赛、华东素食供应链大会等活动。

第五届中国金融科技产业峰会暨第四届中新（苏州）金融科技应用博览会　11月17—19日，在苏州国际博览中心举办。开幕式上，一批金融科技领域的重点项目揭牌签约，多项创新成果发布。峰会期间，设有1.2万平方米数字金融展，100余家金融及金融科技代表性企业参展。博览会围绕数字金融应用展示、综合金融服务、金融科技、文化金融等主题，设有数字人民币试点工作成果展示区、金融人才招才专区、2.0城市广场数币消费区等特色专区。

（国际博览中心　林　芳）

2022年11月17—19日，第五届中国金融科技产业峰会暨第四届中新（苏州）金融科技应用博览会在苏州国际博览中心举办　（国际博览中心　供图）

商务服务业

【律师服务】 截至2022年底，苏州市律师行业有律师事务所412家，增加15家，其中100人规模律师事务所5家、50人以上规模律师事务所13家、30~50人规模律师事务所30家。全市律师人数7497人，增长13.13%。其中，专职、兼职律师6593人，增长12.16%；公职律师658人，增长14.24%；公司律师232人，增长46.84%；法律援助律师14人。全年律师代理刑事案件9771件、民商事案件131935件、行政案件2733件、非诉讼业务14390件、仲裁业务8356件。全年业务创收30.26亿元。深化"产业链+法律服务"，培育"产业链+法律服务联盟"示范点，成立同程集团律师工作站，"大数据+产业链+法律服务联盟"入选省级示范点，车联网"产业链+法律服务联盟"入选市级示范点。重点对接优势产业链33个，对接联系产业链重点企业129家。深化"万所联万会"机制，联合市工商联集中开展"小微企业法律服务月"活动，指导121家已建立对接机制的律所为191家商会开展线上法律服务，开展线上法治讲座372场，线上线下走访企业697家。深化涉外法律服务，与市外事办、市市场监管局、市贸促会等合作共建苏州市涉外法律服务中心，启动苏州市律师协会驻越南海外法服中心建设。年内，成立苏州市律师行业团工委，开展"警示教育月"活动。推进律师参与公益服务，与市检察院共同成立"苏州市未成年人保护公益律师团"。加强破产管理人建设，成立苏州企业重组投资人库，与市中级法院建立破产管理人实训基地、企业庭外债务重组指引中心。加强人才培养，市司法局与市中级法院、市律师协会联合发布《关于加强职业共同体建设构建"亲清"法官律师关系的实施意见》，与市检察院签订《关于加强新时代检律关系协作备忘录》，推动法律职业共同体建设。全市律师行业获评全国司法行政系统先进集体1家。加强律师队伍建设，启动"菁英领航计划"，举办第一期苏州律师涉外人才专项培训班。举办第二批律师公益法律服务品牌选树工作宣讲会，"益路阳光""仁者爱人""律音触爱""星享会""律管家"5个公益法律服务品牌入选全省第二批律师公益法律服务品牌。组织"6·5"环境日苏州律师美丽乡村法治行活动，成立全省首家律师环境公益服务实践基地。

【公证服务】 截至2022年底，苏州市公证行业有公证机构10家，公证从业人员249人，公证机构和从业人员数量均列全省设区市第二位。全市有执业公证员105人。其中，本科以上公证员77人，占比73%（硕士研究生以上26人，占比25%）；中级职称以上公证员44人，占比42%；高级公证员16人，占比15%。全市公证行业全年办理各类公证事项123153件。2件案例入选江苏省十大公证案件。其中，境内公证93664件，占比76%；涉外公证23590件，占比19%；涉中国港澳台公证5900件，占比4.8%。推广"公证顾问""代查代办"等服务模式，开展上门服务、预约服务、延时服务，全市通过代查代办方式办理公证6.3万件次。推广"公证+不动产登记"一站式办理，全市实现"一站式"服务全覆盖。升级苏州公证大数据平台应用，实现与苏州市人口信息平台、电子证照库、不动产登记、征信数据等跨部门互联共享。深化"区块链+公证"法治应用，推出江苏省首个市域综合性公证法律服务平台"苏州公证"，入驻"苏周到"平台、"苏商通"平台两大城市服务总入口。市司法局联合市中级法院印发《关于加强区块链赋强公证债权文书执行助力防控金融风险的实施意见》《关于执行款公证提存的实施办法（试行）》，打通公证赋强债权文书执行通道，推出执行款公证提存业务。苏州自贸片区"关证一链通"项目成果获评中国（江苏）自由贸易试验区第三批创新实践案例及2021年度中国十大典型公证案例。"区块链+公证"行政执法全过程记录应用太仓试点项目获评全国"2022年度城市数字化转型优秀案例"。《"区块链+公证"的法治应用》获评"2022政法智能化建设智慧司法创新案例"。苏州公证处入选全国首批海外远程视频公证机构试点单位。

【司法鉴定服务】 截至2022年底，苏州市司法鉴定行业有司法鉴定机构14家，鉴定人员178人。新增电子数据鉴定业务，首次设立苏州声像资料类鉴定机构，实现法医、物证、声像资料、环境损害四大类司法鉴定类别全覆盖。健全交通事故鉴定、车辆鉴定委托机制，完善委托、勘验、鉴定以及出具鉴定文书等事宜。协调市中级法院，在全市法院系统配备司法鉴定人专用座位。开展司法鉴定行业规范化建设，标准配备办公场所、统一标识标牌、规范公开公示内容，开展规范化建设自评和现场指导。规范鉴定文书卷宗制作，依法依规处理司法鉴定投诉事项。全年受理各类案件委托44846件，其中法医病理850件、法医临床8294件、法医精神病1061件、法医物证1460件、法医毒物鉴定14152件、医疗损害105件、文书鉴定240件、痕迹鉴定7715件、微量鉴定186件、环境损害鉴定65件、电子数据鉴定10件，受理案件委托量连续10年列全省设区市第一位。

（市司法局 沙叶丹）

【人力资源服务】 2022年，苏州市出台《关于推进新时代人力资源服务业高质量发展的若干政策措施》《苏州市人力资源服务业高质量发展三年行动计划（2023—2025年）》《关于支持国有人力资源服务机构高质量发展的意见》等，推动行业发展。支持苏州工业园区人力资源服务产业园、长三角（汾湖）人力资源服务产业园建设省级产业园。全市累计建成国家级人力资源产业园1家、省级产业园5家、市级产业园7家。中国苏州人力资源服务产业园被人力资源社会保障部、商务部联合认定为全国首批、全省唯一的人力资源服务领域特色服务出口基地。举办中国苏州人力资源数字化创业大赛，提升人力资源服务数字化、智能化、专业化水平。组织"苏州市人力资源服务业骨干企业""2021年度苏州市诚信人力资源服务机构"评选，新增2家江苏省人力资源服务骨干企业。全市累计入选江苏省骨干企业35家，约占全省三分之一。全市集聚人力资源服务机构超过6100家，年产业规模1297亿元，行业发展规模和质量居全省、全国前列，人力资源服务业在人力资源配置中的贡献率85%左右。

（市人力资源社会保障局 陈雅黛）

【会计服务】 2022年，苏州市有会计师事务所135家，注册会计平台、注册会计师1328人，实现业务总收入17.51亿元。苏州市创新财会监督工作方法，建立财会监督工作联席会议制度，围绕中心工作对政府债务、金融国企、土地储备、养老保险等开展专项监督检查。推动会计评估等专业服务行业发展，出台《关于促进苏州注册会计师行业高质量发展的若干措施》《苏州市会计审计评估行业高质量发展三年行动计划（2023—2025年）》。完成会计职称考试任务，全年苏州考区43930人次参加考试。做好会计人才培养，推动高级、正高级会计师的评审申报和部省级各类会计领军人才选拔培养申报，2022年有

2人通过正高级会计职称评审，139人通过高级会计职称评审。

（市财政局　朱　立）

【资产评估】 截至2022年底，苏州市有资产评估公司75家，资产评估师407人。全年全市资产评估业务收入1.16亿元。年内，中联资产评估苏州分公司、中通诚资产评估苏州分公司、中企资产评估分公司、广东信德资产评估分公司入围全国综合评价综合得分100强。

（市财政局　朱云鹤）

【税务代理】 2022年，苏州市税务师行业是具有涉税服务和护税协税双重职能的涉税中介机构。截至年底，苏州市有税务师事务所136家（含分所29家），从业人员1314人，执业税务师503人。有等级事务所16家，其中AAAAA级（授牌分支）所6家、AAA级7家、AA级1家、A级2家。全年苏州市税务师行业营业收入4.87亿元，增长2.38%，机构数量人民总数、税务师人数及经营收入均列全省设区市第二位。年内，全市注册税务师行业构建“四方融合”工作机制，搭建起税务机关、纳税人缴费人、税务师事务所、行业协会四方交流沟通平台，推进税务师行业健康发展，优化税收营商环境。发挥税务师行业涉税专业服务主力军作用，助力地方税收治理体系和治理能力现代化。

（市税务局　蒋政渊）

【工业设计】 2022年，苏州市统筹推进工业设计发展，组织企业争创工业设计中心，提升工业设计能力。培育创建江苏省重点领域工业设计研究院，加强基础研究和公共服务。发动企业和设计师参加工业设计大赛，推动设计成果转化。新增张家港中集圣达因低温装备有限公司、东纺城工业设计园等省级工业设计中心（示范园区）22家，认定市级工业设计中心108家；新增江苏新视界先进功能纤维创新中心有限公司、苏州奥杰汽车技术股份有限公司2家省级工业设计研究院培育单位。波司登羽绒服装有限公司“羽绒服装智能设计技术与应用研究”和好孩子儿童用品有限公司“儿童用品领域工业设计与前沿技术融合创新研究”2个课题通过工业和信息化部审核。科沃斯机器人有限公司的产品“地宝X1家族地面清洁机器人”获得中国优秀工业设计奖银奖。

（市工业和信息化局　顾　健）

【科技服务业】 2022年，苏州市发布《苏州市打造科技服务业发展先导城市三年行动计划》，在全国率先提出打造“科技服务业发展先导城市”。全年全市科技服务业实现收入2180.39亿元。实施《长三角区域创新共同体建设——上海·苏州科技资源开放共享与协同发展提升计划（2022—2024年）》，全年全市389家企业需求由上海市机构提供服务，共产生服务费用1.8亿元。全年全市技术合同成交额868.78亿元，列全省设区市第一位，增长38.9%。截至年底，全市有省级以上科技企业孵化器158家，有省级以上众创空间388家，均列全省设区市第一位。科技贷款产品“科贷通”累计为12396家科技型企业提供贷款676.21亿元，增长21.55%。

（市科技局　陈新芮）

【检验检测服务】 2022年，苏州市检验检测行业聚焦产业创新集群建设，围绕电子信息、装备制造、生物医药、先进材料等主导产业，加快项目能力建设，拓宽服务深度，呈现快速发展的良好势态，发展规模居全省前列。截至年底，全市有取得省级CMA资质（检验检测机构资质）的检验检测机构688家，增长7.84%。检验检测从业人员29047人，增长7.38%。检验检测服务覆盖食品、建筑工程、建材、农林牧渔、环境与环保、卫生计生、电子、机械、轻工、纺织、化工、医药等领域。全年检验检测服务业总收入107.52亿元，增长8.11%。出具检验检测报告680.78万份，增长3.77%。

（市市场监管局　颛孙冠群）

【拍卖业】 截至2022年底，苏州市有拍卖企业129家，其中法人单位126家、分支机构3家。年度拍卖经营资格核查合格的拍卖企业有99家，登记注册拍卖师140人，全年完成拍卖1671场次，拍卖成交额合计692264.33万元。

（市商务局　金烨武）

【广告业】 2022年，苏州市增强广告导向监管，加大食品、医疗、房地产等民生类广告监测力度，全年监测各类广告89万条次，查处违法广告行为，办结案件996件。出台《苏州市广告产业园区（集聚区）认定与管理办法》，认定张家港市柒壹工坊广告产业园、姑苏区M+金狮校园里广告产业园、苏州工业园区星明广告产业园为首批市级广告产业园区。开展苏州市广告业发展奖补项目申报、评审，39个项目获得奖补。举办2022年苏州市“金桂奖”公益广告作品大赛，征集各类公益广告作品1045件，59件作品分别获得金、银、铜奖和优秀奖。苏州大学、苏州工艺美术职业技术学院入选江苏省广告人才培养实践基地试点单位。

（市市场监管局　颛孙冠群）

居民生活服务业

【住宿业】 2022年，苏州市限额以上住宿业实现营业额54.38亿元。截至年底，全市限额以上住宿业拥有床位6.96万位。年内，加强住宿安全宣传，发放安全生产宣传海报，提高住宿业商户的安全生产主体责任意识。加强限塑、禁塑宣传引导，提升住宿业绿色环保发展水平。

【餐饮业】 2022年，苏州市限额以上餐饮业实现营业额161.42亿元。截至年底，全市限额以上餐饮业拥有餐位45.28万位。年内，打造“寻味苏州”餐饮促消费品牌，通过数字人民币红包、优惠让利、菜品发布等营造促销氛围，刺激餐饮消费。30余家餐饮企业现场设摊组成“寻味市集”，各县级市（区）推出30余场餐饮促销活动，近4000家餐饮门店提供优惠让利，5家金融机构发出促销数字人民币红包近400万元。苏州市评出第二届“苏州餐饮时代工匠”12人。

（市商务局　金烨武）

表46　2022年苏州市限额以上住宿和餐饮业经营情况统计表

指标	营业总额（万元）	客房收入	餐费收入	商品销售收入	其他收入	年末拥有床位数（位）	年末拥有餐位数（位）
总计	2157959	342383	1738198	28765	48613	82546	574182
一、住宿业	543780	291174	210848	7201	34557	69579	121428

续表46

指标	营业总额（万元）					年末拥有床位数（位）	年末拥有餐位数（位）
		客房收入	餐费收入	商品销售收入	其他收入		
国有及国有控股	216097	92346	98295	3484	21973	20150	51927
1.按地区分							
市区	384375	206732	145714	4863	27066	45185	77186
吴江区	64217	25543	35264	667	2743	6566	15519
张家港市	47539	16013	29099	965	1463	4434	17946
常熟市	40051	21666	16234	1225	926	6891	11375
太仓市	19443	10778	6110	55	2500	4852	4472
昆山市	52371	35984	13691	93	2603	8217	10449
2.按登记注册类型分							
国有企业	45997	19042	18065	805	8085	3952	8682
集体企业	2582	1159	1247	176		293	660
股份合作企业	—	—	—	—	—	—	—
联营企业	—	—	—	—	—	—	—
有限责任公司	224234	96905	107038	3124	17167	21858	59097
股份有限公司	6129	2625	3317	75	111	716	1105
私营企业	224895	147510	67464	1908	8014	36594	40211
其他企业	—	—	—	—	—	—	—
中国港澳台商投资企业	22256	13222	8044	319	671	3147	9252
外商投资企业	17688	10711	5673	793	510	3019	2421
3.按主要行业分							
旅游饭店	426849	195494	192717	6372	32266	44046	108278
一般旅馆	111922	91448	17464	825	2185	24792	12878
其他住宿服务	5009	4232	666	4	106	741	272
4.按星级分							
五星	140458	62859	66137	2778	8684	11603	29807
四星	84409	31903	42775	1578	8152	7514	24192
三星	14880	6886	5944	316	1733	2746	5425
二星	3107	2894	198	11	5	832	156
一星	506	74	432	—	—	309	280
其他	300419	186557	95361	2518	15983	46575	61568
二、餐饮业	1614179	51209	1527350	21564	14056	12967	452754
国有及国有控股	60825	13612	38142	1876	7195	3233	17963
1.按地区分							
市区	1277987	22084	1229694	15135	11075	5819	351295
吴江区	81671	3905	75957	1659	150	1213	37694
张家港市	64061	8947	50281	3561	1272	2452	22719
常熟市	41406	134	40548	585	138	122	12513
太仓市	21694	2658	18257	222	558	873	8734
昆山市	209032	17386	188571	2061	1014	3701	57493
2.按登记注册类型分							
国有企业	7735	2891	4304	173	367	904	2870
集体企业	—	—	—	—	—	—	—

续表46

指标	营业总额（万元）	客房收入	餐费收入	商品销售收入	其他收入	年末拥有床位数（位）	年末拥有餐位数（位）
股份合作企业	7850	—	7850	—	—	—	10000
联营企业	41	—	41	—	—	—	—
有限责任公司	115523	16069	86106	3693	9655	4035	39266
股份有限公司	9596	199	9397	—	—	45	3685
私营企业	1099428	28686	1051592	15636	3514	7107	345402
其他企业	—	—	—	—	—	—	—
中国港澳台商投资企业	17688	3365	12421	1382	520	876	6027
外商投资企业	356319		355640	680			45504
3.按主要行业分							
正餐服务	744806	51209	668936	11825	12836	12967	232984
快餐服务	404853	—	403199	1654		—	66753
饮料及冷饮服务	93736	—	88397	4403	937	—	9998
餐饮配送及外卖送餐服务	316612	—	312791	3538	283	—	126437
其他餐饮业	54173	—	54028	145	—	—	16582
4.按经营方式分							
独立经营	949776	49044	875050	13846	11836	12576	358608
连锁经营总店	375079	—	372790	1215	1073	—	46101
连锁经营门店	289325	2165	279511	6502	1147	391	48045
其他	—	—	—	—	—	—	—

（资料来源：市统计局）

【家庭服务业】 2022年，苏州市家庭服务业营业额100亿元。截至年底，苏州市家庭服务行业协会有会员单位100家，从业人员8万余人，涵盖家政服务、居家养老、日间照料、月子护理等门类。苏州市家庭服务业法人单位从业人员1.7万人，其中女性从业人员1.65万人，占95.8%；家政从业人员中实行员工制的人数有2740人，占15.9%，家政服务员中农村转移劳动力人员有2383人，占13.8%。年内，成立家政企业59家。新增颁发家政服务员、养老护理员、育婴员、保育师等家政服务类职业技能等级证书15214张。有12家可面向社会开展家政服务员、养老护理员、育婴员、保育师等家政服务类职业技能等级认定的第三方评价机构。将养老护理员、家政服务员、育婴员、保育师等职业（工种）纳入就业技能培训专业（工种）补贴标准目录，拓展家政类专业（工种）政府补贴性培训网络。全年全市超过70家定点培训机构开设城乡劳动者职业技能培训相关课程，培训合格5971人次。开展巾帼家政服务社区示范工作站建设，建设省级巾帼家政服务社区示范工作站8个，数量列全省设区市第一位，建设市级巾帼家政服务社区示范工作站11个。开展2020—2021年度苏州家政行业创先评优活动，评选出20家企业，分别授予“行业贡献奖”“服务满意奖”。举办巾帼家政职业经理人培训班2期，结业学员100人。市家庭服务行业协会组织会员单位参与新冠疫情防控，共计捐款12.5万元，志愿服务计1936人次，服务时长20696小时。市妇联、市人力资源社会保障局、市商务局、市总工会和市家庭服务行业协会开展寻找2021—2022年度苏州市“最美家政人”活动，认定市级“最美家政人”30人。

（市人力资源社会保障局　王　媛
市家庭服务行业协会　沈咏芳
市妇联　安　川）

【养老服务业】 2022年，苏州市有养老机构170家，建成养老机构床位4.96万张；有护理院76家，建成护理型床位2.40万张。全市87.6%的养老机构床位由社会力量举办或运营。其中，60家为公建民营，占比34.1%；86家为民建民营，占比51.2%，基本形成以市社会福利总院为示范、县级市（区）老年福利机构和镇（街道）区域性养老服务中心等为骨干、民办养老机构为补充，全护理、半护理、生活能自理的养老方式并存，初级、中档、高档养老机构健全的发展格局。全市95.7%的社区日间照料中心、95.8%的助餐点、100%的中央厨房、100%的虚拟养老院都是由社会力量举办或运营。虚拟养老院的居家上门服务覆盖所有社区（村），社区日间照料服务设施覆盖所有社区（村），基本形成“十五分钟养老服务圈”，能为有需求的老年人提供生活照料、助餐助行、康复护理、文体娱乐、精神关怀等社区居家养老基本公共服务。

（市民政局　陶绪琳）

【托育服务业】 2022年，苏州市促进婴幼儿照护服务发展全市有托育机构数733家，年内新增普惠性托育机构77家，确认江苏省普惠托育机构12家、江苏省示范性托育机构3家、江苏省社区托育示范点2家、苏州市示范性托育机构10家。苏州市受邀在全国优化生育政策推进会、国家卫生健康委2022年首场新闻发布会以及全国政协托育服务工作专题调研等会上作经验交流。

（市卫生健康委　丁潇潇）

编辑：胡　颖

金融业

综　述

【金融运行】 2022年，苏州市金融运行保持稳健，服务质效得到提高，资本市场量质齐升，创新试点有序推进，金融生态持续优化。全市金融业实现增加值2218亿元，增长9.2%，占地区生产总值比重9.3%。截至年底，全市有各类金融机构1044家，其中银行业金融机构（含代表处）71家、保险业金融机构（含保险中介法人）110家、证券期货业金融机构114家、在中国证券投资基金协会登记的私募基金管理人461家、地方金融组织288家。坚持服务实体经济宗旨，落实稳增长、保发展系列政策，加大信贷投放力度。年末制造业本外币贷款余额8448.02亿元，增加1823.35亿元，增长27.35%；制造业贷款余额占全部贷款金额的18.99%，提高2.01个百分点。支持房地产领域稳定发展。年末房地产人民币贷款余额13645.62亿元，个人住房人民币贷款余额10832.63亿元，增加315.17亿元，房地产开发贷款余额2643.56亿元，增加15.95亿元。信用风险平稳可控。年末银行业不良率0.44%，下降0.02个百分点，不良率低于全省不良平均水平0.26个百分点。企业融资成本降低。全市金融机构1年期贷款加权平均利率4.03%，下降48个BP（基点），其中一年期小型企业贷款加权平均利率为3.89%，下降38个BP。非法集资活动持续收敛。全年全市新发非法集资案件下降20%，涉案金额下降62.4%，参与人数下降46.2%，连续4年实现“三下降”。

（人民银行苏州中支　李晓娟）

表47　2022年苏州市主要金融机构统计表

行业	机构（家）	2022年新增（家）
一、银行业（总计）	70	1
（一）国有银行	8	0
（二）股份制银行、城市商业银行	19	0
（三）农商行	9	0
（四）村镇银行	6	0
（五）外资及中国港澳台资银行	20	1
（六）非银行金融机构	8	0
二、保险业（总计）	88	-1
（一）财产险公司	35	-1
外资及中国港澳台资公司	8	-1
（二）寿险公司	53	0
外资及中国港澳台资公司	18	0
三、证券公司及营业部	235	0
四、期货公司及营业部	49	0
五、在市发展改革委备案的创投企业	162	3
六、小额贷款公司（含科技小额贷款公司）	93（18）	-1
七、典当行	52	-2
八、担保公司（含再担保公司）	24（3）	-4
九、融资租赁公司	79	-19
内资公司	5	0
十、商业保理公司	37	-3
内资公司	34	1

（资料来源：市地方金融监管局）

【金融创新】 2022年，苏州市推进数字人民币试点、全国首个小微企业数字征信实验区建设、金融科技创新监管3项数字金融创新试点。数字人民币试点方面，各核心指标保持全国领先，试点后累计交易7651.95万笔，交易金额9123.66亿元；在全国首创发放数字人民币贷款，放款金额148.8亿元；全国首批开展货币桥跨境测试。小微企业数字征信实验区建设方面，归集征信数据7.18亿条，获得企业授权76.48万家；长三角征信链平台上链企业52.2万家，为2532户企业放贷210.6亿元。金融科技创新监管方面，有14个项目入盒测试，带动金融机构和金融科技企业研发项目超过150个，推动金融科技产业聚集发展。深化昆山市区域金融改革，实现苏州市首单贴标权益型出资票据、昆山市首单永续票据等业务零的突破；台资企业双向借款业务规模居全国前列，节约企业成本超过5亿元。推动绿色金融创新取得阶段性成效，“苏州市绿色低碳金融实验室”“苏州市绿色金融产品培育基地”揭牌运作，在全省率先完成全类型法人金融机构环境信息披露。

【金融服务】 2022年，苏州市小微企业简易开户率100%，实现银行对公网点全覆盖。拓展移动支付场景建设，移动支付交易笔数、金额等多项指标列全省设区市第一位。推进支付降费让利，全年银行机构降费让利3.99亿元，惠及小微企业和个体工商户92.5万户。加快办理增值税留抵退税，全年办理留抵退税509.64亿元，惠及企业7.7万家。保障金融消费权益，受理投诉2301笔，做优“苏州金融启蒙学院”，惠及超过500所学校的15万名学生及其家庭。助力乡村振兴发展，提档升级农村普惠金融服务点587个，为521个服务点接入数字人民币流通服务。推进"国债下乡"，解决农民购债难问题。

【数字人民币试点】 2022年，苏州市推进数字人民币试点。全年数字人民币交易金额超过3400亿元，试点场景超过93万个，实现全国首创场景50个，各项核心指标领跑全国。开展一系列数字人民币消费红包活动，截至年末，有数字人民币商户超过48万户。水费、电费、燃气费、通信费、有线电视等民生服务领域应用呈现"小额高频"态势。公交、轨道交通、加油站等交通出行领域应用更加便民利民。截至年末，全市1.2万家规模以上企业对公钱包开通率100%，企业开立对公钱包超过172万个。实现在工资代发、税费缴纳、公积金贷款、农村集体三资监管等政府领域的应用。落地江苏省首笔数字人民币国库集中支付业务，获得省财政厅支持在全市范围内通过预算管理一体化系统开展数字人民币支付试点。获得人民银行批准在全国率先开展数字人民币发放小微企业贷款试点，截至年末，发放各类数字人民币贷款超过187亿元。实现数字人民币在保险理赔、股权投资、私募基金出资、融资租赁、小额贷款、保理、转贷等金融领域的应用。

（人民银行苏州中支　李晓娟）

昆山市金融支持深化两岸产业合作改革创新试验区

【概况】 昆山市金融支持深化两岸产业合作改革创新试验区（简称"昆山金改区"）于2020年8月经中国人民银行、国家发展改革委、财政部等7部委批复同意设立，是全国首家具有两岸特色的金融改革试验区。2022年3月，省政府办公厅印发《昆山市建设金融支持深化两岸产业合作改革创新试验区实施方案》，提出6项工作任务以及23条具体措施，推动昆山金改区加快建设与区域开放型经济相适应、两岸合作特色鲜明、功能较为齐备的现代金融体系，提升金融支持两岸产业合作能力，完善金融服务、提高开放水平。年内，昆山市金融支持深化两岸产业合作改革创新试验区省级联席会议机制建立，昆山金改区省级联席会议机制会议召开，从省级层面赋予昆山金改区5条重点支持事项。昆山市研究编制《昆山金改区规划》《金融支持两岸产业融合昆山指数》，举办"金融'汇'更好"活动。

【金融创新】 2022年，昆山金改区推动试点扩面增量提质，五项资本项目外汇业务创新试点全面落地。发放昆山首笔"苏碳融"贷款，落地苏州首单光伏电站"项目融资—发电收入补偿指数保险"业务、首笔"绿色创新组合贷款"，推动昆山农村商业银行发行规模10亿元的绿色金融债券。获批全国县级市首单知识产权证券化产品，专注于专精特新企业专利等知识产权无形资产，发行首单公募创新创业公司债券。

【金融服务】 2022年1月18日，昆山金改区建设发展恳谈会召开，探索两岸金融创新合作新路径，提升金融服务产业合作能力。会上，围绕"跨境人民币业务和外汇管理业务创新""深化两岸金融创新、集聚基金产业、做强国有平台""加大信贷支持、探索发起设立金融机构""推动企业上市发债、开辟台资上市绿色通道""引进培育金融机构、创新产品和服务""发展普惠金融和地方法人金融机构支持实体经济发展"等主题开展交流。年内，昆山金改区拓展台资集团双向借款业务，288家企业办理双向借放款备案，合计所有者权益1523亿元，202家企业累计办理台资企业集团跨境借款收入273.5亿元，放款支出25.27亿元，试点业务平均借款利率3.3%，为参与试点的台资集团成员节约融资成本超过5亿元。试点业务规模居全国试点地区前列。四大行（中国工商银行、中国农业银行、中国银行、中国建设银行）昆山分行办理跨境同业融资430.63亿元。59家企业进入优质可信企业名单，辖内银行为优质可信企业办理跨境人民币收支1559亿元。全年办理跨境人民币收支965亿元，增长65%。深化跨境金融服务平台应用，截至年底，昆山金改区通过跨境平台办理出口应收账款融资和出口信保保单融资2129笔，服务企业150家，放款金额49.29亿美元。

2022年7月1日，昆山市金融支持深化两岸产业合作改革创新试验区省级联席会议机制会议召开

（市地方金融监管局　供图）

【金融支持台企发展】 2022年，昆山金改区放大人民银行赋予昆山的全国独有政策——台资企业集团内部人民币跨境双向借款试点政策效应，截至11月底，有202家企业累计办理集团双向借放款294亿元，平均借款利率3.3%，为企业节约融资成本超过5亿元。创新两岸货币避险工具，落地首笔人民币对新台币无本金交割远期（NDF）汇率避险业务，降低台资企业汇率风险和财务成本。落地全省首笔两岸银行间跨境人民币融资业务，探索跨境金融合作路径。设立总规模50亿元的台商发展基金，专项支持台企转型和台青创业。推出"昆台融"综合风险池产品，将台湾居民个体工商户纳入支持对象，支持更多台胞投资创业，累计为211家企业放贷16.8亿元。制定推动在昆台企上市计划，推动台企登陆资本市场。截至年底，台资上市挂牌企业累计26家，其中境内上市7家、境外上市（柜）12家、"新三板"挂牌7家，台资上市挂牌数量列全国县级市第一位。

【两岸金融交流】 2022年，昆山金改区探索优化台企数字人民币金融服务，开立台胞一类数字人民币钱包。推进人民币对新台币无本金远期交割NDF汇率避险业务，将人民币对新台币的一系列产品推广并应用于多场景的交易中。四大行昆山分行办理两岸跨境人民币同业融资129.36亿元。

（昆山市政府办公室　贾忠伟　谢玉婷）

银行业

【概况】 截至2022年底，苏州市银行业资产总额5.78万亿元，增长14.86%；各项存款余额4.59万亿元，增长14.76%；各项贷款余额4.71万亿元，增长15.09%；不良率0.44%，下降0.02个百分点。全市有银行业金融机构70家（不含代表处），其中开发性金融机构1家、政策性银行1家、大型商业银行6家、股份制商业银行12家、城市商业银行7家、农村中小银行机构15家、外资及中国港澳台资银行21家、非银行金融机构7家。全市有法人银行业金融机构19家，其中A股上市银行4家。全市银行业金融机构有营业网点2136个，从业人员5.3万人。

【实体经济服务】 2022年，苏州市出台《金融支持市场主体纾困解难着力稳定经济增长政策措施的实施细则》，推出18条金融助企纾困举措。举办“暖心帮企云讲座”，开展政策落实专项评估，督促机构靠前服务，能延则延、能减则减、能快则快、能保则保。辖内银行为5.08万家中小微企业贷款延期本息1297亿元。优化监管评价体系，开展“普惠金融进基层”活动，引导银行加强重点领域信贷投放。年末制造业贷款余额1.04万亿元，规模列全国城市第四位，增长30.3%；普惠小微贷款余额5644亿元，余额列全省设区市第一位，增长29.02%。开展“科技金融深化年”活动，走访科技型中小企业1.8万家，建立科技金融和知识产权金融创新实验室。

（苏州银保监分局　陈伊旻）

【国家开发银行苏州市分行】 2022年，国家开发银行苏州市分行（简称“国开行苏州分行”）应对新冠疫情影响，服务苏州高质量发展。年末各项贷款余额2115亿元，连续突破2000亿元、2100亿元大关，比年初增加165亿元。整体资产质量保持优良。

重大决策落实　落实中央关于稳经济大盘部署，全年发放本外币贷款773亿元，创历史新高。发挥政策性开发性金融工具作用，推进基础设施基金投放和信贷支持，实现8个项目投放基金16.6亿元，实现配套融资授信635亿元。建立存量资产盘活项目联合推动机制，支持常熟市、太仓市、张家港市新增2200套保障性租赁住房，盘活存量房资金41.5亿元。

重点项目保障　聚焦苏州古城保护部署，创新模式支持古城保护更新，牵头7家银行提供208亿元贷款支持。稳固传统优势领域，结合苏州成本规制模式特点，以最优期限条件支持苏州轨道交通第三期规划调整线路和11号线建设，合计授信163亿元，缓解地方财政压力。实施绿色低碳专项行动，提供昆山锦淀周一体化生态提升项目暨江苏省首个超百亿元和苏州首个EOD（生态环境导向的开发）模式项目承诺95亿元。与中国人民银行苏州市中心支行建设首个绿色低碳金融实验室，推动长三角地区首单CCUS（碳捕集利用与封存）项目落地。全年新增绿色产业贷款83亿元、新增清洁能源贷款7亿元。提供长三角一体化示范区首个重大项目苏州南站科创新城综合开发项目承诺99亿元，推进区域互联互通。

表48　2022年苏州市银行业金融机构经营指标统计表

机构	资产		负债		所有者权益		不良贷款							
							合计		次级		可疑		损失	
	余额（亿元）	比年初增长（±）	余额（亿元）	比年初增长（±）	余额（亿元）	比年初增长率（±）	余额（亿元）	比例	余额（亿元）	比例	余额（亿元）	比例	余额（亿元）	比例
大型商业银行	25937.06	17.42%	25593.12	17.54%	343.94	9.10%	78.15	0.33	38.25	0.16%	25.62	0.11%	14.28	0.06%
股份制商业银行	10326.13	9.72%	10188.65	9.87%	137.48	−0.28%	40.99	0.41	15.82	0.16%	19.11	0.19%	6.06	0.06%
城市商业银行	9294.33	16.62%	8854.25	16.67%	440.07	15.70%	47.95	0.84	16.43	0.29%	17.67	0.31%	13.86	0.24%
农村中小金融机构合计	7958.50	14.67%	7257.35	15.04%	701.15	10.91%	33.09	0.80	23.50	0.57%	7.48	0.18%	2.10	0.05%
主要银行业金融机构合计	47905.33	15.17%	46966.75	15.24%	938.58	11.83%	168.00	0.40	70.79	0.17%	62.87	0.15%	34.33	0.08%
金融机构合计	57843.03	14.86%	55867.83	14.99%	1975.20	11.32%	207.83	0.44	97.49	0.21%	73.45	0.16%	36.89	0.08%

注：1.表中“主要银行业金融机构”包括国家开发银行、中国农业发展银行，大型商业银行（中国工商银行、中国农业银行、中国银行、中国建设银行、交通银行、中国邮政储蓄银行），股份制商业银行（中信银行、中国光大银行、华夏银行、招商银行、上海浦东发展银行、中国民生银行、兴业银行、广发银行、恒丰银行、浙商银行、平安银行、渤海银行），城市商业银行（苏州银行、江苏银行、上海银行、南京银行、宁波银行、泰隆银行、江西银行）。

2.表中“金融机构合计”包括“主要银行业金融机构”及农村商业银行、村镇银行、外资及中国港澳台资银行、财务公司、信托公司、金融租赁公司、消费金融公司。

3.本表中数据均为有关机构本外币口径数据，不良贷款指五级分类后三类的贷款。

（资料来源：苏州银保监分局）

实体经济服务　统筹搭建银政合作机制，参与编写《苏州市促进专精特新中小企业高质量发展的实施意见》，优化支持制造业发展工作机制，加强内外宣传，打响国开行苏州分行服务制造业品牌。全年新增制造业客户13家，制造业贷款余额263.9亿元，增长37%，支持国家级专精特新“小巨人”企业16家，发放贷款20.2亿元。寻求外汇业务突破，推动万华国际“走出去”贷款扩大合作额度，境内外联动推动奥地利业务零的突破，全年外汇新增1.14亿美元。坚持普惠金融，将转贷款作为服务苏州实体经济的重要手段，发放148亿元，增长39%，惠及小微企业超过3400家。

社会责任履行　发放生源地信用助学贷款403.5万元，增长61%，创历史新高，惠及贫困学生345人。

（国开行苏州分行　朱嘉琪）

【中国农业发展银行苏州市分行】 2022年，中国农业发展银行苏州市分行（简称“农发行苏州分行”）发挥农业政策性银行“当先导、补短板、逆周期”作用，服务地方经济和乡村振兴。年末贷款余额276亿元，比年初增加60亿元。

粮食安全保障　发挥粮棉油收储资金供应主渠道作用，全年发放各类粮食贷款71亿元，支持收储小麦、稻谷等粮食190万吨。服务支持农产品“引进来”和“走出去”，完成国际业务结算6.9亿美元，支持大豆等重要农产品进口98万吨。落地全国农发行系统首笔数字人民币粮食收购资金支付。

地方发展服务　支持吴淞江整治工程昆山段、张皋过江通道等项目建设，提供贷款7.2亿元。服务新冠疫情防控，发放贷款6200万元，支持苏州市应急物资储备。获批支持太仓长三角协同创新示范区绿色发展项目、吴江中国铁工投资建设集团城市更新项目建设。获批支持相城渭塘水质净化处理、苏州高新区餐厨垃圾处理提标改造等项目。

乡村振兴推进　发放贷款支持常熟、吴江农业产业园区建设，推进常熟虞山农村集体土地入市。巩固拓展脱贫攻坚成果，发放乡村振兴有效衔接贷款8.9亿元。支持昆山巴城、吴中临湖农村土地流转贷款，做强“大闸蟹”“吴中大米”地方特色品牌。支持张家港、吴中安置房项目，支持苏州美丽乡村建设。

（农发行苏州分行　丁瑞志）

【中国工商银行苏州分行】 2022年，中国工商银行苏州分行（简称“工行苏州分行”）年末各项存款余额5173亿元，比年初增加1153亿元；年末各项贷款余额5261亿元，比年初增加849亿元。全年实现营业收入140亿元，拨备前利润108亿元。不良贷款余额14.75亿元，不良率0.28%。

实体经济服务　围绕国家战略落地和苏州经济发展，成立信贷服务实体经济工作专班，实施投融资评审合一及前中后台联合作业模式，年末各项贷款余额突破5000亿元。人民币公司贷款新增582亿元，成为苏州地区人民币公司贷款总量率先突破3000亿元的大型银行。服务苏州制造业“智改数转”和产业创新集群建设，制造业、民营企业贷款新增均超过400亿元，科创企业、战略性新兴产业贷款新增超过200亿元，普惠型小微企业贷款新增超过140亿元。组建绿色金融专班，形成“惠邻联盟”乡村振兴新模式，乡村振兴主题场景、整村授信方案投产11个，绿色信贷新增超过400亿元，涉农贷款新增超过300亿元。落实扩大内需战略，支持民生消费需求，个人贷款新增超过100亿元。获评2022年度苏州市服务实体经济先进单位。

科技创新深化　实施“数字工行”战略，成立金融科技与数字化转型发展委员会，推进数字人民币试点，个人和对公数字人民币母钱包分别达到800万户和20万户。加快网点运营改革，新增全功能旗舰网点10家，建成乡村振兴工行驿站30家，新建“长三角一网通办”政务等各类特色网点56家。

金融风险防范　推进全面风险管理体系建设，实施授信审批新规，不良额、不良率连续7年“双下降”，工行总行内控评价连续7年保持一级，外汇合规考评连续4年获评A级，政策执行评价重回A类。加大反诈骗宣传和“断卡行动”，获评苏州市“两卡”源头治理先进单位及警银联动优秀单位，保持零业内案件、零重大风险事件、零重大负面舆情。

（工行苏州分行　周筱涵）

【中国农业银行苏州分行】 2022年，中国农业银行苏州分行（简称“农行苏州分行”）年末各项存款余额6408亿元，比年初增加907亿元；年末各项贷款余额5762亿元，比年初增加858亿元。全年实现营业收入175.4亿元，拨备前利润140.4亿元。

实体经济服务　把服务稳经济大盘作为重点，推动中国农业银行股份有限公司与苏州市政府签署战略合作协议并落实。服务国家和区域重大战略，全年累计发放固定资产贷款580亿元，同比多发放102亿元。成立“金企联企业技术改造服务联盟”，支持产业创新集群融合发展，年末制造业贷款余额1657亿元，增加440亿元，国家级、省级专精特新“小巨人”企业信贷服务面70%、58%。发挥服务乡村振兴主力军作用，年末县域贷款、涉农贷款分别增加537亿元、316亿元，粮食重点领域、农业、乡村产业贷款增速高于全行贷款平均增速43.2个、11.2个和7.2个百分点。落实

2022年6月15日，中国农业银行股份有限公司与苏州市政府签署战略合作协议　（王亭川　摄）

助企纾困政策，加大对小微企业、社会民生等领域支持力度，年末，普惠型小微企业贷款、个人贷款分别增加130亿元、112亿元，为市场主体办理无还本续贷超过20亿元，为8914家小微企业办理延期还本付息276亿元。

科技创新深化　增强线上经营能力，年末个人掌上银行注册客户总量超过760万户，有效互联网场景2240个，校园防疫管理平台服务学校525所、教师1.95万人、家长70.1万人。全场景推进数字人民币试点，为昆山市“鹿路通”上线数字人民币支付体系，办理全国银行业首笔数字人民币普惠型小微企业贷款、首笔数字人民币银团并购贷款。“数字乡村服务平台”代表中央金融企业获得团中央第十七届“振兴杯”全国青年职业技术大赛“管理创新类”铜奖。优化产品和业务流程，投产数字化票据服务平台2.0版，上线信贷数据工厂一期项目、全线上不动产评估系统，与苏州市土地储备中心合作研发全市首个房屋征收账户资金监管系统，15家网点被评为江苏银行业文明规范服务适老网点。

金融风险防范　开展“合规教育年”活动，深化案件风险防控体系建设，构建尽职监督全流程管控机制，农行总行内控评价保持A级。常态化开展重点领域风险排查化解，全年退出潜在风险客户贷款19.3亿元，处置不良贷款本金12.6亿元，资产质量保持稳定。创新涉案账户实时监测与管控系统，涉案账户占比保持低位，获评全市“两卡”源头治理工作先进单位。承办苏州市网络安全宣传周“金融日”活动。守好客户“钱袋子”，全年堵截各类风险事件2820起、金额超过1亿元，堵截电信诈骗213起金额772万元。

（农行苏州分行　唐利峰）

【中国银行苏州分行】 2022年，中国银行苏州分行（简称“中行苏州分行”）本外币日均存款、贷款余额分别突破4100亿元、4800亿元，不良率0.39%，资产质量持续保持系统、同业较优水平。

实体经济服务　获评2022年度苏州银行业金融机构服务实体经济先进单位。支持“苏州制造”品牌建设，制造业、民营贷款增速分别为33%、22%，战略性新兴产业贷款增速156%。支持生态文明建设，绿色债券承销份额列同业第一位，获评绿色金融工作成效较好单位。融入区域协同发展，长三角一体化重点项目批复、投放金额分别超过1800亿元、500亿元。稳住经济大盘，新冠疫情防控期间，提供300亿元专项信贷额度。支持科技自立自强，争取科技部战略支持项目科技创新协同发展基金在苏州成立，推动首只50亿元长三角科创母基金落地苏州。服务高水平对外开放，国际结算、跨境人民币、结售汇市场份额保持四大行第一位，服务“出海抢单”，落地跨境汇款直通车、货币桥跨境交易等多项首发、首创业务，为进出口企业发放融资近900亿元，服务进出口企业超过1万家，覆盖200余个国家和地区，获评2022年度江苏省银行外汇业务合规与审慎经营评估A类银行。

服务水平提升　支持数字人民币发展，推动中行系统内首批数字人民币场景建设中心落户苏州，2022年数字人民币签约商户门店数列同业第一位，总交易金额列同业第二位，打造高校数字人民币校园卡“硬钱包”、货物贸易项下跨境数字人民币业务等20余项数字人民币全国首创、首发场景，监管考核指标保持领先。坚持养老金融服务，线下建成13家养老服务示范网点，线上完善“中银智慧养老”平台，为老年客户及家人提供综合性服务，惠及70万余用户，构建起近200家养老机构和企业组成的一站式、全生命周期养老服务生态圈。升级智慧出行、智慧教育等多个智慧场景，构建全渠道服务能力。

金融风险防范　构建全面风险管理体系，围绕监管关注的重点领域、案件易发领域、风险管控薄弱环节，常态化长效开展合规教育、检查整改等工作，开展员工异常行为管理。做实安全生产、保密管理、声誉风险等基础工作，全年保持安全平稳运行。

（中行苏州分行　朱钮星）

【中国建设银行苏州分行】 2022年，中国建设银行苏州分行（简称“建行苏州分行”）一般性存款日均余额4444亿元，年末各项贷款余额5391亿元。

实体经济服务　服务长三角一体化，支持国际铁路物流中心配套仓储、长三角一体化示范区协同区产业园等重大项目。打造“科技易融”全生命周期解决方案，制造业贷款余额突破1000亿元，服务实体经济质效获评大型银行第一名。落地总行级并购金融中心，连续8年获评债券承销A类主承销商。全国首创数字人民币场景14个，列苏州市综合评价第一位。支持绿色低碳转型发展，和吴江区政府签署支持实体经济绿色发展战略合作协议并开展合作。承销江苏省首单民企绿色短券业务，实现绿色股权投资5000万元，推进绿色并购业务。

服务水平提升　加快构建住房租赁生态，以住房租赁支持古城“人才乐居”，搭建系统平台支持全市8.9万套保障性租赁住房管理。协同建信住房服务有限责任公司实现“轻、中、重”资产全体系，方隅项目获得苏州首张保租房项目认定书。立足苏州产业特色，落实金融支持小微企业增量、扩面、降价的监管要求，服务“中小微个创农”全量客群，普惠型小微企业贷款余额580亿元。深化金融科技创新，上线长三角一体化政务事项206项，接入苏州中级法院破产管理系统、打造苏州工业园区教育培训监管平台等。升级“数字乡村+信用体系”2.0模式，建设农村信用体系信息平台试点。在建行系统首创镇级资产管理平台，探索街道整体合作新模式。警银联动走进社区、企业、商圈、工地等，向市民普及金融知识。加强“一老一少”重点宣传，开展老年人摄影大赛，创新推出大学生线上“口袋校园”港湾消保课堂。推进网点无障碍环境建设，11家网点获评江苏省银行业文明规范服务适老网点。建成64个儿童“幸福港湾”实践基地。

金融风险防范　加强重点领域风险预警管控，提升智能风险防控水平。推进“线下网格化、线上智能化”员工行为管理，创新案件防控管理体系。全年未发生大额罚款、重大风险事件和重大负面舆情。外汇业务合规与审慎经营获得A类评级。安全生产专项整治三年行动收官。推进“科技强安”，防范打击电信网络诈骗成效突出，获评2022年度警银联动优秀单位。

（建行苏州分行　陈　敏）

【交通银行苏州分行】 2022年，交通银行苏州分行（简称“交行苏州分行”）年末本外币资产总额1625.31亿元，比年初增加250.46亿元，增长18.22%。

实体经济服务　对接长三角一体化战略，聚焦绿色低碳、制造业、乡村振兴、普惠金融、科技金融、贸易金融、“两新一重”等重点方向，加大客户拓展和信贷投放力度。年末，制造业、战略性新兴产业、绿色信贷分别增长68.7%、175.1%、59.8%，超过各项贷款平均增速。普惠型小微企业贷款余额126.57亿元，净增45.03亿元，增长55.22%；普惠型小微企业贷款客户数7601户，净增3125户，增长69.82%。完成国际收支161.87亿美元，增长35.32%；完成结售汇90.09亿美元，增长25.72%。

数字人民币试点　获评中国人民银行2022年度“数字人民币试点工作先进单位”。推进数字化赋能场景建设，落地全国首个数字人民币多功能应用全覆盖的综合性大学场景，电梯行业首个数字人民币综合应用全覆盖场景，联合打造全国首个数字人民币钱包资金损失保险产品，赋能全国政策性银行首个数字人民币秋粮收购项目，打造全省首笔数字人民币缴纳关税应用场景、全省首个数字人民币公证缴费场景。

服务水平提升　抓住长三角“一网通办”试点与智慧政务、数字政府建设机遇，落地“交银e办事·交政通”政务服务品牌。50家网点“全覆盖”、市民需求“全覆盖”、跨省可办“全覆盖”，支持长三角区域客户异地办理政务业务，加强“政银合作”数字化系统建设，助力基本公共服务均等化。倡导合规销售理念，加强售前售中环节合规管理，做好个人信息保护，保护金融消费者权利。聚焦热点开展消费者保护服务培训，实现各层级人员类型培训全覆盖，全年参训人员929人次。完成所有营业网点适老布局优化工作，创建适老示范网点3家。

（交行苏州分行　石　静）

【中国邮政储蓄银行苏州分行】　2022年，中国邮政储蓄银行苏州市分行（简称“邮储银行苏州分行”）年末各项存款余额1389.43亿元，年末各项贷款余额1175.2亿元。小微企业融资规模列系统内前列。

实体经济服务　围绕地方重大项目融资和重点产业发展，在基础设施建设、产业结构战略调整、大中型企业等领域提供金融服务。全年公司贷款余额133.91亿元，净增40.8亿元。增强县域金融服务能力，加强对新型农业经营主体的信贷支持，涉农贷款、普惠型涉农贷款余额及净增均超额完成监管指标。推进农村信用体系建设，为农户提供普遍授信服务。探索绿色金融机构建设经验，获批成立绿色低碳转型金融服务中心，在辖内5家一级支行设立绿色低碳转型金融服务分中心。年末绿色融资余额57.97亿元，净增13.45亿元，增长30.21%。

服务水平提升　新冠疫情防控期间，开辟金融服务绿色通道。完成计划内网点原址装修及微改造，提高智能安防水平，提升网点自助服务效能。筹建系统内全省首家智慧网点。“存量房一网通办”客户旅程优化项目被评为系统内省行标杆。保护消费者权益，提升消费投诉处理质效。立足网点阵地，利用微信公众号、合作媒体等多渠道宣传金融知识。

金融风险防范　落实“内控合规管理建设年”活动。组织开展非房消费贷款不良成因“回检”、个人线上贷款风险排查等，提升业务风险防控能力。加强不良客户清单式管理，落实短期逾期管控。全年未出现大额不良暴露，各项贷款资产质量保持平稳可控。

（邮储银行苏州分行　刘　青）

【江苏银行苏州分行】　2022年，江苏银行苏州分行年末各项存款余额1592亿元，增长14%，其中储蓄存款余额584亿元，增长30%，储蓄市场份额上升0.18个百分点；年末各项贷款余额1126亿元，增长7%。全年中间业务净收入5.8亿元，实现税后净利润20.4亿元。

实体经济服务　聚焦“双碳”、科技创新等战略，为先进制造、专精特新、普惠型小微企业等提供金融支持。制造业贷款余额205亿元，增长59%。民营企业贷款余额490亿元，增长7%。绿色信贷余额178亿元，增长37%。清洁能源贷款余额24亿元，增长556%。服务“智改数转”企业137家，提供授信77亿元，投放76家，贷款金额28亿元。普惠型小微企业贷款余额146亿元，增长30%，增量提升20%。科技金融余额138亿元，增长47%。“人才贷”余额10亿元，增量实现翻番。小企业培养大公司成长类客户37户，贷款金额5亿元。推进跨境金融业务。国内证开证及福费廷业务规模220亿元。贸易新业态业务带动跨境人民币结算量1152亿元，增长39%。实现国际结算量274亿美元，增长15%。实现跨境人民币业务量1198亿元，增长38%，市场份额列全市第二位。

业务结构优化　优化资产、负债、客户等结构。负债结构明显优化，主动负债余额231亿元，减少34亿元，主动负债占比14.5%，下降4.5个百分点。大公司贷款投放358亿元，其中民营企业贷款投放180亿元，占比50%。纯新增投放166亿元，其中民营企业纯新增投放107亿元，占比64%。纯低风险贷款净减少30亿元，房地产贷款减少26亿元。国资背景公司客户数占比下降7.4%，民营企业客户数占比提升8.2%。

科技创新深化　江苏银行智数研究院被授予“十佳数字金融（数字人民币）创新实验室”。江苏银行苏州分行被评为数字人民币试点工作先进银行机构。落地苏州首个个人驾培监管项目。中标首批市级商品房预售资金监管银行资质。成为市中级法院“法e管”破产清算业务合作银行之一。入围苏州科技金融实验室首批合作单位。

（江苏银行苏州分行　闵海超）

【苏州银行】　2022年，苏州银行资产总额5240亿元，增长15.66%。年末各项存款余额3164亿元，增长16.58%；年末各项贷款余额2506亿元，增长17.51%。不良率0.88%，降低0.23百分点。实现营业收入117.60亿元，增长8.6%。净利润41.21亿元，增长25.37%。在英国*The Banker*杂志全球1000强银行中排名第285位，提升21位。

综合经营调整　资产负债结构向好，发行小微型企业贷款专项债38亿元，负债成本下降0.03个百分点，核心负债比例改善回升至56%以上。中间业务净收入13.26亿元，增长8.75%。理财盈利水平在长三角对标城商行中排名第一位。对公基本户突破7万户。金融市场总部联动区域落地债券投资49.06亿元。数字银行联动零售总部实现长尾客户AUM提升8.56亿元。“融畅系统”实现苏州两级法院全覆盖。上线办公E管家，交易金额329亿元。入围省“全链通”新平台首批合作银行，“小苏云”缴费覆盖全省。资质牌照取得突破，获批证券投资基金托管资格，获批江苏省首家公募基金（苏新基金管理有限公司）。苏州银行镇江分行开业，实现苏南地区经营机构全覆盖。

地方发展服务　参与省、市等各级重点项目144项，投放贷款94.53亿元，落地新建产业园区项目30个，实现市属国企合作全覆盖。发布“金融纾困二十条”，专设50亿元信用、低利率信贷额度，惠及受困企业及个人1.49万户。探索绿色科创“四轮驱动”模式，合作科创企业8182家。与量子科技长三角产业创新中心共建量子金融科技联合实验室，与科技企业共建实验室7个。与市医保局共同打造“医保便民服务站”，构建15分钟医保服务圈，落地24家网点。搭建智慧健康服务平台，接入医疗机构35家、互联网医院19家。探索养老金融，打造“幸福里”康养俱乐部，会员家庭AUM（资产

2022年4月1日，苏州银行首批康养俱乐部会员在上方山森林公园留念

（苏州银行 供图）

管理规模）余额15.51亿元。推出"抗疫备用金"，惠及新市民等1.6万人。

科技创新深化 数字化转型参与度提高，数字化人才新增114人。推广RPA技术（机器人流程自动化技术），落地应用场景60余个。同业业务实现100%全流程线上化、无纸化及前中后台一体化。加快数字人民币试点推广，落地云账单缴费、电商平台资金监管、农村三资平台等场景。

（苏州银行）

【苏州农村商业银行】 2022年，苏州农村商业银行（简称"苏州农商银行"）总资产1807.88亿元，增长13.90%。年末各项存款余额1398.31亿元，增长14.02%；年末各项贷款余额1090.47亿元，增长14.47%；存款、贷款市场份额列吴江区第一位。不良贷款率0.95%，关注类贷款占比1.48%。实现营业收入40.26亿元，增长5.01%。净利润15.02亿元，增长29.40%。监管指标全面达标，获评ESG"金茉莉奖"、普益标准"金誉奖"，连续两年获评苏州市生产性服务业领军企业。

地方发展服务 开展中小企业培育回归行动计划，民营企业贷款余额641亿元，占比超过公司类贷款的85%。普惠型小微企业贷款余额275亿元，增长23%，增速超过各项贷款增速。制造业贷款占比36%，在苏州各金融机构中排名第一位，列A股上市银行第一位。支持乡村振兴，涉农贷款余额174亿元，阳光信贷工程对接农户28万户，覆盖77万人。推出助企纾困10条举措，减轻企业负担。设立专项信用额度30亿元，重点支持民生、医疗领域行业。承办苏州市政府与江苏省农村信用社联合社战略签约仪式。

科技创新深化 加快绿色信贷投放，绿色贷款余额40.88亿元，增长34.47%。落地全市农商行首笔再贷款资金支持下的"苏碳融"业务，与国开行苏州分行合作发放全市首笔绿色转贷业务。承建"苏州市绿色低碳金融实验室"市级金融平台。完成"苏科贷"苏州城区首单业务落地，全年落地"苏科贷"业务25笔，落地金额6325万元，列苏州市区银行业第一位。科创企业贷款余额115.87亿元，增长49.92%。加快数字人民币推广应用，实现数字人民币在财政补贴、代发工资、贷款发放、交通罚没款代收等场景应用，完成吴江区首单国库对公数字钱包拨付，在吴江区7家医院、18家卫生院、192家药店开通数字人民币支付。

服务水平提升 建有普惠金融服务点数量138个。开展第三代社保卡换发专项活动，换发卡数量突破80万张，占吴江区总量66%，第三代社保卡换发率列全省第一位。打造适老化服务品牌，4家支行获评2022年江苏省银行业文明规范服务适老网点。引入网点证照一体机，设置"企业开办一站式服务专窗"。

（苏州农商银行 王永亮）

保险业

【概况】 2022年，苏州市保险业实现保费收入850亿元，增长8.98%，保费收入占全省19.68%。其中，人身险公司实现保费收入586亿元，增长7.32%；财产险公司实现保费收入264亿元，增长12.86%。保险业提供风险保障273万亿元。其中，财产险公司保险金额247万亿元，人身险公司期末有效保险金额26万亿元。保险业累计赔付支出225亿元，下降5.63%。全市保险公司主体88家，与2021年持平。其中，财产险公司35家，人身险公司53家，出口信用保险办事处1家。按机构层级，保险公司法人机构1家，保险公司分支机构755家。保险中介法人机构20家，其中代理公司17家、经纪公司1家、公估公司2家；保险中介分支机构148家。全市有保险从业人员5.48万人。

（苏州银保监分局 陈伊旻）

表49 2022年苏州市财产保险公司保费收入和市场占比统计表

公司名称	保费收入（万元）	市场份额	公司名称	保费收入（万元）	市场份额
人保财险	846808.61	32.10%	英大财险	7846.42	0.30%
太保产险	732189.82	27.75%	三星财产	7692.11	0.29%
平安财险	598603.62	22.69%	长安责任	3700.04	0.14%
国寿财险	106777.71	4.05%	华泰财险	2698.74	0.10%
太平财险	60473.10	2.29%	三井住友	2580.32	0.10%
国任财险	41780.68	1.58%	大家财险	2537.98	0.10%
紫金财险	36333.49	1.38%	国泰财险	2262.26	0.09%
中华联合	30297.80	1.15%	浙商财险	2155.34	0.08%

续表50

公司名称	保费收入（万元）	市场份额	公司名称	保费收入（万元）	市场份额
阳光财险	22558.45	0.86%	富德产险	1401.79	0.05%
永诚产险	20274.24	0.77%	亚太财险	1354.54	0.05%
大地财险	15425.62	0.58%	凯本保险	1290.81	0.05%
中银保险	15408.66	0.58%	安诚产险	1208.67	0.05%
华安财险	14800.27	0.56%	华农产险	1020.64	0.04%
东京海上	13278.54	0.50%	渤海产险	463.12	0.02%
安盛天平	12519.01	0.47%	美亚保险	270.53	0.01%
日本财产	10967.62	0.42%	恒邦财险	170.73	0.01%
永安产险	10624.74	0.40%	合计	2638075.94	100.00%
都邦产险	10299.92	0.39%			

表50　2022年苏州市人寿保险公司保费收入和市场占比统计表

公司名称	保费收入（万元）	市场份额	公司名称	保费收入（万元）	市场份额
中国人寿	887324.71	15.14%	中信保诚	38154.62	0.65%
太保寿险	624742.70	10.66%	国联人寿	34691.27	0.59%
太平人寿	529561.65	9.04%	光大永明	33799.96	0.58%
平安人寿	517242.97	8.83%	太平养老	30663.19	0.52%
友邦保险	512253.74	8.74%	交银康联	25020.64	0.43%
前海人寿	392545.87	6.70%	国泰人寿	23456.39	0.40%
东吴人寿	355365.56	6.06%	中意人寿	20642.76	0.35%
君康人寿	193308.46	3.30%	平安健康	17668.41	0.30%
富德生命	126200.95	2.15%	长城人寿	16676.44	0.28%
新华人寿	121528.86	2.07%	横琴人寿	16450.10	0.28%
中银三星	114720.21	1.96%	中德安联	16033.58	0.27%
工银安盛	108004.33	1.84%	幸福人寿	13956.52	0.24%
人保寿险	100633.66	1.72%	人保健康	12077.20	0.21%
利安人寿	97433.15	1.66%	泰康养老	10766.98	0.18%
大家人寿	96851.49	1.65%	阳光人寿	10434.04	0.18%
中融人寿	95455.84	1.63%	平安养老	10187.86	0.17%
泰康人寿	90834.33	1.55%	恒安标准	7989.16	0.14%
农银人寿	88495.28	1.51%	中美联泰	6862.81	0.12%
建信人寿	74693.47	1.27%	华泰人寿	6467.82	0.11%
招商仁和	64435.84	1.10%	北大方正	3354.82	0.06%
信泰人寿	56957.16	0.97%	长生人寿	2985.11	0.05%
招商信诺	56448.91	0.96%	民生人寿	2386.49	0.04%
和谐健康	56408.33	0.96%	德华安顾	2090.35	0.04%
百年人寿	46841.08	0.80%	瑞泰人寿	791.91	0.01%
国华人寿	44402.53	0.76%	合众人寿	500.55	0.01%
中宏人寿	43305.60	0.74%	合计	5860105.66	100.00%

（资料来源：苏州银保监分局）

【实体经济服务】 2022年，苏州市推进责任保险、农业保险、巨灾保险、养老保险等扩面提质，参与社会治理和安全生产，落实风险减量管理，发挥保险“社会稳定器”作用。推进重点行业领域工矿企业安全生产责任保险，扩大保险强制实施范围，探索构建“保险+科技+服务”新模式。推动农业保险“扩面、增品、提标”，水稻完全成本保险在张家港市、常熟市落地。推动出口信用保险统保平台建设，扩大中小微企业出口信用保险覆盖面。推动人身险公司捐赠保险、扩展责任、减免延期保费等多项惠企便民措施，赠送保额30亿元。推广普惠型健康保险“苏惠保”和“江苏医惠保1号”，2022年保障人数超过190万人。

（苏州银保监分局　陈伊昊）

【行业协会服务】 2022年，苏州市保险行业协会（简称“市保险协会”）有会员单位114家，其中财险主体35家、寿险主体53家、中介会员26家。年内，召开苏州市保险行业协会十届一次会员大会，完成换届选举。

行业自律促进　召开财险、寿险专委会整治“五虚”问题专项行动座谈交流会。修订《苏州地区商业车险经营指标监测管理办法（自律公约）》，开展车险数据日交互和月通报工作，18家次数据异常机构签订整改承诺书自律整改。对4家市场增速及份额异动的财险公司开展财务自律检查和通报。发挥清廉专委会作用，开展“青年话清廉”专题宣传。完成苏州银行业、保险业清廉金融文化教育基地建设。

行业发展服务　印发《苏州市人身保险机构保险销售人员综合评价指导意见（试行）》，上线销售人员星级评定及电子执业证管理平台。开展商业保险领域养老产业发展情况和“苏惠保”业务经营情况专题调研。举办法律知识培训会、数字人民币业务场景应用专题培训会。与市检察院座谈交流行业反保险欺诈工作，与市公安局交警支队联合召开高速公路护栏防撞垫定损理赔专题座谈会，与市公安局刑侦支队联合推进“代理退保”黑产乱象整治工作。

消费者权益保护　与苏州银行业协会联合开发苏州市银行业保险业纠纷调解平台。与市司法局联合举办人民调解员“菜单式”培训。与市消费者权益保护委员会联合开展“3·15”互联网消费维权服务日活动。召开消费者权益保护专委会会议，通报信访投诉情况，交流热点难点问题。全年接听咨询、建议、投诉电话650个，受理投诉165个，接待到访群众109人次，受理12345平台转交投诉1315件。

行业宣传　全年微信公众号发布、转载文章540余篇，编印《苏州保险》6期，宣传“7·8”全国保险公众宣传日活动、“学习二十大　奋进新征程”活动等行业重点工作。开展抗疫联动宣传，两次公开发出助企纾困倡议书。联合市社会组织促进会、会员单位为44家单位的抗疫志愿者捐赠保险，保额1.05亿元。在市广播电台播出《保险直播间》节目47期，推介保险品牌130次。

（市保险协会　潘　虹）

【中国人民财产保险股份有限公司苏州市分公司】 2022年，中国人民财产保险股份有限公司苏州市分公司（简称“人保财险苏州市分公司”）贯彻金融高质量发展要求，实现保费收入84.68亿元，保费规模在全市财险行业中率先突破80亿元；上缴各类税金8.37亿元，为1000万余名居民、5万余家企业和166万辆车辆提供风险保障总额14万亿元。

企业成长“助推工程”　推广科技研发费用损失保险，为49家“独角兽”培育企业提供保障4900万元。签出全市首单医药冷链物流运输保险，为9家企业的医药产品受试者提供2500万元临床风险保障，为25家企业提供知识产权风险保障8295万元。聚焦科技企业融资难题，依托“信保贷”“科贷通”等平台产品，为1738家企业提供融资支持53.7亿元，并通过对相关项目给予20%费率优惠，为中小微企业、商户减免房租等方式，降费让利1300万元。通过信用保险、质量保证险等产品，支持537家外贸小微企业出口351亿元。加大对主导产业和新兴产业承保资源、政策倾斜，保障出口和内销同比增幅超过10%，企业平均费率降幅超过5%。

民生保障“温暖工程”　承办张家港市、常熟市等地的3个大病保险和6个长期护理险项目，服务599万人。推广普惠式补充医疗保险“江苏医惠保1号”产品，保障客户52万人。在全国首创小麦收获期收入损失保险，创新推出水稻育秧保险、收入保险、指数保险、商标保险、高标准农田IDI保险（建设工程质量潜在缺陷责任保险），为全市2.14万户农户提供37亿元风险保障。联合政府部门在昆山市、常熟市等地开展新市民保险，为157万名新市民提供2700亿元保险保障。

社会风险“减量工程”　构建“保险+服务+科技”风险减量管理模式，依托应急风险防控服务中心，开展风险减量管理，全年覆盖企业6908家、文保建筑261处、社区5个、产业园18家。其中，“苏安云”服务安全生产，累计提供安责险服务2068次，排查安全隐患2886条；“城市云”保障电梯安全运行，推动电梯隐患整改率超过80%，百台电梯月平均故障次数下降40.54%，故障恢复时长缩短60%，乘客投诉率下降70%，提供完整年度服务的安置小区电梯运维成本下降超过50%。

（人保财险苏州市分公司　吴　超）

【中国人寿保险股份有限公司苏州市分公司】 2022年，中国人寿保险股份有限公司苏州市分公司（简称“中国人寿苏州市分公司”）实现总保费88.73亿元，增长1.71%，总保费市场份额14.16%，继续列苏州寿险市场第一位。全年为387.77万人次提供3.92万亿元的人身保障服务，累计为23.67万人次赔付、给付保险金13.93亿元，保障市民安居乐业。截至年底，中国人寿苏州市分公司长期险准备金532.57亿元，偿付能力和服务能力继续增强。

落实中央和上级公司决策部署，提升服务实体经济质效，将服务“六稳”“六保”纳入经营计划一体化推进。老年人保险全省覆盖率最高，惠及苏州60周岁以上近200万名老年人。失独家庭保险为全国首创。开展大病保险项目7个，覆盖163万人，累计为20.89万人次提供补偿支付服务。开展长期护理保险项目4个，覆盖近119万人，累计惠及14.76万人，缓解失能人员家庭的经济负担。基本医疗保险服务109万人，为提升政府医保经办效能、创新医疗保障经办模式做出贡献。

（中国人寿苏州市分公司　杨　杰）

【东吴人寿保险股份有限公司】 东吴人寿保险股份有限公司（简称“东吴人寿”）是苏州市唯一的寿险法人机构。2022年，东吴人寿完成营业收入98.1亿元，增长24.8%。总资产303.2亿元，增长15.7%。完成净利润4116万元，实现连续4年盈利。实现原保费收入80.0亿元，增长25.6%，其中新单60.7亿元，增长24.6%。高价值业务逆势增长，完成新单价值标保7.3亿元，增长23.9%。净投资资产余额291亿元，增长15.6%，资金运用年化财务收益率5.04%，2018—2022年资金运用年平均收益率5.82%，收益水平处于行业前列。落实银保监会偿二代二期规则，推动制度更新和风险模块优化，完善全面风险管理体系，自2022年三季度起风险综合评级上升为BBB。

创新发展　整合“大个险”资源，营销有效人力月均产能增长，“健康小屋”等特色化平台经营拓展。推动银保价值提升，渠道新单期交保费占比21.1%，提升8.7个百分点。期缴出单网点2837个，网均价保增长68%。“苏惠保2022”投保人数近150万人，项目获评苏州市服务民生保障奖。推出“惠守护”客户专属服务体系。开拓市场化渠道业务，中标多个大病补充保险、城乡居民意外险、自然灾害意外险、救助人员扶贫险等项目。启动实施“数字东吴”战略，个人客户理赔线上办理率77%，理赔申请支付时效缩短32%，数字化审计平台入选2022中国保险业风险防控优秀案例。

社会责任履行　以股权和债权计划投资等形式服务苏州实体经济发展，全年新增认缴苏州股权项目15亿元，投资基础设施及不动产债权计划新增投资额11.2亿元。截至年底，在苏州投资余额51.3亿元，增长27.7%。将苏州4家药企的8款靶向药纳入“苏惠保”高额药品报销目录，支持苏州生物医药产业创新集群建设。支持抗疫保供，为3000余名抗疫志愿者捐赠保险，提供超过15亿元保额保障，实施防疫“助企纾困解难惠六条”，保障新冠疫情防控期间客户保险服务需求。加强新市民金融服务，为2万余名快递人员和9万余名建筑工人提供人身安全保障。承办6个大病保险项目和5个长期护理险项目。

（东吴人寿　陈德明）

资本市场

【概况】　2022年，苏州市资本市场发展态势持续向好，上市公司数量居全国前列，资本市场“苏州板块”影响力显现。苏州市企业利用资本市场“造血”功能，助力实体经济转型升级，实现高质量发展。截至年底，苏州企业通过IPO（首次公开募股）和再融资共募集资金776.49亿元。其中，首发融资362.70亿元，再融资413.79亿元。“新三板”企业新增融资额16.55亿元。

【企业上市】　2022年，苏州市出台《推进苏州上市公司做优做强若干措施》《苏州市促进企业利用资本市场实现高质量发展的实施意见（2023—2025年）》，推动资本市场“苏州板块”高质量发展。召开上市公司高质量发展大会，启动苏州上市公司服务联盟。苏州市政府与上海证券交易所、深圳证券交易所分别签署战略合作协议，江苏省金融监管局、苏州市政府与北京证券交易所签署三方战略合作协议。全年全市新增境内外上市公司29家，其中境内A股新增25家（科创板10家、创业板9家、主板3家、北交所3家），新增境内A股数量列全国大中城市第四位。截至年底，全市上市公司总数241家，其中境内A股上市公司198家，数量列全国大中城市第五位。“新三板”存量挂牌企业260家，数量列全国大中城市第四位。科创板上市公司48家，数量列全国大中城市第三位。全市上市公司累计募集资金5166亿元。境内A股上市公司总市值16200.80亿元。全市有申报上市企业58家，在江苏监管局备案辅导企业87家。

（市地方金融监管局　沈文豪）

表51　2022年苏州市新增境内A股上市企业一览表

序号	企业名称	上市时间	交易所上市板	首发募集资金（亿元）	注册地点	注册资本（亿元）	主营业务
1	苏州国芯科技股份有限公司	2022年1月6日	上海证券交易所科创板	25.19	苏州高新区	1.42	嵌入式CPU技术的研发和产业化应用的芯片设计
2	创耀（苏州）通信科技股份有限公司	2022年1月12日	上海证券交易所科创板	13.32	苏州工业园区	0.80	通信核心芯片的研发、设计和销售
3	苏州东微半导体股份有限公司	2022年2月10日	上海证券交易所科创板	21.90	苏州工业园区	0.67	高性能功率器件的研发与销售
4	苏州富士莱医药股份有限公司	2022年3月29日	深圳证券交易所创业板	11.07	常熟市	0.92	原料药及保健食品的研发
5	苏州长光华芯光电技术股份有限公司	2022年4月1日	上海证券交易所科创板	27.39	苏州高新区	1.36	高功率半导体激光器芯片的研发、生产和销售
6	普源精电科技股份有限公司	2022年4月8日	上海证券交易所科创板	18.46	苏州高新区	1.21	数字示波器核心芯片组的研发
7	苏州欧圣电气股份有限公司	2022年4月22日	深圳证券交易所创业板	9.74	吴江区	1.83	空气动力设备和清洁设备的研发、生产和销售
8	苏州纳芯微电子股份有限公司	2022年4月22日	上海证券交易所科创板	58.11	苏州工业园区	1.01	模拟集成电路的研发和销售
9	苏州德龙激光股份有限公司	2022年4月29日	上海证券交易所科创板	7.80	苏州工业园区	1.03	精密激光加工设备及激光器的研发、生产和销售
10	苏州骏创汽车科技股份有限公司	2022年5月24日	北京证券交易所	1.08	吴中区	0.55	塑胶成型及塑胶模具的开发、制造、加工

续表51

序号	企业名称	上市时间	交易所上市板	首发募集资金（亿元）	注册地点	注册资本（亿元）	主营业务
11	苏州翔楼新材料股份有限公司	2022年6月6日	深圳证券交易所创业板	5.89	吴江区	0.75	定制化精密冲压特殊钢材料的研发、生产和销售
12	苏州宇邦新型材料股份有限公司	2022年6月8日	深圳证券交易所创业板	6.98	吴中区	1.04	光伏焊带的研发、生产与销售
13	江苏瑞泰新能源材料股份有限公司	2022年6月17日	深圳证券交易所创业板	35.16	张家港市	7.33	锂离子电池材料以及硅烷偶联剂等化工新材料的研发、生产和销售
14	昆山亚香香料股份有限公司	2022年6月22日	深圳证券交易所创业板	7.27	昆山市	0.81	香料的研发、生产和销售
15	江苏华盛锂电材料股份有限公司	2022年7月13日	上海证券交易所科创板	27.54	张家港市	1.10	锂电池电解液添加剂的研发、生产和销售
16	常熟通润汽车零部件股份有限公司	2022年7月29日	上海证券交易所主板	6.07	常熟市	0.79	各类千斤顶及其延伸产品的研发、制造和销售
17	苏州快可光伏电子股份有限公司	2022年8月4日	深圳证券交易所创业板	5.57	苏州工业园区	0.64	太阳能光伏控制及光伏连接传输系统、精密连接器产品的设计、开发、制造和销售
18	鸿日达科技股份有限公司	2022年9月28日	深圳证券交易所创业板	7.54	昆山市	2.07	连接器的生产、销售和研发
19	苏州近岸蛋白质科技股份有限公司	2022年9月29日	上海证券交易所科创板	18.63	吴江区	0.70	重组蛋白质制备工艺的开发及生产
20	苏州可川电子科技股份有限公司	2022年10月11日	上海证券交易所主板	5.96	昆山市	0.69	消费电子和新能源汽车动力电池功能性器件的设计、研发、生产与销售
21	圣晖系统集成集团股份有限公司	2022年10月13日	上海证券交易所主板	5.45	苏州高新区	0.80	为先进制造业提供洁净室系统集成工程整体解决方案
22	隆扬电子（昆山）股份有限公司	2022年10月31日	深圳证券交易所创业板	15.95	昆山市	2.84	EMI/EMC屏蔽材料的设计和生产
23	苏州清越光电科技股份有限公司	2022年12月28日	上海证券交易所科创板	8.24	昆山市	4.50	有机发光显示器等新型平板显示器件的研发和生产
24	苏州太湖雪丝绸股份有限公司	2022年12月30日	北京证券交易所	1.20	吴江区	0.35	丝绸相关产品的设计、研发、生产与销售
25	昆山佳合纸制品科技股份有限公司	2022年12月30日	北京证券交易所	1.20	昆山市	0.59	纸质包装与展示产品的研发、设计、生产和销售

（资料来源：市地方金融监管局）

【证券业】 截至2022年底，苏州市有证券公司及营业部235家，与2021年持平，其中证券公司（含分公司）35家、营业部200家。年末证券机构托管市值总额10280亿元，下降20.9%。年末资金账户数361.2万户，增长4.9%。全年证券交易金额78423亿元，下降7.3%。

【期货业】 截至2022年底，苏州市有期货公司及营业部49家，与2021年持平。注册在苏州的创元期货股份有限公司全年期货交易金额53968亿元，下降9.9%；年末保证金余额54.87亿元，增长36.5%。

【创投业】 截至2022年底，苏州市在市发展改革委备案的创投企业有162家，比2021年增加3家。截至年底，创投企业累计注册资本740亿元，实收资本488亿元。

【债券市场】 2022年，苏州市累计发行企业债5支，融资额40.0亿元。155家企业发行公司债，融资额1028.4亿元。219家企业发行短期融资券，融资额871.8亿元。90家企业发行中期票据，融资额503.1亿元。52家企业发行定向债务融资工具，融资额200.6亿元。

（市地方金融监管局　沈文豪）

【东吴证券股份有限公司】 东吴证券股份有限公司（简称“东吴证券”）是注册在苏州的一家拥有全部证券类业务牌照的综合券商。截至2022年底，东吴证券在全国设有22家分公司和133家营业网点，下设全资子公司东吴创投、东吴创新、东吴香港，并控股东吴基金、东吴期货、东吴中新（新加坡）。年内，新设淮安、长沙、上海自贸区分公司，并与镇江市、常州市、无锡市、南通市等地完成战略合作签约。2022年，东吴证券实现营业收入104.86亿元，实现归属上市公司股东的净利润17.35亿元。截至年底，总资产1359.57亿元，归属于上市公司股东的净资产380.00亿元。在全国证券公司分类监管评级中连续8年获评A类A级。

投行业务　对接注册制改革，全年保荐承销11家企业IPO上市，保荐项目数列行业第13位，实现江苏市场占有率第一位的新突破，其中苏州企业5家，苏州市场占有率20%，列第一位。完成“新三板”挂牌14家，列行业第三位。推进北京证券交易所业务，完成北交所IPO项目6单，列行业第三位。债券承销业务规模再创新高，各类债券承销规模1220亿元，其中主力品种公司债及企业债快速增长，承销规模和单数分别列市场第八位、第九位。企业债和公司债承销规模保持全省第一位，苏州市场占有率再次超过50%。在公司债券执业能力评价中，连续3年获评A类。

产业创新集群建设服务　落实市委、市政府战略部署，发挥苏州法人券商优势，研究制定并推进落实“5431”行动方案（助推50家创新集群企业IPO，组建4个专业服务“百人团”，助力创新集群企业总市值增长1万亿元、创设并购基金100亿元、新增税收10亿元）。引进相关产业研究员超过30人，充实服务产业集群专业力量。深化产业研究，举办主题论坛，发布苏州系列指数，提升资本市场关注度。做大产业基金规模，完成科创基金在相城、吴中区的落地，与工行苏州分行合作推进100亿元定增基金，管理好并购基金，完善覆盖企业全生命周期的服务体系。

（东吴证券　胡佳逸）

【创元期货股份有限公司】　创元期货股份有限公司（简称“创元期货”）前身（通宝期货经纪有限公司）成立于1995年，注册地在苏州市，注册资本9亿元，是全国最早从事专业期货业务的公司之一，是行业首家挂牌“新三板”的期货公司，控股股东为苏州市属大型国有企业集团苏州创元投资发展（集团）有限公司。创元期货主营业务包括商品期货、金融期货、投资咨询、资产管理以及风险管理业务，在全国范围内拥有15家分公司、11家营业部。下设全资风险管理子公司苏州创元和赢资本管理有限公司，注册资本7亿元，具备仓单服务、基差贸易、场外衍生品、做市业务等资格。创元期货为江苏省第二批国有企业混合所有制改革试点企业。2022年，创元期货坚持以经纪业务为主体、风险管理业务和财富管理业务为两翼的发展战略，发挥期货衍生品发现价格、管理风险、配置资源的功能，打造交易服务平台、风险管理平台和财富管理平台。全年实现营业收入39.18亿元，利润总额9614万元。

（创元集团　王晓卿）

【苏州创新投资集团有限公司】　苏州创新投资集团有限公司（简称“苏创投”）成立于2022年6月，是由苏州国发创投、苏州产投集团、苏州科创投、苏州天使母基金、苏州基金、苏州市产业技术研究院整合而成的市属一级金融国企，注册资本180亿元，总资产208亿元。苏创投定位于苏州市推进战略性新兴产业发展的核心创投平台，重点投资苏州市四大主导产业和25个细分优势领域，投资覆盖种子期、初创期、成长期、成熟期企业，打造全生命周期的科技金融服务集团。2022年，苏创投实现营业收入4.83亿元，归母净利润5.78亿元。截至年底，管理基金规模1188亿元，管理基金109只，其中直投基金68只、母基金和政府引导基金16只、城发基金24只、不动产基金1只。

地方发展服务　服务产业创新集群建设。与央企工银金融资产投资有限公司合作设立200亿元的产业创新集群基金，以“一产业一基金”形式支持产业创新集群建设。与多个国家大基金和央企合作设立或管理4只基金，总规模270亿元，实现苏州市国家级产业投资基金零的突破。与中芯聚源股权投资管理有限公司合作成立苏州创新中心。服务上市公司高质量发展战略。牵头成立苏州上市公司服务联盟，启动“走百家”系列活动，对苏州重点上市公司开展走访调研。推动金融数字化转型。完成首单以数字人民币向子基金出资，全年数字人民币对公交易量达到总对公交易量的17%。

市域协同推进　发挥联动协同支撑点作用，打造“全市一盘棋”的创新资本网络。提出“招、投、引”的投资策略，重点围绕各县级市（区）优势领域和特色资源禀赋推进各类基金合作，全年与各县级市（区）设立基金29只。在重大产业项目上发挥直投招引作用，通过“金融投资+招商引资”模式，为各县级市（区）招引落户企业29家，其中产业龙头企业4家。

（苏创投　唐　晔）

其他非银行金融机构

【小额贷款公司】　截至2022年底，苏州市有小额贷款公司93家，其中科技小额贷款公司18家。实收资本157.47亿元，资产总额215.61亿元，净资产157.45亿元。全年累计发放贷款9915笔，金额169.73亿元。年底各项贷款余额172.21亿元，其中涉农贷款占比95.05%，涉科贷款占比49.40%，300万元及以下小额信贷占比53.37%，保证贷款占比52.38%、抵质押贷款占比34.61%。担保余额4.21亿元，应付款保函余额0.11亿元。

【典当行】　截至2022年底，苏州市有典当行52家。实收资本26.03亿元，资产总额34.16亿元，净资产29.77亿元。典当总额66.11亿元，典当余额25.94亿元。

【融资租赁公司】　截至2022年底，苏州市有融资租赁公司79家。实收资本137.4亿元，资产总额546.06亿元，其中融资租赁资产总额425.82亿元，净资产178.81亿元。融资租赁投放额（2022年累计投放数）336.1亿元。

【担保（再担保）公司】　截至2022年底，苏州市有担保公司24家（含再担保公司3家）、担保公司分支机构7家。资产总额221.32亿元，净资产126.13亿元。在保余额452.78亿元，其中融资性担保380.11亿元。全年新增小微和“三农”业务金额325.22亿元。平均担保费率0.75%。

【商业保理公司】　截至2022年底，苏州市有商业保理公司37家。实收资本62.01亿元，资产总额215亿元，净资产53.46亿元。受让应收账款余额382.47亿元，发放保理融资款本金（应收保理融资款余额）194.14亿元，2022年累计发放保理融资款122.35亿元。

【信托公司】　截至2022年底，苏州信托有限公司存续信托项目275个，管理信托资金总规模619.32亿元。全年1099次293个信托项目实施分配清算，实现受益人收益42.88亿元。

（市地方金融监管局　沈文豪）

编辑：杨权栋

旅游业

综 述

【旅游业发展】 2022年，苏州市以“建设世界旅游目的地城市”为目标，围绕“高融大上”总体要求，推动旅游资源开发，丰富旅游载体，加强行业监管，提振企业信心，恢复市场振兴。全年接待国内外游客9922.81万人次，下降12.0%。其中，接待国内游客9901.83万人次，下降12.0%；入境过夜游客20.98万人次，下降15.1%。实现旅游总收入1863.35亿元，下降18.8%。其中，实现国内旅游收入1836.10亿元，下降18.8%；旅游创汇3.95亿美元，下降15.1%。抓好新冠疫情防控工作，保障游览安全的同时，制定纾困政策，助力复工复产。拓展文旅资源，加强旅游度假区、国家A级旅游景区建设。平江历史街区入选国家级旅游休闲街区。新增省级旅游度假区1家、省级旅游休闲街区2家，新增国家AAA级旅游景区5家。丰富旅游产品供给，开展全市文化和旅游资源普查、乡村精品线路和精品民宿评选和旅游创新产品评选等工作。新增乡村休闲旅游农业精品村10个、乡村旅游精品线路10条、乡村旅游精品民宿10家。打响“四季苏州·最是江南”旅游品牌，举办第四届江南文化艺术·国际旅游节，承办第四届大运河文化旅游博览会。昆山市、姑苏区、苏州工业园区获评首批江苏省文化和旅游消费示范单位。

（市文广旅游局　李宜达）

表52　2022年苏州市旅游业主要指标统计表

项目	2022年	比2021年（±）
旅游业总收入（亿元）	1863.35	−18.8%
国内旅游收入（亿元）	1836.10	−18.8%
旅游创汇（亿美元）	3.95	−15.1%
国内游客（万人次）	9901.83	−12.0%
入境过夜游客（万人次）	20.98	−15.1%
台湾同胞	9.50	−12.1%
港澳同胞	0.91	−38.5%
外国人	10.57	−14.9%
日本人	1.68	−43.2%
韩国人	2.66	−0.7%
美国人	0.78	−40.5%
法国人	0.16	−46.7%
新加坡人	0.31	−34.0%
德国人	0.35	−38.6%
英国人	0.32	−31.9%
澳大利亚人	0.23	−23.3%
意大利人	0.15	−21.1%
入境过夜游客人天（万人天）	184.56	−14.0%

（资料来源：市统计局）

【旅游业发展规划】 2022年，苏州市推进世界旅游目的地城市建设，制定出台《推动文旅融合高质量发展 打造世界旅游目的地城市三年行动计划（2023—2025）》。该计划以文旅融合为切入点，扩充符合国际市场需求的旅游产品，提高旅游产品中的国际品牌比重，优化国际游客的旅游服务体系，提升苏州旅游的国际知名度和影响力。明确优化旅游业发展空间、构建多元旅游产品体系、提升旅游服务水平、扩大城市旅游影响力、提高旅游企业竞争力以及推动旅游业国际化转型六大主要任务。推动苏州旅游产品文化特征更加鲜明，更加多元化，产品品牌更具国际影响力，产品品质更符合国际化标准；推动苏州市与周边的国际航空枢纽等交通更加通达，国际游客在语言、标识、信息、支付等方面享受的服务更加便捷；推动苏州旅游市场面向境内外企业更加开放，吸引国际展会会议和大型活动能力更强，旅游行业管理更加规范；推动苏州作为文化底蕴深厚的旅游目的地形象更加鲜明，知名度影响力日益扩大，成为国内必选、国际首选的世界旅游目的地城市。

【旅游项目建设】 2022年，苏州市有10个旅游项目入选年度江苏省重点文化和旅游产业项目，计划总投资279.2亿元。全市累计实施61个市级以上重点文旅产业项目，计划总投资1180亿元。有33个项目入选省“十四五”时期文化及相关产业重点项目，计划总投资852.6亿元。19个旅游产业项目入库江苏省旅游产业发展基金项目库，项目数量和扶持金额均列全省设区市第一位。

【全域旅游】 截至2022年底，苏州市辖各县级市（区）全部成功创建国家级、省级全域旅游示范区，成为全国、全省唯一的“满堂红”城市。坚持以多元化和创新性为特点，推出文化旅游产品和特色旅游项目，提升游客体验。发挥苏州园林、古镇和水乡等传统文化旅游资

2022年12月30日，吴江运河文化旅游景区被确定为国家AAAA级旅游景区。图为景区安德桥周边景色 （吴江区政府办　供图）

源的带动引领作用的同时，创新推出绿色生态旅游、文化创意旅游等一批新型旅游项目。加强公共交通、酒店、景区服务设施等旅游基础设施建设，提高旅游体验舒适度。

（市文广旅游局　李宜达）

旅游资源开发

【旅游度假区】　截至2022年底，苏州市有旅游度假区11个，其中国家级2个、省级9个，总数列全省设区市第一位。年内，新增苏州北太湖旅游度假区为省级旅游度假区。该旅游度假区位于相城区望亭镇，规划总面积17.90平方千米，四至范围为：东至京杭大运河，南至望东路—御亭路一线，西至北太湖大道，北至望虞河。有长洲苑湿地公园、稻香公园、油菜花海、露营基地、植物迷宫、蔬果采摘等旅游载体，以及农家乐主题街区、咖啡馆、民宿等旅游配套。“油菜花季”“稻香季”为特色旅游品牌。年内，苏州市推进吴江东太湖生态旅游度假区提档升级，争创国家级旅游度假区。研究全市旅游度假区高质量发展评价体系相关工作，推动省级以上旅游度假区运营管理的高质量发展。在2022年12月发布的《江苏省旅游度假区2021年度发展评价报告》中，苏州市旅游度假区游客接待量列全省设区市第一位，游客满意度列全省设区市第二位；苏州太湖国家旅游度假区、苏州阳澄湖半岛旅游度假区、常熟虞山文化旅游度假区、吴江东太湖生态旅游度假区4家旅游度假区获评优秀，总数列全省设区市第一位。

【旅游景区】　截至2022年底，苏州市有国家A级旅游景区58家，其中国家AAAAA级旅游景区6家、国家AAAA级旅游景区36家、国家AAA级旅游景区16家。年内，新增相城区吴门望亭运河公园景区、相城区春申西塘景区、吴江区江村景区、张家港市沙洲优黄文化园、常熟市古里红豆山庄景区5家国家AAA级旅游景区。吴门望亭运河公园景区位于京杭大运河苏州段的起点相城区望亭镇，占地面积约20万平方米，有御亭、望亭驿等旧址，包含历史文化街区、农业体验区、休闲生活区、工业体验区和改造艺术区5个功能区。春申西塘景区位于相城区黄埭镇，占地面积12.19万平方米，借助春申湖、西塘河生态资源，建有“河湖之心”观景平台、“春申湖之环”环湖步道等景观设施。江村景区位于吴江区七都镇开弦弓村，因著名社会学家费孝通26次到访，并作《江村经济》一书闻名，建有江村文化园、江村文化弄堂、太湖清风苑等文旅项目。沙洲优黄文化园位于张家港市后塍街道，占地面积5万余平方米，建筑面积3万平方米，是集工艺、文化、研发、体验于一体的工业旅游项目，有沙洲优黄博物馆、黄酒小镇、陈年酒库等文旅项目。古里红豆山庄景区位于常熟市古里镇芙蓉村，占地面积64万平方米，为清代名士钱谦益和江南名媛柳如是旧居所在地，有“荷塘月色”“小红蛮腰”“红豆古树”等景点。吴江运河文化旅游景区和苏州乐园森林世界2家景区完成国家AAAA级旅游景区创建工作。苏州市推动石湖片区按照国家AAAAA级旅游景区标准提升品质。姑苏区按照国家AAAAA级旅游景区标准推进古城区创建世界级旅游景区工程。平江历史街区入选国家级旅游休闲街区。同里古镇中川路街区和角直西汇街—东市街街区入选省级旅游休闲街区。“夜周庄”案例入选文化和旅游部《2022年旅游景区质量提升案例汇编》。金鸡湖景区、沙家浜·虞山尚湖旅游区入选江苏省智慧旅游景区名单。

【旅游创新产品开发】　2022年，苏州市引导和鼓励文旅企业开发设计文化和旅游产品，探索融合发展模式，完善文化旅游业创业创新体系和产品体系，推动文化旅游消费环境优化、资源配置扩大、市场潜力释放、行业优势转化。自2015年起，每年开展评选文化旅游创新产品（业态）活动。张家港市户外美学餐厅、常熟市沙家浜“日夜有妙戏”系列沉浸式体验项目等10个项目获评2022年度苏州市旅游创新产品（业态）。

表53　2022年苏州市各旅游度假区发展情况统计表

项目	单位	苏州太湖国家旅游度假区	苏州阳澄湖半岛旅游度假区	昆山旅游度假区	吴江东太湖生态旅游度假区	苏州相城阳澄湖生态休闲旅游度假区	苏州西部生态旅游度假区	常熟虞山文化旅游度假区	常熟沙家浜旅游度假区	太仓长江口旅游度假区	张家港双山香山旅游度假区	苏州北太湖旅游度假区
级别	—	国家级	国家级	省级	省级	省级	省级	省级	省级	省级	省级	省级
管辖面积	平方千米	171.00	24.39	144.00	16.80	61.72	20.50	39.95	48.32	68.00	26.70	17.90
全年接待游客量	万人天	484.53	374.21	212.05	267.01	79.82	67.13	287.01	202.24	220.09	123.05	171.50
旅游项目投资额	亿元	36.09	4.59	2.51	6.34	2.99	2.24	0.68	10.91	0.43	0.28	0.29
旅游经营收入	亿元	26.73	18.24	3.16	4.57	7.02	2.92	6.98	4.79	1.51	0.84	0.47
游客人均消费额	元	303.81	1130.06	116.62	145.67	846.45	382.20	210.48	197.33	56.04	53.41	—
游客满意度	—	89.46%	85.95%	85.23%	87.25%	83.85%	86.85%	92.25%	88.39%	82.15%	91.55%	80.36%

（资料来源：市文广旅游局）

2022年12月30日，相城区吴门望亭运河公园景区被确定为国家AAA级旅游景区。图为吴门望亭运河公园及周边夜景

（相城区档案馆　供图）

截至年底，全市累计评出78项文化和旅游创新产品（业态）。

【平江历史街区入选国家级旅游休闲街区】2022年1月，文化和旅游部、国家发展改革委发布《关于国家级旅游休闲街区名单的公告》，苏州市平江历史街区入选。平江历史街区是苏州古城保存最完整、规模最大的历史街区，全长1092米，延续唐宋以后"水陆并行，河街相邻"的城坊格局，拥有世界文化遗产1处、国家级文保单位2处、各级文物景点100余处，是首批中国历史文化名街。该街区原住居民生活其中，与游人和谐相处，堪称苏州古城的缩影。有100余家特色文化客商入驻，并有诸多苏州本土品牌共同经营。探索"首店经济"，聚集一批以如东森里、金谷里、花无缺、猫的天空之城、荷言旗袍、祯彩堂、翰尔酒店、春上江南为代表的精品类业态项目。开展"姑苏八点半"夜经济，打造"平江跨年盛典""平江晒书节"等特色节庆活动10余届。作为城市自我更新的经典案例，该街区获得联合国教科文组织颁发的"亚太文化遗产保护荣誉奖"。

（市文广旅游局　李宜达）

文旅融合

【文旅融合项目开发】2022年，苏州市出台《关于推动全市重大文化产业项目建设的若干措施》，从投资促进、要素保障、经营激励、消费促进等方面出台激励政策。推进中国数字文化集团、央广传媒集团等一批数字文化头部企业在苏州落地。全年全市有10个项目入选2022年省重点文化和旅游产业项目，有19个旅游产业项目入库江苏省旅游产业发展基金项目库。苏州文化企业原创作品《孔小西和哈基姆》获得国家主席习近平署名文章"点赞"，苏州本土企业原创动画片《多多的童话》入选"一带一路"文旅产业国际合作重点项目名单，成为推动中华文化更好走向世界的典范案例。

【文化和旅游消费】2022年，苏州市围绕"苏式生活，最美江南"主题，线上线下合力促进文化和旅游消费。顺应消费升级趋势，围绕文旅消费新人群、新圈层，抓好文旅消费新空间、新场景的打造提升，推出江南・绣衣厂文创园、海市山塘、右见文化艺术空间等10个夜间文化和旅游消费示范项目，打造具有苏州特色的"艺文空间"。年内，观前街区、同里古镇入选第二批国家级夜间文旅消费集聚区，姑苏区、苏州工业园区、昆山市入选首批江苏省文化和旅游消费示范单位，姑苏区、苏州太湖国家旅游度假区入选首批江苏省文旅产业融合发展范区。

【文旅消费季活动】2022年，苏州市开展2022年度苏州文旅消费季活动，从丰富文旅消费供给、激活文旅消费需求、优化文旅消费环境3个方面着手，推出10个特色专题活动。开展"金虎乐新春"、"惠民读书周"、"苏式生活体验周"、"来苏州旅游都挺好"直播、"乐游江南"文旅消费惠民季等系列特色文旅消费活动，联动近1万家文旅消费商户，面向市民、游客发放10万余份文旅消费券，吸引500万余人次参与。

【观前街区、同里古镇入选国家级夜间文化和旅游消费集聚区】2022年8月，文化和旅游部公布第二批国家级夜间文化和旅游消费集聚区名单，苏州市观前街区、同里古镇入选。

观前街区东西长780米，南北长748米，占地58.3万平方米，是苏州古城几何中心。作为姑苏区第一商业街，观前街早有夜市传统。观前商圈文化、旅游、商业等多种元素汇聚，千年道观玄妙观、百年老街观前街、休闲广场小公园等观前"地标"，凝聚历史文化精粹。观前核心街区文旅消费业态占比80%以上，业态集聚度高，文旅特色突出，区域内文化、旅游、商业等多种元素汇聚，文旅商资源有机联动、集约利用。集聚区围绕"夜show""夜食""夜购""夜娱""夜游""夜宿"6个方面，推出各类夜间经济品牌活动，人流量和销售额均大幅增长。

同里古镇夜间文化和旅游消费集聚区，主要依托同里古镇景区。以景区内退思广场为核心，春湾尚休闲街区、退思园、三桥、明清购物街为重点区域，古镇内民宿、餐饮等各类商家积极参与。同里古镇整合夜游资源，开创"退思邀月"夜游全新模式，提升同里夜游品牌内涵。推出实景式巡回演出，开办特色主题夜市，拓展文化创意空间。举办"同里创意夜拍"活动，引导错位发展等举措，实现业态多元、供给丰富。推出便捷交通、无理由退货等服务，并通过夜景光环境工程建设，出台夜经济政策等，让古镇旅游功能完善、服务配套。

（市文广旅游局　李宜达）

旅游业态

【文化遗产旅游】2022年，苏州市加强建设"世界遗产典范城市""手工艺和民间艺术之都"品牌，推进"百园之城""百馆之城""百剧之城"建设，将以古典园林、大运河等为代表的文化遗产和以昆曲、苏绣等为代表的非物质文化遗产与旅游深度融合，推出一批文化遗产旅游精品项目。围绕“寻宋江南”“春秋吴越”“寻觅三国”等多个文化主题，推出“苏州人文之旅”江南文化特色旅游线路。包括苏州博物馆、拙政园（苏州园林博物馆）、全晋会馆（中国昆曲博物馆）、苏州文庙（苏州碑刻博物馆）、山塘街历史文化街区 虎丘、苏州丝绸博物馆、角直古镇、常熟虞山尚湖风景区8个景点在内的“姑苏文章·风雅苏州”入选江苏省首批文化遗产旅游精品线路。苏州古典园林文化遗产旅游案例入选2021全国文化遗产旅游优秀案例。苏绣小镇入选2022全国非遗与旅游融合发展优选项目名录（非遗旅游小镇）。

2022年10月24日，苏州高新区镇湖苏绣小镇入选2022全国非遗与旅游融合发展优选项目名录。图为苏绣小镇俯瞰图 （苏州高新区档案馆 供图）

【古镇旅游】 2022年，苏州市依托角直、周庄、同里、千灯、锦溪、沙溪等江南水乡古镇资源，推动古镇旅游业态发展。7月，同里古镇举办“繁华吴江夜·ZUI美夜同里”，推出“人间烟火气 旧时江南集”活动，涵盖“夜食”“夜娱”“夜购”“夜游”“夜动”等夜生活场景，推动夜经济发展。9月，周庄古镇举办2022海峡两岸（昆山）中秋灯会，展现江南水乡夜景，受到中央广播电视总台、新华社、《人民日报》等50余家媒体报道，微博话题阅读量突破3000万人次。9月，锦溪古镇举办2022锦溪旅游文化艺术节，开展长三角宣卷交流演出、锦溪河鲜节、“喜迎二十大”书法美术摄影艺术展等活动，通过网红打卡、艺术表达、创意赋能等形式营造人文气息。沙溪古镇打造“舒心夜沙溪”夜经济品牌，整合线上平台和线下实体商业资源，推出“舒心夜沙溪·游梦露营季”活动、美食夜市摊位等夜间消费场景。

【水上旅游】 截至2022年底，苏州市有水上旅游市场主体49家，其中国有企业主体35家、民营企业主体14家；有各类水上游船1173艘，总座位13602个，水上运动休闲类船只729艘（帆船64艘、桨板20艘、皮划艇472艘、龙舟33艘）。全年接待水上游游客162.9万人次。打造古城水上游，古镇水上游，景区水上游，太湖、阳澄湖片区水上游4类水上游产品。推出与休闲度假相结合的水上运动项目，包括金鸡湖景区、石湖景区、张家港市太阳岛、昆山市乐营淀山湖国际营地的帆船、龙舟、皮划艇等水上运动休闲旅游项目。吴江东太湖生态旅游度假区引进国际游艇俱乐部，突出“运动+度假”主题特色，向游客提供帆船培训、快艇体验、夜游太湖赏喷泉等产品。

【乡村旅游】 2022年，苏州市发展乡村旅游，发挥乡村旅游满足消费需求、带动农民增收、助力乡村振兴作用。举办江苏省第13届乡村旅游节分会场，开展“百宿之美·入梦苏乡”精品民宿推介活动，多个项目入选江苏乡村旅游新技术新场景新应用，在全省平台推广。吴江区七都镇开弦弓村入选中国美丽休闲乡村。全市累计入选13个，数量列全省设区市第一位。张家港市凤凰镇双塘村、吴江区七都镇开弦弓村和常熟市海虞镇七峰村3个村创建成为省级乡村旅游重点村。张家港市“原味乡村·传奇之旅”乡村旅游线路入选文化和旅游部联合共青团中央推出的“乡村四时好风光——稻花香里说丰年”全国乡村旅游精品线路。市文广旅游局联合市总工会将6家省级以上乡村旅游重点村纳入职工疗休养范围。组织“姑苏乡味”农家乐技能大赛，弘扬苏州传统美食文化，引领乡村旅游品质提升。

2022年入选中国美丽休闲乡村、江苏省乡村旅游重点村的吴江区七都镇开弦弓村 （市住房城乡建设局 供图）

【工业旅游】 2022年，苏州市围绕全域旅游发展战略，依托工业优势，发展工业旅游，挖掘工业遗存，培育工业旅游示范点，形成“可学、可娱、可购、可闲”的工业旅游综合体系。相城区苏州御窑金砖博物馆、吴江区华佳丝绸创意文化产业园、常熟市艺术鸭数字文创智选产业园、张家港市昊盛石斛工业旅游区4家企业入选江苏省工业旅游区培育单位名单。截至年底，全市创成国家、省级工业旅游示范点43家，其中国家级11家、省级32家，涵盖丝绸、纺织、食品、钢铁、家具、物流、医药、电梯、箱包、模具等多个门类。

【红色旅游】 2022年，苏州以红色旅游融合发展理念为引领，以省级示范项目为基础，推进全国红色旅游融合发展示范区建设工作，探索全域旅游大背景下红色旅游融合发展的联动发展体制机制。根据《文化和旅游部办公厅、教育部办公厅、共青团中央办公厅关于开展“赓续红色血脉 培育时代新人”红色讲解员进校园活动的通知》要求，指导常熟市围绕活动目标，以优秀红色讲解员为示范带动，组织宣讲组开展主题宣讲和相关活动。打造一批红色旅游精品线路，“芦荡星火富民燎原”精品线路入选“喜迎二十大 见证新江苏”红色旅游精品线路名单。常熟“芦荡火种”红色旅游融合发展项目入选第一批江苏省红色旅游融合发展示范项目。

【假日旅游】 2022年，苏州市建立健全市、县两级假日市场综合协调管理机制，形成共同抓假日市场各项工作的合力，确保假日市场工作不脱节、不断档。在常态化疫情防控的背景下，做好客情预测、落实景区分时预约机制，加强政府假日专班的组织和协调，加强假日专班值守工作。明确相关处室职责，收集与报送假日信息。开设假日旅游接驳班车，补充假日市场公共交通服务。专项打击"黄牛""黑导"扰乱假日市场行为，对旅游包车实施专项治理，广泛开展"文明旅游、理性消费"宣传引导工作，实现假日市场"安全、秩序、质量、文明"四统一目标。国庆节期间（10月1—7日），全市接待游客总量553.7万人次（日均客流79.1万人次），恢复到2021年同期的70.3%；实现旅游综合收入67.5亿元，恢复65.1%。其中，57家国家A级旅游景区和16个乡村旅游点共接待游客337.6万人次（A级景区接待游客282.4万人次，下降20.4%；乡村旅游重点村接待游客55.2万人次，下降41.8%）。

【职工疗休养活动】 2022年，苏州市落实《关于进一步帮助市场主体纾困解难着力稳定经济增长若干政策措施的通知》精神，促进职工疗休养工作，推动旅游发展。市文广旅游局、市总工会调研评估后，将常熟市支塘镇蒋巷村、吴中区越溪街道旺山村、苏州高新区通安镇树山村、吴江区平望镇庙头村和相城区黄埭镇冯梦龙村5家乡村旅游重点村纳入苏州市职工疗休养范围，拓宽职工到乡村开展疗休养活动范围。全年市总工会组织1.12万名抗疫和保供一线职工和劳模工匠参加红色教育、企业文化、新农村建设等方面的疗休养活动。

（市文广旅游局　李宜达）

旅游推广

【旅游品牌建设】 2022年，苏州市推进旅游品牌建设，打造"四季苏州 最是江南"文旅品牌。"四季苏州 最是江南"以春、夏、秋、冬为纵轴，10个县级市（区）为横轴，分时推出精品旅游线路，打造全市域、全时段、全天候的文旅体验。全年举办春、夏、秋、冬4场苏州旅游季发布会，发布季度旅游产品、主题线路、必选榜单、特色活动等，展示苏州文化旅游资源。开展"苏州人游苏州"系列活动和"来苏州旅游都挺好"系列直播，10个县级市（区）全部参与。开展新媒体营销激励活动，鼓励旅游企业通过新媒体运营推广和带货营销，重塑品牌吸引力，构建新媒体联盟营销矩阵。

【旅游线路开发】 2022年，苏州市以传统江南文化为底蕴，结合现代旅游消费方式，精选优质文旅资源，围绕"创新产品、全新体验、价值消费、绝佳口碑"，打造"新派江南"文化体验产品、"东方水城"休闲度假产品、"约会苏州"会奖旅游产品等苏式旅游消费产品。开发四季游苏州旅游线路，发布《2022年四季游苏州旅游手册》。春季苏州旅游季推出50余处春天赏花胜地和苏城赏花线、古镇春意线、运河经典线等9类30条春季主题线路；夏天苏州旅游季推出60余处夏天避暑胜地和寻幽纳凉线、消夏悠游线、水上乐园线等10类30条夏季主题线路；秋天苏州旅游季推出"赏艺""赏夜""赏月""赏色""赏味"5类主题活动和9条秋天苏州色彩印象主题线路；冬天苏州旅游季推出"情暖冬日，约惠沙洲""祈福虞城，年味常熟""枫落吴江红 初冬正佳时"等10类主题活动和市集夜游、网红打卡、苏作非遗等99种旅读苏州的玩法。

【旅游推广活动】 2022年6月，苏州市举办"苏州人游苏州"系列活动。10个县级市（区）结合自身旅游资源属性，推出张家港线路（江南农耕文化园—河阳山歌馆—肖家巷特色田园乡村）等10条主题旅游线路。6月9日，邀请曾参与苏州防疫抗疫工作的志愿者和市民代表约200人参加体验活动。6月，苏州市举办"来苏州旅游都挺好"系列直播活动3场，10个县级市（区）全部参与，观看人数203.9万人次，200余款文旅产品在直播期间全部售罄，售出6167份文旅产品，总价值近360万元。

【第四届大运河文化旅游博览会】 2022年9月22—25日，由江苏省委宣传部、苏州市政府等主办的第四届大运河文化旅游博览会在苏州举办。该届博览会适应疫情防控常态化的新形势，创新办会模式，线上线下互动，场内场外联动，聚焦科技赋能，增加国际元素，设计举办开幕仪式及主题演出、夜游古运河、展览展示、主题论坛、互动联动5大板块13项活动。其中，运河城市文旅精品展、"丝路与运河的邂逅"国际展、运河美食文化展等6个主题展览展示吸引20余个国家的72个城市关注，900余家单位4000余人参展参会。运博会数字展览平台——"线上运博会"累计为2200余家参展商、500余家买家提供线上服务，累计访问数突破2亿人次，意向交易额1.46亿元。博览会期间，累计近10万人次参加活动，线上观众3.7亿人次。

【第44届寒山寺新年听钟声活动】 2022年12月31日至2023年1月1日，第44届寒山寺新年听钟声活动举办。活动以"和合钟声·幸福启程"为主题，围绕和合文化、江南文化、运河旅游等元素，营造新年氛围。其间，寒山寺与香港宝莲禅寺同步敲响钟声。现场布置有祈福墙以及"主题花灯""非遗文化""精彩灯谜"等特色长廊，举办江南特色演出、民俗游戏以及"枫桥夜泊""苏东坡夜游""江南四大才子"等沉浸式情景秀巡游。

（市文广旅游局　李宜达）

旅游管理

【旅游市场综合治理】 2022年，苏州市围绕旅游市场难点和突出问题，开展"一日游"旅游市场整治行动等系列专

2022年9月22—25日，第四届大运河文化旅游博览会在苏州国际博览中心举办。图为"5G大运河"沉浸式体验馆　（国际博览中心　供图）

项治理。全年立案70起，结案48起，其中重大案件11起，不予处罚3起，从轻处罚1起。处理的1起重大案件获得文化和旅游部2021—2022年通报表扬，2起案例入选江苏省第三批旅游市场行政执法指导案例。提升执法队伍综合素质，组织综合执法岗位练兵技能竞赛，举办各类培训57场次，参加培训1224人次。承接文化和旅游部集中办案周活动。推进投诉调解与仲裁衔接试点工作，成立苏州旅游纠纷仲裁中心。组建老年旅游服务质量监督志愿者队伍，被《中国旅游报》报道。

【星级酒店管理】 截至2022年底，苏州市有星级酒店57家，其中五星级21家、四星级23家。年内，苏州市开展星级旅游饭店评定性复核，督促星级饭店以旅游饭店星级评定标准为蓝本，优化内部流程和管理，提升服务水平。全年完成3家五星级旅游饭店、3家四星级旅游饭店的评定性复核工作，通过率100%。通过有线电视费用减免、酒店消杀及疫情防控相关设施设备升级费用补贴等形式，引导星级旅游饭店新冠疫情防控期间规范防控管理，全年发放纾困补贴资金近200万元。

【民宿管理】 截至2022年底，苏州市有纳入备案管理的乡村民宿580家，其中张家港市16家、常熟市26家、太仓市4家、昆山市3家、吴江区150家、吴中区347家、相城区15家、苏州高新区19家。年内，坚持按照“保护生态、因地制宜、彰显特色、合理布局、有序发展”的原则，抓好统筹谋划，规范经营管理，提升服务品质，确保民宿产业发展规模和质量走在全省前列。出台《苏州市备案民宿纾困资金申报指南》，为全市备案民宿给予一次性补贴，惠及469家备案民宿。评选出吴江区同里花筑奢明园、苏州高新区树山兰兮小筑山居美宿等十大乡村旅游精品民宿。

【旅行社管理】 2022年，苏州市在全省率先推行“苏式质保金”改革试点，探索履约保证保险+银行保函形式替代旅行社质量保证金，减轻新冠疫情时期旅行社的现金压力。落实简化旅行社质量保证金100%暂退手续，暂退质量保证金1.5亿元。指导旅行社优化本地游产品和服务，开拓线上销售渠道和管理模式。截至年底，苏州市有旅行总社571家，旅行出境社67家，旅行分社108家，旅行网点687家。开展旅游行业标准化建设，做好星级旅行社星评工作，全年评出三星级旅行社24家，完成三星级评定性复核7家、四星级评定性复核2家。

【旅游从业人员管理】 2022年，苏州市组织行业技能竞赛，提升星级饭店从业人员、导游服务水平。开展苏州市“吴地工匠”职业技能系列竞赛——2022年苏州市星级饭店从业人员职业技能竞赛。组织苏州代表队参加省级技能竞赛，获得二等奖1个、三等奖2个和优秀组织奖。启动导游人才队伍培育计划，分层次开展导游人才队伍培育和管理。举办品牌导游孵化培训班，组织50名优秀导游开展为期1个月的封闭训练，形成各类课题、导游词、调研等成果100余篇。组织开展2022年度苏州市文旅行业导游（讲解员）技能大赛，做好导游人才培养储备工作。截至2022年底，苏州市有导游6453人，其中初级导游6046人、中级导游339人、高级导游67人、特级导游1人。

（市文广旅游局　李宜达）

旅游公共服务

【旅游服务平台建设】 2022年，苏州市旅游服务平台“君到苏州”留存粉丝总数155万人，手机注册用户总数216万人，新增注册用户数62.7万人，浏览量1746万人次，交易额1096.8万元。新增“关怀模式”，增设“数字博物馆”“长三角文旅平台”“抖in苏州”“研学游”“定制游”等旅游专题频道，累计提供公共服务28项。其中，“数字博物馆”入选2022年度苏州市数字政府优秀案例入围名单。全年累计上线“繁星奖云展演”“5·18国际博物馆日”“文旅纾困18条”“孔子文化节”“苏写青春，放飞梦想”等宣传专题70余个。完成“君到苏州”平台App端、微信端数字人民币支付端口接入，实现平台200余家商户的文旅产品的数字人民币支付，与中国农业银行、中国建设银行合作，推广数字人民币应用。举办首届“君到苏州”供应商大会，构建完整高效的“君到苏州”平台供应商体系。

【智慧景区建设】 2022年，苏州市组建智慧景区工作领导小组和数字专家组，结合苏州景区管理需求、政府管理需求，以及游客服务需求，完成《苏州数字景区智慧管理与服务导则（试行）》的编制，并立项苏州市地方标准。开展全市数字景区专题线上线下培训，以该标准为基础推进数字景区建设。完成景区“一卡通”系统改造，实现身份证、社保卡、二维码、“苏服码”统一识别，将景区实名预约、智慧咨询等与“君到苏州”文旅总入口平台对接，将数字景区管理服务内容纳入“苏州智慧文旅数据中心”和“苏州市文旅指挥中心”。在各县级市（区）选出不同类型的优质A级景区开展智慧景区培育建设，10个景区获得2022年度文旅信息化培育项目，周庄古镇景区、同里古镇景区、金鸡湖景区、沙家浜虞山尚湖景区入选江苏省智慧景区。苏州数字景区建设通过在服务、管理、产品、互联方面的全面数字化标准提升，获评2022年度数字苏州标准化建设典型案例。

【旅游交通体系建设】 2022年，苏州市结合城建项目统筹提升古城生活慢行系统，研究策划特色慢行线路，构建古城内循环交通体系，为市民、游客提供良好的旅行体验。落实“公交优先”政策，探索古城特色公交专线，加强轨道、公交两网融合，实现轨道站点100米内公交站点覆盖率100%，服务游客游玩休闲、发展夜间经济等众多场景，日均服务3.0万人次。做好假日换乘工作，开展假日交通宣传和假日期间的交通引导，缓解古城区交通压力。国庆假日期间，苏州轨道交通线网总客运量756万人次，日均108万人次，列车正点率100%；苏州市旅游集散中心、东汇公园换乘停车场、梅巷花园换乘停车场发挥P+R换乘功能，共发车584班，运送游客1.2万人次。

【旅游厕所建设】 2022年，苏州市有入库统计旅游厕所1174座，增加8座。其中，AAA级旅游厕所243座，AA级旅游厕所316座，A级旅游厕所483座。苏州高新区苏州乐园森林世界景区入选文化和旅游部全国旅游厕所建设与管理优秀案例。全市新增10座市级“建设最美”、50座市级“服务最优”旅游厕所。结合《旅游厕所质量要求与评定》，邀请第三方机构对全市354座旅游厕所开展巡查，督导做好旅游厕所的建设维护。

（市文广旅游局　李宜达）

编辑：胡　颖

房地产业

土地出让

【概况】 2022年，苏州市完成土地供应4638.28公顷，下降7.6%，为2021年供地总量的92.4%。其中，工业、研发等产业用地供应1299.18公顷，占比28.0%；住宅、商服等经营性用地供应869.28公顷，占比18.7%；教育、医疗等公共服务和基础设施用地供应2469.82公顷（含交通、水利用地1963.31公顷），占比53.2%。产业用地成交金额78.5亿元，平均地价每亩40万元；经营性用地成交金额1419.3亿元，平均地价每亩1088.5万元。

【区域成交情况】 2022年，苏州市出让土地683宗，面积2168.5公顷，成交金额1497.8亿元。其中，姑苏区出让土地6宗22.2公顷，成交金额30.3亿元；吴中区出让土地47宗183.3公顷，成交金额198.3亿元；相城区出让土地43宗161.5公顷，成交金额165.8亿元；苏州工业园区出让土地69宗231.8公顷，成交金额278.4亿元；苏州高新区出让土地42宗148.0公顷，成交金额227.9亿元；吴江区出让土地55宗202.5公顷，成交金额106.8亿元；张家港市出让土地145宗415.0公顷，成交金额98.8亿元；常熟市出让土地130宗332.8公顷，成交金额93.9亿元；太仓市出让土地84宗277.0公顷，成交金额114.3亿元；昆山市出让土地62宗194.4公顷，成交金额183.2亿元。

【住宅用地出让】 2022年，苏州市出让住宅用地163宗，面积715.0公顷，成交金额1366.8亿元。其中，姑苏区出让住宅用地2宗8.2公顷，成交金额26.4亿元；吴中区出让住宅用地16宗89.4公顷，成交金额194.1亿元；相城区出让住宅用地11宗59.2公顷，成交金额152.6亿元；苏州工业园区出让住宅用地13宗55.4公顷，成交金额256.6亿元；苏州高新区出让住宅用地17宗78.5公顷，成交金额220.5亿元；吴江区出让住宅用地13宗72.9公顷，成交金额93.3亿元；张家港市出让住宅用地31宗110.2公顷，成交金额76.9亿元；常熟市出让住宅用地17宗65.7公顷，成交金额71.6亿元；太仓市出让住宅用地19宗81.3公顷，成交金额103.3亿元；昆山市出让住宅用地24宗94.1公顷，成交金额171.5亿元。

（市自然资源规划局　武营营）

房地产开发经营

【房地产开发】 2022年，苏州市完成房地产开发投资2691.4亿元，下降6.2%。其中，住宅投资2331亿元，下降2.1%。全市房屋新开工面积1187.8万平方米，下降56.5%；房屋施工面积1.08亿平方米，下降9.3%；房屋竣工面积1360.7万平方米，增长9.8%。

【商品房供应】 2022年，苏州市商品房批准预售面积1557.99万平方米，下降31.55%。其中，商品住房批准预售面积1320.21万平方米，下降35.04%。市区商品房批准预售面积851.43万平方米，下降26.49%。其中，商品住房批准预售面积710.21万平方米，下降32.26%。

【商品房库存】 截至2022年底，苏州市商品房累计可售面积2664.48万平方米，比2021年底下降18.53%。其中，商品住房累计可售面积1785.17万平方米，比2021年底下降21.99%。市区商品房累计可售面积1594.15万平方米，比2021年底下降18.48%。其中，商品住房累计可售面积950.21万平方米，比2021年底下降26.25%。

【商品房销售】 2022年，苏州市商品房实际登记销售面积累计2354.95万平方米，下降1.22%。其中，商品住房实际登记销售面积累计2106.73万平方米，下降2.32%。市区商品房实际登记销售面积累计1244.56万平方米，增长0.41%。其中，商品住房实际登记销售面积累计1076.90万平方米，下降2.02%。全年全市商品房平均成交价格为每平方米16199元，下降12.56%。其中，商品住房平均成交价格为每平方米16670元，下降12.93%。市区商品房平均成交价格为每平方米18131元，下降14.56%。其中，商品住房平均成交价格为每平方米18840元，下降14.78%。

【存量房交易】 2022年，苏州市存量房交易面积累计1560.53万平方米，下降14.24%。其中，存量住房交易面积累计1132.96万平方米，下降23.33%。市区存量房交易面积累计713.15万平方米，下降9.69%。其中，存量住房交易面积累计545.03万平方米，下降17.27%。全年全市存量房成交均价为每平方米13635元，下降5.69%。其中，存量住房成交均价为每平方米16295元，增长2.79%。市区存量房成交均价为每平方米16074元，下降5.61%。其中，存量住房成交均价为每平方米19553元，增长0.96%。

（市住房城乡建设局　胡怡婷）

表54　2022年苏州市商品住房分地区成交统计表

地区		批准预售面积（万平方米）	比2021年（±）	年底累计可售面积（万平方米）	比2021年（±）	实际登记销售面积（万平方米）	比2021年（±）	平均销售价格（元/平方米）	比2021年（±）
全市	商品房	1557.99	−31.55%	2664.48	−18.53%	2354.95	−1.22%	16199	−12.56%
	商品住房	1320.21	−35.04%	1785.17	−21.99%	2106.73	−2.32%	16670	−12.93%
市区	商品房	851.43	−26.49%	1594.15	−18.48%	1244.56	0.41%	18131	−14.56%
	商品住房	710.21	−32.26%	950.21	−26.25%	1076.90	−2.02%	18840	−14.78%
张家港市	商品房	104.94	−56.79%	176.91	−28.33%	216.20	3.66%	10181	−26.12%
	商品住房	100.76	−57.09%	143.73	−31.13%	196.05	6.49%	10291	−27.15%
常熟市	商品房	238.40	−15.60%	423.21	−1.36%	252.36	−11.05%	11294	−10.97%
	商品住房	173.42	−29.93%	345.29	−6.20%	234.75	−10.39%	11608	−11.67%
太仓市	商品房	92.18	−66.99%	154.90	−29.88%	246.17	−4.90%	13319	−18.77%
	商品住房	79.44	−61.46%	141.07	−2.89%	235.31	−5.78%	13492	−18.51%
昆山市	商品房	271.04	−22.53%	315.30	−28.25%	395.65	0.59%	18329	0.94%
	商品住房	256.38	−19.75%	204.86	−35.26%	363.71	0.50%	19007	0.92%

表55　2022年苏州市存量住房分地区成交统计表

地区		成交面积（万平方米）	比2021年（±）	成交金额（亿元）	比2021年（±）	成交处（套）数	比2021年（±）
全市	二手房	1560.53	−14.24%	2127.85	−19.12%	120916	−23.21%
	二手住房	1132.96	−23.33%	1846.19	−21.19%	104076	−24.09%
市区	二手房	713.15	−9.69%	1146.32	−14.75%	57189	−20.14%
	二手住房	545.03	−17.27%	1065.68	−16.48%	51242	−18.64%
张家港市	二手房	149.12	−22.28%	109.28	−17.71%	15612	−13.54%
	二手住房	132.56	−23.58%	100.55	−19.23%	10280	−23.88%
常熟市	二手房	207.74	16.17%	125.88	−11.42%	9484	−22.10%
	二手住房	89.17	−22.04%	93.00	−25.18%	7798	−23.79%
太仓市	二手房	109.89	−12.29%	109.56	−18.20%	7245	−20.83%
	二手住房	64.35	−20.33%	77.82	−20.78%	5642	−20.65%
昆山市	二手房	380.63	−28.73%	636.82	−27.42%	31386	−32.46%
	二手住房	301.85	−32.98%	509.14	−29.25%	29114	−32.72%

（资料来源：市住房城乡建设局）

房地产中介和租赁服务

【房地产经纪机构】 2022年，苏州市有完成入网信息登记的房地产经纪机构约7100家，完成入网信息采集的房地产经纪服务人员5.36万人，全年制作、发放房地产经纪服务人员信息卡4万余张。

【房地产经纪机构信用管理】 2022年，苏州市根据施行的《苏州市房地产经纪行业信用管理办法》《苏州市房地产经纪信用评价标准》以及《关于优化苏州市市区存量房出售房源验真、公示及信息发布服务的通知》，完善房地产经纪机构及其经纪服务人员诚信档案，健全房地产经纪机构、房地产经纪服务人员、房源的三个“一号一码”信用管理制度，构建房地产经纪机构信用等级、房地产经纪服务人员星级的双评价体系。

【房产租赁】 2022年，苏州市以苏州市住房租赁信息服务与监管平台为基础，加强住房租赁服务与监管，推进住房租赁业务“一网通办”。截至年底，苏州市住房租赁信息服务与监管平台纳入管理的房地产经纪机构和住房租赁企业共2002家，租赁从业人员1.5万人。平台住房租赁合同网签数量2.47万份，住房租赁登记备案数量2.35万份。平台发布房源数量9300余套。

【二手房交易便民举措】 2022年11月，苏州市二手房自主交易平台“苏找房”上线启动。市民只需通过平台实名注册登录，即可发布个人房源信息，通过平台对房源信息的展示、推广，与承购人自行达成成交意向。在打造线上便捷房源发布新渠道同时，在市区14家商业银行设立145个便民服务点，推出二手房交易、资金托管、贷款跨区域“全网通办”服务模式。把房产交易窗口服务延伸到市民家门口，实现市民“跑一次路、进一扇门”，即可“一站式”办完二手房交易和贷款的全部手续，满足跨区办理需求，方便群众就近办理。

（市住房城乡建设局　胡怡婷）

房地产市场监管

【概况】 2022年，苏州市搭建“政企沟通”“央地合作”“银企对接”3个平台，优化房地产行业营商环境。统一房地产开发销售环节所有制度规范，对所有项目加强预售资金全面监管，出台商品房预售资金监管实施细则，维护购房人权益。推行二手房跨行“带押过户”，降低交易风险和成本；全面落地实施“卖旧买新”个税1%全部退税减免政策，实现全市范围内个人购房网签信息共享，支持改善型住房需求，提高市场购买力；上线“苏找房”二手房自主交易平台，为市民提供个人发布房源交易渠道。

【房地产开发企业信用管理】 2022年，苏州市评定房地产开发企业A级14家、B级424家、C级60家、D级7家。对于在开发项目建设施工交付等过程中发生重大风险问题的楼盘直接降为D级严加监管。

【房地产市场平稳健康发展长效机制试点】 2022年，苏州市落实稳地价、稳房价、稳预期，实施房地产市场平稳健康发展长效机制工作。健全住宅用地市场准入机制，优化购地资金审查制度，合理确定最高限价，严格控制溢价率；差别化确定住宅用地保证金比例、全额出让金缴清时限，维护土地市场平稳健康发展。从限购、限售、限贷、贷款利率、公积金贷款额度、换房个税退税、人才购房、价格备案等方面优化调整房地产调控政策。加强房地产市场监管，整治规范房地产市场秩序，深化“放管服”改革、优化营商环境，为房地产开发企业提供土拍后报建至商品房交付使用全过程指引。全年新建商品住宅价格同比平均指数为99.6，完成住房城乡建设部房地产长效机制指数考核任务。

（市住房城乡建设局　胡怡婷）

物业管理

【物业服务企业】 截至2022年底，苏州市有物业企业近2000家，从业人员18万人，物业项目6000余个，服务总建筑面积6.5亿平方米，企业主营业务收入115.9亿元，利润5.37亿元。

【物业服务融入社区治理】 2022年，苏州市出台《苏州市城镇老旧小区物业管理全覆盖工作实施方案》，结合老旧小区改造工作，引导居民协商确定改造后小区管理模式、管理规约，采取业主自治、国企进驻、政府托底、引入市场化专业物业服务企业等多种形式，实现119个老旧小区物业管理全覆盖。聚焦民生痛点和治理难点，赋能物业服务企业，建设“物业+”系列服务。在全国首推“社区+物业+养老”试点工作，覆盖全市52家物业服务企业、85个项目。开展“物业+急救”工作，全年全市物业企业开展培训40余次，2000余物业人员获得急救培训合格证。

【物业服务行业信用体系建设】 2022年，苏州市推进物业服务行业信用体系建设，促进物业服务企业诚信自律，维护公平竞争的物业服务市场秩序。673家具有独立法人资格的物业服务企业参与信用评价，评定A级75家、B级112家、C级482家、D级4家。

【示范物业创建】 2022年，苏州市从基础管理服务、房屋共用部位管理、共用设施设备运行维修和养护、公共秩序维护、环境管理服务、创新效益与业主评价等方面推进示范物业创建。张家港市澜悦华庭（江苏金新城物业服务股份有限公司）等53个居住物业项目和张家港市金城中银大厦（张家港市金城物业管理有限公司）等16个公共物业项目被评为2022年度苏州市市级示范物业管理项目。星奕湾花园（苏州中锐华田物业管理有限责任公司）等12个居住物业项目和昆山市政务服务中心〔东吴服务产业集团（江苏）有限公司〕等15个公共物业项目被评为2021年度省级物业管理示范项目。

【商品住宅专项维修资金监管】 2022年，苏州市完善商品住宅专项维修资金第三方服务机构体系，从资金交存核验、预算造价审核、施工监理、决算审计等环节加强维修资金使用监管和技术指导，防控挪用维修资金、虚列维修工程项目、虚增维修工程量等行为。开展维修资金专项审计，对各县级市（区）年度维修资金财务收支情况开展审计审查，逐项整改相关问题，确保维修资金使用、管理规范有序。全年，苏州市商品住宅专项维修资金归集总额34.1亿元，维修资金使用总额2.21亿元，维修资金增值总额7.78亿元，年末维修资金代管机构账面余额503.96亿元。

（市住房城乡建设局　胡怡婷）

编辑：胡振芳

综 述

【综合交通运输体系建设】 2022年，苏州市推进现代综合立体交通运输体系建设。苏州市政府与江苏省交通运输厅签署共建交通运输现代化示范区合作框架协议。苏州市与无锡市等地加强对接交流，形成《共同推进交通基础设施互联互通战略合作协议》。铁路建设方面，通苏嘉甬高铁、北沿江高铁、水乡旅游线苏州南站预埋工程开工建设，沪苏通铁路二期（太仓至四团段）全线开工，苏州南站变更设计获得中国国家铁路集团有限公司、江苏省人民政府联合批复。跨区域道路方面，张皋过江通道、海太过江通道、强胜路对接312国道开工建设，524国道常熟莫城至辛庄段、312国道苏州东段建成通车。水运建设项目方面，京杭运河江苏段绿色现代航运综合整治工程（江南段）苏州段开工建设，江苏（苏州）国际铁路物流中心码头工程中港池、申张线青阳港段航道工程建成交工。品质工程创建方面，6个工程挂牌省级品质工程示范创建项目，杨林塘航道整治工程杨林船闸工程获得水运交通优质工程奖，苏州太仓港区四期工程获评江苏交通优质工程，312国道苏州西段改扩建工程等2个项目获得江苏省“扬子杯”优质工程奖。苏州城市出行服务与物流自动驾驶先导应用试点入选全国第一批智能交通应用试点项目名单（自动驾驶和智能航运方向）。

【交通基础设施投资】 2022年，苏州市计划项目累计完成交通基础设施投资243.63亿元，占年度投资计划的114.2%。大交通项目195.07亿元，占年度投资计划116.5%。其中，铁路、公路、航道船闸分别为76.68亿元、112.81亿元、5.52亿元，分别占年度投资计划115.7%、130.4%、106.1%。市政桥梁建设17.58亿元，占年度投资计划77.8%。城市维护支出和还本付息22.38亿元，占年度投资计划139.8%。公共设施类项目8.61亿元，占年度投资计划117.2%。

【运输结构调整】 2022年，苏州市入选全省运输结构调整示范建设城市。出台《苏州市推进多式联运发展优化调整运输结构行动计划（2022—2025年）》。全市铁路货物发送量完成118.86万吨，增长20.87%；内河集装箱运输完成14.15万标准箱，增长35.57%。中欧班列稳定运营，全年中欧班列开行进出口班列403列（折算班列503列）、搭载40英尺集装箱2.06万个、货重39.96万吨、货值21.02亿美元。新增老挝万象、意大利米兰两条国际货运线路。中欧班列苏州—太仓港联动首发。签署“无锡—苏州”中欧班列接续班列战略合作协议。

【交通运输行业应对新冠疫情】 2022年，苏州市交通运输行业做好新冠肺炎疫情防控期间“精准管”，运行车辆拦截预警系统，对中高风险地区车辆实行预警提示和“不抬杆”处理，提高车辆查验效率。落实水路口岸三级排查机制，坚持“人、物、环境同防”。开展“保畅通”活动，启用“苏货通”平台，实现对不同风险等级货运车辆的分类管理，累计审核通过企业申请389万余条（绿码266万余条、橙码123万余条），规范各地交通查验流程，维护产业链供应链安全稳定。落实国务院优化新冠疫情防控“二十条”“新十条”措施以及客运场站和交通运输工具防控工作指南，保障城市交通正常运行。采取“常态化派驻+每日动态支援”的模式，优选公交驾驶员支援救护车辆运力。邮政快递服务对重要岗位实施“AB角”，新冠疫情高峰期间到岗率保持在90%以上。加强就医用车保障，网约车日均就医订单1.4万件。

（市交通运输局　石钻佳）

铁 路

【概况】 截至2022年底，苏州市铁路通车总里程323.7千米。在建铁路工程有通苏嘉甬高铁、北沿江高铁、水乡旅游

2022年4月，苏锡常城际铁路太仓先导段施工现场　（计海新　摄）

线城际铁路苏州南站预埋工程、南沿江城际铁路、沪苏湖铁路、沪苏通铁路二期、盐通铁路南通西至张家港段、苏锡常城际铁路太仓先导段太仓站等，在建里程为346.3千米。待建铁路有苏锡常城际铁路、如通苏湖城际铁路、苏淀沪城际铁路、水乡旅游线城际铁路、苏虞张铁路等，待建里程为419.7千米。全年完成铁路旅客发送量2077.09万人次，下降47.34%；完成铁路旅客周转量101.36亿人千米，下降46.2%；完成铁路货物发送量118.87万吨，增长20.9%；完成铁路货物周转量16.15亿吨千米，增长18.3%。

【铁路建设】 2022年，苏州市完成铁路建设投资77.98亿元。通苏嘉甬高铁江苏段、北沿江高铁江苏段、沪苏嘉城际铁路江苏段开工。苏州南站变更设计获得中国国家铁路集团有限公司、江苏省人民政府联合批复。如通苏湖城际铁路苏州东站同步实施工程可研性报告获得江苏省发展改革委批复。南沿江高铁、沪苏湖铁路等在建铁路施工正常。

【沪苏嘉城际铁路江苏段开工】 2022年7月13日，沪苏嘉城际铁路江苏段（水乡旅游线）开工。沪苏嘉城际铁路是推进长三角地区基础设施互联互通的标志性工程，东起上海虹桥商务区，南至浙江省嘉兴市区，西至苏州市吴江区，由上海段（上海示范区线）、江苏段（水乡旅游线）、浙江段（嘉善至西塘线和嘉兴至枫南线）组成，三线在上海水乡客厅站交会，设计时速160千米。江苏段（含与如通苏湖城际铁路共线段）正线长74.9千米，联络线长5.7千米，概算总投资243.78亿元，计划设苏州南站等9座车站。

【北沿江高铁江苏段开工】 2022年9月28日，渝蓉高铁（北沿江高铁）江苏段开工。北沿江高铁是国家中长期铁路网规划“八纵八横”之沿江高铁的主通道，连接上海市、江苏省、安徽省，设计时速350千米。江苏段全长364.8千米，途经包括太仓在内的11座车站，概算总投资1164.07亿元。

【通苏嘉甬高铁江苏段开工】 2022年11月30日，通苏嘉甬高铁江苏段在苏州开工。通苏嘉甬高铁是国家“八纵八横”高速铁路网中沿海客运通道的重要组成部分、长三角城际铁路网的骨干线路，起自南通市，通过沪苏通长江公铁大桥过江，进入苏州市、浙江省嘉兴市，终至浙江省宁波市，全线设10座车站，新建正线300.95千米，设计时速350千米，概算总投资1005.93亿元，工期5年。其中，江苏段长135.04千米，苏州境内123.68千米，在苏州设有张家港、常熟西、苏州北、苏州南4座车站。

（市交通运输局　石钻佳）

【铁路苏州站】 铁路苏州站隶属于中国铁路上海局集团有限公司。截至2022年底，运行京沪线、沪宁城际高铁线、京沪高铁线、沪苏通高铁线、太仓港疏港铁路专用线5条线路，累计实现安全生产5653天，完成年度安全目标。全年完成发送旅客2077.09万人次，下降47.34%；完成客运收入25.87亿元，下降39.16%；发送货物118.87万吨，增长20.9%，创10年最好成绩。

运输经营　根据新冠疫情情况研判客流动态，发挥营销中心阵地优势，建立新冠疫情下售票策略场景库。根据时段性、区域性客流热点，提报票额申请1.2万张，增收140万余元，车站列车运能利用率由36.6%上升至60.5%。开行苏州北G4次、张家港G888次等高附加值始发列车，车站旅客票价人均收入率149.6元，提升29.8元。加强“以货补客”工作，做好中欧班列、海铁联运等货运主力产品开行组织，在苏州西站试点开行中老班列，实现太仓港—龙游快运班列周期化开行。实施区域运输调度集中管理，优化运输组织作业职能分工，提升组织效率。

服务改善　落实便民利民措施，推广运用电子临时乘车身份证明、补票电子化、畅行扫码等新业务，试点安检查危登记系统，规范标识标牌设置及无障碍服务器械配备，改善旅客出行体验。推进商务座提质工程，优化人员配置，改善服务环境，苏州北站、苏州站商务座旅客进厅率分别为78.5%和63%。打造“苏馨”服务品牌，苏州北站获评集团公司服务文化创建示范点。开展客服重点指标专项整治提升工程，客运服务顾客总体满意度83.5%，车站遗失物品找回率增长27.4%，车站责任旅客投诉减少50%，12306表扬工单增长26.2%。

安全生产　开展安全大检查，推进安全专项整治活动。排查整治货场照明不佳、全封闭防护网片缺失、高铁沿线非法施工等安全隐患问题32起。推进外跨塘站安全文化创建示范点创建，建成苏州客站标准化行车室。

（铁路苏州站　朱文熙）

公　路

【概况】 截至2022年底，苏州市公路总里程11472千米，其中国道829千米、省道989千米、县道1898千米、乡道3839千米、村道3917千米。全市公路密度每百平方千米135.17千米。全市有道路客运业户85户，有营业性公路客运车辆7102辆293161个客位。其中，公路班线客运车辆721辆2.96万个客位，旅游、包车客车6381辆26.36万个客位。全市有道路货运业户2.97万户，有营业性公路货运车辆9.39万辆117.45万吨，其中牵引车1.40万辆、挂车1.49万辆。全年完成公路客运量1.30亿人次，下降9.4%；完成公路旅客周转量86.33亿人千米，下降10.3%；完成公路货运量2.33亿吨，下降15.0%；完成公路货物周转量266.36亿吨千米，下降10.9%。

【高速公路建设】 2022年，苏州市完成高速公路建设投资31.07亿元。全市高速公路密度为每百平方千米7.30千米。6月，张靖皋长江大桥主体工程开工。

【国省干线公路建设】 2022年，苏州市完成普通国省道公路工程建设投资57.13亿元。346国道张家港绕城段、605省道吴江同里至黎里段、342省道常熟东段和256省道太仓双凤至沙溪段改扩建工程开工建设。604省道太仓沙溪段取得工可批复、初设批复，并开展用地报批。318国道吴江水乡客厅段完成工可江苏省发展改革委审查，取得江苏省交通运输厅关于项目的工可行业意见，完成工可资料上报待批，同步容缺完成初步设计省中心预审。230省道苏州高新区段完成工可省发展改革委审查，并开展林地、用地相关前置手续工作。635国道苏州湾隧道、339省道太仓快速化、635国道（原230省道）苏州相城区段、256省道昆山北段、342省道常熟西段等项目研究推进。605省道吴江同里至黎里段改扩建工程入选2022年度全省普通国省道建设工程十佳项目。省级平安百年品质工程创建项目挂牌。

【县乡公路建设】 2022年，苏州市提档升级县乡公路78千米、改造农路桥梁14座，全市县道MQI（公路技术状况指数）为93.8，优良路率为97.8%，乡、村道MQI为90.4，优良路率为92.5%，全面完成“阡陌农路”畅安创建工程。开展三类及以下桥梁安全排查整治，累计改造四、五类危桥11座，全部完成加固改造。

【公路管理】 2022年，苏州市普通国省道MQI为94，优良路率98%。养护、大（中）修工程完成投资4.53亿元。推进环太湖一体化全国“四好农村路”示范路创建工作。江浙两省四市（苏州市、湖州市、无锡市、常州市）联合开展2022年度全国“十大最美农村路”申报工作。吴江区成为“四好农村路”全国示范县创建单位。昆山市昆澄线、太仓市东林片区环线、吴中区越东线、吴江区谢家路4条农路获评省级“美丽农村路”样板路。吴中区西环线、昆山市昆太路、苏州高新区望东线（太湖大堤）、常熟市环法字湖线4条农路获评省级“平安放心路”样板路。开展长三角、苏锡常、苏通等区域治理车辆超限超载联合执法工作，劝返货车6155台，查处车辆6853台，卸驳载5.91万吨，公安扣分近1.7万分。完成非现场执法1955起，普通公路超限率控制在0.08%，高速公路入口检测超限率控制在0.01%。

【客运管理】 2022年，苏州市完成班线定制化改造107条，全市营运定制客运线路199条，投入各类定制客运车辆297辆，全市班线定制化率51%。全市客运服务向多样化延伸，依托“巴士管家”平台，建设综合运输服务平台，联网覆盖全国26省（自治区、直辖市）260余个地级市，累计服务3.5亿人次。推进智慧车站建设，“巴士管家”在全国交通行业内率先将AI技术融入汽车客运站建设中，实现包含刷脸购票、刷脸取票、刷脸进站、刷脸检票、电子发票等全流程无纸化和智能化的服务体验。拓展“运游融合”项目，开行苏州至周庄、嵊泗、上海迪士尼等景区直通车，实施“景区门票+车票”打包服务，融合多元化旅游综合服务。

【运政管理】 2022年，苏州市开展“减证便民”行动，通过告知承诺制，办理许可事项45件，容缺受理事项921件。推进“即时办”“立即办”，即办件事项占比由9.5%提高到46.4%。探索“一体化+智慧执法+信用监管”新模式，深化非法营运整治工作。推进非法营运客车智能化整治，开展天网集中日行动、出租汽车行业净网行动、非法流动加油车“清雷”行动、旅游包车安全管理措施整治、成品油市场综合整治专项行动、沪苏浙皖毗邻城市道路运输联合集中整治等20余次行动。印发《苏州市道路运输非法违规运营智能精准协同治理工作实施方案》，对非法营运、客运班车违规站外上下客、未落实危险货物运输电子运单制度等7类非法违规行为及非法营运网约车开展专项整治行动，净化市场环境，累计查处各类案件5000余起。

【驾驶员培训管理】 2022年，苏州市注销驾校2家，注销教练车262辆。全市累计有驾校126家（含有轨电车）、教练车6725辆、教练员9592人。探索学员大厅和教练车人脸动态识别签到系统新技术，促进驾校规范经营，保障学员合法权益。

【机动车维修管理】 截至2022年底，苏州市机动车保有量507.3万辆，增长5.9%。其中，私家汽车416.7万辆，增长6.5%；新能源汽车23.3万辆，增长101%。年内，苏州市开展汽车维修行业环境保护提升行动。推进江苏省汽车维修行业环境保护专项督察问题销号工作。完成江苏省第二轮生态环境保护督察问题整改工作。启动2022年度苏州市汽车维修企业环境保护考核评价工作。印发《苏州市汽车维修行业日常环境管理制度细则》，出台《苏州市机动车维修企业安全管理规范（试行）》。开展道路运输车辆等级评定检验机构第三方评估工作，加强“三检合一”检测机构监管。

（市交通运输局　石钻佳）

水　路

【概况】 2022年，苏州市完成水路客运量267.43万人次，下降44.3%；完成水路旅客周转量0.15亿人千米，下降50.0%；完成水路货运量1058.69万吨，增长38.7%；完成水路货物周转量113.85亿吨千米，增长68.1%。苏州市地方港口完成货物吞吐量7.28亿吨，下降1.9%。其中，苏州港完成货物吞吐量5.73亿吨，增长1.2%。全市港口码头泊位数1504个，增长1.9%。其中，万吨级以上135个，增加5个。

【航道建设】 2022年，苏州市有航道287条，通航总里程2786.31千米。其中，达到等级航道里程843.04千米，包括三级航道210.20千米、四级航道65.53千米、五级航道152.07千米、六级航道234.55千米、七级航道180.69千米，等外级航道里程1943.27千米。省干线航道交通船闸3座，水上服务区3处，初步形成江、河、湖衔接，省、市、县贯通的航运网络。全年苏州市完成航道船闸建设投资7.87亿元。京杭运河绿色现代航运综合整治工程开工建设，苏南运河苏州市区段、杨林塘金鸡河吴塘河段、杨林塘昆山段通过竣工验收，申张线青阳港段航道工程交工，杨林塘航道整治工程苏昆太高速桥半幅具备交工验收条件，车坊大桥主桥建成、胜浦大桥主桥主体完工，长湖申线（苏浙省界至京杭运河段）、申张线张澄段、苏申外港线、苏申内港线等项目按计划平稳推进。苏南运河吴江

2022年10月10日，全国首艘120标准箱纯电动内河集装箱船首航，由长江太仓港驶往京杭运河苏州工业园区港
（市交通运输局　供图）

段获得江苏省“扬子杯”优质工程奖，杨林塘航道整治工程杨林船闸工程获得水运交通优质工程奖。

【苏州港】 2022年，苏州港（含张家港港区、常熟港区、太仓港区）完成货物吞吐量5.73亿吨，完成集装箱吞吐量907.99万标准箱，完成外贸货物吞吐量1.73亿吨。苏州港航线总数290条，其中张家港港区44条、常熟港区28条、太仓港区218条。太仓港新增航线8条，集装箱远洋定制航线服务网络延伸至欧洲、美洲、大洋洲、非洲等地区的13个国家26个港口。张家港新增俄罗斯航线1条。太仓港集装箱四期智慧码头项目入选交通运输部《交通运输领域新型基础设施建设行动方案》，于6月22日通过竣工验收。张家港港区东沙作业区进港航道工程和锚地工程完成交工验收。太仓港区锚地改扩建工程完成交工验收。江苏（苏州）国际铁路物流中心码头工程中港池项目完成交工验收并投入试生产。推进南港池建设前期工作。沿江港口建设完成257套岸电设施，内河港口建设完成700套岸电设施。全年处罚港口企业环保违法案件33起，罚款金额38万元。

张家港港区　全年完成货物吞吐量2.44亿吨，下降5.28%；外贸运量6427.68万吨，下降2.52%；集装箱运量84.54万标准箱，下降2.65%。累计建有泊位146个，其中万吨级以上泊位78个，对外开放泊位86个。在《苏州港总体规划修订》通过部省联合审查基础上，推进总体规划环评报批工作。开展东沙作业区专项规划研究，《苏州港张家港港区东沙作业区规划修订方案》经交通运输部、江苏省政府联合审查并形成评审意见，《苏州港张家港港区东沙作业区规划（修订）环境影响报告书》通过生态环境部审查会议待批复。张家港海进江LNG接收站配套码头工程岸线报批涉及的航道通航安全影响评价取得江苏省海事局意见，航道通航影响评价通过长航局专家审查。东沙作业区进港航道工程完成基建交工验收，进入试运行期。东沙作业区锚地工程完成交工。海力2号及浦沙码头改扩建工程取得交通运输部岸线批复、苏州市交通运输局初步设计和施工图设计批复。加强港口危险化学品企业安全联盟建设，依托平台建立联盟第三方动火审批人资源库和动火监火员资源库，实现一级、二级重大危险源区域内一级或者是特殊动火作业的第三方监火要求。开展危险化学品安全专项整治行动，开展港口危险货物集中区域安全风险评估工作，发挥联盟在港口安全生产工作中的多元共治作用。开展全市港口污染防治“回头看”检查，做好中央环保督察迎检和江苏省第二环保督察整改工作。推进建立港口码头长效管理机制，提升船舶水污染物接收转运处置能力建设。全年沿江收集船舶生活垃圾227.6吨，生活污水22784.3吨，油污水11195.4吨，洗舱水922吨。提高岸电设施使用率，对具备接电条件的船舶做到应接尽接，推进岸电设施检测、改造和新建工作，全年到港作业船舶使用岸电3.04万艘次，用电量230万千瓦·时。推进港口水平运输机械淘汰，加强散货码头粉尘治理等港口污染防治工作。

常熟港区　全年完成货物吞吐量6351.9万吨，其中外贸量1153.7万吨，集装箱20.86万标准箱，分别下降2.8%、下降11.1%、增长0.03%。累计建有泊位57个，其中万吨级以上泊位21个。全年核发《港口经营许可证》企业14家、注销3家、延续13家、新增1家，备案港口经营企业18家。截至年底，有港口经营许可企业35家，港口经营备案企业33家。2月，常熟港金泾塘作业区亨通港务2万吨级泊位岸线使用申请获得江苏省交通运输厅许可批准。新增2万吨级件杂货泊位2个，扩充港区万吨级泊位规模。11月，常熟港进港航道维护性疏浚工程竣工。11月，新泰港务堆场初期雨水收集工程竣工，该工程总投资约1100万元，是常熟市年度环境基础设施重点项目之一，也是常熟港第一家实现上述功能的公用件杂货码头。

太仓港区　全年完成货物吞吐量2.66亿吨，增长9%；外贸运量9736.85万吨，增长5.7%；集装箱运量802.6万标准箱，增长14%，列全国港口第八位。疏港铁路实现到发445列、3.58万标准箱。商品车整车业务完成吞吐量36万辆，总量为华东港口第二位、全国港口第六位。累计建有泊位95个，其中万吨级以上泊位40个，集装箱泊位14个。新辟集装箱班轮航线8条。完成港口项目投资4.8亿元。新开越南、印度尼西亚、中远海特等外贸干线4条，国际航线覆盖RCEP协议签订国和“一带一路”共建国家和地区24个主要港口。新开海口、汕头沿海内贸干线2条。与北部湾集团签署战略合作协议，与辽宁港口成功牵手，国内干线覆盖沿海21个主要港口。新增湖州、苏州工业园区内河支线2条，支线网络覆盖长江、内河50个港口，“苏太快航”与太仓港航线网络实现无缝对接。完成集装箱远洋定制航线466航次、31万标准箱。疏港铁路与苏州中欧班列平台实现联动发展，与西安国际陆港携手开辟海铁联运新通道，开设郑州、衢州、平湖固定班列3条，服务网络覆盖16个省34个站点。成立“苏货苏运服务联盟”，“苏货苏运”箱量增长11%。推动“船边直提”“抵港直装”，完成全省首票“离港确认”转关模式，进口整体通关时间压缩比保持在50%以上。建立“水上红绿灯”机制，增设临时停泊区和临时停泊点，推进香港籍国际航行集装箱船舶自引自靠，保障船舶靠离效率。与苏州自贸片区签订深化战略合作协议，与上合组织国家多功能经贸平台及7家进口贸易商签订合作协议。12家公用码头企业全年营业收入、利润总额分别增长5%、16%。启动苏州港综合运输服务平台项目，首次建立太仓港集装箱支线业务标准流程。推进太仓港智慧水运口岸平台建设，在全省率先试点取消人工提交查验申请信息环节。建成投用太仓港疏港铁路信息化调度系统，打通疏港铁路场站与集装箱码头和港外堆场的数据交换通道，场站平均生产作业效率提升50%以上，为太仓港中欧班列与铁水联运业务的开展提供支撑。推进港口数字人民币试点工作，成功落地华东地区港航物流领域首个数字人民币应用场景。建设投用储罐安全仪表系统、车辆出港超载系统、雷电预警系统，推动车辆主动安防系统在港内广泛应用，试行现场作业全过程视频记录，探索安全生产全链条信息化管理。成立件杂货码头安全标准化联盟，梳理编制件杂货标准化作业工艺192项。新建和改造污水处理池6座，新增清洁能源港作机械92台。新建光伏发电1.4万平方米，新增绿化面积10.3万平方米，港口岸电用量提升21%，船舶污染物收集转运处置率100%。武港码头获评2022年度亚太绿色港口，现代货箱、正和国际、鑫海码头获评2022年度省级四星级绿色港口。

【海事管理】 2022年，苏州市累计完成长江禁渔检查870艘次，开展内河运输船舶标志和危险货物运输船舶警示标识专项检查，完成油船和危险化学品船警示标识核查船舶272艘。开展船舶超载常态化整治，全市范围核查重载船舶5068艘（查处超载运输船舶112艘），总数列全省设区市第一位。船舶碰撞桥梁隐患治理三年行动顺利完成，全市纳入整治桥梁498座，总数列全省设区市第二位。全年整治桥梁409座，整治各类隐患928项，完成桥梁标志标识完善263座，完成加装主动预警装置51座，完成桥梁设置防撞设施110座，完成加固改造1座，实施桥区水域航道疏浚26座，完成桥区水域标志牌设置122座，投入资金5.58亿元，提前完成目标任务。全市查获涉及太湖水域非法载客案件6起，涉及船舶超载处罚251起，查处非法从事水上泥浆（渣土）运输船舶53艘次，罚款100.51万元。完成船舶建造检验213艘次6460吨，完成船舶营运检验1858艘次24万吨。完成船舶图纸审查76套，完成船用产品检验30套。完成交通运输部海事局小型船舶检验及其监督管理优化试点检验，发证933艘。完成船舶登记证书发放2430本。完成船员证书发放1753本。完成船员培训考试26期800人次。

【航政管理】 2022年，苏州市开放4.12万闸次，实现船舶通过量1.62亿吨。完成过闸费征收5747万元，占年度计划114%，减免过闸费征收1510万元，其中免收集装箱船舶过闸费74万元，优惠单机船17.16万艘、船队837拖，优惠收费总吨7536万吨。完成航闸养护工程22项，新建、维修加固护岸6924米，疏浚土方48.8万立方米，养护巡航5.14万千米，实施多波束扫测1380千米，维护航标2663座次，完成船闸一级保养72次、二级保养36次，干线航道与船闸通航保证率、航标正常率均为100%。干线航道通航保证率100%，船闸通航保证率100%，航标正常率100%。完成45项航道通航条件影响评价。全市实施相关行政处罚5件，处罚金额6.05万元。

【苏州市港航投资发展集团有限公司成立】 2022年11月18日，苏州市港航投资发展集团有限公司（简称“苏州港航集团”）揭牌成立。组建该公司，是苏州市委、市政府为融入和服务长三角一体化发展，加快建设现代港航物流体系，推动港航物流市内全域一体化发展作出的战略部署。苏州港航集团注册资金30亿元，以专业化、市场化、国际化为目标，加强全市域统筹，优化港口建设布局，围绕港口运营管理、航运业务、多式联运、综合物流园运营、供应链服务等业务业态，加快建设现代港航物流体系，优化调整运输结构，推动“港产城”融合发展。

（市交通运输局　石钻佳）

过江通道建设

【概况】 2022年，苏州市加快过江通道建设，提升苏州段过江交通容量，加强长江两岸联系，促进两岸城市协同发展。截至年底，苏州市规划建设的过江通道有7座。其中，苏通大桥、沪苏通长江公铁大桥建成投用；张靖皋长江大桥、海太长江隧道、渝蓉高铁（北沿江高铁）崇太长江隧道处于建设施工阶段；苏通第二过江通道开展工可研究；张靖过江通道纳入规划。

【张靖皋长江大桥主体工程开工】 2022年6月28日，长江干线过江通道项目张靖皋长江大桥主体工程开工。张靖皋长江大桥工程位于江阴长江大桥下游约28千米、沪苏通长江公铁大桥上游约16千米处，起自南通如皋市沪陕高速公路，终于苏州张家港市疏港高速公路，连接苏州张家港市、泰州靖江市和南通如皋市，全长29.85千米，其中跨江段及引桥长度12.01千米、两岸接线段长度17.84千米。跨江段包括两座航道桥，分别为主跨2300米的世界最大跨度悬索桥主江航道和主跨1208米的中汊航道桥。项目采用高速公路标准，跨江段为双向八车道，设计车速每小时100千米，南、北接线为双向六车道，设计时速120千米。全线设置晨阳（枢纽）、张家港北、如皋南、石庄（枢纽）4处互通式立交。项目概算总投资311.67亿元，建设总工期6年。苏州境内张家港段总长约11千米，主要建设内容为晨阳（枢纽）、张家港北互通及大桥接线等相关工程。

【海太长江隧道开工】 2022年9月7日，公铁复合过江通道海太长江隧道开工。海太长江隧道是全国首个公路双管和铁路单管双线盾构隧道，位于苏通大桥下游约8千米处，起自南通市海门区沪陕高速公路，终于苏州常熟市沪武高速公路，连接南通市海门区和苏州太仓市、常熟市，全长39.07千米。其中，过江隧道段长11.2千米，是世界最长、全国断面最大的公路水下盾构隧道，是全国首个超大直径盾构隧道预制拼装一体化建造的公路隧道；北接线（南通段）长15.8千米；南接线（苏州段）长12.2千米。海太长江隧道公路部分为双向六车道，隧道段设计车速每小时100千米，接线段设计时速120千米。项目概算总投资357.41亿元，建设工期6年。

【崇太长江隧道开工】 2022年9月28日，包含崇太长江隧道的渝蓉高铁（北沿江高铁）江苏段开工。北沿江高铁采取“北桥南隧”的形式跨越长江，即崇启公铁长江大桥（总长4.09千米）跨越长江北支、崇太长江隧道（总长14.25千米）穿越长江南支。崇太长江隧道连接苏州太仓市和上海崇明区，是全国在建标准最高、掘进距离最长、规模最大的高铁越江隧道工程。隧道设计时速350千米，是世界水下隧道中车速最快的。项目中标总价71.3亿元，建设工期7年。

（市交通运输局　石钻佳）

编辑：胡　颖

城市建设

城市规划

【专项规划编制】 2022年，苏州市优化、完善苏州市综合交通体系规划内容和轨道交通线网规划方案，为规划报批奠定基础；市规划委员会审议并原则通过《苏州北站综合枢纽道路集疏运系统规划》，提出道路集疏运系统分两期建设，近期按照东西两侧单线单向方案建设，预留双侧复合四通道方案的实施条件，以后根据发展情况继续实施。经过社会公示、规划委员会审议、人大常委会审议等过程，基本完成《苏州历史文化名城保护规划（2021—2035年）》，提出“市域—市区—历史城区”3个历史文化空间保护层次，构建物质和非物质2个方面8个类型的苏州名城保护内容体系；推进新版名城保护规划新增历史文化街区保护工作，基本完成《五卅路历史文化街区保护规划》《官太尉河—天赐庄历史文化街区保护规划》，突出街区特色定位，全面保护街区空间肌理和空间格局。市规划委员会审议并原则通过《苏州市河网水系专项规划》，提出建设“通江达湖、河湖畅通”“城乡融合、水岸一体”的健康水系网络，围绕空间布局、整治恢复、保护修复、空间管控等方面，推进形成具有苏州特色的水利基础设施网络。

【重点区域规划编制】 2022年，苏州市聚焦长三角一体化，参与上海大都市圈、苏锡协同等重大规划编制。聚焦市域一体化，开展环太湖科创圈、吴淞江科创带和太湖新城、太湖科学城等战略区域规划研究，前瞻布局产业创新集群空间载体；整体谋划环阳澄湖、环澄湖、虎丘片区规划，优化“四角山水”格局；推进昆太（昆山市、太仓市）、相虞（相城区、常熟市）等板块协同发展规划，助力独墅湖科教创新区（东区）、苏相合作区规划建设。

【中国城市规划设计研究院苏州中心揭牌】 2022年2月9日，中国城市规划设计研究院苏州中心揭牌。中国城市规划设计研究院是全国城市规划研究、设计和学术信息中心。中国城市规划设计研究院苏州中心以苏州为研究和实践基地，为国家政策落地提供技术支撑，开展各类试点示范工作，探索解决城市问题的集成技术，系统谋划城市高质量发展路径，实践、总结、提炼、推广苏州经验；并作为开放的学术交流平台，发挥行业品牌优势，集聚专业人才，参与苏州城市研究和规划建设实践工作。

（市自然资源规划局　武营营）

城市更新

【城市更新规划】 2022年，苏州市科学编制城市更新专项规划，引领姑苏区古城保护型和苏州高新区产城融合型城市更新试点工作。基本完成《五卅路历史文化街区保护规划》《官太尉河—天赐庄历史文化街区保护规划》。推进《苏州高新区城市更新专项规划》《狮山商务创新区城市更新专项规划》等编制工作，编制完成创园壹号产业园、和枫科创园、横山路北地块、集成电路创新中心（二期）4个试点项目更新单元详细规划，深化汽车城、何山桥、狮山西、竹园路、横山周边等6个更新片区规划研究。

（市自然资源规划局　武营营）

【全国城市更新试点】 苏州市是住房城乡建设部确定的全国首批城市更新试点城市之一。2022年，苏州市成立城市更新工作领导小组，印发《苏州市城市更新试点工作实施方案》，提出从历史文化保护传承与利用、城市民生服务功能完善与优化、既有建筑安全隐患消除与更新改造、城市消极空间重塑与提升、数字孪生城市建设与应用、韧性城市建设与提升、城市生态空间保护与修复、低效产业用地转型与升级8个方面推进城市更新，明确苏州国家历史文化名城保护区、苏州高新区作为城市更新试点先行先试示范区，分别以古城保护更新、产城融合为导向开展试点；出台《苏州市城市更新体检评估指导手册（试行）》《苏州市城市更新技术导则（试行）》《苏州市城市微更新建设指引（试行）》，加强技术引导；出台《苏州市传统建筑和古建筑保护更新与修缮利用工程实施意见》《既有建筑改造施工图设计审查要点》《苏州市城市更新既有建筑消防设计技术指南（试行）》等政策文件，构建政策体系。

2022年11月，苏州市“探索老菜场更新的‘市集模式’”入选住房城乡建设部公布的实施城市更新行动可复制经验做法清单。图为姑苏区双塔市集更新前（左）后（右）

（市住房城乡建设局　供图）

苏州市引入城市“合伙人”机制，通过赋予实施主体规划参与权、混合用地模式、给予适度奖励等手段，调动市场主体参与积极性，构建政府引导、社会参与、市场运作、多方协同的工作机制。2019—2022年，苏州市对38个城市老菜场实施改造，通过引入商业管理公司向产权人承租后，统一负责市集内部装修、设施设备维护、消防改造、软装设计、智慧系统和后期运营等工作，再以房屋租赁形式出租给经营户，通过业态提升收取租金及物业管理费保持收支平衡，改造后的老菜场成为环境优美的文创特色市集，增加书店、舞台、展览区、公共空间等设施，探索出老菜场文创化、生态化、网红化、智慧化发展路径。年内，苏州市“吸引社会力量参与城市更新”“探索老菜场更新的‘市集模式’”2项经验做法入选住房城乡建设部公布的实施城市更新行动可复制经验做法清单（第一批）。

（市住房城乡建设局　胡怡婷）

【产业用地更新】 2022年，苏州市产业用地累计更新8343.67公顷。其中，张家港市累计更新1167.47公顷，常熟市累计更新1999.87公顷，太仓市累计更新941.33公顷，昆山市累计更新1630.33公顷，吴江区累计更新1095.33公顷，吴中区累计更新327.47公顷，相城区累计更新479.87公顷，苏州工业园区累计更新435.33公顷，苏州高新区累计更新266.60公顷。

（市自然资源规划局　武莹莹）

【海绵城市建设】 2022年，苏州市累计完成海绵城市建设项目1760个，其中审查海绵城市专项方案449个、施工图专家论证288个、完成专项验收428个。全市域土地划拨和出让中，海绵城市建设指标纳入率100%，年度新建项目海绵城市建设达标率98.40%，建成区内35%以上面积达到海绵城市要求。苏州博物馆西馆等48个项目获评2022年度苏州市海绵城市示范项目。

【城镇老旧小区改造】 2022年，苏州市拓展城镇老旧小区改造内涵，尊重居民意愿，引导居民更多自主参与改造家园；突出片区联动改造和存量资源整合利用，通过“微改造”打造公共便民配套设施，致力解决“一老一小”问题。全年完成省、市两级老旧小区改造项目96个，建筑面积409.06万平方米，累计完成投资14.20亿元，惠及居民3.63万户。在住房城乡建设部通报的全国老旧小区改造试点城市第三方调查中，苏州市老旧小区改造居民满意度得分91.68分，连续两年列全国老旧小区改造试点城市第一位。苏州市城镇老旧小区改造工作获得省政府督查激励。

【棚户区和城中村改造】 2022年，苏州市推进各类棚户区（危旧房）改造，改善居民住房条件。加强项目审核，抓好项目质量，明确保障房小区的品质不得低于普通商品房建设水平，聘请第三方对项目建设开展实时监督评价。建立绿色通道，加快各类建设手续办结速度。创新融资模式，争取政策性贷款、补贴。全年全市棚户区（危旧房）改造开工3656套，基本建成9198套。制定《城中村改造提升三年（2023—2025年）工作计划》，通过“整体征迁”“综合整治”“保护提升”方式，将城中村改造提升与改善居民住房条件相结合，将城市基础设施建设与城市存量资源统筹开发利用相结合，开展中心城区城中村改造提升。

【既有建筑更新改造】 2022年，苏州市建立“定人、定岗、定责”房屋安全专业网格管理制度，开展房屋结构拆改行政许可审批，试点先行挂牌告知制度、群众举报奖励制度、零星分散老旧房屋安全保险制度等。一体化推进老旧小区改造和既有多层住宅增设电梯工作。加强政策宣传、普法宣传，引导相关业主在平等协商基础上自愿达成协议；增设“一站式”服务窗口，优化增设电梯操作流程和审批程序。全年完成增设电梯并投入使用167部。

【城市更新试点先行先试示范区建设】 2022年，苏州市确定苏州国家历史文化古城保护区（姑苏区）、苏州高新区（虎丘区）为城市更新试点先行先试示范区。苏州国家历史文化古城保护区以古城保护更新为导向，坚持成片改造、整体推进，在坚持整体保护基础上推进古城有机更新，以环境友好、空间精致、设施完善、服务便民为标准，打造“古城新居”苏州人居品牌。苏州高新区以产城融合为目标，重点推进浒关工业园、苏钢厂及周边等片区的低效用地更新，打造创新资源最集聚、创新生态最活跃、创新协同最高效的产业科创主阵地。年内，姑苏区城市更新试点扩展到历史城区全域，姑苏区悬桥巷25号（钱伯煊故居）、顾家花园13号（苏肇冰故居）等9个项目完成全流程审批并开工实施；苏州高新区推进首批4个城市更新改造试点项目建设，创园壹号产业园开工建设，和枫科创园项目主体建筑完工，横山路北地块、集成电路创新中心（二期）项目有序推进。

【城市更新重点项目】 2022年，苏州市建立城市更新项目库，组织实施市级城市更新项目54个，组织微更新项目69个。平江片区古建老宅活化利用项目等10个项目入选江苏省城市更新第一批试点项目名单，数量列全省设区市第二位。

（市住房城乡建设局　胡怡婷）

表56　2022年苏州市入选首批江苏省城市更新试点项目一览表

序号	项目名称	申报主体	简介
1	姑苏区古城供水设施体检及更新改善	市水务局	项目实施涵盖姑苏区范围内薄弱供水设施，主要包括：DN400-DN1800毫米市政供水管网干管薄弱段风险评估检测约60千米，DN100-DN1200毫米市政老旧薄弱管道安全提升改造修复约35千米，姑苏区145个老旧小区、零星点位和100条街巷进户单元管等薄弱供水设施改造，管网智能监测点升级改造约190处及水平衡动态监测预警平台部署，姑苏区供水相城、胥江、白洋湾3座水厂针对生产废水回收和安全处理能力改造提升合计每日4.2万立方米
2	常熟市低效产业用地联合自主更新项目	常熟市	项目位于常熟市支塘镇林园路，原有企业9家，经过优化土地利用结构，提升产业承载能力等方式适度归并，最终参与联合更新单位6家，总计规划工业用地面积6.75万平方米，拟建工业厂房及配套楼面积12.33万平方米

续表56

序号	项目名称	申报主体	简介
3	昆山粮库工业遗产活化利用项目集	昆山市	包含昆山市陆家、陆扬、正仪、周市4个粮库改造项目
4	“昆小薇·共享鹿城”专项行动	昆山市	启动“昆小薇·共享鹿城”专项行动，“见缝插针”对城市主次干道、街头转角、老旧小区、征收闲置地、围墙等居民身边的小微公共空间开展美化行动，利用植物、铺装、景观小品、功能设施、彩绘涂鸦等艺术手段实施口袋公园等9个类型的微更新
5	平江片区古建老宅活化利用项目	姑苏区	项目位于苏州市姑苏区平江街道平江历史文化街区核心保护范围内，申报范围包含悬桥巷25号、悬桥巷47号、顾家花园4号和顾家花园13号4个古建老宅修缮项目，修缮后总建筑面积2796平方米
6	苏州古城32号街坊保护与更新工程	姑苏区	苏州古城32号街坊位于苏州古城西侧，东至养育巷，南至道前街，西至学士街，北至干将西路。总用地面积24.34公顷，总建筑面积24.77万平方米。以传统民居为主，行政、商业、教育用地为辅，功能沿街布置或穿插在街巷之中。实施古建老宅和传统民居协议搬迁、保护修缮、文化传承和活化利用，以及街坊内基础设施整治、老旧住区民生改善和景观环境提升等工程
7	五卅路片区保护更新项目	姑苏区	五卅路子城片区位于苏州古城正中心，北至干将路、南至十梓街、西至人民路、东至公园路，形成东西宽约560米、南北长约620米、总占地面积32.3万平方米的方形闭合区域。五卅路片区覆盖曾经的子城片区，以民国时期的历史建筑文化和革命时期的红色历史文化遗存为主。片区内文保建筑（群）合计占地面积2.4万平方米。片区于2020年划定为苏州市历史文化街区，有章太炎故居、同德里、同益里等文保、控保建筑16处，以及洁里、双福里等未列入保护对象的民国特色建筑，是苏州民国建筑遗存最多的区域。乐益女中苏州独立支部旧址、五卅路纪念碑、金城新村解放上海指挥部等红色革命文物也在其范围内
8	姑苏区城市绿地系统综合提升工程	姑苏区	编制姑苏区绿地系统规划；对平海路绿廊实施改造，对周边水系实施提升，提高环境质量，打造宜居生活环境；对环线高架桥下空间开展综合利用研究；对城区内开展见缝插绿、街头补绿工作；拓展城市空间和口袋公园建设；对闲置用地开展临时绿化等复绿工作
9	新虹产业园一区改扩建项目	苏州工业园区	项目北至苏虹西路，南临槟榔路，东临凤凰泾，西邻艾默生研发与整体方案中心，总占地面积6.47公顷。项目定位为花园式、高品质绿色产业园区，新建部分（2～8号楼）以人工智能、医疗器械和精密制造为产业方向，旧改部分（1号楼）以创新产业、数字文化和工业设计为产业方向
10	苏州工业园区城市生命线智慧综合监管	苏州工业园区	通过“云+5G+IOT+AI+中国芯”新基建试点，面向苏州工业园区常态运行和应急响应时态下的治理要求，打造集运行分析、事件处置、风险预警、安全防控、指挥决策于一体的新一代智慧城市运行管理中心

（资料来源：市住房城乡建设局）

城市基础设施建设

市政设施

【新型城市基础设施建设】 2022年，苏州市完成“新城建”试点项目90余个，累计投资超过28亿元。开展全市城市地下市政基础设施普查工作，明确普查范围为1274.37平方千米；申报“双智城市”试点，推动智慧城市道路与智能网联汽车协同发展；探索城市生命线安全工程试点工作，印发工作方案。评选出苏州工业园区苏相合作区CIM基础平台项目等9个“新城建”示范项目、城市级智慧停车解决方案等3个优秀解决方案，复制推广优秀经验做法。

【城市道路桥梁建设】 2022年，苏州市建成独墅湖南隧道、通浒路东延、永方路、沧浪新城人行景观桥，建成通车金鸡湖隧道主线、东吴南路对接鲈乡北路吴江段、盘胥路新市桥节点主线，完成胥涛路对接横山路隧道工程主体施工，完成中心城区15条城市道路建设，开工建设东太湖隧道、阳澄湖星济隧道、桐泾路北延伸段。

【公共停车设施建设】 2022年，苏州市完成东汇公园换乘停车场、苏站路换乘停车场建设。东汇公园换乘停车场处于古城中心附近，姑苏区东汇路以北，江宇路以东，建筑面积2.66万平方米，设置小车停车位588个，平均分布在地下一层、二层，其中地下一层288个、地下二层300个。苏站路换乘停车场位于姑苏区苏站路南侧，沪宁铁路以北，建筑面积3.22万平方米，分为地下一层，地上五层，设置公交车停车位8个、大巴车停车位110个、小车停车位279个。

（市住房城乡建设局　胡怡婷）

【停车便利化工程】 2022年，苏州市开展停车便利化工程建设，加大重点区域泊位供给，新增重点区域公共停车泊位1.54万个，新增共享停车泊位0.67万个，智慧停车管理平台累计接入停车泊位动态数据70.2万个。引进先进技术，通过“苏周到”平台、ETC、微信、支付宝等方式推进停车场“无感支付”改造，400处停车场点支持“无感支付”，提升停车效率。

【城市照明】 2022年，苏州市亮化美化重点区域灯光，累计实施照明工程项目85项。全年维修路灯1.9万盏、景观灯1.6万盏，明灯率99.77%，设施完好率96.33%。长三角国际研发社区启动区、市管高速公路重要路段安全照明工程获得27届“阿拉丁神灯奖”。依托“萤火虫”服务平台，常态化开展照明暗区消除行动，在江苏省城市绿色照明评价工作中被评为优秀项目。

【中心城区架空线治理】 2022年，苏州市首次在全市范围统筹实施城市道路街巷架空线整理，开工100条，其中完工81条，超额完成年度任务。对接各类城建项目建设主体，加强协同，48条道路随管线更新改造、道路改造、环境综合整治提升项目同步实施架空线整理，避免重复施工，减少扰民。开展市中心城区架空线整治和入地工程三年行动第三批13条道路管线竣工探测，探明管线41.58千米，测绘地形图1.21千米，全面完成三年行动管线数据更新。

【地下综合管廊管理】 2022年，苏州市做好地下综合管廊运营监管，推进管线入廊工作。累计建成地下综合管廊59.42千米，其中投入运行41.69千米，入廊管线662.30千米(以单根管线计)。根据管廊规划修编成果，督促属地结合轨道交通建设、地下空间开发，逐步落实管廊规划，推进太仓大道等新开工项目地下综合管廊建设。

【道路窨井盖整治】 2022年，苏州市继续开展道路窨井盖专项整治行动。在前期整治工作基础上，突出抓好安全防范，以防坠落事故为重点，大面积加装防坠装置。全年全市累计整治城市道路窨井盖4233个，推动管线权属单位安装防坠装置32.9万个。

（市城市管理局　陈会元）

【供水】 2022年，苏州市加强供水行业监管，印发《苏州市高品质供水水质风险评估与控制技术导则》等5项技术规范，建立特种行业用水动态管理机制，常态化开展水源水、出厂水、管网水、末梢水、龙头水、二次供水水质监测，并向社会公示监测结果。加强供水安全保障，印发方案保障太湖、阳澄湖安全度夏，落实“抢、调、抽、联、降”(长江补水、内河调水、深井抽水、互联供水、人工降水)5种措施，做好水源地蓝藻防控以及疫情防控、中考高考、长江咸潮期间供水安全保障工作。推进供水能力建设，完成全国第一次风险普查市政供水设施调查，编制《苏州市城市生命线安全建设工程供水专项实施方案》《苏州市(全域)公共供水管网漏损治理实施方案》，全市域入选国家公共供水管网漏损治理试点城市。推进供水管网新建、改造和互联互通建设，全年新建城市供水管网205千米，改造城市供水管网175千米、镇村供水管网234千米。截至年底，全市日供水能力752.5万立方米，全年供水总量17.25亿立方米。

【污水处理】 2022年，苏州市加强污水处理行业监管，编制污水处理专项规划，制定方案提升城市污水集中收集处理率，推进污水处理“厂网一体化”改革，完善生活污水治理考核评价体系。推进污水处理提质增效精准攻坚“333”行动(消除城市黑臭水体、消除污水直排口、消除污水管网空白区，整治工业企业排水、整治“小散乱”排水、整治阳台和单位庭院排水，提升城镇污水处理综合能力、提升新建污水管网质量管控水平、提升污水管网检测修复和养护管理水平)。全市改扩建污水处理厂7座，新增日处理污水能力24.65万吨，完成1100千米污水管网建设和321个自然村生活污水治理，建成“污水处理提质增效达标区”240个。推进污水资源化利用，完成1个城镇污水处理厂尾水生态湿地建设，每日生态净化规模16.8万吨；推行“污水处理+光伏发电”新模式，8座城镇污水处理厂安装分布式光伏发电组件，总装机并网容量约7000千瓦·时，年发电约1700万千瓦·时。加强全市排水许可管理，办理排水许可证3361件。截至年底，全市城镇污水处理厂日处理污水能力467.05吨，全年污水处理总量13.21亿吨。苏州市污水处理提质增效工作获得省政府督查激励。

（市水务局　徐兆鹏）

【电网建设】 截至2022年底，苏州市有35千伏及以上变电(换流)站551座，变电(换流)总容量1.61亿千伏安。其中，特高压交流站1座，容量1500万千伏安；特高压换流站2座，容量1600万千伏安；500千伏变电站13座，容量3700万千伏安；220千伏变电站107座，容量4926万千伏安；110千伏变电站364座，容量4189.15万千伏安；35千伏变电站64座，容量223.83万千伏安；35千伏及以上输电线路(含电缆)1.35万千米；10(20)千伏配电总容量4631万千伏安，10(20)千伏配电线路总长5.84万千米，其中电缆3.13万千米。全年投产主网工程39项、配农网工程4479项。投产±800千伏特高压白鹤滩水电入苏州工程。投运全国变电容量最大的500千伏常熟变电站。实现配网分级保护线路全覆盖，建成150平方千米零计划停电示范区。

【供电服务】 2022年，国网江苏省电力有限公司苏州供电公司有用电营业户656.97万户。全年全社会用电量1661.73亿千瓦·时，下降1.40%。其中，工业用电量1213.31亿千瓦·时，下降4.57%；居民生活用电量185.79亿千瓦·时，增长16.39%。全年城镇居民生活用电量

2022年建成的常熟市洪洞污水处理厂尾水湿地　（市水务局　供图）

102.94亿千瓦·时，增长15.14%。推广“全电共享”模块化租赁服务，相关举措被纳入全国优化营商环境标杆城市典型经验、全省自主改革事项清单、苏州优化营商环境创新行动。实现“开门接电”国家级、省级园区全覆盖。实现“水电气讯视暖”业务联办县级市（区）全覆盖。建成全国首个区域级碳普惠体系，完成碳减排核证超过1万吨。针对充电桩进小区进社区难题，推出全国首个“共享充电机器人”，在20余个小区、综合体、企事业单位建设首批示范项目。在吴江区开展全省首个全区餐饮业“瓶改电”行动。建成“全电厨房”685个、节能提效项目17项。完成充电桩年度改造任务，居民充电桩数量突破10万个。建成“电力爱心超市”。建立政企共治“电力网格员”队伍。

（苏州供电公司　周　凯）

【新能源建设】 2022年，苏州市出台《关于加快推进全市光伏发电开发利用的工作意见（试行）》，明确“十四五”期间全市光伏发电开发利用的目标任务和重点工作。挖掘屋顶资源、创新应用场景，发展以工商业、公共机构屋顶为主的分布式光伏发电项目。全年新增光伏发电并网装机容量74.64万千瓦，增长120.1%。印发《苏州市“十四五”电动汽车公共充换电设施规划》，坚持整体谋划、系统推进、适度超前原则，推动新能源汽车充换电基础设施合理布局和有序建设。全年全市新注册登记新能源汽车11.97万辆，增长99.1%，总保有量23.42万辆；新建充电桩6.55万个，累计建成充电桩11.88万个，车桩比从2021年的2.5∶1缩至1.97∶1。

（市发展改革委　戴丽芹）

【油气管网建设】 2022年，苏州市有城镇燃气门站以外现役运营的管道30条，全长634千米，配备分输站18座、阀室37座和清管站2座。其中，油气长输管道11条，全长428.47千米，配备分输站16座、阀室25座〔含天然气长输管道8条，总长294.47千米（分属国家管网西气东输分公司和省天然气公司），石油长输管道3条，总长133.98千米（分属国家管网华东分公司、东部原油公司）〕；电厂专用线9条，全长179.48千米，配备分输站2座、阀室12座和清管站2座（分属7家燃机电厂和吴江天伦燃气公司）；城市门站—分输站连接线10条，全长26.13千米（分属7家公司，以城镇燃气为主）。另有在建管道3条。其中，省天然气吴昆线（试运行）管道全长109.4千米，新建分输站3座、阀室9座；中俄东线苏州境内管道全长68.3千米，新建分输站1座、阀室7座，并扩建角直分输站；沿海管道苏州境内全长39.93千米，新建分输站1座、阀室2座。

（市发展改革委　项海光）

【燃气供应】 2022年，苏州市管道天然气供气总量42.71亿立方米，下降0.2%；家庭天然气用户355.3万户，增长6.5%。其中，苏州市区（含吴江区）管道天然气供气总量17.3亿立方米，有家庭天然气用户189.1万户、家庭液化气用户33.3万户。加强城镇燃气安全生产监管，推进城镇燃气安全排查整治，彻查彻改燃气建设、运营、输配、使用全链条安全风险隐患。完成管网更新改造360.1千米，实现安全隐患动态“清零”；推进瓶装燃气监管平台智能化运用，实现全链条溯源管理；完成“瓶改管”5.2万户；推动安装使用智能表122.9万户，逐步实现远程传输和紧急切断。

（市住房城乡建设局　胡怡婷）

公共交通

【公共汽车运营】 2022年，苏州市区购置公交车510辆，均为纯电动公交车。截至年底，市区公交车总数5864辆，新能源及清洁能源公交车比例达到100%。苏州市区公交线路总数478条。新辟公交线路52条，优化调整公交线路105条。截至年底，线路总里程7566.1千米，线路平均长度15.83千米。市区公交行业全年营运里程为2.22亿千米，下降18.4%；公交日均客运量47.28万人次，下降44.9%。

【公交场站建设】 2022年，苏州市区净增公交场站3处，新增、优化中途站300余个、车亭140余个，更名场站18处，新增电子站牌46个，完成6对适老化及便民服务站台改造。截至年底，市区有公交站点8920个，公交首末站155个，公交枢纽站21个，公交停车保养场32个，公交场站面积149万平方米，公交充电桩1598个。

【出租车运营】 截至2022年底，苏州市有巡游出租汽车企业21家，巡游出租车8630辆，其中市区5638辆。全年巡游出租车客运量5219万人次，下降43.6%，其中市区客运量2462万人次，下降46.8%。苏州市有网约车平台公司89家，核发网约车运输证5.54万辆，其中市区4.27万辆。全年市区网约车总客运量1.41亿人次，日均客运量为38.59万人次，单车日均营业收入284.93元，单车日均业务量11.69笔，单车日均载客里程为100.71千米，平均运距8.62千米。

【有轨电车运营】 截至2022年底，苏州市运营苏州高新有轨电车1号线、2号线，营运线路总长度44.22千米，设车站27座，运营车辆207辆。全年有轨电车运营里程444万列千米，月均客运量42.71万人次，下降15.3%。

（市交通运输局　石钻佳）

【轨道交通运营】 截至2022年底，苏州轨道交通（不含有轨电车）运营1号线、2号线、3号线、4号线、5号线，营运线路总长度210千米，设车站169座，运营车辆1227辆。全年苏州轨道交通线网安全平稳开行80.05万列次，运营里程2608.14万列千米，增长10.6%。全年客运量3.33亿人次，下降17.3%，线网日均客流超过120万人次，单日最大客流191万人次，轨道交通占公共交通出行比例近50%。全年运营图兑现率、列车正点率均为99.99%，其中1号线首次实现全年运行图兑现率、列车正点率双100%。

年内，开展线网运营方案优化调整2次，做好节假日运输保障；压缩优化各线路工作日高峰最小行车间隔，其中1号线实现早超高峰2分钟行车间隔，2号线、3号线、4号线早高峰行车间隔分别压缩至2分30秒、5分钟、3分20秒。倡导“移动支付”购票方式，取消实体计次票，自动售票机均支持扫码购票功能，同时满足微信、支付宝、数字货币多种支付方式，苏州市成为首个支持数字人民币支付地铁票的城市。“苏e行”注册用户突破1300万人，上新“爱心乘车”“关怀模式”功能。实现5G网络信号全线网覆盖。出版全国地铁行业首本旅游口袋书——《乘着地铁游苏州·她的名字很江南》，推出“云游苏州”线上活动23期，拍摄《苏州轨道交通来上分啦》宣传视频。

【轨道交通规划建设】 2022年，苏州市完成苏州轨道交通2号线、4号线、7号线延伸线工程可行性研究、初步设计，并获得批复，实现开工建设；完成10号线（苏虞张段）先导段工程可行性研究，并获得批复。组织开展在建6号线、7号线、8号线设计施工图工作，全年完成设计施工图纸2697册。推进“四网融

2022年8月11日，苏州轨道交通11号线草鞋山站实现“洞通”（杭兴微　摄）

合”，深化城市轨道交通与国家高铁网络、区域城际铁路、市域（郊）铁路线网规划的衔接研究，推进新一轮轨道交通线网规划研究。

苏州轨道交通在建线路7条，分别为6号线、7号线、8号线、11号线（原S1线）及2号线、4号线、7号线延伸线，建设总里程约161千米，全年累计完成投资205亿元，超额完成年度投资任务。其中，6号线、7号线、8号线进入土建施工高峰阶段，11号线开展全线动车调试，2号线、4号线、7号线延伸线开工，并开展施工前准备工作。推广应用新技术，部分联络通道施工采用机械法施工，盾构施工采用克泥效新工艺，在全国首次开展盾构切削钢筋混凝土墙大型原型试验。2号线及延伸线工程获得第19届中国土木工程“詹天佑奖”，5号线科研课题获得江苏省土木建筑科技奖一等奖。苏州轨道交通最大地下商业街区“站前町”开业，试点启用无人便利店新业态。推进桑田岛停车场及上盖项目、镬底潭车辆段及上盖平台项目等TOD建设工程，参与开发悬桥巷城市更新项目、金储街站点TOD项目等。

（市轨道交通集团　李万里）

【公共骑行系统建设】 2022年，苏州市打造公共自行车与共享单车互为补充的公共骑行系统。公共自行车方面，建设完成93个站点，更新40个站点和1万辆公共自行车。截至年底，苏州市区有公共自行车7.28万辆，使用站点3326个，借车次数4900万人次。站点空满桩及时处置率提升至97.5%，车辆和站点设备完好率分别提升至96%和98%。按照市域一体化要求，实现1.05万辆公共自行车和133个站点设施统一标识、样式和颜色。打通壁垒，推动昆山市、常熟市与市区互联互通，实现公共自行车跨区域通借通还。共享单车方面，新增投放共享单车3.8万辆，总量6.8万辆；新增共享单车停放点位7600个，总量27600个。

（市城市管理局　陈会元）

城市绿化

【公园城市建设】 2022年，苏州市修订《苏州市城市绿化条例》，提出构建“自然山水园中城、人工山水城中园”的公园城市，印发实施《苏州市公园城市建设指导意见》，目标到2025年底，苏州市长江、太湖、南部水乡湿地带为界的江南水乡绿色空间本底得到完整保护，“四角山水”为主的城市特色空间格局基本建立，“自然公园、森林湿地、城市绿化、城市公园、古典园林”五大生态系统有机串联，城乡生态环境质量整体提高，“处处皆景、城在园中”的公园城市形态基本形成。

【新增及改造绿地】 2022年，苏州市累计新增及改造绿地379万平方米，建成口袋公园83个，完成港城大道、琴湖公园、十八港路北延、张家港河北段、吴江大道、木渎胥江运河、春申湖快速路、新区出入口、胜浦路、竹园路等一批绿化提升改造工程，累计投入资金11亿元。新建、改建口袋公园，新增及改造绿地入选2022年苏州十大民心工程。

【道路绿化景观改造】 2022年，苏州市开展中心城区“见缝插绿”工作，开展3400余条主次干道和支道街巷两侧闲置地、无主用地、边角地排摸，投入资金约1亿元，完成中心城区“见缝插绿”地块251个，其中小微绿化89个、街角绿化91个、口袋公园71个，涉及面积26.72万平方米。

【古树名木保护监管】 2022年，苏州市开展全市打击古树名木违法犯罪活动专项整治行动，出动车辆217车次、人员530人次，检查木材经营加工企业、绿化企业等40余家，摸排古树名木2308株。实施古树名木抢救复壮，完成对生长衰弱、濒危株等古树名木复壮119株，其中2株入选省级试点示范样树。

2022年5月建成的姑苏区平海路沿线绿化景观长廊　（张健　摄）

获得2022年苏州市“园林杯”优质工程奖的天平山景区提升项目景观工程　　（市园林绿化局　供图）

【园林绿化行业管理】 2022年，苏州市修订《苏州市城市绿化条例》，设立永久性绿地保护制度，倡导立体绿化和绿地开放共享，从严规范树木砍伐移植。编制《苏州市口袋公园建设导则》等，健全行业技术标准体系。完成“苏州市园林绿化企业信用信息系统”开发建设，首次对全市307家园林绿化企业开展信用评价。推进城市绿化垃圾分类处置工作，构建城市绿化垃圾处理体系。全市城市园林绿化垃圾年产量约20万吨，全市建成并投入运营绿化垃圾处置点30余处（含临时处置点、私营处置点、部分简易粉碎点等），各县级市（区）均实现园林废弃物综合利用处理点不少于1处。修订《苏州市“园林杯”优质工程奖评选办法》，开展2022年度苏州市“园林杯”优质工程奖评选，“东渡游园景观绿化提升改造工程（张家港景观精细化提升节点项目）”等27个工程被评为示范工程，“东湖苑小区东侧地块公园（休闲公园）工程”等40个工程被评为优秀工程。

（市园林绿化局　薛　芳）

城市水利

【水利工程建设】 2022年，苏州市完成全社会水利水务投资67.49亿元，完成省水利重点工程建设投资20.26亿元。大运河苏州段堤防加固工程全部完工，长江干流江苏段崩岸应急治理工程苏州市境内工程完工并通过投入使用验收，徐六泾江边枢纽通过机组启动验收，北福山塘治理、元和塘（相城段）治理工程完工，吴淞江整治（江苏段）工程及徐六泾整治、大德塘整治等中小河流项目工程开工建设，太浦河后续、浏河江边枢纽等工程开展前期工作。张家港市第四水厂扩建工程获得2022全球水奖年度最佳市政供水项目金奖，昆山市城镇污水提升工程通过2021—2022年度中国水利工程优质奖（“大禹奖”）现场复核，水体“消劣争优”及生态美丽河湖建设项目入选2022年苏州十大民心工程。

【水利工程管理】 2022年，苏州市加强水利水务设施运行安全，全市大中型水闸累计安全运行6560小时，引排水量115.79亿立方米，泵站累计运行6.92万台时，抽引水量23.74亿立方米。加强水利工程精细化管理，福山闸、浒浦闸等18项工程被评定为省首批精细化管理一级工程，占全省首批认定数量的13%；分别完成6处、9处水利工程省精细化管理一级、二级工程申报；推进苏州市水利工程管理处、太仓市堤闸管理处、虎丘区堤闸管理所、常熟市长江河道管理处4个国家级水管单位精细化管理。截至年底，全市累计有国家级水利风景区6处、省级水利风景区7处，省级水利遗产8处。

【城市防洪排涝能力建设】 2022年，苏州市印发《苏州市城市内涝治理实施意见》，明确提升防洪排涝能力、提升河湖调蓄能力等“九个提升”重点任务。编制《苏州市城市内涝治理系统化实施方案》，印发城市内涝治理五年任务清单。推进城市内涝专项生命线安全监管系统建设，编制城市生命线安全工程排水（防涝、污水）专项方案。推进地铁、桥涵安全度汛隐患整改和城市防洪包围建设，全市建成区改造积水点21个，完成58千米雨水管网提标改造和87座下穿立交隧道积水监测、视频监控、备用电源等设备安装。做好城市防洪排涝枢纽、水闸、泵站日常维修养护，开展立交泵站电气设备预防性试验和轨交站点、地下空间、道路下穿立交积水排涝演练，全市养护疏通雨水管网4673千米、窨井边井7.76万座。

【城区河道管理】 2022年，苏州市加强城区河道重点区域水面保洁，配置新型长臂保洁船、电动无人保洁船等保洁设备，城区河道保洁机械化率25.26%，全年打捞清理河道垃圾1.25万吨。开展河道联合巡查和执法监管，全年协调处办涉河问题131件，交办河道非雨出流问题1245处。加强城区河道蓝藻防控，落实专业打捞队伍和打捞运输船只，设置蓝藻脱水处置点，全年打捞蓝藻1.03万吨，产生藻泥5.53吨。

（市水务局　徐兆鹏）

城市管理

【市容环境管理】 2022年，苏州市对照文明典范城市现场测评标准，开展“喜迎党的二十大 市容环境再提升”专项行动，提升市容环境。构建城管、商户协作机制，开展第二届市容环卫责任“星级商户”寻访活动，评选出“星级商户”30家。兼顾经济发展和市容秩序，设置各类外摆摊点和地产瓜果自产自销点。继续开展美丽街区建设，编制《苏州市美丽街区设计导则》，开展年度美丽街区评选，评选出市级精品美丽街区6个、市级美丽街区10个。

【环境卫生管理】 2022年，苏州市坚持精细化环卫作业模式，做好常态化疫情防控下环卫消杀保洁。实行市区高架道路夜间保洁作业，累计出动作业车辆1.19万辆次、作业人员14.39万人次，完成城警联动处理道路突发污染等应急任务348次，保障出行环境卫生安全。推进“厕所革命”工作。新改建并投用公共卫生间249座，其中新建36座、改建213座。新建公共卫生间等级均不低于AA级，重点增加女性厕位与无障碍设施。完成3047座公共卫生间基础数据普查，升级改造无障碍设施，新增导向牌1419块。扩大“智慧公厕云平台”试点范围，市区新增智慧公厕24座、光伏发电试点公共卫生间3座。

【垃圾分类】 2022年，苏州市建立28个市级机关生活垃圾分类工作业务会商机制，开展居民小区垃圾分类“过时投放”治理。全市建成“三定一督”（定时、定点、定人监督）小区5198个，厨余垃圾分出率超过25%。推进处置终端建设，提高垃圾处置能力，实现原生生活垃圾“全量焚烧、零填埋”。截至年底，全市垃圾焚烧日处置能力16250吨、建筑垃圾日处置能力1.53万吨、厨余垃圾日处理能力5885吨。完善苏州市垃圾分类综合管理平台，实现投、收、运、处全过程监管。推广“易丢丢”App，新增大件垃圾收运在线预约功能，提升可回收物回收效率。苏州市推行垃圾分类信息化平台“一网统管”经验做法被住房城乡建设部推广。苏州市生活垃圾分类工作在住房城乡建设部考评排名中列大城市第一档次第三名，较2021年提升一位。

【户外广告设施管理】 2022年，苏州市开展户外广告设施安全隐患排查整治，整治拆除户外广告设施4942处，其中屋顶广告102处、高炮广告76处、桥身广告设施62处、屋顶镂空字123处，拆除破损或空置店招标牌3670块，拆除存在安全隐患的独立式招牌645处。完成户外广告亮点项目19个。举办苏州市第一届百佳招牌征集活动，2000余家商户参选，评出古典风格类、现代风格类、楼宇冠名类3类100个最佳户外招牌。开展店招标牌许可备案制试点，同步开发上线户外招牌在线备案小程序，受理备案1026件。

【违法建设治理】 2022年，苏州市打好违法建设治理攻坚战。挂牌督办100个市级重大复杂违法建设治理项目，逐一销项。自7月起，对照文明典范城市创建标准要求，在全市开展争创文明典范城市违法建设专项治理行动，针对主要道路及窗口地区、农贸市场、老旧小区三类重点目标，开展集中治理，共治理2233处，面积90.8万平方米。突出在建违法建设快速处办、涉安违法建设“清零”等重点，开展督查暗访，核查违法建设工单1225件。全年全市治理违法建设1801.5万平方米，其中拆除存在安全隐患的违法建设270万平方米。

【桥下空间综合治理】 2022年，苏州市开展高架桥下“脏乱差”问题排查整治，改善周边环境秩序。全年清理积存垃圾510吨，清理“僵尸车”200辆，补植绿化3万平方米，安装围栏1500米。在整治基础上，推动高架桥下空间活化利用，打造干净整洁城市空间。

【城市管理执法】 2022年，苏州市完善城管执法队伍网格化管理机制，加大路面日常巡查频次，全年巡查发现各类问题1.41万处，上报各类PDA（掌上电脑）信息5522条，跟踪督查重点市容环境问题265件。推动解决文明典范城市创建中存在的路面动态类问题，开展“城市管理微执法”行动，全年巡查“微执法”重要路段、点位1914条次，发现问题637处，教育纠处城市管理轻微违法行为80.4万件，查处案件42.7万件，处罚金额1961.5万元。推进城市管理服务站建设，全市累计建成示范类城市管理服务站31个、达标类城市管理服务站72个，完成“十区百站”建设目标。

【智慧城管建设】 2022年，苏州市完成城市管理领域信息资源整合共享，依托“一网统管”整体框架，做好智慧城管与市级综合指挥平台数据汇聚整合、指令流转等工作。搭建建筑（装修）垃圾、违法建设、智慧停车、公共自行车、城市公厕等管理服务平台，对接“苏服办”“苏周到”平台移动端，完善和拓展智慧城管场景应用。全年全市数字城管系统平台受理各类问题122.68万个，办结率98.51%。优化完善数字城管系统平台与12345便民服务热线、公安110接处警工作联动，提高处办效率。市级数字城管系统平台受理12345热线来源案件1.69万件，办结率90.95%，回访满意率93.69%；受理110联动来源问题1.81万个，办结1.80万个，办结率99.37%。

（市城市管理局　陈会元）

编辑：胡振芳

乡村振兴

综　述

【农业农村现代化发展规划】 2022年3月，苏州市印发《苏州市"十四五"农业农村现代化发展规划》。该《规划》分四个部分九章，系统总结"十三五"农业农村发展主要成果，分析"十四五"时期在宏观政策环境、区域发展战略和改革集成优势等方面的机遇以及面临的困难、问题、挑战；提出"十四五"时期在"率先基本实现农业农村现代化"基础上实现"农业农村现代化取得重大进展"的总体目标，设置45项苏州市"十四五"农业农村现代化发展指标；从加快推进农业现代化、加快推进农村现代化、加快推进农民现代化、加快推进城乡融合发展等方面推进各项工作。

【农业农村现代化工作推进】 2022年，苏州市围绕率先基本实现农业农村现代化目标，做好以乡村振兴为重心的"三农"各项工作，打造农业强、农村美、农民富的新时代"鱼米之乡"苏州样板。苏州市召开全市率先基本实现农业农村现代化工作推进会。联合中国农业科学院修订并发布率先基本实现农业农村现代化评价考核指标体系3.0版，增设指标权重。同步开展省乡村振兴实绩考核和市率先基本实现农业农村现代化实绩考核，加强第三方农业农村现代化群众满意度调查评估，落实考核结果运用，实施12公顷新增建设用地计划指标奖补。苏州市作为"促进乡村产业振兴、改善农村人居环境等乡村振兴重点工作成效明显的地方"受到国务院督查激励，连续3年获评省乡村振兴实绩考核综合排名第一等次；昆山市入选国家乡村振兴示范县创建名单；张家港市作为"开展富民强村帮促行动接续推进乡村全面振兴成效明显的地方"、吴江区作为"促进乡村振兴、改善农村人居环境成效明显的地方"受到省政府督查激励。

（市农业农村局　章纯璐）

【农村改革】 2022年，苏州市推进8项国家级和6项省级农村改革试验区试点任务落实，加强改革成果分析及推广应用，其中年内完成3项国家级和2项省级试验任务到期验收工作，完成4项省级试验任务中期评估工作。新申报5项国家级农村改革试验区拓展试验项目，其中张家港市"建立健全农业生态产品价值实现机制"、常熟市"探索新型农业经营主体电子信用体系建设和应用机制"、昆山市"探索品种培优、品质提升、品牌打造和标准化生产推进机制"3项通过农业农村部专家组线上答辩。向部、省推介涉及农村改革和稳粮保供典型案例10个，其中张家港市稳粮保供案例被刊发于农业农村部《农村改革动态》《农业情况交流》和中央改革办《改革情况交流》，获得国务院肯定性批示；太仓市探索健全蔬菜保险体系、昆山市高素质农民动态管理、昆山市宅基地改革管理3个典型案例先后被刊发于农业农村部《农村改革动态》《农民日报》，获得部级领导肯定性批示。

（市农业农村局　汪予玫）

【农村集体资产管理】 2022年，苏州市把发展壮大农村集体经济作为着力点，结合乡村治理体系现代化建设，优化提升农村集体资产管理各项工作。做好农村集体经济成员身份登记和权证发放，登记率99.9%，发放率97.6%。印发《关于进一步加强农村集体资产监督管理促进新型集体经济高质量发展的实施方案》，从土地、财政、金融、税收、人才5个方面减轻村集体负担，推动村集体经济发展。出台鼓励减免承租农村集体物业租金指导意见，累计减免14577万元。总结创新发展农村集体经济实践经验，征集100个新型农村集体经济发展典型案例，完成《苏州市新型农村集体经济发展典型案例》汇编。9个村入选全省新型农村集体经济发展典型案例。全市村均集体经营性收入931万元，省定标准经济强村占比100%。全年全市农村产权交易项目成交数4.19万笔，成交金额69.53亿元，合同总金额95.29亿元。

（市农业农村局　王晓燕）

2022年2月，吴江区震泽镇齐心村入选全省新型农村集体经济引领共同富裕示范村十佳案例。图为齐心村俯瞰图　（吴江区政府办　供图）

【集体经济相对薄弱村巩固提升】 2022年，苏州市50个集体经济相对薄弱村平均村集体可支配收入658.82万元，人均可支配收入2428.7元。落实帮扶资金，市级财政安排5000万元用于支持28个富民载体项目建设和薄弱村公共服务补贴，带动集体经济增收1629万元。推进挂钩结对，50个挂钩单位结合自身实际，发挥优势特长，通过党建合作、消费帮扶、项目扶持、技术指导等方式，投入资金285万元，为薄弱村办实事153件。实施“苏扶保”综合保险试点，解决农民“因病致贫、因病返贫”难题，继续对上一轮100个和该轮50个相对薄弱村村民实施“苏扶保”综合保险试点，惠及村民40万人，赔付人次1790人，赔付金额1260.85万元，赔付率70.37%，解决困难群众的医疗费用负担。

（市农业农村局　徐玛丽）

【农村公共服务】 2022年，苏州市围绕城乡基本公共服务均等化，推动公共服务资源向农村覆盖。出台《苏州市农民收入倍增计划实施方案》，全市农村居民人均可支配收入4.38万元，城乡收入比缩小到1.82∶1。市区城乡居民基础养老金标准由原来两个档次合并统一提高至每月635元。在全国率先建立由个人缴费、政府补贴相结合的高素质农民社会保险补贴制度，向符合社保补贴标准的3391名高素质农民发放社保补贴6336万元。在14个镇（街道）开展乡村公益医疗互助试点，筹资金额4317万元，参与群众42.79万人，平均参与率80.41%。全市农村义务教育学校专任教师本科以上学历比例93.39%，乡村全科医生拥有量达标率100%。“江苏昆山：‘三个一’机制打造县域公共服务‘城乡共同体’”入选第四批全国农村公共服务典型案例。“江苏昆山周市镇：一户一策 绘就幸福市北新画卷”“江苏张家港：乡村公益医疗互助 惠民助农保幸福”“江苏吴江：人居环境展‘五美’品质提升促‘三优’”获评全国农村公共服务建设成果展示优秀小视频。

（市农业农村局　徐莉莉）

【镇村规划设计】 2022年，苏州市编制村庄规划115个，累计366个，为统筹乡村地区各类资源、优化乡村生产生活生态空间、开展国土空间开发保护活动提供规划保障。推行“规划师下乡”活动，编制《苏州乡村设计导则》，推广驻村设计师、工程师“一村两师”制度，相关做法成为全省唯一入选住房城乡建设部《设计下乡可复制经验清单（第一批）》的经验做法。实施“以高质量乡村规划赋能美丽乡村建设”基层党建书记项目，16个工作站党建共建结对28个基层党组织，全年开展活动60余次。

（市自然资源规划局　武营营
市住房城乡建设局　胡怡婷）

【农村住房条件改善】 2022年，苏州市实施农村危险房屋解危整治，推进行政村集体土地上农村房屋安全隐患排查。开展农村住房条件改善意愿和农房现状调查，实施苏州市农村住房条件改善五年行动（2022—2026年），启动农房改善相关建设项目50个，全年完成28个，年内改善农村住房1.6万户（含1980年及以前建的4575户），其中行政村集体土地上改善1.44万户，超额完成5250户的省定指导性任务。

（市住房城乡建设局　胡怡婷）

产业振兴

【农村一二三产业融合发展】 2022年，苏州市推动农村一二三产融合发展，促进乡村产业全链条升级，拓宽农民增收致富渠道。鼓励扶持各类农业经营主体发展，打造龙头企业引领、新型经营主体为主、广大农民参与的融合发展“雁阵”格局。全市农业产业龙头企业年销售收入1603亿元，带动农户270万余户。发展品牌农业、都市农业，打造农产品加工业、休闲农业、乡村旅游和电子商务等新产业、新业态、新模式。全市建成19个国家级和省级乡村旅游重点村、52个省级乡村旅游区、100个具有苏州特色的共享农庄（乡村民宿）。绿色食品、有机农产品企业数和产品数均列全省设区市第一位。农产品加工业与农业总产值之比超过9∶1。

（市农业农村局　郑　丽　宋水泉）

【农业农村重大项目建设】 2022年，苏州市推进农业农村重大项目建设，全年纳入“省重大项目管理系统”新开工项目80个，总投资116.06亿元，年度完成投资57.15亿元。各县级市（区）加强对纳入省平台监管项目的实时调度，做到抢时间、赶进度、重质效，促使项目快开工、快建设、快达效。

（市农业农村局　陈兴伟）

【农产品电子商务】 2022年，苏州市完成农产品网上销售总额180.94亿元，完成各类农产品电子商务培训超过1300人次。全市电子商务配送点行政村覆盖率达到100%。常熟市委组织部等8个主体入选全省“互联网+”帮促助农活动典型案例，食行生鲜入选首批江苏省“产销对接 公益助农”十佳平台。

（市农业农村局　任志强）

【休闲农业发展】 2022年，苏州市吴江区七都镇开弦弓村获评2022年中国美丽休闲乡村，2条美丽乡村休闲旅游行精品线路入选中国美丽乡村休闲旅游行精品景点线路；12个乡村休闲旅游农业特色模式（项目）和13个乡村休闲运动基地被省农业农村厅推介；张家港市后塍街道朱家宕村等10个村获评苏州市十佳乡村休闲旅游农业精品村。全市有各类休闲农业经营主体2626家，全年接待游客5900万人次，营业收入超过1亿元，从业人员4.74万人，带动农户9.97万户。

【共享农庄（乡村民宿）建设】 2022年，苏州市落实《关于加快发展共享农庄（乡村民宿）促进农文旅深度融合的实施意见》，培育张家港市双山岛渡口乡村、苏州大阳山共享农庄等苏州共享农庄（乡村民宿）24家，累计100家，总规模4600公顷，联结各类农业经营主体500余个，带动就业人员0.69万人，带动农户0.85万户，年接待游客1000万人次，综合营业收入7.8亿元。

（市农业农村局　宋水泉）

【开放型农业发展】 2022年，苏州市新增农业外资及中国港澳台资项目10个，实际使用外资及中国港澳台资12610万美元。创建国家级农业国际贸易高质量发展基地1家（苏州优尔食品有限公司）、省级出口农产品示范基地2家〔苏州山町蜂产品有限公司、台太兴业（常熟）食品有限公司〕，1家日资农产品加工企业〔明治乳业（苏州）有限公司〕晋升苏州市级农业产业化龙头企业。

（市农业农村局　李建明）

人才振兴

【高素质农民培育】 2022年，苏州市新增认定高素质农民（新型职业农民）3987人。推进部、省、市、县四级农民培训工作，全年培训高素质农民1.16万人次。继续实施定向委培和学历提升工程，招录157名农业农村定向委培生，全市定向委培生累计1555人，新增52名高素质农民参与涉农大专学历教育提升。新增2家苏州市级新型职业农民教育培训中心。在全国农民教育培训宣介活动中，苏州市"着力构建'一二三四五'型农民职业教育体系案例"被推荐为"农民职业教育典型案例"。经江苏省农业农村厅农民培训优秀教学资源评比，苏州市12项视频资源入选，获得一、二等奖视频类农民教学资源数量均列全省设区市第一位。

（市农业农村局　朱　倩）

【乡土人才培养】 2022年，苏州市实施"姑苏乡土人才培养集聚行动计划"，改进申报流程，优化指标权重，完善评审机制，确定建议人员193人。加强调查研究，《关于促进城市人才返乡下乡的对策建议研究》获得全省乡村振兴软科学课题研究成果评审一等奖。完善职称评审体系，成立农业工程专业技术资格中级评审委员会。全年32人通过省高级职称评审，45人获评中级职称，7人获评助理级职称。6人获评省第六期"333人才"，其中2人获得项目资助。

（市农业农村局　孙　坤）

【农村人才创业创新激励】 2022年，苏州市出台《苏州市农民收入倍增计划实施方案》，从促进就业创业、增加工资性收入，发展乡村产业、增加经营性收入，深化农村改革、增加财产性收入，加强政策扶持、增加转移性收入4个方面推出25条富民举措。全年开发乡村公益性岗位135个，扶持农民创业5546人，创业带动就业9450人。在"大国农匠"全国农民技能大赛中，苏州市获得创业创新类二等奖、三等奖各1项；在第六届江苏省农村创业创新项目创意大赛中，苏州市获得初创组一等奖1项，成长组一等奖、三等奖各1项，为历届最好成绩。举办苏州市农村创业创新项目创意大赛，评出苏州市农村创业创新项目"十佳典型案例"和成长组、初创组获奖项目各11项。全市农村创业创新典型累计1180人。

（市农业农村局　郑　丽）

文化振兴

【农村精神文明示范创建】 2022年，苏州市发挥全国文明村镇示范引领作用，注重以乡镇带动村居创建，以文明村镇创建活动助力实施乡村建设行动，县级以上文明村占比超过85%。深化文明单位创建，实施文明单位"常青树"赋能计划，推动市级以上文明单位、城乡新时代文明实践阵地结对共建。推进文明家庭建设，立足城乡社区开展"最美家庭"、星级文明户推选等活动，常态化组织家风故事巡回宣讲。

（市委宣传部　蒲　实）

【文明乡风建设】 落细落实移风易俗"红七条、白九条"措施，鼓励农村基层结合实际开展各类有益探索，依托农村新时代文明实践阵地，全市村（社区）普遍设立居民红白事办事场所，建立红白理事会制度。创新农村文明引导形式，将吴语方言、曲艺与移风易俗相结合，以说唱形式加强宣传和展示推介。张家港市杨舍镇善港村入选第三批全国村级"文明乡风建设"典型案例。张家港市凤凰镇河阳山歌《河阳山下唱新风》、昆山市周市镇昆北民歌《蔚美周市唱起来》入选全国第三届"县乡长说唱移风易俗"优秀节目展演。

（市农业农村局　徐莉莉）

【新时代文明实践中心建设】 2022年，苏州市累计建成新时代文明实践中心10个、新时代文明实践所103个、新时代文明实践站2143个，实现城乡中心、所、站工作网络全覆盖。创新探索行业新时代文明实践工作，建成15家市级行业分中心，构建行业文明实践枢纽阵地，开展行业志愿服务活动，引导行业部门统筹资源，服务城乡基层。

（市委宣传部　周　爽）

【优秀农耕文化建设】 2022年，苏州市推进重要农业文化遗产发掘保护、传承利用。碧螺春制作技艺作为"中国传统制茶技艺及其相关习俗"的重要组成部分，入选联合国教科文组织人类非物质文化遗产代表作名录。吴江区环长漾桑基鱼塘农业系统、吴中区环太湖流域林畜复核系统、常熟鸭血糯稻作文化系统入选江苏省第二批省级重要农业文化遗产名录，全市累计拥有国家级重要农业文化遗产2项、省级重要农业文化遗产5项。江苏吴中碧螺春茶果复合系统入选"农遗良品"十佳品牌，江苏吴江蚕桑文化系统入选"农遗良品"十佳旅游线路。苏州市太湖雪蚕桑文化园入选全国第一批农耕文化实践营地。全市评出苏州市农耕文化实践营地10个、苏州市乡村文化基地30个。在第二届全国乡村文化产业创新发展大会上，苏州市获评15个典型案例。以"庆丰收迎盛会打造新时代鱼米之乡"为主题举办2022年苏州市中国农民丰收节，举办长三角一体化地区农业文化遗产展、江村稻田音乐会等活动。

【农民体育事业】 2022年，苏州市举办第三届全国美丽乡村健康跑活动和"乡村振兴"杯苏州市第二届农民体育文化节系列活动（含开幕式、摇撸赛、风筝节）。组织评定苏州美丽乡村健身公园20个，累计71个；组织评定苏州市农民体育基地20个，累计45个。张家港市杨舍镇、昆山市巴城镇、苏州高新区通安镇树山村入选全国农民体育健身活动示范基地，张家港市锦丰镇滨河公园、常熟市海虞镇海棠体育公园等6个乡村健身公园入选2022年度"江苏省最美乡村建设公园"，张家港市杨舍镇、太仓市横泾镇等5个农民体育健身活动基地入选2022年度首批江苏省农民体育健身活动中心。

（市农业农村局　徐莉莉）

【农家书屋】 截至2022年底，苏州市有农家书屋1095家，全部开通"江苏省数字农家书屋"平台，平台累计注册44.74万人，累计使用3371.42万人次。全年各级财政对农家书屋总投入1101.49万元，用好落实省级公共文化服务体系建设（农家书屋）专项资金43.23万元。全市农家书屋馆藏出版物总量310.25万册，其中2022年补充更新出版物29.43万册，新增出版物严格按照国家和省的推荐目录补充，全年外借图书116.25万册次。全市农家书屋开展党史学习教育、红色阅读、亲子阅读等各类活动6087场次。常熟市沙家浜镇芦荡村农家书屋等3家特色农家书屋入选江苏农家书屋创新示范案例；吴中区甪直镇光影墅文化空间的蒋理作为江苏省唯一代表获评2022年"乡村阅读榜样"。

（市委宣传部　孙　晨）

生态振兴

【美丽乡村建设】 2022年，苏州市按照特色精品、特色康居、特色宜居三级体系，分类推进美丽乡村建设。召开全市乡村建设工作推进会，制定发布《苏州市特色田园乡村（特色精品示范区）评价标准（试行）》。16个市级特色精品乡村示范区和4个“两湖两线”(环阳澄湖、环澄湖，太湖沿线、长江沿线)跨域示范区建设取得阶段性成果。启动第六批36个特色精品乡村建设点位，命名23个村庄为市特色精品乡村，累计建设特色精品乡村点位157个，累计完成各类项目1739项、投资31.18亿元，92个村庄获评市特色田园乡村(特色精品乡村)，71个村庄获评省特色田园乡村，数量列全省设区市第一位。将特色康居乡村建设列入市政府实事项目，全年建成特色康居乡村508个，累计4100个，评出15个特色康居示范区，累计85个；全市建成特色宜居乡村6693个；特色康居、宜居乡村占比99%(除搬迁撤并类村庄)。开展“四园一景”〔美丽菜园、美丽家园(庭院)、美丽果园、美丽乡村健身公园、美丽村景〕工程，全市建成美丽菜园示范村10个、美丽菜园优秀村10个，建成美丽庭院示范村10个、美丽庭院示范户100个、美丽庭院2000个(含100个示范户)，建成美丽果园示范村10个。创建省级生态宜居美丽示范乡村，2县8镇75村的培育总数在全省领先。

【美丽城镇建设】 2022年，苏州市落实《苏州市“十四五”美丽城镇建设实施意见》，完善基础设施，改善人居环境，提升镇容镇貌。开展小城镇体检试点工作，总结城镇建设发展管理成效和弱项短板，推进新型城镇化发展。统筹美丽城镇建设、特色田园乡村示范区建设、传统村落集中连片保护利用，将城镇建成区内的配套设施、文化产业等向村庄延伸，与村庄对接，推动城乡共建、城乡互联、城乡共享。全年全市实施各类美丽城镇建设项目571项，完成投资100.9亿元。

(市住房城乡建设局　胡怡婷
市农业农村局　徐莉莉)

【农村生态河道建设】 2022年，苏州市轮浚各级农村河道1157条774千米，完成河道土方690万立方米；建设农村生态河道292条346千米，建成各类生态护坡214千米；创建县乡级生态河道308千米，县乡级生态河道覆盖率53.97%。加高加固圩堤52.6千米，更新改造圩区“三闸”(防洪闸、分级闸、套闸)127座，建设排涝站43座、挡墙护岸61.6千米。

(市水务局　徐兆鹏)

【农村人居环境整治】 2022年，苏州市制发《关于“十四五”开展农村人居环境整治提升行动 全面推进生态宜居美丽乡村建设的实施方案》，提出“五美五好”(生态美、环境美、业态美、人文美、常态美，绿色发展好、生活品质好、产村融合好、乡风治理好、长效管护好)宜居宜业和美乡村建设目标。评定农村人居环境整治提升示范镇5个、示范村50个，长效管理先进镇3个、先进村25个。发布苏州市农村人居环境整治工作典型案例20个。全市农村人居环境长效管护行政村占比保持100%，全市行政村双车道四级公路覆盖率、镇村公交开通率、村内入户道路硬化率、电子商务配送点行政村覆盖率、行政村5G基站开通率、农村供水入户率均达到100%。在中国农业科学院发布的《中国农村人居环境发展报告》中，苏州市连续两年列全国95个地级行政区综合评分第一名。

(市农业农村局　徐莉莉)

【镇村环境管理】 2022年，苏州市开展农村环境长效管理，做好农村生活垃圾分类工作，优化镇村环境。开展行政村内、沿线暴露垃圾以及非正规垃圾堆放(填埋)点检查，督查各类问题194处，整改率100%。开展农村生活垃圾分类就地处置工作日常运行管理情况随机抽查，推进全域农村生活垃圾分类试点镇建设，评选确定示范村100个、星级厨余垃圾资源化处理站45个，获评省级试点优秀乡镇6个。新冠疫情防控期间，加强保洁车辆、清扫工具、垃圾中转站、有机资源化处理站等处定时消杀工作。全市农村地区有环卫人员3.1万人，行政村环卫保洁、垃圾收运市场化率71.85%。

(市城市管理局　陈会元)

组织振兴

【党建引领乡村振兴】 2022年，苏州市落实《抓党建促乡村振兴行动方案》要求，把党的政治优势、组织优势转化为乡村振兴的发展动能、治理效能。压实乡村振兴主体责任，按照“切口小、有难度、示范性牵引性强”原则，组织实施县乡党委乡村振兴“书记项目”7个，达成五级书记抓乡村振兴要求。开展选派驻村第一书记、村企结对、机关党组织与村党组织共建，整合资源力量支持乡村发展。加强干部队伍建设，实施以20名省级“百名示范”书记为龙头、40名市级先进典型培育对象为主体、100名县级先进典型培育对象为后备的基层带头人典型培育“241”计划，建立科学遴选、日常管理、联系指导、培养锻炼、鼓励激励、源头储备的全链条选育培树机制。总结试点先行经验，集中开展重点村分类管理、红色美丽村庄建设、党建引领乡村治理三项全国试点工作，制定试点方案，排定工作进度，形成可复制、可推广的经验做法。

(市委组织部　涂仕涛)

【企村对接联建】 2022年9月，苏州市召开“万企兴万村”村企对接合作会议，启动“万企兴万村”村企结对行动，组织首批50个商会、50家民营企业与50个村结对。截至年底，全市167家民营企业、商会与252个村结对，对接项目268个，经营类项目投资8.7亿元，捐款捐物7463万元。引导民营企业、商(协)会参与乡村振兴，开展“回报家乡”专项行动，参与新一轮对口支援帮扶工作。2018—2022年，市工商联系统组织2000余家企业和近200家商会参与助力乡村振兴、对口支援帮扶工作，累计落实帮扶项目180余个，投入资金3亿元，帮扶贫困村、经济薄弱村145个，覆盖人口2万余人。

(市工商联　申　霖)

【农村基层治理】 2022年，苏州市探索社区治理路径，完善社区治理服务体系和运行机制。张家港市南丰镇永合社区、常熟市常福街道小义村、虎丘区通安镇华通花园第六社区获评江苏省新型农村社区治理服务示范建设单位。全市累计创建全国乡村治理示范镇(村)14个、全国民主法治示范村(社区)16个，数量列全省设区市第一位。推进乡村治理积分制试点工作，推广运用清单制治理方式，将文明乡风培育、人居环境整治等乡村治理具体事项细化分类、赋值量化、打分考核，给予村民“参与权”“评价权”，由村民商定“积分制”的评分标准、运行程序等。乡村治理积分制试点覆盖至全市60个镇(街道)的805个村(社区)，占全市村(社区)的80%。

(市民政局　陶绪琳
市委宣传部　蒲　实)

编辑：胡振芳

区域发展

长江经济带建设

【概况】 2022年，苏州市印发《关于全面落实长江经济带高质量发展战略任务的工作意见》，在全省率先出台《苏州市“十四五”长江经济带湿地保护修复实施方案》。做好长江生态环境保护修复，推进中央、省生态环保督察反馈问题整改，抓好“十年禁渔”、太湖治理等重点任务，坚持“产业在沿江转型、创新在城区集聚”，推动沿江产业转型升级和航运物流业发展。

【生态环境突出问题整改】 2022年，苏州市坚持把长江经济带生态环境突出问题整改作为长江大保护工作的重点。2022年国家、省警示片披露的苏州市长江经济带生态环境4个突出问题全部完成整改并通过省级验收。对历年完成整改的生态环境突出问题建立台账，定期开展“回头看”自查和举一反三排查整治，排查生态环境风险隐患，滚动更新问题台账，完善长效监管机制，巩固整改成效。

【长江生态环境修复】 2022年，苏州市把长江生态环境保护修复作为重点，构建综合治理体系。系统推进长江经济带污染治理“4+1”工程（沿江城镇污水垃圾处理、化工污染治理、农业面源污染治理、船舶污染治理和尾矿库污染治理）。加强城镇污水垃圾处理，全市完成7座污水处理厂扩建，新增污水处理能力每日24.7万吨，新增生活垃圾焚烧处理能力每日3750吨。推进化工污染治理，关闭退出纳入底单管理的化工生产企业24家，长江干流1千米范围内的化工生产企业均在合规化工园区内。加强农业面源污染治理，实施农药化肥减量增效，全年农药、化肥使用量分别减少7.0%、1.2%以上。加强船舶污染治理，船舶垃圾、船舶生活污水、船舶含油污水、化学品洗舱水转运处置率均超过90%。开展造林绿化，全年全市完成造林272公顷、长江沿岸县域造林28公顷，超额完成省下达营造林年度目标任务。完成630条幸福河湖建设，新增受保护湿地面积1万余公顷。加强长江水生生物多样性保护，实施“十年禁捕”。全市“国考”“省考”断面优Ⅲ比例完成目标，长江干流苏州段水质达到Ⅱ类以上。

【生态绿色高质量发展】 2022年，苏州市执行长江经济带发展负面清单和省实施细则，管控排放大、耗能高、产能过剩的产业，以生态环境修复倒逼产业转型和绿色发展。合理调控能耗总量，落实项目清单化管控，16个项目列入省“两高”整改清单，完成全部项目整改并获批省节能审查意见。健全绿色低碳循环发展经济体系，出台《关于加快转变发展方式做好碳达峰碳中和工作的实施意见》。推动产业创新集群发展，生物医药及高端医疗器械、高端纺织、纳米新材料入选国家先进制造业集群。构建综合交通运输体系，加强集装箱干线港建设，太仓港集装箱吞吐量突破800万标准箱，增长13.7%。北沿江高铁、通苏嘉甬高铁、张靖皋长江大桥主体工程等铁路及过江通道开工建设。融入以上海为龙头的长三角城市群一体化发展，落实《上海大都市圈空间协同规划》。探索生态优先绿色发展的新路径，出台《苏州市建立健全生态产品价值实现机制实施方案》，张家港市、吴中区纳入省级试点地区。推进长江国家文化公园苏州段建设，提出构建“六园四带二十一点”的长江国家文化公园苏州段展示体系，举办2022年长江文化节。

（市发展改革委　汤映罡）

长江三角洲区域一体化发展

【概况】 2022年，苏州市围绕“全力推动市域统筹发展，参与省内区域协调发展，融入长三角城市群一体化发展，依托上海国际化平台集聚全球高端资源”

2022年6月，位于长江入海口南岸的太仓江滩湿地公园

（太仓市政府办　供图）

四个层面，推进长三角一体化发展。调整优化市级工作领导小组，成立长三角一体化示范区建设领导小组，健全虹桥北向拓展带建设协调推进机制。组队拜访国家发展改革委、上海市发展改革委、长三角区域办、示范区执委会、虹桥国际中央商务区管委会等，沟通一体化合作发展事宜。编制苏州行动计划，做好年度要点起草和清单编制工作，定期跟踪进度。对接国家发展改革委及相关课题组，研究强化上海苏州同城效应工作举措。开展“习近平新时代中国特色社会主义思想指引下的长三角一体化发展苏州实践”课题研究，形成“1+1+2+X”课题成果矩阵。推进与上海市相关区域和关键领域沟通对接，邀请长三角区域办、示范区执委会领导到苏州出席活动并调研长三角合作重点项目。参与长三角地区新冠疫情联防联控，加强疫情应急状态下的协同支撑，统筹疫情防控和经济社会发展，推进复工复产，保障区域供应链、产业链安全稳定。

【区域发展协同推进】 2022年，苏州市融入长三角城市群一体化发展。实施通苏嘉甬铁路、沪苏湖铁路等交通项目建设，推进苏锡常城际、如通苏湖城际、沪苏嘉城际铁路江苏段（水乡旅游线）、苏淀沪城际等项目前期工作。开展苏州阜阳结对合作帮扶工作。推进长三角一体化示范区建设，深化制度创新，落实示范区国土空间总体规划，加快水乡客厅、苏州南站科创新城等重点项目和环元荡片区、环长漾新时代鱼米之乡“最江南”样板区建设，支持汾湖高新区参与创建跨省域国家级高新区，推动长三角一体化示范区创新经验在苏州率先复制落实。服务全省区域协调发展，深化跨江融合发展，围绕科技创新、产业协同、服务共享等方面，推进苏锡通科技产业园区建设。借力上海集聚全球高端资源。服务和支持上海发挥龙头作用，加强国家战略科技力量共育共建共享，深化与上海张江综合性国家科学中心等联动合作。共建虹桥国际开放枢纽北向拓展带，以《上海虹桥国际中央商务区国土空间中近期规划》出台为契机，聚焦“大科创”核心功能，与上海交通大学等开展战略合作，推进产学研协同创新。参与长三角产业链补链固链强链行动，建设数字长三角，推进长三角工业互联网一体化发展示范区建设，打造国家级长三角工业互联网创新示范基地，共建一体化算力网络长三角国家枢纽节点。对接上海国际消费中心城市建设，联动上海高水平办好“五五购物节”。学习借鉴临港片区制度创新经验做法，深化苏州自贸片区制度创新，用好中新、中日、中荷、中德、海峡两岸及各类开发区等开放合作平台。

【科创产业融合发展】 2022年，苏州市推动“环太湖科创圈”“吴淞江科创带”建设，推进数字经济时代产业创新集群发展布局。参与打造长三角科技创新共同体，加快推动苏州实验室建设，启用先进技术成果转化长三角园区。对接上海、浙江杭州等地科技创新资源，推进苏州市研发资源共享服务平台建设，集聚上海光源大科学装置、复旦大学专用集成电路与系统国家重点实验室、纳米真空互联实验站等高端科研平台。推进新兴产业协同互动。推进国家级区块链发展先导区建设，获评江苏省首批区块链创新应用实验区，推动形成区块链“一核、两区、两带”发展空间格局。推动优质项目落地。加强科技招商“新赛道”，集聚中国人民银行长三角数字货币研究院、长三角金融科技有限公司、长三角数字金融数据中心等三大国家级平台，与上海清算所、上海保交所、上海市联合征信有限公司开展合作，落户优质数字金融企业超过300家。对接上海集成电路、航空航天技术与产业促进中心，打造生物医药、人工智能产业高地，临港产业园项目、迈胜质子医疗、中国电信“云堤”总部和“车路协同”总部、长三角时尚供应链枢纽、曹操出行全国总部、中荷苏州科技创新港等项目落地。获评国家新型工业化产业示范基地（工业互联网），推动14家国家工业互联网“双跨”平台落户苏州。设立“保生产、稳发展”工作专班，聚焦重点产业链供应链等领域，开发“苏链通”供应链对接平台，打通产业链供应链堵点、痛点。

【基础设施互联互通】 2022年，苏州市建设高铁新城“黄金双十字”国家级高铁枢纽，推进苏州北站扩容提升，加快苏州南站、张家港站、太仓站等高铁站规划建设，研究轨道交通对接上海方案。实施通苏嘉甬铁路、沪苏湖铁路等交通项目建设，推进苏锡常城际、如通苏湖城际、沪苏嘉城际铁路江苏段（水乡旅游线）、苏淀沪城际等项目前期工作。苏州轨道交通2号线、4号线、7号线延伸线开工。打通省际道路。全线开工建设苏州至台州高速公路江苏段（七都至桃源段）。建成投运盈淀公路、岳鹿公路、康力大道等一批省际道路。结合毗邻地区通道打通，推动毗邻公交开行工作。推动港航协同发展。印发实施《关于推进苏州港改革创新发展的意见》，推动苏州港融入长三角世界级港口群，建设江海联运中转枢纽港和集装箱干线港。太仓港区集装箱四期码头工程建成投产，“沪太同港”效应深化。开通至上海外高桥、上海洋山港等航线，港区辐射能力增强。

【生态环境共保联治】 2022年，苏州市参与共同研究编制长三角生态环境共同保护规划、示范区生态环境保护专项规划，建立长三角生态绿色一体化发展示范区标准、监测、执法“三统一”制度，协同推进第三方治理平台建设。吴淞江整治工程江苏段在昆山开工建设，增加太湖洪水外排出路，提高太湖流域防洪除涝能力，为长三角一体化高质量发展提供水安全保障。编制年度太湖目标责任书，开展太湖蓝藻防控工作，确保区域源头水源安全。太浦河共保联治江苏先行工程有序推进，水系联通试点县项目、元荡生态修复和岸线贯通工程成效显现。昆山与上海嘉定、青浦设定“联防联治区”，太仓与上海宝山、嘉定共建新浏河清水通道维护区及“嘉太生态区”，锦淀周一体化河湖管护机制得到完善，区域联防联控、协同治理成效显现。与毗邻地区建立联防联控机制，加强对重点区域等的管控。围绕公路超载、营运车辆监管、固废水上非法转运等开展跨区域联合执法行动。

【公共服务便利共享】 2022年，苏州市推进长三角卫生健康发展协议，苏州各县级市（区）与上海相关医院开展协同发展合作，中山医院长三角相城医院、华山医院吴中合作医院、瑞金医院太仓分院先后签约启动建设。推进与中国中医科学院、南京医科大学等战略合作，加强姑苏学院建设。在全省率先实现与上海、浙江、安徽异地就医门诊联网直接结算。长三角示范区率先实现异地就医住院直接结算免备案。实现全市省内异地就医定点零售药店直接结算全覆盖，门诊慢特病相关治疗费用跨省异地就医直接结算试点序时推进。推进民生实事项目“沪苏就医e保通”，将药店纳入跨省异地就医联网结算范围试点。推动长三角地区教育沟通交流，引进优质资源，开展项目合作，构建一体化教育发展机制。苏州市政府与上海对外贸易大学签署战略合作协议。上海世外教育附属苏州高新区文贤实验初级中学、吴江云龙实验学校和汾湖实验小学等合作办学项目相继签约落地，苏州市劳动路实验小学校挂牌为上海戏剧学院附属姑苏实验学校。推动相城区与中国歌剧舞剧院签约，联手打造苏州大剧院。提升公共服务国际化水平，设立G60科创走廊人才公共服务通办专窗，昆山杜克大学获批全国首批国际合作教育样板区，中山医院长三角相城医院、瑞金医院太仓分院先后启动建设。办好苏州国际精英创业周，发布加快建设高水平人才平台相关政策，在上海设立长三角赛区。共同参与G60科创走廊地区高层次人才交流活动，深化九城市人才合作机制。共同做好江南水乡古镇联合申报世界文化遗产。开展线下购物无理由退货工作，实现异地维权同城待遇。发挥长三角一网通办和跨省通办政策叠加优势，优化"长三角·G60科创走廊·跨省通办"综合窗口服务，为企业和群众提供高效便捷的政务服务。国家知识产权局苏州业务受理窗口服务辐射长三角，推动长三角地区知识产权运营交易工作。参与长三角信用监管制度和标准体系建设，推广信用评价和分级分类监管、信用惠民便企服务在长三角区域的联合创新应用。姑苏区与上海市黄浦区互换政务服务自助一体机。苏州工业园区"一网通办"平台建设跨省通办专区，推出"沪苏合作专区"模块。

【区域交流合作平台搭建】 2022年，苏州市加快建设虹桥国际开放枢纽北向拓展带，围绕"大交通、大会展、大商务"三大核心功能，推动更多高"含金量"政策落地。推动苏州高铁北站与上海虹桥合力建设"大虹桥"复合型国际综合交通枢纽。建好用好苏州（虹桥）国际会客厅，建设虹桥—相城合作商务会展区，联动虹桥打造全国进口贸易促进创新示范区。发挥上海虹桥苏州（相城）数字经济创新产业园等平台作用，加快产业联动创新共同体建设。推进长三角生态绿色一体化示范区建设，深化制度创新，落实示范区国土空间总体规划，加快水乡客厅、苏州南站科创新城等重点项目和环元荡片区、环长漾新时代鱼米之乡"最江南"样板区建设，支持汾湖高新区参与创建跨省域国家级高新区。推动G60科创走廊建设，组织参加上海进博会长三角G60科创走廊高质量发展要素对接大会，架起产学研对接通道，加速产业链、创新链、资本链和人才链"四链融合"。加强与长三角区域合作办、长三角经济协调会沟通对接，参与上海大都市圈建设，配合做好长三角主要领导座谈会、长三角城市经济协调会等年度重大活动，探索长三角城市合作新机制，推动城市合作机制走深走实。

【虹桥国际开放枢纽北向拓展带建设】 2022年，苏州市重点围绕打造中央商务协作区、国际贸易协同发展区、综合交通枢纽功能拓展区等功能定位，坚持"主动融入长三角城市群一体化发展，依托上海国际化平台集聚全球高端资源"的工作目标，推进虹桥国际开放枢纽北向拓展带建设。健全虹桥国际开放枢纽北向拓展带建设协调推进机制。实施《贯彻落实〈虹桥国际开放枢纽北向拓展带建设实施方案〉苏州行动计划》，参与制定虹桥政策升级版。加快建设长三角区域枢纽中心城市，开工建设通苏嘉甬、沪苏通二期、北沿江等铁路工程，推进苏州北站扩容提升，研究轨道交通对接上海方案。启动建设苏州至台州高速公路，建成投运康力大道、盈淀公路等一批省际道路。融入上海国际航运中心建设，上海港空箱中心太仓港分中心、宁波舟山港箱管中心太仓分中心揭牌投运。"沪太通"运行模式完成箱量年均增幅超过140%，成为长三角港口一体化合作的重要示范。承接上海进博会溢出效应，参与虹桥国际开放枢纽建设论坛暨2022虹桥HUB大会，举办2022苏州进口贸易促进大会暨跨国公司开放创新合作交流会、第五届虹桥国际经济论坛中新合作服务贸易创新分论坛等配套活动。联动上海打造全国进口贸易促进创新示范区，提升"虹桥品汇苏州港"品牌辐射能力。依托上海虹桥苏州（相城）数字经济产业园等平台，围绕集成电路、航空航天等方向，前瞻布局数字金融，增强国际贸易产业支撑。

【沪苏同城化】 2022年，《上海大都市圈空间协同规划》发布，规划范围包括上海、无锡、常州、苏州、南通、宁波、湖州、嘉兴、舟山在内的"1+8"市域行政区域，其中苏州市被定位为3个综合性全球城市之一。苏州市研究增强沪苏（州）同城效应政策举措，落实《上海大都市圈空间协同规划》，探索毗邻区域协同发展模式。推进沪苏港口合作，推动苏州港打造成上海国际航运中心重要北翼。推动沪苏城市轨道衔接，在建苏州轨道交通11号线与上海轨道交通11号线实现对接，就上海轨道交通17号线与苏州轨道交通10号线对接事宜达成一致。对标借鉴上海营商环境创新试点城市先进经验，制定《苏州市优化营商环境创新行动2022》，发布新兴服务业高质量发展系列政策，出台《苏州市支持总部企业发展实施办法》《关于促进苏州楼宇经济高质量发展的实施意见》。加强沪苏国家级人力资源产业园协作交流，推进长三角（汾湖）人力资源服务产业园高质量发展。上海国家会展中心设立的"苏作馆"成为展示江南文化魅力、宣传苏州城市形象的平台。与上海联合打造"江南文化"品牌，举办江南主题展览展示活动。推进苏州文旅总入口"君到苏州"平台与"乐游上海"等平台交流合作。开通跨省旅游线路，向上海市民发放一体化休闲年卡，促进优质资源共享，实现互相引流，推动沪苏旅游"同城同惠"。联动上海举办"五五购物节"，推动打造苏州与上海消费合作的旗舰项目。

（市发展改革委　管　俊）

苏锡常都市圈建设

【概况】 苏锡常都市圈是《国家新型城镇化规划（2021—2035年）》布局的现代化都市圈之一，包括江苏省苏州、无锡、常州三市，区域面积1.77万平方千米，2022年常住人口超过2500万人，地区生产总值突破4.5万亿元。苏锡常地区阶段相似、水平相近、文脉相通，拥有产业、人口和城镇密集的独特优势，是长三角地区北翼重要组成部分。

【区域合作深化】 2020—2022年，苏州、无锡、常州三市贯彻落实江苏省关于苏锡常都市圈建设和一体化发展的决策部署，先后在苏州、无锡举办两届苏锡常一体化发展合作峰会，并签署苏锡常一体化合作备忘录和一系列合作事项清单。2022年6月，江苏省发展和改革委员会印发《苏锡常都市圈发展行动方案（2022—2025年）》，围绕合力打造高质量发展示范区，部署实施六大领域重点行动，制定30个重要工程项目、22项重要政策和15条重要改革举措"三张清单"。8月，苏州市发展改革委印发《苏州协同落实〈苏锡常都市圈发展行动方案（2022—2025年）〉重点任务分工方案》，梳理苏州相关的协同实施机制、重要工程项目、重要政策、重要改革举措，明确70个重点任务工作内容。11月，苏州无锡协同发展签约仪式在苏州市举办，签署《苏州无锡协同发展战略合作协议》，明确聚焦五个重点合作领域和聚力六大战略性合作工程。

【重点领域协同发展】 2022年，苏州、无锡、常州三市深化生态环境联保共治。加强污染天气联防联控，加强主要通江河道整治提升，保障长江干流苏锡常段水质稳到Ⅱ类，联合开展太湖联合治理。加强三市产业创新集群共建。加强三市汽车零部件企业配套对接和协同发展，推动汽车产业链上下游相关供需信息沟通，开展首台（套）重大装备互认工作，联合完善发布《苏锡常首台（套）重大装备认定管理办法》，统一三市认定标准并共享专家库。加快三市基础设施互通共融。加强苏锡常三市轨道交通、干线公路对接，加强望虞河整治和航道提升、港口深入合作、燃气设施互通等方面的合作。推进三市公共服务一体共享。落实三市信用报告互通，深化三市人力资源市场管理合作，加强苏锡常劳动人事争议仲裁领域合作，推进苏锡常卫生健康一体化发展，实现苏锡常三市参保群众在办理异地就医备案后可在三市定点医疗机构直接划卡结算。加强三市文旅融合共促。三市共同打造“苏锡常畅游卡”项目，逐步实现三市旅游资源逐步共享，交通出行、旅游观光、文化体验等方面“同城待遇”。

【重点项目协同推进】 2022年，苏州、无锡两市做好苏南硕放机场轨道线网规划衔接。在线网规划研究中提出硕放机场—张家港线（无锡S4线）向东经张家港市区再接入张家港站；硕放机场—常熟线（无锡S3线）向东经无锡市锡山区羊尖镇并设站后，进入常熟市境内，接入通苏嘉甬常熟西站。苏州、无锡两市优化提升望虞河干线航道功能。组织开展望虞河提升三级航道规划研究，望虞河规划三级航道初步列入全国内河航道与港口布局规划。苏州、无锡、常州三市深化内河港口合作。太仓港至常州金坛内河支线继续保持每天1班，太仓港至无锡宜兴内支线达到每周5班。启动苏锡常都市快线建设。完成苏锡常都市快线项目预可初稿及工可初测工作，推进太仓先导段工可前置相关工作，开展苏州城区段方案深化研究，开工建设太仓站。

（市发展改革委　郑志锋）

市域一体化发展

【概况】 2022年，苏州市用“大苏州”思维加强市域内的统筹，破除区域发展壁垒，推进市域一体化发展。推进全域规划工作，加强各县级市（区）相邻区域规划统筹，构建以6个区为一个大组团、4个县级市为副中心的“1+4”格局。推动开发区改革创新发展，开展更多首创性试点、差异性试验和集成性探索，提升苏州工业园区苏相合作区、苏州独墅湖科教创新区（东区）等合作共建水平。加强全市港口一体化管理，提升太仓港发展能级，推动张家港港区、常熟港区、太仓港区“三港联动”发展。打通市域“断头路”，加强市内交通互联互通。优化全市公共服务制度性安排，推动市域公共服务一体化、均等化。

（年鉴编辑部）

【相邻区域规划统筹】 2022年，苏州市优化重构市国土空间规划委员会，实现市规划领导小组和市规委会常态化运行，在全市资源规划系统建立规划工作联系制度，发挥自上而下规划引领作用，加大规划统筹力度。开展“环太湖科创圈”“吴淞江科创带”等战略区域规划，推进太湖新城、太湖科学城、高铁新城等重要节点规划，统筹推进环阳澄湖、环澄湖、虎丘等地区协同规划，谋划苏州“四角山水”片区规划，推进昆太（昆山、太仓）、相虞（相城、常熟）协同发展规划研究，推动市域一体化发展。

（市自然资源规划局　武营营）

【开发区合作共建】 2022，苏州市促进各类开发区转型升级、创新提升，实现联动改革、联动开放、联动创新。苏州工业园区苏相合作区、苏州独墅湖科教创新区（东区）建设取得成效。

苏州工业园区苏相合作区　苏州工业园区苏相合作区位于相城经济技术开发区内，面积约52平方千米，由苏州工业园区与苏州市相城区合作共建，于2020年4月启动实体化运作，采用苏州工业园区全面主导、相城区全面推进的实施路径，其经济社会发展总体纳入苏州工业园区管理体系，民生事务保障总体纳入相城区管理体系，以“市内飞地”形式促进市域一体化发展。2022年，完成规模以上工业总产值390.43亿元，增长10.1%；地方一般公共预算收入12.12亿元，增长41.7%；全社会固定资产投资49.03亿元，增长16.1%，其中工业投资34.41亿元，增长14.9%；注册外资及中国港澳台资1.51亿美元，增长50.7%；到账外资及中国港澳台资1.32亿美元，增长31.1%。依托西交漕湖科技园、蒲公英加速器等科技载体平台，构建创新生态，新认定高新技术企业62家，增长72%，市级创新型中小企业增至48家，市级“瞪羚”企业增至8家，省级专精特新中小企业增至12家，国家级专精特新“小巨人”企业实现零的突破。集聚创新创业人才，完成各级科技领军人才申报69项，增长86.5%；自主培育国家级人才1人，金鸡湖科技领军人才11人、苏州市姑苏科技领军人才2人。引导企业加大技改投入，规模以上工业企业实施技改项目完成40%，总投资52亿元；漕湖区域88家规模以上企业实现“智改数转”100%覆盖。签约落地各类产业项目111个，总投资超过132亿元。其中，赣锋锂电华东动力电池基地项目总投资超过30亿元，千机智能航空发动机关键零部件研产一体化基地、苏净船用特种装置等8个项目投资超过5亿元。141个签约在建项目达产产值超过432亿元。外资及中国港澳台资项目逆势布局，包括日本株式会社IHI、日立集团共同投资9000万美元的IHI寿力压缩技术项目以及换热领域处于全球领先地位的瑞典舒瑞普扩建搬迁项目。联动苏州工业园区上市公司募资扩产，瀚腾新能源充换电站项目计划投资10亿元，建设智能换电设备、新能源汽车零部件研发生产基地；艾隆医疗物资智能管理设备项目拟投资3.2亿元，打造智能化医疗物资管理装备研发生产基地。以通苏嘉甬高铁、如通苏湖城际和苏州轨道交通4号线延伸线、7号线延伸线、12号线等重大基础设施建设为契机，推进36个市政道路、管网、绿化项目建设，总投资超过50亿元。完成产业用地更新35.93公顷，重点更新项目实现突破，健康城地块通过国资成本回购方式收回低效用地39.47公顷。推动苏州无锡协同发展，推进“漕湖—鹅真荡”生态绿色一体化协同发展示范区“双湖生态客厅”规划的实施。启动漕湖北岸综合开发，推进漕湖生态优化提升、生态廊道景观功能提升、北部综合开发和高端制造产业集聚区建设。加快建设漕湖幼儿园分园、综合文体中心、综合商务中心、缤纷汇体育公园、永昌邻里中心等项目。细化漕湖学校和苏州工业园区星湾学校合作，规划建设苏相实验学校，打造苏相合作区教育品牌。建立人才公寓住房保障体系，新增房源200余套。

苏州独墅湖科教创新区（东区） 2021年3月，苏州市明确建设苏州独墅湖科教创新区（东区），目标打造科教与高端产业高效协同的示范区、市域统筹创新合作的实验区、生态人文共融的样板区、虹桥国际开放枢纽北向拓展带的标杆区。苏州独墅湖科教创新区（东区）核心区26平方千米，分为高端创新产业集聚区（简称"集聚区"）、高端创新产业协同区（简称"协同区"）、田园生态区，其中集聚区6.5平方千米以苏州工业园区为主开发建设，吴中区协同推进，集聚区经济管理职能由苏州独墅湖科教创新区管委会负责、社会管理职能由苏州工业园区斜塘街道负责。2022年，苏州市成立苏州独墅湖科教创新区（东区）工作领导小组，明确集聚区经济社会管理有关事项。苏州独墅湖科教创新区（东区）澄湖西岸岸线整治工程项目总投资1.45亿元，完成总投资3500万元。50万伏、22万伏、11万伏电力线路迁改项目完成前期行政审批手续。集聚区范围内的四路四河（东石泾港路、港升路、迎宾西路、海藏西路、东关河、迎宾河、海藏河、豆腐娄）项目处于独立选址阶段。7月，集聚区首批总投资超过150亿元的重点载体、产业项目启动、签约，包括京隆科技高阶芯片测试、新建元润港产业园、新建元产业便利中心、生物医药产业园七期、吴东智造产业园等。苏州独墅湖科教创新区（东区）完成民房签约764户，签约率86%，其中集聚区377户、协同区387户。完成点位清障签约280处，签约率60.7%，其中集聚区75处、协同区205处。完成企业回购签约54宗，签约率36.5%，其中集聚区35宗、协同区19宗。

（苏州工业园区档案管理中心　杨晓君）

【港口一体化管理】 2022年，苏州市印发《关于推进苏州港改革创新发展的意见》，深化苏州港管理体制改革，成立苏州市港航投资发展集团有限公司，推动苏州港改革创新发展，提升苏州港服务构建新发展格局功能。设立苏州港管理委员会，统筹协调全市沿江港口建设运营和发展服务职能。加强沿江港口岸线资源集约高效利用，完善港口集疏运体系，提升港口通过能力。优化集装箱航线布局，推动张家港港区、常熟港区、太仓港区航线等资源共享。对标上海临港新片区，推动产业向沿江布局，加快港城建设，推进港产城协同发展。推进苏州港3个港区和苏州内河港联动发展。

【交通互联互通】 2022年，苏州市推进市域交通互联互通，建成独墅湖南隧道、通浒路东延、胜浦大桥改建、星塘街南延等多条跨区域道路，建成通车G524国道常熟莫城至辛庄段、312国道苏州东段主线，开工建设苏州湾隧道、强胜路对接G312、震川西路—娄江快速路等一批项目，形成太湖新城、金阊新城、独墅湖西岸、西环路—友新高架沿线等重点区域的方案。推进"轨道上的长三角"建设，通苏嘉甬高铁（在苏州设有张家港、常熟西、苏州北、苏州南4座车站）、北沿江高铁（在苏州设有太仓站）开工建设，苏州南站变更设计获批。推动轨道交通建设，苏州轨道交通6号线、7号线、8号线进入土建施工高峰阶段，首条市域轨道交通线路11号线开展全线动车调试，2号线、4号线、7号线延伸线开工，10号线（苏虞张段）完成先导段工程可行性研究，并获得批复。

（市交通运输局　石钻佳）

【公共服务一体化】 2022年，苏州市出台《苏州市"十四五"基本公共服务均等化规划》，推进基本公共服务均等化。落实基本公共服务标准，出台《苏州市基本公共服务实施标准（2021年版）》，既衔接国家、省标准又结合市情实际有所拓展提升，包括"十有三保障"31类92个服务项目，明确各级政府保障基本民生的"责任清单"、人民群众享受基本公共服务的"权利清单"。制定《苏州市推进基本公共服务均等化2022年重点任务》，围绕基本公共服务13个领域确定36项重点任务及部门职责，13个领域基本公共服务水平稳步提升。出台《关于建立苏州市重大民生政策统筹协调机制的工作意见》，成立苏州市重大民生政策统筹协调领导小组，统筹推进经济发展和民生保障。

（市发展改革委　顾馨瑶）

【"环太湖科创圈""吴淞江科创带"建设】 2022年，苏州市发挥科技创新的引领作用，打造市域新的战略增长极，出台《关于全面实施苏州"环太湖科创圈""吴淞江科创带"建设的指导意见》，提出打造成为具有一定程度国际竞争力的世界级创新高地和建成世界一流科技创新策源区、数字经济产业创新集群引领区、高端创新创业人才集聚区、低碳美丽幸福生活样板区的总体目标。以"空间重构、资源重组、品质重塑"为主线全面实施建设。落实"空间重构"理念，建设层次清晰、分工明确、协同紧密的"一心多元"科创功能节点体系，以太湖新城为依托打造科创服务中心节点，以太湖科学城、独墅湖科教创新区、昆山未来城为依托打造科创策源中心节点，以离岸15千米左右的重要产业园区打造产业创新集群节点；落实"资源重组"理念，深化数字创新、数字赋能，促进各级创新节点功能互动，完善催生产业创新的生态系统，融入全球产业创新网络，打造产业创新集群；落实"品质重塑"理念，打造滨水生态文化魅力长廊，推进基础设施现代化，提升城市综合优势。推进数字经济时代产业创新集群发展工作体制，编制实施各项专项配套规划、实施方案和功能区建设规划，强化落地执行，加强重大项目管理和重点任务督查。

（市发展改革委　郑志锋）

城乡融合发展

【概况】 2022年，苏州市贯彻落实国家、省推进新型城镇化总体要求，印发《苏州市2022年度新型城镇化和城乡融合发展工作要点》，推进新型城镇化和城乡融合工作，城乡公共服务均衡布局，县级市发展水平保持领先，农业农村高质量发展。年末苏州市常住人口1291.06万人，比2021年末增加6.28万人，城镇化率82.12%，比2021年提高0.19个百分点。全体居民人均可支配收入首次突破7万元大关，达到70819元，城乡收入比由2021年的1.85∶1缩小至1.82∶1，是全国城乡收入差距最小的地区之一。

【户籍准入制度改革】 2022年，苏州市顺应城市人口发展趋势，转换户籍准入制度改革思路，启动新一轮户籍准入制度改革，从"逐步放宽"转向"鼓励引导"，研究确立"市区继续实施积分落户，四县市放开落户"方案，修订《苏州市户籍准入登记管理办法》，重新制定《苏州市区积分落户管理办法》。明确年度户籍人口发展计划，建立健全相关督查考核机制，推进常住人口入籍。年末户籍总人口774.73万人，比2021年末增加12.62万人。

【基本公共服务均等化】 2022年，苏州市印发《苏州市"十四五"基本公共服务均等化规划》，提出到2025年，苏州优质均衡的基本公共服务体系基本建成，幼有所育、学有所教、劳有所得、病有所医、老有所养、逝有所安、住有所居、弱有所扶、行有所畅、环境有改善、优军服务保障、文体服务保障、公共安全保障13个领域公共服务质量和水平显著提升。继续落实《苏州市基本公共服务实施标准（2021年版）》，实施“十有三保障”31类92个服务项目，明确各级政府保障基本民生的“责任清单”、人民群众享受基本公共服务的“权利清单”。修订《苏州市城乡居民基本养老保险办法》，扩大参保范围，调整补贴方式，提高城乡居民保障水平，市区城乡居民基础养老金标准提高至每月635元。完成基本医疗保险和生育保险市级统筹，实现医疗保险基本政策、待遇标准、基金管理、经办管理、定点管理、信息系统建设“六统一”。

【城乡公共资源均衡配置】 2022年，苏州市全面建设各领域城乡社区“15分钟公共服务圈”，推动城乡医疗资源均衡配置，加强农村区域性医疗卫生中心、急救分站、社区医院建设。完善城乡统一的养老服务体系，优化养老服务设施规划布局，已建在建区域性养老服务中心76家，超额完成1.01万户老年人家庭适老化改造，接受上门服务的居家老年人数占比18.9%，推动“社区+物业+养老”服务落地。完善基层便民服务中心（站）建设，推广基层镇（街道）“综合窗口”和村（社区）“全科社工”服务模式，提高办事效率。推动农村基础设施提档升级，加强村庄道路与农村公路高效衔接，推进“四好农村路”建设，实施城乡供水统管工程，实现城乡供水“同网、同质、同价、同服务”，开展农村生活污水治理、生态河道建设和整治完工的黑臭水体长效管护。

（市发展改革委　郑志锋）

东西部协作

【对口帮扶贵州省铜仁市】 2022年，苏州市巩固拓展协作地区贵州省铜仁市脱贫攻坚成果，确保帮扶工作有序衔接过渡。苏州市安排2022年度苏铜协作资金319万元。张家港市杨舍镇善港村帮扶工作组延长1年驻村时间（2022年8月撤离），突出人才、技术、市场、管理经验和协作机制“五个延续”，帮助沿河县中界镇高峰村完成“一水两园三业”产业布局。张家港市累计投入财政资金1611万元（2022年188万元），资助800名沿河县学生到沙洲职业工学院就读。昆山市建立消费帮扶长效机制，帮助铜仁市优质中药材“黔货出山”，2022年帮销额2.9亿元。苏高新农产品供应链示范基地、铜仁·苏州大厦、牙溪生态农场、松桃益友冠玉枇杷田园综合体等重点项目采取市场化运营方式，发挥巩固拓展脱贫攻坚成果同乡村振兴有效衔接作用。苏州市就业管理中心组织16家企业到铜仁市开展校企合作和劳务协作对接活动，提供就业岗位1250个，现场达成就业意向287人。苏州市科技局支持“苏铜情·共圆科技兴农梦”揭榜比拼项目60万元。

【对口帮扶陕西省周至县】 2022年，苏州市与陕西省西安市周至县开展多形式、多渠道、多层次、全方位的协作工作。

产业协作　组织苏州市代表团参加第六届丝绸之路国际博览会暨中国东西部合作与投资贸易洽谈会，昆山市快仓自动化科技（江苏）有限公司等5家企业参展，江苏梁丰食品集团有限公司、中亚美谷国际生物科技园2家企业代表会上签约，签约金额53亿元。组织苏州20家外资企业线上参加陕西—长三角制造业企业合作交流活动。2017—2022年，太仓市投入省级苏陕协作资金2775万元，支持周一村京东农场数字化示范基地、周至佰瑞猕猴桃标准化种植基地、司竹猕猴桃专业合作社果品冷链物流产业化中心、3000吨猕猴桃果脯生产线等31个猕猴桃上下游产业项目建设。太仓市、周至县携手共建太周产业园区。

智力协作　苏州市向周至县选派挂职干部2人，陕西省到苏州市挂职干部7人。苏州市派出29名医务人员到陕西支医（周至县10名、其他县19名）、10名农技人员到周至县支农、10名教师到周至县支教。

劳务协作　苏州市各级人力资源社会保障部门通过信息交互机制向西安市等地提供383家企业的1万个岗位，开展线上招聘会506场，有1.46万家企业提供就业岗位35.31万个。苏州市就业管理中心与西安市职业介绍服务中心联合举办苏州·西安劳务协作网络视频招聘会和直播带岗活动4场，提供岗位9170个，达成意向人数557人。

消费协作　组织各县级市（区）发展改革部门到周至县开展消费帮扶专项对接行动，召开苏州太仓·西安周至消费帮扶专题对接会。开展优质农产品苏州推介展销活动，实施“消费帮扶新春行动”。帮助协作地区提升猕猴桃产业核心价值和附加值。

社会帮扶　市工商联、市国资委发动企业参与结对帮扶、消费帮扶等活动。苏州社会各界向周至县捐赠社会帮扶资金和物资折款408万元。

【与宁夏回族自治区协作】 2022年，苏州市与宁夏回族自治区协作共建的苏银产业园完成规模以上工业总产值46.9亿元，增长15.9%；完成固定资产投资24.2亿元，增长63.5%；完成一般公共预算收入1.2亿元，增长18.0%；招商引资到位资金50.0亿元，增长2.8倍。主要经济指标实现较快增长，经济运行呈现稳中向好发展态势。

（市发展改革委　马怀忠）

对口支援

【对口支援西藏】 2022年，苏州市上缴省财政统筹援藏资金12467万元，实施援建项目12个，年度投资9093万元。结对乡镇帮扶资金506万元，接受社会捐赠各类物资折款30万元，接受社会各界疫情捐赠防疫物资51.74吨，总价值578万余元，支援西藏自治区拉萨市林周县经济社会高质量发展。

项目建设　苏州市推进年度投资9093万元的12个新建续建项目建设，贯彻落实援藏资金“两个80%”（80%以上资金用于保障和改善民生，80%以上资金用于基层项目）工作要求。实施牦牛产业研发和服务中心、数字产业发展中心、产业人才培训基地等一批产业载体项目，推进春堆村、达龙村、白定村“美丽乡村”及拉康村、嘎列村“幸福路”等一批乡村振兴项目。

产业援藏　组织到上海、广东广州、重庆、苏州、贵州等地招商引资。总投资1.5亿元的保利久联控股集团有限责任公司1.2万吨乳化炸药生产线项目开工。拓宽林周农副产品、手工艺品外销渠道，签订20吨牦牛肉购销协议，多渠道帮销藏红花、羊肚菌等特产，合计金额270万元。

民生援藏　发挥“组团式”医疗援藏作用，5名医疗专家进驻林周县医院，接诊患者500余例，指导参与各类手术

220余台、大型抢救42次、复杂胃肠镜检查30余例、远程医疗会诊45次，开展全院性和针对性专科授课20余次、培训600余人次，签订“帮带协议”培养林周医疗人才5人，开展“苏林云诊”远程超声项目。苏州10个结对乡镇捐赠帮扶资金506万元。苏州市慈善基金会向林周县留守和困难儿童捐赠童装2400件。

交往交流　林周县组织3批52名青年干部和专业医技人员到苏州交流培训。省退役军人事务厅、吴江区、高新区、昆山市人大4批次代表团到访林周县。启动苏林青少年“石榴籽”工程，开展“中华民族一家亲 童心共筑中国梦”等线上活动。在苏州留园举办“雪域艺韵・园林印象”西藏工艺美术大师精品联展。举办“同心万里 艺美吴江”援藏慈善助学抗疫拍卖活动。开放林周农场苏州援藏纪实展厅。发布《拉萨后花园——林周》旅游口袋书。

支援抗疫　新冠疫情防控期间，应林周县政府请求，苏州市委、市政府以及亨通集团、沙钢集团、永卓控股、苏州市光彩事业促进会等向林周县捐赠防护服、口罩等防疫物资共计51.74吨，总价值578万余元。苏州援藏医疗队开展疫情防控技术指导和培训20余次，培训医务人员100余人、干部300余人、志愿者45人；开展心理健康系列宣教及心理援助服务。

【对口支援新疆】　2022年，苏州市上缴省财政统筹援疆资金6.22亿元，实施援疆项目68个，涉及年度援疆资金4.41亿元，动员社会力量投入帮扶资金数628万元，社会捐赠571万元，为新疆维吾尔自治区克孜勒苏柯尔克孜自治州阿图什市，伊犁哈萨克自治州霍尔果斯经济开发区、巩留县三地经济社会发展贡献苏州力量。

项目建设　苏州市援疆工作组投入2022年度援建资金9829万元、实施援建项目16个。新建农村公路建设、青少年活动中心建设等4个项目建成投用，其他12个跨年度项目按计划完成年度目标任务。张家港市援疆工作组投入2022年度援建资金8289万元及历年结余援建资金550万元，实施援建项目20个。巩留县城九年一贯制学校、公共文化中心、消防救援综合训练馆和人民医院综合病房楼设备购置4个项目竣工交付。昆山市援疆工作组投入2022年度援建资金2.54亿元，实施36个援建项目。其中，32个项目完工，4个跨年度项目完成年度建设任务。

产业援疆　苏州市援疆工作组开展精准招商，实施小分队招商14批次，引入新增投资意向项目3个。江苏隆力奇集团在霍尔果斯投资建设亚欧美谷生物科技园，项目全面投产后，可实现年产值15亿元左右，带动就业1500余人。张家港市援疆工作组对接产业类项目15个、招商机构2家、落实意向投资项目5个，推进内蒙古自治区新创硅基新材料一体化等项目，推动巩留县农业科技园区巩留示范区申报为江苏援疆（张家港）产业园区，支持援疆品牌“北纬43°”众创空间建设，入驻创业团队20余家。昆山市援疆工作组会同阿图什市招商引资领导小组到苏浙沪招商考察。投资1.8亿元的未来纺织企业在新厂区投产运行，达产后年产值约8亿元，带动就业600人；总投资13.3亿元的润华纺织完成10.2万平方米的厂房建设，达产后年产值14.64亿元，带动就业2600人。

民生帮扶　苏州市援疆工作组启动实施产业振兴项目4个、人才振兴项目3个、文化振兴项目3个、生态振兴项目1个，投入资金7982万元。通过线上线下结合方式拓宽农产品销售渠道，全年帮助销售新疆农产品1500万元。筹集“小援疆”资金130万元，采购捐赠负压救护车、核酸检测仪等物资支持霍尔果斯新冠疫情防控。张家港市援疆工作组巩固和深化乡镇、社区、村企结对工作，各有关单位与巩留县9个乡镇（场）、30个村（社区）开展结对共建活动，走访慰问近100户低收入家庭，捐赠300万余元帮扶款。筹集专款200万元支持巩留县购买10台流动核酸检测车。发放公益关爱基金271万元、“小援疆”支持资金795万元。打造“北纬43°”援疆品牌，全年消费帮扶销售额5000万元。昆山市援疆工作组推动巩固拓展脱贫攻坚成果同乡村振兴有效衔接，打造阿孜汗村乡村振兴（一期、二期）示范点，帮助该村入选住房城乡建设部第六批中国传统村落名录。拓展昆山市线下馆、“遇见新疆”、“寻味新疆”等线上线下渠道，帮助销售阿图什农产品1800万余元。投入203万元购置防疫物资、补充防疫工作经费。“乡村振兴路上闪耀‘昆山力量’”入选国家乡村振兴局全国东西部协作培训班典型案例。“因地制宜突出优势走出一条具有本地特色的乡村振兴路——新疆维吾尔自治区阿图什市阿孜汗村打造宜居宜业宜游的‘仙果新香村’”入选中国扶贫发展中心脱贫攻坚和乡村振兴典型案例。

智力援疆　苏州市援疆工作组投入600万元完成霍尔果斯市教育信息化工程系统建设，建成投用霍尔果斯市职业高中物流实训基地和创业孵化基地。开展“组团式”援疆，选派25名专业人才到霍尔果斯开展柔性援疆服务，其中医生5人、教师20人。多批次安排霍尔果斯市65名教师到江苏交流学习。张家港市援疆工作组会同巩留县委组织部举办“百名头雁进港城”、中青班、经济高质量发展研修班、教育系统教学骨干业务能力提升培训班等，组织9个班次215人到延安市委党校、张家港市委党校等学习。昆山市援疆工作组投入援疆资金130万元支持昆山育才学校提升“和润教师发展中心”等软硬件设施。做好“组团式”教育援疆工作，阿图什市全部79所中小学与昆山市78所中小学完成结对共建筹备工作。实施青蓝工程，援疆教师结对阿图什市8所学校50余名青年教师，打造名师工作室、教学能手工作室2个。

文化润疆　苏州市援疆工作组扶持完成《在霍尔果斯河畔》《我在伊犁等你》等歌曲制作并加强宣传推广。协调组织《扇墨书简》《站在草原望北京》等舞蹈作品参加伊犁州直暨兵团四师七师首届“民族团结杯”广场舞比赛。“智游霍尔果斯”小程序上线运行。霍尔果斯农文旅融合体验中心在苏州工业园区揭牌启用。张家港市援疆工作组推动张家港锡剧艺术中心与巩留县歌舞团合作，共同创排原创现代音乐剧《蝶恋天山》。聚焦援疆医生团队奉献边疆、造福群众的先进事迹，拍摄微电影《云杉谣》。推动巩留县建成石榴籽书屋102座，“巩留县石榴籽书屋”入围全国公共文化服务高质量发展典型案例，巩留县入围2022年度中国图书馆学会“书香城市（区县级）”发现活动名单。昆山市援疆工作组以昆曲艺术展示馆为依托，编印校本读本《昆声雅韵》及课程实施方案，开展“昆曲进校园”社团活动。举办“昆阿杯”阿图什首届美食节活动。

民族团结　苏州市援疆工作组推动苏州、霍尔果斯两地26所中小学校结对共建，参与班级132个学生7371人。组织两地中小学生共读一本书、共唱一首歌、共绘一幅画、共做一件事，开展“苏霍云上话英雄”“共过主题团队日”系列活动。组织两地935名中小学生参与“万里鸿雁传真情”活动。苏州援霍展示馆建成开馆。张家港市援疆工作组推动新一轮两地青少年书信交友活动。组织张家港市锡剧艺术中心到巩留演出锡剧《江姐》。组建“张园红石榴”志愿服务队。昆山市援疆工作组支持阿图什市团委举办青年干部技能提升暨“团·聚”青年交友活动。组织昆山、阿图什两地1.3万名中小学生开展“书信手拉手”活动。

【对口支援青海】 2022年，苏州市援助青海省海南藏族自治州7174万元，增长1.6%，该资金为省级统筹使用。

【对口支援三峡库区】 2022年，苏州市加大对口支援三峡库区重庆市云阳县力度，开展经济合作、无偿援助与人才培训等工作，促进云阳县经济社会发展。筹集拨付对口支援云阳县资金600万元，计划外援助资金115万元。苏州市筹集拨付对口支援云阳县计划内资金600万元，主要用于援建云阳县江南急救中心项目、重庆市云阳师范学校新校区一期建设和附设幼儿园改造项目、黎明村农文旅融合园一期项目、云海检测服务县域产业等项目。张家港市、苏州高新区援助计划外资金115万元，主要用于援建高阳中学、职教中心、云阳县特色小镇体系规划编制等社会公益项目。苏州市支持云阳县做大做强特色中药材产业，苏州市中医医院等5家中医医院共采购万力药业、三峡云海药业各类中药饮片、中药材2000万元。

（市发展改革委　马怀忠）

对口合作

【对口合作辽宁省锦州市及沈抚新区】 2022年，苏州市与辽宁省锦州市及沈抚新区建立部门互动、区域联动、上下齐动的对口合作工作机制。锦州市选派2名干部到苏州市文广旅游局、商务局挂职。苏州市推进恒力（大连长兴岛）聚酯科技产业园项目，计划新增投资超过500亿元，达产后可实现年产值420亿元、利税100亿元。江苏沙钢集团组建东北特钢集团，2022年完成技改投资6.7亿元。支持锦州市到苏州市开展各类招商推介洽谈活动。发挥苏州市辽宁商会作用，帮助两地企业家开展合作。洽谈推进苏州富纳艾尔科技有限公司投资的校企合作智能机械培训等两地合作项目。依托锦州市滨海新区“辽宁自贸区锦州协同创新区”建设，在港口建设、临港产业、城市开发等方面开展合作。巩固苏州吴中经济技术开发区与锦州经济技术开发区合作关系。依托吴中集团与锦州市凌河区政府共同打造的蓝·锦州科技文创产业园，2022年招商出租率73%。华复创研港产业园协议入驻企业110家，实现税收1500万元。

【对口合作河南省信阳市】 2022年5月，国家发展改革委印发《革命老区重点城市对口合作工作方案》，明确20个革命老区重点城市与发达地区部分城市建立对口合作关系，对口合作工作期限为2022年至2030年。其中，河南省信阳市与苏州市建立对口合作关系。年内，两市编制《江苏省苏州市 河南省信阳市对口合作五年实施方案（2022—2026年）（送审稿）》，提出20条合作重点任务，制定4项保障措施，上报江苏省政府、河南省政府审查。两市以共建豫东南高新技术产业开发区为抓手，围绕产业合作、人力资源合作、农产品展销等工作开展对接交流。苏州市、信阳市在苏州召开革命老区重点城市对口合作工作座谈会。信阳市人民政府驻苏州联络处成立。两地发展改革、金融、工业和信息化、人力资源社会保障等部门开展对接交流。信阳至苏州高铁首发运行。苏州太仓港与信阳淮滨中心港达成战略合作，“世界第一大内河港”牵手“千里淮河第一港”，实现双港联动。在苏州举办“苏信往来·农品依亲”信阳农产品进苏州中秋展销会、“信阳市名特优农产品走进苏州”主题展，信阳市38家农产品企业参展。两地联合举办苏州·信阳人力资源合作招聘会、苏信人力资源机构合作座谈会、苏信校企合作座谈会。苏州技师学院与信阳技师学院签订校校合作协议，苏州英格玛公司与信阳高新区签订战略合作框架协议。苏州中新集团中新联科环境公司与信阳数字产业发展公司签订战略合作协议。苏州市老区建设促进会派出第一批项目合作驻会人员和项目实施单位，到信阳市开展帮扶项目交流论证工作。

【结对合作帮扶安徽省阜阳市】 2021年12月，国家发展改革委发布《沪苏浙城市结对合作帮扶皖北城市实施方案》，沪苏浙8个市（区）结对合作帮扶皖北地区8个市。其中，苏州市对口合作帮扶安徽省阜阳市，合作期限2021—2030年。2022年6月，苏州市、阜阳市结对合作帮扶工作座谈会在苏州召开，两地签署《江苏省苏州市安徽省阜阳市结对合作帮扶框架协议》，提出7项工作任务和10项合作举措。年内，苏州市、阜阳市制定《苏州市阜阳市结对合作帮扶实施方案和2022年度工作计划》，推进各项工作落实。

产业合作　苏州市协调支持阜阳市各县（区）在苏州开展招商引资推介活动，举办阜阳界首长三角（苏州）“双招双引”恳谈会、2022年苏阜资本市场对接交流论坛暨阜阳市企业上市培训会。加强农业合作，苏州市苏供农业有限公司与阜阳市晟焱农业科技有限公司、阜阳乡村发展农业有限公司共同签订苏·阜现代农业产业园项目合作协议，阜阳市名优农产品（苏州）展销中心、苏·阜供销名优产品展销中心在苏州、阜阳挂牌，两地供销社联合举办阜阳优质农产品专场推介会。开拓优势旅游资源合作，阜阳市组团参加苏州市第二届“运河情·江南韵”大运河民族音乐文化传承展示周活动展演。阜阳市政府与苏州工业园区管委会签订合作共建苏阜产业园区框架协议。

2022年6月11日，江苏苏州 河南信阳革命老区重点城市对口合作工作座谈会召开

（王亭川　摄）

人才合作　两地人力资源社会保障部门签订人力资源结对帮扶协议书，举办苏州—阜阳人力资源供需对接会暨“暖民心、促就业”招聘会，两地113家企业参加，提供3500余个优质岗位。依托苏州高端培训资源举办培训班，组织阜阳企业管理人才48人、高层次专家40人到苏州学习。阜阳市中级法院与苏州市中级法院签订司法协作框架协议，选派10名优秀年轻干部到苏州市跟班学习。苏州技师学院与阜阳技师学院签订合作协议。阜阳职业技术学校与常熟理工学院、苏州大学附属第一医院与阜阳市人民医院就人才培养等开展交流。

（市发展改革委　马怀忠）

苏南苏北挂钩

【概况】 2022年，苏州市着眼全省现代化建设全局和共同富裕目标，推进苏州市、宿迁市南北结对共建，推动宿迁“四化”同步集成改革示范区建设。签订《苏州市·宿迁市2022年度结对帮扶合作协议》，拨付宿迁年度帮扶资金2.5亿元，支持共建园区和公共服务补短板项目35个。东吴证券、苏州银行分别与宿迁市政府签订战略合作协议，苏州在宿迁金融分支机构10家，占全市银行机构总数三分之一以上，贷款余额超过260亿元。苏州市农业发展集团与宿迁产业发展集团签订粮食仓储合作协议，推进规划总仓容10万吨的苏宿粮食仓储园项目建设。苏州宿迁工业园区实现全省南北共建园区考核“十二连冠”，吴江泗阳、常熟泗洪工业园区包揽省特色园区考核前两名，获得省财政奖励资金1.5亿元。全年苏州慈善组织、企业等向宿迁捐款捐物超过400万元。

【共建园区】 2022年苏州市组织苏州宿迁“1+5”共建园区联动发展推介会、产业项目集中签约暨开工仪式等招商活动30余场，全年新签约虹海新材料、中运锚链、鸿兴机电设备等工业项目65个，总投资289亿元。新开工威那微半导体、昌品医疗、德亨智能装备等项目51个，计划投资285亿元，新竣工皓峰电器一期、国望高科纤维等项目37个，完成投资146亿元。

【科技合作】 2022年，苏州市、宿迁市推进科技与产业链协同发展。建立科技会商制度，苏州市科技局、宿迁市科技局签订《苏州市·宿迁市科技创新南北挂钩高质量发展合作共建协议（2022—2024年）》。加快建设“科创飞地”，苏州宿迁“科创飞地”、常熟泗洪“科创飞地”作为全省首批南北共建科创飞地挂牌运营，年内入孵项目6个。两市科技局互派干部挂职交流。两市工业和信息化局发布苏州宿迁产业链创新伙伴计划。

【人力资源合作】 2022年，苏州市、宿迁市公共就业管理机构签署劳务品牌合作协议，实现信息共享、经验共享、资源共享。两地组织50余家企业参加苏州·宿迁劳务品牌合作招聘会，提供就业岗位5000余个。开展就业帮扶和就业援助工作，面向重点就业困难群体加强岗位推荐和帮扶，支持青年参加就业见习。苏州技师学院与淮海技师学院签订合作共建协议。“数字技能联合公共实训中心”揭牌。

【教育合作】 2022年，苏州市、宿迁市深化教育领域合作。两地教育共建实现县（市、区）、学段全覆盖，19对37所中小学校（含职业学校）开展结对共建。深化省属、市属学校合作，苏州大学与宿迁学院开启校校合作“新联建时代”，苏州旅游与财经高等职业技术学校分别与宿迁经贸高等职业技术学校、宿迁开放大学启动三年共建计划。苏州市投入帮扶资金1.8亿元，支持宿迁市第一高级中学项目建设，建成后可提供学位3000个。投入帮扶资金4500万元，启动“苏宿育名校”“苏宿育名师”“苏宿育英才”3类19个共建项目建设。苏州市派出50人（含短期）到宿迁市帮扶交流，宿迁市派出24人到苏州学习交流。宿迁市与苏州市、南京市等地合作开展骨干教师培训80人。

【医疗卫生合作】 2022年，苏州市加强对宿迁市的医疗卫生帮扶工作。苏州市28家单位（三级医院15家、二级医院9家、基层医疗机构1家、公共卫生机构3家）与宿迁市23家单位建立对口帮扶关系，派出59人到宿迁市开展对口帮扶工作。投入帮扶资金1000万元，支持宿迁市核酸检测基地改造项目建设。投入帮扶资金1000万元，支持苏州宿迁工业园区社区卫生服务中心建设。投入帮扶资金4500万元，启动“苏宿医家”“苏宿益家”“苏宿e家”3类12个共建项目建设。投入帮扶资金2000万元，支持设立宿迁市名院名科名医引导资金。支持宿迁提升重点专科建设水平，宿迁市医疗机构加入苏州市8个跨市域的专科联盟。

【文旅康养合作】 2022年，苏州市、宿迁市共同推动公共文化数字化资源“云上共享”，让两地市民获得优质、高效、便捷的公共文化产品和服务。在苏州举办2022年宿迁市群众文化管理干部培训班，宿迁市50人参加。召开苏州·宿迁文化和旅游专题推进会，苏州街、苏工苏作馆在宿迁启用。利用“君到苏州”“畅游宿迁”等新媒体平台互动推介两地文旅资源和产品线路。两市民政部门组织苏州市3家五级、25家四级养老机构分别与宿迁市5家四级、20家三级养老机构建立结对帮扶关系。

（市发展改革委　马怀忠）

编辑：杨权栋

综 述

【生态建设规划落实】 2022年，苏州市推进落实《苏州市生态文明建设规划（2021—2025年）》《苏州市“十四五”生态环境保护规划》。

绿色发展 加强源头控制，严控增量“两高”项目审批，对高耗能行业新增产能实行能耗等量或减量置换。截至年底，苏州市有国家级绿色工厂61家（省级绿色工厂163家）、绿色设计产品87项、绿色工业园区4家、绿色供应链管理企业9家。

“双碳”（碳达峰碳中和）行动 对钢铁、水泥、玻璃和废弃物处理重点行业的5家企业试点开展碳源试点监测，组织做好火电行业二氧化碳自动监测数据与生态环境部联网，83家企业作为碳排放核查重点单位同步开展二氧化碳排放手工监测。向上争取，组织推荐申报省“双碳”领域科技计划项目75项，立项3批次项目共计18项，获得省经费支持12.28亿元。

污染防治 完成4415项年度治气工程项目，全市$PM_{2.5}$年均浓度为每立方米28微克，优良天数比率81.4%，未发生重污染天气，$PM_{2.5}$年均浓度和空气质量优良天数比例2项指标分别在全省列第三位、第四位。全市“国考”“省考”断面水质优Ⅲ比例分别达到86.7%和92.5%，太湖苏州辖区水质达到“十三五”后最高水平。全市土壤和地下水环境质量总体保持稳定。

生态保护 运用基于自然的解决方案（NbS）理念，推进苏州市国土空间生态保护修复规划编制，全年实施各类生态保护修复项目30个。根据省生态岛试验区建设管理办法、建设技术指南等推进吴中西山生态岛试验区建设。“建设消夏湾湿地生态安全缓冲区，加快改善水环境质量”案例被评为江苏省2022年度“十佳生态环境治理改革创新案例”。

环境安全保障 完成京杭运河等14条重点河流应急处置方案和工程建设，完成江苏扬子江国际化学工业园区等12个重点园区的三级防控体系建设。全市新增每年3万吨一般固废收集、分拣、每年1.5万吨一般固废焚烧处置和每年19.2万吨一般工业污泥处置能力，巩固提升全市工业固废处置利用能力，大宗一般工业固体废物综合利用率稳定在95%以上。

环境治理创新 在太湖生态岛建成全省首个集修复示范、法治警示、科普交流和监测监控等功能为一体的综合性生态环境损害赔偿示范基地，举办长三角区域生态环境损害赔偿工作现场会，1个案例入选长三角区域生态环境损害赔偿十大典型案例。探索环评与排污许可证“一套材料、一口受理、一同审批”新模式。构建以排污许可制为核心的固定污染源监管制度体系，实现“一证式”管理。

联保共治 深化细化示范区跨界饮用水源联合保护和一体化管控机制，完善太浦河特征因子预警监测体系建设，保障饮用水源安全。开展长三角生态绿色一体化发展示范区突发水环境事件应急演练，通过演练提升能力，确保在突发水环境事件时三地能及时响应、协同配合、妥善处置。落实跨区域危险废物联防联控和执法机制，联合打击固体废物非法跨界转移、倾倒等违法犯罪活动。

【生态环境制度建设】 2022年，苏州市推进规划环评与项目环评联动改革试点，实施告知承诺制审批，项目审批时间缩减到1天。建立环境质量“红黑榜”制度，将评比结果纳入打好污染防治攻坚战年度成效考核。印发《关于进一步加强生物多样性保护的实施方案》《苏州市生态空间管控区域监督管理评估实施方案》。实施《进一步加强社会信用建设工作方案》，健全信用承诺信息共享机制，全面实行信用修复送达行政处罚决定书、环保信用失信记录告知书、信用修复指引“三书送达”制度。

【生态环保投入】 2022年，苏州市环保投入691.91亿元，主要用于环境污染治理、生态环境保护、环保监管能力建设、污染治理设施运行、发展环保产业和其他6类29项工作，占全市地区生产总值的2.89%。获得中央环保专项资金11942万元、省级环保专项资金9445万元。

【生态示范创建】 2022年，苏州市加强生态示范创建工作，张家港经济技术开发区、吴中经济技术开发区获评国家级生态文明建设示范区（生态工业园区），全市有10个镇、16个村被命名为第五批省级生态文明建设示范镇、村。截至年底，全市建成国家生态文明建设示范区5个（苏州市、常熟市、太仓市、昆山市、吴江区），省级生态文明建设示范区5个（常熟市、太仓市、吴江区、吴中区、相城区），省级生态文明建设示范镇（街道）66个、示范村（社区）82个；建成国家级生态工业园区8个、省级生态工业园区10个。

（市生态环境局 杨上雄）

生态环境质量

【概况】 2022年，苏州市以减污降碳协同增效为抓手，改善生态环境质量，坚守生态环境质量“只能更好、不能变坏”底线，生态环境质量保持稳中向好。$PM_{2.5}$浓度达到年度工作目标要求，地表水“国考”“省考”断面水质稳中增优，优Ⅱ、优Ⅲ比例全部达到考核目标要求，太湖（苏州辖区）连续15年实现安全度夏。土壤、噪声、辐射环境质量以及生态环境状况总体保持稳定。依据《区域生态质量评价办法（试行）》规定的生态质量指数（EQI）综合评价，2022年苏州市生态质量达到“三类”标准（EQI≥70为一类，55≤EQI＜70为二类，40≤EQI＜55为三类，30≤EQI＜40为四类，EQI＜30为五类）。

【环境空气质量】 2022年，苏州市环境空气质量优良天数比率为81.9%，各地优良天数比率在78.7%~83.0%，市区环境空气质量优良天数比率为81.4%。臭氧、细颗粒物为首要污染物的超标天数分别为54天、14天。

细颗粒物 全年全市各地细颗粒物年均浓度在每立方米24~29微克，均达到空气质量二级标准。市区细颗粒物年均浓度为每立方米28微克，同比持平，其余各地下降。

可吸入颗粒物 全年全市各地可吸入颗粒物年均浓度在每立方米42~46微克，均达到空气质量二级标准。各地可吸入颗粒物年均浓度均同比下降。市区可吸入颗粒物年均浓度为每立方米44微克，下降8.3%。

二氧化氮 全年全市各地二氧化氮年均浓度在每立方米25~30微克，均达到空气质量二级标准。各地二氧化氮年均浓度均下降。市区二氧化氮年均浓度为每立方米25微克，下降24.2%。

二氧化硫 全年全市各地二氧化硫年均浓度在每立方米6~9微克，均达到空气质量二级标准。昆山市二氧化硫年均浓度上升，常熟市下降，其余各地持平。市区二氧化硫年均浓度为每立方米6微克，同比持平。

臭氧 全年全市各地臭氧日最大8小时滑动平均值的第90百分位数浓度（简称“臭氧浓度”）在每立方米171~182微克，各地均未达到空气质量二级标准。常熟市持平，其余各地上升。市区臭氧浓度为每立方米172微克，上升6.2%。

一氧化碳 全年全市各地一氧化碳24小时平均第95百分位数浓度（简称“一氧化碳浓度”）在每立方米0.9~1.2毫克，均达到空气质量二级标准。市区和常熟市一氧化碳浓度持平，张家港市上升，其余各地下降。市区一氧化碳浓度为每立方米1.0毫克，同比持平。

酸雨 全年全市酸雨发生率为7.8%，上升0.4个百分点，常熟市酸雨发生率上升，太仓市持平，其余各地均下降；降水pH年均值为5.94，酸度上升。市区酸雨发生率为6.3%，下降3.8个百分点；降水pH年均值为6.03，酸度降低。

降尘 全年全市降尘年均值为每月每平方千米2.2吨，下降4.3%。张家港市、太仓市降尘年均值为每月每平方千米2.0吨，常熟市、昆山市降尘年平均值为每月每平方千米2.2吨，市区降尘年平均值均为每月每平方千米2.3吨。

【地表水环境质量】 2022年，苏州市地表水环境质量稳中向好。

集中式饮用水水源地 全年全市有13个县级以上集中式饮用水水源地纳入考核，水源地类型均为地表水，年均水质均达到或优于Ⅲ类水质目标，达标率100%。

国家考核断面 全年全市30个地表水“国考”断面水质优Ⅲ比例为86.7%，同比持平，其中Ⅱ类比例为50%，上升10个百分点，达到省考核目标要求。Ⅳ类断面有4个，占13.3%；无Ⅴ类、劣Ⅴ类断面。

省级考核断面 全年全市80个“省考”以上断面水质优Ⅲ比例为92.5%，同比持平，其中Ⅱ类比例为66.3%，上升12.5个百分点，达到省考核目标要求。Ⅳ类断面有6个，占7.5%；无Ⅴ类、劣Ⅴ类断面。

长江入江河流断面 长江苏州段干流水质为Ⅱ类，27个主要支流断面水质均达到或好于Ⅲ类，同比持平，Ⅱ类水断面个数明显提升，由2021年的19个增至24个。

太湖（苏州辖区） 太湖（苏州辖区）总体水质处于Ⅳ类，轻度富营养状态。3—10月安全度夏期间，卫星遥感监测到太湖苏州辖区蓝藻水华现象81次，分布区域主要集中在湖心区，平均发生面积和最大发生面积分别为60平方千米、375平方千米。与2021年同期相比，蓝藻水华平均发生面积和最大发生面积分别下降11.8%和41.1%。湖体和饮用水源地藻密度分别下降18.5%和6.6%。

阳澄湖 按全湖市控点位评价，阳澄湖总体水质达到Ⅲ类，轻度富营养状态。“国考”断面阳澄湖心总磷浓度为每升0.054毫克，下降8.5%。3—10月安全度夏期间，阳澄湖水源地藻类密度均值为每升308万个，湖体藻类密度均值为每升416万个，分别下降17.2%和10.3%。

【土壤环境质量】 2022年，苏州市对“十四五”国家土壤监测网中47个监控点位开展土壤环境质量监测，41个点位污染物含量未超过《土壤环境质量 农用地土壤污染风险管控标准（试行）》风险筛选值。重点建设用地安全利用率100%，建设用地安全得到保障。

【声环境质量】 2022年，苏州市声环境质量保持稳定，区域环境噪声总体为较好，道路交通噪声总体为好，各类功能区噪声基本达标。

城市区域环境噪声 全年全市及各地城市区域声环境质量均为二级（较好）。苏州市区城市区域环境噪声声源构成中，社会生活噪声所占比例最高，为43.0%。

道路交通噪声 全年全市道路交通噪声质量总体为一级（好）。从路段等级看，苏州市区监测的122条道路（177个路段道路）中，昼间道路交通声环境质量强度为一级的有84条，占66.0%；强度为二级的有22条，占17.3%；强度为三级的有8条，占6.3%；强度为四级的有7条，占5.5%；强度为五级的有6条，占4.7%。

功能区噪声 全年全市各类功能区噪声总体保持稳定，平均等效声级均达到相应标准限值要求。按照单个点位评价，苏州市功能区噪声昼间、夜间达标率分别为99.5%和91.0%；苏州市区功能区噪声昼间、夜间达标率分别为98.7%和75.9%，张家港市、常熟市、太仓市和昆山市功能区噪声昼间、夜间达标率均为100%。

【辐射环境质量】 2022年，苏州市环境γ辐射空气吸收剂量在江苏省天然背景值水平正常范围之内，未出现异常。电磁辐射环境质量符合相应的标准限值要求。

（市生态环境局 杨上雄）

长江大保护

【概况】 2022年，苏州市总体规划沿江生产、生活、生态岸线，围绕防洪、生态、景观等功能，做好长江岸线管控，推进长江经济带污染治理，实施全市港口一体化管理。长江干流水质稳定达到Ⅱ类，42条主要通江河道水质优Ⅲ比例达到100%。长江岸线苏州段总长158千米，其中张家港市77千米、常熟市45千米、太仓市36千米。自2016年初习近平总书记提出“共抓大保护，不搞大开发”的要求后，苏州市加强长江生态问题整治，修复长江生态环境，推动长江经济带苏州段生态优先、绿色发展。张家港市实施长江经济带负面清单管理制度，清退沿江1千米区外化工及“三高一低”企业，化工生产企业入园进区率达到

80.4%，建设张家港湾、双山岛等生态旅游项目。常熟市编制沿江生态经济圈规划，划定各类生态保护区域210平方千米，长江生态岸线占比62.2%，累计实施沿江“净化、绿化、美化”治理项目目730项，建设铁黄沙生态岛及螺蛳湾湿地保护项目。太仓市突出抓好主要入江支流整治，9条入江支流全部达到Ⅲ类水标准，建设江滩湿地公园、七浦塘湿地公园等湿地项目，将太仓港建成江苏省岸线资源利用率最高的港口。

【长江流域禁捕退捕】 2022年，苏州市印发《关于常态化开展长江禁捕“回头看”的实施方案》《关于建立健全长江禁捕和退捕渔民安置保障长效机制的实施方案》，构建纵向到底、横向到边、水陆联动、区域协同执法格局，加强多部门、跨区域联动协作，深化行刑衔接，实现全链条打击非法“捕运销”违法犯罪行为。全年全市在禁捕水域出动执法人员1.6万人次，查办违法违规案件465起，移交公安部门涉刑案件21起42人。开展违规渔具清理工作和非法捕捞渔具公开销毁活动。连续两年在全省禁捕退捕工作考核中获评优秀等次。加强执法监管信息化建设，加快完善非法捕捞智能防控体系，禁捕水域配备执法船艇54艘、执法车辆22辆、无人机13架、视频监控190处。线上线下开展长江十年禁渔普法“村村行”“进四区”等活动，在重要点位安装智慧感应喇叭，向水域附近市民推送宣传短信，营造“水上不捕、市场不卖、餐馆不做、群众不吃”社会氛围。全年开展宣传报道353次，印发普法宣传资料1.6万份。

（市农业农村局　翟天晨）

【长江生态问题整改】 2021—2022年，苏州市涉及国家、省长江经济带生态环境突出问题5个，均完成整改并通过省级验收销号，其中沙钢集团钢渣污染问题整改被中央环保督察办公室评为整改典型案例，吴中区乌峰顶宕口等问题整改成果受到省级验收单位肯定。2022年新一轮国家长江警示片中，苏州市没有问题在列。

（市生态环境局　杨上雄）

【船舶和港口污染整治】 2022年，苏州市加强船舶污染治理。实施《苏州市“十四五”长江经济带船舶污染治理行动方案》。实现辖区新建船舶防污设施达标配备率100%。开展船舶燃油快速抽检1152艘次、船舶污染登船检查5317艘次、船载危险货物检查1271艘次、港口岸线使用检查36次、船舶污染物接收设施与运行情况检查1660次。全市实施船舶防污染方面行政处罚448起，处罚金额56.21万元。推进信息系统使用，到港船舶注册率95%以上，船舶垃圾、船舶生活污水、船舶含油污水、化学品洗舱水等转运处置率均稳定在90%以上。做好港口污染治理。对全市所有码头生态环境问题开展“回头看”联合检查，排查问题426项并完成整改。全市建设港口岸电设施957套，其中沿江码头泊位岸电覆盖率100%，内河码头泊位岸电覆盖率97%。港口岸电设施用电量为997万千瓦·时，增长30.5%。淘汰国三排放港口水平运输车辆261台，新增新能源车辆92台。累计检查港口企业1531家次，发现扬尘问题数122个，查处涉尘案件33件。

（市交通运输局　石钴佳）

【长江沿岸造林绿化】 2022年，苏州市完成长江沿岸县域造林100.33公顷，长江沿岸县域建成省级绿美村庄4个。联合省林业科学研究院编制《长江沿岸适种植物筛选试验技术方案》，筛选出落羽杉、东方杉、榉树、榔榆等一批耐水湿、抗性强、易成活的乡土树种，提升长江沿岸造林绿化质量。

（市园林绿化局　薛　芳）

【长江河道管理】 2022年，苏州市分区分类管控长江岸线，按照“确有必要、无法避让、确保安全”原则，开展涉长江岸线建设项目审批，全年审批项目59个。加强长江堤防岸线涉河巡查管理，常态化开展69个岸线水域网格区巡查；推进长江水政执法巡查，全年巡查水域8148平方千米、里程20906.9千米；完成全部4个岸线利用项目排查整治行动“回头看”问题整改。打击长江非法采砂，印发《苏州市长江河道疏浚砂综合利用实施意见》，苏州市水务局、公安局、交通运输局及长江航运公安局苏州分局4个部门联合开展长江苏州段河道采砂综合整治“强化年”行动，省、市、县成立“沿江党建带·水韵江苏护江党建联盟”，苏州、上海、无锡、南通、泰州沿江5市定期开展联合执法行动，全年组织长江采砂管理执法巡查624次。加强长江排涝能力建设，开工实施张家港十一圩港枢纽、走马塘泵站，建成常熟徐六泾江边枢纽，新增排涝能力30立方米每秒。加大新海坝、浒浦、浏河口3个长江水源地保护力度，巩固提升水源地规范化建设成果，完成年度水源地安全保障评估。推进长江沿线“消劣争优”行动，年内整治沿线1千米范围内劣V类河道4条，2条支河支浜建成“幸福河湖”。建设张家港湾滨江景观带、江滩观光园、百亩漫花园、湿地体验园“一带三园”景观，推进铁黄沙生态岛、望虞河水情教育基地、螺蛳湾生态湿地、南岸边滩千亩绿洲、长江生态展示馆、白茆老闸遗址公园建设。

（市水务局　徐兆鹏）

长三角生态绿色一体化发展示范区建设

【概况】 2022年，苏州市成立推进长三角生态绿色一体化发展示范区建设领导小组，出台《关于加快建设长三角生态绿色一体化发展示范区的意见》，推动长三角生态绿色一体化发展示范区（简称“示范区”）空间重构、资源重组和品质重塑。示范区建设方面，围绕“一田三新”战略定位，排定年度重点工作128项，其中建设一体化制度创新试验田方面36项、建设生态优势转化新标杆方面18项、建设绿色创新发展新高地方面45项、建设人与自然和谐宜居新典范方面29项；先行启动区建设方面，排定年度重点工作35项，其中改革创新类项目5项、生态绿色类项目9项、互联互通类项目8项、产业发展类项目13项。截至年底，示范区建设128项工作要点中119项完成年度目标任务，完成率92.97%，完成年度投资263.11亿元，完成率94.25%；先行启动区35项重点任务中24项进展顺利，完成年度投资59.27亿元，完成率84.1%。江陵路快速化改造等13个项目累计获得长三角一体化发展专项中央预算内投资6.16亿元。示范区三周年建设成果获得国家发展改革委肯定。

【示范区生态保护】 2022年，苏州市加快长三角生态绿色一体化发展示范区生态专项规划编制工作，编制《水乡客厅近零碳专项规划》《环长漾新时代鱼米之乡“最江南”样板区暨桑基鱼塘保护发展规划》等。推进国土空间规划，完善生产、生活、生态“三生”空间，划定永久基本农田17240公顷，生态保护红线115平方千米，开发边界线319.8平方千米。加快绿色转型，推进降碳、减污、扩绿、增长。6个生态保护治理项目开工3个，完成年度投资5.67亿元，黎里镇污水处理提质增效项目完成形象进度78%，盛泽镇污泥填埋场综合治理项目完成项目总工程量的30%，完成年度目标任务。12个生态优势转化项目开工10个，完成年度投资32.32亿元。桑基鱼塘一期展示园鱼塘塑形工程完成，黎里国际生态文旅示范项目老街改造提升项目按序推进，曲水善湾美丽吴江样板区陆续投入运营，环雹荡岸线贯通等15个示范区联合治理项目完成，水系连通及农村水系综合整治试点县项目基本完成。协同开展示范区首次生态监测工作、首次交通环境空气调查监测。深化示范区重点跨界水体联保共治机制，扩大联合管护范围，将吴天贞荡纳入吴江—青浦一体化管护范围。配合上海市生态环境局建设完善示范区生态环境第三方治理服务平台。

【绿色发展创新载体建设】 2022年，苏州市推动长三角生态绿色一体化发展示范区产业链创新链深度融合。推进“环太湖科创圈”“吴淞江科创带”建设。推进优化产业空间布局项目7个，提升科创载体能级项目10个，营造一流创新生态项目8个，分别完成年度投资10.8亿元、46.38亿元和1.5亿元。借力中国工业互联网研究院江苏分院，推进长三角工业互联网创新示范基地建设，全国一体化算力网络长三角枢纽节点中国电信吴江算力调度中心签约落地，国家先进功能纤维创新中心中试基地投产并完成无锑纤维验证及产业化，智能化改造和数字化转型实现规模以上企业全覆盖。探索推进绿色金融创新，年末吴江区绿色贷款规模678.1亿元，比年初增长97.28%。

【绿色发展重点项目建设】 2022年，吴江区承担省重大项目4个，包括迈为光伏异质结超高效新型电池成套设备项目、微康生物益生菌项目、恒力长三角国际新材料产业基地和捷力新能源二期项目，计划总投资160亿元，年度计划投资16亿元，完成投资25.5亿元，占年度计划投资的159%。其中，恒力长三角国际新材料产业基地位于示范区先行启动区吴江区黎里镇，计划投资120亿元，占地约80公顷，建成后年产80万吨高端功能性聚酯薄膜，年内实施一期工厂区域主体施工。吴江区承担苏州市重点项目43个，完成投资307.7亿元，安排区重点建设项目209个，完成投资652.3亿元，均超额完成年度投资任务。6月，示范区先行启动区10个重点项目集中开工，计划总投资50.7亿元，其中吴江区开工建设桑基鱼塘展示园一期、水乡客厅“蓝环”工程吴江段、长湖申线黎里大桥改建工程3个项目，计划总投资16.9亿元。11月，示范区13个重点项目集中开工，总投资206.1亿元，其中吴江区开工建设迈为光伏异质结超高效新型电池成套设备项目、雹荡生态修复及岸线提升工程（三期吴江段）、吴江城南污水处理工程、吴江盛泽污水处理生态环保工程4个项目，计划总投资61.5亿元。

【区域一体化】 2022年，苏州市推动长三角生态绿色一体化发展示范区破除行政壁垒，探索建立一体化发展制度体系和路径模式，形成制度创新成果39项、3年累计复制推广112项，推进改革工作36项。推进政务服务，与上海市青浦区、嘉兴市嘉善县联合发布《长三角生态绿色一体化发展示范区“一网通办”专窗服务规范》，推动专窗覆盖区（镇）便民服务中心。优化企业开办流程，拓展“不见面”开标应用。提升政务大数据开放共享水平，汇聚数据资源150条，对接库表8个，为示范区公积金、医保等跨省协作项目提供支撑。推进长三角交通互联互通。沪苏湖高铁江苏段全面进入架梁建设阶段，通苏嘉甬高铁开工建设，如通苏湖城际铁路苏州北至吴江段进入初步设计阶段，水乡旅游线城际铁路线位基本稳定，苏州南站、盛泽站高铁枢纽开工建设。开行长三角区域首条连接三个地级市的跨省公交线路K338路。吴江区境内跨省公交线路增至16条，实现省际主要通道公交运营全覆盖。推进司法协作、检察协作和知识产权跨区域管理服务联动协作，在全国率先建立区域一体化行政执法协同机制。推进区内及跨区域数字人民币试点工作。实施示范区职业教育一体化招生，示范区一体化招收的上海市青浦区、浙江省嘉善县学生在吴江区报到入学。

（吴江区档案馆　潘　莉
市发展改革委　管　俊）

太湖生态岛建设

【概况】 2022年，苏州市贯彻《苏州市太湖生态岛条例》《关于支持太湖生态岛建设的若干政策意见》，推动吴中区金庭镇建设低碳、美丽、富裕、文明、和谐的生态示范岛。吴中区继续将太湖生态岛建设作为“一号任务”推动实施，启动建设给水、排水、河道治理、湿地建设、村庄治理等9类21个重点项目。其中，自动驾驶车路协同系统建设、碳汇林年度建设、生态岛环太湖湿地带建设、商品有机肥推广等项目竣工，完成投资3.89亿元。推动实现生态价值转化，自然资源部首批生态产品价值实现机制试点落地太湖生态岛；创新生态环境损害赔偿修复机制，全省首个生态环境损害赔偿示范基地在太湖生态岛揭牌，生态环境损害赔偿示范基地长三角现场会在金庭镇召开；“苏州太湖生态岛农文旅绿色低碳融合发展示范项目”入选国家第二批生态环境导向的开发（EOD）模式试点；生态岛建设入选江苏省“生态岛试验区”建设试点。

（太湖生态岛办公室　石亦磊）

【太湖流域水环境综合治理】 2022年，苏州市推进新一轮太湖水环境治理工程。立足水安全保障，加快骨干河湖治理，开工建设吴淞江整治（江苏段）工程，年内完成投资6亿元；完成元和塘（相城段）治理、北福山塘治理等区域骨干河道治理工程以及徐六泾江边枢纽等长江强排工程；推进大德塘等5条中小河流治理、十一圩港河道整治、走马塘江边泵站建设以及太浦河后续、浏河江边枢纽等工程前期工作。立足水生态保护修复，完成太湖一、二级保护区剩余5个自然村生活污水治理和37个“污水处理提质增效达标区”建设；推进沿湖河道“消劣争优”，完成19条劣V类河道治理，建成20条“幸福河湖”；编制环太湖湿地生态修复建设方案，建成渔洋山水源地水下森林、金墅水源地水下森林和太湖生态岛金庭环太湖湿地带一期工程。立足水源地保护，巩固提升12个常用水源地、1个备用水源地规范化建设成果，推进10个水源地39路视频监控接入省水利厅信息系统，完成13个饮用水水源地安全保障年度评估，实现水源地安全保障评估全覆盖；建立“空、天、地”蓝藻立体监测预警体系，落实巡查、监测、打捞和应急演练措施，藻泥综合利用率100%。全年全市“国考”“省考”断面水质优Ⅲ比例分别达到86.7%和92.5%，13个饮用水源地水质稳定达标，太湖苏州片区水质达到“十三五”后最高水平。

（市水务局　徐兆鹏）

【太湖"五位一体"综合管理】 2022年，苏州市吴中区常态化开展太湖"五位一体"（湿地保护、芦苇收割管理、水草蓝藻打捞、沿岸水体保洁、饮用水源地保护）综合管理。推进太湖生态岛污水管网修复改造以及河道治理工作，全年主要通湖河道水质达标率超过80%。全年打捞蓝藻水草等3万余吨，确保太湖安全度夏，水环境持续稳定。构建环太湖湿地带，修复和保护湿地带面积90万余平方米，带动整个湖区的生态系统恢复及功能提升。加强生物多样性保护，常态化开展中华蜂、太湖鹅、洞庭山碧螺春、枇杷等优质种质资源保护工作，完成全岛生态本底调查，确定区域内重要保护物种及其栖息地范围。实施农业面源污染防治，推进有机肥全量替代，推广发放商品有机肥8800余吨，探索茶果林降污固碳协同治理模式与核心技术应用，提高人工林的碳汇功能，减少氮磷输出。提升镇村容貌，统筹实施特色田园乡村建设、环岛节点改造、古村古迹修复等工程，整体提升人居环境。

【绿色低碳发展】 2022年，苏州市吴中区把"双碳"目标纳入太湖生态岛建设整体布局。实施碳汇林建设，在张家湾、居山湾等区域种植20公顷成片树木，提升全岛森林覆盖率及碳汇功能。推广新能源交通工具，完善相应的配套设施及服务体系，发布《西山农业园区（金庭镇）新能源汽车推广应用财政补贴实施细则（试行）》，建成投运新能源汽车展示中心并与多家汽车品牌保持合作，完成587辆居民乘用车的推广置换，配套新建13个点位38台充电桩。探索生态产品价值实现，太湖生态岛获批自然资源部首批生态产品价值实现机制试点，发布《苏州市太湖生态岛（金庭镇）自然资源领域生态产品价值实现机制试点实施方案》，完成生态岛生态产品调查报告、太湖生态岛生态产品分类目录清单、太湖生态岛"生态产品地图"、统计调查数据库。与各大院大所加强合作联系，金庭镇与中国科学院南京地理与湖泊研究所、中国社会科学院上海研究院分别合作成立的太湖生态岛研究院、生态文明研究基地揭牌并开展课题研究。围绕全国首个"自动驾驶生态示范岛"建设目标，建设智能网联+智慧文旅"双智"场景，生态岛自动驾驶车路协同系统项目完成双向200千米路段的数字化基础设施工程及配套设施安装。

【太湖生态岛重点项目建设】 2022年，苏州市吴中区金庭镇实施太湖生态岛重点工程项目21个，计划总投资11.13亿元，完成投资3.89亿元。其中，环太湖湿地带建设项目（一期）建设期限为2022年，总投资约920万元，构造完整的湖滨湿地生态功能，促进水生植物群落逐步恢复，减少总氮、总磷负荷，保障太湖水质安全；古村古迹保护修复利用项目建设期限为2021—2022年，总投资约550万元，加强文物保护单位、古建筑、历史建筑、传统民居保护和利用，整治提升空间形态，推动传统村落对外开放；车路协同基础设施建设项目（一期）建设期限为2022年，总投资约1980万元，以全岛84平方千米作为核心应用场景，在93个点位双向200千米里程间安装完数百台智能驾驶基础设备，探索自动驾驶商业运营模式，将生态岛建设成为全国首个文旅自动驾驶生态示范区和"智慧文旅+智能网联产业"相结合的"双智"样板；商品有机肥推广项目（一期）建设期限为2022年，总投资约2800万元，减少化肥施用量，提高耕地土壤肥力、农产品品质和质量安全水平，实现太湖生态岛农业生产氮磷减排、绿色发展。

【苏州太湖生态岛农文旅绿色低碳融合发展示范项目入选国家第二批生态环境导向的开发（EOD）模式试点】 2022年4月，生态环境部办公厅等发布《关于同意开展第二批生态环境导向的开发（EOD）模式试点的通知》，苏州太湖生态岛农文旅绿色低碳融合发展示范项目入选。苏州太湖生态岛农文旅绿色低碳融合发展示范项目总投资26.39亿元，实施年限为15年，即2022年至2036年，其中建设期3年。项目以环境改善为基础，通过农业种养结构优化调整，发展高附加值农产品等多条生态产品线路，实现生态产品价值转换，将项目区域建设为高质量产业发展先行区；以农文旅结合的田园新消费场景为载体，将区域建设为农文旅融合发展引领区。太湖生态岛实施智能网联汽车产业发展规划，以建设生态岛全域网联运营区为定位，建设智慧文旅、智能网联相结合的"双智"样板产业先行区，探索智慧低碳出行模式。

【全省首个综合性生态环境损害赔偿示范基地在太湖生态岛揭牌】 2022年5月31日，全省首个综合性生态环境损害赔偿示范基地在太湖生态岛揭牌。基地是探索异地生态修复、集中生态修复的创新，对客观上无法原位修复的生态环境损害赔偿案件，采用"补种复绿""增殖放流""护林护鸟"及"劳务代偿"等方式开展替代性修复，为赔偿义务人提供多种替代修复场景。基地建设"碳汇林片区""增殖放流片区""生态环境修复示范片区""生态环境法治与警示中

2022年7月1日，吴中区金庭镇西山岛杨坞　　（刘水　摄）

心”“生态环境保护科普与交流中心”及“生态环境监测监控展示平台”，打通生态环境补偿新路径。全年落地相关案件17件，补偿总金额123万元。

（太湖生态岛办公室　石亦磊）

水资源保护

【概况】2022年，苏州市实施最严格水资源管理，实现确保饮用水安全、确保不发生大面积湖泛、确保城区不发生蓝藻集聚“三个确保”。印发《苏州市水资源综合规划（2021—2035年）》。统筹平衡分配省用水总量指标，分解下达“十四五”用水总量和强度控制目标。制定《苏州市太湖流域水量分配方案（试行）》，完成8条跨县骨干河湖水量分配，推进吴江区水资源刚性约束“四定”（以水定城、以水定地、以水定人、以水定产）试点工作和张家港市、太仓市、昆山市、相城区、虎丘区省级以上开发区水资源论证区域评估，完成太仓市1例水权交易。严格执行取水许可，压减取水许可1.96亿立方米，实施取水口监测计量体系管理效能提升行动，开展取用水管理专项整治行动“回头看”，巩固19个国家重点取水口规范化建设成果，完成971个取水工程规范化建设。实施国家节水行动，张家港市入选全国首批典型地区再生水利用配置试点城市。完成47个骨干河道、省名录湖泊健康评价。确保太湖、阳澄湖安全度夏，系统开展蓝藻防控，开展“空、天、地”立体监测，全年打捞蓝藻5.3万吨，藻泥综合利用率100%。推进太湖水文化馆建设，建成“运河十景”配套项目、苏州治水科普园等水文化载体，连续11年开展“我的天堂我的水”征文活动。苏州市在省最严格水资源管理制度考核中连续9年获评优秀等次。

【河湖长制管理】2022年，苏州市推进河湖长制改革，发布2022年1号总河长令《关于构建现代水网　建设幸福河湖》，对水安全保障、水生态修复、水资源保护、水文化建设作出明确部署。全年18名市级河湖长巡河51次，完成市级“一事一办”清单282项，5500名河湖长累计巡河超过18万次，推动解决问题3.5万项。建立太湖流域（苏州）水行政执法与检察公益诉讼协作机制，协同开展公益诉讼43起，累计涉案金额6140万余元；建立河湖长履职定期评价机制，常态化开展履职督察，发布履职“红黑榜”，评选“最美基层河长”“最美民间河长”各15人。苏州市联合河长制工作经验入选《解码中国之治——贯彻新发展理念实践案例精选》《全面推行河长制湖长制典型案例汇编》。河湖长制工作连续4年获得省政府督查激励。

2022年建成的位于西塘河畔的苏州治水科普园　（市水务局　供图）

【生态美丽幸福河湖建设】2022年，苏州市推进生活污水、工业污水和农业面源治理，开展长江、太湖排污口整治，启动太湖、阳澄湖、淀山湖等重点湖泊综合治理。在全省率先开展“消劣争优”行动，累计治理城乡劣V类河道857条，年内完成劣V类水体整治486条，城市建成区基本实现消除劣V类水体。加快沿江产业绿色转型，累计关停低端低效产能企业1600家，排查整治“散乱污”企业3427家，全市万元地区生产总值用水量较2020年下降7.6%。严格河湖岸线管控，完成7304千米河湖管理范围线划定；开展碍洪问题专项整治，恢复河道水域面积3.38万平方米。深化基层跨界河湖治理，开展镇村级跨界河湖协同共治行动36个，协同开展水葫芦打捞34.82万吨。推进太湖“山水林田湖草”一体化治理，加快太湖生态岛环湖湿地带建设，构建太湖水源地水下森林，太湖实现连续15年安全度夏；完成淀山湖环湖生态治理项目，实现元荡岸线全线贯通，推进水乡客厅建设。按照“一轴、两带、六廊、三群、五网”格局，推进生态美丽幸福河湖集中连片建设，年内建成生态美丽幸福河湖630条，累计建成1690条。七浦塘入选第二届全国“最美家乡河”。元荡生态修复项目连续两年获得水利部、财政部评估优秀，并入选水利部水系连通及水美乡村建设典型案例。水体“消劣争优”及生态美丽河湖建设项目获评2022年苏州十大民心工程。

2022年2月入选第二届全国“最美家乡河”的七浦塘　（市水务局　供图）

【饮用水水源地保护】 2022年，苏州市以最严标准保护饮用水水源地，开展太湖渔洋山水源地、阳澄湖苏州工业园区水源地等13个县级以上集中式生活饮用水水源地水质监测和安全保障，将第一批10个水源地39路视频监控接入省水利厅信息系统。优化调整阳澄湖取水口，完成21个围网拆除及浅水湾商业街排水管网改造提升工程，开展阳澄湖水源地保护区环境整治提升工程，完善隔离防护网设置，增设各类标识标牌41个，新建史家港入湖生态湿地2000公顷，建成阳澄湖"水下森林"。全市13个饮用水水源地均为地表水水源地，水质均达到或优于Ⅲ类。

【水土保持】 2022年，苏州市审查批复生产建设项目水土保持方案1375个，落实水土流失防治责任范围8597.8公顷，完成746个图斑现场核查和违规认定。吴江区入选国家水土保持示范县，国网江苏省电力有限公司苏州南部500千伏电网加强工程入选国家水土保持示范工程（生产建设项目），常熟市杨塘小流域、昆山市红星小流域创建成为省级生态清洁小流域。

【节约用水】 2022年，苏州市坚持节水优先，实施国家节水行动，推进节水型社会（城市）建设。完善政策法规配套，发布《苏州市城市节约用水规划》《苏州市非常规水资源利用规划》等。加强计划用水管理，完成1157家用水单位"节水专员"培训。推进节水载体建设，评定节水型载体190个，其中省级载体143个、市级载体47个；完成第一批宾馆行业节水载体创建，命名苏州市节水减排示范宾馆1家、苏州市节水型宾馆9家；累计完成30家高校对标达标工作，覆盖率96.8%；实施合同节水管理项目5个，其中高校合同节水管理项目1个。组织张家港锦丰服务区申报省级节水型高速公路服务区、昆山经济技术开发区光电产业园申报第二批省级节水型工业园区，评出常熟都市生态农业科技产业园、太仓市城厢镇现代水稻循环经济转型升级示范园区为第二批苏州市节水型农业园区。

【水政执法】 2022年，苏州市建立主要干线航道联合巡查机制，加强河湖空间管控。全年组织水政执法巡查2999次，现场处理违法行为173件，清除违章建筑77平方米、违章占用75平方米、网簖908处，查处各类水事违法案件207件，罚款293.27万元。加大长江非法采砂打击力度，推进长江河道疏浚砂综合利用。加强水行政执法规范化管理，开展全市水行政执法案卷评查；组织市、县两级水行政执法业务培训班15期，参与全省水行政执法技能竞赛、水行政执法办案竞赛；梳理各类违法典型案例10件。

【吴淞江整治工程江苏段开工建设】 2022年5月16日，吴淞江整治工程江苏段开工。吴淞江整治工程是国家节水供水重大水利工程之一，涉及江苏、上海两地，其中江苏段工程涉及吴江区、吴中区、苏州工业园区、昆山市，总长61.7千米，主要包括河道整治、配套扩建水利枢纽、新改建跨河桥梁、水系影响调整等，概算总投资158.9亿元。竣工后作为太湖第三条行洪通道，增加太湖洪水出路、提高流域防洪能力，增强阳澄淀泖区防洪排涝能力，改善生态、水资源、水环境和航运条件。截至年底，吴淞江整治工程江苏段一期工程建设和全线开工段工程施工图招标、先行用地、征收搬迁等工作按时序推进，全年完成投资6亿元。

（市水务局　徐兆鹏）

土地资源保护

【概况】 2022年，苏州市加强新增耕地监测，落实最严格的耕地保护制度。全域土地综合整治、生态产品价值实现机制等部级试点工作成效突出，在全国、全省做出示范。推进节约集约用地，推动存量土地盘活。加强山体保护，开展山体保护线划定研究，探索编制"一山一策"行动方案并率先在吴中区、苏州高新区试点。推进苏州市国土空间生态保护修复规划编制，为生态整体保护、系统修复、综合治理提供科学指引。编制发布新一轮矿产资源总体规划，加强矿山安全管理和绿色矿山建设。

【耕地保护】 2022年，苏州市完成"三区三线"划定工作，其中全市耕地保护目标129186.67公顷，划定永久基本农田115222.80公顷（包括实际划定111724.93公顷，易地代保3497.87公顷）。加强新增耕地监测，在全省率先建立土地整治项目后期管护长效机制，落实最严格耕地保护制度，严格耕地用途管制，对纳入"管护池"的新增耕地项目实行"红、黄、绿"赋码考核，主要做法在全省推广。

【节约集约用地】 2022年，苏州市盘活利用存量土地4433.33公顷，实施低效用地再开发4000公顷，超额完成省自然资源厅下达的年度目标任务（1466.67公顷）。昆山市周庄特色田园乡村、张家港市锦阳工业园、苏州工业园区新虹产业园、苏州工业园区新达产业园获评部省节地模式先进典型案例。市政府办公室发布促进工业用地提质增效"苏州十条"，提升工业用地准入要求，全年全市新上工业用地平均容积率1.88，较2021年提高11.2%，列全省设区市第一位。市政府印发《关于进一步完善我市国有建设用地转让、出租、抵押二级市场的实施意见》，推动构建一二级联动、资源集约的现代土地市场体系。推进张家港市、常熟市集体经营性建设用地入市试点，全年两地合计成交集体经营性建设用地75宗，土地面积116.38公顷，成交金额9.2亿元。

（市自然资源规划局　武营营）

自然保护地保护

【概况】 2022年，苏州市加强自然保护地体系建设，发布《苏州市自然保护地体系建设实施方案》，从制度建设层面为建成分类科学、保护有力、管理有效、富有苏州特色的自然保护地体系奠定基础。截至年底，苏州市有自然保护区、风景名胜区、地质公园、森林公园、湿地公园5大类型的省级以上自然保护地30个，总面积759平方千米，在保护生物多样性、保存自然遗产、改善生态环境质量和维护生态安全方面发挥着重要作用。

【自然保护地调查监测】 2022年，苏州市开展国家、省、市三级自然保护地遥感监测，下发疑似变化图斑，开展现场复核，督促属地整改。开展光福省级自然保护区和西山国家地质公园专项调查工作，对光福自然保护区重点保护对象、植被群落分布开展调查，为自然保护区生物多样性监测以及保护管理提供依据；完成西山国家地质公园规划管理、地质遗迹保护、科普科研等现状调查及资源评估，形成调查评估报告。

【自然保护地资源保护】 2022年，苏州市通过整合、归并、拆分，解决风景名胜区与其他自然保护地交叉重叠问题，形成苏州市风景名胜区整合优化预案成果，整合优化后的风景名胜区面积为519平方千米。加大资源保护力度，光福自然保护区建立吴中珍稀树种良种基地，探索紫楠选育栽培技术、优质良种推广；虞山景区开展森林抚育，优化林相景观。

【湿地资源保护修复】 2022年，苏州市成立申报国际湿地城市工作领导小组，印发《苏州市申报国际湿地城市工作方案》，召开全市申报国际湿地城市动员会，启动国际湿地城市创建工作。推进湿地生态保护与修复，在全省率先发布《苏州市"十四五"长江经济带湿地保护修复实施方案》，明确长江湿地保护修复目标任务。以太湖湿地为重点，通过围网拆除、退渔还湖、退圩还湖，恢复太湖湿地面积244.2公顷，推进湿地保护和恢复。全市新建湿地保护小区23处，新增受保护湿地面积5242.95公顷，自然湿地保护率72.4%，连续两年列全省设区市第一位。梳理形成科普宣教、保护修复、城市湿地和乡村湿地4个方面亮点和成效。常熟市"长江重要湿地巡护"获得第二届江苏"绿篱笆环境奖"，"江苏常熟城市发展与湿地保护创新模式"获得"保尔森可持续发展奖"。

【湿地公园建设】 截至2022年底，苏州市有湿地公园21个，包括太湖湖滨湿地公园、同里湿地公园、天福湿地公园、太湖湿地公园、沙家浜湿地公园、三山岛湿地公园6个国家级湿地公园，荷塘月色湿地公园等8个省级湿地公园，东太湖湿地公园等7个市级湿地公园，其中章湾荡湿地公园、平台山湿地公园处于建设阶段。年内，苏州市开展太湖湖滨湿地公园、天福湿地公园等国家湿地公园湿地生态感知系统建设，建立全市湿地生态感知网络系统。各湿地公园开展水环境质量和鸟类数据监测，其中太湖湖滨湿地公园、同里湿地公园在秋冬季开展鸟类栖息地管理，对芦苇等水生植物实行轮割，观测到的骨顶鸡、青头潜鸭等水鸟数量显著增加。依托11所湿地自然学校线上线下结合开展湿地宣教工作。依据《苏州市湿地公园管理办法（试行）》，对各湿地公园的鸟类多样性、水环境质量、宣教工作开展综合评价，太湖湖滨湿地公园、同里湿地公园、天福湿地公园综合得分居前三位。

【湿地科研监测】 2022年，苏州市首次组织开展湿地样地调查监测，全市湿地样地37块，主要分布在沿长江、太湖等区域。依托江苏太湖湿地生态系统国家定位观测研究站，优化全市湿地监测网络，布局100个鸟类和103个水质观测区，采集数据700万余条，评估湿地修复效果，指导湿地保护。江苏太湖湿地生态系统国家定位观测研究站获得国家林草局5年综合评估优秀。

【湿地保护宣传教育】 2022年，苏州市发布《湿地自然学校建设指南》地方标准，张家港市世茂小学联合暨阳湖湿地公园建设全市首家"湿地+学校"模式的湿地自然学校，形成"湿地+"全学科课例200余个，惠及学生近1000人。出版《远远——湖滨鸭记》《幸运——林里故事》等自然亲子绘本，获得第十三届江苏省优秀科普作品奖。实施"湿地公民科学家养成计划"项目，探索自然教育与志愿者体系融合发展，招募家庭志愿者486人，受众1.2万人次，入选2022年度江苏省学雷锋优秀志愿服务项目和苏州市精神文明建设"十佳新人新事"。

（市园林绿化局　薛　芳）

森林资源保护

【概况】 截至2022年底，苏州市有山区林地1.4万公顷，主要分布在吴中区、苏州高新区沿太湖地区，其中吴中区0.91万公顷（占65.02%）、苏州高新区0.12万公顷（占8.76%）。山区林地面积超过1000公顷的山头有6个（吴中区七子山、穹窿山、东山、西山，苏州高新区阳山，常熟市虞山），全市森林资源主要以松、杉为主，大多数为人工林，全市林木覆盖率20.54%。年内，苏州市林业站获评全国绿化先进集体。

【林长制工作】 2022年，苏州市围绕"一增、二稳、三防"林长制工作目标，全面建成四级林长制责任体系。全市设立各级林长3093人，其中市级林长3人、县级林长46人、镇级林长315人、村级林长2729人。市总林长、副总林长分别带队到太湖生态岛、灵白线开展巡林，带动市、县、乡三级林长累计召开林长会议200次、开展巡林近400次。实施市级林长会议、巡林、督查、信息报送和公开配套制度4项，规范林长制体系运行。在全省率先实施林长制公示牌规范，全市设置林长公示牌110块，公开林长职责、督查电话等信息，接受社会监督。在全省率先发布林长制激励措施实施办法，张家港市、常熟市、虎丘区获评2021—2022年度苏州市林长制激励县级市（区）。

【造林绿化】 2022年，苏州市坚持走科学、生态、节俭的绿化发展之路，构建城市绿色生态屏障。全年建成省级绿美村庄9个、森林步道2条，完成造林272.27公顷（长江沿岸县域造林100.33公顷），实施森林抚育2533.33公顷，封山育林33.53公顷，低产低效林改造48.4公顷，珍贵、彩色树种造林252公顷，农田林网控制面积近4000公顷，四旁植树70万株。重点实施高等级公路绿色通道森林

列入2022年省政府民生实事工程的吴中区太湖生态岛缥缈峰森林步道

（市园林绿化局　供图）

抚育、丘陵山地低效林改造市级试点示范工程7项，引导造林绿化由“增量”向“提质”转变，优化森林生态屏障功能，建设树种多样、结构合理、风景优美的健康森林。3月11日，市四套班子领导和部分机关干部，在吴中区金庭镇参加义务植树和巡林活动。“3·12”植树节期间，各县级市（区）开展义务植树和巡林活动，超过1200人次参与，种植杉树、榉树、黄山栾树等树木超过1万株。

【林业有害生物防控】 2022年，苏州市加强林业有害生物防控。开展美国白蛾、红火蚁等林业有害生物监测预警，布设专项监测点432个。推进松材线虫病疫情防控攻坚行动，集中清理枯死（濒死）松木1402株。生物天敌释放1.2亿头，防治面积1400余公顷，重大林业有害生物保持零成灾。启动全市森林、湿地外来入侵物种普查，踏查总距离1417千米，覆盖面积2.8万公顷，设置调查样地116个，调查样方1178个。

【国有林场建设】 截至2022年底，苏州市有国有林场4个，包括国营常熟市虞山林场、吴中区林场、苏州高新区（虎丘区）阳东林场及苏州市上方山林场，林地面积2653.33公顷（公益林2240公顷），森林面积2333.33公顷，森林蓄积量18.5万立方米。年内，各林场推行网格化管理，组织开展巡查巡护220余次、650余车次、近1000人次；完成造林更新2公顷，实施林相改造、森林抚育100公顷，清理葛藤、松树衰弱木22.53公顷；增设美国白蛾检测系统1套，释放生物天敌异色瓢虫2.4万卡、肿腿蜂1900管、花绒寄甲1.34万管、周氏啮小蜂400袋，开展林区白蚁防治200公顷，优化林分结构，提升森林质量，改善森林景观布局。

【森林公园建设】 2022年，苏州市组织开展森林公园总体规划编制，就虞山、上方山、东吴、西山、大阳山5个国家森林公园和太湖东山、吴中香雪海、常熟滨江、吴江桃源4个省级森林公园作总体规划编制、修编。加强森林公园日常监管，定期开展巡查巡护，加强森林风景资源和野生动植物资源保护，完成森林抚育233.33公顷、封山育林20公顷。组织开展森林公园内自然资源变化卫星遥感核查，组织完成疑似变化图斑调查核实410个，实现对森林公园动态监管与保护。西山国家森林公园开放缥缈峰景区、明月湾古村、石公山等11个重点旅游景点。东山森林公园建设“雨花胜境”等旅游品牌。香雪海森林公园建设“香雪海”品牌，开展太湖梅花节、青梅采摘节、木荷花节三个旅游节庆活动。东吴国家森林公园发展“穹窿山”“孙武文化书苑”等文化旅游。

（市园林绿化局　薛　芳）

生物多样性保护

【概况】 2022年，苏州市发布《关于进一步加强生物多样性保护的实施方案》，部署生物多样性保护工作，开展县域生物多样性本底调查，推进生物多样性观测场站建设。加强野生动植物保护，组织开展“世界野生动植物日”“爱鸟周”“生物多样性日”等活动，引导树立依法保护和科学保护野生动植物理念。建立由市林业局牵头、21家单位参与的苏州市打击野生动植物非法贸易联席会议制度，在全省率先将法院、检察院纳入联席会议成员单位。

（市生态环境局　杨上雄
市园林绿化局　薛　芳）

【陆生野生动物保护】 2022年，苏州市启动陆生野生动物资源专项调查，实施长江苏州段陆生野生动物资源调查和上方山野生猕猴种群特征及行为研究。全市累计记录到陆生野生动物494种，比20世纪90年代增加251种，增长103%。按分类地位分，两栖类15种、爬行纲27种、哺乳纲43种、鸟类409种；按保护级别分，国家一级21种、国家二级87种、省重点144种、三有（有重要生态、科学、社会价值的陆生野生动物）173种、其他69种。

（市园林绿化局　薛　芳）

【水生野生动物保护】 2022年，苏州市开展水生野生动物许可“不见面”审批，做到“一网通办”“全程网办”，压缩承诺办结时限至法定时限的35%。通过“双随机、一公开”监管与重点监管相结合形式，实现精准化、差异化管理，探索承诺备案制、非现场监管，做到“审管联动”“无事不扰”。市农业农村局受省农业农村厅委托，核发二级水生野生动物人工繁育、经营利用许可证37张。结合“清风”“亮剑”行动，打击非法捕捉、繁育、经营利用行为，促进依法依规经营。全年全市专项行动出动执法人员326人次、执法车辆70辆次，检查人工繁育（展演展示、经营利用）单位79家次，查处非法人工繁育、经营利用水生野生动物案5起，罚没款2.24万元。开展水生生物增殖放流，加强珍稀濒危物种保护。全年向长江、太湖、阳澄湖等重要水域增殖放流苗种6267万尾，其中中华鲟2560尾、胭脂鱼12.24万尾。常态化开展水生生物资源监测，全年公布的2021年长江常熟段渔业资源调查结果显示，发现鱼类36种，增长16.1%，鱼类物种多样性、资源丰度均有所上升，长江刀鲚体长体重均值、成鱼占比均有所增长。苏州市水生野生动物救护工作获得省农业农村厅表扬。

（市农业农村局　翟天晨）

【野生植物保护】 2022年，苏州市开展野生植物巡护检查和打击线上线下野生植物非法贸易行动。1月，在太湖缥缈峰启动全市野生植物资源调查及监测评估，实现首次全域覆盖、首次全面调查、首次全民参与。经调查，全市发现维管植物1213种，其中蕨类植物52种、裸子植物38种、被子植物1123种。

（市园林绿化局　薛　芳）

2022年1月8日，候鸟在太湖国家湿地公园内栖息　（杭兴微　摄）

【生物遗传资源保护】 2022年，苏州市确定市级农业种质资源保护单位23个，获评第二批省级农业种质资源保护单位3个，全市累计建成国家畜禽遗传资源保种场7个、国家畜禽遗传资源保护区1个、国家级水产种质资源保护区6个，省级农业种质资源保护单位17个，苏州市农业种质资源保护单位23个，数量列全国设区市第一位。开展洞庭山碧螺春茶树、湖羊、"水八仙"、太湖鹅、太湖猪、地方家蚕、地方优质稻、翘嘴红鲌、苏州青、香青菜、枇杷、杨梅、柑橘等市级地方农业种质资源保护；推进县级地方农作物种质资源集中保存圃建设，其中太仓市、昆山市建设完成；开展柑橘、地方家蚕、芡实、菱角种质资源基因组测序和分析评价，建立资源基因指纹图谱。

（市农业农村局　仇　烈）

节能减排

【概况】 2022年，苏州市贯彻落实国家《"十四五"节能减排综合工作方案》，落实省政府下达的"十四五"期间单位地区生产总值能耗下降14.5%的约束性目标，安排全年节能减排工作任务，达成年度单位地区生产总值能耗下降目标。

【重点耗能企业】 2022年，苏州市有耗能5000吨标准煤以上的企业632家，其中1万~5万吨260家、5万~10万吨24家、10万~100万吨32家、100万吨以上11家。耗能100万吨以上的企业主要集中在钢铁、电力、化工行业，分别是江苏沙钢集团有限公司、江苏永钢集团有限公司、江苏常熟发电有限公司、张家港沙洲电力有限公司、常熟市龙腾特种钢有限公司、华润电力（常熟）有限公司、上海华电电力发展有限公司望亭发电分公司、华能太仓发电有限责任公司、国能太仓发电有限公司、江苏华昌化工股份有限公司、太仓港协鑫发电有限公司。

【工业节能】 2022年，苏州市围绕钢铁、化工、建材、电力、纺织等主要耗能行业，依托《苏州市重点领域节能改造计划》，以锅炉（窑炉）节能改造、余热余压利用、电机更新及系统节能改造、半导体照明等技术推广应用为重点，推进重点节能工程。全年全市组织实施重点节能技改项目96个，总节能量55万吨标准煤。

工业绿色制造　继续构建以"绿色工厂、绿色设计产品、绿色园区、绿色供应链"为主体的绿色制造体系，引导企业增强产品全生命周期绿色化理念，实现制造业绿色转型升级。苏州创泰合金材料有限公司、博众精工科技股份有限公司、金宏气体股份有限公司、高创（苏州）电子有限公司、福立旺精密机电（中国）股份有限公司5家企业入选2022年度国家级绿色工厂，江苏亨通电力电缆有限公司、三星电子（苏州）半导体有限公司2家企业入选2022年度国家级绿色供应链管理示范企业，37项产品入选2022年度国家级绿色设计产品。全市累计有国家级绿色园区4家、绿色工厂61家、绿色供应链管理示范企业9家、绿色设计产品87项，省级绿色工厂163家，数量均居全省前列。

工业节能监察　对涉及钢铁、水泥、热电、化工等的212家次的用能单位的单位产品能耗限额标准、用能设备淘汰制度、固定资产投资项目节能评估和审查制度等执行情况开展国家、省、市三级工业节能监察。

【交通节能】 2022年，苏州市发布《苏州市交通运输领域碳达峰实施方案》。淘汰国三及以下排放标准营运中重型柴油货车4252辆。新增城市绿色货运配送新能源车辆3478辆，保有量10508辆。全国首艘120标准箱纯电动内河集装箱船在太仓市实现首航，开启内河运输"电动时代"。在全省率先实施汽车维修行业日常环境管理制度细则。

（市交通运输局　石钻佳）

【建筑节能】 2022年，苏州市贯彻执行新建建筑节能强制性标准，新建居住建筑节能标准从65%提高到75%，新建公共建筑节能标准从65%提高到72%。加强对既有建筑节能改造，完成节能改造面积144.11万平方米。

（市住房城乡建设局　胡怡婷）

【公共机构节能】 2022年，苏州市推动公共机构落实"双碳"行动，制定《公共机构绿色低碳循环发展实施方案》《推进公共机构屋顶分布式光伏发电开发应用的实施意见》。启动苏州市行政中心大院屋顶、风雨连廊、车棚顶光伏发电示范项目，整体装机容量917.45千瓦，年均发电量62万千瓦·时以上，年均减排二氧化碳618.14吨、二氧化硫18.6吨，按照"能建尽建"原则推进光伏建设，初步排摸市本级公共机构可安装光伏发电屋顶资源约14万平方米。推进苏州市行政中心大院和市委党校能源托管。开展节约型机关建设，全市90%以上县级及以上党政机关创建成节约型机关，成功创建省级节能低碳示范单位7家、省级能效领跑者5家。

（市机关事务局　顾　珍）

【污染物减排】 2022年，苏州市结合水、大气污染防治年度计划统筹安排主要污染物减排工作，重点推进工程项目减排。年度氮氧化物、挥发性有机物、化学需氧量、氨氮减排量分别为6211.15吨、5320.94吨、6151.57吨、446.64吨，完成省下达的减排任务。

【碳排放管理】 2022年，苏州市加强温室气体排放报告管理，核实确认2021年度47家发电行业和46家非发电行业重点排放单位名录，督促企业完成2021年度报告报送。对接全国碳排放权交易市场建设，协助新投产发电企业做好注册登记、交易系统开户工作。实施碳排放监测试点，根据《江苏省碳监测评估试点工作方案（试行）》要求，对海洋及森林、农田生态系统碳汇、典型城市与区域碳浓度3个方面开展试点监测。建立应对气候变化与生态环境保护统筹融合格局，协同推进降碳、减污、扩绿、增长。开展碳普惠机制和实施路径研究，探索拓展碳普惠应用场景，引导全社会绿色低碳生活方式。推动常熟经济技术开发区在产业园区规划环评中开展碳排放评价试点，成为生态环境部全国首批试点园区之一。建立太湖生态岛碳通量观测站点，西山岛作为全省首个典型森林生态系统点位开展碳汇试点监测，获取实测数据4万余个。

（市生态环境局　杨上雄）

【循环经济】 2022年，苏州市坚持节约集约优先，提高资源利用效率，促进循环经济发展。初步形成循环经济产业体系，基本建立生活垃圾、餐厨废弃物、建筑垃圾、有机易腐垃圾等废弃物分类收集、分类运输、分类处置及资源化利用体系，形成以废金属、废塑料、废纸等再生资源回收利用体系。城市低价值废弃物方面，易地重建生活垃圾焚烧处置能力每日3750吨，全市处置能力每日17000吨，实现全市原生生活垃圾"全量焚烧零填埋"目标。新增厨余（餐厨）废弃物处置能力每日600吨，全市现有处置能力达到每日6157吨，餐厨废弃物实现全覆盖，无害化处理率100%；建筑垃圾规模化处理能力达到每年560万吨，城市建筑垃圾资源化利用率65%。农业方面，废旧农膜回收率、农作物秸秆综合利用率分别为97.6%、99.9%。张家港市、常熟市2个国家级园区循环化完成试点示范工作，全市20个省级以上开发区推进园区循环化改造。全市一般工业大宗固废综合利用率保持在95%以上。

（市发展改革委　许晓文）

污染防治

【概况】 2022年，苏州市统筹经济社会发展和生态环境保护，统筹新冠疫情防控和环境安全，坚持方向不变、力度不减，坚持源头治理、系统治理，坚持问题导向、目标导向，坚持改革创新、服务发展，以减污降碳协同增效为抓手，打好污染防治攻坚战，生态环境质量总体向好。苏州市在全省"263"专项行动和打好污染防治攻坚战考核中连续5年列第一方阵。

【大气污染防治】 2022年，苏州市推动实施年度治气工程项目4415项，永钢集团、龙腾特种钢有限公司、项浦不锈钢有限公司完成全流程超低排放评估监测。制定实施重点源排放大户自愿最优减排路径指引，61家重点大户较好落实自愿最优减排措施。推进乡镇（街道）VOCs治理管家驻点服务，完成2350项VOCs治理提升（含1250项VOCs综合治理项目、1100项VOCs无组织排放治理项目）、374个储罐分类深度治理、209个集群排查整治任务；实施国三柴油车淘汰补助政策，累计淘汰2.1万辆，完成4900台厂内叉车清洁能源替代。组织开展空气质量强化提升"百日攻坚"、重点领域区域集中攻坚等专项行动。

【水污染防治】 2022年，苏州市印发实施重点湖泊综合治理工作方案，制定"一湖一策"攻坚方案，推进8类63项太湖治理重点工程项目建设，完成阳澄湖水生植被修复666.67公顷。推进44项省级水污染防治重点工程项目。对20个未达到Ⅲ类及达到Ⅲ类不稳定断面开展攻坚溯源整治，对16个汛期水质易波动重点断面开展排涝泵站拦蓄污水关联情况排查，印发全部重点"国考"断面溯源整治工作方案，优化调整国家、省、市考核断面，增设市考核断面113个，推动断面稳定达标。落实太湖、阳澄湖湖体及水源地水情藻情预警监测，完成涉磷企业整治4790家。长江、太湖排污口整治进度分别为94%和99%，超额完成省定任务。

加强城乡生活污水治理能力建设，实施城区污水处理"厂网一体化"改革，推进污水治理提质增效精准攻坚"333"行动，改（扩）建污水处理厂7座，新增生活污水处理规模每日24.65万吨，完成1100千米污水管网建设、3349千米排水管网检测和321个自然村污水治理、1678套农村污水处理设施整改提升，建成"污水处理提质增效达标区"240个；全市城镇污水处理厂全年处理污水13.21亿吨，污泥实现100%安全处置。污水处理提质增效获得省政府督查激励。推进工业企业雨污分流改造，加快工业污水处理设施建设，新增工业废水日处理能力5万吨。加强农业面源治理，完成高标准池塘改造20440公顷，推进化肥农药使用减量增效。加强河湖治理，推进505个长江排污口、2746个太湖排污口整治，启动太湖、阳澄湖、淀山湖等重点湖泊综合治理，控制总磷污染；全域推进"消劣争优"，整治486条劣V类水体，累计整治857条；印发《苏州市持续打好城镇黑臭水体治理攻坚战行动方案》，健全河道巡查、监测、保洁等长效管护机制，巩固黑臭水体整治成效。

（市生态环境局　杨上雄
市水务局　徐兆鹏）

【土壤污染防治】 2022年，苏州市印发《苏州市2022年土壤和地下水污染防治工作计划》，推进年度土壤污染防治。印发《苏州市地下水污染防治分区》，在全省率先采取"区县实施、市级集成"模式，开展地下水污染防治分区工作，提出针对性的管理建议措施。印发《苏州市建设用地土壤污染状况调查报告评审工作程序》，规范完成484个建设用地土调报告评审。印发《关于加强污染地块土壤风险管控或修复研判的通知》，提出水土同治、自然修复、绩效评估等要求，加强污染地块修复利用综合研判。在全省率先组织严格管控类农用地土壤详查、土壤和地下水背景值调查。推进重点监管单位土壤污染隐患排查，压实1489家企业土壤污染重点监管单位主体责任，127家土壤污染重点监管单位隐患排查完成率100%。

【固体废物污染防治】 2022年，苏州市新增每年1.5万吨一般固废焚烧处置项目和每年19.2万吨一般工业污泥处置项目建设。建成投运每年4万吨工业废盐综合利用项目，补齐化工废盐无综合利用能力的短板。提升每年1000吨医疗废物焚烧处置能力，优化医疗废物集中处置设施布局。建设2.7万吨废包装桶破碎清洗、每年8000吨废矿物油收集、每年2万吨废铅蓄电池收集等项目，提升废物综合利用能力。新增3个小量危险废物集中收集点，完善危险废物集中收集体系，推广小微生物药企危废"日产日清"经验。统筹做好突发疫情防控期间医疗废物应急处置工作，全年累计处置医疗废物5.3万吨，未发生因医疗废物收集、转运、处置而造成的环境污染事故。

【重金属污染防治】 2022年，苏州市印发《苏州市"十四五"重金属污染防治规划》和《关于进一步加强重金属污染防控的工作方案》，统筹部署全市"十四五"时期重金属污染防治工作。全面排查涉重金属重点行业企业信息，形成由431家企业组成的全口径清单。组织对全市纺织染整等行业238家涉锑企业和全市钢铁企业铊排放情况开展排查，分类建立重金属防控清单。统筹全市重金属污染物排放和减排潜力，制订减排计划，以产业结构调整为主要手段，通过关停电镀生产线、废水处理提标改造等方式，建设重金属减排工程，合计减排重金属254.65千克。

【核与辐射污染防治】 2022年，苏州市完成核与辐射安全风险隐患排查治理三年行动（2020—2022年），完成第三阶段381家重点单位排查，督促165个辐射安全隐患完成整改。三年行动期间，全市累计完成527家重点辐射工作单位排查，完成303个安全隐患整治，累计收储废旧放射源193枚，全市辐射安全保持零事故。

（市生态环境局　杨上雄）

环境监督管理

【生态环境监测】 2022年，苏州市聚焦全面支撑减污降碳协同增效总要求，拓展监测业务领域。深化碳源、碳汇、环境空气碳浓度监测评估试点工作，对钢铁、水泥、玻璃和废弃物处理重点行业的5家企业试点开展碳源试点监测；建设太湖生态岛碳通量观测站点，开展森林生态系统碳汇试点监测；完成23个省级以上工业园区32个水站、35个空气站和VOCs组分站、660个微站的建设目标并正常运行，为"定量、用量"提供数据支撑。加强多污染物协同控制和区域协同治理，开展3个交通污染和13个化工园区细颗粒物与臭氧协同监测点工作。推动排污单位监测监控联网工作，实现6421家排污许可发证单位污染因子、流量监测、用电监控、视频监控等全联全控，联网总数列全省设区市第一位，常态化开展用电监控平台的预警和用电数据分析。

【环境影响评价】 2022年，苏州市审批（审查）建设项目环境影响评价文件3331个，备案6058个；在建设项目审批中，严格执行产业政策和环境标准，严守环保准入门槛，全市劝退高污染、高耗能等不符合环境保护要求的建设项目10个。印发《苏州市生态环境局2022年度环评与排污许可监管工作方案》。印发《苏州市产业园区规划环评与项目环评联动改革试点工作方案》及其实施细则和符合条件的首批六个试点园区名单。印发《关于进一步做好重大项目环评工作的通知》，做好重大项目环评保障工作，推进项目落地见效。印发《苏州市工业园区污染物排放限值限量管理工作任务职责分工方案》《苏州市推进工业园区污染物排放限值限量管理分片包保工作方案》《关于加强工业园区限值限量环境质量目标管理和总量管理工作的通知》，加快推进限值限量及用值用量工作。

【环境风险防范】 2022年，苏州市围绕环境风险企业、工业园区、饮用水源地、危险废物、辐射工作单位、环境治理设施、内部安全7个重点领域，开展"拉网式全覆盖"生态环境风险隐患排查。建立隐患清单半月报送机制，分类制定隐患清单报送表单，滚动掌握隐患清单、整改进度，定期组织分析研判、问题通报，发现并整改各类环境隐患3866个，完成集中排查整治阶段工作。组织开展长三角生态绿色一体化发展示范区突发水环境事件应急演练、苏州市"2022安辐一号"辐射事故应急演习，提升应对突发环境事件实战水平。处理城南污水处理厂高浓度外水冲击等环境应急事件。

【生态环境问题整改】 2022年，苏州市完成第二轮中央环保督察迎察工作。第二轮中央生态环保督察交办的9个问题通过省级销号1个，其余均按时序推进；交办的289件信访件办结279件，办结率96.5%。第二轮省生态环保督察交办的60个问题完成整改37个，其余均按时序推进；交办的259件信访问题办结257件，办结率99.2%。信访办结率居全省前列。

【环境信访问题处置】 2022年，苏州市受理各级生态环境信访举报10568件，下降18.7%。其中，省级及以上580件，下降26.3%；市级1961件，下降35.6%；县级8027件，下降12.5%。全年未发生因环境信访调处工作不力而引起的重大群体性事件或个人极端事件。人民群众对生态文明建设的满意率92.5%。

【环境监管执法】 2022年，苏州市出动执法人员8.9万人次，增长27.1%；开展执法检查4.44万家次，增长29.4%；开展夜间执法检查6801家次，增长209.4%。全市下达处罚决定2575件，增长19%，处罚金额2.58亿元，运用环保法配套办法查处案件152件。严查大案要案，组建大案要案突击组，查处全国首例制售、使用机动车排放检验作弊设备特大案，查处太仓市某废矿物油非法收集处置窝点，破获偷排660吨高浓度废液至光大水务（苏州）有限公司污水管网案件。全年办理大案要案61件，处罚金额777.6万元。开展吴江区突出环境问题专项执法，推动长三角生态绿色一体化示范区健康发展。

【环境科研管理】 2022年，苏州市编制《苏州市太湖流域水环境综合治理规划（2021—2035年）》《阳澄湖总磷入湖通量及引调水优化方案研究》，完成《苏州市建设用地土壤污染状况调查报告评审工作程序》《苏州市"十四五"土壤、地下水和农村生态环境保护规划》《省级以上工业园区水环境管理情况核查》。推进大气环境质量优化提升战略合作，完成全市2020年度3143家企业的大气污染源排放清单和2021年度1029家省重点行业企业VOCs排放清单审核工作，完成部分VOCs管家驻点服务跟踪评估工作和2021年度2014家企业的大气污染源排放清单的指导填报和审核工作。

【环境信息化建设】 2022年，苏州市完成打赢污染防治攻坚系统推进平台（三期）和物联网管家平台验收，实施监测监控物联网大数据站点数据接入，促进平台优化与运用工作，推广试用场景。苏州市打赢污染防治攻坚系统推进平台获评2022年数字江苏建设优秀实践成果。完成苏州市国省控等主要地表水点位的数据接入，梳理在线监测审核数据的来源和目录，完善环境质量及污染源的数据内容。印发《生态环境监测监控物联网大数据平台数据对接方案》。

（市生态环境局　杨上雄）

编辑：胡振芳

外　事

【概况】 2022年，苏州市围绕全市对外工作“整体设计、统筹协调、整体推进、督促落实”的定位，坚持党管外事原则，服务中央总体外交和地方高质量发展，夯实党对外事工作集中统一领导的基础，彰显外事服务决策、服务经济社会发展大局的作用。全年全市外事条线接待外宾172批2745人次。

【涉外服务与管理】 2022年，苏州市做好在苏州的外国人服务工作，举办在苏州外籍人士迎新春座谈会、“体验江苏·读懂中国”在苏州外籍人士主题交流活动、庆祝中华人民共和国成立73周年招待会等涉外交流活动，加强在苏州外籍人士对苏州市发展的认可度和参与度，优化城市开放环境。推进全市公共场所外语标识规范化工作，开展重点场所督查，做好多平台、多语种权威信息发布等工作，提升城市对外开放形象。推动外事工作由例行接待向服务决策、服务经济社会发展大局转变。推进与上海外国语大学战略合作。7月28日，完成苏州市政府与上海对外经贸大学战略合作签约，揭牌共建3个平台。借力上海外国语大学、上海对外经贸大学等在沪高校资源，组织开展“大咖做客”系列讲座，聘请学者担任外事顾问，构建高层次专家智库。

（市外事办　杨佳琪）

表57　2022年苏州市重要外事活动一览表

活动时间	活动内容
1月28日	2022年在苏州外籍人士迎新春座谈会召开
2月19日	新加坡驻沪总领事蔡鍌合到苏州访问
6月24日	空中客车中国研发中心签约落户苏州工业园区
7月13日	中日（苏州）地方发展合作示范区阳澄湖创新合作发展峰会在昆山市举办
7月29日	东盟—中日韩（10+3）产业链供应链合作论坛暨东亚企业家太湖论坛举办
9月2日	苏州市涉外法律服务中心启动
9月29日	苏州市和摩洛哥马拉喀什市缔结友好城市签约仪式在线上举办
11月2日	苏州市和刚果（布）友好城市黑角市举办新冠疫情防控交流暨援刚疫情防治中医药启运视频连线
11月6日	第五届中新合作服务贸易创新论坛举办
11月23日	江苏省—荷兰北布拉邦省联合委员会第三次工作会议在相城区举办
12月10—11日	绿色可持续发展大会（2022）暨中欧可持续发展高层论坛在太仓市举办
12月14日	苏州·德国开放创新合作交流会暨第十四届德国太仓日开幕

（资料来源：市外事办）

【跨国人员往来服务】 2022年，苏州市在全省率先支持招商小分队到国外开展招商引资活动，跟踪协助办理审批手续，争取省外办和驻沪领馆支持，完成因公143人、因私109人护照审签，保障招商小分队按期到日本、欧洲开展境外招商。除苏州市商务部门受理转报外，新增苏州市外办、昆山市政府、苏州工业园区管委会3家签证邀请函签发主体，保障跨国必要人员往来，便利企事业单位申办，在全国同类城市中办理渠道最多。

【领事保护服务】 2022年，苏州市设立涉外法律服务中心，由市外办、市司法局、市市场监管局、市贸促会和市律师协会合作共建，支持企业和公民“走出去”，促进境外资本“引进来”。开展预防性领事保护宣传，加强风险预警提示。开展线上风险预警提示的发布工作，依托“苏州外事”公众号和官网电子公告栏，根据不同国家（地区）、不同类型风险提供针对性预警，全年发布安全提示70余篇；开展线下预防性领事保护宣传工作，举办线下领事保护宣传讲座2场，市本级80余家部门参加。做好领事保护应急事件处置处理。依托24小时涉外热线和联席会议等工作机制，完善应急处理措施和流程，处理领事保护突发事件近10起。其中，6月，通过外交途径协调哈萨克斯坦破例开放因新冠疫情长时间关闭的陆路边境口岸，接回因重病滞留阿拉木图的苏州企业外派人员。

【对外交流合作】 2022年，苏州市办好东盟—中日韩（10+3）产业链供应链合作论坛暨东亚企业家太湖论坛、中日（苏州）地方发展合作示范区工作会商机制系列活动等，促进经贸人才类对外合作交流。组织线下策展参观，利用进博会平台，组织在华外籍官员代表参观上海国家会展中心苏作馆，讲述苏州故事。推动大运河、苏州园林等江南文化为载体到欧洲举办展览，在意大利威尼斯、法国巴黎、奥地利维也纳、德国康斯坦茨、丹麦埃斯比约、德国不来梅7个文化名城举办大运河风情、苏州园林、“君到姑苏见”等专题摄影展。举办“游园赏曲 苏州有戏”——中国苏州·葡萄牙科英布拉“云对话”。举办中日韩友谊月暨苏州国际日——中日韩工艺文化展、2022苏州金鸡湖中法文化艺术周等文化交流活动。通过官方网站、电视以及Facebook、YouTube等社交平台推送，推动苏作精品“云端”亮相加拿大蒙特利尔和日韩友好城市。与中国驻苏里南大使馆共同策划苏州“江南文化”走进苏里南，在大使馆Facebook官方账号上推出“美丽苏州”等视频。以园林为载体开展对外推广，举办“游园赏曲苏州有戏”——中国苏州·葡萄牙科英布拉“云对话”“苏州园林·美美与共”主题讲座暨“童心绘园林”等园林专题项目。

【国际友好城市交往】 2022年9月29日，苏州市和摩洛哥马拉喀什市友好城市签约仪式在线上举办。马拉喀什市位于摩洛哥中南部，是该国四大古都之一、第三大城市和南部经济文化中心，同时也是马拉喀什—坦西夫特—豪兹大区首府。该市以众多名胜古迹和幽静的园林闻名，被誉为“摩洛哥南部明珠”。1985年联合国教科文组织将马拉喀什老城列入世界遗产名录。年内，刚果（布）友好城市黑角市的4名留学生在苏州市职业大学机电一体化技术专业毕业。苏州市在日本友城池田市和金泽市分别举办江南文化线下主题展览，纪念友城结好和中日邦交正常化。组织绘画交流、学校连线、中法课堂、围棋比赛等活动，促进苏州与欧洲、美国及日本友城青少年友好交流。截至年底，苏州市累计缔结国际友城58个，其中市本级23对。

（市外事办　杨佳琪）

表58　2022年苏州国际友好城市一览表

市（区）	友好城市	国家	结好时间	市（区）	友好城市	国家	结好时间
苏州市	威尼斯市	意大利	1980年3月24日	常熟市	汤斯维尔市	澳大利亚	1995年4月30日
	维多利亚市	加拿大	1980年10月20日		惠蒂尔市	美国	1995年5月12日
	池田市	日本	1981年6月6日		布莱斯特市	法国	1996年7月16日
	金泽市	日本	1981年6月13日		本拿比市	加拿大	2009年7月20日
	波特兰市	美国	1988年6月7日		索维拉市	摩洛哥	2013年5月20日
	图尔恰县	罗马尼亚	1995年9月20日		务安郡	韩国	2016年10月21日
	全州市	韩国	1996年3月21日	太仓市	罗索里纳市	意大利	2000年2月23日
	里加市	拉脱维亚	1997年9月22日		威勒尔市	英国	2013年12月18日
	伊斯梅利亚市	埃及	1998年3月3日		于利希市	德国	2019年6月5日
	格勒诺布尔市	法国	1998年9月20日		马切拉塔市	意大利	2020年5月20日
	奈梅亨市	荷兰	1999年9月23日	昆山市	南艾尔蒙地市	美国	1993年6月7日
	埃斯比约市	丹麦	2002年8月20日		赫鲁特方丹市	纳米比亚	2003年7月21日
	阿雷格里港市	巴西	2004年6月22日		馆林市	日本	2006年5月16日
	塔那那利佛市	马达加斯加	2005年11月29日		彭里斯市	澳大利亚	2013年10月31日
	康斯坦茨市	德国	2007年10月18日		许温凯市	芬兰	2016年5月20日
	陶波市	新西兰	2008年2月7日	吴江区	布尔昆-雅里昂市	法国	1993年10月7日
	洛根市	澳大利亚	2009年11月9日		达博市	澳大利亚	1995年6月7日
	新松奇	波兰	2016年6月14日		千叶市	日本	1996年10月10日
	黑角市	刚果（布）	2016年7月5日		华城市	韩国	2000年9月27日
	马累市	马尔代夫	2016年7月15日		内滩町市	日本	2006年10月8日
	西弗兰德省	比利时	2018年3月14日		莫哈林市	南非	2006年11月14日
	温得和克市	纳米比亚	2019年9月2日		马伯洛市	美国	2011年12月9日
	马拉喀什市	摩洛哥	2022年9月29日		西南普法尔茨区	德国	2017年10月30日
张家港市	格勒奈尔格郡	澳大利亚	1995年8月8日	吴中区	里萨市	德国	1999年8月16日
	丸龟市	日本	1999年5月28日		罗托鲁瓦市	新西兰	2000年2月18日
	维亚基马市	俄罗斯	2004年10月11日		南湖市	美国	2014年12月5日
	丽浪多市	美国	2007年5月21日	相城区	荣州市	韩国	1998年4月23日
常熟市	绫部市	日本	1989年5月12日		维克舍市	瑞典	2014年10月16日
	萨摩川内市	日本	1991年7月26日	姑苏区	桑他露西亚市	马耳他	2001年11月9日

注：同一市（区）的友好城市按结好时间排序。

（资料来源：市外事办）

【涉外疫情防控】 2022年，苏州市做好涉外转运工作，统筹优化联动转运机制，提升在苏州外企和外籍人士服务水平，与在苏州外国商会加强联络，组建多语种翻译志愿者队伍，做好权威信息多语种发布。2月，用6种语言发布《致在苏外籍友人的一封公开信》，相关内容被人民网、新华网等媒体转载，阅读量超过10万人次。

（市外事办　杨佳琪）

苏港澳交流

【港澳事务统筹协调机制】 2022年，苏州市加强党对港澳工作的集中统一领导，将全市港澳事务纳入市委全局工作，成立市委港澳工作领导小组，办公室设在市港澳办。5月18日，市委港澳工作领导小组第一次全体会议召开，传达学习省委港澳工作领导小组会议精神，听取全市港澳工作情况，审议港澳工作要点等文件。

【与港澳经贸交流】 2022年，苏州市实际使用港资37.1亿美元，增长0.2%，占全市实际使用外资及中国港澳台资的50.1%。服务在苏州港澳资企业，开展港澳资企业发展情况调研，摸排在苏州港澳资企业情况。6月，配合江苏省港商投资企业服务协会换届工作，向在苏州港澳资企业发送《致港澳投资企业的一封信》，推荐港澳资企业加入省港商投资企业服务协会。7月，线上参加江苏省港商投资企业服务协会换届大会暨第三届会员代表大会，并联络邀请在苏州港澳资企业代表线上听会。9月，举办香港苏州商会第二届董事会就职典礼，全国政协副主席梁振英致贺信。11月，市港澳办向江苏省港商投资企业服务协会致贺信。

【与港澳人才交流】 2022年，苏州市推动苏州市、苏州工业园区、苏州大学与香港科技大学合作，推进“香港科技大学百万奖金创业大赛华东赛区”“香港科技大学学生实习基地”等合作项目落地实施。苏州市与香港科技大学在科创成果转化、人才互融互通、人文交流及教育协同等领域的深化合作。

【庆祝香港回归祖国25周年活动】 2022年，苏州市组织庆祝香港回归祖国25周年系列活动，深化苏港友谊，加强香港与内地联系。7月16日，举办香港回归祖国25周年“相约香江·香港经典电影展映”活动，在苏州集中展映香港经典电影15部，超过35%场次电影票售罄；8月1—6日，香港驻沪办在苏州文化艺术中心举办“香港回归祖国二十五周年——砥砺奋进廿五载，携手再上新征程”巡回展长三角地区首站展览。该展览展现香港回归祖国25周年“一国两制”方针在香港地区的成功实践，并设有遥距打卡香港新晋网红地标、手绘环保袋工作坊等体验活动。

【苏州园林与澳门卢廉若公园缔结“姊妹园”】 2022年，苏州市促进苏澳两地在人文艺术等领域的交流合作，推进市政协十五届一次会议第77号提案《关于推进苏州园林与澳门卢廉若公园缔结“姊妹园”的提案》办理。市港澳办联络澳门中联办、澳门市政署、苏州市园林局等单位，就推进卢廉若公园与苏州园林缔结“姊妹园”征求意见，推进苏澳两地园林交流与结好事宜。

（市港澳办　杨佳琪）

对台事务

【台资企业发展】 2022年，苏州市新设立台资企业412家，实际使用台资10.12亿美元；新增总投资超过1000亿美元的台企30家，共153个增资项目。全市在大陆上市挂牌台资企业21家，占江苏省的87%，其中大陆A股上市12家。友达光电低温多晶硅项目增资18亿美元，京隆科技总投资6亿美元的高阶芯片测试项目成功落地。3月9日和3月25日先后召开市委对台工作领导小组会议和全市对台工作会议，贯彻落实中央和全省对台工作会议精神，统筹推进全市涉台疫情防控和台资企业发展。7月6日，召开苏州市与台资企业总部视频连线活动。9月9日和12月2日，举办首期和第二期“东吴台企沙龙”活动，邀请专家为有上市意向的台企开展辅导。昆山金改区首次省级联席会议召开，5项资本项目外汇业务创新试点落地。梳理优化前九次部省际联席会议赋予昆山的134项先行先试政策举措，在全市复制推广。

【台商台胞服务】 2022年，苏州市营造更有利于台湾同胞创新创业的市场环境，建设台湾同胞投资兴业、安居生活首选地。新冠疫情防控期间，倾听台商台企的诉求心声，引导台商台胞坚定发展信心。创新实施重点台企走访联系机制，走访100余家重点台企，点对点宣传苏州惠台“55条”、《江苏省对台经济文化交流合作促进条例》等涉台政策，解决台企生产经营遇到的问题，推动惠企纾困政策落地。秉持“两岸一家亲”理念，推动“同等待遇”走向“同城待遇”，为台商台胞在苏州发展谋福利。推进台胞在苏州生活同城便利化，维护完善好“苏台通”智慧服务平台，为台企台胞台属提供惠台政策集成、生活服务、办事指南等功能。做实做细对台服务，新冠疫情防控期间，协助多方力量为参加港澳台侨联考的133名台生送考护航。

【对台交流】 2022年，苏州市发挥台资企业集聚、台胞台商往来频繁、常住台胞数量众多等优势，开展百场各领域对台交流活动。举办第二届海峡两岸青年文化月活动，活动时间为8月19日—9月27日，以“同心同行青春力量”为主题，举办台湾青年座谈会和相关文化交流活动30余场。发挥苏州海峡两岸婚姻家庭协会作用，举办“我们的故事”“大年初二回娘家”“海的两岸都是家”等系列交流活动。聚焦在苏州台生群体，组织国家、省级非遗传承人进入台生校园，普及中华传统文化。组织海外台湾青少年开展“云中看江苏”活动，近100名海外台湾青少年参加。

【对台宣传】 2022年，苏州市加强“苏台一家亲”微信公众号、市委台办官网等网络阵地建设，深化与各级媒体合作，宣传苏州对台工作。《人民日报》《新华日报》等中央、省、市级媒体宣传报道苏州涉台工作百余次，“苏台一家亲”微信公众号发布稿件690篇。加大入岛宣传力度，配合台湾地区媒体开展人文苏州专题宣传，台湾《联合报》等报刊整版刊登报道。挖掘“两岸孩子”陈霞、百岁老人述说跨越百年两岸故事等台商台胞台青典型事例，讲述苏州、台湾两地融合“小故事”。两岸婚姻代表钱永昌与苏州妻子跨越海峡、扎根祖国大陆的故事被《人民日报》、新华社等数十家媒体关注报道。

（市委台办　马志瑜）

重点交流合作

教育交流合作

【对外及对中国港澳台教育交流】 截至2022年底，苏州市有外籍人员子女学校6所、台商子女学校1所，有中外合作办学机构7个、中外合作办学项目26个，苏州独墅湖科教创新区是全国唯一的高等教育国际化示范区，苏州市涉外办学数量列全省设区市第一位。全市245所学校与境外565所学校建立友好关系，聘请外国及中国港澳台教师2622人，在苏州就读的外籍及中国港澳台学生1.38万人。年内，举办第十七届苏州——新加坡校长教育论坛。在全省率先启动外籍专家领衔的引智培训项目，截至年底，培训教师总人数11061人，参加境外培训及公派留学教师人数（含高校）6284人。市教育局依据《苏州教育对外开放三年行动计划（2021—2023）》，推进高层次国际化人才培养、高水平国际科研合作和高质量对外合作交流。成立苏州市教育对外开放专家指导委员会，制定《高中国际课程项目管理暂行办法》，规范普通高中开设境外课程，开展涉境外课程培训机构整改。抓实苏州市与刚果（布）黑角市的友城项目建设，依托中刚地方农业远程科教服务中心线上线下平台开展现代农业技术技能培训。全市41所学校的对外合作交流项目入选省"十四五"基础教育职业教育重点项目，数量列全省设区市第一位。全市高中毕业生被世界百强大学录取人数1134人；根据QS世界大学排名情况，2021—2022学年被世界排名前十的学校录取人数126人。

【国际理解教育】 2022年，苏州市有26个项目入选第二批"十四五"时期基础教育职业教育对外合作交流重点建设项目，入选数量列全省设区市第一位。评选出第二批国际理解教育项目实验学校40所。5所学校入选教育部"中外中小学语言伙伴学校"项目。推进线上线下同步实施的外教课堂项目，开展"未来之星"线上英语创作大赛，1.6万名学生参赛，作品总观看量105.6万人次。研究制定苏州学生"全球胜任力"能力体系测评工具及评估量表，联动106所国际理解教育实验学校，从5个纬度构建互学互鉴的校群共同体联盟。

【外籍教师管理】 2022年，苏州市开展在苏州外籍教师队伍现状调研工作，从基本情况、专业培训、文化活动等方面开展分析研究，探究在苏州外籍教师队伍建设的发展路径，提出具体工作建议。评选首届中小学优秀外籍教师和优秀外籍教师管理团队，加强各级各类院校与外籍人员子女学校和中外合作办学机构的优质教育资源共享，评选出优秀外籍教师12人、十年贡献奖外籍教师8人、优秀外籍教师管理团队10个、外籍教师管理团队创新奖2个。

【外籍人员子女学校】 2022年，苏州市有外籍人员子女学校6所，分别是苏州新加坡外籍人员子女学校（1996年开办）、苏州依顿外籍人员子女学校（2004年开办）、苏州日本人外籍人员子女学校（2005年开办）、苏州德威外籍人员子女学校（2007年开办）、昆山加拿大外籍人员子女学校（2013年开办）、苏州韩国外籍人员子女学校（2013年开办）。共有学生2952人、教师652人。

【常熟世界联合学院】 常熟世界联合学院（简称"常熟UWC"）创立于2015年，是内地第一所、世界第15所世界联合学院。常熟UWC为10—12年级的学生提供两年制IBDP课程（国际高中文凭课程）和一年制FP预备课程（国际文凭大学预科课程）。成立后累计培养全国26个省（自治区、直辖市）以及124个国家和地区的1900余名中外学生，其中包括48个"一带一路"共建国家的207名学生。2022年，常熟UWC有教职工166人，在校学生610人。

（市教育局 张哲诚）

科技交流合作

【科技合作平台】 2022年，苏州市新建海外离岸创新中心17家，累计26家。截至年底，全市海外创新孵化中心、企业海外研发机构、海外产学研合作平台、海外合作项目飞地等各类离岸创新机构超过80家。

【科技合作项目】 2022年，苏州市争取省国际合作项目，获批立项10个，省资助经费1550万元，增长30%。其中，"抗新冠药物的临床试验合作研发及海外应用示范"获批"一带一路"创新合作项目，获批重点国别产业技术研发合作项目2项、中国港澳台科技合作项目3项，创新国际化服务体系建设项目4项。

【"2022俄罗斯工程院院士中国行交流活动"苏州站】 2022年12月，由俄罗斯工程院中国代表处、北京中科钛领科技有限公司主办，中科（苏州）高端人才创新园承办的"2022俄罗斯工程院院士中国行交流活动"苏州站活动举办。俄罗斯工程院副院长斯佩兰斯基·阿纳托利·阿列克谢耶维奇等5名俄罗斯工程院院士先后到量子科技长三角产业创新中心、苏州思萃电子功能材料技术研究所、中国科学院苏州生物医学工程技术研究所开展科技交流及调研活动。中国工程院院士陆军等参加活动。

（市科技局 陈新芮）

文化交流合作

【国际文化交流】 2022年3月，苏州市组织参与伦敦国际媒体展会，推广苏州文旅资源与城市形象。其间，举办现场专题推介，播放苏州文旅宣传视频，伦敦中国戏曲工作室表演昆曲《牡丹亭》，55名媒体记者、社交达人参加苏州展示活动，相关活动新闻稿获得1.1亿次总浏览量。9月，以中国江南文化艺术节·国际旅游节为契机，举办"外国人镜头中的苏州"活动。其间，在微信、Instagram、Facebook等中外媒体平台发布以"到中国，游苏州Suzhou, China with Style"为主题的视频，获得超过15万次点击量；联合全球媒体TimeOut组织28名国际关键意见领袖参加"深度游苏州，种草一日行"活动，并举办"外国人眼中的苏州"照片与视频拍摄挑战，150余张摄影作品参赛。11月，在日本东京涩谷Stream稻荷桥广场、金王桥广场举办"水岸边的艺术之城"苏州日本（东京）推广周活动。配合活动在日本网络发起的"寻找苏州有缘人"招募评选活动，曝光量超过300万次，点赞、转发、评论等互动量累计突破1.5万次。

【与中国港澳台文化交流】 2022年1月，江苏省苏州昆剧院俞玖林、沈丰英等5人到澳门参加第二届粤港澳大湾区中国戏剧文化节开幕式及演出活动，表演昆曲《牡丹亭》。1月，苏州交响乐团与澳门乐团合作，在澳门文化中心综合剧院举办"游艺古典与印象"——澳门

2022年11月25日，“水岸边的艺术之城”苏州日本（东京）推广周活动举办

（市文广旅游局　供图）

乐团与苏州交响乐团音乐会，女中音歌唱家董芳演唱《马拉美之诗三首》，为法国作曲家拉威尔该部作品的亚洲首演。9月，苏州市组织苏州高新区、苏州工业园区等地到澳门参加第十届国际旅游（产业）博览会。该展会设苏州标准展位2个、苏州特装展位1个；举办“世界遗产之城——苏州”主题文旅专题推介会，展示苏州文创产品和特色旅游商品，组织评弹等非遗文化艺术表演；达成各类意向合作80余项，接待公众超过4800人次。

【文旅“走出去”项目】 2022年，苏州市推动与国外及中国港澳台地区交流合作，采用线上线下相结合的方式，策划有苏州特色的文化“走出去”项目，展示苏州文旅形象。根据《苏州市文化和旅游“走出去”项目奖励补贴管理办法》，于7月启动2021—2022年度苏州市文化和旅游“走出去”项目奖励补贴申报工作。经过项目申报、社会法人信用审查、第三方审计、专家评审及公示环节，“参加2021澳门国际文化产业博览会”（苏州上久楷丝绸科技文化有限公司）、“参加第九届澳门国际旅游（产业）博览会”（苏州炎传苏绣有限公司）、“《牡丹亭》到澳门演出”（江苏省苏州昆剧院）3个优秀文旅“走出去”项目获得项目奖励或补贴，共计14.86万元。

【布达佩斯中国文化中心建设】 2022年，苏州市与文化和旅游部共建的布达佩斯中国文化中心完成工程筹备工作并启动装修改造工程。春节期间，推出“欢乐春节”主题活动和“我向往的冬奥”北京冬奥主题宣传活动。该中心会同匈牙利中国大使馆举办虎年生肖邮票发行仪式，将“桃花坞木版年画展”送进匈牙利邮政局和米什科尔茨大学，推出“宇峰云年”线2021年俗文化展示等活动。端午节期间，该中心推出端午节主题线上展览展示和线下互动体验活动。线上以徐扬的《端阳故事图》为主线，围绕端午时节物候特点、时令美食与娱乐活动、中医药与养生保健3个主题，介绍端午节吴地传统习俗及相关文化活动；线下与埃克尔·费伦茨小学合作举办端午特色游戏以及中草药和书法等中国文化体验活动。中秋节期间，该中心和中国驻匈牙利大使馆共同举办中秋主题活动“匈牙利月饼制作坊”，组织中匈友人制作广式、苏式、冰皮、中匈融合等多种月饼。布达佩斯中国文化中心自媒体账号推出“运河风味千万家”大运河主题文旅推广活动、故宫博物院“万紫千红花木题材线上文物展”活动和中医养生保健等文化和旅游部推介的文化专题内容。其中，故宫博物院“万紫千红花木题材线上文物展”浏览量超过20万人次。

（市文广旅游局　李宜达）

卫生交流合作

【援外医疗】 2022年，苏州市推广和宣传援外医疗队的对外交流先进事迹，邀请第16期援马耳他医疗队队长蒋亚文在2022年苏州市卫生健康行业新职工岗前培训班上作交流。及时拨付第16期援圭亚那医疗队、第16期援马耳他医疗队2022年援外工作经费365万元（公立医院财政补助）。

【国际卫生交流】 2022年11月2日，苏州市和刚果（布）黑角市新冠疫情防控交流暨援刚疫情防治中医药启运视频连线活动举办。两市交流医疗卫生合作工作，分享新冠疫情防控经验，并探索中医药在黑角市新冠疫情防治方面的应用。苏州市向黑角市捐赠特色制剂抗病毒颗粒等防治中成药。

【与中国港澳台卫生交流】 2022年，苏州市关注“澳门青年学者计划”研修项目。苏州市中医医院医生颜帅配合澳门科技大学新冠疫情防控政策，投身核酸检测志愿队伍，线上参加国内外学术年会，于4月获得青年学者奖励。

（市卫生健康委　丁潇潇）

编辑：王亦文

综 述

【学校和师生情况】 2022年，苏州市有各级各类学校1895所（含幼儿园），在校学生221.65万人，教职工总数19.10万人，其中专任教师14.68万人。全市学前三年幼儿入学率100%，义务教育阶段学生入学率100%、巩固率100%。

【教育投入】 2022年，苏州市地方教育经费总投入568.94亿元，比2021年增加9.74亿元，增长1.74%，其中国家财政性教育经费483.87亿元（含教育附加等），比2021年增加8.04亿元，增长1.69%。

【教育资源供给】 2022年，苏州市补齐教育资源短板，加快学校建设。编发《苏州市"十四五"教育事业发展规划》和教育设施布局专项规划，为"十四五"期间教育资源供给提供遵循。列入市政府实事项目的41所学校（新建36所、改扩建5所）全部按时开工，总投资116.3亿元，全部建成后新增学位约6万个。推进全市公办中小学校装配空调，改善和提升全市中小学校办学条件和服务水平。实施中小学校近视综合防控项目，改造提升120所学校照明条件，为学生提供符合用眼卫生的学习环境。巩固城镇小区配套幼儿园治理成效，纳入任务清单的62所配套幼儿园全部完成治理。

（市教育局　张哲诚）

表59　2022年苏州市新建、改扩建中小学（幼儿园）一览表

序号	地区	学校	序号	地区	学校
1	张家港市	农联实验小学	22	吴中区	独墅湖中学
2	张家港市	云盘小学沙洲湖校区（教师发展中心）	23	吴中区	太湖新城湾东幼儿园
3	张家港市	张家港市实验小学乘航校区	24	吴中区	郡昂路学校
4	张家港市	梁丰幼儿园南园区	25	相城区	相城中等专业学校改扩建项目
5	常熟市	清晖中学	26	相城区	相城中学高中部
6	常熟市	清晖小学	27	相城区	相城高新区实验小学
7	常熟市	琴湖幼儿园	28	相城区	相城高新区实验幼儿园
8	太仓市	太仓港区幼儿园	29	姑苏区	金星小学
9	太仓市	港城第二小学	30	姑苏区	金星幼儿园
10	太仓市	沙溪镇直塘幼儿园	31	苏州工业园区	跨春路北地块九年制学校
11	太仓市	沙溪镇培远学校（暂名，九年一贯制）	32	苏州工业园区	跨春路北地块幼儿园
12	昆山市	周市高级中学	33	苏州工业园区	唯康路北九年制学校
13	昆山市	巴城高级中学	34	苏州工业园区	普惠路地块高中学校
14	昆山市	培江幼儿园	35	苏州工业园区	迎宾西路地块学校
15	昆山市	嵩山路幼儿园	36	苏州高新区	和祥幼儿园
16	昆山市	景王路学校	37	苏州高新区	文韵幼儿园
17	吴江区	红星美凯龙幼儿园	38	苏州高新区	科技城第五幼儿园
18	吴江区	震泽实验小学本部教学楼	39	苏州高新区	乐星幼儿园
19	吴江区	汾湖高级中学	40	苏州高新区	枫华幼儿园
20	吴江区	轨道枢纽小学	41	市直属	苏州市景范中学校花驳岸校区
21	吴中区	太湖度假区第三小学			

（资料来源：市教育局）

【集团化办学】 2022年，苏州市秉持"理念共识，资源共享，优势互补，品牌共建"的宗旨，打破学校和区域划界形成的"壁垒"，推动义务教育集团化办学改革。全市建成教育集团258个，实现义务教育阶段学校集团化办学全覆盖。推进姑苏区基础教育"三横四纵"集团化办学格局，贯通姑苏区小学、初中、高中人才培养，扩大优质教育资源辐射，实现管理共建、师资共配、质量共升、发展共赢。

【教师队伍建设】 2022年，苏州市拓展教师招聘渠道，继续实施名校优才计划，全市公办中小学录用新教师6806人，其中硕士以上占比32.6%，"双一流"高校与国际名校占比稳步提升。推进实施"姑苏教育人才计划"升级版，开展新一届姑苏教育分层培养人才和特聘人才评审认定，全市评选出特聘人才57人、教育名家6人、领军人才37人、青年拔尖人才139人。加强高端教育人才自主培养，全市2人被推荐参评国家教学名师，20人入选省第六期"333工程"培养对象，7人入选第三批省"苏教名家"培养对象，3人入选"长江学者奖励计划"讲席学者项目，60人获评正高级教师，744人获评苏州市学科带头人。截至年底，苏州市在职教师中有省人民教育家培养对象25人、省"苏教名家"培养对象20人、省特级教师344人、中小学正高级教师400人、市名教师482人、市中小学学科带头人3336人，省特级教师以上高层次教育人才数量列全省设区市第一位。年内，入选省教学成果奖特等奖7项、一等奖34项、二等奖54项，在全省中小学班主任基本功竞赛中，获得一等奖3个，获奖数量居全省前列。推行职业教育校企"双导师制"，获批省级"双师型"名师工作室和技艺技能创新传承平台立项建设单位23个，省级"双师型"名师工作室和技艺技能创新传承平台培育单位4个，居全省前列。深化全市中小学师德专题教育成果，将思想政治教育和师德教育纳入各级各类教师培训的必修范围，加强师德典型选树宣传，全市4人获评2022江苏教师年度人物（含提名奖），987人获评苏州市优秀教育工作者。举办"迎接党的二十大，培根铸魂育新人"优秀教师事迹报告会，组织2022年"苏州师说"讲述我身边的好教师专场活动，开展2022年度"为教师亮灯"公益活动，出台《苏州市关爱激励教师十条措施》，落实完善教师待遇保障、激励教师学历提升等举措。

【德育工作】 2022年，苏州市推进大中小学思政课一体化建设，组织遴选首批42所大中小学校组建教育联盟，支持10个思政名师工作室、36门思政课程和课程思政示范课、9个主题实践教育基地建设，打造在苏州本科高校精品在线课程（思政专项）11项，在苏州高校实现马克思主义学院全覆盖。在全市青少年学生中开展"强国复兴有我"主题实践活动，策划制作"开学寄语""开学第一课"精品思政课，组织全市133万名中小学生集中收看。推进省、市、县、校四级中小学生品格提升工程，新增省中小学品格提升立项项目4个，在省第四批中小学品格提升工程结项验收中，获评精品项目2个、优秀项目3个。

【教育督导】 2022年，苏州市深化教育督导体制机制改革，推进教育督导法治化进程，做好《苏州市教育督导条例》实施情况执法检查并筹备修订前期工作。继续把"双减"督导作为教育督导"一号工程"，加大督办、通报、约谈和问责力度。高质量完成对设区市人民政府履行教育职责督导评价自查，开展对县级政府年度教育履职评价，指导各县级市（区）完成义务教育优质均衡发展状况年度监测，指导苏州高新区通过省义务教育优质均衡发展县创建实地评估，指导张家港市通过省学前教育普及县实地督导评估并完成国家级申报。开展义务教育教师工作收入落实情况专项督导。根据新冠疫情防控整体部署，针对性开展教学督查工作，通过现场督导、线上指导、网络电话沟通等方式查验校园疫情防控细节，对发现的问题现场反馈，及时指导整改落实。组织全市中小学线上教育专项调研、民办中小学校教育教学情况调研，开展"双减""中小学校体育工作""中小学心理健康教育工作"等专项教育督导。

【内涵建设和评价改革】 2022年，苏州市在全省率先出台《新时代教育评价改革实施方案》，立足党委政府、学校、教师、学生和社会用人单位5个关键主体推进教育评价改革，形成5大改革工程、52项具体改革推进举措，推动形成正确的教学政绩观和科学的教育发展观，推动以评促改、以评促建走上新赛道。入选2022年江苏省基础教育内涵建设项目30个，建设中小学课程基地与学校文化建设省级项目11个、市级项目67个，新增省基础教育前瞻性教学改革实验项目6个。组建苏州市中小学校美育教育指导委员会，成立苏州市中小学美育名师工作室25个，成立苏州市青少年交响乐团，开展苏州市第七届中小学生艺术节活动，开展"艺"起向未来"云端"艺术节活动。全面开展中小学校国防教育，做好国防教育示范学校和示范基地的培植和遴选工作，创建教育部国防教育示范学校2所。

【教育科研】 2022年，苏州市推进教育智库建设，推进教研科研一体化发展，服务教育行政决策，指导教育教学改革。围绕新课程实施中的重点难点问题，深入学校、深入课堂、深入师生开展区域专项调研、期初集体调研、学科日常点调研，提升教研工作的专业化水平。加强优质课程资源建设，建设线上课程4900余节，推荐上报省级基础教育精品课300余节、教育部教育技术与资源发展中心定向征集数字资源431节。依托各级各类竞赛和评比活动，构建"赛、研、训"一体化研修机制。汇编《学科研究与指导中心研究资讯》17期和《新时代政策文件汇编》1本，编印《苏州教育》及《苏州教育研究》12期。组织省、市教育科学"十四五"规划年度课题的申报、推荐、立项工作，送省参评课题80项，市级立项400余项。

【语言文字工作】 2022年，苏州市开展普通话推广、方言保护、语言文字规范化建设。举办第25届全国推广普通话宣传周系列活动。苏州在各级语言文字评比竞赛中取得较好成绩，获得全省中华经典诵读写讲优秀组织奖。完成90所新建中小学（幼儿园）语言文字规范化达标考核。评定市级国家语言文字推广基地10所，评选市级中华经典"诵写讲"基地15所。

【教育信息化】 2022年，苏州市线上教育中心发布市级线上课程5221节，习题资源10.1万道，总登录1.53亿人次，累计3.75亿人次参与学习，学生自主上传学习笔记20.4万份，满足全市近150万名中小学生线上学习需求。出台《苏州市教育系统首席数据官制度建设实施方案》，推动教育数据治理、共享、开放和开发利用，推进教育数字化转型。成立国家智慧教育平台应用领导小组，建立国家、省级、市级平台贯通协同机制，

2022年5月12日，苏州市四至八年级学生复学复课。图为苏州市南环实验小学校的学生们在晨读 （华雪根 摄）

苏州线上教育中心实现一键跳转至国家中小学智慧教育平台，率先向国家平台提供453节课程及对应的"任务单"和"练习题"，展示苏州线上教育成果。市、区教育数据中心完成IPv6改造，市教育信息中心支持IPv4/IPv6双栈对外提供服务。全市建成省智慧校园合格校643所、示范校12所。

【校园安全】 2022年，苏州市完善安全稳定风险研判预警机制，强化定期研判和专题研判。管好意识形态阵地，定期召开会议专题研究意识形态工作，加强对课堂、论坛讲座、课题研讨、社团组织等意识形态阵地管理，落实"一活动一备案"制度。对各地各校维护意识形态安全情况开展专项检查督导，压紧压实意识形态工作主体责任，对排查发现的隐患问题立行立改、即知即改。指导各在苏州高校落实校园安全管理主体责任，完善安全稳定工作制度，协调有关部门加强检查督导，保障在苏州高校安全稳定教育环境。常态化开展安全隐患排查，印发《全市教育系统安全教育培训工作方案》，结合"11·9"开展应急疏散和消防灭火专题演练，常态化开展"331"安全隐患排查。加强学校食品卫生管理，严格落实集中用餐陪餐制度，实现全市中小学幼儿园全覆盖，每餐均由学校相关负责人与学生共同用餐，做好陪餐记录。抓好校园安全教育，开展消防安全、交通安全、国家安全、防溺水、防范网络电信诈骗等专题安全教育活动，普及安全知识，弘扬安全文化，加强警示教育。继续实施"校园定制公交优化升级行动"，在原有"校园定制公交""通学巴士"的基础上，新增41条、优化9条校园定制公交专线，服务学校39所，月均服务学生超过23万人次，实现"出校园即上车、下车即进校园"的无缝对接和安全闭环。

【学校疫情防控】 2022年，苏州市将师生生命健康放在首位，调整优化防控措施。上半年，全市教育工作者坚守教学与抗疫一线，以最高防疫标准完成多项高利害性考试组考，保障全体考生参考，实现"零事故""零传染"。下半年，根据国内疫情形势变化，各地各校动态优化防控措施，指派专人全程驻校指导涉疫高校防控工作，协调解决困难，守护校园平安。结合疫情防控形势，印发《关于加强疫情防控期间中小学生心理关爱工作的通知》《苏州市中小学生心理健康护航行动方案》，公布未成年人心理指导中心援助热线和网上家长学校热线22条，接受师生、家长咨询，共接听来电3526人次。

（市教育局 张哲诚）

学前教育

【概况】 2022年，苏州市有幼儿园1015所，比2021年增加49所，在园幼儿（包括附设班）37.75万人，比2021年减少0.86万人，3~5岁适龄幼儿入园率100%。幼儿园教职工总数5.02万人，比2021年增加0.24万人；其中专任教师数2.73万人，比2021年增加0.1万人。全市幼儿园园舍建筑面积575.01万平方米，比2021年增加47.99万平方米；生均园舍面积15.23平方米，比2021年增加1.58平方米。

【学前教育普及普惠】 2022年，苏州市坚持学前教育公益普惠发展方向，构建公益普惠的学前教育公共服务体系，提升学前教育办学水平，扩大公办园数量，加强对普惠性民办幼儿园的支持，推进学前教育普及普惠县（市、区）创建，开展托幼一体化管理、实践与研究，破解"入园难""入园贵"问题。全市新启用幼儿园39所，新增小班学位数0.42万个，全市公办园覆盖率67%，普惠性幼儿园覆盖率89%。

【优质幼儿园创建】 2022年，苏州市推进省、市优质幼儿园建设，提升幼儿园办学质量、课程内涵、办园特色，从"有品质"向"高品质"迈进，努力实现"幼有所育"向"幼有善育"转变。全市新增江苏省优质幼儿园40家、苏州市优质幼儿园49家，省、市优质园覆盖率90%。

【幼儿园课程建设】 2022年，苏州市推进幼儿园课程游戏化和幼小科学衔接，根据幼儿的身心特点和成长规律，优化情境式活动教学，建立幼小协同合作机制，形成科学衔接的教育生态。常熟市、昆山市、相城区完成省级区域推进课程游戏化建设项目立项，苏州工业园区尚城幼儿园"幼儿园'大美'生活课程建设"、苏州高新区实验幼儿园"摇篮里培育'五力'小主人"成功申报省级幼儿园课程游戏化建设项目。

【苏州市幼小科学衔接现场推进会】 2022年11月17日，苏州市幼小科学衔接现场推进会在张家港市召开。推进会上，小学开设语文、数学、英语、科学、道德与法治、音乐、美术、体育、劳动9个学科18节课，幼儿园开设语言、数学活动课2节。各学科课堂教学与点评全部采用线上展示的形式举办，苏州市各县级市（区）小学和幼儿园教师全程参与。会上，举办"做好幼小衔接：促进基础教育高质量发展"的专题讲座，张家港市教育局、各省级实验区、试点园（校）就推进幼小科学衔接工作开展经验交流。

（市教育局 张哲诚）

表60 2022年苏州市新增省优质幼儿园一览表

序号	幼儿园名称	序号	幼儿园名称
1	张家港市新塍幼儿园	21	苏州工业园区斜塘街道实验幼儿园星苑分园
2	张家港市新南幼儿园	22	苏州工业园区唯亭街道怡邻幼儿园阳澄分园
3	常熟全仓幼儿园	23	苏州工业园区斜塘街道星湖幼儿园淞江分园
4	常熟市滨江幼儿园	24	苏州工业园区东兴路幼儿园
5	常熟市梅李京师实验幼儿园	25	苏州工业园区名城旺墩幼儿园
6	昆山市张浦中心幼儿园英伦分园	26	苏州工业园区伟才厚永幼儿园
7	昆山市千灯镇少卿幼儿园	27	苏州工业园区天虹雍景湾幼儿园
8	昆山市周市镇白塔幼儿园	28	苏州高新区青灯幼儿园
9	昆山市陆家镇菉溪幼儿园	29	苏州高新区华通幼儿园
10	苏州市吴江区英仑伟才幼儿园	30	昆山市花桥天福幼儿园
11	苏州市吴江区青橙绿苑幼儿园	31	昆山市花桥徐公桥幼儿园
12	江苏省汾湖高新技术产业开发区城区幼儿园	32	昆山周市永平幼儿园
13	苏州大学附属吴江幼儿园	33	苏州市吴江区仁德幼儿园
14	苏州市吴中区木渎镇金运幼儿园	34	苏州市吴江区太湖明珠幼儿园
15	苏州市吴中区湖墅金典幼儿园	35	苏州市吴江区英瀚幼儿园
16	苏州吴中经济技术开发区实验幼儿园	36	苏州市吴中区木渎大成珺幼儿园
17	苏州市相城区东方岚谷幼儿园	37	苏州市吴中区石湖实验幼儿园
18	苏州市相城区日益幼儿园	38	苏州市吴中区独墅湖实验幼儿园
19	苏州市姑苏区爱心实验幼儿园	39	苏州相城区高铁新城第三幼儿园
20	苏州工业园区斜塘街道莲花幼儿园敦煌分园	40	苏州工业园区唯康幼儿园

（资料来源：市教育局）

义务教育

【概况】 2022年，苏州市有小学447所，比2021年增加5所；招生15.68万人，比2021年减少0.19万人；在校生91.95万人，比2021年增加2.61万人；毕业生12.57万人，比2021年增加0.61万人。全市小学入学人数为15.68万人，小学学龄儿童净入学率100%。小学教职工6.18万人，比2021年增加0.26万人；专任教师5.43万人，比2021年增加0.19万人。专任教师学历合格率100%，其中具有中级及以上职称者占42.87%，具有大学专科及以上学历者占99.85%，比2021年提高0.12个百分点。普通小学（含教学点）校舍建筑面积982.42万平方米，生均校舍建筑面积（含十二年一贯制、九年一贯制分摊）12.41平方米，比2021年增加0.59平方米。生均图书26.02册，比2021年增加0.47册。生均数字终端数0.17台。

有初中学校267所（九年一贯制学校71所），比2021年增加9所。招生12.18万人，比2021年增加1.06万人；在校生33.64万人，比2021年增加2.39万人；毕业生9.57万人，比2021年增加0.7万人。初中阶段毛入学率保持100%。全市初高中教职工4.74万人，比2021年增加0.3万人。初中专任教师2.79万人，比2021年增加0.16万人。初中专任教师学历合格率100%，其中具有本科及以上学历者占99.38%，比2021年提高0.4个百分点，具有副高级及以上职称者占23.55%，比2021年降低0.91个百分点。初中学校校舍建筑面积793.76万平方米，生均校舍建筑面积（含十二年一贯制、完全中学、九年一贯制分摊）21.42平方米，生均图书40.7册，比2021年减少1.37册。生均数字终端数0.33台。

【义务教育优质均衡发展】 2022年，苏州市深化义务教育阶段集团化办学，按照"总体均衡、总量合理、统筹兼顾、促进发展"的原则实施优质普通高中指标生定向分配，推进义务教育优质均衡发展。继续实施随迁子女积分入学制度，落实"云上教育同城帮扶计划"，组织优质公办校对外来工子弟学校、薄弱公办校开展帮扶结对等行动。推进学业质量阳光指标评价，围绕新时代中小学课程改革，开展"新时代苏州有效教学研究"项目成果征集。根据省教育厅反馈，苏州市义务教育学校标准化监测达标率97.74%，比2021年增长1.84%，8个县级市（区）实现100%达标。苏州市教育质量检测中心发布2021年度苏州市义务教育学业质量监测报告，2021年苏州全市小学六年级和初中学生周一至周五平均每天校内书面作业时间均较2021年有所减少，义务教育阶段的学生心理健康状况整体较好，主观幸福感较高、学习倦怠程度较轻，阅读兴趣整体较高，电子设备使用时间有所减少。

【素质教育】 2022年，苏州市推进全国中小学劳动教育实验区建设，聚焦9个重点任务，推进3个"百千万"工程。在全市中小学生中开展"劳动'最'"系列活动以及中小学劳动教育优质课评比活动。开展综合实践教育活动，组织"强国有我 时刻准备"百场科普公益讲座、苏州市未来科学家培养"薪火计划"、青少年科技创新大赛等活动。推进高雅艺术、戏曲、非遗等文化活动进校园，将美育与江南文化相结合，构建"一校一品""一校多品"的苏州特色美育集群发展品牌，开设校本课程687个，编印校本教材1000余本，美育课程开课率、活动参与率均为100%。深化体教融合，推进青少年体育“5621”计划。全市新增全国青少年校园足球特色学校（幼儿园）33所，新增数量列全省设区市第一位。在第二十届省运会上，苏州市2002名青少年运动员获得金牌271.5枚、银牌193枚、铜牌189.5枚，团体总分7115分，奖牌榜、团体总分榜列全省设区市代表队第一位，金牌榜列全省设区市代表队第二位。

【民办义务教育】 2022年，苏州市引导民办义务教育有序发展，按照“转公一批、关停一批、提升一批”的方式，一校一策推进民办义务教育学校分类治理，优化义务教育结构布局。出台《关于政府购买民办义务教育学校学位的指导意见》，优先服务外来工子弟学校的在校学生，每年投入近4亿元，购买学位10.35万个，全市民办义务教育学校在校生规模占比如期达成低于5%目标。完善区域民办中小学年检指标体系考核细则，从党建工作、依法办学、办学条件、招生入学等方面开展年度综合评估，优化民办义务教育学校年检机制。实施民办义务教育学校学业质量监测，对学业质量开展跟踪性调研，做好监测反馈，指导民办学校提升教育教学质量。

【“双减”工作】 2022年，苏州市构建“双减”政策“1+X”制度体系，围绕作业管理、课后服务、考试管理、校外培训机构治理、学段衔接、集团化办学等9个方面分别制定配套政策文件，做到综合施策、精准把控、精确指导。建立“双减”市级联席会议机制、成立各级工作专班，构建党委政府领导、部门协同、学校主责、家庭尽责的全链条治理体系，形成系统治理合力。建立中小学生考试管理、作业总量控制和作业检查制度，严格控制考试频次、规范考试形式、合理安排考试时间。各地各校“一校一案”提升作业布置的科学性、精准性，加强不同学科作业统筹协调，压减作业时长。开展两次“双减”典型案例征集活动，共收集优秀案例273个，总结各地“双减”实践经验，梳理各地各校创新方法开展宣传推广，凝聚社会共识，营造改革氛围。开展全市中小学生减负落实情况专项整治工作，通过官方网站、微信公众号、告家长书等多种途径加强政策解读，加大宣传引导，缓解家长焦虑，真正意义上达到减负作用。

【课后服务】 2022年，苏州市提升课后服务质量，保证每周周一至周五，每天至少2小时的课后服务时间，实现课后服务义务教育学校覆盖率100%，有需求的学生覆盖率100%。全市义务教育学段学生参与人数110.6万人，参与教师数8.0万人。丰富课后服务项目，坚持“一校一案”，分年级、分层次、系统性、个性化统筹开设综合素质拓展类活动，制订课后服务清单，实行课程化运作，拓展课后服务的深度和广度。探索体育活动与课后服务的衔接，落实“青少年体育苏八条”，开展青少年阳光体育联赛，保障学生校内校外的体育活动各1小时。中小学课后服务提质工程入选2022年苏州十大民心工程。

2022年1月，张家港市世茂小学入选第一批苏州湿地自然学校。图为该校学生在湿地公园开展科普类课后服务项目 （市教育局 供图）

【校外培训机构治理】 2022年，苏州市建立由33个部门组成的“双减”市级联席会议机制，在市教育局成立校外教育培训监管处，依托街道社区网格化治理体系，保持对违法违规培训行为的震慑，抓好违规培训行为线索排查，加强平台选课、实际授课与资金监管等关联信息的一致性核查，开展治理“回头看”、暑期“监管护苗”“双随机、一公开”等7轮专项行动，联合多部门排查机构13192家次，检查整改事项涉及违规培训、收费、消防安全、广告、教材、人员等领域。全市义务教育段学科类机构压减至60家，压减率95.4%。印发《关于做好苏州市非学科类校外培训机构审批管理工作的通知》，推进非学科类机构审批管理，审批进度处于全省前列，“双减”校外培训治理向非学科领域衍生。推进预收费资金监管，落实学科类培训机构政府指导价，推行示范合同文本。创新引入信托管理模式，实现学科类校外培训机构100%纳入监管。建立“苏州市预付费资金监管平台”，推动市级平台客户端“苏培宝”与各县级市（区）平台数据对接，帮助家长选课、买课、销课，实现市域统一部署。

【“入学一件事”上线运行】 2022年，苏州市推动教育业务与政务服务数据互联互通，于6月在“苏周到”App上线“入学一件事”功能模块，实现公办学校义务教育阶段入学信息一站式上传、报名一站式办理，调用电子证照142万余次，为11.1万名幼升小学生、9.1万名小升初学生提供入学服务，降低家长报名中的“多跑腿”“多证明”。苏州市教育局“入学一件事”入选苏州市数字政府优秀案例。

（市教育局 张哲诚）

普通高中教育

【概况】 2022年，苏州市有普通高中90所，其中高级中学67所（教育部门和集体办58所，民办9所），完全中学7所（含4所民办），十二年一贯制学校16所（含15所民办）。招生5.19万人，比2021年增加0.69万人；在校学生13.90万人，比2021年增加1.16万人；毕业生3.98万人，比2021年增加0.41万人。全市初高中教职工4.74万人，比2021年增加0.3

万人。其中，高中专任教师1.37万人，比2021年增加0.1万人；具有研究生学历者占33.66%，比2021年增长3.28%；具有副高级以上职称占34.28%，比2021年降低1.64%。普通高中学校校舍建筑面积557.45万平方米，生均校舍建筑面积（含十二年一贯制、完全中学分摊）33.92平方米。普通中学生均图书50.34册，比2021年减少0.49册。生均数字终端数0.43台。

【高品质高中建设】 2022年，苏州市推进普通高中星级评估和省级高品质示范高中建设，扩大优质普通高中资源覆盖面。全市有省高品质示范高中建设立项学校2所、培育学校2所。启动江苏省苏州中学校、江苏省梁丰高级中学参与省高品质示范高中首批建设立项学校综合评价。吴江区汾湖高级中学晋升为江苏省四星级普通高中，全市累计有省四星级普通高中43所、省三星级高中11所。完成常熟市王淦昌高级中学晋评四星级高中、昆山市巴城高级中学和常熟市海虞高级中学晋评三星级高中现场考察。

【考试招生】 2022年，苏州市以"服务考生、服务社会，办好人民满意的教育"为宗旨，打造苏州"平安招考"品牌。组织6类40余项考试，服务考生超过100万人次，做到疫情"零报告"、考务"零差错"、组织"零事故"。适应数字中国建设要求，强化智慧招考建设，将信息技术和智能技术融入苏州招考工作全过程，自主研发"苏州教育考试院精准化服务系统"并上线运营。全市33686人参加高考，88692人参加中考。加强新高考研究和考试命题研究，在考生人数大幅增长的情况下，全市高考成绩稳居全省前列，且高水平考生连续4年增长。

【拔尖创新人才培养】 2022年，苏州市推动普通高中多样特色发展，加强新课程新教材示范校建设，将"五育"全面培养要求融入普通高中教育教学全过程，开齐开足体育与健康、艺术、综合实践活动和理化生实验等课程，做优做强特色课程，推进普通高中课程改革。推进苏州市拔尖创新人才教育培养"凌云计划"，全市拔尖创新学生培养水平走在全省前列，五大学科奥赛获奖多项数据列全省设区市第一位。加强青少年科技教育，重点建设STEM教育实验区，成立"苏州市创新人才教育培养实验学校联盟"，探索从基础教育到高等教育的科技创新后备人才"贯通式"培养模式，联动全国顶尖高校推进"创新人才培养计划""AIOT科技项目"，打造新时代拔尖创新人才培养"苏州样板"。年内，苏州有88名学生入选2022年省中学生科技创新后备人才培养计划。

【吴江区汾湖高级中学晋升为江苏省四星级高中】 2022年7月，吴江区汾湖高级中学晋升为江苏省四星级高中。该校由拥有60余年办学历史的黎里中学和芦墟中学两所三星级高中于2009年8月优化整合而成。有教学班36个，学生1744人，教职工188人，其中专任教师185人，教师本科学历达标率100%，研究生60人。

【全市普通高中专题会议】 2022年12月，苏州市召开普通高中专题会议，听取全市普通高中建设情况汇报，研究部署下一步改革发展工作。会上，市教育局汇报全市普通高中建设情况及相关改革措施推进落实情况，昆山市、吴江区、苏州工业园区等地分别汇报各自进展情况。会议要求，优化高中教育资源布局，解决高中学位总量不足、分布不均等问题，推进高中教育内涵式发展。

（市教育局　张哲诚）

特殊教育

【概况】 2022年，苏州市有特殊教育学校12所（含民办1所），特殊教育学校招收学生166人，在校生1685人（含附设特教班学生、送教上门学生）。特殊教育学校有教职工599人，比2021年增加42人；专任教师438人，比2021年增加5人，其中具有本科及以上学历者占93.61%，具有中级及以上职称者占62.33%，生师比3.85∶1。特殊教育学校毕业生221人。普通小学、初中随班就读招收的学生387人（含送教上门学生），在校生2501人，分别占特殊教育招生总数和在校生总数的69.80%和59.75%。特殊教育（随班就读）毕业生441人。特殊教育学校校舍建筑面积9.01万平方米，占地面积13.35万平方米。

【融合教育】 2022年，苏州市着重加强对孤独症儿童融合教育工作的探索，实施孤独症"全日制影子教师进校园"试点项目，组织"苏州市随班就读管理培训班"和"孤独症儿童教育管理培训班"，推动"苏州市星惠学校"建设，加快提升孤独症儿童教育事业的供给能力和服务质量。开展送教（康）上门，服务重残儿童，累计建成公办特殊教育学校11所、特殊教育指导中心11个，实现市、县两级特教学校和指导中心全覆盖，特殊儿童随班就读比例超过80%，全市累计建成覆盖各学段的普通学校融合教育资源中心565个，数量列全省设区市第一位。

【特殊教育师资建设】 2022年，苏州市依托特殊教育指导中心筹备开展各项师资培训，组织100余名教师参加省教育厅组织的资源教师上岗认证培训。140余名普校教师共同参与"苏州市随班就读管理培训班"和"孤独症儿童教育管理培训班"，普及融合教育理念。加强不同学段课程体系和课程方案的研究，推进融合教育资源中心内涵建设，重点加强对孤独症儿童融合教育工作的研究，实施孤独症"全日制影子教师进校园"试点项目。入选江苏省特殊教育发展工程项目省级项目7个，数量列全省设区市第一位。

（市教育局　张哲诚）

中等职业教育

【概况】 2022年，苏州市有中等职业教育学校25所，包括中等技术学校20所、职业高中4所、成人中等专业学校1所，其中国家级中等职业教育改革发展示范学校5所、国家级重点中等职业学校11所。全市中等职业教育招生2.28万人，比2021年增加0.14万人。中等职业教育在校生6.63万人，比2021年增加0.27万人。中等职业教育毕业生1.99万人，比2021年增加0.17万人。中等职业教育学校有教职工6499人，比2021年增加119人。中等职业教育学校有专任教师5870人，比2021年增加120人，专任教师具有本科及以上学历者占99.86%。中等职业教育学校校舍建筑面积209.04万平方米，占地面积348.78万平方米。

【现代职业教育建设】 2022年，苏州市构建以应用型本科为引领、高职教育为主体、中职教育为基础的纵向贯通培养体系，组织召开苏州市职业教育高质量发展大会和现代学徒制推进会。组织申报省级现代职教贯通培养项目，全市累

2022年4月，苏州高等职业技术学校学生在服装设计课上交流设计心得

（市教育局　供图）

计获批省现代职教体系贯通培养项目806个，招生总人数12万余人，总体项目数和招生数均列全省设区市第一位。推进“标准化+职业教育”建设，率先立项建设职业教育市级地方标准6项，其中“‘双元制’职业教育人才培养指南”获批全国首个“双元制”育人省级地方标准。“双元制”职业教育改革苏州经验在江苏省教育厅举办的“江苏职业教育这十年”新闻发布会上作为典型经验发布。在职业技能大赛国赛中获得金牌15枚、银牌4枚、铜牌1枚，奖牌数、总积分均列全省设区市第一位，获评2022年江苏省职业院校技能大赛突出贡献地区。

【产教融合】 2022年，苏州市遴选并支持建设苏州市现代学徒制项目16个、优秀职教集团11个、优秀产业（企业）学院10个、千亿元级产教融合联合体6个，获评江苏职业教育教师企业实践基地9家，江苏省产教融合型企业5家，亨通集团有限公司获评全国职业教育教师企业实践基地。创建优秀企业学院，将70个企业（产业）学院纳入市级优秀企业学院建设库，形成校级“战略合作型”、院系“伙伴合作型”“技术合作型”三级企业学院建设机制。

【职普融通】 2022年，苏州市强化职业教育“同等重要”的类型地位，推动职业教育与其他教育类型有机衔接、协调发展。建立省级中小学生职业体验中心30个，通过职业活动周、校园开放日等方式，开展中小学职业启蒙与职业认知教育。继续探索发展综合高中，推进职普资源共享，建立“资源共享、学分互认、学籍互转”机制，在初中校设立初职衔接课程教育基地，在普通高中开设职业实践课程，引导学生做好职业生涯规划。

【苏锡常都市圈职业教育改革创新】 2022年，苏州市推进苏锡常职教都市圈建设，落实长三角生态绿色一体化发展示范区职业教育改革行动方案。7月，在太仓召开苏锡常都市圈职业教育改革创新发展汇报会，明确推进五大工程、20条具体举措、60项重点任务，研究现代职业学校制度建设和推进第三方评价制度改革，明确提出取得苏锡常都市圈职业教育改革创新突破的任务目标。

（市教育局　张哲诚）

普通高等教育

【概况】 2022年，苏州市有普通高等学校36所（含异地高校在苏州校区），其中独立设置的普通本科高校6所、高职院校17所、独立学院3所，异地高校在苏州校区（研究院）10所。全日制在校生29.39万人，教职工2.24万人，其中专任教师1.57万人。

（市教育局　张哲诚）

表61　2022年苏州市普通高等学校基本情况统计表

学校名称	毕业生数（人）	招生数（人）	在校学生数（人）	专任教师数（人）
总计	76034	91711	292738	15616
苏州大学	10937	13304	47624	3375
苏州科技大学	5072	7049	23698	1591
常熟理工学院	5709	4448	18424	1195
西交利物浦大学	3279	4224	16673	1066
昆山杜克大学	173	241	947	212
苏州城市学院	3083	3322	11820	485
苏州大学应用技术学院	2710	2803	9464	227
苏州科技大学天平学院	2440	997	7660	168
江苏科技大学苏州理工学院	2013	1147	7153	89
苏州工艺美术职业技术学院	1621	1911	5640	322
苏州农业职业技术学院	3415	4157	11961	567

续表61

学校名称	毕业生数（人）	招生数（人）	在校学生数（人）	专任教师数（人）
苏州经贸职业技术学院	3468	3589	10334	456
苏州卫生职业技术学院	2981	3544	10286	501
苏州市职业大学	5239	5018	15087	882
苏州工业职业技术学院	2757	3203	9041	360
沙洲职业工学院	2051	2642	6570	254
苏州健雄职业技术学院	2401	3199	8766	330
苏州信息职业技术学院	1889	2218	7087	249
苏州工业园区服务外包职业学院	2006	1932	5587	210
苏州幼儿师范高等专科学校	641	636	2299	142
硅湖职业技术学院	1748	3575	7857	345
苏州托普信息职业技术学院	1468	3391	7918	388
昆山登云科技职业学院	2238	2259	7178	269
苏州工业园区职业技术学院	2341	3737	10220	227
苏州百年职业学院	878	1402	3561	168
苏州高博软件职业技术学院	1351	4160	9700	478

注：表中不含异地高校在苏州校区（研究院）情况。

（资料来源：市统计局）

【在苏州高校发展】 2022年，苏州市实施名城名校融合发展战略。加强与南京大学、中国科学技术大学等高校的合作，哈尔滨工业大学苏州研究院签约落户吴中区，C9高校全部实现在苏州的重大布局。加强对在苏州高校的统筹规划，谋划"十四五"期间苏州高等教育布局结构优化和专业设置调整，委托专业第三方机构开展调研。苏州大学未来校区、西交利物浦大学太仓校区启用；南京大学苏州校区招录首批学生，4个新型学院揭牌；中国中医科学院大学开工建设。深化产教融合、科教融汇，指导高校优化学科专业，设立产业学院，培养急需人才。开展卓越工程师培养计划，开展科技攻关，提升科技成果转化水平。抓好高校就业，提供就业创业服务，全市高校2022届毕业生就业去向落实率95.04%，留苏州就业创业率48.89%。开展全市本科院校优秀教学团队、高职高专院校教育改革研究课题立项等工作，提升高校内涵建设质量。

【高校思想政治教育】 2022年，苏州市坚持社会主义办学方向，协调组织在苏州高校学习宣传贯彻党的二十大精神，召开在苏州高校思想政治工作座谈会，听取高校思想政治工作汇报，并对下一阶段高校提升党的建设和思想政治工作水平提出工作要求。深化市领导挂钩联系在苏州高校思想政治工作制度，首次纳入南京大学苏州校区、中国人民大学苏州校区、东南大学苏州校区、中国科学技术大学苏州高研院等异地高校苏州校区。全市独立办学的26所高校实现马克思主义学院建设全覆盖，3所中外合作办学高校成立马克思主义学院，开创中外合作办学体制高校先河。

【南京大学苏州校区首届招生】 2022年6月，由苏州市委、南京大学党委共同制定的《关于支持南京大学苏州校区加速引进高端创新人才的若干意见》发布，苏州市政府与南京大学签署共建苏州科技城医院、产业创新集群战略合作框架协议，南京大学苏州校区智能科学与技术学院、智能软件与工程学院、集成电路学院、数字经济与管理学院揭牌。年内，南京大学苏州校区招收智能科学与技术、软件工程（智能化软件）、集成电路设计与集成系统、数字经济4个本科专业学生503人，其中江苏生源203人，苏州生源39人，为生源最多的城市；招收硕士研究生66人、博士研究生48人。在培养方式上，苏州校区与南京校区采取同一院校代码、同为大类招生、同步分流机制、同享培养资源、同样毕业证书、一体化培养模式、各校区资源共建共享。苏州校区首批学生在南京大学鼓楼校区接受为期一年的"寻根式"教育后入驻苏州校区。

（市教育局　张哲诚）

【苏州大学】 2022年，苏州大学有36个学院（学部），135个本科专业，50个一级学科硕士点、33个专业学位硕士点，31个一级学科博士点、1个专业学位博士点，30个博士后流动站；有1个国家一流学科、4个国家重点学科、20个江苏高校优势学科、6个"十四五"江苏省重点学科。有全日制本科生28013人、硕士生17696人、博士生5034人，留学生1194人。有教职工5330人，其中专任教师3375人，有包括1名诺贝尔奖获得者、10名两院院士在内的各类国家级人才335人次。有天赐庄校区、独墅湖校区、阳澄湖校区、未来校区4个校区，占地面积256万平方米，建筑面积176万平方米。

办学实力　苏州大学分别列英国THE亚洲大学排行榜内地高校第35位、亚洲高校第114位，美国U.S.NEWS世界大学排名内地高校第30位、全球第311位，上海软科世界大学学术排名内地高校第14~26位、全球第151~200位。连续4年列江苏省属高校高质量发展综合考核第一等次。

学科建设　深化研究型大学内涵建设。入选第二轮"双一流"建设高校，材料科学与工程学科入选"世界一流学科”建设名单。第五轮学科评估表现优异，5个学科综合实力进入全国第一梯队。新增1个综合交叉学科进入全球基本科学指标数据库（ESI）前1%，累计16个学科列前1%，其中化学、材料科学2个学科列前1‰，综合排名列全国第21位。14个专业入选第三批国家级一流本科专业建设点，8个专业入选省级一流本科专业建设点，2个项目获批双学士学位复合型人才培养项目。

人才培养　入选国家首批特色化示范性软件学院建设名单，获批省级基础学科拔尖学生培养基地3个、省级优秀基层教学组织3个，立项国家级、省级虚拟教研室建设试点项目各1个，获得江苏省教学成果奖13项。完善卓越研究生培养体系，推进与世界高水平高层次合作院校共建博士生联合培养项目，入选首批江苏省导师在线网络培训基地。1名导师获评江苏省“十佳研究生导师”。研究生教育连续3年获评江苏高校研究生教育工作综合评价A等第一名。学生在学科竞赛榜单赛事中获得国奖266项，其中全国“互联网+”大学生创新创业大赛金奖4项、全国“挑战杯”大学生课外学术科技作品竞赛特等奖一等奖2项，再次获得全国“挑战杯”优胜杯。

师资队伍建设　实施人才强校战略，深化评价机制改革，完善高层次人才发展支持体系。制定第五轮岗位设置与聘用工作实施办法，推进职员制改革、“三定”工作，整体优化机构职责体系。抢抓海外人才回流机遇，成立人才工作办公室，做好海外人才的引进和服务工作。新增发达国家院士3人、国家级重点人才23人。引进教学科研人员264人，其中特聘教授27人、优秀青年学者58人，柔性引进海内外知名专家学者31人。26人次入选2022全球“高被引科学家”名单，连续5年列全国高校前五位、全省高校第一位。苏州大学教授朱永新获得全球最大教育奖项“一丹奖”。

科学研究　融入国家战略布局，江苏省先进负碳技术重点实验室入选首批省重点实验室重组试点单位。成立先进技术处、国基前沿科技创新研究院，深化科技创新体制机制改革。26项成果在江苏省科学技术奖励大会上受到表彰，中国工程院院士阮长耿获得2021年度江苏省唯一一项省基础研究重大贡献奖。获批全国科普教育基地1个。学校科研人员在中国空间站舱内辐射环境测量模块研制、抗肿瘤免疫治疗等领域做出贡献。获批国家自然科学基金项目341项。国家大学科技园在江苏省科技企业孵化器绩效评估中连续5年获评优秀。实现“国军标”“国标”质量体系双认证。加强文科科研目标管理，创建交叉研究和特色研究学术团队。成立哲学社会科学联合会，谋划重点领域研究和社科普及工作。立项人文社科国家级科研项目49项，其中冷门绝学专项1项，填补空白。获得高等教育科学研究优秀成果奖4项、省社科应用研究精品工程优秀成果奖2项、省哲学社会科学优秀成果奖46项。获批国家体育总局东吴体育智库、体育科技与健康科普基地以及高校社科传播与应用基地、江苏省地方立法研究基地、江苏省新时代民营经济研究院。2个项目入选“十四五”时期国家重点图书出版专项规划，《苏州通史》《苏州民族民间音乐集成》获得江苏省新闻出版政府奖图书奖。《苏州大学学报（教育科学版）》复印报刊资料转载率排名全国第六位。

社会服务　推进开放办学，实施名城名校融合发展战略，苏州大学未来校区一期投入使用。与苏州市政府共建师范学院，与省财政厅、省教育厅共建商学院。举办医学教育110周年发展大会、商学院40周年发展大会、恢复法学教育40周年庆祝活动等。成立苏州东吴侨创联盟，汇聚侨心侨力。提升咨政建言成效，在省部级以上内参刊发或被批示123篇次，其中国家领导人肯定性批示9篇。东吴智库在江苏省重点培育智库中列第一位。苏州大学附属第一医院、附属儿童医院获评省研究型医院，附属第二医院被认定为省研究型医院建设单位。苏州大学附属儿童医院团队在右江民族医学院附属医院开展地中海贫血症防治技术支援。

对外合作与交流　拓展对外合作交流资源，签署合作协议21份。发展与“一带一路”共建国家和地区的教育合作交流，探索搭建国际联合实验室。开展红十字系统人道事务培训、国际人道合作交流。获批省高校国际合作联合实验室2个、省国际化人才培养品牌专业建设项目2个，获评江苏省涉外办学工作先进单位。老挝苏州大学获得教育部高教司留学服务中心学历认证。

（苏州大学　蔡燊冬）

【苏州科技大学】2022年，苏州科技大学有19个学院（学部），64个本科专业，17个硕士学位授权一级学科、14个硕士专业学位授权类别。有全日制在校本科生20000余人、研究生3200余人，国际硕士研究生100余人。有专任教师1600余人，具有高级专业技术职务的教师700余人；国家“杰出青年”获得者、吴玉章人文社会科学奖优秀奖获得者、“长江学者”特聘教授等国家级人才工程入选者50余人；省“333工程”第二层次在内的各类省级人才工程入选者近500人；省“双创团队”在内的省级以上教学科研创新团队11个。有石湖、江枫、天平3个校区，主校区为石湖校区，校园占地面积150万平方米，建筑面积60万平方米。

学科建设　新增化学、材料科学2个学科进入ESI前1%，并在全国第五轮学科评估中获评B类，工程学在全国第五轮学科评估中保留B类。3个学科通过江苏省第三期优势学科验收，6个学科获批“十四五”省重点学科，6个学科入选2021软科“中国最好学科”榜单。新增6个国家一流本科专业建设点、10个省一流本科专业建设点，国家级和省级一流本科专业建设点总数29个。累计20个专业入选江苏高校品牌专业建设工程项目，9个专业通过高等学校专业评估（认证）、工程教育专业认证、师范类专业第二级认证。

人才培养　2项成果获批申报国家级教学成果奖，获批省产教融合专业建设点2个、培育点3个、省产教融合一流课程4门，新增省级重点产业学院1个、省区块链产业人才培训基地1个，获批全省高校示范马克思主义学院。获得“互联网+”国赛银奖2项，入选创业推介项目1项；获得“挑战杯”省赛金、银、铜奖4项，入围全国总决赛1项。获批省优秀研究生工作站示范基地1个，获得省研究生教育工作综合评价A等，连续13年被评为省优秀研究生招生单位。连续3年获得省属高校高质量发展综合考核第一等次。

师资队伍建设　全年引进专任教师132人，其中具有海外知名高校或机构背景的博士占比50%。新增入选俄罗斯工程院院士、科技部火炬计划、江苏特聘教授等省级以上各类人才培养工程74人。3名教师分别入选2022全球学者学术影响力排行榜、入选科睿唯安“高被引科学家”。1名教师入选2022年江苏省教学名师。

科学研究　获批国家级科研项目61项，其中自然重点联合基金项目1项。获得国家重点研发项目子课题2项、江苏省科技计划项目30项。省自然基金立项总数、省优青、省面上、省青年立项数均列同层次高校第一位，省面上项目立项率列全省高校第四位。获批省部级社科项目27项。获得2021年度省部级科学技术奖一等奖2项、三等奖1项。获得江苏省第十七届哲学社会科学优秀成果奖17项。"城市生活污水资源化利用技术国地联合工程实验室"通过验收，并入选省发展改革委国家工程中心推荐名单。金螳螂土木工程实践创新中心竣工交付启用，土木振动台实验室项目加快推进。新增省部级科研平台3个。

社会服务　服务苏州现代产业体系，"多院一区""多院一产业""多院一部门"的服务架构初步形成。与知名企业共建合作研究院4个。签订横向合同数、服务企事业单位数比2021年增长超过90%。技术合同成交额、科技成果转化到款金额比2021年增长超过70%。授权国际发明专利5件，PCT申请受理发明专利11件。城市发展智库成果获评政协第十三届全国委员会优秀提案，19篇研究报告获得苏州市委主要领导肯定性批示。

对外合作与交流　合作承办商务部援外项目6项，外国留学生数216人。土木工程专业入选省高校国际化人才培养品牌专业建设项目。获批"新青年全球胜任力人才培养项目"。

（苏州科技大学　程　熙）

【常熟理工学院】2022年，常熟理工学院有14个学院（学部），51个本科专业。有全日制在校本科生18395人、联合培养全日制研究生201人、继续教育学院成人学历教育在籍学生5911人。有教职工1591人，其中专任教师1195人、高级职称732人、博士653人。有东湖和东南两个校区，校园占地面积120万余平方米，建筑面积60万余平方米。

学科建设　实施学科引领战略，制订学科高峰（高原）计划，建设重点学科。开展交叉学科研讨，培育新的学科增长点。完成4个一级学科省重点学科C类立项，推进校重点学科和特色学科建设及硕士点培育。在建现代产业学院10个，其中国家级现代产业学院1个、省级重点产业学院4个，国家级、省级产业学院数量全省第一位。新增国家一流本科专业4个、省一流本科专业9个，一流本科专业建设点实现所有招生门类、二级学院全覆盖。获批省级产教融合型品牌专业5个、省级产教融合型一流课程6个，获批数量均为全省第一位。截至年底，有6个工科专业、6个师范专业、2个商科专业通过国家（国际）专业认证，专业认证通过数量列全国同类高校前列。

人才培养　录取新生4537人，招生录取分数稳中有升，生源质量提高。新拓就业岗位1.5万个，建立"常理工+"重点企业校企合作近60个，2022届毕业去向落实率居全省前列，用人单位满意度提升，获评省高校就业工作量化督导A等高校，获得"省大学生就业创业年度人物"提名奖1人、职业生涯规划大赛一等奖2项。2项教育教学案例被列为国家示范案例，获得省级教学成果奖一等奖2项、二等奖1项，获得省高校微课教学比赛、全省青年教师教学竞赛、全省教学创新大赛等奖项12项，2个教学组织获批省优秀基层教学组织，2个教学团队获批苏州优秀教学团队。获得省优秀毕业论文15项、团队奖2项。获评省"金种子"星级孵育项目2个、市优秀大学生创业项目5个。获得"互联网+"国奖铜奖1项，"挑战杯"省赛金奖2项、银奖1项、铜奖3项，中国青年志愿服务项目大赛2金1铜。获得学科竞赛排行榜赛事国家奖129项、省级奖561项，列"2018—2022年全国新建本科院校大学生竞赛榜单"全国第三位、全省第一位。

师资队伍建设　引进高层次人员157人，其中正高职称15人、副高职称39人，具有博士学位135人，占比86%。新聘讲座教授、客座教授11人、双聘人才24人、省产业教授11人。累计入选国务院政府特殊津贴、省有突出贡献中青年专家、省"333工程"、省"青蓝工程"、省"六大人才高峰"、省"双创博士"264人次，有国家级教学名师、省级教学名师4人，省优秀教学团队（科技创新团队）13个。

科学研究　获得省部级科研成果奖8项、市厅级科研成果奖22项。获批国家级项目13项、省部级项目47项、市厅级项目94项。授权专利321项，其中发明专利174项，列全国应用型本科高校发明专利授权排名第三位。发表自然科学类SCI论文147篇、EI论文107篇。获得省发展改革委立项1个、省社科科普基地1个，获批市级重点实验室、科技公共服务平台各1个。

社会服务　深化名城名校融合，与常熟国家大学科技园、吴江太湖新城、建行苏州分行等共建产业创新集群。深化产学研合作，入选省"双创计划"科技副总类资助项目46人，选派业界研修22人，获得省产学研合作项目28项。成立常理工大科园公司。加强智库研究队伍建设，成立智囊专班5个，提交决策咨询研究成果15篇。成立技术转移中心7家，完成省技术合同认定登记365项。推进苏黔教育对口支援工作，与贵州师范学院、贵州凯里学院结对共建。

对外合作与交流　响应国家教育输出发展战略，完成与乌兹别克斯坦塔什干纺织与轻工业学院2+2纺织工程专业留学生双学位项目签约。引进国外优质线上课程，推动发展国际在线课程项目规模化发展。深化中美省州大学合作，建设中美食品科学工程研究中心，筹建中美智能制造工程研究中心。

（常熟理工学院　马志颖）

【苏州城市学院】2022年，苏州城市学院有9个学院（学部），44个本科专业。开设新能源发电技术、城市数字化建设与运维、健康养老与服务3个微专业。有在校学生近12000人。有专任教师282人，其中博士学位53人、硕士学位203人，硕博比例90.78%。校园占地面积40万平方米，建筑面积19万平方米。

学科建设　通过硕士学位授予立项建设单位评审。与吴江经开区等联合共建光电子信息产业学院，获批工业和信息化部首批"专精特新产业学院"立项建设，获批教育部产学协同育人项目8项和省教改项目5项。获评全省高校优秀基层教学组织1个、市优秀教育团队2个、市教学成果奖2项（特等奖1项、二等奖1项）。累计有省"十四五"重点学科1个、省特色专业1个、省一流本科专业6个、省产教融合型品牌专业立项培育点1个、国际化人才培养品牌专业立项建设项目1个、省级产教融合一流课程3门。新增职普贯通培养项目5项。

人才培养　制订实施《应用型人才培养行动计划（2022—2025年）》，开办文正书院，完成首届招生。打造"融城思政"品牌。获评2022年度全省高校招生考试宣传工作突出贡献单位。1名毕业生获评苏州市"时代新人"，2名学生获评2022年度"苏州好青年"。全年孵化学生创业项目17家。学生累计获得省级以上科研及创新创业类奖项160余项。

师资队伍建设　引进高层次人才55人。1人获评江苏省"青蓝工程"中青年学术带头人，2人获评省"青蓝工程"优秀青年骨干教师，1人入选省"双创博士"，3人获评省"本科产业教授"，4人获评市优秀教育工作者，5人攻读在

2022年12月9日，苏州城市学院校徽发布 （苏州城市学院 供图）

职博士。思想政治理论课教师和辅导员“两支队伍”数量达标。

科学研究 获批3个国家自然科学基金项目，获批超构光学材料知识产权运营引导计划项目，获准筹建苏州市生物光子科技重点实验室，青年教师团队研究成果在*Nature*子刊发表。举办全省马克思主义学院发展战略研讨会，与中国社会科学院、北京大学等合作成立当代苏州研究院。

社会服务 与吴中区政府、苏州市康养集团、苏州市广播电视总台、阜阳市颍东区政府等达成合作。与苏州日报社、苏州（太湖）软件产业园等14家单位共建产教融合基地，与苏州工业园区人力资源社会保障局、英格玛人力资源集团等近60家单位共建就业基地，与江苏天创科技有限公司、天平山风景名胜区管理处等25家单位共建实践教学基地。文正智库12项成果获得上级领导肯定性批示，2项成果获评年度智库优秀成果一等奖。

对外合作与交流 签署合作协议6份，新增交流项目7个。开设国际交流项目展和合作办学项目优秀毕业生展，举办云课堂系列讲座。342名学生参加各类国际交流项目，111名学生参加短期交流项目，129名学生分别到友好学校交换留学或攻读双学位，97名学生申请国（境）外研究生并被录取。

（苏州城市学院 何玥）

【苏州市职业大学】 2022年，苏州市职业大学（简称“苏州职大”）有12个学院（部），51个专业。有全日制在校生15296人、学历继续教育在校生8667人。专任教师881人，其中正高级职称85人、副高级以上职称418人、博士114人，享受国务院政府特殊津贴专家、国家级技术能手、省级教学名师、省“六大人才高峰”培养对象、省“333高层次人才培养工程”培养对象等高层次人才82人。有石湖、干将路、吏舍弄、朱家园、潭山5个校区。校园占地面积84万平方米，建筑面积50万平方米。

教育教学 实施“专业数字化改造融合化转型发展”建设工程，培养高素质技术技能人才。教师团队获得江苏省职业院校教师教学能力大赛一等奖2项、二等奖4项、三等奖6项，省高校微课教学比赛一等奖2项、二等奖3项、三等奖3项。学生团队获得世界技能大赛奖3项，全国职业院校技能大赛一等奖1项、二等奖1项，省高职院校技能大赛奖46项。7部教材获批“十四五”职业教育江苏省规划教材，其中3部教材入围“十四五”首批职业教育国家规划教材江苏推荐项目。获评苏州市教育教学成果奖特等奖1项、一等奖1项，申报国家级教学成果奖2项。获评省文明校园、省绿色学校、省涉外办学先进单位等。获批全国大学生创新创业就业服务基地、工业和信息化部工业互联网产业人才基地、省全民数字素养与技能培训基地、省青年志愿服务培训基地等。通过江苏省中国特色高水平高职学校建设培育单位验收。

人才培养 录取分数保持全省前列，应届毕业生年终就业率98.5%。获得“振兴杯”全国青年职业技能大赛国赛银奖1项，“挑战杯”江苏省大学生创业计划竞赛铜奖2项，江苏省职业院校创新创业大赛一等奖1项、二等奖2项、三等奖3项。开展各类社会实践，6名学生入选“乡村振兴计划”志愿服务行动，1个团队获评团中央暑期“三下乡”社会实践优秀团队。成立马克思主义学院，获评省高校思想政治工作优秀案例二等奖、省级课程思政示范课程项目1项、省高校思政课教育教学改革创新示范点项目1项。

师资队伍建设 引进各类高层次人才42人，其中博士5人。选聘客座教授、兼职教授等36人。选派147人到企业实践锻炼，专任教师中“双师素质”教师比例88%。实行校企人才互聘互用，聘用427名企业高技能人才担任兼职教师。5人入选省“333高层次人才培养工程”培养对象，其中1人入选第二层次培养对象。1个团队入选“青蓝工程”优秀教学团队，3人入选省“青蓝工程”培养对象，2人入选省“双创博士”（世界名校创新类）。66人晋升职称，其中4人晋升正高级职称、10人晋升副高级职称。

科学研究 新增立项国家级项目3项、省（部）级项目14项、市厅级项目84项。获批苏州市智慧能源技术重点实验室、苏州市第十批科技发展计划（学科重点实验室绩效补助项目）、苏州市首批知识产权运营引导计划项目。年内完成横向服务项目277项，技术服务企业产生经济效益7.5亿元，合作成果获得江苏省科学技术一等奖、江苏省高校科学技术研究成果二等奖。完成发明专利授权32项，实用新型专利授权96项，外观设计专利7件，完成专利转让16件。

社会服务 新增合作企业154家、校外实习实训基地132家。新增校企合作开发课程276门、校企合作建设教材27本。开设订单班33个、学徒制班4个。新建苏州市康养产业学院、机器人产业学院2个产业学院。博众·凡赛斯自动化学院获评省级职业教育校企合作示范组合。牵头建设的苏州现代装备职教集团获评省示范性职业教育集团（联盟）。面向社会开展职业培训61080人次，其中承接市、区15个政府部门培训项目36个，培训7946人次。石湖智库举办“智汇苏州”学术沙龙7期，与姑苏区开展“姑苏·大家说”系列讲座5期；发表决策咨询报告34篇，22篇获得省市领导肯定性批示；入选中国智库索引来源智库名单，获评AAAA级社会服务机构。

对外合作与交流 累计有省高校国际化人才培养品牌专业2个、省中外合作办学示范专业2个、中外合作办学项目3个。年内在籍留学生31人，毕业留学生10人。深化中巴经济走廊文化交流中心工作，面向巴基斯坦白沙瓦大学举办“了解中国历史与文化”交流会，参加巴基斯坦国立科技大学文化交流活动。推进东南亚职业教育产教联盟，参与“英联邦职教体系暨创新教学模式与方法”研修班。向“一带一路”共建国家高校输出职业教育课程标准14门，获得金砖国家技能大赛国赛三等奖1项。国际化办学案例入选中国职业技术教育学会“职业教育共同体故事”。

（苏州职大　顾　伟）

【苏州工业职业技术学院】 2022年，苏州工业职业技术学院（简称“苏州工职院”）有10个教学系（院、部），42个专业。有全日制在校生9128人。有教职工525人，其中高级职称148人，江苏省有突出贡献中青年专家1人，江苏省教学名师1人，江苏省“333高层次人才培养工程”第二、第三层次人才9人，江苏省高校“青蓝工程”优秀青年骨干教师和中青年学术带头人38人。校园占地面积33万平方米，建筑面积21万平方米。

教育教学　有国家级职业教育教师教学创新团队1个、全国高校黄大年式教师团队1个、教育部首批课程思政教学团队1个、江苏省高校“青蓝工程”优秀教学团队6个。有国家央财支持实训基地建设项目2个、省级实训基地2个、省级高等教育人才培养模式创新实验基地1个、省级产教深度融合实训平台2个、省级产教融合集成平台1个。成立马克思主义学院。立项江苏省级职业教育课程思政示范课程1门，入选江苏省高等职业院校“三全育人”典型工作案例、江苏省职业院校劳动教育案例、江苏省高职院校二级院系德育特色案例，获得江苏省高校辅导员素质能力大赛三等奖1项，在苏州高校家庭经济困难大学生优秀资助育人项目二等奖1项，入选江苏省精准资助长效机制改革试点单位。建设国家高水平专业群1个、江苏省高水平专业群4个、“4+0”联合培养项目2个、“3+2”分段培养项目2个。开展课岗赛证综合育人实践，1+X考证专业覆盖面85%。获评职业教育国家在线精品课程3门、江苏省首批职业教育在线精品课程6门、江苏省“十四五”职业教育规划教材8本，获得全国职业院校技能大赛教学能力比赛三等奖1项，获评江苏省职业技能大赛先进学校。

人才培养　招生3298人，应届毕业2757人，年终就业去向落实率97.01%，用人单位满意度90%。获评江苏省普通高校本专科优秀毕业论文（设计）二等奖2项、三等奖4项、团队优秀奖3项。获得全国职业院校技能大赛一等奖1项，江苏省职业院校技能大赛学生组一等奖5项、二等奖10项、三等奖4项，第十二届“挑战杯”江苏省大学生创业计划竞赛金奖1项、银奖1项，江苏省职业院校创新创业大赛二等奖1项、三等奖2项、“双创知识竞赛之星”总分第一名。

师资队伍建设　开展高层次人才和紧缺型岗位招聘工作，引进专业教师4人、思政教师8人、辅导员16人。评审通过高级专业技术资格9人，获评江苏省教学名师1人、江苏省第六期“333高层次人才培养工程”第三层次培养对象3人、江苏省“青蓝工程”中青年学术带头人资助1人，江苏省“青蓝工程”优秀青年骨干教师资助4人、江苏省职业教育“双师型”名师工作室1个，入选省职业教育技艺技能传承创新平台培育单位。

科学研究　建设政产学研联合创新平台，为中小企业提供技术服务，全年承接横向课题146项，合同经费920万元。立项江苏省产学研合作项目5项、市厅级以上纵向科研项目58项。验收国家自然科学基金项目1项、苏州市科技局前瞻性项目3项、苏州市科技局软科学项目20项、苏州市社科基金项目17项。授权知识产权103项，其中发明专利授权7项，知识产权转化50项。获评江苏省社科应用精品工程奖一等奖1项、苏州市自然科学优秀学术论文三等奖4项、苏州市第十六届哲学社会科学优秀成果奖三等奖1项。

社会服务　入选首批教育部—瑞士GF智能制造创新实践基地建设单位，获批江苏省示范性虚拟仿真实训基地培养项目，入围第八届“恰佩克奖”中国高校产教融合50强。组建的苏州智能制造职业教育集团获评苏州市优秀职教集团，汇川机电学院产教融合项目获评江苏省职业教育校企合作示范组合培育项目，申浪工业互联网学院获评苏州市第五批优秀企业学院。

（苏州工职院　张　琰）

成人教育

【社区教育】 2022年，苏州市发挥各级开放大学、社区学院阵地作用，构建覆盖城乡的社区教育四级网络，实现送教上门、服务社区居民。完善市级示范性社区教育中心建设考核机制，新立项市级示范性社区教育中心12家，新建市民学习苑5家，实施社区教育游学项目16个。首次认定市级社区教育优秀团队10个、社区教育优秀课程20门。全市建有省标准化社区教育中心88家。全市城乡居民社区教育参与率、经常性参与教育活动的老年人占比等指标保持全省设区市第一位。

【老年教育】 截至2022年底，苏州市有各级老年学校1797所。年内，开展“智慧助老、赋能银龄”社区教育专项行动，出台《苏州市老年教育赋能项目管理办法（试行）》，12个项目入围教育部“智慧助老”优质项目，入选数量列全国城市第五位。

（市教育局　张哲诚）

【苏州开放大学】 苏州开放大学是运用广播电视、现代信息技术开展远程开放教育的市属成人高等学校。截至2022年底，苏州开放大学有石湖、干将路、潭山、吏舍弄4个校区，占地面积84万平方米，校舍建筑面积46万平方米。有11个学院（部），开设涵盖理工、文史、艺术、师范、体育等科类的60个专业。有教育部重点专业和教改试点专业3个、省“十二五”高等学校重点专业群3个、省级品牌特色专业9个、省级精品课程7门、省级优秀课程群1个、省高等学校精品教材7部，教师主编、参编各类教材270余部。有成人高等教育学生近1万人。有教职员工990人，具有高级职称的教师占专任教师的42.2%。围绕地方产业发展重点和社会对紧缺人才的需求，推动教学改革，培养应用性、高素质、技术技能型人才。建有集教学、培训、服务于一体的校内综合实训基地103个，其中教育部职业教育实训基地建设项目1个、省级实训基地3个；与上海大唐移动通信设备有限公司、西门子（中国）有限公司等企业开展校企合作，建有校外实训基地188个。

（年鉴编辑部）

【苏州市全民终身学习活动周】 2022年11月下旬，苏州市全民终身学习活动周举办。活动周的主题为“学习贯彻二十大，终身学习向未来”。其间，联合国教科文组织城市社区学习中心（CLC）能力建设总项目组揭牌，社区教育教师能力大赛一等奖选手颁奖仪式举办，苏州市老年教育赋能项目授牌，10名2022年“苏州市学习之星”公布。

（市教育局　张哲诚）

中外合作办学

【概况】 2022年，苏州市有7个中外合作办学机构（西交利物浦大学、中国人民大学中法学院、东南大学—蒙纳士大学苏州联合研究生院、昆山杜克大学、苏州百年职业学院、江苏艺术设计教育研究中心、苏州北美国际高级中学），其中西交利物浦大学、昆山杜克大学成为全国中外合作办学样板和典范。新增2个中外合作办学项目（苏州健雄职业技术学院与德国比勒费尔德中等企业应用技术大学合作举办机电一体化技术专业、苏州市职业大学与澳大利亚霍姆斯格兰学院合作举办学前教育专业），全市累计有中外合作办学项目26个。

（市教育局　张哲诚）

【西交利物浦大学】 2022年，西交利物浦大学（简称"西浦"）有108个学位项目，包括48个本科专业、44个硕士专业（含非全日制）和16个博士专业。有注册学生23000余人（包括在利物浦大学学习的学生），教研人员超过1600人，其中多数为外籍教师。师生来源于约100个国家和地区，构成多元活跃的国际化社区。大学课程除公共基础课外均采用全英文授课。2022届3351名本科生毕业，获得西浦毕业证书与学士学位证书、英国利物浦大学学士学位证书，1060名硕士、博士生毕业，被授予利物浦大学和西浦的硕士、博士学位。2022届中国大陆本科毕业生总体就业率93.47%，其中升学比例85.56%、实际就业比例7.91%。选择继续深造的毕业生中，36.08%进入排名世界前10的大学，88.98%进入排名世界前100的大学。据世界大学排名中心发布的2022—2023年度世界大学排名前2000强榜单，西浦列世界大学排名第1683位，进入接受评估的世界大学前8.6%，列亚洲大学排名第606位，列中国大学排名第275名。

教育教学　9月，西浦创业家学院（太仓）举办校园启用仪式，1000余名学生迁入新校园学习。11月，西浦慧湖药学院两周年暨新大楼破土动工仪式举办，新大楼预计2025年建成并投入使用。年内，举办2022第七届高等教育创新年会暨第九届慧湖教育国际化论坛、首届教育数智转型与发展高峰论坛，开展"寻找新时代中国杰出教育家"行动。升级西浦学习超市为线上交互学习双平台。西浦健康与环境科学系团队获得第七届"洁净水，滋润未来"朗盛全国大学生水资源调研竞赛全国冠军，西浦创业家学院（太仓）的3名本科生在国际数据科学竞赛平台Kaggle上发布的大赛中获得银奖，西浦本科生团队获得2022国际遗传工程机器大赛金奖与最佳环境单项奖提名。

学科建设　成立数学物理学院，开设金融与精算数学系、应用数学系、基础数学系、大学数学系和物理系，涵盖3个本科专业、2个硕士专业和1个博士专业。金融与精算数学系获得英国精算师协会考试豁免认证。获批增设翻译、药学、生物制药3个本科专业和药学、材料科学与工程、数字化教育、文化与创意产业4个硕士专业。生物科学本科专业获得江苏省教育厅2022年"高校国际化人才培养品牌专业建设项目"立项。金融数学专业、精算学专业、电气工程及其自动化专业入选江苏高校品牌专业建设工程二期项目的第三批省特色专业，成为省一流本科专业建设点。

对外合作与交流　10月，由江苏—英国高水平大学联盟和西浦共同主办2022江苏—英国技术交流周活动在苏州举办。围绕电子信息、装备制造、生物医药、先进材料4个领域，中国江苏和英国50余所高校以及产业界的代表参加交流。年内，西浦执行校长席酉民教授受邀参加2022年QS高等教育中国峰会、泰晤士高等教育博雅教育论坛在线圆桌会议并发言。

（西交利物浦大学　陶韵吉）

【昆山杜克大学】 2022年，昆山杜克大学有14个本科专业、5个硕士研究生项目。有在校生1572人，其中本科生1332人、硕士研究生240人；有65个国家的国际学生412人，占比27.4%。初步构建起跨学科硕士研究生教育和创新型前瞻性通识博雅本科教育体系，并在健康、环境、大数据、计算科学等领域建立高水平研究中心8个。学校一期校园占地面积15万平方米，建筑面积7万平方米，于2014年10月投入使用。二期校园占地19万平方米，建筑面积15万平方米。年内，昆山杜克大学获批成为全国首批国际合作教育样板区。

人才培养　致力于中外合作办学的教育理念、专业设置、课程体系和教育教学方法的融合创新，打破院系壁垒，实施通识博雅教育，各专业双结构设计，招生采用"541"综合评价模式，学生自主选择专业。学校234名首届本科生毕业，其中80%以上选择继续深造。毕业生进入14所全球超一流大学深造的比例55%，进入美国"常春藤大学"深造的比例25%。6名学生获得包括牛津大学"罗德学者"项目、清华大学"苏世民学者"项目、北京大学"燕京学者"项目、欧盟"伊拉莫斯世界计划"项目、美国"国家科学基金会研究生奖学金"项目在内的中外知名奖学金和学者项目，23名学生获得剑桥、耶鲁、西湖大学等名校的直博录取。15%选择就业的学生获得麦肯锡、华为、微软等知名企业录用通知。

师资队伍建设　坚持人才强校理念，打造高水平国际化师资队伍，构建良好的人才生态蓄水池。193名全职教师按国际一流学术标准全球招聘，外籍占比59%，来源于29个国家。学科专业教师博士学位占比100%。先后引进美国物理学家协会会士、英国材料学会会士、英国伦敦大学学院材料中心主任、美国杜克大学放疗科主任等高端人才。

科学研究　全年学校科研人员获批科研项目72项，其中14个项目获得昆山市政府专项科研资金资助。全年获得国家自然科学基金委资助项目3项，其中青年项目2项、外国学者研究基金项目1项。"临床医学"学科连续5年进入ESI全球排名1%。全年入选各级各类人才项目26人次，其中包括外国学者研究基金项目1人、昆山市紧缺产业人才计划19人以及江苏省"双创博士"（世界名校类）6人。全年学校教授和科研人员团队发表论文约261篇，其中包括发表在《柳叶刀·公共卫生》《环境经济学与管理》等顶级期刊上的优秀论文。全年发明专利申请5项、授权9项，拥有专利16项。

对外合作与交流　与牛津大学、杜克大学、哈佛大学、新加坡国立大学等海外知名高校保持联系，开展线上交流活动50余场。通过线上教学方式举办昆山杜克大学全球暑期学校，面向国内外知名高校招收优秀本科生和研究生开展为期1~2周的课程学习及交流互动。

（昆山杜克大学　李宁馨）

苏州独墅湖科教创新区

【概况】 苏州独墅湖科教创新区（简称"科教创新区"）是苏州工业园区转型发

展的核心项目，区域总规划面积51.85平方千米，规划总人口40万人（学生规模约10万人），构建高水平的产学研合作体系，重点发展生物医药、纳米技术应用、人工智能产业。2022年，科教创新区累计设立高等院校31所（含职业类院校5所）、国家级科研院所15家，在校生近8万人，教职工约6400人。新增省级及以上研发机构数63家（国家级1家），累计258家；新增省级以上孵化器、众创空间共计13家，累计63家；新增高新技术企业414家，有效企业数累计1028家，占苏州工业园区总量的41%；新增有效发明专利1937件；新增国家级人才项目34个，占苏州工业园区总量的77%；省"双创计划"人才立项29人；姑苏领军人才计划立项92个，占苏州工业园区总量的87%；全区累计吸引超过5000家科技企业入驻。全年完成规模以上工业总产值620.15亿元，增长13.4%；实现规模以上营利性服务业营业收入921.44亿元，增长27.7%；完成限额以上批发业销售额146.21亿元；完成全社会固定资产投资完成99.79亿元，增长27.6%，其中工业投资36.7亿元，增长14.5%；完成一般公共预算收入54.42亿元，增长22.6%。

【高等教育】 2022年，科教创新区发挥高等教育资源集聚优势，发挥高等教育在完善区域创新体系、催生新兴产业、培养高端人才等方面的作用，推动院校内涵建设与产业发展关联，结合苏州工业园区战略布局和产业发展需求，导入优势创新资源。中国科学技术大学苏州高等研究院各项工作全面推进，科研中心项目开工建设，生物医学工程学院揭牌成立，生物医学工程、先进材料、数据智能三大学科布局与平台建设统筹推进，仁爱路校园东区一期（明德楼）改造完成并交付使用，仁爱路教师公寓启动建设；牛津大学与苏州工业园区新一轮深化合作协议完成签署并举办校地合作理事会；新加坡国立大学生物医学工程创新中心启动。提升院校服务地方能力，区内院校合计申报江苏省科技计划项目14项、省基础研究计划（自然科学基金）197项、苏州市科技计划52项；区内高校合计申报国家级人才项目24项、申报省"双创计划"（含"双创博士"）53项、姑苏领军人才计划15项。新加坡国立大学苏州研究院获批省重大科技开放合作平台建设项目，中韩产业技术创新研究院、牛津大学高等研究院（苏州）获批省国际技术转移服务机构建设项目。区内高校全年新增专业17个，均契合苏州工业园区产业需求。西交利物浦大学成立数学物理学院，经教育部批准新增生物制药、药学等本科专业以及药学、材料科学与工程、数字化教育等硕士专业，慧湖药学院新大楼动工。推动职教高质量发展，苏州科技职业学院（筹）加快融合发展；苏州工业园区服务外包职业学院通过验收，成为江苏省中国特色高水平高职学校建设单位；苏州工业园区工业技术学校入选江苏省优秀中等职业学校建设单位，中科微电子企业学院项目入选2021年教育部产教融合校企合作典型案例，"'四方联动、六共六化'智能制造专业集群发展的创新与实践"项目获得2021年江苏省教学成果奖一等奖；苏州工业园区职业技术学院入选由教育部思政司审核认定的"一站式"学生社区综合管理模式建设自主试点单位，成为苏州市首家入选该项目的高职类院校。引育创业人才，引入教育部、团省委创新创业资源，面向高校院所提供创新思维及实践课，举办"春晖杯"中国留学人员创新创业大赛苏州路演活动，培育高校青年创业项目53个。

【科创产业】 2022年，科教创新区发挥新兴产业集聚优势，聚焦生物医药、纳米技术应用、人工智能和数字经济"3+1"核心产业，加快重点企业、重点项目建设。培育头部企业，推动企业登陆资本市场。全年新增上市企业6家，累计上市企业38家，在苏州工业园区占比超过60%，在全市占比超过10%。新增国家级专精特新"小巨人"企业9家，占苏州工业园区47.4%；新增省级专精特新企业64家，占苏州工业园区42%；新增市级示范智能车间3家。加速重点项目建设。加强"帮办代办"服务，推进独墅湖科教创新区（东区）建设，完善东区项目库，累计完成签约项目11个，总投资额150亿元。推进上市企业产业园建设，重点引进成长性高、税收产出大以及处于产业链、价值链顶端的上市和拟上市企业，打造土地利用集约、上市企业集聚、高端产业集群的示范园区。截至年底，上市企业产业园有项目53个，其中引进项目40个、在谈项目12个、保留项目1个，累计完成投资87亿元。加强高端平台建设，推进苏州实验室、材料科学姑苏实验室、国家生物药技术创新中心、长三角第三代半导体研究院、桑田科学岛、诺奖实验室等重大创新平台建设，推进三大产业化项目落地。推动载体发展取得突破。苏州工业园区科技发展有限公司新增招商项目182个，落户长川AOI检测、九识智能等一批重点项目；园内企业新增发明专利授权392件，研发投入26.72亿元；国家新一代人工智能创新发展试验区获批苏州市人工智能标杆项目11项、示范企业17家，数量列全市第一位。苏州工业园区生物产业发展有限公司新增投用载体15.3万平方米，引进落户项目78个；新药临床批件累计463张，医疗器械产品注册证累计621张，新增4款创新药获批上市；成立中国（江苏）自贸试验区苏州片区生物医药创新集群博士后联合中心（为全省首家）。苏州纳米科技发展有限公司新增注册项目123个，国家高新技术企业申报72家，列苏州工业园区载体第一位；苏州博萃循环科技有限公司上榜2022年《财富》中国最具社会影响力的创业公司，苏州敏芯微电子技术股份有限公司获评2022年度"国家知识产权优势企业"；新设总规模8.5亿元的纳米产业基金4只，落地苏州工业园区首笔数字人民币项目投资，获准成为"苏州市碳达峰碳中和服务联合会首批会员单位"；苏州纳米城获评省级留学回国人员创新创业园、中国集成电路高质量发展优秀园区、国家高新技术企业。苏州独墅湖科教发展有限公司新引进科技企业121家，8家企业新获融资15.38亿元，全年推进人才培训和就业覆盖6.8万人次，服务企业超过1000家，提供岗位1.5万个。

（科教创新区　瞿小飞）

编辑：王亦文

世界遗产典范城市建设

【概况】 苏州市是世界遗产城市组织授予的全球首个世界遗产典范城市。截至2022年底，苏州市有苏州古典园林、中国大运河（苏州段）2项世界文化遗产。有全国重点文物保护单位61处，省重点文物保护单位128处，市文物保护单位695处、控制保护建筑613处、一般不可移动文物2000余处。有非物质文化遗产世界级项目7项、国家级项目33项、省级项目124项、市级项目172项，非物质文化遗产国家级代表性传承人50人、省级代表性传承人143人、市级代表性传承人464人。

【世界文化遗产申报】 2022年，苏州市牵头推进江南水乡古镇联合申遗工作，做好长江苏锡常段江南水乡风貌带整体塑造提升工程项目编排与上报，完成《家在小桥流水间》江南水乡古镇6集中英文专题纪录片拍摄。推动海上丝绸之路扩展项目申遗，参加澳门海上丝绸之路国际文化论坛，加强与其他海上丝绸之路申遗联盟城市的交流合作，共同推动和宣传国家海上丝绸之路申遗工作。

（市文广旅游局　李宜达）

【国家文物保护利用示范区创建】 2022年，苏州市修订《苏州市古建筑保护条例》，制定《苏州市传统建筑和古建筑保护更新与修缮利用工程实施意见》，开展“文物建筑保护利用案例研究”“苏州市不可移动文物预防性保护导则”等课题研究，加强文物保护利用顶层设计，探索文物保护新模式、新办法。建设畅园有熊精品酒店、顾廷龙故居·观丰文化艺术基地等重点项目，盘活存量发展空间，为文物建筑开发利用注入社会力量。

地下文物考古与研究　启动苏州地域文明探源工程，围绕重点项目开展考古发掘和历史研究，揭示苏州作为吴文化发源地和江南文化核心城市的文化内涵。推动草鞋山遗址、塘北遗址、御窑遗址等一批重要的考古主动性发掘项目和虎丘地区综合改造地块等重点基建考古工作。修订《苏州市地下文物保护办法》，率先将“先考古、后出让”的基本建设考古制度列入政府规章。

“博物馆之城”建设　发布《关于推动苏州“博物馆之城”建设意见》，科学规划博物馆建设体系，实施《关于鼓励和促进苏州非国有博物馆发展的实施办法》，将全市非国有博物馆、类博物馆纳入“一城百馆”名录，统一落实政府扶持政策。加快考古博物馆、桃花坞木版年画博物馆建设。新增8家博物馆。苏州城建博物馆、江南农耕文化博物馆等一批具有本土鲜明文化特色的博物馆开放。

（市政府办公室　姜　威）

【亚太地区世界遗产培训与研究中心苏州分中心】 联合国教科文组织亚太地区世界遗产培训与研究中心苏州分中心（简称“亚太世遗苏州中心”）成立于2008年，是中国政府和联合国教科文组织合作成立的专门从事世界遗产研究和培训教育的非营利性组织。2022年，亚太世遗苏州中心以苏州古典园林列入世界遗产名录25周年为契机，开展园林遗产保护学术交流，深化遗产保护培训教育，加强园林文化研究推广，推动苏州园林走向世界。

“世界遗产向未来”——世界文化和自然遗产交流活动　6月11日，苏州、盐城两地启动“世界遗产向未来”——世界文化和自然遗产交流活动，加强苏州古典园林与中国黄（渤）海候鸟栖息地的合作交流。启动“为世界遗产注入青年力量”行动计划，举办“世界遗产向未来”图片展，中国黄海湿地博物馆、东台黄海海滨国家森林公园被授予世界遗产青少年教育基地。

2022长三角地区世界遗产保护与发展苏州对话　12月16日，2022长三角地区世界遗产保护与发展苏州对话以线上线下相结合的方式在苏州举办。活动围绕“加强长三角一体化协同，推进遗产保护与发展”主题展开交流，发布《关于加强长三角地区文化和自然遗产保护与发展合作的倡议》，“长三角地区文化与自然遗产保护联盟”揭牌。

亚太地区古建筑保护与修复技术高级人才研修班　12月16—18日，由亚太世遗苏州中心与东南大学建筑学院合作在线上举办，主题为遗产与国际化，招募270名学员参加培训，涉及历史文化名城制度与城乡遗产保护、遗产教育与国际化传播等多项内容。

世界遗产教育推广　亚太世遗苏州中心规范世界遗产青少年教育基地建设与管理，增加世界遗产教育基地5个，全国范围（含港澳）基地累计50个。编制《探索园林活动实践手册》，开发世界遗产科普系列动画教材。深入中小学开展世界遗产科普宣教课堂，开展“学问藏在园林里”园林学堂公益课程，举办“在苏小候鸟游园林”园林文化主题活动，培养具有世界遗产保护国际意识的青少年群体。开展苏州古典园林摄影欧洲巡展，苏州古典园林摄影作品在德国康斯坦茨、奥地利维也纳、意大利威尼斯等地展出。

（市园林绿化局　薛　芳）

【世界记忆项目苏州学术中心】 世界记忆项目苏州学术中心成立于2018年，是由中国国家档案局、联合国教科文组织世界记忆项目教育和研究分委会合作设立，是世界第五家世界记忆项目学术中心，工作由苏州中国丝绸档案馆承担。2022年，世界记忆项目苏州学术中心落实各项职能，加强对丝绸档案文献遗产的保护研究和开发利用。加强国内外交流合作。参加联合国教科文组织世界记忆项目学术中心工作组第一次会议、纪念世界记忆项目设立30周年国际研讨会、世界记忆项目亚太地区委员会第九届大会，与各学术中心交流工作成果及发展规划。加强与各学术中心合作，与福建省档案馆、世界记忆项目福建学术中心、苏州市侨办侨联共同举办“海丝情忆”——丝绸与侨批档案文献遗产展，与北京学术中心等举办世界记忆·中国文献遗产创意竞赛，与澳门学术中心合作制作世界记忆项目宣传视频。编研出版《传承人类记忆遗产——联合国教科文组织世界记忆项目研究》。

（市工商档案中心　马璀莹）

【碧螺春制作技艺入选人类非物质文化遗产代表作名录】 2022年11月29日，联合国教科文组织保护非物质文化遗产政府间委员会第17届常会通过决定，将中国政府申报的遗产项目“中国传统制茶技艺及其相关习俗”列入人类非物质文化遗产代表作名录。这是中国第43个世界级非遗项目，其中包含苏州的碧螺春制作技艺。至此，苏州市累计入选世界级非遗项目7个，居全国城市前列。

（市文广旅游局　李宜达）

苏州国家历史文化名城保护区

【概况】 苏州国家历史文化名城保护区（简称“保护区”）成立于2012年10月，是全国唯一的国家历史文化名城保护区。保护区与姑苏区实行“区政合一”管理体制。区域总面积83.4平方千米，其中古城区面积14.2平方千米，历史城区面积19.2平方千米。保护区是国家古城旅游示范区，其古城区基本保持着“水陆并行、河街相邻”的双棋盘格局和“小桥流水、粉墙黛瓦”的江南风貌。截至2022年年底，保护区有拙政园、留园、网师园、环秀山庄、沧浪亭、狮子林、耦园、艺圃8座苏州古典园林，以及上塘河、山塘河、平江河、胥江、环古城河5条中国大运河故道和山塘历史文化街区、虎丘云岩寺塔、平江历史文化街区、全晋会馆、盘门5个中国大运河核心点段被列入世界文化遗产名录；有山塘、平江2个中国历史文化街区，阊门、拙政园、怡园3个江苏省历史文化街区；有全国重点文物保护单位24处、省文物保护单位37处、市文物保护单位123处、市控制保护建筑254处；有列入苏州园林名录的园林56座；有苏州博物馆、中国昆曲博物馆、苏州城建博物馆等各类博物馆41家；有区级以上非物质文化遗产项目（不含扩展项目）80项，其中世界级1项（苏州端午习俗）、国家级2项（制扇技艺、苏州“轧神仙”庙会）；有松鹤楼、采芝斋等“中华老字号”17家。

（年鉴编辑部）

【历史文化名城保护制度建设】 2022年4月，苏州市成立市、区两级联动的苏州国家历史文化名城保护工作领导小组和领导小组办公室。全年召开专题会议12次，研究106项议题。在苏州获批国家历史文化名城40周年之际，苏州市印发《关于进一步加强苏州历史文化名城保护工作的指导意见》，在突出城乡建设领域历史文化保护传承的同时，结合苏州特征在更大范围内丰富相关内容，为苏州名城保护利用工作定思路、明方向。加快建立对古城内各类资源统一规划、保护、管理和利用的运作体系，成立苏州名城保护集团有限公司，作为历史城区保护更新工作的主要平台，统筹推进市委关于苏州古城保护战略部署，探索古城保护的融资新模式。加快古城保护专家智库体系化，发挥苏州国家历史文化名城保护研究院、古城保护专家咨询委员会、“文化名家单霁翔工作室”作用。召开古城保护建筑设计工作营、苏州古城整体保护与更新发展策划规划专家研讨会等活动。苏州市政府联合中国建筑学会举办苏州古城复兴建筑设计工作营，编制《苏州古城传统建筑更新利用技术导则》。

（市政府办公室　姜　威）

【历史文化名城保护规划】 2022年，苏州市完善《苏州历史文化名城保护专项规划（2035）》，该规划提出“市域—市区—历史城区”3个历史文化空间保护层次，构建物质和非物质2个方面8个类型的苏州名城保护内容体系。

（市自然资源规划局　武营营）

【古城保护】 2022年，保护区（姑苏区）编制完成《历史文化名城保护“十四五”规划》，发布《苏州历史城区城市更新试点工作实施方案》《古城墙保护实施意见》。成立区城市更新中心（土地储备中心）、文物保护管理中心。举办苏州国家历史文化名城保护专家咨询会，发布古建老宅活化利用蓝皮书第二期、古桥资源绿皮书。实施“古城细胞解剖工程”，推动“数字孪生古城”基本成型，完成平江历史街区历史文化遗存信息展示工程，完成5个街坊传统民居信息全要素普查，完成8处文物建筑三维建模数字化保护，上线“苏周到”App《数字古城》栏目。推进32号街坊、桃花坞片区等重点工程，初步完成五卅路（子城）文化片区、过云楼—怡园片区总体规划方案，开放唐寅故居遗址、文昌阁。开馆运行苏州城建博物馆，落成《金阊名园图》（紫芝园）复刻，安置大型砖雕《平江图》复刻，开业运营海市山塘。市人大常委会确定每年10月26日为苏州国家历史文化名城保护纪念日。完成全域旅游发展规划编制。举办第五届苏州国际设计周，出版报告文学《家在古城》，《姑苏繁华图》特种邮票发行。原创舞蹈《戳壁听书》入围文化和旅游部第十九届群星奖决赛。

（姑苏区档案馆　蒋永方）

【古建老宅保护】 2022年6月18日，苏州市成立苏州名城保护集团有限公司（简称“苏州名城集团”），作为历史城区保护更新工作的主要平台。苏州名城集团推进虎丘地区综合改造和桃花坞片区、五卅路（子城）文化片区、32号街坊改造等重点工程，开展古建老宅保护工作。坚持“古建老宅保护与改善民生相结合，古建老宅保护与挖掘老宅文化相结合，古建老宅抢救修缮与科学利用相结合”的原则，对古建老宅实行保护性修复和活化利用。

苏州名城集团下属苏州桃花坞发展建设有限公司围绕唐寅故居遗址的运营、唐寅祠西路大殿修缮、余宅花园修缮审批、曹沧洲故居规划设计、元宁公所维修审批等开展工作。唐寅故居遗址在完成布展的基础上，于9月对外开放；唐寅祠西路修建时采用传统工艺、传统材料及不落架维修等工艺，保留古建原有形状，遵循“修旧如旧”的文物保护原则；余宅花园完成文物及规划许可手续，施工图审查手续处于办理阶段；曹沧洲故居根据项目整体定位，推进规划设计；元宁公所完成项目建议书审批、稳评备案手续和上市拍卖。苏州名城集团下属苏州虎丘投资建设开发有限公司古建老宅工程建设项目涉及敕建报恩禅寺及李氏祇通义庄。敕建报恩禅寺项目按照修旧如旧的原则，保留古宅古建原始风貌，完成修缮更新工作；李氏祇通义庄项目通过完成苏州市古保委文物专项方案审批及国家文物局文物影响评估审批。苏州名城集团下属苏州历史文化名城保护与更新置业有限公司负责的江苏按察使署旧址文物部分后期保护利用工作，取得项目备案证，修缮设计方案取得省文化和旅游厅批复。

（苏州名城集团　夏辛颖）

【古城细胞解剖工程】2022年，保护区（姑苏区）全面启动"古城细胞解剖工程"项目建设。该工程是保护区（姑苏区）在全国140座历史文化名城中首创开展的古城保护精细化基础工作，是将古城传统民居等建筑物、构筑物看作构成古城结构的"基本细胞"，对古城街坊保护对象和历史遗存开展全要素、全覆盖深度普查。对部分文物建筑开展精细化测绘和BIM系统建设，试点实施数字化保护。完成32号、15号、7号等9个街坊，三茅观巷沈宅、陆润庠故居等8处文保单位信息采集，建立街坊保护对象翔实档案与文物建筑精细三维模型，实现项目成果数字化应用。选取怡园历史文化街区、官太尉河—天赐庄历史文化街区等重点区域的18个街坊作为实施区域，对江苏按察使署旧址等8处文物建筑实施数字化保护，增加人文历史信息挖掘和其他既有建筑信息排查。选择23号、24号、31号、39号街坊实施"信息采集+应用研究模式"，走访调研4号、5号、6号、12号、13号、14号、18号、19号、26号以及27号街坊，绘制独属于苏州古城的历史文物地图。梳理古井、古树、墙门、石库门、碑刻、牌坊等历史要素，为每一处古迹制作专属"身份证"。通过全景照相机、三维激光扫描仪、无人机等工具，对文物建筑开展三维测绘、数字化建模，实现古建筑全方位、高精度现状信息留存，为古建筑的保护和修缮工作，以及"数字孪生古城"的建设提供数据支撑。最终成果为古城54个街坊的房屋、古井、古树、桥梁等每一个"细胞"，开展古城保护更新、规划方案制定、文物建筑修缮提供精准数据支撑与方向指导，为全国历史文化名城保护贡献可复制、可推广的"姑苏模式"。

【大型砖雕《平江图》复刻安置】2022年10月21日，大型砖雕《平江图》复刻创作竣工，被安置在姑苏区学士街与干将路交叉口的东南角景观带上，作为立体的城市名片向公众永久展示。该砖雕《平江图》选取"袁氏堂"第五代传承人袁中平发明、具有国家专利的32块超级细料金砖为创作基材，将宋代石刻《平江图》以1∶1摹写到金砖上，再分别对碑首屃头双龙，碑额题字，碑身城墙、街坊、河桥、山形、湖荡、府衙、殿堂、寺观、宅院等运用浮雕、浅刻、圆雕等多种雕刻技艺开展创作。特别是砖雕《平江图》的拼接"严丝合缝"，以丝计算，为砖雕界罕见，大部分拼缝在30丝以内（一根头发丝是7丝），最大拼接缝不超过100丝。

（姑苏区档案馆　蒋永方）

历史文化街区保护

【概况】截至2022年底，苏州市有平江、山塘、阊门、拙政园、怡园5个历史文化街区，其中平江、山塘历史文化街区为中国历史文化街区，阊门、拙政园、怡园历史文化街区为江苏省历史文化街区。12月，市政府公布首批苏州市老街名录，姑苏区平江历史文化街区等43个老街入选，其中常熟市9个老街入选，姑苏区、相城区各有8个老街入选，数量列全市前三位。

【历史文化街区和历史地段普查认定】2022年，苏州市山塘、平江2个中国历史文化街区，阊门、拙政园、怡园3个江苏省历史文化街区均按照有关要求完成挂牌保护，并按照保护规划编制相关要求，划定保护范围、明确保护要求和措施。结合资源普查和价值分析工作，在《苏州历史文化名城保护规划（2035）》中新增划定五卅路、官太尉河—天赐庄片区2个历史文化街区，并确定保护范围，总面积约80公顷；对历史地段整合优化划定，重新确定历史地段26个，总面积约85公顷。

【历史文化街区和历史地段保护更新】2022年，苏州市基本完成《五卅路历史文化街区保护规划》《官太尉河—天赐庄历史文化街区保护规划》，印发《苏州历史文化街区（历史地段）保护更新防火技术导则（试行）》。对山塘、平江等历史文化街区和部分历史地段开展环境与风貌整治，保护好街区空间肌理和空间格局，突出街区特色定位，整治街区周边景观环境，严格控制新建的建（构）筑物的高度、体量和色彩，对障碍建筑逐步予以整治和拆除，对古建老宅实施修复，并鼓励活化利用，采取微更新、微改造方式，改善街区内部基础设施建设和居住环境，提高环境品质和舒适度。

（市政府办公室　姜　威）

表62　2022年首批苏州市老街一览表

地区	数量（个）	老街名称
张家港市	2	塘桥镇鹿苑老街、后塍街道后塍老街
常熟市	9	南泾堂历史文化街区、西泾岸历史文化街区、琴川河历史文化街区、南门坛上历史文化街区、董浜镇徐市老街、碧溪街道横塘老街、碧溪街道吴市老街、碧溪街道周泾老街、海虞镇福山老街
太仓市	5	沙溪镇岳王老街、璜泾镇璜泾老街、双凤镇双凤老街、城厢镇西郊老街、浮桥镇九曲老街
昆山市	1	淀山湖镇淀山湖老街
吴江区	4	盛泽镇坛丘老街、八坼街道八坼老街、横扇街道横扇老街、松陵街道盛家厍老街
吴中区	4	长桥街道蠡墅老街、郭巷街道郭巷老街、横泾街道横泾老街、临湖镇浦庄老街
相城区	8	黄埭镇黄埭老街、阳澄湖镇陆巷老街、阳澄湖镇湘城老街、阳澄湖镇消泾老街、太平街道太平老街、元和街道陆慕老街、元和街道众泾老街、北桥街道北桥老街
姑苏区	8	平江历史文化街区、怡园历史文化街区、拙政园历史文化街区、山塘街历史文化街区、阊门历史文化街区、五卅路历史文化街区、官太尉河—天赐庄历史文化街区、双塔街道葑门横街
虎丘区	2	通安镇金市老街、浒墅关镇浒墅关老街

（资料来源：市政府办公室）

古镇古村保护

【概况】 截至2022年底，苏州市有昆山市周庄镇、吴江区同里镇等15个中国历史文化名镇，吴中区东山镇陆巷村、吴中区金庭镇明月湾村等5个中国历史文化名村，常熟市古里镇李市村、昆山市千灯镇歇马桥村等14个中国传统村落。4月，吴中区入选国家传统村落集中连片保护利用示范县，为全省唯一。12月，张家港市凤凰镇等23个古镇、张家港市凤凰镇恬庄等73个古村分别入选苏州市首批苏州市古镇、古村名录。

【古镇古村保护规划】 2022年，苏州市在较为完整的名镇名村保护体系的基础上，补充建立古镇古村保护名录，构建"名镇+古镇、名村+古村"的全面保护格局，完成苏州市首批23个古镇、73个古村的"两线"（核心保护范围和风貌协调区范围）划定工作。

（市自然资源规划局　武营营）

【江南水乡古镇联合申遗】 2022年，苏州市文广旅游局继续牵头开展江南水乡古镇联合申遗工作，完成长江苏锡常段江南水乡风貌带整体塑造提升工程项目编排与上报，完成《家在小桥流水间》江南水乡古镇6集中英文专题纪录片拍摄。

（市文广旅游局　李宜达）

【传统村落保护】 2022年，苏州市开展传统村落和传统建筑组群调查申报工作，确定第二批苏州市传统村落47个、村镇传统建筑（组群）169个（组）。14个村落入选第六批中国传统村落公示名单，4个村落入选第六批江苏省传统村落公示名单。全市累计有中国传统村落14个、江苏省传统村落71个、江苏省传统建筑组群205组，国家级和省级保护数量均列全省设区市第一位。

（市住房城乡建设局　胡怡婷）

表63　2022年首批苏州市古镇、古村一览表

地区	数量（个）	古镇（古村）名称
首批苏州市古镇		
张家港市	1	凤凰镇①
常熟市	5	古里镇①、沙家浜镇①、梅李镇、尚湖镇、支塘镇
太仓市	2	沙溪镇①、浏河镇
昆山市	4	锦溪镇①、千灯镇①、周庄镇①、巴城镇①
吴江区	6	黎里镇①、同里镇①、震泽镇①、平望镇、桃源镇、盛泽镇
吴中区	5	角直镇①、东山镇①、木渎镇①、光福镇①、金庭镇
首批苏州市古村		
张家港市	3	凤凰镇恬庄、凤凰镇肖家巷、塘桥镇金村
常熟市	5	古里镇李市、碧溪街道问村、辛庄镇吕舍、梅李镇沈市、董浜镇天主堂
太仓市	3	浮桥镇三家市、浮桥镇方家桥、沙溪镇安里街
昆山市	15	千灯镇歇马桥、千灯镇吴家桥、周庄镇三株浜、周庄镇银子浜、张浦镇姜里、张浦镇北华翔、张浦镇赵陵、锦溪镇祝家甸、锦溪镇马援庄、锦溪镇张家厍、周市镇振东侨乡、周市镇郭家湾、巴城镇武神潭、巴城镇庙前、淀山湖镇六如墩
吴江区	10	平望镇溪港、盛泽镇龙泉嘴、松陵街道南厍、七都镇开弦弓、黎里镇许庄、黎里镇枫里桥、黎里镇江泽、同里镇洋溢港、桃源镇西亭、震泽镇谢家路
吴中区	30	东山镇陆巷村②、东山镇杨湾村②、东山镇三山岛村②、东山镇石桥、东山镇西巷、东山镇古周巷、东山镇山址、金庭镇明月湾村②、金庭镇东村村②、金庭镇衙角里、金庭镇植里、金庭镇后埠、金庭镇堂里、金庭镇涵村、金庭镇东西蔡、香山街道徐湾、香山街道施家湾、香山街道南旺、香山街道舟山、临湖镇柳舍、临湖镇黄墅、角直镇东浜、角直镇田肚浜、横泾街道东林渡、越溪街道西山塘、越溪街道钱家坞、越溪街道西坞里、光福镇东头、光福镇西头、木渎镇北竹坞
相城区	3	望亭镇南河港、望亭镇仁巷、黄埭镇冯埂上
虎丘区	4	通安镇戈家坞、通安镇虎窠里、通安镇大石坞、通安镇唐家坞

注：上标"①"的为中国历史文化名镇，上标"②"的为中国历史文化名村。

（资料来源：市住房城乡建设局）

苏州园林保护

【概况】 2022年，苏州市推进“园林之城”建设，在加强园林保护管理的基础上，坚持创造性转化和创新性发展，丰富园林文化内涵。苏州园林保护和夜游项目5次获得中央广播电视总台报道。苏州古典园林文化遗产旅游项目获评全国文化遗产旅游优秀案例。截至年底，苏州市有列入苏州园林名录的园林108处，其中开放园林91处，开放率84.3%。

【园林遗产保护监管】 2022年，苏州市对108处列入苏州园林名录的园林开展两轮监管巡视，实施苏州古典园林植物病虫害、水质、假山、植物景观等专项监测，开展太仓南园景观改造、环秀山庄假山加固和建筑维修工程跟踪监测。编制《世界文化遗产苏州古典园林2022年度监测报告》，反映苏州古典园林保护、管理、监测等工作。苏州古典园林总体格局、遗产保护利用及各遗产要素情况总体得到保持或控制良好。

【园林景区建设】 2022年，苏州市基本完成苏州“运河十景”之“枫桥夜泊”项目建设。该项目提升灯光夜景，实现“塔、关、桥、街、河”全面亮化；定制唐式风格无动力“特色船舫”，还原诗人张继夜泊情景；恢复“枫桥老街”苏式生活区，优化提升“古运河水上游”线路。挖掘“江南第一诗境”资源优势，组织开展诗词小会、江南花语实境课堂、古风节等特色活动，推出汉文化演出、沉浸式剧本杀及“诗瓷小筑”手作等“实境+演绎”体验模式。立足“打响解放苏州第一枪”历史发生地，挖掘铁铃关战斗史迹陈列红色资源，设计廉政教育、红色旅游、研学游等精品旅游线路。原创“攻城鏖战铁铃关”等红色课程，开展“重走苏州解放路”等在线党课，播放量超过70万人次。全年铁铃关战斗史迹陈列馆接待260余批5万余人参观学习，开展未成年人体验活动24场，接待未成年人8000余人次。11月，苏州石湖生态园建设工程获得2022国际风景园林师联合会亚非中东地区建成类项目优秀奖。

【数字园林建设】 2022年，苏州市推进苏州园林全景数字模型、建筑数字模型建设及数字技术运用，并作为首批苏州数字孪生古城阶段化成果向社会发布。完成对虎丘和环秀山庄的建筑、假山、陈设等园林要素的数字建模，完成对听枫园、双塔影园、陶氏宅园等7座古典园林的720°全景游览功能的制作，探索形成苏州园林数字藏品、太湖石3D打印、“拙政问雅”虚拟成像、“虎阜传奇”全息投影等一批数字化应用项目，园林数字化成果上线“苏周到”平台向市民游客展示。

【园林景区服务】 2022年，苏州市园林景区实行春节期间外地留苏州企业职工门票价格5折等优惠政策，发布2022年苏州高校新生大礼包之“学问园林”体验套餐，统一纳入“苏周到”平台大礼包。推出“我在苏州游园林”四季篇系列活动近200场，吸引游客购票入园270万余人次，免费入园100万余人次。树立园林景区服务品牌。成立全市首个行业领域新时代文明实践分中心——苏州市园林和绿化（林业）行业新时代文明实践分中心，依托园林遗产、城市公园、森林公园、湿地公园、动植物科普基地等特色实践资源，建设志愿服务示范实践点7个，常态化建设“苏州园林学堂”“湿地科学家养成计划”等文明实践示范项目9个。成立姑苏区婚姻登记处耦园服务中心，作为全市首家设在园林内的婚姻登记服务中心，提供婚姻登记办理、颁证仪式、婚姻家庭辅导、婚姻家庭公益文化活动等服务。

【园林文化活动】 2022年，苏州市开展园林文化活动，增强园林遗产保护意识。

“石品洞天 遗产共享”——纪念狮子林建园680周年主题活动 于6月28日在狮子林举办。现场揭牌“狮林学堂”，揭幕世界文化遗产狮子林保护管理成果展（2000—2022年）暨狮子林建园680周年历史文化展，开展假山石彩绘等青少年文化遗产体验活动。

“虎丘奇妙夜”沉浸式夜游 8月9日至12月6日，虎丘景区首次推出沉浸式夜游项目——“虎丘奇妙夜”。活动借助灯光艺术、投影互动、声境营造等，构建虎丘奇境十景，举办虎丘国风巡游、“虎阜传奇”全息舞台剧、3D塔影秀、无人机表演等主题活动。开放首日，近2000名游客入园游览，线上直播吸引超过12万名观众观看。

“大运河民俗文化旅游节·石湖串月” 于9月16日晚在石湖景区新郭老街举办。该活动为第四届中国苏州江南文化艺术·国际旅游节的子活动，现场通过亮灯仪式启动“石湖串月”江南民俗文化活动，再现石湖行春桥“九月一串”景象。

“苏州园林的海外朋友”主题展览 于9月在可园书院举办。展览涵盖海外苏州园林、文化交流活动、遗产保护成果等多个部分，展示苏州园林作为文化使者走向海外的足迹及取得的成效。

第29届天平山红枫节 于10月1日至12月25日在天平山景区举办。其间，接待游客超过35万人次，开展“林泉高致——山水画中的苏州园林特展”“寻找醉美天平”抖音短视频大赛、古琴雅集等一系列活动。11月1—30日，天平山景区每天推出限量“早鸟票”，满足摄影爱好者采风创作需要。

苏州展园“幽然居” 12月9日，苏州展园“幽然居”在第十三届中国（徐州）国际园林博览会上获得“最佳展园”“最佳设计展园”“最佳施工展园”“最佳室内布展展园”和“优秀建筑小品展园”“优秀植物配置展园”6项大奖。“幽然居”位于徐州园博会园区北部“运河文化廊”片区，占地面积约4500平方米，建筑面积196平方米，分设前院、序院、写意山水园、古典苏式园、竹园及后院六大园林空间。

【苏派花卉盆景】 2022年，苏州市举办花卉盆景艺术展示活动，弘扬苏派花卉盆景艺术。

苏派盆景艺术展 于9月28日至10月23日在环古城健身步道耦园段及耦园厅堂举办。展览展出盆景作品130盆、赏石作品30件，开展苏派盆景技艺操作展示、盆景专题讲座、盆景市集、盆景研学体验等特色活动。

2022年苏州园林系统金秋菊花展 于10月28日至11月25日在狮子林举办。展览展出菊花160余种1300余盆，开展“识菊赏菊游园会”“菊韵金秋——园林色彩美学课堂”等6项互动体验活动，吸引4万余名游客观赏。

（市园林绿化局 薛 芳）

大运河历史文化保护

【概况】 2022年，苏州市重视大运河文化带和大运河国家文化公园建设，相关领导多次专题研究、调度大运河文化保护传承利用工作。市委常委会暨领导小组会议研究审议《2022年全市大运河文化带和大运河国家文化公园建设工作要点》。调整成立市大运河文化带和大运河长江国家文化公园建设工作领导小组和办公室，发挥办公室统筹协调、组织推进和督促检查作用，以交办单、简报形式落实具体任务，定期跟踪项目建设和工作推进进度。将大运河文化带建设相关任务纳入县级市（区）高质量发展考核个性指标体系，推动沿线相关县级市（区）加快重点项目建设。发布《苏州市大运河文化保护传承利用条例》，加强运河沿线文化遗产及生态环境保护管控，建设运河主题品牌活动，举办第四届大运河文化旅游博览会，培育运河主题文化创意旅游产业，加强苏州“运河十景”景区标准化建设。吴江运河文化旅游区入选国家AAAA级旅游景区创建名单。

（市委宣传部　周曼群）

【大运河苏州段遗产保护监管】 2022年，苏州市继续开展大运河苏州段遗产监测管理工作。市文广旅游局发挥大运河联席会议制度平台作用，在保护利用方面统筹各利益相关方诉求与资源。与相关保护责任单位就运河遗产本体保护、周边环境影响等问题形成统一认识，加强遗产保护工作，及时整改监测发现的问题。定期召开监测数据报送会议，明确监测责任。完善苏州大运河遗产监测预警平台和预防性保护平台。增加除遗产区外的大运河国保段河道监测，就河道本体、周边环境开展遥感监测，定期形成报告转交属地管理机构。依托大运河遗产展示馆开展公益文化活动。下半年，开展“遗产童画”“小小建造家”“沃土计划”等公益宣传活动，定期为公众提供免费讲解12场次。

（市文广旅游局　李宜达）

【大运河文化带建设】 2022年，苏州市开展大运河文化带空间发展规划研究编制，将大运河文化带建设要求纳入全市国土空间总体规划，明确大运河沿线为市级重大战略统筹空间。分级分类做好运河文化遗址遗迹保护修缮工作，推进大运河核心遗产点全晋会馆西厢楼、戏楼后楼修缮工程，盘门城墙东段修缮保护工程。规划建设大运河文博场馆，建成开放草鞋山考古遗址公园及文化展示馆，完成吴江大运河遗产展示馆建设，推进苏州考古博物馆建设，及大运河生态保护和修复，建设苏州大运河生态绿廊。在大运河沿线增设24个“市考”断面，落实治水责任。大运河苏州段5个国家、省地表水考核断面全部达到Ⅲ类，大运河城区段水质提高。严把建设项目准入关口，落实生态保护红线、环境质量底线、资源利用上线和生态环境准入清单等“三线一单”管理机制。开展运河沿线企业专项检查，检查工业企业302家，开展环境问题整治98家，实施处罚17家。开展大运河干流沿线及两岸500米范围内入河排污口排查整治，发现排污口337个，完成排污口规范整治66个，依法取缔5个。保护利用岸线资源，完成大运河苏州段（姑苏区）堤防加固工程长浒大桥景观节点工程、新增防洪达标及零星工程、大运河苏州段闸站风貌提升工程建设，提高沿线建筑景观品质。打通运河步道断点，苏州高新区文昌阁段、姑苏区长浒大桥至泥店港段、吴江区平望镇运浦廊道、盛泽生态廊道先导段等节点实现贯通。开工建设京杭运河江苏段绿色现代航运综合整治工程（江南段）苏州段。推进京杭运河苏州段沿线货运码头整合改造提升，完成改造提升实施方案编制。推进白洋湾江苏（苏州）国际铁路物流中心码头工程。完成京杭大运河宝带桥段航标灯塔提升改造。加强运河智慧航道感知网络建设，实现港航业务智慧化管理和一体化信息服务。研究推进望虞河提升三级航道，建设“通江达海”集装箱专用通道。苏南运河吴江段三级航道整治工程获得江苏建筑工程质量最高奖。沿河沿线建成盛泽镇“古运丝路黄家溪”等一批运河特色田园乡村示范区。完成沿运河地区高标准农田改造提升和农田环境整治502公顷，完成池塘生态化改造200公顷。推进运河沿线造林绿化，运河沿线林地面积1573公顷，建成省级绿美村庄26个。

【大运河国家文化公园和苏州“运河十景”建设】 2022年，苏州市统筹推进大运河国家文化公园和苏州“运河十景”建设，七里山塘、上塘河、环古城河集中展示带完成大运河国家文化公园标识形象系统导入应用，共设置24类455块标识牌。平望、浒墅关一期、虎丘夜游等一批文旅项目建成开放，“吴门望亭”大运河文体馆、“枫桥夜泊”特色船舫等一批文化空间完成建设，宝带桥南堍环境整治提升工程竣工，“平江古巷”建新巷30号、浒墅关文昌阁、虎丘塔影园等文物本体完成修复，“虎丘灯会”“石湖串月”等一系列民俗文化活动先后举办。

【大运河历史文化研究与传播】 2022年，苏州市依托大运河文化带建设研究院苏州分院、在苏州高校和各类智库，开展大运河历史文化基础研究和应用研究。出版《江南文化概论》《苏州水文化概论》《家在古城》等著作，推进《苏州大运河图志》《吴江档案馆藏大运河档案史料选辑》《苏州古城》等编纂工作，《苏州大运河图志》入选“十四五”时期国家重点图书出版专项规划。举办“苏州最江南”“运河+”学者沙龙、“串月江南夜 智汇大运河”等大运河主题学术活动。大运河文化带建设研究院苏州分院研究成果《大运河江苏段传统工艺类非遗传承对策研究》获得江苏省社科

2022年12月11日，京杭大运河宝带桥段航标灯塔提升改造完工

（倪黎祥　摄）

应用精品工程奖二等奖。把大运河文化融入中小学教育，组建“大运河的小朋友圈”，覆盖6个区12所学校，开设“大运河文化”教育课程，开展社会实践体验活动。大运河沿线各区推出“运·育”亲子课程、“运河课堂”“大运河非遗学堂”等研学课程。

（市委宣传部　周曼群）

【大运河主题文艺精品创作】 2022年，苏州市加强运河主题文艺精品创作，推出、提升舞剧《运·河》、民族管弦乐《江河湖海颂》等优秀作品。原创大型舞剧《运·河》由市歌舞剧院和北京保利剧院管理有限公司联合出品，获得2021年度江苏优秀文艺成果奖、第四届苏州市“文华奖”艺术展演季“文华大奖”，入选江苏艺术基金2022年度传播交流推广资助项目，入围第十三届中国舞蹈“荷花奖”舞剧评奖终评。苏州民族管弦乐团提升《江河湖海颂》，将原45分钟的中型作品扩充至80分钟的大型作品，加入二胡、古筝协奏曲，京、昆朗诵等多种艺术形式。《江河湖海颂》获评文化和旅游部2022—2023年度“时代交响”创作扶持计划扶持作品、国家艺术基金大型舞台剧和作品创作资助项目、省舞台艺术精品创作扶持工程扶持剧目参加省新时代现实题材舞台艺术作品巡演等。

（市文广旅游局　李宜达）

文物保护

【概况】 2022年，苏州市把“坚持保护第一”“保护文物也是政绩”“让文物活起来”等理念落到实处。苏州市文物局获评全国文物系统先进集体。截至年底，全市有全国重点文物保护单位61处，省级文物保护单位128处，市文物保护单位695处、控制保护建筑613处、一般不可移动文物2000余处。

2022年5月6日，陆慕元和塘古窑遗址考古发掘现场　（倪黎祥　摄）

【江苏苏州文物建筑国家文物保护利用示范区建设】 2022年，苏州市坚持“依法保护、深化改革、创新发展、效益集成”的总体思路，根据《江苏苏州文物建筑国家文物保护利用示范区创建实施方案》探索文物保护利用的新模式、新方法。修订《苏州市古建筑保护条例》，制定《苏州市传统建筑和古建筑保护更新与修缮利用工程实施意见》《姑苏区直管公房文控保建筑保护修缮三年行动计划》等，开展“苏州文物建筑保护利用案例研究”“苏州市不可移动文物预防性保护导则”等课题研究。解构古城历史文化遗存肌理，实施“古城细胞解剖工程”。做强文物建筑保护利用实施主体，组建苏州名城保护集团有限公司，实施文物建筑数字化工程，创新利用文物资源。

【苏州地域文明探源工程】 2022年，苏州市启动苏州地域文明探源工程。市委、市政府印发《苏州地域文明探源工程实施方案》，围绕太湖流域文明源头研究、苏州早期文明发展历史研究、吴文化探源研究、苏州古城研究、苏州地域人口迁徙和文化交流研究5个课题，组织多学科多层次多角度联合攻关，揭示苏州作为吴文化发源地和江南文化核心城市的文化内涵。出版《虎丘黑松林发掘报告》《吴国史新证》等地域文明探源系列丛书。

（市文广旅游局　李宜达）

表64　2022年苏州市全国重点文物保护单位一览表

序号	名称	年代	地址	批次	公布日期	类型	说明
1	云岩寺塔	五代	姑苏区山塘街虎丘山山门内8号	第一批	1961年3月4日	古建筑	即虎丘塔，包括云岩寺其他建筑
2	苏州文庙及石刻	南宋至明、清	姑苏区人民路613号	第一批、第五批	1961年3月4日	古建筑	包括平江图、天文图、地理图、帝王绍运图。文庙于2001年6月25日（第五批）并入
3	拙政园	明清	姑苏区东北街178号	第一批	1961年3月4日	古建筑	
4	留园	明清	姑苏区留园路338号	第一批	1961年3月4日	古建筑	

续表64

序号	名称	年代	地址	批次	公布日期	类型	说明
5	太平天国忠王府	1860—1863年	姑苏区东北街202号	第一批	1961年3月4日	近现代重要史迹及代表性建筑	
6	玄妙观三清殿	南宋	姑苏区观前街中段	第二批	1982年2月23日	古建筑	包括附属建筑及石刻
7	网师园	清	姑苏区阔家头巷11号	第二批	1982年2月23日	古建筑	
8	瑞光塔	北宋	姑苏区东大街1号（盘门景区内）	第三批	1988年1月13日	古建筑	即瑞光寺塔
9	环秀山庄	明清	姑苏区景德路262号	第三批	1988年1月13日	古建筑	
10	罗汉院双塔及正殿遗址	北宋	姑苏区定慧寺巷68号	第四批	1996年12月25日	古建筑	
11	耦园	清	姑苏区小新桥巷东首	第五批	2001年6月25日	古建筑	
12	报恩寺塔	宋至清	姑苏区人民路香花桥北	第六批	2006年5月25日	古建筑	即北寺塔，包括附属建筑
13	盘门	元	姑苏区古城西南隅（盘门景区内）	第六批	2006年5月25日	古建筑	春秋始建
14	狮子林	元	姑苏区园林路23号	第六批	2006年5月25日	古建筑	元始建
15	沧浪亭	元至清	姑苏区沧浪亭街3号	第六批	2006年5月25日	古建筑	北宋始建
16	艺圃	明	姑苏区文衙弄5号	第六批	2006年5月25日	古建筑	
17	全晋会馆	清	姑苏区中张家巷14号	第六批	2006年5月25日	古建筑	
18	俞樾旧居	清	姑苏区马医科42号	第六批	2006年5月25日	近现代重要史迹及代表性建筑	即曲园
19	甲辰巷砖塔	宋	姑苏区甲辰巷市桥头	第七批	2013年3月5日	古建筑	
20	开元寺无梁殿	明	姑苏区东大街万里花园内	第七批	2013年3月5日	古建筑	即藏经阁
21	织造署旧址	清	姑苏区带城桥下塘18号	第七批	2013年3月5日	古建筑	
22	卫道观前潘宅	清	姑苏区卫道观前1、3号，民生里	第七批	2013年3月5日	古建筑	又称礼耕堂
23	东吴大学旧址	清、民国	姑苏区十梓街1号（苏州大学内）	第七批	2013年3月5日	近现代重要史迹及代表性建筑	
24	天香小筑	1933年	姑苏区人民路858号（苏州图书馆内）	第七批	2013年3月5日	近现代重要史迹及代表性建筑	原为席氏别墅
25	保圣寺罗汉塑像	唐宋	吴中区角直镇	第一批	1961年3月4日	其他	传为唐杨惠之塑。包括天王殿、经幢
26	宝带桥	明清重建	吴中区澹台湖东	第五批	2001年6月25日	古建筑	唐始建。石塔为宋物
27	紫金庵罗汉塑像	宋至明	吴中区东山西卯坞	第六批	2006年5月25日	古建筑	
28	寂鉴寺石殿	元	吴中区天池山藏书	第六批	2006年5月25日	古建筑	
29	轩辕宫正殿	元	吴中区东山杨湾村	第六批	2006年5月25日	古建筑	古名胥王庙，俗称杨湾庙
30	东山民居	明	吴中区东山	第六批	2006年5月25日	古建筑	含明善堂、怀荫堂、凝德堂三部分

续表64

序号	名称	年代	地址	批次	公布日期	类型	说明
31	春在楼	民国	吴中区东山镇	第六批	2006年5月25日	近现代重要史迹及代表性建筑	俗称雕花楼
32	草鞋山遗址	新石器	苏州工业园区唯亭陵南村	第七批	2013年3月5日	古遗址	
33	万佛石塔	元	虎丘区镇湖西泾村	第七批	2013年3月5日	古建筑	
34	退思园（含丽则女学校旧址）	清	吴江区同里镇	第五批、第七批	2001年6月25日	古建筑	2013年丽则女学校旧址并入
35	师俭堂	清	吴江区震泽镇	第六批	2006年5月25日	古建筑	
36	柳亚子故居	1922—1937年	吴江区黎里镇	第六批	2006年5月25日	近现代重要史迹及代表性建筑	
37	思本桥	宋	吴江区同里镇迈浜村	第七批	2013年3月5日	古建筑	
38	东庙桥	宋	吴江区七都镇	第七批	2013年3月5日	古建筑	
39	慈云寺塔	明	吴江区震泽镇	第七批	2013年3月5日	古建筑	
40	先蚕祠	清	吴江区盛泽镇	第七批	2013年3月5日	古建筑	即蚕花殿
41	耕乐堂	清	吴江区同里镇	第七批	2013年3月5日	古建筑	
42	垂虹断桥	元、明	吴江区垂虹遗址公园景区	第八批	2019年10月7日	古建筑	
43	綵衣堂	明	常熟市城区翁家巷门	第四批	1996年12月15日	古建筑	即翁氏故居
44	崇教兴福寺塔	南宋	常熟市大东门内	第六批	2006年5月25日	古建筑	俗称方塔
45	赵用贤宅	明	常熟市城区南赵弄	第六批	2006年5月25日	古建筑	
46	聚沙塔	宋	常熟市梅李镇	第七批	2013年3月5日	古建筑	
47	燕园	清	常熟市城区辛峰巷	第七批	2013年3月5日	古建筑	又名燕谷园
48	常熟言子祠	明	常熟市城区学前街25号	第八批	2019年10月7日	古建筑	
49	绰墩遗址	新石器时代至周	昆山市正仪镇北	第六批	2006年5月25日	古遗址	
50	赵陵山遗址	新石器	昆山市张浦镇	第七批	2013年3月5日	古遗址	
51	顾炎武墓及故居	清	昆山市千灯镇	第七批	2013年3月5日	古墓葬	
52	玉燕堂	明	昆山市周庄镇	第七批	2013年3月5日	古建筑	俗称张厅
53	秦峰塔	明	昆山市千灯镇	第七批	2013年3月5日	古建筑	
54	敬业堂	清	昆山市周庄镇	第七批	2013年3月5日	古建筑	俗称沈厅
55	太仓石拱桥	元	太仓市城区至和塘上	第六批	2006年5月25日	古建筑	包括周泾桥、州桥、皋桥、井亭桥、金鸡桥5个文物点
56	张溥宅第	明	太仓市城区西门街	第六批	2006年5月25日	古建筑	
57	太仓海运仓遗址	元	太仓市城区南郊	第七批	2013年3月5日	古遗址	
58	浏河天妃宫遗迹	明	太仓市浏河镇	第七批	2013年3月5日	古建筑	
59	东山村遗址	新石器时代	张家港市南沙镇东山村	第七批	2013年3月5日	古遗址	
60	黄泗浦遗址	南朝至宋	张家港市鹿苑镇	第七批	2013年3月5日	古遗址	即鉴真东渡启航处
61	杨氏宅第	清	张家港市港口镇恬庄村	第七批	2013年3月5日	古建筑	含榜眼府、杨氏南宅、杨孝子祠3个文物点

注：以区域、批次为序排列。

（资料来源：市文广旅游局）

【革命文物保护利用】 2022年，苏州加大革命文物挖掘保护力度。姑苏区司前街看守所旧址、吴江区王绍鏊故居、吴中区新四军太湖游击队冲山事件发生地3处不可移动文物入选第二批江苏省不可移动革命文物名录，截至年底，累计有江苏省不可移动革命文物27处。制订《苏州市革命文物保护利用规划》，播出“赓续红色基因走近革命文物”系列短片，利用新媒体平台宣传推介革命文物。

【草鞋山考古遗址公园入选国家考古遗址公园立项名单】 2022年，国家文物局公布第四批国家考古遗址公园名单和立项名单，草鞋山国家考古遗址公园入选第四批国家考古遗址公园立项名单，是江苏省此次唯一入选的遗址。6月28日，第18个“苏州文化遗产保护日”，草鞋山考古遗址公园开园。草鞋山遗址位于苏州工业园区阳澄湖南岸，遗址总面积40.2万平方米，其中保护范围19.9万平方米、建设控制地带20.3万平方米，是第七批全国重点文物保护单位，1992—1995年，中日两国考古学家在草鞋山遗址开展中国最早的稻田考古工作，发现6000年前的稻田遗址，是全世界首次发现具有灌溉系统的水稻田。草鞋山遗址公园以考古成果为依据，核心展示区集合时空之门、主题展、考古现场展示、古水稻田场景复原、考古工作站等功能空间。草鞋山遗址公园开园后，举办草鞋山文化大讲堂、沉浸式考古研学、征文绘画大赛、丰收嘉年华、文物会说话等品牌宣传活动，截至年底，累计入园观众1.2万人次，线上线下超过100万人次参与活动。

（市文广旅游局　李宜达）

非物质文化遗产保护

【概况】 2022年，苏州市加大非物质文化遗产保护力度。碧螺春制作技艺作为中国传统制茶技艺及其相关习俗的重要组成部分被列入人类非物质文化遗产代表作名录。截至年底，苏州市有非遗世界级项目7项、国家级项目33项、省级项目124项、市级项目172项，非物质文化遗产国家级代表性传承人50人、省级代表性传承人143人、市级代表性传承人464人。年内，新增市级非遗保护单位76家，累计336家。印发《苏州市非物质文化遗产代表性项目评定与管理办法》。开展国家级非物质文化遗产代表性传承人评估工作，组织39人参评，其中8人获评优秀、31人获评合格。开展“非一般”系列活动。推动非遗融合发展。“古典园林空间的跨媒体非遗展示”“沧浪亭昆曲《浮生六记》园林版展示”2个项目入选首批江苏省无限定空间非遗进景区项目，2家企业获评江苏省第三批非遗创意基地。

（市文广旅游局　李宜达）

表65　2022年苏州市国家级非物质文化遗产项目一览表

序号	类别	项目名称	保护单位
第一批（2006年5月20日公布）			
1	民间文学	吴歌	苏州市非物质文化遗产保护管理办公室（苏州市文化研究中心）
2	民间音乐	古琴艺术	常熟市虞山琴派艺术工作室
3		江南丝竹	太仓市文化馆
4		苏州玄妙观道教音乐	苏州市道教协会
5	传统戏剧	昆曲	江苏省苏州昆剧院
6		苏剧	苏州市苏剧传习保护中心
7	曲艺	苏州评弹（苏州弹词、苏州评话）	苏州市评弹团
8	民间美术	桃花坞木版年画	苏州市公共文化中心（苏州美术馆、苏州市文化馆、苏州市名人馆）
9		苏绣	苏州刺绣研究所有限公司
10	传统手工技艺	宋锦织造技艺	苏州丝绸博物馆
11		苏州缂丝织造技艺	苏州王金山大师缂丝工作室有限公司
12		香山帮传统建筑营造技艺	苏州香山工坊建设投资发展有限公司
13		苏州御窑金砖制作技艺	苏州陆慕御窑金砖厂
14		明式家具制作技艺	苏州红木雕刻厂有限公司
15		制扇技艺	苏州如意檀香扇有限公司
16		剧装戏具制作技艺	苏州剧装戏具合作公司
17	民俗	端午节	苏州市姑苏区文化馆
18		苏州甪直水乡妇女服饰	苏州市吴中区甪直镇文体教育服务中心（苏州市吴中区甪直镇党校）
第二批（2008年6月9日公布）			
1	传统美术	核雕	苏州市吴中区光福镇文体教育服务中心
2		苏州玉雕	苏州博物馆（苏州民俗博物馆、苏州工艺美术博物馆）

续表65

序号	类别	项目名称	保护单位
3	传统美术	苏州泥塑	苏州市艺术学校（苏州市艺术职业学校）
4	传统技艺	苏州灯彩	苏州市苏艺灯彩艺术有限公司
5		苏州民族乐器制作技艺	苏州民族乐器一厂有限公司
6	传统医药	医药传统制剂方法（雷允上六神丸制作技艺）	雷允上药业集团有限公司
第三批（2011年5月23日公布）			
1	传统戏剧	滑稽戏	苏州市滑稽剧团（苏州市少儿喜剧实验剧院）
2	传统技艺	国画颜料制作技艺（姜思序堂国画颜料制作技艺)	苏州姜思序堂国画颜料有限公司
3	传统美术	盆景技艺（苏派盆景技艺）	苏州市虎丘山风景名胜区管理处
4	传统技艺	装裱修复技艺（苏州书画装裱修复技艺）	苏州博物馆（苏州民俗博物馆、苏州工艺美术博物馆）
5	传统技艺	绿茶制作技艺（碧螺春制作技艺）	苏州市吴中区洞庭山碧螺春茶业协会
第四批（2014年12月3日公布）			
1	民间文学	宝卷（吴地宝卷）	苏州市非物质文化遗产保护管理办公室（苏州市文化研究中心）
2	民俗	庙会（苏州轧神仙庙会）	苏州市姑苏区文化馆
3	民俗	庙会（金村庙会）	张家港市塘桥镇文化体育服务中心（塘桥镇党校）
第五批（2021年5月24日公布）			
1	民俗	庙会（圣堂庙会）	苏州市阳澄湖生态休闲旅游度假区综合服务中心（招商服务中心）

（资料来源：市非遗办）

【昆曲保护传承】 昆曲于2001年被列入人类非物质文化遗产代表作名录，2006年被列入国家级非物质文化遗产代表性项目名录。该项目有市级以上传承人40人，其中国家级传承人2人、市级传承人38人。2022年，项目保护单位江苏省苏州昆剧院以传承、传播为中心，完成新创作作品4部，剧本储备2部，在首届“梁辰鱼杯”剧本征集活动中获得一等奖作品1项（《林屋洞》）、优秀奖作品1项（《名园遗梦》）。打磨传承经典剧目《连环记》《十五贯》等，完成11个经典折子戏和大戏《绣襦记》的传承工作。演出总场次292场，其中线下演出178场、大戏演出36场、公益性演出57场。线上展播309次，总时长6360分钟，总点击量突破100万人次。获得全国性奖项7项、省级奖项13项，参加国际和国家重大艺术活动8次、省级重要艺术活动3次、市级重要艺术活动6次，入选市艺术基金、市级奖项18项。

【古琴艺术保护传承】 古琴艺术于2003年被列入人类非物质文化遗产代表作名录，2006年被列入国家级非物质文化遗产代表性项目名录。该项目有市级以上传承人12人，其中国家级传承人1人、市级传承人11人。2022年，苏州市支持项目保护单位常熟市虞山琴派艺术工作室等开展传承、教育、推广、研究、收藏等相关工作，继续开展《虞山琴韵》录制工作。全年组织古琴进社区、进校园活动100余次，古琴雅集20余次。

【苏州端午习俗保护传承】 苏州端午习俗于2006年被列入国家级非物质文化遗产代表性项目名录，2009年作为中国端午节的重要组成部分被列入人类非物质文化遗产代表作名录。2022年6月3日，端午节，苏州市举办“我们的节日——端午”苏州民俗活动暨“非一般的展厅”启幕仪式。活动以“传统的佳节 流动的展厅”为主题，在有75件藏品的“非一般的展厅”内设置10个端午民俗体验区，安排“五色五黄避五毒”“技艺体验·百余端午粽”“木刻钟馗·吴地”“端午景”等互动体验活动，以及“千年苏绣·双面端午”“赛龙舟·点睛龙头寓吉祥”等非遗展示活动。中央广播电视总台央视新闻客户端在苏州“非一般的展厅”现场连线，直播端午吴地民俗，全国超过1000万人次在线观看直播。6月3—5日，姑苏区举办2022年第十八届苏州端午民俗文化活动，举办伍子胥祭祀活动，发布民俗数字藏品“千年盛行吴地端午”和诗集《诗意端午》。

【宋锦织造技艺保护传承】 宋锦织造技艺于2006年被列入国家级非物质文化遗产代表性项目名录，2009年作为中国蚕桑丝织技艺的重要组成部分被列入人类非物质文化遗产代表作名录。该项目有市级以上传承人6人，其中国家级传承人1人、省级传承人1人、市级传承人4人。2022年，苏州市举办“锦瑟华章——宋锦时尚臻品展”等宋锦主题展览3个。组织项目相关单位参加2022“我中意你”首届中意文化交流节、2022中国蚕桑丝织技艺保护联盟第一届第三次会议等活动。

【缂丝织造技艺保护传承】 缂丝织造技艺于2006年被列入第一批国家级非物质文化遗产名录项目，2009年作为中国蚕桑丝织技艺的重要组成部分被列入人类非物质文化遗产代表作名录。该项目有市级以上传承人12人，其中国家级传承人1人、省级传承人2人、市级传承人

9人。2022年，苏州市组织项目相关单位参加“相约北京 遇见江南”苏州文化艺术展示周活动。缂丝省级非遗代表性传承人马惠娟、市级非遗代表性传承人蔡霞明做客直播间，参与“非一般的课堂”——缂丝织造技艺线上课程。中央广播电视总台在“文化和自然遗产日”直播中，宣传苏州缂丝织造技艺。

【香山帮传统建筑营造技艺保护传承】香山帮传统建筑营造技艺于2006年被列入国家级非物质文化遗产代表性项目名录，2009年作为中国传统建筑营造技艺的重要组成部分被列入人类非物质文化遗产代表作名录。该项目有市级以上传承人12人，其中国家级传承人3人、省级传承人2人、市级传承人7人。2022年，苏州市引导项目保护单位香山工坊推进产业基地建设，创立、完善“香山帮资料数据库”，加快“非遗游”的设计和开发，促进文化旅游深度融合。香山帮传统建筑营造技艺随纪录电影《天工苏作》走出国门。

【碧螺春制作技艺保护传承】碧螺春制作技艺于2011年被列入国家级非物质文化遗产代表性项目名录，2022年作为中国传统制茶技艺及其相关习俗的重要组成部分被列入人类非物质文化遗产代表作名录。该项目有市级以上传承人11人，其中国家级传承人1人、省级传承人1人、市级传承人5人、区级传承人4人。2022年，苏州市发布《苏式传统文化洞庭（山）碧螺春茶制作技艺传承指南》地方标准，策划推出“双遗产”碧螺春农文旅融合体验精品路线，推动乡村振兴。

【非遗数字化保护】2022年，苏州市印发《苏州市非物质文化遗产数字化工程实施方案》，开展非遗数字化工作。以传统技艺类和传统美术类项目为重点，开展百件非遗作品3D数据采集工作。开展市级非遗项目档案数据库采集工作，采集整理5个非遗项目数据总量3000GB、照片2500幅、视频时长40小时。实施“云中·纹里——苏州丝绸纹样数字展”项目，通过数字化手段与装置艺术相结合的方式，在城市空间创建非遗体验新模式。非遗数字资源上线“君到苏州”App《非遗鉴赏》栏目、苏州非物质文化遗产信息网、“数字非遗频道”微信公众号。

【非遗宣传推广】2022年，苏州市开展“非一般”系列品牌宣传活动，包括“非一般的甄选铺”“非一般的好物”“非一般的课堂”“非一般的风景”“非一般的节日”“非一般的展厅”等。全年累计开展非遗传播活动100余场，直接参与近1万人次，惠及人数超过100万人次。举办第四届大运河文化旅游博览会非遗展，51项非遗技艺、74家企业、近1000件非遗作品参展，展示大运河沿线省、市非遗保护成果，累计参与互动人数7万人次。举办市民走进非物质文化遗产公益体验活动，包括张家港线、常熟线、昆山线、吴江线和姑苏线。“引力播”App全程直播吴江线活动，吸引近27万人次观看。纪录电影《天工苏作》入选江苏省第十二届精神文明建设“五个一工程”，并在美国纽约、洛杉矶、旧金山等7个城市上映。

【工艺美术振兴】2022年，苏州推进工艺美术振兴，推动工艺美术行业高质量发展。举办首届青年手工艺人才选拔大赛，20名青年工艺人才获奖。举办2022中国（苏州）工艺美术精品博览会线上展、2022苏州国际手工艺术季——“相遇·匠心·传承”国际手工艺发展论坛等手工艺展会。支持工艺美术产品品质提升，开展苏作红木家具产品品质认证，7家企业通过认证并获得奖励经费。

【中国（苏州）工艺美术精品博览会】2022年12月8—12日，中国（苏州）工艺美术精品博览会在线上举办。该博览会以巧夺天工、江南锦绣、吴门风韵、匠心独具、智趣空间五大板块及3D虚拟展厅形式呈现，全国400余名工艺从业者携作品参展，展品门类包含玉雕、刺绣、红木家具、木雕、缂丝、苏扇、核雕、仿古铜器、漆器、瓷器、金银细工、竹刻、蟋蟀罐、剪纸等，各平台累计观看人数超过200万人次。同期开展多场直播活动，其中“云逛苏艺杯”抖音话题播放量超过100万次。展会期间，意向销售金额超过5000万元。其间，中国工艺美术交流研讨会在线上举办。

（市文广旅游局　李宜达）

2022年6月10日，游客在沧浪亭参观“非一般的风景”——首届姑苏乡土人才（能工巧匠类）精品展
（杭兴微　摄）

编辑：金凯帆

文化

文化场馆

【图书馆】 截至2022年底，苏州市有图书馆及各县级市（区）图书馆总分馆224家，馆藏图书2297.5万册。全年新增图书馆总分馆14家，新增馆藏图书92.1万册。全年提供图书借阅1515万册次，服务读者1993万人次，组织各类活动6258场，吸引市民参与876.9万人次，完成古籍数字化1000余册。其中，苏州图书馆新增藏书22.49万册，总藏书量684.32万册，线下服务读者608.97万人次。苏州图书馆实施全面数字化转型，开发苏州图书馆阅读大数据即时展示平台、智能立体书库相关大数据即时展示平台等多个数字服务项目，数字阅读平台获评2022年度社科普及惠民扶持项目。举办2022长三角公共图书馆智慧服务创新发展研讨会，推出“苏图盲盒”“典籍里的中国年”等一批线上展览和网络直播活动，在102个网点开通数字人民币功能。启动全国首个地级市古籍馆苏州古籍馆建设，完成国家重点古籍保护单位的复核建档工作，完成国家版本馆征集展品的核对、扫描及电子文本提交工作。推进《苏州全书》编纂工程，完成工作方案起草、拟定第一批出版书目。

【博物馆】 2022年，苏州市发布《关于推动苏州“博物馆之城”的建设意见》《关于鼓励和促进苏州非国有博物馆发展的实施办法》，将全市非国有博物馆、类博物馆纳入“一城百馆”名录，并统一落实政府扶持政策。苏州“百馆之城”建设取得阶段性成果，形成以苏州博物馆为龙头、国有馆为主体、主题馆为特色、非国有博物馆为补充，各类博物馆协调发展的良好格局。年内，新增开放苏州城建博物馆、孙子兵法博物馆、黄埭评弹博物馆、江南农耕博物馆、苏州市酒文化博物馆、吴根越角中医药博物馆、六悦博物馆、太湖书院、苏州和合博物馆、苏州和盛堂珍珠博物馆等一批具有鲜明文化特色的博物馆。截至年底，全市建成博物馆109家，其中备案博物馆45家。全市有国家等级博物馆9家，其中一级馆2家（苏州博物馆、常熟博物馆），二级馆6家（苏州碑刻博物馆、苏州戏曲博物馆、苏州丝绸博物馆、吴江博物馆、张家港博物馆、太仓博物馆），三级馆1家（苏州生肖邮票博物馆）。全市博物馆馆藏珍贵文物总量1.4万件（套），其中国家一级文物326件（套）、二级文物1741件（套）、三级文物12596件（套）。苏州博物馆在新一轮国家一级博物馆运行评估中列全国第三位，是唯一获评优秀等次的地级市博物馆。苏州博物馆策划的展览活动3次获得全国博物馆十大陈列展览精品奖。全年全市文博单位开发文创产品180种，年销售额1943万元。年内，举办“5·18国际博物馆日”江苏主场活动，开展“博物知旅”活动，首发“博物馆苏州规范”，启动“云上博物馆”，举办“博物馆的力量”论坛，活动传播量超过567万人次。

（市文广旅游局　李宜达）

表66　2022年苏州市备案博物馆一览表

序号	博物馆名称	地址	等级	权属
1	苏州博物馆	姑苏区东北街204号	一级	国有
2	苏州碑刻博物馆	姑苏区人民路613号	二级	国有
3	中国昆曲博物馆	姑苏区中张家巷14号	二级	国有
4	苏州丝绸博物馆	姑苏区人民路2001号	二级	国有
5	苏州刺绣博物馆	姑苏区景德路274号	未定级	国有
6	苏州园林博物馆	姑苏区东北街202号	未定级	国有
7	苏州革命博物馆	姑苏区三香路1216号	未定级	国有
8	苏州中医药博物馆	姑苏区景德路330号	未定级	国有
9	苏州工艺美术博物馆	姑苏区西北街88号	未定级	国有
10	苏州城墙博物馆	姑苏区干将东路相门城墙文化休闲景区	未定级	国有
11	苏州状元博物馆	姑苏区临顿路钮家巷3号	未定级	国有
12	苏州南社纪念馆	姑苏区山塘街800号	未定级	国有
13	苏州生肖邮票博物馆	姑苏区山塘街玉涵堂西（东杨安浜2号）	三级	国有
14	张家港博物馆	张家港市杨舍镇暨阳西路2号	二级	国有

续表66

序号	博物馆名称	地址	等级	权属
15	常熟博物馆	常熟市北门大街1号	一级	国有
16	翁同龢纪念馆	常熟市翁家巷门2号	未定级	国有
17	常熟美术馆	常熟市西门大街117号	未定级	国有
18	常熟市江南农家民俗馆	常熟市支塘镇蒋巷村	未定级	非国有
19	沙家浜革命历史纪念馆	常熟市沙家浜镇芦苇荡路188号	未定级	国有
20	常熟市碑刻博物馆	常熟市塔弄2号方塔园附近	未定级	国有
21	太仓博物馆	太仓市上海东路100号	二级	国有
22	宋文治艺术馆	太仓市县府东街6号	未定级	国有
23	郑和纪念馆	太仓市浮桥镇南环路1号	未定级	国有
24	太仓市吴晓邦舞蹈艺术馆	太仓市沙溪古镇	未定级	非国有
25	朱屺瞻纪念馆	太仓市浏河镇浏河公园内	未定级	国有
26	维新遗址陈列馆	太仓市双凤镇瓯江路8号	未定级	国有
27	顺宝斋钟表博物馆	太仓市南门街21-1号	未定级	非国有
28	吴江博物馆	吴江区松陵镇笠泽路450号	二级	国有
29	柳亚子纪念馆	吴江区黎里镇中心街30号	未定级	国有
30	江悦古代木雕造像艺术博物馆	吴江区菀坪迎丰街5号	未定级	非国有
31	六悦博物馆	吴江区黎里镇人民东路1号	未定级	非国有
32	苏州市吴中区博物馆	吴中区澹台街9号	未定级	国有
33	陆巷社区博物馆	吴中区东山镇陆巷古村内	未定级	国有
34	苏州江南茶文化博物馆	吴中区东山镇碧螺村西坞158号	未定级	非国有
35	苏州巧生炉博物馆	相城区元和文化创意园B幢一层	未定级	非国有
36	苏州御窑金砖博物馆	相城区阳澄湖西路95号	未定级	国有
37	苏州苏扇博物馆	姑苏区卫道观前16号	未定级	非国有
38	苏州历史货币博物馆	姑苏区斑竹巷7-1号	未定级	非国有
39	苏州砖雕博物馆	姑苏区学士街肃封里2-1号	未定级	非国有
40	苏州古丰阁门窗家具民艺博物馆	姑苏区江乾路645号	未定级	非国有
41	苏州无言斋民俗博物馆	姑苏区梅花新村44幢2层	未定级	非国有
42	苏州苏帮菜餐饮文化博物馆	姑苏区带城桥路99号	未定级	非国有
43	西马博物馆	苏州工业园区港田路360号苏州中学园区校	未定级	国有
44	苏州基金博物馆	苏州工业园区李公堤三期2栋101	未定级	非国有
45	苏州东吴博物馆	苏州高新区鸿禧路20号	未定级	国有

（资料来源：市文广旅游局）

【美术馆】 截至2022年底，苏州市有国有美术馆18家，有在民政部门注册登记的民办美术馆50家。年内，苏州市蔡谨士蔡廷辉金石篆刻艺术馆等28家民办美术馆获得2021年度扶持资金220万余元。全年苏州美术馆创作美术作品42件，举办“赋彩中国”——中国重彩画全国名家邀请展、“致敬苏州美专建校百年：江南如画 沧浪远眺”——全国油画名家邀请展、第八届中国大学生粉画作品展，组织“君到姑苏见”摄影展、“姑苏印记”——桃花坞木版年画展到日本、匈牙利巡展。苏州美术馆“共在蓝天下——苏州美术馆阳光美育计划”获得文化和旅游部评选的“2020—2021年度全国美术馆优秀公共教育项目”，与“自然回响”——苏州美术馆馆藏“苏美宝笈”系列展（时节篇）入选文化和旅游部评选的“2022年全国美术馆馆藏精品展出季”，“归来”——留学生颜文樑的艺术探索与美育思想展览入选文化和旅游部“2022年全国美术馆青年策展人扶持计划”初评，“碧血忠魂”——江苏革命先烈事迹连环画手稿展巡展等10个项目获得省级荣誉。苏州市各民办美术馆全年举办展览近100场，其中苏州市尹山湖美术馆“诗意江南”——全国油画作品展、苏州市明加美术馆第五届中国（苏州）国际粉画双年展等展览在全国范围内产生影响。苏州市尹山湖美术馆“生活之内 Insight & Vision”苏州特展被评为2021年度江苏美术馆馆际联盟优秀展览。

【文化馆】 截至2022年底，苏州市有市、县两级文化馆11家，均为国家一级文化馆。全年苏州市公共文化中心举办各类展览47场、巡展7场、涉外展览8场、公教活动244场，主办或参与演出32场，剧院报告厅活动320场，累计提供文化场馆服务600万余人次，公共文化服务获得国家级荣誉9项、省级荣誉10项。其中，苏州市文化馆创作各类群文作品115件，女子群舞《桃坞戏球图》、微型评弹《幸福里》获得第十五届江苏省“五星工程奖”金奖。苏州市公共文化中心承办2022年苏州青少年街舞大赛、“圆梦·青春”青年艺术圆梦计划，针对特殊人群开展“阳光教育计划”、建设“青橙先锋”服务型团建品牌，带动下属各类公益场馆，向市民群众开展“品苏·夜课堂”公益培训。

（市文广旅游局　李宜达）

群众文化

【概况】 2022年，苏州市起草《苏州国家公共文化服务体系示范区创新发展三年行动计划》，各县级市（区）印发《2022年昆山“江南文化”品牌建设重点工作》《常熟市打造“最美文化空间”实施方案》《太仓市公共文化发展专项资金使用办法》等政策文件，完善构建现代公共文化服务体系的体制机制。苏州市通过文化和旅游部组织的国家公共文化服务体系示范区创新发展评审，获评优秀等次。

【群众文艺创作】 2022年，张家港市选送的小品《打折》作为江苏省唯一获奖作品获得第十九届群星奖，实现苏州市全国群众文化政府最高奖“三连冠”。昆山市的阿卡贝拉表演唱《看戏》、姑苏区的群舞《戤壁听书》、张家港市的广场舞作品《推呀拉呀》3部作品入围该届群星奖决赛圈，入选数量列全省设区市第一位。音乐类作品《沙海遗珠》等16部作品获得第十五届江苏省“五星工程奖”，获奖总数连续4届列全省设区市第一位。吴江区的广场舞作品《一起向未来》获得全国网络广场舞大赛一等奖。全市有18个团队入选江苏省优秀群众文化团队第二批培育对象，评出苏州市优秀群众文化团队26个。

【群众文艺活动】 2022年，苏州市推出“舞出中国红”苏州市民广场舞大赛、“活力青春”苏州青少年街舞大赛、“一起来读‘苏’”全民阅读大赛等6项市级群众文艺赛事活动，开设“欢乐·艺站”系列公益课程，推出“美好·文艺”艺术云课堂，开展青年艺术圆梦计划。各县级市（区）联动推出区级重点活动6项、公益辅导活动44项、文艺赛事23项、艺术欣赏40项、展览展示20项、综合实践37项。苏州市评出2022年度苏州市群众文化“全民艺术提升优秀项目”50个。

【公共文化服务配送】 2022年，苏州市开展年度公共文化配送活动，设置“党的二十大”“乡村振兴”等专题，组织文化惠青、惠医、惠她、惠企、惠残、惠学等专项配送。全年遴选超过400个项目入选配送项目库，淘汰率超过60%，累计面向全市所有乡镇街道的737个社区配送文化服务超过1200场。

【公共文化特色空间】 2022年，张家港市肖家巷双创中心、永联小镇客厅入选全国乡村公共文化空间创新案例。苏州工业园区北部市民中心等9处文旅空间在2022年长三角及全国部分省市最美公共文化空间大赛中获得10项大奖。苏州市有17个项目入选江苏省第二批“最美公共文化空间”。评选出苏州市“最江南·公共文化特色空间”30家、“公益性小剧场示范点”18个。

（市文广旅游局　李宜达）

【全民阅读】 2022年，苏州市继续建设“书香城市”品牌，以“阅读新时代 喜迎二十大”为主题，举办第十七届苏州阅读节系列活动，由名家担任“书香苏州”代言人，公布“苏州好书荐读·江南书单”，举办重点活动155项，各县级市（区）同步开展系列阅读活动3000余场。继续开展“夜读”“读苏”“悦读嘉年华”“平江晒书节”等特色品牌活动。《月月书房》悦读江南——行走的江南文化公开课、“雅阅江南·情调园区”全民阅读季、第十二届“职工读书月”系列活动、“童话英雄榜”张家港市阅读100挑战赛等阅读推广活动入选江苏省公益阅读推广活动认证名单。对照《苏州市全民阅读提质增效三年行动计划（2021—2023年）》，落实6个方面20项重点任务。全年全市开展各类主题阅读活动1万余场次。结合江苏书展，举办专题讲座、名家签售、作品阅读分享等阅读推广活动146场。推动全民阅读相关条例列为立法调研项目。开展“全民阅读春风行动”暨“书香伴您过新年”暖心活动，关爱留苏州人员，发放2万余册图书。建树“云阅读”品牌，推出绿色数字阅读“云图书馆”，开放正版电子图书6000余册，全年为轨道交通乘客提供超过16万人次的免费借阅服务，日均借阅服务量超过800人次。发布《苏州市推进新时代古籍工作实施方案》，建立苏州古籍馆。创新建设“书店与社区”结对模式，开办启用社区书店，打造“15分钟阅读圈”。截至年底，全市有出版物发行点1738个。

（市委宣传部　孙　晨）

文学艺术

【文学】 2022年，苏州市一批优秀文学作品在全国、全省文学奖项评比中获奖。王尧的长篇小说《民谣》获得第五届“施耐庵文学奖”，散文《我坐在码头上，木船向东向西》获得第七届“汪曾祺文学奖”散文奖；叶弥获得第四届江苏省“紫金文化奖章”，叶弥的长篇小说《不老》入选中国作家协会“新时代文学攀登计划”，入选“中国小说学会2022年度好小说”，入选“腾讯好书2022年度十大文学好书”；朱文颖的短篇小说《分夜钟》入围第八届“鲁迅文学奖”短篇小说奖提名作品，长篇小说《深海夜航》获得“凤凰文学奖”评委会大奖；房伟的短篇小说《小陶然》获得第七届“汪曾祺文学奖”短篇小说奖。在由江苏省作家协会组织开展的2022年度江苏省基层文学工作先进单位、先进个人暨职业道德建设先进个人等五项评选表彰活动中，苏州市作家协会被评为先进单位，王一梅被评为先进个人，戴来被评为基层作家职业道德建设先进个人，苏州市作家协会“典范江南”创作计划被评为“年度创新创优项目”。年内，由江苏省作家协会、苏州市文学艺术界联合会主办，苏州市作家协会承办的第四届“苏州作家与中国当代文学”研讨会儿童文学论坛举办。该论坛以“江南印象·生态童年”为主题，针对苏州儿童文学“地域印记”和“生态童年书写”等特点，就苏州儿童文学作家和儿童文学创作情况开展有针对性的观察和讨论，提升苏州儿童文学在全国的影响力。开展“强国复兴有我——喜迎党的二十大”主题征文活动、“我说江南”主题征文活动、“最江南”主题网络文学作品征文活动。实施“典范江南”创作计划，举办长篇报告文学《满城活水》首发式暨座谈会、2022“文学苏州·名家沙龙”活动等，在《文学报》《当代作家评论》专版推介苏州作家作品。

《苏州杂志》 1988年12月创刊，双月刊。由市委宣传部主管，苏州市文学艺术界联合会主办。为纪念杂志创办人、著名作家陆文夫，2006年开始，杂志栏目均以陆文夫文学作品篇名命名。常设栏目有《人与城》《小巷深处》《美食家》《脚步声》《壶中日月》《门前的茶馆》《梦中的天地》等。2022年，杂志围绕“喜迎党的二十大”“庆祝《苏州杂志》200期”“古镇申遗”等重大主题开展采编工作，开设《黎里笔记》《苏州大厨在海外》专栏，发表《苏州与纸上苏州》《阊门四望郁苍苍》《抗疫影像》《世界冠军苏州长成记》《苏州粮事》等一批具有时代气息、现实关怀和文化标识的优秀作品。

（市文联　糜鸣峰）

2022年苏州市滑稽剧团原创滑稽戏《又见炊烟》剧照　（市文广旅游局　供图）

【美术】 2022年，苏州市新创美术精品近1000件。举办“新时代颂”2022苏州美术摄影主题联展、“奋进新征程 建功新时代”喜迎党的二十大苏州市优秀书法作品展、苏州市首届雕塑作品展、“赋彩新时代”——中国重彩画学术邀请展等展览。多项作品入选2022中国写意画作品展览、第四届“陆俨少奖”全国中国画作品展、“雨花满天”——全国花鸟画作品展等重点展览。苏州美术馆“共在蓝天下——苏州美术馆阳光美育计划”获评文化和旅游部2020—2021年度全国美术馆优秀公共教育项目，苏州美术馆“与自然回响”——苏州美术馆馆藏“苏美宝笈”系列展（时节篇）入选文化和旅游部2022年全国美术馆馆藏精品展出季。

【舞台艺术】 2022年，苏州市舞台艺术精品创作成果丰硕，获奖作品在艺术门类、数量方面再创新高。全年获得各级各类奖项192项，其中国家级奖项26项、省级奖项65项、市级奖项101项。演出滑稽戏《又见炊烟》等，锡剧《雪篷送米图》等，苏剧《绣娘》等一系列“喜迎二十大”、廉政题材等新创作品。吴静创作的中篇弹词《红色摇篮》获得第十二届中国曲艺“牡丹奖”文学奖。大型民族管弦乐《江河湖海颂》获得文化和旅游部2022—2023年度“时代交响”创作扶持计划扶持作品。舞剧《运·河》入围第十三届中国舞蹈“荷花奖”终评。滑稽戏《又见炊烟》、苏剧《绣娘》等7个作品及个人获得省紫金文化艺术节优秀剧目奖等奖项，取得历年最好成绩。苏剧《太湖人家》、锡剧《云水谣》获得省第十二届精神文明建设“五个一工程”优秀作品奖。滑稽戏《又见炊烟》、民族管弦乐《江河湖海颂》获评2022省舞台艺术精品创作扶持工程扶持剧目。苏剧《太湖人家》等7个项目入选2022年度国家艺术基金，昆剧《连环记》等12个项目入选2022年度省艺术基金。中篇弹词《军嫂》、昆剧青春版《牡丹亭》获得省优秀文艺成果奖励。滑稽戏《又见炊烟》等4部作品分别入选江苏省新时代现实题材作品巡演和基层文艺院团优秀剧目展演。

【文艺院团建设】 截至2022年底，苏州市有艺术表演团体17个，有艺术表演场所14个。全年演出6104场次。年内，苏州市根据《市属文艺院团年度考核办法》，制定精细化指标体系，采取量化考核和现场评议相结合的考核方式，开展市属文艺院团年度考核。开展全省国有文艺院团评估定级。在首次评估定级中，全市8个院团被评定为江苏省一级院团，7个院团被评定为江苏省二级院团，总数列全省设区市第一位。开展年度社会效益考核。重视并组织全市市属、县属文艺院团参加江苏省国有文艺院团社会效益评价考核，全市文艺院团社会效益考核“优秀率”居全省前列。实施年度目标管理。通过目标激励，与市属文艺院团签订目标责任管理责任书以及目标任务表，在明确相关指标基础上，提高演出场次、演出收入等指标值。

2022年苏州市苏剧团原创苏剧《绣娘》剧照　（市文广旅游局　供图）

【“百剧之城”演艺品牌】 2022年，苏州市举办戏曲百戏（昆山）盛典等重大演艺活动，加快“江南小剧场”“江南小书场”建设，上线“苏州有戏”H5和App，培育昆曲、苏剧、评弹、锡剧等传统演出市场。苏州交响乐团、苏州芭蕾舞团、苏州民族管弦乐团创作演艺精品，演出大型民族管弦乐《江河湖海颂》、舞剧《运·河》《壮丽的云》等文艺精品。截至年底，全市有剧场70余座。8月13日至9月14日，由文化和旅游部、江苏省政府主办，苏州市政府等承办的2022年戏曲百戏（昆山）盛典主体活动举办。其间，启动“新三年 新百戏”计划，推出全国戏曲领军人才优秀剧目展演、“天下第一团”青年表演人才培训等主体活动，以及“数字直播”“看百戏、游江苏”主题游、学术研讨交流等延伸活动。共有全国戏曲表演领军人才54人，线上线下展演大戏折子戏41场（台）次，剧场观演超过1万人次，线上观演6397.95万人次，其中海外直播观看量超过7万人次、新浪微博阅读量5亿人次、抖音新增播放量2.8亿人次。

【首届“梁辰鱼杯”剧本征集活动】 2022年6月22日，首届“梁辰鱼杯”剧本征集活动颁奖暨剧本签约购买仪式在江苏省苏州昆剧院举办。首届“梁辰鱼杯”剧本征集活动收到全国各地的投稿剧本258部。初评评出入围终评的剧本40部，终评评出一、二、三等奖及优秀奖剧本10部。昆剧《林屋洞》、话剧《小楼风影》等7部剧本与苏州部分国有院团、民营表演团体、青年剧社达成合作意向，作者、院团、苏州市文艺创作中心签订剧本购买三方协议。

（市文广旅游局　李宜达）

社会科学

【社科理论武装】 2022年，苏州市哲学社会科学界联合会（简称“市社科联”）以“众说学习”理论宣讲品牌为契机，加强社科理论武装，学习宣传贯彻党的二十大精神。组织社科专家宣传苏州新时代十年经济社会发展成就，依托社科基金项目，推出《苏城善治：为特大城市社会治理现代化探路》等报告，在省市主流媒体发布。组织召开全市社科界学习贯彻党的二十大精神座谈会，组织全市社科界开展多形式、分层次、全覆盖的专题学习研讨活动。加强新思想研究阐释，确定一批重大研究选题，组织开展专题研究，推出一批学习贯彻党的二十大精神系列理论研究成果。参与市委组织的“习近平新时代中国特色社会主义思想指引下的苏州实践”重大课题研究。建树“众说学习”理论宣讲工作品牌，开展“众说学习·名家说”系列活动，发挥“互联网+”理论宣讲阵地作用，组织各县级市（区）主要负责人与社科名家“云”上对话。发挥融媒体优势，开展“社科专家看一线”活动，以报、网、微、端、书一体化宣传方式，围绕共同富裕、特色田园乡村建设、长江国家文化公园建设等开展各类活动。

【社科研究交流】 2022年，市社科联提升学术品牌影响力，推动学术交流与理论创新。开展市社科基金项目研究，针对全市经济社会发展热点难点问题，分类别、分层次、分时段开展社科基金项目研究近230项，其中决策咨询类13项、应用对策类188项、江南文化专项研究类11项。回应市委领导关注和布置的选题，开展滚动专项研究课题6项。响应市级机关部门研究需求，开展《苏州全书》编纂工程专项研究类项目和妇女儿童工作专项研究类项目。参与“江苏省社科应用研究精品工程”优秀成果年度评选，苏州市获评一等次5项、二等次14项。创新举办“众说学习”社科前沿学术沙龙，首期围绕“数字经济时代产业创新集群”主题，研讨其理论源起与创新实践。以“服务国家战略，推进江苏城乡区域协调发展”主题，承办江苏省社科界学术大会苏南区域专场学术交流活动，面向苏南区域征集论文172篇。提升内刊办刊质量，全年登记报送有选题价值的稿件50余份，选编《智库专报》《决策参阅》18期，多篇报告提出的对策建议落地转化。

【社科普及】 2022年，市社科联推进数媒融合，落实市社会科学普及工作联席会议制度，细化各成员单位工作任务，提升社科普及工作质效。组织召开市社会科学普及工作联席会议第一次会议。扶持优秀社科普及项目，认定4类95个项目入选苏州市社科普及惠民扶持项目名单。举办第十九届社会科学普及宣传周，以“喜迎二十大 奋进新征程”为主题，开展沉浸式体验、公益帮扶、志愿服务、微视频展播、网络直播等社科普及活动。举办“众说学习·师说”活动，举办田浩江、龙平平、王芳专场活动。适应新媒体时代要求，推出“苏州市社会科学普及示范基地VR数字展馆”。促进市级社科普及示范基地建设，开展基地建设实地评估调研。将基地活动开展情况作为社科普及示范基地申报的重要条件，认定91家单位入选2022—2023年苏州市社科普及示范基地名录。

【社科评奖】 2022年，市社科联受市政府委托，组织开展苏州市第十六届哲学社会科学优秀成果奖评选工作，对2020—2021年度全市社科工作者的社科研究成果和外地作者同期完成的、以苏州为个案的社科研究成果开展评审、表彰。12月，市政府印发《关于公布苏州市第十六届哲学社会科学优秀成果奖的决定》，评出获奖项目216个，其中一等奖10个、二等奖50个、三等奖156个。根据省市联动开展评奖工作要求，推荐苏州市作品参评省第十七届哲学社会科学优秀成果奖评选。

（市社科联　崔静雅）

表67　2022年苏州市第十六届哲学社会科学优秀成果一等奖项目一览表

序号	项目名称	作者及单位
1	《恩格斯的解释学思想及其当代意义》（论文）	桑明旭，苏州大学
2	《企业进入退出、产业动态集聚与城市生产率协同——来自我国制造业的证据》（论文）	郝良峰，苏州科技大学；李小平，中南财经政法大学；李松林，南京财经大学
3	《自然资源特许权有偿出让研究》（著作）	王克稳，苏州大学
4	《中国城市基层治理：路径、方式与转型》（著作）	李慧凤，苏州大学
5	《陌生人社会：价值基础与社会治理》（著作）	龚长宇，苏州大学
6	《应用型院校专业集群研究论纲》（著作）	顾永安，常熟理工学院
7	《二语词汇习得研究》（著作）	张萍，苏州大学
8	《苏州运河史》（著作）	《苏州运河史》编纂委员会编；王国平主编，苏州大学
9	《推进儿童友好医院建设的路径与策略研究——以苏州市为例》（研究报告）	夏正伟、吴永发，苏州大学；朱敏，苏州市政府妇女儿童工作委员会办公室；李娜，中国城市科学研究会；沈洁，苏州市卫生健康委员会；徐俊丽，苏州大学；唐学芳、陈斌，苏州市政府妇女儿童工作委员会办公室；宗健阳，苏州大学附属儿童医院
10	《从“南北挂钩合作”到“东西部扶贫协作”：中国减贫事业的县域实践与探索》（著作）	陈世海编著，政协张家港市委员会

（资料来源：市社科联）

【智库建设】 2022年，市社科联探索地方特色新型智库建设途径，提升新型智库资政效能。组织召开全市新型智库建设工作会议，部署全年重点工作。对东吴智库等10家新型智库开展持续性扶持，跟踪指导各项工作。探索与中国社科院、中国政策科学研究会、上海社科院等高端智库和清华大学、东南大学等国内“双一流”高校建立常态化合作机制，提升苏州智库整体层次和水平。引导新型智库根据自身优势开展各类智库活动，提升“东吴智库学者沙龙”“东吴智库思享汇”“智汇苏州”“智汇讲坛”“睿博”系列论坛等活动水平，形成系列研究成果。各新型智库聚焦市委、市政府决策重心和群众普遍关注的焦点问题，围绕太湖生态保护、古城保护更新等重要理论和现实问题开展调查研究，形成一批具有前瞻性、建设性和操作性的对策建议。在《苏州日报》的《新型智库》专栏刊发“一库一品”主题活动专家观点，形成《锚定创新集群建设 打造环太湖科创圈》《“智改数转”推动苏州工业高质量发展》《“打造太湖世界级湖区”的苏州战略》等多篇深度报道。

【社科联组织建设】 2022年，市社科联协助做好苏州市社会科学院筹建工作，加强业务指导与联系。加强对各县级市（区）社科联换届等工作指导。配合做好姑苏宣传文化人才社科类人才评选，其中1人获评姑苏宣传文化名家、1人获评姑苏宣传文化领军人才、5人获评姑苏宣传文化重点人才和青年拔尖人才。开展市社科联主管社会组织综合考核工作，将意识形态工作要求和党建工作要求细化到考核指标中。落实社会组织重大事项报告制度和负责人任期公示制度，加强社会组织日常服务与管理，督促和帮助市社科联主管社会组织参加年检。落实市社科联挂钩联系主管社会组织工作制度，加强对市社科联主管社会组织的联系指导。

（市社科联　崔静雅）

【苏州市社会科学院成立】 2022年8月25日，苏州市委机构编制委员会发文设立苏州市社会科学院（简称“市社科院”），为市委宣传部下属事业单位。11月23日，市社科院揭牌。年内，市社科院启动编撰《苏州蓝皮书：苏州发展报告》，并与市商务局等单位建立协作关系，加强与苏州大学等在苏州高校、东吴智库等新型智库的联系，强化与市社科联工作联动，探索各县级市（区）共建社科调研基地。市社科院成立后，到有关市级部门、在苏州高校等开展工作访问7场次，接待有关市级部门工作访问7场次。市社会科学院院长王俊到相关单位宣讲党的二十大精神3场次，参加学习贯彻党的二十大精神系列访谈节目、《非凡十年 · 大美中国苏州篇》大型沉浸式访谈特别节目等录制5场次，并在《人民论坛》《群众》《苏州日报》等报刊发表论文多篇，向国务院办公厅报送内参2篇。

（市社科院　俞婷婷）

党史工作

【党史征集研究】 2022年，苏州市委党史工作办公室（简称“市委党史工办”）协调推进全市党史三卷本编撰工作，出版《中国共产党苏州百年纪事（1921—2021）》《苏州党史纪事（2021）》《给孩子们讲讲苏州党史》，推进党史资料数字化管理平台（一期）项目。采访25名在苏州生活的抗美援朝老兵，完成《苏州抗美援朝老兵口述史》初稿；征集改革开放亲历者口述史资料，为《江苏改革开放亲历者口述历史》完成口述史文章4篇。

【党史宣传教育】 2022年，市委党史工办举办“习近平新时代中国特色社会主义思想指引下的苏州实践”主题展。展出图片350余幅、实物110余件、视频50余部，展示苏州走在全省、全国前列的创新举措、典型案例和领先成果。该主题展接待近500个团队、3万余名观众，接受各类新闻媒体采访30余次。与市委宣传部、市总工会联合主办苏州“四史”知识答题挑战赛，参与答题的市民超过151万人次。继续开展“节日里的党史教育”宣传，组织“清明祭英烈 砥砺再前行”“革命文物见证苏州解放”“喜迎二十大 建功新时代 学悟四史 重温苏州解放”“重温苏州抗战强音 唱响新时代凯歌”诗歌朗诵会等教育活动58场，吸引30万余人次参加。

【党史资政服务】 2022年，市委党史工办与苏州市中共党史学会联合出版《苏州十年决策与布局（2012—2022）》，总结苏州新时代十年的发展成就和内在规律。办好用好《苏州日报》的《回望历史 砥砺奋进》专栏、“引力播”App的“党史”频道、喜马拉雅的“视听百年苏州党史”频道、江苏有线“视听”党史融媒平台，围绕新时代十年苏州实践，做好有关重大理论和现实课题研究。落实意识形态工作责任制，审读常熟烈士纪念馆、《太湖英雄》、“邮票上的光辉历程”等图文展陈资料及电影剧本等。

【党史基地建设】 2022年7月1日，中共苏州独立支部旧址开放试运营，10月16日正式开放。中共苏州独立支部旧址作为党史基地，推出一系列演出剧目，设立未成年人体验站，建设“乐益”先锋志愿服务团、“乐益小课堂”课程、“青春永燃”党员理想信念教育主题日和“青春我行”大学生暑期社会实践行等品牌。截至年底，接待观众近6万人次、团队1000余批次。苏州革命博物馆举办“伟大精神铸就伟大时代——中国共产党伟大建党精神专题展”“跨越时空的井冈山精神”“邮票上的光辉历程”等临展，在全省首家引进“中国共产党伟大建党精神专题展全国巡回展车”到基层展出。市委党史工办开展红色资源保护利用地方立法工作，联合姑苏区委宣传部对市区红色遗址遗迹开展全面普查。申报江苏省第二批红色地名名录，6处入选江苏省民政厅第二批红色地名名录。命名首批28家苏州市党史教育基地，开展党史教育基地数字展，举办红色讲解员培训班。

（市委党史工办　刘永顺）

档案工作

【档案馆业务建设】 截至2022年底，苏州市有各级各类档案馆15家，馆藏档案总量12264593卷、6783709件，全年利用档案89152人次，379004卷（件）次。年内，苏州市档案馆开展增量档案进馆校验工作，完成2019年“涉改单位”档案移交进馆校验12万件167万页、到期进馆单位档案校验300万页。实施《档案开放审核暂行办法》《业务会商工作规则》《特定用途档案数字影像利用规定》等规章制度，提升档案工作规范化、制度化。推进档案依法接收进馆，完成45家单位300万页档案进馆。对新冠疫情防控、对口帮扶、长江禁捕退捕、美丽乡村建设等专项工作档案业务开展指导。推进“人才强档工程”，在国家档案局开展的“三支人才队伍”评选中，苏州市入选国家级档案专家3人（1人为领军人才），入选档案工匠型人才1人，入选青年档案业务骨干7人。对116家市级机关企事业单位开展年度评价和绩效考核工作。对苏州市9家县级国家综合档案馆开展综合档案馆业务建设评价，5家档案馆获评省级示范档案馆，数量和占比均列全省设区市第一位。苏州市档案馆在江苏省示范档案馆评比中获得第一名。

【档案开发利用】 2022年，苏州市档案馆组织开展“喜迎二十大·档案颂辉煌”主题宣传活动，在《苏州日报》举办主题征文活动，用档案呈现党的百年奋斗重大成就和历史经验。举办“红色百年耀青春”——庆祝中国共青团成立100周年档案图片展，在苏州市档案馆、苏州城墙博物馆等地巡展。录入、点校国家重点档案开发项目苏州同业公会档案，编辑出版《苏州同业公会档案选编》。出版《铁铸青山——陆仁生解放战争图片选》。编印《苏州档案工作》，受到市委主要领导批示。举办第14个“苏州档案日”活动，组织全市档案文化精品评选活动，举办档案文化精品成果展。与市外办联合主办中日韩工艺展。加大微信公众号推广力度，开设《老报新韵》栏目。完善江苏省珍贵档案陆鸿仪档案。征集进馆20世纪30年代至50年代档案139件。“丝绸档案中纸质与丝织品复合载体保护研究”“总体国家安全观下的档案开放审核研究”获得国家档案局科技项目立项，“苏州同业公会档案开发研究”列入国家重点档案保护与开发项目。

【档案信息化建设】 2022年，苏州市档案馆建设“一网通办”单套制电子档案管理系统，实现单套制趋势下电子文件在线归档及双套制背景下档案管理。数字档案馆2.0系统运行稳定，系统内完成查档979人次，更新升级7次。完成移交进馆电子档案数据合计3578卷。创建国家级数字档案馆。以信息化建设融入长三角地区档案工作一体化发展和苏州市域一体化。加强网络安全管理，开展网络安全等级保护定级、备案和测评，制定智慧档案系统网络安全应急预案，开展应急演练，做好档案信息保密工作，确保档案信息安全。

【苏州中国丝绸档案馆】 2022年，苏州中国丝绸档案馆建成试运行。该馆位于姑苏区齐门路，是集收藏、保护、利用、研究、展示、教育、宣传、旅游、休闲等功能于一体，具有行业和苏州特色的档案馆，总投资1.5亿元，建筑面积8632平方米，建有对外展示区、库房区、文创交流区、学术研究区、技术用房及办公用房等。核心馆藏为入选世界记忆名录的近现代中国苏州丝绸档案，是近现代苏州丝绸产业工艺技术的珍贵记录，见证近现代中国工业成长和东西方商贸交流。

（市档案馆　吴　飞）

【近现代中国苏州丝绸档案保护】 2022年，苏州中国丝绸档案馆馆藏有近现代中国苏州丝绸档案29592卷。该组档案形成于19世纪到20世纪末期，是苏州丝绸产业在技术研发、生产管理、营销贸易、对外交流过程中直接形成，由纸质文图和丝绸样本实物等不同形式组成，具有保存价值的原始记录。近现代中国苏州丝绸档案于2017年入选联合国教科文组织世界记忆名录，这是内地自该项目开展后，唯一由地级市档案部门单独申报并入选的档案文献，填补苏州在世界文献遗产领域的空白。联合国教科文组织肯定该组档案在记录中国丝绸工业演变和对东西方商贸交流方面的价值。

丝绸档案修复保护　苏州中国丝绸档案馆设立档案修复保护中心，启动近现代中国苏州丝绸档案整理工作。与复旦大学合作开展国家档案局丝绸档案中纸质与丝织品复合载体保护研究项目。开展馆藏珍贵纸质档案抢救性脱酸保护项目、馆藏漳缎祖本复原项目、中国像锦档案整理与研究项目等，促进丝绸文献遗产修复保护。与19家丝绸企业合作建立苏州传统丝绸样本档案传承与恢复基地，恢复、传承和发展宋锦、漳缎、纱罗等传统丝绸品种及其工艺，开发一系列丝绸新产品。

丝绸档案数字化　建设丝绸纹样专题数据库，列入《苏州市文化数字化发展三年行动计划》。与中国人民大学合作开展丝绸档案数字保护与传承项目，研究构建以丝绸纹样档案和丝绸文化数字资源为核心的专题资源库、知识库，推进建立丝绸文化系统平台体系。

丝绸档案开发利用　在苏州丝绸博览会、苏州创博会等展会以及苏州丝绸博物馆、吴江丝绸小镇等地举办展览，开展丝绸档案文化进乡村、进校园活动。苏州中国丝绸档案馆常设展“档案在左，丝绸在右”列入“江南文化”建设专项项目。围绕苏州传统文化、老商标、丝绸纹样等内容，将物质文化遗产、非物质文化遗产和文献遗产相结合，出版绘本《苏州》。开发“第七档案室”项目，推出解谜书《第7档案室》，设计主题形象“阿卡”，制作相关微信表情包、系列盲盒，开发沉浸式互动展示区及周边文创等产品，入选全国十佳档案服务外包创新案例。

（市工商档案管理中心　马璀莹）

地方志工作

【志书编纂】 2022年，苏州市地方志编纂委员会办公室（简称“市地方志办”）组织编纂“十四五”期间市立项目“志说江南”系列图志。修订出版《洪武苏州府志》（点校本），出版《吴中小志五编》《江南旧志图选·境域》《江南旧志图选·城池》《苏州对口帮扶铜仁志》。完成《江苏新方志提要（市县志卷）》苏州部分的资料收集、撰写工作。《影像苏州》《宝带桥志》入选2023年度江苏省重点史志作品编纂出版资助项目。《洪武苏州府志》（点校本）获评2022年苏州市优秀版权奖二等奖。在2022年度全省史志作品质量评定中，苏州的《苏州对口支援西藏志》等21部史志作品获奖，数量列全省设区市第一位。

年内，市地方志办启动全市旧志整理工作，成为全省第一家推出全域旧志整理实施方案的地级市方志工作机构。全市点校出版府县志2部，开始实施17部，启动工作17部，共计36部。市地方志办分别与广陵书社、凤凰出版社合作启动《康熙苏州府志》《同治苏州府志》点校整理工作。做好《苏州全书》方志篇相关工作。促成古吴轩出版社、苏州大学出版社开展对《道光苏州府志》和《正德姑苏志》的点校整理出版工作。推进镇村志编纂工作。全市启动编纂镇（街道）志5部、村（社区）志32部；出版镇（街道）志5部、村（社区）志22部。

【年鉴编纂】 2022年，市地方志办理顺《苏州年鉴》出版工作机制，市政府办公室发文调整苏州年鉴编纂委员会，由市长任主任、分管副市长任主审。全年全市编纂出版县级以上综合年鉴11种、乡镇（开发区）年鉴39种、村年鉴1种、专业（部门、高校）年鉴6种。县级以上综合年鉴均实现年内编纂完成、年内公开出版工作目标。《常熟年鉴（2022）》创建成为“江苏精品年鉴”。《相城年鉴（2021）》《张家港年鉴（2021）》获评2022年全省年鉴质量评定最高等次。

新增编纂出版乡镇（开发区）年鉴8种，总数继续列全省设区市第一位。

【地情文化宣传】 2022年，市地方志办承办“志说江南·2022苏州圆桌会议”，文化研究者、方志学者、文史专家以及长三角地区地方志工作机构的代表近80人参会。“志说江南”文化商标是全国方志系统第一个注册的文化商标，获评江苏省2022年度市县地方志特色创新项目第一等次。年内，组织参加第十二届江苏书展，展出志书、年鉴、地情书等200余部，开展《中国昆山昆曲志》《金庭传统村落合志》《家乡黄埭》《岁月留声》图书分享活动4场。开展方志文化“六进”（进机关、进企业、进农村、进社区、进校园、进军营）活动，向市委统战部、市市场监管局、民进苏州市委、姑苏区检察院等单位，张家港市、昆山市、相城区等791家新时代文明中心（所、站），中亿丰控股集团有限公司等企业赠阅志鉴、地情书籍，并举办“苏州方志大讲堂”。与苏州市新闻出版集团合作，开设全省第一家“方志驿站”——吴江黎里站。参与江苏省情系列影像志试点，吴中区东山镇为全省首批3个试点之一。

【方志馆建设】 2022年，市地方志办根据市委、市政府主要领导批示意见，调整姑苏区桃花坞历史文化片区唐寅故居文化区内既有建筑作为苏州市方志馆新址。对接相关部门，做好优化方案的建设申报工作；对优化方案的功能设计、经费预算重新调整；对原方案做好结项工作。开展数字方志馆建设，启动志鉴数字化工作，确定集中实施的志鉴出版物606部，年内完成市本级及各市（县）区志鉴出版物数字化统计和著作权归属摸排工作。

（市地方志办）

江南文化研究

【江南文化专项研究】 2022年，市社科联组织开展江南文化系列研究。重大研究成果《江南文化概论》进入出版编校阶段，该著作系统阐释江南文化的特征及精神内涵，是苏州“江南文化研究丛书”首部作品。评审确定《吴门文学发展史》《近代江南农暇生活研究》《明代江南文人书斋陈设雅俗观研究》《苏州大运河资源价值与利用研究》列入“江南文化研究丛书”出版程序。引导全市社科工作者围绕藏书文化、丝绸文化、运河文化等开展深化研究，在21项研究成果中优选《江南藏书文化概论》《吴中医籍考》《苏州大运河图志（10卷）》等一批研究成果给予出版资助。

（市社科联　崔静雅）

【苏州市吴文化研究会】 2022年，苏州市吴文化研究会（简称“吴文化研究会”）组织会员考察苏州古城，形成《保护城门城墙，是我们这一代人的责任》《建议在干将桥畔建立吴王阁，以纪念苏州古城的开创者》调研报告。组织参加浒墅关文化专家座谈会。向江苏省炎黄文化研究会，提交《努力走好“守正创新”之路》的书面报告。评选出年度人物奖5人，年度活动奖3项，优秀论著奖8项，“同心战疫”和“喜迎党的二十大”优秀论文奖10项，苏州文化“最江南”优秀论文奖20项，优秀设计（展览、传承、传播及研究性服务）创意创新奖8项，新人奖3人。会员高福民、徐刚毅完成苏州市社科基金决策咨询课题“迈向全球文化名城的‘苏州样本’研究”。会员顾阿虎撰写的《“香山帮”古建老宅修复原则及其应用》得到市委主要领导批示。会员薛春泉向孙子兵法博物馆捐赠八方篆刻印章。会员马伯乐、潘振元等10余人的作品参加市政协举办的“喜迎二十大 奋进新征程”书画摄影展。

（吴文化研究会　华以丹）

【苏州市传统文化研究会】 2022年，苏州市传统文化研究会（简称“传统文化研究会”）召开第七届理事会（扩大）会议，专题学习党的二十大精神。组织调研苏式饮食文化、苏南农村即将消失的灶台工匠技艺及其衍生文化等。开展传统文化进校园活动，在苏州工业园区职业技术学院举办“若水·喻德”学堂启动暨拜师仪式、“若水匠心·喻德恭慧”——“柿柿如意”传统布艺香囊制作、“情暖冬藏·雪兆丰年”——喻德学堂大雪节气等主题活动。会员单强的调研报告《苏州古城更新中数字经济导入的路径与建议》得到市委主要领导批示。

（传统文化研究会　张　进）

【“苏州最江南”学术论坛】 2022年，市社科联以“江南文化特征与人文精神”为主题举办第三届“苏州最江南”学术论坛。联合国教科文组织终身教席阿玛·加拉、中国文物学会会长单霁翔等知名专家学者围绕主题，对江南文化演变脉络、精神特质和当代价值开展学术探讨与交流，通过主流媒体和学术期刊发表论坛成果。《苏州日报》推出《聚焦江南文化特征 弘扬吴地人文精神》专版，集中刊发《“江南最好说苏州”当代阐释的三个逻辑》《苏州在江南文化中的领航地位》《苏州有条件铸就文明典范的江南文化》等专家观点。中国国际电视台CGTN专题报道第三届“苏州最江南”学术论坛并推介专家观点。

（市社科联　崔静雅）

新闻出版

【新闻宣传】 2022年，苏州市各级各类媒体策划开展“奋进新征程 建功新时代”“非凡十年”“新时代新征程新伟业”等主题融媒行动。苏州市举办第二十四届苏州新闻奖暨苏州市第二十一届新闻传播理论作品奖等评选。组织召开党的二十大精神专题学习会暨苏州市庆祝第二十三个中国记者节活动。开展青年编辑记者马克思主义新闻观培训班，围绕提升媒体从业人员素养、把好重大主题报道政治导向等内容开展教育引导。苏州市广播电视总台电视新闻专题报道《有光》，与人民网合作推出的重大主题报道《“红色云展厅”系列融合报道》获得第三十二届中国新闻奖三等奖。

（市委宣传部　周　爽）

【图书期刊】 2022年，苏州古吴轩出版社有限公司、苏州大学出版社有限公司合计出版图书958种。苏州公开发行期刊有28种，其中主管单位市级9种，省级15种，国家级4种。

（市委宣传部　李庆杰）

【印刷发行】 2022年，苏州市印刷行业推进绿色化、智能化发展，97%的印刷企业通过环评认定，23.5%的企业通过ISO 14000等环境标准体系认证，15家印刷企业启动智能化改造工程，一批企业开拓线上线下融合、区域集群发展之路。推进“双随机、一公开”监管、跨部门综合监管、“互联网+监管”和信用风险分类监管工作。江苏凤凰新华书店集团有限公司苏州分公司作为图书发行主渠道，实现营业收入4.58亿元。

（市委宣传部　孙　晨）

【苏州日报社】 2022年，苏州日报社贯彻落实市委关于市级国有文化企业改革重组的部署要求，成立苏州新闻出版集团有限公司，开启“新闻+出版”双轮驱动，实施“挺拔主业、壮大产业，关联跨界、多元布局，品牌经营、融合发展”战略。制订《古吴轩振兴三年行动计划（2022—2025年）》，发展图书、音像、期刊出版及相关文创业务，新增古籍出版中心和数智出版中心，构建大出版产业格局。

党的二十大宣传报道 在《苏州日报》重要版面、“引力播”App首屏、苏州新闻网等载体常态化开设《奋进新征程 建功新时代》专栏。《苏州日报》推出32版特刊《光阴故事》，形成一份全市综合实力稳步攀升、全面建成小康社会的高质量发展报告。《苏州日报》、“引力播”App推出《一把手访谈》《新时代新征程 新伟业》等专栏，报道党的二十大精神在苏州的实践。

新冠疫情防控报道 在“引力播”App开设专题，平均每天播发上百条稿件，报道精准防控、民生保供等方面的做法。创意制作抗疫新媒体产品，《姑苏城外寒山寺，夜半钟声做核酸》系列海报与短视频、《为你摘下小星星》动画、《姑苏战疫图》创意H5和短视频等原创抗疫图文，点击量超过10万次。相关宣传报道多次获得市委主要领导批示。

《苏州日报》 1949年7月1日创刊。2022年，该报日发行量13.8万份。组织和实施全国和省市两会、冬残奥会、新冠疫情防控，以及“奋进新征程 建功新时代·非凡十年”、“领航中国·来自一线的报道”、党的二十大等重大报道，策划实施《庆祝党的二十大胜利召开特刊》和《苏州基层书记影像志》《苏报头条里的中国梦》等原创系列报道。《光阴故事》32个版庆祝特刊在党的二十大开幕之日亮相。年内，《苏州日报》获得江苏省好新闻一等奖5个、二等奖8个、三等奖7个。

《姑苏晚报》 1994年1月1日创刊，是全国第一份彩色晚报。2022年，该报日发行量9.3万份。围绕党的二十大召开，组织预热报道和学习宣传贯彻党的二十大精神，开设《喜迎二十大 文明润万家》《大美中国 苏州十年间》《新时代新展望》《二十大精神在基层》《新时代新征程 新伟业》等专栏。在新冠疫情防控、全国两会、苏州两会和北京冬奥会、残奥会等新闻主题报道中开设专题专栏专版。常态化开设《践行社会主义核心价值观》《最美苏州人》《时代新人》《文明曝光台》等栏目，以及《星期五调查》《新蕾观察》《码事议事厅》《故事苏州》《吴图吴真相》《气象物语》《城市留言板》等原创品牌栏目。年内，《姑苏晚报》获得江苏省好新闻一等奖1个、二等奖4个、三等奖5个。

《城市商报》 2001年11月20日创刊。该报主要面向都市年轻人群，每周一至周五发刊，全彩八版。2022年，最高日印刷量12万份（地面派送2万份），在苏州轨道交通1号至5号线内由专职发行员免费派发，再投率60%（当天回收报纸经再整理后投送给新的读者），相当于实际发行量18万份。根据自身特色，从做深新闻、做强服务、媒体融合等多方面入手，探索全媒体时代传统媒体与新媒体融合的转型之路。

《现代苏州》 2008年创刊，半月刊。2022年，该杂志月发行量2万余份。以传承和传播江南文化为宗旨，推出《2021苏州教育，以奋进之笔答好民生答卷》《见字如面》《归园田居》《何以最苏州》《中国式现代化的园区实践》等。实现从单一杂志出版向刊物采编出版、图书出版、文化衍生品出版、新媒体出版等全媒体多元化产品出品的转变。

（苏州日报社 芮斌 范易）

【苏州古吴轩出版社有限公司】 2022年，苏州古吴轩出版社有限公司（简称“古吴轩出版社”）落实市委关于“古吴轩振兴”等部署要求，实施《古吴轩振兴三年行动计划（2022—2025年）》。全年出版新书172种，重印61种。实现销售码洋0.91亿元。确立“古”“美”“吴”“数”特色出版方向。

特色题材图书出版 出版“十四五”省重点出版规划项目《张继馨》（苏州老画家系列之一）和《书船长载江南月——文学山房江澄波口述史》等重点图书，以及《铜仁决战贫困》《百年风潮》《我们身边的红色故事》等10余种红色普及类主题出版重点图书，推出《丰行百村》《树山艳阳天》等体现新时代“苏州精神”的精品图书；出版“忆江南”丛书和《问道江南》《何以最江南》《苏州之前的苏州》等60余种地方文化类图书；出版《你与时光皆璀璨》《心安即是归处（精装典藏版）》《阳光温柔，猫狗可爱》等40余种文学经典类图书；出版《评弹情结》《苏州砖雕》《绣苑撷英——苏绣艺术》等20余种社科类图书；出版《苏州好礼·香芸帙》系列、苏州碑刻博物馆馆藏碑帖系列和《苏州百景》《中国绘画史》等20余种传统书画美术类图书；出版《我们是人类动物》《幸运——林里故事》《世界少年说》等10余种少儿读物类图书。

阅读推广 在第十二届江苏书展布置特色主题展区、现场直播区、雕版印刷体验区，举办新书发布会、分享会等13场。结合世界读书日、苏州解放日等重要时间节点，开展线上阅读推广。开展书香进校园活动等，“文化苏州”进入苏州城市学院，在全市布局古吴轩书店，举办各种新书发布会、读书分享会，参加“平江晒书节”等。

融合出版 参与《苏州全书》编纂出版工作，完成苏州图书馆等的古籍复制工作，推出古籍精品《苏州好礼·香芸帙》，并建成苏州地区首个名人专题研究文献类数据库“顾炎武研究文献数据库”。分别与国家图书馆、中华书局、中央广播电视总台央广传媒集团（央广云数）签署战略合作协议，促进古籍文献出版及数字化。

获奖情况 《江南砖雕》等12种出版物入选“十四五”国家、省重点出版物出版规划项目；《阖闾的故事》入选中国经典民间故事动漫创作出版工程（第四辑）；《苏州百景》获得第三十一届“金牛杯”装帧设计金奖，《苏州砖雕》获得第三十一届“金牛杯”优秀美术图书铜奖；《你与时光皆璀璨》获得中国作家协会优秀网络文学作品。《锦绣吴市——苏州商市史话》获评2021年“苏版好书”；《勿忘心安》获得第十一届“金陵文学奖”散文奖；《远远——湖滨鸭记》《幸运——林里故事》获得第十三届江苏省优秀科普作品三等奖。《“洋苏州”眼中的中国小康》《铁心向党——江苏第一个中共党支部诞生前后》《苏州砖雕》《锦绣吴市——苏州商市史话》《你与时光皆璀璨》5种图书入选苏州市第十三届精神文明建设“五个一工程”；《昆山之路先行者——吴克铨奋斗生涯纪实》入选苏州市艺术基金项目。

（古吴轩出版社 蒋丽华）

【苏州大学出版社有限公司】 2022年，苏州大学出版社有限公司（简称“苏大出版社”）出版图书786种，其中新书357种，重印429种。图书总发货码洋11639万元，实洋6836万元。下属读者服务部全年批销码洋1.8亿元。

特色题材图书出版 完成重点图书国家出版基金项目《梅兰芳唱腔全集》《中国古今蚕桑丝绸技艺精华》的出版。策划出版“苏州大运河图志”丛书和《江南文化概论》《江南文化探源》

《吴门医派珍本医案六种》《曹存心医案全集》《针灸医籍考录》等地方文化图书。策划出版《美美乡村：新时代抓党建促乡村振兴的苏州实践》《共同富裕苏州行动》《青春永燃：苏州共青团史事编年》《新时代思政课教师素质与能力建设研究》等主题图书。

获奖情况 《苏州大运河图志》《中国经典织物纹样谱系》入选“十四五”国家重点图书出版规划项目。《辐射与健康科普丛书》《江南文化学术书系（第一辑）》《陆华柏音乐文集》《清代善会善堂征信录资》《全宋诗乐舞史料辑要》《苏绣针法图谱》《苏州弹词音乐研究》《吴门医派珍本医案六种》《长三角一体化背景下的江南船拳与乡愁研究》《中国西南洞经音乐文献》《中国音乐经济史研究》入选江苏省“十四五”重点图书出版规划项目。《中国古今蚕桑丝绸技艺精华》《梅兰芳唱腔全集》入选2021年“苏版好书”。在第十三届江苏省优秀科普作品奖评选中，《辐射与健康科普丛书》获评图书类二等奖，《解码基因秘密的宠儿——小鼠》《慢性肾脏病知识丛书》《医学健身与桩跑实践》获评图书类三等奖。《苏绣针法图谱》《苏州弹词音乐研究》《全宋诗乐舞史料辑要》《吴门医派珍本医案六种》入选2022年度苏州艺术基金项目。

教学科研服务 加强优质教材教辅策划研发，推进江苏联合职业技术学院财经类和商贸类教材的开发和再版。策划5年制专转本辅导教程类图书。加强与苏州大学各学院的合作，策划多种教材。与苏州新东方学校合作出版教辅图书等。加强中学数学教辅图书的策划出版，完成《高中数学教学与测试》《中考数学导与练》等书籍的出版工作。

（苏大出版社 孙佳颖）

【江苏凤凰新华书店集团有限公司苏州分公司】 2022年，江苏凤凰新华书店集团有限公司苏州分公司（简称“苏州新华书店”）发挥图书发行主渠道和思想文化宣传主阵地作用，连续44年保障“课前到书”，组织开展品牌阅读活动，参与第十二届江苏书展、苏州阅读节等阅读推广活动，参加“三下乡”“双服务”等政府民生项目。获得第十二届江苏书展优秀分展场、江苏省新华书店社会效益评价优秀等次、苏州市全民阅读先进单位、苏州市优秀阅读推广组织、苏州市优秀阅读创新项目等省、市、区级奖项24个。全年实现年营业收入4.58亿元，利润4880万元。

重要文件文献发行 全年发行《习近平谈治国理政》第四卷超过11万册，实现《中国共产党章程》《党的二十大报告》单行本发行苏州市党员全覆盖，推进党的二十大学习材料征订工作。

城镇阅读服务体系 优化以四大中心门店为核心，乡镇发行网点、特色小微书店及新型阅读空间逐步优化完善的城镇阅读服务体系。年内，新增网点4家。截至年底，有辐射苏州城镇阅读服务网点62家，总面积超过4万平方米。

实体书店社会服务 新冠疫情发生第一时间向苏州市中小学校师生免费提供凤凰电子教材，保障苏州地区“停课不停学”线上教学工作。累计参与志愿服务超过500人次，服务时长超过3000小时，开设读者便民服务群超过60个，向街道、社区、相关医疗服务点捐赠图书近5000册，总价值18.5万元。

文化惠民 做好第十二届江苏书展主展场现场执行工作及门店分展场销售服务工作，保障江苏书展总销售首次突破1亿元。策划组织苏州文献展、非遗体验活动等，开展“新悦”系列活动、未成年人社会实践体验活动、“凤凰姐姐讲故事”活动等长效阅读品牌活动。全年门店开展阅读活动超过100场，总参与人数超过1万人次。

（苏州新华书店 鲁 萱）

【《苏州全书》编纂工程】 2022年7月7日，苏州市委、市政府贯彻落实《中共中央办公厅、国务院办公厅关于推进新时代古籍工作的意见》，启动实施《苏州全书》编纂工程。这是苏州市第一次大规模、整体性、系统性的历史文献整理编校工作。《苏州全书》编纂工程计划用20年时间，全面系统整理苏州地方文献资料，编纂出版《苏州全书》系列图书不少于1000册。一期计划出版500册，总文字量2亿字以上，计划2031年完成。学术组织方面，由书目编、古籍编、近现代编、研究编4个工作组推进。年内，开展由古吴轩出版社、苏大出版社出版的首批图书的编纂出版工作。

（市委宣传部 孙 晨）

【第十二届江苏书展】 2022年7月2—6日，第十二届江苏书展主展场活动在苏州国际博览中心举办。书展以“阅读新时代 喜迎二十大”为主题。其间，线上线下参展品种20万种，举办各类阅读推广、行业交流活动140余场，开展线上线下各类阅读活动超过1000场。主、分展场全省销售额15536万元，是江苏书展举办后首次销售额突破1亿元。其中，苏州主展场有近400家重点供应商参展，参展品种8万种，现场零售额627万元，增长16.32%。主展场面积1.7万平方米，设置“阅读新时代 喜迎二十大”主题馆和“主宾馆”“江苏精品馆”“全国优秀出版单位展区”“全国优秀高校出版社精品展区”“中版馆”“青少年阅读馆”“亲子绘本馆”“馆配团购馆”等，举办最美图书展、为人民画像展、嘉卉插画展、藏书票展、首届江苏出版物发行行业职工职业技能大赛成果展等。众多知名学者、作家参加多场线下和线上阅读推广活动。书展获得《光明日报》、人民网等媒体报道。

（新华书店 鲁 萱）

广播影视

【广播】 2022年，苏州市实施广播“安全播出”工程，完成党的二十大重要保障期的安全播出保障工作。在全国应急广播工作推进会上，苏州市被国家广电总局推选为经验交流单位之一。广播剧《果拉山作证》入选江苏省第十二届精神文明建设“五个一工程”。

公共广播 苏州市有自办公共广播节目9套，其中苏州市广播电视总台4套，张家港市融媒体中心等5个县级融媒体中心各1套。2022年，全市制作广播节目41168小时，其中制作新闻资讯类节目5490小时、专题服务类节目16305小时、综艺益智类节目11459小时、广告类节目1706小时、广播剧等其他广播节目6208小时。全市播出广播节目56851小时，其中播出新闻资讯类节目8478小时、专题服务类节目20459小时、综艺益智类节目15462小时、广告类节目4559小时、广播剧等其他广播节目7983小时。全市广播综合覆盖人口762.11万人，综合覆盖率100%。

应急广播 苏州市建成应急终端大面积覆盖、市县乡（街道）村（社区）上下贯通、城市地面和地下空间多场景播发的全市应急广播体系。建成由1个市级应急广播“总平台”、1个有线“传输调度平台”、3类“传送渠道”和12大类应急广播“接收终端”组成的总体构架。将省、市、县平台互联互通，并与市级突发事件预警信息发布平台实时对接。按照平战结合、普遍覆盖和重点突破的原则，拓展应急广播终端覆盖范围。新冠疫情防控期间，全市启动应急广播（音柱、喇叭）25733个、户外大屏107个、文明服务栏532个。全年全市应急广播在自然灾害天气预警、新冠疫情防控、党的二十大宣传、公益广告播放等方面共发布信息约40万条（次）。

【电视】 2022年，苏州市承办中央广播电视总台2022年中秋晚会，举办“2022新鲜提案·真实影像大会”，组织参加2022长三角高新视听博览会。实施电视“安全播出”工程，完成党的二十大重要保障期的安全播出保障工作。电视剧《热爱》、电视纪录片《梦行水上》、电视动画片《奇奇和努娜》入选江苏省第十二届精神文明建设“五个一工程”。苏州欧瑞动漫有限公司和沙特文化新闻部联合出品的电视动画片《孔小西和哈基姆》受到国家主席习近平发表在沙特《利雅得报》的署名文章肯定，与沙特企业合拍的动画片《孔小西和哈基姆2》入选文化和旅游部“一带一路”文化贸易与投资重点项目，与新加坡企业合拍的动画片《多多的童话》入选文化和旅游部“一带一路”国际合作重点项目和国家广电总局亚洲影视交流合作计划。

公共电视　苏州市有自办公共电视节目10套，其中苏州市广播电视总台5套，张家港市融媒体中心等5个县级融媒体中心各1套。2022年，全市制作电视节目15198小时，其中制作新闻资讯类节目4858小时、专题服务类节目4199小时、综艺益智类节目1967小时、广告类节目2557小时、影视剧等其他电视节目1617小时。全市播出电视节目61053小时，其中播出新闻资讯类节目8991小时、专题服务类节目12448小时、综艺益智类节目3194小时、广告类节目6336小时、影视剧等其他电视节目30084小时。

地面数字电视　2022年，苏州市广播电视总台完成地面数字电视700MHz频率迁移工程。改频率后，实现20套数字电视节目（包含3套高清电视节目）在苏州地面的无线覆盖，向苏州观众提供免费、优质的无线视听服务。苏州广电总台提供中央12套电视节目、12套广播节目；江苏省4套电视节目，包含江苏卫视频道1套高清节目；苏州市4套电视节目，包含苏州市广播电视总台新闻综合频道和社会经济频道2套高清节目，首次实现苏州市高清电视节目的无线数字覆盖。

电视传输覆盖　苏州市电视综合覆盖率100%。全市有线电视入户率保持在99%以上，有线电视网络双向化覆盖率保持在98%以上。全市有数字电视用户223万户，高清（互动）用户占比近80%，有4K超高清电视终端数75万余台，是全国4K超高清电视用户覆盖最广、用户最多的城市之一。

电视高清化发展　苏州市在全国率先实现市、县两级播出机构高清化基础上，优化新型采编制作播发流程，推进广播电视节目采、编、播全流程高清化。苏州市广播电视总台投资2200万元建设4K超高清转播车，于2022年1月通过验收并投入使用。先后投入超过400万元升级4K后期制作系统和内容分发系统，实现4K超高清制播存管一体化。各县级融媒体中心实现电视采集、制作、播出的全高清生产流程，投入资金采购升级高清设备，加快建立体系化的超高清制播平台。“4K超高清全域智能化一体化融合创制体系建设”“4K+5G转播车融媒创新制作平台”等研究成果获得省级以上科技创新奖。

（市文广旅游局　李宜达）

【电影】 2022年，苏州市电影放映市场总票房5.5亿元，列全国城市票房榜第九位。全市有影院192家，下降1.54%；净增银幕4块，增长0.31%；净增座位数-0.22万个，下降1.2%。其中，乡镇影院79家，覆盖乡镇38个，占全市影院数量的41.15%，乡镇影院覆盖率约80%，在全国处于领先水平。建树“季季有影展”品牌，举办“相约香江”香港经典电影展、“致敬经典”国际修复电影展等，推进中国电影资料馆江南分馆项目。电影《邓小平小道》《老鹰抓小鸡》在第三十五届中国电影“金鸡奖”评选中获得3项提名奖，实现历史性突破。电影《天工苏作》入选江苏省第十二届精神文明建设“五个一工程”。

（市委宣传部　蒲　实）

【苏州市广播电视总台】 2022年，苏州市广播电视总台（简称“苏州广电总台”）新闻宣传和产业发展取得成效。苏州广电总台贯彻落实市委关于市级国有文化企业改革重组决策部署，重组成立苏州广电传媒集团有限公司。全年获得省级以上奖项100余件（次），2件作品获得第三十二届中国新闻奖，3件作品获得江苏省“五个一工程”奖，5件作品获得苏州市“五个一工程”奖，1件作品获得苏州市文学艺术奖。实现全口径总收入10.9亿元，营业收入8.62亿元，净利润1866万元，连续7年被国家广电总局评为年度最具综合实力城市台。

主题新闻宣传　以宣传贯彻党的二十大精神为主线，推出共同富裕、乡村振兴、长三角一体化、长江经济带发展等主题报道。全年重点新媒体产品的全网传播量超过308亿次，全网传播次数超过10万的产品1.74万条、超过100万的产品4347条、超过1000万的产品336条、超过1亿的产品28条；中央广播电视总台采用苏州广电总台推荐稿件345条，其中《新闻联播》26条；中央广播电视总台、《人民日报》、新华社三大央媒新媒体端转载苏州广电总台融媒产品737件。推出“奋进新征程，建功新时代”“非凡十年”“大美中国苏州篇”“聚焦二十大”“二十大时光”“扛起新使命、谱写新篇章”“学报告、谈体会、话担当”等党的二十大系列报道。推出系列报道、融媒产品、新闻行动30余个，制作推出产品700余条，总点击量2.35亿次。推出11集沉浸式访谈节目《非凡十年·大美中国苏州篇》和理论节目《苏城议事厅——新征程、再出发》。

创新创优　启动《野性江南》《寻城苏州》《君到姑苏见》等一批省、市重大题材文艺创作项目，以及“记忆与荣耀”园区口述历史采集工程和《重启园林》《家在小桥流水间》《与世界对话的小城》等重点项目。电影《邓小平小道》于4月在全国公映，获得近3000万元的票房业绩，获得第11届法国尼斯国际电影节5项提名、第55届休斯敦国际电影节铜雷米奖和第29届北京大学生电影节最受大学生欢迎年度影片、第35届中国电影“金鸡奖”2项提名。非遗纪录电影《天工苏作》获得苏州市文学艺术奖，并于6月在北美地区主流院线公映。《诗意的栖居——苏州古典园林》在中央广播电视总台再次播放。全年有100余件（次）作品获得省级以上奖项。其中，电视新闻专题报道《有光》、与人民网合作推出的重大主题报道《“红色云展厅”系列融合报道》获得第三十二届中国新闻奖，连续13年17度获得全国新闻宣传最高奖项；《天工苏作》《梦行水上》《果拉山作证》入选江苏省精神文明建设“五个一工程”奖；主创和参投的《邓小平小道》《丁香》《血色青春》《诗意的栖居——苏州古典园林》《老鹰抓小鸡》获得苏州市“五个一工程”奖。4个项目获得省级现代服务业发展专项资金补助，超高清4K转播车获得苏州市文化产业发展专项扶持项目资金扶持。

广播　苏州广电总台有综合、交通经济、都市音乐、生活、儿童5套广播频率，收听份额稳定在90%以上。年内，新闻综合频率推出民生服务节目《“职”接点》，交通经济频率参与加盟苏州交警和多个外卖平台的“灯塔计划”，策划并落实“8+X处理交通事故网上见”等项目，生活频率推出生活服务类节目《玩转城市》，儿童频率设置“一起出发吧”“一起回家吧”“一起阅读吧”3个亲子支柱节目群。

电视 苏州广电总台有新闻综合、社会生活、社会经济、电影娱乐信息、生活资讯5个电视频道以及1个移动电视频道，播出《苏州新闻》《苏城议事厅》《曝光台》《新闻夜班车》《社会传真》《施斌聊斋》《李刚评话》《创赢未来》等一批主干品牌栏目。据索福瑞收视数据，苏州电视台晚间黄金时段收视份额稳定在50%以上，列全国地市级电视台第一位。

《苏州广播电视报》 1979年12月创办，是苏州广电总台多媒体资源中唯一的创意平面文化产品生产平台。2022年，发行量6万余份。策划推出“喜迎二十大 乡村十年美如画”系列报道，采访报道苏州10个有代表性的村庄，全网阅读量超过10万次。成立融媒产品小组，创作专题报道、海报、短视频、H5等融媒产品，全年创作50余个主题的100余张海报。

（苏州广电总台 仲铁城）

【智慧广电乡村工程】 2022年，苏州市根据省政府、省广播电视局民生实事建设任务要求，推进智慧广电乡村工程建设。全市91个镇（街道）建成智慧广电乡镇（街道），通过省级验收，完成省政府民生实事建设任务，苏州市在全省率先实现智慧广电乡村工程“全覆盖”。吴江区被通报表扬为全省智慧广电乡村工程建设成效突出地区（全省3家）。

（市文广旅游局 李宜达）

网络媒体

【网络文化建设】 2022年，苏州市委网络安全和信息化委员会办公室（简称“市委网信办”）加强网络文化建设，弘扬网络正能量。把习近平新时代中国特色社会主义思想网上宣传作为首要政治任务，指导网站平台开设《沿着总书记的足迹》等专题专栏20余个。承办中央网信办2022年网上重大主题宣传项目“稳中求进@高质量发展”网络主题宣传活动和“港口雄开万里流”主题网宣活动，做好北京冬奥会、五四青年节、中华文化等重大主题网上宣传。开展“知中国·in苏州”网络国际传播系列活动。加强网络文明建设，搭建“网链苏州——江南向Wang”苏州市网络文明生态园，组织开展“团结有光，奋斗无恙”网络宣传，继续开展“爱心云屋@2022银龄数字课堂”，策划开展2022年苏州网络文化“季季红”系列活动。

【市属媒体网站建设】 2022年，市委网信办坚持党管宣传、党管互联网、党管媒体的政治原则，推进市属媒体网站建设。实施“移动优先”战略，加强新媒体矩阵建设，“看苏州”新闻客户端、“引力播”客户端、苏州新闻网、名城苏州网等市属重点网站平台用户稳定增长。市属各媒体网站平台始终把党性原则贯彻到融媒体产品编审发布全过程，把握举旗帜、聚民心、育新人、兴文化、展形象的使命任务，创新宣传理念，优化频道设置，多维创新表达，统筹网上传播资源，加大优质内容生产供给，发挥主流媒体阵地作用和舆论引导功能。

（市委网信办 朱道乾）

【政务新媒体建设】 2022年，苏州市建设由微信公众号和视频号、微博账号、抖音号构成的政务新媒体矩阵，提升官方权威发布水平。“苏州发布”微信公众号粉丝数超过228万人，全年推送稿件2456条，其中阅读量超过10万次的稿件754条；全年综合传播力指数WCI月均1649.6；在清博全国城市榜（不含直辖市）中列全国城市第二位、全省设区市第一位；获评2022年度全国走好群众路线百个成绩突出账号，是全省唯一入选的微信公众号，受到中央网信办通报表扬。“苏州发布”微博号粉丝数290万人，列2022年度“全国十大党政新闻发布微博”第四位。“苏州发布”微信视频号粉丝数3.6万人，全年播放量2314.2万次。“苏州蛮灵噶”抖音号粉丝数为80.5万人，全年播放量2.9亿次。

（市委宣传部 周 爽）

【苏州日报社媒体融合发展】 2022年，苏州日报社实施移动优先战略，推进媒体深度融合发展，丰富新闻呈现形式和传播渠道，开发视频、微视频以及海报、图说、九宫格、开机屏、表情包、3D沉浸式H5等产品。“引力播”App两次升级，开发上新“飞卡”阅读功能，带动用户点赞和互动频次增加3倍以上；全年发布原创稿件4.9万篇，新开专题126个，直播308场。截至年底，“引力播”App用户量415万人；“苏州日报”微信订阅数近25万人，增长3.6万人；“姑苏晚报”微信订阅数81万人，增长14.4万人。

（苏州日报社 芮 斌 范 易）

【苏州广电总台媒体融合发展】 2022年，苏州广电总台以智慧广电建设为契机，以星创内容创制中心、星聚资源汇聚中心、星传分发平台等一系列平台开发建设为重点，构建全国领先的一体化全媒体生产传播体系，落地应用AI虚拟主播、XR虚拟演播室等新技术，丰富内容产品表现形式。完成“苏州有戏”App技术研发、内容上传、系统上架等工作。上半年新冠疫情防控期间开设的直播午

2022年8月14—16日，“稳中求进@高质量发展”网络主题宣传活动在苏州举办。图为记者们在太仓港集中采访时合影 （市委网信办 供图）

间特别节目《苏州战疫进行时》，“看苏州”App日平均播量68.8万次；倡导的融媒报道“@苏州战疫”，微博话题阅读数5.3亿次。在“新十条”和“乙类乙管”政策实施后，在“苏周到”App推出《发热咨询专家直播间》，同时在线人数最高为27.3万人，31期节目的全平台观看人次2.415亿人次。保障“苏周到”App运行，平台最高同时在线人数64.13万人，瞬间事务处理最高每秒1.2万笔。“SBS《创赢未来》：构建垂类品牌运营新生态”获评2022年全国广播电视媒体融合成长项目，融媒系列报道《太湖会客厅》、城市文旅IP剧《面若桃花》分别获得2022长三角广播电视媒体融合传播力案例奖和典型案例奖；4K超高清全域智能一体化融合创制平台建设获得中国电影电视技术学会科学技术奖一等奖。

（苏州广电总台　仲铁成）

【“苏州圆桌”品牌建设】 2022年，市委网信办重点建设由“圆桌快评”“圆桌思享汇”“圆桌漫评”“圆桌笑评”等构成的“圆桌评谈”生态系统。通过“圆桌快评”，培育一批网评作者，策划推出“喜迎二十大”“e起战疫”“圆桌道理”等专题网络评论，引领好网络评论方向。“圆桌思享汇”创新“线下沙龙+线上传播”模式，探索网评新路径。“圆桌漫评”微信公众号主打面向青年群体的“破圈”传播，营造能与年轻人文风对路、情感共鸣的网评微信公众号。“圆桌笑评”视频号激活达人能量，建设新型“红色传播员”队伍，用老百姓听得懂的话语、听得进的形式讲好、讲活红色经典。

（市委网信办　朱道乾）

【“学习强国”苏州学习平台】 2022年，“学习强国”苏州学习平台（简称“苏州学习平台”）发布11953篇稿件，其中被江苏学习平台录用2930篇，全国学习平台录用495篇。自2019年12月上线后，苏州学习平台累计发布稿件43460篇，其中被江苏学习平台录用11625篇，全国学习平台录用2409篇。2022年，苏州学习平台围绕重大主题、重点内容，与《苏州日报》、《姑苏晚报》、“引力播”App、苏州广电总台等联动合作，推出“非凡十年”“喜迎二十大 筑梦向未来”“聚焦二十大 党员话担当”“党的二十大精神学习笔谈”等主题，开展“我的博物馆之旅”“我家的‘人世间’故事”等征文，展示苏州城市形象，宣传苏州经验做法。在全国学习平台选用的稿件中阅读量超过10万次的稿件102篇，其中15篇阅读量100万次；有173篇稿件被全国学习平台首页推荐选用。苏州学习平台2022年发布稿件中，阅读量超过10万次的稿件340篇，其中2篇阅读量超过100万次、14篇阅读量超过50万次、94篇阅读量超过30万次。年内，苏州学习平台在《学习时间》专栏推出“聚焦二十大 党员话担当”“党的二十大精神学习笔谈”等专题；在《共同战“疫”》栏目开设“抗疫课堂”专题；在《吴地风物》栏目推出“一城百馆 博物姑苏”系列专题；联动苏州日报社，在《苏州榜样》专栏推出“苏州基层书记影像志”专题。做好江南文化、苏州制造、产业创新集群、乡村振兴、长三角一体化、市域一体化、环太湖科创圈、吴淞江科创带、“三大法宝”、古城保护等内容宣传。加强与苏州日报社、苏州广电总台“报网微端”的联动，建设好苏州学习平台“头条工程”。在第27个“世界读书日”和第十七届“苏州阅读节”，与古吴轩出版社共同主办“人间天堂·风味吴中”——苏州民俗线上读书会。开展“强国有我 筑梦‘渭’来”主题诗歌创作征集活动。联合各地各部门举办8场“喜迎二十大 奋进新征程”——“学习达人”挑战赛等活动。

（苏州日报社　许建国）

文化产业

【概况】 2022年，苏州市贯彻落实文化产业倍增系列政策，市级财政投入1亿元文化产业发展专项资金，支持数字文化、创意设计、演艺娱乐、文旅融合等文化产业核心领域产品生产和服务的相关企业或重大项目，推动文化产业高质量发展。全年全市完成文化产业增加值1225.9亿元，占地区生产总值的5.4%，增长16.5%。全市有规模以上文化企业1286家，增加143家，规模以上文化企业实现营业收入3380.04亿元，增长3.2%。印发《关于推动全市重大文化产业项目建设的若干措施》《苏州市推动文化创意产业高质量发展三年行动计划（2023—2025年）》《苏州市文化产业示范园区（基地）认定管理办法》，发布《苏州文化产业发展白皮书（2022年）》等文件。召开全市文化企业座谈会、苏州市文化产业发展推进大会、全市文化商贸和旅游企业座谈会，举办中国苏州江南文化艺术·国家旅游节、第十一届中国苏州文化创意设计产业交易博览会等。

【重大文化产业项目建设】 2022年，苏州市印发《关于推动全市重大文化产业项目建设的若干措施》，从投资促进、要素保障、经营激励、消费促进等方面实施激励政策，推进中国数字文化集团、央广传媒集团等一批数字文化头部企业在苏州落地。全市10个项目入选2022年省重点文化和旅游产业项目，计划总投资279.2亿元。全年全市实施61个市级以上重点文旅产业项目，计划总投资额1180亿元。33个项目入选省“十四五”时期文化及相关产业重点项目，计划总投资852.6亿元。苏州元和塘文化产业园区通过国家级文化产业示范园区省级初审。苏州蓝文化创意产业园、苏州金浦九号文化产业园、常熟国家大学文创园入选2022年江苏省文化产业示范园区名单，入选数量列全省设区市第一位。

【文旅行业纾困和恢复发展】 2022年，苏州市应对新冠疫情对文旅行业的不利影响，召开企业座谈会、银企对接会、行业协会座谈会等，了解企业现状和诉求，从企业面临的最突出问题入手，有针对性地制定政策措施。汇总梳理各类惠企政策，形成文旅行业纾困政策包，方便企业及时知晓政策、使用政策。按照“一业一策”的总体思路，发布《苏州市文旅行业贯彻落实纾困和恢复发展政策意见的细则》（简称“文旅纾困18条”），按照流程和规定做好文旅企业纾困政策的申报、审核和公示。截至年底，完成星级饭店、旅行社、剧院、演出经纪机构、娱乐场所等文旅行业1400余万元纾困资金下发工作，覆盖文旅企业1024家。组织申请落实省级旅行社创新发展、特色饭店、经纪公司纾困资金840万元。年内，乐志软件、奥拉动漫等12家企业上榜2021—2022年度国家文化出口重点企业和重点项目。大禹网络、中衡设计等9家文化企业入选第四届江苏民营文化企业30强，占全省近三分之一。

【数字文化产业】 2022年，苏州市布局数字文化产业，围绕重点项目引进具有较强核心竞争力的数字文化企业。喜马拉雅城市文化长三角区域总部、阿里大文娱苏州中心·周庄数字梦工厂、腾讯（苏州）数字产业基地、网易苏州数字文化创新中心等数字文化项目落地。

推进文化资源数字化采集工作，参与既有公共文化内容数字化和设施数字化标准建设。苏州工业园区推动游戏产业高质量发展，累计聚集友谊时光、完美世界幻塔、蜗牛数字等近100家游戏企业，8家游戏企业获评国家文化出口重点企业，3家游戏企业入选江苏省民营文化企业30强，8家游戏企业入选江苏省重点文化科技企业。年内，中国数字文化集团与苏州市政府签署战略合作协议，在苏州市设立长三角区域运营总部。网易游戏泛文娱长三角基地在相城区揭牌。

【创意设计产业】 2022年，苏州市加强文化创意设计产业的顶层设计，发布《苏州市推动文化创意产业高质量发展三年行动计划（2023—2025年）》。依托重点文化产业园区、示范基地，促进文化创意产业和制造业、现代服务业等相关产业多元融合发展，构建以数字文化产业为核心，数字内容、动漫游戏、影视娱乐等为重点的“1+N”现代文化产业体系。筹备成立全市文化创意联合会数字创意产业专委会。举办第十一届中国苏州文化创意设计产业交易博览会。以“新非遗 新美学”为主题，举办2022苏州国际设计周，推出“新非遗艺术节”“生活新美学”“Q4发现之旅”3个板块内容。举办第三届苏州文化旅游创意设计大赛，苏州情调文化创意有限公司“倷好苏州系列3D纸雕便笺纸”等4件作品获评一等奖，另评出二等奖8个、三等奖20个。

【第二届苏州·中国文化产业峰会】 2022年7月15日，第二届苏州·中国文化产业峰会在苏州金鸡湖国际会议中心召开。该峰会由江苏省文化和旅游厅、苏州市政府主办，市文广旅游局承办，围绕数字文化，中国文化传媒集团、中国数字文化集团、阿里大文娱和泡泡玛特等文化企业参会。会上，重点文化企业针对数字技术促进文化产业变革、城市级文旅文博文创产业的应用等议题，开展多场主题演讲、巅峰对话等系列活动；纪录片《我在故宫修文物》的导演萧寒做题为《从故宫“修文物”到苏州“学非遗”》的主题分享；市文广旅游局介绍苏州文化产业招商政策，解读苏州文化产业优惠政策。

【第十一届中国苏州文化创意设计产业交易博览会】 2022年7月15—16日，第十一届中国苏州文化创意设计产业交易博览会（简称“苏州文博会”）在苏州国际博览中心举办。苏州文博会由江苏省文化和旅游厅、苏州市政府主办，市文广旅游局承办，以“数字赋能·创意之都”为主题，围绕文化产业展示、项目招商、产品交易和业界交流四大功能，线上线下同步办展，吸引620余家境内外文化创意及相关企业参展，设置主题展厅101个。线上文博会点击量6100万人次，话题曝光量突破5300万次。苏州文博会着重展示数字技术与文旅深度融合发展的各项成果，建设线上文博会、数字孪生展区、云上会客厅3个文化产业典型应用场景。举办苏州文化产业招商说明会、苏州文旅企业科技对接会等重点活动，联合各县级市（区）设立11个分会场。签约数字文化产业重点项目20个，总投资额50.8亿元。发布苏州市首批“AI+文旅”代表性应用场景项目10个。

（市文广旅游局　李宜达）

2022年7月15日，在第十一届中国苏州文化创意设计产业交易博览会上，刺绣艺人展示苏绣技艺　（杭兴微　摄）

【第四届中国苏州江南文化艺术·国际旅游节】 2022年8月30日至10月28日，第四届中国苏州江南文化艺术·国际旅游节举办。该届中国苏州江南文化艺术·国际旅游节由江苏省文化和旅游厅、苏州市政府主办，围绕“喜迎二十大 奋进新征程”主线，以“文化艺术的盛会 人民群众的节日”为宗旨，建树“江南文化”品牌，以“最是江南 最美窗口”为主题。设有雅韵江南、文论江南、丝韵江南、精致江南、乐游江南5个板块。其间，举办名团名剧名家精品剧目展演、“江南小剧场”夏秋演出季、“苏州有戏”新创舞台剧目展演、苏州市“文华奖”艺术展演季等200余场演出，以及“水上诗路”第二届江南诗会、第三届“苏州最江南”学术论坛、“新时代颂”美术摄影主题联展等20余项展览、论坛活动，超过4亿人次在线参与直播活动和话题互动。

（市委宣传部　蒲　实）

【苏州市文化产业发展推进大会】 2022年10月31日，苏州市文化产业发展推进大会召开。会上，苏州新闻出版集团有限公司、苏州广电传媒集团有限公司、苏州文化投资发展集团有限公司揭牌。中国数字文化集团有限公司与苏州市政府签署战略合作协议，该公司作为唯一以数字文化为主营业务的中央文化科技型企业，将长三角区域运营总部设在苏州，与苏州开展全方位、多领域合作。16个文化产业重点项目现场签约，签约总额110亿元，涵盖数字文化、创意设计、文化娱乐、文化旅游等领域。

（市文广旅游局　李宜达）

文化市场管理

【文化市场综合执法】 2022年，苏州市理顺文化市场秩序，围绕文化市场难点和突出问题，开展“护航”专项行动、养老诈骗专项整治行动、未成年人保护专项行动等系列文化市场执法行动。全年立案70起，结案48起，其中重大案件11起，不予处罚3起，从轻处罚1起。查办的1起案件获得文化和旅游部2021—2022年通报表扬重大案件。查办的案件分别入选2021年度江苏省打击侵权盗版十大典型案件、江苏省2022年网络巡查典型案例、江苏省2022年“护苗”专项行动首批典型案件。承接文化和旅游部集中办案周活动。加强业务培训，全年举办各类培训57场次，参加培训1224人次。组织贯穿全年的第三届苏州市文化市场综合执法岗位练兵技能竞赛活动，并在全省技能竞赛中获得多个奖项。推进信息化建设，初步建成“一个中心”“两个数据”“三个平台”为框架的文化市场综合执法智慧监管系统。

【文化市场专项整治行动】 2022年，苏州市开展多项文化市场专项整治行动，维护文化市场安全稳定。

“护航”专项行动 该专项行动由省文化和旅游厅统一部署，自3月开始至12月底，苏州市出动执法人员55645人次，检查经营单位1.8万家次，受理文化市场举报700余件、旅游市场投诉300余件，维护文化和旅游市场安全稳定，完成党的二十大“护航”任务。2起案件获评全国文化市场综合执法重大案件，5起案件获评全省文化市场综合执法重大案件。

养老诈骗专项整治行动 召开打击整治文化和旅游市场养老诈骗专项行动工作会议，突出老年旅游和艺术品经营等主要领域，推进专项整治工作。举办老年人旅游反诈宣传和旅游服务进社区活动，开展养老诈骗典型案例警示宣传报道，发放宣传用品和网络宣教信息，覆盖人群13万人次。处理涉养老诈骗线索10条，向公安和金融部门移交问题线索6起。检查艺术品经营单位101家次，查处6家单位违规经营行为。组建近100名志愿者参与的老年旅游服务质量监督志愿者队伍。

未成年人保护专项行动 系统梳理网吧、娱乐场所、营业性演出、网络文化、印刷出版、广电等领域涉及未成年人保护71项责任清单，组织各级执法人员开展专题学习，增强对《中华人民共和国未成年人保护法》的理解和适用。发放《中华人民共和国未成年人保护法》宣传折页3000余份，制作未成年人保护标识11000余份。开展普法知识有奖问答，设置“同心护苗”网红小火车，拍摄“预防未成年人沉迷网络游戏”公益宣传片。加强娱乐场所、网吧、网络文化、艺术考级、出版印刷等领域执法监管，突出寒暑假、中高考等重点时段，开展未成年人保护专项执法行动，办理涉及未成年人保护案件25起。其中，2起网络游戏案件受到文化和旅游部和全国“扫黄打非”工作小组办公室两部门挂牌督办，分别有1起案件入选省网络巡查典型案例和“护苗”专项行动首批7个典型案例之一。文化执法部门联合检察、公安、市场监管、人力资源社会保障部门共同召开娱乐场所未成年人保护治理研讨会，搭建联查共管工作机制。

【演出市场监管】 2022年，苏州市在全面落实“放管服”和“证照分离”改革各项要求的基础上，应用全国文化市场技术监管与服务平台开展审批，实现演出市场主体设立和营业性演出活动审批的“一网通办”，压缩审批时间至3个工作日内。全市新设立演出经纪机构30家，文艺表演团体19家。在演出审批中，加强演出市场意识形态安全把控，加强宣传、文化、公安、网信等部门的信息互通和对接，提升营业性演出市场审批和从业人员法治化、规范化水平。

【娱乐市场监管】 2022年，苏州市加大普法宣传力度，提升娱乐行业企业经营人员法律素养和规范经营意识。加强合规指导，发布《企业行政合规指导清单》，将行政指导融入日常执法，帮助文化娱乐企业合规经营，提醒企业做好自查自纠。开展“智慧监管”“远程监管”，加强数据分析，提升监管精准性。推进全市娱乐场所与公安、文化等部门信息联网，开展实时“远程监管”，做到既执法监管到位，又减少对企业日常经营的影响。整合多部门执法力量，开展联合行动180余次。全面清查文娱活动和产品禁止性内容，开展全市歌舞娱乐场所违规卡拉OK歌曲专项执法检查行动，出动执法人员1200人次，检查娱乐场所500余家次。组织开展无证娱乐场所专项整治行动，文化执法部门会同公安、环保、城管等部门取缔无证经营场所“黑网吧”“黑歌厅”“黑游戏厅”等93家，依法立案3起。

【网络文化市场监管】 2022年，苏州市加强对网络文化市场的行政指导和监管，维护公平有序的市场竞争环境，形成有苏州特色的网络文化监管、治理体系。查办的1起案件获得文化和旅游部2021—2022年通报表扬重大案件，同时入选省文化和旅游厅2022年网络巡查典型案例，2起网络游戏案件由文化和旅游部和全国“扫黄打非”工作小组办公室两部门挂牌督办，其中1起网络游戏案件入选江苏“护苗”专项行动首批典型案例，受到全国“扫黄打非”工作小组办公室、省委宣传部官微等平台报道。

（市文广旅游局　李宜达）

编辑：金凯帆

综　述

【医疗卫生机构概况】 截至2022年底，苏州市有登记注册的卫生机构4138个（公立卫生机构1720个，民营卫生机构2418个），比2021年增加111个，其中医院247家（综合医院80家，中医类医院16家，专科医院70家），比2021年增加4家。全市实际开放床位79968张，比2021年增加2346张，其中医院68707张，比2021年增加2136张。每千常住人口卫生机构床位数6.19张，每千常住人口医院床位数5.32张。全市卫生机构人员总数132143人，比2021年增加4939人，其中卫生技术人员105498人，比2021年增加4524人，卫生技术人员占卫生机构人员总数79.84%。每千常住人口卫生技术人员8.17人、执业（助理）医师3.18人、注册护士3.63人。全市医疗机构总诊疗人次数8658.71万人次，其中门、急诊人次数为8422.45万人次，医疗机构住院人次数180.46万人次，手术人次数79.63万人次。全市医疗卫生机构门诊病人次均诊疗费用为321.4元，比2021年增加41.7元，增长14.91%；住院病人人均住院费用14313.7元，比2021年增加700.7元，增长5.15%。

【医疗资源提质扩容】 2022年，苏州市新创建三级甲等医院（常熟市第二人民医院）、三级医院（昆山市康复医院）各1家，新增急救分站5家（独墅湖医院、星湖医院、光福医院、京东方医院、南丰医院），完成基层医疗卫生机构新改扩建7家、启动17家，新增农村区域性医疗卫生中心2家、社区医院6家。推进医联体建设，全市建成11个城市医疗集团、15个县域医共体、98个专科联盟、29个远程协作网。市疾控中心、市立医院康复医疗中心进入内外装阶段，市妇幼保健院、市太湖新城医院、市转化医学中心主体结构封顶，市立医院8号楼、市急救中心开展地下结构施工。市第五人民医院二期完成建设立项，市立医院总院二期制定建设方案、加快立项，市中心血站迁建优化选址方案。

【医药卫生体制改革】 2022年，苏州市深化公立医院综合改革，学习推广三明医改经验，出台《苏州市推动公立医院高质量发展实施方案》，7家公立医院被确定为高质量发展省级试点单位。推进医疗服务价格改革国家试点，出台《苏州市深化医疗服务价格改革试点实施方案》及配套文件，调整医疗服务项目268项。实施医保支付方式改革，出台《苏州市按疾病诊断相关分组DRG付费改革实施方案》，总额控制下以DRG付费为主的多元复合医保支付方式在全市实现。加快分级诊疗制度建设，“基层首诊、双向转诊、急慢分治、上下联动”的分级诊疗格局逐步形成。

【卫生人才队伍建设】 2022年，苏州市确定姑苏卫生人才计划资助人选221人，其中姑苏卫生特聘人才81人、姑苏卫生培养类人才137人、姑苏卫生高层次柔性人才3人。获得国家级科研项目114项、省部级科研项目47项；获得省级科技成果奖5项、省级医学新技术项目55项；SCI论文收录1999篇，中文核心期刊发表1601篇，获得各类专利966项。组织实施第五批青年骨干人才培训项目，68名学员进入研修状态，完成第二批、第三批青年骨干人才研修项目考评工作；提升国家住院医师规范化培训质量，829名学员通过国家考核取得培训合格证书，其中全科医师89名；实施紧缺人才进修学院继续教育项目，92名学员参加儿科、超声科、精神科、吴门医派、医院感染管理5个进修学院研修。

【卫生健康信息化建设】 2022年，苏州市在全市所有公立医疗机构部署居民电子健康档案调阅和影像调阅服务，调阅次数10.1万次，累计建成居民电子健康档案1013.3万份。实施智慧健康“金管家”项目，推进市民市域内就医记录全贯通，向市民提供签到取号、检验检查报告、体检报告和互联网医院问诊相关业务的精准信息推送服务45.64万次。截至年底，全市有7家医院通过电子病历应用水平等级五级评估、25家医院通过四级评估，11家医院平台通过互联互通成熟度四级甲等测评。优化“12320”卫生综合服务平台功能，平台用户总量766.5万人，预约挂号服务覆盖市区范围内的92家医疗机构，全年多途径预约总量982万人次。

【卫生应急体系建设】 截至2022年底，苏州市创成国家级卫生应急示范区2个（常熟市、吴江区）、省级卫生应急示范区8个（张家港市、太仓市、昆山市、吴中区、相城区、苏州工业园区、苏州高新区、姑苏区）。夯实乡镇卫生应急工作基础，抓好卫生应急工作的基础建设，28个乡镇按照省卫生健康委要求的建设标准开展卫生应急规范化建设。完成建设并挂牌18家紧急医学救援基地，其中市级传染病救援基地1家、中毒类救援基地1家、综合类救援基地1家，县区级传染病类5家、综合类10家，分区划片形成突发事件救治网络，满足应急救援需求，提升救治率。

（市卫生健康委　丁潇潇）

疾病预防控制

【概况】 2022年，苏州市稳步推进传染病、地方病、慢性病和精神疾病的预防控制工作，重大疾病和主要健康危险因素得到有效控制。完成第四轮艾滋病综合防治示范区终期自评，完成全国社会心理服务体系建设试点工作。全市传染病总发病率每10万人310.80人，甲、乙类法定传染病报告发病率每10万人130.39人。传染病疫情报告率100%，突发公共卫生事件相关信息报告率100%。全市登记在册严重精神障碍患者规范管理率93.18%；免疫规划疫苗接种率达到99.16%。前五位死因依次是恶性肿瘤、脑血管病、心脏病、伤害、呼吸系统疾病。

【预防接种】 2022年，苏州市加大投入力度，提高预防接种信息化水平。3月14日，启用特殊健康状态儿童预防接种转诊评估追踪系统，启用后，系统生成评估记录6531条。3月中旬，印发《关于有序做好全市预防接种工作的通知》，要求各地统筹疫情防控和疫苗接种，有序恢复预防接种工作。

【传染病防控】 2022年，苏州市推进第四轮艾滋病综合防治示范区建设，开展艾滋病防治知识传播校园行活动，在29所学校发放自检设备48台，投放艾滋病自检试剂包2万份。有效处置新冠以外的各类突发传染病疫情，开展重点传染病监测，建设致病菌溯源系统和传染病预警信息系统。规范落实结核病防治工作，线上线下结合开展结核病防治工作督导，制定《苏州市"十四五"结核病防治规划》，1—10月全市登记肺结核患者2150例，开展分子生物学检测1992例，病原学阳性率为64.0%。全市肺结核患者治疗管理率99.6%，活动性肺结核患者的成功治疗率94.2%，疑似肺结核患者总体到位率98.2%。新病原学阳性患者耐药筛查率97.7%，各项指标均达到目标要求。

【慢性病防控】 2022年，苏州市组织各地参加国家慢病综合防控示范区第二轮支持推广平台项目试点地区申报工作。经过国家遴选，苏州高新区、常熟市、张家港市分别确定为三健科普传播、健康口腔推广、脑卒中全病程智能康复项目试点承担单位；姑苏区、苏州高新区推进社区诊断工作。规范开展慢性病患者自我管理小组活动。苏州市新建慢性病患者自我管理小组777个，其中137个小组按照省级方案规范开展。加强死因监测工作，开展居民死因漏报调查工作，撰写《2021年苏州市居民健康期望寿命调查报告》，支持开展"身后一件事"试运行。扩展慢性病监测范围，丰富监测内涵，启动慢阻肺和原位癌发病监测工作，并对报告系统开展对应优化和调整。完成《苏州市推进癌症防治工作实施方案（2019—2022年）》指标评估工作，筹备市级癌症防治指导中心。苏州市承担心脑血管疾病筛查和干预项目、癌症早诊早治和慢阻肺等项目国家级18项、省级7项、市级9项，各地均按照项目要求开展工作，新建苏州市老年人队列8661人。

【精神卫生】 2022年，苏州市制定《2022年苏州市精神卫生工作要点》，明确患者检出、管理和服务等具体任务指标。推进严重精神障碍患者服务管理排查整治专项行动，滚动开展筛查排查，掌握动态情况。自专项行动启动后，新排查建档严重精神障碍患者5542人。多次举办全市严重精神障碍排查、管理线上培训，全市664名医生参加培训。制作"排查专项行动工具包"（帆布包、工作马甲、普法宣传册三件套）1000套、市民心理健康攻略（手册）10万份，下发至各地，供专项行动使用。加强精神卫生和心理健康宣贯工作。开展严重精神障碍患者健康教育、家庭护理培训等相关工作，重点开展精神卫生科普知识、先兆症状识别等内容的宣讲，提升大众对精神障碍的正确认识。组织多部门到重点地区开展专项督导，重点对工作责任不落实、工作机制不健全、保障不力和存在脱管、漏管、失控等问题较多的乡镇（街道）予以通报。定期组织专家开展信息平台线上督导，随机抽取排查对象，开展电话随访和质控。

【新冠疫情防控】 2022年12月，苏州市根据上级防控政策调整，将工作重心从"防感染"转向"防重症、保健康"。全市发热门诊从63家增加到116家，开设发热诊室142家、发热诊疗站1063家，日理论最大接诊量16.9万人次。姑苏区等地率先将核酸采样点改造成发热诊疗站。全市三级医院设置ICU床位2627张、急诊床位680张，储备急诊医护人员1419人，重症医护人员6879人。全市建立重症、危重症患者省、市、县、院四级会诊和多学科专家团队救治模式，成立由149名专家组成的市级医疗救治专家组，开展市内巡回指导，做好危急重症患者救治工作。全市急救调度席位增加到65个，储备救护车419辆，同时启动63辆非急救转运车。开展脆弱人群摸底建档和精准管理，依托家庭医生团队为居家治疗者提供相关医疗服务。建立基层医疗卫生机构的新冠病毒分级诊疗医联体18个，明确外部协作医院，建立全市协作联络图，维护医疗秩序平稳。

"乙类乙管"防控措施落实 12月，新冠病毒感染实施"乙类乙管"措施，工作重心从"防感染"转向"保健康、防重症"。苏州市落实"乙类乙管"防控措施，组织"乙类乙管"总体方案培训、监测子方案培训，参训人数4827人，推进"乙类乙管"实施方案平稳有序推进。多形式、多渠道开展"乙类乙管"相关政策、防护指南、第十版防控和诊疗方案等新政策、新措施、新方案宣传，指导市民在日常生活、春节出行、聚餐聚会等场景中做好自身防护。

（市卫生健康委　丁潇潇）

2022年5月7日，苏州支援上海医疗队回苏州欢迎仪式举办

（市卫生健康委　供图）

基层卫生

【概况】 截至2022年底，苏州市有社区卫生服务中心（乡镇卫生院）167家、社区卫生服务站（村卫生室）1076家，有基层卫生技术人员22785人。作为首批全国医养结合试点城市，医养结合经验入选国家卫生健康委和世界卫生组织开展的“医养结合在中国的最佳实践”双年度合作项目。“苏州市以老年医院、护理院为支撑，以社区卫生服务机构、护理站、家庭病床为依托，将服务延伸至社区和家庭”入选国家卫生健康委、民政部推广医养结合试点工作典型经验。

【基层卫生服务能力建设】 2022年，苏州市推进吴江区江陵街道、相城区澄阳街道社区卫生服务中心建设，督促张家港市德积街道、吴中区太湖街道做好社区卫生服务中心的规划选址、土地手续、方案设计等前期工作，确保全市每个建制街道、镇至少有一所政府办的标准化的社区卫生服务中心（乡镇卫生院）。落实基层医疗卫生机构标准化建设，年底前全市完成7家单位新改扩建，启动17家单位新改扩建工作。向省推荐申报甲级村卫生室36家。

【基本公共卫生服务】 2022年，苏州市以常住人口为基数，基本公共卫生服务人均经费标准不低于100元。做好各项基本公共卫生服务项目工作，全面完成省绩效目标。加强电子健康档案签约家庭医生团队归口管理，多渠道完善和丰富电子健康档案内容，做好档案信息动态更新维护，优化开放服务的渠道和交互形式，提高电子健康档案的利用率。继续实施国家基层高血压、糖尿病医防融合试点，探索建立以家庭医生团队为核心、信息化为支撑的综合连续健康管理服务模式，提升综合防治效果。苏州市代表江苏省接受2021年度国家基本公共卫生服务绩效评价，列全国城市第二位。

【家庭医生签约服务】 2022年，苏州市推进重点人群基层首诊签约服务，以老年人、慢性病人、残疾人等人群为重点对象，做实签约服务，引导和推广“点单式”签约，鼓励各地出台个性化的各类签约服务项目。继续开展离休干部和军休干部家庭医生签约服务。年度重点人群签约率稳定在65%以上，基层首诊签约率超过20%。组织开展以“与家医相约和健康相伴”为主题的“5·19”世界家庭医生日系列宣传活动，通过媒体宣传，营造良好氛围，加强与辖区居民的沟通和互动，加大政策解读引导，解读家庭医生签约的服务内容、服务模式和服务获得渠道。探索家庭医生签约服务创新做法。围绕商业保险支撑签约服务机制、体卫融合签约服务等模式开展家庭医生签约服务创新领域的申报工作，全市27家单位申报家庭医生签约服务创新，其中12家单位被列为基层慢病运动健康干预试点机构。

【乡村医生服务】 2022年，苏州市实施乡村医生进编政策，对取得乡镇执业（助理）医师及以上资质，在基层医疗机构连续工作满一定年限的乡村医生公开招录进编，享受事业单位人员待遇。苏州市纳入事业单位编制管理的乡村医生957人，占乡村医生总数的31.55%。推行“县管乡用”，实行区域内编制统筹管理，根据医疗机构实际需求调剂使用。开通“县管乡用”人才招聘绿色通道，对部分岗位采取直接面试的方式，提升备案制人员薪酬待遇，备案制人员在工资待遇方面与编内人员实行同工同酬。落实定向培养，全市签订1037名订单培养生，毕业后回所在地基层医疗机构工作。

（市卫生健康委　丁潇潇）

妇幼健康

【妇幼健康体系建设】 2022年，苏州市推进妇幼保健机构建设。苏州市妇幼保健院建设项目按进度施工，计划于2023年完工。昆山市、常熟市和吴江区妇幼保健院挂牌成立，昆山市完成三级妇幼保健院省级验收，张家港市完成妇幼保健院建设选址，计划于“十四五”期末建成使用。启动儿童友好医院建设。举办全市儿童友好医院建设专题培训班，各地儿童专科医院、有儿科门诊医疗机构负责人参加培训。印发《苏州市儿童友好医院建设指引（试行）》，督促各地开展儿童友好医院建设及医疗机构的适儿化改造。苏州大学附属儿童医院建成儿童友好医院，张家港市、吴江区、吴中区制定改造计划。全年建成市级示范基层医疗卫生机构妇幼健康规范化门诊68家，建成危重孕产妇救治中心18家、危重新生儿救治中心16家。全市孕产妇死亡率、婴儿死亡率和5岁以下儿童死亡率均控制在较低水平。

【“两癌”筛查】 2022年，苏州市开展妇女“两癌”检查项目，完成适龄妇女宫颈癌检查27.98万人，确诊80例，乳腺癌检查28.20万人，确诊222例，均得到早期有效干预。市卫生健康委与市总工会联合开展“5·20”女职工健康关爱服务活动，为贫困适龄女职工提供生殖健康和两癌筛查服务。

【生殖健康】 2022年，苏州市卫生健康部门通过网站、微信公众号等途径，加强生殖健康教育和优生咨询指导。网上预约关注人数增加，全年新增1万余人。全年累计发放药具4.31万人份，服务18.88万人次。

【新生儿出生情况】 2022年，苏州市住院分娩活产数为7.91万人，比2021年减少0.58万人。户籍出生4.97万人，比2021年减少0.36万人，出生率6.47‰，户籍人口出生性别比为106.79（女性为100）。

【出生缺陷防治】 2022年，苏州市新生儿遗传代谢病筛查率、听力筛查率及先天性心脏病筛查率分别为98.99%、98.70%和99.08%，确诊新生儿遗传代谢病104例、听力障碍儿童181例、新生儿先天性心脏病456例。

【国家免费孕前优生检查项目】 2022年，苏州市开展国家免费孕前优生检查项目，通过多形式、多渠道健康宣教活动，提高计划怀孕的市民对免费孕前优生健康检查项目知晓率。全年为2.60万人提供免费孕前优生健康检查服务，完成全年计划的104.74%。

【基本公共卫生妇幼新增项目】 2022年，苏州市开展基本公共卫生妇幼新增项目3个：两癌筛查、免费增补叶酸、免费孕前优生检查，与2021年相比减少1个（避孕药具）。年内，市卫生健康部门围绕重点人群，拓展项目人群覆盖率，加大力度为全市备孕期及孕期妇女免费增补叶酸，有1.4万名妇女免费增补叶酸。

（市卫生健康委　丁潇潇）

老年健康

【老年健康服务体系建设】 2022年，苏州市印发《苏州市“十四五”健康老龄化规划》，完善老年健康服务网络。将“银龄健康提升工程”纳入为民办实事和政府年度实事项目，推进医养结合模式创新，实现老年健康工作高质量发展。新建护理院1家，优化标准化护理院2家，新增老年病医院1家、二级以上综合性医院设老年医学科2家，提前超额完成省政府实事项目任务。全市有护理院78家，老年病医院4家、康复医院14家，医养结合型机构132家，二级以上综合性医院设老年医学科30家，二级及以上公立综合性医院设置老年医学科比例达到83.3%，居于全国领先水平。

【医养融合】 2022年，苏州市推进医疗卫生机构与养老机构规范签约合作，年内养老机构规范签约率达到100%。加强医养结合服务监管，对50家护理院完成机构信用等级评价工作，规范提升医疗服务质量。加强基层医疗卫生机构医养结合服务设施建设，推动康复、护理、安宁疗护床位建设，基层医疗卫生机构设置康复、护理、安宁疗护床位4012张，占比达到33.56%。

【老年疾病防治】 2022年，苏州市落实65岁以上老年人健康管理、老年健康与医养结合服务管理等基本公共卫生服务项目，推动老年人健康体检资源整合，开展老年健康与医养结合服务管理项目试点，推动老年健康与医养结合服务落实。开展全市65周岁以上老年人健康体检105万余人次。年内65岁及以上老年人城乡社区规范健康管理服务率达到63.37%。建立基层医疗机构全科医师团队、医院医护人员分别与居民签约，使家庭医生成为社保基金和居民健康的守门人的“双签约、双守门”模式。依托二、三级医院专家支撑，对签约居民家庭所有成员提供全科医疗服务，实现对整个家庭的“一站式”综合健康管理。

【老年人医疗照护】 2022年，苏州市实施市政府实事项目“银龄健康提升工程”，开展老年友善医疗机构建设工作，植入老年友善理念，打造友善医疗机构建设一体化格局，为老年患者创造安全、友善、适宜的医疗环境。全市有133家机构申报老年友善医疗机构建设，建设率93.62%，其中108家医疗机构入选2022年江苏省老年友善医疗机构名单，41家医疗机构达到优秀标准。

【老年人心理健康】 2022年，苏州市开展老年健康宣传周、阿尔茨海默病预防与干预等主题活动，通过苏州新闻广播FM91.1《有请大医生》栏目，组织三级医院老年医学专家、营养学专家、中医资深专家开展宣教。组织做好老年人心理关爱项目，苏州高新区、姑苏区、相城区新增3个国家老年心理关爱工作试点社区。

（市卫生健康委　丁潇潇）

职业健康

【重点职业病监测】 2022年，苏州市推进职业病危害专项治理，巩固和拓展尘肺病防治攻坚行动成果，将存在粉尘、化学毒物、噪声危害因素浓（强）度超标岗位且从业人员10人及以上的工业企业纳入治理范围，形成市级职业病危害专项治理工作实施方案，建立治理企业基础台账，推动治理企业改善作业场所环境，提高职业病危害治理能力。开展职业病危害重点监管企业职业病危害因素第三方监督检测工作。按照政府购买服务方式完成全市280家职业病危害重点监管企业职业病危害因素监督检测工作。

【职业病防治】 2022年，苏州市召开全市职业病防治项目工作方案培训会，解读重点职业病监测、工作场所职业病危害因素监测、职业性放射性疾病监测、放射性危害因素监测工作方案等，推进职业病防治项目。开展苏州市职业病防治示范企业建设活动，评选苏州市职业病防治示范企业21家，通过行业示范、典型引路，形成一批可复制、可推广的职业病防治经验。开展苏州市100家小微企业职业健康管理帮扶工作，制定帮扶方案，提升企业职业健康管理意识与能力。

【职业健康监管】 2022年，苏州市组织年度全市职业病报告企业全覆盖执法检查。突出重点行业企业，加大监督执法力度，制定并完成覆盖全市的51家重点监管企业监督检查计划，组织卫生健康、人力资源社会保障、应急和工会等部门开展联合检查。举办2022年苏州市职业健康监管培训班，邀请专家对《工作场所职业卫生管理规定》、新修订的《中华人民共和国行政处罚法》、个体防护等相关法律法规开展解读，并开展现场教学。

【职业健康宣传教育】 2022年，苏州市加强职业人群宣传教育，提升市民职业健康素养水平。组织开展《中华人民共和国职业病防治法》宣传周活动，开展主题宣讲活动182次、宣传咨询活动151次、警示教育活动188次，印发宣传材料85614份，宣传受众437672人。开展重点人群职业健康素养监测与干预，完成1691名第二产业劳动者问卷调查，具备职业健康素养的有996人，职业健康素养水平58.9%。市卫生健康委、市总工会联合举办2022年苏州市职业健康达人技能竞赛、苏州市用人单位负责人和职业健康管理人员知识技能竞赛，选树市级职业健康达人30人。

（市卫生健康委　丁潇潇）

健康促进

【健康苏州建设】 2022年，苏州市贯彻落实健康中国行动，提升城乡居民健康素养水平，推进健康中国典范城市建设。开展全民健康素养提升工程，做好健康素养促进项目工作，第13次开展城乡居民健康素养调查。苏州市城乡居民健康素养水平为40.48%，比2021年提高0.52个百分点，高于同期的江苏省（34.32%），居全国前列。在全国爱国卫生运动委员会办公室公布的全国地级行政区划407个市（区）2021年度健康城市建设工作评价结果中，苏州市列全国城市第三位，获评2021年度全国健康城市建设样板市名单。深化体卫融合，苏州市立医院被确认为省级运动促进健康中心建设单位。组织开展爱国卫生运动70周年系列活动，苏州市卫生健康委获评全国爱国卫生运动70周年先进集体。

【健康教育】 2022年，苏州市推广苏州市民健康公约，加大健康科普力度。组织开展线上“健康苏州大讲堂”活动，全年开展24场，通过健康苏州联播平台对外直播，观看人数54.72万人次。在苏州市广播电视总台开设《第一健康》

电视访谈节目、《天天健康》广播访谈节目，邀请专家普及健康知识。做好新冠疫情防控健康教育，制定发布市民防疫手册。开展全民健康生活方式行动，组织各地参与2022年江苏省健康生活方式短视频创意剧本大赛，获得优秀组织奖。

【卫生城镇建设】 截至2022年底，苏州市有国家卫生镇45个，苏州市率先实现国家卫生城市、国家卫生镇全覆盖。年内，推进国家卫生镇督查评审工作，委托第三方对全市国家卫生镇开展全覆盖的暗访评估，组织对74个到期复审的省级卫生村开展抽查复审。

【健康场所建设】 2022年，苏州市推进健康场所建设。新增省健康镇4个（相城区黄埭镇、常熟市支塘镇、张家港市塘桥镇、昆山市巴城镇），省健康村47个、省健康社区51个，省健康促进医院12个；新建市健康场所187个，其中市健康社区71个、市健康村46个、市健康单位70个。“十三五”时期后，全市累计建成省级健康场所913个、市级健康场所1108个。

【公共场所控烟】 2022年，苏州市加强公共场所控烟。组织开展控烟科普直播、控烟知识竞赛等控烟宣传活动。开展公共场所控烟专项监督检查，检查单位9261家，处罚款21.78万元。市卫生健康委、市机关事务管理局、市文明办等多部门联合推进市行政中心无烟党政机关建设十项举措落实，无烟党政机关比例达到100%。开展城乡居民烟草流行监测工作。15岁以上人群吸烟率20.62%，较2021年下降0.60个百分点，连续5年下降，低于2020年全国15岁以上人群吸烟率5.16个百分点。

（市卫生健康委　丁潇潇）

中医药服务

【概况】 2022年，苏州市有中医类医院16家。全年全市中医类医院总诊疗人次数843.95万人次，比2021年下降7.83%，占全市医院总诊疗人次18.98%；全市中医类医院入院人数23.36万人，比2021年下降0.64%，占全市医院总入院人数14.58%。全市每千常住人口中医床位数0.58张。常熟市中医院通过三级甲等中医医院创建评审。在全市二级及以下医疗机构评选第二批吴门医派名老中医药专家传承工作室（坊），评选工作室6个、工作坊10个，建设培育单位4个。全市开设中医康养门诊133家。

【中医药服务能力建设】 2022年，苏州市实施基层中医药服务能力提升工程，推进基层医疗卫生机构中医综合服务区建设，建成五级中医馆建设单位10家，社区卫生服务中心（乡镇卫生院）、社区卫生服务站（村卫生室）均能提供中医药服务。发挥中医药特色优势，推进中医临床优势专科建设，对7家中医重点专科开展评价工作；发展中医治未病服务，发布第二批中医药预防保健（治未病）干预方案；做优做强中医重点专科，修订《苏州市中医重点专科管理办法和评价标准》，制定《苏州市中医护理重点专科管理办法和评价标准》等系列文件。支持成立中医骨伤、中医肛肠、中医康复等优势专科联盟，通过医联体建设，下沉优质医疗资源。在全市二级以上公立中医医院建立中医药适宜技术培训基地，指导各基层医疗卫生机构、养老机构采用中医药方法提供服务。

【吴门医派传承发展】 2022年，苏州市继续开展吴门医派脉络梳理项目与古籍保护、整理、研究与利用工作，累计完成吴中医家访谈120余小时，整理吴门医派医家、吴门特色技艺相关资料70万余字，完成脉络梳理35条。整理名老中医的“经验笔记”，推进“活态传承”。苏州市药品检验检测研究中心与苏州中医医院签订战略合作，对吴门医派经方、中药制剂等开展探索，探索吴门中药“标品化”制成新药的可能性。

【中国中医科学院大学建设】 2022年7月25日，苏州市政府与中国中医科学院举办全面深化合作大会。会上，中国中医科学院大学动工，市政府与中国中医科学院西苑医院签约共建中医类国家医学中心，中国中医科学院联合上海中医药大学、南京中医药大学、浙江中医药大学、安徽中医药大学等高校成立长

2022年7月25日，中国中医科学院西苑医院和苏州市政府签约共建中医类国家医学中心，中国中医科学院大学奠基

（市卫生健康委　供图）

三角中医药高等教育联盟。中国中医科学院研究生院整体落户苏州，苏州市中医医院成为研究生院签约实习基地。中国中医科学院大学定位为以研究生教育为主体、以本科教育为基础的“高起点、小而精、研究型”的“国字头”中医药大学，位于吴中区园博园东北角地块，占地面积40万平方米，建筑面积32万平方米，建成后全日制在校生规模5000人，苏州市中医医院、苏州市中西医结合医院作为中国中医科学院大学直属附属医院。

（市卫生健康委　丁潇潇）

卫生监督

【概况】 2022年，苏州市健全城乡卫生监督体系。全市设置卫生监督乡镇分所39个。组织全市重点场所疫情防控常态化监督检查，检查各类场所39519家次。开展系列“卫监行动”，集中开展打击非法医疗美容、医疗服务质量、消毒产品、护理院规范建设等系列专项整治。全市立案1454件，结案1454件；查处无证行医案件76件。信用宣传片《守信苏城》获得2022年全国新华信用杯最具传播创新奖，“护理院信用评价地方标准的制定实施”获得2022年度省社会信用体系建设工作创新项目。

【卫生健康综合监管执法】 2022年，苏州市部署系列“卫监行动”。集中开展医疗乱象、医疗美容行业突出问题、抗（抑）菌制剂抽检、太平间管理等系列专项整治活动，规范卫生健康行业秩序。实施“双随机”抽查，完成国、省“双随机”抽查任务，实现医疗卫生、公共卫生执法领域监管事项全覆盖，其中公共场所、学校卫生、医疗卫生等专业“双随机”国家随机抽查任务1953家，完结率100%，完成率92.32%；省级随机抽查任务274家，完结率100%，完成率97.08%。推进多部门联合“双随机”抽查工作，按照信用风险分类实现差异化要求，联合市场监管、公安等部门发起医学检验机构联合检查和美容店行业联合随机抽查任务，抽查单位36家，完成率100%，完成省级及其他部门发起联合随机抽查任务8项，抽查单位258家，完成率100%。

【公共卫生监督】 2022年，苏州市启动《护理院信用评价规范》地方标准编制项目，完成地方标准编制、标准申报等全流程工作，推进该项全国首创地方标准落地。依据新修订的《中华人民共和国医师法》《医疗机构管理条例》等法律法规内容，完成《苏州市医务人员不良执业行为记分管理办法》修订工作。启动《苏州市集中空调通风系统卫生管理办法》立法项目，吸收北京、上海等地立法经验，结合苏州实际，推进苏州市首部空调通风领域法律规范的制定。根据省政府对苏州市医疗卫生行业综合监管督察的反馈意见，研究制定苏州市医疗卫生行业综合监管督察反馈意见的整改方案，明确问题清单、任务清单、责任单位和完成时限，以目标和问题为导向，推动苏州市医疗卫生行业综合监管制度的贯彻落实。

【医疗信用监管】 2022年，苏州市完善信用监管制度，信用评价、信用承诺、信用报告、信用修复在多监管领域、监管环节得到应用。实施医疗机构和医务人员不良执业行为“双记分”管理，完善信用修复流程和机制，实现行政处罚决定书、信用修复告知书“双书同达”，建成信用修复线上渠道，实现“不见面修复”。连续5年实施护理院信用等级评价工作，年度完成全市71家护理院的评价工作。加强卫生健康领域信用信息的公示和共享，做好行政许可和行政处罚信息“双公示”，全年市级公示行政许可信息419条、行政处罚信息28条，归集共享行业信用评价917条、信用承诺501条、自然人红名单146条、法人红名单17条、医务人员执业注册信息2648条。

（市卫生健康委　丁潇潇）

医政药政管理

【概况】 2022年，苏州市有公立医院48家，占医院总数19.43%；民营医院199家，占医院总数80.57%。医院按等级分，三级医院26家，二级医院51家；医院按床位（实有）数分，500张及以上35家，100~500张（不含）114家，100张以下98家。新增省级特色科室建设单位6家、市级特色科室46家，评审市级临床重点专科41个。加快重大疾病、传染病预防和控制关键技术研究及成果转化，完成科技立项国家级111项、省部级38项、市厅级328项，申报省医学新技术项目57项，获得专利522项。

【医疗质量管理】 2022年，苏州市印发《关于进一步加强麻精药品、抗菌药品培训的通知》，依托苏州市药事质控中心针对麻精药品、抗菌药品开展师资培训，指定二级及以上公立医疗机构、质控组织、行业学（协）会负责辖区内基层医疗机构麻精药品、抗菌药品培训考核工作，推动全市麻精药品、抗菌药物同质化管理。新增苏州市独墅湖医院、苏州京东方医院、苏州大学附属儿童医院、张家港南丰急救分站、吴中光福急救分站开展院前急救分站检查，加强急诊急救一体化建设，提高院前急救质量和效率。制定《苏州市非急救转运服务分站管理规范（试行）》，规范非急救转运服务分站建设与运行标准，加强日常管理、监督考核等工作。

【医疗服务提升】 2022年，苏州市印发《苏州市学习福建省三明市医改经验进一步深化医药卫生体制改革实施方案》，出台医疗服务价格改革试点实施方案及五项配套办法，出台按疾病诊断相关分组（DRG）付费管理办法，推动相关改革取得成效。印发《苏州市推动公立医院高质量发展实施方案》，开展2021年公立医院绩效考核和公立医院综合改革效果评价，加强考核结果运用，开展全市公立医院综合改革重点数据指标监测和分析，严控医药费用不合理增长，提升公立医院可持续发展能力。严格落实基本药物制度，加强医疗机构用药全流程管理，各级医疗机构基本药物配备使用全面达标。建立短缺药品供应保障会商联动机制和省、市短缺药品错位储备机制，开展20种市级短缺药品储备，加强短缺药品的保供稳价。

【采供血机构管理】 2022年，苏州市下发市区医院年度用血计划，在全市范围内开展血液安全“四规范”专项行动，规范全市采供血行为，规范医疗机构临床用血行为，规范采供血及合理用血培训，规范市民无偿献血宣传，重点抓好“两培训一督查”，即组织全市采供血机构和临床用血医疗机构开展二期依法执业和合理用血培训，对全市所有医疗机构临床用血情况开展一次专项督查，保障血液安全。新设采血点1个。

【医院感染管理】 2022年，苏州市落实医院感染预防与控制的各项法律、法规、制度、规范。组织开展消毒供应中心新建、改（扩）建设计图纸审核、消毒供应中心验收现场评价、专项检查等工作，对苏州新合力医疗消毒供应中心等独立消毒供应中心和血液透析机构质量安全管理开展专项督查。组织开展医疗废物专项督查。

【护理队伍建设】 2022年，苏州市加强护理队伍建设，提高管理及专业水平。举办苏州市护士长管理岗位培训班，儿科护理技能大赛、泌尿外科护理知识技能大赛等操作技能类竞赛，护理质量提升专题培训会、护理科研学术培训活动等专题培训会，开展青年护士读书报告会、苏州市首届护理学术年会等活动。推进市级专科护士培训，调整优化专科护理培训课程，开设市级专科护士培训项目9个，包括胸心外科、心理护理、血液净化、静脉输液、消化内科、社区护理、泌尿外科、危重症护理专科护士培训。

【平安医院建设】 2022年，苏州市成立平安医院建设工作小组，加强组织领导和部门协调，形成工作合力，加强平安医院建设。推动医疗机构参加医疗事故责任险，全市8家保险公司参与经营医疗责任保险，为全市约500家医疗机构累计提供保险保障6.71亿元。创建医患纠纷调委会，各县级市（区）建成率100%，调解纠纷624件，调解成功率93%，成功化解多件医患矛盾尖锐、重信重访的案件。完善建立警医联动机制，落实医院安防工作措施，维护医院正常诊疗秩序。

（市卫生健康委　丁潇潇）

【医药价格和招标采购】 2022年，苏州市推进医疗服务价格改革。建立动态调整运行新机制，出台《苏州市深化医疗服务价格改革试点方案》等5个配套文件。3次动态调整268项医疗服务价格，提高金额5.03亿元。理顺医疗服务比价关系，优化公立医疗机构收入结构，发挥价格杠杆功能，支撑复杂型疑难手术和护理等薄弱学科发展。出台苏州市医疗服务价格重要事项报告制度，实现改革试点新突破和监管效能新提升。常态化、制度化推进集中招标采购成果落地，加强药品（耗材）集中招标采购成果落地监管，年度节约资金32.88亿元。全面落实医保资金结余留用政策，向医疗机构拨付结余留用资金11960.78万元。加强阳光采购管理，组织全市三级公立医疗机构完成接口改造，实现采购管理系统数据与省医保局招采子系统对接。

【医保定点医药机构监管】 2022年，苏州市实现医保定点医药机构现场检查全覆盖，累计处理定点医药机构4885家、参保人员438人次，查处金额（含罚款）1.89亿元，行政罚款104.25万元，公开曝光典型案例733例次。印发《苏州市医疗保障基金监管制度体系改革实施办法》，构建苏州市全领域、全流程的医保基金安全防控机制。医保、公安、卫生健康、市场监管等部门联合建立全市打击欺诈骗取医保基金联席会议机制，形成数据共享和信息交换制度，完善行刑衔接、行纪衔接机制，并开展血液透析医疗机构、虚假住院等7次联合监管专项行动。创新监管方式，配合做好省智能监控系统和一号一平台建设，基本完成全市定点医药机构接口改造，扩大智能监管系统应用范围和应用场景。探索推进定点机构信用监管，将信用等级评价范围扩大至全市定点门诊部诊所和零售药店，并引入防范欺诈骗保诚信承诺书，逐步建立医保基金监管信用评价指标体系。

（市医疗保障局　胡智琴）

【常熟市第二人民医院创成三级甲等医院】 2022年11月，江苏省常熟市第二人民医院（常熟市涉外医院）被省卫生健康委确认为三级甲等综合医院，成为常熟第一家三级甲等综合医院。该医院是一所集医疗、教学、科研、预防、康复为一体的三级甲等综合医院，建院于1987年，是扬州大学第五临床医学院、徐州医科大学附属常熟医院以及南京医科大学、江苏大学等多所院校的教学医院。与苏州大学附属第一医院建立战略合作关系，是苏州大学附属第一医院医疗集团（常熟医院），也是上海交通大学附属第六人民医院、复旦大学附属华东医院合作医院，日本绫部市立病院友好医院，复旦大学附属中山医院医疗技术协作中心，苏州大学附属儿童医院医疗联合体成员单位。

【昆山市康复医院成为全国县级市第一家三级康复医院】 2022年1月，昆山市康复医院被省卫生健康委确认为三级康复医院，成为江苏省第四家、苏州市第一家三级公立康复医院，同时也是全国县级市第一家三级康复医院。该医院成立于2008年12月，由原昆山市周市人民医院发展而来，承担昆山县域康复医疗，是昆山医疗服务体系建设的重要组成部分；同时辐射周边地区，是苏州市乃至江苏省规模较大的、康复亚专科较为齐全的以“综合医疗为基础、康复医疗为特色”的专业康复医疗机构。

（市卫生健康委　丁潇潇）

编辑：王亦文

体育

体育设施

【体育场地建设】 2022年，苏州市新增各类体育场地2486个，新增体育场地面积132.6万平方米，人均体育场地面积增加0.1平方米。截至年底，全市有各类体育场地36712个，其中室外体育场地26040个，占70.9%，室内体育场地10672个，占29.1%。体育场地面积5023.53万平方米，其中室外体育场地面积4630.99万平方米，占92.2%，室内体育场地面积392.54万平方米，占7.8 %，人均体育场地面积3.91平方米。

【全民健身体育设施建设】 2022年，苏州市新建、改建体育公园（广场）10个，健身步道340.7千米，室外灯光运动场（篮球场、足球场）34片。截至年底，苏州市累计建成健身步道5100余千米、各级各类体育公园120个。推进室外全民健身设施专项清理工作，累计维修迁移更新问题器材3485件。在桐泾公园等地安装投用10套智能二代健身路径（含智能太空漫步机、智能揉推器等设备）。投入使用105套一代健身路径（含腰背按摩器、太极揉腿器等全民健身器材）。健身路径的新增及更新共计耗资367.41万元。苏州市民健身中心完成儿童友好型场馆改造，设置儿童活动区、母婴室、第三卫生间、儿童洗手池、楼梯适幼扶手等适儿设施。

【公共体育设施低免收费开放】 2022年，苏州市有11家公共体育场馆获评低收费、免收费场馆，获得594万元补助资金。加强对公共体育场馆免费或低收费开放的监管，对享受2022年补助的场馆开展“双随机、一公开”检查，提升公共体育场馆开放效益。

（市体育局　周利文）

青少年体育

【体教融合】 2022年，苏州深化体教融合，加强青少年体育工作。落实《关于加强苏州市青少年体育工作的指导意见》，推动各县级市（区）的390所中小学校（含252所小学、92所初中、46所高中）参与19个运动项目的“5621”〔即各县级市（区）设立5个以上青少年体育训练项目，每个项目至少布局6所小学、2所初中、1所高中，建立并推动从小学、初中到高中“一条龙”式的后备体育人才培养体系〕布局计划。一批市队校办项目在江苏省第二十届运动会（简称“二十届省运会”）上成绩突出。其中，与苏州高新区实验初级中学联办的男足13岁组、14~15岁组在二十届省运会中均获得冠军；张家港市暨阳湖实验学校获得女子手球丙组亚军，昆山市第二中学获得男子篮球14~15岁组亚军，昆山市城北高科园中心小学获得曲棍球丙组亚军，苏州高新区达善小学与昆山市青阳港实验学校联合组队获得垒球丙组第四名。

【青少年体质健康监测】 2022年，苏州市开展学生体质健康监测工作，全市804所中小学校的1394896名学生参与健康监测，体质健康标准优良率48.75%，优秀率14.42%，合格率95.95%。

【青少年体育人才培养】 2022年，苏州市新增注册青少年运动员2805人。新增二级运动员349人、一级运动员217人、运动健将16人。向省优秀运动队输送18人，列全省设区市第二位。苏州学生董子昂获得第19届世界中学生运动会男子跳高冠军。

【青少年体育赛事】 2022年，苏州市体育局、市教育局联合举办涉及足球、田径2大项6项次的市级青少年比赛。6—8月，苏州市举办2021—2022年度“市长杯”青少年校园足球联赛总决赛，分设小学组、初中组、高中组，共119支队伍1734名运动员参赛，太仓市高新区第二小学获得小学男子甲组、乙组冠军，张家港市凤凰中心小学、苏州市吴江区莘塔小学分别获得小学女子甲组、乙组冠军，苏州高新区实验初级中学、张家港市梁丰初级中学分别获得初中男子组、女子组冠军，张家港市凤凰高级中学、江苏省梁丰高级中学分别获得高中男子组、女子组冠军。8月2—8日，苏州市“姑苏晚报杯”青少年足球比赛举办，共64支队伍896名运动员参赛，昆山市陆家中心小学、苏州市草桥实验小学校分别获得小学男子甲组、乙组冠军，张家港市后塍学校、张家港市中兴小学分别获得小学女子甲组、乙组冠军，苏州高新区实验初级中学、张家港市后塍学校分别获得初中男子组、女子组冠军，吴县中学、苏州市第六中学有原队分别获得高中男子校队组、公开组冠军。11月19—20日，苏州市青少年阳光体育联赛中学生田径比赛举办，共50支队伍509名运动员参赛，昆山市第二中学、苏州市第十中学分别获得初中组、高中组团体总分第一名。

【校园足球】 2022年，苏州市新增全国青少年校园足球特色学校17所，占全省新增总数的三分之一，列全省设区市第一位。新增全国足球特色幼儿园16所，列全省设区市第一位。吴中区被认定为全国青少年校园足球试点县（区）。截至年底，苏州市累计创建全国青少年校园足球特色学校267所，全国足球特色幼儿园40所（示范园16所），全国青少年校园足球试点县（区）3个，全国青少年校园足球“满天星”训练营1家，江苏省足球后备人才示范学校12所。苏州市参加二十届省运会青少年部足球比赛，获得25枚金牌、1枚银牌、2枚铜牌，产生5个冠军、1个亚军、1个季军，创造历届省运会最好成绩。

【苏州市体育运动学校】 苏州市体育运动学校创建于1986年，是经省政府批准建立的一所全日制中等体育专业学校，为省三星级中等职业学校、国家高水平体育后备人才基地。占地面积21.33公顷，建筑面积近10万平方米。截至2022年底，学校有教职工188人，在训注册运动员900余人。有文化教学班级20个，其中小学部4个、初中部9个、中专部7个。学校开设田径、击剑、射击、篮球、排球、足球、手球、举重、柔道、摔跤、跆拳道、拳击、射箭13个项目，项目基本实行“三集中”（集中学习、集中训练、集中生活）管理模式。在二十届省运会上，学校有901名运动员参赛，获得金牌152.5枚，奖牌总数324枚，总分3127.5分（含代管组别）。中专部升学态势平稳，其中1人考入苏州大学。教职工在市级及以上期刊发表论文8篇，市级课题结题1个。

【青少年业余体校】 截至2022年底，苏州市有苏州市儿童业余体校、苏州市第二青少年业余体校、苏州市第三青少年业余体校、苏州市网球和水上运动业余体校4家市级业余体校。

苏州市儿童业余体校　成立于1983年，占地面积3836.50平方米，是国家高水平体育后备人才基地。学校开设体操、游泳、羽毛球、乒乓球、少儿体适能5个项目，有教职工55人，在训运动员460人，其中住宿运动员40余人，采用走训与“住宿、训练二集中”相结合的模式办学。在二十届省运会上，学校负责的体操、游泳、羽毛球、乒乓球、少儿体适能项目以及高尔夫球代管项目共获得金牌33枚、银牌42枚、铜牌51.5枚，团体总分1579分。学校培养输送的优秀羽毛球运动员何冰娇获得2022年德国公开赛、韩国大师赛、丹麦公开赛、法国公开赛4项世界冠军。

苏州市第二青少年业余体校　成立于1992年，原名苏州市少年体育教学训练基地，于2008年7月更为现名，是国家高水平后备人才基地。学校占地5602平方米，包括国际标准的333.33米自行车场地及其附属设施，另配套有行政办公楼、运动员宿舍、会议室、餐厅、综合体能训练房等配套办公生活房屋。学校设有自行车、武术套路2个项目，有教职员工17人，在校运动员100余人。在二十届省运会上，学校获得14枚金牌、8枚银牌、7枚铜牌，自行车项目继续保持在全省的领先位置。

苏州市第三青少年业余体校　成立于1999年，是全国第一所专职负责开展青少年科技智力体育项目的体校，先后被国家体育总局授予“全国群众体育先进单位”“中国国际象棋高水平后备人才培训基地”“全国定向运动先进单位”“全国航空模型活动重点单位”等称号。学校有教职员工14人，在训运动员约200人，实行走训制管理制度，主要利用运动员文化课余时间开展训练。作为科技智力体育特色学校，主要开展无线电测向、无线电通信、定向、航空模型、航海模型、车辆模型、围棋、国际象棋、中国象棋、国际跳棋以及五子棋11个项目。在二十届省运会上，学校围棋、中国象棋、国际象棋项目共获得13枚金牌、31枚奖牌。各项目运动队在各项国家级、省级赛事中累计取得金牌86枚。象棋项目1人、航空模型项目3人获评一级运动员。学校无线电、模型项目始终保持省赛团体总分第一名，棋类项目居团体总分前三名。

苏州市网球和水上运动业余体校　于2013年建校，2020年为配合市政建设在原址重建。重建后的学校占地1.33公顷，设施包括8间艇库、3个下水码头、2片室内标准网球场，另配套有行政办公楼、运动员公寓楼、文化课教室、餐厅、综合体能训练房、康复理疗室等。学校毗邻独墅湖，拥有得天独厚的宽广水域，是一家建造新颖、设施先进、环境优越，以水上项目为主的新型业余体校。学校开设赛艇、皮划艇、网球3个主要项目，同时代管攀岩、马术、帆船、现代五项、板滑5个项目。学校有教职员工19人，在训注册运动员251人。在二十届省运会上，学校获得35枚金牌、32枚银牌、33枚铜牌，合计100枚奖牌，总分1028分，金牌总数在全省各代表团同项目中排名第一位。

【体育类校外培训机构监管】 2022年，苏州市按照《江苏省青少年（幼儿）体育类校外培训机构管理办法（试行）》要求，启动体育类校外培训机构的审批工作。印发《苏州市体育类校外培训机构审批工作指引的通知》，对机构成立的基本条件、申办程序、材料清单等予以细化明确。8月30日，苏州工业园区文体旅游局为辖区内苏州刘常忠攀岩有限公司等5家首批体育类校外培训机构颁发证书。全年全市审批11家。

（市体育局　周利文）

群众体育

【全民健身公共服务】 2022年，苏州市出台《苏州市全民健身实施计划（2021—2025年）》。制定相关方案，推动构建更高水平的全民健身公共服务体系。推进全民健身与全民健康融合，苏州市市立医院基本建成省级运动促进健康中心示范基地，张家港市完成四级运动促进健康机构建设试点方案。开展全民健身系列“大课堂”公益活动，聘请国家级社会体育指导员、一级社会体育指导员在市区15个教学点免费教授太极拳、健身气功等课程，每周开课3次，服务市民9万人次。开展全民健身“五进工程”（进机关、进企事业、进社区、进家庭、进网络），为161家单位等的4万人次提供服务。吴中区“连厢健身，文体惠民”志愿服务项目入选国家体育总局2022全民健身志愿服务项目库。

【科学健身指导】 2022年，苏州市选送体育舞蹈等9个项目的27名社会体育指导员参加晋升省一级社会体育指导员，选派351人次参加省42个项目的一线社会体育指导员技能再培训。开展市本级8个项目的一线社会体育指导员技能再培训，共500人次参加。开展二级社会体育指导员普及项目（6个）、发展项目（3个）的晋级培训，共540人次参加。9名社会体育指导员获评省“最美青年社会体育指导员”。开展“体育公园假日系列”“社会体育指导员走进千家万户系列”“运动促进健康+系列”等全民健身指导活动。开展“喜迎二十大健康新征程”活动，发布科普健身文章40篇，拍摄健身视频26场，举办老年人专题、马拉松专题、科学体能训练及常见运动损伤预防讲座共计5场，参与人数超过500人。设在环古河健身步道的2个指导站，每年服务市民12000人次，开展运动健身讲座12场，实现对500人的运动测试前后跟踪。

【国民体质监测】 2022年，苏州市开展国民体质监测抽样测试工作，年龄段分为幼儿（3~6岁）、成年人（20~59岁）和老年人（60~79岁），全市测试39037人，其中在姑苏区、相城区、吴江区和常熟市共抽取3200人，合格率96.35%，测试现场安排运动医学专家开展体质测试报告解读和科学健身指导。组织科研人员进社区、进机关、进企业、进农村，开展“三下乡”等体质测试科普健身宣传活动和专家运动健康讲座。

【体育社会组织建设】 2022年，苏州市成立市属体育协会3家。截至年底，有市属体育社团53家、市属民办非企业单位81家。全市有体育社团398家、民办非企业单位350家、乡镇（街道）级体育社会组织1010家。全年市属体育社会组织开展各类全民健身活动326项次，参与人数近50万人次。全市体育社会组织牵头开展全民健身活动1909项次，参与人数102.1万人次。

【全民健身赛事】 2022年，苏州市出台《关于加强苏州市全民健身赛事活动管理的指导意见》。组织参加江苏省网络全民健身运动会，举办元旦迎新跑、国家体育锻炼标准达标赛、2022年“我为冬奥喝彩”苏州市冰雪大篷车活动启动仪式等全民健身赛事，举办大众体育联赛、外商投资企业运动会等品牌赛事，举办群众身边的小型、分散、多样化的赛事以及轮滑、帆船、飞镖、击剑、路跑等长三角区域化赛事。金鸡湖端午龙舟赛入选2022中国体育旅游精品项目，获评赛事类项目十佳。

【大众体育联赛】 2022年，苏州市举办大众体育联赛67个项目近200场，包括13个联赛、4个综合体育活动和50个系列赛事活动，其中引进8项社会影响力强、市场反响度好、群众普及面广的品牌赛事。召开高危赛事活动陈述会，编制《2022年苏州市大众体育联赛工作指南》，指导各办赛单位制定疫情防控方案、安全医疗方案、应急保障方案，实行“一赛一案”报备。

2022年9月3日，苏州市第13届外商投资企业运动会“JOINFIT”城市定向赛在石湖景区举办

（市体育局　供图）

【苏州市第13届外商投资企业运动会】 2022年9月3日至10月23日，苏州市第13届外商投资企业运动会举办。该赛事由市政府主办，市体育局等承办。设置10个项目。其中，足球、篮球、羽毛球、乒乓球、高尔夫球、钓鱼6个项目为常设项目，台球、卡丁车、城市定向、皮划艇4个项目为推广项目。共有215家企业的3563名运动员报名参赛，其中新报名参加企业43家，占总报名企业的20%。

【苏州市体育博物馆】 2022年，苏州市体育博物馆被市文明办命名为“新时代文明实践未成年人体验站”。新增历届冬奥会海报、北京冬奥会火炬、卡塔尔世界杯吉祥物等藏品。全年开展未成年人社会实践体验活动20次，累计接待参观者近8000人次。开展体育文化交流活动，接待市委宣传部、省社会体育管理中心、市残联等单位参观学习24批次，举办“热情迎接世界”迎2022年北京冬奥会专题展、汉代画像砖、画像石体育类活动题跋拓片展、“喜迎二十大·童‘画’体育故事”儿童主题绘画展、绿茵时刻足球文化藏品展4次展览活动，共展出藏品300余件，参观人次2000余人次。

（市体育局　周利文）

竞技体育

【体育竞赛】 2022年，苏州市出台《苏州市体育竞赛“十四五”规划》，推动苏州体育竞赛转型升级。承办省体育赛事活动指导员岗位知识培训班，20人获得岗位证书，选派体育赛事活动指导员到赛区完成14项次工作任务。承办中国三人篮球联赛、全国花样游泳锦标赛等高水平赛事，全年举办省级及以上赛事45项次，其中全国比赛29项次、省级比赛16项次，办赛数量保持全省领先。

（市体育局　周利文）

表68　2022年苏州市举办的重大体育赛事一览表

赛事名称	比赛时间	比赛地点	赛事规模（参赛队伍）	赛事结果
2022赛季中国三人篮球联赛（张家港永卓控股赛区）	8月4—7日	张家港市万达广场	41支球队 360名运动员	上海上实队、常州有迈队、澳门大壹澳科队获得前三名
第一届中国青少年足球联赛（女子U15组全国总决赛）	9月7—23日	苏州市太湖足球运动中心	22支队伍 650名运动员	上海U15女足以1：0战胜北京U15女足获得冠军
第36届同里杯中国围棋天元赛	9月19—23日	吴江区同里镇天元文化苑	32名运动员	芈昱廷以2：1战胜辜梓豪获得冠军
第一届中国青少年足球联赛（女子U13组全国总决赛）	9月28日至10月9日	苏州市太湖足球运动中心	23支队伍 650名运动员	苏州市体育运动学校女子足球队获得冠军

续表68

赛事名称	比赛时间	比赛地点	赛事规模（参赛队伍）	赛事结果
2022常熟尚湖半程马拉松	10月30日	常熟市尚湖	4000名运动员	沈斌以1小时10分24秒的成绩获得半程马拉松男子组冠军，候超名以37分01秒的成绩获得短程项目男子组冠军，倪志艳以1小时21分21秒的成绩获得半程马拉松女子组冠军，魏秀华以42分58秒的成绩获得短程项目女子组冠军
2022全国激光4.7级帆船锦标赛	11月3—9日	吴江区东太湖顾家荡	15支队伍 100名运动员	广东队黄嘉宣获得男子激光4.7级场地赛第一名，广东队李沅静获得女子激光4.7级场地赛第一名，上海队吴海涛获得男子激光4.7级长距离赛第一名，上海队刘枘获得女子激光4.7级长距离赛第一名
2022年全国女子举重锦标赛暨全国女子举重冠军赛	11月4—8日	张家港市体育馆	26支队伍 400名运动员	魏茜茜获得女子45公斤级第一名，向林香获得女子49公斤级第一名，张海琴获得女子55公斤级第一名，张玉娟获得女子59公斤级第一名，方淋获得女子64公斤级第一名，唐静获得女子71公斤级第一名，蒋云柳获得女子76公斤级第一名，吴艳获得女子81公斤级第一名，孙永杰获得女子87公斤级第一名，鲍杨茜获得女子97公斤级第一名。湖南中联重科队获得女子团体第一名
2022年全国花样游泳锦标赛	11月11—13日	苏州奥林匹克体育中心游泳馆	8支队伍 121名运动员	北京体彩花样游泳队获得自由组合、混双两个项目的冠军，四川洲克花样游泳队获得单人项目、集体项目冠军，上海市花样游泳队获得双人项目的冠军
2022苏州“环太湖1号公路”马拉松	11月20日	吴中区	1万名运动员	李子成以1小时09分19秒的成绩获得半程马拉松男子组冠军，胡小燕以1小时28分02秒的成绩获得半程马拉松女子组冠军，刘富国以2小时28分36秒的成绩获得全程马拉松男子组冠军，焦安静以2小时46分38秒的成绩获得全程马拉松女子组冠军
2022中国攀岩联赛总决赛	11月25—27日	吴江区汾湖	160名运动员	山东队张丁峰获得男子速度赛金牌，国家集训队贵州组杨米获得女子速度赛金牌，湖北队瞿海滨获得男子两项全能赛金牌，广东队黄雅君获得女子两项全能冠军
2022年全国男子手球锦标赛	11月25—29日	苏州高新区文体中心	8支队伍 176名运动员	江苏男子手球队在决赛中以28：24战胜北京队获得冠军

（资料来源：市体育局）

【运动队管理】 2022年，苏州市制发《关于2022年苏州市备战江苏省第二十届运动会的实施意见》，严格训练管理，深化多元办队，备战二十届省运会。践行反兴奋剂工作的“三严”（“严令禁止、严格检查、严肃处理”）方针，做好全系统的反兴奋剂工作。在各训练单位开展反兴奋剂知识竞赛，并组队参加省反兴奋剂知识竞赛，市专业运动队管理中心、市体育运动学校分别获得省优秀运动队组、青少年组三等奖。督促各项目教练员、运动员做好“纯洁体育”App线上学习，按时完成二十届省运会反兴奋剂准入考试。

【运动员培养】 2022年，苏州市落实运动员文化教育工作责任，结合运动队实际，完善运动员基础教育体系。健全运动员文化教育日常组织管理制度，制订教育教学计划，加强日常管理和考核。全年完成运动员注册2805人。二十届省运会周期向省优秀运动队输送101人，其中2022年输送18人，列全省设区市第二位。推进“训科医管”一体化，完成生化测试1817人次，最大摄氧量测试38人次，训练心率监控138人次，功能性运动测试（FMS）112人次，体能康复训练617人次，伤病诊疗3807人次，重点队员服务保障268人次。二十届省运会期间，引入医疗保障车，帮助运动员达到最佳竞技状态。

【教练员和裁判员培养】 2022年，苏州市有20名教练员参加全国各级各类体校教练员通识知识更新轮训班，57名教练员参加全省教练员基础体能、田径、趣味田径、排球、棒球、射击、射箭、跳水、花样游泳、冰雪项目专项技术培训班。10月，苏州市体育局举办全市青少年体育训练基层教练员通识培训班，各级各类体校的60名教练员参加培训。全年晋升二级裁判员700人。

【苏州籍运动员成绩】 2022年，苏州市贯彻落实"奥运争光计划"，保障苏州籍运动员取得好成绩。郭丹作为江苏省唯一一名参加北京冬奥会的运动员在速度滑冰女子集体出发项目中获得第13名。李乐铭成为继郭丹之后又一名登上世界滑联速滑世界杯赛场的苏州运动员，并获得2022—2023赛季国际滑联速度滑冰四大洲锦标赛女子团体追逐赛银牌。何冰娇先后获得德国、丹麦、法国羽毛球公开赛和羽毛球韩国大师赛冠军，并随中国队获得2022年尤伯杯羽毛球赛亚军。李梦雯随队参加2022年女足亚洲杯，并获得冠军。盛李豪参加开罗世界步手枪锦标赛获得1枚银牌、2枚铜牌，为中国射击队获得首个巴黎奥运会参赛席位。张依瑶和队友获得第19届世界游泳锦标赛花样游泳混双技术自选项目铜牌，夺得中国花游选手在世界游泳锦标赛混双项目上首枚奖牌。

2022年9月1日，苏州运动员（绿色队服）参加二十届省运会青少年部轮滑比赛
（张健　摄）

【苏州市获评全国足球发展重点城市】 2022年9月8日，国家体育总局办公厅公布"十四五"期间第二批全国足球发展重点城市名单，苏州市入选。截至年底，苏州市拥有昆山队、苏州东吴队2支职业足球队，建成各类足球场地1487片，其中社会足球场376片。年内，苏州市与中国足球协会签订《全国足球发展重点城市建设合作协议》《全国足球发展重点城市青少年高水平后备人才基地共建协议》，打造全国女足青训"苏州样板"。承办"2034杯"小学生足球大会全国总决赛、中国足协青少年足球锦标赛重点城市组、"希望杯"足球赛U11组、第一届中国青少年足球联赛女子U13组、U15组全国总决赛，苏州队夺得U13组冠军。主办"姑苏晚报杯"青少年暑期足球赛、"市长杯"青少年校园足球联赛，苏州校园足球队夺得"省长杯"冠军。以"再现足球辉煌历史，展现足球美好未来"为主题举办足球文化藏品展。苏超足球俱乐部晋级中国足协五人制超级联赛。

【昆山队获得2022赛季中甲联赛冠军】 2022赛季，苏州2支职业足球队参加中国足球协会甲级联赛。其中，昆山队以28胜5平1负的成绩获得2022赛季中甲联赛冠军，并取得2023赛季中国足球协会超级联赛参赛资格。苏州东吴队列2022赛季中甲联赛积分榜第六位。

2022年2月27日，苏州为离开太湖足球运动中心的中国女足团队送行
（张健　摄）

【苏州队获得二十届省运会奖牌榜总分榜"双第一"】 2022年8月28日至9月5日，二十届省运会在泰州市举办，赛会青少年部比赛项目设36个大项、44个分项、1094个小项。苏州市代表团派出2002名运动员参加青少年部全部36个大项、939个小项的比赛，获得金牌271.5枚、银牌193枚、铜牌189.5枚，团体总分7115分，获得奖牌榜、总分榜"双第一"、金牌榜第二位。田径、足球、手球、跆拳道、举重、跳水、体操、皮划艇、攀岩、速度轮滑、围棋、"小巨人"优苗、武术（散打）、现代五项14个大项金牌数列全省第一位，手球、曲棍球、跳水等项目的25支队伍获得体育道德风尚奖。苏州市获得突出贡献奖一等奖、学校体育工作奖一等奖、俱乐部参赛奖第一位、设区市人才输送奖第二位。张家港市、昆山市、常熟市、吴江区、太仓市获得县级市（区）优秀组织奖。昆山市、张家港市、太仓市、常熟市获得县级市（区）人才输送奖。苏州大学组队参加高校部甲组比赛，以团体总分1147分的成绩列全省第一位，连续3届获得省运会高校部甲组团体冠军，获评体育道德风尚奖、优秀组织奖和突出贡献奖。苏州市总工会组队参加职工部全部9个大项的比赛，金牌数列全省第二位，获评体育道德风尚奖和优秀组织奖。

2022年11月11—13日，全国花样游泳锦标赛在苏州奥林匹克体育中心游泳馆举办。图为比赛现场 （市体育局　供图）

【全国花样游泳锦标赛在苏州举办】 2022年11月11—13日，全国花样游泳锦标赛在苏州奥林匹克体育中心游泳馆举办。赛事由国家体育总局游泳运动管理中心、江苏省体育局主办，苏州市体育局等承办。国家花样游泳集训队及北京、上海、广东、四川、湖南、湖北、天津、江苏8个省（直辖市）队的121名运动员参赛。北京体彩花样游泳队获得自由组合、混双两个项目的冠军。四川洲克花样游泳队获得单人项目、集体项目冠军。上海市花样游泳队选手樊珺、裘心怡获得双人项目冠军。

【全国男子手球锦标赛在苏州举办】 2022年11月25—29日，全国男子手球锦标赛在苏州高新区文体中心体育馆举办。赛事由中国手球协会主办，苏州市体育局承办。江苏、山东、北京、山西、安徽、上海、天津、广东8支队伍的121名运动员参赛。比赛采用"气泡式"闭环办赛模式。江苏队在决赛中以28∶24战胜北京队，获得比赛冠军。

【苏迪曼杯筹备工作】 2022年11月，苏州市按照世界羽联、中国羽协要求，启动2023年苏迪曼杯世界羽毛球混合团体锦标赛筹备工作。细化筹委会各部门职责分工，制定赛事整体工作方案、赛事重点工作推进表、专项经费管理办法，完成赛事标识、主视觉设计、会徽吉祥物确定、部分场馆改造等筹备事项。

（市体育局　周利文）

体育产业

【体育服务业纾困减负】 2022年，苏州市出台《苏州市体育局关于积极应对新冠疫情影响 进一步助力体育服务业纾困减负的实施细则》，通过金融支持、租金减免等措施加大对体育服务业扶持力度，帮助体育企业复工复产。全年苏州市体育局对11家承租体育系统权属物业的服务业小微企业和个体工商户减免6个月租金，减免租金74.64万元。修订《苏州市"体融通"担保贷款实施细则》，缓解体育产业企业融资担保难的问题，优化贷款担保操作流程。省、市级体育产业发展专项资金重点向体育服务业倾斜，全年18个项目获得省级体育产业发展专项资金1690万元，24个项目获得市级体育产业专项资金980万元。

【国家体育消费试点城市建设】 2022年，苏州市制定国家体育消费试点城市（苏州）工作指标体系，组织开展体育消费试点城市创建评估，指导张家港市、昆山市、相城区建设江苏省体育消费试点城市。经过3年试点建设，苏州体育及相关产业总规模从2019年的985.16亿元扩大至2022年的1224.75亿元，增加239.59亿元，列全省设区市第一位、全国地级市前列；体育及相关产业增加值从300.21亿元扩大至385.76亿元，增加85.55亿元。2022年，体育产业增加值占地区生产总值比重1.6%，全市体育消费总规模402.5亿元，人均体育消费支出3117.7元。苏州市的3个省级试点城市人均体育消费均超过3000元。全年新增中国体育旅游精品项目2个、国家体育旅游示范基地1个、长三角体育旅游精品项目3个、省级体育产业基地4个。复核认定省级体育产业基地17个、省级体育服务综合体1个、省体育场馆示范项目4个、省体旅融合发展示范基地2个。新增市级体育产业基地18个、市级体育旅游精品项目16个、市级体育服务综合体3个。

【体育惠民消费行动】 2022年，苏州市在体育彩票公益金中安排793.96万元作为体育惠民消费行动专项资金，全年线下发放苏州体育惠民卡2万张，惠及15.5万人次，累计交易额6349.97万元，间接带动消费2.19亿元。举办"歌林小镇体育消费节""我爱世界杯 体育消费节""无惧严寒 积极锻炼 体育惠民年终福利助燃双12"等系列专项活动。

【体育彩票】 2022年，苏州市体育彩票累计销售47.41亿元，销量继续列全省设区市第一位。全市累计筹集公益金3.99亿元，其中市本级1.87亿元。苏州彩民中得100万元以上大奖34个，上缴个人偶然所得税1219万元。

【电子竞技产业发展】 2022年，苏州电子竞技产业年产值达到42亿元，年税收总额超过1亿元，电子竞技产业链更加完善，产业结构更加健全。快手、腾讯、网易等行业龙头企业先后在苏州布局，举办KPL总决赛、LPL主客场赛、QQ名人赛、骁龙电竞先锋精英邀请赛、TEI太湖国际邀请赛、"快手游戏星光大赏"等赛事。情久、AG、KSSC、YYG等10家综合性俱乐部分别在太仓市、相城区、吴中区、昆山市设立主队及青训队。市电子竞技协会与快手电竞、腾讯游戏、虚幻竞技、亿斯贝斯等10家会员单位企业就电子竞技人才培育和技能认证开展合作。全年线下培训500余人次，线上培训2000余人次，涉及电子竞技项目管理、市场运营、活动策划、赛事执行、解说主播等6个相关专业，有83人入职苏州电子竞技企业。苏州市体育局首次启动市电子竞技产业项目奖励补助评审工作，共有8个项目获得市、县级市（区）两级专项资金2267万元。

（市体育局　周利文）

编辑：王怀芹

就业创业

“劳动者就业创业首选城市”建设

【就业状况】 2022年，苏州市新增就业人数21.64万人，城镇登记失业率保持低位运行，用工备案实有人数553.6万人，占全省26.59%。苏州市最低工资标准保持为每月2280元。全市2.2万家用人单位共提供高校毕业生就业岗位28.97万个，开发青年就业见习岗位1.26万个，组织2894人参加就业见习，苏州籍高校毕业生就业率98.14%。支持成功自主创业人数3.76万人，扶持农民自主创业6824人，引领大学生创业2788人，创业带动就业7.36万人。

【就业创业政策】 2022年，苏州市出台《苏州市支持青年人才发展若干措施》，推出助力青年人才求职就业、支持青年人才见习实习、促进青年人才创新创业等8个方面的政策措施，为到苏州求职的高校毕业生提供一次性交通补贴、免费住宿、就业见习补贴等。发布《苏州市2022年重点产业紧缺专业人才需求目录》，包括20个重点产业、270余个行业，收录396个紧缺专业类别，涉及紧缺岗位信息1645条，对入选者给予薪酬补贴，并叠加住房公积金贷款和非户籍子女入学等政策支持。推动就业创业政策“进园区、进社区、进企业”，全年全市开展政策宣讲会45场，服务企业1124家，惠及1.6万人。

【就业创业特色品牌】 2022年，苏州市举办第十四届苏州国际精英创业周，举办各类人才对接交流活动170场，完成签约项目1899个、落户项目1863个，分别增长5.15%和4.55%，其中重点产业和数字经济领域项目占比超过70%。推进“赢在苏州·创赢未来”国际创客大赛，国内外共举办16场分区赛和1场全球总决赛，征集项目1483个。筹办第四届长三角G60科创走廊人才峰会，集中发布一批人才新政，新建18家人才培育服务基地，成立科创走廊高端人才猎聘联盟，签订九城市人才服务工作交流合作框架协议，联合发布1.5万个高层次紧缺人才需求，促成8所高校与九城市企业的博士后跨区域合作。举办2022“百名海外博士江苏行”张家港对接洽谈会，吸引美国斯坦福大学、英国剑桥大学等世界知名高校的30余名海外博士到苏州对接。开展“海聚苏州”海外英才云聘专场活动，通过创新创业环境推介、圆桌论坛分享、云上揽才直播等环节吸引海归人才。扩大“校园苏州日”品牌优势，举办“点燃苏情·滚烫未来”苏州人才云上招聘月活动，重点面向国内20所高校开展线上直播推介和招聘。

2022年7月10日，第十四届苏州国际精英创业周暨第三届苏州科学家日活动开幕 （王亭川 摄）

【稳岗惠企】 2022年，苏州市落实就业优先政策，出台《市政府办公室关于进一步做好春节期间稳岗惠企工作的指导意见》，制定并加快落实市政府帮助市场主体纾困46条及支持服务业相关领域纾困20条相关政策。全年“免申即享”发放稳岗返还资金、一次性留工培训补助、一次性扩岗补助20.9亿元。延续实施阶段性降低三项社会保险费率政策，为企业减负88.79亿元。试点开展“苏岗贷”融资业务，发放贷款金额31.01亿元。创新成立并高效运行人力资源社会保障抗疫复工“1+4”（抗疫情稳就业企业用工服务复工复产工作专班和企业需求调查、人力资源供给、线上招聘服务、重点群体帮扶4个工作小组）工作机制，“一企一策”服务重点企业1.32万家，通过人力资源服务机构解决用工缺口13.8万人。拓展跨地区人力资源服务交流协作机制，新增合作基地122个，新增“冠名班”等98个，提供岗位60.47万个。举办线上线下专场招聘会1479场，累计84.53万名劳动者和5.25万家用人单位参加，采集发布有效岗位123.69万个。与“就在江苏”“58同城”“前程无忧”“猎聘”等平台合作开展直播招聘活动。举办直播专场282场，参加单位3430家，提供岗位8.36万个。“就在苏州”线上求职招聘服务平台发布岗位55.63万个，注册人数71.43万人。

2022年5月20日，市人力资源社会保障局与中国银行苏州分行签约，试点推出“苏岗贷”融资业务（中行苏州分行　供图）

【就业帮扶】 2022年，苏州市全面推行常住地就业服务制度，开展重点就业困难群体就业帮扶专项行动，建立困难群体就业兜底帮扶长效机制。因地制宜推进防疫临时公益性岗位开发，并按政策规定享受补贴。全年排查重点对象9.8万人次，新增公益性岗位安置就业困难人员1209人，其中防疫公益性岗位安置929人。全年实现就业困难人员就业3.51万人，城镇失业人员再就业9.43万人。加强公共人力资源市场线上服务功能，定期开办各类专场，举办“春风行动”、党员困难家庭就业援助等9类线上线下公益性主题招聘，促进供需对接。

【创业扶持】 2022年，苏州市完善富民创业担保贷款政策和平台，配套实施推广“助业贷”政策，发放创业贷款1725笔，贷款金额4.02亿元。增强创业政策落实效果，全年累计发放创业补贴金额2.13亿元，增长18.33%；享受各项创业补贴18.47万人次，增长40.35%，重点群体享受补贴比率得到提升。全年开展创业培训1.35万人次。深化孵化基地动态管理，新增省级创业孵化基地3家。

（市人力资源社会保障局　陈雅黛）

【青年就业创业】 2022年，苏州市推进青年就业创业工作，拓宽引智渠道，推进活动创新，融入国家战略，打造苏州人才“强磁场”。

引领青年融入国家战略　实施苏州市青年企业家“先锋接力”计划，面向市、区两级青年商会会员开展系统性、专业化、全方位培养教育，激发和释放青年企业家创新创业活力。开展长三角G60科创走廊青年创新发展等主题活动12场次。开展“对话青商”系列活动，走进市中级人民法院、东吴证券、科大讯飞苏州研究院等单位，搭建青年企业家与政府部门、科研院所、人才企业对接交流平台。

青年更高水平创业服务　依托苏州青年精英创业大赛品牌，举办“赢在苏州·创赢未来”第14届苏州青年精英创业大赛，动员443个项目报名参赛，促成创新项目与苏州企业对接。动员创业者参与2022年“创青春”系列大赛，推荐80余个项目参与“创青春”省赛、国赛，组织10名青年代表参加2022年全国县级青年创业组织培训班。对接“苏青C空间”等青年创业资源，举办2022年“让全国看见你”青年创新创业项目路演，遴选优秀创业项目参加2022年全国大众创业万众创新活动周展示。团市委联合金融系统团工委共同发布“惠青贷大礼包2.0”，携手工商银行、交通银行、浦发银行等多家银行，针对初创小微企业、高层次人才、创业竞赛获奖项目等开放额度最高2000万元的授信贷款，并在“苏青惠”青年服务云平台开设线上申请专栏。

大学生创新创业扶持　持续举办苏州市青年精英创业大赛、全球高校创新创业大赛、青年（大学生）创新创业大赛等青创赛事，同时推出“惠青贷2.0”、“新农菁英贷”、大学生创业扶持等项目，提供超过6亿元低息贷款，支持大学生自主创业。

（团市委　于铭汉）

【高校毕业生就业创业】 2022年，苏州市打造“就在苏州·留在苏州”校园引才、“校园苏州日”、“点燃苏情·滚烫未来”云上招聘月、“海聚苏州”等系列活动品牌，招引高校毕业生到苏州并留苏州就业。开展就业援助“暖心活动”、2022年离校未就业高校毕业生服务攻坚行动，推进离校未就业高校毕业生就业。新备案2022年度省大学生优秀创业项目65家，数量列全省设区市第一位。打造“苏青驿”青年人才驿站，为到苏州求职的大学生提供最长14天免费住宿，在全市建成104个“苏青驿”站点，可提供房间2562间、床位4761个、公共活动面积2万余平方米。全年累计服务到苏州青年1579人次，提供免费住宿4633晚，开展活动57场，全年运营投入125万元。提升大学生就业能力，开展名校优生暑期大学生到苏州实习、“新引力”海外青年学子见习、“新农菁英”涉农大学生实习等一系列实习见习计划，募集超过2000个实习岗位。推送就业招聘岗位，常态化开展“点燃苏情·滚烫未来”苏州人才云上招聘月、“百校千企万岗”计划、“offer直接发”等活动140余场次，参与企业1432家，募集就业岗位3.93万个，直播观看量超过450万人次，收到简历超过7万份，现场达成就业意向超过6000份。针对低收入家庭毕业生开展“一对一”精准帮扶，动员高校团干部与困难大学生结对，开展职业规划、就业政策讲解、简历制作辅导、面试训练等方面指导。全年成功帮扶212名低收入家庭毕业生实现就业。发挥2022年度“中国·苏州”大学生创业创新大赛各渠道赛及总决赛示范引领效果。苏州市推荐参与第五届“中国创翼”创业创新大赛的项目进入全国总决赛的项目数列全省设区市第一位，占全省总数的二分之一。

（市人力资源社会保障局　陈雅黛）

【妇女就业创业】 2022年，市妇联联合市人力资源社会保障局组织“三八架金桥——女性专场招聘月”活动，市、县两级妇联联动举办“木兰有约 就等你来”女性专场招聘会39场次，提供就业岗位1.7万个。举办“新征程 她力量”第七届苏州市女性创业创新大赛，初创型和成长型2个赛道参赛项目56个，经专家评审，分别评选出一等奖1个、二等奖2个、三等奖3个以及优秀奖4个。张家港市的“玄目AI精细行为识别平台”和苏州工业园区的“大禹数字文化内容电商网红直播基地”分别获得两个赛道的第一名。新冠疫情防控期间，开展“助企纾困”专项调研，走访女企业家领办企业29个。市女企业家协会发布稳岗留工倡议书，推出抗疫助企促发展“云课堂”。市妇联联合市工商联召开青年女企业家座谈会，联合市女企业家协会开展“木兰启航”女大学生暑期社会实践活动，提供实习岗位2000个，13个企业、基地被认定为省级女大学生创业就业实践基地。推进巾帼家政工作提质扩容，成立市家庭服务行业协会妇联，建设市巾帼家政服务实训基地和8个省级巾帼家政服务社区示范工作站，数量列全省设区市第一位。

（市妇联　安　川）

【农民工就业创业】 2022年，苏州市印发《2022年苏州市农民工工作和建设劳动者就业创业首选城市工作要点》，推出20条举措，促进农民工就业创业和技能提升。开展“春风行动”“就业帮扶日”等品牌化公共就业服务活动。加大劳动者服务中心、零工市场等载体建设力度，布局建成包括全省首家线上线下一体化零工市场、全省首家建筑行业专业性零工市场在内的5个零工市场，支持劳动者多渠道灵活就业。全年召开零工招聘会25场，累计进场企业350家，提供岗位1.02万个。

（市人力资源社会保障局　陈雅黛）

【残疾人就业创业】 2022年，苏州市推动残疾人充分就业。推进残疾人职介服务常态化，依托残联微信公众号就业招聘小程序，打造“24小时不打烊”求职平台。深化残疾人创业指导服务，开展创业指导进基层活动，制定苏州市残疾人创业孵化基地建设和管理办法，扶持基地规范发展。全年新增残疾人实名制就业2862人，全市就业残疾人2.8万人。

按比例安排残疾人就业年审流程优化 启用全国残疾人按比例就业情况联网认证“跨省通办”系统，并在“苏商通”门户网站上线，全年完成3956家用人单位年审业务，按比例安排残疾人就业15938人。落实按比例安排残疾人就业补贴和超比例奖励政策，向117家企业发放奖补金额224万元。

重点人群就业帮扶 开展有就业意愿和就业能力未就业残疾人“动态清零”行动，实施“2545”轻度残疾人就业帮扶计划，应届高校残疾人毕业生就业率100%。探索农副产品网店、直播带货等新业态新模式，促进农村残疾人创业就业。做好盲人按摩机构纾困解难工作，新冠疫情防控期间，为符合条件的229名盲人按摩机构从业人员每人发放一次性300元的补贴。

残疾人就业竞争力提升 以就业需求和市场需求为导向，开展“菜单式”培训和定岗定向培训。组织开展残疾人电商直播互联网营销师培训、档案管理培训、居家语音客服培训、盲人保健按摩培训、盲人医疗按摩继续教育培训、岗位实训、非遗师带徒项目制等培训班。全市残疾人职业技能培训1948人。举办苏州市残疾人就创业成果展，开展“十佳就创业之星”“十佳技术之星”“十佳安置残疾人就业爱心单位”评选活动。龚兰、沙红英在第十届国际残疾人职业技能竞赛国内选拔赛上分别获得刺绣项目第一名、钩针纺织项目第三名。

（市残联　刘宁宁）

2022年7月，龚兰在第十届国际残疾人职业技能竞赛国内选拔赛上获得刺绣项目第一名

（市残联　供图）

【苏州市连续3年入选“最佳促进就业城市”】 2022年12月23日，在由智联招聘与北京大学社会调查研究中心、北京大学国家发展研究院等联合举办的中国年度最佳雇主颁奖典礼上，东莞市、杭州市、昆明市、南京市、青岛市西海岸新区、深圳市、苏州市、无锡市、武汉市入选“最佳促进就业城市（地级市）”。苏州市连续3年入选“最佳促进就业城市（地市级）”。年内，苏州市把稳就业保就业作为重大政治任务和最基本的民生工作落实落细，推进劳动者就业创业首选城市建设，实施强化就业服务基础、推动就业扩容提质、培育提升就业能力、提高智慧就业水平四大工程，全市就业形势总体稳定。苏州市作为“落实国家和省就业优先政策、推动就业扩容提质、促进重点群体就业创业等任务完成好的地方”连续3年受到省政府办公厅督查激励。市人力资源社会保障局被人力资源社会保障部表彰为全国人力资源社会保障系统先进集体。

【苏州市项目入选全国首批公共就业服务能力提升示范项目】 2022年，在财政部、人力资源社会保障部联合开展的全国公共就业服务能力提升示范项目竞争性评审中，苏州市公共就业服务能力提升示范项目入选，成为全国首批、长三角地区唯一入选城市，获得1亿元中央财政补助。年内，苏州市加大财政资金投入力度，推动公共就业服务更加均等普惠、便捷高效。加强纾困解难，出台综合稳岗返还、一次性留工补助、扩岗补助等各类就业政策。支持职业技能提升，聚焦先导产业、战略性新兴产业等领域，扩大技能人才培训规模，提升职业技能培训能力。连续3年实施万名青年见习计划，对见习基地补助标准提高至城镇最低工资标准的80%。完善多孩配套支持，对企业在女职工生育二孩、三孩产假期间为其支付的社会保险费分别给予50%、80%补贴，推动实现适度生育水平。

（年鉴编辑部）

职业技能提升

【职业技能评价】 2022年，苏州市在全省率先启动国（境）外职业技能比照

2022年9月29日，苏州市园林绿化行业盆景工职业技能竞赛在虎丘景区举办
（张健 摄）

认定工作，8个项目、7家单位分别被纳入省国（境）外职业技能比照认定职业（工种）和实施机构目录，数量均列全省设区市第一位。支持企业技能人才自主评价，新增职业技能等级认定备案企业381家，新增评价认定核发证书16.88万本。开展特级技师评聘试点，12家企业15名员工获评特级技师。在全省率先建立技能人才评价质量监督体系，实现技能人才评价全流程有效监管。

【职业技能培训】 2022年，苏州市开展"百万'姑苏工匠'职业技能提升行动"民生实事项目，构建大培训工作格局，加快技能人才队伍建设。全年开展各类补贴性职业技能培训42.12万人次，发放培训补贴4.78亿元；发挥就业创业培训、岗前培训、岗位技能提升培训的就业稳岗作用，开展岗前培训6.0万人次、岗位技能提升培训11.4万人次。深化项目制培训探索，对接技能密集型产业，开发生物医药、智能制造等方面专业（工种）237个，承训机构225家，累计申请培训4.45万人次。

【职业技能竞赛】 2022年，苏州市打造"吴地工匠"竞赛品牌，印发《关于进一步做好苏州市"吴地工匠"职业技能系列竞赛活动的通知》，提高职业技能竞赛科学化、规范化、专业化水平，通过竞赛"绿色通道"提升劳动者职业技能等级。完成市级职业技能竞赛备案并公布3批市级竞赛备案目录，包括48个职业技能竞赛260个职业（工种）赛项。

（市人力资源社会保障局 陈雅黛）

劳动权益保护

【和谐劳动关系构建】 2022年，苏州市深化构建苏州工业园区国家级和谐劳动关系综合配套改革试点，贯彻落实劳动关系"和谐同行"能力提升三年行动计划（2020年9月至2023年9月），开展劳动关系和谐企业及园区创建活动。新增国家级劳动关系和谐企业4家，占全省上榜企业总数的五分之一，新增省级劳动关系和谐企业22家、市级劳动关系和谐企业187家。创新制定全国首个电子劳动合同地方标准，全省唯一试点开发上线江苏人力资源社会保障一体化"区块链+电子劳动合同"服务平台。建立精细化企业薪酬调查管理分析制度，结合苏州实际拓展生物医药行业、建筑业、技能人才等多个专项薪酬指导服务。首次发布苏州市部分岗位技能人才薪酬调查信息，连续3年发布全市建筑行业工资指导价位，连续2年发布全市生物医药行业工资指导价位，引导企业建立与经济发展水平相适应的工资正常增长机制。截至年底，全市各级建成符合劳动关系和谐标准的企业1.14万家，占单独已建工会且正常经营企业数的76.5%。

【劳动用工监管】 2022年，苏州市针对新冠疫情防控期间劳动关系、校外培训热点难点问题，防范化解突出矛盾和风险，劳动关系领域未发生有重大社会影响的群体性事件。优化对受疫情影响企业申请实行综合工时服务指导，全年累计获批企业736家，涉及职工19.8万人。全方面归集企业社保经费、裁员减员、投诉举报等重要劳动用工数据信息，实时排查追踪劳动关系运行中不和谐不稳定因素，守住不发生系统性、区域性风险的底线。

【劳动保障监察】 2022年，苏州市人力资源社会保障、公安、市场监管等部门联合开展打击人力资源市场违法违规行为"利剑行动"和深化人力资源市场监管"九个一"专项行动，共检查各类人力资源服务机构和用工单位1.28万家次，关闭非法机构547家，责令改正1092家，行政处罚170件，移送市场监管部门587件，移送公安机关1件。加强重点领域专项整治，组织开展禁止使用童工专项检查、工时和休息休假排查整治、女职工劳动保护专项监督检查和夏季高温劳动保护专项行动等专项检查。发布2022年度拖欠劳动报酬典型案例，公布重大劳动保障违法行为61件。全年全市各级劳动保障监察机构办结举报投诉22391件，追发劳动者工资等待遇3.03亿元；双随机抽查检查单位1.42万家。

【劳动争议调解】 2022年，苏州市制定《苏州市劳动人事争议调解员管理办法》《苏州市劳动人事争议专业性调解组织管理办法》，提升劳动调解工作效能。开展金牌调解组织创建活动，年内评选33家苏州市金牌调解组织，其中省级金牌调解组织3家、全国工作突出基层调解组织1家。在全市范围内推进繁简分流改革，全市运用简易方式办结劳动案件2097件，平均审理周期27.38天。

【农民工合法权益维护】 2022年，苏州市开展"制度全覆盖"夏季专项行动、集中整治拖欠农民工工资问题专项行动和根治欠薪百日攻坚战。推进全市工程建设领域农民工工资月结月清覆盖率提升专项行动，全年办结欠薪线索47990件，办结率97.5%。发挥农民工工资争议调解仲裁庭作用，畅通农民工维权通道。苏州市根治欠薪工作连续5年在全省考核中被列为A级。

（市人力资源社会保障局 陈雅黛）

编辑：魏福堂

居民收入

【概况】 2022年，苏州市实施稳增长、保民生一揽子政策，应对内外部挑战，经济运行修复向好，民生福祉得到改善，城乡居民收入稳中有增。苏州全体居民人均可支配收入首次超过7万元，达到70819元，增长3.9%。按常住地分，苏州城镇居民人均可支配收入79537元，比增长3.4%；苏州农村居民人均可支配收入43785元，增长5.5%。苏州城乡收入比由2021年的1.85∶1缩小至1.82∶1。苏州成为全省首个居民人均可支配收入超过7万元的设区市，也是全国城乡收入差距最小的地区之一。

【工资性收入】 2022年，苏州全体居民人均工资性收入44314元，增长4.3%，占可支配收入的62.6%，占比比2021年提高0.3个百分点，对收入增长的贡献率69.4%，大幅高于其他收入。工资性收入增长是居民增收的主要动力。按常住地分，苏州城镇居民人均工资性收入50254元，增长3.8%；苏州农村居民人均工资性收入25897元，增长6.4%。

【经营净收入】 2022年，苏州全体居民人均经营净收入6228元，增长1.6%，全年增速比前三季度回升0.5个百分点，占可支配收入的8.8%。年内，个体户、经营户经营较为困难，经营效益不佳，对经营净收入增长造成较大影响。按常住地分，苏州城镇居民人均经营净收入5798元，增长1.5%；苏州农村居民人均经营净收入7563元，增长1.9%。

【财产净收入】 2022年，苏州全体居民人均财产净收入11597元，增长1.4%，占可支配收入的16.4%，占比比2021年下降0.4个百分点，对收入增长的贡献率6.1%。年内，银行存款利息、理财产

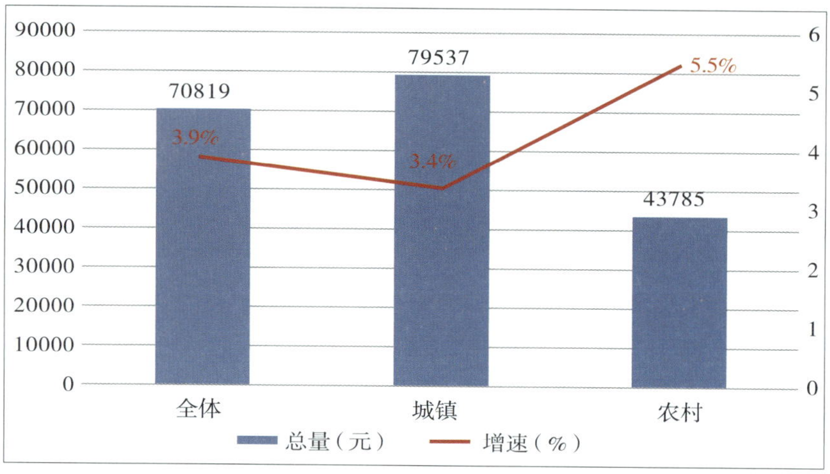

2022年苏州全体、城镇、农村居民人均可支配收入情况图

（国家统计局苏州调查队　供图）

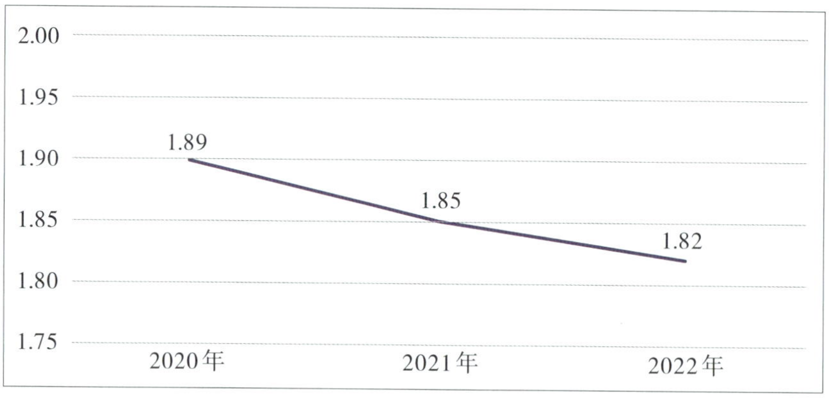

2020—2022年苏州城镇、农村居民收入比变化情况图

（国家统计局苏州调查队　供图）

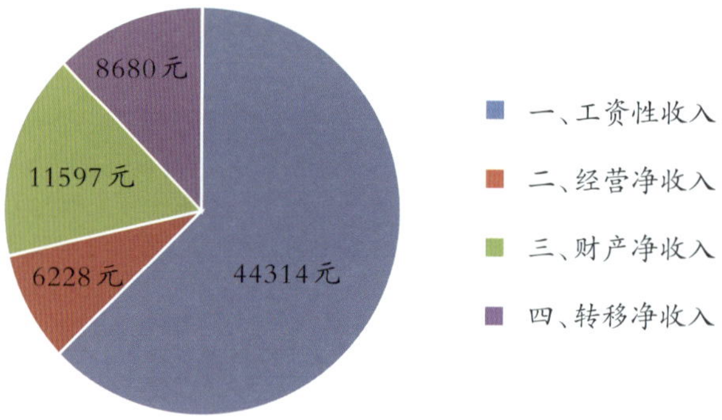

2022年苏州全体居民人均可支配收入四项构成占比情况图

（国家统计局苏州调查队　供图）

品利息维持低位，上半年房屋租赁市场租房形势不佳，造成居民财产净收入增长较缓。按常住地分，苏州城镇居民人均财产净收入13922元，增长1.0%；苏州农村居民人均财产净收入4386元，增长3.9%。

【转移净收入】 2022年，苏州全体居民人均转移净收入8680元，增长6.7%，占可支配收入的12.2%，占比比2021年提高0.3个百分点，对收入增长的贡献率20.8%，是居民可支配收入稳定增长的“压舱石”。按常住地分，苏州城镇居民人均转移净收入9563元，增长6.4%；苏州农村居民人均转移净收入5939元，增长7.9%。

【居民收入水平和地区差距】 从收入总量看，2022年苏州全体居民人均可支配收入较全国居民收入平均水平（36883元）高33936元，较全省居民收入平均水平（49862元）高20957元，在全国重点城市中列第五位，位次与2021年持平。从收入增速看，苏州全体居民人均可支配收入增速低于全国及全省1.1个百分点，在全省13个设区市中位列最后，但收入增速高于排名全国收入总量前四位的上海、北京、深圳、广州。市域范围内，下辖4个县级市及吴江区5个县级市（区）中，全体居民人均可支配收入最高的为昆山市70269元，最低的为太仓市67392元，5个县级市（区）收入倍差为1.043，在市域差距较小的基础上较2021年缩小0.003。

【居民收入结构和收入来源】 从收入的4项构成看，2022年苏州全体居民人均工资性收入、经营净收入、财产净收入、转移净收入均实现正增长。其中，人均工资性收入44314元，增长4.3%，占可支配收入比重62.6%，比2021年提高0.3个百分点，对收入增长的贡献率69.4%，远高于其他3项收入；人均经营净收入6228元，增长1.6%，占可支配收入比重8.8%；人均财产净收入11597元，增长1.4%，占可支配收入比重16.4%，比2021年下降0.4个百分点，对收入增长的贡献率6.1%；人均转移净收入8680元，增长6.7%，占可支配收入比重12.2%，比2021年提高0.3个百分点，对收入增长的贡献率20.8%。

【居民收入增长因素】 2022年，苏州市推进“劳动者就业创业首选城市”建设，新增就业21.64万人，完成全年目标（18万人）的120.22%；年末用工备案实有人数553.6万人，占全省26.59%；加快兑现各项惠企纾困政策，全年发放稳岗返还资金14.19亿元，惠及企业21.89万户职工287.28万人。优化营商环境，落实创业金融财税优惠政策，加强创业创新载体支撑，推动居民经营净收入的反弹回升。稳步提升城乡居民基础养老金水平，市区城乡居保基础养老金标准提高至每月635元、养老年龄段被征地农民养老补助金标准提高至每月1230元；为应对新冠疫情冲击，发挥社会救助托底保障功能，向超过25万人次困难群众发放一次性特别补贴及物价补贴，补贴总额超过5000万元。

（国家统计局苏州调查队　陆　婷）

居民消费

【概况】 2022年，苏州全体居民人均生活性消费支出42889元，增长2.6%，增幅比2021年回落17.7个百分点。从年内走势看，受到新冠疫情影响，上半年尤其是第二季度居民消费支出下滑较为严重，第一季度、上半年、前三季度和全年苏州居民消费支出增速分别为6.3%、-0.6%、1.6%、2.6%，下半年居民消费支出呈现恢复性增长态势，反弹回升势头总体良好。

【城镇居民消费】 2022年，苏州城镇居民人均消费支出47451元，增长1.9%。八大类消费“五升三降”：食品烟酒类、居住类、生活用品及服务类、交通通信类、医疗保健类消费支出分别增长4.2%、5.4%、1.9%、1.8%、1.2%；衣着类、教育文化娱乐类、其他用品和服务类消费支出分别下降1.7%、5.7%、0.4%。

【农村居民消费】 2022年，苏州农村居民人均消费支出28746元，增长5.5%。八大类消费“七升一降”：居住类、食品烟酒类增长较快，分别增长9.1%和7.3%；交通通信类、医疗保健类增长稳定，分别增长5.3%和4.4%；生活用品及服务类、其他用品和服务类、衣着类增长缓慢，分别增长3.3%、3.2%、1.9%；教育文化娱乐类支出下降，下降1.6%。

【居民平均消费倾向】 2022年，苏州居民平均消费倾向（即消费在收入中所占比重）60.6%，较2021年下降0.7个百分点。分城乡看，城镇居民平均消费倾向59.7%，农村居民平均消费倾向65.7%。平均消费倾向下降说明居民消费支出的增长慢于收入的增长，消费意愿有所下降，也说明多发频发的新冠疫情对居民消费支出的影响大于对居民收入的影响。

【居民八大类生活消费】 从消费的八个类别看，2022年苏州全体居民食品烟酒类消费支出11305元，增长4.8%；衣着类消费支出2241元，下降1.1%；居住类消费支出10918元，增长6.1%；生活用品及服务类消费支出2267元，增长2.2%；交通通信类消费支出7011元，

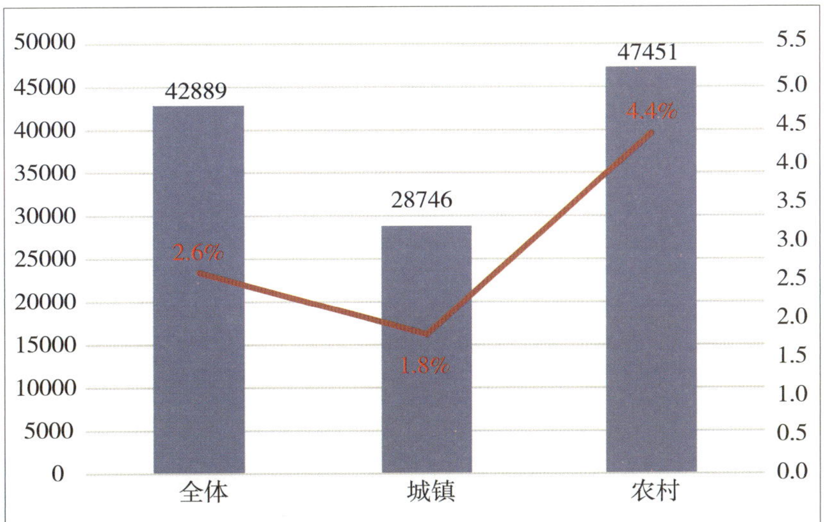

2022年苏州全体、城镇、农村居民人均消费支出情况图

（国家统计局苏州调查队　供图）

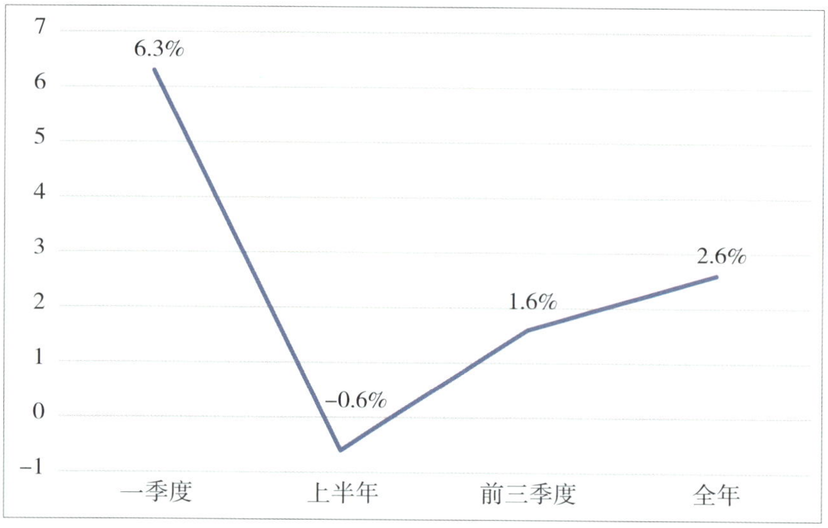

2022年苏州全体居民人均消费支出增速变化情况图

（国家统计局苏州调查队　供图）

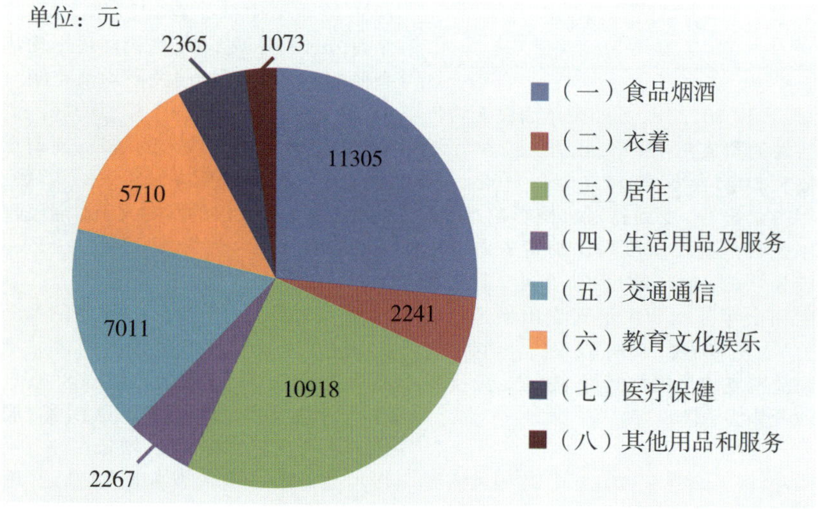

2022年苏州全体居民八大类消费支出情况图

（国家统计局苏州调查队　供图）

增长2.5%；教育文化娱乐类消费支出5710元，下降5.1%；医疗保健类消费支出2365元，增长1.9%；其他用品和服务类消费支出1073元，增长0.2%。居民生存型消费支出占比有所上升，发展型、享受型消费受到抑制。

以食品烟酒、居住为代表的生存型消费占比提高。恩格尔系数（即食品烟酒类消费占人均消费支出比重）由2021年的25.81%上升到26.36%；居住类消费占人均消费支出比重由2021年的24.62%上升到25.46%。以衣着、交通通信为代表的发展型消费支出占比减小。2022年，衣着类消费占人均消费支出比重5.23%，比2021年下降0.19个百分点；交通通信类消费占人均消费支出比重16.35%，比2021年下降0.01个百分点；医疗保健类消费占人均消费支出比重5.51%，比2021年下降0.04个百分点。以教育文化娱乐为代表的享受型消费受影响较大。2022年，教育文化娱乐类消费支出比2021年下跌5.1%，是八大类中降幅最大的，教育文化娱乐类消费占人均消费支出的比重由2021年的14.39%下降到13.31%。

（国家统计局苏州调查队　陆　婷）

市场物价

【概况】 2022年，苏州CPI（居民消费价格指数）上涨2.1%，与2021年度涨幅持平，运行相对温和。

同比先冲高后回落，后期运行趋稳　1—4月，苏州CPI同比涨幅快速扩大，4月涨幅破“3”上行，创2020年3月以后月度同比新高。随着防疫形势向好，5月同比回落，涨幅收窄，5—12月同比运行趋于平稳，涨幅最大为2.4%，最小为1.6%，涨幅差不超过0.8个百分点。从全年指数运行走势看，2022年与2021年走势相反，2022年涨跌波幅差较2021年收窄0.6个百分点，整体运行趋稳。

环比短期内波幅明显，全年以稳为主　月环比波动主要集中于4—8月。4月受新冠疫情影响，环比涨至1.1%，5月疫情风险减弱，月环比快速回落下行，单月环比下跌1.0%；6月延续下跌走势，7月受猪肉价格推动，再度快速上涨0.7%，与2月（春节月）涨幅持平；8月在油价下调带动下，总指数再度小幅回落，下跌0.1%。从全年运行情况看，2022年短期内价格波动较明显，其余7个月指数波幅在-0.4%～0.7%，运行相对平稳。

新涨价因素占主导地位　苏州市区CPI新涨价因素为1.8个百分点，对总指数的影响力占86%，是影响总指数运行的主要因素。

八大类商品及服务价格不同程度上涨　八大类商品及服务价格有不同程度上涨，具体为：交通和通信价格上涨3.5%，食品烟酒价格上涨3.0%，医疗保健价格上涨2.2%，教育文化和娱乐价格上涨1.5%，生活用品及服务价格上涨1.5%，衣着价格上涨1.2%，居住价格上涨1.1%，其他用品及服务价格上涨0.1%。

【食品烟酒价格】 2022年，食品烟酒对苏州居民消费价格指数影响力增强。食品烟酒、工业品和服务价格分别上涨3.0%、2.1%和1.5%。其中，食品烟酒对总指数贡献率约为38%，拉动总指数上涨0.8个百分点，在三大构成中居首；工业品、服务类对总指数贡献率约为30%和32%，分别拉动总指数上涨0.6和0.7个百分点。与2021年相比，食品烟酒对总指数贡献率提高1.7倍，影响力明显增强。

“菜篮子”食品涨跌波动明显。苏州市区食品价格上涨3.4%，其中鲜菜上涨3.5%，影响总指数上涨0.08个百分点；鲜果上涨17.2%，影响总指数上涨0.28个百分点；猪肉下跌9.5%，影响总指数下跌0.14个百分点。鲜菜涨幅较2021年收窄5.2个百分点，整体运行平稳。从月度环比运行情况看，全年高

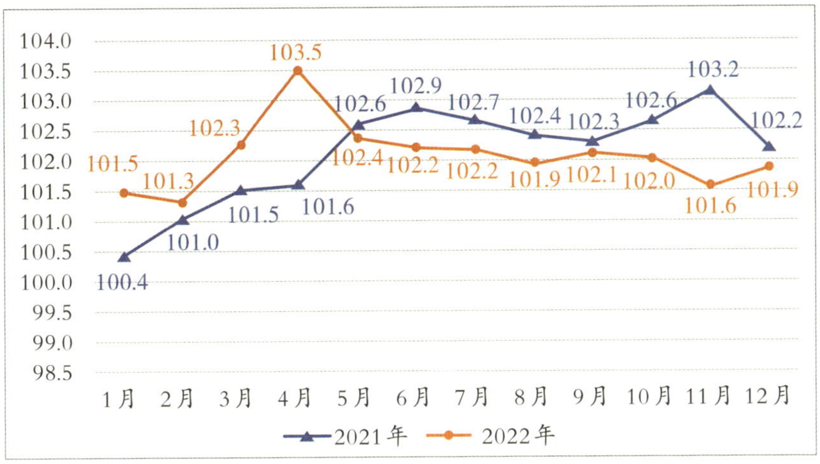

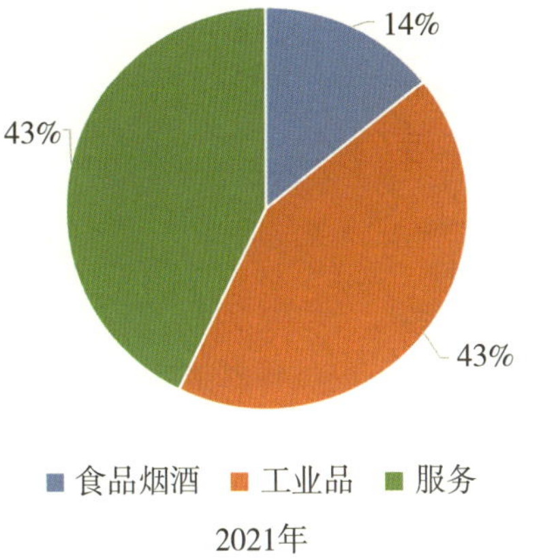

2021年、2022年苏州市区各月CPI同比走势对比情况图

（国家统计局苏州调查队　供图）

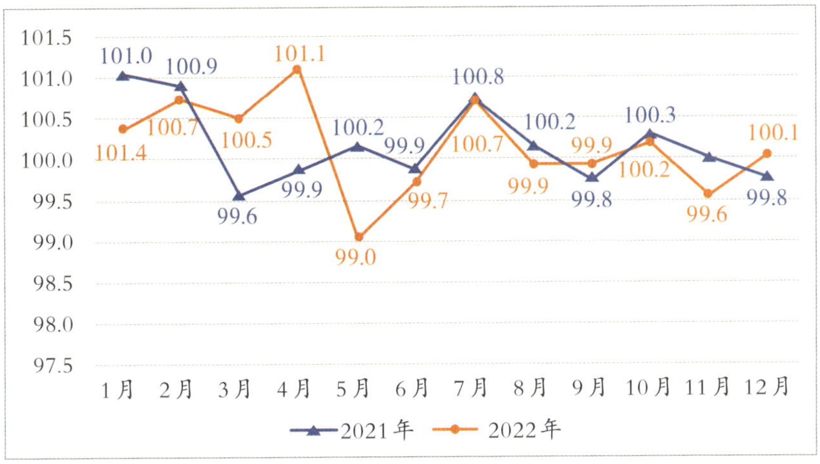

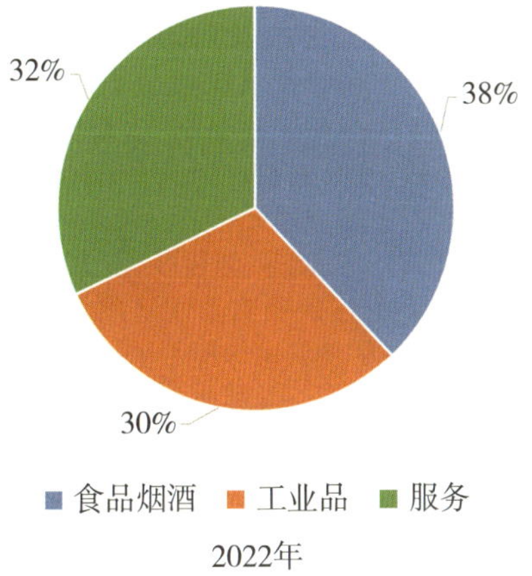

2021年、2022年苏州市区各月CPI环比走势对比情况图

（国家统计局苏州调查队　供图）

2021年、2022年苏州市区CPI三大构成对总指数贡献率对比情况图

（国家统计局苏州调查队　供图）

点为2月和4月，均上涨9.7%；低点为5月，下跌19.4%。与2021年相比，涨幅差值缩小14.1个百分点，运行更加平稳。鲜果“涨少跌多”，以季节性波动为主。鲜果价格环比“5涨7跌”。一季度受季节性供应减少及春节消费影响，环比以上涨为主，1—2月分别上涨8.4%和3.2%，3月节后小幅回落2.9%；二季度在新冠疫情影响下急涨急跌，4月快速上涨19.2%，5—6月快速回落，分别下跌8.2%和11.6%；三季度维持下跌走势，跌幅在1.9%~2.7%；四季度鲜果季节性产量下降，加之新冠感染风险下梨等部分品类消费增加，10月、12月鲜果价格分别上涨3.8%和6.3%。猪肉价格回弹转“正”，全年降幅有所收窄。从12个月的环比涨跌看，“7涨5跌”，其中7月受供给不足影响，单月环比上涨23.2%，创历史新高；其余月份涨跌在-6.6%~6.2%波动，相对平稳。从月度同比看，与2021年全年负增长相比，下半年猪肉同比回弹上涨，维持正区间运行。苏州市区猪肉价格全年累计下跌9.5%，与2021年相比降幅收窄16.1个百分点。

【能源类工业品价格】 2022年，苏州市区能源类工业品涨幅扩大，能源价格上涨11.5%，比2021年扩大2.6个百分点，拉动总指数上涨0.75个百分点。其中，汽油、柴油价格分别上涨21.3%和23.2%，均比2021年扩大3.8个百分点。

【服务价格】 2022年，苏州医疗、交通出行类服务项目上涨明显。医疗服务上涨3.5%，比2021年扩大2.8个百分点，拉动总指数上涨0.17个百分点，其中中医治疗、临床手术治疗分别上涨16.0%和9.6%，涨幅居前。交通费上涨4.2%，其中交通工具租赁费上涨11.1%，与2021年相比转跌为涨，网约车费用上涨8.4%，比2021年扩大5.5个百分点。住宿、部分游玩类服务价格转为下跌。苏州在外住宿价格与2021年相比转为下行，全年累计下跌6.8%；景点门票、其他旅游由2021年分别上涨9.1%和2.1%，转为分别下跌1.4%和1.5%。

（国家统计局苏州调查队　李沄垚）

编辑：魏福堂

社会保险

【养老保险】 2022年，苏州市全面落实企业职工基本养老保险全国统筹，做好全国统筹系统切换上线业务衔接工作。全面修订《苏州市城乡居民基本养老保险办法》和《苏州市区城乡居民基本养老保险实施细则》，扩大参保范围，调整补贴方式，规范待遇领取，探索建立与个人缴费挂钩的奖励性基础养老金制度，提高城乡居民保障水平。推动个人养老金制度发展，苏州市获批江苏省唯一一个人养老金国家试点城市，年末开立个人养老金账户超过50万户。全年全市企业养老保险参保人数623.70万人，居民养老保险参保人数48.11万人，享受企业职工养老保险的离退休人数189.96万人。全市182.5万名企业退休人员月人均增加养老金104元，增长4.5%。提高城乡居保基础养老金水平，其中市区城乡居民基础养老金标准提高至每月635元。

【失业保险】 2022年，苏州市发挥失业保险稳就业、保民生作用，继续实施阶段性缓缴社会保险费政策，缓缴失业保险884.26万元，惠及企业567家。继续实施失业保险保障扩围政策，发放失业保险金、失业补助金总计16.56亿元，惠及21.51万人。全年全市企业失业保险参保人数562.21万人，领取失业保险金人数7.66万人。

【工伤保险】 2022年，苏州市做好非全日制等各类人群参加工伤保险工作，为参与疫情防控的医生、护士及相关工作人员开辟工伤认定绿色通道。全年全市非全日制从业人员参保7560人，多重劳动关系人员参保776人，超过法定退休年龄人员参保4281人，实习生参保3598人。实施基层快递网点从业人员优先参加工伤保险工作政策，推进新业态就业人员职业伤害保障试点，新就业形态职业伤害人员确认1044人。全年全市工伤保险参保人数631.15万人。继续推进工伤康复“两个延伸”（推进工伤康复筛查、评估、确认服务工作向前延伸、提前介入，保障工伤职工得到及时有效的康复；推进工伤康复服务工作向后延伸、后延跟踪，帮助工伤职工重返家庭、重返岗位），全市累计“前移”筛查2.5万人，康复价值评估人数1999人，完成工伤康复1474人。继续实施阶段性降低工伤保险费率政策，2022年为企业减负8.15亿元。

（市人力资源社会保障局 陈雅黛）

【医疗和生育保险】 2022年，苏州市实现医疗保险基本政策、待遇标准、基金管理、经办管理、定点管理、信息系统建设六统一，完成基本医疗保险和生育保险市级统筹，苏州市基本医保从“人人享有”向“公平享有”转变。全市基本医保参保人数1128.79万人，参保率保持99%，其中职工医保参保人数824.71万人、居民医保参保人数304.08万人，职工医保参保人数占比73.06%，参保结构继续优化。职工医保和居民医保政策范围内住院医疗费用基金支付比例分别为90.07%和78.13%，居全省前列。

拓宽参保渠道，通过“解除与养老保险捆绑”和放开参保户籍限制，推动更多新业态灵活就业人群参加职工医保。全年10862名流动人口学龄前子女实现积分入医。长江流域退捕禁捕上岸渔民医疗保障实现全覆盖。落实生育医疗费用、生育津贴等待遇，实现生育费用一卡结算。鼓励商业健康保险发展，加强对“江苏医惠保1号”“苏惠保”等惠民保产品的引导、推广。

（市医疗保障局 胡智琴）

【社会保险基金管理】 2022年，苏州市开展社保基金管理提升年行动，全面开展现场监督检查，运用国家医疗保障局基金监管平台筛查基金运行疑点数据。在全市集中开展“社会保险基金安全警示教育月”活动，下发社保基金违法违规案例11期。

（市人力资源社会保障局 陈雅黛）

【医疗保障基金管理】 2022年，苏州市职工基本医疗保险基金（含基本医疗保险、生育保险、大病保险、补充医疗保险）收入408.44亿元，支出277.22亿元，累计结余853.63亿元；城乡居民基本医疗保险基金总收入41.23亿元，支出40.44亿元，累计结余21.33亿元。长期护理险新增11150人，全年惠及6.30万人，待遇支付4.29亿元；历年累计惠及9.30万人次，待遇支付14.55亿元。完成按疾病诊断分组（DRG）支付方式改革，实现总额控制下以疾病诊断相关分组付费为主的多元复合医保支付方式。建立职工基本医疗保险门诊共济保障机制，将门诊费用纳入统筹支付范围。落实医保资金结余留用政策，向医疗机构拨付结余留用资金11960.78万元。推进异地就医结算工作，在住院、门诊跨省直接结算基础上，将定点零售药店纳入跨省异地就医结算范围，全年开通异地联网定点零售药店4717家，数量列全省设区市第一位。

【医保支持新冠疫情防控和复工复产】 2022年，苏州市医保基金累计预拨19.43亿元，以“先救治、后结算”方式确保患者治疗无忧、医疗机构救治不愁。将新冠诊疗方案新增的治疗药品、医疗服务项目等纳入医保支付范围，动态下调核酸检测价格至混检每次4元，减轻常态防疫经济负担。1月起，降低灵活就业人员参加职工医保缴费率1个百分点，全年为灵活就业人员减负2.30亿元。下半年，按照“免申即享”“先缓后减”方式，阶段性缓、减职工基本医疗保险单位缴费，全年为企业减负16.22亿元。

（市医疗保障局 胡智琴）

社会救助

【概况】 2022年，苏州市社会救助总支出28.09亿元，惠及困难群众93.95万人次。全市在册城乡低保0.97万户1.35万人，全年发放低保金1.52亿元，城乡人均补差水平分别为每月920.9元、每月841.38元；城乡特困人员2609人，全年发放生活救助金3401.65万元；低保边缘重病困难对象4470人，发放救助金4374.76万元。20世纪60年代初期精简退职老职工生活补助标准从每月1805元提高到每月1880元。筑牢新冠疫情防控民生底线，全市民政部门先后按照每人300元标准、每人100元标准2次向困难群众发放一次性生活补贴，共计1603万元，惠及困难群众6.48万人次。根据物价指数上涨情况，向2.39万人次困难群众发放物价补贴217.7万元。

【家庭经济状况核对】 2022年，苏州市开展存量救助对象“一年两审”和新增救助对象核对工作，全市家庭经济状况核对系统累计核对10.05万人次。其中，2022年新申请对象8782户次19384人次，为社会救助对象精准认定、动态监测和相关职能部门工作提供保障。

【低收入人口认定】 2022年，苏州市印发《苏州市低收入人口动态监测工作规范指引》，加强对低收入人口的动态监测，为精准识别、及时发现、主动救助困难群众等提供工作保障。全年全市认定低收入人口1.86万户3.28万人。

【最低生活保障】 2022年，苏州市城乡居民最低生活保障标准为每月1095元，城乡居民最低生活保障人数13464人，城乡居民最低生活保障支出1.52亿元。低保家庭在享受政府救助、社会帮扶后人均年收入为23719.3元，困难人员基本生活水平得到提升。

【特困供养】 2022年，苏州市修订出台《苏州市特困人员认定办法》，从认定条件、申请及受理、审核确认、生活自理能力评估、终止救助供养等方面对特困人员认定工作予以规范及明确，并完善救助供养标准规定，推动特困人员供养制度与老年人居家养老、残疾人托养等制度衔接，为托底保障特困人员提供支撑。截至年底，全市认定特困供养人员2609人。

【临时救助】 2022年，苏州市累计开展临时救助5591人次，其中非苏州户籍对象280人次；发放救助金1074.32万元，人均救助水平1921.5元。加强新冠疫情防控期间临时救助工作，对受疫情影响基本生活出现急难情形的群众，及时给予临时救助。

【流浪乞讨人员救助】 2022年，苏州市救助生活无着流浪乞讨人员5465人次，其中在站救助3676人次，站外救助1789人次；救助精神障碍人员、危重病人就医733人次，帮助寻亲537人，落户安置3人，护送返乡300批次，源头治理回访376人次。全市救助管理机构累计出动救助车辆729车次，出动工作人员2372人次，劝导救助街面流浪乞讨人员2153人次。

【慈善救助】 截至2022年底，苏州市有慈善组织164个，其中基金会141家；备案慈善信托18笔，资金规模3.2亿元，列全省设区市第一位；认定慈善实体22个、慈善空间45个。年内，组织开展“慈善一日捐”、新年慈善晚会等活动，累计募集善款3.5亿元。创新推动97个镇（街道）、881个村（社区）设立社区慈善基金，共计引导慈善资金6098万元。首创“慈善+绿色”发展理念，聚焦环境治理、生态修复、绿色低碳等方面，推出各具特色的“生态公益基金”11个，对接慈善资金1094万元。

（市民政局　陶绪琳）

【教育救助】 2022年，苏州市资助中小学生、幼儿园儿童267.37万人次，资助总金额5.66亿元（去除义务教育免费经费，资助21.14万人次，资助经费2.32亿元）。其中，国家政策性资助困难学生54220人次4905.305万元；学前教育减免保育费915人次99.41万元；高中原建档立卡等免学费2269人次188.08万元；中职免学费134705人次1.507亿元；地方政府资助9011人次486.4万元；学校资助2368人次1755.13万元；社会资助7810人次674.4万元。

（市教育局　张哲诚）

【医疗救助】 2022年，苏州市筑牢大病、困难和失能等特殊群体多层次保障。巩固大病保险、医疗救助制度成果，优化防范化解因病致贫返贫风险长效机制，建立医疗救助“一件事”跨部门机制。实时医疗救助50.8万人次。大病保险受益人数113719人次，医保基金支出9.24亿元，历年累计待遇享受67.69万人，赔付金额44.99亿元；市区政策范围内补偿比例65.79%，超过国家要求5.79%；人均补偿金额8365元；重大、特大疾病补偿金额超过20万元共计72人，合计补偿金额2478.86万元。

（市医疗保障局　胡智琴）

【红十字救助】 2022年，苏州市红十字会组织实施助学、助困、助医等救助项目。常态化开展“博爱送万家”活动，在元旦、春节、重阳等重要时间节点为5522户困难家庭发放414.3万元救助金。为家庭困难的患儿申请中央专项彩票公益金大病儿童救助项目，54名白血病患儿获得小天使救助资金192万元，2名先天性心脏病患儿获得天使阳光救助资金5万元。向21名家庭困难的遗体、器官捐献者子女发放助学金5.2万

2022年1月16日，2022年苏州市新年慈善晚会在苏州市广播电视总台举办

（市民政局　供图）

元。实施“苏州博爱光明行”项目，开展16场义诊，服务群众1100人，帮助19名白内障患者重见光明。诚善助学项目向90名家庭困难的大学生发放40万元助学金。味知香爱心基金向21名学生发放助学金6.7万元。

（市红十字会　肖　卫）

【帮扶慰问送温暖活动】 2022年，苏州市连续20年开展普惠性春节慰问活动。适当提高8类人群慰问标准。全市向85个养老服务和护理机构32.68万户困难及特殊家庭发放春节慰问金3.48亿元。

（市民政局　陶绪琳）

社会福利

【儿童福利】 2022年，苏州市加强困境儿童保障，通过“大数据+网格化+铁脚板”线上线下紧密结合方式，将符合保障条件的困境儿童及时纳入保障范围。截至年底，全市有困境儿童6833人，其中孤儿356人、事实无人抚养儿童679人、艾滋病儿童2人、重病重残儿童4523人、贫困家庭儿童1064人、其他需要帮助的儿童209人。按照机构孤儿基本生活费标准为每人每月2750元，社会散居孤儿、事实无人抚养儿童、艾滋病感染儿童基本生活费标准为每人每月2450元，重病重残儿童为社会散居孤儿基本生活费标准的50%，全年发放困境儿童生活保障金7657.28万元。全年全市完成156名困境儿童医疗康复费用资助和体检工作，资助金额35.45万元；“困境儿童医疗保障计划”项目为4326名符合条件的困境儿童购买重大疾病医疗保险，赔付57人127.32万元；“福彩圆梦·孤儿助学工程”项目资助61名符合条件对象助学金49.5万元。

【老年人福利】 2022年，苏州市继续对65周岁及以上符合条件的户籍老年人按相应标准发放尊老金。开展“三项惠老”保险（苏州户籍老年人人身意外伤害保险、养老机构综合责任保险、居家养老服务组织护理责任保险）理赔工作，苏州市福利彩票公益金投入3288.41万元用于全市“三项惠老”保险，惠及全市60周岁及以上户籍老年人和所有养老服务机构。继续发行养老服务“一卡通”（苏州市尊老卡）。

【残疾人福利】 2022年，苏州市残疾人两项补贴发放在册人数80095人，其中生活补贴28924人、护理补贴51171人。全年累计发放两项补贴资金3.38亿元，其中生活补贴35.9万人次2.52亿元、护理补贴61.1万人次0.86亿元。加强两项补贴发放动态管理，查出不符合发放人员，追缴资金50.84万元，其中追缴生活补贴828人次49.46万元，追缴护理补贴101人次1.38万元。

【福利彩票】 2022年，苏州市销售福利彩票23.6亿元，比2021年增加6400万元，总销售额超过全省销量的四分之一，连续16年保持全国地级市第一位；为国家筹集公益金6.34亿元，其中为地方筹集公益金2.84亿元。全年市级福彩公益金投入7200万元支持地方社会公益事业发展，资助悦龄健康综合体等39个项目。

（市民政局　陶绪琳）

住房保障

【保障性租赁住房】 2022年，苏州市印发《苏州市发展保障性租赁住房实施办法（试行）》，通过多政策支持、多主体参与、多渠道筹集，拓宽保障性租赁住房筹集来源。全年筹建保障性租赁住房4.29万套（间），累计筹建保障性租赁住房8.95万套（间），数量列全省设区市第一位。开展集宿区改善提升专项工作，首批启动21个项目，涉及房源8852间。加强金融支持，争取各类贷款、补贴，推动符合条件的保障性租赁住房项目申报不动产投资信托基金（REITs）。

【公租房建设管理】 2022年，苏州市对中等偏低收入及以下户籍人口实行公租房“应保尽保”。解决户籍困难家庭公租房7163套，发放公租房租赁补贴5316户，累计发放金额3441.73万元。

（市住房城乡建设局　胡怡婷）

【住房公积金管理】 2022年，苏州市参加公积金制度职工452.75万人，增长3.95%；缴存单位16.39万家，增长8.74%。新增缴存职工71.90万人，完成年度计划的145.45%，净增缴存职工10.67万人。归集公积金690.89亿元，增长11.74%，历年累计归集5063.58亿元，增长15.80%。发放公积金贷款3.62万笔208.09亿元，分别下降12.77%、4.31%；办理公积金提取453.67亿元，增长1.81%。年末资金运用率回落至77.77%，减少6.97个百分点。深化灵活就业人员公积金试点，全年累计发放灵活就业人员公积金贷款164笔9632.4万元；累计办理提取1.2万人次2293.69万元，住房消费类提取规模列全国试点城市第一位。开展年度基数调整，全年共计9.71万家单位217.41万名职工参与调整，调整规模列全省设区市第一位；为全市558万名缴存职工结付账户存款利息16亿元，增长14.52%，结息规模创历史新高。

优化营商环境，向受新冠疫情影响的企业推出降比缓缴政策，截至年底累计帮助3388家企业减轻负担10亿余元；联合商业银行开展“公积金小微企业贷”，累计由商业银行向4949家企业授信贷款42.89亿元；开辟“受理专窗”“远程视频”“邮寄办理”等绿色通道，推出“容缺”受理服务，精简助企业务审批。推进“租购并举”落实，上调首次使用公积金贷款最高限额至90万元，政策实施后户均贷款金额60.48万元，增长20.72%；下调首套个人公积金贷款利率0.15个百分点，支持刚需及改善型住房需求。调整租房提取额度，取消缴存额65%的租房提取限额，帮助1.3万名缴存职工每月减轻租金共计1300万余元，全年办理租房委托提取1.42万笔8381.89万元，分别增长77.5%、176.22%。

（市公积金管理中心　李富民）

编辑：魏福堂

人口家庭

【人口监测】 2022年，苏州市加强出生人口监测，推动全员人口信息应用和数据共享，开发户籍信息、死亡信息、奖励扶助信息比对等市级接口模块，加强人口监测评估，提升全员人口信息质量。加强出生人口数据与第七次全国人口普查等数据比对分析，形成《2021年苏州市人口与家庭发展报告》，为促进生育政策和经济社会政策配套衔接提供有效数据支撑。按照国家和省统一部署，清理全员人口库中冗余数据、重复人口、死亡人口、虚假人口、流动人口，通过更正错误信息、更新漏登必要信息，统一个人身份识别码，拓展信息采集渠道，理顺信息采集流程，盘活全员人口信息资源，建立人口信息动态更新机制，强化信息管理。举办2022年家庭健康主题推进活动，启动“家庭健康促进三年行动计划”。

【家庭状况】 截至2022年底，苏州市有总户数2593817户，其中市辖区户1354515户，全市户均人数2.99人。对全市1790户居民家庭的入户抽样调查显示，平均每户家庭常住人口3.31人，平均每户从业人员1.75人，人均住房面积53.1平方米，人均可支配收入70819元，人均生活消费支出42889元，每百户家庭汽车拥有量88.2辆。

【生育服务管理】 2022年，苏州市优化生育服务管理，依法实施三孩生育政策。全年办理生育登记90852件，其中三孩生育登记9308件，三孩及以上出生人数5409人。完成《苏州市人口与计划生育办法》《苏州市流动人口计划生育工作办法》废止程序，取消社会抚养费、再生育审批等规定，妥善处理政策衔接及历史遗留问题，多部门协同兑现各类生育奖励政策。落实生育支持政策措施，印发《苏州市产假期间企业社会保险补贴实施细则》，做好女职工生育二孩、三孩产假期间企业社会保险补贴发放联审工作。

【计划生育家庭奖励帮扶】 2022年，苏州市落实计划生育家庭奖励扶助政策，为22.46万名农村部分计划生育家庭奖励扶助对象发放奖扶金2.16亿元，为5.21万名持独生子女父母光荣证企业退休人员发放一次性奖励金1.88亿元，为2.23万名计划生育特别扶助对象发放扶助金2.11亿元，为计划生育家庭特别扶助对象提供3.22万人次帮扶，资金1183.25万元。

（市卫生健康委　丁潇潇）

【婚姻登记】 2022年，苏州市婚姻登记工作总量90381件。其中，结婚登记47767对，离婚申请18529对，撤回离婚申请31对，离婚登记14077对，补发结婚证8585件，补发离婚证1357件，出具（无）婚姻登记记录证明35份，办理婚姻登记跨省、市业务11144件，办理市域通办业务8699件。全市提供婚姻家庭辅导服务23470人次。

【婚姻家庭辅导教育】 2022年，苏州市组建由心理咨询师、法律顾问、教育专家等专业人士参与的婚姻家庭辅导队伍，采取个案服务、线上“云辅导”、团体讲座等形式，为婚姻当事人提供婚前辅导、婚姻家庭关系辅导、离婚疏导服务，加强危机干预和“冷静期”辅导服务。全年开展线上线下婚姻家庭辅导2万余人次。

【收养管理】 2022年，苏州市依据《中华人民共和国民法典》《中国公民收养子女登记办法》等要求，规范收养登记工作，建立有效的收养关系，保护被收养人的合法权益。全年全市办理收养业务总数123件，其中收养登记业务总数118件、解除收养登记总数5件。

【殡葬管理】 2022年清明祭扫期间，苏州市累计接待现场祭扫人数5万人、车辆0.8万辆，投入工作人员0.8万人次。因新冠疫情原因，3月17日起，除骨灰安放需要外，全市关闭公墓、骨灰堂（塔陵）等骨灰安放场所，暂停开展群众现场祭扫活动。引导群众选择网上祭扫的形式缅怀先人。群众开展网上祭扫累计66万余次，85个殡葬服务机构开展代客祭扫服务7357次。

（市民政局　陶绪琳）

新市民事务

【概况】 2022年，苏州市推进户籍制度改革，实施流动人口居住证制度和积分管理制度，创新和完善城镇常住人口基本公共服务提供机制。结合智慧城市、智慧政务建设，拓展流动人口服务管理领域业务信息化应用。拓宽新市民政策宣传服务路径，做好新市民人文关怀，为新市民提供有温度的服务。全市累计采集流动人口居住信息847.2万条、出租房屋信息155.9万户，办理居住证42.5万份，帮助解决新市民的急难愁盼问题。发挥苏州市新市民事务中心“统筹协调全市新市民服务管理”的法定职能，加强与市本级相关职能部门沟通协作，打通与各地新市民工作机构联系渠道，初步建立“上下一体、左右衔接”的新市民事务工作格局。

【流动人口情况】 截至2022年底，苏州市流动人口实有登记数为8426467人。其中，姑苏区348802人，吴中区965067人，相城区627990人，虎丘区578556人，苏州工业园区736267人，太湖旅游度假区41094人，吴江区1180802人，张家港市714199人，常熟市882688人，昆山市1812611人，太仓市538391人。连续在苏州居住半年以下1610353人，半年以上的6816114人。全年向流动人口发放居住证45.9万张，累计发放1845.0万张。

【流动人口管理】 2022年，苏州市落实流动人口全量采集、动态更新政策，推进实有人口登记管理攻坚行动，坚持"人力+科技"，在做好上门采集的同时，依托数字门牌"二维码"，推广"苏e居"等流动人口和出租房屋自主"扫码"申报等智慧场景应用，确保实有人口、实有房屋等基础数据准确。全年全市走访实有人口177.9万户，登记流动人口193.8万人，注销流动人口188.5万人，登记采集寄住人口68.5万人。开展解决无户口人员落户问题。实施长三角区域户口迁移、户籍类证明出具以及新生儿入户"跨省通办"工作，全市累计办理长三角区域跨省户口迁移47024人次、户籍事项证明4215项，长三角新生儿入户954人次，办理全国范围户籍迁移"跨省通办"10149人次。

【积分落户】 2022年，苏州市受理积分管理申请46890人，增长12.7%。其中，积分落户16901人，占总申请人数的36.04%；15740人（含随迁人员共计33283人）获得落户准入资格，准入率93.13%。

（市新市民事务中心　齐　欣）

【积分入学】 2022年，苏州市继续实施流动人口随迁子女积分入学申请工作。市区开放公办学校249所，其中小学142所，初中107所；可供积分入学起始年级公办学位数16958个，其中公办小学一年级9563个，公办初中一年级7395个。市区积分入学申请人数20084人，准入率84.44%，比2021年提升3.86%。

（市教育局　张哲诚）

【积分入医】 2022年，苏州市有10444人申请积分入医，其中10189人达到积分入医资格分值（300分），达线率98%，最终确定10864个学龄前子女（含多子女情形）获得参加苏州市城乡居民医疗保险的资格。

（市医疗保障局　胡智琴）

妇女儿童事务

【妇女儿童人口情况】 截至2022年底，苏州市户籍人口774.73万人，其中女性399.56万人，占比51.57%，0~17岁140.52万人，占比18.14%；常住人口1291.06万人，0~14岁170.1万人，占比13.18%。

【妇女儿童民生实事项目】 2022年，新建改扩建41所学校、改造提升120所义务教育学校教室照明灯光、新开通校园定制公交45条、开设暑托班1355个、新增普惠性托育机构77家、开展适儿化改造项目30个等妇女儿童民生实事纳入市政府实事项目。建成儿童友好社区25个、儿童友好街区1个、儿童友好公园6个，并对苏州市妇女儿童活动中心和全市89所中小学校及幼儿园实施友好交通建设。完成城乡适龄妇女宫颈癌、乳腺癌检查55.54万人。建成示范性未成年人保护工作站（关爱之家）14个、事实孤儿"梦想小屋"219间。实施出生缺陷防治工程，为孤独症儿童提供基本康复服务等省政府妇女儿童民生实事项目。

【贫困妇女"两癌"救助】 2022年，苏州市联合江苏省儿童基金会开展"我助妇儿康·女性'两癌'救助"项目，为全市28名符合条件的"两癌"贫困母亲申请到一年份的"江苏医惠保"，为她们提供兜底保障。做好全国农村贫困母亲"两癌"救助项目，2名符合条件的贫困"两癌"妇女获得国家"农村贫困母亲两癌救助"资金，每人一次性救助1万元。加强拨付资金监管，建立回访机制，对救助对象开展电话回访。

【儿童友好城市建设】 2022年8月，苏州市召开全市儿童友好城市建设工作领导小组第一次会议，对全市儿童友好城市建设工作做出专项部署，会议通过《关于推进儿童友好城市建设工作领导小组成员单位职责》《关于推进儿童友好城市建设的实施意见》。年内，编制发布《苏州市儿童友好场馆建设指引》，苏州市儿童友好城市规划获得国际城市与区域规划师协会2022年度城市规划卓越设计奖。相关职能部门将儿童友好建设相关内容纳入单位年度重点工作，出台政策文件40余个，为建设儿童友好城市做好政策储备。各县级市（区）成立领导小组，召开领导小组会议，出台建设实施方案、行动计划。全市坚持城乡一体，从全域角度开展儿童友好城市建设，打造"品牌突出、文化鲜明、治理创新、体系完整、质量卓远"的儿童友好城市"苏州范本"。

（市妇联　陈　斌）

【儿童关爱服务】 2022年，苏州市有14个示范性儿童关爱之家示范点建设纳入省级民生实事项目并建成投用，至年底，全市儿童关爱之家建设总数106个，实现镇（街道）全覆盖。儿童关爱之家通过开展个案服务、集体特色活动、链接社会资源等方式，营造全市关爱支持氛围，帮助困境儿童及其他有需要的儿童健康成长。全年全市开展亲子烘焙、农耕文化、红色之旅等特色活动181场，参与人数5786人。暑期，全市儿童关爱之家开展苏州市青少年暑托班服务，为辖区内困境儿童和其他有需要的儿童提供课业辅导、传统文化课程、兴趣爱好培养课程、文明礼仪课程、素质拓展课程、红色文化课程、安全法制教育课程，开设121个班次1.25万课时，共招募青年志愿者、"五老"志愿者、

2022年11月20日，2022年世界儿童日苏州市主题活动暨儿童友好对话活动在苏州市妇女儿童活动中心举办

（市妇联　供图）

教师志愿者、高校志愿者3759人，累计参与8768人次。暑期持续高温天气期间，向困境儿童告知高温预警信息，了解其生活状况、身体情况、实际需求，通过电话、微信语音等方式开展关心关爱和防暑降温知识宣传。新冠疫情防控期间，儿童督导员、村社区儿童主任、社工和志愿者加密沟通频次，了解辖区内困境儿童及其他未成年人的情况与需求，告知新冠疫情防控最新消息和相关防护措施，发放新冠疫情防控爱心包，线上累计沟通3.8万人次，发放疫情爱心包7621份。

【未成年人保护】 2022年，苏州市未成年人保护工作委员会办公室充分发挥牵头协调作用，出台《关于加强特殊困境未成年人救助保护工作的意见》《苏州市未成年人保护八项制度》等文件，加强各项工作机制，完善未成年人保护的各项协调保障制度。研究制定《2022年度苏州市未成年人保护工作考核评估要点》，对各县级市（区）未成年人保护工作开展督查，推动各地贯彻落实年度重点工作。市民政局会同市中级法院、市检察院、市公安局等部门专题研究、协商解决4名特殊困境未成年人的监护保护问题。

未成年人保护中心建设 全市11家未成年人保护中心全部取得编办批复，并积极发挥作用，组织儿童主任培训、开展个案服务、组织专题会商，研究解决未成年人保护工作中遇到的矛盾问题。面向以困境儿童为重点的全体儿童开展政策宣讲、关爱保护服务，对儿童督导员、儿童主任开展培训和工作指导，指导儿童"关爱之家"运营，服务有需求的儿童。

未成年人保护宣传 加大苏州市未成年人救助保护专线"33333958"宣传力度，加强《中华人民共和国未成年人保护法》等未成年人相关法律的宣传工作。苏州市未成年人救助保护中心举办5场"未保专线在身边"——苏州市未成年人救助保护专线系列线下宣传活动，400余人参与；与苏州市清流社工服务中心合作开展"合力监护 相伴成长"儿童保护公益宣讲活动，开展涉及亲职教育、自我保护、卫生健康等主题活动24次，1865人次参与。组织六一儿童节未成年人保护主题宣传月活动，通过宣传强制报告制度、儿童主任的一天、颁发优秀案例奖等活动，提高社会大众对《中华人民共和国未成年人保护法》的理解认知。组织全市未成年人保护优秀案例评选，分专业社工类和部门帮扶类，全市收到参评案例200余个，通过专家评选、现场路演、学者点评等环节，共选出一、二、三等奖和优胜奖案例60个，促进未保社会工作的普及。

未成年人保护社会工作 市民政局以项目化运作方式推动未成年人保护社会工作发展，联系慈善资金260万余元，帮助未成年人保护办成员单位做好未成年人保护工作，重点在涉案未成年人帮教、学校社会工作、残疾儿童康复等方面，通过联合创投的方式，选定相关社会组织参与未成年人保护社会工作，并引入第三方机构加强对项目的监督管理，保证项目取得成效。

（市民政局 陶绪琳）

老龄事务

【老年人口情况】 截至2022年底，苏州市60周岁及以上户籍老年人口195.6万人，占全市户籍人口的25.24%。其中，60~69周岁老年人92.1万人，占老年人口数的47.08%；70~79周岁71.15万人，占老年人口数的36.37%；80~89周岁27.49万人，占老年人口数的14.05%；90~99周岁4.77万人，占老年人口数的2.44%；100周岁以上老年人1002人，占老年人口数的0.05%。

（市民政局 陶绪琳）

【老龄服务体系建设】 2022年，苏州市印发《苏州市"十四五"健康老龄化规划》，完善老龄健康服务网络。把"银龄健康提升工程"纳入为民办实事和政府年度实事项目，推进医养结合模式创新，实现老年健康工作高质量发展。新建护理院1家，优化标准化护理院2家，新增老年病医院1家、二级以上综合性医院设老年医学科2家，超额提前完成省政府实事项目任务。全市有护理院78家，老年病医院4家、康复医院14家，医养结合型机构132家，二级以上综合性医院设老年医学科30家，二级及以上公立综合性医院设置老年医学科比例达到83.3%，居全国领先水平。

（市卫生健康委 丁潇潇）

【社会养老服务体系建设】 2022年，苏州市出台政策加强养老服务体系建设发展资金管理，实施《居家社区养老服务能力提升三年行动（2022—2024）》《康养产业高质量发展行动计划（2022—2025年）》，推动农村养老服务高质量发展，推进老年人家庭适老化改造。全年全市新增养老机构床位1210张，新增家庭夜间照护床位2075张，完成11055户老年人家庭适老化改造，为32.3万名老年人开展居家上门服务。截至年底，全市累计建有养老机构170家，其中护理院87家，养老机构床位总数5.57万张，拥有社区日间照料床位2.56万张，建有综合为老服务中心74个、日间照料中心2333家、助餐点2076个、"中央厨房"10家。各类养老机构均能提供基本医疗服务，护理型床位占养老机构床位数的88.4%，实现虚拟养老院服务所有社区（村）全覆盖。

【特困老人生活保障】 2022年，苏州市有特困老人1871人，其中城市特困老人411人、农村特困老人1460人，特困人员基本生活标准为每月1533元，与2021年持平。

【老年人家庭适老化改造】 2022年度，苏州市形成政府主导、供给扩容、需求激活、社会参与的老年人家庭适老化改造"苏州模式"，优化流程、调整补贴标准，按照"政府补一点、家庭掏一点、企业让一点"方式推进老年人家庭适老化改造工作。同时，发挥市慈善基金会力量，支持140户家庭实施适老化改造；10家银行为全市在重阳节期间适老化改造的3000户家庭，赠送改造大礼包。全年完成11055户老年人家庭改造任务，各类资金投入2062万元。

（市民政局 陶绪琳）

【老年人关怀服务】 2022年，苏州市围绕"敬老月"主题组织开展敬老系列活动，开展走访慰问送温暖、"智慧助老"行动、老年法律维权、老年文体艺术、老年健康促进等活动。在活动内容上突出重点为老办实事、解难事、做好事，在活动形式上突出品牌化、特色化，在活动性质上坚持公益性、惠民性。"敬老月"期间，全市组织活动388场，参与人数8.8万人，慰问人数36.07万人，资金投入957万余元，发放慰问品44万余件。全年开展老年人智能手机免费培训5.6万人次。推进为老服务软硬件建设，虎丘区浒墅关镇惠丰社区、吴中区木渎镇香溪社区等7个社区入选2022年全国示范性老年友好型社区，全市累计有全国示范性老年友好型社区14个。

（市卫生健康委 丁潇潇）

残疾人事务

【残疾人康复】 2022年，苏州市加强残疾预防和康复，出台《苏州市残疾预防行动方案（2022—2025）》。推进省、市民生实事项目，为1367名孤独症儿童提供基本康复服务，实现"孤独症儿童基本康复服务全覆盖"；实施残疾儿童基本康复服务项目补助政策，每月最高补助3400元，补助标准在全国领先；研究制定残疾儿童康复机构教育备案指引，在全省率先开辟教育备案路径，18家机构取得教育备案资质；研究制定孤独症康复技术规范，组织专家遴选确定市级规范化培训基地7个，对孤独症康复技术人员完成全覆盖培训；开展"孤独症日""残疾预防日"主题宣传活动，推动实现"早发现、早干预"。制定实施定点康复机构考评办法和负面行为清单，规范监管。全年为4764名残疾儿童实施康复救助，适配各类残疾人辅具1.5万件。

【残疾人关爱服务】 2022年，苏州市将残疾人托养服务纳入年度民生实事项目，解决残疾人托养照护需求。全年新增残疾人托养1100人，其中寄宿制托养114人，日间照料624人，居家托养362人。在巩固原有托养服务的基础上，开展调研、入户访视等工作，摸清就业年龄段残疾人托养底数，开展残疾人托养政策宣讲工作，做好残疾人托养信息录入工作。全年累计托养残疾人5252人，其中寄宿制托养服务427人、居家托养服务2524人、日间照料服务2301人。

【无障碍环境建设】 2022年，苏州市开展建设无障碍环境友好型城市专项行动。加强无障碍环境建设的宣传引导，在苏州市广播电视总台《苏城议事厅》开设无障碍环境建设议题，在轨道交通站点设立灯箱公益广告。常态化推进家庭无障碍改造工作，全年为436户低收入残疾人家庭完成无障碍改造；推广"出行无障碍综合服务平台"和"聋人沟通无障碍服务平台"，服务人次2万余人次；在全省率先推出"无障碍网约车"服务，在市区3条公交线路探索开展城市公交导乘服务试点。发挥无障碍建设促进会作用，调研残疾人在无障碍环境建设方面的需求，组织近100名残障人士开展10余次无障碍现场体验活动，并将200余条整改建议反馈给相关单位；与市检察院发起无障碍环境建设公益诉讼专项督查活动，全年检察机关立案10件，发出诉前检察建议9件，联合发布4件无障碍环境建设公益诉讼典型案，1件入选全省无障碍环境建设公益诉讼典型案例；与市文明办合作将无障碍设施纳入"文明随手拍"2.0版，收集有关无障碍整改问题600余个。《人民日报》（海外版）专题刊发苏州市在无障碍城市建设方面的经验做法。

（市残联　刘宁宁）

退役军人事务

【概况】 2022年，苏州市推动退役军人事务工作高质量发展，在高质量发展考核、信访矛盾问题攻坚化解和重复访治理考核中全省排名"双第一"。"军人退役一件事"平台获评市数字政府建设优秀案例。苏州市及张家港市、常熟市、太仓市、昆山市、吴江区、吴中区、姑苏区被命名为江苏省双拥模范城（区），6家单位获评江苏省双拥模范单位，8人获评江苏省双拥先进个人。全市有10家企业被省退役军人事务厅和省总工会评为"戎耀之家"。

【退役军人移交安置】 2022年，苏州市落实国家、省、市关于军队转业军官和由政府安排工作退役士官移交安置工作各项法规政策，挖掘安置潜力，编制安置计划，开展安置工作。按照"直通车"安置相关操作办法，遵循"公开透明、阳光安置、高效服务、人岗相适"原则，妥善安置退役军人，做到用人单位、退役军人、部队"三满意"。制定《纪检监察部门全程参与移交安置工作实施办法》，首次在移交安置全过程中主动邀请纪检监察部门监督指导，确保安置过程公平、公开、公正，增强"阳光安置"透明度和公信力。

【退役军人就业创业】 2022年，苏州市加强退役军人技能培训，加大就业创业扶持，激发苏州退役军人就业创业热情，提高就业创业成效。改革教育培训方式，遴选市级退役军人教育培训承训机构29家，开设专业83个。选取11个培训项目为首批省级退役军人特色培训项目，3个项目作为第二批省级退役军人特色培训项目。开展"退役军人和军属招聘会""长三角退役军人招聘会""民营企业专场招聘会""苏—盐—泰"区域联合招聘会等主题招聘活动，征集用人单位2000余家，提供岗位1.2万个，保障自主就业退役士兵和现役军人家属的就业机会。完成"兵支书"建档立卡工作，全市有"兵支书"担任村（社区）党组织书记，担任村民委员会主任或社区居委会主任，担任村（社区）"两委"成员等。组织5家企业参加首届全国退役军人创业产品展陈活动，启动苏州市第二届退役军人创业创新大赛，征集全市112家企业（团队）的项目申报，其中"无人机集群边缘智能侦察系统""新能源重卡自动变速器与高

2022年8月1日，2022年苏州市自主就业退役士兵首场就业专场对接会现场

（杭兴微　摄）

效动力系统研发及产业化”项目在全省退役军人“双创”比赛中分别获得省赛高科技和新兴产业赛道二等奖和三等奖，市退役军人事务局获得省赛优秀组织奖。

【退役军人权益维护】 2022年，苏州市围绕退役军人高质量发展工作目标，推进退役军人权益维护工作。挂牌成立退役军人法律援助工作站，聘请21家律师事务所在市退役军人服务中心驻点服务，为退役军人提供法律服务，拓宽退役军人维权渠道。畅通信访渠道，推进涉退役军人信访突出问题攻坚化解和重复访集中治理“两大行动”。推动优秀典型选树，推选1名退役军人参加全国“最美退役军人”评选、3名退役军人参加江苏省“最美退役军人”评选。开展苏州市第二届优秀“戎耀之家”创建活动，评选优秀“戎耀之家”17家，推荐10家优秀单位参评省优秀“戎耀之家”评选。

【退役军人优抚褒扬】 2022年，苏州市制定《退役军人和其他优抚对象优待证申领工作实施方案》，设置优待证办理服务站点1891个，在机关、企业等单位集中办理116场次。全年全市受理优待证申请完成进度超过90%。调整部分优抚对象抚恤补助标准，成立“退役军人康养中心”17家，累计为优抚对象家庭提供各类居家上门服务9.28万次，服务时长24.33万小时。探索适合退役军人的商业保险项目，定制专属商业保险项目“军欣保”“惠军保”“军无忧”等，推动购买“苏惠保”“苏康保”等医疗保险，覆盖退役军人和其他优抚对象。开展关爱帮扶，全年走访慰问现役军人、烈军属、军休干部、生活困难退役军人、伤残退役军人等14类优抚对象，并发放慰问金2800万余元。开展英烈褒扬系列活动，换（补）发13份烈士证，修订完善苏州烈士英名录，开展“崇尚英雄 缅怀先烈”系列活动，为全市947座烈士墓代为祭扫，清明期间，社会各界共377549人次通过网上祭英烈通道开展祭扫、献花。整理烈士史料，挖掘英烈文化，制订《苏州英烈档案建档规范》，加强红色基因的保护传承。举办首届苏州市退役军人书法篆刻大赛和苏州市庆祝建军95周年主题交流活动，近260万人在线观看。

【双拥共建】 2022年，苏州市调整市双拥工作领导小组，建立日常沟通协调机制和平时双拥共建、战时拥军支前的军地协调机制。全市参与拥军支前保障行动。建立军地互办实事“双清单”制度，全市军地互办实事174项，涉及军人子女入学入托、交通出行、随军家属落户安置、英烈文化主题教育、军事体验、执法队伍规范化建设等。加强双拥氛围营造，利用4条轨道交通线路、10条公交线路、2块户外大屏、3块地铁灯箱、8面高炮等载体营造双拥氛围，在各级各类媒体刊发稿件160余篇。在《苏州日报》开设《弘扬双拥传统 共谱鱼水新篇》专栏（半月刊）。组织苏州图书馆、烈士陵园、市司法局、市交通局等单位开展送政策、送法律、送文化、送岗位、送技能“五进军营”活动53次。联合6艘城市命名战舰开展结对共建活动，参与舰队文化建设和舰上后勤保障，支持海军“苏州舰”执行第41批亚丁湾护航任务。各级党政机关和领导走访慰问驻苏州部队官兵。开展情系边海防拥军优属活动，常态化慰问苏州籍边海防官兵（家庭）。解决官兵“后路”“后代”“后院”问题，落实军人随军家属就业安置优待，举办随军家属专场招聘会15场次；协调相关单位和人力资源社会保障部门，完成公务员、事业编随军家属安置；帮助企业、无业随军家属就业；集中协调苏州军分区政治工作处、各驻苏州部队和市教育局、各县级市（区），帮助军人子女就近入学，军人子女享受中高考加分等优待。推动社会化拥军，开展“拥军邮路”“拥军宣传”“拥军金融”“拥军创业”“拥军扶贫”等活动，为广大军人军属、退役军人和其他优抚对象提供优先、优质、优惠的“三优”服务。推进拥军示范街区、拥军示范商圈、拥军联盟一条街建设，商超、银行、饮食店、旅馆酒店、医药连锁等涵盖衣食住行生活服务等方面的商家企业参与其中，为军人军属提供优惠打折、礼品赠送、优先办理等服务。

（市退役军人事务局 胡金星）

社区建设

【概况】 截至2022年底，苏州市有城乡社区2215个，其中城市社区1275个、农村社区940个，全市专职社区工作者2.3万人。全市城乡社区综合服务设施总面积350万余平方米，平均每个村（社区）超过1600平方米，满足城乡居民养老、医疗、警务、自治、文体等服务需求。

【社区服务】 2022年，苏州市推行“一站多居”“联合工作站”“中心+社区”“无柜台、AB角”等不同形态的全科服务模式，深化“全科社工”实践，推动城乡社区服务提质增效。完成新一轮社区工作事项清理审核工作，根据基层承载能力和居民服务需求，初步梳理确定村级组织主体责任事项10项、协助工作事项62项、履职负面事项21项，以清单准入引领更多为民服务事项“就近办、便捷办”。

【社区协商】 2022年，苏州市发展全过程人民民主，继续推进“院落楼栋居民自治”和“以村民小组或自然村为基本单元的村民自治”等“微自治”实践，村（居）民议事会、恳谈会、协商共治小组等城乡社区议事组织覆盖率达到100%，议事清单、议事规则、成果运用等协商机制得到完善。

【社区治理】 2022年，苏州市开展城乡基层自治乏力问题排查整顿，梳理8类重点问题，落实挂钩联系、跟踪督导及限期整改措施，提升基层群众性自治组织规范化建设水平和基层自治活力。完善“民生微实事”等项目化机制，健全协商成果采纳、落实和反馈制度。优化调整社区规模，出台《苏州市调整优化社区规模工作方案》。健全队伍发展体系，制定《关于进一步加强社区工作者队伍建设的实施意见》。推进减负增效，完成新一轮社区工作事项清理审核工作，梳理确定村级组织主体责任事项10项、协助工作事项62项、履职负面事项21项。创新集宿区管理模式，制定《关于加强职工集宿区社区化管理的指导意见》，将集宿区建设管理纳入城市规划总体布局和基层社会治理体系。创新智慧社区建设路径，制定《苏州市智慧社区建设试点工作方案》，召开全市智慧社区建设现场会，依托各级“一网统管”及基层“互联网+政务服务”等平台，建成一批惠民应用。

【社会工作发展】 2022年，苏州市连续两届开展“社会工作服务示范项目星火计划”，在精障社区康复、困境儿童保障、未成年人司法保护等工作领域，在养老服务、学校、医务等社会民生领域，开展由社工人才、社工机构主导的专业社会工作服务项目，发挥社会工作在服务特殊困难群体、促进民政事业发展中的作用。启动第三届社会工作示范服务项目“星火计划”，围绕基层社会工作站标准化建设，开展示范社工站创建活动，打造一批标准化、规范化的乡镇（街道）社会工作站。建立“市级统筹、市区指导、乡镇落实、村居配合”的四级基层社会工作站（室）运行格局。成立苏州市社会工作专业人才发展服务中心，打造市级人才培养、行业管理、展示交流、宣传推广主阵地。深化苏州“五强”（强导向、强运行、强体系、强融合、强品牌）基层社会工作站模式建设，实施“社工+”战略，把基层社会工作站建设成“五社联动”的重要平台，带动慈善、社工和志愿服务资源向基层下沉。推进基层社会工作站建设，全市建立乡镇（街道）社会工作站99个、村（社区）社会工作室2172个，实现全覆盖。

【社会工作人才队伍建设】 2022年，苏州市新增取得全国社会工作者职业资格人数1822人，累计持证社工总人数2.1万人，占全省总数的21%。开展“支部建在站上”专项行动，培养一支兼具红色底蕴和专业素养的社工人才队伍。做好全省“领军人才”和“最美社工”评选、全省优秀社会工作案例及项目征集推荐工作，3人入选第八批江苏省社会工作领军人才，总数增至18人；6人入选第四批江苏省“最美社工”，总数增至26人，优秀社会工作案例41个，优秀社会工作项目45个，获奖数居全省前列。组织开展社会工作职业水平考试考前辅导、持证社工继续教育、社会工作实务技巧等多样化培训，4人通过江苏省高级社会工作师评审，高级社会工作师人数增加至9人，占全省总数的五分之一。

【志愿服务发展】 2022年，苏州市继续围绕“时间银行”机制、促进志愿服务等开展实践调研，创新“时间银行”积分兑换机制，鼓励各地民政部门探索形成本地特色的志愿服务回馈制度。推动设立志愿服务站点，为群众参与和接受志愿服务提供便利条件。引导志愿服务组织和志愿者围绕扶弱济困、乡村振兴、生态保护、医疗防疫、重大突发事件应对等领域积极发挥作用，促进志愿服务常态化、社会化。发挥“慈善同心·志愿同行”活动引领作用，培育志愿服务品牌项目，以项目激活志愿服务效能，惠及更多群众。规范志愿服务活动行政管理，抓好志愿服务组织身份标识和能力提升。截至年底，全市有标识志愿服务组织380个，注册志愿者超过290万人。做好志愿服务记录与证明出具工作，维护好志愿者、志愿服务组织和志愿服务对象的合法权益。

（市民政局　陶绪琳）

社会组织管理

【概况】 截至2022年底，苏州市有登记社会组织7729家，其中社会团体3286家、社会服务机构4372家、基金会71家。另有备案的社区社会组织1.9万家。社会组织从业人员近10万人。

【社会组织培育】 2022年，苏州市紧扣市场、产业发展、社会领域建设需求，围绕苏州市25个产业创新集群和新兴服务业细分领域，成立行业协会（联合会）11家，对原有的14个领域的行业协会商会，指导优化提升，支持全市产业创新集群和新兴服务业细分领域发展。全市累计投入社会组织扶持发展资金7090.34万元，在培育社区社会组织、汇聚社工专业人才、促进公益慈善事业、助力城乡社区建设、加强区域党建等方面发挥作用。

【社会组织评估】 2022年，苏州市开展社会组织等级评估工作，AAAAA级社会组织等级评估数量创新高，全市AAAAA等级社会组织数量39家，列全省设区市第二位。其他等级社会组织评估工作得到推进，全年新增等级组织数868家。截至年底，各等级社会组织总数3815家，全市等级组织覆盖率49.82%。

【社会组织品牌建设】 2022年，苏州市举办2022长三角社会组织协同发展苏州大会，聚焦“五社联动”与“社会‘智’治”两大主题展开研讨，上海、浙江、安徽、江苏等地民政部门负责人及长三角12个城市500余家社会组织代表通过线上直播系统参加会议，超过6万人次线上观摩。推荐7家社会组织参与首届江苏省先进社会组织评选，12家社会组织入选江苏省社会组织优秀案例。

【行业商会管理】 2022年，苏州市开展行业协会商会涉企收费整治回头看工作，坚持“能免则免、能简则简”原则，降低行业协会商会涉企收费规模，规范行业协会商会涉企收费行为，为减轻企业负担、优化营商环境、维护经济发展和社会稳定大局贡献力量。全年全市有258家行业协会商会免收或者少收会费，总计减免会费3173万余元，惠及企业1万余家。以行业商会为重点，举办全市协会商会高质量发展专题培训班，提升社会组织参与社会治理能力。

【社会组织监管执法】 2022年，苏州市开展社会组织“双随机”抽查审计，全市抽查社会组织397家，对其中114家要求责令整改。全市梳理“僵尸型”社会组织545家，截至年底，完成整治305家。其中，主动办理注销登记193家，完成整改、恢复正常运行18家，被撤销登记94家。继续开展打击整治非法社会组织专项行动，取缔2家，劝散1家。

（市民政局　陶绪琳）

区划和地名管理

【行政区域界线管理】 截至2022年底，苏州市勘定县级以上行政区域界线21条，全长1345.75千米，埋设界桩247颗。其中，省级界线2条，长415.08千米，埋设界桩67颗（沪苏线47颗，苏浙线18颗，沪苏浙三交点界桩2颗）；市级界线3条，长316.07千米，埋设界桩65颗（锡苏线51颗，苏通线4颗，苏泰线4颗，锡苏泰三交点界桩3颗，苏通泰三交点界桩3颗）；县级界线16条，长614.61千米，埋设界桩115颗。年内，完成苏州南通线1条市界和吴中姑苏线、相城姑苏线、姑苏苏州工业园区线3条县界的第四轮行政区域界线联检任务。完成县级以上行政区域界线矢量化工作。苏州工业园区完成街道勘界试点工作，完成7条界线55.32千米的勘界任务。

【地名审批备案】 2022年，苏州市审批地名538个，其中路街巷329个、住宅区85个、楼宇35个、桥梁24个、隧道15个、轨道交通车站26个、社区23个、公园1个。建立审批地名备案公告制度，完成审批地名备案538条，其中市本级备案344条，完成地名公告63批464条，其中市本级完成地名公告13批215条。组织开展市、县两级地名信息审核、修订工作，审核、修订地名信息6.75万条，数量列全省设区市第一位。

【地名文化建设】 2022年，苏州市以古城、古镇、古村落为评定范围开展地名文化遗产评定工作，评出首批县级地名

表69 2022年苏州市入选首批江苏省地名文化遗产一览表

地名类别	入选数量（个）	入选地名
古城	5	苏州、吴江、姑苏、常熟、昆山
古镇	23	枫桥、浒墅关、木渎、角直、光福、东山、香山、胥口、虎丘、平江、盛泽、平望、黎里、同里、震泽、古里、凤凰、周庄、巴城、锦溪、千灯、浏河、沙溪
古村落	9	舟山、陆巷、三山、莫厘、东村、明月湾、李市、赵陵、武神潭

（资料来源：市民政局）

文化遗产94个、首批市级地名文化遗产60个，入选首批省级地名文化遗产37个。开展"苏州市地名文化遗产保护示范街区"建设活动，张家港市凤凰镇、常熟市虞山街道、太仓市浏河镇、昆山市锦溪镇、吴江区平望镇、吴中区横泾街道、相城区黄埭镇、姑苏区金阊街道、苏州工业园区斜塘街道、虎丘区浒墅关镇10个镇（街道）被评为首批"示范街区"。举办苏州市地名文化遗传宣传周启动仪式暨苏州地名文化建设十年成果发布会。成立苏州地名文化遗产研究院。年内，吴中区被民政部确定为全国首批"深化乡村地名服务 点亮美好家园"试点地区。

【红色地名保护利用】 2022年，苏州市开展第二批江苏省红色地名申报工作，太仓市"唐家宅基"、吴江区"张应春烈士墓"、吴中区"冲山"、姑苏区"五卅路""伯乐中学旧址"、虎丘区"夜袭浒墅关纪念碑"6个地名入选。全市累计有省级红色地名12个、市级红色地名30个。7月，全市首个挂牌的省级红色地名——"中共苏州独立支部旧址"揭牌。中共苏州独立支部旧址位于姑苏区体育场路乐益女子中学旧址，是苏州市党性教育实训基地。

（市民政局 陶绪琳）

民族宗教事务

【民族团结进步工作】 2022年，苏州市制定《苏州市民族团结进步事业三年行动计划（2023—2025）》，实施民族工作八项工程。举办第19个民族团结进步宣传月系列主题活动。组织评选并命名苏州市民族团结进步示范基地25家。指导苏州大学建设江苏省铸牢中华民族共同体意识研究基地。昆山高新区的民族团结进步宣传片《大中国》获得第三届国家高新区微视频大赛最佳视觉奖。吴江区成立民族团结进步宣讲团，启动构筑中华民族共有精神家园"民族文化进校园"共建项目。昆山市举办"民族团结一家亲·鹿城同心向未来"网络知识竞赛，21.7万人次参与活动。姑苏区举办"同心抗疫·我身边的红石榴志愿者"演讲比赛。姑苏区双塔街道、江苏永钢集团有限公司分别获评全国民族团结进步示范区、示范单位；姑苏区双塔街道、江苏永钢集团有限公司、昆山市民族团结进步促进会分别获评全省首批民族团结进步示范区、示范单位；9家单位获评全省"红石榴家园"。

【少数民族流动人口服务】 2022年，苏州市加强"民族之家""流动少数民族服务站"外来少数民族流动群众公共服务平台建设。全年全市参与社区治理和志愿服务的民族团结志愿队伍30余支。指导吴江区完成费孝通江村纪念馆提升改造项目和张家港市青少年教育实践活动基地"多彩中华"项目建设。举办苏州市第七期国家通用语言文字培训班，40名学员参加培训，提高在苏州流动少数民族群众普通话交流能力和文字识别能力。举办"示范拉面店评选"活动，开展红石榴就业行动，完成招工1435人。苏州工业园区通过苏州城市传媒视频直播，开展"六一"线上咨询活动，13万人次在线观看，增强各族群众在儿童教育方面的知识。

【宗教团体建设】 2022年，苏州市指导宗教团体开展"三爱""五个认同"教育，培育和践行社会主义核心价值观。推进全面从严治教，开展崇俭戒奢教育活动，指导宗教团体将崇俭戒奢融入解经讲道、信仰实践、自我管理。指导支持市佛教协会出版《苏州佛教历史资料集》，市道教协会梳理城隍文化，市伊斯兰教协会出版《坚持伊斯兰教中国化方向苏州实践探索成果汇编》，天主教苏州教区举办"渔山论坛"，市基督教两会组织中华优秀传统文化培训班等活动。全年安排工作经费318万元，保障宗教团体正常运行。常熟市基督教三自爱国运动委员会等县级宗教团体完成换届工作。苏州寒山寺、重元寺联合举办"同心永向党、喜迎二十大"主题书画作品展，西园寺举办"学习宣传贯彻党的二十大精神，推动全面贯彻实施宪法"主题书画展。

【宗教活动场所管理】 2022年，苏州市加强宗教活动场所管理，维护宗教领域和谐稳定。组织开展全民国家安全教育日宣传教育活动，贯彻落实总体国家安全观。举办宗教界学习习近平法治思想暨宗教政策法规专题培训、政务信息和网络安全工作培训班和行政执法培训班等专题培训10余场次，苏州工业园区建成全市首个由司法部门和民宗部门共同认定的宗教领域普法宣传教育基地。推进宗教活动场所安全生产专项整治三年行动，开展安全生产月活动，制作拍摄"平安民宗 幸福同行"安全宣传微视频，开展宗教领域安全大检查和百日攻坚行动，着力深化消防、建筑、燃气等重点领域安全隐患排查整治，加强重点时段、重点区域、重点部位、重大活动的安全防范工作。举办全市民族宗教系统第20届消防运动会，150余人参赛。

【宗教教职人员队伍建设】 2022年，苏州市加强宗教教职人员队伍建设，指导宗教团体科学制定宗教人才培养计划，接续培养一批政治上靠得住、学识上有造诣、品德上能服众、关键时起作用的宗教界代表人士。市佛教协会举办苏州市佛教协会理事及院校代表培训班。市道教协会举办壬寅年道教正一派传度、披戴活动。市伊斯兰教协会开展"三爱"主题教育活动，组织教职人员和部分信教群众参观苏州革命博物馆。市基督教两会举办教职人员专题学习会，开展爱党爱国爱社会主义教育实践活动，组织参观吴江区宋锦文化园、柳亚子纪念馆和吴中区吴文化博物馆。苏州工业园区组织各宗教团体、宗教活动场所负责人，举办首期宗教中国化园区实践路径研讨会。

（市民宗局 周乐逸）

编辑：魏福堂

应急管理

综 述

【应急管理体系建设】 2022年，苏州市加强互联互通，健全完善应急管理三大体系。健全应急预警体系。修订《苏州市突发事件预警信息发布管理办法》，做好降温冰冻、极端大风、强雷暴、强降雨、夏季高温和台风研判预警和防范应对，累计接到省气象厅专题服务单85份，省气象灾害提示单44份，应急、气象、水务、交通、农业、公安等部门会商研判47次，发送气象专题服务单57份，气象灾害提示单30份，广播电视等媒体向社会各界预警43次。健全应急指挥体系。加强应急部门与110、122、119、120、121、12395、市防汛抗旱指挥部办公室联动。印发《苏州市社会应急力量参与重特大事故灾害抢险救援行动现场协调机制》《苏州市专业应急力量和社会应急力量参与重特大事故灾害抢险救援行动指南》，完善专业应急力量和社会应急力量参与重特大事故灾害抢险救援行动现场协调机制。健全应急救援体系。充实市级防汛排涝物资，实行集中调派。共享急救资源，统筹77家二甲以上医院、4.21万个床位资源、96辆救护车资源。调度掌握全市108个应急避难场所情况。

【应急能力体系建设】 2022年，苏州市加强军地联动，制定《苏州市军地抢险救灾协调联动工作机制（讨论稿）》《苏州市应急管理局苏州海警局工作协作协议》，加强与苏州军分区、武警支队、海警局协调联动，灾时纳入地方统一指挥调遣，参加抢险救援，战时纳入国防综合体系。加强信息报送，提升应急处置能力。做好突发事件信息报送。全年接到各类突发事件信息2690条（自然灾害信息22条，其他突发信息2668条），人员伤亡信息166条，妥善处置各类事件，逐步建立常态化联动共享机制。做好重点时段应急值守工作。重点抓好元旦、春节、两会、冬奥会、清明、端午、中秋、国庆、党的二十大及新冠疫情防控等时期的应急值守工作。组织开展节前和重要时段分析研判，累计上报节日值班信息26期、新冠疫情防控期间安全防控工作信息78期。做好应急通信保障工作。构建市、县、乡三级应急指挥体系，全市101个乡镇（街道）中建立明确应急指挥职责的79个，建有固定应急指挥场所的24个，配备移动布控球的16个，配备智慧屏的34个，具备视频调度功能的应急指挥场所91个。

2022年9月1日，苏州市应急管理综合行政执法队伍统一着装宣誓

（市应急管理局　供图）

【应急预案】 2022年，苏州市完善事故灾难和自然灾害分级应对制度，组织编制总体应急预案和安全生产类、自然灾害类专项预案。突出市、县、乡三级应急预案的编制和备案，推动基层修编完成各类专项应急预案。全年市本级应急预案46个，完成修编44个，其中42个预案完成简本制作。协调应急预案衔接工作，组织开展应急预案演练。

【应急物资储备】 2022年，苏州市健全应急物资信息平台和调拨制度，采取实物与协议相结合方式，落实应急物资储备。实物储备方面，应急部门会同粮食部门储备救灾物资3.17万件；各县级市（区）66个防汛物资仓库、11个救灾物资仓库总面积6800平方米，储备救灾物资7.3万件、生活物资8.95万件。

【应急队伍建设】 2022年，苏州市统筹应急救援力量建设，加强消防、森林火灾扑救、抗洪抢险、地震和地质灾害救援、生产安全事故救援等专业应急救援力量建设，指导综合性应急救援队伍、各级各部门及社会应急救援力量建设。截至年底，苏州市有国家消防救援队伍29支720人、地方专职消防队95支2124人、15支专业和4支半专业森林消防队310人、专业防汛抢险队伍11支168人、政府部门专业应急救援队伍91支3919人、民兵连应急95支3841人、建筑救援队伍14支501人、化工救援队伍14支223人、其他企业队伍28支716人、志愿者队伍22876人。

（市应急管理局　沈　巍）

防灾减灾

【综合防灾减灾机制建设】 2022年，苏州市落实防灾减灾工作“五项机制”。加强灾情会商研判。每季度组织应急、公安、交通、城管、农业、水务、气象等部门，召开自然灾害形势分析会。推动应急力量前置。汛前，梳理重点地段底数，更新流域性险情示意图；汛期，统筹协调武警支队300人、苏州军分区民兵应急力量4531人、驻军4200人、中亿丰建设集团300人以及50余台设备随时参加应急救援任务。做好灾情统计评估，及时调度灾情，指导吴江区、吴中区、苏州高新区等地做好极端天气灾情报告，规范做好灾情统计报送，协调做好台风“梅花”影响人员转移避险和救灾救助工作，累计转移避险28095人。抓好应急物资储备调用。编制年度救灾应急物资和装备需求计划，储备被服、安置、装具等25个品种物资31700余件。调拨应急物资7450件支持新冠疫情防控，紧急补充应急物资6000余件。落实基层防灾减灾责任。组织灾害信息员培训6次，培训人员1.2万人次。开展自然灾害救助、地震及地质灾害应急演练。推进全国综合防灾减灾示范社区创建，开展“回头看”抽查评估。

【自然灾害风险管控】 2022年，苏州市每季度召开自然灾害形势分析会，分析研判自然灾害风险形势，印发自然灾害风险形势分析报告，发布灾害提示单16次，发布应急科普、预警提示信息94次。主汛期时，每天2次组织气象、水务等部门会商研判，为做好防灾减灾工作提供建议。在应对第12号台风“梅花”过程中，组织市消防救援支队在15个易涝区域派驻15支应急队伍，共79人前置备勤。在苏州高新区组织开展苏州市自然灾害救助应急演练，在吴中区开展地震与地质灾害应急救援桌面推演。

（市应急管理局　沈　巍）

【气象灾害】 2022年，苏州市强飑线雷暴大风、持续异常高温热浪、气象干旱、台风等灾害性天气突发重发。高温呈现日数多、强度强、持续时间长等特点，全市各国家气象观测站平均气温均创历史新高。在持续极端高温影响下，7月26日午后受强飑线影响，全市出现8~12级雷暴大风，最大风力每秒36.8米（12级，吴中区胥口镇）。高温热浪叠加少雨，导致8月中旬全市旱情发展，大部分地区达到中旱等级，吴中区金庭镇和东山镇达到重旱等级。9月中旬受“梅花”台风影响，全市普降暴雨到大暴雨。其间，出现陆上阵风8~10级、水面最大阵风11级。12月23—25日全市出现低温冰冻天气。年内主要灾害性天气有：强对流、高温、大风、气象干旱、台风、寒潮、低温冰冻和大雾等，气候年景总体一般。

【气象应急】 2022年，苏州市气象局做好连阴雨（雪）、入出梅、强对流、高温、气象干旱、台风、寒潮、浓雾等重大天气的决策服务工作。全年发布决策服务材料594份，发布各类预警信号96次。应对“7·26”飑线、“梅花”台风和汛期持续异常高温等灾害性天气。首次发布雷暴大风红色预警，在实战中检验应急响应、联合发布、全网短信（实现2000万级用户1.5小时内短信覆盖）、滚动式服务等业务流程。借力地方社会治理信息平台和社会媒体矩阵，拓宽气象预报预警信息受众面。融入苏州城市生活服务总入口“苏周到”平台和昆山“鹿路通”平台，分别为500万个和100万个日活用户提供气象预警信息。接入苏州旅游总入口“君到苏州”平台，服务在苏州旅游人群。与“苏州发布”等官媒和大V联合开展“融媒体+气象”合作，实现气象预警信息分钟级传播。完善气象灾害防御体制机制。厘清气象灾害防御领导小组和减灾委职能，推动姑苏区、虎丘区和苏州工业园区3个未设气象局的行政区首次成立气象灾害防御领导小组，明确分管领导和责任部门。推动完善与应急、水务部门的信息共享和会商研判等联动流程，联合印发《建立应对突发灾害性天气的联动工作机制》，与应急部门建立预警提示单制度，联合发布预警提醒14次。实施“综治网格+气象”行动，建立城乡社区网格员气象预警信息“最后一公里”再传播机制。印发实施重大灾害性天气“叫应”服务实施细则和递进式通报服务实施细则。压实防雷安全监管责任，函商应急、住房城乡建设等行业主管部门，明确监管底数，完成1392家全覆盖单位和224家“双随机”单位行政检查。开展“四合一”防雷行政检查新模式，通过1次检查，整合防雷检测单位质量考核、信用评价和防雷重点单位行政检查、市局对县局督导检查4项工作。

（市气象局　曹舒娅）

【防汛】 2022年，苏州市健全防汛防台抗旱工作组织体系，调整苏州市防汛抗旱指挥部组成人员，市防汛抗旱指挥部指挥由常务副市长调整为市长担任。向社会公布年度防汛抗旱、防台风、城市防洪及大江大河防汛责任人名单。召开全市防汛抗旱工作电视电话会议。市水务、应急部门成立10个联合检查组，通过线上线下相结合方式，对全市防汛责任落实、城镇排涝举措、隐患排查整治、物资储备、在建工程度汛等情况开展检查，督促整改检查发现问题。加强“四预”措施，完成5个河湖水文站点防汛抗旱特征水位核定，建立气象、水文、水务分析会商机制，实时调度雨情、水情、工情、险情，开展轨交站点、地下空间、道路下穿立交等重点区域积水排涝演练，组织轨交、城管、交通、供电等重点部门开展防汛演练，修订防汛抗旱防台应急预案。成功抵御台风“梅花”，有效应对长江咸潮影响。

汛期雨情　2022年汛期，苏州市降水较常年偏少3成，汛期降水时空分布不均，降水主要集中在9月，较多年平均偏多37.0%，5—8月雨量较多年平均分别偏少78.0%、7.3%、44.2%和68.0%。汛期面平均降水量为455.3毫米，较多年面平均降水量666.3毫米偏少31.7%。苏州市6月23日入梅，7月8日出梅，梅期16天，较多年平均23天偏短7天，累计面平均梅雨量86.2毫米（17站平均），较多年面平均梅雨量210.2毫米偏少59.0%。梅雨期雨量偏少，分布不均匀，梅雨不典型。

汛期水情　2022年汛期，苏州降雨量偏少，太湖流域水位整体偏低，太湖平均水位3.21米。9月12—15日台风“梅花”影响期间，全市河湖水位总体平稳。自7月16日“引江济太”至汛期结束，望虞河常熟枢纽泵闸联合引水8.66亿立方米，望亭立交入湖4.35亿立方米，太湖平均水位保持在3.23米，阳澄湖水位保持在3.24米。

【防台风】 2022年9月，苏州市经历第11号台风“轩岚诺”和第12号台风“梅花”影响。台风“轩岚诺”对苏州产生较小外围影响，9月2—6日出现阵雨天气，区域站最大累计雨量117.1毫米（苏州工业园区长阳街吴淞江口），极大风速每秒21.0米（9级，太仓浏河水源地站）。台风“梅花”于9月12日夜里至15日影响苏州，14日下午至15日上午风雨影响严重；12日20时至15日12时，苏州市普降暴雨到大暴雨，最大累计雨量183.9毫米（张家港德积街道），14日8时至15日12时最大累计雨量122.2毫米（吴江盛泽镇）；出现陆上阵风8~10级、水面最大阵风11级大风（每秒31.1米，15日2：03出现在太仓浏河水源地）；造成农业受损水稻321.2公顷、玉米8.7公顷、设施大棚81.4公顷、养殖池塘1.7公顷、果树园艺12.0公顷，受损供电线路55条。台风“梅花”期间，市防汛抗旱指挥部加强分析研判、统筹调度指挥，落实预降水位、检查巡查、交通管制、人员转移、停产闭园、弹性上下学、前置应急力量等措施，清理堵塞雨水口6608个，检查在建工程741项次、户外广告等各类设施3.73万处，整改塔吊、围挡等建筑工地隐患338处，停工工地4609处，回港避风船只1385艘、停产港口码头企业586家，停运公路客运330班次，关闭景区29个，分别转移撤离工地、危房人员2.4万人、2112人，落实3000余人应急抢险队伍，实现“不亡人、不伤人、少损失”目标。

【抗旱】 2022年7—8月，苏州市持续高温少雨，降水量总体偏少近七成。8月26日太湖最低水位3.04米，8月平均水位3.11米、较多年平均低0.37米。全市出现中旱等级气象干旱，7个乡镇6267公顷山地茶果林有5个乡镇3233公顷受灾，其中金庭镇727公顷受灾严重，光福镇147公顷受灾严重。苏州市制定“全力引水、节约用水，强化监测、保障供水，精准施策、服务民生”抗旱保供措施，市水务、应急、农业农村、城管、消防、气象等部门和吴中区通力合作，落实“就近抽水、科学保水、精准灌溉、合理配水”等应急引水上山措施，保障吴中区山区农业用水需求和全市生活生产生态用水需求。

（市水务局 徐兆鹏）

【地震灾害防御】 2022年，苏州市做好地震监测台站日常运维管理，加强辖区内各前兆台站、测震台站、强震动台站仪器设备的日常运维，定期开展台站巡查巡检，及时发现并解决问题，确保地震监测系统正常运行。全市地震监测台站运行稳定，监测数据连续完整。年内，有效应对9月18日台湾花莲6.9级地震等有感地震事件。加强地震安全性评价监督管理工作，推进地震安全性评价相关改革任务，落实区域性地震安全性评价工作。开展防震减灾科普宣传教育基地和全国综合减灾示范社区的创建工作。按照上级部署完成地震灾害风险普查相关工作，推进地震易发区房屋加固工作。发挥线上平台的作用，通过线上有奖竞答等方式发布防震减灾科普知识，提升全社会应对地震灾害的综合能力。在全市以线上形式认真组织参加第六届全国防震减灾科普讲解大赛江苏选拔赛，苏州市入围省决赛人数和获奖人数均居全省前列。

（市住房城乡建设局 胡怡婷）

【地质灾害防御】 2022年，苏州市开展地质灾害防御救援专项检查，组织张家港市、吴中区、苏州高新区地质灾害隐患点分布地区相关人员参加省应急管理厅汛期地质灾害应急工作检查指导组专题座谈，并现场检查吴中区地质灾害隐患点，提出防御建议及整改措施。举办2022年苏州市地质灾害应急救援桌面推演，结合吴中区实际情况，制定推演工作方案，让群众掌握撤离的信号、路线、应急避难场所，提高群众对地质灾害危险性的意识和防范避险能力。

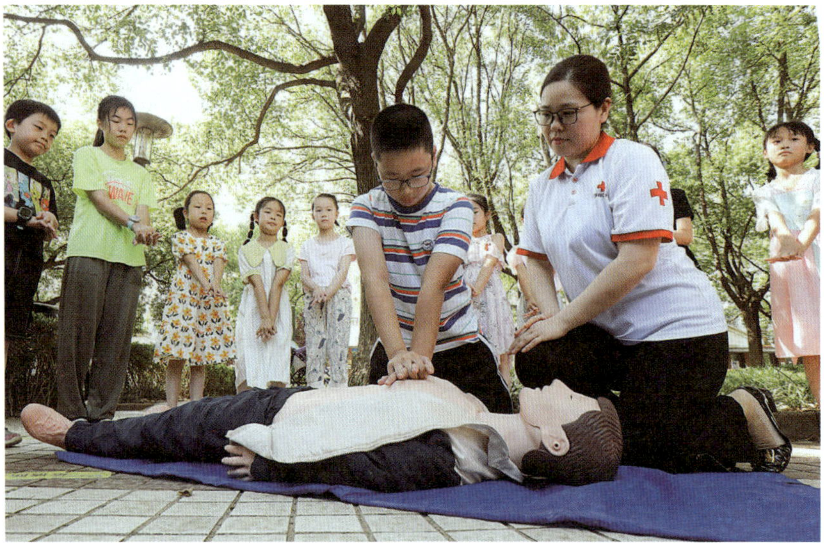

2022年8月5日，苏州工业园区金鸡湖街道新加社区开展暑期安全教育活动。图为苏州市红十字会志愿者为小学生传授应急救护技能 （杭兴微 摄）

【防灾减灾宣传教育】 2022年，苏州市开展防灾减灾宣传，结合全国防灾减灾日活动，发放宣传材料2.2万余份，结合新冠疫情防控，发放印有防灾减灾标识及宣传知识的核酸检测卡片669.5万张。通过云直播、宣传动画、有奖知识竞答、趣味闯关、好友挑战赛、拼图游戏等开展线上宣传，参与人数25.8万人。在社区、校园、居民电梯内张贴宣传海报1.8万张、悬挂宣传横幅1100余幅。利用广场、公园、社区等户外LED大屏及地铁灯箱等媒介播放防灾减灾视频和标语5.6万处（次）；在社区服务窗口发放宣传折页36万余份。组织各类应急演练20余场次。

（市应急管理局 沈 巍）

安全生产

【概况】 2022年，苏州市统筹发展和安全，推进安全生产专项整治、安全生产大检查和百日攻坚行动，防范化解各类安全风险。全年发生生产安全事故66起，死亡49人，分别下降51.8%和55.9%，安全形势总体稳定。

【安全生产责任落实】 2022年，苏州市压紧压实安全生产责任，坚决遏制事故发生。市委、市政府主要领导亲自部署，分管领导具体指导，其他领导齐抓共管，18次召开市委常委会和市政府常务会议、6次召开市安委会全体成员会议研究部署安全生产工作。市安委办加强对各县级市（区）安委办和14个专委会、19个部门27个行业领统筹域协调，常态化调度重点工作10项，印发督办、提示函22份。落实驻点督导执法和交叉执法，推进重点领域四项专项执法，专项检查企业1.31万家，立案3868件，处罚8965万元。开展工伤各类事故“回头看”工作，完成全部44起工矿和建筑亡人事故和373起非亡人事故“回头看”。落实举报严查奖励机制，全市受理安全生产举报439件，立案处罚104件，发放举报奖励11.48万元。

【安全生产风险管控】 2022年，苏州市紧盯19个部门、27个重点领域，围绕突出问题和重点风险，建立健全安全风险管控和安全治理体系。城镇燃气领域，推动76家燃气经营企业整合提升，完成166.31千米老旧燃气管网改造，排查老旧小区1492个，整改燃气隐患1.92万个，推进3.67万户餐饮和商业单位“瓶改管”“气改电”。交通领域推进基础设施建设，完成69千米中央隔离栏改造提升，完成90座高速高架独柱墩桥梁加固，设置右转让行路口1940个，实施“一村一辅警”包村入驻，推动淘汰一批30年以上的老旧储气罐。建筑施工和既有建筑领域，开展建筑领域十项专项整治行动，加强施工作业安全审批，排查既有建筑182.3万栋，面积14亿平方米，排查自建房108.5万栋，排查经营性自建房12.3万栋。消防领域，紧盯2.15万栋高层建筑、69个大型商业综合体、2.3万个九小场所消防安全。推进“零伤害”企业创建，推广产业链、供应商安全联动机制，推进群租厂房安全标准化建设，实施动火作业电子审批，落实电焊机与灭火器捆绑使用，推动委外作业“三同管理”（同培训、同管理、同考核），加强重点企业“二道防护”，推动有限空间“上锁设柜”，开展金属熔炉企业“零点行动”，实施金属熔融企业二道门限人等措施。

【危险化学品安全监管】 2022年，苏州市推进危险化学品安全风险集中治理，推动20家危险化学品企业“关停并转”，压减18家重大危险源和高危工艺，加快115家高危工艺企业全流程自动化改造，推动118家重点企业落实“二道防护”，推进53家高危细分领域企业常态化治理，对10家企业的22套老旧化工装置开展安全评估。推进醇基燃料排查整治，责令22家违规企业停业整顿，拆除装置52套，整改问题隐患175条。

【工矿领域安全监管】 2022年，苏州市对工矿领域重点企业实施“四个一批”专项整治，关闭退出7个重点领域企业155家，关停高岭土公司阳东矿、阳西矿，推动176家企业技改升级压降高危岗位人数，4家钢铁企业压减高炉5台、电炉2台，18家深井铸造企业固定炉改倾转炉，106家金属粉尘企业实施湿式除尘和湿法工艺，54家企业取消粉尘工艺，22家企业取消有限空间作业。推动1646家企业落实有限空间“上锁设柜”；推进金属熔融企业二道门限人管控，15家企业制定方案，3家企业完成建设；对204家小铸造企业开展专项治理，淘汰停用设备11台。

（市应急管理局　沈　巍）

【房屋使用安全管理】 2022年，苏州市完成既有建筑安全隐患“全覆盖”排查工作，累计排查既有建筑182.57万幢15.27亿平方米。推动对排查发现的“疑似严重损坏”房屋的安全性评估鉴定工作，规范房屋安全鉴定行为，建立隐患建筑清单。出台《苏州市既有建筑安全隐患整治三年行动计划（2022—2024年）》，有序推进隐患建筑整治，全年完成整治715幢。加强房屋使用安全数字化建设，畅通房屋结构改造安全行政许可线上线下办理渠道，查处违法拆改房屋结构和违法装修行为，推动建立投诉举报奖励制度，健全动态巡查发现机制，提升既有建筑本质安全水平。

（市住房城乡建设局　胡怡婷）

【特种设备安全防控】 2022年，苏州市开展百日攻坚行动，防范化解特种设备安全风险。完善特种设备安全生产专业委员会工作机制，开展全市特种设备应急演练。围绕深化提升安全生产专项整治三年行动目标，抓好压力管道隐患排查，对全市涉危险化学品企业的1875千米工业管道、市内765千米油气长输管道和7985千米城镇燃气管道全部完成检验，消除隐患2630个。降低新冠疫情对特种设备检验工作的影响，推进特种设备超期未检专项行动，超期未检设备从5月初的1.5万台降至年末的56台。开展特种设备安全冬季专项治理行动，累计检查单位1.27万家，排查整改隐患1.47万个，行政处罚971起，罚款2119.5万元，约谈警示210家。开展电梯质量安全提升行动，推进电梯检验检测改革，落实电梯无纸化维保，加强电梯应急救援处置，推行6万台电梯的安全责任保险。推行气瓶“电子监管+阳光充装”，在29家气瓶充装单位的充装车间加装高清防爆摄像头并接入互联网。将20家游乐设施使用单位的169台在用设备纳入服务平台。召开全市特种设备作业人员考试机构专项整治部署会。做好特种设备安全监察员A、B证考核工作，39名和112名监察人员分别通过A、B证考核。参加江苏省首届特种设备安全监察人员技能竞赛，获得团体一等奖。

（市市场监管局　颛孙冠群）

【安全生产专项整治】 2022年，苏州市深化安全生产专项整治。开展安全生产大检查，落实15条硬措施、15个方面55项具体工作；开展百日攻坚行动，累计检查企业34.8万家次，发现隐患并整改隐患53.9万项。开展联动督导督查，市、县两级71个督导组发现并督促整改问题6102条。对988项重大隐患分级实施挂牌督办，截至11月底完成整改894项。推进危险化学品安全风险集中治理8个方面工作。落实燃气安全排查整治8个方面、50项任务。对12万栋经营性自建房开展排查整治。应急、发展改革、消防等部门对44家燃煤电厂开展安全检查，整改问题200处。做好新冠疫情防控“一点两区”的安全防范，开展内部自查2100家次，开展部门联合检查329家次，整治隐患37处。推进1264个村级工业集中区安全治理和1.20万栋群租厂房标准化安全整治。开展毗邻区域企业安全整治，检查企业2773家，发现并整改隐患4163条。落实冬季安全生产专项治理，紧抓10个领域、51条重点事项，定期调度，分组督查；开展动火等特殊作业、委外作业专项整治；结合冬春消防安全整治，开展消防安全大排查、大整治。

【安全生产监管执法】 2022年，苏州市深化应急管理综合执法改革，落实综合执法职能。围绕执法对象、内容、方式、处罚“四个精准”，提升执法质效。加大“一案双罚”、失信惩戒和媒体曝光力度，推动重大隐患100%立案。落实统一执法，开展年度轮训，加强基层执法能力，提高查办大案、要案的水平。全年应急部门事前立案6066件，“一案双罚”2684件，曝光违法企业2499家次。

【安全生产宣传教育】 2022年，苏州市加强安全生产宣传培训，提升全民安全意识。深化“333”全员安全培训，开展企业负责人“一季一课”安全培训及“班前班后两个5分钟”岗位安全培训，共计培训8.3万场次，培训员工511万人次。开展“百校百馆”工程，推动镇（街道）设立安全学校73所，推进建设116家公办体验馆、105家企业体验馆。开展“百团进百万企业千万员工”安全生产宣讲活动，全市累计宣讲干部745人，宣讲场次843场，覆盖企业4.4万家，覆盖59.2万人次。

【安全生产事故调查处置】 2022年，苏州市做好安全生产事故调查处置。对发生的较大事故开展调查处理，调阅资料、制作笔录。召开调查组相关成员会议，会商研讨完善事故调查报告，补充开展调查。市应急管理局会同市纪委监委、市委网信办、市公安局、市住房城乡建设局、市总工会等专题研究事故调查处理工作，明确事故调查处理、现场处置、事故调查各小组、各部门和属地相关工作责任，形成《生产安全事故调查处理工作专题会议纪要》，发各地各相关部门参照执行。做好事故统计分析工作。结合全市事故情况展开调研，会同相关部门开展分析研判，累计形成周报47期，月度通报、分析各11期。

（市应急管理局　沈　巍）

消防救援

【概况】 2022年，苏州市发生火灾9137起，死亡5人，受伤22人，直接经济损失1.12亿元，未发生较大以上火灾事故，"四项指数"稳中有降。全年接处警2.77万起，抢救和疏散被困人员1145人，抢救保护财产价值4.57亿元。成功处置"5·27"张家港鑫超纱业厂房火灾、"10·19"苏州工业园区在建工地火灾、"11·28"南环路原苏化厂白磷自燃火灾等事故。全年苏州市地方财政拨入消防救援队伍建设正常经费5.58亿元、专项经费3.33亿元，合计8.91亿元，年内购置消防车辆60辆、各类消防器材56414件（套）。年内，苏州市消防救援支队有9项革新器材获得国家专利。

【社会消防安全管理】 2022年，苏州市发布《苏州市"十四五"社会消防救援事业发展规划》。推动镇（街道、开发区）成立消防安全委员会办公室，完善基层单位消防安全监管主体"双备案"制度（消防安全管理人员报告备案制度、消防设施维护保养报告备案制度），加强"九小场所"专兼职消防安全员配备管理，探索破解消防治理末端虚化空转的难题。贯彻《单位消防安全管理规范》，开展全市消防安全大培训，落实消防安全主体责任。完成中国实体经济论坛、第四届江南文化艺术旅游节等117项安保任务和32项警卫任务。在旅游景点、商圈、群众性活动举办场地等关键区域前置备勤2082次，开展流动巡防和蹲点驻守。

【消防基础设施建设】 2022年，苏州市推广建筑消防设施联网监测系统建设和技术防范手段应用。开展"私人影院"、电化学储能电站、室内冰雪活动等场所的消防安全检查和调研。增设电动自行车停放充电点位9608处、61.71万个，安装电梯智能梯控设施2978部，推广安装独立式感烟报警探测器8.82万个，安装燃气泄漏报警切断装置3329个。

【火灾隐患排查整治】 2022年，苏州市继续实施消防安全专项整治三年行动（2020—2022年），围绕"防住重特大、盯住小而险、紧跟新情况、消除空白点"的工作思路，聚焦高风险场所，推进消防安全大检查和"百日攻坚行动"，省、市、县三级政府对44家重大火灾隐患挂牌督办，督导检查全市危险化学品重大危险源企业。集中整治"不放心"单位及区域，向8个行业部门发送工作建议函，按照"常规检查+错时检查"的方式开展日常监督检查及夜查。联合开展自建房专项整治和"回头看"工作，督促指导整改区域隐患。全市检查单位8.2万家次，发现火灾隐患14.5万处，督促整改14.4万处，整改销案重大火灾隐患单位46家。

（市消防救援支队　韩　阳）

【森林防火】 2022年，苏州市加强森林防火火源管控、宣传教育、基础建设、专项整治、火险普查等工作，重点时段全市各地派出5561人次在野外和卡口开展防火宣传和检查，制定专项行动方案5个，派出检查组527个，督导检查各类单位1309家，排查林地、山区通信铁塔216座，整治隐患58处。建成集"数据资源一中心""资源管理一张图""日常管理一网通""指挥决策一平台"为一体的苏州市森林防火智慧管理平台，加强森林火情预警监测，科学制定应对措施。多次开展有针对性的分级演练，举办苏州市第十届森林消防业务技能比武竞赛，检验全市森林消防专业队伍技术水平和应急作战能力。承办2022年度长三角一体化高质量发展联席会议省森林火灾科学处置实战演练，苏州高新区、吴中区森林消防大队获得全省第十三届林业系统森林防火技能竞赛一、二等奖。全市建成森林消防蓄水池422个，规划新建蓄水池30个；建成各类森林消防通道306千米，配备消防水泵房73座。有森林防火监控综合指挥中心4座，配备127个监控云台、372个监控球机。全市连续17年无较大森林火灾发生。

（市园林绿化局　薛　芳
市应急管理局　沈　巍）

【消防救援队伍建设】 2022年，苏州市落实政府专职消防员优待政策，关爱家庭特别困难的消防员，落实救济慰问金16.6万元。加强"全灾种、大应急"救援体系建设。组织开展"5·12"地震救援实战拉动演练、建筑消防设施操作比武竞赛、多部门联合实战演练。加强支队、大队两级全勤指挥部建设，规范各岗位值班人员职责，落实全勤指挥部24小时值守制度，支队、大队两级全勤指挥部共出动252次。探索组建数字化通信保障队伍，举办直调直报分队比武竞赛，完成230余家重点灭火救援对象的三维建模。

【消防安全宣传教育】 2022年，苏州市推进消防宣传"五进"（进企业、进农村、进社区、进学校、进家庭）工作。建成1家省级、6家市级、5家县级消防科普教育基地，建成8个消防主题影院（厅），全年开放科普教育基地和各类消防体验点3196次，全民消防学习平台登记注册101万人。联动外卖平台和邮政、快递公司，推广使用"消防安全码"，延伸消防宣传覆盖面。联动中国消防、央视频等平台，策划主题直播14场，全网观看量300万余人次。举办"消防安全、青年当先"苏州市青商企业消防演练活动启动仪式。苏州市消防救援支队相关经验做法受到中央广播电视总台宣传报道16次。

（市消防救援支队　韩　阳）

编辑：杨权栋

张家港市

【概况】 张家港市位于长江下游南岸，苏州市西北部。区域总面积986.73平方千米（含所属长江水域面积）。辖塘桥、凤凰、乐余、锦丰、南丰、杨舍、大新7个镇，金港、后塍、德积3个街道，以及张家港保税区、常阴沙现代农业示范园区、双山香山旅游度假区，有144个村、121个社区。市政府驻杨舍镇。2022年底，户籍人口92.73万人，常住人口144.76万人。全年实现地区生产总值3302.39亿元，增长1.3%；实现一般公共预算收入219.07亿元，下降17.1%；城乡居民人均可支配收入6.9万元，增长3.9%。年内，张家港市入选全国首批创新型县（市）、国家进口贸易促进创新示范区、国家知识产权强县建设试点县、全国首批全民运动健身模范县、全国青年发展型县域试点、全国首批数字家庭建设试点、全国首批典型地区再生水利用配置试点城市。

【经济发展】 2022年，张家港市统筹疫情防控和经济社会发展。实现规模以上工业总产值5957.82亿元，列全国工业百强县（市）前三位。落实稳住经济一揽子政策措施，为企业办理“缓、减、退”税超过100亿元。促进银行、企业深度合作，新增授信金额1442.6亿元。创新推行“科招宝”，推广“人才贷”“文产贷”“信保贷”，累计放款43.1亿元。年末本外币存贷款余额9350亿元，加权平均增速20.5%。新增上市企业3家，总数31家，其中科创板5家。开展系列促消费活动，消费市场持续复苏。聚焦“4+4”重点产业方向，研究出台《促进有效投资、推动产业用地提质增效工作方案》，创新构建用能权、排污权、用水指标“集中池”，建立、健全重大项目“直通车”、领导挂钩服务等工作机制，累计引进投资超过10亿元重要节点项目30项。签约落地采埃孚底盘零部件及后轮转向系统、如鲲锂电池电解液添加剂等项目，开工建设大族激光、默克半导体等项目，竣工投产信义光伏、广大鑫盛（一期）等项目，完成工业投资214亿元，其中高技术产业投资占比提高2.9个百分点。

【改革开放】 2022年，张家港市深化改革开放，推动高质量发展。上海长三角科创企业服务中心苏南中心、光束汽车生产基地等纳入虹桥国际开放枢纽建设（苏州）相关方案。全年实际使用外资及中国港澳台资9亿美元，支持外商投资企业利润再投资，发展外资总部经济，伊萨焊接器材（江苏）有限公司被认定为省级跨国公司功能性机构。新增对外开放泊位1个，在全省率先探索推行进口转关“离港确认”模式，提升“水水中转”效率，完成进出口总额466.72亿美元，增长8%，跨境电商B2B出口额列苏州市第一位，完成口岸货物吞吐量2.44亿吨、外贸运量6427.68万吨。张家港市获评国家进口贸易促进创新示范区。推进瑞泰新材、爱丽家居等对外投资项目，完成实际对外投资5.8亿美元，总量列苏州市第一位。实现133个事项“跨省通办”、1283个事项“一网通办”。组建张家港创新投资集团，市属国有及国有控股企业营收增长20%。

2022年是张家港建县（市）60周年。图为位于张家港市常阴沙现代农业示范园区的“庆祝张家港建县（市）60周年”稻田画

（张家港市委史志办 供图）

【科技创新】 2022年，张家港市坚持创新驱动发展，推动产业创新集群高质量发展，获评首批国家创新型县（市）。在全省率先推行产业创新集群高质量发展扶持政策“积分制”管理，4条新兴产业链营收、利税分别增长25%、70%。新增国家级专精特新“小巨人”企业13家，获评数超过历年总和。实体化运作科技招商中心，完成科技招商项目1256项，有效高新技术企业955家，新开工科创孵化载体累计超过200万平方米。全国首个科技创新研修院启动运营，江苏省氢能技术创新中心落地揭牌，张家港保税区获评全省首批化工中试基地。4家国家级科技企业孵化器被科技部认定为优秀等次，数量列全国县（市）第一位。新增省级工程研究中心1家、省级企业技术中心12家，入选省关键核心技术（装备）攻关产业化项目4个。发放全国首笔数字人民币知识产权质押贷款、全省首笔“苏质贷”，落地苏州市首个知识产权证券化项目。启动运行人才一号母基金、“沙洲科创C计划”基金。新增国家级人才计划10人、省“双创计划”人才13人、“姑苏人才计划”人才58人、高技能人才7128人。

【城乡建设】 2022年，张家港市加快构建综合交通体系，全面开展城市更新，提升城市品质及承载力。完成第三次国土调查，科学划定“三区三线”，编制综合交通规划、轨道交通线网规划。完成南沿江城际铁路主体工程，开工建设通苏嘉甬铁路、张靖皋长江大桥；推进苏张高速、轨交宜锡张线等研究工作；加快建设城区快速路，建成东三环，推进346国道张家港绕城段改扩建工程，开工建设东二环，基本完成南二环前期工作。基础设施投资增长123%，增速列苏州市第一位。开展美丽宜居城市建设试点，张家港湾滨江生态廊道建设、凤凰江南桃源小镇获得江苏人居环境范例奖。完成率先基本实现农业农村现代化三年行动。编制出台新一轮镇村布局规划，非搬迁撤并类村庄提升至81%。新增省级特色田园乡村2个，苏州市特色康居示范区4个、特色康居乡村60个。村均可支配收入1600万元。城市智能体项目获得2022亚太区智慧城市大奖，张家港市入选全国首批数字家庭建设试点名单，通过国家数字乡村建设试点验收。组建城市更新中心、城市保护发展公司，标准化改造集贸市场3家，完成老旧小区改造5个，建成口袋公园30个。建成投运金港污水厂二期扩建项目，新增城镇污水处理提质增效达标区21个，自来水深度处理率100%，第四水厂扩建工程获得2022全球水奖年度最佳市政供水项目金奖。新增停车位8000余个，累计开通市际毗邻公交4条，新增氢能公交车10辆，新能源公交车占比提高5.5个百分点。建成农村生活垃圾分类省级试点乡镇1个、省级垃圾分类达标小区96个，实现生活垃圾全量焚烧。探索实施“房票”安置新模式，缩短群众在外过渡时间。

【社会事业】 2022年，张家港市把稳就业放在更加突出的位置，落实稳岗返还资金1.5亿元，减免企业失业保险费超过6亿元、基本医疗保险费1.6亿元，城镇新增就业2万人，张家港市籍应届高校毕业生就业率超过99%，特困家庭毕业生就业率100%。社会保险扩面新增5.1万人，住房公积金扩面新增3.7万人，成立全国首家“调裁审执”劳动保障维权一体化服务中心，在全省率先推行工伤保险差别化浮动费率试点，成为全省首个快递企业参加工伤保险全覆盖的地区。全面推广养老服务“时间银行”，建成启用智慧养老服务平台，新建综合养老服务中心6家。低保对象精准救助率、困境儿童应保尽保率、残疾人“两项补贴”精准发放率均保持100%。张家港市入选全国青年发展型县域试点，获评省双拥模范城（县、区）。完成24个民生实事项目。投用沙洲中学北校区等13所新建改扩建学校，新增学位1.1万个，通过学前教育普及普惠县（市、区）省级验收评估，获评全国义务教育优质均衡先行创建县（市、区）。常态化运行长三角高级专家诊疗中心，建成投用急诊医学中心，建成医保便民服务站106个，实现230种慢病用药下沉社区，在苏南地区率先实现120呼救全网定位，实现异地就医直接结算服务覆盖住院、门诊和定点零售药店。创设医疗专项救助慈善基金，市慈善总会、沙钢集团、“虹筑之家・工友驿站”志愿服务项目获得“江苏慈善奖”。

【生态文明建设】 2022年，张家港市打好污染防治攻坚战，推进第二轮中央、省生态环境保护督察反馈问题整改。深化港口码头防污治理，实现抑尘防尘设备全覆盖。$PM_{2.5}$年均浓度每立方米29微克，空气优良天数比例82.5%。开工建设太字圩闸、十一圩枢纽、走马塘泵站等省级重点水利工程，治理劣Ⅴ类水体91个，建成幸福河湖100条，“国考”“省考”断面、通江骨干河道水质优Ⅲ比例100%，地表水环境质量列全省县（市、区）第二位。推进“无废城市”建设，建成投运小微企业危废“绿岛”1个，土壤环境质量保持稳定。全面落实长江干流禁捕退捕各项任务，新增长江湿地保护小区2个，自然湿地保护率提至76.3%，张家港市入选国家典型地区再生水利用配置试点城市、全省首批生态产品价值实现机制试点城市。编制碳达峰行动方案，淘汰煤电落后产能，非电行业燃煤企业降至4家，关停退出化工企业4家。张家港经开区获评国家生态文明建设示范区，扬子江国际化工园获批国家级绿色化工园区。推进产业用地更新“两集聚两提升”行动，盘活存量空间386.67公顷。获评省自然资源节约集约利用模范县（市、区）、省土地执法模范县（市、区）。

【张家港市通过全国首批创新型县（市）验收】 2022年8月，科技部公布全国首批创新型县（市）验收通过名单，张家港市成为首批通过验收的47个创新型县（市）之一。这标志着张家港市科技工作取得重要阶段性成果，进入全国县域创新第一梯队。创建期间，张家港市成立市委创新委员会，推出产学研预研资金、创新驱动发展（张家港）指数、科技创新研修院等创新举措，加大科创投入力度。截至2021年底，张家港市全社会研发经费支出占地区生产总值比重3.56%，新兴产业产值2732亿元，万人有效发明专利拥有量56.17件；拥有科技型中小企业904家、高新技术企业852家、省级以上企业研发机构656家；技术合同成交额占地区生产总值比重3.95%。

【张家港市入选国家进口贸易促进创新示范区】 2022年11月3日，商务部等8个部门决定在全国增设29个国家进口贸易促进创新示范区，张家港市入选。国家进口贸易促进创新示范区是具有示范和辐射带动作用的进口贸易集散地和创新平台，有“贸易促进”（促进口、促产业、促消费）和“贸易创新”（政策创新、服务创新、模式创新）两大功能定位。张家港市立足大宗商品市场规模优势，通过扩大进口规模、升级进口平台等系列举措，推进内外贸一体化融合发展，力争到2025年将进口规模提升30%。

（张家港市委史志办　张　洁　陈佩蕾）

表70　2022年张家港市国民经济和社会发展主要指标统计表

指标	单位	实绩	比2021年（±）
地区生产总值	亿元	3302.39	1.3%
第一产业	亿元	30.60	2.7%
第二产业	亿元	1671.11	0.9%
第三产业	亿元	1600.68	1.7%
一般公共预算收入	亿元	219.07	−17.1%
税收收入	亿元	164.79	−26.1%
一般公共预算支出	亿元	230.15	−5.83%
进出口总额	亿美元	466.72	8.0%
出口总额	亿美元	203.93	12.0%
进口总额	亿美元	262.80	5.2%
注册外资及中国港澳台资	亿美元	6.97	−67.1%
实际使用外资及中国港澳台资	亿美元	9.08	−10.0%
全社会固定资产投资	亿元	545.08	−1.7%
工业投资	亿元	214.13	0.8%
服务业投资	亿元	329.76	−3.4%
新兴产业投资	亿元	221.24	11.1%
规模以上工业总产值	亿元	5957.82	−0.3%
社会消费品零售总额	亿元	789.34	−1.3%
年末金融机构本外币存款余额	亿元	5205.85	22.8%
年末金融机构本外币贷款余额	亿元	4144.37	18.2%
城乡居民人均可支配收入	元	68680.70	3.9%
城镇居民人均可支配收入	元	80511.40	3.3%
农村居民人均可支配收入	元	44244.80	5.7%

（资料来源：张家港市委史志办）

常熟市

【概况】 常熟市位于长江下游南岸，苏州市北部。区域总面积1276.32平方千米（含所属长江水域面积）。辖梅李、海虞、古里、沙家浜、支塘、董浜、尚湖、辛庄8个镇，碧溪、东南、虞山、琴川、莫城、常福6个街道，虞山林场1个场圃，有214个村、135个社区。市政府驻虞山街道。2022年底，户籍人口105.66万人，常住人口169.24万人。全年实现地区生产总值2773.97亿元，增长2.0%；实现一般公共预算收入220亿元，增长4.4%；城乡居民人均可支配收入6.84万元，增长4.1%。年内，常熟市入选全国首批创新型县（市）、国家知识产权强县建设试点县、全国农作物病虫害绿色防控整建制推进县、“2022中国最具幸福感城市”系列榜单企业家幸福感最强市（区）、中国文旅融合创新典范城市、中国最佳绿色休闲旅游名城。

【经济发展】 2022年，常熟市实现规模以上工业总产值4848.53亿元，增长4.8%。汽车及零部件、装备制造、纺织服装三大支柱产业总产值近2660.34亿元，占规模以上工业总产值比重54.9%。入围中国民营企业500强3家、苏州民营企业100强11家。苏州富士莱医药股份有限公司、常熟通润汽车零部件股份有限公司分别登陆创业板和上交所主板。完成智能化改造数字化转型项目1668个，实现规模以上工业企业全覆盖，工业机器人保有量2.8万台（套）。新增省级工业互联网标杆工厂4家、五星“上云”企业12家、AAA级两化融合管理体系贯标示范培育企业6家，波司登股份有限公司获评国家首批数字领航企业，常熟开关制造有限公司获评全国工业互联网平台应用领军者。常熟市牵头建设苏州市汽车、新能源和声学三大产业创新集群，汽车产业实现营收超过1500亿元，占苏州市汽车产业总营收近30%；新能源产业产值上涨20%，锂电级PVDF（聚偏氟乙烯）全球市场份额占有率95%。战略性新兴产业产值占规模以上工业总产值比重超过50%。新增省级以上专精特新企业97家，索特传动挖掘机部件获得国家制造业“单项冠军”产品认定。常熟古建园林公司获得苏州市市长质量奖，17家企业获得苏州市质量奖，新增“江苏精品”认证产品4个、“苏州制造”认证产品7个。

【改革开放】 2022年，常熟市落实“苏州市域一体化发展”战略，坚持“城市向南”，与姑苏区、苏州工业园区、昆山市和相城区分别签订战略合作框架协

2022年6月24日，常熟市琴湖溪里商业中心开业 （王健 摄）

议，形成“常熟古城与姑苏古城双城联袂、昆承湖与金鸡湖双湖联姻、常熟高新区与昆山高新区两区联动、苏州高铁北城与苏州高铁新城两翼联合”的融合创新发展格局。启用“三区三线”划定成果，完成国土空间总体规划（2021—2035年）公示，调整生态空间管控区域优化方案和水域保护规划并取得省政府同意。启动探索存量发展，盘活存量建设用地866.67公顷。发挥“市采通”平台带动效应，成立跨境电商企业服务中心，建成阿里巴巴速卖通（常熟）跨境电商产业园，完成市采贸易出口额20.5亿美元，增长34%。

【科技创新】 2022年，常熟市新认定高新技术企业412家、科技型中小企业1291家，新增产学研合作项目300项，促成省级科技项目立项71个，全社会研发经费支出占地区生产总值比重3.85%，列全国科技创新百强县第三位，获评“科创江苏”试点县（市、区）。开工建设人才归谷·常春藤国际人才港，入选市级以上“双创”领军人才253人，增长53.3%，江苏亨通海洋光网系统有限公司陶雄强团队入选苏州市顶尖人才团队。加快建设“苏州·中国声谷”，揭牌成立苏州产研院声谷创新基地，落地运营声光微纳技术研究所。以“三区一园”为主阵地，培育认定5家常熟市级创新联合体，其中声功能材料与器件创新联合体、新能源汽车零部件创新联合体纳入苏州市级创新联合体培育库。新增国家级众创空间1家、省级科技企业孵化器1家、省级众创空间4家，新增苏州市级以上工程技术研究中心38家。江苏亨通海洋光网系统有限公司获批省级院士工作站。

【城乡建设】 2022年，常熟市完成《常熟市轨道交通四网融合规划》《常熟市县道公路网规划（2021—2025年）》等编制工作。开工建设通苏嘉甬高速铁路、苏州市轨道交通10号线（苏虞张段），完成南沿江城际铁路常熟段桥梁架设、常台高速高新区互通工程，实现524国道常熟莫城至辛庄段改扩建工程整体通车，开工建设沪武高速扩建、海太过江通道先导段。改造完成衡山路、琴湖路等4条城市道路，新增公交线路10条，开通首条校园快线和微循环公交线。推进历史街区整理更新，集中房屋使用权1.6万平方米，蓝·原葺森林文旅产业园开园。推进城中村自主更新，完成老旧民宅改造273户；实施老旧小区改造更新，完工17万平方米，新开工15万平方米；推进既有建筑更新改造，新启动项目20个，竣工22个。完成供水老旧管网改造5155户、农村生活污水治理4597户，农村生活污水治理率99.4%。试点开展农宅归并移位，验收“千村美居”村庄812个，培育省生态宜居美丽示范镇1个、示范村18个，建成省级特色田园乡村3个、苏州市特色精品乡村6个、特色康居乡村225个，累计建设各类美丽乡村3772个，覆盖率80%。

【社会事业】 2022年，常熟市新建改扩建学校14所，新增学位8550个；高考主要指标连续12年在苏州市领先；启动建设现代产业技能实训中心，获评省2021年度职业教育改革发展成效明显地区。常熟市第二人民医院创成三甲综合性医院，常熟市中医院通过三甲中医医院现场评审；家庭医生签约服务累计98.6万人次，重点人群签约率70%。落实稳岗留工等系列就业政策，新增就业2.5万人；开展社保“扩面提质”专项行动，城镇养老保险参保缴费人数超过56万人，入选省社会保障卡居民服务“一卡通”综合试点城市。完成基本医疗保险和生育保险苏州市级统筹各项任务，实现“15分钟医保服务圈”建设全覆盖；新增备案托育机构29家，在苏州市率先完成托育机构“一街道一乡镇一普惠”建设；建成区域性养老服务中心7家、综合为老服务中心3家，新增养老床位1800张，古里镇康博村获评全国示范性老年友好型社区。落实各项社会救助政策，发放救助资金2.4亿元。建成投用安置房1942套23.3万平方米。

（常熟市方志办 李 妍）

表71　2022年常熟市国民经济和社会发展主要指标统计表

指标	单位	实绩	比2021年（±）
地区生产总值	亿元	2773.97	2.0%
第一产业	亿元	41.45	5.2%
第二产业	亿元	1402.74	1.6%
第三产业	亿元	1329.78	2.2%
一般公共预算收入	亿元	220.00	4.4%
税收收入	亿元	170.65	3.0%
一般公共预算支出	亿元	287.81	5.3%
进出口总额	亿美元	240.04	0.9%
出口总额	亿美元	166.93	6.5%
进口总额	亿美元	73.11	-9.8%
注册外资及中国港澳台资	亿美元	3.62	—
实际使用外资及中国港澳台资	亿美元	6.55	—
全社会固定资产投资	亿元	731.08	3.8%
工业投资	亿元	330.06	1.6%
服务业投资	亿元	400.36	6.1%
新兴产业投资	亿元	275.55	6.8%
规模以上工业总产值	亿元	4848.53	4.8%
社会消费品零售总额	亿元	1200.37	-1.1%
年末金融机构人民币存款余额	亿元	4599.76	18.24%
年末金融机构人民币贷款余额	亿元	4110.77	16.06%
城乡居民人均可支配收入	元	68421	4.1%
城镇常住居民人均可支配收入	元	80054	3.5%
农村常住居民人均可支配收入	元	44308	5.5%

注：因统计口径变化，新增注册外资及中国港澳台资、实际使用外资及中国港澳台资无对比数据。

（资料来源：常熟市方志办）

【生态文明建设】 2022年，常熟市推进环保基础设施建设，完成洪洞水质净化厂一期土建工程，建成投用日处理能力200吨的厨余垃圾项目，关停南湖生活垃圾焚烧厂，投入运行“天网”信息化环境监管系统。完成生物多样性本底调查，在苏州市率先发布生态系统生产总值（GEP）核算报告，实现省级生态文明镇全覆盖。开展两轮空气质量强化提升百日攻坚行动，完成企业挥发性有机物专项治理2091家，淘汰国三及以下柴油货车4100辆，$PM_{2.5}$浓度降至每立方米27微克以下。开展水环境治理，完成城镇污水处理提质增效达标区建设和长江入河排污口整治，整治劣Ⅴ类水体99条，建成生态美丽幸福河湖216条，“国考”“省考”断面达标率100%、优Ⅲ率93.3%。城市发展与湿地保护创新模式获得国际“保尔森可持续发展奖”，常熟长江重要湿地志愿巡护案例获评第二届省“绿篱笆环境奖”。

【苏州市域一体化（常熟）融合创新区启动建设】 2022年6月，常熟市启动编制《苏州市内全域一体化背景下常熟空间发展研究》，10月通过苏州市规划委员会审议。该研究提出重点从空间协同、交通互联、产业协调、生态共保、文旅融合5个方面，推动形成以昆承湖为中心向南发展，以苏州市域一体化（常熟）融合创新区为抓手，“双城双湖、两区两翼”一体化发展格局。加快常熟主城向南融入苏州主城区，带动苏州高铁北城、云裳消费小镇、中新昆承湖园区等常熟南部重要载体组团发展，打造苏州市域一体化（常熟）融合创新区。构建苏州市域北部区域高快速路及轨道交通体系，加强常熟、张家港城区与苏州主城区联系，推进沿江地区三港联动发展。构建苏州“E”字形科创产业发展格局，促进昆承湖—金鸡湖“双湖联姻”，支持常熟高新区—昆山高新区“两区联动”。完善苏州市域“通江达湖”生态空间，衔接苏州城区“四角山水”，与周边地区加强协同。以吴文化为纽带、以元和塘为载体促进姑苏城、常熟城“双城联袂”，融入苏州市域文旅体系。

【虞城换流站投入运行】 2022年7月1日，位于常熟市辛庄镇的虞城换流站一期投运。截至年底，工程全部完工，12月输入电量15.603亿千瓦·时，1—12月输入电量76.919亿千瓦·时，累计减少能耗230万吨标准煤。虞城换流站新建换流容量8000兆瓦，有33台换流变压器，在世界上首次采用常规直流和柔性直流混合级联多端接线方案，是白鹤滩—江苏±800千伏特高压直流输电工程终点。

（常熟市方志办 李 妍）

太仓市

【概况】 太仓市位于长江口南岸，苏州市东北部，南邻上海市。区域总面积809.93平方千米（含所属长江水域面积）。辖城厢、浏河、浮桥、璜泾、双凤、沙溪6个镇，娄东、陆渡2个街道，有72个村、88个社区。市政府驻娄东街道。2022年底，户籍人口53.29万人，常住人口94.59万人。全年实现地区生产总值1653.57亿元，增长2.2%；实现一般公共预算收入177.82亿元，增长2.1%；城乡居民人均可支配收入6.74万元，增长3.9%元。年内，太仓市连续7年列中国最具幸福感城市县级市榜首，列企业家幸福感最强市（区）榜单第一位，入选国家知识产权强县建设示范县、"四好农村路"全国示范县。

【经济发展】 2022年，太仓市完成全社会固定资产投资478.62亿元，其中工业投资180.07亿元，增长4.1%；省重大、苏州市重点项目数及年度投资均列苏州市第一位。实现规模以上工业产值3110.97亿元，增长5.1%。高端装备、先进材料、航空航天、生物医药四大产业实现规模以上总产值2370亿元，增长6.5%。工业战略性新兴产业产值占比48%，提高4.2个百分点。引进航空航天项目63个、生物医药相关企业174家。完成"智改数转"项目1001个，新增省工业互联网标杆工厂2家，太仓港区获评省级"互联网+先进制造业"特色产业基地，规模以上数字经济核心产业企业营收增长8%。规模以上物贸企业实现营收近1400亿元，新增全国AAAA级物流企业2家。产业引导基金合作子基金总规模突破134亿元，首家外商投资股权投资企业落户。金融机构本外币存、贷款余额分别增长22.8%、17.7%，普惠金融贷款余额增长超过30%，在全国首创7项数字人民币应用场景。

【改革开放】 2022年，太仓市提升政府治理效能，"放管服"改革和数字政府建设获得省政府督查激励。实现1519个政务服务事项"一网申办"，实现751个事项"两个免于提交"，在全省率先实现26项涉企事项"跨区即办"，"太融e" App入选全国智慧城市运营典型案例。创新"三线平行"审批机制，开办企业、重点项目审批平均用时缩短至0.56天、6.5天，市场主体总量突破14万家。国土空间整治腾地超过5000亩（333.33公顷），"标准地+双信地+定制地"模式在全省推广。获批全省首批县级地区创新信用管理与服务试点，法治化营商环境指数列苏州市第一位。举办绿色可持续发展大会暨中欧可持续发展高层论坛，签约启动中欧碳中和创新合作区项目。实体化运作中国—德国商务理事会江苏联络办公室，举办江苏—德国经贸合作交流会、德国"太仓日"。新引进德资项目60个，德企总数超过470家。"双元制"人才培养项目入选国家级标准化试点，AHK（德国工商大会）学院获颁首张自贸区联动创新区外商独资经营性职业技能培训机构许可。新建深圳招商办事处，举办巴黎、慕尼黑开放创新合作交流会及图卢兹航空航天推介会等招商活动。引进注册资金2000万元以上产业项目246个，总投资763亿元，其中投资超过1亿美元或10亿元项目27个。

【科技创新】 2022年，太仓市实现规模以上工业企业研发经费投入92亿元；登记技术合同成交额169亿元，列苏州市第一位。新认定高新技术企业439家，增长59%；新增国家级专精特新"小巨人"企业6家、省工程技术研究中心12家、省级以上科创载体7家，新建科创载体144.5万平方米，生物医药众创空间获评国家级众创空间。招引科技人才项目429个；新增苏州市级以上领军人才91人，居苏州市前列。实现苏州市市长质量奖、省长质量奖提名奖历史性突破。新增国家级以上标准84项，每万人发明专利拥有量77.6件。康辉医疗科技（苏州）有限公司获得中国专利优秀奖，太仓市获评首批国家知识产权强县建设示范县。

【城乡建设】 2022年，太仓市一体推进城市规划、建设、管理，提升现代田园城市品质。推进城市更新，启动建设古松弄地块。推进娄江新城建设，建成投运西北工业大学太仓校区一期，确保西交利物浦大学太仓校区按期开学。完善"5+1"轨道交通网络，基本建成南沿江城际铁路，开工建设北沿江高铁、沪苏通铁路二期、海太过江通道。改造升级城镇老旧小区14个。新增生活垃圾分类五星级小区5个。新改建公共卫生间147座。新增电动公交50辆、各类停车泊位2万个，完成214个路口智能化改造。提档升级高标准农田1306.67公顷、高标准池塘168.8公顷，粮食产量超过15万吨，东林村农牧循环发展模式入选全国农业绿色发展典型案例。太仓市入选第三次全国土壤普查先行试点。完成农村集体经济融合发展省级改革，村均集体可支配收入超过1150万元。新增省级特色田园乡村1个、苏州市特色康居示范区1个。

【社会事业】 2022年，太仓市开发运用"娄城防疫"小程序，完善"综合网格+微网格"治理体系。完成8类20个民生实事项目。新改扩建学校11所，新增学位6810个，规范民办义务教育发展。改扩建基层医疗卫生机构9家，实现医保定点医药机构异地就医购药直接结算全覆盖。太仓市入选全国积极应对人口老龄化重点联系城市，列全国县市康养百佳样本第二位。建成投用未成年人保护中心。启用工人文化宫、美术馆新馆，开展文化惠民活动1100场次，举办旅游文化美食节。新增城镇就业1.1万人，发放稳岗返还资金超过1亿元。新增保障性租赁住房2828套，新增公积金缴存职工超过3万人。太仓市实现省双拥模范城（县、区）"七连冠"。

【生态文明建设】 2022年，太仓市$PM_{2.5}$平均浓度降至每立方米24微克，空气质量优良天数比率83%，保持全省前列。完成城区污水处理厂提标，竣工沙溪工业污水处理厂，新改建污水管网18千米，整治劣V类水体49条，12个"国考""省考"断面和主要入江支流水质优Ⅲ比例100%，其中8个断面水质达到优Ⅱ水平。七浦塘获评全国"最美家乡河"，城厢镇万丰村入选国家农村生活污水治理典型案例。投用长江生态保护科普教育基地。建成再生资源综合利用项目。整治"散乱污"企业（作坊）182家，关停化工企业5家，规模以上工业单位增加值能耗下降8.65%。

【融入长三角一体化】 2022年，太仓市推进与上海市党建、规划、交通、产业、科创、人才、民生、生态"八个同圈"。苏锡常城际铁路太仓先导段被列入长三角一体化发展段"十四五"规划建设项目，瑞金医院太仓分院等11个项目被纳入虹桥国际开放枢纽北向拓展带

2022年5月7日，上海港空箱中心太仓港分中心启用 （计海新 摄）

建设第一批重大项目。沪太同港成效明显，上海港空箱中心太仓港分中心成立，两港联动运输量达到150万标准箱。发布嘉昆太协同创新核心圈建设五大共识，引进上海项目102个，总投资超过120亿元。

【融入苏州市域一体化】 2022年，太仓市融入苏州市域一体化进程。推进“一高三快”高快速路网体系。签订昆太协同发展备忘录。启动建设昆太协同数字经济产业园、先进计算产业园。划定昆太产业联动发展区，构建区域汽车产业联盟、电子信息产业联盟，高标准打造昆太协同发展科技产业园。研究建立项目建设投入、招商准入、共享分成等机制，营造错位发展、分工协作的产业发展格局，累计引进昆太合作项目62个。

（太仓市政府办 瞿 晨）

表72 2022年太仓市国民经济和社会发展主要指标统计表

指标	单位	实绩	比2021年（±）
地区生产总值	亿元	1653.57	2.2%
第一产业	亿元	24.21	2.0%
第二产业	亿元	812.12	0.6%
第三产业	亿元	817.24	3.7%
一般公共预算收入	亿元	177.82	2.1%
税收收入	亿元	145.96	−1.0%
一般公共预算支出	亿元	178.92	6.8%
进出口总额	亿美元	165.94	−2.9%
出口总额	亿美元	89.66	−3.3%
进口总额	亿美元	76.28	−2.4%
注册外资及中国港澳台资	亿美元	23.61	−1.9%
实际使用外资及中国港澳台资（部口径）	亿美元	5.56	—
全社会固定资产投资	亿元	478.62	−4.6%
工业投资	亿元	180.07	4.1%
服务业投资	亿元	298.37	−8.8%
新兴产业投资	亿元	167.72	10.5%
规模以上工业总产值	亿元	3110.97	5.1%
社会消费品零售总额	亿元	510.78	0.1%
年末金融机构人民币存款余额	亿元	2417.55	19.1%
年末金融机构人民币贷款余额	亿元	2583.94	19.2%
城乡居民人均可支配收入	元	67392	3.9%
城镇居民人均可支配收入	元	79265	3.3%
农村居民人均可支配收入	元	43725	5.5%

（资料来源：太仓市政府办）

昆山市

【概况】 昆山市位于苏州市东部，东邻上海市。区域总面积931.51平方千米。辖玉山、花桥、张浦、周市、陆家、巴城、千灯、淀山湖、周庄、锦溪10个镇，有129个村、225个社区。市政府驻玉山镇。2022年底，户籍人口120.39万人，常住人口212.52万人。全年实现地区生产总值5006.66亿元，增长1.8%；实现一般公共预算收入430.18亿元，下降7.9%；城乡居民人均可支配收入7.03万元，增长3.5%。年内，昆山市入选全国首批创新型县（市）、国家乡村振兴示范县、国家系统化全域推进海绵城市建设示范城市、国家知识产权强县建设示范县、国家公交都市建设示范城市、“四好农村路”全国示范县、全国绿色出行创建考核评价达标城市，连续18年列全国百强县（市）第一位，首次列中国工业百强县（市）第一位。

【经济发展】 2022年，昆山市成为全国首个地区生产总值突破5000亿元的县级市。出台“促发展10条”“服务业27条”等惠企措施，保障汽车、电子等产业链、供应链安全稳定。落户北京证券交易所全国首个县级服务基地。立讯集团成长为昆山第二家千亿元级企业。上线重大项目全生命周期服务管理平台，加快建设友达、立臻、清陶等重大产业项目，落成启用三一重机全球研发中心。新登记市场主体5.72万户，年末拥有市场主体108.22万户。新增上市企业6家，累计46家。举办全国首站新能源汽车下乡活动、“双12昆山狂欢购物”等促消费活动，社会消费品零售额稳居苏州市第一位。

【改革开放】 2022年，昆山市巩固拓展对内融合、对外开放优势，重点领域改革成效显著。融入上海大都市圈建设，举办融入长三角一体化合作发展推介会，先后引进合作项目36个，总投资超过120亿元。加快推进阳澄湖两岸科创中心、界浦河东岸等区域规划建设，启动建设沿澄湖区域农文旅融合项目33个，与苏州工业园区、常熟市、太仓市协同发展提速。开工国家重大水利工程吴淞江（江苏段）整治工程，建成苏昆中环对接工程。加快建设昆山深化两岸产业合作试验区，推进第十次部省际联席会议筹备工作。召开昆山金融改革试验区首次省级联席会议，获得5项支持政策。推进国家进口贸易促进创新示范区建设，基本形成集物料分拨、平台交易、研发烘焙、品牌销售于一体的咖啡全产业链。创新推出“证照联办”模式，“双随机、一公开”监管全覆盖。建成启用综合智慧云服务大厅，实现“一窗受理、集成服务”。开展“昆如意”365行动，企业服务平台率先入驻国家政务服务平台，推出首批4家企业（人才）会客厅。推进国企改革，11家市属国企资产规模突破3300亿元。

【科技创新】 2022年，昆山市加强创新链和产业链对接，出台支持产业创新集群建设政策23条，落户群启科技、东山精密、瑞幸咖啡等重点项目。出台元宇宙产业创新发展行动计划，举办元宇宙产业发展战略咨询会。运营赛迪工业和信息化（昆山）赋能中心，提前实现数字化改造行动规模以上工业企业全覆盖，列全国县域工业互联网发展20强榜首。深时数字地球国际大科学计划通过国家科技体制改革和创新体系建设领导小组审议。获批设立县级市首家全国中小企业发展促进中心优质企业培育中心，成立武汉大学数字技术创新中心、东南大学数字经济与教育管理昆山实践基地。推出祖冲之攻关计划3.0版本，落实“难题招标”项目130个。全社会研究与试验发展经费占地区生产总值比重提高至3.83%，万人发明专利拥有量为78.5件。年度认定高新技术企业1103家，总量2744家。新增国家级专精特新“小巨人”企业、“单项冠军”企业19家。新认定省院士工作站2家、省工程技术研究中心38家。新增“头雁人才”计划2项、国家级重大人才工程专家8人、姑苏重大创新团队1个。新增国家级创业孵化载体3家、省级9家。举办“科技产业金融一体化”专项全国首站投融资路演。

【城乡建设】 2022年，昆山市优化国土空间格局，划定“三区三线”。完成昆山南站区域城市设计，向全球征集青阳港滨水城市客厅等重点片区城市更新设计方案，明确“三馆三中心两厅”（三馆：博物馆、公共美术馆、第二图书馆；三中心：妇女儿童活动中心、市民活动中心、职工活动中心；两厅：丁善德音乐厅、“昆如意”城市会客厅）选址和功能定位。举办首届元点设计论坛。苏州轨道交通11号线先后“洞通”“轨通”“电通”，启动全线动车调试，城市广场、玉山广场等站城一体化项目加快建设。建成白马泾路南延、景王路大桥等路桥工程。建成开放庙泾河中央水廊、“昆山之链”首链启动段，打造“昆小薇”项目60个、口袋公园40个。新增停车泊位4.5万个，建成投用“玲珑”筒仓式智能车库，364个停车场点、7.3万个泊位接入“牡丹停”智慧停车系统。完成11条道路架空线入地，一体化改造老旧小区4个，既有多层住宅加装电梯41台。探索城市空间资源高效集约利用新路径，建成“微校”过渡性项目，完成实验小学西校区扩建工程。新增省级特色田园乡村5个、“美丽家园”示范村2个。

2022年11月，“昆山之链”首链工程——“缘甸首链”启动段

（昆山市政府办　供图）

【社会事业】 2022年，昆山市建成全省首个"线上+线下"一体化零工市场，新增城镇就业3.2万人。将入托流动人口子女全部纳入医保范围，完善灵活就业参保政策。新增保障性租赁住房1.1万套。健全"一老一幼"服务保障，建成区域性养老服务中心4家、日间照料中心10家，绣衣社区获评全国示范性老年友好型社区。新增普惠性托育机构6家、托位1086个，启用未成年人一站式保护中心。昆山市获得省双拥模范城（县、区）"八连冠"。建成投用巴城高中、周市高中等18个学校项目，新增学位1.5万个，普通高中录取率提升5.7个百分点。昆山市获评"全国围棋之乡"。东、西部医疗中心一期建成，昆山市中医医院迁入新址，昆山市康复医院创成全国县级市首家三级康复医院，昆山市第一人民医院获评全国红十字会模范单位。新改扩建社区卫生服务中心3家。健全社会治理防控体系，违法犯罪警情下降7.9%。开展"信访突出问题攻坚化解年"行动，基本建成社会矛盾纠纷调处化解三级工作体系。建成安全学校、体感式安全培训体验中心47家。完成1182个小区智慧安防系统建设。深化"平安微雕"工程，实现学校、医院"城市哨兵"体系全覆盖。建成投用"畅行昆山"智慧交通服务平台。实现"应急365"平台隐患信息应录尽录、动态更新。

【生态文明建设】 2022年，昆山市全社会环保投入192.14亿元，生态环境质量稳定向好，$PM_{2.5}$平均浓度每平方米25微克，下降7.4%；环境空气质量优良天数比例81.1%；10个"国考""省考"断面优Ⅲ比例90%；集中式饮用水水源地水质达标率100%。发布《昆山构建人与自然和谐共生的现代化行动计划（2022—2025年）》，部署5大类20项重点任务。出台《2022年度昆山生态环境保护工作"六个五"行动计划》，全面统筹环境污染系统治理和生态环境系统保护工作。抓好生态环保督察反馈问题整改，集中解决小澞河地块清废等历史遗留问题，启动再生资源综合利用项目建设。完成淀山湖污染物通量、水环境容量、省控站点溯源分析等学术研究，提升生态环境治理能力现代化水平。新改建污水管网87千米，新增污水日处理能力10.2万吨，完成22个污水处理达标区建设。加强土壤污染重点单位监管，整治提升"散乱污"企业56家，依法关停135家。开展各类环保专项执法行动，立案查处环境违法行为328件，处罚金额3389万元。推进生态环境监测监控能力建设，昆山开发区、昆山高新区、千灯精细材料产业园完成限值限量管理系统建设。建立健全生态环境损害赔偿磋商机制，苏州昆山某纸塑公司非法倾倒废有机溶剂生态环境损害赔偿磋商案入选江苏省和长三角生态环境损害赔偿磋商十大典型案例。巴城镇龙潭湖村、千灯镇吴桥村和淀山湖镇兴复村获评第五批江苏省生态文明建设示范村。

【国家乡村振兴示范县创建】 2022年10月14日，昆山市入选国家乡村振兴示范县创建名单。年内，昆山市建立、健全乡村振兴工作领导小组及办公室工作机制，推进国家乡村振兴示范县创建工作。实施乡村振兴"五百行动"，推动产业赋能"百村共兴"、人居环境"百村共美"、强村富民"百村共富"、文明和谐"百村共治"、城乡融合"百村共享"。坚持项目支撑、典型示范，推动重点项目建设。总结、推广乡村振兴示范创建的经验做法，争创先进典型案例。年内，昆山市获评"四好农村路"全国示范县，入选2022年农业现代化示范区创建名单，连续3年获评江苏省推进乡村振兴战略实绩考核县级综合排名第一等次，连续3年获评苏州市率先基本实现农业农村现代化实绩考核第一等次。

【昆山西部医疗中心一期启用】 2022年11月27日，昆山西部医疗中心一期启用，昆山市中医医院迁入新址。该中心位于昆山市祖冲之南路388号，是一所集医疗、科研、教学、康复、预防保健为一体的现代化研究型三级甲等中医医院。总占地面积12.82万平方米，总建筑面积31.52万平方米，总投资34.71亿元（建筑一期17.6亿元，建筑二期10.35亿元，特殊医疗功能区建设2.8亿元，医疗设备采购3.96亿元）。规划总床位数2000张，机动车停车位2262个。一期于2017年11月开工建设，建筑面积19.98万平方米，地上19层、地下1层，主要分门诊楼、住院楼、停车楼以及高压氧舱、污水处理站、液氧站等配套设施。一期设病区26个，手术室29间，床位1200张，配备双源CT、1.5T及3.0T磁共振、直线加速器等先进医疗设备，满足日门急诊约9000人次的医疗服务需求。二期于2021年2月开工建设，建筑面积11.54万平方米，地上17层、地下2层，主要分科教研综合楼、医疗辅助楼等。

（昆山市政府办　贾忠伟　谢玉婷）

表73　2022年昆山市国民经济和社会发展主要指标统计表

指标	单位	实绩	比2021年（±）
地区生产总值	亿元	5006.70	1.8%
第一产业	亿元	30.99	2.2%
第二产业	亿元	2614.42	1.7%
第三产业	亿元	2361.25	1.9%
一般公共预算收入	亿元	430.18	−7.9%
税收收入	亿元	371.64	−9.7%
一般公共预算支出	亿元	378.99	−5.0%
进出口总额	亿美元	1033.09	−3.1%
出口总额	亿美元	702.22	−1.0%

续表73

指标	单位	实绩	比2021年（±）
进口总额	亿美元	330.87	-7.3%
实际使用外资及中国港澳台资	亿美元	17.32	252.4%
全社会固定资产投资	亿元	786.32	5.2%
工业投资	亿元	246.67	7.0%
服务业投资	亿元	537.23	5.2%
新兴产业投资	亿元	244.70	7.4%
规模以上工业总产值	亿元	10810.98	4.1%
社会消费品零售总额	亿元	1638.11	0.8%
年末金融机构本外币存款余额	亿元	7539.71	16.5%
年末金融机构本外币贷款余额	亿元	6841.47	20.9%
城乡居民人均可支配收入	元	70269	3.5%
城镇居民人均可支配收入	元	80138	3.1%
农村居民人均可支配收入	元	44583	5.1%

（资料来源：昆山市政府办）

吴江区

【概况】 吴江区位于苏州市南部，东邻上海市，西濒太湖，南接浙江省。区域总面积1176.68平方千米（不含所属太湖水域面积）。辖黎里、盛泽、七都、桃源、震泽、平望、同里7个镇，松陵、江陵、横扇、八坼4个街道，有210个村、97个社区。区政府驻松陵街道。2022年底，户籍人口90.77万人，常住人口156.66万人。全年实现地区生产总值2331.97亿元，增长2.3%；实现一般公共预算收入226.06亿元，降低12.4%；城乡居民人均可支配收入6.79万元，增长4.0%。年内，吴江区获评国家知识产权强国建设试点县、国家水土保持示范县、全国工业互联网推动数字化创新领先城区、全国农作物病虫害绿色防控整建制推进县，在2022赛迪百强区榜单中列全国第九位、全省第一位。

【经济发展】 2022年，吴江区统筹疫情防控和经济社会发展，完成规模以上工业总产值4673.17亿元，其中光电缆业、装备制造业、电子资讯业和丝绸纺织业四大主导产业规模以上工业产值3669.20亿元，增长5.0%。战略性新兴产业产值占规模以上工业总产值比重44.6%，新材料成为全区第四个千亿元级产业。落实稳经济大盘措施，兑现新的组合式税费支持政策112.5亿元、减租补助资金1.7亿元，激发市场主体活力。209个省、市、区重点项目完成投资652.3亿元。举办吴江国际精英创新创业洽谈会，签约项目205个。签约恒力环企中心、盛虹储能等重大项目，开工建设迈为光伏新型电池成套设备、吴江变压器数字化智慧工厂等项目。恒力集团、盛虹集团再度上榜“世界500强”，亨通集团等4家企业上榜“中国500强”，通鼎集团等6家企业上榜“中国民企500强”，民营企业竞争优势明显。吴江区与吴中区、姑苏区、浙江省湖州市南浔区等地签署战略合作协议，推进跨区域协同合作。新增上市公司4家，A股再融资规模227.68亿元，列苏州市第一位。中国首只股权质押基金和中国母基金峰会落户吴江，“苏州湾创投壹号”“东运创投”等基金管理规模超过2000亿元。推进数字人民币、一刻钟便民生活圈等试点，举办“繁华吴江夜·点亮苏州湾”“乐购吴江”等促消费活动。同里景区入选国家级夜间文化和旅游消费聚集区。

【改革开放】 2022年，吴江区发挥吴江经开区、汾湖高新区自贸片区联动创新区等平台作用，参与共建“一带一路”，对共建国家和地区投资实现翻番。开展“长三角示范区（吴江片区）高质量发展建设用地规模周转池”试点。完成国企改革三年行动任务，组建区大数据有限公司、粮食购销公司。震泽镇纳入新一轮全省经济发达镇改革培育对象。“工业生态‘数字管理’赋能经济高质量发展”获评全国唯一中国改革县级特别案例。“商事制度改革”等5项工作获得省落实重大政策措施成效明显地方激励表彰。组团包机到日本、韩国、欧洲等地，争取订单金额2.7亿元。吴江企业在上海进博会签约总额比2021年翻两番。岱高汽车零部件获评省级跨国公司功能性机构。深化“放管服”改革，企业开办半天办结比例88%，在全省率先构建区镇村三级“刷脸可办”服务体系，全年近三分之一新拿地项目实现“拿地即开工”。优化营商环境，新增市场主体2.98万家，累计26万家。新设外资及中国港澳台资项目73个，引进合同外资及中国港澳台资3000万美元以上新设和增资项目9个。

【科技创新】 2022年，吴江区研究和试验发展经费占地区生产总值比重3.98%，企业研发投入增长8.6%。新增高新技术企业195家，累计1228家，高新技术产业产值2442.74亿元。2018家企业入选国家科技型中小企业，增长70.9%，增速列苏州市第一位。新增国家级专精特新“小巨人”企业26家，8家企业列入省新一轮创新型领军企业培育名单，数量列苏州市第一位。推进产业创新集群发展，智能化改造和数字化转型项目1200个以上，实现规模以上企业全覆盖；新增省级工业互联网标杆工厂2家、重点工业互联网平台3个、智能工厂3家、智能车间19家。有星级“上云”企业1386家，在全省首破1000家。吴江区获评全国工业互联网推动数字化创新领先城区，入选省首批制造业高质量发展示范区建设地区。培育发展服务型制造新业态新模式，新增国家级服务型制造示范企业（平台、项目）5家，累计13家，总数列全省县（市、区）第一位。吴江企业参与制（修）订国际、国家及行业标准174项。牵头和参与国家重点研发计划2项，绿地复客通过国家级众创空间备案。加快构建创新生态，国家先进功能纤维创新中心中试基地投用，江苏省海洋信息技术与装备创新中心成为苏州市第二家省级制造业创新中心。苏州迈为科技股份有限公司获评国家级企业技术中心，国家级企业技术中心总数11家，列全国区县第一位。有高技能人才11.88万人，获评省级乡土人才大师工作室1家，入选省特级技师7人。焜原光电陈意桥团队入选姑苏重大创新团队。

【城乡建设】 2022年，吴江区推进区域协调发展，改善城乡面貌。沪苏湖高铁进入架梁建设阶段，通苏嘉甬高铁、沪苏嘉城际铁路、苏州南站枢纽及集疏运系统、盛泽站配套工程开工建设。东太湖隧道、苏州湾隧道、苏同黎快速化改造、苏台高速吴江段开工建设，鲈乡路北延建成通车。推进云梨路总部经济带、盛家厍、垂虹景区提升项目等城市更新项目11个，打造“席地而坐”城市客厅示范点位8处，推进建设“美丽街区”5个，新改建口袋公园35个。完成34个老旧小区改造提升，老旧供水设施改造惠及3.3万户，改造农贸市场9家。推动全国文明典范城市创建，盛泽镇、平望镇、江陵街道等6个乡镇（街道）获评省文明乡镇。吴江运河文化旅游景区入选国家AAAA级旅游景区，平望京杭大集获得联合国教科文组织“全球世界遗产教育创新案例奖”。推进乡村振兴，实施村级集体经济倍增计划，村均集体可支配收入超过900万元，震泽镇齐心村获评省新型农村集体经济引领共同富裕示范村十佳案例。苏州太湖雪丝绸股份有限公司作为“新国货丝绸第一股”登陆北交所。推进环长漾、环澄湖、环亀荡片区连片组团发展，发布环长漾新时代鱼米之乡“最江南”样板区规划，桑基鱼塘农业生态系统入选第二批省级重要农业文化遗产名录。七都镇开弦弓村获评中国美丽休闲乡村。新增省级特色田园乡村2个、市级特色精品乡村3个、特色康居乡村69个、特色康居示范区2个。完成高标准农田建设435.67公顷、抛荒整改129.33公顷，夏粮生产获得全省通报表扬。吴江区获评国家水土保持示范县，创成国家现代农业产业园，入选2022年江苏省农业现代化先行区建设名单。

【社会事业】 2022年，吴江区民生支出287.48亿元，占一般公共预算支出82.9%。有效用工备案数56.2万人，国家级劳动关系和谐企业总量列苏州市第一位。加大高校毕业生、农民工等重点群体就业帮扶力度，新增城镇就业2.23万人。推动社会保险扩面提质，全区城镇职工基本养老保险累计参保人数104.39万人，医疗保险累计参保人数127.72万人，城镇居民医疗保险覆盖率100%。发放困难人员救助金、物价上涨动态补贴超过1亿元。地方储备粮等物资保供稳定。完成新建学校8所、改扩建4所，新增学位7000个，启用苏州大学未来校区，成立盛泽中学教育集团、吴江经济技术开发区江陵实验小学教育集团，汾湖高级中学晋升省四星级普通高中。推进“双减”工作，规范民办义务教育发展。举办程开甲纪念活动并设立“程开甲奖”。与上海市中医医院、同济大学附属第十医院等三甲医院共建医联体，牵头成立示范区糖尿病足专病联盟。基本建成吴江区中医医院异地新建项目。新改扩建社区卫生服务中心3个，全区基层医疗卫生机构标准化建设率超过96%。实现到上海就医医保免备案不降比例直接结算。实现社会工作站乡镇（街道）全覆盖。在苏州市首推“一键吴优”智能养老服务项目，为1000户高龄独居老人开展适老化改造。试点实施“社区+物业+养老”服务，开展全国示范性老年友好型社区创建，推动区域性养老服务中心、综合为老服务中心建设，苏康养·江陵康养中心启用。获评省第四批智慧健康养老应用试点示范基地。建成婴幼儿普惠性托育机构11个，实现普惠性托育机构全覆盖。苏州湾博物馆展陈建成开放，天虹购物中心开业，苏州湾滨水慢行步道提档升级。举办全国帆船锦标赛、中国攀岩联赛总决赛等国家级赛事，落户江苏省水上运动综合训练基地。

【生态文明建设】 2022年，吴江区办结中央环保督察交办信访件49件、省环保督察交办信访件39件，完成省环保督察反馈问题整改35项。启动喷水织造、印染、涂层行业以及喷织污水处理、印染污泥填埋场整治提升五大专项工程；实施治气工程614项，治理提升省重点涉VOCs（挥发性有机物）企业489家；完成环亀荡岸线贯通等示范区联合治理项目15个，整治长江和太湖流域入河（湖）排污口785个。“1+1+N”（“1”是抓紧一系列突出生态环境问题整改，“1”是加快推进工业提质增效实现高质量发展，“N”是持续开展多项重点领域专项整治提升工程）整治提升行动12月启动，至年底，完成减少喷水织机3662台，停产整治印染企业16家，停产涂层企业28家72条生产线。全年整治“散乱污”企业（作坊）1200余家。全区空气质量优良天数比例79.3%，$PM_{2.5}$年均浓度降至每立方米28微克，11个地表水“国考”“省考”断面、2个集中式饮用水水源地水质达标率保持100%。完成太浦河“沪湖蓝带”一期主体建设，完成吴江大道、笠泽路、230省道城区段等绿化提升，加快建设太浦河、外苏州河等滨水绿廊。基本完成水系连通及农村水系综合整治试点县项目，基本完成污水处理提质增效达标区建设，开工建设城南污水厂，建成盛泽南部工业区污水处理厂，投入使用运东污水厂，开展1.15万户农村生活污水收集治理，开工环太湖有机废弃物处置项目。推进分布式光伏开发试点，项目备案数181个，装机容量191.4兆瓦。新增国家工业产品绿色设计示范企业、省绿色发展领军企业各2家，均列苏州市第一位。万象汇获评国家级绿色商场。“三治”“三优三保”等行动拆旧666.67公顷，优化提升低效用地1333.33公顷。实施重点节能与循环经济项目18个，节能标准煤2.6万吨。绿色贷款规模660.26亿元，增长92.14%。实现省级生态文明建设示范乡镇全覆盖。

【工业生态“数字管理”赋能经济高质量发展获评“中国改革2021年度案例”】 2022年1月18日，“中国改革2021年度案例”名单发布，吴江区申报的《工业生态“数字管理”赋能经济高质量发展》入选，为全国唯一获评该奖项的县级案例。2013年，吴江区立足摸清本地企业家底，破解工业发展瓶颈制约，建立工业企业资源集约利用信息系统，2020年升级为吴江工业企业大数据云平台，实现全区1.4万家工业企业信息全覆盖。该平台集运行分析、预警监测、综合评价、智能诊断等功能于一体，通过工业企业资源集约利用，实施企业全过程评价，推进差别化配置改革，形成“一个平台清家底、一套体系管评价、一项政策促转型的工业生态数字管理”机制。

【春晓·水杉居获评2022年度Architizer A+Awards大奖】 2022年6月7日，国际权威建筑奖项——2022年度Architizer A+Awards获奖名单公布，吴江区“曲水善湾”农文旅综合项目内的建筑春晓·水杉居获得餐厅类别专业评审奖和公众选择奖“双料”大奖。“曲水善湾”农文旅综合项目位于汾湖高新区（黎里镇），面积22.19平方千米，涉及元荡、三好、东联3个行政村14个自然村。项目核心服务区功能涵盖精品住宿、特色餐饮、会议接待、休闲文创商业等。春晓·水杉居是“曲水善湾”农文旅综合项目第一个投入试运营的建筑单体，是以自然风貌水杉林为灵感，基于亲水、亲民、亲自然的理念而设计的多功能餐厅，用地面积约730平方米，建筑面积约470平方米。

（吴江区档案馆　潘　莉）

2022年6月7日，春晓·水杉居获评2022年度Architizer A+Awards大奖。图为春晓·水杉居夜景

（吴江区档案馆　供图）

表74　2022年吴江区国民经济和社会发展主要指标统计表

指标	单位	实绩	比2021年（±）
地区生产总值	亿元	2331.97	2.3%
第一产业	亿元	37.90	3.1%
第二产业	亿元	1219.41	1.5%
第三产业	亿元	1074.66	3.0%
一般公共预算收入	亿元	226.06	−12.4%
税收收入	亿元	183.10	−17.1%
一般公共预算支出	亿元	346.96	−1.2%
进出口总额	亿美元	259.24	−2.1%
出口总额	亿美元	203.19	2.9%
进口总额	亿美元	56.05	−16.8%
注册外资及中国港澳台资	亿美元	3.24	−72.2%
实际使用外资及中国港澳台资	亿美元	4.99	−16.4%
全社会固定资产投资	亿元	679.82	5.2%
工业投资	亿元	240.15	9.1%
服务业投资	亿元	439.62	3.2%
新兴产业投资	亿元	235.97	26.8%
规模以上工业总产值	亿元	4673.17	6.4%
社会消费品零售总额	亿元	717.67	−0.3%
年末金融机构本外币存款余额	亿元	4476.63	12.5%
年末金融机构本外币贷款余额	亿元	4986.76	17.7%
城乡居民人均可支配收入	元	67879.00	4.0%
城镇居民人均可支配收入	元	79315.00	3.3%
农村居民人均可支配收入	元	43551.00	6.0%

（资料来源：吴江区档案馆）

吴中区

【概况】 吴中区位于苏州市区南部，西衔接太湖。区域总面积2231.69平方千米（含所属太湖水域面积）。辖木渎、甪直、胥口、东山、临湖、光福、金庭7个镇，长桥、郭巷、横泾、越溪、城南、太湖、香山7个街道，吴中区林场1个场圃，有84个村、125个社区。区政府驻太湖东路。2022年底，户籍人口76.66万人，常住人口140.78万人。全年实现地区生产总值1590.17亿元，增长1.8%；实现一般公共预算收入210.4亿元，增长1%；城乡居民人均可支配收入8.15万元，增长3.5%。年内，吴中区列全国市辖区生态系统生产总值（GEP）第一位，入选国家知识产权强县建设试点县、全国工业互联网推动数字化创新领先城区、全国村庄清洁行动先进县、全国率先基本实现主要农作物生产全程机械化示范县（市、区）、全国传统村落集中连片保护利用示范县（市、区）、全国青少年校园足球试点县（区）、全国“深化乡村地名服务 点亮美好家园”试点地区。

【经济发展】 2022年，吴中区坚持“产业强区、创新引领”发展战略，组建机器人与智能制造、新一代信息技术、生物医药及大健康产业创新集群联盟，三大主导产业均实现20%以上的增长。其中，机器人与智能制造产业规模突破1000亿元，增长25%；新一代信息技术实现产业规模620亿元，增长22%；生物医药及大健康实现产业规模超过300亿元，增长43%。航空航天产业规模增长18%；智能网联汽车实现产业规模196亿元，增长28%；节能环保实现产业规模180亿元，增长20%。实现检验检测认证产业营业收入60亿元，增长25%；文化产业增加值占地区生产总值比重4.7%。实施“重点项目提质年”行动，中国中医科学院大学、太湖生态岛等3个省重点项目完成年度投资9.26亿元，滕迈医药总部、科沃斯机器人科创中心等41个市重点项目完成年度投资218.6亿元，250个区重点项目完成年度投资507.9亿元，增长12.9%。举办中国机器人产业发展大会、第二届工控中国大会等活动。新注册产业项目176个，备案总投资511亿元，增长21%。落地时代新安、聚微生物、海通智能等17个10亿元以上项目。

【改革开放】 2022年，吴中区实施“1+9”综合改革（1个综合改革实施意见和“三区三片”功能区调整、招商体制改革等9个专项改革实施方案）。推动经济发展职能向开发区集中、社会管理职能向镇（街道）下沉，理顺三个开发区和镇（街道）职责关系。深化招商体制改革，完善“2+3+N”招商体系。全面完成中心城区管理网格划定和职能上图，完成14.4平方千米污水提质增效达标区建设。基本实现529千米道路建管养一体化。完成4家供水企业和2家污水处理企业经营权整合，完成3106千米污水主次支管网产权移交工作。将59所公办中小学全部纳入区级管理。成立区卫生健康发展中心、质控中心，基本建成“2+4+14”三级卫生健康服务体系。优化国有资产管理委员会职能，成立产投集团，整合六大区级国资集团。吴中经开国有资本投资控股集团有限公司成为吴中首家AAA级信用企业。推进政务服务“一网通办”“一网通用”“一网统管”改革，企业开办全程0.5天。全面推行行业许可“一业一证”，优化项目建设“拿地即开工、完工即验收、交验即发证”审批服务，新供地项目“拿地即开工”占比超过70%。

【科技创新】 2022年，吴中区科学规划太湖新城·数字经济创新港、吴淞江科技城等十大科创园区，实施科技企业百千万培育工程、重大创新平台引领工程等十大创新工程。完成高新技术产业产值1393亿元，增长12.2%，增速列苏州市第一位，高新技术产业产值占规模以上工业产值比重65%。规模以上工业企业研发投入50亿元，增长10.1%。新增发明专利授权量4031件，增长94%。拥有高新技术企业1446家，新招引创新型企业1399家，新增国家级专精特新“小巨人”企业9家、国家科技型中小企业2081家、省民营科技企业702家。完成“智改数转”项目821个。新增苏州骏创汽车科技股份有限公司、苏州宇邦新型材料股份有限公司2家上市企业，上市企业增至20家。凯博易控车辆科技（苏州）股份有限公司获评国家级服务型制造示范平台，苏州汇川技术有限公司入选国家重大技术装备攻关项目，苏州浪潮智能科技有限公司入选省级示范智能工厂。追觅科技（苏州）有限公司、苏州天瞳威视电子科技有限公司上榜胡润研究院2022年全球“独角兽”企业。签约落户哈工大苏州研究院、清华专项创新中心、信通院江苏分院、硅谷创新中心、复旦大学附属中山医院长三角创新成果产业化基地等一批高能级载体。新增国家级科技创业孵化载体2家、省级3家，新增省级工程技术研究中心11家。入选国家级重大人才引进工程6人，新增姑苏领军人才项目64个，增长94%。

【城乡建设】 2022年，吴中区划定生态保护红线、永久基本农田、城镇开发边界，“三区三线”划定成果获得自然资源部批准。编制完成太湖新城优化提升规划，全面启动中心城区、郭巷片

2022年4月14日，吴中区获评全省唯一的全国传统村落集中连片保护利用示范县（市、区）。图为吴中区东山镇陆巷古村俯瞰图 （市住房城乡建设局 供图）

区、角端新区等城市设计和片区更新。推进产业用地更新三年行动计划，腾退土地566.67公顷。落图落地10万亩（6666.67公顷）工业和生产性研发用地保障线。启动建设东太湖隧道、通苏嘉甬铁路等，建成独墅湖南隧道、东环南延二期等5条道路。新辟、优化公交线路37条，新增公共停车泊位3500个。完成城镇老旧小区综合改造10个，加装既有住宅电梯51部，新改建口袋公园10个。建成防洪闸、排涝站20座，加固堤防5.5千米。完成16个自然村、1991户天然气开通。新增高标准农田298.27公顷。碧螺春制作技艺入选联合国教科文组织人类非物质文化遗产代表作名录。新增国家、省农民专业合作示范社5家。开展村镇老旧工业载体更新改造，开工项目面积超过40万平方米，村均集体经济可支配收入1766万元。新增省生态宜居美丽乡村示范镇2个、示范村11个。

【社会事业】 2022年，吴中区城乡公共服务支出占一般公共预算支出比重80.5%。出台稳就业"九条措施"，新增城镇就业2万人，城镇调查失业率控制在5%以内。建成投用独墅湖中学、天平中学等8所学校。开工建设中国中医科学院大学，落户北京西苑医院中医类国家医学中心，启动中医药示范县创建。购买人才住房1020套，新开工安置房2222套，交付安置房914套。举办"环太湖1号"马拉松赛。吴中区获评"全国围棋之乡"。建成投用吴中智慧科技养老生活体验馆、木渎区域性养老服务中心，完成家庭适老化改造980户。发掘塘北遗址，填补苏州文明探源空白。光福"冲山"获评省红色地名。安全生产事故起数和亡人数下降69.2%、60%。实现省双拥模范城（县、区）"九连冠"。"养老服务产业发展""普惠托育体系建设"获得省政府激励。

【生态文明建设】 2022年，吴中区推进水生态环境保护修复等太湖治理重点项目，实施空气质量强化提升百日攻坚行动，完善土壤污染防治协调机制，集中式饮用水源地水质达标率100%，太湖连续15年实现安全度夏。应对历史罕见干旱，启动东山镇、光福镇、金庭镇引水上山工程及漫山岛供水工程。推进中央、省环保督察反馈问题整改以及长江经济带生态环境警示片涉及问题整改，中央督察组交办信访件办结率91.5%。创新建立区人大常委会、区监委、区检察院生态环境协同监督工作机制，形成"发现问题、严明纪法、整改纠偏、深化治理"监督工作闭环。出台《生态岛项目建设总体计划（2022—2025）》，建成投用双向200千米车路协同基础设施。苏州太湖生态岛农文旅绿色低碳融合发展示范项目入选国家第二批生态环境导向开发模式（EOD）试点。全省首个综合性生态环境损害赔偿示范基地落户金庭镇。全面启动"一岛一案"，完成37个太湖岛屿保护利用规划。构建区、镇、村三级"林长制"体系，开展林地、湿地资源修复提升。加强生物多样性保护管理，完成全区生物多样性本底调查。

【山体保护利用和周边环境整治】 2022年，吴中区成立山体周边环境整治工作领导小组，组建工作专班，出台《吴中区山体周边环境整治工作实施方案》，开展山体保护利用和周边环境整治工作，努力让"城外山"成为"城中山"。推进25个主要山体"一山一策"规划设计和"一山一档"勘查工作，完成山体本体保护线和协调控制线划定。采用巡飞结合模式，实现全区25个主要山体检查全覆盖，高标准整治整改山体周边乱堆乱放、乱搭乱建等问题点1000余个，清理各类垃圾6.7万立方米，补植绿化面积3万平方米。启动横泾街道尧峰山木东路东侧节点、金庭镇金铎岭生态园等试点项目，推进旺山叆叇岭等山体周边环境整治。

【太湖新城数字经济创新港建设】 2022年，吴中区对太湖新城和太湖街道实行分设管理，将越溪街道、横泾街道8平方千米产业空间纳入太湖新城，总面积38平方千米。科学编制《吴中太湖新城·数字经济创新港空间发展规划》，统筹整合空间资源，重点发展工控系统、工业互联网、数字安全、在线新经济四大主导产业，前瞻布局数字孪生、空天信息、元宇宙三大未来产业，打造"苏州数字经济发展的核心承载区"。启动建设留学生创业园一期（在线新经济产业园）、二期（元宇宙产业园）60万方产业载体，建成投用苏州湾中心广场、环力科技产业园等5个共计100万平方米产业载体。落地中数集团（长三角）区域运营总部、网易有道智慧教育江苏总部、金蝶数字产业创新中心等216个数字经济项目，实现数字经济产业规模420亿元，增长13%，数字经济核心产业增加值占国内生产总值比重24%。引入市立医院总部、复旦大学附属儿科医院等医疗设施，以及华中师范大学附属苏州实验中学等学校，建成投用希尔顿逸林等星级酒店，形成以永旺梦乐城和歌林小镇为主体的吴郡商圈。

（吴中区委办　张　彬）

表75　2022年吴中区国民经济和社会发展主要指标统计表

指标	单位	实绩	比2021年（±）
地区生产总值	亿元	1590.17	1.8%
第一产业	亿元	17.67	1.8%
第二产业	亿元	737.15	1.9%
第三产业	亿元	835.35	1.6%
一般公共预算收入	亿元	210.40	1.0%
税收收入	亿元	175.26	-6.6%
进出口总额	亿美元	100.10	5.5%
出口总额	亿美元	73.06	8.7%
进口总额	亿美元	27.04	-2.3%

续表75

指标	单位	实绩	比2021年（±）
注册外资及中国港澳台资	亿美元	8.65	6.6%
实际使用外资及中国港澳台资	亿美元	3.58	-17.0%
全社会固定资产投资	亿元	613.50	-3.4%
工业投资	亿元	120.44	13.8%
新兴产业投资	亿元	132.27	31.7%
服务业投资	亿元	491.35	-7.1%
规模以上工业总产值	亿元	2403.93	7.4%
社会消费品零售总额	亿元	888.66	-0.6%
年末金融机构本外币存款余额	亿元	3535.91	11.6%
年末金融机构本外币贷款余额	亿元	3943.63	13.5%
城乡居民人均可支配收入	元	—	—
城镇居民人均可支配收入	元	81535.25	3.5%
农村居民人均可支配收入	元	—	—

（资料来源：吴中区委办）

相城区

【概况】 相城区位于苏州市区北部，市域地理中心。区域总面积489.96平方千米。辖望亭、黄埭、渭塘、阳澄湖4个镇，元和、黄桥、北桥、太平、北河泾、漕湖、澄阳7个街道，有64个村、78个社区。区政府驻阳澄湖东路。2022年底，户籍人口49.79万人，常住人口90.27万人。全年实现地区生产总值1105.32亿元，增长2.1%；实现一般公共预算收入145.68亿元，增长0.9%；城镇居民人均可支配收入7.33万元，增长3.7%。年内，相城区入选全国率先基本实现主要农作物生产全程机械化示范县（市、区）、全国首批数字家庭建设试点、全省首批车联网和智能网联汽车高质量发展先行区。

【经济发展】 2022年，相城区"加快江苏苏州（相城）车联网先导区建设""推动长三角国际研发社区建设"等10条内容纳入国家《推动长三角一体化发展2022年重点工作安排》。壮大数字经济，新增市级数字经济入库企业（机构）211家，累计686家，增量和总量连续两年列苏州市第一位。加强与市属国企交流合作，落地运营苏州市大数据集团，启用苏州大数据产业园。深耕数字金融、先进材料、智能车联网三大市级首批产业创新集群。中国人民银行在相城区加密资产大数据监测、贸易金融区块链两大平台部署测试，持牌金融机构实现零的突破，10家总行（总部）级实验室落户，新增51个数字人民币创新场景（10个为全国首发），成为全国密码应用和技术创新大赛永久会址，获批苏州市唯一的国家火炬特色产业基地。先进材料产业年销售额超过10亿元的企业突破10家。开放智能网联汽车全域道路测试和示范应用，智能驾驶公共服务平台完成测试里程超过500万千米，入选交通运输部首批智能交通先导应用试点，获批江苏省首批车联网和智能网联汽车高质量发展先行区。实施"纾困解难45条""服务业20条"等稳企政策，解决用工缺口2.3万人，为市场主体减负72.2亿元。注册外资及中国港澳台资10.57亿美元。新落户产业基金40只，总规模1604亿元。到国内外40余个城市招商313批次，累计签约项目280个，签约金额1093亿元，其中落户项目192个。举办第二届数字消费节、汽车生活节等促消费活动200余场。获批国家新型工业化产业示范基地（工业互联网）、省首批工业互联网标识创新应用示范区、省首批现代服务业高质量发展集聚示范区，连续5年列全省县域金融生态环境综合评估第一位，获评2019—2021年度全省金融生态优秀县，综合实力稳居全国百强区前30位。

【改革开放】 2022年，相城区推进高铁新城规划建设，保障苏州北站提级扩容以及通苏嘉甬高速铁路、苏锡常和如通苏湖城际铁路建设。推进周边TOD（以公共交通为导向的发展模式）综合开发，完善"四网融合进北站"和综合集疏运体系方案。与常熟市、姑苏区、苏州高新区签订战略合作协议，促进苏州市内全域一体化发展。深化国资国企领域综合改革，数字金融产业发展中心、区域发展研究中心完成升格，黄埭镇入选全省经济发达镇培育对象，国企改革三年行动取得明显成效。相城区获批全省县级地区创新信用管理与服务试点、江苏省知识产权建设示范（县域）。深化投融资机制改革，规范政府投资项目监管，争取政府专项债券，2个项目获得国家政策性开发性金融工具支持。深化"放管服"改革，推进"跨省通办""一网通办""全程网办"，建成10个产业园"一站式政务服务站"，实现32个事项"一件事一次办"、674个事项"两个免于提交"、61个事项"区内通办"，"摘牌即开工"刷新苏州市速度。优化外事服务工作格局，打造"阳澄会客厅"，提升营商环境质效。组织全区230余家企业参加进博会，完成意向采购额5900万美元。扶植总部经济发展壮大，2家企业被认定为市级跨国公司地区总部，3家企业入选苏州市年度出口名牌。

【科技创新】 2022年，相城区挂牌成立苏州实验室。启用先进技术成果转化长三角园区、中国计算机学会（CCF）业务总部和学术交流中心。签约落户湖南大学苏州高等研究院、魏桥轻量化（苏州）研究院。加快建设中荷（苏州）科技创新港、长三角国际研发社区启动区二期、河海大学苏州研究院。新增国家级科技企业孵化器3家、众创空间5家，数量均列苏州市第一位。加强企业创新主体培育，新认定高新技术企业581家，总数1373家，新认定国家级专精特新“小巨人”企业7家，实现国家级智能制造示范工厂、国家知识产权示范企业、江苏省创新型领军企业零的突破。获评省级工业互联网标杆工厂2家、星级“上云”企业159家，实施数字化改造项目1042个。新增省级院士工作站1家，入选市级以上科技领军人才48人。长三角先进材料研究院获批江苏省特种合金技术创新中心。

【城乡建设】 2022年，相城区完成“三区三线”划定工作，实行重点区域控规动态调整，编制完成一批专项规划研究。推进产业用地更新“双百”行动，黄桥街道全域土地综合整治试点方案首个获得全国自然资源部备案同意。完成苏州北站站房方案优化，启动迁建配套停车场，启动建设阳澄湖星济隧道、轨道交通10号线（苏虞张线）和2、4、7号线延伸线，竣工南村巷南延、长旺路—通浒路对接工程。新辟、优化公交线路29条，建成候车亭40个，增设站点88座，投用新能源公交车118辆。竣工安置房4171套，改造老旧小区住宅4146套，新增保障性租赁住房5511套、人才公寓4410套。建成投用苏州评弹公园、阳澄湖大闸蟹文化馆、渭塘珍珠文化馆、相城经开区文体中心、望亭大运河文体馆，开工建设春申湖路市民文化广场、缤纷汇体育公园、阳澄湖1971仓坊。建成口袋公园10个、休闲绿道15千米，新增改造绿化面积150万平方米。完成11个苏州市特色康居乡村和1个特色康居示范区创建，农村河道管护获评全省考核第一等次。元和塘古窑遗址获评省级田野考古示范项目，入选苏州地域文明探源工程。苏州北太湖旅游度假区获批省级旅游度假区。

【社会事业】 2022年，相城区保障民生支出121.3亿元，增长17.7%。完成37项民生实事项目，投资38.6亿元。投用全省首家建筑零工市场，新增就业岗位超过5万个，完成职业技能培训1.9万人次，扶持自主创业2478人。净增参保2.2万人，公积金扩面1.7万人，稳步上调居民医保财政补助、各类人员养老金。抓好新冠疫情防控，启用相关数据平台系统，保障医疗服务。投用苏州蓝十字脑科医院、苏州高铁新城医院和澄阳街道社区卫生服务中心，新建养老机构1家、综合性养老服务中心2家、日间照料中心3个，完成适老化改造573户。投入帮扶资金5590万元，实施困难群体帮扶项目701个。规范民办教育发展，新改扩建学校项目18个，投用6个，新增学位7214个，被推荐为全国儿童青少年近视防控试点县（市、区）。建成6个儿童友好示范社区、5家社区书店、2家“相阅·海豚”儿童书屋。

【生态文明建设】 2022年，相城区编制《相城区碳达峰行动方案》。实施清洁能源供应能力建设工程，在苏州市率先推进区域综合能源站建设，新投入使用2座能源站，总供能面积23.6万平方米。推进工业企业资源集约利用评价应用，淘汰低效企业超过700家。启动新一轮“散乱污”动态清理整治，完成清理355家。加强环境领域执法监管，针对企业环境违法行为下达行政处罚决定188件，全区涉危废企业均纳入省级全生命周期管理。落实《阳澄湖流域水生态环境质量提升三年行动计划（2022—2024年）》，持续开展阳澄湖断面预警监测、蓝藻监测、关联水体等监测，巩固阳澄湖综合治理成果。实施16项太湖流域和生态环境基础设施重点工程项目，实现全区1101条河道常态化监测全覆盖。年内，全区$PM_{2.5}$年均浓度为每立方米29微克，8个“国考”“省考”断面水质达标率保持100%。农村河道管护成效获评全省考核第一等次。打造“推窗见绿”“开门即景”城市体验，新增15千米休闲绿道，书香公园三期获得江苏省“扬子杯”优质工程奖。

【苏州评弹公园建成开放】 2022年6月3日，苏州评弹公园建成开放。8月23日，黄埭评弹博物馆开馆仪式暨中篇弹词《春申君传奇》首演在苏州评弹公园举办。苏州评弹公园位于相城区黄埭镇裴阳路东、阅湖生活广场北，占地面积近3万平方米，总建筑面积5843平方米，总投资1亿元。苏州评弹公园建有黄埭评弹博物馆、黄埭百年书场、评弹传习所、古戏台等多个功能区。黄埭评弹博物馆占地面积约600平方米，建筑面积3210平方米，展览陈列分序厅、渊源、书目、流派、传播、乡土、关怀、宝物、发展9个主题篇间。苏州评弹公园建成后，黄埭百年书场由黄埭老街熙余草堂搬迁至公园内，新建的书场有座位200个，分为上下两层，是苏州市区最大的书场。

【相城区获评全国主要农作物生产全程机械化示范县】 2022年12月28日，相城区获评全国第七批率先基本实现主要农作物生产全程机械化示范县。年内，相城区新增主要农作物生产机械装备

2022年6月3日，苏州评弹公园建成开放。图为苏州评弹公园俯瞰图
（相城区档案馆　供图）

表76　2022年相城区国民经济和社会发展主要指标统计表

指标	单位	实绩	比2021年（±）
地区生产总值	亿元	1105.32	2.1%
第一产业	亿元	8.33	2.4%
第二产业	亿元	542.77	0.4%
第三产业	亿元	554.21	3.6%
一般公共预算收入	亿元	145.68	−7.1%
税收收入	亿元	127.12	−8.9%
一般公共预算支出	亿元	147.93	11.4%
进出口总额	亿美元	71.51	−0.2%
进口总额	亿美元	15.49	0.4%
出口总额	亿美元	56.02	−2.4%
注册外资及中国港澳台资	亿美元	10.57	36.3%
实际使用外资及中国港澳台资	亿美元	3.73	—
全社会固定资产投资	亿元	538.99	7.7%
工业投资	亿元	100.08	12.3%
服务业投资	亿元	434.28	6.6%
新兴产业投资	亿元	110.66	19.2%
规模以上工业总产值	亿元	1742.73	2.1%
社会消费品零售总额	亿元	566.32	2.0%
年末金融机构本外币存款余额	亿元	2420.76	11.9%
年末金融机构本外币贷款余额	亿元	3148.77	14.2%
城镇居民人均可支配收入	元	73337	3.7%

（资料来源：相城区档案馆）

44台、智能农机装备11台、绿色环保农机装备3台、特色农机装备509台。新增市级粮食生产“全程机械化+综合农事”服务中心3家、特色农业机械化示范基地5家、智能农机示范基地1家，建成市级优势产业机械化示范园1家、农机行业职业技能实训基地1家。相城区被列入江苏省第二批农业生产全程全面机械化示范县。

（相城区档案馆　周丹俐）

姑苏区

【概况】 姑苏区位于苏州市区中心。区域面积83.42平方千米，其中古城区面积14.2平方千米。姑苏区是全国唯一的国家历史文化名城保护区，设苏州国家历史文化名城保护区党工委、管委会，是省委、省政府派出机构。姑苏区与苏州国家历史文化名城保护区实行“区政合一”管理体制。辖平江、金阊、沧浪、双塔、虎丘、苏锦、吴门桥、白洋湾8个街道，有169个社区。区政府驻平川路。2022年底，户籍人口75.11万人，常住人口93.04万人。全年实现地区生产总值912.5亿元，增长1.1%；实现一般公共预算收入61.84亿元，下降8.3%；城镇居民人均可支配收入7.39万元，增长3.5%。年内，姑苏区入选首批江苏省文化和旅游消费示范单位、首批江苏省文旅产业融合发展范区。

【经济发展】 2022年，姑苏区落实国家、省、市惠企纾困政策，发布40条区级纾困措施，累计发放各类助企纾困资金3.3亿元，创新推出“金融应急包”纾解中小微企业融资难题。融入长三角一体化、市域一体化发展，举办C9联盟第二次联盟大会，与苏州6个县级市（区）签署战略合作协议。落地落户苏州创新投资集团、苏州文化投资发展集团等6个新成立市属国企以及江苏国科质检技术服务有限公司等龙头企业，新增注册资本1亿元以上企业37家、市级总部企业5家。金普顿酒店、竹辉环宇荟开业，M+金狮“校园里”等12个载体建成，中张家巷29号、秦宅等8个古建老宅活化利用，全口径税收5000万元以上载体22个，闲置载体盘活率超过90%。完成区属国资战略重组、实现错位、有序、系统发展。聚焦数字经济时代产业创新集群发展，实施“百强千企”培育等“六大行动”。联东U谷姑苏数字科技产业园开工，金阊新城地块及燃气大厦部分地块挂牌。新认定高新技术企业53家，科技型中小企业总量突破400家，4家企业入选省专精特新中小企业。省重大科技成果转化项目实现零的突破，苏州热工研究院获得中国专利银奖，拉瓦锡谷获评国家级众创空间。姑苏区获评江苏省首批文化和旅游消费示范单位，平江历史街区获评国家级旅游休闲街区，观前街区获评国家级夜间文化和旅游消费集

2022年1月29日，姑苏区平江历史街区入选首批国家级旅游休闲街区。图为平江路及周边景色

（市委宣传部　供图）

聚区，虎丘街道观景社区获评全国最美志愿服务社区。

【城市建设】 2022年，姑苏区在全域开展"城市体检"，完成古城内外65个体检单元数据收集。实施苏锦一村四合苑等12个老旧小区改造，完成717个居民小区、零星楼宇环境微更新，推进既有多层住宅加装电梯。完成16个征收搬迁项目"清零"。打通苏城大道等一批"断头路"。拆违治乱行动拆违2988处，面积65.8万平方米，打造50个无违法建设示范区、80条无违法建设示范路。累计打造300条"净美街巷"、10个"净美街区"，按景区标准扎口管理环古城河健身步道。挖潜停车资源，新增泊位1.6万个，开放共享停车场11处。完成中央、省第二轮生态环保督察反馈问题整改。$PM_{2.5}$年均浓度为每立方米27.9微克，空气质量优良天数比例81.9%。开展河道高质量管护，新增"幸福河湖"18条，"省考"断面水质优Ⅲ比例保持100%，29条区管重点河道、13个重点关联断面水质全面达标。开展"公园城市"建设，建成绿馨园等10个口袋公园，地块覆绿、见缝插绿面积超过300万平方米。

【社会事业】 2022年，姑苏区在苏州市首创"家门口的人社服务站"工作模式，开展全链式就业帮扶，全年新增就业岗位6.5万个，其中大学生就业岗位1.3万个。发放失业保险稳岗返还补贴5117.8万元，惠及企业2.2万家、员工12万人。社保扩面新增7.2万人。完成20项民生实事。启用大儒实验小学及胥台、平齐、虎泉3所实验幼儿园，完成6所新校建设和3所百年老校改造项目。完成6家社区卫生服务机构新建、改扩建工作，设置40家"为民药事服务站"。建设完成8个街道综合为老服务中心和16个日间照料中心，建成投用苏州首家"养老+托育+卫生"一站式便民服务综合体，实现"虚拟养老"服务80周岁以上老年人全覆盖。双塔街道大公园社区获评全国示范性老年友好型社区。姑苏区实现省双拥模范城（县、区）"八连冠"。打造"一刻钟便民生活圈"，完成新康等4个农贸市场改造、扩建项目。推进数字社区建设试点，新建群众"家门口"共享服务空间6个。推出"姑苏夜书房"10家，更新、新建全民健身路径93个，推动学校体育场地等各类设施向公众开放。

【苏州市首家园林婚姻登记服务中心成立】 2022年8月3日，首届苏州园林婚博会暨姑苏区婚姻登记服务中心揭牌活动在耦园举办。为创新婚俗改革，为群众提供具有古城特色的优质公共服务，姑苏区婚姻登记处与古典园林耦园合作，在耦园设立姑苏区婚姻登记服务中心，打造集婚俗展示、家风教育、文明实践的婚姻文化场所，是全国世界遗产、古典园林首例，实现婚姻登记环境从"办公程序化"到"江南美学化"的转变。

【"砥砺奋进十年路，扬帆起航新征程"活动】 苏州国家历史文化名城保护区、姑苏区成立于2012年10月26日，由原平江、沧浪、金阊3个老城区合并而成。2022年是苏州国家历史文化名城保护区、姑苏区成立十周年。10月26日，苏州国家历史文化名城保护区、姑苏区举办"砥砺奋进十年路，扬帆起航新征程"活动。活动贯彻落实苏州国家历史文化名城保护区高质量发展动员大会精神，宣布设立苏州国家历史文化名城保护纪念日（10月26日），发布包括历史文化保护传承三年行动计划、古城保护更新三年行动计划、"城区即景区、旅游即生活"三年行动计划等9个三年行动计划在内的《保护区、姑苏区三年系列行动计划（2023—2025年）》，发布保护区、姑苏区成立十周年10件大事，举办十周年工作成效展，集中签约55个总投资额592.1亿元的重大项目。

（姑苏区档案馆　蒋永方）

表77　2022年姑苏区国民经济和社会发展主要指标统计表

指标	单位	实绩	比2021年（±）
地区生产总值	亿元	912.50	1.1%
第二产业	亿元	55.52	−12.0%
第三产业	亿元	856.98	1.9%
一般公共预算收入	亿元	61.84	−8.3%
税收收入	亿元	53.52	−9.7%

续表77

指标	单位	实绩	比2021年（±）
全社会固定资产投资	亿元	210.18	−15.1%
规模以上工业总产值	亿元	61.98	1.7%
社会消费品零售总额	亿元	970.65	−0.8%
城镇居民人均可支配收入	元	73852	3.5%

（资料来源：姑苏区档案馆）

虎丘区

【概况】 虎丘区位于苏州市区西部，西濒太湖。区域总面积332.37平方千米（含所属太湖水域面积）。虎丘区与苏州国家高新技术产业开发区（简称“苏州高新区”）实行“区政合一”管理体制。虎丘区辖浒墅关镇、通安镇2个镇，狮山、横塘、枫桥和东渚4个街道，有23个村、60个社区。区政府驻科普路。2022年底，户籍人口48.25万人，常住人口94.82万人。全年实现地区生产总值1766.17亿元，增长3.0%；实现一般公共预算收入182.06亿元，增长0.2%；城镇居民人均可支配收入7.61万元，增长3.6%。年内，虎丘区入选全国工业互联网推动数字化创新领先城区，苏州高新区入选国家知识产权强国建设示范园区、特色服务出口基地（知识产权）。

【城乡建设】 2022年，虎丘区对接苏州市国土空间规划，推进分区规划（2021—2035年），完成“三区三线”划定工作，形成国土空间开发保护并重格局。推进4个市级城市更新试点项目，开工建设创园壹号产业园、市集成电路创新中心。中环西线北延、科正路、通浒路东延三期竣工通车。新辟公交线路9条、优化线路15条；健全“漫行新区”绿色公共出行服务系统，新增及更新公共自行车站点25处，新增停车泊位2200个，建成口袋公园6个。治理违法建设46.9万平方米。完成56座山体专项规划编制，建成开放高景山生态公园，在苏州市率先建成苏州市生态资源公益修复基地。全区空气质量优良天数比例79%，绿化覆盖率46%。建成投用苏州市区首座全地下式水质净化厂，启动运行白荡、浒东水质净化厂扩建工程，创建完成11个污水处理提质增效达标区。推进劣Ⅴ类河道高标准整治，京杭运河33条支流支浜断面水质达标比例首次突破90%，“省考”断面水质优Ⅲ比例、重点水功能区和水源地水质达标率均为100%。开展“净美乡村”暨农村人居环境整治百日攻坚行动，完成镇湖街道“绣美太湖”市级特色康居示范区验收，建成濮舍等7个特色康居乡村。农村集体总资产237亿元，村均集体可支配收入超过1200万元，股份合作社分红2.65亿元，户均分红约4000元。

【社会事业】 2022年，虎丘区完成年度民生实事工程，用于民生支出占一般公共预算支出比重75%。推动就业创业，实现属地人员就业11002人，其中就业困难人员2436人；支持创业2767人，新增大学生创业企业365家。实行退捕渔民“一人一卡一档”实名制管理，退捕渔民就业率、参保率均保持100%。加快2个老旧小区改造进度，完成投资4034万元；推进保障性租赁住房筹建工作，筹建4768套（间）。推进“一刻钟便民生活圈”建设，建立8个社区试点。低保对象精准救助率、困境儿童应保尽保率和残疾人“两项补贴”精准发放率均为100%。扩大公共服务供给，开工建设南京大学苏州附属系列学校，新建改扩建学校17所，建成投用6所，可提供学位1.45万个；高考、中考成绩继续在苏州市领先。苏州科技城医院挂牌南京大学医学院附属苏州医院，苏州大学附属第二医院浒关院区二期加快建设，苏州高新区中医医院挂牌。试点实施“社区+物业+养老”，新建日间照料中心3个、嵌入式家医服务点6个，惠丰社区获评全国示范性老年友好型社区；新建普惠性托育机构4家，启用苏州高新区儿童福利院。举办第二届海峡两岸青年文化月、大运河文化艺术节、浒光运河赛艇穿越等特色文体活动，原创小品《我们的30+》获评省“五星工程奖”，获评中国工艺美术大师2人。争创全国文明典范城市，新增“江苏好人”2人、“苏州时代新人”3人。区融媒体中心建成投用，新华日报社苏州分社入驻。深化安全生产专项整治三年行动，全区未发生等级以上安全生产事故，生产安全事故起数和亡人数分别下降40%和50%。在全省民兵工作综合考核中列第一位。

2022年6月2日，全国首个迪卡侬体育公园旗舰店迪卡侬苏州浒关店开业

（杨炎橙　摄）

【三大功能片区建设】 2022年，虎丘区整合发展资源，完善功能布局，凝聚发展合力，全面开展狮山商务创新、浒墅关先进制造、太湖科学城三大功能片区建设。6月19日，召开全面深化三大功能片区建设推进大会。10月31日，印发《狮山商务创新功能片区建设推进方案》《浒墅关先进制造功能片区建设推进方案》《太湖科学城功能片区建设推进方案》，提出三大功能片区建设指导思想、总体目标、工作任务及工作要求，推动全区形成三大功能片区相互促进、互补融合、协同错位发展格局。

【西门子电气产品中国及东亚总部揭牌】 2022年7月5日，西门子电气产品中国及东亚总部揭牌仪式暨深化战略合作签约仪式在苏州高新区举办。2021年6月，西门子电气产品中国总部落户虎丘区，为德国西门子股份公司在欧洲、美国之外设立的第三个全球电气产品地区总部，是一家集投资、管理、经营、研发于一体的综合性地区总部。西门子电气产品中国总部升级为中国及东亚总部后，其管理范围将覆盖韩国、日本等东亚地区。西门子电气产品中国及东亚总部与苏州高新区签署深化战略合作协议，打造包括业务拓展、产品管理、数字化创新中心、研发和制造在内的完整产业链，并在绿色低碳、“智改数转”等方面开展更深层次、更宽领域的战略合作。

（苏州高新区档案馆　曹梦婷）

表78　2022年虎丘区国民经济和社会发展主要指标统计表

指标	单位	实绩	比2021年（±）
地区生产总值	亿元	1766.17	3.0%
第一产业	亿元	1.29	3.3%
第二产业	亿元	857.57	2.6%
第三产业	亿元	907.31	3.3%
一般公共预算收入	亿元	182.06	0.2%
税收收入	亿元	155.63	−0.5%
进出口总额	亿美元	427.41	−2.2%
出口总额	亿美元	284.50	1.9%
进口总额	亿美元	142.91	−9.4%
注册外资及中国港澳台资	亿美元	17.55	46.4%
实际使用外资及中国港澳台资	亿美元	8.05	55.5%
全社会固定资产投资	亿元	579.59	5.1%
工业投资	亿元	96.94	6.5%
服务业投资	亿元	482.65	4.8%
新兴产业投资	亿元	188.15	46.7%
规模以上工业总产值	亿元	3602.47	3.7%
社会消费品零售总额	亿元	630.94	0.3%
年末金融机构本外币存款余额	亿元	2945.24	18.8%
年末金融机构本外币贷款余额	亿元	3265.78	13.1%
城镇居民人均可支配收入	元	76072	3.6%

（资料来源：苏州高新区档案馆）

编辑：魏福堂

先进人物

“八一勋章”获得者

钱七虎 男，汉族，1937年10月生，江苏昆山人，中共党员。中国工程院院士，防护工程学家。曾任南京工程兵工程学院院长、原总参谋部科技委副主任、国际岩石力学学会主席、中国岩石力学与工程学会理事长。1994年当选为中国工程院院士。长期从事防护工程及地下工程的教学与科研工作，创建中国防护工程学科，建成国家重点学科、重点实验室和创新研究群体，填补多项理论研究空白。研制出中国第一套空中核爆炸荷载模拟试验装置，研发出多种新型防护材料和系列高抗力复合结构。获得国家科技进步一、二、三等奖各1项，获得中国人民解放军专业技术重大贡献奖、何梁何利基金科学与技术进步奖等。2013年获得一等功。2019年获得2018年度国家最高科学技术奖。2020年获得首届苏州科学家勋章。2022年被中央军委授予“八一勋章”。

（年鉴编辑部）

全国“人民满意的公务员”

王恩鹏 男，汉族，1983年5月生，江苏扬州人，中共党员，大学学历。苏州市吴江区公安局吴江经济技术开发区派出所副所长、三级警长。2013年11月被江苏省公安厅授予个人二等功，2014年4月被江苏省公安厅、共青团江苏省委授予“江苏公安青春警星”称号并记个人二等功，2017年2月被江苏省委政法委授予“全省政法系统忠诚卫士”称号，2017年5月被公安部授予“全国优秀人民警察”称号，2019年9月被江苏省委、省政府授予全省“人民满意的公务员”称号，2022年5月被人力资源社会保障部、公安部授予“全国特级优秀人民警察”称号。2022年8月被中共中央、国务院授予全国“人民满意的公务员”称号。作为基层社区民警，从警14年期间，曾两次不顾生命危险冲进火场救人排险，新冠疫情防控期间，带病冲锋一线，始终把群众利益放在首位。坚持“互联网+”思维，自主研发多个系统平台，辖区流动人员信息采集率超过98%。率先试点“1+5+1”综合网格改革，调处各类矛盾纠纷近3000起。

（市委组织部　周佳慧）

全国五一劳动奖章获得者

何世才 男，汉族，1981年11月生，江苏新芳科技集团股份有限公司焊工。2022年全国五一劳动奖章获得者。他从事压力容器制造焊接、手工电弧焊、氩弧焊、气体保护焊全项焊接工作，探伤合格总合格率达到98%。参与公司首台大唐东营高压加氢反应器的焊接，主要焊缝一次合格率达到99.99%。参与公司首台上海电气蛇形高加的左右手障碍氩弧焊，拍片合格率达到99.99%。参与公司首台保密自主研发产品——恒温可控变换炉，主要承压焊口的焊接，主体合拢中心管的全位置氩电联焊，虽然复合板材厚100毫米以上，但仍能做到100%探伤检测合格。

王霞琦 男，汉族，1968年11月生，苏州巨能发电配套设备有限公司工区长。2022年全国五一劳动奖章获得者。他作为公司引进的优秀生产技术骨干，在焊接件变形控制和冷作装配整形上有独到的技能，优化110兆瓦核电发电机的挡风板等工艺，用独特的控制变形方法，保质保量地完成制造任务，得到中国广核集团、上海发电机厂等用户的好评。带领团队勇于创新，研发新工艺，攻克工艺难题，修改的图纸以过硬的质量获得通用电气公司、西门子公司等的认可，完成大量的全国首创产品。

黄建安 男，汉族，1960年10月生，苏州大学附属第一医院呼吸与危重症医学科主任。2022年全国五一劳动奖章获得者。他带领科室获得国家临床重点专科、江苏省医学重点学科，并于2018年获得国家疑难病症诊治能力提升工程建设项目。作为第一作者和通信作者发表论文100余篇，应邀参与制定行业诊疗指南、规范、共识14项；承担省部级以上科研项目10余项；以第一完成人获得省部级奖5项。作为教师，言传身教，成为青年医师的榜样，获评“2020江苏教师年度人物”，其工作室被评为2021年江苏省教科系统示范性劳模和工匠人才创新工作室。

董晓峰 男，汉族，1984年8月生，国网江苏省电力有限公司苏州供电分公司设备状态管理专责。2022年全国五一劳动奖章获得者。2015年起，他参与苏州配电自动化、苏州工业园区主动配电网、苏州配网资产国际对标、苏州世界一流城市配电网和苏州古城区配（用）电物联网等前沿项目的调研、规划、设计和建设等工作，发挥技术专家的优势，带领劳模创新工作室打造具有技术竞争力和全国知名度的技术队伍，主持或参与电网公司科技项目6项，负责国网公司示范工程3项，获得省部级科技进步二等奖和省部级设计咨询一等奖各2项，发表学术论文20余篇（SCI检索3篇），授权专利12项（发明专利8项）。

范　力 男，汉族，1966年12月生，东吴证券股份有限公司党委书记、董事长。2022年全国五一劳动奖章获得者。他熟悉经济金融工作，担任公司党委书记、董事长后，服务“长三角一体化”战略布局，引领和把握公司的发展方向，推动东吴证券高质量发展。领导公司围绕中国资本市场改革新要求，抢抓科创板和北京证券交易所设立机遇，服务实体经济。累计帮助441家企业实现“新三板”挂牌，通过多种方式合计投资14家科创板企业，保荐2家苏州企业首批上市北京证券交易所；发行“双创债”和“双创可转债”34单，占全市场近四分之一，连续5年列全行业第一位；推进全国首批、江苏首单公募苏州工业园区REITs项目上市；促成国寿东吴（苏州）城市发展基金成为苏州实缴规模最大基金；履行社会责任，成立全省首家券商慈善基金会。

（市总工会　胡锋波）

表79　2022年苏州市获得国家级表彰奖励的个人一览表

序号	荣誉名称	姓名	单位	表彰单位	表彰时间
1	全国三八红旗手	邹英姿	苏州高新区镇湖滴滴绣刺绣艺术馆	全国妇联	2022年3月2日
2	全国优秀共青团员	蒋晓龙	苏州市吴中区城南街道办事处	共青团中央	2022年4月13日
3	全国优秀共青团员	孟　阳	国家知识产权局专利局专利审查协作江苏中心	共青团中央	2022年4月13日
4	全国优秀共青团员	张东升	苏州震纶生物质纤维有限公司	共青团中央	2022年4月13日
5	全国优秀共青团干部	周　波	昆山市千灯镇招商服务中心	共青团中央	2022年4月13日
6	全国优秀共青团干部	王　君	苏州市公安局姑苏分局	共青团中央	2022年4月13日
7	全国优秀共青团干部	沈思含	苏州高新技术创业服务中心	共青团中央	2022年4月13日
8	全国机关事务工作先进个人	张林法	苏州市吴江区机关事务管理中心	人力资源社会保障部、国家机关事务管理局、中共中央直属机关事务管理局	2022年4月24日
9	全国五一劳动奖章	何世才	江苏新芳科技集团股份有限公司	全国总工会	2022年4月28日
10	全国五一劳动奖章	王霞琦	苏州巨能发电配套设备有限公司	全国总工会	2022年4月28日
11	全国五一劳动奖章	黄建安	苏州大学附属第一医院	全国总工会	2022年4月28日
12	全国五一劳动奖章	董晓峰	国网江苏省电力有限公司苏州供电分公司	全国总工会	2022年4月28日
13	全国五一劳动奖章	范　力	东吴证券股份有限公司	全国总工会	2022年4月28日
14	第26届中国青年五四奖章	马瑜婷	苏州系统医学研究所	共青团中央、全国青联	2022年5月3日
15	第26届中国青年五四奖章	黄　帆	苏州蛟视智能科技有限公司	共青团中央、全国青联	2022年5月3日
16	全国家庭工作先进个人	秦真智	张家港市妇联	全国妇联	2022年5月13日
17	全国信访系统先进个人	范文娟	吴中区信访局	人力资源社会保障部、国家信访局	2022年5月20日
18	全国特级优秀人民警察	王恩鹏	吴江区公安局吴江经济开发区派出所	中共中央、国务院	2022年5月25日
19	全国司法行政系统先进个人	王　侃	苏州市司法局	人力资源和社会保障部、司法部	2022年6月15日
20	全国“人民满意的公务员”	王恩鹏	苏州市吴江区公安局吴江经济技术开发区派出所	中共中央、国务院	2022年8月30日
21	第十七届中国青年科技奖	何　耀	苏州大学	中共中央组织部、人力资源社会保障部、中国科协、共青团中央	2022年11月12日
22	中国人民银行先进工作者	钱卫星	中国人民银行苏州市中心支行	人力资源社会保障部、中国人民银行	2022年12月6日
23	全国优秀少先队员	万沛妤	昆山市实验小学	共青团中央、教育部、全国少工委	2022年12月27日
24	全国优秀少先队员	谢旻宸	常熟市实验中学	共青团中央、教育部、全国少工委	2022年12月27日
25	全国优秀少先队辅导员	匡慧娟	张家港市少先队	共青团中央、教育部、全国少工委	2022年12月27日

（资料来源：市委组织部　市人力资源社会保障局　市总工会　团市委　市妇联）

表80　2022年苏州市民当选“中国好人”一览表

当选季度	姓名	当选类别	当选季度	姓名	当选类别
一季度	刘春荣	助人为乐	三季度	蒋根元	孝老爱亲
二季度	黄　萍	诚实守信	四季度	梁雪芳	助人为乐

（资料来源：市委宣传部）

表81　2022年苏州市接收获得二等功以上退役军人一览表

姓名	籍贯	记功类型	记功次数	安置单位
丁　炜	江苏省宿迁市	二等功	1	苏州市国防动员办公室
谢文年	安徽省舒城县	二等功	1	苏州市工商业联合会
严晨涛	江苏省常熟市	二等功	1	常熟市产业研究发展中心

续表81

姓名	籍贯	记功类型	记功次数	安置单位
郭文兴	河南省社旗县	二等功	1	昆山市市级机关事务管理中心
查科胜	江苏省江阴市	作战部队优秀专业技术人才奖	1	吴江区退役军人事务局

（资料来源：市退役军人事务局）

先进集体

全国“人民满意的公务员集体”

张家港市精神文明建设指导委员会办公室　成立于1987年。2022年8月被中共中央、国务院授予全国“人民满意的公务员集体”。该办公室深化文明城市创建，开发文明创建天气图平台，累计整改问题19479个，整改率98%。全域推进乡村复兴少年宫建设，创新打造幸福家长驿站139家，建设文明实践·益空间、24小时图书馆驿站等阵地。连续16年开展寻访身边好人张闻明道德风尚行动，培育选树全国道德模范4人、中国好人29人，凝聚28.6万名注册志愿者、1395支志愿服务团队，累计志愿者服务时长超过1000万小时。承办《全国县级文明城市测评体系》修订工作座谈会、全国文明实践志愿服务工作培训班等，文明创建经验培训交流覆盖近30个省（自治区、直辖市）。推动张家港市1997年被中央宣传部确定为全国文明城市创建示范点，1999年被中央文明委授予首批“全国创建文明城市工作先进城市”称号，2005年起连续6届获评全国文明城市，2021年被中央文明办确定为全国文明典范城市创建综合测试试点城市，多次获得中央文明办通报表扬。

（市委组织部　周佳慧）

全国模范公安单位

张家港市公安局法制大队　成立于1990年，2013年1月由法制办公室调整更名为法制大队，副科级建制，先后获得集体一等功1次、集体二等功2次、集体三等功3次，获评全国优秀公安基层单位、全省公安机关执法示范所队、全省公安机关成绩突出党员集体等。2022年5月被中共中央、国务院授予“全国模范公安单位”称号。该大队学习贯彻习近平法治思想，推进执法规范化建设，以深化执法监督管理机制改革为动力，以推动执法办案管理中心建设使用提质增效为牵引，推出引领全国、全省的一站式刑事速裁等“十个率先”举措，铸就“张家港公安执法公正”品牌。依托该大队的探索和实践，张家港市公安局全警执法能力和执法水平不断提升，实现由公安法制向法治公安的转型。该局6次获评全国公安执法示范单位，是全省唯一的执法质量考评“24年连优”单位。

（市公安局　张炜绮）

全国五一劳动奖状获奖集体

苏州上声电子股份有限公司　成立于1992年，位于苏州市相城区，是一家从事声学产品的专业上市公司。2022年获评全国五一劳动奖状。公司以劳模工作室为人才培育摇篮，培养技术型、创新型人才。有江苏省劳动模范2人、苏州市劳动模范2人。通过技术创新、团队融合、形成合力专注技术攻坚，累计获得授权专利112项，申请发明专利33项，使用新型专利79项。开展技能竞赛和劳动竞赛活动，建设技能人才队伍。每年按时召开职工代表大会，履行职工代表大会制度，签订集体合同，对员工代表提出的提案处理率100%。开展员工文体活动，丰富企业文化建设。

全国工人先锋号获奖集体

江苏新视界先进功能纤维创新中心有限公司综合运营部　主要负责公司的行政科室及日常各项行政事务及联盟运营工作，并兼具对外沟通协调、企业宣传的职能。2022年获评全国工人先锋号。该运营部主要完成公司股东结构调整，股东单位由原有的9家增至15家；扩展联盟单位至143家，启动碳纤维复合材料试验等4个技术协同创新公共服务平台，整合行业优势资源，协同全产业发展；优化公司组织架构，建设人才团队，建立中心网站、微信公众号等宣传平台，为中心日常运营提供保障；举办论坛、组织活动，与联盟单位对接活动35次，签订合作协议8项。

苏州传化公路港物流有限公司物业管理组　主要负责公司的物业维修、节能降耗、水电等方面的管理及服务工作，秉承“客户至上、优质服务、节能降耗”的意识，争创一流的团队。2022年获评全国工人先锋号。该班组开展员工技能比赛、技术练兵等活动。每周开展专业培训，学习国家电网电力安全工作规程、苏州市变配电通用规程、基地水电管理方案、消防泵房应急培训等。每月开展现场操作比试、技术比武、水电工基础知识竞赛、“服务之星”评比等。

苏州市轨道交通集团有限公司运营一分公司乘务一车间　主要负责苏州轨道交通1号线电客车、工程车驾驶和司机管理工作，秉承“严谨、务实、开拓、进取”的工作态度，确保运营安全。2022年获评全国工人先锋号。截至2022年2月15日，该车间实现1号线安全运行3581天，列车总运行3900万余千米；1号线列车准点率99.95%，运行图兑现率99.99%，在全国同行业领先。从司机业务技能提升、保障生产安全等目标出发，制订培训计划，开展人才队伍的专业技能培训，先后培养乘务岗位人员842人，为线网输送乘务岗位、调度岗位人才298人，为合肥、青岛、厦门、长沙等地轨道交通单位培训乘务人才186人。组织参加各类技能大赛、技术比武等活动，多名员工获奖，车间先后获评江苏省工人先锋号、全国青年安全生产示范岗等。

中国电信股份有限公司苏州分公司接入维护中心　主要负责苏州全区干线和光接入网络的维护工作，在职员工42人，中心下属设置4个班组。2022年获评全国工人先锋号。创新维护模式，在外力施工点、干线巡检率先开展基于AI技防的综合光缆维护体系，实现7X24小时全天候看护；创新有源机房的AI管理模式。开展节能减排，通过空调节能改造等举措，节约电费2538万元。自主开发电表数字化管理系统，实现电表互联网化、抄表远程化、报账自动稽核。保障干线和接入光网安全运行，一级长途光缆干线连续5年无故障，完成建党百年等重点保障；3人获评江苏电信优秀干线巡线员。开展工会活动、改善工作生活环境，提升员工幸福感。获评2021年度苏州市地下管线管理先进集体。

（市总工会　胡锋波）

表82　2022年苏州市获得国家级表彰奖励的集体一览表

序号	荣誉名称	获奖集体	表彰单位	表彰时间
1	全国五四红旗团委	江苏永钢集团有限公司团委	共青团中央	2022年4月13日
2	全国五四红旗团委	苏州工业园区独墅湖科教创新区团工委	共青团中央	2022年4月13日
3	全国五四红旗团支部	昆山市张浦镇金华村团支部	共青团中央	2022年4月13日
4	全国五四红旗团支部	苏州工业园区菁华社区团支部	共青团中央	2022年4月13日
5	全国五四红旗团支部	苏州大学苏州医学院2017级临床儿科团支部	共青团中央	2022年4月13日
6	全国五一劳动奖状	苏州上声电子股份有限公司	全国总工会	2022年4月28日
7	全国工人先锋号	苏州传化公路港物流有限公司物业管理组	全国总工会	2022年4月28日
8	全国工人先锋号	苏州市轨道交通集团有限公司运营一分公司乘务一车间	全国总工会	2022年4月28日
9	全国工人先锋号	中国电信股份有限公司苏州分公司接入维护中心	全国总工会	2022年4月28日
10	全国工人先锋号	江苏新视界先进功能纤维创新中心有限公司综合运营部	全国总工会	2022年4月28日
11	全国五好家庭	姑苏区劳动路通归桥弄金玉飞家庭	全国妇联	2022年5月13日
12	全国五好家庭	姑苏区大观花园北区刘国华家庭	全国妇联	2022年5月13日
13	全国五好家庭	姑苏区西环路3108号鑫苑景园叶美琴家庭	全国妇联	2022年5月13日
14	全国五好家庭	太仓市城厢镇名都花苑叶玉萍家庭	全国妇联	2022年5月13日
15	全国最美家庭	昆山市陆家镇邵村北苑陈凤林家庭	全国妇联	2022年5月13日
16	全国最美家庭	常熟市辛庄镇东荡村苏洁家庭	全国妇联	2022年5月13日
17	全国最美家庭	吴江区盛泽镇坛丘北旺村翁彬涛家庭	全国妇联	2022年5月13日
18	全国模范公安	张家港市公安局法制大队	中共中央、国务院	2022年5月25日
19	全国司法行政系统先进集体	相城区司法局	人力资源社会保障部、司法部	2022年6月15日
20	全国司法行政系统先进集体	江苏剑桥颐华律师事务所	人力资源社会保障部、司法部	2022年6月15日
21	全国文物系统先进集体	苏州市文物局	人力资源社会保障部、国家文物局	2022年7月19日
22	全国统计系统先进集体	张家港市统计局	人力资源社会保障部、国家统计局	2022年8月18日
23	全国绿化先进集体	苏州市林业站	全国绿化委员会、人力资源社会保障部、国家林草局	2022年8月18日
24	全国“人民满意的公务员集体”	张家港市精神文明建设指导委员会办公室	中共中央、国务院	2022年8月30日
25	全国科技管理系统先进集体	昆山高新技术产业开发区科学技术与知识产权局	人力资源社会保障部、科技部	2022年12月29日
26	全国优秀少先队集体	苏州市实验小学校少先队大队	共青团中央、教育部、全国少工委	2022年12月27日
27	全国优秀少先队集体	张家港市合兴小学四（5）中队	共青团中央、教育部、全国少工委	2022年12月27日

（资料来源：市委组织部　市人力资源社会保障局　市总工会　团市委　市妇联）

逝世人物

逝世地市级以上领导干部

施乃康　男，中共党员，原苏州市广播电视局督导员，因病医治无效，于2022年1月10日在上海逝世，享年94岁。江苏海门人，1928年7月生，1944年8月参加革命工作，1945年9月加入中国共产党，1984年12月离休，享受地市级政治生活待遇。

姜　及　男，中共党员，原苏州市交通局顾问组副组长，因病医治无效，于2022年1月28日在苏州逝世，享年100岁。山东海阳人，1922年7月生，1941年11月参加革命工作，1948年5月加入中国共产党，1983年5月离休，享受地市级政治生活待遇。

金育才　男，中共党员，原苏州市电子局副局长，因病医治无效，于2022年1月30日在苏州逝世，享年94岁。江苏苏州人，1928年10月生，1945年4月参加革命工作，1946年3月加入中国共产党，1984年12月离休，享受地市级政治生活待遇，2021年7月享受副省（部）长级医疗待遇。

陈达力 男，中国国民党革命委员会党员，苏州市政协原副主席、民革苏州市委员会原主委，因病医治无效，于2022年2月1日逝世，享年92岁。江苏吴江人，1930年12月生，1949年5月参加工作，1983年7月加入中国国民党革命委员会，1998年12月离休。

丁志华 男，中共党员，原苏州市科学技术协会副主席、督导员，因病医治无效，于2022年3月16日在苏州逝世，享年96岁。浙江舟山人，1926年10月生，1945年4月加入中国共产党并参加革命工作，1985年12月离休，享受地市级政治生活待遇。

俞　明 男，中共党员，苏州市人大常委会原副主任，因病医治无效，于2022年5月7日在苏州逝世，享年94岁。江苏昆山人，1928年5月生，1945年2月加入中国共产党，1945年4月参加革命工作，1994年7月离休，2015年10月享受按副省长级报销医疗费待遇，2021年7月享受副省长级医疗待遇。

王学高 男，中共党员，原江苏苏州钢铁厂党委副书记，因病医治无效，于2022年6月10日在苏州逝世，享年94岁。江苏海门人，1928年9月生，1944年8月参加革命工作，1945年9月加入中国共产党，1988年11月离休，享受地市级政治生活待遇，2021年7月享受副省（部）长级医疗待遇。

宋胜龙 男，中共党员，苏州市人大常委会原副主任、党组副书记，因病医治无效，于2022年7月7日在苏州逝世，享年78岁。江苏张家港人，1944年10月生，1964年1月参加工作，1965年2月加入中国共产党，2008年1月退休。

张开峰 男，中共党员，原吴县人大常委会副主任，因病医治无效，于2022年8月23日在苏州逝世，享年98岁。安徽全椒人，1924年11月生，1939年5月参加革命工作，1941年5月加入中国共产党，1985年12月离休，享受地市级政治生活待遇，后享受副省（部）长级医疗待遇。

何　春 男，中共党员，原苏州市港务管理处党委副书记、主任，因病医治无效，于2022年8月16日在苏州逝世，享年96岁。辽宁锦州人，1926年10月生，1945年9月参加革命工作，1946年3月加入中国共产党，1987年5月离休，享受地市级政治生活待遇。

戎立萍 男，中共党员，原苏州市妇幼保健院党委书记，因病医治无效，于2022年9月19日在苏州逝世，享年92岁。安徽全椒人，1930年7月生，1944年9月参加革命工作，1947年6月加入中国共产党，1987年12月离休，享受地市级政治生活待遇。

周大炎 男，九三学社社员，苏州市政协原副主席，九三学社江苏省委原副主委、苏州市委原主委，因病医治无效，于2022年11月4日在苏州逝世，享年90岁。江苏苏州人，1932年10月生，1949年10月参加工作，1988年2月加入九三学社，2003年4月退休。

孙仁先 男，中共党员，原苏州东吴丝织厂党委书记，因病医治无效，于2022年12月11日在苏州逝世，享年93岁。山东文登人，1929年10月生，1945年2月参加革命工作，1946年5月加入中国共产党，1987年12月离休，享受地市级政治生活待遇，2021年7月享受副省（部）长级医疗待遇。

庄　骞 男，中共党员，原江苏省邮电技工学校副校长、调研员，因病医治无效，于2022年12月4日在苏州逝世，享年93岁。江苏邳县人，1929年11月生，1945年8月参加革命工作，同年加入中国共产党，1989年12月离休，享受局（司）级待遇，2021年享受副省（部）长级医疗待遇。

何景志 男，中共党员，原苏州市医药公司副经理，因病医治无效，于2022年12月13日在苏州逝世，享年100岁。山东平度人，1922年9月生，1941年5月参加革命工作，1946年3月加入中国共产党，1983年12月离休，享受地市级政治生活待遇、副省部级医疗待遇。

（市委老干部局　刘　杰）

逝世院士

邹　竞 女，感光材料专家，天津大学教授，1994年当选中国工程院首批院士。2022年6月9日在天津去世。1936年生于上海，祖籍浙江平湖，幼时因战乱和家人迁至苏州生活，在苏州完成小学、初中和高中学业。长期从事感光材料和功能性薄膜材料研究和新产品开发，并取得多项研究成果。获得国家科技进步奖一等奖、二等奖各1项，化工部科技进步二等奖2项，何梁何利基金科学与技术进步奖。

顾健人 男，肿瘤分子生物学家，上海市肿瘤研究所研究员，1994年当选中国工程院首批院士。2022年9月27日在上海去世。1932年生于苏州。中国癌相关基因及基因治疗研究的奠基人之一，提出肿瘤是一种系统性疾病的概念。从事肝癌发生的分子机理研究，在国际上首次发现肝癌的活化癌基因谱，获得国家科技进步二等奖，卫生部科技进步一等奖。创建以细胞生长为基础的高通量功能基因筛选系统，发现372个具有抑制或促进细胞生长的新基因全长cDNA，获得上海市科技进步一等奖。发表学术论文530余篇。获得中国发明专利74项和美国专利8项。获得上海市首届科技功臣、全国五一劳动奖章和全国先进工作者、何梁何利基金科学与技术进步奖、光华工程科技奖等。

蒋华良 男，药学家、中国科学院上海药物研究所研究员，2017年当选中国科学院院士。2022年12月23日在上海逝世。1965年生于常州。作为苏州工业园区生物医药产业引进的重点平台型项目，蒋华良推动中国科学院苏州药物研究院在苏州工业园区的成立及落地，推动多个相关创新团队和项目落户苏州。主要从事药物科学基础研究和新药发现，系统发展药物作用的靶标发现和药物设计理论计算的新方法，同时发展能预测化合物药效的理论计算方法。获得国家自然科学二等奖、何梁何利基金科学与技术创新奖等。

（市科协　唐　俭）

编辑：王怀芹

重要文献选编

地方性法规

苏州市数据条例

（2022年10月28日苏州市第十七届人民代表大会常务委员会第四次会议通过
2022年11月25日江苏省第十三届人民代表大会常务委员会第三十三次会议批准）

目　录

第一章　总则

第一条　为了规范数据处理活动，保障数据安全，保护合法数据权益，实现数据要素价值，推动全国数字化发展标杆城市建设，根据《中华人民共和国数据安全法》《中华人民共和国个人信息保护法》《江苏省数字经济促进条例》等法律、法规，结合本市实际，制定本条例。

第二条　本市行政区域内数据处理，数据发展和应用，数据要素市场培育，数据促进和保障，数据安全管理等活动，适用本条例。

第三条　本条例中下列用语的含义：

（一）数据，是指任何以电子或者其他方式对信息的记录，包括公共数据、企业数据和个人数据等；

（二）数据处理，包括数据的收集、存储、使用、加工、传输、提供、公开、删除、销毁等；

（三）公共数据，是指本市国家机关，法律、法规授权的具有管理公共事务职能的组织，以及其他提供公共服务的组织（以下统称公共管理和服务机构）在履行法定职责、提供公共服务过程中产生、收集的数据；

（四）企业数据，是指各类市场主体在生产经营活动中产生、收集的数据；

（五）个人数据，是指载有已识别或者可识别的自然人信息的数据，不包括匿名化处理后的数据。

第四条　市、县级市（区）人民政府应当加强对数据工作的领导，将数据开发利用和产业发展纳入国民经济和社会发展规划，制定数据产业发展规划，建立健全数据工作议事协调机制，协调解决数据开发利用、产业发展、区域协同和数据安全等工作中的重大问题。

本市各级人民政府和有关部门应当实行数据工作与业务工作协同管理，推动数据要素跨地区、跨部门、跨层级的流通利用和融合应用，引导全社会参与经济、生活、治理等领域全面数字化转型。

第五条　市、县级市（区）大数据主管部门负责统筹规划、综合协调本行政区域内数据发展和监督管理工作，促进数据治理和流通利用。

网信部门负责统筹协调个人信息保护、网络数据安全和相关监督管理工作。

公安机关、国家安全机关等在各自职责范围内依法负责个人信息保护、数据安全监督管理工作。

发展和改革、工业和信息化、行政审批、市场监督管理、统计、金融管理等部门在各自职责范围内负责数据监督管理相关工作。

第六条　自然人、法人和非法人组织依法享有数据资源持有、数据加工使用、数据产品经营等权益，获取与其数据价值投入和贡献相匹配的合法收益。

自然人、法人和非法人组织开展数据处理活动、行使相关数据权利，应当遵守法律、法规，尊重社会公德和伦理，遵守商业道德和职业道德，不得危害国家安全和公共利益，不得损害他人的合法权益。

第七条　在融入和服务长三角一体化发展，推进苏南国家自主创新示范区、中国（江苏）自由贸易试验区苏州片区等建设进程中，鼓励开展数据标准化体系、数据安全流动技术、数字认证体系、数据处理机制等的对接，支持数据区域合作、跨域协同。

第二章　数据资源

第八条　本市按照国家和省统一部署，建立健全公共数据资源体系。

大数据主管部门负责公共数据管理的统筹、指导、协调和监督工作，负责指导公共管理和服务机构建立透明化、可审计、可追溯的公共数据管理机制。

公共管理和服务机构是本行业、本领域公共数据管理的责任主体，应当建立与履行法定职责、提供公共服务相匹配的本行业、本领域的公共数据资源体系。

公共数据管理涉及多个部门或者责任不明确的，由同级大数据主管部门报本级人民政府确定。

第九条 本市统筹推进集约化的“一网通用”公共基础能力建设，建立统一的公共数据平台，作为公共数据资源汇聚、共享、开放的唯一通道，并与省公共数据平台连接和贯通。

市大数据主管部门负责公共数据平台的建设、运行和维护，并制定相关技术标准，完善管理运行机制。

财政资金保障运行的公共管理和服务机构不得新建跨部门、跨层级的公共数据平台和共享、开放通道；已经建成的，应当按照有关规定进行整合，并逐步归并于统一的公共数据平台。

第十条 本市建立统一的公共数据资源目录管理体系。市大数据主管部门负责依据国家和省有关要求制定公共数据资源目录编制规范。公共数据资源目录应当明确公共数据的来源、更新频率、安全等级、共享开放属性等要素。

公共管理和服务机构应当根据公共数据资源目录编制规范，按照数据与业务对应的原则，编制本行业、本领域公共数据资源目录，定期发布并动态调整。

第十一条 公共管理和服务机构应当遵循合法、正当、必要和诚信的原则，按照法定权限、范围、程序和标准规范收集各类数据；涉及自然人、法人和非法人组织数据的，相关自然人、法人和非法人组织应当予以配合。对在履行职责中知悉的个人隐私、个人信息、商业秘密、保密商务信息等应当依法予以保密，不得泄露或者非法向他人提供。

公共管理和服务机构应当采用数字化方式收集信息。鼓励有关公共管理和服务机构将本单位的存量历史信息进行数字化处理。

可以通过共享方式获取的公共数据，不得重复收集，法律、法规另有规定或者自然人、法人和非法人组织同意的除外。

财政资金保障运行的公共管理和服务机构为履行法定职责或者提供公共服务需要向社会采购数据的，由同级大数据主管部门统筹组织、统一采购。

第十二条 公共管理和服务机构应当向公共数据平台归集公共数据，并确保归集数据的科学性、准确性、时效性、完整性。

市大数据主管部门负责推动公共数据按照逻辑集中、物理分散、一体管理的方式实施归集。但是，国家和省规定必须按照物理集中方式归集的公共数据除外。

公共数据应当在本市政务云统一存储、备份保护。

第十三条 公共管理和服务机构之间共享公共数据，应当以共享为原则，不共享为例外。

公共数据按照共享属性分为无条件共享、有条件共享和不予共享三种类型。公共管理和服务机构应当在编制公共数据资源目录时确定公共数据共享类型，提出不予共享的，应当说明依据和理由。

大数据主管部门应当建立公共数据共享管理和供需对接机制，根据公共数据资源目录和共享需求形成供需目录清单。

公共管理和服务机构应当通过公共数据平台进行数据共享，获得的数据仅限用于本机构履行法定职责、提供公共服务需要，不得以任何形式提供给第三方，也不得用于其他任何目的。

健全公共数据属地回流和反馈机制，积极争取和配合国家、省级应用系统的数据属地回流。

第十四条 公共数据按照开放属性分为无条件开放、有条件开放和不予开放三种类型。公共管理和服务机构应当在编制公共数据资源目录时确定公共数据开放类型。

对有条件开放类公共数据定期进行评估，具备无条件开放条件的，应当及时转为无条件开放类公共数据。不予开放类公共数据经依法处理后，或者相关权利人同意开放的，可以根据情况列入无条件开放类或者有条件开放类公共数据。

大数据主管部门应当向社会公布本级公共数据开放目录。公共管理和服务机构应当通过公共数据平台主动向社会开放无条件开放类公共数据，明确有条件开放类公共数据的开放要求。

自然人、法人和非法人组织提出有条件开放类公共数据利用需求的，应当明确应用场景，并承诺应用场景的真实性、合规性、安全性，所获得的数据不得以任何形式提供给第三方，也不得用于其他任何目的。

第十五条 本市建立公共数据授权运营机制。

市人民政府应当制定公共数据授权运营管理办法，明确授权主体、条件、程序和数据范围、安全要求等。市大数据主管部门应当对被授权运营主体实施日常监督管理。

被授权运营主体应当在授权范围内，依托公共数据平台提供的安全可信环境，实施数据开发利用，并提供数据产品和服务。

第十六条 公共管理和服务机构应当建立健全本行业、本领域公共数据质量管理体系，加强数据质量管控。

市大数据主管部门应当组织开展公共数据的质量监督，对数据质量进行实时监测和定期评估，并建立异议与更正管理机制。

自然人、法人和非法人组织认为公共数据存在错误、遗漏的，可以向公共管理和服务机构提出异议申请，公共管理和服务机构应当予以核查。经核查，相关数据确有错误、遗漏的，应当及时更正；不存在错误、遗漏的，应当将核查情况告知异议申请人。

第十七条 支持企业、高等学校、科研机构开展数字化装备和软件研发，推动企业实施数字化改造，实现研发设计、生产制造、经营管理、运维服务等全流程数据采集。

推动企业多源异构数据的互联互通和协议转换，实现多源异构数据的融合和汇聚。

鼓励产业上下游企业通过供需对接，共建安全可信的数据空间，建立互利共赢的共享机制。

第十八条 工业和信息化等部门应当指导企业结合发展模式，形成企业数据分类清单，并引导企业按照数据管理能力成熟度评估模型国家标准参与评估，提升企业数据管理能力。

支持数据解决方案供应商、数据服务提供商和数据服务龙头企业发展，为企业提升数据管理能力提供服务。

第十九条 工业和信息化部门应当支持工业企业将设备和业务系统接入国家工业大数据平台。

鼓励工业互联网平台面向中小企业开放数据服务资源，提升中小企业获取数据、应用数据能力，推动中小企业数字化转型。

第二十条 自然人依法请求查阅、复制其个人数据的，数据处理者应当及时提供。

自然人请求将其个人数据转移至指定的数据处理者，符合国家网信部门规定条件的，数据处理者应当提供转移的途径。

鼓励自然人聚合来源于多个途径的其个人数据，并在保障安全、基于授权的前提下，参与数据创新应用，实现个人数据价值。

第三章　发展和应用

第二十一条　市、县级市（区）人民政府及其有关部门应当运用大数据提升经济领域监测和宏观调节能力，构建经济运行大数据监测体系，提高监测评估、风险预警、趋势研判、智能决策、运行仿真等数字化水平。

第二十二条　本市各级人民政府和有关部门应当促进数字技术与实体经济深度融合，赋能传统产业转型升级，推动数字经济核心产业高质量发展，加快电子信息、装备制造、先进材料、生物医药等产业创新集群建设。

市大数据主管部门应当会同有关单位建设法人服务总入口，提供筹备、开办、成长、注销等企业全生命周期服务，推进政务服务、公共服务、市场服务持续优化，助力打造最优营商环境。

第二十三条　本市各级人民政府和有关部门应当加强农业农村大数据建设，推进大数据技术在农业生产、加工、销售、物流等领域的深度应用，赋能乡村基本公共服务，提升乡村人居环境，促进农业产业和乡村治理数字化。

第二十四条　本市构建以多源数据为基础的数字征信体系，支持具有社会公信力的征信机构发展。

金融管理部门应当促进征信数据在金融领域合规运用，推动金融机构和地方金融组织运用增信措施，助力中小微企业拓宽融资渠道、降低融资成本。

第二十五条　本市各级人民政府和有关部门应当提高民生领域数字化水平，推动数据赋能生活数字化转型。

市大数据主管部门应当会同有关单位建设城市生活服务总入口，提供面向自然人的社会保障、交通出行、医疗健康、旅游休闲、文体教育、政务办事、民生服务等数字化应用场景。

支持各类公共服务设施、网站、手机应用程序、有线电视、智慧终端等面向数字化转型特殊困难群体开展适应性改造。鼓励企业运用公共数据提供公益服务。

第二十六条　市、县级市（区）人民政府及其有关部门应当促进数字技术和政府管理、服务、运行深度融合，推动“一网通用”“一网通办”“一网统管”协同发展。

市人民政府应当构建数字城市运营管理中心，通过治理数字化转型驱动城市治理模式创新，构建集态势感知、分析研判、联动处置、监督问效、数字赋能于一体的城市数字化治理新格局。

第二十七条　市网信部门应当会同有关部门开展智能社会治理实验，围绕教育、卫生健康、养老、社区治理、城市管理、环境治理、体育等领域搭建典型的应用场景，促进数字技术在智能社会治理中的应用，探索制定智能社会治理的标准、规范和政策措施。

第二十八条　市、县级市（区）人民政府应当深度参与国家工业互联网大数据中心体系建设，推进区域分中心与行业分中心建设。

鼓励开展工业大数据应用试点示范，推广工业大数据应用方法。鼓励工业企业参与工业互联网数据权属确定、价值评估、资源交换、应用创新、效益共享等机制研究。

第二十九条　本市应当按照统一标准建设城市信息模型基础平台，探索建设数字孪生城市。市、县级市（区）人民政府及其有关部门应当推动道路、建筑、水系、地下空间、城市部件等要素在城市信息模型基础平台实现空间落位、数字建模、数据融合。

市、县级市（区）人民政府及其有关部门应当结合业务需求开展多领域数字孪生应用场景建设。引导社会主体利用数字孪生城市资源、参与数字孪生城市建设。

推动以数字孪生技术支撑历史文化名城保护，构建可看、可感、可知的数字孪生古城，为公众在线探索古城印迹、漫游苏州园林、体验苏式生活等提供沉浸式互动体验服务。

第三十条　支持自然人、法人和非法人组织通过合法、正当的方式加工和利用数据。

鼓励自然人、法人和非法人组织对通过公共数据平台获取的公共数据进行深度加工、增值利用和创新应用。

鼓励科研机构、行业协会、产业联盟、企业等组织依法整合行业和企业数据，开发数据产品和服务。

第三十一条　数据处理者在利用数据进行自动化决策时，应当保证决策的透明度和结果公平、公正，不得利用数据分析对平等条件的对象实施不合理的差别待遇。

通过自动化决策方式向个人进行信息推送、商业营销，应当同时提供不针对其个人特征的选项，或者向个人提供便捷的拒绝方式。

通过自动化决策方式作出对个人权益有重大影响的决定，个人有权要求数据处理者予以说明，并有权拒绝数据处理者仅通过自动化决策的方式作出决定。

第四章　数据要素市场

第三十二条　市人民政府统筹规划培育数据要素市场，建立健全数据市场运营体系，推进数据要素市场化配置改革。

鼓励企业、科研机构、行业协会、产业联盟等组织参与数据要素市场建设。

第三十三条　本市各级人民政府应当培育壮大数据要素市场主体，鼓励通过实质性加工和创新性劳动形成数据产品和服务，并依法、有序参与数据要素市场交易。

鼓励行业龙头企业与产业链上下游企业通过直接购买、利益分成等多种形式开展数据交易活动。

第三十四条　本市推动建立数据交易场所。

数据交易场所应当建立规范透明、安全可控、可信、可追溯的数据交易环境，制定数据交易、信息披露、自律监管等规则，并采取措施依法有效保护个人隐私、个人信息、商业秘密、保密商务信息。

鼓励和引导市场主体通过数据交易场所开展数据交易。

第三十五条　支持数据交易服务机构有序发展，为数据交易提供数据资产、数据合规性、算法审查、数据质量等第三方评估以及交易撮合、交易代理、专业咨询、数据经纪、数据交付等专业服务。

数据交易服务机构应当按照法律、法规规定，要求数据提供方说明数据来源，履行交易双方身份核验、交易记录留存等相关义务。

第三十六条　本市鼓励数据交易活动。但是，有下列情形之一的，禁止交易：

（一）危害国家安全、公共利益，侵害个人隐私和商业秘密的；

（二）包含未经权利人授权同意的数据的；

（三）法律、法规规定禁止交易的其他情形。

第三十七条　本市探索建立数据资产评估制度，构建数据资产评估指标体系，开展数据资产凭证试点，反映数据要素资产价值。

市人民政府及其有关部门应当组织制定数据交易价格评估导则和交易价格评估指标。

第三十八条 市、县级市（区）人民政府及其有关部门应当加强数据要素市场监管，规范数据交易场所、数据交易服务机构、市场主体的行为。

市场主体应当加强数据质量管理，确保交易数据真实性、准确性、时效性、完整性。

鼓励市场主体主动及时评价数据应用服务，反馈数据质量和数据利用成效。

第三十九条 数据交易场所应当建立数据交易纠纷解决机制和渠道，制定并公示纠纷解决规则。市场主体交易过程中发生纠纷的，可以提请数据交易场所进行协调处理。

鼓励建立数据交易纠纷多元解决机制。

第四十条 市有关部门应当探索建立数据要素配置的统计指标体系和评估评价指南，科学评价各县级市（区）、各部门、各领域数据对经济社会发展的贡献度。

第五章 促进和保障

第四十一条 市、县级市（区）人民政府应当推进新型基础设施发展以及传统基础设施数字化改造，形成数据网络和数据枢纽。

本市推动城市管理、公共安全、交通运输、生态环境、应急防灾等领域智能感知终端统一管理和数据汇聚，构建城市智能感知网络体系。

鼓励重点领域、重点产业融合数据、算法、算力和应用场景，建设综合性应用集成创新平台。

第四十二条 本市统筹数据中心建设，优化数据中心空间以及功能布局，推动老旧数据中心转型升级，引导数据中心向绿色、高端、高附加值方向发展。

打造数字经济发展算力底座，增强集约化、规模化算力供给力，提升全市算力供应多元化水平。加快算力基础设施共享布局，推进全国一体化算力网络长三角国家枢纽节点建设，支持建设大型、超大型绿色低碳算力中心。

第四十三条 公共数据管理所需经费列入市、县级市（区）人民政府及其有关部门财政预算，确保稳定而持续的经费投入。

鼓励和引导社会资本参与市场化运作的数字化转型和数据要素开发、增值，加强对各类资金的统筹引导，提升投资质量和效益。

市、县级市（区）人民政府及其有关部门应当落实政府采购政策，加大对数据创新产品和服务的采购力度，支持对数据创新产品和服务的应用推广。

第四十四条 对全市重点数据项目建设所需用地，市人民政府和有关部门应当根据国土空间规划优先予以保障。

市、县级市（区）人民政府应当支持数据企业发展壮大，扶持技术水平高、市场竞争力强、具有自主知识产权的数据龙头企业、高新技术企业和科技型中小企业以及专精特新中小企业发展，支持数据产业创新集群建设。

第四十五条 市、县级市（区）人民政府及其有关部门应当将数据领域人才纳入人才支持政策体系，健全数据人才评价和激励、服务和保障机制。

第四十六条 市、县级市（区）人民政府及其有关部门应当建立首席数据官制度。鼓励企事业单位建立首席数据官制度。首席数据官由本区域、本部门、本单位主要负责人或者分管负责人担任。

第四十七条 市人民政府设立由高等学校、科研机构、企业、相关部门的专家组成的数据专家委员会。数据专家委员会为本市数据工作提供专业意见。

第四十八条 支持数据相关行业协会、产业联盟等组织的建设和发展。行业协会、产业联盟等组织可以根据实际需要制定相关团体标准和行业规范并推动实施，反映会员合理诉求和建议，加强行业自律，提供信息、技术、培训等服务，引导会员依法开展数据相关活动，配合有关部门开展行业监管，促进行业健康发展。

第四十九条 市市场监督管理部门应当会同市有关部门协同推进数据分类分级、交易流通、安全等数据相关标准的建设和管理，推动科研机构、行业协会、产业联盟和企业参与制定国际、国家、行业和地方标准。

第五十条 建立健全与数据相关的知识产权保护机制，加强数据产生、处理、流通等各环节的知识产权保护，健全与数据相关的知识产权交易规范，促进与数据相关的知识产权价值实现。

鼓励企业、高等学校、科研机构加大数据技术研发投入，开展数据技术创新研究和数据关键技术攻关，形成自主知识产权，推动科技成果转化。

市、县级市（区）人民政府及其市场监督管理等部门应当建立知识产权快速维权体系，依法打击数据领域的知识产权侵权行为。

第五十一条 市大数据主管部门应当建立公共数据管理工作监督检查机制。

市大数据主管部门对市级公共管理和服务机构、县级市（区）开展公共数据工作的成效情况定期组织考核评价，定期开展公共管理和服务机构的数据管理能力评价。

第五十二条 加强数据领域相关知识和技术的宣传、教育、培训，提升公众数字素养和数字技能，将数字素养教育纳入公共管理和服务机构教育培训体系。

第六章 数据安全

第五十三条 本市实行数据安全责任制，数据处理者是数据安全责任主体。

数据同时存在多个处理者的，各数据处理者承担相应的安全责任。

第五十四条 数据处理者开展数据处理活动，应当履行以下义务，保障数据安全：

（一）建立健全全流程数据安全管理制度和技术保护机制；

（二）组织开展数据安全教育培训；

（三）采取相应的技术措施和其他必要措施，防止数据泄露、篡改、毁损、丢失或者非法获取、非法利用；

（四）加强风险监测，发现数据安全缺陷、漏洞等风险时，立即采取补救措施；

（五）发生数据安全事件时，立即采取处置措施，按照规定及时告知用户并向有关主管部门报告；

（六）对数据处理全流程进行记录，保障数据来源合法以及处理全流程清晰、可追溯；

（七）法律、法规规定的其他数据安全保护义务。

利用互联网等信息网络开展数据处理活动的，在网络安全等级保护制度的基础上，履行前款规定的数据安全保护义务。

第五十五条 数据处理者委托他人代为处理数据的，应当明确双方数据安全保护责任。受托方不得擅自留存、使用、泄露或者向他人提供数据。

第五十六条 本市建立健全数据安全工作协调机制，依法落实数据分类分级保护制度，推动本地区数据安全管理工作。

数据安全工作协调机制应当统筹协调有关部门，按照数据分类分级保护制度，确定本地区本部门以及相关行业、领域的重要数据具体目录，对列入目录的数据进行重点保护。

重要数据处理者应当明确数据安

全负责人和管理机构，定期对其数据处理活动开展风险评估，并向有关主管部门报送风险评估报告。

第五十七条 数据安全工作协调机制应当统筹协调有关部门，依法建立数据安全风险评估、报告、信息共享、监测预警机制，加强本地区数据安全风险信息的获取、分析、研判和预警工作。

依法建立数据安全应急处置机制。有关部门应当制定数据安全应急预案，组织开展应急演练。发生数据安全事件，有关部门应当依法启动应急预案，采取相应的应急处置措施，防止危害扩大，消除安全隐患，并及时向社会发布与公众有关的警示信息。

第五十八条 市网信部门应当统筹协调数据跨境安全管理工作，落实国家有关规定，组织开展数据出境安全评估申报工作，强化数据出境安全监管。

第五十九条 企业应当加强数据安全防护，建立数据隐私保护和安全审查制度，提高设备、网络、业务系统的实时监测和安全检测能力。

鼓励企业开展身份认证、访问控制、数据加密、数据脱敏、数据溯源、数据备份、隐私计算等数据安全技术攻关和安全产品研发。加快培育数据安全骨干企业，构建良好数据安全产业生态。

第六十条 符合法定情形的，个人数据处理者应当主动删除个人数据；个人数据处理者未删除的，个人有权请求删除。

发生或者可能发生个人数据泄露、篡改、丢失的，个人数据处理者应当立即采取补救措施，并通知履行个人数据保护职责的部门和个人。

第六十一条 在公共场所为了维护公共安全所必需，安装图像采集、个人身份识别设备的，应当遵守国家有关规定，并设置显著的提示标识。所收集的个人图像、身份识别信息，只能用于维护公共安全的目的，不得用于其他目的，但是取得个人单独同意的除外。

相关机构和单位不得以图像采集、个人身份识别技术作为出入公共场所的唯一验证方式。

第六十二条 市、县级市（区）人民政府及其有关部门依法收集突发事件处置工作所必需的数据，应当明确数据使用的目的、范围、方式、期限。收集的数据不得用于与突发事件处置工作无关的事项。

突发事件处置结束后，公共管理和服务机构应当关停相关数据应用，并对从其他单位和个人获得的数据进行分类分级评估，将其中涉及商业秘密和个人信息的数据进行封存或者销毁等安全处理。法律、法规另有规定的，从其规定。

第六十三条 本市建立公共数据容灾备份体系。公共管理和服务机构应当按照要求，对公共数据进行安全备份。

鼓励自然人、法人和非法人组织建立重要系统和重要数据的容灾备份机制，定期开展数据恢复性测试。

第六十四条 数据处理者应当建立数据销毁规程，对需要销毁或者已过保存期限的数据实施有效销毁。

数据处理者终止或者解散，没有数据承接方的，应当及时有效销毁其控制的数据。法律、法规另有规定的，从其规定。

数据处理者委托他人代为处理数据的，受托方完成处理任务后，应当及时有效销毁其存储的数据，但是法律、法规另有规定或者双方另有约定的除外。

第七章　法律责任

第六十五条 违反本条例规定的行为，法律、法规已有处罚规定的，从其规定。

第六十六条 公共管理和服务机构及其工作人员有下列行为之一的，对直接负责的主管人员和其他直接责任人员依法给予处分；构成犯罪的，依法追究刑事责任：

（一）未按照规定收集、归集、共享、开放公共数据的；

（二）未按照规定编制公共数据资源目录的；

（三）未按照规定履行公共数据质量管理义务的；

（四）违反规定，擅自新建跨部门、跨层级的公共数据平台和共享、开放通道，或者未按规定进行整合的；

（五）未通过公共数据开放或者授权运营等法定渠道，擅自将公共数据提供给市场主体的。

第六十七条 公共管理和服务机构及其工作人员在数据交易流通、应用创新等先行先试工作中出现偏差失误或者未能实现预期目标，但是符合国家确定的改革方向，决策程序符合法律、法规规定，且勤勉尽责、未牟取私利，能够及时纠错改正，未造成重大损失或者社会负面影响的，依照有关规定免除相关责任或者从轻减轻处理。

第六十八条 违反本条例规定处理个人信息，侵害众多个人的权益的，人民检察院和法律规定的其他组织可以依法向人民法院提起公益诉讼。

第八章　附则

第六十九条 国家和省派驻本市的相关公共管理和服务机构在履行法定职责、提供公共服务过程中产生、收集的数据，参照本条例公共数据的有关规定执行。法律、法规另有规定的，从其规定。

第七十条 本条例自2023年3月1日起施行。

苏州市大运河文化保护传承利用条例

（2022年12月30日苏州市第十七届人民代表大会常务委员会第五次会议通过
2023年1月12日江苏省第十三届人民代表大会常务委员会第三十四次会议批准）

目　录

第一章　总则

第一条 为了加强大运河文化遗产保护，推动大运河文化带建设，促进大运河文化保护传承利用，推进区域经济社会高质量发展，根据《中华人民共和国文物保护法》《中华人民共和国非物质文化遗产法》《江苏省人民代表大会常务委员会关于促进大运河文化带建设的决定》等法律、法规，结合本市实际，制定本条例。

第二条 本市行政区域内的大运河文化保护传承利用及其监督管理，适用本条例。

大运河苏州段范围包括大运河相城区望亭镇至吴江区桃源镇段，以及山塘河、上塘河、胥江、环城河、頔塘等河道。

相城区、虎丘区、姑苏区、吴中区和吴江区是大运河文化带苏州段核心区。张家港市、常熟市、太仓市、昆山市是大运河文化带苏州段拓展区。

第三条 大运河文化保护传承利用应当坚持以人民为中心，遵循保护优先、强化传承、合理利用，规划引领、统筹推进、创新发展的原则。

第四条 市、区人民政府应当加强对本行政区域内大运河文化保护传承利用工作的领导，将大运河文化保护传承利用工作纳入国民经济和社会发展规划。

县级市人民政府应当按照规定做好本行政区域内的大运河文化保护传承利用相关工作。

镇人民政府、街道办事处应当按照规定做好本辖区内的大运河文化保护传承利用相关工作。

第五条 市、区大运河文化保护传承利用议事协调机构负责统筹协调大运河文化保护传承利用工作，审议大运河文化保护传承利用的重大政策、重大项目，协调跨地区跨部门重大事项，督促检查重要工作落实情况。

市、区大运河文化保护传承利用议事协调机构办公室具体落实大运河文化保护传承利用工作的综合协调、组织推进和督促检查。

市、区发展和改革、教育、工业和信息化、宗教事务、财政、自然资源和规划、生态环境、住房和城乡建设、园林和绿化管理、城市管理、交通运输、水务、农业农村、商务、文化广电和旅游（文物）、体育等部门，在各自职责范围内，做好大运河文化保护传承利用有关工作。

第六条 市、区人民政府应当加大对大运河文化保护传承利用的资金投入，统筹利用各类财政资金、政府基金，支持文化遗产保护传承、文化和旅游融合发展、河道水系治理、生态环境保护修复等领域的重点项目建设。

鼓励引导社会资金参与大运河文化保护传承利用工作。

第七条 市、区人民政府应当建立健全大运河文化保护传承利用重大决策专家论证、咨询制度。

第八条 市、区人民政府及其有关部门应当建立健全志愿服务工作平台，为志愿者开展大运河文化保护传承利用志愿服务提供便利。

第九条 对在大运河文化保护传承利用工作中做出突出贡献的单位和个人，按照国家和省有关规定给予表彰、奖励。

第十条 市、区人民政府及其有关部门应当加强与大运河沿线其他城市的信息互通、经验共享、合作共建，共同推进大运河文化保护传承利用。

第二章　规划和保护

第十一条 市人民政府应当根据国家、省相关规划，编制大运河文化保护传承利用实施规划，按照规定程序批准后公布并组织实施。

区人民政府应当根据国家、省、市相关规划，制定大运河文化保护传承利用实施方案，报市人民政府批准后实施。

第十二条 市文化广电和旅游（文物）部门应当会同有关部门，根据国家、省相关规划，组织编制大运河文化遗产保护规划，报市人民政府批准后公布并组织实施，并报上级文物主管部门备案。

大运河文化遗产保护规划应当明确遗产构成、遗产评估、保护整体措施、分类专项规划、规划分期实施方案等内容。

大运河文化遗产保护规划经批准公布后，不得擅自变更；确需变更的，应当依照原报批程序执行。

第十三条 市自然资源和规划部门应当会同文化广电和旅游（文物）等部门，根据国家、省相关规划，组织编制大运河文化带空间发展规划，统筹安排大运河沿线的保护、开发和利用。

第十四条 市大运河文化保护传承利用议事协调机构应当按照国家、省相关规划，组织编制大运河国家文化公园建设保护实施规划，统筹大运河文化资源、旅游资源，集中展现大运河承载的历史文化和价值理念。

第十五条 市、区人民政府及其有关部门应当按照大运河国家文化公园建设保护实施规划要求，根据大运河文化遗产资源的整体布局、禀赋差异及其周边人居环境、自然条件、配套设施等情况，推进大运河国家文化公园建设，打造管控保护、主题展示、文旅融合、传统利用等功能区，完善文化传承、文化教育、公共服务、旅游观光、休闲娱乐、科学研究等功能。

市、区人民政府及其有关部门应当按照全省统一的大运河国家文化公园标识系统，设置大运河国家文化公园标识。

第十六条 大运河文化保护传承利用的重点是大运河文化遗产。本市大运河文化遗产包括：

（一）山塘河、胥江、上塘河、平江河、环城河、古运河、江南运河等世界文化遗产河道；

（二）盘门、宝带桥、山塘历史文化街区（含虎丘云岩寺塔）、平江历史文化街区（含全晋会馆）、吴江古纤道等世界文化遗产点；

（三）第一项、第二项以外的大运河水工遗存、附属遗存、相关物质遗产和历史文化街区；

（四）昆曲、古琴艺术、端午习俗、香山帮传统建筑营造技艺、缂丝织造技艺、宋锦织造技艺、碧螺春制作技艺等非物质文化遗产；

（五）其他依法补充列入的大运河文化遗产。

第十七条 大运河苏州段世界文化遗产的保护范围和要求以申报世界遗产文本《中国大运河》为准。

列入全国重点文物保护单位的大运河文化遗产的保护范围、建设控制地带以省人民政府划定、批准的为准。

第十八条 大运河文化遗产保护实行名录和档案制度。大运河文化遗产保护名录应当包含名称、类型、保护范围、保护责任人和保护措施等，并动态调整。

市文化广电和旅游（文物）部门应当会同自然资源和规划、园林和绿化管理等部门，定期组织开展大运河文化遗产普查，编制大运河文化遗产保护名录，报市人民政府批准后公布。

市、区人民政府及其有关部门应当按照有关规定，做好大运河文化遗产档案的整理、归档和保管工作。

第十九条 市、区文化广电和旅游（文物）部门应当组织对大运河沿线非物质文化遗产进行发掘、整理和研究，组织开展端午习俗、轧神仙庙会等传统民俗节庆活动，加强对大运河非物质文化遗产的保护。

市、区人民政府应当加强大运河沿线相关地名文化遗产保护，将符合条件的地名文化遗产依法列入非物质文化遗产保护范围。

第二十条 大运河文化遗产实行预先保护制度。

对市民提出或者在大运河文化遗

产普查中发现，并经市、区文化广电和旅游（文物）部门初步认定具有保护价值但是尚未列入保护名录的文化遗产，市、区文化广电和旅游（文物）部门应当会同有关部门及时组织专家进行论证，确定为预先保护对象，并自确定之日起七个工作日内向所有权人、使用人发出预先保护通知，告知其采取相应的保护措施和六十日的预先保护期限。

预先保护通知发出之日起六十日内，市、区文化广电和旅游（文物）部门应当会同有关部门决定是否列入保护名录；列入保护名录的，市、区文化广电和旅游（文物）部门应当及时告知所有权人、使用人。预先保护期届满未列入保护名录的，预先保护失效。

第二十一条 市、区人民政府及其有关部门应当按照国家和省有关规定，规范设置大运河文化遗产保护标识和界桩。

第二十二条 禁止涂污、损坏、擅自移动或者拆除大运河文化遗产保护标识、界桩，或者大运河国家文化公园标识。

第二十三条 市文化广电和旅游（文物）部门应当会同水务、交通运输、生态环境等部门，落实大运河文化遗产监测管理规范和要求，完善大运河文化遗产监测预警管理平台，健全大运河文化遗产监测预警、巡查督办和社会监督机制。

市、区文化广电和旅游（文物）部门应当会同水务、交通运输、生态环境等部门，制定完善大运河文化遗产保护应急预案，报本级人民政府批准后公布。

发生危及大运河文化遗产安全的情况，或者发现大运河文化遗产存在安全隐患的，市、区文化广电和旅游（文物）部门应当及时发布预警信息，启动应急预案，采取相应处置措施，并向本级人民政府和上级文化广电和旅游（文物）部门报告。

第二十四条 市、区人民政府及其有关部门应当根据大运河沿线岸线功能分区和国土空间主导功能差异，加强空间形态、城乡风貌的引导和管控，保护城河共生、镇河共生的传统格局和独特历史风貌，优化城市天际线，控制城市景观视线走廊。

第二十五条 在大运河苏州段世界文化遗产保护区、文物保护单位保护范围和建设控制地带内进行建设活动的，应当符合有关规划，依法履行报批程序，不得危及大运河文化遗产安全，不得污染大运河生态环境，不得破坏大运河历史风貌。

在大运河苏州段世界文化遗产保护区、文物保护单位保护范围和建设控制地带内进行建设活动的，实行建设项目遗产影响评估制度、土地出让或者划拨前工程建设考古前置制度。考古调查、勘探手续由市、区文化广电和旅游（文物）部门依法办理。

第二十六条 市、区人民政府及其生态环境、水务等部门应当加强大运河水系治理，完善大运河沿线环境基础设施建设，改善和提升大运河水质。

市、区人民政府及其生态环境、园林和绿化管理等部门应当加强大运河沿线河岸、湿地的生态保护和修复，恢复和改善陆生、水生动植物生存环境，保护生物多样性。

市、区人民政府及其农业农村等部门应当支持塘浦圩田、桑基鱼塘等生态生产模式的保护和发展，展现具有江南水乡特色的农业文化。

第二十七条 市、区人民政府应当加强大运河河道综合整治，定期对大运河水工设施、航运设施、市政设施进行排查、修复、改造、提升，优化通航环境，提高通航能力，发挥大运河内河水运主通道功能。

市、区交通运输部门应当加强大运河航运管理，合理限定船舶航速，避免船舶航行对大运河河岸以及古纤道、古桥梁等文化遗产的损毁。

第三章 传承和利用

第二十八条 市、区人民政府及其有关部门应当深入挖掘、全面阐释大运河所承载的历史文化内涵，提炼升华大运河文化的当代价值和时代精神，践行社会主义核心价值观，推进文化自信自强，优化活态传承、创新发展的社会环境和文化空间。

市、区人民政府应当对接国家、省大运河文化带建设重大战略，分级分类建立大运河文化保护传承利用项目库，推动大运河文化创造性转化和创新性发展。

第二十九条 市、区人民政府应当制定促进大运河文化产业发展的政策措施，培育壮大与大运河文化密切相关的创意设计服务、内容创作生产、文化投资运营、文化娱乐休闲服务等重点领域文化产业。

市、区人民政府及其工业和信息化、自然资源和规划、生态环境、住房和城乡建设、文化广电和旅游（文物）等部门应当制定相关政策，鼓励市场主体利用大运河沿线老旧厂房、仓库等工业遗产发展文化产业。

市、区人民政府及其文化广电和旅游（文物）、体育等部门应当促进大运河文化和体育休闲产业融合发展，发展水上运动项目产业，支持举办大运河健步走、龙舟赛等体育活动。

第三十条 市、区人民政府及其自然资源和规划、文化广电和旅游（文物）、交通运输等部门应当加强大运河沿线旅游基础设施建设，开发应用大运河智慧旅游服务平台，培育大运河主题旅游精品线路，建设生态骑行车道和人行步道等休闲慢行绿道系统，完善水陆公共交通体系。

市、区文化广电和旅游（文物）、商务等部门应当推动传统文化精品剧目、老字号、民俗节庆、传统手工技艺等融入大运河文化旅游项目，打造大运河文化旅游特色品牌。

第三十一条 市、区人民政府及其有关部门应当统筹推进盘门景区、平江历史文化街区、虎丘山风景名胜区、宝带桥—澹台湖公园等大运河代表性景点景区建设，提升大运河沿线整体风貌，优化滨河生态空间，促进大运河文化和旅游融合发展。

第三十二条 市、区人民政府及其有关部门应当加强大运河文化保护传承利用数字化建设，推进大运河文化基础数据产生、整合和数据库建设，利用物联网、大数据、云计算、遥感监测、数字孪生等技术，推动大运河文化遗产资源数据共享和开发利用。

市人民政府及其有关部门应当建立大运河文化综合大数据平台，丰富数字化应用场景，打造开放、安全的数字大运河系统。

市文化广电和旅游（文物）部门应当探索运用物联网技术和空间信息技术，加强对大运河沿线重点文物保护单位的预防性保护和数字化保护。

第三十三条 市、区人民政府及其有关部门应当加强大运河文化保护传承利用宣传工作，通过节庆、会展等形式，依托大运河沿线的博物馆、图书馆、文化馆（站）、非物质文化遗产场馆、名人故居、会馆商号、工业遗产、考古遗址等，开展大运河文化的展示和宣传。

市、区人民政府及其有关部门应当发挥报刊、广播、电视、网络等媒体优势，创新宣传模式，讲好大运河文化故事，提升大运河文化的国内和国际影响力。

第三十四条 市、区人民政府及其文化广电和旅游（文物）等部门应当组织开展以大运河文化为主题的戏曲、文学、影视、书法、美术等领域的文艺精品创作、展演展播活动，弘扬传播大运河文化。

鼓励社会力量参与大运河文化研究，加强大运河文化相关研究机构和高端智库建设，支持有条件的高等院校、科研院所增设大运河文化相关研究方向，推进学术交流活动，促进研究成果转化利用。

鼓励、支持编写适合中小学生特点的大运河文化读本读物，开设校本课程，设计研学线路，开展实践教学，组织学生走进大运河文化遗产宣传展示场所和非物质文化遗产代表性项目传承传播基地，增强学生对大运河文化的认同、传承和弘扬意识。

第三十五条 鼓励将具有大运河文化特色的经典性元素、标志性符号合理应用于公共建筑、公共场所、交通设施等的设计、装饰或者命名。

第三十六条 市、区人民政府及其文化广电和旅游（文物）部门应当完善与大运河相关的非物质文化遗产代表性项目保护单位、代表性传承人制度，通过补助资助、提供展示平台或者场地等方式，支持大运河相关的非物质文化遗产代表性项目保护单位、代表性传承人开展传承、传播活动。

鼓励单位和个人利用大运河沿线非物质文化遗产开发具有地方特色的文化创意产品，支持和帮助非物质文化遗产项目开展产品宣传，建立产品销售渠道和展示平台，扩大体验人群和消费人群，促进大运河沿线非物质文化遗产更好融入现代生活。

第四章 法律责任

第三十七条 违反本条例规定的行为，法律、法规已有处罚规定的，从其规定。

第三十八条 区人民政府和市、区有关部门未按照本条例规定履行职责或者履行职责不到位的，市、区人民政府可以按照权限约谈相关负责人。

第三十九条 违反本条例第二十二条规定，损坏、擅自移动或者拆除大运河文化遗产保护标识、界桩，或者大运河国家文化公园标识的，由市、区文化广电和旅游（文物）部门责令限期改正；逾期不改正的，对单位处以一万元以上五万元以下罚款，对个人处以一千元以上一万元以下罚款。

第四十条 对破坏大运河文化遗产、违反国家规定污染大运河生态环境等损害国家利益或者社会公共利益的行为，国家规定的机关和法律规定的组织可以依法提起公益诉讼。

第四十一条 市、区人民政府及其有关部门的工作人员在大运河文化保护传承利用工作中滥用职权、玩忽职守、徇私舞弊的，对直接负责的主管人员和其他直接责任人员依法给予处分；构成犯罪的，依法追究刑事责任。

第五章 附则

第四十二条 本条例自2023年5月1日起施行。

（市人大常委会办公室）

政府工作报告

——2023年1月7日在苏州市十七届人大二次会议上

苏州市委副书记、市长 吴庆文

各位代表：

现在，我代表苏州市人民政府，向大会报告工作，请予审议，并请各位政协委员和其他列席人员提出意见。

一、2022年工作回顾

刚刚过去的一年，充满考验，极不平凡。我们坚持以习近平新时代中国特色社会主义思想为指导，以迎接党的二十大、学习宣传贯彻党的二十大精神为主线，坚决贯彻习近平总书记系列重要讲话指示精神，完整、准确、全面贯彻新发展理念，全面落实"疫情要防住、经济要稳住、发展要安全"重大要求，在中共苏州市委的正确领导下，与全市1600多万人民同心携手，与280多万市场主体克难共进，在特殊的年份扛起特别的责任。

一年来，面对复杂严峻的外部环境和新冠疫情等超出预期的多重挑战，我们坚定信心、危中寻机，加快结构调整，促进转型升级，产业结构、投资结构、外贸结构等进一步优化，经济发展呈现更强韧性。我们全力打造国家战略性科技力量，材料领域"国之重器"苏州实验室挂牌组建，科技创新布局实现历史性突破。我们全方位推进市域空间重构、资源重组、品质重塑，启动实施一大批"内聚""外联"的重大工程、重大项目，市域统筹发展格局进一步彰显。我们以产业创新集群建设推动高质量发展，以更大投入和更实举措增进民生福祉，应对了多轮突如其来的疫情冲击，办成了一批期盼已久的大事要事，各项事业取得了来之不易的成绩。

一年来，我们主要做了以下工作。

（一）全力应对疫情稳住大盘。高效统筹疫情防控和经济社会发展，奋力扛起全省经济"压舱石"的重责重任，主要经济指标承压见韧、稳中提质。

我们众志成城防控疫情 坚决贯彻落实中央关于疫情防控的决策部署，坚持人民至上、生命至上，准确把握疫情防控形势任务，始终保持应急指挥体系高效运转，因时因势优化完善防控措施，全力做好分级分类诊疗、救治资源建设、药品物资保供、疫苗接种等各项工作，布局社区"发热诊疗站"等一批服务群众的暖心做法受到多方好评。在这场大战大考中，各级党组织发挥战斗堡垒作用，党员干部身先士卒，广大医护人员、社区工作者、公安干警、志愿者无私奉献、勇敢"逆"行，广大市民包容理解配合，各类市场主体扛起责任，为全省和长三角抗疫大局做出了苏州贡献。一年来，我们经历了非常之难、非常之苦，更淬炼了非常之精神、非常之力量，最大程度守护全市人民生命安全和身体健康，最大限度减少疫情对经济社会发展的影响，彰显了苏州这座城市的格局担当，赢得了"你永远可以相信苏州"的城市口碑。

我们倾心尽力纾困解难 及时出台"助企纾困46条""服务业20条""金融18条"等系列政策举措，全年减税降费及退税缓税缓费超过1000亿元，发放稳岗返还资金14.2亿元，阶段性降低医保费率为企业减负16.2亿元，为中小微企业贷款延期本息超过1100亿元。第一时间开发“苏链通”“苏货通”平台，全力推动区域协同复工复产，有力维护了全国汽车、电子等重点行业的产业链供应链安全稳定。出台支持总部经济、楼宇经济、上市企业、新兴服务业、个体工商户等系列政策，着力营造安商惠企营商环境。一揽子稳就业、保民生、强信心的举措，有效对冲了疫情的影响，全年新增市场主体29.2万户，年末用工备案实有人数超554万人、创历史新高。

我们多措并举稳定增长 全面落实国家和省稳经济一揽子政策，经济运行走出了“平稳开局、承压下探、快速修复、持续向好”的非常历程。全年实现地区生产总值2.4万亿元，一般公共预算收入2329.2亿元，税收收入占全省比重达到27.9%，提高1.4个百分点。规模以上工业总产值达到4.36万亿元，增长4.1%。金融机构本外币存贷款余额分别达到4.74万亿元和4.69万亿元，增速分别达到13.9%和15%，存、贷款增量均居全省第一。用好国家政策性金融工具等政策，推动重大项目加快建设，全年完成固定资产投资5774.2亿元，增长1.5%，其中工业投资增长6.4%，基础设施投资增长10.1%，友达光电、矽品科技、通富超威、大族激光、立臻科技、盛虹储能、恒力环企中心等一批百亿级产业项目落户建设。着力稳定和扩大消费，成功举办“苏新消费·笑拼苏州”“双12苏州购物节”等活动，全年社会消费品零售总额9010.7亿元，保持全省第一。我市在中消协百城消费者满意度测评中跃居首位，观前街区、同里古镇获评国家级夜间文旅消费集聚区。使用外资逆势增长，全年实际使用外资74.2亿美元，增长35.9%。推动外贸稳量提质，在全国率先组织包机到日本、欧洲开展招商，帮助企业抢市场、争订单，完成进出口总额2.57万亿元，增长1.6%；外贸结构进一步优化，一般贸易占比提高2.1个百分点，服务贸易增速达到7%。

（二）大力培育产业创新集群。聚焦数字经济新赛道、主赛道，深入实施创新驱动发展战略，加快推动“四链”融合，全社会研发投入占地区生产总值比重接近4%。

产业质态有效提升 围绕电子信息、装备制造、生物医药、先进材料四大产业，深耕25个重点细分领域，制定实施系列支持政策，建立“八个一”工作机制，系统推动产业创新集群建设。全市高新技术产业产值占规上工业总产值比重达到52.4%，新入选生物医药及高端医疗器械、高端纺织2个国家先进制造业集群，占全省一半。产业数字化步伐加快，实施1.1万个智能化改造和数字化转型项目。累计14个国家级工业互联网双跨平台落户，5个县级市（区）入选全国工业互联网推动数字化创新领先城区（园区）、占全国八分之一，国家“东数西算”工程长三角枢纽江苏唯一节点落户吴江。现代服务业加速发展，服务业增加值达到1.22万亿元。

创新动能强势迸发 全年技术合同交易额超过800亿元，成交额居全省首位。新增国家级制造业“单项冠军”9家、国家级专精特新“小巨人”企业122家，超全省四分之一；801家企业获评市级“瞪羚”企业；新认定高新技术企业5531家、总量达到1.35万家；科技型中小企业首次突破2万家大关，达到2.23万家。“一区两中心”建设深入推进，一批重大创新平台加快布局，获批国家级、省级各类研发机构225家。成立苏州太湖光子中心，组建高功率半导体激光等13个创新联合体，启用先进技术成果转化长三角园区、国家先进功能纤维创新中心中试基地，全面推动原创性、引领性科技成果产业化。持续完善人才服务体系，成功举办第四届长三角G60科创走廊人才峰会，用好国际精英创业周、校园苏州日等平台，加速集聚海内外高层次创新创业人才，高层次人才达到34万人。张家港、常熟、昆山通过首批国家创新型县（市）验收。

创新生态不断优化 全力推动名城名校融合发展，南京大学苏州校区实现首届招生，中国科学技术大学高等研究院加快建设，哈尔滨工业大学苏州研究院签约落户，C9高校全部在苏州实现重大布局。西北工业大学太仓分校、苏州大学未来校区一期先后投用。组建苏州创新投资集团，总规模150亿元国家工业母机产业投资基金在苏州设立，全市管理基金规模超8000亿元、数量超2400只。新增境内外上市公司29家、总数达到241家，其中科创板上市公司48家、位居全国第三，苏州成为创新与产业、资本与产业结合最好的城市之一。入选首批国家知识产权强市建设示范城市和首批全国商业秘密保护创新试点地区，每万人高价值发明专利拥有量超过26件。

（三）坚定不移推进改革开放。坚持向改革要动力、向开放要活力，重点领域和关键环节改革取得重要进展，高水平对外合作开放格局加快构建。

对外开放水平不断提升 成功举办东盟—中日韩（10+3）产业链供应链合作论坛暨东亚企业家太湖论坛、进口贸易促进大会、中新服贸论坛。大力发展外资总部经济，空中客车、西门子、飞利浦、霍尼韦尔等一批总部型、研发型外资项目密集落户，苏州工业园区获评全省唯一的外资总部经济集聚区、在国家经开区综合考评中实现“七连冠”。苏州自贸片区全面深化服务贸易创新发展试点案例入选国务院最佳实践案例。张家港获评国家进口贸易促进创新示范区。深度参与共建“一带一路”，对共建国家和地区投资增长73.3%、进出口增长5%。全年完成境外中方协议投资项目343个、投资额24.6亿美元。苏州港整合步伐进一步加快，完成货物吞吐量5.7亿吨，上海港、宁波港空箱中心太仓港分中心成立，太仓港吞吐量突破800万标准箱，沪太同港效应彰显。

“放管服”改革纵深推进 开展优化营商环境创新行动，实施100项改革举措，连续两年位列“营商环境最佳口碑城市”。深化“一网通办”改革，推出26个高频“一件事”服务，实施370项“两个免于提交”清单，实现市场主体登记“全城通办通取”。全面推广重大工程建设“拿地即开工”模式，在国内率先探索开展“审管执信”闭环管理。

国资金融改革取得突破 积极推进国有经济布局优化和结构调整，新建重组港航集团、文投集团、大数据集团、能源集团、粮储公司等一批市属国企。深入推进数字人民币试点，累计交易金额超过3200亿元，在全国率先开展数字人民币小微企业贷款试点。5项资本项目外汇业务创新试点落地，昆山金改区加快建设，虎丘区获批国家科技金融创新服务中心。

（四）切实加强区域统筹发展。深度融入国家战略，做好“内聚”“外联”两篇文章，以高标准规划引领高水平建设，城市能级和品质持续提升。

功能布局不断优化 积极融入长三角一体化、省内区域协调发展和上海大都市圈建设，持续推进虹桥国际开放枢纽北向拓展带、长三角生态绿色一体化发展示范区、G60科创走廊建设。坚持“产业在沿江转型、创新在城区集聚”，着力推进市域一体化，环太湖

科创圈、吴淞江科创带等规划建设破题发力，苏相合作区、独墅湖科教创新区（东区）加快建设，太湖新城、太湖科学城、高铁新城等重点区域规划建设深入开展。推动公共基础设施互联互通，燃气、供水、排水、垃圾处理等市域统筹加快实施。深化国土空间规划，完成第三次国土调查，“三区三线”正式划定。南北挂钩、对口支援和东西部扶贫协作等工作成效明显，苏宿工业园区连续12年在全省考核中位居第一。

基础设施加速建设 全力推进一批稳投资、调结构、惠民生的重大项目。国家重大水利工程吴淞江整治项目启动实施，白鹤滩—江苏特高压直流工程竣工投用。张靖皋长江大桥、海太长江隧道、通苏嘉甬高铁、北沿江高铁、沪苏通铁路二期等过江通道和国铁干线同年开建，沪苏嘉城际铁路启动建设，我市“丰”字形干线铁路网主骨架正式确立。东太湖隧道、苏州湾隧道、阳澄湖星济隧道三条湖底隧道同步开工，中环西线北延、312国道苏州东段、独墅湖南隧道、金鸡湖隧道建成通车，打通了一批跨区域道路。轨道交通6号线、7号线、8号线进入土建施工高峰阶段，11号线全线动车调试，2号线、4号线、7号线延伸线全面开工。扎实推进城市道路交通“苏畅”工程，全市机动车保有量突破500万辆，交通健康指数在同类城市中保持第一。

城乡风貌更具品位 设立“苏州国家历史文化名城保护纪念日”，组建名城保护集团，划定古镇、古村、老街核心保护和风貌协调范围，整体推动历史文化名城保护。持续推进32号街坊等重点片区改造，扎实开展架空线整理和高架桥下空间整治利用，治理违法建设1802万平方米。稳步推进城市更新试点，完成老旧小区改造68个，生活垃圾分类工作在全国考核中位列前茅。大力推进公园城市建设，新增及改造城市绿地379万平方米，新建改造一批城市综合公园、口袋公园、小微绿地。

农业农村现代化成果丰硕 “三高一美”建设基本实现全覆盖，粮食总产量达到18.5亿斤，产量和种植面积均为近五年来最高水平，绿色优质农产品比重达到70%。制定澄湖地区协同发展规划，“两湖两线”特色田园乡村跨域示范区加快建设，累计建成中国美丽休闲乡村13个，新增特色康居乡村508个。我市“促进乡村产业振兴、改善农村人居环境”工作获国务院督查激励，昆山入选国家乡村振兴示范县，吴江入列国家现代农业产业园，吴中区上林村入选乡村地名服务首批全国试点。

（五）扎实推动美丽苏州建设。坚定不移走生态优先、绿色发展之路，更大力度推进源头治理、系统治理，生态环境质量持续改善。

污染防治有力有效 坚决抓好中央、省第二轮生态环保督察反馈问题整改，逐项对账销号，较好解决了一批历史遗留问题。推进$PM_{2.5}$和臭氧浓度“双控双减”，$PM_{2.5}$平均浓度28微克/立方米，空气质量优良天数比例达到81.4%。深化“河湖长制”改革，系统推进太湖、大运河治理，太湖连续十五年安全度夏。建成幸福河湖630条，“国考”“省考”断面全部达标。加快城区污水处理“厂网一体化”改革，新增污水管网1100千米、污水日处理能力24.7万吨。有力应对历史罕见干旱，启动区域引水上山工程。推动土壤污染防治与土地资源安全利用协调发展，加快“无废城市”建设，小量危废收集体系不断完善。

生态保护修复扎实推进 建立健全生态产品价值实现机制，加大重点生态功能区生态保护补偿力度。全力抓好长江大保护，全面落实长江禁渔。启动“一山一策”“一湖一策”，系统保护“四角山水”自然系统和江南水乡生态本底。全面推行林长制，完成营造林3.4万亩，新增受保护湿地17.7万亩，自然湿地保护率72.4%。

绿色低碳转型步伐加快 积极构建碳达峰碳中和政策体系，优化调整产业、能源、交通运输和用地结构。落实能耗强度约束性指标要求，深入开展工业企业资源集约利用综合评价，坚决遏制“两高”项目盲目发展，改造提升和处置淘汰低端低效企业超过3000家。推广应用新能源汽车12万辆，淘汰国三及以下柴油货车超过2万辆。太湖生态岛农文旅绿色低碳融合发展示范项目获评生态环境部EOD模式试点。我市入选全国智能建造试点城市，中欧碳中和创新合作区落户太仓。

（六）用情用力做优公共服务。始终坚持民生优先，把80%以上的一般公共预算支出投入到民生领域，八大类33项民生实事全部完成。城乡居民人均可支配收入分别达到7.95万元、4.38万元，收入比缩小至1.82∶1，蝉联“中国最具幸福感城市”称号。

就业社保稳步加强 强化重点群体就业帮扶，苏州籍应届高校毕业生就业率达到98.1%。开展职业技能培训42.1万人次，新增就业21.6万人，入选全国首批公共就业服务能力提升示范项目。社会保险扩面提质，城乡居民基础养老金水平稳步提升，新增住房公积金缴存职工71.9万人。全面落实低保、特困、残疾、优抚等群体救助政策，创新发展社区慈善基金，建成市残疾人文体活动中心。

“一老一幼”保障网持续织密 实施老年友好社区建设行动计划，鼓励引导社会力量参与养老服务，完成老年人家庭适老化改造1万余户，新增养老机构床位1210张、家庭夜间照护床位2109张。全域化推进儿童友好城市建设，大力加强婴幼儿照护服务体系建设，新增普惠性托育机构77家、托位3807个，新改扩建示范性未成年人保护工作站14家。

教育发展更加优质均衡 新改扩建41所中小学、幼儿园，新增学位6万个。建立以县为主的义务教育管理体制，深入推进“双减”工作，实现课后服务义务教育学校全覆盖。有序规范民办义务教育发展，民办义务教育在校生规模占比控制在5%以内。四星级普通高中实现各板块全覆盖，张家港获评全国义务教育优质均衡先行创建县（市、区）。

医疗卫生水平全面提升 加快市疾控中心、市立医院总院、市妇幼保健院等医疗机构建设，新增三级、三甲医院各1家，增加各类医疗机构130余家，卫生服务体系更加健全。扎实推动健康城市建设，率先实现国家卫生城市、国家卫生镇全覆盖。基本医疗和生育保险市级统筹全面实现，异地就医直接结算服务覆盖面不断扩大，老百姓看病就诊更加方便。

文体事业繁荣进步 实施地域文明探源工程，成立市社会科学院，打造苏州古籍馆，启动编纂《苏州全书》。碧螺春制作技艺入列联合国人类非遗名录，元和塘古窑遗址获评省级“田野考古示范项目”。推动长江国家文化公园等项目建设，精心办好全国中秋晚会、海峡两岸青年文化月、江南文化艺术·国际旅游节、大运河文化旅游博览会、文化创意博览会等活动，打造“四季苏州·最是江南”旅游品牌。平江历史街区入选国家级旅游休闲街区，常熟虞山文化旅游度假区入选国家级旅游度假区。新建改建一批体育公园（广场），新增健身步道约340千米。精心承办全国花样游泳锦标赛等高水平赛事，我市入选全国足球发展重点城市，昆山足球俱乐部成功晋级中超联赛。

（七）全力提升社会治理效能。牢固树立总体国家安全观，全力以赴防风险、保安全、护稳定。

风险防线织牢织密　聚焦重点领域、重点问题，推动信访突出问题攻坚化解。着力防范化解金融风险，贷款不良率稳定在低位，实现融资平台公司经营性债务总量、资产负债率“双管控”，实行“镇债县管”，在财政增收压力明显加大的情况下，全市债务风险等级保持在绿色区间。推进房地产项目全面监测、风险销号、重点督办三项机制，促进房地产市场平稳健康发展。加强网络文明建设，网络空间生态持续向好。

安全生产扎实有力　持续推进安全生产专项整治，大力开展安全生产大检查和百日攻坚行动，深化消防安全“331”治理，推进危化品、燃气和自建房安全等重点领域治理，做好建筑施工安全监管，生产安全事故起数、死亡人数分别下降51.8%和55.9%。

社会治理切实加强　推进国家智能社会治理实验基地建设，积极创建市域社会治理现代化示范城市。深入推进“政社互动”，实现“全科社工”“三社联动”村（社区）全覆盖，积极推动集宿区社区化管理。争创全国社会治安防控体系建设示范城市，严厉打击违法犯罪，切实维护社会稳定，全市群众安全感稳定在99%以上。

我们全面贯彻新时代党的建设总要求，持续加强政府自身建设。加快推动政府数字化转型，建设“数字苏州驾驶舱”，优化“12345”热线、“苏商通”等平台服务功能，城市生活服务总入口“苏周到”用户突破2000万。深化法治政府建设，“行政立法全过程质量监控体系”经验获评“中国法治政府奖”。坚持依法行政，推进基层行政执法规范化建设。动态调整涉企“免罚轻罚”清单，率先编制不予实施行政强制措施清单，让行政执法既有力度又有温度。自觉接受人大法律监督和政协民主监督，办理市人大代表建议280件、市政协提案435件。切实加强政府系统党风廉政建设，持之以恒纠“四风”、转作风、树新风。拓展审计监督广度和深度，推进审计全覆盖。此外，统计、档案、民族、宗教、外事、对台、侨务、民防、双拥、退役军人等各项工作都取得新的进展。

各位代表，过去一年是极为艰难、极具挑战的一年。这一年，我们凝心聚力、众志成城，在多重压力之下，城市的运行和发展表现出非凡的韧性。每一道难关的跨越、每一项成绩的取得，都离不开党中央国务院、省委省政府和市委的坚强领导，离不开市人大及其常委会、市政协的监督支持，离不开全市人民的辛苦付出、共同奋斗。在这里，我代表市政府向全市人民，向人大代表、政协委员，向离退休老同志，向各民主党派、工商联和无党派人士，向各人民团体，向中央和省驻苏州单位，向驻苏州解放军和武警官兵，向关心支持苏州改革发展的港澳台同胞、海外侨胞和国际友人，表示最衷心的感谢！

在肯定成绩的同时，我们也清醒认识到，苏州发展面临的困难和挑战明显增多。主要表现在：外部环境更趋复杂严峻和不确定，全球贸易形势不容乐观；需求收缩、供给冲击、预期转弱的三重压力仍然较大，经济恢复基础尚不牢固，部分中小微企业、个体工商户生产经营面临不少困难；科技创新能力亟须提升，在一些关键领域还面临“卡脖子”问题，产业链供应链稳定性和竞争力有待增强；民生领域还有不少短板，优质教育、医疗、养老等公共服务保障供给仍显不足；市域统筹力度需要进一步加大，毗邻区域、城乡接合部存在的消极空间亟待消除；生态环境保护任重道远，节能减排、污染防治、绿色发展需要持续发力；转变政府职能、创新社会治理、加强城市管理、防范化解风险等方面还需要下大力气。对此，我们既要坚定信心，更要正视不足、直面挑战，采取有力有效措施，切实加以解决。

二、2023年主要任务

党的二十大立足新时代新征程的历史方位，擘画了以中国式现代化全面推进中华民族伟大复兴的宏伟蓝图，为新时代新征程党和国家事业发展、实现第二个百年奋斗目标指明了前进方向、确立了行动指南。省委对我市发展提出了新的更高要求，明确苏州在推进中国式现代化江苏新实践中要敢为先锋、勇立潮头，高水平展现中国式现代化的现实图景。市委十三届四次全会和经济工作会议对深入学习宣传贯彻党的二十大精神，在新征程上全面推进中国式现代化苏州新实践作出了全面部署。

苏州是经济大市、工业大市、开放大市、文化大市，我们有责任当好中国式现代化的探路先锋、有基础展现中国式现代化的鲜明特征、有信心绘就中国式现代化可观可感的现实图景。面对新目标、新要求，我们要以高度的政治责任感和历史使命感，坚定拥护“两个确立”，坚决做到“两个维护”，牢记“三个务必”，争当表率、争做示范、走在前列，紧紧围绕市委全会的决策部署和目标任务，稳预期、强信心，加强各类政策协调配合，努力在多重约束下求得最优解，敢字为先、干字当头，切实担负起走在前、挑大梁、多作贡献的重大责任，全力打造更高水平的创新之城、开放之城、人文之城、生态之城、宜居之城、善治之城，加快建设展现“强富美高”新图景的社会主义现代化强市。

今年是全面贯彻落实党的二十大精神的开局之年。我们将以习近平新时代中国特色社会主义思想为指导，全面贯彻落实党的二十大精神和习近平总书记对江苏工作重要指示要求，坚持稳字当头、稳中求进，完整、准确、全面贯彻新发展理念，加快服务构建新发展格局，着力推动高质量发展，更好统筹疫情防控和经济社会发展，更好统筹发展和安全，全面深化改革开放，大力提振市场信心，有效防范化解风险，持续保障改善民生，更大力度推动转型升级，更大力度推进创新发展，推动经济运行率先整体好转，实现质的有效提升和量的合理增长，不断提升城市综合竞争力与可持续发展能力，为全面推进中国式现代化苏州新实践开好局、起好步。

今年经济社会发展的主要预期目标是：地区生产总值增长5%左右，一般公共预算收入增长5.5%左右，社会消费品零售总额增长6%以上，固定资产投资增长5%左右，制造业增加值占地区生产总值比重保持基本稳定，进出口、实际使用外资稳中提质，全社会研究与试验发展经费支出占地区生产总值比重4%以上，每万人高价值发明专利拥有量29件以上，居民人均可支配收入与经济增长基本同步，城乡居民收入倍差稳步降低，居民消费价格总水平涨幅3%左右，城镇新增就业20万人，耕地保有量、粮食综合生产能力保持稳定，生产安全事故起数和死亡人数降幅大于全省平均水平，主要污染物排放总量削减完成省下达目标任务。

新的一年，我们将重点做好十个方面工作。

（一）聚焦实体经济，推进产业创新集群融合发展。坚持把发展经济的着力点放在实体经济上，坚守制造业立市之基，强化“四链”融合，推动产业发展高端化、智能化、绿色化，加快构建现代化产业体系。

聚力打造战略性新兴产业集群　加

快创新链突破，促进产业链提升，强化资金链保障，夯实人才链支撑，全面加强产业创新集群融合发展。聚焦重点产业，深耕光子等16个制造业细分领域，强化大项目支撑，做优做强纳米新材料、生物医药及高端医疗器械、高端纺织等国家先进制造业集群。聚力发展第三代半导体产业，前瞻布局量子信息、非硅基芯材料、区块链、元宇宙等未来产业。加快新能源、智能网联产业布局与融合发展，打造万亿级汽车产业强市。强化大中小企业协同创新、融通发展，培育更多专精特新"小巨人"企业、制造业"单项冠军"和营收超百亿元的龙头企业。持续推进企业先进技术研究院建设，新增认定市级以上企业技术中心200家，新认定市级首台（套）重大装备30个。发挥好国家工业母机产业投资基金作用，加快关键设备国产替代步伐。深化质量强市建设，进一步打响"苏州制造"品牌。

大力发展数字经济 加快推动智能化改造和数字化转型，实现规上工业企业全覆盖，持续扩大中小企业数字化普及面。推动5G应用在工业互联网领域深度融合，建设一批5G全连接工厂。新增市级以上智能工厂20家、示范智能车间200个，鼓励龙头企业创建全球"灯塔工厂"。实施数字经济核心产业加速行动计划，新建20个数字经济特色产业园区，培育一批旗舰型数字企业，高质量建设国家区块链发展先导区，数字经济核心产业增加值占地区生产总值比重16.5%以上。

做优做强现代服务业 重点围绕数字赋能型、知识驱动型、消费导向型三大方向，加快发展信息服务、金融服务、法律会计、人力资源、检验检测、会展经济等业态，加速打造科技服务业发展先导城市，持续推动生产性服务业高质量发展。大力引进培育各类区域和功能性总部，打造总部经济特色集聚高地。完善楼宇经济政策体系，为产业集群"筑巢"，打造一批专业特色楼宇和税收亿元以上高价值楼宇。

（二）聚焦自立自强，促进教育科技人才一体发展。坚持把创新驱动发展作为城市核心战略，持续优化科创产业布局和空间布局，大力集聚科教资源和人才资源，为高质量发展提供新动能新优势。

推进科教融合发展 优化高校发展布局，发挥高校集教育、人才、创新于一体的优势，促进资源整合，全力推动名城名校共生共荣、相互成就。深化与中国科学院、中国中医科学院大学、苏州大学、南京大学、中国科学技术大学、西北工业大学等高校合作，支持在苏州的高校狠抓内涵建设，实施一批前瞻性重大科技项目。以推动市属高校学科专业调整为重点，优化在苏州的高校学科结构，更好服务经济社会发展。统筹职业教育、高等教育、继续教育协同创新，推进职普融通、产教融合、科教融汇。

突出创新核心地位 完善科技创新体系，深化科技体制改革，加强基础研究和原始创新，举全市之力服务保障苏州实验室建设全球材料创新高地。深入实施"深时数字地球"国际大科学计划，加快"一区两中心"、先进技术成果长三角转化中心、姑苏实验室等重大创新载体建设，加快融入全球创新网络。加强企业主导的产学研深度融合，新建创新联合体15家左右，形成核心技术攻关和成果转化清单，用好"赛马""揭榜挂帅"等机制，打好关键核心技术攻坚战。强化科技企业梯度培育，认定"独角兽"培育企业180家，遴选"瞪羚"企业800家，力争有效高新技术企业数达到1.5万家。健全覆盖全产业链、企业全生命周期的综合金融服务体系，深入实施"育林计划"和"参天计划"，进一步做大种子、天使、风投、私募等各类基金规模，提高各类企业对创新资本的可获得性，实现产业、创新、资本良性互动。更大力度支持企业上市，更好服务上市公司高质量发展。做好科技金融产品定制化开发，加快构建科技保险体系，努力打造科创金融中心。加强知识产权保护利用，全面提升知识产权创造、运用、保护、管理和服务水平，全市有效发明专利拥有量增长10%以上。

建设高水平人才高地 持续优化人才政策，创建高水平人才集聚平台，用好全球人才地图，打造归国人才首选城市。高标准举办国际精英创业周、科学家日等招才引智活动，实施"百校进苏""千才留苏""万企聚苏"行动，新增姑苏领军人才650人以上、卓越工程师2000名、高技能人才6万名，引留高校毕业生15万人以上。办好苏州科技商学院，推动复合型科创人才培养。完善全方位、定制化人才服务，建设一批高品质人才社区，新增青年人才公寓2万套以上。加快落户政策调整，深入推进青年发展型城市建设，持续打造"人到苏州必有为"品牌，使各类人才在苏州都能创新有平台、创业有机会、创造有回报。

（三）聚焦有效需求，巩固放大经济向稳向好态势。坚持扩投资、促消费齐头并进，大力提振市场信心，有效改善社会心理预期，为经济持续回稳向上提供有力支撑。

强化有效投入 扩大重点地区、重点领域投资，完善政策支持，拓宽投资空间，改善投资结构，引导各类投资更多投向先进制造业、公用事业、基础设施、绿色能源、城市更新等领域，全年完成全社会固定资产投资6000亿元左右。大力推进省、市重大项目建设，做好政策性开发性金融工具项目，新增一批基础设施公募基金（REITS）。适度超前加快基础设施建设，抓好支撑性电源项目建设，实施一批事关高质量发展的现代产业项目、促进区域统筹发展的重大基础设施项目、群众关切的民生保障项目和生态环境项目。加大工业投资力度，技改投资占比稳定在50%以上。

力促消费升级 把恢复和扩大消费摆在优先位置，提高消费能力，改善消费条件，创新消费场景，增强消费对经济发展的基础性作用。筹建全球特色商品展销中心和现货交易中心，增强对长三角消费辐射力，提升苏州消费市场国际化品质化水平。持续开展系列促消费活动，大力发展首店首发经济、平台经济、直播电商和夜间经济，争创全国首批放心消费示范城市。深化数字人民币试点，拓展应用场景，提高交易占比。推动商贸综合体提档升级，做大做强一批专业市场和特色街区。支持刚性和改善性住房需求，加快长租房市场建设，着力解决好新市民、青年人等群体的住房问题。

提高招商质效 打好空间、设施、资金、服务等要素"组合拳"，深化与大型央企、民营头部企业和跨国公司合作，大力招引"引领型""链主型"企业，争取更多优质项目落户苏州，特别是在十亿级、五十亿级、百亿级重大项目上实现更大突破。强化科技招商，加快专业化科技创新载体建设，推动科技企业集聚发展。统筹考量区域发展需求，加大优质商业项目招引，有序引导商业资源优化布局。进一步加强专业化招商队伍建设，激发招商工作活力。

（四）聚焦合作平台，不断增创开放型经济新优势。坚定不移推进高水平对外开放，更大力度推动合作共赢、开放创新，更好参与全球经济合作竞争，进一步提升优质资源集聚和配置能力。

加强开放载体建设 把中新合作

作为城市发展的长期战略，全市域、全方位拓展合作领域，提升中德、中日和海峡两岸等开放载体能级，更好地面向全球集聚高端创新资源。全面落实自由贸易试验区提升战略，支持苏州工业园区深入开展开放创新综合试验、建设世界一流高科技园区和外资总部经济集聚区，扩大规则、规制、管理、标准等制度型开放，在平台赋能、区域合作、产业发展、营商环境等方面持续发力，争取更多首创性成果在全国复制推广。促进各类开发区转型升级、创新提升，实现联动改革、联动开放、联动创新，推动全市经开区（高新区）在国家和省考评中争先进位。

推动外贸外资提质　深化进口贸易促进创新示范区建设，提升进口能级，扩大优质消费品进口。优化外贸结构，进一步提高一般贸易、高新技术产品进出口比重，推动传统产品出口向价值链高端延伸。积极应对全球产业链供应链重构挑战，紧紧抓住RCEP等重大机遇，深入参与共建“一带一路”，引导支持企业拓展多元化国际市场。培育壮大离岸贸易、跨境电商、市场采购贸易等外贸新业态新模式，进一步扩大服务贸易、数字贸易发展规模。更大力度吸引和利用外资，用好鼓励外商投资企业利润再投资政策，向设计、研发、营销、结算等价值链全流程布局，引导外资积极参与产业补链延链强链。

深度融入长三角一体化发展　以打造区域枢纽中心城市为引领，落实省“1+3”重点功能区部署，更大力度推动沿沪宁产业创新带、环太湖科创圈、吴淞江科创带、G60科创走廊建设，持续抓好南北挂钩、跨江融合、苏南自主创新示范区建设等任务。全方位、多层次合力建设虹桥国际开放枢纽北向拓展带，深入推进长三角生态绿色一体化发展示范区建设，抓好制度创新成果复制推广，推动水乡客厅、长三角工业互联网创新示范基地、长三角绿色智能制造协同创新示范区等重大项目落地见效。

拓展对外合作交流　更高层次开展国际合作交流，增进与友好国家和地区的往来，办好友城周年庆活动。支持企业在全球市场提能力、扩产能、增份额，推动境外经贸合作区转型升级、良性发展。开展苏港澳多领域交流合作，扎实做好对台、侨务等工作。办好中法文化论坛、东亚企业家太湖论坛、第29届智能交通世界大会等一批国际会议。

（五）聚焦重点领域改革，打造更加优质营商环境。持续优化实施各项改革举措，着力营造市场化、法治化、国际化一流营商环境，让国企敢干、民企敢闯、外企敢投。

持续完善政务服务　更好发挥有效市场和有为政府的作用，深化“放管服”改革，加快推进政务服务标准化规范化便利化，持续增强营商环境政策比较优势，有效降低市场主体制度性交易成本。深化“一网通办”改革，实现“集成办”“免证办”“掌上办”，让市民和企业办事少跑腿、更省心。创新监管模式，对新技术、新产业、新业态、新模式开展包容审慎监管。深化投资审批、工程建设项目审批等制度改革，推动“拿地即开工”常态化。

深化国资国企改革　理顺行政区与功能区、国企与部门、国企经济责任与社会责任的关系，健全市场化经营机制，充分激发国企活力和效率。优化调整布局结构，完善全链条监管体系，聚焦主责主业，提升国企核心竞争力。推动昆山金改区、小微企业数字征信实验区建设，积极争创绿色金融改革试验区，持续推进普惠金融，探索开展转型金融、航运金融。

激发市场主体活力　切实落实“两个毫不动摇”，巩固发展公有制经济，鼓励支持引导非公有制经济发展壮大。落实外资企业国民待遇、国企民企平等对待等要求，依法平等保护各类市场主体合法权益。大力弘扬企业家精神，营造尊重企业家价值、鼓励企业家创新、更好发挥企业家作用的社会氛围。完善企情直通直报、政企联动同行等沟通渠道，积极帮助企业解难题、复元气、添活力。尊重市场规律，坚守契约精神，强化政府守信践诺，健全社会诚信体系。坚决落实国家和省减税降费措施，进一步清理规范涉企收费，持续降低企业发展负担，让市场主体切实感受到政策落实有力度、政府服务有温度。

（六）聚焦规划引领，更高水平促进城乡一体化发展。统筹城乡生产生活生态布局，推动全域规划，提升城市能级和中心城区功能，不断增强城市综合承载力。

推动全市域统筹发展　以板块临界区域为重点，强化规划统筹，明确功能定位，突出互联互通，着力实现空间缝合、资源整合、发展聚合。深入推进“产业在沿江转型、创新在城区突破”，推动环太湖科创圈、吴淞江科创带规划落地，加快太湖新城、太湖科学城、高铁新城、苏相合作区、独墅湖科教创新区（东区）等重点区域规划建设。狠抓存量空间利用、低效用地盘活，积极探索土地二次开发、更新利用等新模式，推进镇村两级工业集中区优化整治提升。开展大运河（觅渡桥—瓜泾港、望亭—浒墅关段）沿线综合整治，统筹推进产业布局调整和岸线景观打造。推进全域供水一张网建设，优化清水互通管网布局，提升全市供水安全保障韧性。

加快现代交通体系建设　年内建成南沿江城际铁路，加快通苏嘉甬高铁、北沿江高铁、沪苏湖铁路、沪苏通铁路二期、海太长江隧道、长湖申线等工程进度，推动苏锡常、如通苏湖城际铁路、苏锡太湖隧道等项目规划建设。推进绕城高速扩容提升、中环北线西延（大阳山隧道）等项目，着力打通一批断头路和交通瓶颈堵点，开工建设635国道虎丘区段改扩建工程、何山路西延、前进路对接城蓬线、中华园路对接望江路等项目。加快推进轨道交通第四期建设规划上报，建成通车11号线，加速建设10号线（苏虞张段）等工程。深化苏州港一体化改革，加快建设港口型国家物流枢纽，争创生产服务型国家物流枢纽。

加强城市规划建设管理　加快推进苏州市国土空间总体规划（2035）报批，完善城乡规划体系，在城市精细化管理上下功夫，在细微处见水平。深入开展城市更新试点，实施万丰里区域综合改造、钟楼新村搬迁等项目，对46个城中村进行分类改造。深化违法建设治理，完善长效管控机制。实施重点区域市容环境综合整治提升等行动，强化高架道路桥下空间综合治理，扫除“漏洞死角”，因地制宜推动消极空间活化利用。推进停车便利化，新增公共停车泊位1.5万个、非机动车停车泊位5万个。持续完善数字孪生城市时空底座，加快推进“1+10”CIM基础平台体系建设。

全面推进乡村振兴　加快建设高水平农业农村现代化，打造新时代鱼米之乡苏州样板。严格落实粮食安全责任制，推动域内外“米袋子”“菜篮子”基地建设，保障粮食和重要农产品稳定安全供给。推动“三高一美”提质增效，改造提升高标准农田9万亩以上。提升农业科技水平，壮大农业产业化龙头企业和社会化服务组织。做优做强“洞庭山碧螺春”“苏州大米”等农产品区域公用品牌，大力发展休闲旅游农业、农村电子商务等乡村产业，新增乡村休闲旅游农业精品村10个、乡村旅游精品线路10条。加强乡村基础设施和公共服务配套，加快实施“引水上山”工程。深入实施农村人居环境整治提升行动，持续改善农村住房条件。统筹建设特色田园乡村、特色康居乡村、特色宜居乡村，推进环阳澄湖、澄湖、长漾等一批乡村振兴示范片区建设，加强农业文化遗产保护利用，打造“诗意水乡、最美江南”样板区。提升农村数字化治理水平，累计认定“智慧农村”示范村120个。千方百计拓宽农民增收致富渠道，完善农民集体股份权能实现方式，有效落实农民集体收益分配权，村均集体经营性收入稳定在950万元左右。

（七）聚焦“江南文化”品牌，着力提升城市文化软实力。加快建设文化强市，繁荣文化事业，推动文化产业跨越发展，全力创建全国文明典范城市。

着力扩大文化名城影响力　加强历史文化名城保护，优化虎丘片区、山塘历史文化街区、苏大天赐庄校区周边地区等规划设计，持续推进五卅路子城片区、32号街坊等保护更新，提升古城人居环境和功能品质。精心保护古镇古村老街，建好大运河文化带和大运河、长江国家文化公园，推进江南水乡古镇联合申遗。深入实施地域文明探源工程，推进博物馆之城建设，建成市方志馆。办好苏州园林文化海外巡展和友好园国际交流，做精做优网络传播，建成布达佩斯中国文化中心，提升文化交流与旅游推广国际化水平，以坚定的文化自信向世界讲好苏州的中国故事，展示江南之美，传播中华文化。

着力提升文化产业竞争力　加快将苏州的文化资源优势转化为市场优势、产业优势，促进文化制造业向价值链高端延伸，推动文化产业集群发展，创建元和塘国家级文化产业示范园区。落实国家文化数字化战略，加快推进非遗数字化建设工程，挖掘新价值、创造新产品，活化苏州文化宝库。聚焦苏工苏作、数字内容、电子竞技、动漫影视等领域，培育数字文化产业新业态，实现数字文化产业营收增速20%。深化文旅高水平融合，推出一批沉浸式文旅消费新项目、新场景，打造世界旅游目的地城市。

着力提高公共文化服务力　高水准办好江南文化艺术·国际旅游节、大运河文化旅游博览会、戏曲百戏盛典等品牌活动，争创“中国曲艺名城”。持续开展公共文化配送和全民艺术提升行动，推动昆曲、评弹、苏剧等传统文化进校园，深入推进城乡全民阅读。完善新型智库体系，提升社科资政水平。繁荣文艺精品创作，组织推出一批传播主流价值的优秀作品。精心构筑网络文明“生态圈”，广泛开展家庭文明创建，让文明新风浸润姑苏城，让优秀文化滋养苏州人。

（八）聚焦绿色低碳，持续加强生态文明建设。协同推进降碳、减污、扩绿、增长，不断提高发展的含绿量、含金量，绘出高质量发展“最美底色”。

持续深入打好污染防治攻坚战　坚持问题导向，确保中央、省第二轮生态环保督察反馈问题整改到位。加大环境基础设施建设力度，强化新污染物治理，创新排污总量管理。加强PM2.5和臭氧协同控制，开展重点行业深度治理、挥发性有机物综合治理、扬尘污染控制等工作，基本消除重污染天气。严格落实长江大保护，实施好长江十年禁渔。深化“河湖长制”改革，强化“一山一策”“一湖一策”保护，推进太湖、阳澄湖、澄湖等重点水体水环境治理，确保“国考”“省考”断面水质全面达标。以吴淞江整治工程为牵引，系统建设以“三横两纵”水系为主动脉的现代水网，深化全市污水处理“厂网一体化”改革，全面消除城乡劣V类水体，建成幸福河湖400条。持续推进“无废城市”建设，提升危险废物处置利用能力。

高效协同推进生态保护修复　编制完成国土空间生态保护和修复规划，严格生态空间保护区域管控，推进生态产品价值实现机制试点，高标准建设太湖生态岛。加强生态建设和生物多样性保护，打造环太湖、吴淞江、太浦河、大运河骨干生态廊道，协同共治“漕湖—望虞河—鹅真荡”，构建一河串两湖的“双湖生态客厅”。加快建设既有铁路高速公路沿线生态廊道，推动生态、公共服务和体育休闲功能同步提升。加快建设“公园城市”，实施“见缝插绿”行动，新增及改造城市绿地210万平方米、口袋公园和小微绿地230个，完成营造林3.6万亩，打造一批山地森林步道。加快“国际湿地城市”申报工作，新增受保护湿地8万亩。

积极稳妥推进碳达峰碳中和　加快构建“双碳”政策框架体系，制定出台碳达峰实施方案。强化能耗强度管控，合理控制能耗总量，坚决遏制“两高”项目盲目发展。大力实施节能减碳工程和智能建造试点，推进工业、建筑、交通等领域清洁低碳转型。持续推进绿色制造体系建设，壮大分布式光伏、新能源汽车等经济新增长点，加快培育“近零碳”工厂。

（九）聚焦共同富裕，擦亮宜居宜业城市品牌。努力追求更高水平的“民生七有”，扎实办好36项民生实事项目，打造一座面向所有人、为了所有人的人民城市。

全力推进健康苏州建设　认真落实新阶段疫情防控各项举措，着力“保健康、防重症”，重点抓好老年人和患基础性疾病群体的防护救治，不断加强重大疫情防控救治体系和应急能力建设，最大程度保护人民生命安全和身体健康。持续推进优质医疗资源提质扩容，加强三级医院和研究型医院建设，支持南京医科大学姑苏学院、市公共卫生高等研究院等发展。科学配置基层医疗卫生机构，加强妇产、康复、老年护理、传染病等专科医院建设，积极发展互联网医院。优化全方位全周期健康服务，满足人民群众多层次、多元化医疗服务需求。提升吴门医派影响力，促进中医药传承创新发展，全力推动中医类国家医学中心和国家区域医疗中心建设。进一步加强医疗卫生队伍建设，做好对医护人员的关心关爱。推进医疗服务价格改革国家试点，深化医保支付方式改革，切实减轻群众负担。完善生育支持政策体系与配套措施，进一步降低生育养育教育成本。普及全民健身文化，持续推进体育公园、社会足球场、百姓健身房、健身步道等体育设施建设，推动健身场地开放共享，开发一批高水平户外运动产品，让市民畅享运动快乐。推进全国足球发展重点城市建设，高质量办好苏迪曼杯世界羽毛球锦标赛等赛事活动。

推动实现高质量充分就业　实施就业优先战略，坚持稳岗、减负、扩就业并举，强化企业用工服务，支持和规范发展新就业形态。进一步扩大稳岗惠企政策受益面，确保政策红利及时直达市场主体。统筹推进重点群体就业帮扶，把促进青年特别是高校毕业生就业工作摆在更加突出的位置，苏州籍应届高校毕业生就业率保持在95%以上。深入推进百万“姑苏工匠”职业技能提升工程，开展职业技能培训18万人次以上。稳步提高低收入群体收入，持续扩大中等收入群体比重。

精心办好人民满意的教育　落实立德树人根本任务，深化教育综合改革，构建市域统筹的教育发展体系。新改扩建学校37所，开展外来工子弟学校专项治理10所，推进优质学校集团化办学全覆盖。开展招生考试制度改革，推动高中阶段学校多样化发展。规范引导民办教育高质量发展，满足多元化教育需求。加强教师关爱激励，提升教师队伍学科专业素养。全面配备中小学校校医和心理教师队伍，建设全市中小学生心理援助平台，保障未成年人身心健康成长。开展中小学校近视综合防控，为560所中小学校装配空调，营造健康舒适的学习环境。

悉心关怀“一老一幼” 为最柔弱的群体提供最温暖的服务，让老人孩子拥有稳稳的幸福。打响“苏式颐养”养老服务品牌，加快构建“15分钟养老服务圈”，建设百所“家门口的老年大学”。新建养老机构床位1200张，实施老年人家庭适老化改造1.2万户。扩大普惠托育服务供给，实现普惠性幼儿园覆盖率89.5%。注重从“一米高度”看城市，建设可爱可亲的儿童友好城市。

持续完善社会保障体系 推进社保扩面提质，进一步健全合理科学、梯次衔接的待遇增长机制。大力发展企业（职业）年金，积极推进个人养老金试点，持续完善多层次、多支柱社会保障体系。强化数字医保建设，稳步提升门诊统筹保障水平，筑牢更高水平的基本医保、大病保险、医疗救助、长期护理保险、补充商业保险等多重医疗保障体系。大力发展保障性租赁住房，新开工改造城镇老旧小区住宅3.8万户。稳步扩大住房公积金制度覆盖面，新增住房公积金缴存职工覆盖率提升2个百分点。更有效救助帮扶特殊困难群体，优化困难群众动态监测、主动发现和急难救助等长效机制。构建残疾人关爱体系，完善残疾人托养服务。扎实做好妇女、工会、红十字、慈善等工作。

（十）聚焦社会治理，切实维护社会大局和谐稳定。着力探索符合特大城市特点和规律的社会治理创新路径，以新安全格局保障新发展格局，实现大城善治。

提升治理能力水平 发挥法治、德治、自治联动作用，持续探索市域社会治理现代化新路径，完善网格化管理、精细化服务、信息化支撑的基层治理平台，打响“苏城善治”品牌。全面实施“八五”普法，深入推进公民法治素养提升行动全国试点，完善现代公共法律服务体系。常态化推进扫黑除恶专项斗争，优化升级社会治安防控体系，打造城乡统筹、全市域覆盖的治安防控新格局。规范宗教管理，促进民族团结。建立健全“五社联动”机制，优化社区规模，整合社会力量，打造基层治理实践样本。精心组织第五次全国经济普查工作。持续强化退役军人服务保障和拥军优属工作，争创全国双拥模范城“八连冠”。

防范化解风险隐患 坚持预测预警、源头稳控、多元化解，深化完善社会稳定风险联合处置机制建设，健全完善重大风险防控体系，坚决维护国家安全和社会稳定。强化意识形态工作责任制，坚定维护意识形态安全。健全网络综合治理体系，推动形成良好网络生态。优质高效办理初信初访，常态化排查化解信访积案。用好“一城一策”，优化调整房地产政策，促进房地产市场稳健发展。持续优化金融生态，防范化解金融风险。强化食品药品监管，创建国家食品安全示范城市。

毫不松懈抓好安全生产 压紧压实安全生产责任，推动安全生产治理模式向事前预防转型，持续深化安全生产专项整治，加大危化品、交通运输、城镇燃气、既有建筑、消防等重点行业领域隐患排查整治力度，坚决防控各类安全风险。加强防灾救灾减灾能力建设，落实落细极端天气防范措施，最大限度减少灾害损失。加快实施城市生命线工程，提升本质安全水平。

同时，我们将始终坚持务实为民，着力提升政府服务效能，切实加强政府自身建设。坚持用习近平新时代中国特色社会主义思想统一思想、统一意志、统一行动，坚定捍卫“两个确立”，增强“四个意识”、坚定“四个自信”、做到“两个维护”，不折不扣贯彻落实中央、省和市委决策部署，努力建设人民满意的政府。坚持依法行政。全面建设法治政府，把法治思维和法治方式贯穿到政府工作各领域全过程。坚持科学决策、民主决策、依法决策，严格贯彻落实重大行政决策程序规定，全面推进政务公开，提升行政决策公信力和执行力。强化基层行政执法规范化建设，加快推动行政执法协调监督体系市域全覆盖。依法接受人大法律监督、工作监督，自觉接受政协民主监督，主动接受监察监督、司法监督、审计监督、统计监督、社会监督、舆论监督。高质量高标准办好人大代表议案建议和政协提案，切实做到事事有回音、件件有落实。坚持务实高效。始终保持“时时放心不下”的责任感，着力解决人民群众急难愁盼问题和身边小事。持续做优“12345”热线、政府网站“公众监督”“领导信箱”“寒山闻钟”等平台，积极回应市民关切，加快建设数字政府样板城市，不断改进政府工作。坚持清正廉洁。严格落实全面从严治党政治责任，切实加强政府系统党风廉政建设，营造干部清正、政府清廉、政治清明、社会清朗、人民满意的良好生态。锲而不舍落实中央八项规定精神，持续深化纠治“四风”。牢固树立过紧日子思想，强化预算约束和绩效管理，严控一般性支出。细化落实审计问题整改长效机制，切实提高财政资金使用效益。坚持敢闯敢干。与时俱进弘扬苏州“三大法宝”，永葆敢为人先、勇于担当的干事激情，在更大的赛场上定目标、树标杆、抢进位，以干部敢为助力企业敢干，以地方敢闯赢得发展先机，全面推动各项工作再上新台阶。

各位代表，奋斗成就梦想，实干才能兴业！让我们更加紧密地团结在以习近平同志为核心的党中央周围，以习近平新时代中国特色社会主义思想为指引，全面贯彻党的二十大精神，在中共苏州市委的坚强领导下，紧紧依靠全市人民，脚踏实地、埋头苦干，扛起新使命，谱写新篇章，为新征程上全面推进中国式现代化苏州新实践而不懈奋斗！

（市政府办公室）

重要文件题录

表83 2022年苏州市政府令题录一览表

文号	标题	日期
令〔2022〕156号	苏州市人民政府令《苏州市地下文物保护办法》	2022年4月13日
令〔2022〕157号	苏州市人民政府令《苏州市地方政府储备粮管理办法》	2022年9月5日

表84　2022年苏州市政府规章题录一览表

文号	标题	日期
苏府规字〔2022〕1号	市政府关于印发苏州市支持总部企业发展实施办法的通知	2022年3月9日
苏府规字〔2022〕2号	市政府关于印发苏州市建设项目节约用水管理办法的通知	2022年6月13日
苏府规字〔2022〕3号	市政府关于对国Ⅲ及以下柴油车提前淘汰实施补助的通告	2022年6月21日
苏府规字〔2022〕4号	市政府关于印发苏州市被征地农民社会保障资金个人分账户余额处理办法的通知	2022年8月1日
苏府规字〔2022〕5号	市政府关于印发苏州市城乡居民基本养老保险办法的通知	2022年8月2日
苏府规字〔2022〕6号	市政府印发关于进一步完善我市建设用地 使用权转让、出租、抵押二级市场 的实施意见的通知	2022年9月26日
苏府规字〔2022〕7号	市政府关于废止《苏州市发展预拌砂浆管理规定》的决定	2022年10月18日
苏府规字〔2022〕8号	市政府关于印发大运河苏州段核心监控区国土空间管控细则的通知	2022年11月9日
苏府规字〔2022〕9号	市政府关于印发苏州市发展保障性租赁住房实施办法（试行）的通知	2022年11月17日
苏府规字〔2022〕10号	市政府印发关于健全重特大疾病医疗保险和救助制度的实施办法的通知	2022年12月26日
苏府规字〔2022〕11号	市政府关于印发苏州市文化产业示范园区（基地）认定管理办法的通知	2022年12月29日

表85　2022年苏州市政府表彰题录一览表

文号	标题	日期
苏府〔2022〕3号	市政府　苏州军分区关于2021年度民兵工作先进单位和个人的表扬通报	2022年1月30日
苏府〔2022〕9号	市政府关于表彰2021年度苏州市市长质量奖获奖组织的决定	2022年3月16日
苏府〔2022〕37号	市政府关于表扬禁毒工作先进集体和先进个人的通报	2022年6月1日
苏府〔2022〕48号	市政府关于公布2020—2021年度苏州市自然科学优秀学术论文的通知	2022年7月5日
苏府〔2022〕65号	市政府关于给予我市参加第32届奥运会有关培养单位记功和个人通报表扬的决定	2022年8月23日
苏府〔2022〕69号	市政府关于公布第六届苏州市青少年科技创新市长奖评选结果的通知	2022年9月8日
苏府〔2022〕72号	市政府关于第五届“苏州慈善奖”评选结果的通报	2022年10月8日
苏府〔2022〕80号	市政府关于表扬2021年度贡献突出外企的通报	2022年11月3日
苏府〔2022〕81号	市政府关于给予我市在第16届残奥会上作出贡献的有关人员通报表扬的决定	2022年11月4日
苏府〔2022〕93号	市政府关于公布苏州市第十六届哲学社会科学优秀成果奖的决定	2022年12月22日
苏府〔2022〕95号	市政府关于授予见义勇为称号和表扬见义勇为工作先进单位先进工作者的决定	2022年12月28日

（资料来源：市政府办公室）

表86　2022年中共苏州市委及其办公室重要文件题录一览表

文号	标题	日期
苏委发〔2022〕1号	中共苏州市委　苏州市政府关于苏州市推进数字经济时代产业创新集群发展的指导意见	2022年1月2日
苏委发〔2022〕4号	中共苏州市委关于加强党的全面领导奋力夺取疫情防控阻击战全面胜利的通知	2022年2月18日
苏委发〔2022〕5号	中共苏州市委　苏州市政府关于促进中医药传承创新发展的实施意见	2022年3月4日
苏委发〔2022〕7号	中共苏州市委　苏州市政府关于加快转变发展方式做好碳达峰碳中和工作的实施意见	2022年3月17日
苏委发〔2022〕13号	中共苏州市委关于实施高质量党建引领基层治理现代化“根系工程”的意见	2022年4月21日
苏委发〔2022〕16号	中共苏州市委　苏州市政府关于全面推进数字苏州建设的意见	2022年5月17日
苏委发〔2022〕19号	中共苏州市委　苏州市政府关于支持昆山打造社会主义现代化建设县域示范走好新时代“昆山之路”的意见	2022年6月22日
苏委发〔2022〕21号	中共苏州市委　苏州市政府关于支持南京大学苏州校区加速引进高端创新人才的若干意见	2022年6月27日
苏委发〔2022〕22号	中共苏州市委　苏州市政府关于印发《苏州市法治政府建设实施方案（2021—2025年）》的通知	2022年6月27日
苏委发〔2022〕23号	中共苏州市委　苏州市政府关于加快推进太湖新城建设的工作意见	2022年7月3日
苏委发〔2022〕25号	中共苏州市委　苏州市政府关于支持苏州工业园区建设世界一流高科技园区的意见	2022年7月8日
苏委发〔2022〕27号	中共苏州市委　苏州市政府关于印发《苏州市优化营商环境创新行动2022》的通知	2022年7月13日
苏委发〔2022〕29号	中共苏州市委　苏州市政府关于印发《苏州市深化新时代教育评价改革实施方案》的通知	2022年7月29日
苏委发〔2022〕31号	中共苏州市委　苏州市政府关于推进苏州港改革创新发展的意见	2022年8月19日

续表86

文号	标题	日期
苏委发〔2022〕34号	中共苏州市委　苏州市政府关于加快推进苏州高铁新城建设打造长三角区域枢纽中心的工作意见	2022年9月20日
苏委发〔2022〕37号	中共苏州市委　苏州市政府关于印发《苏州市建设全国中小学劳动教育实验区实施方案》的通知	2022年10月8日
苏委发〔2022〕40号	中共苏州市委　苏州市政府关于全面建设太湖科学城的工作意见	2022年11月6日
苏委发〔2022〕43号	中共苏州市委　苏州市政府关于印发《苏州市青年发展型城市建设试点实施方案》的通知	2022年12月8日
苏委办发〔2022〕1号	市委办公室　市政府办公室印发《关于统筹疫情防控与经济社会平稳有序运行的工作意见》的通知	2022年2月24日
苏委办发〔2022〕6号	市委办公室　市政府办公室印发《关于支持产业创新集群建设的若干政策（试行）》的通知	2022年3月12日
苏委办发〔2022〕7号	市委办公室　市政府办公室关于印发《苏州市推进数字经济时代产业创新集群建设2025行动计划》的通知	2022年3月17日
苏委办发〔2022〕16号	市委办公室　市政府办公室印发《关于进一步加强苏州历史文化名城保护工作的指导意见》的通知	2022年5月31日
苏委办发〔2022〕26号	市委办公室　市政府办公室印发《关于全面实施苏州“环太湖科创圈”“吴淞江科创带”建设的指导意见》的通知	2022年7月13日
苏委办发〔2022〕29号	市委办公室　市政府办公室印发《关于加快建设长三角生态绿色一体化发展示范区的意见》的通知	2022年7月31日
苏委办发〔2022〕39号	市委办公室　市政府办公室印发《关于支持常熟南向发展加快建设苏州市域一体化（常熟）融合创新区的意见》的通知	2022年10月5日
苏委办发〔2022〕42号	市委办公室　市政府办公室关于印发《苏州市农民收入倍增计划实施方案》的通知	2022年11月2日
苏委办发〔2022〕44号	市委办公室　市政府办公室关于印发《苏州地域文明探源工程实施意见》的通知	2022年11月10日
苏委办发〔2022〕46号	市委办公室　市政府办公室印发《关于推动苏州“博物馆之城”建设的意见》的通知	2022年11月26日
苏委办发〔2022〕49号	中共苏州市委办公室印发《全市基层党组织学习宣传贯彻党的二十大精神实施方案》的通知	2022年11月29日

（资料来源：市委办公室）

表87　2022年苏州市政府及其办公室重要文件题录一览表

文号	标题	日期
苏府〔2022〕4号	市政府印发关于进一步帮助市场主体纾困解难着力稳定经济增长若干政策措施的通知	2022年3月5日
苏府〔2022〕19号	市政府印发关于支持服务业相关领域纾困和恢复发展政策意见的通知	2022年4月13日
苏府〔2022〕33号	市政府关于印发苏州市生物医药产业创新集群建设实施方案的通知	2022年5月20日
苏府〔2022〕49号	市政府关于调整姑苏区财政体制的通知	2022年7月5日
苏府〔2022〕51号	市政府关于加快建立健全绿色低碳循环发展经济体系的实施意见	2022年7月8日
苏府〔2022〕58号	市政府关于全面提升数字经济和数字化发展水平的实施意见	2022年7月25日
苏府〔2022〕61号	市政府关于印发苏州市见义勇为称号评定实施办法的通知	2022年8月11日
苏府〔2022〕63号	市政府印发关于推动新兴服务业高质量发展的指导意见的通知	2022年8月18日
苏府〔2022〕75号	市政府印发关于促进楼宇经济高质量发展实施意见的通知	2022年10月19日
苏府〔2022〕84号	市政府关于印发苏州市国家知识产权强市建设示范城市工作方案（2022—2025年）的通知	2022年11月7日
苏府〔2022〕96号	市政府关于公布首批苏州市古镇、古村、老街名录的通知	2022年12月28日
苏府办〔2022〕13号	市政府办公室关于印发苏州市荣誉市民优惠待遇细则的通知	2022年2月7日
苏府办〔2022〕20号	市政府办公室转发关于建立保护关心爱护医务人员长效机制的实施意见的通知	2022年3月2日
苏府办〔2022〕24号	市政府办公室关于印发苏州市国家区块链发展先导区建设工作方案的通知	2022年3月9日
苏府办〔2022〕55号	市政府办公室转发市发展改革委关于对困难群众实行物价上涨动态补贴办法的通知	2022年4月21日
苏府办〔2022〕71号	市政府办公室关于印发苏州市金融支持产业创新集群发展的工作意见的通知	2022年5月11日
苏府办〔2022〕84号	市政府办公室印发关于推进苏州市一刻钟便民生活圈建设的实施意见的通知	2022年5月23日
苏府办〔2022〕112号	市政府办公室印发关于政府购买民办义务教育学校学位的指导意见的通知	2022年6月24日
苏府办〔2022〕119号	市政府办公室关于印发苏州市数字经济“十四五”发展规划的通知	2022年7月1日
苏府办〔2022〕122号	市政府办公室关于印发苏州市电子信息产业创新集群建设实施方案的通知	2022年7月5日
苏府办〔2022〕123号	市政府办公室关于印发苏州市装备制造产业创新集群建设实施方案的通知	2022年7月5日
苏府办〔2022〕127号	市政府办公室印发关于加快推进全市科技招商工作的指导意见的通知	2022年7月5日

续表87

文号	标题	日期
苏府办〔2022〕128号	市政府办公室关于印发苏州市支持青年人才发展若干措施的通知	2022年7月6日
苏府办〔2022〕150号	市政府办公室关于印发苏州市先进材料产业创新集群建设实施方案的通知	2022年8月5日
苏府办〔2022〕151号	市政府办公室关于印发苏州市“公园城市”建设指导意见的通知	2022年8月8日
苏府办〔2022〕154号	市政府办公室关于印发推进苏州上市公司做优做强若干措施的通知	2022年8月15日
苏府办〔2022〕184号	市政府办公室关于印发苏州市关爱激励教师十条措施的通知	2022年9月16日
苏府办〔2022〕187号	市政府办公室关于印发苏州市农贸市场改造提升三年行动方案的通知	2022年9月19日
苏府办〔2022〕190号	市政府办公室关于印发苏州市扶持个体工商户健康发展若干措施的通知	2022年9月22日
苏府办〔2022〕208号	市政府办公室印发苏州市关于推动外贸保稳提质若干措施的通知	2022年9月29日
苏府办〔2022〕220号	市政府办公室印发关于推进产业创新集群和新兴服务业细分领域发展工作方案的通知	2022年10月19日
苏府办〔2022〕246号	市政府办公室关于印发苏州市数字经济核心产业加速发展行动计划（2023—2025年）的通知	2022年11月18日
苏府办〔2022〕261号	市政府办公室印发关于支持建设苏州生物医药及高端医疗器械国家先进制造业集群的政策措施的通知	2022年12月3日
苏府办〔2022〕273号	市政府办公室关于印发苏州市促进残疾人就业三年行动方案（2022—2024年）的通知	2022年12月28日

（资料来源：市政府办公室）

统计资料

表88　2016—2022年苏州市国民经济和社会发展主要指标统计表

项目	2016年	2017年	2018年	2019年	2020年	2021年	2022年
研究与试验发展经费投入占地区生产总值的比重	2.73%	2.77%	3.23%	3.64%	3.78%	3.84%	4.01%
每千人拥有医生数（人）	2.21	2.40	2.59	2.80	2.92	3.07	3.18
年末有效发明专利拥有量（件）	40724	49169	56821	63062	74008	85957	104495
发明专利授权量（件）	13267	11618	10845	8339	9909	14677	20558
城镇居民人均可支配收入（元）	54341	58806	63481	68629	70966	76888	79537
农村居民人均可支配收入（元）	27691	29977	32420	35152	37563	41487	43785
固定资产投资额（亿元）	5648.49	5629.59	4555.70	4933.10	5224.43	5660.57	5744.16
进口总额（亿美元）	1098.18	1289.18	1472.83	1270.47	1354.79	1618.46	1541.80
出口总额（亿美元）	1639.41	1871.61	2068.31	1920.40	1868.68	2302.68	2324.22
规模以上工业总产值（亿元）	30713.99	31468.77	33354.01	33520.49	35342.55	42044.13	43776.55
一般公共预算收入（亿元）	1730.04	1908.10	2119.99	2221.81	2303.00	2510.00	2329.18
社会消费品零售总额（亿元）	6112.21	6803.13	7369.71	7813.40	7701.98	9031.32	9010.71
地区生产总值（亿元）	15445.26	16997.47	18263.48	19264.80	20180.45	23168.21	23958.34
人均地区生产总值（元）	124347	135139	144456	151844	158545	187020	186024

注：2018年起国家固定资产投资统计方法制度改革，统计方法口径有调整。人均地区生产总值按常住人口计算。

表89　苏州市历年地区生产总值统计表

年份	地区生产总值（亿元）	第一产业	第二产业	第三产业	总计中：工业（亿元）	人均地区生产总值（元）	人均地区生产总值（美元）
1952	4.38	2.01	1.09	1.29	1.06	126	—
1965	10.78	4.95	3.74	2.10	3.56	254	—

续表89

年份	地区生产总值（亿元）	第一产业	第二产业	第三产业	总计中：工业（亿元）	人均地区生产总值（元）	人均地区生产总值（美元）
1970	15.03	6.26	6.16	2.62	5.61	325	—
1975	23.32	8.18	10.98	4.15	10.08	471	—
1978	31.95	8.97	17.79	5.18	16.69	634	—
1980	40.68	10.03	23.85	6.80	22.61	787	—
1985	91.91	18.07	56.67	17.17	52.59	1714	584
1990	202.14	35.00	123.24	43.90	112.52	3617	756
1991	235.10	35.76	147.22	52.11	134.46	4178	785
1992	359.69	40.56	230.77	88.35	209.80	6360	1153
1993	525.96	50.16	336.06	139.74	305.05	9258	1607
1994	720.90	68.46	442.89	209.55	404.88	12639	1466
1995	903.11	80.37	543.41	279.33	499.12	15784	1890
1996	1002.14	88.18	567.96	346.00	513.36	17474.00	2102.00
1997	1132.59	88.16	636.42	408.01	577.12	19713.00	2378.00
1998	1250.01	88.01	701.95	460.05	632.48	21733.00	2625.00
1999	1358.43	88.14	764.07	506.22	691.54	23592.00	2850.00
2000	1540.68	90.96	870.10	579.62	790.83	26692.00	3224.00
2001	1760.28	91.41	999.89	668.98	912.11	30384.00	3671.00
2002	2080.37	91.72	1211.52	777.13	1106.87	35733.00	4317.00
2003	2801.56	75.75	1771.86	953.95	1586.61	47693.00	5762.00
2004	3365.94	78.60	2235.13	1052.21	2088.97	46618.70	5632.80
2005	4173.48	82.08	2712.03	1379.37	2550.74	56141.57	6853.94
2006	4948.07	94.80	3193.04	1660.23	3019.45	63130.85	7918.87
2007	5914.31	105.26	3687.52	2121.53	3497.55	69909.93	9193.81
2008	7163.40	121.17	4331.65	2710.58	4098.86	79825.27	11493.83
2009	7851.01	129.01	4642.92	3079.08	4361.02	84894.14	12427.39
2010	9180.76	140.80	5359.64	3680.32	4990.66	92557.31	13672.70
2011	10670.08	161.02	6090.85	4418.21	5650.67	98901.43	15312.66
2012	11965.76	176.53	6682.07	5107.16	6193.05	105411.73	16698.89
2013	12929.78	193.29	6953.07	5783.42	6419.47	109911.13	17748.21
2014	13716.95	203.98	7082.49	6430.48	6504.12	113554.67	18485.82
2015	14468.68	215.71	7250.53	7002.44	6648.29	117961.45	18939.29
2016	15445.26	221.81	7434.61	7788.84	6818.92	124347.46	18720.54
2017	16997.47	221.98	8217.83	8557.66	7535.95	135138.66	20015.20
2018	18263.48	214.25	8918.33	9130.90	8167.59	144455.84	21829.70
2019	19264.80	196.70	9130.18	9937.92	8316.49	151844.38	22011.22
2020	20180.45	196.40	9385.58	10598.47	8514.39	158544.80	22985.50
2021	23168.21	189.73	11102.36	11876.12	10192.07	181020.00	28058.59
2022	23958.34	192.98	11521.41	12243.95	10595.60	186023.51	27656.96

注：1.2004年起人均地区生产总值按常住人口计算，2011—2019年常住人口数据根据第七次全国人口普查结果修订。

2.按照全国地区生产总值统一核算和数据发布制度规定，地区生产总值核算包括初步核算和最终核实两个步骤。2021年数据为最终核实数，2022年数据为初步核算数。

表90 苏州市历年地区生产总值指数统计表

年份	地区生产总值指数				总计中：工业	人均地区生产总值指数
		第一产业	第二产业	第三产业		
1979	104.0	86.2	107.0	124.1	106.6	102.6
1980	114.5	103.9	124.1	98.5	126.1	113.2
1981	107.5	94.7	110.5	112.7	109.9	106.4
1982	107.5	115.6	106.8	101.6	105.9	106.3
1983	111.2	95.6	113.0	123.1	112.2	110.5
1984	126.3	135.3	126.5	117.4	126.0	126.1
1985	130.0	96.3	138.8	132.9	139.4	129.6
1986	108.1	111.1	106.5	112.2	105.0	107.2
1987	116.4	100.1	120.4	114.2	118.1	115.2
1988	116.8	99.4	121.7	109.3	120.2	115.7
1989	95.5	96.4	94.0	101.7	95.7	94.6
1990	113.5	108.6	116.3	104.9	117.7	112.5
1991	111.9	98.7	114.3	109.2	114.4	111.2
1992	145.8	109.6	147.7	156.7	147.9	145.0
1993	125.1	101.6	126.0	130.3	128.2	124.5
1994	112.1	101.0	109.0	125.0	109.3	111.7
1995	114.8	111.8	114.5	116.5	114.9	114.4
1996	106.3	106.3	102.5	115.7	101.5	106.0
1997	114.2	103.4	114.4	116.5	114.8	114.0
1998	113.1	100.2	114.6	112.8	114.4	113.0
1999	112.1	106.2	113.2	111.0	113.7	112.0
2000	112.6	104.1	112.7	113.8	113.1	112.3
2001	112.3	101.2	112.6	113.6	112.9	111.9
2002	114.5	101.1	116.3	113.8	116.3	114.0
2003	118.0	94.5	121.7	115.0	120.3	117.0
2004	117.6	99.5	120.4	114.5	122.5	116.1
2005	115.3	100.7	115.2	116.5	115.5	112.0
2006	115.8	105.1	115.7	116.8	116.2	109.8
2007	116.1	104.6	115.6	117.8	116.0	107.6
2008	113.2	103.5	112.1	116.3	112.6	106.7
2009	111.5	103.9	110.0	114.6	109.5	108.2
2010	113.3	103.9	113.3	113.7	113.3	105.6
2011	112.0	104.4	111.5	113.0	111.8	103.0
2012	110.1	104.1	107.9	113.5	107.5	104.6
2013	109.6	102.7	107.4	112.8	107.6	105.8
2014	108.3	100.0	106.3	111.2	106.3	105.5
2015	107.5	103.3	104.8	111.0	104.3	105.9
2016	107.5	99.0	106.0	109.2	106.1	106.1

续表90

年份	地区生产总值指数				总计中：工业	人均地区生产总值指数
		第一产业	第二产业	第三产业		
2017	107.1	100.8	106.2	108.0	107.0	105.7
2018	106.8	95.4	105.6	108.1	106.1	106.2
2019	105.6	93.4	105.1	106.3	105.0	105.2
2020	103.4	98.0	103.4	103.5	103.6	103.1
2021	109.4	99.2	110.7	108.5	112.6	108.8
2022	102.0	103.0	101.8	102.1	102.1	101.3

注：以2021年为100，按可比价格计算。

表91　苏州市历年地区生产总值构成统计表

年份	地区生产总值构成				总计中：工业
		第一产业	第二产业	第三产业	
1952	100.0	45.9	24.8	29.3	24.2
1965	100.0	45.9	34.6	19.5	33.0
1970	100.0	41.6	41.0	17.4	37.3
1975	100.0	35.1	47.1	17.8	43.2
1978	100.0	28.1	55.7	16.2	52.2
1980	100.0	24.7	58.6	16.7	55.6
1985	100.0	19.7	61.6	18.7	57.2
1990	100.0	17.3	61.0	21.7	55.7
1995	100.0	8.9	60.2	30.9	55.3
2000	100.0	5.9	56.5	37.6	51.3
2001	100.0	5.2	56.8	38.0	51.8
2002	100.0	4.4	58.2	37.4	53.2
2003	100.0	2.7	63.2	34.1	56.6
2004	100.0	2.3	66.4	31.3	62.1
2005	100.0	1.9	65.0	33.1	61.1
2006	100.0	1.9	64.5	33.6	61.0
2007	100.0	1.8	62.3	35.9	59.1
2008	100.0	1.7	60.5	37.8	57.2
2009	100.0	1.7	59.1	39.2	55.5
2010	100.0	1.5	58.4	40.1	54.4
2011	100.0	1.5	57.1	41.4	53.0
2012	100.0	1.5	55.8	42.7	51.8
2013	100.0	1.5	53.8	44.7	49.6
2014	100.0	1.5	51.6	46.9	47.4
2015	100.0	1.5	50.1	48.4	45.9

续表91

年份	地区生产总值构成	第一产业	第二产业	第三产业	总计中：工业
2016	100.0	1.5	48.1	50.4	44.1
2017	100.0	1.4	48.3	50.3	44.3
2018	100.0	1.2	48.8	50.0	44.7
2019	100.0	1.0	47.4	51.6	43.2
2020	100.0	1.0	46.5	52.5	42.2
2021	100.0	0.8	47.9	51.3	44.0
2022	100.0	0.8	48.1	51.1	44.2

表92 2016—2022年苏州市国民经济主要指标人均水平统计表

指标	2016年	2017年	2018年	2019年	2020年	2021年	2022年
地区生产总值（元）	124347	135139	144456	151844	158545	181020	186024
农林牧渔业总产值（元）	3419	3377	3018	2811	2805	2707	2726
规模以上工业总产值（元）	247274	250193	263815	264207	277664	328503	339901
一般公共预算收入（元）	13928	15170	16768	17512	18093	19611	18085
一般公共预算支出（元）	13019	14084	15445	16879	17783	20187	20099
粮食产量（千克）	77.88	73.46	69.54	68.71	69.77	70.60	71.73
水产品产量（千克）	20.52	18.61	15.47	13.03	12.84	11.17	11.13
生铁产量（千克）	2113	2129	2104	2189	2400	2433	2284
钢材产量（千克）	3207	3375	3633	3769	4067	3910	3641
笔记本计算机产量（台）	3.27	3.29	3.20	3.24	3.20	3.46	1.92
发电量（千瓦·时）	8212	8345	8620	8612	8107	8670	8688
社会消费品零售总额（元）	49208	54088	58291	61585	60510	70564	69963
固定资产投资额（元）	45475	44758	36034	38883	41045	44228	44600
进出口总额（美元）	22040	25130	28009	25150	25325	30637	30018
出口总额	13199	14880	16359	15137	14681	17992	18046
每万人拥有卫生机构床位数（张）	50.45	52.81	54.41	56.39	58.58	60.42	61.94
每万人拥有卫生技术人员（人）	57.56	63.10	67.25	71.65	74.76	78.59	81.71
每万人拥有医生数（人）	22.07	23.98	25.94	27.97	29.17	30.70	31.79
全体常住居民可支配收入（元）	46595	51208	55476	60109	62582	68191	70819
全体常住居民消费支出（元）	28983	31202	33327	35414	34770	41818	42889
城镇常住居民可支配收入（元）	54341	58806	63481	68629	70966	76888	79537
城镇常住居民消费支出（元）	33305	35104	37403	39648	39005	46566	47451
农民常住居民可支配收入（元）	27691	29977	32420	35152	37563	41487	43785
农村常住居民消费支出（元）	18820	20298	21587	23012	22129	27240	28746
金融机构人民币住户存款余额（元）	63126	64715	72381	82366	94529	105510	129534

注：该表人均指标按常住人口计算，各年常住人口根据第七次全国人口普查结果修订。居民收支为抽样调查数据。

表93　2022年全省

城市	土地面积（平方千米）	年末户籍人口（万人）	年末常住人口（万人）	城镇人口比重	地区生产总值（亿元）				按常住人口人均地区生产总值（元）	农林牧渔业总产值（亿元）	粮食产量（万吨）	油料产量（万吨）	肉类产量（万吨）	水产品产量（万吨）	规模以上工业企业（亿元）			
						第一产业	第二产业	第三产业							资产总计	营业收入	营业成本	利润总额
南京市	6587	739.36	949.11	87.01%	16907.85	315.56	6069.64	10522.65	178781	525.65	99.03	5.04	4.63	16.73	17349.88	16046.06	13504.63	825.91
无锡市	4627	519.01	749.08	83.09%	14850.82	133.65	7177.39	7539.78	198404	220.83	55.63	0.76	0.87	10.24	23489.81	22666.56	19452.69	1460.33
徐州市	11765	1031.90	901.85	66.81%	8457.84	771.89	3593.22	4092.73	93731	1361.24	502.40	11.37	66.10	16.39	6992.81	6292.94	5217.92	360.56
常州市	4372	389.21	536.62	78.01%	9550.06	172.36	4664.47	4713.23	178243	296.04	69.69	2.80	5.25	14.93	17180.99	16499.88	14236.74	939.73
苏州市	8657	774.73	1291.06	82.12%	23958.34	192.98	11521.41	12243.95	186024	351.10	92.39	0.65	1.81	14.33	45656.68	45491.80	39156.89	2401.36
南通市	10507	746.69	774.35	71.79%	11379.60	510.04	5611.06	5258.50	147057	950.63	340.95	21.25	38.24	83.18	14533.68	12015.53	10227.02	740.89
连云港市	7626	531.41	460.05	63.08%	4005.03	424.23	1814.25	1766.55	87042	776.48	368.00	10.50	34.07	76.19	6260.32	4018.36	3210.25	301.16
淮安市	10030	551.11	455.31	66.83%	4742.42	445.42	2011.90	2285.10	104054	768.80	492.93	6.00	33.48	31.87	3386.78	3358.90	2739.04	189.84
盐城市	17718	796.80	668.97	65.43%	7079.78	793.81	2927.78	3358.20	105647	1415.20	715.81	14.01	61.01	121.20	8154.82	7985.55	6950.58	444.56
扬州市	6591	448.46	458.29	72.01%	7104.98	326.62	3470.02	3308.34	155132	579.85	287.62	5.25	15.69	40.90	6321.45	6752.27	5853.33	262.48
镇江市	3840	266.86	322.22	80.24%	5017.04	163.87	2471.61	2381.56	155823	284.06	96.30	3.98	8.25	9.89	6479.16	5309.64	4608.20	239.55
泰州市	5788	488.43	450.56	69.24%	6401.77	334.41	3158.01	2909.35	141830	558.75	281.32	9.94	15.46	39.80	7437.15	7792.25	6324.64	551.88
宿迁市	8524	588.03	497.53	64.07%	4111.98	374.55	1843.98	1893.45	82452	649.60	410.59	4.74	35.67	29.21	4158.11	4107.07	3435.92	344.84

主要经济指标统计表

会量千时）	工业用电量	社会消费品零售总额（亿元）	进出口总额（亿元）	出口总额	实际使用外资及中国港澳台资（亿美元）	一般公共预算收入（亿元）	一般公共预算支出（亿元）	金融机构人民币存款余额（亿元）	住户存款	年末金融机构人民币贷款余额（亿元）	全体常住居民人均可支配收入（元）	全体常住居民人均消费支出（元）	城镇常住居民人均可支配收入（元）	城镇常住居民人均消费支出（元）	农村常住居民人均可支配收入（元）	农村常住居民人均消费支出（元）	市区居民消费价格总指数（2021年=100）
.46	355.25	7832.41	6292.13	3827.91	48.50	1558.21	1828.69	48372.91	13078.05	48201.43	69039	40313	76643	43629	34664	25322	102.20
.30	600.40	3337.60	7373.07	4852.64	38.26	1133.38	1365.68	23613.48	9929.26	19562.10	65823	41381	73332	45298	41934	28920	102.10
.86	249.20	4102.73	1291.09	1111.96	12.24	517.43	1031.79	10553.62	5902.71	9338.85	35950	22277	42610	24984	25210	17911	102.20
.37	456.39	2856.16	3228.45	2507.37	28.31	631.78	826.06	15438.33	6916.66	13777.88	59514	35216	68578	39059	37852	26031	101.90
1.73	1213.31	9010.71	25721.11	15475.04	74.18	2329.18	2588.54	44500.47	16723.66	45247.30	70819	42889	79537	47451	43785	28746	102.10
.43	388.12	3956.87	3665.25	2350.38	29.52	613.00	1147.22	17993.40	10648.19	16007.07	49093	30958	59605	36389	30819	21515	102.10
.93	159.52	1197.69	1075.68	398.37	7.80	212.81	535.74	5223.01	2467.54	6004.64	33723	21735	41282	25853	22667	15714	102.30
8.66	149.86	1820.19	428.32	321.38	10.18	300.08	660.43	5801.78	2840.98	6446.90	36706	20826	46041	24785	23404	15184	101.90
8.92	293.99	2700.59	1372.38	926.05	11.83	453.26	1094.21	9870.57	5653.21	9586.97	38798	23062	45896	25194	27794	19755	102.50
3.61	200.15	1518.91	1101.19	870.82	15.35	325.49	699.33	8903.02	5006.37	8115.69	44828	27581	53673	30888	29332	21786	102.20
.47	211.30	1364.02	1038.82	774.61	5.68	303.96	535.60	7344.33	3679.81	7921.03	52615	32079	61552	35071	33129	25556	102.00
2.22	254.53	1588.36	1307.33	895.82	11.39	416.65	703.91	9623.68	4941.56	8579.05	46363	29192	56576	33619	29417	21846	102.30
7.76	182.33	1465.89	560.07	503.32	11.76	271.78	622.43	4986.59	2373.56	5136.62	30796	18939	36756	22093	23058	14844	102.00

表94　2022年苏州市国民经济指标在全省的地位统计表

指标	苏州	江苏	苏州占江苏比重
年末户籍总人口（万人）	774.73	7872	9.84%
年末常住总人口（万人）	1291.06	8515	15.20%
城镇人口	1060.20	6337	16.73%
地区生产总值（亿元）	23958.34	122875.62	19.50%
第一产业	192.98	4959.38	3.89%
第二产业	11521.41	55888.74	20.62%
第三产业	12243.95	62027.50	19.74%
农林牧渔业总产值（亿元）	351.10	8733.80	4.02%
主要农产品产量（万吨）	—	—	—
粮食	92.39	3769.13	2.45%
油料	0.65	96.28	0.67%
水产品	14.33	504.86	2.84%
牛奶	4.02	68.78	5.85%
规模以上工业主要工业产品产量	—	—	—
发电量（亿千瓦·时）	1118.94	5831.26	19.19%
钢材（万吨）	4689.23	14882.23	31.51%
粗钢（万吨）	3688.49	11905.02	30.98%
农用氮、磷、钾化学肥料（折纯）（万吨）	58.46	161.60	36.18%
纱（万吨）	55.13	302.10	18.25%
布（亿米）	3.94	48.72	8.09%
全社会用电量（亿千瓦·时）	1661.73	7399.55	22.46%
工业用电量	1213.31	5063.19	23.96%
社会消费品零售总额（亿元）	9010.71	42752.12	21.08%
进出口总额（亿美元）	3866.02	8177.54	47.28%
出口总额	2324.22	5225.92	44.48%
进口总额	1541.80	2951.62	52.24%
实际使用外资及中国港澳台资（亿美元）	74.18	305.00	24.32%
一般公共预算收入（亿元）	2329.18	9258.88	25.16%
一般公共预算支出（亿元）	2588.57	14903.19	17.37%
年末金融机构人民币存款余额（亿元）	44500.47	212225.20	20.97%
年末金融机构人民币贷款余额（亿元）	45247.30	203925.53	22.19%
普通高等学校在校学生（万人）	29.27	221.91	13.19%
普通中学在校学生（万人）	47.54	405.39	11.73%
小学在校学生（万人）	91.95	585.63	15.70%
卫生机构（所）	4138	37001	11.18%
医院	247	2087	11.84%
卫生机构床位数（张）	79968	562961	14.21%
卫生技术人员（人）	105498	71366	14.78%
医生	41048	279242	14.70%
注册护士	46821	318294	14.71%

续表 94

指标	苏州	江苏	苏州占江苏比重
全体常住居民人均可支配收入（元）	70819	49862	—
城镇常住居民人均可支配收入（元）	79537	60178	—
农村常住居民人均可支配收入（元）	43785	28486	—

表 95　2022 年全国部分大中城市主要经济指标统计表

城市	年末常住人口（万人）	地区生产总值（亿元）				社会消费品零售总额（亿元）	一般公共预算收入（亿元）	进出口总额（亿元）		实际使用外资及中国港澳台资(亿美元)	全社会用电量（亿千瓦·时）	年末金融机构本外币存款余额（亿元）	年末金融机构本外币贷款余额（亿元）	城镇居民人均可支配收入（元）	农村居民人均可支配收入（元）	市区居民消费价格总指数(2021年=100)
			第一产业	第二产业	第三产业				出口总额							
上海	2475.89	44652.80	96.95	11458.43	33097.42	16442.14	7608.19	41902.75	17134.21	239.56	1745.55	192293.06	103138.91	84034	39729	102.5
北京	2184.30	41610.90	111.50	6605.10	34894.30	13794.25	5714.40	36445.51	5890.02	174.10	1280.80	218628.80	97819.90	84023	34754	101.8
深圳	1766.18	32387.68	25.64	12405.88	19956.16	9708.28	4012.27	36737.52	21944.80	109.70	1073.82	123400.52	83422.99	72718	—	102.3
广州	1873.41	28839.00	318.31	7909.29	20611.40	10298.15	1855.10	10948.40	6194.79	574.13 亿元	1118.76	80495.07	68918.60	76849	36292	102.4
重庆	3213.34	29129.03	2012.05	11693.86	15423.12	13926.08	2103.40	8158.35	5245.32	18.57	1404.29	49567.20	50051.89	45509	19313	102.1
苏州	1291.06	23958.34	192.98	11521.41	12243.95	9010.71	2329.18	25721.11	15475.04	74.18	1661.73	47430.56	46923.26	79537	43785	102.1
成都	2126.80	20817.50	588.42	6404.12	13824.96	9096.50	1722.40	8346.40	5005.10	25.90	885.47	53189.00	53053.00	54897	30931	102.4
武汉	1373.90	18866.43	475.79	6716.65	11673.99	6936.20	1504.74	3532.20	2153.00	20.45	737.79	35754.03	44383.81	58449	29304	102.3
杭州	1237.60	18753.07	345.97	5619.86	12787.24	7293.60	2450.61	7564.81	5140.65	78.12	950.00	69592.00	62306.00	77043	45183	102.4
南京	949.11	16907.85	315.56	6069.64	10522.65	7832.41	1558.21	6292.13	3827.91	48.50	724.46	49531.31	48760.23	76643	34664	102.2
天津	1363.00	16311.34	273.15	6038.93	9999.26	3571.99	1846.55	8448.52	3803.59	59.50	991.22	40488.25	42494.69	53003	29018	101.9
宁波	961.80	15704.30	381.99	7413.47	7908.84	4896.70	1680.23	12671.26	8230.59	37.27	972.66	31303.00	32986.00	76690	45487	102.3
青岛	1034.21	14920.75	478.05	5197.34	9245.36	5891.80	1273.20	9117.16	5361.06	55.10	576.47	24992.70	26782.50	62584	27701	102
无锡	749.08	14850.82	133.65	7177.39	7539.78	3337.60	1133.38	7373.07	4852.64	38.26	833.30	24438.57	19879.67	73332	41934	102.1
长沙	1042.06	13966.11	451.30	5589.58	7925.24	5235.56	1202.00	3313.90	2462.50	30.99	516.79	27882.56	29853.42	65190	40678	101.7
郑州	1282.80	12934.69	185.64	5174.58	7574.47	5223.14	1130.79	6069.72	3596.32	12.00	623.80	29416.53	34814.00	46287	28237	101.2
佛山	955.23	12698.39	221.13	7129.80	5347.46	3593.57	796.94	6637.80	5562.54	73.14 亿元	758.91	23787.77	18234.52	65417	38971	102.2
济南	941.50	12027.50	420.50	4180.20	7426.70	4878.10	1001.10	2208.90	1431.82	31.40	499.70	25941.00	26112.30	59459	23844	101.4
合肥	963.40	12013.08	379.23	4394.44	7239.40	5021.62	909.25	3610.95	2301.84	12.05	500.92	23096.64	23565.55	56177	28727	102.4
常州	536.62	9550.06	172.36	4664.47	4713.23	2856.16	631.78	3228.45	2507.37	28.31	609.37	15907.57	13844.17	68578	37852	101.9
大连	753.10	8430.90	563.00	3712.50	4155.40	1846.90	669.70	4792.10	2086.70	20.30	448.00	18911.40	14235.10	51904	24759	102.2
厦门	530.80	7802.66	29.27	3233.56	4539.83	2665.36	883.77	9225.59	4657.39	22.12	335.79	16167.02	17319.33	70467	32323	101.8
沈阳	914.70	7695.80	335.20	2885.50	4475.10	3864.50	713.70	1406.60	522.30	39.20	400.20	20855.00	20777.30	51702	22352	101.7
昆明	860.00	7541.37	326.96	2413.39	4801.02	3385.26	505.25	1997.41	946.40	4.77	392.18	17863.11	24209.74	53832	20722	101.7
南昌	653.81	7203.50	248.60	3484.61	3470.29	3012.00	457.68	1345.56	954.89	4.17	307.50	16110.30	18949.13	52622	24218	101.8
嘉兴	555.10	6739.45	144.01	3719.61	2875.83	2342.73	596.47	4399.99	3213.08	31.58	653.34	13707.78	14345.45	72096	46276	102.1
湖州	341.30	3849.95	161.14	1966.15	1722.66	1594.70	387.30	1629.57	1500.13	15.77	360.21	7898.00	8797.87	71044	44112	102.3

注：表中各城市按地区生产总值排序。

（资料来源：市统计局）

市区地名变动

表96　2022年苏州市区住宅区地名变动一览表

序号	名称	所属行政区域	序号	名称	所属行政区域
		住宅区地名命名			
1	新美雅院	吴江区松陵街道	29	万盛江南花园	吴中区角直镇
2	丽泽璟庭	吴江区松陵街道	30	和悦塘前雅院	相城区元和街道
3	澄泓悦园	吴江区松陵街道	31	荷华四季雅苑	相城区黄桥街道
4	锦绣四季花园	吴江区松陵街道	32	花语佳境花苑	相城区北桥街道
5	鸿辉悦庭	吴江区江陵街道	33	花语云萃华庭	相城区澄阳街道
6	云锦印象华庭	吴江区江陵街道	34	澄阳四季云庭	相城区澄阳街道
7	毓秀悦庭	吴江区江陵街道	35	桃溪澜园	姑苏区沧浪街道
8	安佳里	吴江区同里镇	36	苏苑里	姑苏区双塔街道
9	富安里	吴江区同里镇	37	平江观棠雅苑	姑苏区苏锦街道
10	望运华庭	吴江区平望镇	38	文华云筑	苏州工业园区斜塘街道
11	龙桥澜清庭	吴江区盛泽镇	39	文禧花园	苏州工业园区斜塘街道
12	湖光映月坊	吴江区黎里镇	40	至和云筑	苏州工业园区唯亭街道
13	春风湖滨花园	吴江区黎里镇	41	花语澜苑	苏州工业园区胜浦街道
14	新友花苑二区	吴江区黎里镇	42	镜湖原著花园	苏州工业园区胜浦街道
15	新友花苑三区	吴江区黎里镇	43	颐和玲珑花园	苏州工业园区金鸡湖街道
16	渔泽人家	吴江区黎里镇	44	颐和源璟花园	苏州工业园区金鸡湖街道
17	渔盛苑	吴江区黎里镇	45	沁苏禧花园	苏州工业园区金鸡湖街道
18	金鼎公寓	吴江区黎里镇	46	朗星雅苑	苏州工业园区金鸡湖街道
19	渔祥里	吴江区黎里镇	47	大悦风华苑	虎丘区狮山街道
20	渔福人家	吴江区黎里镇	48	盛世新著花园	虎丘区横塘街道
21	水香里	吴中区长桥街道	49	山语澜院	虎丘区枫桥街道
22	九里璟园	吴中区郭巷街道	50	和煦璟庭	虎丘区东渚街道
23	泾东花园	吴中区横泾街道	51	庭樾雅园	虎丘区东渚街道
24	珠村华庭	吴中区越溪街道	52	虹溪璟庭	虎丘区浒墅关镇
25	溪上云庭	吴中区越溪街道	53	运河印象花园	虎丘区浒墅关镇
26	东湖玉景花园	吴中区城南街道	54	雅乐云庭	虎丘区浒墅关镇
27	兴南华庭	吴中区城南街道	55	春熙云庭	虎丘区浒墅关镇
28	悦泽璟庭	吴中区太湖街道	56	安澜雅静花园	虎丘区通安镇
		住宅区地名调整			
1	祥运花园	吴江区平望镇	4	苏苑二村	姑苏区双塔街道
2	石湖东岸澜庭	吴中区长桥街道	5	平绣雅苑	虎丘区东渚街道
3	瑞福花园	吴中区木渎镇			

表97 2022年苏州市区楼宇地名变动一览表

序号	名称	所属行政区域	序号	名称	所属行政区域
楼宇地名命名					
1	长融大楼	吴江区松陵街道	10	胥江商业中心	姑苏区沧浪街道
2	科汇大厦	吴江区松陵街道	11	全彩坊	姑苏区金阊街道
3	开平大楼	吴江区松陵街道	12	聚合数据大厦	苏州工业园区斜塘街道
4	星耀汇商务中心	吴江区盛泽镇	13	淞北四季公寓	苏州工业园区斜塘街道
5	金丝港商务中心	吴中区郭巷街道	14	江韵四季公寓	苏州工业园区斜塘街道
6	玖著商务中心	吴中区太湖街道	15	玲珑商务中心	苏州工业园区金鸡湖街道
7	新舟大厦	相城区北河泾街道	16	摩天轮商业广场	苏州工业园区金鸡湖街道
8	启航时代大厦	相城区漕湖街道	17	四季荣寓	虎丘区浒墅关镇
9	康阳大厦	相城区黄埭镇	18	浒墅菁英大楼	虎丘区浒墅关镇

表98 2022年苏州市区路街巷地名变动一览表

序号	名称	所属行政区域	序号	名称	所属行政区域
路街巷地名命名					
1	云湾路	吴江区江陵街道	22	中旺巷	吴江区盛泽镇
2	庞豫巷	吴江区江陵街道	23	北庄村路	吴江区盛泽镇
3	久泳中路	吴江区八坼街道	24	秋言街	吴江区盛泽镇
4	久泳东路	跨吴江区八坼街道、黎里镇	25	水乡郎盛路	吴江区盛泽镇
5	久泳西路	跨吴江区八坼街道、横扇街道	26	百花路	吴江区桃源镇
6	端庄路	吴江区平望镇	27	御龙桥街	吴江区桃源镇
7	保竹路	吴江区平望镇	28	思远桥路	吴江区桃源镇
8	张古桥路	吴江区平望镇	29	灶家浜路	吴江区桃源镇
9	歪家桥路	吴江区平望镇	30	雄健巷	吴江区桃源镇
10	环漾路	吴江区平望镇	31	学尚路	吴江区黎里镇
11	凌家浜路	吴江区平望镇	32	上泽巷	吴中区横泾街道
12	相家浜路	吴江区平望镇	33	上林路	吴中区横泾街道
13	馨悦巷	吴江区盛泽镇	34	东林渡巷	吴中区横泾街道
14	豆腐港巷	吴江区盛泽镇	35	西林渡巷	吴中区横泾街道
15	万安港路	吴江区盛泽镇	36	田居路	吴中区横泾街道
16	兴桥村路	吴江区盛泽镇	37	翁家斗路	吴中区横泾街道
17	打桶湾巷	吴江区盛泽镇	38	古舍路	吴中区横泾街道
18	汝家舍巷	吴江区盛泽镇	39	毛岐路	吴中区横泾街道
19	金家浜路	吴江区盛泽镇	40	鸿勋巷	吴中区横泾街道
20	南城埭巷	吴江区盛泽镇	41	鸿基巷	吴中区横泾街道
21	茶麻坝巷	吴江区盛泽镇	42	东高坑巷	吴中区横泾街道

续表98

序号	名称	所属行政区域	序号	名称	所属行政区域
43	西高坑巷	吴中区横泾街道	79	里浜路	相城区阳澄湖镇
44	鸿儒巷	吴中区横泾街道	80	枪堂路	相城区阳澄湖镇
45	后里泾巷	吴中区横泾街道	81	拜字路	相城区阳澄湖镇
46	陆林巷	吴中区横泾街道	82	承天庄路	相城区阳澄湖镇
47	溆庄路	吴中区横泾街道	83	黄石桥弄	姑苏区沧浪街道
48	新曙巷	吴中区横泾街道	84	兰香弄	姑苏区沧浪街道
49	浦家桥路	吴中区横泾街道	85	梅香弄	姑苏区沧浪街道
50	迎祥街	吴中区城南街道	86	小仓口弄	姑苏区沧浪街道
51	泱望巷	吴中区城南街道	87	吉康路	姑苏区吴门桥街道
52	慎安街	吴中区香山街道	88	悦康路	姑苏区吴门桥街道
53	后塘桥路	吴中区香山街道	89	织造街	姑苏区苏锦街道
54	晓韵路	吴中区太湖街道	90	花莲巷	姑苏区苏锦街道
55	昌谷街	吴中区太湖街道	91	网船巷	姑苏区金阊街道
56	廷嘉街	吴中区太湖街道	92	袁家浜弄	姑苏区虎丘街道
57	底定路	吴中区东山镇	93	海峰路	姑苏区虎丘街道
58	吴巷山路	吴中区东山镇	94	观景弄	姑苏区虎丘街道
59	吟坛路	吴中区东山镇	95	新庄二村巷	姑苏区虎丘街道
60	原敬街	吴中区东山镇	96	清歌街	姑苏区虎丘街道
61	石浪街	吴中区东山镇	97	文肃街	姑苏区虎丘街道
62	半园街	吴中区东山镇	98	唯亭东街	苏州工业园区唯亭街道
63	摆渡口路	跨吴中区东山镇、临湖镇	99	北张巷	苏州工业园区唯亭街道
64	蔬菜园路	吴中区东山镇	100	卢浮泾街	苏州工业园区唯亭街道
65	法海寺路	吴中区东山镇	101	知行街	苏州工业园区胜浦街道
66	俞家厍路	吴中区东山镇	102	褚巷	苏州工业园区胜浦街道
67	湖湾路	吴中区东山镇	103	寺浜街	苏州工业园区唯亭街道
68	永志街	相城区黄桥街道	104	前戴路	苏州工业园区胜浦街道
69	绣谷路	相城区黄桥街道	105	杨家田路	苏州工业园区胜浦街道
70	澄清路	相城区澄阳街道	106	良金街	苏州工业园区金鸡湖街道
71	安福巷	相城区澄阳街道	107	凤栖巷	苏州工业园区金鸡湖街道
72	阳景街	相城区阳澄湖镇	108	陈巷街	虎丘区狮山街道
73	古岸路	相城区阳澄湖镇	109	市岸街	虎丘区东渚街道
74	花影街	相城区阳澄湖镇	110	镇湖路	虎丘区东渚街道
75	七家八堰路	相城区阳澄湖镇	111	杵山大街	虎丘区东渚街道
76	早花路	相城区阳澄湖镇	112	三湖路	虎丘区东渚街道
77	采宝路	相城区阳澄湖镇	113	永年路	虎丘区浒墅关镇
78	薄家堰路	相城区阳澄湖镇			

续表98

序号	名称	所属行政区域	序号	名称	所属行政区域
路街巷地名调整					
1	白龙路	吴江区江陵街道	13	吴门口路	跨苏州市相城区望亭镇、无锡市新吴区新安街道
2	云创路	吴江区江陵街道	14	马场浜路	相城区望亭镇
3	古塘路	吴江区江陵街道	15	金宅路	相城区阳澄湖镇
4	花港路	吴江区江陵街道	16	半爿营街	姑苏区苏锦街道
5	菀坪西路	吴江区横扇街道	17	柏树弄	姑苏区金阊街道
6	锡阐路	吴江区震泽镇	18	新庄西路	姑苏区虎丘街道
7	贯中街	吴江区震泽镇	19	赵家上路	苏州工业园区斜塘街道
8	庄马路	吴中区越溪街道	20	悬珠路	苏州工业园区唯亭街道
9	天灵路	吴中区城南街道	21	惠浦路	苏州工业园区胜浦街道
10	泽山路	吴中区太湖街道	22	振胜路	苏州工业园区胜浦街道
11	阳澄湖西路	相城区元和街道	23	中胜路	苏州工业园区胜浦街道
12	苏城大道	跨相城区澄阳街道、元和街道和姑苏区平江街道、苏锦街道、虎丘街道、白洋湾街道	24	鑫苑路	跨虎丘区横塘街道、狮山街道
路街巷地名注销					
1	华昌街	姑苏区平江街道	2	城北西路	跨姑苏区虎丘街道、白洋湾街道

（资料来源：年鉴编辑部）

编辑：王怀芹

说 明

一、本索引采用内容分析法编制，设条目索引、图索引、表格索引三部分，按索引款目首字的汉语拼音字母（同音字按声调）顺序排列。

二、条目索引款目后的数字表示内容所在的页码，数字后的a、b、c分别表示该页码的左、中、右栏；图索引、表格索引款目后只标注页码。

三、空两字起排的款目为上一主题的“附见”。

四、“专记”“大事记”“附录”不做条目索引。

五、为便于读者检索，在苏州的企事业单位和在苏州发生的事件名称前的“苏州”二字，除非产生歧义，均省略。

条目索引

D

H

J

K

M

N

R

S

X

Y

Z

图索引

表格索引